DA ACADEMIA À PRÁTICA

ESTUDOS EM DIREITO DO DESPORTO

DA ACADEMIA À PRÁTICA

ESTUDOS EM DIREITO DO DESPORTO

2024

Coordenador
Alexandre Miguel Mestre

ALMEDINA

DA ACADEMIA À PRÁTICA
ESTUDOS EM DIREITO DO DESPORTO

COORDENADOR
Alexandre Miguel Mestre

CONSELHO CIENTÍFICO DA COLEÇÃO *RATIO IURIS*
Alexandre Miguel Mestre, Anja Bothe, Armindo Saraiva Matias, Bárbara Lobo, Bruna Capparelli, Manuel Monteiro Guedes Valente, Maria Constança Urbano de Sousa, Maria João Guia, Pedro Trovão do Rosário, Ruben Bahamonde Delgado

EDITOR
EDIÇÕES ALMEDINA, S.A.
Avenida Emídio Navarro, 81, 3D
3000-151 Coimbra
Tel.: 239 851 904 · Fax: 239 851 901
www.almedina.net · editora@almedina.net

DESIGN DE CAPA
EDIÇÕES ALMEDINA, S.A.

PRÉ-IMPRESSÃO
EDIÇÕES ALMEDINA, S.A.

IMPRESSÃO E ACABAMENTO

Fevereiro, 2024

ISBN
978-989-40-1750-9

DEPÓSITO LEGAL

ALMEDINA | GRUPOALMEDINA

Esta obra foi desenvolvida no âmbito do *Projeto de I&D: Cultura de Paz e Democracia* sediado no Ratio Legis – Centro de Investigação de Desenvolvimento em Ciências Jurídicas da Universidade Autónoma de Lisboa, coordenado pelos Professores Doutores Alex Sander Pires e Pedro Trovão do Rosário.

NOTA INTRODUTÓRIA

Em 2018 a Universidade Autónoma de Lisboa, através da UAL Academy, relançou a Pós-Graduação em Direto do Desporto. Fui desafiado pela Professora Doutora Constança Urbano de Sousa para coordenar o curso, honroso e desafiante repto que aceitei prontamente.

Desde a primeira hora, nas pessoas dos Drs. António Cardadeiro e Celina Luís, contei com os máximos empenho e colaboração da UAL Academy na definição das linhas estratégicas da Pós-Graduação, tributo e agradecimento devidos que aqui presto. Na operacionalização do curso devo ainda agradecer todo o trabalho desenvolvido pelo Dr. André Ferreira e bem assim pela Elsa Nora e pelo Marco.

O Programa do curso foi evoluindo e, sem deixar de manter a matriz inicial, o corpo docente foi alargando, mantendo-se todavia praticamente intacta a lista inicial de docentes, na medida em que, como se diz na gíria desportiva 'em equipa que ganha não se mexe'. Procurei sempre agregar os melhores profissionais, com amplos conhecimentos teóricos e experiência prática, em benefício dos destinatários, os alunos. Um bem-haja a todos os docentes pelo prestígio e competência conferidos ao curso!

O corpo discente juntou na sua larguíssima maioria juristas envolvidos no fenómeno desportivo, seja no domínio profissional seja no âmbito associativo, mas também atraiu diversos alunos não juristas com dedicação e/ou interesse no desporto em geral e no Direito do Desporto, em particular, numa heterogeneidade de perfis que enriqueceu as diferentes edições e a todos beneficiou. Muito obrigado a todos pela confiança depositada no curso e pelo contributo que ao mesmo deram.

Num momento em que se avança para mais uma edição do curso, decidi propor um projeto editorial ao Professores Doutores Manuel Guedes

Valente (Presidente do Conselho Científico e Diretor da Ratio Legis) e Pedro Trovão do Rosário (Diretor do Departamento de Direito) –, pessoas e profissionais que muito admiro e a quem muito devo. A proposta foi pronta e entusiasticamente aceite, o que muito agradeço, também aqui publicamente. Ora o projeto editorial é este mesmo: publicar um conjunto de artigos originais (só 1 dos 42 é uma republicação), da autoria de docentes e alunos da Pós-Graduação. Foi possível juntar artigos de quase todos os docentes e alguns dos melhores artigos de alunos de diferentes edições (atualização dos trabalhos finais da Pós-Graduação ou um texto sobre um tema novo), cientes de que houvesse mais tempo e mais espaço, demais textos também aqui constariam. Foi uma 'empreitada', de fôlego', que a todos envolveu, e que a todos agradeço, penhoradamente.

A obra está dividida em duas partes. A Parte I agrupa 27 artigos escritos por docentes e a Parte II junta 15 artigos de ex- alunos. A sequência é feita por ordem alfabética dos autores. A estes foi dada total autonomia para escolherem os temas, estruturarem o respetivo texto, respeitarem ou não o acordo ortográfico, definirem as regras para as referências bibliográficas e outras.

Contamos ainda com o Prefacio do Dr. José Luís Arnaut, a quem muito se agradece a pronta aceitação para, com o seu testemunho, que empresta ao livro, engrandecendo-o e prestigiando-o, o saber e a experiência de décadas (também) no Desporto e no que com este se entrecruzam as Políticas Públicas (nacionais e internacionais) e o Direito.

Esperamos que esta obra coletiva seja proveitosa para futuros alunos da Pós-Graduação, mas acima de tudo para toda a comunidade a quem o Direito do Desporto interessa, desde os Advogados, Juristas e Académicos que se dedicam à área, aos diversos Agentes Desportivos que lidam diariamente, na prática, com a área, em particular Gestores do Desporto, Empresários Desportivos, Praticantes Desportivos, Treinadores de Desporto e Jornalistas. O livro que ora se publica também procura trazer contributos para as políticas públicas, logo para o Governo, a Administração Pública, as Regiões Autónomas e as Autarquias Locais.

Fica aqui, pois, o nosso contributo.

Em nome de todos os autores, o Coordenador

Alexandre Miguel Mestre

PREFÁCIO

A presente publicação reúne um vasto conjunto de artigos preparados no âmbito das diversas edições com que já conta o curso de pós-graduação em Direito do Desporto da Universidade Autónoma de Lisboa.

Constitui, para mim, uma subida honra, corresponder ao convite que me foi formulado para prefaciar esta obra, seja pelo prestígio daquela Universidade, seja pela enorme valia das contribuições científicas que nela se coligem.

E, a respeito do seu conteúdo, gostaria de sublinhar dois aspetos que se me afiguram particularmente relevantes.

O primeiro aspeto tem que ver com algo que o seu título bem reflete: "Da Academia à prática".

Com efeito, se é certo que os textos que aqui se podem encontrar relevam da atividade desenvolvida, tanto por docentes quanto por alunos, no quadro de um curso universitário, ressalta deles a evidente preocupação de ultrapassar aquilo que designaria por "síndrome da torre de marfim", olhando para o direito do desporto numa perspetiva dinâmica e numa lógica de interação permanente entre o plano normativo e o domínio da realidade concreta, em que, se por natureza tem de operar, necessariamente o condiciona.

O segundo aspeto prende-se com a preocupação de não deixar dentro das paredes universitárias aquilo que aí é dito e escrito.

Todos temos consciência de que, com frequência (diria até demasiada) lições magistrais e valiosos trabalhos académicos são de conhecimento, apenas, dos neles diretamente envolvidos, não permitindo à comunidade no seu geral o acesso ao conhecimento e ao saber que propiciam.

Mais do que alguma vez sucedeu no passado, as universidades são, hoje, instituições que trilham – diria mesmo, têm de trilhar – dois caminhos paralelos e complementares: o ensino e a investigação.

O conteúdo desta obra é bem a prova de que aqueles que nela estão envolvidos – Universidade, organizador, autores – têm plena consciência dessa realidade. Todos estão, por isso, de parabéns.

Enquanto alguém cujo percurso profissional e político lhe permitiu, felizmente, trabalhar na área do desporto e do direito que o rege, quero agradecer, pelo muito que dele posso beneficiar, o trabalho que aqui deixam. E estou seguro que esse é um sentimento que partilharão todos quantos a ele vierem a ter acesso.

Seja-me permitida, por fim, uma nota particular dirigida ao organizador desta obra. O Professor Doutor Alexandre Mestre, para além de um jurista de eleição é, hoje, uma referência central do direito do desporto em Portugal, que muito lhe deve. E estou absolutamente seguro de que, do seu labor, muito ainda beneficiará a arquitetura jurídica de um domínio tão importante para a nossa vida coletiva como o desporto é.

José Luís Arnaut
Advogado; Presidente da Mesa da Assembleia-Geral da Federação Portuguesa de Futebol; Ex-Ministro com a tutela do Desporto

ÍNDICE

PARTE I
ARTIGOS DE DOCENTES

PARTE II
ARTIGOS DE EX-ALUNOS

PARTE I
ARTIGOS DE DOCENTES

1. O SENTIDO E ALCANCE DO DIREITO (HUMANO) AO DESPORTO TAL COMO CONSAGRADO NA CARTA OLÍMPICA

ALEXANDRE MIGUEL MESTRE[1]

Na versão da Carta Olímpica de Agosto de 2021, o Quarto Princípio Fundamental da Carta Olímpica dispunha o seguinte:

> *"The practice of sport is a human right. Every individual must have the possibility of practising sport, without discrimination of any kind and in the Olympic spirit, which requires mutual understanding with a spirit of friendship, solidarity and fair play."*

Na vigente redação da Carta Olímpica, a redação deste Princípio foi objeto de uma ligeira alteração, aprovada na 141.ª Sessão do Comité Olímpico Internacional (COI), realizada em Mumbai, Índia, em Outubro de 2023. O texto tem agora a seguinte redação:

> *"The practice of sport is a human right. Every individual must have* ***access to the practice*** *of sport, without discrimination of any kind* ***in respect***

[1] Advogado. Professor Auxiliar na Universidade Autónoma de Lisboa. Professor Adjunto Convidado na Escola Superior de Desporto de Rio Maior e na Escola Superior de Comunicação Social. Investigador Integrado do Centro de Investigação em Justiça e Governação (JusGov) da Escola de Direito da Universidade do Minho e Investigador do Ratio Legis – Centro de Investigação e Desenvolvimento em Ciências Jurídicas da UAL. Docente na Football Business Academy.

of internationally recognised human rights within the remit of the Olympic Movement. The Olympic spirit requires mutual understanding with a spirit of friendship, solidarity and fair play." (Sublinhado do COI)

Mantém-se, em primeiro lugar, a previsão do desporto como um direito humano – concordamos com esta opção, em linha com Pierre COLLOMB[2], que sustenta que o desporto é uma atividade humana no sentido pleno do termo porquanto o homem põe em jogo o seu bem mais precioso, que é o corpo. A verdade é que esta opção normativa não encontra paralelo em qualquer instrumento jurídico internacional vinculativo de direitos humanos, designadamente a Declaração Universal dos Direitos Humanos ou a Convenção Europeia dos Direitos Humanos. Já tem isso, sim, uma quase reprodução no artigo 1.º da Carta Internacional da Educação Física e Desporto, na edição revista em 2015[3], da UNESCO, sob a epígrafe "*The practice of physical education, physical activity and sport is a fundamental right for all*", em particular no respetivo n.º 1:

> *"Every human being has a fundamental right to physical education, physical activity and sport without discrimination on the basis of ethnicity, gender, sexual orientation, language, religion, political or other opinion, national or social origin, property or any other basis."*

Em segundo lugar, percebe-se que o legislador quis reforçar a natureza do direito subjetivo em presença: não pode ser encarado como uma mera possibilidade, numa esfera hipotética ou potencial, tem de ser mesmo efetivo, tem mesmo de se garantir o acesso à prática desportiva.

Regista-se igualmente a remissão para os direitos humanos internacionalmente reconhecidos, ao mesmo tempo que se faz uma espécie de ponte com o Movimento Olímpico. Esta é uma forma de o COI, através de um Princípio Fundamental da Carta Olímpica, conseguir impor aos diferentes constituintes do Movimento Olímpico – obrigados que estão a cumprir a Carta Olímpica na sua plenitude (cf. Sétimo Princípio Fundamental

[2] « Lecture transversale des textes relatifs aux droits de l'homme appliqués au sport », *Sport et Garanties Fondamentales : Violence – Dopage*, Coord. Nathalie KORCHA e C. PETTITI, Institut de Formation en Droits de l'Homme du Barreau de Paris, 2003, p. 47.

[3] SHS/2015/PI/H/14 REV.

do Olimpismo e Regra 1.4, ambos da Carta Olímpica) – a vincularem-se aos direitos humanos tal como reconhecidos pelo Direito Internacional Público, isto é, aos direitos humanos constantes de atos normativos adotados pelos Estados. Neste contexto, o acesso à prática desportiva deve ser garantido no respeito simultâneo por outros direitos humanos, tal como inscritos nos instrumentos jurídicos internacionais de garantia e promoção dos direitos humanos.

Parece-nos que a referência expressa, e delimitadora, ao Movimento Olímpico tem também um outro objetivo: ao se enquadrar o direito ao desporto no âmbito do Movimento Olímpico está-se a filtrar os destinatários: pretende-se reger apenas os atletas que participam no desporto organizado, federado, competitivo, em que o COI (com os Jogos Olímpicos) surge no topo da pirâmide, secundado pelas federações desportivas internacionais e pelos comités olímpicos nacionais, enquanto os três principais constituintes do Movimento Olímpico.

Veja-se, desde logo a definição de Movimento Olímpico vertida no terceiro Princípio Fundamental do Olimpismo:

> "***The Olympic Movement is*** *the concerted, organised, universal and permanent action, carried out under the supreme authority of the IOC, of all individuals and entities who are inspired by the values of Olympism. It covers the five continents. It reaches its peak with the bringing together of the world's athletes at the great sports festival, the Olympic Games. Its symbol is five interlaced rings.*" (Sublinhado nosso)

O Quinto Princípio também nos remete para o Movimento Olímpico enquanto enquadrador de um desporto organizado:

> "*Recognising that sport occurs within the framework of society, sports organisations* ***within the Olympic Movement*** *(...)*" (Sublinhado nosso)

O mesmo resulta do já referido Sétimo Princípio Fundamental, que nos remete para uma relação de pertença que começa com uma decisão de reconhecimento por parte do COI:

> "*Belonging to the* ***Olympic Movement*** *requires compliance with the Olympic Charter and recognition by the IOC.*" (Sublinhado nosso).

Ainda mais esclarecedor quanto ao facto de o Movimento Olímpico agregar a pirâmide federativa – em que os atletas estão na base e o COI está no topo – acaba por ser a Regra 1 da Carta Olímpica ("*Composition and general organisation of the Olympic Movement*") que, pela sua relevância para o que ora nos ocupa, se transcreve na íntegra de seguida:

> *"1. Under the supreme authority and leadership of the International Olympic Committee, the Olympic Movement encompasses organisations, athletes and other persons who agree to be guided by the Olympic Charter. The goal of the Olympic Movement is to contribute to building a peaceful and better world by educating youth through sport practised in accordance with Olympism and its values.*
> *2. The three main constituents of the Olympic Movement are the International Olympic Committee ("IOC"), the International Sports Federations ("IFs") and the National Olympic Committees ("NOCs").*
> *3. In addition to its three main constituents, the Olympic Movement also encompasses the Organising Committees for the Olympic Games ("OCOGs"), the national associations, clubs and persons belonging to the IFs and NOCs, particularly the athletes, whose interests constitute a fundamental element of the Olympic Movement's action, as well as the judges, referees, coaches and the other sports officials and technicians. It also includes other organisations and institutions as recognised by the IOC*
> *4. Any person or organisation belonging in any capacity whatsoever to the Olympic Movement is bound by the provisions of the Olympic Charter and shall abide by the decisions of the IOC."*

Deve, pois, a nosso ver, tirar-se desde já uma conclusão: quando a Carta Olímpica proclama o direito ao desporto como um direito humano fá-lo para o desporto competitivo, organizado, federado, formal. Não está a proclamar um desporto para todos.

Mas há mais um elemento a considerar no sentido e alcance da consagração do direito ao desporto como direito humano na Carta Olímpica e que resulta de uma interpretação sistemática do acima transcrito Quarto Princípio Fundamental do Olimpismo: tem que ver com o facto de o COI ter juntado no mesmo preceito, por um lado, o acesso à prática desportiva como um direito humano e, pelo outro, a igualdade (na vertente da não discriminação) e a ética desportiva (na alusão que faz ao espírito Olímpico e ao fair-play) – algo que, como se viu acima, é também uma lógica seguida pela UNESCO, e acrescenta-se, de forma similar pelo Conselho da Europa[4] e pela Comissão Europeia[5].

O COI está a exortar o Movimento Olímpico a adotar regras e a desenvolver atividades que garantam o acesso à prática desportiva, sem discriminação de qualquer natureza.

Desde logo, o COI é o primeiro a dever observar o principio da igualdade, na vertente da não discriminação – pense-se, por exemplo, na definição e ponderação de critérios para a escolha de modalidades a integrar o Programa Olímpico ou de cidades para acolher os Jogos Olímpicos.

Por exemplo, enquanto outro dos três principais constituintes do Movimento Olímpico, as Federações Desportivas Internacionais, na competência que lhes é atribuída pela Carta Olímpica de definir o limite de idade para as competições desportivas de cada modalidade (Regra 42 da Carta Olímpica), devem guiar-se por critérios objetivos, não arbitrários, não discriminatórios. Na mesma lógica, na definição das regras técnicas das respetivas modalidades (Regra 6.1 e Regra de Aplicação da Regra 33 da Carta Olímpica) as federações desportivas internacionais devem respeitar o princípio da igualdade na vertente da não discriminação. [Note-se que um dos ângulos de análise em casos mediáticos como os de Semenya (acesso à prática desportiva competitiva de uma atleta intersexo) ou de Oscar Pistorius (acesso à prática desportiva simultaneamente nos Jogos Olímpicos e nos Jogos Paralímpicos por um atleta com próteses em substituição das pernas amputadas), em que se sindicavam regras de elegibilidade fixadas pela IAAF, foi precisamente o princípio da igualdade, na vertente da não discriminação.

Relativamente aos Comités Olímpicos Nacionais, entre outras situações a acautelar, a Carta Olímpica determina, desde logo, uma em que se procura

[4] O artigo 10.º da Carta Europeia do Desporto, de 2021, respeita precisamente ao "*The right to sport*" e no n.º 1 aborda precisamente a questão do acesso a todos: "*Access to sport for all is considered to be a fundamental right. All human beings have an inalienable right of access to sport in a safe environment, both inside and outside school settings, which is essential for their personal development and instrumental in the exercise of the rights to health, education, culture and participation in the life of the community.*" Logo no n.º 2 surge a menção à não discriminação: "*No discrimination on the grounds of race, colour, language, religion, gender or sexual orientation, political or other opinion, national or social origin, association with a national minority, property, birth or other status, shall be permitted in the access to sports facilities or to sports activities.*"

[5] "*Sport involves all citizens regardless of gender, race, age, disability, religion and belief, sexual orientation and social or economic background.*" – White Paper on Sport, Brussels, 11.7.2007 COM(2007) 391 final.

evitar que discriminações infundadas privem quem tenha mérito desportivo de aceder aos Jogos Olímpicos: atente-se na Regra 44 (*"Invitations and entries"*), n.º 4:

> *"An NOC shall only enter competitors upon the recommendations for entries given by national federations. If the NOC approves thereof, it shall transmit such entries to the OCOG. The OCOG must acknowledge their receipt. NOCs must investigate the validity of the entries proposed by the national federations and ensure that no one has been excluded for racial, religious or political reasons or by reason of other forms of discrimination."* (Sublinhado nosso)

A lógica dual que vimos descrevendo – garantir, por um lado, o direito dos atletas a participar nas competições; mas assegurar, logo a seguir, que essa participação não é feita sem que a jusante se assegure a igualdade entre todos os competidores – é reforçada pelo COI no documento *Implementing Provision of the IOC Code of Ethics – Basic Universal Principles of Good Governance within the Olympic Movement.* No *Principle* 5 (*"Support to Attletes"*), o ponto 5.1. (*"Athletes' rights and responsibilities"*) prescreve o seguinte:

> *"Appropriate measures should be taken to adopt and implement the Athletes' Rights and Responsibilities Declaration.*
> *The right of athletes to participate in sports competitions and within applicable rules including competition laws) shall be protected.*
> *No form of discrimination on whatever grounds, be it race, colour, sex, sexual, orientation, language, religion, political or other opinion, national or social origin, property, birth or other status, shall be tolerated."*

Em 2018 a *"Athletes' Rights and Responsibilities Declaration'* veio a ser aprovada. Ali não se prevê expressamente um direito ao desporto, antes uma capacidade e uma oportunidade de os atletas praticarem desporto, mas na certeza de que o farão sem qualquer tipo de discriminação:

> *"This Declaration aspires to promote the ability and opportunity of athletes to:*
>
> *1. Practise sport and compete without being subject to discrimination on the basis of race, colour, religion, age, sex, sexual orientation, disability, language, political or other opinion, national or social origin, property, birth or other immutable status."*

Note-se que a conceção não de um direito mas sim de uma *"oportunidade"* de participação pode ter resultado de antecedentes nos Estados

Unidos da América[6], onde se decidiu que não existe um direito a competir em competições desportivas organizadas e onde o Congresso se recusou a legislar um direito dos atletas a competirem internacionalmente, optando, precisamente, por prever uma "*oportunidade*" de participação[7] – tal ocorreu quando foi convocado a contrapor, por um lado, o direito dos atletas a escolherem a atividade desportiva em que querem competir e, por outro lado, os "*direitos organizacionais*" que determinam a elegibilidade de um atleta (ou da equipa que este integra) a participar na competição[8], designadamente fatores como a idade, o peso, o estatuto (amador ou profissional) ou, claro, a performance do atleta[9].

Esta mesma conceção está em linha com uma decisão arbitral do Tribunal Arbitral do Desporto de Lausanne (CAS/TAS), que dificilmente hoje seria mais assertiva em face do reforço da letra do Quarto Princípio Fundamental da Carta Olímpica. Num processo que remonta a Setembro de 2000[10], o Painel decidiu que "*(...) there is no rule of "fairness", to be derived from the Olympic Charter's acknowledgement that the practice of sport is a fundamental human right, which would under such circumstances create an outer time limit of Olympic ineligibility.*"

O que, em obediência à Carta Olímpica, deverá, a nosso ver, ser a lógica decisória hoje é encarar o acesso à prática desportiva competitiva no âmbito do Movimento Olímpico como um direito humano (e inerentemente o desenvolvimento dessa mesma competição), mas garantir que o princípio da igualdade, na vertente da não discriminação, e a Ética desportiva convergirão para que não só não se proíba ou restrinja o acesso de atletas a competições sem justificação objetiva como também não se autorize atletas a participar em competições em moldes tais que beneficiem à partida de

[6] Cf. James A.R. Nafziger, *International Sports Law*, Second Edition, 2004, pp. 130-131.

[7] *Idem*, p. 324.

[8] Cf. Robert Davis, "Olympic Competition: an opportunity to participate or a privilege with obligations", *Sports & European Community Law: International Implications*, Ed. D. Panagiotopoulos, Atenas, ION Publishing Group, 1997, p.157.

[9] São os próprios atletas a dar enfoque à performance, ao mérito desportivo. Veja-se a este propósito o artigo 2.º da 'Universal Declaration of Players Rights', adotada pela World Players Association, em Junho de 2017: "*Every player has the right to access and pursue sport as a career and profession based solely on merit*".

[10] Arbitragem da Divisão ad hoc do CAS, Jogos Olímpicos de Sydney, Processo 00/001, *USOC e USA Canoe/Kayak c. COI*, acórdão de 13 de Setembro de 2000, § 26.

uma vantagem competitiva face aos demais [Não cabe aqui discutir o mérito da questão, mas identifica-se desde já o acesso de transsexuais e transgéneros como uma questão que, do ponto de vista da estrita análise do direito humano ao desporto ditaria que lhes deveria ser garantido sempre o acesso à prática desportiva competitiva, sob pena de se os estar a discriminar, mas em nome da Ética Desportiva, e também para evitar uma discriminação positiva injustificada, pode ser necessário proibir ou restringir o acesso à sua participação competitiva]. O que se afigura fundamental é assegurar que prevalecerá sempre o mérito na definição das regras de elegibilidade, sem nunca ceder à discriminação.

Exemplo paradigmático do que poderá ser um bom *iter* decisório numa situação conexa com o direito ao desporto é a decisão da Comissão de Ética do COI, de 21 de Outubro de 2003[11], em torno da decisão do Conselho de Administração da Federação Internacional de Voleibol de 6 de Maio de 2003, que suspendera a Federação Argentina de Voleibol. Como efeito desta decisão, os atletas argentinos ficaram excluídos de diversas competições, designadamente mundiais, contra a vontade daqueles, que não cometeram qualquer ilícito – os motivos da suspensão foram totalmente imputáveis a atos de gestão da Federação Argentina de Voleibol. Ademais, a Federação Internacional de Voleibol, depois de ter proibido os atletas de voleibol de praia, veio a autorizá-los a participar nas competições com fundamento no facto de serem atletas profissionais, uma vez que a atividade desportiva representava a sua principal fonte de rendimento, mantendo a exclusão da participação nas competições aos atletas de voleibol de pavilhão, em particular nos Jogos Panamericanos de Agosto de 2003, em face do seu estatuto amador.

Na decisão a Comissão de Ética considerou que o direito ao desporto reconhecido na Carta Olímpica não se confunde com a noção de 'desporto para todos', mas não deixa de se aplicar ao desporto de alto nível/alto rendimento no plano internacional. Mais salientou a Comissão de Ética que os Princípios Fundamentais da Carta Olímpica não conferem um direito incondicional a participar nas competições, pelo que cada federação desportiva internacional pode, no âmbito da sua independência e autonomia

[11] Ethics Commission – Decision carrying recommendations n.º D/03/03 – Case n.º 3/03 – The Pan-American Sports Organisation (ODEPA/PASO) v. The International Volleyball Federation (FIBV).

de gestão da modalidade, determinar os limites do direito a participar nas competições, sob reserva de que esses limites não sejam contrários aos Princípios Fundamentais[12], e na condição de que a prática do desporto ocorra sem qualquer discriminação. Ou seja, há um direito ao desporto, mas um direito ao desporto sem discriminação.

Neste contexto, e sistematizando de forma sintética, a Comissão de Ética concluiu que (i) a suspensão dos atletas colocava em crise o seu direito a participar nas competições internacionais e (ii) o facto de se privar alguns atletas do acesso a competições internacionais com base no facto de não serem remunerados constituía uma discriminação injustificada entre atletas da mesma federação nacional, em violação do princípio da não discriminação reconhecido e estabelecido como Princípio Fundamental (então o n.º 6) na Carta Olímpica. Nessa medida a Comissão de Ética recomendou à Comissão Executiva do COI (i) que recordasse à Federação Internacional de Voleibol a sua obrigação de respeitar os Princípios Fundamentais da Carta Olímpica, em particular o direito ao desporto garantido aos atletas e o direito à prática desportiva sem discriminação de qualquer natureza; (ii) sancionasse a Federação Internacional de Voleibol com uma advertência.

Demonstrou, portanto, esta decisão que o direito ao desporto, consagrado na Carta Olímpica enquanto direito humano, não é um direito absoluto: desde logo o seu âmbito de aplicação subjetivo é restrito aos constituintes do Movimento Olímpico e, sobretudo, é um direito que responde às condições de acesso e de elegibilidade adotadas pelas federações desportivas[13], as quais não poderão ter um caráter discriminatório de qualquer natureza, sendo também necessário ater-se à defesa e promoção da Ética Desportiva (evitar vantagens competitivas indevidas) na ponderação da validade das normas em causa.

Mas nem tudo são regras de elegibilidade: pense-se, por exemplo nas sanções disciplinares aplicadas no domínio do *doping*, que têm ainda assim em comum o efeito de proibir um atleta de competir: é pela Ética Desportiva (para além da proteção da defesa da saúde pública) que se sanciona disciplinarmente os atletas que violam normas antidopagem, por vezes sus-

[12] CAS n.º 3/03, *ODEPA/PASO c. FIVB*, acórdão de 21 de Outubro de 2013.

[13] Cf. Lydie Cohen, *Le droit au sport des personnes en situation de handicap, Thèse de doctorat*, Université de Limoges, apresentada e defendida a 9 de Decembro de 2022 – exemplar gentilmente cedido pela autora.

pendendo-os por longos períodos de tempo, senão mesmo, quando os ordenamentos jurídicos o permitam (não é o caso de Portugal), os irradiando (banindo para a vida). Ora um atleta suspenso ou irradiado vê restringido ou mesmo impedido o acesso ao direito (humano) ao desporto – mas assim é porquanto esse direito humano não é absoluto; aliás, logo no início do Código Mundial Antidopagem, em que se delimita a sua *ratio*, lemos que um dos propósitos do Código e do Programa Mundial Antidopagem é "*To protect the Athletes' fundamental right to participate in doping-free sport and thus promote health, fairness and equality for Athletes worldwide.*". Direito fundamental, sim, mas desde que haja justiça e igualdade entre os atletas competidores, o que manifestamente não sucederia caso se viabilizasse que um atleta artificialmente aumentasse a sua performance desportiva – seria batota.

A chave do acesso ao direito (humano) ao desporto está, pois, nas organizações desportivas, máxime nas federações desportivas internacionais, e na forma como ponderam a elaboração e aprovação das normas que regem a prática desportiva, sob a alçada do Movimento Olímpico.

2. ALGUMAS NOTAS SOBRE A CONSUMAÇÃO DOS CRIMES DE CORRUPÇÃO (NO FENÓMENO DESPORTIVO) E SOBRE A PRESCRIÇÃO DO PROCEDIMENTO CRIMINAL

André Lamas Leite[1]

I. Introdução

O presente trabalho incide sobre os crimes de corrupção no fenómeno desportivo, tal como se acham previstos na Lei n.º 50/2007, de 31 de Agosto, na redacção vigente. No entanto, atenta a proximidade de cada um dos *modus aedificandi criminis*, o que aqui escrevermos vale, com as necessárias adaptações, para os delitos de corrupção passiva e activa, previstos, respectivamente, nos artigos 373.º e 374.º do Código Penal[2].

Depois de aludirmos à distinção teórica entre consumação formal e exaurimento e suas consequências práticas, abordaremos, ao de leve, a questão do bem jurídico protegido por estas incriminações, para depois nos lançarmos sobre a classificação das mesmas, atendendo aos critérios da conduta e do bem jurídico, ao nível dos elementos estruturantes do tipo objectivo. Na posse destes elementos, veremos se nos crimes em causa há ou não

[1] Professor da Faculdade de Direito da Universidade do Porto. Investigador integrado do Centro de Investigação Interdisciplinar sobre Crime, Justiça e Segurança (CJS) da FDUP.
(*) Por expressa opção do autor, não se segue o Acordo Ortográfico de 1990.
[2] Qualquer referência a um normativo legal sem indicação expressa do diploma de onde promana deve entender-se por feita para o vigente Código Penal.

sempre uma terminação dos mesmos, acabando por debruçar-nos sobre o problema tão discutido entre nós – até nos meios de comunicação social, a propósito de processos judiciais com elevado mediatismo – de saber quando se inicia a contagem do prazo prescricional: se no momento da dádiva ou promessa, se no da solicitação ou aceitação. Para tal, veremos ainda o que a jurisprudência dos tribunais judiciais e do Tribunal Constitucional têm defendido a este propósito.

II. Consumação formal e material

Para atingirmos os resultados a que nos propusemos, teremos, em primeiro lugar, de operar a distinção doutrinal e jurisprudencial, entre a *consumação formal* ou típica e a *material*, exaurimento ou terminação[3].

Como se sabe, estamos em face de algo que, no Código Penal de 1886, tinha uma disciplina própria[4] e que deixou de o ter para o Código da democracia ainda hoje vigente. É verdade, porém, que encontramos alguns traços no texto legal que nos apontam ainda para algum relevo a dar a este *distinguo*, a propósito da desistência da tentativa, no art. 24.º [também o § 24 do *StGB*: *Strafgesetzbuch* – Código Penal germânico], onde se alude a "resultado

[3] Veja-se, em Portugal, Jorge de Figueiredo Dias, *Direito Penal. Parte Geral*, t. I, 3.ª ed., Coimbra: Gestlegal, 2019, pp. 804-806; Germano Marques da Silva, *Direito Penal Português. Teoria do Crime*, Lisboa: Universidade Católica Editora, 2012, pp. 311-313; José de Faria Costa, *Direito Penal*, Lisboa: Imprensa Nacional, 2017, p. 524; Paulo Pinto de Albuquerque, *Comentário do Código Penal*, 4.ª ed., Lisboa: Universidade Católica Editora, 2021, p. 207; Maria Paula Ribeiro de Faria, *Formas especiais do crime*, Porto: Universidade Católica Editora, 2017, pp. 270-287 e Duarte Rodrigues Nunes, *Curso de Direito Penal. Parte Geral*, t. I, Coimbra: Gestlegal, 2021, pp. 540-541. Ainda na vigência do Código Penal de 1886, Eduardo Correia, *Direito Criminal*, II, reimp., Coimbra: Almedina, 1968, pp. 242-243. Já na vigência do actual Código, mas um autor, como o último referido, de filiação normativista, Manuel Cavaleiro de Ferreira, *Lições de Direito Penal. Parte Geral*, I, 4.ª ed., reimp., Lisboa/São Paulo: Verbo, 1997, pp. 395-396. Na doutrina germânica, Edmund Mezger, *Derecho Penal. Parte General*, t. I, Buenos Aires: Valleta Ediciones, 2004, pp. 200-203; Hans-Heinrich Jescheck/Thomas Weigend, *Tratado de Derecho Penal. Parte General*, 5.ª ed., Granada: Comares, 2002, pp. 556-557; Günter Stratenwerth, *Derecho Penal. Parte General*, I, Navarra: Thomson, 2005, pp. 299-307; Günther Jakobs, *Derecho Penal. Parte General*, 2.ª ed., Madrid: Marcial Pons, 1997, p. 859 e Wohlers/Schuhr/Kudlich, *Klausuren und Hausarbeiten im Strafrecht*, 7. Auflage, Baden-Baden: Nomos, 2023, pp. 131, ss.. Em termos monográficos, Helmut Hau, *Die Beendigung der Straftat und ihre rechtlichen Wirkungen*, Berlin: Duncker & Humblot, 1974.

[4] Por todos, Vítor Faveiro/Laurentino da Silva Araújo, *Código Penal Português Anotado*, 5.ª ed., Coimbra: Coimbra Editora, 1968, pp. 44-48.

não compreendido no tipo" e no art. 119.º, n.º 4, sobre o modo de contagem do prazo prescricional do procedimento criminal, e onde também se tem em conta esse outro resultado.

Como resulta mais ou menos claro da doutrina – ao menos portuguesa –, a consumação formal dá-se quando todos os elementos do tipo legal de crime foram preenchidos e, por isso, se pode punir o agente. No entanto, há delitos que, apesar de consumados, admitem ainda a eventual existência de um ou mais outros resultados já extra-típicos e que podem ter relevo, desde logo, ao nível da medida concreta da pena a aplicar ao agente. Tem-se dado como exemplo os crimes de execução continuada ou permanentes, como sucede com o sequestro, na medida em que basta a privação da liberdade logo no início da acção destinada a eliminar o *ius ambulandi* do ofendido para operar a punição do agente. No entanto, a manutenção por mais ou menos tempo da situação de privação de liberdade não é indiferente, como se disse, em termos da concreta medida que se venha a aplicar ao agente. Implicações ressaltam ao nível da aplicação da lei no tempo e no espaço, dado considerar-se que nos crimes duradouros se deve ter em conta o *tempus delicti* como o último momento em que o agente consuma o crime e como *locus delicti* o último lugar em que a consumação do crime ainda se mantém. Digamos, *per summa capito*, que a consumação formal abrange tudo quanto é necessário para punir, mas a material agrava essa punição. E fá-lo no sentido de que representa esse acto posterior (punível) um aprofundamento do carácter ilícito da conduta, de tal forma que se pode afirmar que no exaurimento existe uma ilicitude acrescida, qualificada ou intensificada.

Na Alemanha, cite-se o ac. do *BGH* (*Bundesgerichtshof*: Supremo Tribunal Federal) de 19 de Junho de 2008[5]: o crime só está consumado "quando o agente completa o seu acto de negação do Direito como um todo, ou seja, quando o acto ilícito é efectivamente realizado na sua totalidade. (...) Isto significa que o termo da infracção não está apenas ligado à realização

[5] *Aktenzeichen 3 StR 90/08 = BGHSt 52, 300, 303 m.w.N.*, disponível em https://www.hrr-strafrecht.de/hrr/3/08/3-90-08.php e consultado em Setembro de 2023, como todos os sítios da internet. Mais recente, o ac. do mesmo Tribunal de 1 de Setembro de 2020, *BGH 1 StR* 58/19: "[a] consumação do crime deve ser distinguida da terminação do delito, que normalmente a precede. O crime está consumado logo que todas as características do crime tenham sido plenamente realizadas. O exaurimento do delito, por outro lado, só ocorre quando o autor delitual completa a sua "acção que nega o Direito" e o acto ilícito é, assim, efectivamente realizado (cf. *BGHSt* 52, 300, n. m. 6)", disponível em https://www.hrr-strafrecht.de/hrr/1/19/1-58-19-1.php.

ulterior das características do delito após a sua conclusão (...); pelo contrário, o termo da infracção inclui a realização ulterior das características da infracção após a sua consumação (...). O termo do crime inclui também as circunstâncias que – por exemplo, porque o legislador escolheu um tipo delitual com um prazo de execução avançado para garantir uma protecção eficaz dos bens jurídicos – já não são abrangidas pela descrição objectiva do tipo, mas que, no entanto, aprofundam a ilicitude material do crime, porque perpetuam ou mesmo intensificam o ataque ao bem jurídico protegido".

Idêntico relevo comporta a distinção entre consumação e terminação nas hipóteses de desistência da tentativa e da contagem do prazo de prescrição do procedimento criminal, o que, como se vê, faz com que o assunto tenha, ademais de uma dimensão teórica, uma relevantíssima dimensão prática e prático-normativa. Quanto ao primeiro, ele acha-se igualmente relacionado com a destrinça entre tentativa acabada e inacabada. Na primeira, foram praticados todos os actos de execução e o resultado não surge por motivos estranhos à vontade do agente, como sempre sucede nesta forma especial de crime em que há desvalor da acção, mas inexiste desvalor do resultado. Na tentativa inacabada, de acordo com o plano criminoso do agente, ainda não foram praticados todos os actos de execução, quando tal é interrompido por algum factor externo que obsta à consumação. No primeiro caso, é essencial, para que o agente beneficie da causa pessoal de não punição do art. 24.º, o seu "arrependimento activo", ao passo que na tentativa inacabada basta que o agente suspenda a produção dos actos executivos em falta. Já se sabe que a expressão entre aspas não é a mais feliz, dado que a palavra "arrependimento" pode conduzir-nos para um universo de sentidos de metanoia do agente, por motivos éticos, morais ou religiosos, quando nada disso se exige. Apenas se demanda que o abandono do projecto criminoso ocorra de forma espontânea e voluntária. No exemplo que se costuma dar, no crime de homicídio em que a tentativa está acabada e se transporta o ferido ao hospital, a motivação pode bem ser beneficiar de uma qualquer atenuação da pena ou de um enquadramento de ofensa à integridade física (eventualmente grave ou qualificada), ao invés do homicídio doloso simples. Pode bem ser uma razão instrumental-estratégica aquela que esteja na base da conduta do sujeito. Várias teorias tentaram já explicar esta intervenção do Direito Penal, que, em nosso juízo, se devem aos mecanismos de direito premial que o nosso ramo deve conter e que são ainda afloramentos de um pensamento utilitarista bebido em autores como

DAVID HUME e JEREMY BENTHAM. A outra grande consequência prática – e que será alvo do nosso estudo – consiste em saber como deve ser interpretado o art. 119.º, n.º 1 ou se, nas hipóteses de consumação material, teremos, como defende alguma jurisprudência[6], de lançar mão do n.º 4, que alude a "resultado não compreendido no tipo".

III. Breve nota sobre o bem jurídico protegido

Ora, classificar um dado crime como bastando-se com uma consumação formal ou material exige, em primeiro lugar, a identificação do bem jurídico protegido pelas incriminações.

No caso da Lei n.º 50/2007, não há dúvidas que ele é a lesão da verdade ou da lisura desportivas, ou seja, a criação de um desfecho artificial em uma competição desportiva. Se um dirigente de uma equipa promete uma vantagem que outro aceita para que a equipa do último perca um dado jogo, estamos perante uma corrupção activa do art. 9.º no primeiro caso e uma corrupção passiva do art. 8.º no segundo.

No que tange aos crimes de corrupção dita "comum" (prevista no Código Penal), estamos do lado daqueles que não se deixam convencer[7] pelo bem jurídico "autonomia intencional do Estado"[8], que ao fim e ao cabo defende que a corrupção contribui para que o Estado se mantenha dentro da sua esfera estrita de competências e as cumpra de modo rigoroso, o que

[6] É o caso do ac. do Tribunal da Relação de Lisboa de 11/4/2023, Proc. n.º 5261/12.0JFLSB.L1-5, MANUEL ADVÍNCULO SEQUEIRA: "[a] prescrição do procedimento, nos crimes de corrupção, conta-se desde a entrega e obtenção do suborno, posto que é aplicável a regra do n.º 4 do art. 119.º do Código Penal, directamente ou ainda porque são crimes de resultado truncado.". [Todos os arestos nacionais citados estavam disponíveis em www.dgsi.pt e foram acedidos em Setembro de 2023] Pensamos que, neste último ponto, o juiz desembargador se refere aos crimes de resultado parcial ou cortado, mas que, em nosso entender, nada têm que ver com o caso da corrupção, pois aqueles consistem nas hipóteses em que há uma desconformidade entre os elementos objectivos e os subjectivos do tipo, sendo que estes últimos vão para lá dos primeiros.

[7] NUNO BRANDÃO, *Corrupção: a questão da consumação material e as suas consequências*, p. 4, disponível em https://apps.uc.pt/mypage/files/nbrandao/2281 e depois publicado na obra PAULO PINTO DE ALBUQUERQUE/RUI CARDOSO/SÓNIA MOURA (orgs.), *Corrupção em Portugal. Avaliação legislativa e propostas de reforma*, Lisboa: Universidade Católica Editora, 2021.

[8] A. M. DE ALMEIDA COSTA, «Anotações aos artigos 372.º a 374.º do Código Penal», in: JORGE DE FIGUEIREDO DIAS (dir.), *Comentário Conimbricense do Código Penal*, t. III, Coimbra: Coimbra Editora, 2001, pp. 660-661, 677 e 681.

sempre leva implícita a ideia de que qualquer irregularidade poderia fazer perigar o bem jurídico, o que temos por uma dimensão maximalista e algo desgarrada da realidade. Da nossa banda, surge-nos que o interesse legalmente protegido é exactamente a necessidade de todos os funcionários e agentes do Estado não mercadejarem o seu cargo a favor de terceiro, reunindo em si as condições de confiança e fiabilidade que se exigem a quem ocupa funções públicas. Trata-se de uma concepção que cremos mais ligada à realidade viva e actuante e que elimina, desde logo, um conjunto de irregularidades bagatelares que não são da competência do Direito Penal, mas eventualmente do Direito Administrativo e, dentro dele, do sub-ramo do Direito Disciplinar Público – Lei Geral do Trabalho em Funções Públicas (por oposição ao contido nas normas do Direito do Trabalho).

IV. Alguns "tipos de tipicidade". Crimes instantâneos?

Como decorre da redacção dos dois incisos – que reflectem as sucessivas alterações a que os crimes de corrupção foram sendo sujeitos ao longo dos tempos, sendo porventura dos tipos legais mais modificados, por forma a conseguir-se uma luta mais eficaz contra tão pernicioso fenómeno social –, a punição do agente dá-se a partir do momento em que ele (do prisma activo) oferece, promete ou dá uma dada vantagem à contraparte – estamos perante um crime em regra sinalagmático –, a qual não tem efectivamente de ser entregue, de representar algum tipo de recompensa tida por adequada (até em termos de valor) à peita solicitada e mesmo que o agente não tenha, de acordo com o seu plano criminoso, qualquer intenção de proceder a essa mesma entrega. Do mesmo modo, agora do prisma passivo, o crime está consumado logo que a oferta chega à esfera de conhecimento do corrompido, que aceita levar a cabo a actividade ilícita, independentemente de se saber ou não se está na disponibilidade séria de efectivamente a levar a cabo ou de considerar a vantagem "justa". Mesmo que nunca venha a receber a vantagem. E isto porquê? Porque a verdade desportiva já está posta em causa a partir da actuação do corruptor activo e da aceitação do passivo.

Desde logo por aqui, do prisma dos elementos estruturantes do tipo objectivo, em particular do bem jurídico, não se exige uma efectiva colocação em risco de lesão desse bem, mas que o mesmo possa ser vulnerado, pelo que estamos em face de um *crime de perigo abstracto*[9]. Na verdade, a partir do

[9] Em outra direção, considerando estar-se perante um crime de dano, A. M. DE ALMEIDA COSTA, «Anotações aos artigos 372.º a 374.º do Código Penal», pp. 661 e 678. Já PINTO DE

momento em que, no art. 8.º, o agente solicita ou aceita a vantagem, existe logo o risco qualificado de falsear a verdade desportiva, independentemente de o concretizar. Se a equipa joga de modo perfeitamente normal, porque o corrompido nem sequer deu indicações ao praticante desportivo em qualquer sentido, isto basta para que o crime se ache consumado do prisma do bem protegido. Dito de outra forma, não existe a possibilidade de o agente provar que, afinal, nunca iria pôr em causa o desiderato final da competição desportiva, pois que, ao aceitar ou pedir uma vantagem, a sua conduta é de tal modo grave que se justifica a antecipação da tutela penal. Há uma presunção inilidível (*iuris et de iure*) de perigo. E o mesmo ocorre do prisma da corrupção activa: o bem jurídico estará inexoravelmente em risco de lesão com a promessa ou dádiva pelo corruptor, ainda que não haja qualquer comportamento (antecedente ou subsequente) que ponha sequer em risco de lesão concreta o bem jurídico identificado.

Do mesmo modo, é nosso entendimento que estamos perante um *crime formal ou de mera actividade*[10], pois que as condutas típicas de "solicitar ou aceitar", no art. 8.º, e de "dar ou prometer", no art. 9.º, são por si só suficientes para a consumação do crime, não se exigindo um resultado exterior ao agente, dele distinto no espaço e no tempo e que acabe por implicar alguma modificação da realidade em que o agente se insere. Dito por outras palavras, o agente é punido independentemente de o resultado de falseamento da verdade desportiva ser ou não conseguido. Só deste modo antecipado é possível uma luta eficaz contra a corrupção. Poder-se-ia pensar que o segmento "destinados a alterar ou falsear o resultado de uma competição desportiva", comum à corrupção activa e passiva, faria destes delitos materiais ou de resultado. Não cremos que assim seja, pois não se pode confundir um simples *juízo de idoneidade* de uma aceitação, solicitação, dação ou promessa quanto ao fim que se visa evitar com a necessidade de um resultado externo-objectivo. Quando se aceita uma vantagem neste quadro do fenómeno desportivo, é evidente que ela tem de ser apta a conduzir à deslealdade desportiva, mas se identificamos a protecção desta última como bem jurídico, a intervenção criminal surge com anterioridade, no sentido em que é possível

ALBUQUERQUE, *Comentário...*, pp. 1271 e 1275, especificamente quanto aos artigos 8.º e 9.º, da Lei n.º 50/2007 entende que os crimes são de perigo abstracto e de mera actividade, o que, obviamente merece a nossa concordância, como em texto.

[10] De novo em outra direcção, apontando para um crime material ou de resultado, A. M. DE ALMEIDA COSTA, «Anotações aos artigos 372.º a 374.º do Código Penal», pp. 662, 678 e 683.

falsear a verdade desportiva com as simples condutas descritas, sem mais, i. é, sem um resultado. Ora, o que se terá sempre de provar é a *idoneidade* da conduta – que *não é o mesmo que falar em ocorrência do resultado* –, o que, bem vistas as coisas, é sempre algo que tem de ocorrer em relação a qualquer tipo legal de crime. Em qualquer crime formal, como o da omissão de auxílio (art. 200.º), ter-se-á de provar que a actuação do agente era apta a pôr fim ou a minorar a situação de perigo para os bens protegidos no caso concreto, sem que com isso se caracterize o crime como de resultado, uma vez que se não exige que a pessoa carecida de intervenção seja lesada ou morra, p. ex., para que a punição ocorra. É quase lapaliciano dizer que, *em todos os crimes de mera actividade*, esta última tem de ser adequada a produzir aquele específico resultado. *Outra coisa diferente é perguntar se a consumação só ocorre com a verificação do dito resultado ou se se basta com a mera conduta.*

Donde, na corrupção activa e passiva no fenómeno desportivo, a adequação da conduta ao falseamento do que seria o resultado normal sem qualquer intervenção falseadora, impõe-se como próprio *elemento intrínseco da conduta* e não se exige que a consumação passe da conduta e traga consigo um dado resultado. Cremos que tem sido na ausência desta importante distinção que se vão buscar os principais desencontros doutrinais sobre a classificação dos delitos em formais ou materiais.

Digamo-lo agora de uma outra forma: por definição, nos crimes formais, não se exige a verificação da imputação objectiva do resultado à conduta (art. 10.º, n.º 1). Esta circunstância também cremos que afasta parte da doutrina de qualificar a corrupção como delito formal, pela necessidade de se comprovar que foi devido àquela actividade corruptora que se atingiu aquele resultado ilícito, com o cortejo habitual de dúvidas em sede de certeza e segurança jurídicas. No entanto, cremos que assim não é e que tal posição encerra, em si, uma verdadeira *petição de princípios*. Se se diz – e com razão – que o crime está consumado com a oferta ou aceitação, com a dádiva ou a sua promessa, então qual é a vantagem dogmática e prática na exigência da imputação objectiva? Se o resultado falseador da realidade desportiva nem tem de acontecer, então a única coisa que tem de se exigir, numa interpretação teleologicamente fundada do tipo é que ela seja apta a, em abstracto, conduzir a esse resultado, com o que não abandonamos o terreno dos crimes formais e não passamos para a exigência de que o delito seja material.

Assente que os crimes são de perigo abstracto e de mera actividade, e já com a armadura conceptual básica do que seja consumação e exaurimento, projectemos esta última distinção no sistema da construção do facto punível. E aqui temos de discordar do que maioritariamente se tem escrito no sentido em que esta distinção tem os crimes duradouros como seu terreno *por excelência* de aplicação. Diremos sim que ela se aplica sempre que um dado delito se acha consumado por via da prática instantânea[11] de um ou mais actos humanos, mas que em si, como sucede sempre numa possível contrapartida – como paradigmaticamente acontece com as corrupções –, que em regra as partes esperam, leva envolvido um provável ou muito provável acto de cumprimento da dita recompensa. Se assim for, como julgamos que é, então a corrupção, no fenómeno desportivo ou fora dele, *pode comportar* um momento de consumação formal e um outro, que é meramente eventual, de consumação material. Recorde-se que é uma mera possibilidade, como se disse já, mas que não pode ser olvidada. Possibilidade essa que comporta, por seu turno, um efeito hermenêutico de que trataremos na secção seguinte.

V. A consumação material releva nos crimes de corrupção?

1. Qual é, então, a assinalada consequência hermenêutica resultante do *distinguo* entre consumação e terminação?

Em primeiro lugar – e basta fazer o paralelo com a resposta à problemática da imputação objectiva, sendo que o que se vai escrever se aplica também aos artigos 373.º e 374.º, dado que são usados nos tipos os mesmos verbos descritores das condutas –, é essencial analisar a totalidade do processo que conduz a prática do acto à possibilidade, *ao menos em abstracto*, de vir a lesar-se a verdade desportiva (que é o mesmo que afectarem-se os bens jurídicos complexos que identificámos na corrupção comum). Ora, compulsado o art. 8.º da Lei n.º 50/2007, ao nível da corrupção activa, é evidente que o tipo compreende, pelo menos, duas sub-modalidades: "solicitar" ou "aceitar". A primeira ocorre nas hipóteses em que é o corruptor que procura o corrompido e lhe propõe o pacto criminoso, que ele pode ou não aceitar numa primeira linha e executar ou não numa segunda perspectiva das coisas. A aceitação, como decorre desde logo dos ensinamentos basilares da Teoria Geral do Direito Civil, ocorre quando é o corruptor a ser procurado pelo corrompido, que ao primeiro "oferece" os seus "serviços", cabendo igualmente ao primeiro as hipóteses deliberativas que vimos de

[11] Assim, Nuno Brandão, *Corrupção...*, p. 10.

assinalar. Já do prisma passivo, também o art. 9.º configura duas modalidades típicas: "der" ou "prometer". Nesta última, apenas há consumação formal, pois que todos os actos típicos e geradores da ilicitude própria da corrupção estão reunidos, podendo eventualmente seguir-se a entrega ou não da contrapartida, dado estarmos perante uma mera declaração de intenções. No que ao "dar" importa, pela própria literalidade do preceito se retira que há a oferta corruptiva da parte de quem está em condições de afectar a verdade desportiva (a parte passiva), oferta essa que é acompanhada pela vantagem patrimonial ou não patrimonial, em que se traduz a consumação material.

Ora, havendo duas modalidades típicas na corrupção activa e na passiva, seria totalmente descabido não olhar para a factualidade integral dada como provada por um tribunal. Assim, se o tribunal dá como provado que, na modalidade passiva, o agente "aceita", é porque houve *traditio* da recompensa. Se tal sucedeu, houve consumação formal e material. Como não tomar esta última em conta? Seria um erro interpretativo palmar estar descrita uma dada modalidade típica (e julgada provada) e não lhe aplicar a modalidade alternativa adequada, em sede de tipos legais de delito que, como este, comportam exactamente essa alternativa. Voltando ao que acima dissemos, é exactamente transpor para aqui o mesmo raciocínio que usamos a propósito da verificação da totalidade do processo que medeia entre uma conduta e um resultado (entendido do modo como o fizemos). Aliás, só esta visão globalizante nos permite apercebermo-nos, p. ex., do que corre sob a designação de "casos especiais de imputação", como seja a interrupção do nexo causal, a causalidade cumulativa e a alternativa. Ora, se há um exaurimento, não podemos fazer de conta que não o vimos ou que ele não existiu – negar a realidade não a altera. E note-se que o que vimos de defender é apenas um corolário do respeito pelo princípio da legalidade criminal do art. 29.º da CRP e do art. 1.º De facto, seria violação palmar da legalidade que, estando dado como provado que um certo crime ocorreu de uma dada forma, não se atendesse àquilo que efectivamente sucedeu no plano factual.

2. Mas mais. À semelhança do que atrás se disse, não existe qualquer previsão normativa no Código Penal ou em legislação extravagante para as consequências prático-normativas da ocorrência da terminação, pelo que a mesma se terá de resolver no âmbito do modelo de determinação geral da medida da pena. Ou seja, que, havendo exaurimento, tal importará uma graduação mais elevada do prisma da ilicitude, o que, naturalmente, qualquer que seja a teoria defendida – da moldura da culpa ou da prevenção –, fará com que a medida concreta da pena seja mais grave. Também do prisma dos factores de medida da sanção, encontramos arrimo no art. 71.º, n.º 2, als. *a)* e *f)* para defender uma punição mais severa do agente. E note-se que é um sancionamento mais duro não por via de uma moldura abstracta diversa – o que se justifica, atendendo a um programa político-criminal típico que visa alargar ao máximo as hipóteses de punição da corrupção, pelos seus efeitos corrosivos dos esteios do Estado de Direito –, mas sim ao nível da moldura concreta e da determinação da medida concreta, que encontra nos factores da sua medida o essencial instrumento prático para fixar o *quantum* da sanção.

Sendo estas as consequências práticas, a saber, o preenchimento de uma dada modalidade típica e o agravamento da pena, visto que a vantagem foi disponibilizada (do lado activo) e percebida (do lado passivo) – para além das já assinaladas ao nível da desistência da tentativa e da que a seguir veremos –, nem por isso se poderá dizer que a terminação não bole com o núcleo central de ilicitude do tipo legal de delito, como julgamos crerem aqueles que desconsideram o exaurimento, pela assinalada punição por via de uma sub-modalidade dos artigos 8.º e 9.º, da Lei n.º 50/2007, ou dos artigos 373.º e 374.º, ou seja, por ser essa a forma pela qual o ilícito tipicamente cunhado apareceu na realidade jurídica, naquele específica factualidade. Donde, logo por aqui se poderá retirar a conclusão intermédia de que não são irrelevantes os actos que venham a ser praticados pelos agentes nos momentos subsequentes à consumação formal.

VI. Contagem do termo *a quo* da prescrição do procedimento criminal

1. Não é este o momento nem o espaço para discorrer detidamente sobre a prescrição como obstáculo negativo à punição, nem sobre a sua natureza material, formal ou mista. Sempre se dirá, não obstante, quanto ao último ponto, que entendemos que sobrelevam as dimensões processuais na figura, desde logo porque, a ocorrer aquele evento, nem sequer se deve abrir inquérito ou, se em outra fase até ao trânsito em julgado, o processo deve ser arquivado. Também se sabe que é uma feição negativa, de direitos fundamentais de protecção do agente em relação ao poder de *ius puniendi* do Estado que está na base da justificação da existência da prescrição. Não pode o agente estar eternamente à espera de saber se o poder estadual vai ou não cumprir o que lhe compete, por segurança e certeza jurídicas do

primeiro – e reflexamente, de toda a estrutura societal –, tanto mais que o Estado poderia, p. ex., aproveitar-se dessas delongas para pôr em marcha um plano específico de combate a uma forma de criminalidade que implicaria começar por investigar outros sujeitos para depois fazê-lo em relação a um concreto cidadão, no que seria uma inadmissível instrumentalização do ser humano.

Tendo presente o art. 119.º, os números relevantes para a discussão são o 1 e o 4. De acordo com a regra geral, a *consumação* marca o início da contagem do prazo prescricional. De que consumação se está aqui a falar? Uma primeira hipótese de resposta será a *formal*, por ser aquela que em primeiro lugar ocorre, nos casos em que as duas não são contemporâneas ou surgem separadas entre si por um curto factor temporal. Revertendo aos crimes que temos vindo a estudar, na corrupção activa no fenómeno desportivo, a consumação dá-se a partir da dádiva ou do oferecimento da vantagem, sendo que qualquer um deles pode ou não ser acompanhado ou dele distar pouco temporalmente da efectiva entrega da dita vantagem. Serão os casos do protraimento da consumação material. Mas também pode suceder que com a dádiva ou o oferecimento vá, no mesmo acto ou em acto temporalmente próximo, a referida vantagem. Nestas hipóteses, não quedam grandes dúvidas de que a consumação formal, por ser contemporânea ou próxima da material é aquela a ter em conta. Todavia, pode nunca ocorrer a entrega da vantagem ou tal acontecer muito tempo depois da consumação formal.

Ora, também aqui vislumbramos dois casos distintos. Imagine-se que a consumação formal – na corrupção activa ou passiva – ocorre no dia 1/1/2020 e a material no dia 1/1/2025. Entre as duas datas decorreram 5 anos. Um primeiro constructo poderia ser o de considerar que – e fixemo-nos agora, a benefício de ilustração, na corrupção passiva – devemos ter em linha de conta se o prazo decorrido foi, ele mesmo, abrangido pela prescrição do procedimento criminal. Ora, na hipótese da Lei n.º 50/2007, sendo o limite máximo da moldura penal abstracta do art. 8.º de 8 anos de prisão, uma primeira leitura, menos atenta, conduziria a que se fixasse o prazo prescricional em 10 anos, nos termos do art. 119.º, n.º 1, al. *b)*. No entanto, como costuma soer, a primeira impressão é amiúde errada, como aqui. Não podemos olvidar que a corrupção activa e passiva no fenómeno desportivo é decalcada, com a necessária adaptação, à finalidade do acto corruptivo, dos artigos 373.º e 374.º e que, inclusive, depois da alteração em boa hora empreendida pela Lei n.º 13/2017, de 2 de Maio, as molduras penais abstractas do tipo matricial são as mesmas (1 a 8 anos para a corrupção passiva própria; 1 a 5 anos para a corrupção activa própria), pelo que o conjunto de valorações que presidiram ao n.º 1, al. *a)*, subalínea *ii)* do art. 119.º são as mesmas quando em causa está a Lei n.º 50/2007. Assim, o prazo prescricional dos artigos 8.º e 9.º deste último diploma é de 15 anos e não de 10 anos.

2. Seja-nos permitido um *excurso* quanto à questão de saber das consequências de os incisos que vêm de se referir não aludirem à modalidade *imprópria* das corrupções, ou seja, àquela em que apenas muda a circunstância de o agente ser aliciado ou solicitar ou aceitar esse aliciamento mantendo-se dentro do respectivo quadro funcional ou, nas palavras da lei "se o acto ou omissão não forem contrários aos deveres do cargo e a vantagem não for devida [ao agente]". Poder-se-á, *primo conspectu*, concluir que daqui se retira que não foi intenção do legislador punir os comportamentos humanos que visem, p. ex., que uma equipa de futebol ganhe numa competição desportiva, uma vez que essa é a finalidade de qualquer formação. Quem assim pensar reduz consideravelmente o âmbito protector da norma somente às hipóteses em que a vantagem ou sua promessa visa somente o que *não corresponde* à finalidade última de toda a competição, qual seja a de perder. Não concordamos com esta asserção.

Em primeiro lugar, não podemos perder de vista que o que está em causa nos n.ºs 2 dos artigos 373.º e 374.º é a prática de actos *contrários ao dever do cargo*, pensando aqui a corrupção dita "comum" como uma ofensa ao bem jurídico da manutenção da integridade e confiança no exercício de funções que se atribuem ao funcionário (definido nos termos do art. 378.º), que não abrange apenas a corrupção passiva, onde este elemento do tipo objectivo tem consagração expressa, mas também na activa, em que o legislador visa afastar qualquer pessoa sequer da tentativa de criar um incentivo ou estímulo a que os funcionários mercadejem o respectivo cargo. É, assim, uma *protecção de dupla via*, que bem se entende. Ora, não é transponível este raciocínio para a corrupção no fenómeno desportivo. O art. 8.º da Lei n.º 50/2007 tem como destinatários da norma proibitiva os "agentes desportivos", como tal definidos no art. 2.º, al. *f)*: "as pessoas singulares ou colectivas referidas nas alíneas anteriores ["dirigente, técnico, árbitro e empresário desportivos" e "pessoas colectivas desportivas"], bem como as que, mesmo provisória ou temporariamente, mediante remuneração ou a título gratuito, voluntária ou obrigatoriamente, a título individual ou integradas num conjunto, participem em competição desportiva ou sejam chamadas a desempenhar ou a participar no desempenho de competição desportiva". Estas pessoas *podem ou não* ser funcionários para efeitos penais, dependendo da concreta circunstância. Não o são, p. ex., os praticantes desportivos e, mesmo assim, são possíveis agentes da prática do crime de corrupção passiva (e activa, no sentido em que esta última abrange qualquer pessoa, pelo que estamos perante um crime *comum*). Daqui se retira que a intencionalidade de reforçar a protecção do conjunto de deveres inerentes à função desempenhada pelos funcionários não se estende à Lei n.º 50/2007, pelo que tanto se comete o crime quando o fenómeno corruptivo sucede com o intuito de um agente desportivo tudo fazer *para que se ganhe ou se perca uma dada competição.*

Por outro lado, a finalidade que está na base das incriminações estudadas e da qual se retira o próprio bem jurídico protegido é o falseamento da verdade desportiva. Seria profundamente ingénuo e contrário à *ratio legis* que se punisse apenas a acção ou omissão dirigida a perder a competição e não a ganhá-la, pois que a vida comum mostra-nos (e as regras do jogo de cada desporto) que se pode torpedear a lealdade e a *fairness* sempre que se visa um objectivo que podia não ser aquele que resultasse de uma normal entrega dos praticantes desportivos a uma dada competição. É evidente que tal convoca *enormes dificuldades probatórias*, pois saber o que é o *normal rendimento* de uma equipa (ou de um praticante) é um conceito muito fluido, por se tratar de uma actividade que envolve seres humanos que não têm, por definição, um rendimento constante e, sobretudo, a um nível considerado normal, de acordo com os padrões daquele específico desporto. Todavia, não se trata de uma prova impossível, na qual assumirá foros de prova-rainha a pericial, a qual usará a estatística, a fisiologia do desporto, as técnicas do treino e do rendimento desportivos, *inter alia*, como preciosos auxiliares para chegar a uma conclusão. E, naturalmente, se e na medida em que o próprio perito não atinja resultados conclusivos, deve-o exarar no seu relatório pericial que, depois, sendo este subtraído à livre convicção judicativa (art. 163.º do Código de Processo Penal), só poderá ser resolvido com um *non liquet* a favor do arguido, em cumprimento estrito do art. 32.º, n.º 2, da CRP.

Outra questão conexa com esta é a de saber se, pelo menos *de iure condendo*, não deveria a modalidade imprópria das corrupções constar dos artigos 8.º e 9.º, da Lei n.º 50/2007. A nossa resposta é *negativa*, dado que uma tal consagração seria imprestável, por tautológica. Se, como se disse, o fulcro da ilicitude dos crimes em presença é a alteração da verdade desportiva, não releva saber se a acção ou omissão puníveis são ou não contrárias "aos deveres do cargo", não só porque nem sempre os agentes serão funcionários, mas sobretudo na medida em que o legislador encontrou uma fórmula feliz que tudo abarca. O falseamento da verdade desportiva abrange todo e qualquer comportamento, activo ou omissivo, que, em normais circunstâncias, não fora essa intromissão ou tentativa de intromissão, levaria a um diferente desfecho da competição desportiva. Assim, é sempre necessário fazer um *juízo de prognose póstuma* à maneira da teoria da adequação (art. 10.º, n.º 1), hoje apenas um dos patamares em que se desenvolvem as modernas "teorias da conexão do risco", para se justificar a existência da ilicitude fundante do delito. Ter-se-á de concluir que, no momento em que o agente ou os agentes actuaram ou deixaram de actuar, seria adequado a que o resultado desportivo não fosse aquele que efectivamente foi – devido à intervenção de um factor externo às regras do jogo e a toda a preparação de um praticante desportivo que está em competição – que, a não haver essa mesma intervenção corruptiva, o resultado seria diferente do que efectivamente foi. Exemplificando: se um dirigente desportivo recebe uma vantagem patrimonial avultada para dar ordens aos técnicos e praticantes no sentido de tudo fazerem para perderem o jogo, não levando a cabo o zelo que habitualmente colocam no que fazem e de que são capazes – para não colocarem as suas potencialidades com provas dadas ao serviço daquela competição –, o julgador tem de se colocar no momento em que a equipa entra em campo e tem, nesse momento, um conjunto de potencialidades aferidas, entre outros aspectos, em função de um passado desportivo conhecido. Se, ao iniciar-se a competição, é evidente que os praticantes não rendem o que é habitual, mesmo em jogos em que o seu desempenho não corresponde à respectiva média, tudo terminando com a derrota na dita competição, aqui temos o juízo de prognose póstuma. O juiz teve em conta o momento em que o evento ilícito já ocorreu – quando o resultado da competição desportiva já é conhecido –, mas aferiu a possibilidade da sua ocorrência no único *tempus* adequado, qual seja aquele em que a equipa estava em condições de iniciar a sua actuação ou omissão e, ao longo da competição, demonstrou uma nada habitual ineptidão, que terá de ser evidente, para se poder dizer que existiu o falseamento da verdade desportiva. Não se veja aqui qualquer incongruência com o que acima defendemos em sede da inexistência da aferição da imputação objectiva, por estarmos em face de crimes de resultado (quando julgamos que os mesmos são formais). Muito pelo contrário: trata-se da ilustração do que se defendeu, *i. e.*, que a finalidade última que se visa proibir – o falseamento da verdade desportiva – se torna prenhe de sentido com a sua prova nos autos, o que é diverso da imputação do resultado à conduta. Se se quiser, aqui, as teorias da imputação objectiva não estão ao serviço de saber se um dado resultado ocorreu por via de um comportamento humano, mas elas *compõem exactamente o conteúdo último de ilicitude* destes crimes de corrupção.

3. Feito este excurso, voltemos ao problema fundamental que nos ocupa.

Assente que o prazo prescricional para os delitos dos artigos 8.º e 9.º, da Lei n.º 50/2007 é de 15 anos, poder-se-ia, a propósito do início da sua contagem, dizer que se teria de aguardar esse lapso temporal para saber se houve ou não consumação material para, depois, se poder concluir sobre o termo *a quo*. Trata-se, em nosso juízo, de um raciocínio completamente errado. Antes de mais, não se pode tornar dependente de um facto eventual e aleatório algo tão sensível como a contagem inicial do prazo prescricional. Depois porque, se se aguardasse todo esse tempo, correr-se-ia o risco de o procedimento criminal prescrever enquanto se estava à espera de saber se ocorreu uma modalidade punitiva que somente exige a consumação formal ou material para saber como sancionar o agente. Perder-se-ia toda a capacidade de acção, o que desde logo nos mostra que, na prática, esta tentativa de aplicar o prazo prescricional para saber em que modalidade típica nos encontramos não pode colher.

Voltemos ao nosso exemplo de há pouco. A consumação formal ocorre em 1/1/2020 e a material em 1/1/2025. A seguir a concepção que vem de se expor como mera hipótese de trabalho, aqui estaríamos ainda dentro do prazo de prescrição, mas sem que se respondesse à questão de saber se o início do prazo operava em 1/1/2020 ou em 1/1/2025.

Poder-se-ia pensar, em outra direcção, que, uma vez que não ocorreu a prescrição do procedimento criminal na data da terminação delitual, o termo *a quo* seria o dia 1/1/2025, pelo que a prescrição se daria em 1/1/2040 (15 anos depois). Apenas se e na medida em que, p. ex., a consumação material ocorresse em 3/5/2040, dado já ter decorrido o prazo normal de prescrição, se poderia dizer que o delito estava efectivamente prescrito. Esta construção em que se procuraria averiguar se dentro dos 15 anos havia exaurimento e a partir dele contava-se o termo *a quo*, para além de, como visto, nem sempre funcionar, dependendo da álea, o que, por si só, impediria que se arvorasse em critério geral, vulnera, também, todas as regras da prescrição, visto que, como se aludiu, este obstáculo negativo à punição pretende assegurar que as pessoas não fiquem para sempre à mercê do *ius puniendi* estadual. A posição em causa conseguiria exactamente o contrário, ou seja, como que prolongaria sem fundamento jurídico o início da contagem do prazo prescricional, dado que nada na lei nos diz, *de modo expresso*, que, havendo terminação, é a partir daqui que se deve começar a contar o prazo prescricional e muito menos nos autoriza a com ela "jogar" em função de, entre os dois momentos de consumação – formal e material – ter ou não ocorrido o que podemos designar como "prescrição do procedimento criminal intermédia ou intermediária", de todo desconhecida do nosso ordenamento jurídico.

4. É exactamente a propósito de um argumento que se esgrimiu para afastar esta concepção que se levanta o problema central – com importantíssimos efeitos concretos, como se está a ver, no momento em que escrevemos, p. ex., na chamada "Operação Marquês" – de saber se num dado crime que, pelas suas características, abrange ou pelo menos pode, em abstracto, abranger, a consumação formal e a terminação, deve ter-se em conta, para efeitos do art. 119.º, a consumação ou o exaurimento.

Uma primeira resposta seria a de encontrar no n.º 4 deste comando legal a resposta e, por consequência, defender que, porque é "relevante a verificação de resultado não compreendido no tipo de crime", é somente a partir do momento em que o último surge que se inicia a contagem do prazo prescricional. Se o agente desportivo solicita ou aceita a dádiva, no exemplo que nos vem acompanhando, no dia 1/1/2020, ocorrendo a terminação em 1/10/2025, a prescrição só ocorreria 15 anos depois da última data, em 2040. E isto porque, se existe consumação material, deve aguardar-se pelo seu momento, pois só aí o tribunal está em condições de punir o agente em função não só de todo o plano criminoso, mas também de todo o *iter* delitual, que, apesar de formalmente consumado em 2020, só acaba por atingir a sua plenitude 5 anos depois. Não o abranger seria uma artificiosa manipulação da realidade, porquanto obnubilaria que, no caso vertente, houve efectiva terminação e é sobre aquilo que *efectivamente* aconteceu e não sobre o que poderia ter sucedido que o tribunal deve estar em condições de se pronunciar. Por outro lado, *o resultado não está compreendido no tipo*, na medida em que ele não tem de existir para ocorrer a punição do agente, pois não se deixa de defender que estamos perante *crimes de execução instantânea*, mas também se não esquece que, em determinados casos, ele pode conter certos efeitos que se protraem no tempo.

Dito de outra forma, que quase vai intuída do que já se discorreu, crimes como a corrupção apresentam a particularidade de se consumarem num momento exacto – oferecimento, dádiva, aceitação ou solicitação da vantagem –, mas poderem pressupor, desde que como tal previsto expressamente no tipo legal – como aqui sucede –, que haja um (ou mais) actos posteriores (puníveis) que agravam a pena e que de jeito estereotipado é usual ocorrerem, sem que com isto se possa afirmar que o cerne da ilicitude reside nesses actos posteriores, mas que têm relevância jurídica. Se ocorrem e se têm interesse para o Direito, não se vê como, dogmática e político-criminalmente, não devam ser tidos em conta para todos os efeitos jurídicos, em especial para o início da contagem da prescrição. Note-se que se não trata de crimes duradouros, porque a consumação opera num único momento, mas actos cuja precisa forma de punir exige que se tenha em conta todo o procedimento levado a efeito pelos agentes. Também não são crimes de consumação precoce nem delitos de empreendimento. São crimes que porventura podemos apelidar de "*consumados com específica punição dependente*"[12]. Não há, nesta fase, dúvidas quanto à consumação. O que queremos aludir com o termo "com específica punição dependente" é exactamente a circunstância de só sabermos de que modo concreto sancionaremos aquele delito (por uma ou outra modalidade previstas no tipo) se houve ou não terminação ou exaurimento. Por isso, não é a *punição* que está dependente da consumação material, dado que ela ocorre sempre mal se verifica a formal, mas a específica forma de o punir, a coberto de um ou outra modalidade e com uma medida concreta que será sempre mais grave que aquela em que somente existe consumação formal.

5. Já se compreende que não subsumimos o problema que nos detém ao n.º 4 do art. 119.º, mas sim a uma hermenêutica que temos por fundada, desde logo por referência ao bem jurídico – como deve ser sempre –, do seu n.º 1.

Aliás, mantermo-nos nos quadros desse n.º 4 convocaria uma outra dificuldade interpretativa de não pequena monta. A verificação do resultado não compreendido no tipo tem de ser "relevante". Como saber se o é?

[12] Nuno Brandão, *Corrupção...*, p. 15 apoda-os de *delitos de estrutura iterativa* (itálicos no original).

Para esta construção, relevante significa tudo aquilo que tem interesse para a determinação da medida concreta da pena, tudo aquilo que pode, ao menos em abstracto, contender não como o "*se*" da responsabilidade criminal do agente – que se verifica já no momento da consumação formal –, mas com o "*como*" dessa mesma responsabilidade. Donde, a partir do momento em que esse resultado tem a influência assinalada na matéria das consequências criminais do facto ilícito-típico, ela deve ser levada em conta.

Quid inde? É nosso entendimento que, até atendendo à história do art. 119.º, n.º 4, estamos em face de uma excrescência do tempo em que o Código Penal de 1886 previa um regime punitivo diverso para a consumação formal e para a material. Ora, na transição para o actual Código, foi outra a *intentio legis*, mas manteve-se o pensamento anterior, agora no dito preceito legal. Quando se diz que o resultado não compreendido no tipo tem de ser relevante, não pode tal significar apenas que tenha interesse para a concreta punição do agente, ou seja, se a mesma opera de uma forma mais ou menos severa, mas sim para a própria existência dessa punição. Vejamos, p. ex., o art. 119.º, n.º 2, al. *b)*, a propósito dos delitos continuados, para percebermos que o termo *a quo* do prazo prescricional deve sempre ter em conta apenas o "*se*" da punibilidade do agente e não o "como". Nestes últimos, só existe verdadeiro crime continuado pela reunião dos requisitos do art. 30.º, n.º 2 e não porque daí resulta uma dada forma punitiva do agente que, bem vistas as coisas, até é menos gravosa para o agente que se a sua responsabilidade criminal surgisse no seio do que o crime continuado é mesmo, ou seja, de um concurso efectivo de delitos do art. 30.º, n.º 1. E aí, tal como aqui na punição, também mais severa que se poderia retirar do crime terminado, o critério é especialmente determinado pelo legislador, o que não sucede nas hipóteses de consumação material. Mas mais importante, e sobretudo, a própria figura do crime continuado exige uma série maior ou menor de actos de continuação que, em si mesmo são portadores de *valorações autónomas de ilicitude*, mas que o legislador entendeu uniformizar numa única. Dito de outro modo, *é a própria existência da figura jurídica que está em causa* com os múltiplos actos de continuação, ao passo que na terminação acontece algo distinto: ninguém coloca em dúvida que o ilícito em si mesmo é punível a partir do momento da oferta, dádiva, aceitação, recebimento ou pedido da vantagem, sendo que a existência ou não da consumação material é apenas um *plus*. Ora, isto dito, então "relevante" na economia do n.º 4 do art. 119.º só será aquilo de que depende a existência ou não de responsabilidade criminal – o "se" da punição. Só aí, visto que o que está em causa é a existência da própria figura-de-delito – voltemos ao exemplo do crime continuado – é que se começará a contar o prazo de prescrição do procedimento criminal a partir da data do último acto que integra o dito crime continuado. Na corrupção, visto que não estamos em face de bens jurídicos eminentemente pessoais, é possível configurar um caso em que o crime apareça sob a forma de delito continuado. Se os actos são plúrimos e o último deles tem data de 2/9/2023, será esse o momento a partir do qual se contará o prazo prescricional para todo o crime continuado. E bem se percebe porquê: a situação de ilicitude que o legislador entendeu unificar na figura do art. 30.º, n.º 2 continua a existir até essa mesma data, ainda que o primeiro acto tenha ocorrido, *v. g.*, a 12/6/2022. Desde este dia e até 2/9/2023, a ilicitude não apenas se mantém, como também ela é fundamento e medida da existência da dita figura do crime continuado.

Ora, se bem vemos as coisas, tal é radicalmente diferente do que sucede em qualquer das modalidades dos crimes de corrupção. Aí, na verdade, a partir do momento da consumação formal, assiste-se à verificação cumulativa de todos os requisitos de que depende a existência do delito. Não se exige mais nada para que o agente seja punido. Se assim é, então qual é o motivo ponderoso para que se aguarde qualquer outro evento, como aqui a consumação material, para iniciar a contagem do prazo prescricional? Esta é uma das questões que vêm colocando aqueles que advogam a irrelevância da terminação. Porém, a pergunta, tal como se encontra, está mal formulada e tem sido geradora de grandes equívocos.

Antes de mais, não se tem de esperar por nada mais que a consumação (formal) para a punição do agente, como já é claro na economia do presente trabalho. Conexo com isto, não se tem de aguardar pela terminação, dado que em muitas das hipóteses corruptivas ela não chega a existir, por não haver a dádiva ou a aceitação da vantagem. O que já não se pode negar é que, se este último evento acontecer, preenchida está uma modalidade dos crimes de corrupção que exige o exaurimento e, aí, por respeito à previsão típica, ainda emanada do princípio da legalidade, para além do respeito pelo procedimento concreto seguido pelos agentes, não poderá deixar de se contar o prazo prescricional apenas desde que a peita é entregue e/ou dada. Se as coisas tal qual ocorreram não permitem concluir pela existência desta última, então a prescrição começa a correr logo a partir da data em que se ofereceu ou deu, ou se aceitou ou solicitou, ainda que nenhuma recompensa tenha sido encontrada ou se não tenha conseguido provar que a mesma é resultado do pacto corruptivo. E, sublinhe-se, estamos no âmbito da mera interpretação do n.º 1 do art. 119.º[13] e nunca do n.º 4[14].

A hermenêutica jurídica, pelos princípios gerais a que a criminal também obedece deve partir do princípio que o legislador se soube não apenas exprimir nos termos mais adequados, como também consagrado as soluções mais adequadas, tudo desde que o resultado interpretativo a que se chegue tenha na letra da lei o mínimo de correspondência, ainda que expresso de forma deficiente. Ora, o legislador nunca poderia ter querido que não se observasse uma das modalidades típicas que expressamente previu no tipo legal de crime, nem que se fizesse uma abstracção da realidade quando se subsume um dado conjunto de factos dados como provados a uma ou mais normas jurídicas. É exactamente isto que estamos a fazer ao levar em conta as hipóteses em que, havendo terminação, o prazo prescricional só a partir dela se começa a contar. Aliás, mal se compreenderia que, havendo exaurimento, este não fosse tido em conta para fins prescricionais, pois de outro modo o agente poderia continuar a praticar novos actos de execução do delito que quedariam impunes. Não pode manifestamente ser assim, por *não ser lógico* – e devermos partir da presunção que o legislador o foi –, por coisa diferente trazer *desastrosas consequências político-criminais* – que um legislador previdente não pode ter desejado – e porque a não ser assim *se não conseguiria proteger convenientemente o bem jurídico* identificado, ainda por cima com formulações do tipo objectivo de tal modo amplas e abrangendo um conjunto tão diversificado de hipóteses concretas – por a corrupção ser tão daninha à sociedade – que seria um contra-senso colocar entre parêntesis os casos em que há consumação material[15].

[13] Como muito bem decidiu o Supremo Tribunal de Justiça no seu ac. de 21/3/2018, Proc. n.º 736/03.4TOPRT.P2.S1, Oliveira Mendes: "(...) [a] lei no n.º 1 do art. 119.º do CP não pode deixar de ser interpretado e aplicado, tendo em vista a consumação material do crime ou terminação. IV – O prazo prescricional dos crimes de corrupção, em causa nestes autos, só corre a partir da data do pagamento dos subornos ou do acto ou omissão contrário aos deveres do cargo do agente passivo do crime no caso de corrupção passiva antecedente.".

[14] Pelo contrário, considerando que o exaurimento coincide com o "resultado não compreendido no tipo", Paulo Pinto de Albuquerque, *Comentário do Código Penal*, p. 522.

[15] Também no sentido que temos por correcto, o ac. do Tribunal da Relação de Évora de 27 de Setembro de 2022, Proc. n.º 248/12.5TAELV.E1, Moreira das Neves: "[o]s crimes de

6. Outrossim, é verdade que um acórdão do Tribunal Constitucional – tristemente famoso – não ajudou ao adequado entendimento do que vem de explanar-se e lançou ainda mais confusão numa matéria que se não afigura simples, principalmente porque se afivelou a esse aresto uma autoridade que, bem vistas as coisas, ele não tem. Falamos do ac. n.º 90/2019, de 6 de Fevereiro de 2019[16], que julgou materialmente inconstitucional a interpretação dos artigos 119.º, n.º 1 e 374.º, n.º 1, quando no sentido de que, havendo vantagem patrimonial ou não patrimonial nos crimes de corrupção, o prazo prescricional apenas tinha início aquando do efectivo recebimento. Veio este recurso de constitucionalidade interposto do acórdão do Supremo de 21/3/2018, o qual tinha patrocinado – e bem – a tese da relevância da terminação e daí havia retirado as conclusões devidas em sede prescricional.

Bastará ler o voto de vencido de Maria de Fátima Mata-Mouros para se entender o colossal erro cometido pelos outros dois juízes conselheiros. Até aquela altura, estávamos – bem – habituados a que o Tribunal Constitucional cumprisse escrupulosamente as competências que lhe são atribuídas pela Constituição e pela sua Lei Orgânica. Assim, como se repetiu à exaustão, não é aquele uma "quarta instância" recursória, uma espécie de tribunal de cassação das Relações ou do Supremo, não lhe cabendo decidir, entre várias interpretações possíveis da lei e que são patrocinadas em outras ordens jurisdicionais, aquela que entende como mais correcta. E foi isso mesmo que aconteceu. Chamar à liça o princípio da legalidade criminal como parâmetro de controlo de constitucionalidade é totalmente errado, pois que não

corrupção ativa e passiva, em qualquer das suas modalidades são crimes instantâneos, tal significando que a prática de qualquer dos atos típicos constitui imediata realização do facto ilícito típico (consumação formal). O que evidentemente não impede a prática sucessiva dos mesmos ou de outros atos típicos do mesmo tipo de ilícito. II. A realização plúrima desses atos não é irrelevante para efeitos da consumação do ilícito, na medida em que os sucessivos atos corruptivos típicos, por integrarem uma mesma realidade ontológica, agregam uma certa «unidade de sentido» da atuação ilícita, evidenciando uma mais intensa ofensa ao bem jurídico. III. Com efeito, todos esses atos são pertinentes e confluem no «mercadejar do cargo», razão de ser da proibição, sendo a entrega e recebimento da peita, no culminar da atuação anterior, o seu expoente máximo. IV. Donde, comprovado que para além da realização de atos que formalmente integram o tipo de ilícito corruptivo e que nessa dimensão (formal) o consumam; comprovando-se (também) a peita, através de uma ou de uma sequência de atos de entrega e recebimento, verifica-se a sua consumação material, cuja data da última entrega constituirá o *dies a quo* do prazo.". Na doutrina, aproximamo-nos de Nuno Brandão, *Corrupção*..., pp. 16-23.

[16] Proc. n.º 501/18, Cláudio Monteiro, disponível em http://www.tribunalconstitucional.pt/.

há, para efeitos deste mandamento da Lei Fundamental, qualquer sua vulneração se um dado inciso é interpretado num ou noutro sentido, tirando casos extremos e por isso muito raros de hermenêuticas sem lei ou sem o mínimo respeito pelos cânones interpretativos. Apenas e tão-só quando uma hermenêutica jurídica não tenha sequer a aparência de hermenêutica é que deve a legalidade criminal limitar aquilo que passa a ser um verdadeiro desmando, também desconforme ao princípio do Estado de Direito.

Não foi de todo o que se discutia naquela decisão e foi com base nela que a decisão instrutória na "Operação Marquês", p. ex., deu como prescritos muitos dos crimes de que os arguidos vinham acusados. Repare-se que o juiz de instrução concedeu à decisão do Constitucional uma espécie de força obrigatória geral, quando tal não aconteceu, sendo apenas um aresto errado com efeitos naquele concreto processo em que a questão se discutia. Como que se lhe atribuíram, erradamente, efeitos *erga omnes* ou, se se preferir, o magistrado judicial terá ficado convencido de que se decidisse em sentido contrário ao Tribunal Constitucional, o seu despacho acabaria por ser revertido.

Ora, de novo chamado a pronunciar-se sobre a questão, aquele órgão de administração da justiça entendeu o contrário, numa decisão tirada por unanimidade e apenas com uma declaração de voto. Disse-nos o ac. n.º 370/2023, de 7 de Junho de 2023[17], para o que aqui importa, que não é inconstitucional a interpretação dos artigos 119.º, n.º 1 e 374.º, n.º 1, quando no sentido "de que o prazo de prescrição do crime de corrupção ativa é contado a partir da data em que ocorra entrega de uma dada vantagem ao funcionário, e não a partir da data em que ocorra a promessa dessa vantagem". Finalmente, prevaleceu a correcta aplicação do Direito e o respeito entre as esferas de actuação e competência dos vários Tribunais, o que muito se saúda. Do mesmo modo que se espera, agora, que o Ministério Público suscite a intervenção alargada do Constitucional, por forma a pôr termo a esta incongruência.

Donde e em resumo, nada há que constitucionalmente limite qualquer das interpretações que sobre a consideração ou desconsideração do que se possa seguir à consumação formal (ou seja, a terminação) venha a ser entendido, nomeadamente para efeitos de início de contagem do prazo prescricional do procedimento criminal.

[17] Proc. n.º 174/2022, António José da Ascensão Ramos, disponível em http://www.tribunalconstitucional.pt/.

7. Do percurso até aqui trilhado impõe-se, por fim, questionar se se justifica manter o n.º 4 do art. 119.º

Como vimos, o problema sobre o qual nos debruçámos encontra-se respondido no n.º 1 do referido inciso legal, uma vez que é ainda um problema de interpretação do que seja "consumação" para efeito dos crimes de corrupção activa e passiva no fenómeno desportivo e os previstos no Código Penal. Em boa verdade, não encontramos sentido útil para "resultado não compreendido no tipo", para efeitos de prescrição, pois se, como aqui, a consumação formal é suficiente para punir o agente, quem entende que a terminação corresponde a esse dito resultado deveria fundamentar a posição que defendemos com base no n.º 4. Mas maioritariamente não o faz, o que, pelo menos, nos deixa a dúvida sobre o seu sentido útil. Cremos que a influência do § 78a do *StGB* terá sido decisiva para a nossa redacção, mas só uma casuística plena de todos os tipos legais de crime previstos no ordenamento jurídico português poderia levar a uma conclusão definitiva sobre a vantagem ou não da subsistência do art. 119.º, n.º 4. Pelo menos lançamos a discussão, que esperamos fecunda.

VII. Conclusões

A consumação formal ocorre quando todos os elementos do tipo legal de crime estão reunidos, ao passo que o exaurimento exige uma intensificação da ilicitude, um "actuar contra Direito" que se pode protrair no tempo – para dizê-lo com o *BGH.* As consequências ao nível da desistência da tentativa, da autoria e da contagem do prazo de prescrição do procedimento criminal são notórias e de enorme relevo prático.

O bem jurídico protegido pelos crimes de corrupção em geral consiste na preservação da dignidade do cargo desempenhado, na confiabilidade e na segurança que os funcionários devem transmitir à generalidade da população. No que especificamente contende com o fenómeno desportivo, são a lealdade e a verdade desportivas que se ressentem com estes eventos criminosos. Tal especificidade comporta mesmo a imprestabilidade da distinção entre corrupção em sentido próprio e impróprio.

O art. 119.º, n.º 1 tem, como todas as normas, de ser interpretado e nele encontramos – seja na corrupção activa, seja na passiva – a hipótese de, na prática, existirem tais crimes em estrutura de mera consumação formal ou de terminação. As regras da boa hermenêutica aconselham a que ambas sejam respeitadas, o que, do prisma prescricional, corresponde a dizer que o prazo *a quo* se inicia com a mera oferta, dádiva, promessa, solicitação ou aceitação sempre que não há terminação. Quando de todo o procedimento sujeito a julgamento se retira que os factos dados como provados mostram que houve efectivo recebimento e entrega da vantagem, então aí o *dies a quo* só ocorre nesse último momento.

Defender o contrário não encontra acolhimento no texto do art. 119.º, n.º 1, na interpretação que propomos de "consumação", para além de conduzir a resultados catastróficos do prisma político-criminal, e ilógicos quanto ao amplo leque de protecção desejado nos crimes corruptivos, o que o intérprete é obrigado, pelo Código Civil, a afastar. Por fim, dado não vislumbrarmos, de imediato, pelo menos, conteúdo útil em "resultado não compreendido no tipo", deixamos a inquietação sobre se faz ou não sentido manter o n.º 4 do art. 119.º, assim suscitando o debate.

3. A LISTA, O MÉTODO DE NOMEAÇÃO DE ÁRBITROS E A ARBITRAGEM NECESSÁRIA DO TRIBUNAL ARBITRAL DO DESPORTO: O CASO PARTICULAR DOS CONTRA-INTERESSADOS

ARTUR FLAMÍNIO DA SILVA[1]

SUMÁRIO: I. Enquadramento; II. A lista de árbitros "fechada" do TAD: algumas questões; a) A lista de árbitros fechada: notas preliminares; b) As críticas ao sistema de lista fechada: o caso particular do TAD; III. A nomeação de árbitros pelos "contra-interessados": um problema de equilíbrio da composição do colégio arbitral; IV. Conclusão.

I. Enquadramento

O recurso à arbitragem como meio de resolução de litígios[2] no Desporto tem sido, a partir do momento histórico da sua introdução no panorama

[1] Professor Associado do Departamento de Direito da Universidade Autónoma de Lisboa. Investigador Integrado do JusGov – Centro de Investigação em Justiça e Governação e Investigador do Ratio Legis – Centro de Investigação e Desenvolvimento em Ciências Jurídicas da Universidade Autónoma de Lisboa. Jurisconsulto. Árbitro.

[2] Sobre este problema, v. ARTUR FLAMÍNIO DA SILVA, *A Resolução de Conflitos Desportivos: Entre o Direito Público e o Direito Privado*, 1.ª Reimpressão, Coimbra, Almedina, 2021, pp. 383 e ss. Curiosamente, em dois projectos de lei recentes (do Partido Comunista Português e do Bloco

internacional, contestado[3]. Igualmente o foi no plano nacional, onde a configuração legal do Tribunal Arbitral do Desporto (TAD) suscitou, desde o primeiro momento, diversas dúvidas – e também certezas – sobre a (in)constitucionalidade do regime legal (Lei n.º 74/2013, de 6 de Setembro, na redação da Lei n.º 33/2014, de 16 de Junho = LTAD) que o introduziu no nosso ordenamento jurídico[4].

de Esquerda) – Projecto de Lei n.º 799/XIV/2.ª. e Projecto de Lei n.º 837/XIV/2.ª respectivamente – não se colocou em causa a arbitragem necessária do Tribunal Arbitral do Desporto, que, como é sabido, é uma arbitragem que tem por objecto litígios de natureza jurídico-administrativa.

[3] Esta é "um meio de resolução de litígios, no qual as partes atribuem voluntariamente por efeito da celebração de um contrato – a convenção de arbitragem – o poder para a resolução do seu litígio a árbitros, os quais são terceiros independentes e imparciais que actuarão enquanto verdadeiros juízes, proferindo uma sentença que produz efeitos jurisdicionais", v. António Pedro Pinto Monteiro, Artur Flamínio da Silva e Daniela Mirante, *Manual de Arbitragem*, Coimbra, Almedina, 2019, p. 12.

[4] Em geral, sobre a LTAD, a qual estabelece uma arbitragem necessária em matéria desportiva, v. Artur Flamínio da Silva, *A Resolução de Conflitos Desportivos: Entre o Direito Público e o Direito Privado*, 1.ª Reimpressão, Coimbra, Almedina, 2021, *passim* e Artur Flamínio da Silva e Daniela Mirante, *O Regime Jurídico do Tribunal Arbitral do Desporto*, Lisboa, Petrony, 2016, *passim*, Artur Flamínio da Silva e Daniela Mirante, "A jurisdição estadual e o Tribunal Arbitral do Desporto: delimitação de competências em sede de arbitragem necessária. anotação ao Acórdão do Tribunal da Relação de Lisboa de 15-03-2018, *in Revista de Direito Civil*, n.º 3 (2018), pp. 659-668, Artur Flamínio da Silva, "A arbitragem necessária no direito administrativo tem o preço da inconstitucionalidade: anotação ao Acórdão do Tribunal Central Administrativo Sul de 6 de Dezembro de 2017", *in O Direito*, n.º 1 (2019), pp. 199-219, Artur Flamínio da Silva, "Arbitragem e jurisdição no direito administrativo: interrogações em torno dos seus limites: anotação ao Acórdão do Supremo Tribunal Administrativo de 8 de fevereiro de 2018", *in Revista de Direito Administrativo*, n.º 4 (Jan.-Abr. 2019), pp. 90-95, Artur Flamínio da Silva e Daniela Mirante, "A competência do Tribunal Arbitral do Desporto: entre o direito público e o direito privado [comentário ao] Acórdão do Tribunal da Relação do Porto (3.ª Secção Cível) de 27.6.2018, Proc. 64161/17.9YIPRT.P1", *in Cadernos de Direito Privado*, n.º 68 (out.-dez. 2019), pp.15-29, Artur Flamínio da Silva e Daniela Mirante, "The Portuguese Court of Arbitration for Sport: a Hybrid", *in Zeitschrift für Schiedsverfahren – SchiedsVZ*, n.º 1 (2018), pp. 14-19, Artur Flamínio da Silva e Daniela Mirante, "Mandatory arbitration as a possible future for sports arbitration: the Portuguese example", *in International Sports Law Journal*, n.º 20 (2020), pp. 180 a 190, Artur Flamínio da Silva, "O estatuto constitucional da arbitragem necessário no Direito Administrativo e o problema das custas do Tribunal Arbitral do Desporto: Acórdão do Tribunal Constitucional n.º 543/2019, de 16.10.2019, P. 392/18", *in Cadernos de Justiça Administrativa*, n.º 145 (2021), pp. 21 a 47, e, mais recentemente, Artur Flamínio da Silva, "A arbitragem necessária no Tribunal Arbitral do Desporto: debatendo

Em Portugal, uma das particularidades que encontramos na arbitragem no Desporto reside no facto de estarmos, no que concerne aos litígios de cariz "desportivo" – e relacionados com o exercício de poderes públicos por parte das federações desportivas – perante uma arbitragem necessária em matéria de Direito Administrativo[5].

Não sendo nosso propósito discutir todos os problemas – diversos e complexos – que envolvem este especial contexto nacional, pretendemos somente analisar em que medida é compatível com a Constituição da República Portuguesa (CRP) a existência de uma lista de árbitros, tal como a que existe no TAD e, especialmente, no caso que envolve a existência de "contra-interessados", discutindo, portanto, o método de nomeação dos árbitros por parte destes últimos.

II. A lista de árbitros "fechada" do TAD: algumas questões

a) A lista de árbitros fechada: notas preliminares

A lista de árbitros do TAD é uma lista fechada, ou seja, apenas podem actuar como árbitros na resolução dos litígios submetidos ao TAD as pessoas singulares que tenham sido seleccionadas para integrar aquela lista[6]. A solução em causa não é estranha na arbitragem voluntária[7], caso esta se

uma indispensável reforma", *in Revista Internacional de Arbitragem e Conciliação*, n.º 15 (2021), pp. 85 a 119.

[5] Artur Flamínio da Silva, *A Resolução de Conflitos Desportivos: Entre o Direito Público e o Direito Privado*, 1.ª Reimpressão, Coimbra, Almedina, 2021, pp. 51 e ss.

[6] As páginas que se seguem são tributárias de ideias, com aditamentos e esclarecimentos, dos seguintes textos: Artur Flamínio da Silva, *A Resolução de Conflitos Desportivos: Entre o Direito Público e o Direito Privado*, 1.ª Reimpressão, Coimbra, Almedina, 2021, pp. 466 e ss. e Artur Flamínio da Silva, "A arbitragem necessária no Tribunal Arbitral do Desporto: debatendo uma indispensável reforma", *in Revista Internacional de Arbitragem e Conciliação*, n.º 15 (2021), pp. 85 e ss.

[7] Um dos pressupostos para que o sistema de lista fechada funcione sem desvirtuar a arbitragem enquanto meio de composição de litígios reside na existência de voluntariedade na escolha de um conjunto de potenciais árbitros que figuram na lista de um centro de arbitragem. O caso do TAD requer particulares cuidados no que à opção por uma lista fechada diz respeito. Com efeito, no domínio de actuação deste centro em que está em causa uma arbitragem necessária, podemos entender que esta limitação se apresenta como paradoxal ao limitar, não só, a escolha dos árbitros pelas partes, mas também por impor um conjunto de árbitros que, pelo menos no que concerne a uma das tendenciais partes, não foram escolhidos de forma equitativa. Sobre a importância da voluntariedade na escolha dos árbitros, v. Gary

venha a desenvolver num centro de arbitragem institucionalizada. Em termos práticos, a opção pela modalidade da arbitragem institucionalizada e, em concreto, a escolha de um determinado centro de arbitragem pelas partes, implica, na maioria das situações, também a limitação de, no momento da nomeação dos árbitros, só poderem ser selecionados aqueles que, de entre um conjunto de personalidades, figurem numa certa lista. Quando assim seja, estamos perante o que tradicionalmente se designa como sistema de lista fechada: *só podem ser nomeados pelas partes os árbitros que se encontrem na lista do centro de arbitragem*.

Em sentido antagónico é possível conceber um *sistema de lista aberta*, o que se traduz na possibilidade de as partes podem nomear um especialista que não figure numa dada lista. Neste sentido, existindo uma lista, a diferença entre estas duas realidades reside, essencialmente, na presença de uma eventual limitação do momento da escolha dos árbitros pelas partes. A primeira hipótese limita-a, a segunda tem como mero efeito assumir-se como um meio auxiliar – uma proposta – desse momento, podendo os árbitros ser livremente escolhidos pelas partes de entre as personalidades que entendam como mais convenientes para a decisão do seu litígio.

Como veremos, a existência de uma lista fechada de árbitros, em conjugação com a consagração legal de um mecanismo arbitral necessário, suscita alguns problemas. Vejamos, brevemente e em primeiro lugar, como se compõe, de acordo com a configuração legal, a lista do TAD.

A lista é composta por um máximo de quarenta árbitros[8]. As propostas para a integração de personalidades naquela devem obedecer ao seguinte critério: (i) dez propostos por “federações desportivas de modalidades olímpicas em cujo âmbito não se organizem competições desportivas profissionais”; (ii) dez propostos pelas “federações desportivas de modalidades não olímpicas”; (iii) dez propostos pela Confederação do Desporto de Portugal; (iv) quatro propostos por “federações em cujo âmbito se organizem competições desportivas profissionais”; (v) quatro propostos pelas “ligas que organizem as competições desportivas profissionais”; (vi) seis propostos por organizações socioprofissionais de praticantes, treinadores e árbitros e juízes das modalidades reconhecidas pelas federações em que

Born, *International Commercial Arbitration*, 3.ª Edição, Vol. I, Alphen aan den Rijn, Kluwer Law International, 2021, pp. 1789 e ss.

[8] Cfr. o artigo 20.º, n.º 1, da LTAD.

se disputam as competições desportivas profissionais; (vii) quatro propostos pela Comissão de Atletas Olímpicos; (viii) quatro propostos pela Confederação Portuguesa das Associações dos Treinadores; (ix) quatro propostos pelas associações representativas de outros agentes desportivos, reconhecidas pelas respectivas federações desportivas; (x) dois propostos pela Associação Portuguesa de Direito Desportivo; (xi) dez propostos pela Comissão Executiva do Comité Olímpico de Portugal, de entre "personalidades independentes das entidades referidas anteriormente"[9].

O Conselho de Arbitragem Desportiva pode aceitar metade dos nomes propostos para integrar a lista de árbitros pelas entidades referidas, ou seja, trinta e quatro árbitros, bem como tem a possibilidade de, no entanto, recusar fundamentadamente qualquer dos nomes propostos, havendo, nesse caso, uma nova proposta pela entidade a quem cabe propor o árbitro[10]. Os restantes árbitros (seis) são escolhidos "livremente" pelo Conselho de Arbitragem Desportiva[11]. Devemos, contudo, destacar duas limitações de relevo. Por um lado, determina a legislação que metade dos árbitros que componham a lista do TAD devem ser licenciados em Direito e, por outro lado, que um árbitro que integre a lista do TAD não pode exercer a profissão de advogado junto do TAD[12]. Aos juristas que integrem a lista exige-se que sejam idóneos e competentes; aos não juristas impõe que, além desses dois requisitos, possam apresentar uma "comprovada qualificação científica, profissional técnica" no domínio do desporto[13].

Na arbitragem necessária que corra termos no TAD as decisões são tomadas por um colégio de três árbitros[14], dos quais as partes podem escolher – de entre os nomes da lista –dois, ficando estes, por sua vez, encarregues da escolha de um terceiro que actuará como árbitro presidente daquele colégio decisório[15]. Se, porém, uma das partes não nomear um árbitro ou os árbitros que as partes nomearem não chegarem a acordo relativamente

[9] Cfr. o artigo 21.º, n.º 1 e 2 da LTAD.
[10] Cfr. o artigo 21.º, n.º 4 da LTAD.
[11] Cfr. o artigo 21.º, n.º 3 da LTAD.
[12] Cfr. o artigo 24.º do LTAD.
[13] Cfr. o artigo 20.º, n.º 2 da LTAD.
[14] Cfr. o artigo 28.º, n.º 1 da LTAD.
[15] V. o artigo 28.º, n.º 2 da LTAD.

ao terceiro árbitro, a escolha daquele caberá, a pedido das partes, ao presidente do TCA Sul[16].

Nas arbitragens necessárias, a pluralidade de partes[17] implica que os demandantes e/ou demandados designem conjuntamente um árbitro[18]. Porém, sempre que uma das partes plurais não chegue a acordo sobre o árbitro que lhe cumpre nomear, cabe ao presidente do TCA Sul nomear o árbitro em falta[19]. Por outro lado, a lei prevê ainda a possibilidade de ser o presidente do TCA Sul a nomear a totalidade dos árbitros, bem como a definir qual o árbitro presidente, quando existirem "interesses conflituantes relativamente ao fundo da causa" entre uma pluralidade de demandantes ou demandados[20].

b) As críticas ao sistema de lista fechada: o caso particular do TAD

Os sistemas de lista fechada têm sido amplamente criticados[21]. Em primeiro lugar, deve-se recordar que o momento da escolha dos árbitros pelas partes se encontra fortemente limitado, não só pela existência de uma lista, mas pelo próprio processo de escolha previsto na LTAD. A impossibilidade de algumas das partes (designadamente os agentes desportivos enquanto parte mais fraca da relação jurídica) não poderem, em condições de igualdade, escolher os árbitros que integram a lista de árbitros, conjugado com o método de aceitação pelo Conselho de Arbitragem Desportiva, coloca

[16] V. Cfr. o artigo 28.º, n.º 2 da LTAD.

[17] Em geral, sobre as arbitragens voluntárias com pluralidade de partes, cfr., por exemplo e com indicações, Bernard Hanotiou, *Complex Arbitrations*, Haia, Kluwer Law International, 2005, pp. 7 e ss., Boris Niklas, *Die subjektive Reichweite von Schiedsvereinbarungen*, Tubinga, Mohr Siebeck, 2008, pp. 5 e ss. Entre nós, cfr. António Pedro Pinto Monteiro, *O Princípio da Igualdade e a Pluralidade de Partes na Arbitragem: os Problemas na Constituição do Tribunal Arbitral*, Almedina, Coimbra, 2017, *passim*, Manuel Botelho da Silva, "Pluralidade de partes em arbitragens voluntárias", *in Estudos em Homenagem à Professora Doutora Isabel Magalhães Colaço*, Vol. II, Coimbra, Almedina, 2002, pp. 499 e ss., Carla Gonçalves Borges, "Pluralidade de Partes e Intervenção de Terceiros na Arbitragem", *in Themis*, Ano VII, n.º 13 (2006), pp. 109 e ss.

[18] Cfr. o artigo 28.º, n.º 4 da LTAD.

[19] Cfr. o artigo 28.º, n.º 5 da LTAD.

[20] Cfr. o artigo 28.º, n.º 6 da LTAD.

[21] Sobre a síntese destas críticas, v. António Pedro Pinto Monteiro, Artur Flamínio da Silva e Daniela Mirante, *Manual de Arbitragem*, 1.ª Reimpressão, Coimbra, Almedina, 2020, pp. 257 e ss.

sérias dúvidas de independência do centro de arbitragem. Exige-se, assim, um afastamento dos organismos desportivos com competências de regulação em matéria desportiva[22].

Na sequência do exposto, pense-se, desde logo, nas dificuldades que se suscitam em termos de independência e imparcialidade. É sempre este o caso quando a maioria da lista de árbitros seja composta mediante a escolha ou indicação de uma das potenciais partes em conflito. Acresce, por outro lado, que se coloca a questão relacionada com a falta de imparcialidade, desde logo, pela promoção de um fenómeno de nomeação sucessiva, com a eventual anulação das sentenças arbitrais proferidas por colégios arbitrais compostas por árbitros nesta situação.

Em segundo lugar, importa concluir que não se pode admitir esta excessiva limitação da autonomia das partes na escolha dos árbitros que decorre da opção legislativa pela existência de uma lista de árbitros fechada. A compressão excessiva desta liberdade, enquanto consequência natural da opção tomada a nível legislativo, pode ter um efeito perverso em sede de processo arbitral, o qual pode consistir na redução ou, no limite, a falta de confiança das partes no próprio sistema, na medida em que apenas podem escolher o seu árbitro de entre uma lista pré-elaborada por uma determinada entidade.

Em terceiro lugar, a existência de uma lista fechada pode promover a diminuição da qualidade da arbitragem. Na verdade, a sua existência, a menos que se verifique um recrutamento constante dos melhores árbitros e, eventualmente, uma renovação periódica da lista, não tem como objectivo uma melhoria da arbitragem, podendo, a curto/longo prazo, até provocar o efeito oposto. Em bom rigor, poderá existir a situação em que se gera um efeito – mais ou menos evidente – de afastar os potenciais especialistas que nela não se encontrem. Efectivamente, se as partes se encontram limitadas na escolha do mecanismo arbitral e na composição da lista do centro de arbitragem – que lhes é imposta –, podem não se encontrar nesta lista os especialistas que as mesmas pretenderiam escolher por serem – pelo menos na sua óptica – os mais indicados para a composição do seu litígio, o que se traduz numa compressão injustificada da autonomia das partes (26.º, n.º 1, da CRP).

[22] Conforme sempre defendemos, v. Artur Flamínio da Silva, *A Resolução de Conflitos Desportivos: Entre o Direito Público e o Direito Privado*, 1.ª Reimpressão, Coimbra, Almedina, 2021, pp. 457 e ss.

Na verdade, não se pode, neste domínio, aceitar que, com a existência de uma lista fechada, se promova a impossibilidade, ainda que se possa registar só na teoria e não na prática, de que um especialista numa dada área jurídica não possa constar nessa lista, o que significa que estamos, igualmente, perante uma intolerável limitação do exercício da profissão do árbitro, nos termos do artigo 47.º da CRP. Neste contexto, cumpre também denotar que na arbitragem necessária a lista fechada promove – com maior intensidade do que na arbitragem voluntária – particularmente que, nos casos de determinados domínios em que não existem muitos especialistas, se continue a sustentar a manutenção de uma situação de reduzida especialização promovida pelo acesso restrito concedido só a alguns árbitros à lista de um determinado centro[23].

Por outro lado, a lista fechada denota outra dificuldade, visto que, no caso da LTAD, não existe um critério coerente para integrar um árbitro na lista de árbitros do TAD. Deve-se, a este respeito, reprovar a possibilidade – sobretudo no que concerne à arbitragem necessária – de poderem integrar a lista árbitros que não têm formação jurídica[24], uma vez que esta realidade implica uma *degradação de tutela jurisdicional*[25].

A verdade é que, como vimos, os critérios de escolha (e de proposta) dos árbitros que se fundam na "reconhecida idoneidade e competência" ou da "comprovada qualificação científica, profissional ou técnica na área do desporto"[26] não têm uma fácil aplicação prática, colocando dificuldades na escolha dos árbitros que podem vir a integrar a lista do TAD.

Deve-se aceitar, no nosso entendimento, que o critério primordial para a integração da lista do TAD enquanto árbitro terá de ser necessariamente o conhecimento do Direito Administrativo sempre que estiver em causa a aplicação deste direito substantivo pelo tribunal arbitral[27]. Em momento

[23] Não é, pois, aceitável que os árbitros mais qualificados ou que venham a entrar no "mercado" não tenham qualquer possibilidade real de poder figurar na lista.

[24] Neste sentido, já nos pronunciámos em co-autoria com DANIELA MIRANTE, "O Estatuto dos Árbitros e o Tribunal Arbitral do Desporto", *in Desporto & Direito*, n.º 29, (2013), pp. 154 e ss.

[25] Cfr. ARTUR FLAMÍNIO DA SILVA, "A arbitragem desportiva em Portugal: uma realidade sem futuro? - anotação ao Acórdão n.º 230/2013 do Tribunal Constitucional", *in Desporto & Direito*, n.º 28 (2012), p. 81.

[26] O primeiro critério é aplicável a juristas e o segundo a não juristas. Cfr. o artigo 20.º, n.º 2, da LTAD.

[27] Conforme sempre defendemos e na esteira daquilo que é exigido pelo *Tribunal Arbitral du Sport*, v. ARTUR FLAMÍNIO DA SILVA, *A Resolução de Conflitos Desportivos: Entre o Direito Público*

algum se deve deixar de reconhecer que "são evidentes os riscos que envolve a atribuição da incumbência de dirimir litígios de Direito Administrativo a árbitros que não têm de ser – e frequentemente não o são – especialistas em Direito Administrativo (...). E o primeiro desses riscos é o de esses árbitros (...) não decidirem os litígios que são chamados a julgar na escrupulosa observância das normas e princípios (e não são poucos...) que, nessa matéria, diferenciam o Direito Administrativo do Direito privado"[28].

III. A nomeação de árbitros pelos "contra-interessados": um problema de equilíbrio da composição do colégio arbitral

Tal como já tivemos oportunidade de sustentar, os conflitos desportivos devem, no nosso entendimento, ser qualificados como "uma situação em que existe um antagonismo de interesses cujo fundamento se reconduz ao conflito entre duas ou mais pessoas singulares ou colectivas que integram necessariamente o movimento desportivo sobre a aplicação de uma norma que tenha origem nos estatutos ou num regulamento de uma federação desportivas"[29], sendo no ordenamento jurídico português considerados conflitos desportivos aqueles que se encontrem relacionados com o exercício de poderes públicos pelas federações desportivas.

Neste sentido e conforme sucede com muitos litígios no Direito Administrativo[30], não se pode ignorar a multipolaridade tendencial dos conflitos desportivos, sendo de concluir que "os conflitos desportivos não assentam

e o Direito Privado, 1.ª Reimpressão, Coimbra, Almedina, 2021, pp. 458 e 459, assumindo esta circunstância como uma desvantagem da arbitragem desportiva do TAD.

[28] Mário Aroso de Almeida, "Arbitragem administrativa: presente e futuro", *in Revista de Direito Administrativo*, n.º 7 (2020), p. 59. No nosso entendimento, existem, face ao regime jurídico actual, várias hipóteses para tentar resolver o problema em causa: (i) eliminar as listas fechadas; (ii) aumentar o número de árbitros que integram a lista; (iii) criar uma lista de árbitros para a arbitragem necessária e outra para a arbitragem voluntária. De entre as sugestões apontadas, preferimos uma conjugação de todas: a criação de uma lista aberta, sem "numerus clausus" de árbitros que a integram e a separação entre os especialistas de Direito Administrativo e os especialistas em matérias de Direito Privado. V. Artur Flamínio da Silva, "A arbitragem necessária no Tribunal Arbitral do Desporto: debatendo uma indispensável reforma", *in Revista Internacional de Arbitragem e Conciliação*, n.º 15 (2021), pp. 85 e ss.

[29] Artur Flamínio da Silva, *A Resolução de Conflitos Desportivos: Entre o Direito Público e o Direito Privado*, 1.ª Reimpressão, Coimbra, Almedina, 2021, pp. 51 e, sobre o conceito, pp. 53 e ss.

[30] Francisco Paes Marques, *As Relações Jurídicas Administrativas Multipolares*, Coimbra, Almedina, 2011, pp. 88 e ss.

(...) num cariz puramente bilateral (entre a Administração e um privado), mas antes numa multilateralidade de relações em que o interesse público conforma os diversos interesses privados contrapostos". De um modo paradigmático pode apontar-se o caso de uma sanção disciplinar de descida de divisão ou de subtracção de pontos. Com efeito, o clube punido tem um interesse que se pode contrapor em relação a quem puder beneficiar, no plano desportivo, da desclassificação do clube concorrente[31].

A figura dos contra-interessados é controversa no Direito Processual Administrativo e, especialmente, na arbitragem. Sem prejuízo de dúvidas sobre o seu "verdadeiro estatuto processual"[32], admite-se que, em geral, a delimitação dos contrainteressados é efectuada de acordo com o conceito utilizado pelo artigo 10.º, n.º 1, do Código de Processo dos tribunais Administrativos (CPTA), no âmbito da legitimidade processual, correspondendo a quem tenha "interesses contrapostos ao autor" e, em especial, retomando a fórmula, mas acrescentando que é condição para assumir a qualificação de contra-interessado a verificação da existência legítimo interesse "na manutenção do ato impugnado e que possam ser identificados em função da relação material em causa ou dos documentos contidos no processo administrativo" (artigos 57.º e 68.º, n.º 2 do CPTA).

Neste contexto, o método de nomeação dos árbitros parte desta concepção, encontrando-se previsto, de acordo com o artigo 28.º, n.º 8, da LTAD, que: "[n]o caso de serem indicados contrainteressados, estes designam conjuntamente um árbitro". Desta afirmação legal podem extrair-se três interpretações possíveis: (i) os contrainteressados *podem nomear o terceiro árbitro*; (ii) os contra-interessados *podem nomear um árbitro conjuntamente com os demandantes ou demandados;* (iii) existe um colégio árbitro de quatro árbitros:

[31] Artur Flamínio da Silva, *A Resolução de Conflitos Desportivos: Entre o Direito Público e o Direito Privado*, 1.ª Reimpressão, Coimbra, Almedina, 2021, pp. 64 e 65.

[32] É sabido que, nos termos do artigo 180.º, n.º 2, do CPTA, na arbitragem voluntária se exige que: "[q]uando existam contrainteressados, a regularidade da constituição de tribunal arbitral depende da sua aceitação do compromisso arbitral". Sobre esta disposição, no sentido indicado, v. Francisco Paes Marques, "Arbitragem e multipolaridade administrativa: da necessidade de um regime específico para os contra-interessados e terceiros no processo arbitral jurídico-administrativo", *in Arbitragem Administrativa em debate*, Lisboa, AAFDL, 2018, pp. 146 e ss. Em geral, e com desenvolvimentos críticos, sobre a figura dos contra-interessados, v. Francisco Paes Marques, *Conflitos entre Particulares no Contencioso Administrativo*, Coimbra, Almedina, pp. 2019, pp. 533 e ss.

um nomeado pelo demandante; um árbitro nomeado pelo demandado; um árbitro nomeado pelos contra-interessados; um árbitro (o presidente) nomeado por todos os restantes árbitros[33].

A primeira solução parece de difícil concretização, desde logo, porque se esvaziava o conteúdo útil do artigo 28.º, n.º 2, no qual se estabelece que os dois árbitros chegam, em regra, a acordo quanto à escolha do presidente do colégio arbitral. Por um lado, a segunda solução também não parece proceder, desde logo, porque a existência, a priori, de interesses conflituantes – que se deduz precisamente da natureza de contra-interessado – não permitará, em regra, alcançar o acordo sobre o árbitro a nomear. Por outro lado, esta segunda solução não parece convencer, na medida em que a lei determina expressamente que são os contra-interessados a escolher um árbitro, não fazendo qualquer menção a uma nomeação conjunta com o demandado ou demandante.

A última hipótese tem sido seguida pela jurisprudência do TAD. Neste contexto, os árbitros deste centro têm sufragado esta última interpretação, a qual tem sido religiosamente seguida pelos diversos colégios arbitrais. Sucede, porém, que esta solução encapsula dificuldades significativas.

Como vimos, a interpretação da jurisprudência do TAD assenta na ideia de que cada parte nomeia um árbitro e os contra-interessados nomeiam outro e, entre eles, o quarto. Trata-se de uma solução anómala – no âmbito da interpretação do artigo 28.º da LTAD – em relação ao estabelecido no artigo 10.º, n.º 3, da Lei da Arbitragem Voluntária (LAV), resultando daí que as partes nomeiam individualmente um árbitro cada e, conjuntamente, o terceiro, discordando por duas razões dela.

Em primeiro lugar, a doutrina configura a definição da figura dos contrainteressados pela posição em que se encontra a entidade que exerce poderes públicos (a federação desportiva). No Direito Administrativo do Desporto, a posição dos conta-interessados assume uma contraposição aos interesses do autor que é lesado pela omissão ou pela ilegalidade por quem exerce o poder público[34], mesmo que esta situação só se verifique possível

[33] É esta solução adoptada, recentemente, pelo TAD, v., a título de exemplo, o processo n.º 46/2022.

[34] V., com críticas, admitindo a possibilidade de, em certas situações, poder existir uma contraposição de interesses entre quem exerce poderes públicos e os contra-interessados mesmo no caso de relações multipolares parciais, pelo que conclui que a solução, embora pouco satisfatória, passe pela aplicação do artigo 11.º, n.º 1, da LAV, cabendo ao tribunal estadual a

ou potencialmente[35]. Deve, assim, concluir-se que existe, neste caso, uma pluralidade de sujeitos e não partes, não havendo dúvidas de que cada "litisconsorte constituirá uma parte processual"[36] e que esta pluralidade de sujeitos (entidade que exerça poderes públicos e os contrainteressados) demandados nomeará conjuntamente um árbitro.

Em segundo lugar, a interpretação da jurisprudência do TAD assume-se como violadora do direito a um processo equitativo, conforme previsto no artigo 20.º da CRP. Aliás, conforme se vem afirmando na síntese jurisprudencial do TC, naquela norma encontra-se estabelecido "o direito a ver solucionados os conflitos, segundo a lei aplicável, por um órgão que ofereça garantias de imparcialidade e independência, e perante o qual as partes se encontrem em condições de plena igualdade no que diz respeito à defesa dos respectivos pontos de vista (...). Tal direito de acesso aos tribunais, ao fim o ao cabo, é ele próprio uma garantia geral de todos os restantes direitos e interesses legítimos"[37].

De facto, se duas partes (o autor ou o demandado e os contra-interessados) tiverem interesses convergentes e, consequentemente, o poder de nomear o árbitro presidente por maioria (contra a vontade da contra-parte), então a nomeação desse mesmo árbitro cabe exclusivamente por determinação e acordo dessas duas primeiras partes, existindo, portanto, um desequilíbrio na composição do tribunal arbitral que é intolerável ao abrigo da igualdade das partes.

Tal não impede, porém, que os contra-interessados nomeiem conjuntamente com o autor ou com o demandado, consoante o caso, um árbitro. Contudo, a solução mais coerente e compatível com a CRP será, assim, aquela que se encontra estabelecida pelo artigo 28.º, n.º 6: na situação em

designação do restante árbitro, v. Francisco Paes Marques, "Arbitragem e multipolaridade administrativa: da necessidade de um regime específico para os contra-interessados e terceiros no processo arbitral jurídico-administrativo", *in Arbitragem Administrativa em debate*, Lisboa, AAFDL, 2018, pp. 164 e ss.

[35] Cfr. José Carlos Vieira de Andrade, *Justiça Administrativa*, 19.ª Edição, Coimbra, Almedina, 2021, pp. 274 e ss. e Mário Aroso de Almeida, *Manual de Processo Administrativo*, 7.ª Edição, Coimbra, Almedina, 2022, pp. 300 e ss.

[36] António Pedro Pinto Monteiro, *O Princípio da Igualdade e a Pluralidade de Partes na Arbitragem: os Problemas na Constituição do Tribunal Arbitral*, Almedina, Coimbra, 2017, p. 234.

[37] Cfr. a síntese do acórdão n.º 346/92. Sobre o acesso ao Direito e à tutela jurisdicional efetiva enquanto direitos fundamentais, cfr., por todos, Gomes Canotilho, *Direito Constitucional e Teoria da Constituição*, 6.ª Edição, Coimbra, Almedina, 2002, pp. 487 e ss.

que existam contra-interessados, a escolha de todos os árbitros, inclusivamente do presidente do colégio arbitral, pertence ao presidente do TCA Sul, uma vez que a existência de contra-interessados pressupõe precisamente a existência de um interesse conflituante.

IV. Conclusão

O objecto do presente trabalho reside em procurar demonstrar as fragilidades do regime jurídico que rege o TAD no que concerne à lista de árbitros, sobretudo no domínio da arbitragem necessária. É inequívoco que a LTAD demonstra dificuldades práticas de interpretação que podem gerar – como tem sido habitual na jurisprudência do TAD – soluções incompatíveis com o texto constitucional. Com vista a ultrapassar estes óbices, sugerimos uma interpretação alternativa à adoptada pela jurisprudência do TAD, sendo, em caso de pluralidade de partes, a interpretação conforme à Constituição aquela que trata os contra-interessados como se fossem uma só parte considerada com as partes passivas ou activas. Logo, cabe-lhes nomear conjuntamente um só árbitro (assumindo o colégio arbitral uma configuração que tem em consideração três árbitros) e não individualmente (rejeitando-se a solução: parte activa = um árbitro; parte passiva = 1 árbitro; contrainteressados = 1 árbitro; todas as partes mencionadas escolhem um quarto árbitro). Não deixa, porém, de ser muito menos duvidosa a situação em que é o próprio Presidente do TCA Sul que opera a escolha de todos os árbitros, ou seja, da composição integral do colégio arbitral, quando este tipo de casos se verifica na prática.

4. COMPLIANCE NO DESPORTO EM PORTUGAL – O IMPULSO DA DIRETIVA WHISTLEBLOWING

Carlos Lelo Filipe[1]

Sumário: Introdução; Breve Resenha histórica do Compliance no Desporto; Compliance no Desporto em Portugal; Impulso e Impacto da Transposição da Directiva 2019/1937 (Whistleblowing); Conclusões; Notas Bibliográficas.

I. Introdução

A temática de Compliance, ou cumprimento normativo, tem vindo a conhecer um crescendo de importância e um grande desenvolvimento desde o último quartel do século XX, quando após diversos escândalos empresariais com grande impacto nos mercados financeiros, as autoridades norte-americanas se viram forçadas a adoptar medidas tendentes a proteger os mercados das consequências resultantes de uma gestão sem preocupações éticas e de cumprimento das obrigações legais e regulamentares.

Se os primeiros grandes marcos no desenvolvimento e no crescendo de importância do Compliance se deram após os casos Watergate e Enron, foi depois das sucessivas crises ocorridas no sistema financeiro internacional que esta matéria se tornou parte integrante e até imprescindível das estruturas empresariais, inicialmente do sector financeiro e das grandes multinacionais norte-americanas e, pouco a pouco, de forma transversal e abrangendo a generalidade dos sectores de actividade, entre os quais se inclui o Desporto.

[1] Compliance Officer e Advogado.

No domínio particular do Desporto, as primeiras referências a Compliance e aos seus programas e modelos surgiram já em pleno século XXI, na sequência de vários escândalos relacionados quer com os processos de escolha e organização de grandes eventos de dimensão mundial, como os Jogos Olímpicos e os Campeonatos do Mundo de Futebol, quer com diversos casos de manipulação de resultados e de uso de doping noutras modalidades como o ciclismo, a natação ou o atletismo.

Sendo o Desporto uma actividade geradora de paixões, com uma extraordinária capacidada de mobilização de massas é, ao mesmo tempo, um sector de actividade económica extremamente importante, geradora de um volume global de negócios com um impacto muitíssimo significativo à escala global, algo que o torna num alvo ao mesmo tempo extremamente apetecível e particularmente atractivo para organizações criminosas de variada índole.

Para além da vertente económica, a capacidade de mobilizar largas massas humanas torna o Desporto particularmente atractivo para ser usado como instrumento de propaganda e de controlo e manipulação das massas por parte do poder político, uma espécie de versão moderna do aforismo romano "panem et cicenses", como aconteceu, por exemplo nos casos dos Jogos Olímpicos de Berlim em 1936 e de Moscovo em 1980, eventos utilizados pelos regimes totalitários da Alemanha nazi e da Rússia soviética como forma de se enaltecerem e projectarem na cena internacional.

A utilização do Desporto por parte do poder político, para além da propaganda, tem ainda outro efeito negativo e até perverso, decorrente do estatuto especial e informal de impunidade e intocabilidade de que gozam clubes e organizações desportivas em geral e os seus dirigentes em particular, o que constitui, também, outro poderoso factor de atracção para diversos tipos de criminalidade.

No caso particular de Portugal, diversos são os casos, mais ou menos mediáticos, ocorridos em diversas competições desportivas que têm deixado no cidadão comum uma sensação não apenas de impunidade, mas até da demissão do Estado e de diversas entidades investidas dos poderes públicos de regulação das actividades desportivas, e, até, económicas do exercício desta mais elementar das suas competências.

Tomando como base o contributo do Compliance na luta contra as actividades de índole criminoso noutros domínios da actividade sócio-económica, afigura-se-nos claro que a adopção, implementação e desenvolvimento de modelos e programas de Compliance no domínio da actividade desportiva é uma necessidade e cada vez mais imperiosa e é uma questão de tempo que se venha a impoe de forma inelutável.

Essa ordem de razões, a par da experiência profissional no domínio do Compliance e pessoal enquanto dirigente desportivo, levou-nos a elaborar a presente reflexão, a qual não pretende ser uma obra científica destinada à investigação da temática numa óptica de trabalho universitário mas, pelo contrário, na perpectiva de ser mais um contributo para o aprofundamento da discussão desta temática no domínio do Desporto em geral e no do Direito do Desporto em especial.

II. Breve resenha histórica do Compliance no Desporto

As primeiras referências expressas a "Compliance" e a "Programas de Compliance" no Desporto são relativamente recentes, tendo surgido apenas no início do século XXI, no rescaldo de vários escândalos relacionados quer com processos de escolha e organização de grandes eventos, principalmente diversas edições do Jogos Olímpicos e dos Campeonatos do Mundo de Futebol, quer na sequência de vários casos de manipulação de resultados e de uso de doping em diversas modalidades de alta competição, como o Atletismo, a Natação e o Ciclismo, entre outras.

No entanto, se partirmos da definição do que é o Compliance conhecendo o conjunto de valores e princípios éticos universais e a obra do fundador do Movimento Olímpico da Era Moderna, podemos afirmar que o Barão Pierre de Coubertin foi mais do que um pioneiro e grande impulsionador, mas o verdadeiro pai da Ética e do Compliance no Desporto.

Basta fazer uma leitura atenta da Carta Olímpica original, onde se encontra o conjunto de valores, princípios éticos e regras fundamentais do Movimento Olímpico, para podermos considerar ser esse um autêntico modelo de Compliance e de Ética para o Desporto.

Conhecendo a obra do Barão Pierre de Coubertin, é da mais elementar justiça atribuir-lhe um papel decisivo e determinante na adopção e estabelecimento dos valores e princípios universais da ética no Desporto, razão que nos leva a considerá-lo como o verdadeiro pai da Ética e Compliance no Desporto.

A vertiginosa expansão da prática do desporto a nível mundial na sequência dos Jogos Olímpicos da Era Moderna foi o verdadeiro "pontapé de saída" em direcção à sua profissionalização, em particular no caso das modalidades mais populares como o futebol e o ciclismo no velho Continente e o boxe, o basquetebol, o basebol e o hóquei no gelo na América do Norte.

Se o advento da profissionalização das actividades desportivas evidenciou a sua extraordinária capacidade para gerar enormes proveitos económicos também expôs, desde logo, diversas fraquezas e vulnerabilidades facilmente exploradas por organizações criminosas.

Ao longo do século XX assistimos a inúmeros casos de corrupção, subornos, manipulação de resultados ou utilização de substâncias dopantes em diversas competições de várias modalidades desportivas, quer à escala global quer à escala nacional, casos esses claramente indiciadores da vulnerabilidade do Desporto perante diversos tipos de criminalidade organizada.

Como já tivemos oportunidade de referir, as primeiras referências a "Compliance" e a "Programas e Modelos de Compliance" aplicados no domínio do Desporto ocorreram no início deste milénio, em consequência de diversos casos de corrupção e suborno relacionados com os processos de escolha dos países organizadores dos eventos desportivos de maior relevância, nomeadamente as Olimpíadas, quer as de Verão quer as de Inverno, os Campeonatos Mundiais de Futebol, entre outros de igual dimensão de outras modalidades com grande projecção mediática.

O "tone from the top" foi dado pela FIFA em 2012 e pelo Comité Olímpico Internacional (COI) em 2015, momentos em que ambas as entidades decidiram incluir áreas de Compliance no seio das suas estruturas orgânicas.

O "pontapé de saida", foi dado pela FIFA, que em Março de 2012 incluiu o Compliance no Comité de Auditoria na sequência de uma recomendação do respectivo Comité Executivo.

Três anos mais tarde, o Comité Olimpico Internacional (COI) seguiu o exemplo da FIFA e tomou a decisão de criar um Gabinete de Ética e Compliance no seguimento de uma recomendação incluída na Agenda Olimpica para 2020.

A partir do momento em que o Compliance passou a fazer parte das estruturas orgânicas dessas organizações, temos vindo a assistir a um crescimento muito significativo da adopção do do Compliance e da inclusão de Programas e Modelos de Compliance num vasto leque de modalidades desportivas em diversos países.

Como exemplos mais relevantes desta tendência podemos apontar os casos de Brasil, Espanha, Alemanha e Estados Unidos da América.

Começando pelo caso do Brasil, o primeiro Programa de Compliance no Desporto foi adoptado pelo Coritiba Football Club no ano de 2016. O foco do modelo de Compliance do histórico clube brasileiro é a ética na gestão e foi desenhado para ser usado como um instrumento na luta contra a corrupção.

Tratando-se de uma decisão pioneira no panorama desportivo brasileiro, desde logo, suscitou um interesse geral, em especial no domínio do impacto económico da medida para o clube. De acordo com um estudo efectuado pela consultora Ernest & Young Brazil, desde a implementação do referido programa, o Coritiba Foot Ball Club já recebeu 120 denúncias de más práticas, tendo logrado evitar perdas no valor de R$ 50 milhões, aproximadamente 8 milhões de euros[1], por força da aplicação das medidas preventivas e correctivas constantes do modelo.

O sucesso do modelo de Compliance do Coritiba Foot Ball Club e o impacto económico altamente positivo do mesmo constituiu um contributo decisivo para a expansão destes programas no seio da comunidade desportiva brasileira, em especial no âmbito das entidades responsáveis pela organização e gestão do futebol, como a Federação do Estado de São Paulo (Federação Paulista de Futebol) ou a poderosa CBF (Confederação Brasileira de Futebol).

No caso da Espanha a introdução e difusão do Compliance no domínio do Desporto não se ficou a dever à adesão ou seguimento dos exemplos e tendências internacionais mas, antes na sequência das revisões do Código Penal de 2010 e de 2015, revisões essas que tiveram particular incidência no regime da responsabilidade criminal das pessoas colectivas por factos cometidos pelos seus representantes ou mesmo colaboradores com vínculo laboral, prevendo um regime especial de isenção dessa responsabilidade mediante a adopção de programas de Compliance, designados como modelos de organização e gestão que incluem medidas de prevenção e controlo adequadas à prevenção de delitos e à redução do risco da sua ocorrência.

Uma das principais consequências das referidas alterações ao regime da responsabilidade criminal das pessoas colectivas passou pela introdução e implementação de programas de Compliance na estrutura organizativa de federações, ligas e clubes com actividades desportivas profissionais.

Na Alemanha, o histórico clube FC Schalke 04 foi o pioneiro na introdução do Compliance no panorama das organizações desportivas quando no ano 2018 adoptou um Código de Conduta, assumindo que tal seria a base para o seu programa de Compliance.

Nos Estados Unidos da América, podemos afirmar que o Compliance chegou ao desporto no ano de 2005, quando a NCAA (National Collegiate Athletic Association), federação que rege o desporto universitário, introduziu as primeiras referências explicitas a Complice Officers e a programas de Compliance no âmbito do seu sistema regulamentar.

Em concreto, tais referências foram incluídas na Constituição da NCAA, no seu ponto 2.8. com a epigrafe "The Principle of Rules Compliance" onde consta: "*....os membros têm o dever de cumprir todas as regras e regulamentos da Associação e monitorizar os seus programas desportivas de modo a assegurar esse cumprimento....*" (tradução livre do autor).

O exemplo da NCAA foi, de pronto seguido pelas maiores organizações desportivas profissionais norte-americanas, tais como a NFL, NBA e MLB, entre outras e apenas para referir as mais conhecidas fora dos Estados Unidos da América.

III. Compliance no Desporto em Portugal:

Em Portugal, a influência do Compliance no desporto permanece muito incipiente, até praticamente inexistente, reduzindo-se à adopção de alguns Programas de Boa Governança e de Códigos Éticos ou de Conduta por parte de algumas Federações e muito poucos clubes, não sendo conhecida a existência de Programas ou Modelos de Compliance.

A criação de uma Unidade de Integridade e Compliance na estrutura da Federação Portuguesa de Futebol no ano de 2018 foi pioneira e um primeiro impulso para a introdução desta matéria no domínio das organizações desportivas.

Todavia, cinco anos volvidos desde essa iniciativa, verificamos que a mesma não só não foi seguida pelas entidades federativas e associativas das outras modalidades, como no seio da estrutura organizativa da Federação Portuguesa de Futebol o seu papel se tem praticamente resumido à inclusão da temática da integridade e da ética em diversas acções de formação e workshops, algo que sendo positivo é manifestamente insuficiente, ficando muito aquém das expectativas criadas aquando da sua criação.

Tivesse a Federação Portuguesa de Futebol seguido o exemplo da C.B.F. (Confederação Brasileira de Futebol) no Brasil e, seguramente, que nesta altura estaríamos a discutir os efeitos da introdução dos programas de Compliance desporto português e o seu impacto na prevenção e diminuição de diversos casos que têm dado origem a diversos processos crime, a intermináveis discussões nos meios de comunicação social e a alimentar uma certa imagem de que no desporto certos crimes acabam por compensar.

Não podendo deixar de realçar o papel assumido pelo Comité Olímpico de Portugal na promoção da integridade desportiva nos domínios da prevenção e luta contra a dopagem, violência, discriminação e corrupção, manipulação de competições, assédio e abuso no desporto, o que é facto é que sendo esse papel relevante, por si só, acaba por ser insuficiente sem o passo decisivo no sentido da adopção plena do Compliance no Desporto.

Do lado da tutela do Estado nada há a referir neste domínio, bastando uma simples consulta ao portal do IPDJ para constatar isso mesmo.

Aquando da transposição da Directiva Europeia 2019/1997, vulgarmente conhecida como Directiva Whistleblowing, alimentámos algumas expectivas que tal pudesse constituir um ponto de viragem e um marco importante na adopção do Compliance no panorama desportivo nacional mas, infelizmente, tal não veio a suceder, como teremos oportunidade de referir no ponto seguinte.

IV. Impulso e Impacto da Transposição da Directiva 2019/1937 (Whistleblowing)

A transposição para o ordenamento jurídico nacional da Directiva Europeia 2019/1937, através da Lei 93/2021, de 20 de Dezembro, constituiu uma excelente oportunidade para o desenvolvimento e aprofundamento da cultura de Compliance nos diversos sectores de actividade abrangidos pelo seu âmbito de aplicação, sendo o Desporto um deles.

Tendo encarado esse momento com alguma expectativa e até uma secreta esperança de que esse pudesse vir a constituir um impulso determinante para a adopção de Programas e Modelos de Compliance no domínio do Desporto, quase um ano volvido após a entrada em vigor do referido diploma legal, para além da introdução dos canais de denúncia no seio das organizações obrigadas a isso por força do regime da Lei 93/2021, nada mais do que isso foi feito.

O que poderia ter sido outro passo importante para a adopção de uma cultura de Compliance e, igualmente, para a introdução e implementação de modelos de Compliance no seio das estruturas desportivas, ficou mais uma vez muito aquém das expectativas, pois mesmo reconhecendo-se a importância da criação dos canais de denúncia e das estruturas internas de gestão das mesmas, tal só faz pleno sentido enquanto instrumento integrante dos modelos de Compliance das organizações.

Conclui-se, assim, que o impulso dado pela transposição para o ordenamento jurídico nacional da Directiva Europeia "Whistleblowing" não teve, até à data, um impacto determinante ou até particularmente relevante no desenvolvimento e aprofundamento da temática do Compliance no domínio do Desporto em Portugal.

V. Conclusões

Mesmo estando cientes que o Compliance no Desporto continua a sofrer de "doenças de crescimento" e que o caminho até à sua plena adopção ainda se antevê longo, duro e pleno de obstáculos, podemos afirmar sem receio que o Compliance veio para ficar no Desporto, que irá conhecer um enorme desenvolvimento e consolidação no futuro próximo, constituindo um instrumento indispensável para a prevenção da utilização por parte de organizações criminosas e contribuindo para a credibilidade do fenómeno desportivo no geral.

A implementação de programas de Compliance nas diversas vertentes da organização e gestão das actividades desportivas, afigura-se, pois, algo inevitável e imprescindível, constituindo a forma mais adequada para, por um lado, credibilizar a actuação das organizações e competições e, por outro, para prevenir e combater a utilização do Desporto por parte de organizações criminosas como veículos de branqueamento de capitais, fontes de receita de apostas ilegais ou como mercados consumidores de substâncias dopantes.

Não se pense, porém, que a mera adopção e implementação de programas de Compliance nos vários domínios da organização e gestão das actividades desportivas irá erradicar todos os comportamentos ilícitos ou a influência dos diversos tipos de organizações criminosas no seio do Desporto, mas terá seguramente um efeito amplamente positivo, como já foi demonstrado noutros sectores de actividade.

Para que tal seja possível, é imprescindível o impulso e a vontade política das autoridades com a introdução das necessárias alterações aos quadros legislativos e regulamentares, introduzindo modelos e programas de Compliance e mecanismos efectivos de supervisão e controlo das actividades desportivas em todas as áreas em que se movimentam, uma vez que cada vez mais os clubes tendem a tornar-se grandes empresas, movimentando elevadas quantias de dinheiro e tendendo a esquecer o seu grande objectivo: promover o Desporto como uma das dimensões da realização da Pessoa Humana.

O que é facto é que a forma como o Compliance tem vindo a ser adoptado pelas principais entidades organizadoras e gestoras das actividades desportivas com maior exposição mediática, nomeadamente o COI, a FIFA e as associações profissionais norte-americanas, tem contribuído decisivamente para despertar o interesse nesta temática por parte da comunidade cientifica, em particular nos domínio jurídico e de gestão/economia, o que entre nós tem vindo a ser reconhecido, apesar dos passos titubeantes dados nesse sentido.

Como corolário desse interesse, temos vindo a assistir a um aumento exponencial da publicação de dissertações, trabalhos de investigação e artigos técnicos cobrindo diversos aspectos da temática do Compliance no domínio do Desporto, sendo de realçar o papel pioneiro da Universidade Autónoma de Lisboa, a qual pela mão do Prof. Alexandre Miguel Mestre, promoveu a inclusão da temática do Compliance na sua Pós-Graduação de Direito do Desporto.

VI. Notas bibliográficas

Numa nota final partilhamos o conjunto de referências bibiliográficas e de informação disponível noutras fontes abertas que serviram de base de trabalho para esta reflexâo:

– **AAVV.** *Whistleblowing Laws in Europe, An International Guide, DLA Piper, 2021*
– **Barros, João Pedro Leite**, *Desafios na Implementação do Compliance no Direito Desportivo, Revista do Direito do Desporto, n.º 5, Maio-Agosto 2020, pág. 111-120, AAFDL, Lisboa, 2020.*
– **Brandão, Nuno,** *O Whistleblowing no ordenamento jurídico português, Revista do Ministério Público n.º 161, Janeiro-Março 2020.*
– **Brito, Teresa Quintela,** *Relevância dos mecanismos de "Compliance" na responsabilização penal das pessoas colectivas e dos seus dirigentes, Revista de Anatomia do Crime n.º 0, Instituto de Direito Penal e Ciências Criminais da Faculdade de Direito de Lisboa, 2014.*
– **von Busekist, Konstantin u.a.,** *International Compliance: Legal Requirements of Business Organization in over 30 countries, C.H. Beck, Hart, Nomos, Müchen, 1.Auflage 2016.*
– **De la Câmara, Pablo Chico; Fraile Fernández, Rosa,** *Compliance en mateira deportiva y medidas de acción en favor de la política de género en la nueva Ley del Deporte, Aranzadi, Pamplona, 2023.*

- **El Oraby, Ibrahim,** *Money Laundering and Compliance in Football, Amazon Kindle Edition, ASIN: B09QMBSTR2, 2022.*
- **Filipe, Carlos Lelo e Paro, João Pedro,** *Compliance esportivo, Jus Navigandi, 2019. Disponível em https://jus.com.br/artigos/73157/compliance-esportivo.*
- **García-Moreno, Beatriz,** *Del Whistleblower al Alertador, La Regulación Europea de los Canales de Denúncia, Tirant lo Blanch, Valência, 2020.*
- **Geeraert, Arnout e van Ekeren, Frank**, *Good Governance in Sport, Critical Reflections, Routledge, London and New York, 2022.*
- **Gordillo, Rafael Aguilera**, *Compliance Penal en España: Regimen de responsabilidad penal de las personas jurídicas..., Aranzadi, 2015.*
- **Januário, Túlio Felippe Xavier**, *Criminal Compliance e Corrupção no Fenômeno Desportivo: Particularidades e Reflexos na Responsabilidade Penal em face da Lei 50/2007, de 31 de Agosto, Dissertação apresentada à Faculdade de Direito da Universidade de Coimbra, Coimbra, 2018.*
- **Lange, Alexander**, *Compliance im Sport, GRIN Verland, Norderstedt, 2018.*
- **Makowicz, Bartosz u.a.**, *Global Ethics, Compliance & Integrity – Yearbook 2021, Peter Lang, Berlin, 2021.*
- **Mestre, Alexandre Miguel (coord.)**, *Compêndio de Direito do Desporto, Gestlegal, 2021.*
- **Mestre, Alexandre Miguel (coord.)**, *Enciclopédia de Direito do Desporto, Gestlegal, 2019.*
- **Mestre, Alexandre Miguel**, *O Direito do Desporto no Olimpo – Os Jogos Olímpicos da Antiguidade na Génese do Ordenamento Jurídico Desportivo Moderno, AAFDL, 2021*
- **Miceli, Marcia P., Near, Janet P.**, *Organizational Dissidence: The Case of Whistleblowing, Journal of Business Ethics, vol.4, n.º 1, 1985.*
- **Palma, Maria Fernanda; Dias, Augusto Silva e Mendes, Paulo,** *Estudos sobre Law Enforcement, Compliance e Direito Penal, Almedina, 2018.*
- **Pitta Simões, Patrick,** *O Whistleblowing é um assunto de Polícia(s), CEDIS Working Papers, Varia n.º 1, Setembro 2020.*
- **Pittman, Andrew T.; Spengler, John O. e Young, Sarah J.,** *Case Studies in Sport Law, Human Kinetics, Second Edition, 2016.*
- **Pizarro, Sebastião Nóbrega,** *Manual de Compliance, Nova Causa Edições Jurídicas, 2016.*
- **Poth, Axel**, *Die Umsetzung von Compliance-Richtlinien in Internationalen Sportverbänden und die rechtliche Wirkingen für deren national Mitglieder, Nomos, Baden-Baden, 1.Auflage 2021.*
- **Puyol, Javier**, *El funcionamiento práctico del Canal de Compliance "Whistleblowing", Tirant lo Blanch, Valência, 2017.*
- **Rodrigues, Anabela Pinto de Miranda,** *Direito Penal Económico – Uma Política Criminal na Era Compliance, Almedina, 2019.*

- **Santos, Luis Martinho Rodrigues dos**, *Sociedades Anónimas Desportivas, a sua Governação e Controlo Interno, Relato Financeiro e Continuidade: o caso das principais SAD portuguesas, Dissertação apresentada ao ISCAL (Instituto Superior de Contabilidade e Administração de Lisboa), Lisboa, Maio de 2019.*
- **Schenk, Sylvia G.**, *Integrität und Compliance im Sport, Internationale Bezüge des Sports und des Sportrechts Schiedsrichter im Recht, Nomos, Baden Baden, 2020.*
- **Torhauer, Yvonne e Kexel, Christoph A.**, *Compliance im Sport: Theorie und Praxis, Springer Gabler, Bad Homburg, 1.Auflage, 2018.*
- **Vaudlet, Marie**, *Korruption und Compliance im Sport: Gegenstand, Umfang und Folgen der Korruptionspräventionspflicht im Sportverein, Peter Lang Gmbh, Internationaler Verlag der Wisschenschaften, Berlin, 1.Auflage, 2021.*

Outras fontes:

- https://www.fpf.pt/Institucional/Documenta%C3%A7%C3%A3o
- http://comiteolimpicoportugal.pt/integridade/
- https://transparencia.pt/proteger-quem-denuncia/
- https://www.cmvm.pt/pt/denuncias/Pages/whistleblowing.aspx
- *Webinar "Whistleblowing em Portugal" 17.03.2021: https://www.youtube.com/watch?v=urj oygZyJs*
- https://eur-lex.europa.eu/legal content/PT/TXT/PDF/?uri=CELEX:32019L1937&from=en
- https://dictionary.cambridge.org/pt/dicionario/ingles/compliance
- https://www.olympic.org/ethics-commission
- https://www.cbf.com.br/a-cbf/informes/index/compliance-como-funciona-na-cbf
- http://files.laliga.es/201604/04172527jornada-cumplimiento-normativo.pdf
- https://www.fifa.com/about-fifa/who-we-are/news/fifa-executive-committee-agrees-major-governance-reforms-ethics-structur-1608553
- https://www.heuking.de/de/news-events/fachbeitraege/compliance-im-fussball-handlungsbedarf-und-umsetzungshinweise.html
- https://www.transparency.de/fileadmin/Redaktion/Publikationen/2014/14-06-10-Schenk_Compliance_im_Sport.pdf
- https://lsb-berlin.net/fileadmin/redaktion/doc/News/LSB_-_Good_Governance_und_Compliance_im_Sport.pdf
- https://buse.de/insights/compliance-im-sport/
- https://www.bisp-surf.de/Record/PU201210006991/Details#tabnav
- https://www.iaaf.org/news/iaaf-news/ethical-compliance-cyber-security
- https://www.grupoadaptalia.es/blog/futbol-y-compliance-caso-barcagate/
- https://sportslawinstitute.com/el-barcagate-y-la-figura-del-compliance-officer/

- https://www.spiegel.de/international/business/asian-match-fixers-infiltrate-european-football-a-1154610.html
- https://leiemcampo.com.br/compliance-do-barcelona-tem-papel-importante-no-combate-a-corrupcao-no-clube/
- https://theblacksea.eu/stories/football-leaks-2018/eric-mao-asset-stripper-european-football/
- https://sol.sapo.pt/artigo/121756/atencao-este-jogo-esta-comprado
- https://sjogadores.pt/?pt=news&op=OP_SHOW_DETAIL&id=7648
- https://www.nytimes.com/2019/05/22/sports/qatar-bein-iaaf-world-championships.html
- https://www.reuters.com/article/athletics-corruption-idUSKBN267248
- https://www.cyclingweekly.com/news/latest-news/astanas-uneasy-ride-professional-peloton-139345
- https://www.theguardian.com/sport/2020/dec/03/uk-sport-failed-to-act-over-shane-sutton-corruption-allegations-british-cycling
- https://www.dn.pt/desporto/portugal-criminosos-nao-sao-escrutinados-e-tem-porta-aberta-para-entrar-no-desporto-14182105.html
- https://jornaleconomico.pt/noticias/investimento-nos-clubes-o-compliance-em-portugal-esta-a-falhar-muito-537980
- FPF recebe financiamento da UE para combater a viciação de resultados – Futebol – Correio da Manhã (cmjornal.pt)

5. *GRANDES EVENTOS DESPORTIVOS* – DESPORTO, PROPRIEDADE INTELECTUAL & LEGADO

Diogo Oliveira Guia[1]

No âmbito dos estudos sobre políticas desportivas públicas é frequente ver associadas as áreas do *Desporto* e da *Propriedade Intelectual*[2].

Como noutras áreas da atividade humana, geradoras de riqueza, o Desporto requer a proteção dos direitos de uns agentes (económicos) sobre os demais – é o caso da proteção dos direitos de imagem dos atletas, dos símbolos dos clubes competidores, dos calendários dos jogos, do património histórico imaterial ou das inovações tecnológicas ou científicas (equipamentos, metodologias de treino, etc.).

A correlação entre as duas áreas é especialmente abordada a propósito da realização de *Grandes Eventos Desportivos*, para os quais é determinante

[1] Advogado. É, desde 2014, Diretor de Políticas Públicas do Desporto e, desde 2018, COO (Diretor de Operações) do ICSS – International Centre for Sport Security, sendo diretor das delegações de Bruxelas, Londres e Lisboa. É membro de grupos especializados no âmbito da União Europeia, das Nações Unidas e Conselho da Europa sobre Desporto. Exerceu as funções de Chefe de Gabinete no Parlamento Europeu, no Independent European Sport Reviwe e do Secretário de Estado do Desporto e Juventude e Advocacia como Associado Principal da RPA-CMS. É Presidente do Conselho de Justiça da Federação Portuguesa de Ciclismo (UVP-FPC).

[2] A *Propriedade Intelectual* será aqui entendida em sentido lato, compreendendo dois institutos jurídicos: os direitos de Propriedade Industrial – patentes, sinais distintivos e instituto da concorrência desleal –, regulados pelo *Código da Propriedade Industrial*, e os direitos de autor e direitos conexos (também designados propriedade intelectual, em sentido estrito), regulados pelo *Código dos Direitos de Autor e Direitos Conexos* – as obras literárias e artísticas, direitos dos artistas e intérpretes, e direitos de produtores de registos. V. *infra*.

assegurar a proteção dos direitos de patrocinadores e dos operadores licenciados, sob pena de essa realização se tornar inviável do ponto de vista económico (sustentabilidade financeira).

Há, no entanto, e para além desta interconexão, um aspeto na natureza de ambos os institutos que os ultrapassa na sua mera dimensão funcional (a competição ou a regulação) e cujo efeito é substancialmente indireto, mas de incomensurável potencial como instrumentos de evolução social e humana. Algo como uma 'externalidade'[3], como definida pelos Economistas[4].

Esse traço particular, comum, pode contribuir para que ambas as áreas – *Desporto* e *Propriedade Intelectual* – sejam progressivamente entendidas (e queridas) pelo seu potencial 'indireto' de servir os interesses das comunidades e fomentar o desenvolvimento humano sustentável e harmonioso. Servindo, assim, como (dos mais) poderosos instrumentos de políticas públicas.

É, pois, fácil, sentir entusiasmo pelo *Desporto* e pela *Propriedade Intelectual,* considerados nesse seu traço comum e, por isso, no seu potencial de serviço à humanidade.

Com efeito, ambos emergem do que há de mais característico na história humana, no desenvolvimento das comunidades e na construção da própria civilização. Ambos lidam, na essência, com relações e competição (saudáveis) entre seres humanos. Competição justa.

A essencialidade deste último traço, 'justa', em ambos os casos, expressa também uma ambição de superar a natureza humana em algumas de suas fragilidades e atingir coletivamente um grau superior de civilização.

Se a ambição dos redatores do pioneiro *Tratado da União de Paris*[5] (em 1883) era disciplinar o comércio por meio do reconhecimento recíproco dos direitos de Propriedade Industrial, entre as nações – como forma de assegurar a sã concorrência e o benefício e desenvolvimento recíprocos –, da mesma forma e contemporaneamente (1894), *Pierre de Coubertin* e os seus

[3] Um exemplo de externalidades positiva: Um apicultor que cultiva abelhas para o mel. Um efeito colateral ou *externalidade* associada a tal atividade é a polinização das plantações vizinhas pelas abelhas. O valor gerado pela polinização pode ser mais importante do que o valor do mel colhido.

[4] Dois economistas britânicos são creditados por terem iniciado o estudo formal das externalidades, ou "*efeitos colaterais*": Henry Sidgwick (1838-1900) é creditado com a primeira articulação, e Arthur C. Pigou (1877-1959) é creditado com a formalização do conceito de externalidades (*Wikipédia*).

[5] https://www.wipo.int/treaties/en/ip/paris/.

correligionários visavam[6] usar o desporto e a sã competição para promover o entendimento recíproco e pacífico[7] entre as nações, quando desencadearam o ressurgimento dos Jogos Olímpicos, ditos hoje da *Era Moderna*.

As relações internacionais são, de resto, um ambiente natural, quer para o *Desporto*, quanto para a *Propriedade Intelectual*. Na interseção de ambos, podemos ter o desporto (com o 'conforto' da proteção da Propriedade Intelectual) sendo 'usado'[8] como um veículo privilegiado para melhorar as relações entre as nações e promover o desenvolvimento sustentável[9]. Isto é impulsionado, em particular, através da organização de *Grandes Eventos Desportivos* (internacionais).

Desporto – Fórmula Universal para a Paz

A subsistência dos primeiros hominídeos – mais tarde, o do '*homo sapiens*' – era assegurada por exercícios de recoleção (folhas, caules, frutos selvagens) e caça (os contemporâneos peixes, répteis e mamíferos). Era, portanto, uma atividade baseada na capacidade e na destreza físicas, frequentemente com risco da própria vida. É presumível que a escassez de recursos – ou o já muito 'humano' sentimento de 'posse' – fossem os detonadores de recontros muito frequentes e pouco pacíficos entre grupos nómadas, que as quezílias progressivamente reuniram, e naturalmente sedentarizaram, à medida que a atividade recolectora foi sendo substituída pelas primeiras experiências de exploração agrícola e pela domesticação de pequenos animais.

Instalaram-se as primeiras comunidades e nasceu uma nova realidade, com a comunhão de espaços, a partilha de tarefas ou o esforço coordenado para a produção de bens. Tais esforços iriam dar origem a trocas diretas entre as comunidades, facilitadas pela crescente mobilidade e proximidade (nomeadamente com a domesticação de cavalos e de outros animais de carga), e, finalmente, ao surgimento do comércio. Os primeiros comerciantes começaram a abrir as novas estradas e surgiram as primeiras cidades.

A identidade das comunidades passou a ser moldada pelos produtos que produziam, pela forma característica como eram produzidos, pela

[6] http://thesportjournal.org/article/the-idea-of-peace-as-coubertins-vision-for-the-modern-olympic-movement-development-and-pedagogic-consequences/#post/0.

[7] https://stillmed.olympic.org/Documents/olympic_charter_en.pdf.

[8] https://undocs.org/en/A/73/325.

[9] https://documents-dds-ny.un.org/doc/UNDOC/GEN/N18/412/72/PDF/N1841272.pdf?OpenElement.

sua durabilidade, resistência e idoneidade, entre outras características distintivas. Tais símbolos constituíram as representações primárias que forjaram gradualmente a identidade de uma determinada comunidade, agregando-se à linguagem e às características fisiológicas derivadas da genética e do ambiente específico onde se instalaram.

A partir do momento em que os excessos da produção favoreceram o nascimento do comércio, a questão da "diferenciação", da "imagem" e da "identidade" tornaram-se imperiosas. Surgem os primordiais sinais distintivos, torna-se necessário proteger a 'propriedade' imaterial que suporta a distinção dos bens e dos seus produtores.

A competição implicava distinção. E conflito. É o 'surgimento' – decorrente da necessidade –, da proteção e defesa dos sinais distintivos, da Propriedade Intelectual.

De facto, se há uma constante na história das relações humanas, ela é a da discórdia, da dissensão, da guerra: um, entre vários paradoxos da convivência entre estados, identifica até, como determinantes do desenvolvimento económico das nações, os ganhos tecnológicos obtidos no apresto para os periódicos conflitos armados. É inegável: também a guerra sempre foi – e, infelizmente, continua sendo –, o palco das mais atrozes expressões da natureza humana.

Mas se o recurso reiterado – muitas vezes nobre mas, quase sempre, indesejável –, à capacidade de resistência, de destreza e coragem física, características de uma educação essencial ao desenvolvimento equilibrado e saudável do corpo e da mente, tipifica uma das fragilidades históricas da humanidade, consagra, por outro lado, um valor inestimável de convivência pacífica, com um 'currículo' incomparável na defesa e promoção da paz entre povos e nações.

Foi no alvorecer da inter-relação primordial entre as primeiras comunidades (depois cidades) que a civilização grega, mestra da filosofia e dos fundamentos da democracia, concebeu a fórmula universal da paz: "*a competição como desporto*": em vez de procurar o aniquilamento do inimigo através da sua morte, recorre às mesmas capacidades e atributos – destreza, resistência e coragem – com o objetivo de, leal e respeitosamente, vencer o adversário.

É um título de glória e um notável avanço civilizacional.

A famosa *Ekecheiria* – a Trégua Olímpica – determinava que nos 7 dias anteriores e nos 7 dias posteriores aos 'Jogos Desportivos', ocorridos em Olímpia (desde 776 a.C.), todas as hostilidades deveriam cessar.

Em 393 d.C., o imperador **Teodósio I**, convertido ao cristianismo, determinou a proibição dos Jogos, considerados pagãos, por representarem manifestações religiosas do politeísmo grego.

Só em 1896, o francês *Pierre de Fredy* – conhecido por *Barão de Coubertin* ou por *Pierre de Coubertin* – promoveu o reinício dos Jogos Olímpicos em Atenas – depois de alguns impulsos anteriores em França e em Inglaterra. Ficaram conhecidos, a partir de então, como *Jogos Olímpicos da Era Moderna*, e a sua edição de 1924, em Paris, consagrou como lema olímpico a síntese latina dos desafios que todos os atletas se propõem superar: *citius* (mais rápido), *altius* (mais alto), *fortius* (mais forte).

O desporto, de que somos contemporâneos, descendente do desporto moderno surgido em meados do século XIX e fruto da democratização das sociedades visa, fundamentalmente, o exercício físico no sentido da otimização do corpo, da superação, e do bem-estar. Neste sentido, o desporto moderno[10] difere das atividades desportivas do Antigo Regime, praticadas exclusivamente pela nobreza e com objetivos ligados, menos ao exercício físico do que ao lazer ou à manutenção de um *status social.*

Num contexto de compartimentação da sociedade, as atividades desportivas antecedentes ao desporto moderno estavam, com efeito, ligadas ao divertimento, ao jogo e ao lazer – caça, tiro, esgrima, dança, etc. Já antes, durante a Idade Média – num mundo profundamente militarizado – o desporto estava essencialmente ligado às atividades da guerra.

A esta visão militarizada do desporto, que durou até ao século XIX, virada para a guerra e para as armas, respondeu o, nas suas próprias palavras, *rebelde*[11] *Pierre de Coubertin,* postulando já uma visão humanista, de uma competição saudável, leal e justa, em que o indivíduo é mais do que a mera expressão de uma capacidade física, mas é a combinação da capacidade física, mental, de esforço, de superação e sacrifício[12]. Mas é também um expoente do acervo de valores éticos que devem enformar sempre o verdadeiro

[10] In Jogo e Desporto no Portugal contemporâneo (1870-1910), Cultura, Revista de História e Teoria das Ideias, vol. 33, 2014, Ricardo Serrado: https://journals.openedition.org/cultura/2425.

[11] Pierre de Coubertin 1863-1937 – Olimpismo, Seleção de textos, Norbert Müller e Nelson Schneider Todt, Comité Internacional Pierre de Coubertin, Edipcurs Editores, Porto Alegre, 2015, pp. 523.

[12] *Erga Omnes*, Prof. Doutor Manuel Sérgio, in Jornal A Bola, "*Nem tudo é política...*" (artigo 299), de 07.07.2019: https://www.abola.pt/Nnh/Noticias/Ver/796510.

espírito desportivo[13]. Essa perspetiva iria prevalecer e encontrar definitivo assento na *Carta Olímpica*[14], publicada em 1908.

Sem ser um ativista da paz ou membro do *Movimento Europeu para a Paz, Coubertin* viveu e socializou num período de dicotomia marcante entre a guerra e a paz. Nasceu em Paris em 1 de Janeiro de 1863, tendo morrido em Genebra, em Setembro de 1937, testemunhando a Guerra Franco-Prussiana, a Primeira Guerra Mundial e pressagiando já a deflagração da II.

Na verdade, é significativo que 80% dos membros honorários do COI no Congresso Fundacional de 1894, em Paris, fossem membros de movimentos de paz e cinco deles tenham sido, ao longo dos anos, agraciados com o Prémio Nobel da Paz. Sem dúvida que o 'patrocínio' de uma paz definitiva entre os seus contemporâneos estava presente na mente de *Pierre de Coubertin.*

Coubertin desenha, pois, muito da sua visão humanista do progresso na convicção da absoluta necessidade de promover a compreensão mútua entre os povos, acreditando que tal entendimento, facilitado pela sã competição e desporto, poderia colocar gradualmente fim à ignorância entre os povos no que diz respeito aos interesses 'do(s) outro(s)'.

Este entendimento destacou-se numa época em que se abandonava uma visão higienista e militarista da função do desporto, e se começavam a perceber alguns dos efeitos que o desporto favorece, quer em termos individuais, quer no tecido social. Resultantes da competição saudável e leal. Justa.

A lenta massificação, ocorrida em especial a partir de meados do século XIX, permitia o despontar de um novo instrumento de pacificação social, o Desporto. Apesar de tudo incipiente e insuficiente para evitar as duas catástrofes humanas mundiais que se seguiram na primeira metade do século XX.

Após a II Grande Guerra, uma nova ordem mundial começou a consolidar-se, em especial com a constituição formal da Organização das Nações Unidas (ONU), em 24 de Outubro de 1945 (e suas várias agências), e a ideia de paz tornou-se uma aspiração primordial e um desígnio comum a todos os povos. Na lógica de um novo universalismo, construído por oposição aos nacionalismos fascistas dos anos 30, o desporto surgiu reforçado,

[13] *Erga Omnes,* Prof. Doutor Manuel Sérgio, in Jornal A Bola, "*O Desporto em que eu acredito*" (artigo 1), de 27.09.2013: https://www.abola.pt/nnh/2013-09-27/etica-no-desporto-o-desporto-em-que-eu-acredito-artigo-de-manuel-sergio-1/430526.

[14] Traduzida para língua Portuguesa por Alexandre Miguel Mestre e Filipa Saldanha Lopes, Ed. IPDJ, 2012: https://www.fadu.pt/files/protocolos-contratos/PNED_publica_CartaOlimpica.pdf.

como símbolo pacifista que nenhum regime, ideologia ou política poderia ou deveria instrumentalizar (*Riordan* e *Arnaud*, 1998), mas antes um bem colocado ao serviço da humanidade, independentemente de credos, raças, etnias ou género.

O progressivo conhecimento mútuo e a (maior) tolerância só se consolidariam mais tarde em princípios de sã convivência entre os povos, passando a estar consignados numa *Declaração Universal dos Direitos do Homem* e confirmados pela promulgação de regras de respeito e convivência pacífica, consagrados nas Constituições e códigos de várias nações, consagrando-se (crescentemente) o Estado de Direito em muitas geografias.

Pese embora impulsos favoráveis, e já entendido como um instrumento de coesão social e de pacificação, o desporto só viria a consolidar-se na agenda internacional a partir de meados dos anos 70 do século XX, com a realização da primeira *Reunião de Ministros e Altos-Responsáveis do Desporto* dos países-membros, em 1976, e a aprovação, em 1978, da "*Carta Internacional de Educação Física e Desporto da UNESCO*" – revista em 2015. Aí se postularam os objetivos centrais em matéria de Desporto, ao nível internacional e se afirmou ser possível que o Desporto desempenhe o papel de "*elemento privilegiado de compreensão internacional e aproximação entre os povos, contribuindo e acrescendo aos esforços dos Estados e dos povos em favor da paz, da compreensão, da cooperação e do desenvolvimento de relações amistosas*".

Temas como a melhoria das instalações desportivas disponíveis para a população, a inclusão do Desporto nos sistemas educativos, a promoção de campanhas para intensificar a prática sistemática de desporto e de atividade física, programas dirigidos a grupos sociais específicos como mulheres, idosos, pessoas com deficiência e a qualificação da formação profissional em Educação Física, viriam a constituir a agenda da I Conferência Internacional de Ministros e Altos Funcionários responsáveis pela Educação Física e o Desporto (MINEPS).

Em 2013, na reunião MINEPS V, produziu-se um documento estruturante das políticas desportivas modernas, consolidados na denominada *Declaração de Berlim*. Aqui se postulam os principais objetivos e prioridades dos responsáveis pelo desporto de todo o mundo. Vertidos sob a forma de recomendações e compromissos concretos, a *Declaração de Berlim* incide em 3 domínios ou eixos centrais:

- O acesso ao Desporto como direito fundamental para todos;

- A promoção de investimentos em programas de desporto e educação física;
- A preservação da integridade do desporto.

Em 2013, a Assembleia-Geral das Nações Unidas proclamaria o dia 6 de abril como "*Dia Internacional do Desporto ao Serviço do Desenvolvimento e da Paz*". *Na ocasião, o – à época – presidente do Comité Olímpico Internacional, Jacques Rogge, afirmava ser o desporto "um poderoso aliado da paz e da reconciliação"*, dando como exemplo "*campeões como Jesse Owens, que desafiou a ideologia nazi com a sua vitória espantosa em Berlim em 1936*" ("Assembleia Geral da ONU proclama...").

O então Secretário-Geral da ONU, Ban-Ki-Moon, declarou, por seu lado, que: "*o desporto é um instrumento único e poderoso para promover a dignidade e os direitos iguais e inalienáveis de todos os membros da família humana. É uma força motora para a mudança social positiva.*" Acrescentando: "*em 2016, o mundo embarca num grande novo desafio – implementar a visionária Agenda 2030 para o Desenvolvimento Sustentável – 17 Objetivos de Desenvolvimento Sustentável, que são universais e visam construir um futuro de paz, justiça, dignidade e oportunidade para todos. Para alcançar estes objetivos globais, devemos envolver todos os setores da sociedade, em toda a parte. O desporto tem um papel essencial a desempenhar. O desporto promove a saúde e o bem-estar. Promove a tolerância, o entendimento mútuo e a paz. Contribui para a inclusão social e a igualdade. O desporto emancipa, inspira e une.*

Em julho de 2017 realizou-se a VI Conferência Internacional MINEPS, em Kazan, na Rússia, produzindo um importante quadro sistemático para a implementação de medidas concretas nos três eixos centrais e em seu desenvolvimento (*Kazan Action Plan Framework*).

Em Junho de 2023 realizou-se em Baku, Azerbaijão, a VII Conferência MINESPS VII, na qual foi aprovada a iniciativa '*Fit for Life*'[15], com um desenvolvimento do *Plano de Ação de Kazan*. Foi, igualmente, aprovada a constituição da *Aliança Internacional Fit for Life*, com o intuito de congregar esforços multissectoriais em vista implementação de medias concretas.

O trabalho da *Aliança Fit for Life* deverá desenvolver-se num período de cinco anos (2022-2027), por fases, visando, em especial, nos próximos dois anos:

- O lançamento de alianças internacionais e redes nacionais/grupos de trabalho com várias partes interessadas

[15] https://unesdoc.unesco.org/ark:/48223/pf0000385925.

- O lançamento de uma série de eventos e comunicações de *advocacia*;
- O lançamento de processos de recolha de dados;
- O desenvolvimento e publicação de recursos, incluindo standards;
- A implementação do projetos-piloto ao nível nacional;
- O lançamento de um *hub* digital.

O desporto passou, pois, a merecer um tratamento institucional específico, com uma explícita vinculação da Educação Física e do Desporto a dois campos centrais das políticas sociais, Educação e Saúde – que gozavam já de maior legitimidade e prestígio social, tanto no conjunto da sociedade, como entre os governos.

Sublinha-se, desta forma, o papel que o Desporto pode desempenhar, na prática, na comunidade, para a realização de tais ambiciosos objetivos, face aos atuais riscos e desafios em termos de paz e segurança. Sem nunca perder de vista a íntima relação entre o desporto e o desenvolvimento humano, reconhecendo que o Desporto encerra nas suas variadas manifestações muito da expressão, individual e coletiva, natureza e características humanas mais essenciais.

O Desporto 'provoca', pois, tal como a consagração das regras de Propriedade Intelectual (emanação da disciplina e da regularidade do comércio), o mesmo 'efeito secundário' – ou 'externalidade' – o de proporcionar meios de convivência e convergência de interesses diferentes ou mesmo opostos, entre pessoas ou nações.

Constituem, por isso, expressões de evolução social, de disciplina e compatibilização de interesses divergentes ou conflituantes, usando de inteligência, em benefício mútuo.

De uma certa forma, constituem uma linguagem sofisticada de aproximação pacífica entre interesses diferentes ou mesmo opostos, tornados convergentes e reciprocamente vantajosos.

Os Grandes Eventos Desportivos

Os *Grandes Eventos Desportivos* servem múltiplos propósitos, com a ambição subliminar, mas sempre presente, do país de acolhimento, de projetar uma imagem de si próprio[16] e dos seus cidadãos de competência, hospitalidade e

[16] Vários destes megaeventos desportivos foram usados pelas nações anfitriãs para celebrar um legado histórico e também como expressão da sua aspiração à modernidade: na Grécia,

confiança: todas as características que proporcionam um ambiente adequado para negócios ou lazer e fazem de um país um local aprazível para visitar, estar ou trabalhar.

Os *Grandes Eventos Desportivos* são, também, veículos poderosos[17] para a melhoria das relações internacionais, pois constituem importantes plataformas para a ampla disseminação dos valores da paz, do fair-play e da disciplina e regularidade do comércio.

Estes eventos proporcionam aos países anfitriões uma excelente oportunidade para exibir o seu património cultural ao mundo e demonstrar a extensão das suas competências, conhecimentos tecnológicos e hospitalidade – que acrescem em experiência e *know-how* pela realização dos eventos.

Durante o Campeonato do Mundo de Rugby de 1992, o lendário ex-presidente da África do Sul, Nelson Mandela demonstrou de forma exemplar o *poder do desporto*[18] para unir as pessoas, redefinir a imagem internacional de um país e fortalecer os laços sociais dentro do país, permitindo sanar ou mitigar alguns dos complexos e profundos problemas e as históricas divisões socioeconómicas.

Neste sentido, as motivações subjacentes à organização de um evento desportivo de dimensão internacional vão normalmente para além do mero

em 1896, baseado na recuperação do seu passado clássico e, no Uruguai, em 1930, no centenário da celebração da sua independência constitucional. In *National Identity and Global Sports Events: Culture, Politics, and Spectacle in the Olympics and the football world cup*– Alan Tomlinson and Christopher Young, *State University of New York Press* (2006).

[17] Os megaeventos atraem crescentes audiências globais e preenchem cada vez mais os *feeds* de notícias à medida que o evento se aproxima. (...) 98.087 horas de transmissão foram dedicadas ao Campeonato do Mundo FIFA 2014 (Brasil), em 207 territórios, alcançando uma audiência global de televisão doméstica de 3,2 biliões de telespectadores. Da mesma forma, 99.982 horas de transmissão global foram dedicadas aos Jogos Olímpicos de 2012 (Londres), em 220 territórios, alcançando a projeção de 3,6 biliões de espectadores. In "*Governance and the Challenge of Development through Sports: A Framework for Action*", Matt Andrews, Stuart Russell and Douglas Barrios, 2016, supported by the International Center for Sports Security (ICSS) CID – *Harvard Kennedy School*, pp. 156: https://growthlab.cid.harvard.edu/files/growthlab/files/cidwp_323.pdf.

[18] "*O desporto tem o poder de mudar o mundo. Tem o poder de inspirar, o poder de unir as pessoas, de uma forma que poucas outras coisas conseguem. Ele fala aos jovens numa linguagem que eles entendem. O desporto pode criar esperança, onde antes havia apenas desespero. Ele é mais poderoso do que os governos a quebrar as barreiras raciais. Ele ri-se na cara de todos os tipos de discriminação.*", Nelson Mandela, *Laureaus Awards* (primeira edição), 2000: https://youtu.be/yl-7w-bJCtY.

enquadramento do desporto[19]. Frequentemente têm dimensões políticas e diplomáticas associadas e constituem oportunidades para melhorar as relações internacionais e as condições políticas em geral.

São inúmeros os exemplos na história do desporto que mostram como os mais diversos regimes políticos[20] utilizaram a organização de um evento desportivo para efeitos de propaganda[21], para provar a transição (ou aspiração) democrática de um povo[22] ou simplesmente para demonstrar o seu poder e modernidade[23].

[19] O prestígio granjeado pela conquista e acolhimento de um *'megaevento'* desportivo pode aumentar o apoio doméstico a um governo ou proporcionar publicidade internacional positiva (Allison e Monnington 2002). In Patrick Theiner, *"Effects of Sports Mega-Events"* (2017): https://www.researchgate.net/publication/313696708_Faster_Higher_Stronger_The_Political_Effects_of_Sports_Mega-Events.

[20] O desejo de ganhar *status* não se limita a estados autocráticos: *Defrance* e *Chamot* (2008) demostram como a política francesa vinculou a reputação nacional a eventos desportivos desde a década de 1950, resultando na França ser frequentemente anfitriã de eventos desportivos internacionais, tais como as Olimpíadas (1962, 1992, 2024), Campeonatos do Mundo (1998), Campeonato do Mundo de Rubgy (1991, 2007, 2023) ou Campeonato Europeu de Futebol (2016). *Idem, ibidem.*

[21] Em 1936, os Jogos Olímpicos de Verão e de Inverno organizados na Alemanha (Berlim e *Garmisch-Partenkirchen*) tinham uma manifesta dimensão política, uma vez que pretendiam demonstrar a superioridade do III Reich através das prestações dos atletas nazis, mas também das infraestruturas. Na mesma linha, em 1934, o Campeonato do Mundo de Futebol, organizado pela Itália, foi utilizado como instrumento de propaganda pelos fascistas.

[22] Em 1972, os Jogos Olímpicos de Verão de Munique tiveram também uma importante dimensão política na medida em que envolveram o retorno dos Jogos Olímpicos à Alemanha 36 anos depois dos Jogos Olímpicos de Berlim. Esses Jogos Olímpicos visavam exibir uma imagem moderna, feliz e pacífica da Alemanha. Outro exemplo, com os *Springboks*, que são o tema de todas as paixões na África do Sul, e que estiveram no centro das profundas transformações deste país entre os anos 70 e 90 uma vez que o seu boicote internacional ajudou a romper com o apartheid e a vitória no Mundial de Rugby de 1995, um ano apenas o primeiro processo eleitoral democrático e universal, ajudou a unir a nação sul-africana.

[23] As Olimpíadas de verão de Moscovo, em 1980, visavam, também, exibir o poder da URSS. Esses Jogos Olímpicos foram boicotados pelos países ocidentais. Na mesma lógica, as Olimpíadas de verão de 1984, nos Estados Unidos, pretendiam demonstrar o poder dos Estados Unidos, o que parece ilustrado por uma grande cerimónia de abertura e pelo recurso a numerosas infraestruturas. Essas Olimpíadas foram também boicotadas pelos países do bloco leste (sob influência da URSS). Os Jogos Olímpicos de Pequim, em 2008, demonstraram a capacidade e relevância da China no cenário internacional. Nos Jogos Olímpicos de verão de 2016, no Brasil, uma demonstração do status de potência regional e internacional, a primeira nação sul-americana a sediar os Jogos Olímpicos de verão. Em 2010, o Campeonato do Mundo na África

Os laços diplomáticos são reforçados com o estabelecimento de contactos diplomáticos de alto nível entre o país de acolhimento e outros Estados, nomeadamente graças à Cerimónia de Abertura para a qual é habitual convidar, a nível protocolar, os membros do governo de países amigos (ou que se pretenda virem a ser). Podem também, se necessário, demonstrar a solidez de um regime[24], ou aproximar Estados em conflito[25].

Alguns benefícios políticos da organização de um *Grande Evento Desportivo* podem ser exemplificados, a curto, médio e longo prazos:

- A curto prazo, ao longo do evento, os desdobramentos (ou externalidades) económicos podem ser muito significativos (Olimpíadas de Los Angeles 1984 ou campeonatos do mundo de futebol), gerando benefícios visíveis e imediatos para a comunidade onde é realizado (aumento do comércio, empregos, turismo) com potencial aumento de popularidade dos decisores políticos.
- A médio prazo, a construção ou modernização das infraestruturas existentes constituirá um valor acrescentado para a comunidade tanto para utilização pública (regeneração urbana e novas instalações desportivas) como para desenvolvimento desportivo (Olimpíadas de Barcelona, Grécia, ou Rio de Janeiro, Euro 2004, etc.).
- A longo prazo, o país organizador acresce em experiência e *know-how* que poderá reaproveitar para acolher outros eventos (EUA, França, Rússia ou Alemanha), oferecendo novas oportunidades socioeconómicas à comunidade.

A organização de um *Grande Evento Desportivo* (muitas vezes considerados '*megaprojetos*'[26]) constitui, portanto, uma janela de oportunidade multi-

do Sul foi a primeira competição do género no continente africano. O objetivo era também demonstrar a capacidade da África do Sul na organização de um Grande Evento Desportivo.

[24] O objetivo do Campeonato do Mundo de 1978 na Argentina era, também, demonstrar a solidez do regime vigente, que estava nas mãos de uma Junta Militar.

[25] Em 2018, a equipa conjunta da Coreia, nos Jogos Olímpicos de Inverno, em Pyeongchang, é um acontecimento marcante nas relações internacionais e uma importante tentativa de reaproximação entre os dois estados irmãos.

[26] V. com interesse e dados históricos: *Dynamic Sublimes, Changing Plans, and the Legacy of a Megaproject: The Case of the 1966 Soccer World Cup*, Alex G. Gillett e Kevin D. Tennent: https://www.pmi.org/-/media/pmi/documents/public/pdf/learning/pmj/early-edition/dec-jan-2017/j20171293.pdf.

dimensional. A organização e acolhimento bem-sucedidos de um *Grande Evento Desportivo* projeta uma imagem de realização e capacidade de trabalhar coletivamente em prol de objetivos comuns. Tal reflete-se no turismo, nas exportações ou na boa vontade no comércio e nas relações internacionais, que por sua vez geram boa vontade popular para com os decisores políticos.

Para atingir estes objetivos importa, todavia, que seja assegurada a correta avaliação de recursos e meios face ao propósito último e determinar qual será o legado[27].

Essa avaliação e a tomada de decisão a ela associada compreendem, por isso, uma importante dimensão política. A forma como essa avaliação inicial é feita – com transparência, avaliação adequada com fundamentação crítica e escrutinada e envolvendo a comunidade e os principais *stakeholders* – dará o tom, estabelecerá os valores e fixará os objetivos gerais a serem prosseguidos. Sendo também relevante para a perceção pública positiva e envolvimento quanto às boas intenções subjacentes à decisão de sediar um *Grande Evento Desportivo.*

A fim de garantir o máximo de desdobramentos positivos, e antes da apresentação de qualquer proposta, o poder executivo de um Estado, região ou comunidade, deve abordar, em primeiro lugar, a questão do local (ou locais) mais adequado(s) e das condições concretas (recursos) para sediar o evento. Para o efeito, o país deverá proceder a um inventário das infraestruturas existentes (novas ou a renovar) e das que carecem de construção em função da sua natureza, número de participantes e características de competição desportiva.

Neste sentido, só após uma consideração cuidadosa e honesta dos recursos existentes, das condições concretas ao nível das infraestruturas e do contexto específico (idiossincrasias) da cidade, região ou país, para organizar e realizar um *Grande Evento Desportivo*, será possível prever e esperar, realística e seriamente, resultados positivos de natureza política e diplomática[28].

[27] Diferentes formas de 'Legado' podem ser delineados em função dos interesses específicos da comunidade ou suas aspirações.
Legado ...

[28] Desde o início dos anos 1980, o contexto para sediar esses eventos transformou-se significativamente, de duas maneiras particulares. Primeiro, os próprios torneios desportivos se expandiram-se para se tornarem megaeventos, verdadeiramente globais, com grande significado comercial e cultural associado; desde o 11 de setembro de 2001, esses eventos têm orçamentos e planos de segurança que refletem esse significado transnacional. Em segundo lugar, além do

A definição do legado de um *Grande Evento Desportivo* deve, pois, ser o primeiro conteúdo de um projeto de candidatura e a demonstração inequívoca do seu propósito credível.

Os *Grande Eventos Desportivos* oferecem, também, em decorrência de suas características específicas e complexas, casos de estudos únicos e excelentes laboratórios de inovação – que vão além da proteção dos direitos de Propriedade Intelectual do desporto em geral.

Proteger um *Grande Evento Desportivo* – também do ponto de vista da Propriedade Intelectual – significa proteger o "legado" desse evento e a economia desportiva por ele gerada ou a ele associada. Este tema tem sido objeto de diversos estudos[29] nos últimos anos e está no centro de importantes preocupações políticas[30], acordos[31] e posições oficiais[32], também no âmbito do Sistema das Nações Unidas[33].

"Legado" – a 'Missão' maior dos *Grandes Eventos Desportivos*

A organização de um *Grande Evento Desportivo* é especialmente dispendiosa, pelo que importa que os decisores políticos determinem, *ab initio*, a dimensão do evento a realizar, a adequação dos recursos disponíveis a alocar e, mais importante, que legado[34-35] ficará após a realização do evento.

desporto, ocorreram transformações políticas e económicas globais, resultando principalmente na intensificação da urbanização, industrialização e conectividade transnacional de muitas nações em desenvolvimento.

Sem prejuízo, continua a existir um grande desequilíbrio regional na distribuição geográfica e atribuição de *Grandes Eventos Desportivos* (v. *Patrick Theiner, 'Faster, Higher, Stronger?* Op. Cit., pp. 21).

[29] https://www.wipo.int/export/sites/www/sports/en/docs/guide-sustaining-sport-ipr-2022.pdf.

[30] https://www.europarl.europa.eu/RegData/etudes/STUD/2021/653642/EXPO_STU(2021)653642_EN.pdf.

[31] https://search.coe.int/cm/Pages/result_details.aspx?ObjectId=09000016808ccf87.

[32] https://www.europarl.europa.eu/RegData/etudes/BRIE/2018/563519/EPRS_BRI(2018)563519_EN.pdf.

[33] https://documents-dds-ny.un.org/doc/UNDOC/GEN/N16/449/81/PDF/N1644981.pdf?OpenElement.

[34] V. Jean-Luc Chappelet, *"Mega sporting event legacies: a multifaceted concept" Papeles de Europa, Universidad Complutense de Madrid, Facultad de Ciencias Económicas y Empresariales, Instituto Complutense de Estudios Internacionales* (ICEI), vol. 25.
https://pdfs.semanticscholar.org/5cf4/ab7cde5cc81a01b6958c21700db3781ce51c.pdf.

[35] https://epthinktank.eu/2014/06/12/legacy_of_sports_mega-events/.

Para além do denominado '*efeito Barcelona*'[36], há diversas áreas e exemplos concreto de como é (foi) possível alcançar os objetivos de legado para um *Grande Evento Desportivo*[37-38].

Universalidade e igualdade de género: a organização de um evento internacional constitui hoje um desafio na promoção da universalidade e da igualdade de género, como ilustra o aumento constante [39]da participação feminina nos Jogos Olímpicos (45% das atletas no Rio 2016) e também no recrutamento de voluntários de múltiplas proveniências (500.000 voluntários em Pequim 2008 foram mobilizados por todo o país).

Legado desportivo: em 1980, *Lake Placid* (EUA) sediou os Jogos Olímpicos de Inverno[40] pela segunda vez. Desde aquela data, a herança olímpica tem sido omnipresente, pois o local dos Jogos tornou-se um local de treino para atletas americanos, bem como a sede de inúmeras competições internacionais. Dois anos após os jogos, a Autoridade de Desenvolvimento Regional Olímpico (ORDA) foi criada para administrar várias infraestruturas olímpicas após a realização dos Jogos. Desde 1982, este local continua a acolher competições locais, nacionais e internacionais, bem como atletas e equipas da região, e turistas. A construção de um centro de treino olímpico em 1995 e a construção de pistas de *bobsleigh*, *luge* e *skeleton* em 2000 fazem parte da extensão do património olímpico.

[36] *Erga omnes "The keys to success – The social, sporting, economic and Communications impact of Barcelona '92"*, José Miguel Abad e Outros, Fundació Barcelona Olímpica 1995: https://ddd.uab.cat/pub/llibres/1995/hdl_2072_5300/keysuc_a1995.pdf.

[37] *Erga omnes* https://stillmed.olympic.org/media/Document%20Library/OlympicOrg/Games/Summer-Games/Games-London-2012-Olympic-Games/Facts-and-Figures/Factsheet-Facts-and-Figures-London-2012.pdf.

[38] Cfr. "Manual de Segurança de Grandes Eventos Desportivos – Promovendo a Segurança e o Legado Sustentáveis", 2021 (UN), pp. 126 e segs; 139 e segs.
https://www.un.org/counterterrorism/sites/www.un.org.counterterrorism/files/211006_guide_on_security_major_sporting_events_web.pdf
UNOCT's Global Programme on the Security of Major Sporting Events, and the Promotion of Sport and its Values as a Tool to Prevent Violent Extremism – United Nations Office of Counter-Terrorism (UNOCT) in partnership with the *United Nations Alliance of Civilizations* (UNAOC), the *United Nations Interregional Crime and Justice Research Institute* (UNICRI) and the *International Centre for Sport Security* (ICSS).

[39] https://olympics.com/pt/noticias/paris-2024-primeiros-jogos-total-igualdade-genero.

[40] https://olympics.com/ioc/news/lake-placid-celebrates-40-years-of-olympic-legacy.

Legado Económico: a maioria dos Campeonatos do Mundo de Futebol (FIFA) permitiu que os países ou cidades anfitriãs gerassem lucros. Por exemplo, no Brasil, no Mundial 2014, o turismo gerou US$ 8,73 bilhões. Na Rússia, o Mundial de 2018 atraiu mais 570.000 turistas internacionais com US$ 6,59 bilhões de receitas[41].

Transferência de Conhecimento: a infraestrutura construída para a organização do Campeonato do Mundo de Futebol de 1998 em França foi utilizada para organizar o Campeonato do Mundo de Rugby de 2007 e o Campeonato Europeu Futebol de 2016.

Regeneração Urbana: para os Jogos Olímpicos de Londres 2012[42], as autoridades desenvolveram um programa de reabilitação do leste londrino e dotaram-no de algumas das mais modernas infraestruturas do mundo, respeitando os princípios do desenvolvimento sustentável, que agora beneficiam o público e os clubes.

Transportes: o legado dos Jogos Olímpicos de Vancouver 2010[43] abrangeu vários setores, incluindo o dos transportes, implicando melhorias significativas no transporte, infraestrutura e alojamento dentro e ao redor da cidade. Com efeito, permitiram nomeadamente a construção da "Linha Canadá" que continua a transportar viajantes entre o aeroporto e o centro da cidade. Na mesma linha, o ferry *SeaBus* com capacidade para 400 passageiros, os comboios altamente eficientes e os autocarros híbridos do *SkyTrain* aumentaram consideravelmente o uso do transporte público e ajudaram, assim, a reduzir as emissões de gases de efeito estufa.

Construção e Comércio: alguns Campeonatos do Mundo deixaram como legado estádios emblemáticos como o Estádio Centenário[44] construído para o Campeonato do Mundo de Futebol organizado no Uruguai em 1930, o Estádio do Maracanã[45] construído para o Campeonato do Mundo de Futebol de 1950 no Brasil ou as reformas do estádio Monumental[46] para o Campeonato do

[41] https://en.wikipedia.org/wiki/Economics_of_the_FIFA_World_Cup.

[42] https://olympics.com/ioc/legacy/london-2012/london-2012-engaging-inspiring-and-transforming.

[43] https://olympics.com/ioc/news/vancouver-2010-setting-the-standard-for-sport-sustainability-and-social-legacy.

[44] https://pt.wikipedia.org/wiki/Estádio_Centenario.

[45] https://www.estadiodomaracana.com.br/historia-do-estadio-do-maracana/.

[46] https://pt.wikipedia.org/wiki/Estádio_Mâs_Monumental.

Mundo de 1978 na Argentina ou do estádio San Siro[47], para o Campeonato do Mundo de 1990 em Itália.

Legado Ambiental: o Comité Organizador para os Jogos Olímpicos e Paraolímpicos de Inverno de Pequim de 2022 (Pequim 2022) divulgou o seu *Plano Oficial de Sustentabilidade*[48] que orientou as várias etapas da organização desses Jogos (da preparação à realização). Este plano recebeu a certificação ISO 20121[49], em novembro de 2019, abrangendo os três setores relacionados com o desenvolvimento (ambiental, regional e social). A título de exemplo, em termos de preservação ambiental, foram estabelecidas normas que permitiram avaliar o impacto dos jogos no meio ambiente e foram adotadas medidas de acompanhamento na área de reflorestamento das áreas de competição para que a flora nativa pudesse ser preservada, recorrendo ao uso de materiais renováveis e recicláveis para a construção das instalações.

Legado Cultural[50-51]: a organização dos Jogos Olímpicos de Pequim em 2008 proporcionou a oportunidade para preservar e valorizar sítios arqueológicos de referência[52].

Legado Social: a organização dos Jogos Olímpicos Rio 2016[53] ajudou a reduzir a desigualdade social na cidade carioca com a reforma do *Porto Maravilha*[54] e a construção de uma moderna infraestrutura de transporte (nomeadamente uma nova linha de metro). O resultado foi uma redução sensível da pobreza[55] e um aumento das oportunidades de emprego.

47 https://architizer.com/projects/san-siro-stadium-refurbishment-1990/.

48 https://stillmed.olympics.com/media/Documents/Olympic-Games/Beijing-2022/Sustainability/Beijing-2022-Pre-Games-Sustainability-Report.pdf.

49 https://olympics.com/ioc/news/beijing-2022-receives-international-sustainable-event-certification.

50 Para os Jogos Olímpicos Tóquio 2020, o *Plano de Ação e Legado* foi preparado em 8 eixos principais, um dos quais a Cultura (pp. 21): https://www.2020games.metro.tokyo.lg.jp/Towards%202020-Building%20the%20Legacy-.pdf.

51 V. com interesse, conceito de '*Heritage Sporting Events*', Jean-Loup Chappelet: https://core.ac.uk/download/pdf/77151599.pdf

52 https://news.artnet.com/art-world/beijing-olympics-helped-archaeologists-discover-imperial-palace-2068467.

53 https://stillmed.olympic.org/media/Document%20Library/OlympicOrg/News/2017/03/2017-03-16-Rio-2016-Legacy-March-2017-English.pdf.

54 https://megaeventcities.files.wordpress.com/2011/06/projeto-maravilha-rio-2014-20161.pdf.

55 V. com interesse: "*O Legado dos Eventos Desportivos para as Nações Emergentes*", Brendon Knott e Cem Tinaz: https://www.frontiersin.org/articles/10.3389/fspor.2022.926334/full.

Voluntariado: os Jogos de Atenas 2004 tiveram um impacto importante nesta área, uma vez que os Jogos levaram à criação de uma verdadeira cultura de voluntariado[56], tendo o evento contado com 160.000 voluntários. Neste contexto, foi criada uma *Agência Nacional de Voluntariado* para os Jogos com o objetivo de incentivar o voluntariado para além dos Jogos. Em 2012, foi criada a agência *Ethelon*[57], que conta hoje com cerca de 9.500 voluntários (principalmente jovens dos 18 aos 25 anos) e coopera com mais de 200 ONGs.

Inclusão e Diversidade: os Jogos Olímpicos de Pequim de 2008[58] desenvolveram um ambicioso programa de serviços em benefício das pessoas com deficiência.

Oportunidades de Negócios e Emprego: os *Grandes Eventos Desportivos* podem ser também "geradores de empregos". O Campeonato do Mundo de Futebol de 2010[59] realizado na África do Sul gerou 150.000 empregos, enquanto o Campeonato do Mundo de Futebol de 2018 na Rússia terá gerado 220.000[60-61].

Turismo: as Olimpíadas de Inverno de Sochi em 2014 [62]tiveram um grande impacto no setor de turismo da região e do país graças ao significativo desenvolvimento de infraestruturas. Nomeadamente, foi criado um complexo turístico para ligar a infraestrutura construída para os Jogos ao centro histórico da cidade e aos tradicionais destinos turísticos. Para além disso, diversos hotéis de luxo e estabelecimentos de bem-estar foram construídos

[56] https://olympics.com/ioc/legacy/athens-2004/the-power-of-volunteers.

[57] http://www.ethelon.org/.

[58] https://stillmed.olympic.org/media/Document%20Library/OlympicOrg/Games/Summer-Games/Games-Beijing-2008-Olympic-Games/Final-Report-of-the-IOC-Coordination-Commission/Final-Report-of-the-IOC-Coordination-Commission-Beijing-2008.pdf, pp. 37.

[59] https://studenttheses.uu.nl/bitstream/handle/20.500.12932/16487/World%20Cup%20 2010%20South%20Africa.pdf?sequence=1&isAllowed=y, pp. 5.

[60] https://www.globalbankingandfinance.com/the-economics-of-the-fifa-world-cup-2018/.

[61] O Relatório de Sustentabilidade do torneio argumenta que esse número pode ter chegado aos 315.000 empregos criados em ligação direta com o Campeonato do Mundo: https://digitalhub.fifa.com/m/5afd3d89f0e69eb/original/ya7pgcyslxpzlqmjkykg-pdf.pdf, página 60.

[62] *Sochi 2014 – Legacy Report*, pp. 71, 91 e 107: https://library.olympics.com/Default/doc/SYRACUSE/37836/sochi-2014-legacy-report-january-2014-soci-2014-nasledie-otcet-o-nasledii-soci-2014-janvar-2014-orga?_lg=en-GB.

entre 2009 e 2014, o que contribuiu para um aumento da economia regional de 13 a 13,5% (contra 6 a 7% antes dos Jogos).

Luta contra a Dopagem: Segundo o Comité Olímpico Internacional (COI), os Jogos de Londres 2012 implantaram o programa de testes antidoping mais abrangente e pioneiro. De facto, foram realizados mais de 5.000 exames – 4.000 de urina e 1.000 de sangue – durante os Jogos, realizados por um laboratório credenciado pela WADA com tecnologias de ponta. Até o final dos Jogos, o COI realizou 5.132 testes em atletas de 132 nacionalidades, tendo testado mais de 30% de todos os atletas participantes nos Jogos de Londres.

Transição Digital: o jogo digital *PinQuest* foi a ferramenta central para envolver os atletas e as comitivas na implementação do Programa de antidopagem nos Jogos Olímpicos de Tóquio 2020. Este jogo permitiu transmitir mensagens-chave a aproximadamente 10.000 atletas de forma rápida e através de gamificação, durante os Jogos. Cobriu temas como a antidopagem, a prevenção de manipulação de competições ou a saúde mental. Foram 45 questões específicas sobre antidopagem, incluídas no jogo digital, e cerca de 80% foram respondidas corretamente, o que foi superior à média, em comparação com os outros tópicos.

Relações Internacionais e Assistência Humanitária: a cidade de Barcelona prestou ajuda humanitária ao povo de Sarajevo durante os Jogos Olímpicos de 1992. Mantendo a tradição dos Jogos Olímpicos, o COI reintroduziu oficialmente a *Trégua Olímpica* durante os Jogos. Embora não houvesse cessar-fogo na Jugoslávia, os atletas da Sérvia e Montenegro puderam participar dos Jogos Olímpicos, enquanto aos atletas da Jugoslávia foi permitida a participação individual, sem exibição de símbolos nacionais (compromisso aceite pelas autoridades Jugoslavas)[63]. Após as Olimpíadas, Espanha financiou cerca de 450 projetos no valor total de 2,3 milhões de euros em ajuda à reconstrução. Desde 2000, as cidades de Barcelona e Sarajevo são geminadas.

A Sustentabilidade dos Grandes Eventos Desportivos

O poder do desporto – que Nelson Mandela sintetizou e mostrou eloquentemente na prática – de projetar uma imagem positiva de uma nação,

[63] *"Esporte, poder e relações internacionais"* / Douglas Wanderley de Vasconcellos – Brasília: Fundação Alexandre de Gusmão, Ministério das Relações Exteriores, 2008, pp. 116: https://funag.gov.br/loja/download/852-Esporte_Poder_e_Relacoes_Internacionais.pdf.

especialmente por meio da organização de um *Grande Evento Desportivo*, a par do impacto social e do dramático crescimento económico e globalização do desporto nos últimos 40 anos, levou a uma feroz competição entre países, regiões ou cidades, para ter(em) o 'privilégio' de organizar tais grandes eventos desportivos.

É anacrónico, no entanto, que nos últimos anos se verifique uma tendência inversa: países, regiões ou cidades, rejeitando a 'oportunidade' de acolher um determinado *Grande Evento Desportivo* – depois de ponderadas as vantagens e desvantagens. A resposta pode ser encontrada, provavelmente, nos requisitos de candidatura cada vez mais complexos e nas dificuldades em garantir a sustentabilidade financeira (e legado) de tais *Grandes Eventos Desportivo* à luz de diferentes formas de parasitismo, marketing de emboscada (*ambush marketing*), falsificação e outros métodos de exploração económica ilegítima ou parasitismo.

O surgimento de novos riscos e ameaças à proteção da Propriedade Intelectual dos *Grandes Eventos Desportivos* (v. g. *streaming* ilegal de GED) desafia o seu legado positivo (*supra*) e a própria integridade do desporto e requer que todas as partes interessadas (*stakeholders*) trabalhem juntos para procurar maneiras mais eficazes e equilibradas de promover um resultado positivo (*win-win*) para todos aqueles que estão legitimamente envolvidos na organização de um *Grande Evento Desportivo*.

Deixar sem proteção os legítimos titulares de direitos de Propriedade Intelectual no desporto, muitas vezes a favor do crime organizado, significa afetar a sua capacidade de retribuir à sociedade e, em particular, ao desporto de base (sendo a «redistribuição» uma característica particular do conceito globalmente aceite de 'especificidade do desporto'[64]).

Nesse sentido, o tema dos direitos de Propriedade Intelectual no Desporto deve ser abordado com a determinação com que a comunidade internacional vem abordando cada vez mais outras violações graves à integridade do desporto, como as violações de direitos humanos, a dopagem, a manipulação de competições (em particular relacionadas com apostas desportivas), o branqueamento de capitais, a corrupção, a opacidade financeira e os mecanismos deficientes de governação (*governance*).

[64] V. *infra*.

Um '*Brand*' *new world*

O fenómeno dos *Grandes Eventos Desportivos* parece transcender, pois, do ponto de vista social e económico, a competição desportiva que está na sua génese (v. *supra*).

Este é aparentemente o resultado da crescente popularidade do desporto, com a explosão do número de espectadores[65], a "internacionalização" do desporto, o aumento (massivo) do número de eventos e competições desportivas internacionais e, claro, o desenvolvimento sem precedentes[66] da dimensão económica dos direitos de transmissão, patrocínio ou *merchandising*[67] do desporto (ex. receitas de marketing[68] do COI), por sua vez resultantes da explosão das novas tecnologias de informação e comunicação (TIC).

As novas tecnologias oferecem novas oportunidades para reformar as estruturas de governança e tornar a "*indústria mais atraente para os investidores, mais envolvente para os adeptos e mais favorável aos atletas*"[69].

Essas novas tecnologias de transmissão de eventos desportivos aumentaram ainda mais a visibilidade desses eventos, facilitando também o acesso a muitos mais milhões de potenciais consumidores de produtos e serviços identificados por marcas e outros sinais distintivos. Razão pela qual o '*interesse e envolvimento do investimento de capitais privados (private equity) no desporto continuará a crescer*'[70].

O número de telespectadores[71], por exemplo – e, hoje, já através de uma infinidade de plataformas[72] – passou de uma estimativa de 500 milhões, em 1948 (Jogos Olímpicos), para 3,6 bilhões em 2012 (Jogos Olímpicos).

[65] https://www.huffingtonpost.co.uk/2018/02/21/10-most-watched-sport-events-in-the-history-of-television_a_23367211/?ncid=other_saredirect_m2afnz7mbfm&guccounter=1&guce_referrer=aHR0cHM6Ly93d3cuZ29vZ2xlLnB0Lw&guce_referrer_sig=AQAAAKkTdrjNLu7QgC6dA3X3blTrNO.

[66] https://greyviews.com/reports/sports-events-market/88.

[67] https://stillmed.olympics.com/media/Documents/International-Olympic-Committee/IOC-Marketing-And-Broadcasting/IOC-Marketing-Fact-File.pdf.

[68] https://olympics.com/ioc/funding.

[69] https://www2.deloitte.com/us/en/pages/technology-media-and-telecommunications/articles/sports-business-trends-disruption.html.

[70] Idem, ibidem.

[71] https://www.ses.com/blog/broadcast-evolution-olympics.

[72] https://populous.com/a-digital-revolution-how-technology-is-transforming-live-sports-and-entertainment.

Em 2017, no Reino Unido, os canais de desporto[73] representaram 43% dos gastos com programação geral no Reino Unido, acima dos 40% em 2016). E a tendência prossegue.

Nesse contexto, a proteção conferida aos direitos de Propriedade Intelectual é de capital importância, com consequências tanto para a credibilidade dos países anfitriões quanto para a própria sustentabilidade financeira desses *Grandes Eventos Desportivos.*

O reverso do extraordinário entusiasmo em torno dos *Grandes Eventos Desportivos* é que muitas pessoas e entidades são tentadas a obter lucros ilícitos com o sucesso e a reputação de tais eventos em detrimento daqueles que legitimamente adquiriram esses direitos por meio de patrocínio e através da celebração de contratos de licença com os organizadores e proprietários dos direitos de propriedade intelectual associados ao evento.

A par desses fenómenos clássicos, é possível identificar hoje o crescente efeito danoso[74] da pirataria de eventos desportivos, agravado pela proliferação de *set-top* boxes ilegais.

Na verdade, ao contrário de outros conteúdos audiovisuais, como filmes ou música, a dimensão ao vivo é o principal valor de um *Grande Evento Desportivo.* Depois do evento terminar, o conteúdo perde substancialmente o seu valor e, portanto, o *streaming* ilegal constitui uma grande dificuldade. Este contexto deixa apenas uma pequena janela temporal para lidar com possíveis infratores e remover conteúdo ilegal (basicamente a duração de um jogo, de uma luta ou de uma corrida).

Devido a essa dimensão "ao vivo" específica, uma forma de combater a pirataria online e mais concretamente a transmissão ao vivo ilegal de eventos desportivos, passa por proteger o seu conteúdo bloqueando o acesso a sites que atuam como provedores, facilitadores de acesso ou agregadores e solicitar uma intervenção imediata do provedor de acesso à Internet (ISP).

O governo dos EUA já havia identificado a pirataria digital de eventos desportivos ao vivo no seu *Relatório Especial 301* de 2008[75], mas apensar de terem sido tomadas prontamente medidas contra plataformas digitais para adeptos de desporto que procuram transmissões desportivas gratuitas

[73] https://www.ofcom.org.uk/__data/assets/pdf_file/0014/116006/media-nations-2018-uk.pdf, pp. 45.

[74] https://www.theglobalipcenter.com/wp-content/uploads/2018/06/023441_GIPC_Sports_Econ_Insides_03.pdf.

[75] https://ustr.gov/sites/default/files/asset_upload_file553_14869.pdf.

online (v. g. em 2011[76]), em poucas horas os sites piratas mudaram para novos endereços da web, fora do alcance das autoridades dos EUA.

Neste quadro, outro instrumento fundamental parece ser a capacidade de restringir a publicidade a sites ilegais. A remoção ou prevenção de anúncios nesses sites tem um forte efeito na sua prevalência e impacto. Cortar a receita de sites ilegais (listando em listas negras tais sites por agências de publicidade, por exemplo) terá provavelmente um efeito mais duradouro e eficaz (dissuasivo) do que a litigância sistemática para a remoção de conteúdo(s) ou bloqueio de site(s).

Várias organizações desportivas parecem estar atualmente a discutir tais soluções com a indústria de publicidade.

Proteger os Adeptos como Consumidores

Em face da manipulação de competições e de outras violações de integridade, algumas jurisdições criaram soluções inovadoras para proteger a integridade do desporto, a partir do reforço dos direitos dos adeptos. Estes incluem o direito de desfrutar de uma competição desportiva disputada com regras pré-estabelecidas e na qual o resultado é indeterminado até ao apito final. A *Lei Pelé*, de 1998, foi a primeira a reconhecer os direitos e obrigações dos torcedores brasileiros como consumidores (artigo 42, parágrafo 3.º) e a proteger a transmissão de eventos desportivos. O *Estatuto de Defesa do Torcedor*[77] (Lei Federal n. 10.671/03), adotado em 2003, complementou a Lei Pelé.

O principal objetivo do *Estatuto de Defesa do Torcedor ('adepto' na formulação em língua portuguesa de Portugal)* é garantir que os torcedores tenham acesso a informações transparentes e pontuais sobre os eventos desportivos, competição justa, Ouvidoria, transporte seguro, segurança pessoal (por exemplo, contra hooliganismo), saneamento adequado e preços e venda justos de bilhetes. O *Estatuto do Torcedor* oferece soluções concretas e eficazes para salvaguardar a integridade do desporto e os direitos dos torcedores

[76] https://www.ice.gov/news/releases/new-york-investigators-seize-10-websites-illegally-streamed-copyrighted-sporting-and.

[77] Este regime foi recentemente revogado, atenta a adoção da *Lei Geral do Esporte* (Lei N.º 14.597, de 14 de Junho de 2023), passando a estar integrado na nova Lei (Título II, Capítulo IV, artigos 142.º e seguintes): https://www.planalto.gov.br/ccivil_03/_ato2023-2026/2023/lei/l14597.htm.

e organizadores de eventos. Está enraizado na convicção de que os eventos desportivos fazem parte do "património cultural" do Brasil e são de "elevado interesse social".

Este modelo podia porventura ser transposto, com proveito, para as demais jurisdições.

A Propriedade Intelectual no centro (e lucro) dos *Grandes Eventos Desportivos*

A *Propriedade Intelectual* está no centro das vastas oportunidades comerciais oferecidas pelo mundo do desporto – especialmente através de patentes, marcas registadas e direitos de transmissão (v.g. licenças).

No entanto, o desporto enfrenta um grande obstáculo e uma situação paradoxal: ao contrário das representações artísticas, os eventos desportivos ainda não são considerados pelas Leis de Propriedade Intelectual como criações intelectuais *per se* em várias jurisdições, impedindo assim que sejam considerados "obras" na aceção das leis nacionais, uma vez que estão sujeitos às regras desportivas (por exemplo, regras do futebol ou ténis), deixando pouco espaço para a liberdade criativa, e para o enquadramento das Leis de Propriedade Intelectual[78].

[78] Importa sublinhar que a proteção conferida por estas leis especiais não é concedida apenas para proteger os interesses dos organizadores dos eventos em questão ou os dos seus parceiros. Essa proteção é estabelecida tendo em conta os benefícios gerados por tais eventos para o país de acolhimento como um todo, garantindo a sustentabilidade financeira e a possibilidade de retorno do investimento.
A *Propriedade Intelectual* será aqui entendida em sentido lato, compreendendo dois institutos jurídicos: os direitos de Propriedade Industrial – patentes, sinais distintivos e instituto da concorrência desleal –, regulados pelo *Código da Propriedade Industrial*, e os direitos de autor e direitos conexos (também designados propriedade intelectual, em sentido estrito), regulados pelo *Código dos Direitos de Autor e Direitos Conexos* – as obras literárias e artísticas, direitos dos artistas e intérpretes, e direitos de produtores de registos.
Pese embora também disciplinada no Código da Propriedade Industrial (CPI), v.g. no seu artigo 317.º, a concorrência desleal tutela diferentes interesses dos da propriedade industrial (no caso vertente *maxime* os sinais distintivos, as marcas e logótipos). A propriedade industrial, como definida pelo CPI, no seu artigo 1.º, *desempenha a função de garantir a lealdade da concorrência, pela atribuição de direitos privativos sobre os diversos processos técnicos de produção e desenvolvimento da riqueza*. Ou seja, há dois aspetos distintos e que podem (ou não) apresentar-se como complementares, a propriedade industrial *tout court* tutela posições individuais exclusivas (direitos subjetivos, privativos, dependentes de registo) enquanto a concorrência desleal disciplina a

Uma tentativa de superar essas dificuldades foi adotada no início da década de 1990, em França, com um direito *sui generis* denominado "direito do organizador de competições". Medidas semelhantes foram adotadas pela Hungria, Austrália, Turquia e Nova Zelândia. Além disso, alguns países adotaram legislação durante um período temporário, principalmente para sediar um *Grande Evento Desportivo*. Foi o que sucedeu na África do Sul, em 2010, para o Campeonato do Mundo FIFA, no Reino Unido e no Brasil durante as Olimpíadas (2021 e 2016) ou na Polónia e Ucrânia (2012) Suíça e Áustria (2008) ou Portugal (2004) em edições dos Campeonatos Europeus de Futebol UEFA.

O caso da proteção de Propriedade Intelectual do Euro 2004 (futebol) da UEFA foi pioneiro e replicado na maioria dos Grandes Eventos Desportivos subsequentes.

Hoje, é já prática comum para os países que acolhem *Grandes Eventos Desportivos* (como o Campeonato do Mundo da FIFA, os Jogos Olímpicos ou os Campeonatos Europeus da UEFA), implementar legislação especial para proteger os interesses dos organizadores de tais eventos. Muitos organizadores de eventos desportivos também adotam estratégias de registo exaustivas para proteger os ativos de Propriedade Intelectual relacionados com os eventos, em várias jurisdições. No entanto, muitos ainda enfrentam desafios significativos quando se trata de proteger esses ativos, o que os impede de capitalizar totalmente o valor dos eventos.

Pese embora a legislação da Propriedade Intelectual seja a resposta mais adequada às múltiplas infrações sofridas pelos organizadores de grandes eventos desportivos, não deixa de ser verdade que alguns aspetos determinantes carecem de mecanismos de reação efetivos necessários no âmbito de tais eventos. É especialmente o caso do combate ao marketing de emboscada (*ambush marketing*[79]).

A resposta aos vários tipos de violações dos direitos de Propriedade Intelectual está ainda muito dependente dos ordenamentos jurídicos – fronteiras jurisdicionais – vigentes nos diferentes territórios onde tais eventos ocorrem.

correta ordenação da concorrência, enquanto deveres gerais de conduta dos operadores económicos (observação dos usos honestos do comércio).

[79] Estudos em Homenagem de Albino Mendes Baptista, Desporto e Propriedade Intelectual – Os Grandes Eventos Desportivos, Ed. ..., Diogo Guia, pp. 67-68 e 81 e seguintes.

As particularidades deste tipo de eventos parecem justificar uma disciplina ou orientações (*guidelines*) baseadas em experiências passadas, *standards* testados e em boas práticas disponíveis.

Em face desta realidade, um número crescente de países que sediam (ou pretendem sediar) grandes eventos adotaram leis especiais que conferem maior proteção aos direitos de propriedade intelectual dessas competições. Decreto-Lei n.º. A Lei n.º 86/2004, de 17 de abril (EURO 2004, em Portugal)[80], deu um exemplo que serviu de boa prática para os *Grandes Eventos Desportivos* subsequentes.

Este tipo de legislação especial tem a grande vantagem de permitir que os organizadores de um *Grande Evento Desportivo* atuem em tempo útil para evitar associações comerciais não autorizadas (em particular por falta de licenciamento), mas devem fazer parte de uma estratégia global de proteção da Propriedade Intelectual do evento concreto.

A proteção conferida por estas leis especiais é concedida para proteger os interesses dos organizadores dos eventos, mas também das partes envolvidas (parceiros públicos ou privados). Essa proteção é estabelecida levando em consideração os benefícios gerados por tais eventos para o país-anfitrião como um todo – legado –, garantindo a sustentabilidade financeira e a possibilidade de retorno do investimento (que muitas vezes vai além do mero critério financeiro, como demonstrado no designado *'efeito Barcelona'*[81]).

[80] Estudos em Homenagem de Albino Mendes Baptista, Desporto e Propriedade Intelectual – Os Grandes Eventos Desportivos, Ed. ... , Diogo Guia, pp. 67-69 e 91 e seguintes.

[81] O impacto dos Jogos Olímpicos de 1992 na Regeneração Urbana de Barcelona é um dos exemplos maiores no que diz respeito à sustentabilidade e impacto da realização de um GED, assegurando um legado duradouro em benefício da comunidade. Os Jogos provocaram uma das grandes transformações urbanas pelas quais a cidade passou ao longo da sua história e passou, por isso, a constituir um bom exemplo do impacto que o acolhimento de um GED pode ter em cidades, regiões ou países. Com efeito, os Jogos trouxeram consigo a oportunidade de transformar vastas áreas degradadas, abandonadas e industriais da cidade. As estratégias ambiciosas para desenvolver e regenerar Barcelona têm sido comumente associadas a um "Modelo de Barcelona", anunciado como um modelo para a renovação urbana de outras cidades. Atuando como um catalisador para fornecer a infraestrutura necessária para regenerar a cidade, o programa de investimentos da cidade para os Jogos Olímpicos incluiu: a reforma do estádio olímpico e a construção de um pavilhão desportivo; a construção de um anel viário e infraestrutura rodoviária; construção de 4.500 novas unidades habitacionais; ampliação do aeroporto; edificação de novos equipamentos culturais; e renovação de 110 hectares de parques e 5 km de novas praias. Antes dos Jogos, o projeto dos anéis viários foi acelerado e conseguiu

Mesmo estratégias exaustivas de registo falharam na proteção de certos direitos de propriedade intelectual relativos a *Grandes Eventos Desportivos*, devido à falta de uma visão global sobre direitos de propriedade intelectual, à avaliação adequada das principais ameaças concretas no terreno e a coordenação adequada para a adoção de medidas dissuasivas e repressivas (em tempo útil). Este pano de fundo parece resultar de uma dificuldade sistemática de captar e capitalizar plenamente a dimensão multissetorial dos *Grandes Eventos Desportivos* e da falta de estratégias de longo prazo.

Uma visão geral em relação aos níveis de proteção de propriedade intelectual de um evento – identificando fragilidades e riscos – permite uma abordagem realista e eficaz – levando a uma utilização racional dos recursos disponíveis e à atribuição das soluções mais adequadas para resolver os problemas onde a eficiência pode ser alcançada.

De facto, o quadro legal e regulamentar tradicional de proteção dos direitos de Propriedade Intelectual é muitas vezes incapaz de responder eficazmente às especificidades de um *Grande Evento Desportivo*, uma vez que o evento decorre num curto espaço de tempo (normalmente em poucas semanas) e as infrações cometidas são difíceis ou mesmo impossíveis de reparar em sua escala total devido aos procedimentos legais necessários que devem ocorrer (nos termos dos regulamentos normais e gerais de direitos de Propriedade Intelectual).

Nesse sentido, as medidas preventivas, reativas rápidas e estratégicas são fundamentais para uma eficaz proteção dos direitos de Propriedade Intelectual antes, durante, mas também após a realização do *Grande Evento Desportivo*.

É possível identificar um grupo central de questões que devem integrar esse acervo estratégico de proteção de Propriedade Intelectual de um *Grande Evento Desportivo*:

reduzir o tráfego no centro da cidade em 15%. Os anéis viários definiram uma nova realidade urbana que confirmou a mudança de escala de Barcelona e a sua transformação de cidade em metrópole. Embora o Parque Olímpico seja agora um destino turístico popular, a orla e as áreas de Poblenou (Industrial) fornecem exemplos proeminentes de como os Jogos Olímpicos foram usados como uma ferramenta para promover a regeneração em toda a cidade. Os Jogos também contribuíram para o estabelecimento da cidade como um centro turístico na Espanha e na Europa (1,7 milhão de visitantes em 1990, aumentando para mais de 6 milhões nos 14 anos seguintes), o que, por sua vez, criou um boom económico e importantes mudanças de infraestrutura para atender a multidões maiores.

- Definição das medidas preventivas, planeamento, registo e uma estratégia holística em questões de Propriedade Intelectual relativas aos *Grandes Eventos Desportivos*;
- Elaboração do quadro legislativo e regulamentar da Propriedade Intelectual relativo aos *Grandes Eventos Desportivos*;
- Recolha e adequação das legislações nacionais às características culturais e sociológicas locais e às *Boas Práticas* Internacionais em matéria de Propriedade Intelectual relativas aos *Grandes Eventos Desportivos*;
- Implementação de medidas técnicas e operacionais para combater violações de direitos de Propriedade Intelectual (por exemplo, *streaming* ilegal – TV, internet – pirataria digital);
- Constituição e gestão de uma Unidade de Coordenação Nacional (multissetorial) dedicada à gestão, monitorização e fiscalização dos Direitos de Propriedade Intelectual no contexto da realização dos *Grandes Eventos Desportivos*;
- Estabelecer medidas operacionais para combater o uso não consentido de logótipos, marcas, estatísticas e imagens, principalmente quando relacionadas com apostas desportivas, fraudes e outros abusos relacionados com os *Grandes Eventos Desportivos*;
- Adotar e fazer cumprir medidas legais e operacionais para combater a falsificação (por exemplo, medidas de controle de fronteira, campanhas públicas de consciencialização eficazes, regulamentos administrativos dissuasivos, etc.);
- Adotar e fazer cumprir medidas – preventivas, reativas e repressivas – para combater o marketing de emboscada (*ambush marketing*).

Desporto, Legado & Sociedade

O extraordinário crescimento económico do desporto proporcionou, como se reconheceu na *Declaração de Helsínquia*[82], "*certas vantagens para o desporto e para a sociedade (...)*", tais como "*o número de empregos criados direta ou indiretamente pela indústria do desporto*", sendo, no entanto, necessário também "*reconhecer (...) que tais fenómenos também podem causar tensão*".

Essa tensão surge, antes de mais, entre a nova dimensão económica do desporto e a sua vulnerabilidade, expressa na falta de instrumentos ou de

[82] https://eur-lex.europa.eu/LexUriServ/LexUriServ.do?uri=COM:1999:0644:FIN:EN:PDF.

capacidade das instituições desportivas para enfrentarem sozinhas todas as ameaças decorrentes de um crescimento sem paralelo – e da infiltração criminosa.

Historicamente, o desporto gozou de um elevado grau de autonomia, o que por vezes evitou a intervenção atempada dos poderes públicos para fazer face a patologias de governação que se tornaram cada vez mais evidentes. A isto acrescem as vertentes sociológicas do desporto, nomeadamente em torno do desporto profissional e dos negócios a ele associados. E, claro, a crescente dimensão mediática.

Na interseção com a Propriedade Intelectual, o Desporto – no que se pode entender como o remoto nascimento de uma *Política Europeia do Desporto* –, foi considerado central nas *Recomendações do Comité Adonnino* (1984)[83], no âmbito das *'medidas que poderiam fortalecer a imagem da Comunidade Europeia nas mentes dos seus cidadãos, com o objetivo de aprofundar uma identidade europeia'*.

> *"Desde a antiguidade o desporto tem sido um importante fórum de comunicação entre os povos, é uma parte importante da vida de um grande número de pessoas dentro da comunidade."*

As *Recomendações Adonnino* continuaram a considerar, no entanto, como princípio, que *"a administração do desporto é predominantemente da responsabilidade das associações desportivas, independentes do governo"*. Acrescentando que *"a comissão propõe que as associações desportivas sejam incentivadas à ação onde ela seja consistente com as suas responsabilidades"*.

Este entendimento é, substancialmente, mantido até hoje, moderado pela progressiva, (mas consistente) promulgação de leis exigindo que os órgãos dirigentes das organizações desportivas demonstrem possuir instrumentos de governação adequados (sistemas democráticos, regras de separação de poderes, de conflitos de interesse, transparência, etc.) para poderem beneficiar de financiamento público (e.g., *UK Code for Sports Governance*[84], lançado pela primeira vez em 2016).

[83] https://www.ombudsman.europa.eu/en/historical/en/4659 (pp. 24).

[84] https://sportengland-production-files.s3.eu-west-2.amazonaws.com/s3fs-public/2021-12/A%20Code%20for%20Sports%20Governance..pdf?VersionId=Q0JD6BVXB.VgwbGEacG0zWsNPiWcGDHh.

Neste contexto, um dos desafios que se coloca ao mundo do desporto, dirigentes desportivos, clubes, atletas, agentes, intervenientes em eventos desportivos, etc. é o reconhecimento de que a 'especificidade'[85] das características do desporto justificam um tratamento diferenciado[86], mesmo quando a relevância da dimensão económica sugere[87] que se trata apenas de mais uma atividade geradora de receitas, devendo simplesmente cair no âmbito da regulamentação jurídica e económica geral.

Sem entrar na discussão da bondade das soluções que têm sido encontradas para o desporto, designadamente na jurisprudência do *Tribunal de Justiça da União Europeia*[88], a verdade é que tais decisões têm provocado profundas alterações no panorama desportivo, muito além do que certamente estava na cabeça dos legisladores (e adeptos).

Uma das características do desporto que justifica uma abordagem menos dogmática ao considerar o desporto como uma mera atividade económica – sujeita a todas as mesmas regras gerais – é, entre outros aspetos, a característica especial da redistribuição. Para o financiamento e concretização prática das suas dimensões social, cultural e educativa, o desporto depende da viabilidade financeira e do sucesso comercial e atratividade das suas competições.

Por outro lado, ao contrário da propensão natural das atividades económicas (em que se pretende 'ganhar' quota de mercado e, idealmente, eliminar a concorrência), no universo do desporto a prevalência sobre os adversários depende da própria existência de tais adversários, sendo a competição, ou concorrência, elementos sem os quais a vitória é impossível. Enquanto qualquer agente económico será tanto mais ou mais bem-sucedido quanto maior for a sua quota de mercado, necessariamente afastando, diminuindo ou mesmo eliminando os adversários, no caso do desporto a

[85] Anexo IV – *Declaração relativa às características específicas do Desporto e à sua função social na Europa, a tomar em consideração ao executar as Políticas Comuns* – às Conclusões da Presidência do Conselho Europeu de Nice de 7 a 10 de Dezembro de 2000: https://www.europarl.europa.eu/summits/nice2_pt.htm#an4.

[86] Cf. *Independent European Sport Review 2006*, Arnaut & Outros, pp. 29 e seguintes e 11 e seguintes.

[87] Acórdão do Tribunal de Justiça da União Europeia de 15 de Dezembro de 1995 ('*Caso Bosman*'): https://eur-lex.europa.eu/legal-content/PT/TXT/?uri=CELEX%3A61993CJ0415.

[88] Acompanhamos as objeções do então Diretor da UEFA, hoje Presidente da FIFA, Gianni Infantino, no comentário ao arresto *Meca-Medina*: https://editorial.uefa.com/resources/01ba-0f8425be6c58-211e02039f19-1000/meca-medina_summary_a_step_backwards_for_the_european_sports_model_and_the_specificity_of_sport_.pdf.

supremacia depende precisamente da existência dos adversários e a *vitória* ou o *sucesso* só terão sentido porque são obtidos por oposição a quem perde. Ganhar uma partida de ténis depende de haver alguém do outro lado da rede. Na atividade económica e comercial normal, a ausência de 'alguém' num determinado espaço significa um território de oportunidade.

Um dos aspetos mais contraditórios das soluções encontradas – que é tratar o Desporto sob a égide de regras relativas à liberdade de circulação e à concorrência, apenas como uma atividade geradora de receitas – é que esse entendimento tem levado ao aprofundamento do fosso entre os vários níveis da chamada pirâmide europeia do desporto, que está no cerne do modelo europeu do desporto[89] e cuja salvaguarda é um objetivo prioritário no domínio das políticas públicas do desporto.

O desporto foi recentemente considerado por uma *Resolução das Nações Unidas* (A/73/L.36 de 26 de novembro de 2018[90]), como "*um facilitador do desenvolvimento sustentável*" ao mesmo tempo que afirma (...) "*a crescente contribuição do desporto para a realização do desenvolvimento e paz na promoção da tolerância e do respeito*".

O *Livro Branco da União Europeia sobre o Desporto* (2007)[91] destacou que "*uma parte crescente do valor económico do desporto está ligada aos direitos de propriedade intelectual*", atestando que para o cumprimento do potencial do desporto, a proteção da Propriedade Intelectual desempenha um papel decisivo.

Criatividade, cooperação multissetorial, vigilância e postura pró-ativa parecem ser, portanto, essenciais para assegurar a 'equidade' da concorrência no comércio, bem como a salvaguarda da integridade do desporto[92], de forma a assegurar a sua sustentabilidade a longo prazo, cumprindo o seu papel e as legítimas expectativas dos cidadãos.

[89] https://www.sportesalute.eu/images/studi-e-dati-dello-sport/schede/2022/90-study-europeansportmodel.pdf (2022).

[90] https://documents-dds-ny.un.org/doc/UNDOC/GEN/N18/412/72/PDF/N1841272.pdf?OpenElement.

[91] https://eur-lex.europa.eu/legal-content/PT/TXT/?uri=CELEX%3A52007DC0391 (pp. 11).

[92] Cf. *Apostas Desportivas Online – Regime Jurídico do Jogo Online (RJO) & Manipulação de Competições Desportivas*, Diogo Oliveira Guia – Revista de Direito do Desporto, Faculdade de Direito da Universidade de Lisboa, AAFDL Editora, Ano I, n.º 1 (Janeiro / Abril 2019), pp. 9 e seguintes e 29 e seguintes.

O Desporto possui uma especial importância para as sociedades modernas, nas suas múltiplas dimensões, sendo que o impacto (v.g. 'legado') da realização de *Grandes Eventos Desportivos* nas comunidades – cidades, regiões ou países –, transcende a mera prática desportiva e opera hoje como um catalisador de interesses, recursos e emoções coletivas, suscetíveis, em conjunto, de operar transformações extremamente benéficas, a vários níveis, para as comunidades e os cidadãos, concretizando os ambicionados propósitos enunciados na Resolução das Nações Unidas *supra* citada.

Existem, no entanto, múltiplos e complexos desafios associados à salvaguarda da sua integridade[93] – abusos de propriedade intelectual, violações dos direitos humanos, dopagem, manipulação de competições (em particular associadas a apostas desportivas), branqueamento de capitais, corrupção, opacidade financeira e mecanismos de governança deficientes.

Nenhum setor pode superar todos esses desafios sozinho[94]. Uma abordagem multissectorial e um pensamento criativo são essenciais para concretizar o potencial social, económico e cultural do desporto a longo prazo, traduzindo-o em benefícios de toda a ordem para as comunidades e os cidadãos.

À semelhança do que tem acontecido noutros domínios, como na dopagem[95] ou no combate à manipulação de competições desportivas[96] – levando à criação de instrumentos internacionais relevantes –, também a proteção dos direitos de Propriedade Intelectual no Desporto necessitará de esforços conjuntos e coordenados envolvendo o mundo do Desporto, os setores empresarial e industrial, governos, sociedade civil, principais instituições académicas e organismos internacionais, tendo em mente que proteger os direitos de Propriedade Intelectual dos *Grandes Eventos Desportivos* vai para além da mera proteção do interesse de indústrias, de organizadores,

[93] Cf. *SIGA – Sport integrity Global Alliance* – 'Declaration of Core Principles on Sport Integrity': https://siga-sport.com/declaration-of-core-principles-on-sport-integrity/.

[94] Cf. *IPACCS – International Partnership Against Corruption in Sport*: https://www.ipacs.sport/about-ipacs.

[95] Código Mundial Antidopagem, aprovado pela Lei n.º 81/2021 de 30 de novembro (Diário da República, 1.ª série – N.º 232 – 30 de Novembro de 2021): https://files.dre.pt/1s/2021/11/23200/0000500123.pdf.

[96] *Convenção do Conselho da Europa Sobre a Manipulação de Competições Desportivas* (Diário da República, 1.ª série – N.º 153 – 7 de agosto de 2015): https://rm.coe.int/cets-215-pt/16809ed391.

de governos ou de partes interessadas (*stakeholders*), sendo o mais importante proteger e incentivar a sua capacidade de apoiar o desporto a todos os níveis.

A tensão não é apenas entre os titulares de direitos – mais ou menos obcecados pela preservação (legítima) das suas criações e/ou sinais distintivos – e os direitos (igualmente legítimos) dos comerciantes ou operadores do mercado. É uma tensão em assegurar a sustentabilidade da organização dos *Grandes Eventos Desportivos*, de forma suficientemente profissional e adequada, para que todos os fatores que garantam a integridade da competição, desde a segurança dos espectadores ao respeito pelos direitos fundamentais e garantia de uma competição justa e leal.

Sempre que existam limites aos direitos dos cidadãos – sejam eles o respeito imposto aos direitos e propriedade intelectual de terceiros ou o direito (e obrigação) inalienável de organizar uma competição desportiva num ambiente seguro, protegido e íntegro – a última *ratio* deve ser a proteção e defesa dos interesses dos cidadãos.

Neste sentido, falar dos limites ou da natureza dos direitos exclusivos dos 'Patrocinadores' ou dos 'Organizadores Desportivos' implica analisar todos os interesses concretos em equação. É provavelmente a ausência de discussão sobre esses fundamentos e da exigência de uma concreta e clara definição do legado que se pretende alcançar, que conduz(em) a um aumento da "resistência" e concomitante "rejeição" por parte de várias cidades e regiões, potenciais anfitriãs de *Grandes Eventos Desportivos*.

O risco de uma perceção errada parece claro, quando a análise entra nos detalhes e em casos de estudo, parecendo que tal risco parece ter sido exponencialmente aumentado pela avidez e espírito burocrático desmedido com que alguns órgãos dirigentes do desporto entendem o conceito de candidatura para sediar um *Grande Evento Desportivo*. Em poucas décadas a oportunidade e o privilégio de contar com o apoio (e recursos) de uma comunidade empenhada (cidade, região ou país) para sediar um *Grande Evento Desportivo*, tornou-se quase uma doação imperial, condescendente e complacente, às vezes acompanhada de exigências e caprichos incompreensíveis.

Diogo Oliveira Guia, Carvoeira (Torres Vedras), 14 de Julho de 2023

6. AUTARQUIAS E DESPORTO PROFISSIONAL

FERNANDO ROBOREDO SEARA[1]

Nota Prévia:

1. O Professor Alexandre Mestre, com a cortesia de sempre, inquiriu-me acerca da existência de um texto, não publicado, abordando temas do direito do desporto. Recordei-me, de imediato, de umas notas elaboradas, e desenvolvidas, para um debate na Faculdade de Direito da Universidade Clássica de Lisboa, a casa-mãe do meu percurso universitário, a convite do Senhor Professor Fausto Quadros. Fui reler essas notas. Quinze anos depois constato que, na sua essência, as reflexões são pertinentes. E as interrogações e interpelações finais ainda mais. Diria que bem atuais. Mesmo com alterações legislativas relevantes e jurisprudência, nacional e europeia, significante. O que mostra que para além da pandemia que seriamente nos afetou, desta Guerra na Ucrânia que quotidianamente nos condiciona, da inflação que nos perturba e da das crises bancárias que, sistemicamente, nos atormentam, aquelas reflexões também são deste tempo, destes novos tempos.

2. Nestes quinze anos há leis desportivas novas e foi criado, entre nós, o Tribunal Arbitral do Desporto. E o Tribunal Europeu dos Direitos Humanos tem evoluído na sua construção jurisprudencial no sentido de perturbar a "ordem desportiva" e, logo, a favor de uma efetiva aplicação dos direitos consagrados na Convenção Europeia. Mas o que constatamos, entre nós, é um País a "duas velocidades". Na quotidiana vida vivida e também no desporto. A única grande competição que o Interior, os denominados territórios de baixa densidade, "vivem", e por poucos minutos, é a Volta a Portugal em bicicleta. No mais é um "deserto "e só o resultado do sorteio de

[1] Professor Universitário.

uma Taça de Portugal leva o desporto de primeira a esses territórios. Mas sempre com a suscetibilidade das exigências de uma atrativa transmissão televisiva alterar o local do jogo. Os exemplos são múltiplos. De Chaves ao Fundão, de Viana do Castelo a Viseu. E com estádios construídos para o Europeu de 2004 a serem utilizados poucos dias por ano para significantes eventos desportivos.

3. As leis, mesmo quando programáticas, não devem condicionar "a vontade popular". Sempre soberana.

As leis não podem limitar as opções políticas municipais. Já que não podem restringir em razão da autonomia política, as opções das Regiões Autónomas da Madeira e dos Açores. O Portugal deste ano de 2023 é eleitoralmente adulto e politicamente consciente. E exigente e fiscalizador. Importa, por isso, meditar acerca do apoio ao desporto profissional. Ontem como hoje. Para que também no desporto o litoral não destrua o interior deste nosso Portugal! Não destrua e não condicione. A reflexão de ontem, de há quinze anos, é bem atual. Aqui a deixo Professor Alexandre Mestre. Aqui vão as reflexões de há cerca de quinze anos.

I – Quero, em primeiro lugar, agradecer ao Instituto de Ciências Jurídico-Políticas da Faculdade de Direito de Lisboa o honroso convite para participar neste Curso sobre o Direito e o Desporto.

É uma grande satisfação poder revisitar esta Faculdade que me acolheu como aluno e como docente e onde passei momentos determinantes da minha vida.

O meu querido amigo Professor Fausto Quadros lançou-me um repto difícil e arriscado – intervir neste Curso sobre as relações entre as autarquias locais e o desporto, sendo eu, por um lado, um confesso amante do desporto, com um percurso conhecido pelo dirigismo e pelo movimento associativo e, por outro, Presidente da Câmara de Sintra.

Mas, não bastaria a presença nos dois campos do binómio que este tema encerra – desporto e autarquias locais. A tudo isto acresce ainda a circunstâncias de, enquanto jurista, ter dado o meu contributo à estrutura regulamentar do desporto e de, portanto, ter também uma quota de responsabilidade no denominado "sistema desportivo" legalmente concebido desde 1990.

Por tudo isto, deparo-me perante todos vós com uma dúvida lancinante e dramática: dos três fatos (de desportista, de autarca ou de jurista) qual será o que deverei usar nesta palestra?

É verdade que a minha condição de jurista sobreleva todas as demais. Adquirida e vivida, passa a ser uma razão de identidade que se somatiza na nossa natureza. Passa a ser a lente com que observamos o Mundo, analisamos as coisas, desenhamos os comportamentos, estabelecemos os parâmetros. Eu sempre estive no desporto nunca esquecendo essa matriz essencial provinda da minha formação intelectual e do meu exercício profissional. Como na Câmara a que presido pauto a minha conduta numa lógica intrinsecamente jurídica que transponho em cada acto que pratico. Consinto que só em casos extremos da vivência do meu Benfica ceda um pouco à paixão e silencie a lógica e a razão. Mas essas são coisas do coração, para as quais não há que buscar justificações...!

Uma segunda observação preambular. A chamada "boa consciência" configura o poder local e o desporto como duas áreas de forte risco ético, onde são de presumir os mais escabrosos conúbios. São como aquelas ruas esconsas das cidades velhas onde os cavalheiros se não aventuravam com medo de perderem a carteira e as damas delas fugiam com medo de perderem a virtude.

Evidentemente que este juízo não é fútil. Radica em factos agora conhecidos mas há muito intuídos que têm muito mais a ver com uma certa cultura que marcou as relações de poder, do que com as instituições, os ordenamentos jurídicos e as actividades em si. E todos facilmente conviremos que nem o poder local nem o desporto merecem esse anátema que sobre eles caiu, ou que o comportamento de alguns fez com que sobre eles caísse.

Posto isto, importa detalhar um pouco mais o tema que cuidamos.

Propomos que o abordemos numa tríplice perspectiva:

- O enquadramento legal, focalizado na Lei de Bases da Actividade Física e do Desporto;
- As autarquias e o desporto, tout court;
- E as autarquias e o desporto profissional.

Esforçar-me-ei por ser breve, reservando ao debate a maior amplitude temporal possível.

II – A Constituição da República atribui ao Estado (abrangendo os três níveis de Administração, Central, Regional e Local), em colaboração com as escolas e as associações e colectividades desportivas, promover, estimular, orientar e apoiar a prática e a difusão da cultura física e do desporto.

Por seu turno, o Quadro de Transferências de Atribuições e Competências para as Autarquias Locais define com clareza as competências dos municípios em matéria de tempos livres e do desporto, quer ao nível do planeamento, da gestão e da realização de investimentos públicos em instalações e equipamentos para a prática desportiva, quer no apoio e incentivo à prática desportivas e às actividades recreativas no âmbito municipal. As sucessivas Leis de Base (do Sistema Desportivo, do Desporto e agora da Actividade Física e do Desporto) definiram as relações entre autarquias locais e desporto como assentes no tríptico seguinte:

- Atribuição às autarquias locais da responsabilidade de, com os restantes níveis de Administração, assegurar e efectivar o direito de todos ao desporto;
- Atribuição às autarquias locais de competências no âmbito do planeamento, investimento e gestão das instalações desportivas; e
- Atribuição às autarquias locais da faculdade de apoiarem as práticas desportivas e recreativas que considerem revestir interesse local.

A actual lei não acolheu nesta matéria inovações de relevo. Podem, no entanto, e numa observação detalhada, relevar-se algumas descontinuidades:

- A norma constitucional referente à promoção generalizada da cultura física e do desporto aparece reflectida apenas no concernente à actividade física, numa linha clara de distinção dos dois conceitos, sobrelevando o primeiro ao segundo.
- Os Municípios intervêm apenas como sujeitos das políticas públicas de promoção da actividade física, enquanto que as políticas públicas de desenvolvimento do desporto são reservadas à Administração Pública do Desporto, nelas intervindo os Municípios apenas numa perspectiva instrumental, delimitada nos equipamentos desportivos e nos apoios financeiros, com a expressa ressalva do desporto profissional.
- Enunciam-se os princípios da coordenação, da descentralização e da colaboração entre Estado, Regiões e autarquias, quer entre si, quer com instituições de ensino, associações desportivas e outras entidades, de forma vaga e sem concretização.
- Reservam-se às autarquias papel especial no desporto escolar, desporto para deficientes e jogos tradicionais.

Ou seja, do cotejo desta Lei de Bases com a Lei de 2004, onde a preocupação descentralizadora era tangível e se reforçava de forma significativa o papel das autarquias e a sua autonomia na política desportiva, a actual constitui um passo atrás, repristinando uma concepção centralista, publicista, intrusiva e, porventura, pouco conforme com a realidade do País e os diacronismos do desenvolvimento social e comunitário.

Possivelmente, os sentimentos de desconfiança que se sinalizaram no início desta exposição influenciaram o legislador nesta recomposição organizativa do sistema desportivo, principalmente, do seu sistema público.

III – Mas, abandonemos o espaço estrito da norma e percorramos o território nacional, tentando perceber a realidade que deveria enformar a previsão da própria norma.

Não quis trazer números porque penso que todos conhecerão a realidade.

A democratização do desporto foi conseguida pelas autarquias locais ao interiorizarem, como interiorizaram, que o desporto e a cultura física eram direitos constitucionais cuja efectivação estava ao seu alcance. E assim partiram para a construção de uma rede de infra-estruturas desportivas completa que, infelizmente, aguarda ainda um inventário nacional, sistematizado e integrado (o prometido atlas desportivo); promoveram campanhas de ocupação de tempos livres com a prática desportiva como instrumento de combate à droga e aos comportamentos aditivos; lançaram campanhas de desporto para todos, com práticas no espaço público; criaram modelos de prática desportiva para os sectores sociais mais vulneráveis fisicamente, como os idosos e os deficientes; utilizaram o desporto como forma de inserção social e integração comunitária; viram no desporto forma de ressocialização e de combate à exclusão social; fomentaram o desporto juvenil, os desportos radicais e a ideia de uma vida activa e saudável; operaram requalificações urbanísticas, criando novos espaços públicos, como campos de prática multidesportiva, percursos pedestres, ciclo vias, etc., etc..

Este esforço gigantesco não merece ser visto com reservas ou de soslaio. Porque é este esforço que verdadeiramente interessa e é este esforço que cumpre o desiderato constitucional da universalização da cultura física e do desporto.

Mas, a tudo isto, juntemos as colectividades, as associações, os clubes, todas as formas de voluntariado e de associativismo desportivo. A sua subsistência – absolutamente essencial como forma de exercício de identificação, de intervenção comunitária, de participação e de educação cívica – deve-se, na quase totalidade dos casos ao apoio das autarquias. Constituem uma almofada social de importância crucial para os equilíbrios intracomunitários, hoje tão precarizados em virtude da imigração, da pobreza, do crescimento demográfico das periferias urbanas.

É por isso que a realidade municipal não se subsume aos clichés da moda. É nas cidades que se criam as grandes perspectivas e se geram as maiores frustrações. Como dizia o grande Le Corbusier, são elas as novas presas da desordem. E ou os governos locais conseguem contrariar, através dos instrumentos que a Administração Central lhe proporciona, a tendência para a fractura social ou os fenómenos de inconvivência se generalizam, com as consequências dramáticas que se adivinham.

Ora, o desporto, a prática desportiva, constituem poderosos instrumentos políticos de coesão social, de luta contra a discriminação, de integração social e cultural, de participação, de cidadania, de educação cívica, de identidade comunitária.

Por isso mesmo, o Conselho da Europa erige o desporto a um patamar matricial destes novos tempos. Também por isso o Modelo Europeu do Desporto é criado e debatido sob esta enorme responsabilidade de contribuir para a diluição dos fenómenos de erosão que vão pululando no Continente Europeu.

Assim, e retomando o fio à meada, o desporto, enquanto fenómeno de primacial importância política, social, ambiental, educativa, tem uma relação absolutamente incindível com as autarquias locais, porquanto constitui um dos seus mais importantes e poderosos instrumentos de coesão e de desenvolvimento sociais.

Resta, ainda neste capítulo, uma última perspectiva.

A presença do desporto na vida colectiva impõe uma tradução adequada no ordenamento urbanístico.

As diversas facetas e funções em que se decompõe a prática desportiva, ou melhor, a prática de cada desporto em si mesma, tem de ter uma resposta e um suporte territorial, de acordo com as possibilidades de cada comunidade, por forma a poder integrar todas as demandas específicas que se gerem no seu seio.

A esta situação acrescem os requerimentos particulares, decorrentes da crescente oferta turística ou da concepção de urbanizações de época (de fins de semana, de praia, de neve, de montanha, etc.).

Por outro lado, a democratização de alguns desportos que exigem grandes suportes territoriais – caso do golf e do sky, por exemplo – impõem exigências específicas ao nível do ordenamento do território.

O desporto tem, pois, uma evidente dimensão urbanística que o legislador reconhece com acrescidas atenção e cuidado.

Ora, estas novas exigências de planeamento urbano e de ordenamento do território repercutem-se também nas autarquias locais e constituem um eixo de importância crucial na relação entre estas e o desporto.

Com efeito, o desporto é também cidade.

IV – Neste percurso rápido e mais ilustrativo que teórico, resta abordar as relações entre poder local e desporto profissional.

Permitam-me que antes deixe uma pergunta para a assembleia. Será uma pista de discussão. Será o desporto profissional desporto ou actividade económica?

Há duas semanas tive ocasião de discorrer sobre este mesmo tema num colóquio realizado na Madeira. Compreenderão certamente que me repita.

Disse então, fazendo um contraponto entre as políticas de apoio ao desporto em Sintra e na Madeira que, nesta Região, existia um paradigma de apoio público ao desporto profissional.

Por seu turno e como é sabido, o Município de Sintra não dispõe de desporto profissional em sentido estrito e rigoroso. Desenvolve uma política consistente e financeiramente relevante de apoio e construção de infra-estruturas desportivas, de fomento da prática desportiva, de suporte do desporto escolar e do desporto sénior, sempre na concepção de que o desporto é, provavelmente, o elemento mais directo, acessível e eficaz de integração social e multicultural, constatação decisiva numa comunidade que é cada vez mais de interculturalidade e cada vez menos de aculturação. Estamos, pois, perante dois paradigmas:

- Um da Madeira – paradigma da publicização do desporto profissional
- E outro – o do Município presidido por este vosso amigo – de prevalência da prática desportiva como instrumento de bem-estar social e de integração social e cultural.

Mas dois paradigmas que não são contraditórios e, muito menos, antagónicos.

Radicam em duas realidades distintas. E é por isso que se constituem em modelos distintos.

Um, o da Madeira, aceita e justifica o seu envolvimento no desporto profissional como instrumento de promoção regional. Não são os clubes em si. É a imagem da Região que se vai divulgando na mediatização que o futebol comporta. Tem, pois, o valor de uma campanha publicitária. Como também na Região Autónoma dos Açores e no seu sistema arquipelágico!

Se esse é o fundamento, as observações criticas só serão atendíveis se considerados os resultados obtidos. Isto é, sendo o apoio ao desporto profissional meramente instrumental, há que ponderar os seus efeitos e eficácia relativamente ao desiderato final.

Outro, o do meu Município, limita a sua aposta nos equipamentos sociais e na generalização da prática desportiva, também como instrumento de políticas, não de carácter económico, mas de matriz social. Porque a sua realidade é distinta e as prioridades são, obviamente, outras.

E aqui chegamos à primeira conclusão: na perspectiva pública, o desporto é um instrumento de outras políticas, como as políticas sociais, de saúde, de juventude, de educação. E, ainda nesta perspectiva, o desporto profissional pode ser também instrumento de políticas económicas como de promoção local ou regional.

Por isso, não me parecem justificadas as generalizações que soem fazer-se às práticas de apoio público ao desporto profissional.

Discordo, pois, da opção vertida na Lei de Bases da Actividade Física e do Desporto que impede todos os apoios ou comparticipações financeiras públicas, sob qualquer forma, "salvo no tocante à construção ou melhoramento de infra-estruturas ou equipamentos desportivos com vista à realização de competições desportivas de interesse público, como tal reconhecidas pelo membro do Governo responsável pela área do desporto." (art. 46.º – 2).

E vou mais longe. Em momentos determinados de afirmação promocional, pode o desporto profissional ser uma componente importante do portfólio regional ou local.

A perspectiva asséptica do Estado fomentador do desporto para todos não colide com a concepção de que o desporto não amador pode ser objecto de apoio público.

Com uma única e essencial ressalva – é que esse apoio, como disse, deverá ser instrumental, ou seja componente de uma finalidade de indiscutível interesse público que o justifique.

Trata-se aqui de colocar o desporto profissional ao serviço do bem comum, traduzindo- se ele na valorização internacional do País ou na promoção turística de uma sua Região. Mas vou ainda mais longe. E uma evidência que o desporto profissional é hoje essencialmente uma actividade económica. Gera rendimentos, contribui para o PIB, assegura empregos. Se, na opinião de muitos dos seus detractores, nada justifica a sua discriminação positiva, também, pela mesma ordem de ideias, nada permite justificar a sua discriminação negativa.

E certo que a imagem que foi construindo de si próprio prejudica as suas pretensões de respeitabilidade e apoio público.

A escola de maus hábitos que foi erigida sobre os vícios de comportamento de muitos agentes desportivos, a multiplicação de casos exponenciados pela visibilidade pública que a actividade desportiva profissional concita são miasmas deletérios da relação entre os poderes políticos e o desporto profissional.

Curiosamente, se no passado as tribunas dos estádios eram disputadas pelos titulares de cargos políticos, hoje são ambientes infequentáveis para muitos, receosos que a sua presença signifique aval, cumplicidade ou compreensão com a nova casta de indesejáveis que hoje são os dirigentes desportivos.

V – Ora, urge acabar com este jogo de espelhos. Não pode a relação entre o Estado, as Regiões e os Municípios com o desporto profissional continuar a ser vista como conspurcação pública.

Mas para isso é absolutamente urgente que o Estado assuma o seu poder público, que não se esconda sob a capa da inconveniência ou da inoportunidade políticas e se afirme sem complexos.

Se o desporto profissional é uma actividade económica, se, designadamente o futebol, – ou no basquetebol no andebol ou no voleibol, por exemplo, – é uma indústria, a intervenção do Estado justifica-se na estrita medida em que os instrumentos de auto-regulação não funcionem. Como em qualquer outra actividade económica. Como em qualquer outra indústria.

Ora, redignificando o desporto profissional poderemos então aceitar e compreender a existência de transparentes relações entre os poderes públicos e o futebol. Citando exemplos de fora, designadamente o apoio da Generalitat da Catalunha ao Barcelona ou da Comunidad de Madrid aos seus clubes, ou do Governo de Euskadi ao Atlético de Bilbao.

Mas este debate, para poder ser feito em Portugal carece de outro tempo.

Neste momento, está maculado pelo corrupio de devastadoras notícias que ferem a honorabilidade do desporto, das suas instituições e dos seus dirigentes.

Mas, como todos os tempos de crise, este tempo é prenúncio de que outros tempos e outros protagonistas, com novas culturas, novos comportamentos e outros horizontes, chegarão e retirarão o desporto profissional da terra dos proscritos onde, por vezes, parecem querer enterrá-lo.

Meus Amigos,

Por aqui me fico. Tenho a consciência de que vesti mais o fato de autarca do que de jurista. Fi-lo intencionalmente. O tema não será juridicamente complexo, nem suscitará grandes problemas ou questões técnicas. Mas é politicamente momentoso. E o Direito não está fora ou ao lado das realidades da vida.

O que pretendi sugerir com a minha exposição foi que se discutisse o de jure constituendo. O de jure constituto sobre as relações entre as autarquias locais e o desporto está dito.

Vamos, pois, ao debate e muito obrigado pela paciência com que me escutaram.

7. O NOVO REGIME JURÍDICO DAS SOCIEDADES DESPORTIVAS

Fernando Veiga Gomes[1]

I. Introdução

O presente artigo surge na sequência da publicação da Lei n.º 39/2013, de 4 e Agosto, que estabelece o novo regime jurídico das sociedades desportivas (NRSD) e revoga o Decreto-Lei n.º 10/2013, de 25 de Janeiro (RSD).

A prática de aplicação do RSD, e a separação entre o "Clube de Futebol Os Belenenses" (como clube fundador) e a sociedade desportiva "Os Belenenses – Sociedade Desportiva de Futebol, SAD" (atual B-SAD), confirmada pelo Tribunal da Relação de Lisboa por Acórdão de 26 de abril de 2022[2] ("ARL"), veio, na verdade, estabelecer um novo equilíbrio na referida relação entre clube fundador e a sociedade desportiva.

Um novo equilíbrio, que confirmou a possibilidade do clube fundador se separar da sociedade desportiva que fundou, não ficando refém da relação societária com os restantes acionistas.

Tal como refere o ARL:

"*Uma sociedade desportiva não precisa, para ser constituída e existir como tal, de um clube fundador*".

[1] Advogado.

[2] Acórdão da Relação de Lisboa, 7.ª Secção, Proc. n.º 24272/18.5T8LSB.L1 – Apelação, 26 de abril de 2022.

"O clube de futebol não pode estar sujeito à imposição de um vínculo jurídico perpétuo contra a sua vontade, sendo por isso que é proibida qualquer limitação à transmissibilidade das ações no Art. 14.º n.º 2 do RSD".

"Tendo o clube fundador alienado a totalidade das ações de que era titular na SAD que fundou por personalização da sua equipa de futebol (cfr. Art. 3.º al. c) do RSD), porque perde todos os benefícios legais estabelecidos a seu favor, não fica já sujeito a qualquer limitação legal que lhe imponha a impossibilidade de constituição duma nova equipa de futebol, posto que os elementos que levaram à personalização da sua equipa anterior, foram definitivamente transferidos para a SAD (v.g. Art. 24.º do RSD)".

"Nos termos do Art. 4.º n.º 2 do RSD vigente, o clube pode participar em competições profissionais com essa nova equipa, mas para esse efeito terá de constituir uma Sociedade Desportiva, até para poder satisfazer os requisitos do "Regulamento de Competições" da Liga Portugal (v.g. do seu Art. 9.º n.º 1)".

Com a referida decisão judicial, confirmou-se que a separação entre o clube fundador e a sociedade desportiva seria possível e que o clube fundador poderia constituir uma nova sociedade desportiva.

Isto, desde que novos direitos de participação desportiva fossem obtidos através da promoção desportiva. Promoção desportiva essa que está na base do princípio do mérito desportivo, constante do artigo 9, parágrafo 1, dos Estatutos da FIFA[3-4]. Princípio esse que implica que um clube que se separe da sociedade desportiva que criou, tenha que recomeçar obrigatoriamente da última divisão e fazer o seu caminho desportivo desde a base da pirâmide do futebol.

Um novo equilíbrio que o NRSD veio alterar, ao estabelecer no seu artigo 11.º, número 7, que "*é nulo o negócio jurídico que viole o disposto no n.º 1*". Ou seja, qualquer negócio que resulte numa participação direta do clube desportivo fundador na sociedade desportiva que fundou, inferior a 5% do capital social fica ferido de nulidade.

Clube fundador e acionista maioritário sabem, agora, que estão casados para a vida, que o divórcio já não é uma possibilidade e, quando muito, o

[3] *"A club's entitlement to take part in a domestic league championship shall depend principally on sporting merit. A club shall qualify for a domestic league championship by remaining in a certain division or by being promoted or relegated to another at the end of a season".*

[4] FIFA: "*Fédération Internationale de Football Association*".

clube fundador poderá recorrer à nova preferência legal prevista no número 6, do artigo 23.º do NRSD em caso de venda das ações, por parte doutro acionista a um terceiro.

Vejamos em mais detalhe as alterações que resultam do NRSD.

II. O Novo Regime das Sociedades Desportivas (NRSD)

1. Reequilíbrio de direitos entre clube e sociedade desportiva

No âmbito do chamado reequilíbrio de direitos entre clube e sociedade desportiva, a nova lei admite uma duas novas formas societárias. Em conformidade, foram criados dois novos tipos societários, a sociedade por quotas e a sociedade anónima unipessoal, em que o clube fundador pode manter-se como maioritário e ter mais que um sócio privado.

Assim teremos[5]:

i. A Sociedade Anónima Desportiva (SAD);
ii. A Sociedade Anónima Unipessoal (SAD Unipessoal);
iii. A Sociedade Desportiva Unipessoal por Quotas (SDUQ, Lda.);
iv. A Sociedade Desportiva por Quotas (SDQ, Lda.).

Em nosso entender, teria sido mais simples e mais adequado[6], eliminar as sociedades por quotas[7] e ficar apenas com as sociedades anónimas, com uma gestão e fiscalização separada do clube fundador, como deve ser.

Passa, ainda, a ser possível um clube desportivo constituir ou ser titular de capital social de duas ou mais sociedades desportivas, se cada uma delas tiver por objeto uma única modalidade desportiva ou, reportando-se à mesma modalidade, se se diferenciarem por sexo. Ou seja, abre-se a possibilidade de um clube, por exemplo, ter uma sociedade desportiva para o

[5] Artigo 7.º, n.º 1 do NRSD.

[6] Na Primeira Liga e na Segunda Liga, no final da época desportiva de 22/23, temos 26 SAD e apenas 6 SDUQ.

[7] A nível do futebol mundial estamos no início da fase de criação de grandes grupos multinacionais, com clubes em vários países e investidores estrangeiros, fenómeno conhecido como "*Multi-Club Ownership"(MCO): defined as a situation where a party (an investor) has control and/or a decisive influence over more than one club; ou Multi-Club Investment (MCI): defined as a situation where a party has investment interests in more than one club without having the control or a decisive influence in such clubs*".

futebol feminino e outra para o futebol masculino, o que é positivo e abre novas perspetivas de investimento.

O NRSD refere que a transferência dos direitos e obrigações do clube para a sociedade desportiva, nomeadamente a utilização das suas instalações, deve constar de contrato escrito, anexo ao ato constitutivo da sociedade desportiva.

De acordo com experiência do autor, é justamente pela questão da utilização das instalações que começam os problemas entre o clube fundador e a sociedade desportiva. Na maioria dos casos, o estádio e demais instalações pertencem ao clube fundador ou são instalações municipais atribuídas ao clube fundador. Assim, teria sido melhor que se obrigasse a regular essa relação – não apenas no ato de constituição –, e que a utilização das instalações tivesse que estar regulada por contrato escrito.

Tal como no RSD, a participação social do clube fundador, confere sempre o direito de veto em deliberações que tenham por objeto a fusão, cisão, ou dissolução da sociedade a mudança da localização da sede e os símbolos do clube desportivo, designadamente o seu emblema, o seu equipamento, tendo agora sido alargado esse direito de veto para os logotipos e outros sinais distintivos de comércio do clube fundador[8], o que é importante[9].

Quanto à forma de constituição da sociedade desportiva, a nova lei não altera as três possibilidades já existentes no RSD, a saber[10]:

"*a) De raiz;*

b) Por transformação de um clube desportivo;

c) Pela personalização jurídica de uma equipa de um clube desportivo que participe ou pretenda participar em competições desportivas".

Ou seja, mantém-se o conceito de personalização jurídica do regime anterior e que não faz muito sentido. Em nosso entender, a palavra personalização, como forma de constituição de uma sociedade desportiva é desadequada, uma vez que não existe personalidade jurídica.

[8] Artigo 11.º, n.º 2, alínea a) do NRSD.

[9] No caso Clube de Futebol Os Belenenses v BSAD, o facto da marca pertencer ao clube fundador foi um aspeto decisivo na referida batalha judicial, uma vez que os direitos sobre a marca "Clube de Futebol Os Belenenses" (marca mista) pertenciam ao clube fundador e nunca haviam sido transmitidos para a SAD.

[10] Artigo 3.º, n.º 1 no NRSD.

O número 2, do artigo 4.º do NRSD, vem estabelecer que o clube fundador e a sociedade desportiva regulam, por contrato escrito, anexo ao ato constitutivo da sociedade, a utilização das instalações, da propriedade industrial e outros sinais distintivos de comércio. Estamos de acordo com a formulação, mas não conseguimos perceber porque não se obriga as sociedades desportivas já em atividade, a adotar o mesmo procedimento e o mesmo contrato.

Uma novidade importante que consta da nova lei, é que as sociedades desportivas com diferentes clubes desportivos fundadores passam a não poder fundir-se entre si, nem com um clube desportivo diverso, salvo se houver fusão entre os respetivos clubes desportivos. A ideia é interessante e visa evitar que através do processo de fusão se possa tornear o princípio do mérito desportivo. No entanto, a redação do artigo 3.º, n.º 3 do NRSD, não esclarece se a fusão será possível nos casos em que a sociedade desportiva tenha deixado de ter clube fundador. Ou seja, essa referência ao clube fundador é *ab initio* (no momento da constituição da sociedade desportiva) ou é a situação jurídica no momento da fusão?

A nova lei vem agora referir que, nos casos de sociedades desportivas constituídas de raiz ou através da transformação de um clube desportivo, a participação direta do clube desportivo fundador na sociedade desportiva não pode ser inferior a 5%[11] do capital social[12].

Sucede que já na fase final do processo legislativo, surpreendentemente, foi introduzido um novo número 7, no artigo 11.º do NRSD onde se acrescentou que: "*é nulo o negócio jurídico que viole o disposto no n.º 1*".

Com esta nova redação, deixa de ser possível o clube fundador deixar de o ser, ou seja, o clube fundador fica perpetuamente ligado à sociedade desportiva que fundou. Casos como o da B-SAD ou o da União Desportiva Vilafranquense – Futebol, SAD[13], que se separaram dos respetivos clubes fundadores, deixam de ser possíveis. A participação do clube fundador não mais poderá ser alienada[14] (abaixo da referida participação mínima de 5%).

[11] De acordo com o RSD a participação do clube fundador não podia ser inferior a 10%.

[12] Artigo 11.º, n.º 1do NRSD.

[13] Agora denominada AVS – Futebol, SAD, sendo atualmente uma sociedade anónima desportiva sem clube fundador.

[14] Ao abrigo do RSD, sempre defendemos que o clube fundador se poderia separar da sociedade desportiva que fundou e foi essa, tal como acima referido, a boa doutrina seguida pelo ARL.

Esta nova solução do NRSD, parece consagrar um vínculo jurídico perpétuo na relação entre clube fundador e a sociedade desportiva que fundou e alterar o equilíbrio que havia resultado do caso Belenenses.

A este propósito bem escreveu o Advogado Pedro Pestana Bastos[15], com quem concordamos na íntegra.

Nos mesmos termos do artigo 14.º do RSD, o artigo 18.º, n.º 2 do NRSD estabelece que "*as ações das sociedades anónimas desportivas não podem ser objeto de limitações à respetiva transmissibilidade, sem prejuízo do disposto na presente lei*". O novo número 7, no artigo 11.º do NRSD, constitui uma verdadeira limitação à transmissão das ações por parte do clube fundador – ainda que prevista na lei.

Sendo que, tal como consta do ARL, um clube de futebol não pode estar sujeito à imposição de um vínculo jurídico perpétuo contra a sua vontade.

No fundo, o que a nova redação do NRSD fez, foi alterar o equilíbrio em que assentava a relação entre o clube fundador, a sociedade desportiva por este fundada e os acionistas da mesma.

[15] Em "O Observador", "Uma lei Fora de jogo" de 1 de Julho de 2023, https://observador.pt/opiniao/uma-lei-fora-de-jogo/:
"*(...) O ordenamento jurídico português, em particular nas relações de direito civil e comercial, é traçado pelo princípio geral da inadmissibilidade de vinculações perpétuas ou de duração indefinida. A criação de um fenómeno jurídico em que o sócio está perpetuamente ligado a uma sociedade e para sempre impossibilitado de voltar a exercer uma atividade através de outra forma torna a sociedade comercial dona do seu sócio coartando a liberdade de iniciativa de uma associação desportiva*".
"*A impossibilidade de existência de vinculações perpétuas ou ilimitadas é um princípio que decorre da ordem pública, reconhecido e desenvolvido por muitas gerações de doutrina e jurisprudência, e é um valor civilizacional. Os ordenamentos jurídicos contemporâneos instituídos na parte do mundo onde Portugal se insere estão fundados na dignidade da pessoa, na autonomia privada, na livre iniciativa, na igualdade de oportunidades, na realização pessoal e na livre concorrência. Uma vinculação perpétua entre duas pessoas viola esses princípios constitucionais.*
A consagração de uma proibição absoluta e perpétua de transmissão de ações constitui uma compressão gritante e descaracterizadora do direito de propriedade (artigo 62.º da Constituição da República Portuguesa). Ao vedar uma associação desportiva para todo o sempre de recomeçar uma empresa e desligar-se de outra, a proposta de Lei em causa também contraria a liberdade de iniciativa económica e os princípios da economia de mercado e da livre concorrência.
Finalmente, um clube desportivo também tem o direito à sua identidade pessoal e à sua imagem. A imposição a um clube desportivo de uma representação perpétua por parte de uma terceira entidade numa atividade desportiva retira ao clube, para todo o sempre, a possibilidade de autodeterminar a sua identidade e de projetar uma parte relevante da sua imagem exterior. (...)".

Ao ficar impedida a separação entre clube fundador e a sociedade desportiva que tenha fundado[16], sem mais, o clube fundador ficará refém dessa mesma sociedade (e do seu acionista maioritário), apesar dos novos mecanismos de supervisão, idoneidade e transparência incluídos no NRSD.

O NRSD mantém que, nos aumentos do capital, têm direito de preferência os que já forem acionistas ou sócios da sociedade e os associados do clube desportivo fundador[17].

O número 6, do artigo 23.º do NRSD, veio criar um direito de preferência legal a favor dos demais acionistas da sociedade desportiva, em casos de transmissão de ações da sociedade anónima desportiva.

Apesar deste novo direito de preferência legal poder dar algum poder ao clube fundador, o que é verdade é que os valores de mercado pelos quais as sociedades desportivas são vendidas, esvazia, na prática, esse direito de preferência. Por outras palavras, o clube fundador raramente terá condições económicas para exercer essa preferência. Isto para além da venda poder ser feita indiretamente torneado a preferência legal, já que a referida disposição legal não faz referencia a transmissões indiretas ou através da compra de sociedades do grupo.

O número 9, do artigo 23.º do NRSD exclui do referido direito de preferência legal as sociedades desportivas cujas ações estejam admitidas à negociação em mercado regulamentado, o que se compreende tendo em conta a dispersão do seu capital. No entanto, esqueceu-se de excluir, igualmente, as sociedades desportivas fundadas com recurso a subscrição pública e que tenham deixado de ser sociedades abertas. Nesse caso, a transmissão de ações implicará a notificação de centenas ou milhares de pequenos acionistas (na sua maioria sócios do clube fundador), para exercício do referido direito de preferência, o que não faz muito sentido.

O RSD não fazia qualquer referência aos acordos parassociais celebrados entre o clube fundador e os demais acionistas da sociedade desportiva[18]. O artigo 5.º do NRSD passa a fazer referência expressa a acordos parassociais[19] e passa a incluir uma sanção desportiva para a sua violação.

[16] Teremos que aguardar se a questão da constitucionalidade desta nova norma virá a ser colocada no futuro por algum clube fundador ou acionista de uma sociedade desportiva.

[17] Artigo 23.º números 1, 2 e 3 do NRSD.

[18] Valeria, apenas, o regime que consta do artigo 17.º do Código das Sociedades Comerciais.

[19] Que passam a ter que ser publicados no site da sociedade desportiva e publicamente acessíveis, cfr. artigo 5.º, n.º 4 do NRSD.

De acordo com a redação do número 3, do artigo 5.º do NRSD:

"A violação de forma continuada dos acordos parassociais constitui contraordenação grave e determina a aplicação de sanções de natureza desportiva, nos termos regulamentares aprovados pela federação desportiva da respetiva modalidade ou, no caso das sociedades desportivas participantes em competições profissionais, pela respetiva liga profissional".

A ideia parece interessante. No entanto, não se obriga à assinatura de acordos parassociais relativamente às sociedades desportivas já existentes. Sendo que na grande maioria, não existe tal acordo, pelo que a norma poderá ficar esvaziada. Exceto para as novas sociedades desportivas ou para ao casos em que um clube seja maioritário e – em processo de venda –, consiga negociar um acordo parassocial que regule a sua relação com os demais sócios ou acionistas.

De acordo com a nova lei[20], em caso de dissolução, insolvência ou extinção da sociedade desportiva, as instalações desportivas, se não forem indispensáveis para liquidar dívidas sociais, o palmarés desportivo e os troféus conquistados pela sociedade desportiva são atribuídos ao clube desportivo fundador, desde que este tenha uma participação social na sociedade. Esta é uma redação de louvar, uma vez que existiam muitas dúvidas sobre o que sucederia ao palmarés que havia sido transferido para a sociedade desportiva aquando da sua constituição.

Quanto ao poder do clube fundador designar um membro do órgão de administração.

De acordo com o RSD, o clube fundador tinha o poder[21] de designar pelo menos um dos membros do órgão de administração, com direito de veto em certas deliberações. Esse membro do órgão de administração poderia, ou não, ser gestor executivo, mas não tinha qualquer limitação nos seus poderes, direitos e deveres enquanto administrador.

O artigo 11.º, número 2, alínea b) do NRSD, estabelece que o clube fundador tem sempre o *"poder de designar pelo menos um dos membros do órgão de administração e de fiscalização, com direito a participar em todas as reuniões e com direito de veto das respetivas deliberações com objeto idêntico ao da alínea anterior[22]"*.

[20] Artigo 30.º do NRSD.

[21] Artigo 24.º, n.º 2, alínea b) do RSD.

[22] Deliberações da assembleia geral que tenham por objeto a fusão, cisão ou dissolução da sociedade, a mudança da localização da sede e os símbolos do clube desportivo, designadamente, emblema, equipamento, logótipos e outros sinais distintivos de comércio.

A nova lei, porém, veio indicar que a Assembleia Geral do clube fundador elege, expressamente para o efeito – para além do membro do órgão e administração referido no artigo 11.º, número 2, alínea b) do NRSD –, um associado para o órgão de administração de sociedade desportiva, com direito a participar em todas as reuniões, mas sem direito a voto[23]!

Assim, de acordo com o número 5, do artigo 19.º do NRSD "*a assembleia geral do clube desportivo fundador elege, expressamente para o efeito, um associado para o órgão de administração de sociedade anónima desportiva, com direito a participar em todas as reuniões, mas sem direito a voto*".

Não percebemos a *ratio* desta alteração e a redução de poderes deste membro adicional do órgão de administração indicado pelo clube fundador, que não seja desresponsabilizar o mesmo pela gestão da sociedade desportiva.

O artigo 33.º, n.º 2 da nova lei passa a referir que a situação tributária e contributiva das sociedades desportivas deve encontrar-se regularizada, podendo ser aplicadas sanções de natureza desportiva. Sem prejuízo desta ser uma redação positiva, deveria estar igualmente prevista uma sanção desportiva para as sociedades desportivas que recorram a um plano de recuperação judicial, ainda que nos termos da Lei.

O artigo 33.º, n.º 3 da nova lei veio, finalmente, referir que a existência de uma situação tributária e contributiva não regularizada por parte da sociedade desportiva não prejudica o direito do clube desportivo que seja seu sócio de obter apoios por parte do Estado desde que estes respeitem a outras modalidades desportivas. Algo de muito positivo. Existiam situações de clubes desportivos com o estatuto de utilidade pública, que não conseguiam celebrar um contrato com o respetivo Município ou obter apoios financeiros da Administração Pública, para outra modalidade, porque a sociedade desportiva tinha dívidas, por exemplo, à segurança social e isso impedia o clube desportivo de obter a necessária certidão negativa.

No que respeita à firma da sociedade desportiva o artigo 7.º, n.º 2[24] da nova lei mantém a redação que já constava do RSD. Ou seja, nos casos de transformação de um clube desportivo em sociedade desportiva ou no caso de constituição de sociedade desportiva através de personalização jurídica de uma equipa de um clube desportivo, a firma das sociedades inclui obrigatoriamente menção que as relacione com o clube desportivo ou a equipa que lhes dá origem.

[23] Artigo 19.º, n.º 5 do NRSD.

[24] Artigo 6.º, n.º 2 do RSD.

Relativamente ao capital social, a nova lei difere do RSD. Assim, o valor mínimo do capital social das sociedades desportivas que participem nas competições profissionais de futebol não pode ser inferior a:

a) € 250.000,00, para as sociedades desportivas que participem na 1.ª Liga;
b) € 50.000,00, para as sociedades desportivas que participem na 2.ª Liga ou noutras competições.

Em nosso entender, não deveria haver diferenças de capital social em termos de divisão, que obriguem ao aumento de capital social em caso de subida e que obriguem o clube fundador a acompanhar o aumento – para não ver a sua participação diluída – ou a subterfúgios para que esse acompanhamento seja concretizado.

De acordo com a mais moderna doutrina do direito comercial, a referência ao capital social está a cair em desuso[25], pelo que não fazia sentido a manutenção deste regime.

Quanto à realização do capital social, a nova lei[26] prevê que os sócios podem estabelecer o diferimento pelo prazo de um ano, da realização de 50% do valor das entradas em dinheiro, não podendo ser diferido o prémio de emissão, quando previsto. O RSD estabelecia que "*a realização, em dinheiro, de metade do capital social pode ser diferida, por um prazo máximo de dois anos*".

Por fim, verifica-se com agrado que o famoso princípio da irreversibilidade[27] que constava do RSD e que tanta interpretação dúbia proporcionou, deixou de ser letra de Lei.

2. Reforço dos requisitos de idoneidade

Sobre a temática da aferição de idoneidade dos investidores e dos membros dos órgãos das sociedades desportivas, o RSD pouco ou nada estabelecia.

[25] De acordo com o artigo 201.º do Código das Sociedades Comerciais, o capital social das Sociedades por Quotas é livre e de acordo com o 276.º, n.º 5 do mesmo código, o montante mínimo do capital social das Sociedades Anónimas é de 50.000,00.

[26] Artigo 10.º do NRSD.

[27] Artigo 4.º, n.º 2 do RSD: "*(...)o clube desportivo que tiver constituído uma sociedade desportiva, ou personalizado a sua equipa profissional, só pode participar nas competições desportivas de carácter profissional com o estatuto jurídico de sociedade desportiva*".

Na verdade e com a proibição dos TPO[28] (*"third party ownership"*) ditada pela FIFA a partir de 1 de Maio de 2015, os investidores viraram-se para a propriedade de clubes[29] como forma de investimento no futebol. No entanto, há que ter em conta que os problemas de conflitos de interesses e de influência nas decisões (que existiam nos TPO), existem igualmente no que respeita à propriedade de clubes.

O futebol tornou-se vulnerável à corrupção e outras formas de crime organizado, com problemas graves quanto a resultados combinados, lavagem de dinheiro, tráfico de menores, evasão fiscal e outros. Portugal não é exceção e até agora não exista uma regulamentação adequada.

As alterações que constam da nova lei vão no bom sentido, ficando a faltar um regime específico de regras de boa governança financeira aplicáveis a todas as sociedades desportivas.

O artigo 32.º da nova lei veio, finalmente, definir critérios de idoneidade para os detentores de participação qualificada e para os titulares dos órgãos de administração e fiscalização das sociedades desportivas.

De acordo com o n.º 5, do artigo 32.º:

"(...) 5 – Para efeitos da presente lei, é considerada idónea a pessoa que, além de observar os demais pressupostos legais e regulamentares a que se referem os números anteriores, cumpra, cumulativamente, os seguintes requisitos:

a) Seja maior não afetada por qualquer incapacidade de exercício;

b) Não seja devedora de qualquer sociedade desportiva;

c) Não tenha sido condenada por sentença transitada em julgado por crimes em matéria de dopagem, pelos crimes previstos no regime de responsabilidade penal por comportamentos suscetíveis de afetar a verdade, a lealdade e a correção da competição e do seu resultado na atividade desportiva e no regime jurídico da segurança e combate ao racismo, à xenofobia e à intolerância nos espetáculos desportivos, , até cinco anos após o cumprimento da pena;

d) Não tenha sido sancionada por crimes praticados contra o património de sociedades desportivas ou clubes desportivos, até cinco anos após o cumprimento da pena, salvo se sanção diversa lhe tiver sido aplicada por decisão judicial;

[28] Article 18ter, parágrafo 1 (*third-party ownership of players' economic rights*) do *Regulations on the Status and Transfer of Players da FIFA: "No club or player shall enter into an agreement with a third party whereby a third party is being entitled to participate, either in full or in part, in compensation payable in relation to the future transfer of a player from one club to another, or is being assigned any rights in relation to a future transfer or transfer compensation"*.

[29] Aqui clubes em sentido lato, abrangendo as sociedades desportivas.

e) Não tenha sido condenada por sentença transitada em julgado por crimes de corrupção, recebimento indevido de vantagem, branqueamento de capitais, associação criminosa, terrorismo, furto, abuso de confiança, burla, extorsão, infidelidade, abuso de cartão de garantia ou de crédito, usura, emissão de cheque sem provisão, falsificação de documento, insolvência dolosa, tráfico de estupefacientes e substâncias psicotrópicas, tráfico de armas, abuso sexual de crianças, tráfico de pessoas ou auxílio à imigração ilegal, até cinco anos após o cumprimento da pena".

De referir que estes requisitos de idoneidade se aplicam aos titulares de participação qualificada no capital social de uma sociedade desportiva e aos membros de órgão de administração e fiscalização das sociedades desportivas, o que é sem dúvida positivo e uma reforma há muito reclamada.

Igualmente importante e positivo, que os candidatos à aquisição de uma participação qualificada no capital social de uma sociedade desportiva passem a estar obrigados, junto da entidade fiscalizadora[30], a demonstrar capacidade económica para o investimento e a procedência dos meios financeiros a utilizar.

De acordo com o artigo 32.º, n.º 8 do NRSD "*os candidatos à aquisição de uma participação qualificada no capital social de uma sociedade desportiva ficam ainda obrigados, junto da entidade fiscalizadora, a demonstrar capacidade económica para o investimento e a procedência dos meios financeiros a utilizar, submetendo, para o efeito, uma declaração de compromisso de honra*".

Ou seja, a demonstração de capacidade económica e a procedência dos meios financeiros a utilizar deve ser efetuada antes da aquisição. De acordo com a nova lei, trata-se de uma medida preventiva, pelo que se justifica que seja efetuada e garantida previamente à aquisição.

Até aqui, tudo bem!

Sucede que para cumprir este dever, basta os candidatos à aquisição de uma participação qualificada no capital social de uma sociedade desportiva, remeterem ao Instituto Português do Desporto e Juventude, I. P. (IPDJ), uma declaração de compromisso de honra, no modelo disponibilizado pelo

[30] De acordo com o artigo 31.º, n.º 1 do NRSD, "*Sem prejuízo do disposto no Código das Sociedades Comerciais, no Código dos Valores Mobiliários e demais legislação aplicável, a fiscalização das sociedades desportivas é efetuada pelo Instituto Português do Desporto e Juventude, I. P., nomeadamente mediante a realização de inquéritos, inspeções, sindicâncias e auditorias externas*".

IPDJ no seu portal, a demonstrar capacidade económica para o investimento e a procedência lícita dos meios financeiros a utilizar.

Ou seja, o IPDJ assumirá que os investidores estarão de boa-fé. Para o IPDJ poder avaliar/verificar a demonstração de capacidade económica e a procedência lícita dos meios financeiros a utilizar na aquisição bastará uma declaração de compromisso de honra do candidato (havendo lugar à respetiva cominação legal no caso de prestação de falsas declarações), no modelo disponibilizado pelo IPDJ no seu portal. Isto sem prejuízo do IPDJ poder solicitar mais elementos sempre que tal se justificar.

Salvo melhor opinião, com uma mera declaração de honra e sabendo-se que o IPDJ não tem meios de fiscalização, este novo sistema de verificação prévia da idoneidade, não evita que investidores sem escrúpulos ou com fins ilícitos, possam efetivamente adquirir participações em sociedades desportivas portuguesas.

Uma mera declaração de honra submetida antes da aquisição, parece-nos muito pouco para os danos irreversíveis que se podem causar ao clube fundador e à sociedade desportiva em questão. O NRSD, designadamente o artigo 32.º, n.º 7, confere ao IPDJ poderes de avaliação e não seria difícil obrigar os potenciais investidores a, por exemplo, apresentar uma prova de fundos, um comprovativo do pagamento de impostos, o registo comercial, registo criminal e outra documentação que atestasse sua absoluta idoneidade.

Em resumo, continuamos sem um sistema capaz de controle prévio da entrada de investidores, aquando da uma aquisição de uma sociedade desportiva em Portugal.

No que respeita ao regime das incompatibilidades[31], a nova lei veio alargar o regime que constava do RSD[32].

De acordo com a redação do artigo 21.º, n.º 1 (Incompatibilidades):

"1 – Não podem ser membros do órgão de administração, procuradores ou, independentemente do título, exercer funções de administração ou gerência em sociedades desportivas:

[31] Artigo 21.º do NRSD.

[32] Artigo 16.º do RSD, segundo o qual: *"1 – Não podem ser administradores ou gerentes de sociedades desportivas:*

a) Os titulares de órgãos sociais de federações ou associações desportivas de clubes da mesma modalidade;

b) Os praticantes profissionais, os treinadores e árbitros, em exercício, da respetiva modalidade.

c) Quem possua ligação a empresas ou organizações que promovam, negoceiem, organizem, conduzam eventos ou transações relacionadas com apostas desportivas".

a) Os titulares de órgãos sociais de federações, ligas profissionais, associações desportivas, regionais e distritais, de outras sociedades desportivas ou clubes desportivos, salvo no caso do clube desportivo fundador,

b) Quem detenha capital social, direta ou indiretamente, de outra sociedade desportiva participante em competições nacionais da mesma modalidade;

c) Os praticantes desportivos profissionais, membros de equipas técnicas e árbitros, em exercício, da respetiva modalidade;

d) Quem possua ligação a empresas ou organizações que explorem, promovam, negoceiem, organizem, conduzam eventos ou transações relacionadas com apostas desportivas;

e) Quem, na mesma época desportiva, tenha ocupado cargos de administrador ou gerente em outra sociedade desportiva constituída no âmbito da mesma modalidade;

f) As pessoas singulares ou coletivas que se dediquem à atividade, ocasional ou permanente, de intermediação de jogadores e treinadores;

g) As pessoas singulares que, por força de relações pessoais ou profissionais, possam gerar uma situação, real, aparente ou potencial, suscetível de originar interesses incompatíveis daqueles que estão obrigados a defender;

h) Pessoas estreitamente relacionadas com as referidas nas alíneas anteriores".

O que consta das alíneas a), c) e d) já existia no perímetro das incompatibilidades do RSD, as restantes alíneas são novas.

Importante ter em conta, desde logo, que a nova lei alarga o regime das incompatibilidades a procuradores ou, independentemente do título, pessoas que possam exercer funções de administração ou gerência em sociedades desportivas.

O que consta da alínea b) é algo que há muito não fazia sentido. Ou seja, era possível ser acionista de uma sociedade desportiva – mesmo com uma participação qualificada ou maioritária – e ser administrador de uma sociedade desportiva concorrente.

No que respeita à alínea e), não estamos de acordo. É perfeitamente lícito – tal como sucede noutros países – que alguém decida fazer carreira como quadro especializado em sociedades desportivas (no futebol profissional, por exemplo), podendo fazer um bom trabalho numa sociedade desportiva e ser promovido a uma outra melhor. Questões de confidencialidade ou de não concorrência, podem e devem ser asseguradas, mas existe legislação laboral e comercial que assegura esses direitos e deveres.

O que consta da alínea f) era igualmente há muito reclamado e não fazia sentido que alguém que se dedicasse à atividade, ocasional ou permanente, de intermediação ou representação de jogadores e treinadores, pudesse ser administrador de uma sociedade desportiva em claro conflito de interesses.

Quanto ao disposto nas alíneas g) e h), consideramos que talvez se tenha ido um pouco longe demais e que poderemos estar a entrar num campo de grande subjetividade.

Ainda para mais quando se alarga a incompatibilidade a pessoas singulares que, por força de relações pessoais ou profissionais, possam gerar uma situação, real, aparente ou potencial, suscetível de originar interesses incompatíveis daqueles que estão obrigados a defender e a pessoas estreitamente relacionadas com as referidas nas alíneas anteriores.

Sendo que se consideram-se estreitamente relacionadas: "*a) Cônjuge, unido de facto ou parente em 1.º grau, no caso de pessoas singulares; b) Sociedade na qual uma das pessoas ou entidades referidas no número anterior ou um familiar próximo referido na alínea anterior: i) Detém uma participação qualificada ou direitos de voto; ii) Pode exercer uma influência significativa; ou iii) É membro do órgão de administração*".

De referir que a nomeação de pessoas em violação deste regime das incompatibilidades passa ser nula e que é considerada uma contraordenação muito grave.

No que respeita à administração, a nova lei não veio resolver a eterna questão dos gestores executivos e da sua permanência a tempo inteiro e em regime de exclusividade[33].

De acordo com a regra do código das sociedades comerciais, todos os administradores são (não havendo o modelo de comissão executiva), por natureza, executivos. Ou seja, todos os administradores têm poderes amplos de gestão, de acordo com a Lei e com os estatutos da sociedade. A referência aos membros executivos nem faz sentido quanto às sociedades por quotas, onde essa diferença não existe.

Sucede que as sociedades desportivas, relativamente à administração, vieram inventar o conceito de "gestores executivos". Ou seja, aqueles administradores que obrigam a sociedade nas suas relações com as autoridades desportivas e cuja identidade é de comunicação obrigatória à entidade organizadora das competições desportivas profissionais. Sendo que de acordo com o artigo 15.º do RSD, o órgão de administração da sociedade teria que ter, no mínimo, um ou dois gestores executivos, consoante se

[33] Artigo 19.º, n.º 2 do NRSD.

trate de uma sociedade desportiva unipessoal por quotas ou de uma sociedade anónima desportiva.

De acordo com o artigo 19.º da nova lei, desaparece o conceito de "gestores executivos", para passarem a ser membros executivos.

As dúvidas resultantes do regime de exclusividade e o desempenho das funções a tempo inteiro (poderá o membro executivo ter outra profissão?), permanecem na nova lei.

Ou seja, os problemas que já se colocavam no RSD, relativamente a esta matéria, permanecem na nova lei. Uma sociedade desportiva, por exemplo, com capitais estrangeiros, não poderá ter administradores estrangeiros, não residentes, não remunerados e que possam ter as mesmas funções noutra sociedade do grupo? Qual a razão de ser da exclusividade e da dedicação a tempo inteiro?

3. Menos conflitos de interesses

No que respeita à redução dos conflitos de interesses, desde logo ressalta a impossibilidade de uma sociedade desportiva participar no capital social de uma sociedade com idêntica natureza.

O RSD estabelecia[34] uma proibição, da entidade que detenha, isolada ou conjuntamente, uma posição maioritária no capital social de uma sociedade desportiva ou que nela exerça uma relação de domínio (nos termos do disposto no artigo 21.º do Código de Valores Mobiliários), de deter mais de 10% do capital social de outra sociedade desportiva na mesma competição ou prova desportiva. Ou seja, em teoria, seria possível alguém deter 90% de uma sociedade desportiva e até 10% de qualquer outra. Ou, em teoria, ter uma participação minoritária em várias sociedades desportivas.

De acordo com a redação do artigo 16, n.º 1, do NRSD, por um lado, passa a ser expressamente proibido à pessoa singular ou coletiva que detenha participação qualificada numa sociedade desportiva, deter uma participação qualificada noutra sociedade desportiva participante em competições desportivas nacionais relativas à mesma modalidade (exceto no caso acima referido de sociedades para a mesma modalidade mas diferenciadas pelo sexo). Por outro lado, passa a ser proibida a aquisição de participação social qualificada em sociedade desportiva por pessoas singulares ou coletivas

[34] Artigo 12.º do RSD.

referidas no regime das incompatibilidades acima referido[35]. Não podemos deixar de aplaudir, nesta parte, o novo regime!

4. Quotas de género

Conforme consta da nova lei, deve ser assegurada a representação mínima de 20% de pessoas de cada sexo designadas para cargos nas sociedades desportivas, ao abrigo de um regime transitório que vigorará até 1 de janeiro de 2025, e de 33,3% a partir dessa data[36]. Os limiares impostos devem ser cumpridos relativamente à totalidade dos administradores, executivos e não executivos, que integrem os órgãos de administração e ainda aos órgãos de fiscalização.

A ideia é salutar. No entanto, conhecendo o autor os meandros do dirigismo desportivo e do futebol, em particular (onde existem a quase totalidade das sociedades desportivas), verifica-se que existem poucas mulheres no futebol para que a quota possa ser preenchida por administradores de facto e de direito, do sexo feminino e com plena responsabilidade perante a sociedade e os seus acionistas.

5. Mais transparência

Em matéria de transparência, passa a ser obrigatória a identificação e discriminação das percentagens de participação no capital social e dos direitos de voto detidos por cada titular e a comunicação desta informação às entidades fiscalizadoras e à federação da respetiva modalidade, bem como à liga profissional, no caso de participação em competições profissionais[37].

Continua a ser obrigatória a identificação de toda a cadeia de pessoas e entidades a quem a participação no capital social deva ser imputada, bem como a identificação do beneficiário efetivo dessa mesma sociedade e a indicação de eventuais participações, diretas ou indiretas, daqueles titulares noutras sociedades desportivas.

No entanto, consideramos que se poderia ter ido mais longe e mesmo tendo em conta o regime legal da proteção de dados, obrigar a que essa informação sobre os detentores de participações em sociedades desportivas

[35] Artigo 16.º, n.º 4 do NRSD.

[36] Artigo 20.º, n.º 1 do NRSD.

[37] Artigo 22.º, n.º 1 do NRSD.

até ao último beneficiário efetivo fosse de acesso público, para que melhor se pudessem sinalizar e identificar situações de conflitos de interesses.

De referir que de acordo com o número 3, do artigo 22.º do NRSD[38], a informação relativa aos deveres de transparência deve ser prestada pela sociedade desportiva até ao início de cada época desportiva, e renovada e atualizada, no prazo de quinze dias úteis, contados da celebração da respetiva transmissão de propriedade ou de uso, consoante o que ocorra em primeiro lugar[39].

Ou seja, de acordo com o NRSD, a aquisição de uma participação qualificada[40] numa sociedade desportiva portuguesa, na modalidade futebol, pode implicar:

i. O cumprimento de obrigações de transparência, com a necessidade de comunicação, à *posteriori*[41], a relação dos titulares de participação qualificada, bem como a identificação do beneficiário efetivo dessa sociedade, às autoridades de supervisão, designadamente ao IPDJ, à Federação Portuguesa de Futebol (" FPF") e à Liga Portuguesa de Futebol Profissional ("LPFP"); e
ii. O cumprimento de obrigações de idoneidade, de capacidade financeira para o investimento e a procedência dos meios financeiros a utilizar[42], com necessidade de comunicar a potencial aquisição de uma participação qualificada, antecipadamente, ao IPDJ e enviar as declarações de honra referidas, para executar a potencial aquisição.

Sucede que o artigo 22.º, n.º 2 do NRSD[43] refere-se à cadeia de pessoas a quem a participação deva ser imputada e ao beneficiário efetivo, indo

[38] Artigo 22.º, n.º 3 do NRSD: "3 – *A informação referida no número anterior deve ser renovada e atualizada, no prazo de 15 dias úteis, contados da celebração da respetiva transmissão de propriedade ou de uso, consoante o que ocorra em primeiro lugar*".

[39] De acordo com o artigo 28.º, n.º 4 do RSD, esse dever de informação deveria ser cumprido em quatro dias úteis.

[40] Quanto ao conceito de participação qualificada aplica-se, subsidiariamente, o Código dos Valores Mobiliários, cfr. artigo 49.º, n.º 3, alínea a), do NRSD. Na aceção do Código dos Valores Mobiliários, participação qualificada será uma participação de pelo menos 5%.

[41] Artigo 22.º, n.º 3 do NRSD.

[42] Artigo 32.º, n.º 8 do NRSD.

[43] *Artigo 22.º, n.º 2 do NRSD:*

"2 – A comunicação referida no número anterior deve ser feita pela sociedade desportiva até ao início de cada época desportiva ou no prazo fixado em regulamento, dela devendo constar:

além da definição de participação qualificada constante do Código dos Valores Mobiliários.

Por outro lado, o artigo 32.º, números 6 e 8 do NRSD[44], apenas impõem o dever acima referido aos titulares e aos candidatos à aquisição de uma participação qualificada (não havendo aqui qualquer referencia à cadeia de pessoas a quem a participação deva ser imputada e nem ao beneficiário efetivo).

Numa análise mais aprofundada, não fica claro qual o alcance das referidas obrigações e o espetro ao qual as mesmas se aplicam.

No caso dos grupos societários – dos quais as sociedades desportivas portuguesas possam fazer parte –, onde existam mais do que uma sociedade com controlo ou participações relevantes, torna-se efetivamente difícil saber como cumprir os referidos deveres e quais as pessoas singulares ou coletivas obrigadas aos mesmos.

Veremos qual a prática que será seguida pelo IPDJ e a interpretação que irá ser feita das referidas disposições legais.

Ainda no que respeita aos novos deveres de transparência, os clubes ou sociedades desportivas que sejam intervenientes em transferências de praticantes e treinadores profissionais, estão obrigados a prestar um conjunto de informação relativa às mesmas junto da federação desportiva que tutela a modalidade em causa e à entidade fiscalizadora.

a) A identificação e discriminação das percentagens de participação e dos direitos de voto detidos por cada titular;
b) A identificação e discriminação de toda a cadeia de pessoas e entidades a quem a participação deva ser imputada, independentemente da sua eventual sujeição a lei estrangeira, bem como a identificação do beneficiário efetivo dessa mesma sociedade, de acordo com os termos estabelecidos no artigo 30.º da Lei n.º 83/2017, de 18 de agosto, que estabelece medidas de combate ao branqueamento de capitais e ao financiamento do terrorismo;
c) A indicação de eventuais participações, diretas ou indiretas, daqueles titulares noutras sociedades desportivas".

[44] Artigo 32.º, n.º 6 do NRSD: "6 – *Os titulares de participação qualificada no capital social de uma sociedade desportiva e os membros de órgão de administração e fiscalização em sociedades desportivas submetem à entidade fiscalizadora uma declaração de compromisso de honra de que cumprem os critérios de idoneidade referidos no número anterior*".
Artigo 32.º, n.º 8 do NRSD: "8 – *Os candidatos à aquisição de uma participação qualificada no capital social de uma sociedade desportiva ficam ainda obrigados, junto da entidade fiscalizadora, a demonstrar capacidade económica para o investimento e a procedência dos meios financeiros a utilizar, submetendo, para o efeito, uma declaração de compromisso de honra*".

De acordo com o artigo 27.º do NRSD, os clubes ou sociedades desportivas que sejam intervenientes em transferências de praticantes desportivos profissionais estão obrigados a prestar informação relativa às mesmas, à federação desportiva que tutela a modalidade em causa, e, sempre que solicitado, à entidade fiscalizadora das demais sociedades desportivas. Essa obrigação, abrange prestar informações sobre[45]: *a) O valor total da transferência; b) A proveniência e o destino dos montantes envolvidos; c) A percentagem dos direitos que é alienada; d) A forma e o plano de pagamento; e) As verbas relacionadas com serviços de intermediação ou com pagamentos relativos a compromissos com terceiros; f) A fiscalidade associada; g) O efetivo pagamento dos valores e a identificação dos detentores de direitos relacionados com os mecanismos de solidariedade previstos regulamentarmente.*

A violação de deveres laborais[46] na relação com praticantes e treinadores por parte da sociedade desportiva, passa a constituir contraordenação muito grave e determina a aplicação de sanções de natureza desportiva, nos termos regulamentares aprovados pela federação desportiva da respetiva modalidade ou, no caso das sociedades desportivas participantes em competições profissionais, da respetiva liga profissional.

Por fim, passam a aplicar-se às sociedades desportivas as medidas de combate ao branqueamento de capitais e ao financiamento do terrorismo, previstas na lei 83/2017, de 18 de agosto, com exceção do disposto no respetivo capítulo XI[47].

Uma alteração muito importante, tem a ver com as autorizações especiais que constam do artigo 24.º da nova lei e que não existiam no RSD. De acordo com a redação do n.º 1 do artigo 24.º do NRSD, a alienação ou oneração, a qualquer título, de bens que integrem o património imobiliário da sociedade desportiva que represente mais de 20% do ativo, bem como dos símbolos do clube desportivo, incluindo o seu emblema e equipamento, tem de ser autorizada por deliberação da assembleia geral da sociedade desportiva ou por decisão do sócio único da sociedade desportiva. A questão da percentagem de 20% não agradará, certamente, aos acionistas maioritários.

[45] Artigo 27.º, n.º 2.

[46] O número 6, do artigo 27.º da nova lei refere-se ao incumprimento de quaisquer deveres laborais o que é, no mínimo, demasiado amplo.

[47] Artigo 49.º, n.º 3, alínea b) do NRSD.

6. Mais publicidade

Em sede de publicidade, de acordo com o NRSD, a sociedade desportiva passa a estar obrigada a publicar na respetiva página de *internet* o contrato de sociedade e as contas dos últimos três anos.

Passa, também, a estar obrigada a publicar a composição dos seus corpos gerentes e os dados relevantes no âmbito do cumprimento dos deveres de transparência na titularidade de participações sociais.

A pessoa ou entidade que passe a deter participação qualificada no capital social, ou que se torne na sua maior acionista, passa a informar a sociedade desportiva sobre o objetivo da participação e o número de ações que titula, devendo esta última publicar a referida informação na respetiva página de *internet*. Uma sociedade desportiva que seja constituída para mais do que uma modalidade desportiva deve apresentar contas que permitam distinguir as várias operações financeiras de cada uma dessas modalidades.

De acordo com o segundo parágrafo do n.º 1 do artigo 6.º do NRSD, nos 30 dias após a aprovação das suas contas, a sociedade desportiva passa a ter a obrigação legal de as remeter à federação respetiva e à Liga profissional de futebol se for o caso.

7. Regime Contraordenacional

A nova lei estabelece um regime contraordenacional[48] para o incumprimento dos deveres e obrigações nela previstos.

Um dos aspetos muito criticáveis do RSD, tinha a ver com o facto de ter muitos direitos e obrigações, mas não existirem sanções quanto ao seu incumprimento, nem na própria Lei, nem na regulamentação desportiva.

As coimas previstas no novo regime contraordenacional dividem-se entre leves, graves e muito graves e a respetiva moldura sancionatória entre os EUR 500,00 e os EUR 500.000,00.

Não existe, ainda, histórico de aplicação deste novo regime contraordenacional, no entanto, desde já o mesmo parece-nos com uma moldura bastante abrangente e desproporcional.

A entidade competente para o processamento das contraordenações passa a ser o IPDJ[49].

[48] Artigos 34.º e segs. do NRSD.

[49] Artigo 43.º do NRSD.

8. Fiscalização

Em sede de fiscalização e sem prejuízo do disposto no Código das Sociedades Comerciais, no Código dos Valores Mobiliários e demais legislação aplicável, a fiscalização das sociedades desportivas passará a ser efetuada pelo IPDJ, nomeadamente mediante a realização de inquéritos, inspeções, sindicâncias e auditorias externas[50].

III. Conclusões

Da análise do NRSD, podemos tirar, desde já, as seguintes conclusões:

i. Consideramos positiva a alteração do regime das incompatibilidades, bem como a criação – finalmente –, de mecanismos de aferição de idoneidade dos membros dos órgãos sociais e dos investidores;

ii. Quanto aos mecanismos de controle prévio de aquisição de participação qualificada numa sociedade desportiva portuguesa, o NRSD é uma absoluta desilusão e uma porta aberta à entrada de capitais de origem duvidosa.

iii. O processo de aquisição de sociedades desportivas e as verificações e autorizações necessárias ficam muito aquém do que se desejava.

iv. Era aconselhável ter sido implementado um verdadeiro sistema de controle prévio da aquisição de participações qualificadas e não um sistema de apresentação de declarações de honra e fiscalização à *posteriori*.

v. Não está claro quais as entidades obrigadas a deveres de comunicação e apresentação de declarações, em processos de aquisição de uma participação qualificada numa sociedade desportiva portuguesa.

vi. Devia ter-se ido mais além, no que respeita à revelação pública dos detentores de sociedades desportivas até ao último beneficiário efetivo, bem como na criação de regras de boa governança financeira e verificação de conflitos de interesses.

vii. Ficamos com dúvidas quanto à designação do IPDJ como a nova entidade fiscalizadora, com poderes amplos de supervisão, fiscalização e sindicância e quanto à aplicação efetiva do regime contraor-

[50] Artigo 31.º, n.º 1 do NRSD.

denacional apresentado. Aguardamos para ver qual será a prática a seguir pelo IPDJ.

viii. Não concordamos, de forma alguma, com o equilíbrio que o NRSD veio alterar, passando a proibir que o clube desportivo fundador se possa desligar da sociedade desportiva que fundou, ficando refém da mesma e dos demais acionistas.

ix. Apesar da manutenção de algumas incongruências do regime anterior, consideramos a reforma operada pela nova lei, globalmente positiva, até porque se teve o cuidado de ouvir todos os *stakeholders* relevantes.

8. LIBERDADE DE EXPRESSÃO DE FUTEBOL PROFISSIONAL: DIREITO OU CONFLITO?

Jerry Silva[1]

O desporto profissional e o futebol em particular suscita um conjunto, não raras vezes exacerbado de formulações que determinam a colação do princípio constitucional que fixa a liberdade de expressão em confronto com o direito à honra, bom nome dignidade e individualidade humana e pessoal, e por via disso a convocação do instituto jurídico da colisão de direitos, justificando uma apreciação doutrinária e jurisprudencial, sobretudo atentando-se na divergência que resulta do entendimento do órgão disciplinar competente, Tribunais Comuns, Tribunal Arbitral do Desporto, Tribunais Administrativos e por último o TEDH. Assinale-se antecipadamente, e em abono do indispensável entendimento, que, o facto do futebol profissional conter especificidades e por via disso um contexto muito "sui generis" inclusive na linguagem que se vulgariza no meio, não configura passaporte para a exclusão de ilícitos disciplinares ou penais. O direito fundamental à liberdade de expressão, vertido no art.º 37.º da CRP, determina que "Todos têm o direito de exprimir e divulgar livremente o seu pensamento pela palavra, pela imagem ou por qualquer outro meio, bem como o direito de informar, de se informar e de ser informados, sem impedimentos nem discriminações.", e que, "O exercício destes direitos não pode ser impedido ou limitado por qualquer tipo ou forma de censura." (n.º 2), bem como, "As infrações cometidas no exercício destes direitos ficam submetidas

[1] Advogado. Juíz-Árbitro do TAD.

aos princípios gerais de direito criminal ou do ilícito de mera ordenação social, sendo a sua apreciação respetivamente da competência dos tribunais judiciais ou de entidade administrativa independente, nos termos da lei." (n.º 3), e ainda, "A todas as pessoas, singulares ou coletivas, é assegurado, em condições de igualdade e eficácia, o direito de resposta e de retificação, bem como o direito a indemnização pelos danos sofridos." (n.º 4). O direito constitucionalmente consagrado de liberdade de expressão e informação, integra o elenco formal da CRP relativo a direitos, liberdades e garantias, no título II, da parte I da Constituição, estando igualmente prevista no art.º 19.º da Declaração Universal dos Direitos do Homem – aplicável, na ordem jurídica portuguesa, nos termos do n.º 2 do art.º 16.º da CRP, no n.º 2 do art.º 19.º do Pacto Internacional dos Direitos Civis e Políticos e no n.º 1 do art.º 10.º da Convenção Europeia dos Direitos do Homem (CEDH). Tratando-se de um "direito subjetivo fundamental", a liberdade de expressão não se encontra "funcionalizada a valores.". Ou seja, a liberdade de expressão não tem uma função constitucional promotora de conteúdos vinculados pela "sensatez", "serenidade", "*fair play*", "contenção verbal" ou "manutenção do prestígio das instituições." Não sendo um direito absoluto, especialmente na colisão com direitos da personalidade, atente-se no Ac.TC n.º 292/2008, onde se refere que, "a liberdade de expressão – como, de resto, os demais direitos fundamentais – não é um direito absoluto, nem ilimitado. Desde logo, a proteção constitucional de um tal direito não abrange todas as situações, formas ou modos pensáveis do seu exercício." A liberdade de expressão acompanha a liberdade de pensamento e traduz-se numa manifestação da dignidade da pessoa humana (art.º 1.º da CRP) indispensável ao desenvolvimento da personalidade (art.º 26.º), merecendo, porém, particular destaque a declaração de voto vencido da Exma. Sra. Conselheira Maria Lúcia Amaral no indicado Ac. segundo a qual: "a liberdade de expressão e de informação, consagrada no art.º 37.º da Constituição reporta-se a um valor que não é outro senão «o da formação de uma opinião pública robusta, sem a qual se não concebe o correcto funcionamento da democracia. Por isso o exercício, sem obstáculos, desta liberdade não configura apenas um bem para quem a certo momento a exerce; a sua prática continuada é algo que, objetivamente, detém valor para a própria comunidade política." Sobre este direito, introduzido pela revisão constitucional de 1997, entende-se que: "Trata-se de uma decorrência do princípio da dignidade da pessoa humana (art.º 1.º), matizando-se em sede de direitos, liberdades e garantias um núcleo irredutível de individualidade. (...) Pode ramificar-se o desenvolvimento em dois segmentos: um relativo ao ser e outro ao ser social. Desta forma, sancionar os participantes em iniciativas de natureza pública por poderem expressar posições, que possam vir a levantar eventuais dificuldades à concretização de uma finalidade pública colide com a liberdade pessoal de participar em acontecimentos com repercussão social e aí manifestar um certo ponto de vista. Da mesma forma, vinculações a um "discurso positivo" sobre o jogo e limitações por via da abstenção sobre decorrências dos jogos podem mesmo traduzir-se no estreitamento quer dos temas, quer da posição a adotar sobre eles. Estas normas contendem com a liberdade de expressão na sua dimensão de proibição de censura (n.º 2 do art.º 37.º), que se deve interpretar como "um "limite dos limites" ou como um "limite às possibilidades de afetação" dessas liberdades".[2] Desta forma, proibir o discurso público sem apoio na lei fundamental, ou condicioná-lo a tipos de conteúdo previamente determinados é censura, logo inconstitucional. Na categorização do que se entende por censura, a doutrina aponta, por exemplo, para o seguinte: "poderíamos reconduzir a censura prévia e as demais restrições a um conceito amplo e material de censura, inclusivo de todas as violações à liberdade de expressão que não tenham uma ponderação de bens constitucionalmente saudável. O que implica a consideração, *prima facie*, como censura, em sentido amplo, de todas as afetações desvantajosas dos direitos e liberdades comunicativas atentatórias dos direitos fundamentais."[3] Afecta, portanto, a liberdade de expressão na dimensão comunicacional pública e a condução da vida pelo indivíduo numa sociedade aberta e democraticamente conformada: "A liberdade de expressão em sentido amplo é um elemento estruturante da ordem democrática constitucional (...). A ligação que se estabelece entre a liberdade expressão e a democracia é uma verdade evidente por si mesma no seio da jurisprudência e doutrina constitucionais."[4] O conteúdo material da liberdade de expressão é reconhecido pela doutrina desta forma: "(...) deve ser o mais extenso possível de modo a englobar opiniões, ideias, pontos de vista, convicções, críticas, tomadas de

[2] José de Melo Alexandrino, "O Âmbito Constitucionalmente Protegido da Liberdade de Expressão", cit., p. 56.

[3] Raquel Alexandra de Jesus Gil Martins Brízida Castro, "Constituição, Lei e Regulação dos *Media*", Almedina, Coimbra, 2016, p. 207.

[4] Jónatas E.M. Machado, "Liberdade de Expressão. Dimensões Constitucionais da esfera pública no sistema social", Coimbra Editora, Coimbra, 2002, pp. 259-260.

posição, juízos de valor sobre qualquer matéria ou assunto (questões políticas, económicas, gastronómicas, astrológicas) e quaisquer que sejam as finalidades (...). A liberdade de expressão não pressupõe sequer um dever de verdade perante os factos embora isso possa vir a ser relevante nos juízos de valoração em caso de conflito com outros direitos ou fins constitucionalmente protegidos."[5] Apesar de o art.º 37.º da CRP não prever uma cláusula legitimadora de restrição, a doutrina admite que estando em causa a proteção de outros bens de natureza constitucional se verifique razão para a efetuar por via legal: "qualquer valor constitucional aspira à sua maior realização possível e, se invocável, deve ser tido em conta pelo intérprete, não havendo aí lugar para qualquer pretensão seletiva."[6] Além art.º 37.º da CRP, importa referenciar o que dispõe o decisivo art.º 10.º da CEDH, dali emergindo que "Qualquer pessoa tem direito à liberdade de expressão. Este direito compreende a liberdade de opinião e a liberdade de receber ou transmitir informações ou ideias sem que possa haver ingerência de quaisquer autoridades públicas e sem consideração de fronteiras." e "O exercício destas liberdades, porquanto implica deveres e responsabilidades, pode ser submetido a certas formalidades, condições, restrições ou sanções, previstas pela lei, que constituam providências necessárias, numa sociedade democrática, para a segurança nacional, a integridade territorial ou a segurança púbica, a defesa da ordem e prevenção do crime, a protecção da saúde ou da moral, a protecção da honra ou dos direitos de outrem, para impedir a divulgação de informações confidenciais, ou para garantir a autoridade e a imparcialidade do poder judicial." (n.º 2). Para que uma interferência na liberdade de expressão possa ser considerada válida, a restrição deve obedecer a três pressupostos de legitimidade, a saber, a que resulta da restrição prevista na lei, restrição dirigida à prossecução de interesses ou valores determinados e por último a restrição necessária numa sociedade democrática. É que, a[7] "Restrição Prevista na lei: de acordo com esta exigência, qualquer interferência no exercício da liberdade de expressão tem que ter uma base legal nacional. Terá de tratar-se de uma lei (escrita ou não escrita)

[5] J.J. Gomes Canotillho e Vital Moreira, "Constituição da República Portuguesa Anotada", Volume I, Coimbra Editora, Coimbra, 2007, p. 572.

[6] Jorge Reis Novais, "As Restrições aos Direitos Fundamentais não expressamente autorizadas pela Constituição".

[7] Iolanda A.S. Rodrigues de Brito, Liberdade de Expressão e Honra das Figuras Públicas. Coimbra Editora, pág. 71 e sgs..

acessível, previsível, clara e precisa", sendo que "Restrição dirigida à prossecução de interesses ou valores determinados: a segurança nacional, a defesa da ordem e a prevenção do crime, a protecção da saúde ou da moral, a protecção da honra ou dos direitos de outrem, para impedir a divulgação de informações confidenciais, ou para garantir a autoridade e imparcialidade do poder judicial. O Estado não pode proceder à restrição, com base nalgum domínio não incluído nesta lista. Por isso em cada caso, o Estado terá que especificar qual o interesse ou valor concretamente em causa, contando que conste da enumeração da norma, (Importa não esquecer que o art.º 18.º da CEDH dispõe que "(a)s restrições feitas nos termos da presente Convenção aos referidos direitos e liberdades só podem ser aplicadas para os fins que forma previstas",[8] e por último a "Restrição necessária numa sociedade democrática: o último requisito legitimador da restrição ao exercício da liberdade de expressão, impõe o respeito pelo princípio da proporcionalidade, procurando responder à seguinte questão: será o interesse ou valor (v.g. a honra), a proteger com restrição, proporcional ao meio (qualquer interferência na liberdade de expressão) utilizado para alcançar esse fim? Na apreciação da necessidade da restrição, o TEDH impõe às autoridades nacionais que provem que a ingerência corresponde a uma necessidade social imperiosa. Na sua apreciação em matéria de honra, o TEDH reivindica o seu poder de supervisão, restringindo a livre margem de apreciação aos Estados. De salientar que, por exemplo, nos processos Lopes Gomes da Silva v. Portugal (2000); Urbino Rodrigues c. Portugal (2006); Roseio Bento c. Portugal (2006); Colaço Mestre et SIC c. Portugal (2007); Almeida Azevedo c. Portugal (2007); Azevedo c. Portugal (2008); Leonel Azevedo c. Portugal (2008); Laranjeira Marques da Silva c. Portugal (2010), aqueloutra jurisdição concluiu pela verificação de uma interferência no direito à liberdade de

[8] Cfr. Mónica Macovel, *Freedom of Expression A guide to the implementation of the Euroepan Convention on Human Rights*, Concil of Europe: Human Rights Handbooks, n.º 2, 2004, pag. 34-35; Ireneu Barreto, *A Convenção Europeia dos Direitos do Homem Anotada*, Coimbra, Coimbra Editora, 2005, pag. 216-219 e 241; Peter Kempees, *A Systematic Guide to the Case-Law of the European Court of Human Rights (1960-1994)*, vol. I, The Hague: Martinus Nijhoff Publishers, 1998, pág. 678-687; *idem*, A System Guide..., ob.cit., vol. III, pág. 263-265; Francisco Fernadez Segado, *La libertad de expresion en la doctrina del tribunal europeo de derechos humanos*, REP, n.º 70 (1990), pág. 108-115; Arjen Van Rijn, *Freedom of expression* (article 10), in: Peter Van Dijk/Fried Van Hoof/Arjen Van Rijn/Leo Zwaak (Editors), *Theory and Pratice of the european Convention on Human Rights*, Antwerpen – Oxford: Intersentia Publishers, 2006, pag. 806 a 816.

expressão, concretizada numa condenação judicial de natureza civil e penal, que visava a protecção da honra de uma figura publica, tendo o Estado Português sido condenado por não ter conseguido provar que a restrição correspondia a uma necessidade social imperiosa. Para que possamos colher o itinerário cogitante, merece colação o caso Colaço Mestre et SIC c. Portugal. Neste caso discutia-se a condenação de um jornalista, nomeadamente, pelo facto de este, durante uma entrevista ao presidente da UEFA e colocando uma questão se ter referido ao Presidente do Futebol Clube do Porto, na altura também presidente da Liga Portuguesa de Futebol Profissional – que integrava o Comité de arbitragem – como "patrão dos árbitros", numa época em que, em Portugal, se discutia publicamente a questão da corrupção da arbitragem. Como ali salientou o TEDH, as instâncias judiciais nacionais não encontraram um justo equilíbrio entre a necessidade de proteger os direitos dos jornalistas à liberdade de expressão e a necessidade de proteger os direitos e a reputação do visado. Sustentou, ainda, que a motivação avançada pelos tribunais portugueses para justificar a condenação, embora pertinente, não era suficiente, nem correspondia a qualquer necessidade social imperiosa. Concluindo assim, que a condenação não representou um meio razoavelmente proporcional à prossecução do interesse legitimo em causa, tomando em consideração o interesse da sociedade democrática em assegura e manter a liberdade de imprensa, pelo que tinha ocorrido uma violação do art.º 10.º da CEDH. A liberdade de expressão é válida não apenas para as informações ou ideias admitidas favoravelmente ou consideradas como inofensivas ou indiferentes, mas também para as que ferem, chocam ou incomodam. Estas são as exigências dos pluralismos, da tolerância e do espírito de abertura, sem os quais não há sociedade democrática. [9]"As opiniões manifestadas através de uma linguagem forte e exageradas são protegidas e o âmbito de protecção depende do contexto e do objectivo da crítica. A análise toma em consideração, enquanto critérios valorativos, o tipo de expressão (v.g. política, desportiva), o meio de expressão (v.g. pessoal, imprensa escrita, televisão), bem como a audiência (v.g. adultos, crianças, um vasto público, um grupo restrito)".[10] Mas não ignoremos, além do

[9] V.g. neste sentido cfr. Handyside v. The United Kingdom (1976); Sunday Times v. The Unite Kingdom (1979); Lingens v. Austria (1986); Oberschlick v. Austria (1991); Jersild v. Denmark (1995).

[10] Mónica Macovei, Freedom of expression.... ob. cit., p. 7).

contexto os actores, passivos e activos, ou seja, as figuras envolvidas e a natureza das mesmas. Com referência para com o primeiro dos factores, "...se o juízo de valor ofensivo é proferido, no contexto de uma discussão sobre questões de interesse público, designadamente de índole social (v.g. debate sobre pobreza), económica (v.g. conferência sobre economia), desportiva (v.g. evento desportivo), cultural (v.g. manifestação de artistas), deve ser-lhe concedida uma ampla protecção da liberdade de expressão, devendo ser admitido o recurso a um certo grau de exagero e provocação"[11], o qual "chama a atenção para a circunstância de determinadas profissões como a arbitragem desportiva, serem mais susceptiveis a ofensas à honra. Em relação aos árbitros aponta duas causas: a dificuldade em relevar a eventual violação das regras de jogo e o estado de agitação colectiva dos espectadores, que faz com que a análise da conduta do árbitro perca em objectividade sendo observada a partir da lente deformante do fervor desportivo subjacente". À importância atribuída à honra, aquando do confronto, na sociedade portuguesa, "carente de tutela no contexto da sociedade de informação e mediática, pelo que a sua salvaguarda será sempre mais vantajosa do que a imposição de limitações, devido aos seus previsíveis inconvenientes. (...)A pretexto da inalienável necessidade de tutela de certos direitos fundamentais e humanos, não pode, de acordo com uma adequada metódica de ponderação, subalternizar-se sistematicamente a liberdade de expressão, transformando um cenário de expectativa de desenvolvimento civilizacional das sociedades pluralistas enformadas pelo Estado de direito numa indesejável realidade distópica. A liberdade de expressão deve, assim, continuar a ser reconhecida como valor fundacional e estruturante das sociedades pluralistas e democráticas, com redobrado significado perante ameaças e violações concretizadas em muitas latitudes, o que realça o insubstituível papel que os tribunais devem continuar a protagonizar."[12] (Sobre a relevância do interesse público na ponderação de valores aqui em causa, "Deve lembrar-se que a defesa da aplicação de critérios de prevalência do direito à liberdade de expressão face ao direito à honra e ao bom nome, preconizada pela jurisprudência do TEDH, parte do pressuposto, porventura

[11] Giovana de Farro, ("Il soggetto passivo del reato nell'aspetto criminológico. La cosi detta "vittimologia"" (1), SP, 1970, pág. 232).

[12] Euclides Dâmaso Simões, "A liberdade de expressão na jurisprudência do Tribunal Europeu dos Direitos do Homem", Revista do Ministério Púbico, 113, 2008, p. 102.

controverso, de que é reconhecida igual dignidade a esses direitos fundamentais. Todavia, na resolução concreta do seu eventual confronto, o elemento decisivo para a solução do conflito seria o interesse público das questões que podem colocar em causa a honra ou o bom nome."[13] e "Vejamos ainda, para a possibilidade de se admitir a imputação de certos factos ofensivos da honra, a relevância do campo de aplicação da exceptio veritatis. Atente-se, como sinal substancialmente relevante para as entidades responsaveis pela organização de competições deportivas de futebol, e antes da discussão das sanções, a própia e concreta (i)legitimidade para a redacção de normas regulamentares assentes na vagueza e indeterminação dos conceitos utilizados no Regime Disciplinar das Federações Desportivas, aprovado pela Lei n.º 112/99 de 03.08, os quais autorizam a regulamanteção das federções desportivas dotadas do estatuto de utilidade pública, normas aquelas que, no que tange à slavagurada do direito ao bom noem e honra ou reputação optam por uma restrição à liberdade de expressão e "deslegalização" inadmissivel – diferente do que sucede por via da autorização inserta no Regime Jurídico do Combate da Segurança e Combate ao racismo, à Xenofobia e à Intolerância nos Espectáculos Desportivos, aprovada pela Lei n.º 39/2019 de 30.07 –, uma vez que "Por seu lado, nenhuma federação ou associação desportiva deve poder considerar-se autorizada a proibir, ou a condicionar de forma substancial (através de regulamento, contrato ou acto individual), a liberdade de expressão das pessoas que se lhe achem vinculadas, valendo nesse contexto um controlo particularmente exigente (*strict scrutiny*) da proporcionalidade das eventuais afectações." e "uma vez posto o quadro das possibilidades de afectação da liberdade de expressão, fora dos contados casos de ilícito penal qualificado, poucas serão as situações, poucos os direitos fundamentais e menos ainda os bens ou interesses objectivos que podem justificar realmente uma compressão da liberdade de expressão. (...). As consequências desta perniciosa corrente não só resguardaram a tradicional desconsideração da liberdade de expressão no ordenamento português, como conduziram directamente à lamentável situação de Portugal ser um dos membros do Conselho da Europa que revela possuir um dos padrões mais baixos de tutela jurisdicional da liberdade de expressão e da liberdade de imprensa. Por outras palavras, os tribunais portugueses, em quase duas dezenas de casos apreciados pelo TEDH, não fizeram prevalecer,

[13] Jorge dos Reis Bravo, Revista do Ministério Público 160: Outubro/Dezembro 2019.

como deviam, os interesses da liberdade de expressão sobre os bens e interesses a que deram primazia (habitualmente, a honra, o bom nome ou o segredo de justiça.")[14] Anote-se que, a interpretação que se faça das normas regulamntares punitivas exige a obserção do princpio da proprocionalidade na sua tripla dimensão, da necessidade, da adequação e da proibição do excesso, sendo que no confronto entre as várias formas de proteger aquele fim – bom nome e reputação – a norma punitiva tem também de mostra-se como sendo o meio mais adequado e de protecção, porque o menos lesivo para com outros direitos ou bens jurídicos em confronto e assim o que implica menos sacrifícios e que se afigura mais vantajoso, considerando todass as hipóteses que se possam convocar para almejar o mesmo desiderato, sem prejuizo da anteriormente relevada proprocionalidade. Retomando, o contexto mostra-se referenciado como factor essencial da valoração das declarações proferidas, uma vez mais no citado Ac.TRL de 12.09.19, "III - O TEDH tem sublinhado a necessidade de se proceder a uma valoração do conteúdo ou sentido das expressões em causa, integrando-as no contexto em que surgiram, considerando que mesmo os juízos de valor susceptíveis de reunirem indiscutivelmente apenas um conteúdo ofensivo, podem afinal merecer a protecção da liberdade de expressão, desde que sejam dotados de uma base factual mínima e de uma explicação objectivamente compreensível de crítica sobre realidades objectivas em assunto de interesse público ou em debate de natureza política. No campo restrito das comunicações sobre factos, ou seja, sobre acontecimentos da vida real, o Tribunal tem entendido que a protecção pela liberdade de expressão depende da veracidade desses mesmo factos ou, no limite, da ocorrência de fundamento bastante para que o agente, agindo de boa-fé e com a A propósito do contexto, pertinente a referência sumariada no citado Ac.TRL de 12.09.2019", "II – No mundo do desporto, e, em particular, do futebol, estão instituídas determinadas práticas que a generalidade das pessoas valora de uma forma mais permissiva, desde que tais condutas se desenvolvam no âmbito restrito do sub-sistema desportivo, sucedendo tal com as injúrias.". O mesmo respalda do Ac.TRL de 19.04.2006, "2. Igualmente é notório que *"a linguagem usada no meio do futebol, (...)* [é] *uma linguagem mais grosseira e forte em termos*

[14] José Melo Alexandrino, "O discurso dos direitos", Coimbra, Wolters Kluwer Portugal, 2011, pp. 353 e 354 e "O âmbito constitucionalmente protegido da liberdade de expressão", in Media, Direito e Democracia, Almedina, Coimbra, 2014, pp. 64 e 65.

nomeadamente de adjectivação, que reflecte assim a paixão que este desporto faz despertar nos homens em geral (...), ou ainda o que verte o Ac.TRL de 28.04.2004, concluindo que, "No crime de difamação protege-se a dignidade individual do cidadão. O carácter injurioso ou difamatório de determinada expressão ou atitude é muito relativo, estando "...fortemente dependente do lugar ou ambiente em que ocorre, das pessoas entre quem ocorre, do modo como ocorre". Por último, e no mesmo sentido, "IV – Entre a publicitação de uma opinião – direito que integra a liberdade de expressão – e a protecção dos bens pessoais ao bom nome e reputação de terceiros, há que fazer uma ponderação quando estes direitos entrem em conflito, devendo-se aferir em que moldes aquela opinião, pelas expressões que usa e pelas imputações que faz, ataca desproporcionadamente a honra e consideração desses terceiros. Nesta aferição há que ter em conta todo o contexto em que os direitos são exercidos para se encontrar o limite do razoável ou aceitável", decidiu o Ac.TCAS de 04.04.2019. É que, como já afirmado, "o bem jurídico lesado pelo crime de difamação é predominantemente, a chamada honra subjectiva, isto é, o sentimento da própria honorabilidade ou respeitabilidade social."[15] Portanto, quer o crime de injúrias, quer o de difamação, são crimes de dano, na medida em que se traduzem numa imputação de factos objectivamente adequada para desacreditar alguém socialmente, e que é, como tal, compreendido pelo destinatário. E continuam estes autores, citados no Ac.TRL, 28.04.04, disponível em www.dgsi.pt., em consonância com aquele entendimento, a dizer que no "crime em análise não se protege, pois, a susceptibilidade pessoal de quem quer que seja, mas tão só dignidade individual do cidadão, sendo uma das suas características a da sua relatividade, o que quer dizer que o carácter injurioso ou difamatório de determinada palavra ou acto é fortemente dependente do lugar ou ambiente em que ocorre, das pessoas entre quem ocorre, do modo como ocorre." Igualmente, atentemos no aresto do TRL de 19.04.06, sumariando, que "1. O carácter injurioso ou difamatório de determinada expressão ou atitude é muito relativo, estando fortemente dependente do lugar ou ambiente em que ocorre, das pessoas entre quem ocorre e do modo como ocorre. 2. Igualmente é notório que "a linguagem usada no meio do futebol, (...) [é] uma linguagem mais grosseira e forte em termos nomeadamente de adjectivação, que reflecte assim a

[15] Nelson Hungria in Comentário ao Cód. Penal Brasileiro, VI, 90/1, citado por Leal Henriques e Simas Santos, in Cód. Penal Anot., 2.º vol., 3ª ed., pág. 494..

paixão que este desporto faz despertar nos homens em geral (...)". Ali se bebe, igualmente, "Como se sabe, a honra é um bem jurídico complexo, que inclui quer o valor pessoal ou interior de cada indivíduo, radicado na sua dignidade, quer a sua manifestação exterior – reputação ou consideração –, traduzida na estima e respeito que a personalidade moral de alguém infunde aos outros e que vai sendo adquirida ao longo dos anos (probidade e lealdade de carácter). Na sintética formulação do Supremo Tribunal Federal alemão, o que se protege "é a honra interior inerente à pessoa enquanto portadora de valores espirituais e morais e, para além disso, a valência deles decorrente, a sua boa reputação no seio da comunidade", a qual encontra o seu "fundamento essencial" na "irrenunciável dignidade pessoal"[16] O sentimento médio de honra da comunidade deve constituir o critério (objectivo) à luz do qual deve ser aferida a tipicidade/gravidade das ofensas a este bem jurídico: "ofensivo da honra e consideração (...) [é] aquilo que razoavelmente, isto é, segundo a sã opinião da generalidade das pessoas de bem, deverá considerar-se ofensivo daqueles valores. (...). Aquilo que a generalidade das pessoas (de bem) de um certo país e no ambiente em que se passaram os factos não considera difamação ou injúria, não deverá dar lugar a uma sanção reprovadora, como é a pena"[17]. "Nesta linha, decidiu o Ac. Rel. Évora, de 2/7/96, CJ 96, IV, 295, que "um facto ou juízo, para que possa ser havido como ofensivo da honra e consideração devida a qualquer pessoa, deve constituir um comportamento com objecto eticamente reprovável, para que a sociedade não lhe fique indiferente, reclamando a tutela penal de dissuasão e repressão desse comportamento. Supõe, pois, a violação de um mínimo ético necessário à salvaguarda sócio/moral da pessoa, da sua honra e consideração. Deste modo, "nem todo o facto que envergonha e perturba ou humilha cabe na previsão das normas dos arts. 180.º e 181.º, tudo dependendo da "intensidade" da ofensa ou perigo de ofensa",[18]. Por outro lado – considerando que numa sociedade democrática, é do mais elevado interesse público "a actividade relativa à formação democrática e pluralista da opinião pública em matéria social, política económica, cultural"[19], não pode deixar de exigir-se a maior prudência na efectivação da tutela penal perante

[16] Faria Costa, Comentário Conimbricense do Código Penal, I, p. 607.

[17] Beleza dos Santos, Algumas Considerações sobre Crimes de Difamação e de Injúria, RLJ, Ano 92/165 e 166.

[18] Oliveira Mendes, O Direito à honra e a sua tutela penal, 37.

[19] Figueiredo Dias, RLJ 115.º/136.

eventuais excessos no exercício das liberdades de expressão/informação, máxime em matérias de indiscutível interesse público. Constituindo a mais intensa das restrições que – neste âmbito – o Estado tem ao seu dispor, a reacção penal deverá pautar-se por critérios de estrita necessidade e proporcionalidade, sob pena de se desincentivar o cabal exercício de tais liberdades fundamentais. Nesta perspectiva, como reiteradamente vêm decidindo os nossos tribunais e o TEDH, aqueles que exercem cargos com relevância/expressão pública têm um qualificado dever de suportar as críticas inerentes à sua actividade, por muito duras – ou mesmo infundadas – que sejam. Salvo nos casos em que sejam notoriamente gratuitas ou infundadas, a eles cabe, na primeira linha, convencer do infundado das críticas, não podendo nunca subtrair-se ao debate público por via da ameaça – contra quem divulgue irregularidades no funcionamento das instituições – com o jus puniendi do Estado. Naturalmente, estes tipos de preocupações não implicam que se deva descurar a necessidade de adequada tutela do (também fundamental) direito à honra e, muito menos, o reconhecimento do *direito ao insulto.*[20] Sobre o critério que permite compreender quando é que "a crítica exagerada, mesmo chocante" (que, só por si, não é merecedora de tutela penal) entra no campo da" difamação", atente-se que[21] "Uma expressão degradante só assume o carácter de «difamação» quando nela não avulta em primeiro plano a discussão objectiva das questões mas antes o enxovalho das pessoas. Para além da crítica polémica e extremada tem de se visar o rebaixamento das pessoas (...). Só poderá falar-se de «difamação» quando o juízo de valor ou a crítica perdem todo o contacto com a obra, a prestação ou o problema que os motiva ou com a discussão das questões de interesse comunitário. E, em vez disso, passam a obedecer apenas ao propósito de rebaixamento de uma pessoa. Atingindo-a no sentimento de auto-estima ou ferindo-a na sua dignidade pessoal e consideração social." Na verdade, se é inadmissível a abertura da comporta para o jorro de todo e qualquer impropério, e de qualquer interjeição sem o mínimo de conexão com a realidade, a verdade é que, também se impõe ter presente que aquele "mundo" – do futebol com tudo o que publicamente o envolve –, não configura o lugar ideal para punhos de renda ou redomas de vidro. Ignorar a "especificidade"

[20] V.g.. Ac.TRL de 11.12.2019, disponível em www.dgsi.pt.

[21] Manuel Costa Andrade, "Liberdade de Imprensa e Inviolabilidade Pessoal – Uma perspectiva jurídico-criminal", p. 293.

do mesmo, e da linguagem pouco escorreita tal como a sua aceitação relativamente generalizada e indiferenciada é conviver com uma realidade abstracta ou idílica. E o contexto integra figuras públicas, elemento relevanta ena apreciação da dicotomia entre a liberdade de expressão e o direito ao bom nome e reputação. "III – Nesta perspectiva, como reiteradamente vêm decidindo os nossos tribunais e o Tribunal Europeu dos Direitos do Homem, aqueles que exercem cargos com relevância/expressão pública têm um qualificado dever de suportar as críticas inerentes à sua actividade, por muito duras – ou mesmo infundadas – que sejam."[22] Não é possível desconvocar a configuração da respectiva natureza ou qualificação. A propósito, dir-se-á que numa formulação simples, "é figura privada todo o cidadão anónimo, que vive no recato da sua existência, assistindo passivamente ao desenrolar dos acontecimentos que fazem história, mais ou menos ampla, de um povo.[23] Insiste-se," a democracia "é acima de tudo um processo de discussão e de critica permanente" e, "ninguém esta acima da discussão e da critica, particularmente as figuras públicas, quaisquer que elas sejam, independentemente da sua filiação partidárias e as demais pessoas de relevo público, incluindo pessoas colectivas privadas, mas que se dedicam a actividades dc grande relevo público"[24], convocando-se para o efeito o Ac.TC n.º 459/0, D.R., serie II de 22.07.2008, que qualificou uma pessoa colectiva (Sporting Clube de Portugal) como figura pública, relevante para a abrangência das pessoas colectivas no âmbito da aplicação regulamentar, sancionatória, pelo pratica de determinados ilícitos, em particular os que contendam com o bom nome e honra de terceiros. A qualificação ou convocação do conceito de figura pública, não é despicienda, bem pelo contrário, para enquadramento dos intervenientes e sopesar do conflito de direitos ou interesses que possam justificar, ou não, as afirmações contidas nos constantes comunicados oficiais, newsletters, ou twitters dos clubes profissionais de futebol, instrumento, poderoso, de arremesso, e não apenas de exercício de liberdade de expressão." O desporto é transmitido pelos mais poderosos meios de comunicação de massas, impondo a sua presença em todos os espaços do quotidiano. Na vida desencantada e secularizada das nossas sociedades, o

[22] V.g.. Ac.TRL de 11.12.2019, ob. cit..

[23] Peter Amponsah, Libel Law, political Criticism, and Defamation og Public Figures: the United States, Europe and Austrália, New York: LFB Scholarly Publishing LLC, 2004, pág. 80-139.

[24] Jónatas Machado, "O Público", 24.02.2010, in www.pulico.pt.

desporto veio polarizar encantamentos. E ocupar uma parte significativa do espaço deixado pelo sagrado e pela religião, uma instituição e uma experiência de que o desporto, é em boa medida, sucedâneo e com o qual mantém em qualquer caso, significativos momentos de comunicabilidade"[25]. É que, como foi referido por K. Weis, "a religião e o desporto são instituições que têm (em comum) momentos de ação altamente ritualizados"[26]. Mais, "a liberdade de expressão pode servir de fiel da balança para medir a democraticidade de um Estado. Ela é deveras estruturante de qualquer sociedade desenvolvida, pois só a circulação livre de ideias impele ao progresso. A lei ordinária nacional está já desajustada da matriz que é a CEDH, não reconhecendo à liberdade de expressão aquela dimensão estruturante da sociedade. Durante muito tempo a jurisprudência portuguesa, nos conflitos do direito à honra face à liberdade de expressão, deu prevalência à primeira, desconsiderando a segunda. Tem sido o TEDH com a sua jurisprudência que vem afinando os critérios interpretativos da lei nacional. Na verdade, neste nosso tempo de comunicação global, em que, naturalmente, a liberdade de informação e de expressão também têm limites, não se pode firmar tal limite em qualquer preconceito, em dimensão absurda da honra ou num enfatuado bom nome das figuras públicas."[27] Prosseguindo, "Por outro lado, os nossos tribunais, durante muito tempo, não faziam a distinção entre a afirmação de factos e a afirmação de opiniões ou juízos de valor. Foi o TEDH que veio explicitar que as opiniões não são verdadeiras nem falsas. Podem ter mais ou menos sustento factual, mas não passam de opiniões, de juízos de valor que variam de pessoa para pessoa, pelo que não faz sentido condenar uma pessoa por ter uma opinião falsa; já os factos serão verdadeiros ou falsos. Realidade igualmente evidente, exceto para mentes excecionalmente positivistas – uma vez que a lei não faz expressamente essa distinção – ou obtusas, é a necessidade de as figuras públicas terem de suportar e de estar mais expostas à crítica e ao escrutínio público – como dizia o presidente norte-americano Harry Truman, "quem não

[25] Manuel da Costa Andrade, "As lesões corporais (e a morte) no desporto". Orgs. Andrade, Manuel da Costa, Costa, José de Faria, Rodrigues, Anabela Miranda e Antunes, Maria João – Liber Discipulorum para Jorge de Figueiredo Dias, Coimbra: Coimbra Editora, 2003. p. 685 e 686.

[26] "Sport und Religion". Winkler, J., and others – Soziologie des Sports. Opladen, 1995. p. 127.

[27] Teixeira da Mota, liberdade de expressão – a jurisprudência do TEDH e os tribunais portugueses, Revista Julgar, N.º 32, 2017, pág. 181.

suporta o calor não deve trabalhar na cozinha". Infelizmente, nas decisões da justiça nacional ainda persiste, muitas vezes, a cultura do "respeitinho é muito bonito" em que a liberdade de expressão é diminuída ou aniquilada face à defesa da reputação e da honra, sendo certo que, no nosso país, as pessoas, a partir do momento em que atingem certos lugares, entendem que têm uma reputação acima de qualquer suspeita e recusam-se ao escrutínio público."[28]. No crime de difamação, "não se protege, pois, a susceptibilidade pessoal de quem quer que seja. mas tão só dignidade individual do cidadão, sendo uma das suas características a da sua relatividade, o que quer dizer que o carácter injurioso ou difamatório de determinada palavra ou acto é fortemente dependente do lugar ou ambiente em que ocorre, das pessoas entre quem ocorre, do modo como ocorre."[29] Na esteira do Ac.TCAS de 04.04.2019, "VI – A imputação a equipas de arbitragem de certos jogos de futebol de um "roubar" de golos, associada à afirmação relativa à "cambada de ladrões", não integra uma infracção disciplinar punível nos termos do art.º 136.º, n.º 1, do RD; VII – O art.º 136.º, n.º 1, do RD, deve ser interpretado e enquadrado atendendo à realidade que enquadra o mundo desportivo e futebolístico, pelos que as expressões constantes daquele RD relativas ao "desrespeito", à "injúria", à "difamação" ou à "grosseria" terão, necessariamente, que ajustar-se àquela mesma realidade; VIII – A afirmação do "roubar" de golos não pode ser tida como ofensiva da honra e consideração das pessoas que fazem parte das equipas de arbitragem, por ofender seriamente as suas qualidades morais e profissionais e lhes provocar uma real humilhação ou o desprezo de terceiros; IX – Um discurso em clara oposição com uma dada arbitragem, que se apresenta como uma opinião pessoal, subjectiva, suportada pela invocação de diversos factos que, na óptica do declarante, apontam para aquela mesma opinião, não é um discurso objectivamente difamatório, por se pretender apenas denegrir a imagem e a honra do árbitro, sem qualquer base factual e apreensível". Ou seja, uma vez mais, contexto em que os direitos são exercidos e as figuras que são objecto das declarações, são determinantes para aferição e valoração das afirmações proferidas. O mesmo TCAS, no aresto de 07.02.2019, sustenta, com aprumo que "VI – Assim, as afirmações: «Nem no tempo do Apito Dourado existe

[28] Teixeira da Mota, ob. cit. pag. 184.

[29] Nélson Hungria in Comentário ao Cód. Penal Brasileiro, VI, 90/1, citado por Leal Henriques e Simas Santos, in Cód. Penal Anot., 2.º vol., 3.ª ed., pág. 494.

memória de uma semana tão negativa e com decisões tão escandalosas com reflexos diretos nos resultados como esta semana» e, «Os sinais são muito preocupantes, há decisões e escolhas lamentáveis e pouco cuidadosas de árbitros e vídeo-árbitros, relatórios que colocam em causa a veracidade dos mesmos, tudo perante uma grande inércia das estruturas de decisão do futebol», não colocaram em causa a seriedade e honestidade dos árbitros de futebol e, como tal, não interferiram com o direito previsto no art.º 26.º, n.º 1, da CRP [o direito a não ser ofendido ou lesado na sua honra, dignidade ou consideração social]." Se inculcarmos maior assertividade e incisividade, o Ac.TRP n.º 10/11.2TAVRL.P1, de 8/2/2012, esclarece que, "*É consabido e aceite por toda a comunidade que um árbitro, pela exposição a que se coloca pelas funções que exerce, na maior parte das vezes, não agradando à equipa perdedora, não pode ser um individuo com uma sensibilidade idêntica ao cidadão médio e comum, antes tem de estar mais "aberto", receptivo e imune, a críticas ferozes e comentários, por vezes, infelizes. Por outro lado, são conhecidas as paixões e controvérsias que as questões relativas ao futebol frequentemente geram. (...) Daí que os juízos e imputações feitas, embora exageradas, não excedem o que, em geral, se considera tolerável no contexto da luta e disputa desportiva.*" A talho de foice, sempre se constata que o Ac.TRL de 12.09.19, não constituiu propriamente uma novidade no critério largo de (des)consideração das declarações prestadas nesse mundo – futebol – cujo contexto, figurantes e modus operandi não são despiciendos e deverão ser valorados, caso a caso é certo, atento o respectivo círculo. A jurisprudência nacional, e em particular a dos Tribunais comuns há muito que se mostra alinhada com a jurisprudência do TEDH. O próprio TC também vem convocando as normas insertas na CEDH e asseverando a pertinência da jurisprudência do TEDH, servindo de exemplo mais recente o Ac.TC de 13.05.2020, proc. n.º 958/2019, disponível em www.dgsi.pt. Entre TAD, TCAS e STA porém as divergências são acentuadas. No TAD o tema não colhe, no entanto, um sentido único, emergindo vasta produção decisória ora destacando a preponderância da liberdade de expressão sobre o direito ao bom nome e reputação ou o inverso.[30]. Por seu turno o TCAS tem produzido diversos arestos que acompanham a jurisprudência e os critérios que o TEDH destaca no sentido da premência do direito de liberdade de

[30] Em sentido relevante do direito de expressão v.g. Ac.TAD n.º 51/17, n.º 53/17; n.º 57/17; n.º 12/2019, n.º 35/2019, e em sentido relevante do direito ao bom nome e reputação v.g. Ac.TAD n.º 30/17, n.º 52/17, n.º 17/18, n.º 28/18, n.º 57/18 revogado pelo TCAS em 04.0.04.2019; n.º 83/18, todos disponíveis em www.tribunalarbitraldodesporto.pt.

expressão.[31] No entanto na pirâmide recursiva, o STA tem evidenciado uma tendência no sentido de preponderar o direito ao bom nome e reputação em detrimento da liberdade de expressão. Sem prejuízo, mostra-se muito pertinente a posição adoptada pelos Colendos Conselheiros no Ac.STA., proc. n.º 50/20.0BCLSB de 09.09.2021, onde se lê, a propósito das comunicações atinentes a actuações das equipas de arbitragem nos jogos de futebol em sede de compita profissional – note-se o particular facto de as sistemáticas participações disciplinares em regra emergirem da associação de classe, enquanto o visado desconsidera não apenas a vertente criminal mas também, e muito, a preterição da criminal – que, "(...) O que importa em casos deste género, é se afirmações – que embora sugestivas, sejam em si dubidativas – equivalem a predicar a propriedade da "parcialidade" a um agente desportivo ou, por outro lado, traduzem um juízo de valor induzido a partir de desempenhos desportivos, no contexto em que o emissor crê haver verdade ou verosimilhança no substracto das suas afirmações. A existência de uma base factual mínima é frequentemente factor relevante na resolução de questões jurídicas relativas ao exercício de liberdade de expressão, tendência para a qual contribuiu decisivamente o TEHD. Alertando para a distinção entre factos e juízos de valor, o TEDH esclarecer que apenas os primeiros podem ser qualificados como verdadeiros ou falsos, sendo inviável a demonstração da exectaidão dos segundos. (Ac. TEDH, de 07. Maio. 2002, Queixa n.º 46311/99 (McVivae v. Reino Unido). Nessa medida exigir a prova da veracidade de um juízo de valor equivaleria, na visão do TEDH, à negação da própria liberdade de opinião, algo não admitido pelo art.º 10.º da Convenção Europeia dos Direitos Humanos / doravante CEDH). É neste contexto que surge o critério da base factual mínima: segundo TEDH, os juízos de valor devem apresentar o mínimo respaldo factual, ancorando-se em factos, sob pena de serem excessivos. Contudo, esse conteúdo factual mínimo varia consoante as circunstâncias de cada caso.(...)"[32]

Assim, verificada a critica das decisões de figuras públicas inserida em contexto concreto – mundo do futebol – o direito fundamental de liberdade de expressão só pode ser constrangido, em casos objetivamente claros e

[31] Ac. TCAS, proc. n.º 85/18.3BCLSB de 07.02.2019; proc. n.º 154/19.2BCLSB de 16.01.2022; proc. n.º 139/19.9BCLSB de 30.01.2020; proc. n.º 50/20.0BCLSB de 01.10.2022; proc. n.º 63/20 de 01.10.2020.

[32] Pedro Moniz Lopes/Sara Azevedo, A liberdade de expressão, e-Pública, Vol. 8 n.º 1, Abril/2021, págs. 164/165.

graves de afronta a outros direitos fundamentais e as afirmações, reveladoras de descontentamento com a arbitragem, evidenciando um prejuízo factualmente discriminado e em concreto contexto, sem que visem gratuitamente ferir, achincalhar, rebaixar a honra e o bom nome do visado não ultrapassam o direito fundamental de liberdade de expressão, pelo que considerar juridicamente difamatório o comportamento de alguém que imputa a outrem o cometimento, por exemplo de erros de arbitragem uma vez que é a matéria que mais celeuma gera, equivale a proibir as pessoas de falar, constranger as pessoas no sentido de se guardarem de expressar o seu pensamento e se auto-censurarem, derivas que o edifício jurídico português não permite. Daí que, a convocação das normas regulamentares – excluído o âmbito do Regime Jurídico do Combate da Segurança e Combate ao racismo, à Xenofobia e à Intolerância nos Espéctaculos Desportivos – que comprimem o direito de liberdade de expressão em benefício do "genérico" e "indeterminado" bom nome e reputação, punindo os mais diversos agentes desportivos, devem necessariamante reponderar a sua tipicidade – ou falta –, no sentido de imperioso respeito seja pela CRP, seja pela CEDH, seja pela jurisprudência dos Tribunais comuns, do TCAS e, em parte, do TAD e STA. Não esqueçamos que o TEHD defende que configura uma ingerência na liberdade de expressão, qualquer intervenção de uma autoridade pública ou privada – por maior de razão, com aplicação às entidades privadas que dispõem de poderes delegados de regulamentação por parte do Estado –, que "exerça poderes públicos de ordenação, intervenção ou decisão, sejam poderes legislativos, governativos, administrativos, regulamentares ou judiciais, qualquer que seja a modalidade que revista, de injunção civil, de sanção penal, contraordenacional, disciplinar, de providência administrativa, ou indemnizatória, por dano."[33] Mais, não olvidando o valor reforçado que as normas da CEDH assumem na nossa ordem jurídica, é indispensável observar o conteúdo do art.º 10.º da CEDH no que tange a liberdade de expressão e por essa via a jurisprudência dominante do TEDH. A coberto do bom nome e reputação – relevante, bem como são relevantes outros direitos legítimos das entidades que organizam os eventos desportivos, mais precisamante, ao nível do futebol profissional – não poderá ser tida como ponte para uma intolerante ingerência e compressão da liberade de expressão, inequivocamante um direito, e apenas casuística e residualmente um conflito.

[33] Entre outros, v.g. Ac. TEHD de 25.10.1999, proc. n.º 28396/95, Wille c. Reino Unido, disponível em www.echr.coe.int.

9. CRÓNICA: CASO ANDREW WEBSTER

João Nogueira da Rocha[1]

No dia 30 de Janeiro do corrente ano o Tribunal Arbitral do Desporto, proferiu uma decisão, em sede de recurso, de uma decisão da Câmara de Resolução de Litígios da FIFA.

Nenhuma das partes se conformou com a decisão do DRC e todas interpuseram recurso para o TAS.

As partes em confronto eram o anterior Clube "Hearths", o clube para o qual o jogador se transferiu "Wigan" e o próprio jogador.

A questão jurídica em apreço consistia no apuramento do valor indemnizatório a pagar pelo jogador em caso de rescisão unilateral de contrato ao abrigo do art.º 17 do regulamento internacional de transferências.

Como é sabido o preceito em apreço permite que o jogador rescinda o seu contrato de trabalho depois de terminado o "período protegido" que, igualmente nos termos das "definições" do citado Regulamento, é de três anos ou três épocas completas (o que ocorrer primeiro) se o contrato tiver sido assinado antes do 28.º aniversário ou de dois anos ou duas épocas desportivas (o que ocorrer primeiro) se o contrato for assinado após o 28.º aniversário.

Uma breve nota para referir que este regime foi introduzido no regulamento internacional de transferências em Setembro de 2001 decorrente de um processo negocial verificado à data entre a Fifa, a Fifpro e a Comissão Europeia, em que se discutia a estabilidade contratual versus a liberdade do jogador profissional enquanto trabalhador.

[1] Advogado. Árbitro no Tribunal Arbitral do Desporto, de Lausanne (CAS/TAS) e no Tribunal Arbitral do Desporto (TAD).

O jogador profissional de futebol Andrew Webster tinha celebrado o seu contrato de trabalho após os 28 anos de idade e, à data da rescisão do mesmo, encontrava-se fora do período de estabilidade.

Encontrando-se numa situação de conflitualidade com o clube, uma vez que este pretendia a prorrogação do vínculo, proposta não aceite pelo jogador, procedeu Andy Webster à rescisão do seu contrato de trabalho, sendo que quando o fez havia já ultrapassado o prazo de 15 dias definido no citado art.º 17 n.º 3 para proceder à notificação do clube (15 dias após a realização do último jogo da época).

O DRC chamado a pronunciar-se em primeira mão sobre esta questão admitiu a inscrição do jogador pelo novo Clube (Hearths) e relegou a definição da indemnização para momento ulterior.

E, por decisão proferida em Abril de 2007, considerou que o jogador havia rescindido o seu contrato sem justa causa e condenou-o no pagamento de 625.000 libras correspondente, entre outros fatores de ponderação, à média dos salários até ao final do contrato bem como dos salários auferidos no primeiro ano de contrato com o Wigan multiplicado pelo factor 1.5.

Procedeu, ainda, o DRC à aplicação de uma medida disciplinar qual seja a suspensão do jogador pelo período de 15 dias.

Procurar-se-á, na análise da presente decisão, dar uma visão objetiva do acórdão proferido abstendo-se de qualquer opinião pessoal sobre as questões jurídicas objeto do acórdão em análise bem como de outras com elas conexas.

Quanto à questão de fundo temos que sobre ela repete-se todos os intervenientes interpuseram recurso para o Tribunal Arbitral do Desporto, formulando os seguintes pedidos:

1) Wigan e Andrew Webster

Anulação da decisão do DRC e substituição do montante de 625.000 libras por valor não superior aos salários devidos até final do contrato de trabalho;

2) Hearts

Anulação da decisão do DRC e condenação solidária do jogador e do Clube no pagamento de indemnização definida de acordo com o estipulado no art.º 17 n.º 1, no valor global de 4.680.508,96 libras descriminada nos seguintes termos:

– Perda de valor de transferência do jogador – 4 milhões de libras

- Valor devido até final do contrato – 199,976 libras
- Lucro do jogador com o novo contrato – 330.524 libras
- Honorários e despesas gastos – 80.008,96 libras
- Prejuízos desportivos e comerciais – 70.000 libras

O Tribunal Arbitral, sumariando as questões mais relevantes do Acórdão, decidiu nos seguintes termos:

1 – Lei Aplicável

a) Regulamentos FIFA na determinação do montante da compensação devida ao Hearts;
b) Lei Suíça na interpretação dos Regulamentos FIFA e da decisão do DRC objeto do recurso;
c) Lei escocesa se o Tribunal considerar que esta poderá ser relevante na aplicação conjunta com os regulamentos FIFA na determinação do montante indemnizatório.

2 – Mérito da Causa

a) Validade da Decisão do DRC

O clube Wigan invocou a falta de fundamentação da decisão do DRC, obrigatória nos termos art.º 13.º n.º 4 do Regulamento do procedimento da Comissão do Estatuto do Jogador e da Câmara de Resolução de disputas.

O Tribunal Arbitral considerou procedente esta argumentação pois entendeu que, não obstante a decisão objecto do recurso ter enunciado alguns dos critérios definidos pelo art.º 17 do Regulamento para a determinação da compensação, numa análise final não é possível entender qual o critério utilizado na determinação do "quantum" indemnizatório. O Tribunal referiu que não existiu indicação do método e valores tomados em consideração pelo DRC para chegar ao montante indemnizatório de 625,000 libras.

Nestes termos o Tribunal entendeu que a decisão em recurso era inválida pelo que deveria ser proferida nova decisão para determinar o nível de compensação a ser pago com base no já citado art.º 17.

b) Valor da compensação devido ao Hearths

<u>a) Factos Assentes:</u>

1 – O jogador rescindiu unilateralmente o seu contrato de trabalho nos termos definidos no art.º 17 do regulamento em apreço;

2 – Consequentemente, o único ponto controvertido é o valor da compensação devida nos termos do referido art.º 17;

3 – O valor de 150.000 libras é aceite por todas as partes envolvidas como o valor devido até ao final do contrato;

b) Interpretação e aplicação do artigo 17.º

Começou o Tribunal, por definir os critérios de interpretação, de acordo com a Lei Suiça, enunciando o sentido literal do artigo e caso este não fosse claro o recurso a outras disposições regulamentares da FIFA, o seu elemento teleológico e as razões históricas para a sua adopção.

O art.º 17.º refere-se a três categorias ou factores para definição do montante indemnizatório, a saber:

- Lei nacional aplicável
- Especificidade do desporto
- Outros critérios objectivos (ex: remuneração e outros benefícios pagos ao jogador, termos do actual e novo contrato, tempo restante do contrato até um máximo de cinco anos, custos e despesas incorridos pelo clube anterior etc.)

No que toca à Lei nacional o Tribunal entendeu que a lei escocesa não era aplicável pois a posição do Clube assentou em regras e princípios gerais da lei escocesa aplicáveis a prejuízos por incumprimento contratual, sendo que tal normativo não teria aplicação ao caso em apreço atenta a especialidade do trabalhador, as particularidades do mercado do futebol e o regime especifico definido pelo art.º 17.

Relativamente à especificidade do desporto entendeu o Tribunal, numa visão histórica do art.º 17, que deveria existir um equilíbrio entre a estabilidade contratual e a liberdade do jogador, ou seja, deveriam ser encontradas soluções para o bem do futebol que conciliassem de maneira justa os vários e por vezes contraditórios interesses de clubes e jogadores.

No que toca aos demais critérios, e procurando sintetizá-los, enunciou o Tribunal as seguintes premissas:

- Tendo em consideração que o art.º 17.º é aplicado quer a clubes quer a jogadores o sistema de compensação deste artigo deve ser interpretado de forma e evitar favorecer clubes ou jogadores.
- A estabilidade contratual é defendida através do "Período protegido" sendo certo que nenhuma rescisão de contrato é permitida no decurso de uma época desportiva.

- O valor indemnizatório deverá ser calculado em termos de clubes e jogadores serem colocados em absoluto pé de igualdade.
- O valor indemnizatório a pagar deve ser o mais previsível possível

Entrando na análise do caso concreto, e no que toca ao valor peticionado pelo Hearths de 4 milhões de libras como "valor de mercado do jogador", decidiu-se que inexistia qualquer fundamento económico, moral ou legal para a sua atribuição.

Entendeu o Tribunal que, numa perspectiva puramente económica, não havia razão para crer que o valor de mercado do jogador se devia mais ao treino prestado pelo clube do que ao esforço, disciplina e talento natural do jogador. Foi, ainda, referido que, um estudo empírico demonstra que um jogador talentoso e esforçado são mais importantes do que o treino que esse mesmo jogador possa receber.

Segundo a decisão em apreço, é claro que o clube não pode assumir-se como a única fonte de sucesso do jogador e dessa forma reclamar a integralidade do valor de mercado do jogador.

Sobre esta temática referiu-se, também, que a aceitar-se a tese do Hearths (responsabilidade exclusiva pela valorização do jogador) poderiam também ser responsabilizados os clubes pela sua desvalorização. E, nesta medida, tinham os jogadores legitimidade para reclamar a sua desvalorização decorrente de diversos factores como o facto de terem sido suplentes ou terem sid treinados por técnicos incompetentes.

Relativamente ao valor de 75.000 libras pedido pelo Hearts a título de reembolso pelo valor dispendido na compra do jogador foi, igualmente, indeferido uma vez que, o valor de amortização já havia sido efectuado, pois o jogador já tinha cumprido os 4 anos iniciais de contrato.

Referiu, ainda, o Tribunal não estar convencido da admissibilidade de o Clube poder reclamar tal valor após o período protegido a não ser que tal compensação estivesse prevista contratualmente.

Entre os outros critérios de compensação enunciados no artigo 17.º, o Tribunal considerou que a remuneração e outros benefícios devidos ao jogador na vigência do novo contrato não seria o critério mais ajustado para definir o montante da compensação após o período protegido.

Ao invés, considerou, mais ajustado tomar em consideração o facto de se estar perante um contrato a termo e nessa medida jogador e clube terem uma legitima expectativa de o contrato terminar no final do respectivo prazo.

Nestes termos o jogador teria o direito a receber os salários até final de contrato em caso de rescisão unilateral de contrato pelo clube tendo o clube direito a receber igual valor.

Este critério tem a vantagem de, indirectamente, definir o valor do jogador pois se o nível da sua remuneração for elevado será, igualmente, elevado o valor da indemnização.

Em face de todas as razões expendidas o Tribunal considerou que o valor da indemnização a pagar solidariamente pelo Wigan e pelo jogador ao Hearths era o valor remanescente do contrato no montante de 150.000 libras, acrescida de juros à taxa de 5% a contar do dia seguinte à rescisão do contrato (1/7/2006).

10. A LEI DE BASES, O REGIME JURÍDICO DAS FEDERAÇÕES DESPORTIVAS E OS ESTATUTOS DA FEDERAÇÃO PORTUGUESA DE FUTEBOL

José Eugénio Dias Ferreira[1]

I. As federações desportivas e as leis de bases do desporto

O conceito de federação desportiva surge com a Lei n.º 1/90, de 13 de Janeiro (Lei de Bases do Sistema Desportivo), que revoga o Decreto 32946, de 3 de Agosto de 1943 e a Lei n.º 2104, de 30 de Maio e todas as disposições legais ou regulamentares que contraírem o estatuído naquela nova lei.

Recordemos, a propósito, que aquele Decreto 32946 promulgou o regulamento geral da Direcção Geral da Educação Física, Desportos e Saúde Escolar, o qual, no artigo 21.º do capítulo II – Das organizações desportivas, estabelecia que os clubes desportivos podiam "*agrupar-se em associações e estas em federações, constituindo hierarquias próprias em cada modalidade desportiva*". E o artigo 22.º fixava as competências das federações:

"*1.º Promover, regulamentar e dirigir no País, sob a orientação da Direcção Geral, as práticas das respectivas modalidades desportivas, tendo sempre em vista a saúde moral e física dos seus filiados;*

2.º Representar perante o Estado o respectivo ramo do desporto;

3.º Assegurar as relações desportivas do País com o estrangeiro".

[1] Advogado.

O Estado, para além da intervenção em matéria de orientação através da Direcção-Geral, impunha algumas regras no domínio da organização: ter, pelo menos, além da assembleia geral, uma direcção e um conselho fiscal; ter obrigatoriamente um conselho técnico; obrigatória prestação de contas anual por parte das direcções e conselhos fiscais; só poderem ser eleitos para os corpos gerentes indivíduos de nacionalidade portuguesa, maiores de vinte e um anos, no pleno gozo dos seus direitos civis e políticos e que tenham prestado a declaração a que se refere o decreto-lei n.º 27003[2]; os indivíduos eleitos só podiam entrar em exercício depois de publicada no Diário do Governo a declaração de ter o Ministro da Educação Nacional sancionado a eleição; o Ministro da Educação Nacional podia sempre que entendesse conveniente substituir os corpos gerentes por comissões administrativas; as eleições para os corpos gerentes teriam de ser feitas por escrutínio secreto; a Direcção Geral podia fazer-se representar em todas as reuniões de assembleia geral ou dos corpos gerentes e impedi-los de deliberar ou de tornar executórias as deliberações tomadas e os membros dos corpos gerentes de clubes desportivos, associações e federações não podias, por si ou por interposta pessoa, fazer fornecimentos ou negociar com tais organismos.

Por outro lado, a Lei n.º 2104, de 30/05/1960, na sua Base I, referia que os praticantes de desporto podem ser não amadores, amadores e profissionais:

- amadores, os praticantes que não recebiam remuneração nem auferiam, directa ou indirectamente, qualquer proveito material pela sua actividade desportiva;
- não amadores, os que não fazendo da actividade desportiva profissão, por ela recebam apenas pequenas compensações materiais, unilateralmente fixados pelos organismos que representam;
- profissionais, os praticantes remunerados pela sua actividade desportiva.

Estabelecia ainda aquela lei que era admitida a prática desportiva a profissionais e não amadores nas modalidades de futebol, ciclismo e pugilismo.

[2] Tornou obrigatória a declaração de estar integrado na ordem social estabelecida pela Constituição Política de 1933, com activo repúdio do comunismo e de todas as ideias subversivas, para admissão a concurso, nomeação, assalariamento e noutras circunstâncias, com relação aos lugares do Estado e serviços autónomos, bem como dos corpos e corporações administrativas, e ainda para os candidatos à frequência das escolas que preparem exclusivamente para o funcionalismo e para outros.

Enquadradas as federações na legislação revogada, vejamos então a definição de federação desportiva na Lei 1/90, de 13 de Janeiro:

Artigo 21.º

Para efeitos da presente lei, são federações desportivas as pessoas colectivas que, englobando ***praticantes, clubes*** *ou* ***agrupamentos de clubes***[3]*, se constituam sob a forma de associação, sem fim lucrativo, e preencham, cumulativamente, os seguintes requisitos:*

1.º Se proponham, nos termos dos respectivos estatutos, prosseguir, entre outros, os seguintes objectivos gerais:

a) Promover, regulamentar e dirigir, a nível nacional, a prática de uma modalidade desportiva ou conjunto de modalidades afins;

b) Representar perante a Administração Pública os interesses dos seus filiados;

c) Representar a sua modalidade desportiva, ou conjunto de modalidades afins, junto das organizações congéneres estrangeiras ou internacionais;

2.º Obtenham a concessão de estatuto da pessoa colectiva de utilidade pública desportiva.

A Lei 1/90 definia, no artigo 20.º,1 os clubes desportivos como *"pessoas colectivas de direito privado, cujo objecto seja o fomento e a prática directa das atividades desportivas e que se constituam sob a forma associativa e sem fins lucrativos, nos termos gerais de direito". E, no artigo 14.º, referia que o estatuto do praticante desportivo seria definido de acordo com o fim dominante da sua actividade, entendendo-se como profissionais aqueles que exercessem a actividade desportiva como profissão exclusiva ou principal.*

Resumindo, as federações desportivas englobavam, nos termos da Lei 1/90,

- Pessoas colectivas
  - o **Clubes ou agrupamentos de clubes**;
- Pessoas singulares
  - o **Praticantes.**

Esta Lei, com as alterações introduzidas pela Lei 19/96, de 25 de Junho, foi revogada pela Lei 30/2004, de 21 de Julho – Lei de Bases do Desporto.

[3] O negrito é da nossa autoria

Contudo, a definição de federação desportiva não sofreu grandes alterações, quer no que respeita a natureza dos associados, quer no que respeita aos objectivos a prosseguir.

Na verdade, quanto as pessoas singulares associadas numa federação desportiva mantiveram-se apenas os praticantes. Quanto às pessoas colectivas que podiam estar associadas numa federação desportiva foram acrescentadas as sociedades desportivas e agrupamentos de sociedades desportivas.

Por outro lado, e quanto aos objectivos a prosseguir foram reafirmados os constantes da Lei revogada (Lei 1/90) e acrescentados os seguintes:

- Promover a formação dos jovens desportistas;
- Promover a defesa da ética desportiva;
- Apoiar com meios humanos e financeiros, as práticas desportivas não profissionais;
- Fomentar o desenvolvimento do desporto de alta competição na respectiva modalidade;
- Organizar a preparação desportiva e a participação competitiva das selecções nacionais;
- Assegurar o processo de formação dos recursos humanos no desporto e dos recursos humanos relacionados com o desporto.

Deixou de ser requisito obter a concessão de estatuto de pessoa colectiva de utilidade pública desportiva.

De qualquer forma, esta lei durou apenas cerca de dois anos e meio, tendo sido revogada pela Lei n.º 5/2007, de 16 de Janeiro – Lei de Bases da Actividade Física e do Desporto.

Relativamente ao conceito de federação desportiva, recuperou os requisitos cumulativos a preencher constantes da Lei 1/90, e detalhou as pessoas singulares e colectivas que podem e devem ser englobadas nas federações desportivas, enquanto pessoas colectivas constituídas sob a forma de associação sem fins lucrativos.

Com efeito, estabelece o artigo 14.º desta Lei, o seguinte:

As federações desportivas são, para efeitos da presente lei, as pessoas colectivas constituídas sob a forma de associação sem fins lucrativos que, englobando ***clubes** **ou sociedades desportivas, associações de âmbito territorial, ligas profissionais,*** *se as houver,* ***praticantes, técnicos, juízes*** *e* ***árbitros*** *e demais* ***entidades que***

promovam, pratiquem ou contribuam para o desenvolvimento da respectiva modalidade[4]*, preencham, cumulativamente, os seguintes requisitos:*

a) Se proponham, nos termos dos respectivos estatutos, prosseguir, entre outros, os seguintes objectivos gerais:

i) Promover, regulamentar e dirigir, a nível nacional, a prática de uma modalidade desportiva ou conjunto de modalidades afins;

ii) Representar perante a Administração Pública os interesses dos seus filiados;

iii) Representar a sua modalidade desportiva, ou conjunto de modalidades afins, junto das organizações congéneres estrangeiras ou internacionais;

b) Obtenham a concessão de estatuto da pessoa colectiva de utilidade pública desportiva.

Portanto, as federações desportivas englobam, de acordo com a lei vigente,

- Pessoas colectivas:
  - **Clubes ou sociedades desportivas;**
  - **Associações de âmbito territorial;**
  - **Ligas Profissionais (se as houver);**
  - **Entidades que promovam, pratiquem ou contribuam para o desenvolvimento da modalidade;**
- Pessoas singulares:
  - **Praticantes;**
  - **Técnicos;**
  - **Juízes e árbitros.**

Em matéria de federações desportivas importa ainda chamar a atenção ao disposto no artigo 17.º,1 (Deliberações sociais):

"*Nas assembleias gerais das federações desportivas, ligas profissionais e associações de âmbito territorial não são permitidos votos por representação*".

[4] O negrito é da nossa autoria.

Feita esta breve viagem histórica pelas Leis de Bases do Desporto, designadamente, sobre os associados das federações desportivas, importa salientar a sua importância no confronto com os decretos-leis que estabeleceram e estabelecem o regime jurídico das federações desportivas e as condições de atribuição do estatuto de utilidade pública desportiva, que analisaremos no capítulo seguinte.

Com efeito, nos termos do n.º 2 artigo 112.º da Constituição da República Portuguesa, " *as leis e os decretos-leis têm igual valor, sem prejuízo da subordinação às correspondentes leis dos decretos-leis publicados no uso de autorização legislativa e dos que desenvolvam as bases gerais dos regimes jurídicos* e, de acordo com o numero 3, "*têm valor reforçado, além das leis orgânicas, as leis que carecem de aprovação por maioria de dois terços, bem como aquelas que, por força da Constituição, sejam pressuposto normativo necessário de outras leis ou que por outras devam ser respeitadas*".

Do número 2 do art.º 112.º da CRP resulta um critério de identificação de leis com valor reforçado, centrado na hierarquia material de determinadas leis, abrangendo as que a Constituição defina como "*pressuposto normativo necessário de outras leis*", ou seja, leis que condicionam e vinculam o conteúdo de outras leis, como é o caso das leis de bases, as leis-quadro e as leis de autorização legislativa. As leis de bases, como são a Lei de Bases do Sistema Desportivo e a Lei de Bases do Desporto (revogadas) e a lei vigente – Lei de Bases da Actividade Física e do Desporto – são leis de conteúdo incompleto que vinculam o conteúdo de decretos-leis e decretos legislativos regionais, isto é, leis de valor reforçado.

Assim, a análise que se segue do regime jurídico das federações desportivas e dos estatutos da Federação Portuguesa de Futebol terá de ser feita no confronto com a Lei 5/2007 – Lei de Bases da Actividade Física e do Desporto – a qual terão de respeitar, sob pena de as suas disposições serem declaradas ilegais.

II. O regime jurídico das federações desportivas

A Lei 1/90, de 13 de Janeiro (revogada), anunciava no seu artigo 41.º que, no prazo de dois anos, faria publicar, sob a forma de decreto-lei, legislação complementar, necessária ao desenvolvimento daquela lei e que contemplaria diversos domínios, designadamente, o regime jurídico das federações desportivas, e o o estatuto de utilidade pública desportiva que, segundo o artigo 22.º da mesma lei, seria o instrumento por via do qual seria atribuída a uma federação desportiva a competência para o exercício, dentro do respectivo âmbito, de poderes regulamentares, disciplinares e outros de natureza pública.

Por outro lado, o número dois do citado artigo 22.º referia que a concessão do estatuto de utilidade pública desportiva seria regulada por diploma próprio e assente na ponderação e verificação de requisitos objectivos, entre os quais, a "*conformidade dos respectivos estatutos com a lei*" e a "*democraticidade e representatividade dos respectivos órgãos*".

Não passaram dois anos, mas um pouco mais de três, entre a publicação da Lei 1/90 e o Decreto-Lei 144/93, de 26 de Abril, que estabeleceu o regime jurídico das federações desportivas e as condições de atribuição do estatuto de utilidade pública desportiva.

Importa chamar a atenção do preâmbulo deste decreto-lei, pois embora revogado, como aliás a lei em que se enquadrava, é clara a sua subordinação a esta:

"*... na sequência da Lei de Bases do Sistema Desportivo, importa, sem pôr em causa a natureza do movimento desportivo e das suas estruturas, dotar o desporto profissional com uma forma diversa e especifica de organização e funcionamento, no seio do sistema desportivo. Para além disso, e ainda nos termos da Lei n.º 1/90, de 13 de Janeiro, torna-se necessário encontrar a adequada tradução normativa dessa realidade no regime jurídico das federações desportivas.*

Definidas como associações de direito privado sem fins lucrativos, as federações dotadas de utilidade pública desportiva e exercem, em exclusivo, poderes de natureza pública inscritos na lei. Desta sorte, garantida a sua independência face ao Estado, o presente diploma assegura a liberdade da sua organização associativa, respeitados os princípios democráticos e de representatividade".

As federações desportivas de uma forma geral, e, em particular, a Federação Portuguesa de Futebol, nunca se conformaram com a definição de federação desportiva constante da Lei de Bases 1/90, designadamente, que ela englobasse apenas praticantes e clubes ou agrupamentos de clubes, porque assim as federações deixavam de ser integradas por organizações que exprimiam votos corporativamente organizados, com a consequente perca do controle do poder instalado. Talvez por isso não tenha sido cumprido o prazo para a publicação do regime jurídico das federações desportivas: a pressão junto do poder político, ou melhor, do governo, para não respeitar a lei de valor reforçado da Assembleia da República.

Tal influência veio a obter resultados logo na noção de federação desportiva, não englobando apenas praticantes e clubes ou agrupamentos de clubes, mas agentes desportivos, clubes e agrupamentos de clubes.

Em nossa opinião, este alargamento a outros agentes desportivos, que não apenas os praticantes, constituiu uma violação da Lei 1/90, hoje mera curiosidade histórica, dado que lei e decreto-lei se encontram revogados por legislação posterior, como já referimos anteriormente. E, por isso mesmo, não nos vamos pronunciar sobre o reflexo de tal violação na composição da assembleia geral das federações, limitando-nos a observar que foi um primeiro sinal do desrespeito pelas leis de bases.

O regime jurídico das federações desportivas e as condições de atribuição do estatuto de utilidade pública desportiva – Decreto Lei 144/93, de 26 de Abril – manteve-se com a publicação da Lei 30/2004 (Lei de Bases do Desporto), tendo sido revogado pelo Decreto-Lei 248-B/2008, de 31 de Dezembro, aprovado na sequência da publicação da Lei n.º 5/2007, de 16 de Janeiro – Lei de Bases da Actividade Física e do Desporto – que estabeleceu novo regime jurídico das federações desportivas e as condições de atribuição do estatuto de utilidade pública desportiva.

Posteriormente, Decreto-Lei 93/2014, de 23 de Junho, trouxe algumas alterações ao Decreto-Lei 248-B/2008, de 31 de Dezembro. Em anexo àquele Decreto-Lei foi republicado o Decreto-Lei n.º 248-B/2008, de 31 de Dezembro, e, nesta conformidade, é este o objecto da nossa atenção.

O conceito de federação desportiva, expresso no artigo 2.º do regime jurídico das federações desportivas, respeita integralmente o conceito de federação desportiva da Lei 5/2007, de 16 de Janeiro (artigo 14.º) quer no respeita à natureza dos associados, quer nos objectivos a prosseguir.

Nesta conformidade, recordemos quais as pessoas, singulares ou colectivas, que as federações desportivas podem englobar:

- Pessoas colectivas,
  - **Clubes ou sociedades desportivas;**
  - **Associações de âmbito territorial;**
  - **Ligas Profissionais (se as houver);**
  - **Entidades que promovam, pratiquem ou contribuam para o desenvolvimento da modalidade;**

- Pessoas singulares
  - o **Praticantes;**
  - o **Técnicos;**
  - o **Juízes e árbitros.**

Entendemos, e não encontramos argumentos que nos obriguem a entender de outra forma, que ambos os legisladores quando definiram as pessoas colectivas ou singulares que podiam englobar uma federação desportiva quiseram, exactamente, fechar a porta a outros agentes desportivos e a outras associações ou agrupamentos que pudessem existir ou se viessem a constituir.

Na verdade, se atentarmos nos preâmbulos do Decreto-Lei 248-B/2008 e do Decreto-Lei 93 214 que introduziu alterações naquele, facilmente constatamos de "*de entre as principais inovações deste regime jurídico das federações desportivas*", não se aponta nenhuma relativa aos associados que podem integrar as federações desportivas para além daquelas que a integram por definição, sendo certo que seria necessária a alteração da Lei de Bases. Por outro, "*estabelece-se que a representação na assembleia geral das diversas estruturas e agentes desportivos, seja feita por intermédio de delegados os quais apenas representam uma única entidade e têm um só voto*". E acrescenta-se que "*as assembleias gerais das federações desportivas deixam de ser integradas por organizações que exprimam votos corporativamente organizados para passarem a ser compostas por pessoas indicadas ou eleitas previamente, mas que apenas podem dispor de um voto*" (cfr. preâmbulo do Decreto-Lei 248-B/2008).

E o preâmbulo do Decreto-Lei n.º 93/2014, de 23 de Junho, é ainda mais expressivo, porquanto partindo da necessidade de haver alterações ao Decreto-Lei 248-B/2008, refere "*de entre as principais alterações que se entende serem necessárias para cumprir este desiderato, merecem destaque em primeiro lugar, a aproximação do requisito da representação internacional de uma modalidade desportiva , para efeitos de definição do conceito de federação desportiva, ao que se encontra plasmado na Lei de Bases da Actividade Física e do Desporto*". Este decreto-lei, não só não mexe no conceito de federação desportiva no que respeita à natureza dos seus associados, como não consta, de nenhuma das onze alterações anunciadas, a possibilidade de outras pessoas, singulares ou colectivas, serem englobadas no conceito de federação desportiva (cfr. preâmbulo do Dec-Lei 93/2014).

Este nosso entendimento assenta ainda nas normas relativas à estrutura orgânica das federações desportivas, designadamente, na composição da assembleia geral, órgão deliberativo deste tipo de associações e na qual participam todos os associados ou apenas seus representantes ou delegados.

Com efeito, o artigo 35.º do diploma em análise, estabelece que a assembleia geral é composta por um mínimo 30 e um máximo de 120 delegados, nos termos estabelecidos nos estatutos da respectiva federação – **delegados esses representantes de clubes, praticantes, treinadores, árbitros e juízes**, (ou de outros agentes desportivos que sejam membros da federação desportiva), sendo que nenhum delegado pode representar mais do que uma entidade e cada delegado apenas tem direito a um voto.

Colocámos entre parêntesis "*outros agentes desportivos que sejam membros da federação desportiva*", porque a inclusão de outros agentes desportivos no conceito de federação desportiva, não tem qualquer cobertura legal, antes viola a Lei de Bases e, surpreendentemente, o próprio regime jurídico das federações desportivas que importou integralmente o conceito legal de federação, mas que acaba assim por violar a Lei de Bases.

Curiosamente, no artigo 36.º estabelece que, em termos de representatividade, nas federações desportivas de modalidades colectivas – as que ora nos interessam – o número de delegados representantes de clubes ou de sociedades desportivas não pode ser inferior a 70% distribuídos da seguinte forma:

a) 35% dos delegados representam os clubes e sociedades desportivas que participam nos quadros competitivos de âmbito nacional (ou 25% para os clubes participantes nas competições profissionais + 10% para os clubes participantes nos quadros competitivos de natureza não profissional);
b) 35% dos delegados representam os clubes que participam nos quadros competitivos de âmbito regional ou distrital;
c) 15% dos delegados representam os praticantes desportivos;
d) 7,5% dos delegados representam os árbitros;
e) 7,5% dos delegados representam os árbitros.

Os delegados acima mencionados são **eleitos** por e de entre os clubes, praticantes, árbitros e treinadores (artigo 36.º,6 do diploma *sub judice*) e, constituem, como se constata, 100% dos delegados.

O artigo 37.º, porém, admite que os estatutos ou regulamentos das federações desportivas possam conferir o direito a designar um delegado, por cada entidade, para integrar por inerência a representação dos clubes, às seguintes pessoas colectivas:

- o Associações territoriais de clubes;
- o Ligas profissionais;
- o Outras associações de clubes;
- o Organizações de classe representativas dos praticantes desportivos, treinadores e árbitros.

Entendemos que os estatutos ou os regulamentos federativos possam conferir às associações territoriais de clubes, ligas profissionais e a outras associações de clubes esse direito, uma vez que são associados da federação desportiva, logo com direito a estarem representados na assembleia geral. Contudo, deve ser rodeado de especial cuidado a atribuição desse direito, porque ele pode afectar gravemente ou mesmo violar os principios da representatividade e democraticidade consagrados no artigo 5.º do Decreto-Lei 248-B/2008, como princípios de organização e funcionamento das federações desportivas.

Entendemos, porém, que a atribuição do direito a um delegado às associações de classe de praticantes desportivos, treinadores e árbitros constitui uma violação da Lei 5/2007, de 16 de Janeiro, porque as associações de classe não estão abrangidas pelo conceito de federação desportiva, como resulta do artigo 14.º daquela lei e do artigo 2.º do próprio regime jurídico das federações desportivas (Decreto-Lei 248-B/2008, de 31 de Dezembro), o que causa ainda maior espanto.

Na verdade, nos termos daquele artigo, as pessoas colectivas a englobar por uma federação desportiva, são os clubes ou sociedades desportivas, as associações de âmbito territorial, ligas profissionais (se as houver) e entidades que promovam, pratiquem ou contribuam para o desenvolvimento da respectiva modalidade, o que não é o caso dos sindicatos dos praticantes ou dos treinadores, nem de qualquer associação de classe dos árbitros.

Ora, se não são, nem podem ser, associados de uma federação desportiva, nem representam na assembleia geral os praticantes desportivos, os treinadores ou os árbitros, que são representados por delegados por si eleitos, não faz qualquer sentido o direito a ter um delegado por inerência. Na assembleia geral só podem estar os delegados que representem os clubes ou sociedades desportivas, os praticantes desportivos, os treinadores e os árbitros, enquanto associados da federação desportiva, o que não é o caso de associações de classe que não representam a totalidade dos praticantes, dos treinadores, nem dos árbitros. As associações de classe nunca são representativas dos praticantes desportivos, dos treinadores e dos árbitros ou juízes, porquanto representam apenas uma parte deles – os seus próprios associados. Esta disposição viola, pois, claramente os princípios da liberdade, democraticidade, da representatividade e da transparência impostos pela Lei de Bases da Actividade Física e do Desporto e do próprio regime jurídico das federações desportivas, e que assim incorre em contradicção entre as suas normas.

Também a disposição do n.º 2 do artigo 38.º do regime jurídico das federações desportivas não tem qualquer apoio na Lei de Bases, antes a contraria, quando vem permitir que "*caso os estatutos das federações desportivas pretendam conferir representatividade a outros agentes que intervenham na respectiva modalidade desportiva, o respectivo número de delegados não pode ser superior a 3%, a descontar proporcionalmente nas diversas categorias mencionadas no artigo 36.º*". Com efeito, o conceito de federação desportiva da Lei de Bases, que, de resto, repete-se foi integralmente importado pelo regime jurídico das federações desportivas não pretende englobar todo e qualquer agente desportivo, para além dos praticantes, treinadores ou árbitros. Se o pretendesse tê-lo ia previsto ou afirmado, mas nunca o fez em qualquer das leis de bases.

Na verdade, como refere o artigo 9.º do Código Civil, se a interpretação da lei, "*não deve cingir-se à letra da lei*", também não pode ser considerado um pensamento do legislador que "*não tenha na letra da lei um mínimo de correspondência verbal, ainda que imperfeitamente expresso*". Por outro lado, o n.º 3 deste artigo, devemos presumir que "*o legislador consagrou as soluções mais acertadas e soube exprimir o seu pensamento em termos adequados*", isto é, de acordo com os princípios da liberdade, da democraticidade, da representatividade e da transparência que entende essenciais para organização e funcionamento das federações desportivas.

Resumindo: são ilegais as normas do regime jurídico das federações desportivas que conferem direitos a outros agentes desportivos, para além dos praticantes, treinadores e árbitros ou juízes, e aos organismos de classe representativos destes agentes desportivos, por violação de uma lei com valor reforçado – a Lei de Bases da Actividade Física e do Desporto (Lei 5/2007, de 16 de Janeiro).

III. Os estatutos da federação portuguesa de futebol

Os estatutos actuais da Federação Portuguesa de Futebol, foram aprovados na Assembleia Geral de 18 de Outubro de 2014, já depois da republicação do regime jurídico das federações desportivas e das condições de atribuição do estatuto de utilidade pública desportiva (Decreto-Lei 248-B/2008), com as alterações resultantes do Decreto-Lei 93/2014, de 23 de Junho.

Desde então, sustento que os mesmos não estão conformes com a Lei 5/2007, de 16 de Janeiro (Lei de Bases da Actividade Física e do Desporto), nem com o Decreto-Lei 248-B/2008, de 31 de Dezembro, que, de resto, também viola, como vimos, aquela Lei de Bases.

Na verdade, desde logo, e independentemente das categorias em que divide, sem qualquer sentido ou justificação, os associados em sócios ordinários e sócios de inscrição ou filiação, engloba, além de clubes, sociedades desportivas, associações de âmbito territorial (22 Associações distritais e regionais), uma liga profissional (Liga Portuguesa de Futebol Profissional), praticantes (jogadores), treinadores e árbitros, organizações de classe (Associação Nacional de Treinadores, Associação Portuguesa de Árbitros de Futebol e o Sindicato de Jogadores Profissionais de Futebol) e outras organizações de classe, reconhecidas pela FPF, enquanto entidades que contribuem para o desenvolvimento do futebol: Associação Nacional dos Dirigentes do Futebol, Associação Nacional dos Enfermeiros Desportivos e Massagistas de Futebol e Associação dos Médicos de Futebol (cfr. art.º 10.º dos Estatutos da FPF).

Ora, no conceito de federação desportiva, seja o do artigo 14.º da Lei 5/2007, seja o do artigo 2.º do Decreto-Lei 248-B/2014, não cabem quaisquer organizações representativas de agentes desportivos, designadamente, praticantes, treinadores ou árbitros, muito menos, organizações de classe, sejam elas de natureza sindical ou outra.

Com efeito, não podendo enquadrar a Associação Nacional dos Dirigentes de Futebol, a Associação Nacional dos Enfermeiros Desportivos e Massagistas de Futebol[5] e Associação Nacional dos Médicos de Futebol enquanto organizações representativas de agentes desportivos, na medida em

[5] Não conseguimos consultar os estatutos desta entidade, por mais que tivéssemos tentado obtê-los, mas não existem dúvidas de que se trata de uma organização de classe, que representa agentes desportivos, designadamente, enfermeiros e massagistas, desconhecendo-se em que

que a lei é clara no sentido de que a federação desportiva engloba, no que concerne a agentes desportivos, apenas praticantes, treinadores e árbitros, a FPF enquadrou aquelas organizações de classe nas "*entidades que promovam, pratiquem ou contribuam para o desenvolvimento da respectiva modalidade*", *neste caso, o futebol.*

Ora, em primeiro lugar temos dúvidas se o legislador ao referir-se a "*entidades que promovam, pratiquem ou contribuam para o desenvolvimento da respectiva modalidade, neste caso, o futebol*" não queria referir-se a associações de clubes que não as associações territoriais de clubes ou ligas profissionais. Na verdade, admitindo a Lei de Bases e o regime jurídico das federações desportivas que podem ser admitidas como associados destas, enquanto pessoas colectivas, as associações territoriais e as ligas profissionais e "*entidades que promovam, pratiquem ou contribuam para o desenvolvimento da respectiva modalidade*", o artigo 37.º,1 do regime jurídico das federações desportivas permite que os estatutos ou regulamentos federativos possam conferir às associações territoriais de clubes ou ligas profissionais o direito de designar por cada entidade, para integrar, por inerência, a representação das respectivas competições na assembleia geral. Assim, o número dois ao referir que o disposto no número anterior é igualmente aplicável às associações de clubes não referidas no número anterior só pode estar a referir-se a "*entidades que promovam, pratiquem ou contribuam para o desenvolvimento da respectiva modalidade*".

Assim sendo, não só Associação Nacional dos Dirigentes de Futebol, a Associação Nacional dos Enfermeiros Desportivos e Massagistas de Futebol e Associação Nacional dos Médicos de Futebol não podem ser consideradas "*entidades que promovam, pratiquem ou contribuam para o desenvolvimento da respectiva modalidade*", isto é, englobadas pelo conceito de federação desportiva, como é ilegal a designação dos presidentes das associações acima referidas como delegados à assembleia geral da FPF – artigo 37.º, 1, alíneas f), g) e h) dos Estatutos da FPF.

De resto, referem os estatutos em análise (artigo 10.º, 6, alínea c)) que, tratando-se de uma entidade que promova, pratique ou contribua para o desenvolvimento do futebol, deve representar a nível nacional, pelo menos, 50% dos agentes (embora não seja uma associação representativa de agentes desportivos...) e "*exercer, efectivamente, o respectivo objecto social de promoção,*

percentagem e qual o seu objecto social. Porém, aparecem referências a esta associação como de natureza sócio-profissional.

prática ou contribuição para o desenvolvimento do futebol no decurso dos cinco anos imediatamente anteriores ao pedido de admissão".

De acordo com a escritura pública celebrada no dia 2 de Junho de 2017, no Cartório Notarial da Notária Carmen Maria Coelho Mota Neves, sito na Rua Alvares Cabral, n.º 54-2.º, sala 24, freguesia de Mafamude e Vilar do Paráiso, concelho de Vila Nova de Gaia, foram alterados os estatutos, na totalidade, inclusive a denominação, sede e objecto que passou a ser: ANDIF – Associação Nacional de Dirigentes de Futebol e Futsal, com sede na freguesia de Constantim, concelho de Vila Real, A ANDIF visando o engrandecimento do desporto em geral, e tendo por objectivos, a "*promoção desportiva, cultural e recreativa dos seus associados, e a dinamização da prática do futebol, futsal e futebol de praia, fomento e expansão de medidas de apoio, análise e estudos das regras definidoras visando o desenvolvimento, estabelecimento e difusão, entre associados e terceiros, de formas de cooperação, promoção e formação das estruturas sociais afectas ao futebol, futsal e futebol de praia, prestando todo o auxilio à promoção, fomento e desenvolvimento dos seus fins*" (artigo 3.º 1)[6].

Também no ano de 2017, mas no dia 23 de Janeiro, foram alterados os estatutos da AMEF-Associação Nacional dos Médicos de Futebol[7], por escritura celebrada num Cartório Notarial de Gondomar, com mudança da sede para o Porto, e com o seguinte objecto social (artigo 2.º):

1 – O objeto social da AME consiste em agregar, integrar, disciplinar e dignificar a prática da medicina do desporto em geral, promovendo a preparação, defesa e a valorização humana e científica dos seus membros, nos superiores interesses dos atletas que lhes caberá acompanhar e da saúde pública e bem-estar da população em geral;

2 – À AMEF cabe programar e promover um conjunto de ações dinamizadoras na prossecução dos seus fins sociais, nomeadamente:

a) Planificar e realizar ações de valorização técnico profissional e científica dos seus associados:

b) Promover a melhoria das condições do exercício da medicina nos clubes e desenvolvimento dos respetivos departamentos médicos;

[6] Desconhece-se não só a percentagem da representatividade como se foi cumprido o prazo de 5 anos de exercício efectivo do objecto social anterior ao pedido de admissão, que aliás não é relevante.

[7] Igualmente se desconhece não só a percentagem da representatividade como se foi cumprido o prazo de 5 anos de exercício efectivo do objecto social anterior ao pedido de admissão, que, de resto, repete-se, não é relevante.

c) Promover o diálogo e relacionamento entre os médicos de clubes;

d) Veicular publicamente os problemas que afetam a classe como tal, e defender os seus justos interesses, incluindo os aspetos laborais, junto dos órgãos competentes;

e) Assegurar a sua filiação em organizações internacionais congéneres de reconhecido interesse para a modalidade;

f) Promover a divulgação da importância da saúde no futebol, junto da população em geral.

3 – A "AMEF" terá âmbito nacional e abrangerá todos os médicos que, de alguma forma, se interessem pela medicina do futebol.

Em conclusão, não nos restam dúvidas, que a integração destas associações, enquanto associadas, da Federação Portuguesa de Futebol, é ilegal, porque em desconformidade com a Lei de Bases da Actividade Física e do Desporto e o regime jurídico vigente das federações desportivas. Nas federações desportivas não está prevista a integração de organizações representativas de agentes desportivos para além dos praticantes, treinadores e árbitros (ou juízes), e, por outro lado, as "*entidades que promovam, pratiquem ou contribuam para o desenvolvimento da respectiva modalidade*" não são organizações de classe ou de representação de agentes desportivos, designadamente, de dirigentes desportivos, de enfermeiros e massagistas e médicos, nem estas cabem no conceito legal de federação desportiva.

Por outro lado, não podendo integrar o Sindicato de Jogadores Profissionais de Futebol, a Associação Nacional dos Treinadores de Futebol e a Associação Portuguesa de Árbitros de Futebol enquanto organizações de classe, de natureza sindical ou outra, por não estar previsto no conceito de federação, os estatutos da FPF integraram as mencionadas associações como organizações representativas de agentes desportivos, designadamente, praticantes, treinadores e árbitros, quando estes agentes se integram directamente, e, por definição, no conceito de federação.

Na verdade, o conceito de federação desportiva, quer da Lei de Bases, quer do regime jurídico das federações desportivas, não dá cobertura para integração, enquanto associados, de qualquer associação representativa dos praticantes, treinadores e árbitros, porquanto, nos termos do artigo 5.º,1 do respectivo regime jurídico "*as federações desportivas organizam-se e prosseguem as suas actividades de acordo com os princípios da liberdade, da democraticidade, da representatividade e da transparência*". A sua representação através de uma organização de classe, violaria o princípio da liberdade de associação, a democraticidade, a representatividade, que pode variar a cada momento, e a própria transparência dos interesses, muitas vezes, conflituantes.

A representação dos jogadores, técnicos e árbitros não se faz através de qualquer organização enquanto associada de uma federação, necessitando de representação apenas na assembleia geral das federações desportivas através de delegados eleitos por e de entre os praticantes, treinadores e árbitros, respectivamente.

Na verdade, por definição da Lei de Bases e do regime jurídico das federações desportivas, os praticantes, treinadores e árbitros são os associados da federação desportiva para além dos clubes ou sociedades desportivas, associações de âmbito territorial, ligas profissionais e *entidades que promovam, pratiquem ou contribuam para o desenvolvimento da respectiva modalidade.* Os agentes desportivos mencionados não precisam, pois de qualquer tipo de representação, para serem associados da Federação Portuguesa de Futebol. A sua representação é necessária apenas no âmbito da composição da assembleia geral, e, nesse órgão, a sua representação é feita através de delegados eleitos por e de entre os praticantes, treinadores e árbitros de futebol, e não através das organizações de classe respectiva, sob pena de violação frontal dos princípios, já enunciados, que devem presidir à organização e funcionamento das federações desportivas.

Mesmo que a lei ou o regime jurídico admitissem – e não admitem – que organizações representativas de agentes desportivos fossem englobadas nas federações, nunca os sócios enunciados na alínea c) do número 2 do artigo 10.º dos estatutos da FPF poderiam ser consideradas organizações representativas de treinadores, árbitros ou jogadores de futebol.

Na verdade, a Associação Nacional dos Treinadores de Futebol, segundo os estatutos, *"é a organização sindical dos treinadores de futebol portugueses e dos estrangeiros que exerçam a sua actividade em Portugal e que nela livremente se associem"*, isto é, representa apenas os treinadores que nela se associam, não representando, por definição, todos os treinadores associados da FPF, nem isso constitui seu objectivo ou finalidade, como resulta do artigo 7.º dos estatutos:

"A associação sindical tem por fim em especial:

a) Defender e promover por todos os meios ao seu alcance os interesses individuais e colectivos dos seus associados;

b) Alicerçar a solidariedade entre todos os seus membros, desenvolvendo a sua consciência sindical;

c) Estudar todas as questões que interessem aos Associados e procurar soluções para elas;

d) Promover e organizar acções conducentes à satisfação das justas reivindicações expressas pela vontade colectiva, sentidas e manifestadas pelos associados ou que afectem por qualquer modo a própria Associação ou os seus membros".

É, de resto, muito curioso, notar que, segundo os seus estatutos (artigo 6.º, 1), "*a associação sindical exerce a sua actividade com total independência relativamente às entidades patronais, Estado, partidos políticos, instituições religiosas ou quaisquer agrupamentos de natureza não sindical*", mas integra a mesma associação com entidades patronais (clubes ou sociedades desportivas), a quem o Estado delega poderes de natureza pública.

Também a Associação Portuguesa de Árbitros de Futebol se afirma (artigo 6.º dos estatutos) "*como associação de classe independente do Estado, das Federações e das Associações ou quaisquer outras entidades públicas ou privadas*", mas integra-se como sócio ordinário da Federação, ao mesmo tempo que os seus estatutos "*se regulam pelos princípios orientadores da FPF, FIFA e UEFA*", ficando ainda "*subordinada às normas regulamentares e técnicas pela mesma emitidas, que não colidam com o estatuído nos artigos 6.º, 8.º e 9.º dos estatutos*".

Não sendo nossa preocupação a maior ou menor autonomia desta associação, importa apenas salientar que, nos termos do artigo 1.º dos estatutos, "*a APAF – Associação Portuguesa de Árbitros de Futebol é uma Associação de classe ..., sem fins lucrativos, que abrange todos os Árbitros sobre jurisdição da FIFA, Federação Portuguesa de Futebol e Associações de Futebol Distritais e Regionais, que exerçam ou tenham exercido efetivamente a sua atividade, que a ela tenham aderido*", ou seja, representa apenas os seus associados, e não todos os árbitros que integram os quadros da FPF.

Igualmente nos não interessa, no âmbito do tema em causa, a maior ou menor autonomia do Sindicato dos Jogadores Profissionais de Futebol, isto é, se "*exerce a sua actividade com total independência, relativamente ao patronato, Governo, partidos políticos, instituições religiosas ou quaisquer agrupamentos de natureza não sindical*" (artigo 6.º, 1 dos respectivos estatutos), ainda que integrado numa federação desportiva, com delegação de poderes de natureza pública por parte do Estado, que engloba também clubes e sociedades desportivas entidades patronais dos jogadores.

Na verdade, o que nos interessa, é o grau de representatividade do Sindicato, relativamente a todos os praticantes de futebol filiados na FPF.

De acordo com o artigo primeiro dos estatutos, "*o Sindicato dos Jogadores Profissionais de Futebol é a Associação permanente, constituída por período indeterminado, dos trabalhadores que, mediante remuneração, se obrigam por contrato de trabalho desportivo ou contrato de formação desportiva a praticar futebol em representação de um clube desportivo ou outra entidade, submetendo-se à sua autoridade e direcção*".

A própria denominação do sindicato mostra que representa apenas os jogadores profissionais de futebol, deixando de fora todos os outros praticantes de futebol que não são profissionais e que, tanto quanto sei, são a maioria. E o seu fim especial é "*defender o promover, por todos os meios ao seu alcance, os interesses colectivos dos associados*".

Fica, pois, demonstrado, que estas associações de classe, de natureza sindical ou outra, não podem ser consideradas representativas dos praticantes, treinadores ou árbitros, e a serem integradas numa federação desportiva, como são na FPF, violam de forma grosseira o princípio da representatividade.

Posto isto, passemos à análise da Assembleia Geral, considerada estatutariamente o órgão supremo da FPF.

A primeira nota diz respeito ao reduzido número de delegados que compõem a Assembleia Geral, face ao máximo previsto no regime jurídico das federações desportivas (120), tendo em consideração, segundo penso, justamente o futebol, enquanto modalidade que tem o maior número de clubes ou sociedades desportivas, praticantes, treinadores e árbitros.

Não conheço qualquer explicação que tenha sido dada para a opção por 84 delegados. Mas se pensarmos que a 21 delegados correspondem 25% dos votos possíveis, constatamos que só os votos por inerência conferidos aos presidentes das associações – 22 – impossibilitam qualquer deliberação que necessite de uma maioria qualificada de 75%. E, se lhes juntarmos, os votos por inerência dos presidentes da Liga Portuguesa de Futebol Profissional, da Associação Nacional dos Treinadores de Futebol, da Associação Portuguesa dos Árbitros de Futebol, do Sindicato dos Jogadores Profissionais de Futebol, da Associação Nacional dos Dirigentes Desportivos, da Associação Nacional dos Enfermeiros Desportivos e Massagistas de Futebol e Associação Nacional dos Médicos de Futebol, temos um total de 29 votos, que é suficiente para impedir uma deliberação que implique uma maioria qualificada de 2/3.

Entendemos que a conjugação do reduzido número de delegados, com a atribuição de votos por inerência, inclusivamente, a entidades que não têm esse direito ou que nem sequer deviam estar integradas como associados da federação em causa, violam, em nossa opinião os princípios da democraticidade e da representatividade que, repete-se, devem presidir à organização e funcionamento das federações desportivas dotadas de utilidade pública desportiva.

Na verdade, o voto por inerência, atribuído aos presidentes da Associação Nacional dos Dirigentes Desportivos, da Associação Nacional dos Enfermeiros Desportivos e Massagistas de Futebol e Associação Nacional dos Médicos de Futebol, não tem qualquer cobertura legal, designadamente, do regime das federações desportivas, dado que, nos termos do n.º 2 do artigo 37.º, o direito previsto no número 1, para as associações territoriais ou para as ligas profissionais só é aplicável a outras associações de clubes, que não é o caso das associações supra referidas. É ilegal, portanto, a atribuição daquele voto aos presidentes daquelas associações.

Por outro lado, ilegal é também a atribuição do voto por inerência aos presidentes das organizações de classe mencionadas como associadas da FPF, pois, como anteriormente se referiu, a presença das associações de classe nas federações desportivas e dos seus delegados, por inerência, na assembleia geral é ilegal por violação da Lei de Bases, que é de valor reforçado e, portanto, exige o respeito por parte do regime jurídico das federações desportivas, e, por maioria de razão, dos estatutos destas.

Finalmente, importa notar outra ilegalidade dos estatutos da Federação Portuguesa de Futebol, agora por violação do Código Civil, designadamente, do n.º 2 do artigo 75.º, o qual determina que as deliberações das assembleias são tomadas pela maioria absoluta de votos dos associados presentes. Ora, o número um do artigo 41.º dos estatutos da FPF, estabelece que as deliberações são tomadas por maioria absoluta dos votos dos delegados presentes, não se contando para o efeito os votos nulos, em branco ou abstenções, o que manifestamente desrespeita aquela norma imperativa do Código Civil.

Na verdade, se estiverem presentes os 84 delegados numa Assembleia Geral da FPF, o que se exige é que, de acordo com o Código Civil, a deliberação seja tomada por, pelo menos, 43 delegados, pouco importando se os restantes votaram contra, se abstiveram, ou se os seus votos foram nulos ou em branco.

Em conclusão: face a estas ilegalidades dos estatutos da Federação Portuguesa de Futebol – e haverá outras – venho sustentando que o estatuto de utilidade pública desportiva que lhe foi concedido devia ser objecto de análise, face à violação das regras de organização e funcionamento interno desta – com as devidas consequências.

11. A APLICAÇÃO DE SANÇÕES DESPORTIVAS NO ÂMBITO DO REGIME JURÍDICO DA LUTA CONTRA A DOPAGEM NO DESPORTO

José Eduardo Fanha Vieira[1]

A – Introdução

A luta contra a dopagem no desporto, na sua primeira forma, prendeu-se, essencialmente, com a regulamentação sobre a importação e comércio de estupefacientes (instituída pelo Decreto n.º 12210, de 27/08/1926 e Decreto n.º 41448, de 18/12/1957) ou com a regulamentação do exercício da profissão de farmacêutico (Decreto-Lei n.º 48547, de 27/08/1968).

Nesta mesma senda, em 3 de Novembro de 1970, é publicado o Decreto-Lei n.º 420/70, diploma que insere diversas disposições sobre o tráfico, produção e consumo de estupefacientes.

O primeiro diploma específico sobre a luta contra a dopagem no desporto é o Decreto-Lei n.º 374/79, de 8 de Setembro, diploma que estabelece normas relativas ao "*contrôle antidoping*".

A necessidade de legislar especificamente sobre a dopagem, como se enuncia no preâmbulo deste diploma, decorre do facto de o doping ser "*no nosso país, um problema grave, o qual, por falta de coragem e de interesse, não tem sido suficientemente desnudado e combatido*".

[1] Advogado; Professor convidado da Universidade Autónoma de Lisboa. Membro do CDA.

Socorrendo-se da definição de doping estabelecida pelo Conselho da Europa na Resolução (67) 12 do Comité de Ministros do Conselho da Europa, estatuía-se que dopagem consistia na "*administração a um indivíduo são, ou a utilização, por ele próprio e por qualquer meio que seja, de uma substância estranha ao organismo (substância fisiológica em quantidade ou por via anormal), com o fim único de aumentar, artificial e deslealmente, o seu rendimento, durante a participação numa competição*",

Para além desta preocupação de encontrar uma definição de dopagem abrangente, o diploma também cria uma lista "*dinâmica, de fácil maleabilização*" com as preparações farmacológicas que, embora prescritas clinicamente, "*interditam a participação em provas desportivas durante o período de tratamento*".

Nos termos do n.º 1 do artigo 1.º, todos os que participassem em "*competições oficiais, como atleta ou praticante desportivo*" ficavam obrigado a submeter-se, nos termos da lei, ao controle antidoping. E, nos termos do n.º 2 do mesmo artigo, este controle visava "*reprimir a prática da administração de substâncias dopantes com a finalidade de aumentar o rendimento*" nas competições desportivas oficiais.

Em termos sancionatórios, previa-se a aplicação "*ao atleta ou praticante desportivo, provada a administração de estimulante de consumo ilícito com a finalidade da sua participação em competição desportiva oficial*" um conjunto de sanções", designadamente[2]:

a) Suspensão;
b) Suspensão e multa;
c) Suspensão, multa e medida de vigilância temporária;
d) Suspensão, multa e medida de vigilância permanente.

A aplicação destas sanções era precedida de processo disciplinar, o qual devia ser instaurado pela respectiva federação desportiva[3], sendo assegurado ao infractor o direito de defesa[4].

No que tange à aplicação da sanção, a mesma estava cometida ao órgão jurisdicional da respectiva federação "*através de deliberação devidamente fundamentada*"[5]. Desta decisão cabia recurso para "*o órgão jurisdicional da hie-*

[2] Cfr. n.º 1 do artigo 2.º.

[3] Cfr. n.º 1 do artigo 9.º.

[4] Cfr. n.º 2 do artigo 9.º.

[5] Cfr. n.º 3 do artigo 9.º.

rarquia desportiva", desde que a contra-análise fosse requerida "*no prazo de quarenta horas, após ser dado conhecimento ao infractor de que esta acusou resultado constitutivo de infracção*"[6].

Por último, cabia às federações desportivas "*organizar um cadastro para cada atleta ou praticante desportivo punido, que será mantido actualizado*" Cfr. n.º 1 do artigo 9.º.

Este diploma, como se disse, alicerçava-se nas políticas definidas pelo Conselho da Europa, que estabelecia como princípios de base à luta anti-doping a adopção de medidas destinadas:

a) Defesa da ética desportiva;
b) Protecção da saúde dos praticantes desportivos;
c) Resolução equitativa das diversas situações, mantendo oportunidades iguais para todos.

Por forma a concretizar os objectivos estabelecidos, o Conselho da Europa preconizava:

a) Submeter todas as disciplinas desportivas ao controle antidoping;
b) Estabelecer uma lista comum de produtos proibidos, previstos nos regulamentos;
c) Executar análises por laboratórios idóneos;
d) Criar em cada país uma comissão antidoping.

Em 1977, tendo em consideração os problemas suscitados pelo aumento de número de casos relacionados com práticas de dopagem, é criada a Comissão para Regulamentação do Controlo Antidopagem, a qual foi a antecâmara da primeira organização nacional antidopagem em Portugal, o Conselho Nacional Antidopagem (CNAD).

Mas, primeiramente, pela Portaria n.º 378/80, de 24 de Julho, é criada a Comissão Antidopagem, a qual era um órgão consultivo com uma missão "*eminentemente técnica*" para apoiar o controle antidoping.

Entretanto, a nível internacional, ocorreram importantes desenvolvimentos nesta matéria, os quais tornaram imperativa a reformulação do quadro jurídico em que se desenvolviam as acções de combate à dopagem no desporto. É o caso, designadamente:

[6] Cfr. n.º 8 do artigo 9.º.

a) Da Recomendação R (84) 19, adoptada pelo Comité de Ministros do Conselho da Europa em 25 de Setembro de 1984 e designada por «Carta Europeia contra a Dopagem no Desporto»;
b) Da Recomendação R (88) 12, adoptada pelo Comité de Ministros do Conselho da Europa em 21 de Julho de 1988, relativa à instituição dos controlos antidopagem sem pré-aviso fora de competição;

A 16 de Novembro de 1989 é aprovado, em Estrasburgo, um marco internacional na luta contra a dopagem no desporto, a Convenção Contra a Dopagem do Conselho da Europa[7], assinada pelo nosso país em 1990 e ratificada em 1994 com a publicação do Decreto-Lei n.º 2/94, de 20 de Janeiro.

Posteriormente, é aprovada em Portugal a Lei n.º 1/90, de 13 de Janeiro, diploma pelo qual se estabeleceu "*o quadro geral do sistema desportivo e tem por objectivo promover e orientar a generalização da actividade desportiva, como factor cultural indispensável na formação plena da pessoa humana e no desenvolvimento da sociedade*"[8].

Nos termos do n.º 1 do artigo 5.º desta Lei[9], a "prática desportiva é desenvolvida na observância dos princípios da ética desportiva e com respeito pela integridade moral e física dos intervenientes". E, acrescenta, "*na prossecução da defesa da ética desportiva, é função do Estado adoptar as medidas tendentes a prevenir e a punir as manifestações antidesportivas, designadamente a violência, a corrupção, a dopagem e qualquer forma de discriminação social*"[10].

Nesta esteira, sem olvidar a Carta Internacional Olímpica sobre a Dopagem no Desporto, resultante da 1.ª Conferência Mundial Permanente sobre a Dopagem, realizada no Canadá em Junho de 1988, é aprovado o Decreto-Lei n.º 105/90, de 23 de Março, diploma pelo qual se adequa "*a legislação portuguesa ao que é recomendado internacionalmente, quer a nível do Conselho da Europa quer a nível da UNESCO, por forma a dotar o sistema desportivo português com instrumentos jurídicos mais eficazes para a prevenção e combate à dopagem*".

Este diploma vem estabelecer que o princípio de que qualquer "*resultado positivo de um exame laboratorial efectuado no âmbito do controlo antidopagem*"

[7] Tratado n.º 135 do Conselho da Europa, também designada por T-DO, cujo projecto foi aprovado na 6.ª Conferência de Ministros Europeus Responsáveis pelo Desporto, em Reiquejavique, em Junho de 1989.

[8] Cfr. artigo 1.º.

[9] Cuja epígrafe se refere à "Ética desportiva".

[10] Dfr. n.º 3 do artigo 5.º.

tem de, obrigatoriamente, dar origem "*a consequências disciplinares e, nos casos em que tal for previsto, a consequências desportivas*"[11].

Não diferindo do regime jurídico antes instituído, as federações desportivas deviam dispor de regulamentos de controlo antidopagem, os quais deviam estar conformes ao quadro legal nacional e internacional[12].

No que se refere às questões disciplinares e sancionatórias, previa-se:

a) A salvaguarda das garantias de audiência e defesa do indivíduo suspeito de uma infracção ao regulamento antidopagem[13];
b) A definição das sanções disciplinares aplicáveis aos responsáveis pela dopagem, quer se trate de praticantes quer de outros agentes desportivos[14];
c) Que a tramitação dos processos de inquérito e disciplinar destinados a penalizar os agentes responsáveis pela dopagem, contivesse a indicação dos meios e instâncias de recurso[15];
d) A definição dos casos em que poderiam ser penalizados os clubes, com fundamento em casos de dopagem dos respectivos elementos e a previsão das sanções aplicáveis[16];
e) A aplicação das sanções a praticantes e outros agentes desportivos, por parte da respectiva federação desportiva devia "*ter em consideração todas as circunstâncias atenuantes e agravantes, de harmonia com as recomendações do Comité Internacional Olímpico ou das respectivas federações internacionais*"[17];
f) A suspensão preventiva do praticante[18].

Ainda no campo disciplinar, veio-se prever que, como consequência da violação da norma antidopagem, a "*imediata invalidação dos resultados desportivos*

[11] Cfr. artigo 12.º.
[12] Cfr. artigo 8.º.
[13] Cfr. alínea d) do n.º 1 do artigo 9.º.
[14] Cfr. alínea c) do n.º 2 do artigo 9.º.
[15] Cfr. alínea d) do n.º 2 do artigo 9.º, sendo que, nos termos do artigo 11.º as federações desportivas deviam de dispor de uma instância de recurso, "*para a qual o agente desportivo arguido como responsável pela dopagem detectada possa recorrer*", sendo que a mesma, necessariamente, tinha que ser "*uma entidade diversa e independente da que o sancionou em primeira instância*".
[16] Cfr. alínea e) do n.º 2 do artigo 9.º.
[17] Cfr. n.º 3 do artigo 9.º.
[18] Cfr. n.º artigo 20.º.

obtidos, no caso de se tratar de modalidade desportiva individual"[19] e, no caso de se tratar de modalidade colectiva, atribuir às federações desportivas a competência para "*estabelecer o quadro das consequências desportivas resultantes da detecção de praticantes dopados, em termos adequados às respectivas modalidades*"[20].

O artigo 14.º deste diploma estabeleceu as sanções disciplinares aplicáveis aos praticantes desportivos, que iam de 6 meses a 20 anos no caso da pena de suspensão[21], sendo que tais penas podiam "*ser atenuadas extraordinariamente se, ouvido o Conselho Nacional Antidopagem*[22]*, este, mediante parecer escrito e fundamentado, recomendar tal atenuação*"[23-24].

O diploma manteve a obrigatoriedade da comunicação das sanções e respectivo registo, mas enquanto o primeiro dever impendia sobre as federações desportivas, o segundo respeitava ao CNAD[25].

Passados sete anos sobre a publicação do Decreto-Lei 105/90, de 23 de Março, é publicado o Decreto-Lei n.º 183/97, de 26 de Julho, diploma que, essencialmente, veio adaptar a legislação sobre o combate à dopagem no desporto aos desenvolvimentos que entretanto se verificaram nesta matéria a nível internacional, designadamente no que respeitou à Carta Internacional Olímpica sobre a Dopagem no Desporto e à Convenção Europeia contra a Dopagem, ratificada pelo Governo Português.

Embora, na generalidade, sejam mantidos em vigor os princípios já vigentes, é alargada a proibição de dopagem – que, recorde-se respeitava apenas aos praticantes inscritos nas federações desportivas, dentro e fora das competições – aos praticantes que participassem em provas ou manifestações desportivas realizadas na via pública ou em recintos abertos ao público cuja utilização dependesse de licença de autoridade pública.

[19] Cfr. n.º 1 do artigo 13.º.

[20] Cfr. n.º 2 do artigo 13.º.

[21] Cfr. alíneas a) a c) do n.º 1 do artigo 14.º.

[22] A audição encontrava-se prevista no artigo 16.º.

[23] Cfr. n.º 2 do artigo 14.º, mas esta atenuação teria de assentar na natureza da substância detectada e só seria proposta "nos casos em que as orientações do Comité Internacional Olímpico, atendendo a tal facto, recomendem a aplicação de penas inferiores às previstas no n.º 1" (cfr. n.º 4 do artigo 14.º).

[24] No sentido oposto, no caso dos praticantes com estatuto de alta competição, as penas eram acompanhadas das medidas previstas no artigo 15.º.

25 Cfr. artigo 17.º.

No mais, a instrução dos processos disciplinares, bem como a aplicação das sanções, continuava a estar cometida às federações desportivas, desde que titulares do estatuto de utilidade pública desportiva[26], devendo estas disporem de regulamentos antidopagem[27].

Mantinha-se o sistema de recurso das sanções aplicadas dentro das federações desportivas, sendo que o CNAD apenas intervinha quanto à atenuação extraordinária da pena e na determinação da realização de exames complementares.

Assim, como veremos de seguida, este paradigma na gestão dos processos disciplinares e aplicação de sanções só vem a ser alterado pela Lei n.º 27/2009, de 19 de Junho, que constitui o embrião para a criação do quadro legal vigente.

Uma última palavra para a forma como os poderes públicos encaravam a violação das normas antidopagem. A Lei n.º 1/90, de 13 de Janeiro, no seu artigo 25.º, referente à justiça desportiva, veio estatuir que as "*decisões e deliberações sobre questões estritamente desportivas que tenham por fundamento a violação de normas de natureza técnica ou de carácter disciplinar não são impugnáveis nem susceptíveis de recurso fora das instâncias competentes na ordem desportiva*", ou seja, todas as outras podiam ser impugnáveis fora dos órgãos disciplinares das federações desportivas.

A Lei n.º 30/2004, de 21 de Julho[28], no seu artigo 47.º, veio densificar esta questão, prevendo especificamente, no n.º 3 da disposição atrás mencionada, que "*não estão compreendidas [nas questões estritamente desportivas] as decisões e deliberações disciplinares relativas a infracções à ética desportiva, no âmbito da dopagem, da violência e da corrupção*".

Este princípio foi seguido pela Lei n.º 5/2007, de 16 de Janeiro[29], onde, no n.º 4 do seu artigo 18.º se estatuiu que "*as decisões e deliberações disciplinares relativas a infracções à ética desportiva, no âmbito da violência, da dopagem, da corrupção, do racismo e da xenofobia não são matérias estritamente desportivas*".

Esta norma, de forma infeliz, diga-se, veio a ser revogada pela Lei n.º 74/2013, de 6 de setembro.

[26] Cfr. artigo 8.º do Decreto-Lei n.º 144/93, de 26 de Abril, diploma pelo qual se estabeleceu o regime jurídico das federações desportivas dotadas do estatuto de utilidade pública desportiva.

[27] Cfr. alínea g) do artigo 21.º do Decreto-Lei n.º 144/93, de 26 de Abril.

[28] Lei de Bases do Desporto.

[29] Diploma que define as bases das políticas de desenvolvimento da actividade física e do desporto.

B – A Lei n.º 27/2009, de 19 de Junho

Em Março de 2005 a Agência Mundial Antidopagem (AMA) organizou a II Conferência Mundial contra a Dopagem, que decorreu em Copenhaga, onde foi aprovado o Código Mundial Antidopagem, tendo o XIV Governo da República assinado a Declaração de Copenhaga. Posteriormente, Portugal participou activamente na elaboração da Convenção Internacional contra a Dopagem da UNESCO, documento fundamental para que os países de todo o mundo pudessem reconhecer a AMA, o Código Mundial Antidopagem, as Normas Internacionais e estabelecer princípios comuns no âmbito da Luta contra a Dopagem[30].

A III Conferência Mundial da Agência Mundial Antidopagem, que decorreu em Madrid em Novembro de 2007, aprovou uma nova redacção para o Código Mundial Antidopagem.

De entre as inovações introduzidas no Código, podemos destacar:

a) A maior flexibilidade no regime sancionatório, através de uma melhor aplicação do princípio da proporcionalidade;
b) A possibilidade de um praticante poder ser punido se tiver um perfil longitudinal não fisiológico a nível hormonal ou determinados parâmetros hematológicos, através da criação do Passaporte de Saúde do Praticante;
c) As modificações introduzidas em algumas das Normas Internacionais, nomeadamente, a possibilidade de conservar e analisar as amostras durante um período de oito anos, por solicitação da organização antidopagem;
d) A harmonização dos princípios inerentes ao Sistema de Localização de Praticantes;
e) A simplificação das Autorizações de Utilização Terapêutica.

A reforma do quadro legislativo vigente referente à luta contra a dopagem no desporto teve, pois, por base, a nova versão do Código Mundial Antidopagem.

Ora, para além de endurecer as sanções a aplicar que, no seu limite máximo podiam levar a uma suspensão pelo período de 20 anos, reforçaram-

[30] Esta Convenção foi aprovada pela Conferência Geral da UNESCO em Outubro de 2005, e Portugal procedeu à sua ratificação em 2007, através do Decreto n.º 4-A/2007, de 20 de Março.

-se, por um lado, os deveres de todos os agentes desportivos envolvidos, mas, igualmente, o reforço das garantias de defesa e da transparência e imparcialidade nas decisões.

É neste quadro que é criada a Autoridade Antidopagem de Portugal (ADoP), enquanto organização nacional antidopagem com funções no controlo e na luta contra a dopagem no desporto, nomeadamente enquanto entidade responsável pela adopção de regras com vista a desencadear, implementar ou aplicar qualquer fase do processo de controlo de dopagem[31].

A criação desta Autoridade tem como consequência a mitigação do monopólio sancionatório cometido às federações desportivas, conquanto a ADoP podia, a todo o tempo, avocar a aplicação das sanções disciplinares aplicadas pelas federações desportivas, bem como alterar as decisões de arquivamento, absolvição ou condenação proferidas por órgão jurisdicional de uma federação desportiva, proferindo nova decisão, da qual cabia recurso para o Tribunal Arbitral do Desporto de Lausanne[32].

Com efeito, o artigo 57.º[33] veio consagrar o seguinte sistema:

a) A aplicação das sanções disciplinares previstas na lei competia, *ab initio*, à ADoP;
b) Essa competência encontrava-se delegada, *ope legis*, nas federações desportivas titulares do estatuto de utilidade pública desportiva, a quem cabia, igualmente, a instrução dos processos disciplinares;
c) As federações desportivas deviam de dispor de uma instância de recurso, para a qual o agente desportivo sancionado podia recorrer, sem efeito suspensivo, a qual deveria de ser uma entidade diversa e independente daquela que o sancionou em primeira instância;
d) Entre a comunicação da infracção a uma norma antidopagem e a aplicação da correspondente sanção disciplinar não podia mediar um prazo superior a 60 dias;

[31] O n.º 1 do artigo 16.º estatuía que a ADoP funcionava junto do Instituto do Desporto de Portugal, I. P. (IDP, I. P.), sendo a organização nacional antidopagem com funções no controlo e na luta contra a dopagem no desporto, nomeadamente "*enquanto entidade responsável pela adopção de regras com vista a desencadear, implementar ou aplicar qualquer fase do procedimento de controlo de dopagem*".

[32] A ADoP surgiu, neste novo paradigma, com poderes reforçados face à então estrutura existente, o CNAD, que passou a ser a entidade especializada responsável pela emissão de pareceres técnicos e científicos.

[33] Relativo à aplicação de sanções disciplinares.

e) A ADoP podia, a todo o tempo, avocar a aplicação das sanções disciplinares, bem como alterar as decisões de arquivamento, absolvição ou condenação proferidas pelo órgão jurisdicional de uma federação desportiva, proferindo nova decisão;
f) Da decisão proferida pela ADoP cabia recurso para o Tribunal Arbitral do Desporto de Lausanne.

A norma em apreço foi objecto de várias críticas, em particular por prever que o recurso das decisões tomadas pela ADoP tivesse que ser interposto junto do Tribunal Arbitral do Desporto de Lausanne, mas tal solução teve em linha de conta três circunstâncias:

a) O facto de não existir, à data, uma jurisdição arbitral desportiva em Portugal;
b) Os tempos de decisão dos tribunais comuns, em particular a jurisdição administrativa, ser incompatível com a resposta a uma violação às normas antidopagem;
c) O Tribunal Arbitral do Desporto de Lausanne assegurar a transparência e a experiência nas decisões neste tipo de matérias[34].

C – Os mecanismos sancionatórios decorrentes da Lei n.º 38/2012, de 28 de Agosto

I – A Lei n.º 27/2009, de 19 de Junho, veio a ser revogada pela Lei n.º 38/2012, de 28 de Agosto, diploma que aprovou "*a lei antidopagem no desporto, adotando na ordem jurídica interna as regras estabelecidas no Código Mundial Antidopagem*".

O artigo 59.º da Lei n.º 38/2012, de 28 de Agosto, veio introduzir algumas alterações ao sistema vigente, acomodando as seguintes soluções jurídicas:

a) A instrução dos processos disciplinares e a aplicação das sanções disciplinares previstas na lei competiam à ADoP;
b) A instrução dos processos disciplinares e a aplicação das sanções disciplinares encontravam-se delegadas, também *ope legis,* nas federações desportivas titulares do estatuto de utilidade pública desportiva;
c) As federações desportivas deviam dispor de uma instância de recurso, para a qual o agente desportivo sancionado pudesse recorrer, sem

[34] O tempo encarregou-se de demonstrar o acerto desta medida...

efeito suspensivo, a qual deveria de ser uma entidade diversa e independente daquela que o sancionou em primeira instância;

d) As decisões dos órgãos disciplinares federativos, ou da ADoP, que implicassem um procedimento disciplinar, eram recorríveis para o Tribunal Arbitral do Desporto[35], tendo a ADoP sempre legitimidade para recorrer se a decisão não tivesse sido por si proferida;

e) Entre a comunicação da violação de uma norma antidopagem e a aplicação da correspondente sanção disciplinar não podia mediar um prazo superior a 120 dias;

f) Em caso de incumprimento do prazo acima referido, a federação desportiva em questão devia remeter, no prazo máximo de cinco dias, o processo disciplinar à ADoP que ficava responsável pela instrução e ou aplicação da sanção disciplinar;

g) A federação desportiva internacional respectiva e a AMA podiam intervir no processo para defender os interesses relativos ao combate à dopagem no desporto, nos termos gerais de direito e, em particular, nos termos da Convenção Internacional contra a Dopagem no Desporto da UNESCO;

h) As decisões emergentes de violações praticadas por praticante desportivo de nível internacional, ou em eventos internacionais, eram recorríveis para o Tribunal Arbitral do Desporto de Lausanne, nos termos previstos no Código Mundial Antidopagem.

A Lei n.º 33/2014, de 16 de Junho, veio alterar a redacção do artigo 59.º, revogando o número 2 – onde se previa que as federações desportivas deviam dispor de uma instância de recurso –, disposição que carecia de sentido face à criação do Tribunal Arbitral do Desporto.

A Lei n.º 93/2015 de 13 de Agosto, veio dar nova redacção ao artigo 59.º, vindo estatuir que a delegação de competências não operava quando, "*após a existência de indícios de uma infração a normas antidopagem e antes da abertura do procedimento disciplinar, o praticante desportivo ou qualquer membro do pessoal de apoio, anule a inscrição junto da respetiva federação desportiva titular do estatuto de utilidade pública desportiva, competindo, nesse caso, à ADoP a instrução do processo disciplinar e a aplicação da sanção disciplinar prevista na lei*"[36].

[35] O Tribunal Arbitral do Desporto foi criado pela Lei n.º 74/2013, e 6 de Setembro.

[36] Cfr. n.º 3 do artigo 59.º.

Por outro lado, acrescenta-se que nos "*casos em que o praticante desportivo ou qualquer membro do pessoal de apoio proceda, após a abertura de procedimento disciplinar, à anulação da inscrição junto da respetiva federação desportiva titular do estatuto de utilidade pública desportiva, cessa a delegação de competências prevista no n.º 1, competindo à ADoP a instrução do processo disciplinar e a aplicação da sanção disciplinar prevista na lei*"[37].

Não menos importante, também é alterado o artigo 60.º desta lei, passando a prever-se no n.º 1 que "*as decisões dos órgãos disciplinares federativos, ou da ADoP, que impliquem um procedimento disciplinar são recorríveis para o Tribunal Arbitral do Desporto, tendo a ADoP sempre legitimidade para recorrer se a decisão não tiver sido por si proferida*".

Com esta solução colmatou-se uma grave lacuna, conquanto a ADoP estava impedida de, directamente, recorrer das decisões proferidas pelas federações desportivas por falta de norma habilitante, ou seja, só o podia fazer, indirectamente, suscitando a intervenção da AMA.

II – Mas é com a Lei n.º 111/2019, de 10 de Setembro que se opera uma verdadeira inversão do paradigma sancionatório pela violação das normas antidopagem. Com efeito, esta Lei vem, no seu artigo 15.º-A, estabelecer que são entidades nacionais antidopagem:

a) A ADoP;
b) O Laboratório de Análises de Dopagem (LAD);
c) O Colégio Disciplinar Antidopagem (CDA).

Assim, dando resposta a uma exigência da AMA, é criado o Colégio Disciplinar Antidopagem (CDA), que é definido como uma "*comissão técnico-jurídica independente, com competência para decidir sobre os ilícitos disciplinares decorrentes de violações de normas antidopagem, gozando de jurisdição plena em matéria disciplinar*"[38], que exerce a sua "*jurisdição em todo o território nacional*"[39] e está subordinada "*aos princípios da legalidade, isenção, transparência e confidencialidade*"[40].

No que concerne à sua composição, a mesma estava prevista nos n.ºs 1 a 5 do artigo 30.º-C e, quanto ao funcionamento, estatuía-se que o CDA

[37] Cfr. n.º 4 do artigo 59.º.
[38] Cfr. n.º 1 do artigo 30.º-B.
[39] Cfr. n.º 2 do artigo 30.º-B.
[40] Cfr. n.º 3 do artigo 30.º-B.

"*está organizado numa única instância que decide os processos instruídos e recebidos da ADoP*" e "*delibera na presença de uma subcomissão constituída por três dos seus membros, sendo um coordenador e um relator licenciados em Direito e um vogal licenciado em área relevante para a matéria da dopagem*"[41].

O CDA tem um presidente, com poderes de coordenação, competindo-lhe "*a representação da entidade*"[42], a "*definição da composição das subcomissões e a distribuição dos processos pelas referidas subcomissões*" e o "*acompanhamento do cumprimento das normas de funcionamento*" *do mesmo*[43].

Quanto ao estatuto dos membros do CDA, o mesmo encontra-se previsto no artigo 30.º-D, onde avulta o princípio de os seus membros não poderem ser responsabilizados por eventuais danos decorrentes das decisões por si proferidas, salvo nos mesmos casos em que os magistrados judiciais o possam ser.

Esta nova solução normativa teve impacto quer ao nível da configuração do procedimento disciplinar, conquanto, perante a existência de indícios de uma infração às normas antidopagem, passou a estar cometido à ADoP, automaticamente, a abertura de um procedimento disciplinar, [44], bem como a sua instrução[45], quer ao nível da aplicação das sanções disciplinares, que passam a ser proferidas pelo CDA[46].

Assim, com a alteração introduzida pela Lei n.º 111/2019, de 10 de Setembro, a competência para a instrução dos processos cabe à ADoP[47], mas a deliberação sobre a aplicação de uma sanção passa a ser da responsabilidade da subcomissão ao qual o processo foi distribuído, sendo a mesma impugnável junto do Tribunal Arbitral do Desporto[48].

[41] Cfr. n.ºs 6 e 7 do artigo 30.º-C.

[42] Como veremos, esta representação é meramente protocolar, não investindo o mesmo com poderes especiais para vincular o CDA e os demais membros perante terceiros.

[43] Cfr. alíneas a) a c) do n.º 8 do artigo 30.º-C.

[44] Cfr. nova redacção dada ao artigo 58.º.

[45] Cfr. n.º 1 do artigo 59.º.

[46] Cfr. n.º 1 do artigo 59.º-A.

[47] *Maxime*, à sua Divisão Jurídica.

[48] Nos termos do artigo 5.º da Lei n.º 74/2013, de 06 de Setembro, compete ao TAD conhecer dos recursos das deliberações tomadas por órgãos disciplinares das federações desportivas ou pela Autoridade Antidopagem de Portugal em matéria de violação das normas antidopagem. A má técnica legislativa levou a que se norma se encontre, obviamente desactualizada, remetendo para o regime constante da Lei n.º 38/2012, de 28 de Agosto, antes da redacção que

Iremos, de seguida, analisar a actuação do CDA com maior detalhe, mas já no âmbito da Lei n.º 81/2021, de 30 de Novembro[49].

D – A Lei n.º 81/2021, de 30 de Novembro, e o funcionamento do Colégio Disciplinar Antidopagem

Como vimos, a Lei n.º 111/2019, de 10 de Setembro, veio criar uma estrutura tripartida no que se refere à luta antidopagem, estrutura esta que foi mantida pela Lei n.º 81/2021, de 30 de Novembro[50].

Assim, neste novo quadro jurídico, o procedimento disciplinar antidopagem encontra-se dividido da seguinte forma no que respeita à competência material:

a) A ADoP[51] determina qual o praticante desportivo que é alvo do controlo antidopagem;
b) O LAD[52] procede à análise da amostra recolhida;
c) A ADoP, através da sua divisão jurídica, faz a instrução do processo disciplinar;
d) O CDA decide e aplica as decisões.

O CDA encontra-se previsto nos artigos 37.º e seguintes da Lei n.º 81/2021, de 30 de Novembro, mantendo-se como comissão técnico-jurídica independente, com competência para decidir sobre os ilícitos disciplinares decorrentes de violações de normas antidopagem, gozando de jurisdição plena em matéria disciplinar.

lhe foi conferida pela Lei n.º 111/2019, de 10 de Setembro, quando devia, sim, remeter para o regime constante da Lei n.º 81/2021, de 30 de Novembro.

49 Na redacção que lhe foi dada pela Lei n.º 35/2022, de 20 de Maio.

50 No fundo, no âmbito da luta antidopagem, existem três entidades diferentes, com autonomia e independência administrativa, técnica, financeira e operacional entre si e cuja actuação no plano da antidopagem não se confunde.

51 A ADoP, nos termos do n.º 1 do artigo 18.º da Lei n.º 81/2021, de 30 de Novembro, é a organização nacional antidopagem com funções no controlo e na luta contra a dopagem no desporto, enquanto entidade responsável pelo procedimento de controlo de dopagem, garantindo a prossecução do superior interesse público no âmbito da proteção da integridade desportiva e da saúde dos praticantes desportivos.

52 O Laboratório de Análises de Dopagem (LAB) que se encontra previsto no artigo 36.º da Lei n.º 81/2021, de 30 de Novembro, tem a competência para realizar as análises relativas aos controlos de dopagem realizados. É uma unidade com autonomia técnica e científica e funciona junto do Instituto Nacional de Saúde Doutor Ricardo Jorge, I.P..

Assim, finda a fase de defesa, o instrutor elabora um relatório final, devendo a ADoP remetê-lo ao CDA para decisão[53]. O CDA, após receber o processo[54], dispõe de 30 dias para "*elaborar e notificar a deliberação à ADoP, ao praticante desportivo ou outra pessoa, ao seu mandatário, à federação desportiva nacional respetiva, à AMA e à federação internacional, devendo estas entidades guardar sigilo sobre a decisão, até ao momento da publicitação prevista no n.º 4 do artigo 90.º*".

Este prazo de 30 dias, diga-se, é meramente ordenador. Com efeito, o legislador limitou-se a estabelecer um limite temporal para a prolação de uma decisão, sendo que o seu incumprimento não determina a invalidade dessa mesma decisão, nem a nulidade do processo.

Tais prazos, cujos destinatários directos são absolutamente alheios ou indiferentes à sorte da relação material administrativa que lhes subjaz, e cuja acção se desenvolve por imperativo do interesse público, na colaboração com os órgãos instituídos para a defesa da legalidade, não assumem natureza peremptória preclusiva ou resolutiva, integrando antes a categoria dos prazos meramente dilatórios.

Antes da prolacção da decisão final, o coordenador da subcomissão deve agendar a data para a audiência prevista no artigo 82.º da Lei n.º 81/2021, de 30 de Novembro.

As decisões da subcomissão são tomadas por maioria simples e incidem sempre sobre matéria de facto e de direito, sendo a prova apresentada na fase de instrução, perante a ADoP.

O n.º 9 do artigo 75.º da Lei n.º 81/2021, de 30 de Novembro, vem estatuir que as "*deliberações relativas à violação do período de suspensão ou de suspensão preventiva devem ser suficientemente fundamentadas, incluindo, quando for o caso, os fundamentos que justificaram a não aplicação da sanção máxima*".

Apenas se entende a inclusão de um número com este conteúdo, porque estamos perante um exercício de tradução do Código Mundial Antidopagem – uma exigência da AMA –, conquanto a sujeição ao princípio da legalidade já estabelece tal dever de fundamentação e não o limita apenas a esta categoria de decisões.

[53] Cfr. n.º 9 do artigo 72.º da Lei n.º 81/2021, de 30 de Novembro.

[54] Ou contados do resultado das diligências de prova adicionais previstas no n.º 3 do artigo 75.º da Lei n.º 81/2021, de 30 de Novembro.

No que concerne à impugnação das decisões disciplinares, o artigo 76.º da Lei n.º 81/2021, de 30 de Novembro, apresenta-se com uma redacção complexa, mas da qual resulta que as decisões finais dos procedimentos disciplinares proferidas pelo CDA são impugnáveis.

Têm legitimidade para recorrer, no caso de o recurso ser dirigido para o TAD:

a) A ADoP;
b) O praticante desportivo;
c) Outra pessoa que seja destinatária da decisão objecto de recurso e da parte contrária no processo em que a decisão for tomada;
d) A AMA.

Para além da possibilidade de recurso para o TAD, existe, igualmente, a possibilidade de recurso para o CAS[55]. Mas a maior perplexidade surge quando o legislador admite a possibilidade de existir recurso da decisão do TAD para o CAS[56], solução que nos parece inconstitucional.

Sabendo quais podem ser os sujeitos activos, resta apurar quem é o sujeito passivo, a entidade recorrida. Trata-se de uma matéria na qual o legislador foi omisso, levando, desta forma, a que exista uma conflituosidade quanto à solução a adoptar.

Poder-se-ia pensar que o recorrido era o CDA, conquanto é esta a entidade que profere a decisão. Como se viu, o CDA é independente da ADoP, não fazendo parte da sua estrutura orgânica, mas a lei não o dotou quer de personalidade jurídica quer de personalidade judiciária[57]. Igualmente, as decisões são tomadas por uma subcomissão *ad-hoc*, constituída para determinado processo e que cessa as suas funções quando profere essa decisão final. Ou seja, a prolação da decisão final não respeita ao CDA enquanto entidade, mas sim e apenas àquela particular subcomissão.

Por outro lado, o presidente do CDA não tem poderes de representação em juízo e não responde pelos membros das subcomissões, sendo os seus poderes situados ao nível da coordenação do funcionamento do mesmo.

[55] Em que podem ser sujeitos activos a ADoP, a AMA, a respectiva federação internacional, o Comité Olímpico Internacional, o Comité Paralímpico Internacional e o praticante desportivo ou outra pessoa a quem foi aplicada uma medida preventiva têm legitimidade para interpor recurso da respetiva aplicação

[56] Cfr. n.º 5 do artigo 76.º da Lei n.º 81/2021, de 30 de Novembro.

[57] Aliás, esta entidade também não tem autonomia administrativa e financeira.

O recurso também não pode ser dirigido contra a ADoP, conquanto esta entidade, para além de não praticar o acto recorrível, tem o direito de recorrer das decisões tomadas pela subcomissão do CDA[58].

Assim, tal como acontece em situações similares, vide o caso dos gabinetes ministeriais, deve atender-se à entidade com personalidade jurídica e judiciária na qual o CDA está organicamente integrado, ou seja, a Secretaria-Geral da Presidência do Conselho de Ministros. É contra esta entidade que os recursos devem ser dirigidos.

Esta, quanto a nós, é solução que deve ser seguida, mas impõe-se que o legislador clarifique a mesma, evitando, desta forma, que possam existir decisões contraditórias sobre esta matéria.

Em conclusão, no que respeita à evolução da justiça desportiva no âmbito da luta contra a dopagem no desporto, passou-se de um sistema assente na competência exclusiva das federações desportivas, para um outro assente no princípio da delegação de competências, e terminando no monopólio do Estado.

[58] O entendimento contrário conduz ao absurdo de admitir que em determinado processo a ADoP pudesse ser recorrente e recorrido...

12. DA NECESSIDADE DE REVISÃO DA LEI DE BASES DA ATIVIDADE FÍSICA E DO DESPORTO PORTUGUESA AOS PRINCÍPIOS DA NOVA LEY 39/2022, DE 30 DE DICIEMBRE, DEL DEPORTE – QUE CAMINHOS?

LÚCIO MIGUEL CORREIA[1]

I. Introdução e análise da realidade desportiva em Portugal

O século XX foi, sem dúvida, o século do Desporto e da sua afirmação, enquanto incontornável fenómeno social e económico, mas, sobretudo, o século do Direito do Desporto, enquanto ramo de Direito específico, mas transversal, abrangendo vários ramos do Direito, como sejam o administrativo, laboral, contraordenacional ou dos contratos.

Relativamente ao conceito de Desporto, a primeira instituição a atribuir-lhe formalmente um significado jurídico é de âmbito europeu, nomeadamente o Conselho da Europa, através do artigo 2.º, n.º 1, alínea a) da Carta Europeia do Desporto, datada inicialmente de 1992, que o considerou como "todas as formas de atividades físicas que, através de uma participação organizada ou não, têm por objetivo a expressão ou o melhoramento

[1] Advogado, Professor Auxiliar da Universidade Lusíada de Lisboa e Professor Convidado do Instituto Politécnico de Lisboa – ISCAL – Investigador.

da condição física e psíquica, o desenvolvimento das relações sociais ou a obtenção de resultados na competição a todos os níveis".

Todavia, poderemos igualmente consultar o Livro Branco sobre o Desporto, elaborado pela Comissão Europeia, datado de 2007, que também nos proporciona uma definição similar ao do Conselho da Europa e, influenciada aliás por este, entendendo esta organização de âmbito europeu que o desporto se deve conceituar como "todas as formas de atividade física que, através da participação ocasional ou organizada, visam exprimir ou melhorar a condição física e o bem-estar mental, constituindo relações sociais ou obtendo resultados nas competições a todos os níveis.

Todos os cidadãos terão assim, em território português, nos termos do artigo 79.º, n.º 1 da CRP, "direito à cultura física e ao desporto" e em observância do artigo 2.º da LBAFD, "direito à atividade física e desportiva", direito este que, a ser corretamente desenvolvido, permitirá, de acordo com a aceção mencionada, a adequada obtenção de um bem-estar físico e psíquico, facilidade de relações sociais ou resultados competitivos, viabilizando, portanto, a efetiva aquisição ou melhoria da qualidade de vida da população, prevista no artigo 9.º, alínea d) da CRP.

Passado o tempo da influência dos princípios do Estado Novo no Desporto português, com o aparecimento da Fundação Nacional para a Alegria no Trabalho (FNAT) de 1935, a instituição da Mocidade Portuguesa (1936) e com a criação da Direcção-Geral da Educação Física, Desportos e Saúde Escolar (Decreto-Lei n.º 32241, de 5 de Setembro de 1942) e a promulgação de seu regulamento (Decreto n.º 32946, de 1943), proveram um Desporto nacional encarcerado em orientações de caráter público não democrático, já alheadas da realidade de então, mas particularmente preocupadas com a sua regulação estatal em vez do seu desenvolvimento genérico.

Mais tarde, quer com a "pretensa" reforma decorrente da publicação do Decreto-Lei n.º 82/73, de 3 de Março e com a consagração do direito ao Desporto, enquanto direito fundamental previsto na Constituição da República de 1976, (artigo 79.º)[2] o fenómeno desportivo em Portugal, projeta-se definitivamente no domínio dos direitos sociais, culturais e económicos.

[2] Em 1975 já a Constituição Grega, estipulava no artigo 16.º desta Constituição, precedido do título "Direitos Individuais e Sociais" (Parte II) que: "2. A educação constitui uma missão básica do Estado e direcionar-se-á para o treino moral, intelectual, profissional e físico dos Gregos, o desenvolvimento da consciência nacional e religiosa e à sua formação como cidadãos livres e responsáveis. (...)9. O desporto ficará sob proteção e sob a supervisão do Estado.

Apesar da tímida e insuficiente tentativa de estabelecer um conjunto de princípios fundamentais nas normas que regem as relações entre o Estado e os agentes desportivos, através da publicação do Decreto-Lei n.º 164/85, de 15 de Maio, apenas com a entrada em vigor da primeira lei-quadro sobre o Desporto em Portugal em 1990, é que Portugal, influenciado por orientações normativas que vinham do estrangeiro, opta por realizar um diploma fundamental sobre a ordenação do sistema desportivo.[3]

Na altura, para o surgir da Lei de bases do Sistema Desportivo, JOSÉ MANUEL CHABERT apontava as seguintes razões: "o advento do regime democrático e, sobretudo, após a entrada em vigor da Constituição Política de 1976, impunha-se naturalmente rever na íntegra todo o conjunto de

O Estado financiará a controlará todos os tipos de associações atléticas, como especificado por lei. O uso de financiamento de acordo com o propósito de cada associação será definido por lei".
Assinale-se também, os artigos 43.º, incluído nos "Direitos e Deveres Fundamentais" (Título I) e 148.º da Constituição Espanhola que determinam o seguinte:
"Artigo 43.º Reconhece-se o direito à proteção da saúde.
Compete aos poderes públicos organizar e tutelar a saúde pública através de medidas preventivas e das prestações de serviços necessários. A Lei estabelecerá os direitos e deveres de todos a este respeito.
Os poderes públicos fomentarão a educação sanitária, a educação física e o desporto. Da mesma maneira, facilitarão a adequada utilização do ócio".
"Artigo 148.º As comunidades autónomas poderão assumir competências nas seguintes matérias:(...)
Promoção do desporto e da adequada utilização do ócio".
Existindo ainda em outras Constituições de países europeus, normas constitucionais que preceituam diretamente o "Desporto para Todos" como um Direito Fundamental, nomeadamente: Bulgária, Hungria, Lituânia, Polónia e Roménia, não obstante outros países usufruírem de ampla produção legislativa e atribuírem ao Desporto uma elevada importância, mas não o considerando enquanto um direito constitucional, como por exemplo: em França, Bélgica, Itália ou Áustria.

[3] A título exemplificativo, veja-se o conjunto de países europeus que optaram por consagrar um diploma específico sobe o Desporto:
- Bélgica (Lei de 26 de Junho de 1963);
- Suíça (Lei federal de 17 de Março de 1972);
- Grécia (Lei n.º 75/1975 sobre os princípios fundamentais e as diretivas relativas ao Desporto);
- Luxemburgo (Lei sobre a educação física e o desporto, de 26 de Março de 1976);
- França (Lei de 16 de Julho e 1984 relativa à organização e à promoção das atividades físicas e desportivas) sem prejuízo do atual Code du Sport;
- Espanha - Ley del Deporte- (Lei de 15 de Outubro de 1990)

diplomas que, entre nós, regem o desporto, compatibilizando-o com os novos princípios constitucionais", bem como "dar respostas a um conjunto de questões de fundo do direito desportivo, a um leque de grandes questões, de novos problemas." [4]

A publicação da Lei n.º 5/2007, de 16 de Janeiro, trouxe a Portugal a sua terceira lei-quadro sobre o Desporto, que denominaremos de LBAFD.[5][6]

Importa sublinhar três importantes inovações que a LBAFD trouxe, em relação ao regime que tinha vigorado em Portugal desde 1990 até então:

- o estatuto de utilidade pública desportiva passa a ser de concessão temporária, por períodos de quatro anos, em princípio coincidentes com o ciclo olímpico;
- esclarece-se que a atribuição deste estatuto envolve direitos e estabelece obrigações, quando atualmente apenas se refere que atribui direitos;
- por último, clarifica-se o regime dos direitos desportivos exclusivos das federações desportivas, bem como o regime sancionatório em caso de uso abusivo desses direitos por entidades não titulares do estatuto de utilidade pública desportiva, retomando-se, neste âmbito, o denominado princípio da «unicidade federativa», que vigora em todos os países que trabalham com instrumentos equivalente ao do estatuto da utilidade pública desportiva.[7]

[4] Chabert, José Manuel, A Lei de Bases do Sistema Desportivo no Contexto Europeu e Internacional Revista do Ministério Público, Lisboa, n.9 n.35-36 (Julho-Dezembro 1988), pp. 31-54.

[5] A primeira lei-quadro foi a Lei de Bases do Sistema Desportivo, publicada na Lei n.º 1/90, de 13 de Janeiro e a segunda lei-quadro, foi a Lei de Bases do Desporto, publicada na Lei n.º 30/2004, de 21 de Julho.

[6] Sobre a Lei de Bases da Atividade Física e do Desporto aprovada pela Lei n.º 5/2007, de 16 de Janeiro vide por todos Meirim, José Manuel, Lei de Bases da Atividade Física e do Desporto – Estudo, Notas e Comentários, Coimbra Editora, 2007 e Mestre, Alexandre Miguel, Direito do Desporto- Aspetos transversais, Editora Almedina, 2022.

[7] Sem prejuízo do supra referido cumpre assinalar os seguintes aspetos inovadores da LBAFD de 2007:

– a consagração de um novo conceito de liga profissional, esclarecendo-se que esta terá obrigatoriamente que assumir a forma de associação sem fins lucrativos e que passa a poder englobar, não apenas os clubes e sociedades desportivas participantes das competições profissionais, mas também outros agentes desportivos;

– o estabelecimento, na linha do que constitui a matriz específica do modelo europeu de desporto, de que os quadros competitivos geridos pelas ligas profissionais constituem o nível mais

A LBAFD desdobra-se em 6 grandes capítulos, a saber:
CAPÍTULO I – Objeto e princípios gerais;
CAPÍTULO II – Políticas públicas;

elevado das competições desportivas desenvolvidas no âmbito da respetiva federação desportiva, pressupondo assim a existência de esquemas de permeabilidade entre as competições profissionais e as outras e inviabilizando a ideia das ligas fechadas;
– o esclarecimento de que as ligas estão integradas nas respetivas federações e que exercem, por delegação destas, as competências para regular as competições de natureza profissional;
– a clarificação das relações entre as ligas e as respetivas federações desportivas, em particular no que concerne à disciplina e à arbitragem, prevendo-se, no que a esta concerne, que a mesma seja estruturada por forma a que as entidades que designam os árbitros para as competições sejam necessariamente diferentes das entidades que avaliam a prestação dos mesmos;
– a definição ainda de que as relações entre as ligas profissionais e as federações respetivas são estabelecidas contratualmente, designadamente no que concerne ao número de clubes que participam na competição profissional, ao regime de acesso entre as competições profissionais e não profissionais, à organização da atividade das seleções nacionais e ao apoio à atividade desportiva não profissional, prevendo-se uma forma de superação dos conflitos que daqui eventualmente surjam através de intervenção do Conselho Nacional do Desporto e do recurso à arbitragem.
No que diz respeito aos clubes e sociedades desportivas, mantém-se o princípio de que os clubes que, nas competições desportivas de natureza profissional, não adotem a forma de sociedade desportiva, ficam sujeitos a um regime especial de gestão, tendente a garantir as especiais responsabilidades destes clubes decorrentes da participação em tal tipo de competições.
No que concerne ao desporto de alto rendimento (nova designação do que, de forma manifestamente desajustada, se denominava «alta competição») introduzem-se duas novidades de monta:
– por um lado, integram-se os árbitros neste regime, a par dos técnicos;
– por outro lado, prevê-se a institucionalização de um esquema de apoio aos agentes desportivos que beneficiam deste regime, após o final da sua carreira.
O Comité Olímpico de Portugal continuou a ser consagrado como a estrutura cimeira do movimento olímpico no nosso País, uma vez que desempenha relevante missão de interesse público que importa continuar a preservar e defender.
No que diz respeito à disciplina dos contratos programa de desenvolvimento desportivo, que titulam os apoios, nomeadamente financeiros, que o Estado atribui. Tais inovações incidem sobre dois aspetos fundamentais:
– por um lado, estabelece-se a obrigação, para as entidades que solicitam apoios financeiros, de identificação exaustiva das fontes de financiamento que se prevêem para as iniciativas, o que é particularmente relevante para outras fontes de financiamento público;
– por outro, e uma vez que os apoios que se concedem o são na pressuposição de que tais fundos se destinem exclusivamente ao cumprimento das finalidades públicas que se acordaram, determina-se a insusceptibilidade de oneração ou de apreensão judicial de tais fundos

CAPÍTULO III – Associativismo desportivo;
CAPÍTULO IV – Atividade física e prática desportiva;
CAPÍTULO V – Apoios financeiros e fiscalidade;
CAPÍTULO VI – Disposições finais.

A atual LBAFD, bem como as sucessivas leis de bases que referimos anteriormente, deveriam constituir um fator impulsionador da evolução desportiva do País, alicerçado nos diplomas suplementares e/ou específicos que esta lei-quadro acarretará necessariamente em desenvolvimento dos seus princípios fundamentais, dotando todo um sistema repleto de soluções práticas que tenham em conta as necessidades dos principais intervenientes no setor, ou seja, federações desportivas, os clubes e, obviamente, os atletas, dirigentes, treinadores e demais agentes desportivos.

Todavia, não só o título da referida lei-quadro é enganador, pois, ao longo de todo o diploma, são muito escassas as referências à atividade física, bem como não se verifica em diversas circunstâncias uma articulação estreita entre a mesma e o Desporto no domínio das suas vertentes (federado, olímpico, escolar, entre outros).

Acresce ainda que a opção pela centralização do centro nevrálgico de operações com os principais intervenientes do fenómeno, em especial com as federações desportivas (com todos os custos políticos e operacionais da incapacidade de resposta) e a Administração Pública Desportiva revela-se fatal para o crescimento e desenvolvimento do Desporto nacional, alicerçado numa política legislativa de forte pendor intervencionista, demasiado dependente do Estado, sobretudo a nível financeiro.

Sem prejuízo do supra referido, a obrigatoriedade imposta pela LBAFD, de que o relacionamento entre as federações desportivas e o Estado se realizem através da obtenção do estatuto de pessoa coletiva de utilidade pública desportiva, cujo processo de atribuição[8] e/ou de renovação (de acordo com

[8] O processo de atribuição do estatuto de utilidade pública desportiva encontra-se estabelecido nos artigos 15.º a 20.º do Regime Jurídico das Federações Desportivas aprovado pelo Decreto-Lei n.º 248-B/2008, de 31 de dezembro, alterado e republicado pelo Decreto-Lei n.º 93/2014, de 23 de junho alterado e pela Lei n.º 101/2017, de 28 de Agosto.
Sobre o Regime Jurídico das Federações Desportivas em Portugal, se me permitem, veja-se, Correia, Lúcio Miguel e Relógio, Luís Paulo, O Novo Regime Jurídico das Federações Desportivas – 3.ª Edição, Vida Económica, 2023.

a Portaria n.º 345/2012, de 29 de Outubro) merecem alguns reparos e suscitam algumas dúvidas do ponto de vista jurídico e prático.[9]

Por outro lado, o Desporto nacional e europeu tem vindo a mudar desde 2007 até ao presente.[10] No âmbito europeu, embora os Tratados não

[9] Ainda recentemente constatámos um despacho de atribuição/renovação do estatuto de utilidade pública desportiva "a título excecional" e condicionado a sua renovação à filiação daquela federação desportiva nacional em causa, na federação internacional da modalidade, quando esta figura excecional não existe do ponto de vista jurídico no Regime Jurídico das Federações (arts. 15.º a 20.º) nem na Portaria n.º 345/2012, de 29 de outubro que aprova o modelo de requerimento que deve ser apresentado para efeitos do pedido de atribuição do estatuto de utilidade pública desportiva, definindo ainda os documentos que devem acompanhar esse mesmo requerimento.
Com efeito, o Despacho n.º 87/2023, publicado no passado dia 4 de Janeiro de 2023, no Diário da República – 2.ª Série, não obstante reconhecer que a federação desportiva em causa não reúne as condições para a sua atribuição, atentas as especiais circunstâncias em que se encontra a modalidade em Portugal, com claros prejuízos desportivos para todos os seus agentes e, designadamente, colocando em risco o apuramento de vários atletas para os Jogos Olímpicos de 2024, e o facto de não existir, há vários anos, uma federação desportiva em que o Estado possa delegar quaisquer poderes públicos essenciais à sua regulação e normal funcionamento, entendeu-se que, após audição do Conselho Nacional do Desporto, possa ser concedido o estatuto de utilidade pública desportiva àquela Federação desportiva em causa, ficando a sua renovação condicionada à filiação internacional na Federação titular da modalidade a nível mundial, enquanto elemento essencial para inscrever os atletas portugueses nas competições internacionais fulcrais para o apuramento para os próximos Jogos Olímpicos.
Compreendendo os motivos de facto do aludido Despacho, contudo, parece-nos que o mesmo, não tem qualquer sustentação jurídica no aludido Regime Jurídico das Federações Desportivas nem na Portaria n.º 345/2012, de 29 de outubro, porquanto em nenhuma das aludidas normas, permite a atribuição do mencionado estatuto de utilidade pública desportiva dependente de um facto futuro e incerto tão relevante como a filiação internacional de uma federação portuguesa na sua congénere internacional.
Aliás, para os menos atentos, a falta de filiação internacional na Federação titular da modalidade a nível mundial foi o motivo pelo qual a Federação de Campismo e Montanhismo de Portugal, no anterior processo de renovação do estatuto de utilidade pública desportiva, perdeu a modalidade de Escalada de Competição (Despacho n.º 13949-B/2022, de 30 de Novembro publicado no passado dia 30 de Novembro de 2022, no Diário da República – 2.ª Série) para outra Federação desportiva nacional congénere, o que nos suscita muitas dúvidas do princípio da igualdade e não discriminação face ao exemplo e ao Despacho anteriormente referido.

[10] Há que destacar a crescente importância dos ESports em Portugal que estão em franca ascensão, tal como acontece em todo o mundo, porque são acessíveis a jogadores, fãs e marcas. Estamos crentes que este crescimento acentuar-se-á num futuro breve, à medida que a geração digital, que nasceu em contacto com as plataformas digitais de videojogos, vai crescendo

e aumentando de utilizadores. Algumas marcas estão já a seguir este fenómeno com grande atenção, sendo de esperar que num futuro próximo comecem a dedicar uma parte do seu orçamento para marketing nos ESports.

Portugal está a tornar-se cada vez mais proeminente na indústria global de videojogos e os gastos dos denominados "Gamers" neste tipo de jogos pode funcionar como um ponto de referência. Se adicionarmos a esta situação, a entrada de vários clubes desportivos ao mercado, será fácil perceber que tanto a nível comercial como em número de praticantes existe um aumento não despiciendo.

Embora não existam dados oficiais, no que se refere ao número de jogadores e clubes no nosso mercado, estimamos os praticantes das diversas modalidades, dentro do desporto eletrónico, ultrapassarão, em Portugal, um milhão, dos quais cerca de 10 mil são atletas amadores que praticam regularmente e que aspiram ser profissionais.

Contudo ainda não estamos ao nível de outros países quando falamos na profissionalização do setor e é algo que entidades como a FPDE e FPF ESports querem mudar rapidamente para que num futuro próximo nos aproximemos da realidade internacional. Entre atletas portugueses a competir em equipas internacionais e atletas residentes em Portugal a competir em equipas nacionais (ta como o Sport Lisboa, Benfica e Sporting Clube de Portugal, que possuem suas próprias equipas de eSports, assim como o Manchester City, da Inglaterra, ou o Valencia Club de Fútbol, de Espanha), estimamos que, hoje em dia, existam cerca de algumas dezenas de praticantes desportivos profissionais.

O investimento em eSports continua a crescer e durante o ano de 2022 apenas os 10 principais torneios somaram 150 milhões de dólares, destacando-se o denominado Dota 2, cuja competição The International moveu 32,53 milhões.

Para além disso, a maioria dos torneios continuam a ser realizados no PC e consolas e o quarto mais lucrativo foi PUBG Battlegrounds que somou 16,34 milhões de dólares de prémios. CS: GO mantém a sua popularidade e o valor do prémio do seu principal torneio foi de 15,62 milhões de dólares, enquanto o "famoso" Fortnite assume o sexto lugar da tabela, com um prémio de 12,60 milhões e o Rainbow Six Siege ofereceu 8,735 milhões de dólares, um pouco mais que Rocket League com 8,734 milhões.

A Riot Games continua a ter dois títulos na tabela dos jogos com melhores prémios. A League of Legends continua a protagonizar o Worlds, um dos maiores eventos de eSports, apresentando um prize pool de 7,79 milhões de dólares, enquanto que o Valorant continua a crescer e aparece na décima posição da tabela com 7,30 milhões de dólares.

Outro fator que tem contribuído para o crescimento dos jogos mobile em Portugal é a disponibilidade de diferentes modelos de negócio, como o download gratuito com compras no aplicativo e o modelo de assinatura. Isto permite que as empresas alcancem um público alvo mais amplo e monetizem os seus jogos de diferentes maneiras. Um grande e bom exemplo destes diferentes modelos de negócio são os sites e aplicações de jogos online, que têm promoções específicas para os seus utilizadores.

Não tenhamos dúvidas que o Esports, como modalidade desportiva, veio para ficar em Portugal.

mencionassem uma competência jurídica específica da UE relativamente ao desporto antes de 2009, a Comissão lançou as bases de uma política desportiva da UE com o Livro Branco de 2007 sobre o desporto e o Plano de Ação Pierre de Coubertin.

Com o Tratado de Lisboa, a UE adquiriu uma competência específica no domínio do desporto. O artigo 6.º, alínea e) do Tratado sobre o Funcionamento da União Europeia (TFUE) confere à UE competência para apoiar ou complementar a ação dos Estados-Membros no domínio do desporto, ao passo que o artigo 165.º, n.º 1 especifica os pormenores de uma política desportiva, referindo que a União deve contribuir «para a promoção dos aspetos europeus do desporto, tendo simultaneamente em conta as suas especificidades, as suas estruturas baseadas no voluntariado e a sua função social e educativa».

O artigo 165.º, n.º 2 refere que a ação da União tem por objetivo «desenvolver a dimensão europeia do desporto, promovendo a equidade e a abertura nas competições desportivas e a cooperação entre os organismos responsáveis pelo desporto, bem como protegendo a integridade física e moral dos desportistas, nomeadamente dos mais jovens de entre eles».

A UE dispõe, assim, de uma base jurídica para apoiar estruturalmente o setor do desporto com o programa Erasmus+ e pode falar a uma só voz em fóruns internacionais e com países terceiros. Além disso, as competências da UE no mercado único também já tiveram um impacto considerável no desporto. Por exemplo, o Tribunal de Justiça da União Europeia desenvolveu jurisprudência importante com grandes implicações para o mundo do desporto (como, por exemplo, o processo Bosman). Ao mesmo tempo, a UE exerceu os seus poderes «não vinculativos» em domínios relativamente próximos, como a educação, a saúde e a inclusão social, através dos respetivos programas de financiamento. Todavia, muito ainda há por fazer no âmbito da União Europeia quanto ao Desporto e quanto à uniformização de legislação em muitas matérias.

Desde 2007 até ao presente, a sociedade portuguesa tem vindo a desenvolver-se em todas as suas vertentes. Como o desporto não é exceção, recentemente temos vindo a observar uma evolução relevante da prática de exercício físico, mas também constatamos a redutora ou pouco importância com que o Desporto tem sido encarado em Portugal pelos seus sucessivos Governos.

E quanto a esta matéria, temos que atender a estudos do INE[11] e do Eurobarómetro Portugal – Desporto e Atividade Física 2022[12], para percebermos se efetivamente a LBAFD tem cumprido a sua missão de desenvolvimento desportivo do País, ou se, porventura, constitui um fator de entropia, porquanto as normas fundamentais do sistema desportivo nacional não estão adequadas à realidade que pretende regular.

Segundos os dados publicados no quinto relatório dedicado ao Desporto e Atividade Física de 2022, 73% dos portugueses dizem nunca se exercitar ou praticar desporto, com mais 5% a fazê-lo apenas "raramente", mais do que os que o fazem "regularmente" (4%.). "Com alguma regularidade" é a resposta de 18% dos portugueses inquiridos. Os dados são particularmente graves no país, que tem a mais alta taxa dos países europeus abrangidos pelo estudo, seguido pela Grécia (68%) e pela Polónia (65%).

Em 2022, os praticantes de alto rendimento totalizaram 712, dos quais 62,1% eram homens e 37,9% eram mulheres. Do total, cerca de 5/6 tinham idade inferior a 30 anos.

Em 2022, a população empregada no sector desportivo foi estimada em 44,5 mil pessoas (mais 20,3% do que no ano anterior). Comparativamente com a população total empregada, o emprego desportivo caraterizava-se por ser maioritariamente masculino, mais jovem e mais escolarizado: 64,5% eram homens (50,3% no total da população empregada), 50,8% tinham idades dos 16 aos 34 anos (24,2% no total) e 51,0% tinham o ensino superior completo (34,5% no total).

Em 2021 (dados do Sistema de Contas Integradas das Empresas), pertenciam ao sector desportivo 14368 empresas (1,1% do sector não financeiro), responsáveis por 1,9 mil milhões de euros de volume de negócios (0,4%) e por 731,9 milhões de Euros de Valor Acrescentado Bruto (VAB) (0,7%).

Em relação ao ano anterior, o número de empresas do sector desportivo registou um acréscimo de 4,5%, tendo o volume de negócios e o VAB aumentado 11,9% e 23,2%, respetivamente. As empresas de Gestão de instalações desportivas, Atividades de clubes desportivos, Atividades de ginásio (fitness) e de outras atividades desportivas geraram, em conjunto, 45,7% do volume de negócios e foram responsáveis por 66,3% do VAB do sector.

[11] Desporto em números – 2022, encontra-se disponível disponível em https://www.ine.pt.

[12] Eurobarómetro Portugal – Desporto e Atividade Física 2022 disponível em https://www.portugalactivo.pt

Em 2022 (dados provisórios), a remuneração bruta total mensal média por trabalhador (por posto de trabalho) nas atividades do sector desportivo foi de 1.366 Euros (mais 4,7% do que em 2021). A componente regular desta remuneração aumentou 1,5%, para 1.078 euros e a remuneração base aumentou 0,9%, para 1.024 Euros.

No total da economia, a remuneração bruta total mensal média por trabalhador foi superior, 1.411 Euros, tal como a componente regular, 1.140 euros, e a remuneração base 1.070 Euros, tendo registado aumentos superiores na remuneração bruta regular e remuneração bruta base de 3,1% e 3,0%, respetivamente, enquanto a remuneração bruta total teve um crescimento menor que a do sector desportivo (3,6%) em relação a 2021.

No sector desportivo destacaram-se as atividades dos clubes desportivos, com a maior remuneração bruta total mensal média por trabalhador (2.645 Euros), com a componente regular de 2.043 Euros e a remuneração base de 1.973 Euros. Pelo contrário, foi nos ensinos desportivo e recreativo que se registaram menores remunerações nas várias componentes: 848 Euros (total), 746 Euros (regular) e 735 Euros (base).

Em 2021, as Câmaras Municipais afetaram 323,3 milhões de Euros às atividades e equipamentos desportivos (mais 7,4% do que em 2020), representando 3,3% do total da despesa dos Municípios.

Em 2021, o financiamento do Instituto Português do Desporto e Juventude às Federações desportivas atingiu 41 milhões de Euros (menos 3,0% do que no ano anterior).[13] O Apoio às Atividades desportivas destacou-se

[13] Segundo notícias recentemente publicadas, no Portal do Governo, com os novos contratos de financiamento às federações desportivas para 2023, agora aprovados, há um aumento global de 4% no financiamento público às atividades regulares das federações desportivas para 2023, que inclui mais duas modalidades olímpicas: a Escalada de Competição e o Taekwondo.
Além do financiamento às atividades regulares, que atinge os 27 milhões de euros, soma-se o financiamento à Preparação Olímpica e Paralímpica, que neste ano de 2023 é de 8,7 milhões de euros. Recordar que, no final de 2022, foi possível atribuir um reforço extra de 6,5% – aos montantes iniciais dos contratos de atividades regulares de 2022 – para fazer face ao impacto geopolítico da guerra.
Também o Programa de Formação de Recursos Humanos para 2023, destinado às federações desportivas, é reforçado em 9,5%, atingindo o montante global de 800 000 euros.
Os montantes dos contratos programa de desenvolvimento desportivo a celebrar entre o Instituto Português do Desporto e Juventude (IPDJ) e as federações desportivas, são ainda ajustados em função dos níveis de desenvolvimento e evolução de cada uma das modalidades nos últimos 4 anos.
Esta notícia de 20 de Abril de 2023, encontra-se disponível em https://www.portugal.gov.pt.

com 47,9% do total do financiamento, superando a Alta Competição (38,3%) e os Eventos internacionais (8,6%).

Face ao exposto, os números não são famosos quando comparados com outros países da Europa, mas temos sérias dúvidas que seja somente o teor da mencionada lei fundamental a grande responsável pelos mesmos. A nosso ver, mais importante do que o teor de qualquer norma, é constatarmos o campo de ação e funcionamento do sistema jurídico onde a mesma se insere, porquanto, qualquer alteração normativa que se realize no âmbito de um eventual modelo jurídico ineficiente é insuscetível de obter resultados melhores para além dos obtidos até ao presente.

E aquilo que constatamos é que o modelo de relacionamento entre o Estado e as federações desportivas é praticamente o mesmo desde 1990, e que os principais intervenientes continuam demasiado subsídio dependentes, pelo que, a nosso ver, o Desporto nacional carece de outro tipo de soluções para o seu urgente desenvolvimento e incremento daquilo que está consagrado na lei, ou seja, a autonomia das federações.

É frequente realizarmos algumas comparações com o sistema desportivo do país vizinho, atendendo à proximidade geográfica e às relações históricas, económicas e de saudável rivalidade desportiva que perduram há muito tempo e cujo sistema desportivo, bem distinto do nosso, optou por outros caminhos de índole mais descentralizada, e com melhores resultados (a todos os níveis) para o Desporto Espanhol.[14]

[14] Segundo o el Anuario de Estadísticas Deportivas 2022 – 10.ª Edição, de Espanha realizado pela Subdirección General de Estadística y Estudios de la Secretaría General Técnica del Ministerio de Cultura y Deporte:
Os resultados deste estudo indicam que o emprego ligado ao desporto em 2021 ascendeu a 221,8 mil pessoas, o que representa 1,1% do emprego total em Espanha. Este valor representa um aumento face a 2020 de 10,4% e 0,9% face a 2019.
Em 2021 registou-se um aumento da proporção de mulheres com emprego ligado ao desporto, situando-se nos 44,0%. A taxa de ocupação ligada ao desporto feminino, porém, continua abaixo da registrada no grupo nacional, que é de 46,1%.
As principais diferenças no emprego total ocorrem por faixa etária, com maior proporção de jovens com menos de 35 anos. Caracteriza-se por uma formação acadêmica superior à média, com taxas de escolaridade superiores às observadas no país como um todo, 54,6% ante 46,2%.
O número de empresas incluídas na Direcção Central das Empresas (DIRCE), cuja principal atividade económica é o desporto, ascendeu a 40.882 no início de 2021, o que representa 1,2% do total de empresas incluídas na DIRCE. 79,4% destas empresas correspondem a atividades desportivas como a gestão de instalações, a atividade de clubes desportivos ou ginásios, perfazendo um total de 32.467 empresas.

Todavia, em Espanha, aprovou-se recentemente uma nova lei-quadro sobre o Desporto, ou seja, a Ley 39/2022, de 30 de Diciembre, del deporte que revogou a primeira publicada em 1990 e que trouxe importantes alterações no sistema desportivo do país vizinho.[15]

Mais da metade delas está concentrada na Andaluzia (14,7%), Catalunha (16,6%), Comunidade Valenciana (10,8%) e Comunidade de Madrid (14,7%).
A despesa média por agregado familiar com bens e serviços relacionados com o desporto em 2020 em Espanha foi de 182,2 euros, sendo a despesa média por pessoa de 73,2 euros.
Os resultados indicam que em 2020 a despesa das famílias com os bens e serviços analisados ligados ao desporto foi de 3.432,8 milhões de euros, valor que aponta para um decréscimo homólogo de 40,9% face a 2019, sendo o comportamento mais desfavorável a presença em eventos , com quedas de 61,9%, motivadas pelas restrições da pandemia de COVID-19.
Os resultados indicam que, em 2020, a despesa liquidada com o desporto pela Administração Geral do Estado situou-se nos 182 milhões de euros, e pela Administração Autónoma nos 370 milhões, valores que representam, em termos de PIB, 0,02% e 0,03% respetivamente. Quanto à Administração Local, a despesa liquidada em 2020 foi de 2.269 milhões de euros, 0,2% do PIB.
En 2021 más de 3,1 millones de viajes fueron realizados principalmente por deporte con un gasto total asociado de 1.379 millones de euros. Concretamente el 3,7% del total de viajes realizados en 2021 por ocio, recreo o vacaciones de los residentes en España fueron iniciados principalmente por motivos relacionados con el deporte, siendo del 2,2% en el caso de las entradas de turistas internacionales.
O Anuario de Estadísticas Deportivas 2022 – 10.ª Edição encontra-se disponível na íntegra em https://portalhoy.es.
Por fim, o Observatório de Investigação da Fundação España Activa – Centro de Estudios del Deporte, Universidad Rey Juan Carlos, Madrid, España produziu o relatório "Impacto Social e Económico do sector da atividade física e do desporto em Espanha" tendo revelado que a sua prática gera um valor social total de € 9,1 mil milhões de Euros.
Este valor está dividido em 2.100 milhões de euros na melhoria da saúde física e mental dos espanhóis ativos, 100 no seu desenvolvimento individual, 4.700 na melhoria do seu bem-estar subjetivo e 2.200 no desenvolvimento social e comunitário de toda a Espanha.
O relatório indica que Espanha cresceu a uma taxa de 7% ao ano entre 2015 e 2019, antes de ser afetado pela pandemia. De facto, este valor ultrapassou os 10.180 milhões de euros em 2019. Após a chegada da crise sanitária, este valor diminuiu significativamente durante a pandemia, com menos oito milhões de participantes. No entanto, no ano passado (2022) aumentou 37% em relação ao anterior.
O relatório "Impacto Social e Económico do sector da actividade física e do desporto em Espanha" encontra-se disponível em http://espanaactiva.es/observatorio/.

[15] A primeira lei-quadro sobre o Desporto em Espanha foi a Ley 10/1990, de 15 de octubre, del Deporte que se encontra na íntegra em https://www.boe.es e que foi revogada pela Ley 39/2022, de 30 de diciembre, del deporte.

Não temos peias em afirmar que, desde sempre, o Legislador Português olhou para as soluções legislativas jurídico-desportivas do país vizinho com particular atenção, ainda que, repita-se, nos encontramos perante sistemas bem distintos, motivo pelo qual estamos crentes que continuará a olhar.

Vejamos, então, as inovações legislativas do país vizinho, para percebermos quais os caminhos prosseguidos pelo Legislador, para a definição de um novo sistema desportivo mais adequados às necessidades da realidade desportiva daquele país (único) com o qual temos fronteira.

II. A Ley 39/2022, de 30 de diciembre, del deporte – Algumas das suas inovações

A primeira novidade digna de nota da nova Lei do Desporto de Espanha é a que diz respeito à definição de Desporto. O Desporto e atividade física passam a ser considerados como direitos fundamentais dos cidadãos. O desporto é concebido como uma atividade essencial, como um direito de todos os cidadãos, constando do seu artigo 2.º a forma do exercício deste direito, orientado para a sua garantia e o seu gozo pleno e efetivo, debaixo da alçada de uma única federação desportiva responsável pela modalidade.[16]

[16] De acordo com o Artículo 2. – Derecho a la práctica deportiva da Ley 39/2022, de 30 de Diciembre, del Deporte:

1. El deporte y la actividad física se considera una actividad esencial. Todas las personas tienen derecho a la práctica de la actividad física y deportiva, de forma libre y voluntaria, de conformidad con lo previsto en esta ley.

Se entiende por práctica deportiva a efectos de esta ley todo tipo de actividad física que, mediante una participación, individual o colectiva, organizada o no, profesional o no profesional, se realice con objetivos relacionados con la mejora de la condición física, psíquica o emocional, con la consecución de resultados en competiciones o actividades deportivas, con la adquisición de hábitos deportivos saludables o con la ocupación activa del tiempo de ocio, realizada en instalaciones públicas o privadas, o en el medio natural.

2. La Administración General del Estado, en cumplimiento de lo dispuesto en el artículo 43.3 de la Constitución Española, promoverá la actividad física y el deporte como elementos esenciales de la salud y del desarrollo de la personalidad, de acuerdo con esta ley y sus disposiciones de desarrollo, facilitando a todas las personas el ejercicio del derecho a su práctica, ya sea en el ámbito del alto nivel o la competición, ya sea con fines de ocio, salud, bienestar o mejora de la condición física.

3. La necesidad de la ordenación de este principio rector persigue la garantía de su libre ejercicio, así como la promoción de valores esenciales en la sociedad como la igualdad, la inclusión, la participación, la ética y el juego limpio, la competitividad razonable y ordenada, la mejora de la salud física, mental y social y la superación personal. De acuerdo con lo anterior,

Assim, toda a pessoa tem o direito de praticar atividade física e Desporto sem qualquer tipo de discriminação, seja por motivos de sexo, idade, deficiência, religião, orientação e identidade sexual, nacionalidade ou crenças, tal como sucede no nosso país.[17] Nesta linha, a igualdade no desporto é promovida através de um relatório anual obrigatório sobre a igualdade que deve ser realizado pelas federações e ligas profissionais de Espanha.

O segundo grande eixo de impulso das políticas desportivas da referida lei é a promoção do desporto inclusivo praticado por pessoas com deficiência.[18] A igualdade no desporto é conseguida integrando homens e mulheres com deficiência na prática desportiva, podendo usufruir dos benefícios a ela associados. Verifica-se uma especial preocupação do legislador espanhol na integração de todos os atletas em estruturas organizacionais comuns, enquanto instrumento de coesão, abrindo caminho à participação em órgãos de gestão e governação de índole regional.

Em terceiro lugar, a realidade do desporto implica necessariamente uma ação coordenada de todas as autoridades públicas. Por este motivo, a nova Lei do Desporto de Espanha postula a Conferência Setorial do Desporto, como órgão de cooperação e colaboração e como elemento de diálogo entre a Administração Geral do Estado e as Comunidades Autónomas Regionais, com a participação das Entidades Locais. Neste sentido, as Entidades Locais visam a promoção e dinamização da prática desportiva enquanto gestoras do território e detentoras de um maior número de

tal ordenación se asienta en el fomento de la actividad física y el deporte y en la formulación de políticas públicas que inciten, favorezcan y garanticen su práctica en las mejores condiciones de seguridad y salud.

4. La Administración General del Estado elaborará y ejecutará sus políticas públicas en esta materia de manera que el acceso de la ciudadanía a la práctica deportiva se realice en igualdad de condiciones y de oportunidades, prestando una especial importancia a la promoción de la actividad física y el deporte en las primeras etapas de la vida, que influye positivamente en la salud en todas las etapas vitales posteriores.

[17] No art. 2.º da LBAFD consagra-se os Princípios da universalidade e da igualdade

1 – Todos têm direito à atividade física e desportiva, independentemente da sua ascendência, sexo, raça, etnia, língua, território de origem, religião, convicções políticas ou ideológicas, instrução, situação económica, condição social ou orientação sexual.

2 – A atividade física e o desporto devem contribuir para a promoção de uma situação equilibrada e não discriminatória entre homens e mulheres.

[18] Cfr. Artículo 6. – Personas con discapacidad y deporte inclusivo da Ley 39/2022, de 30 de Diciembre, del Deporte.

equipamentos desportivos, através da disponibilização de espaços para a prática desportiva a nível regional.[19]

Em quarto lugar, a mencionada lei, quanto ao desporto de alto rendimento, passa a detalhar de forma clara o regime de competências do Conselho Superior do Desporto de Espanha, as funções específicas que delega nas federações desportivas espanholas e outras entidades incluídas na lei e, por último, as competências atribuídas a estas últimas, evitando conflitos jurisdicionais para decidir ou executar determinados aspetos essenciais de caráter prático.[20]

Em quinto lugar define-se o que é um praticante desportivo[21], classificando-o nas suas diversas vertentes genéricas (de competição, de não

[19] Cfr. Artículo 17. – Conferencia Sectorial de Deporte da Ley 39/2022, de 30 de Diciembre, del Deporte que refere:
1. La Conferencia Sectorial de Deporte es el órgano permanente de cooperación y colaboración entre la Administración General del Estado y las Comunidades Autónomas, las Ciudades Autónomas de Ceuta y Melilla y las Entidades Locales, en materia de actividad física y deporte, que tiene como finalidad promover la cohesión del sistema deportivo.
2. La Conferencia Sectorial de Deporte estará formada por la persona titular del departamento al que esté adscrito el Consejo Superior de Deportes, que la presidirá, la persona que ostente la Presidencia del Consejo Superior de Deportes, una persona en representación de cada una de las Comunidades Autónomas y de las Ciudades Autónomas de Ceuta y Melilla, con rango de Consejero y, en representación de las Entidades Locales, una persona designada por la asociación más representativa de dichas Entidades.
3. La Conferencia Sectorial de Deporte, que se regirá por lo dispuesto en la Ley 40/2015, de 1 de octubre, de Régimen Jurídico del Sector Público, con las especialidades previstas en este capítulo, aprobará su reglamento interno, que regulará su régimen de organización y funcionamiento.

[20] Cfr. Artículo 14. – Competencias del Consejo Superior de Deportes da Ley 39/2022, de 30 de Diciembre, del Deporte.

[21] Cfr. Artículo 19. Clasificación – da Ley 39/2022, de 30 de Diciembre, del Deporte.
1. Se considera deportista cualquier persona física que, de forma individual o en grupo, practique actividad física o deporte en las condiciones establecidas en el artículo 2.1.
2. Las personas que practican deporte en el ámbito de una federación deportiva estatal se clasifican en alguna de las siguientes categorías:
a) Deportistas de competición.
Son aquellas personas que participan en cualquiera de las competiciones federativas detalladas en el título V, en las condiciones fijadas al efecto.
Quienes participan en estas competiciones pueden ser, a su vez, deportistas profesionales o no profesionales.
b) Deportistas de no competición en el ámbito federativo.

competição mas com licença federativa e ocasionais sem licença federativa), e subclassificando-o, posteriormente, em praticantes desportivos de alto nível e de alto rendimento (artigo 20.º) e profissionais e não profissionais (artigo 21.º), impondo-lhes uma verdadeira panóplia de direitos e deveres específicos explanados ao longo do diploma (artigos 22.º a 28.º), concebendo-se os mesmos como um autêntico mecanismo de reforço da sua condição social e profissional e que se traduz num aumento da sua segurança jurídica atendendo às suas particulares características.

Para além disso, merece-nos alguns reparos o conceito de praticante desportivo profissional, uma vez que se amplia o conceito, não só àqueles que possuíam vínculo formal com um clube ou pessoa individual, mas também serão considerados praticantes desportivos profissionais os que participem numa competição desportiva, estejam inscritos no regime correspondente e recebam rendimentos pela sua participação regular, **seja por conta própria ou em nome de terceiros,** ou seja, serão aquelas pessoas que se dediquem especialmente à atividade desportiva e sejam remuneradas por isso, sem prejuízo da promoção da dupla carreira que perdura ao longo da norma.[22] [23]

Son aquellas personas que practican deporte con licencia en el marco de una federación deportiva sin participación en cualquiera de las competiciones detalladas en el título V.
c) Deportistas ocasionales sin licencia en el ámbito federativo.
Son aquellas personas que practican deporte de forma no continua en el marco de una actividad que no requiere licencia organizada por una federación deportiva. La federación determinará el título necesario en función de las características específicas de dicha práctica.
3. Las personas deportistas pueden ser también consideradas de alto nivel o de alto rendimiento.

[22] Note-se que em Portugal, o art. 34.º da LBAFD define o que são praticantes desportivos de forma particularmente distinta da congénere espanhola, no novo art. 21 n.ºs 1 e 2 da Ley 39/2022, de 30 de Diciembre, del Deporte.
Com efeito: 1 – O estatuto do praticante desportivo é definido de acordo com o fim dominante da sua atividade, entendendo-se como profissionais aqueles que exercem a atividade desportiva como profissão exclusiva ou principal.
2 – O regime jurídico contratual dos praticantes desportivos profissionais e do contrato de formação desportiva é definido na lei, ouvidas as entidades sindicais representativas dos interessados, tendo em conta a sua especificidade em relação ao regime geral do contrato de trabalho.

[23] A nosso ver, são quatro os requisitos para que, em Portugal, se possa definir um desportista profissional:
a) a titularidade de um contrato de trabalho desportivo – **requisito formal** – elaborado obrigatoriamente sob a forma escrita, devendo o mesmo ser assinado por ambas as partes,

Em sexto lugar, as federações desportivas espanholas, no âmbito do seu relacionamento com o Estado e Administração Pública, também passarão por algumas alterações de relevo. Destaque-se desde logo que o Legislador Espanhol revela especial preocupação relativamente à situação económica de algumas federações desportivas espanholas e à necessidade de cumprimento de um modelo de controle económico (instituído através um órgão denominado Comisión de Control Económico), orientado principalmente para que os recursos públicos que recebem sejam utilizados única e exclusivamente para os fins estipulados e que proporcione o crescimento da modalidade e do número de atletas, sem prejuízo de visar também a garantia do equilíbrio económico e financeiro das federações, sendo um mecanismo concebido para efeitos de prevenção de situações de insolvência ou de dificuldades no cumprimento do seu plano de atividades. Acresce ainda que

e obedecendo às demais exigências formais previstas na lei (designadamente, o disposto no art. 6.º n.º 3 do RJCTD);

b) possuir a formação técnico-profissional necessária para o exercício de uma modalidade desportiva – **requisito formativo** – que deve ser avaliado pela entidade empregadora desportiva, designadamente, pelo respetivo treinador ou equipa técnica relativamente à capacidade do praticante para o exercício das funções que será contratado;

c) exercer a modalidade desportiva como profissão exclusiva ou principal – **requisito finalístico** – tendo em conta a finalidade do exercício da atividade desportiva enquanto profissão única ou cumulada com outra, mas em que, a prática do Desporto constitui a sua atividade predominante ou exclusiva;

d) e auferir enquanto resultado da prática da atividade desportiva uma retribuição – **requisito retributivo** – que compreende as prestações patrimoniais que, nos termos das regras aplicáveis ao contrato de trabalho, a entidade empregadora realize a favor do praticante desportivo profissional pelo exercício da sua atividade desportiva ou com fundamento nos resultados nela obtidos.

Aquilo que constatamos sobre a nova conceção de praticante desportivo profissional, de acordo com o novo art. 21 n.ºs 1 e 2 da Ley 39/2022, de 30 de Diciembre, del Deporte é uma desvalorização do requisito formal em detrimento dos demais, bem como, a total assunção de que o praticante desportivo profissional pode exercer a atividade desportiva de forma não exclusiva e ainda que, a tempo parcial algo que não se encontra contemplado na Lei n.º 54/2017, de 14 de Julho que estabelece o regime do praticante desportivo profissional português.

Sobre o regime jurídico dos praticantes desportivos profissionais em Portugal e Espanha, permitam-me, cfr. Correia, Lúcio Miguel, Regime Jurídico dos Praticantes Desportivos Profissionais em Portugal e Espanha- Especificidades, Editora Quid Juris, 2022 e ainda, Amado, João Leal, Contrato de Trabalho Desportivo – Lei n.º 54/2017, de 14 de julho – Anotada, Editora Almedina, 2017 e Ventura, Victor Hugo, O Regime do Contrato de Trabalho do Praticante Desportivo, AAFDL Editora, 2020.

este controlo económico deve ser alargado à boa governação (compliance) das federações desportivas e ao estabelecimento de padrões de transparência que permitam à sociedade conhecer toda a atividade desportiva e económica das federações.

Aos poucos, as federações desportivas espanholas vêm implementando modelos de controle económico e boa governança (compliance)[24] com ótimos resultados (o que em Portugal está praticamente ignorado, porquanto quase nenhuma federação desportiva adota ou tem qualquer modelo). Por este motivo, estas garantias são alargadas a todas as federações, para que o resultado positivo destas políticas se reflita a todos os níveis, estabelecendo medidas de controlo e autorregulação obrigatórias e facultativas, e permitindo a atuação do Conselho Superior do Desporto, em determinadas situações limite, observadas as regras da Ley 39/2022, de 30 de Diciembre, del Deporte.[25]

Em sétimo lugar estará uma das grandes alterações da nova lei e que promete alguma celeuma, porquanto a lei fundamento do Desporto anterior exigia, para a participação nas competições profissionais oficiais de nível estadual, a transformação dos clubes em sociedades desportivas (SAD), com exceção daqueles que conseguissem manter a forma jurídica por apresentarem saldo patrimonial positivo nas últimas temporadas. Todavia, em Espanha, apenas quatro clubes cumpriram os requisitos: FC Barcelona e Real Madrid no futebol e basquetebol, e Athletic Bilbao e Osasuna no futebol. Para os restantes clubes, o regime aplicável era o das sociedades anónimas com algumas especificidades, para adaptação à natureza da modalidade e da própria competição.

No entanto, com o passar do tempo (de 1990 a 2022) revelou-se a ineficácia desse modelo, que pretendia evitar a insolvência dos clubes e mantiveram-se elevadas as taxas de endividamento dos mesmos, sendo a referida

[24] Sobre as medidas de compliance nas federações desportivas de Espanha, vide por todos, Fraile Fernandez, Rosa e Chico De La Cámara, Pablo, Compliance en Materia Deportiva y medidas de acción en favor de la Política de Género en la Nueva Ley del Deport, Aranzadi, 2023.

[25] Já tivemos a oportunidade de abordar a necessidade de introdução e cumprimentos de normas de "Compliance" ou boa governação nas federações desportivas portuguesas tomando como exemplo o sistema desportivo espanhol in Compliance no Desporto – Imperatividade ou Consequência? – Coord. Maurício Correa da Veiga e Luciano Andrade Pinheiro, Editora Nobilitar, Brasil, 2022.

insolvência um problema endémico, sobretudo no futebol profissional, cuja recuperação, no entendimento do Legislador Espanhol, se deveu a outros fatores que nada têm a ver com a exclusão de outras formas jurídicas de participação neste tipo de competições. Esta situação obrigou a repensar o modelo e, após profunda reflexão sobre o modelo desportivo profissional em Espanha, **decide-se abrir a participação tanto a clubes como a sociedades desportivas nas competições profissionais oficiais de nível estadual** (negrito e sublinhado nosso). Assim sendo, Espanha passa a adotar o modelo anterior, ao permitir que nas suas competições profissionais, clubes e sociedades desportivas convivam e participem de forma igualitária, desde que tenham adquirido o direito desportivo para o efeito.[26]

Em oitavo lugar, estabelece-se um regime sancionatório disciplinar algo exaustivo onde se determinam as infrações gravíssimas, graves e leves adaptadas à atual realidade desportiva, alargando-se o prazo de prescrição das infrações e sanções ao estabelecido na Lei n.º 40/2015, de 1 de Outubro, sobre o Regime Jurídico do Setor Público de Espanha, bem como o catálogo de sanções com o objetivo de chegar a uma solução mais ajustada ao tipo de infração cometida no fenómeno desportivo.

Em nono lugar, mais uma importante alteração legislativa, que consiste no facto de que o Tribunal Administrativo Desportivo (TAD) de Espanha deixará de funcionar, no âmbito do exercício das suas competências legais, tal como sucedeu até aqui. O TAD deixará de atuar enquanto instância de recurso perante sanções disciplinares de órgãos federativos contra jogadores ou treinadores e os clubes, e aqueles já não poderão recorrer a esta instância como até agora, ficando privado de seus poderes.

A redução do papel do Tribunal Administrativo Desportivo constitui uma das maiores novidades da nova Lei do Desporto, e que terá grande impacto no futuro da justiça desportiva e da prática administrativa, atendendo à redução do papel do TAD e a sua limitação a abrangência sancionatória administrativa.

Com a Lei anterior de 1990, as sanções disciplinares impostas pelas federações desportivas eram suscetíveis, findo o processo federativo, de

[26] Cfr. Artículo 94. Delimitación de la forma jurídica para la participación en la competición profesional. da Ley 39/2022, de 30 de Diciembre, del Deporte.Artículo La participación en competiciones profesionales podrá realizarse a través de sociedades anónimas deportivas o clubes deportivos de acuerdo con lo previsto en el artículo 63, siempre que estén regularmente constituidos e inscritos en el registro deportivo correspondiente.

recurso perante o TAD, cuja resolução, sendo este órgão autónomo, era muito mais célere, podendo ser recorrido posteriormente para a ordem contencioso-administrativa.

A partir de agora, o poder público deixará de intervir em qualquer instância no processo disciplinar instaurado internamente pelas federações desportivas, pelo que o TAD já não conhecerá em sede de recurso as sanções impostas a todos os filiados nas federações desportivas pelo que, as controvérsias que possam surgir na matéria suscetíveis de serem resolvidas: (i) no foro cível correspondente ou (ii) através de um sistema de arbitragem de submissão prévia e voluntária, com exceção daquelas sanções que impliquem a privação, revogação ou suspensão definitiva de todos os direitos inerentes à denominada licença desportiva, o que será suscetível de recurso administrativo devido ao carácter público do ato de concessão da referida licença desportiva.

A Ley 39/2022, de 30 de Diciembre, del Deporte delimita, para efeitos de resolução de conflitos e sem que se trate de um rol de *numerus clausus*, os atos de natureza manifestamente administrativa – portanto, suscetíveis de impugnação administrativa e contenciosa- processos administrativos (é o caso das resoluções do TAD) – e atos de natureza privada. Em relação a este último, serão competentes para conhecer dos litígios que possam suscitar os tribunais competentes, exceto os relativos à prevenção da insolvência, e sem prejuízo dos sistemas de resolução extrajudicial de litígios que têm a obrigação de constituir todas as federações desportivas e ligas profissionais espanholas e isso deverá trazer uma sistema voluntário e gratuito.

Sem prejuízo do anterior, a 3.ª Disposição Transitória da Ley del Deporte estabelece que "O regime sancionatório e disciplinar anterior à entrada em vigor da presente lei continuará a vigorar até que o novo sistema comum de resolução extrajudicial de conflitos referido no artigo 119.º seja desenvolvido nos termos regulamentares".

Pelo exposto, mantém-se o regime sancionatório e disciplinar previsto na Lei 10/1990, de 15 de Outubro, do Desporto e seus regulamentos de execução até à produção do correspondente desenvolvimento normativo. Neste sentido, é plenamente aplicável o artigo 84.º da referida Lei 10/1990 e o desempenho das funções que a referida lei reconhece ao TAD.

Por fim, e em décimo lugar, inclui-se um mandato para o Governo apresentar um projeto de lei que regulamente as profissões desportivas, uma exigência do setor que vem de longa data, visando evitar a aprovação de legislações regionais heterogéneas, que limitam ou impõem a fixação de profissionais do desporto em diferentes comunidades autónomas ou de forma distinta em cada uma delas.[27]

III. Breves conclusões – Que caminhos?

Há anos que se debate a redução do intervencionismo público no desporto em Portugal e Espanha e, em particular, nas relações entre o Estado e federações desportivas, sem prejuízo de constatarmos a existência de dois sistemas desportivos bem distintos.

Em Portugal, as federações desportivas continuam demasiado dependentes do poder público, não obstante as federações desportivas terem reclamado, tal como consta na Lei de Bases de Atividade Física e do Desporto, desde 1990, independência do Estado, dos partidos políticos e das instituições religiosas.

A verdade é que, mais de 30 anos depois da referida Lei, o sistema desportivo português nos dias de hoje assenta na tutela do Estado e na sua pesada e complexa articulação com as federações desportivas a quem aquele delega a responsabilidade de promover a prática e desenvolvimento do Desporto, cujo Direito fundamental (artigo 79.º da CRP) encontra-se consagrado na Constituição da República Portuguesa desde 1976.[28]

Não obstante em Espanha o cenário não ser assim tão diferente do nacional, quanto **à dependência económica e admini**strativa das federações desportivas do Estado, constatamos que a relação das referidas entidades com as Comunidades Autónomas[29] revela a existência de um sistema desportivo

[27] Sobre a nova Ley 39/2022, de 30 de Diciembre, del Deporte, veja-se Milan Garrido, António, Nuevos Estudios sobre el proyeto de Ley Del Deporte, Editorial Reus, 2023, Milan Garrido, António, Comentarios al Proyeto de Ley Del Deporte, Editorial Reus, 2022.

[28] O art. 79.º da CRP sob a epígrafe Cultura física e desporto dispõe:
1. Todos têm direito à cultura física e ao desporto.
2. Incumbe ao Estado, em colaboração com as escolas e as associações e coletividades desportivas, promover, estimular, orientar e apoiar a prática e a difusão da cultura física e do desporto, bem como prevenir a violência no desporto.

[29] As Comunidades Autónomas Espanholas dispõem de amplas competências no domínio do desporto, enquanto consequência da exclusividade que lhes é conferida pela Constituição de Espanha (art. 43.º e 148.º), pela Ley 39/2022, de 30 de Diciembre del Deporte e também pelos Estatutos Jurídico-Administrativos de Autonomia de cada uma das Regiões, nomeadamente:
a) Promoção e desenvolvimento do desporto aos seus diferentes níveis;

pluridimensionado e mais assente numa obrigatória descentralização, pelo que podemos dizer que o sistema desportivo espanhol atua como uma estrutura (quase dual) complexa de inter-relação sucessiva entre os seus diferentes elementos (Administração Pública Central e Regional e Federações), que está em permanente processo de mudança e que tem obtido muitos resultados interessantes em muitas modalidades desportivas.

Em Portugal poderíamos assistir a um fenómeno semelhante, potenciador de um factor descentralizador do fenómeno desportivo e de maior articulação entre a Administração Pública, os Municípios e demais entidades locais, as federações desportivas, os clubes e os demais agentes desportivos, se as Direções Regionais do IPDJ.IP[30] conseguissem obter meios financeiros e humanos que, no plano concreto, visassem a implementação, em cada

b) Realização de Regulamentos Desportivos de acordo com a realidade de cada uma das regiões;
c) Gestão de serviços desportivos próprios;
d) Reconhecimento e proteção dos direitos/deveres das federações e demais entidades desportivas;
e) Articulação com o CSD no financiamento das federações e demais entidades desportivas;
f) Organização de competições territoriais em articulação com as federações desportivas e com os clubes;
g) Construção de instalações desportivas em articulação com a Administração Pública Central;
h) Exercício de funções de fiscalização e sanção sob todas as entidades desportivas que estejam sob seu domínio;
i) Estabelecimento de qualificações desportivas;
j) Promoção de estudos e de projetos científicos sobre desporto.

[30] Neste momento, o IPDJ.IP conta com diversas Direções Regionais: Norte, Centro, Lisboa e Vale do Tejo, Alentejo e Algarve.
A sede da Direção Regional do Norte do IPDJ localiza-se no Porto, onde se encontra também a Casa do Desporto (modelo único em Portugal) e os serviços desconcentrados nos distritos de Braga, Bragança, Viana do Castelo e Vila Real.
Com sede em Coimbra, a Direção Regional do Centro do Instituto Português do Desporto e Juventude passa pelos distritos de Aveiro, Castelo Branco, Coimbra, Guarda, Leiria e Viseu.
A Direção Regional de Lisboa e Vale do Tejo do IPDJ (DRLVT) está integrada na região de Lisboa e Vale do Tejo (LVT) e é composta pelas 5 NUTSIII (Sub-regiões: Grande Lisboa, Península de Setúbal, Médio Tejo, Oeste e a Lezíria do Tejo. No âmbito da Rede Pontos JA, esta direção regional conta, no total, com 13 lojas e balcões, três institucionais e dez em parceria com autarquias da região.
A Direção Regional do Alentejo centra a sua ação nos distritos de Beja, Évora e Portalegre, através dos serviços desconcentrados e de iniciativas descentralizada

região, dos diferentes programas que consubstanciam as políticas governamentais nas áreas da juventude e do desporto, promovendo, também, iniciativas de âmbito regional e local em parceria com outras entidades públicas e privadas, tendo em vista a coesão territorial a promoção da participação social e cívica dos jovens e o desenvolvimento da atividade física e do desporto junto da população.

Deste modo, a meu ver, só com a descentralização do sistema desportivo e do relacionamento entre as federações desportivas e o Estado e Administração Pública (ainda que num sistema distinto do congénere espanhol) é que o Desporto Português passará a desígnio nacional e atingirá números mais próximos dos países europeus.

Por outro lado, ainda no relacionamento entre as federações desportivas e o Estado, deverá merecer alguma reflexão não só o conceito de federação desportiva, no que respeita, à obrigatoriedade de obtenção do estatuto de utilidade pública desportiva, mas também e sobretudo, o processo de atribuição e renovação do referido estatuto.

Desde o parco e subjetivo conceito de relevante interesse desportivo nacional (artigo 19.º do Regime Jurídico das Federações Desportivas, aprovado pelo Decreto-Lei n.º 93/2014, de 23 de Junho doravante RJFD)[31] até à necessidade de Pareceres (não vinculativos) do Comité Olímpico de

A Direção Regional do Alentejo está sediada em Évora e centra a sua ação nos distritos de Beja, Évora e Portalegre, através dos serviços desconcentrados e de iniciativas descentralizadas. Por fim, a sede da Direção Regional localiza-se em Faro, compreende o distrito de Faro e é constituído por 16 municípios ocupando uma área de 4 997 km^2 com 439 617 habitantes (cerca de 4,3% da população portuguesa).
Estamos crentes que, sem prejuízo do trabalho valoroso que efetuam, poderia ser potenciada a sua atuação junto das Regiões, Federações e dos clubes e agentes desportivos a nível local para um maior desenvolvimento desportivo do País.

[31] De acordo com o artigo 19.º do Relevante interesse desportivo nacional.
Para efeitos do disposto no n.º 1 do artigo 15.º, são consideradas como tendo relevante interesse desportivo nacional as organizações que estejam enquadradas em federação internacional cuja modalidade integre o programa dos Jogos Olímpicos ou Paralímpicos e ainda as que preencham um dos seguintes requisitos:
a) Possuam um grau de suficiente implantação a nível nacional, demonstrando possuir um número de praticantes inscritos, com adequada distribuição geográfica no território nacional, igual ou superior a 500;
b) Prossigam uma atividade desportiva que contribua para o desenvolvimento desportivo do País, ou de algumas das suas regiões, através da organização de provas, eventos desportivos ou manifestações desportivas suscetíveis de projetar internacionalmente a imagem de Portugal.

Portugal, da Confederação do Desporto de Portugal e, no caso da federação desportiva responsável pelo desporto para pessoas com deficiência, do Comité Paralímpico de Portugal (artigo 17.º do RJFD), para além de posterior Parecer do Conselho Nacional do Desporto (artigo 18.º do RJFD), torna um processo complexo estabelecido na Portaria n.º 345/2012, de 29 de Outubro e sem que se compreenda a importância ou peso na decisão final (se é que têm) relativamente a cada um dos aludidos Pareceres.

Para além disso, e como se viu (no recente Despacho n.º 87/2023, publicado no passado dia 4 de Janeiro de 2023, no Diário da República – 2.ª Série e no Despacho n.º 13949-B/2022, de 30 de Novembro, igualmente publicado no Diário da República – 2.ª Série), não se compreende a essencialidade ou não da filiação da federação desportiva nacional na sua congénere internacional, porquanto, numa determinada situação, constitui fundamento para que fosse retirada uma modalidade do âmbito do estatuto de utilidade pública desportiva de determinada federação e, noutra situação, **não impediu** a atribuição, ainda que a título excecional (cuja figura **não existe na lei**), do aludido estatuto.[32]

Ainda no âmbito das relações entre as federações desportivas e o Estado, destacamos que a LBAFD portuguesa (artigo 9.º) determina a elaboração da Carta Desportiva Nacional (que não se encontra concluída desde 1990)[33]

A nosso ver, não só o número de 500 praticantes nos parece particularmente reduzido, como também nos parece que, faltam critérios objetivos e estruturados para aferir quais são os eventos desportivos ou manifestações desportivas suscetíveis de projetar internacionalmente a imagem de Portugal e sobretudo, de que forma, os aludidos eventos ou manifestações desportivas desenvolvem as respetivas modalidades e o respetivo impacto e relevo desportivo que efetivamente representam para o nosso país.

Sobre mais desenvolvimentos sobre o relevante interesse desportivo nacional, cfr. Correia, Lúcio Miguel e Relógio, Luís Paulo, O Novo Regime Jurídico das Federações Desportivas – 3.ª Edição, Vida Económica, 2023, pp. 74 a 76.

[32] Cfr. Artigo 3.º, alínea d) da Portaria n.º 345/2012, de 29 de Outubro.

[33] A Carta Desportiva Nacional se tivesse sido concluída e cujo desígnio já se encontra estabelecido desde 1990, permitiria o conhecimento da situação desportiva nacional, nomeadamente quanto a:

a) Instalações desportivas;
b) Espaços naturais de recreio e desporto;
c) Associativismo desportivo;
d) Hábitos desportivos;
e) Condição física das pessoas;
f) Enquadramento humano, incluindo a identificação da participação em função do género.

a qual deverá conter o cadastro e o registo de dados e de indicadores que permitam o conhecimento dos diversos fatores de desenvolvimento desportivo, tendo em vista o conhecimento da situação desportiva nacional, enquanto que em Espanha a opção do legislador foi de realizar um Registro Estatal de Entidades Desportivas junto do Consejo Superior de Deportes (CSD) de Espanha, em que as federações desportivas espanholas, as ligas profissionais, suas normas estatutárias e regulamentares, as pessoas que exercem a presidência e os titulares dos demais órgãos sociais e ainda todas as entidades que visem a promoção ou atividade desportiva, devem obrigatoriamente possuir o aludido registo, o que facilita e permite ao público em geral, entidades e utilizadores registados em Espanha, encontrar a nível nacional, a partir do motor de busca, as infraestruturas desportivas e seu contactos de forma georreferenciada. Cremos que o exemplo legislativo espanhol permitiria, a médio prazo, realizar a referida Carta Desportiva Nacional, que constitui um autêntico embaraço legislativo.

Também merece destaque, na nova Ley 39/2022, de 30 de Diciembre, del Deporte, um modelo de controle económico das federações desportivas através da previsão estatutária[34] de um órgão denominado Comisión de Control Económico[35] orientado principalmente para que os recursos públicos que recebem sejam utilizados única e exclusivamente para os fins estipulados na lei, sustentado por normas de boa governação[36] e "compliance"

[34] Também não poderíamos deixar de salientar positivamente que na nova Ley 39/2022 de 30 di Diciembre del Deporte (artigo 46.5) os estatutos das federações desportivas de Espanha devem prever a existência de comissões separadas para a igualdade e para o desporto para pessoas com deficiência.
À comissão de igualdade caberá, entre outras funções que lhe sejam atribuídas, gerir as ocorrências nela produzidas relacionadas com a discriminação em razão do sexo, orientação sexual ou identidade sexual, bem como orientar os atletas e o pessoal da federação na prevenção e detecção dessas situações.
A Comissão Desportiva para Pessoas com Deficiência terá, entre outras funções que lhe sejam atribuídas, a gestão das ocorrências nela produzidas relativas à discriminação com base na deficiência, a orientação dos atletas e do pessoal da federação na prevenção e detecção destas situações e promover a prática desportiva entre as pessoas com deficiência, preferencialmente de forma inclusiva.
Cremos que é, sem dúvida alguma, uma boa medida.

[35] Cfr. Artigo 45.2 da Ley 39/2022 de 30 di Diciembre del Deporte.

[36] O Código de Buen Gobierno de las Federaciones Deportivas Españolas surge na sequência da Resolución de 18 de octubre de 2004 de la Presidencia del Consejo Superior de Deportes

(CSD) e visa ajudar a conseguir uma maior integração da organização federativa na sociedade, e aumentar a transparência no seu desempenho e em particular na gestão do dinheiro público que recebe.

Este Código formula recomendações que visam sintetizar medidas ou práticas de boa governança, bem como oferecer à consideração das Federações Desportivas Espanholas um catálogo de medidas que, usando a sua livre autonomia e poderes de autorregulação, podem adotar em seus estatutos ou regras do funcionamento orgânico.

A medida do cumprimento ou não do referido código, constituirá um instrumento importante para efeitos de especificação do montante do subsídio público que o CSD de Espanha distribui em cada exercício económico a cada uma das Federações Desportivas Espanholas.

Este Código tem um Âmbito subjetivo, pois será aplicável às Federações Desportivas Espanholas e poderá ser adotado e adaptado a qualquer entidade desportiva que receba fundos públicos geridos pelo CSD de Espanha.

E também tem Âmbito objetivo, pois formula recomendações que sintetizam as boas práticas de governança nas federações desportivas e afetam a gestão e controle de todas as transações económicas (despesas, receitas, investimentos.) que realizam, independentemente de serem ou não financiadas com dinheiros de natureza pública.

Este Código visa particularmente o funcionamento da Direção da Federação e do seu Presidente, impondo-lhes, não só o dever de lealdade para com a Federação de que fazem parte, impõe aos membros do conselho de administração e/ou comissão delegada o cumprimento das seguintes obrigações:

a) Guardar em sigilo quaisquer dados ou informações que receberem no exercício de suas funções, não podendo utilizá-los em benefício próprio, nem fornecê-los a terceiros.

b) Abster-se de participar nas deliberações e votações sobre qualquer assunto em que possam ter particular interesse.

c) Não fazer uso indevido do património federativo ou aproveitar-se de sua posição para obter vantagens patrimoniais.

d) Não aproveitar as oportunidades de negócio de que tenha conhecimento na qualidade de membro do conselho de administração e/ou comissão delegada.

e) Participação ativa nas reuniões da Direção e nas tarefas que lhe forem cometidas.

f) Oposição a acordos contrários à lei, aos estatutos ou ao interesse federativo.

g) Este código formula recomendações que sintetizam as boas práticas de governança nas federações desportivas e afetam a gestão e controle de todas as transações econômicas (despesas, receitas, investimentos.) que realizam, independentemente de serem financiadas ou não com subsídio público .

h) A bem da correta participação dos vários órgãos que compõem as Federações, a Direcção e/ou a Comissão Delegada deve remeter aos membros da Assembleia, pelo menos uma semana antes da sua celebração, fotocópia integral do Parecer de Auditoria, Contas Anuais, Relatório e Carta de Recomendações. Da mesma forma, os correspondentes lançamentos contábeis que suportam as referidas transações devem estar à disposição de seus membros no mesmo na organização e gestão das federações desportivas e ao estabelecimento de padrões de transparência que permitam à sociedade conhecer toda a atividade desportiva e económica das federações. Também esta medida nos parece que deva ser adotada em Portugal, à imagem do que vem sendo adotado em Espanha, impondo que as federações desportivas e ligas profissionais espanholas tenham a obrigação de dispor de mecanismos de controlo económico, por um órgão que funcionará internamente, mas que permita que as contas anuais serão sujeitas a auditoria, podendo o Conselho Superior do Desporto de Espanha determinar a sua conclusão.[37]

Para além disso, concordamos com a opção do Legislador Espanhol quanto à previsão de um sancionatório disciplinar algo exaustivo, onde se determina as infrações gravíssimas, graves e leves adaptadas à atual realidade desportiva, bem como o catálogo de sanções com o objetivo de chegar a uma solução mais ajustada ao tipo de infração cometida no fenómeno desportivo.

Com efeito, assistimos em Portugal, relativamente a muitas infrações de caráter desportivo e não só, a uma total liberdade quanto à determinação da tipologia das infrações e também quanto à tipificação das sanções desportivas, sem prejuízo, obviamente, do disposto na lei e nos regulamentos internacionais da modalidade que as federações nacionais devem obedecer. De todo o modo, não podemos esquecer que em Portugal continua a vigorar a Lei n.º 112/99, de 3 de Agosto, que aprovou o regime disciplinar das federações desportivas e também o artigo 53.º do Regime Jurídico das

período de uma semana antes e, em qualquer caso, sempre que exigido pelo canal regulatório estabelecido.

[37] Como refere o art. 58.3 e 4 da Ley 39/2022 de 30 di Diciembre del Deporte:
La comisión de control económico respectiva o cualquiera de sus miembros de forma individual pondrán en conocimiento del Consejo Superior de Deportes la existencia de irregularidades de carácter económico, falta de atención a los requerimientos, insuficiencia de información o cualquier otra circunstancia que dificulte la buena gestión económica de la federación o liga correspondiente.
El Consejo Superior de Deportes garantizará el carácter confidencial de las denuncias y comunicaciones que reciba al amparo del presente apartado.
4. Sin perjuicio de lo establecido en el apartado anterior, la comisión de control económico deberá remitir al Consejo Superior de Deportes un informe, en el plazo de tres meses desde la aprobación de las cuentas anuales, sobre la gestión económica de la federación o la liga correspondiente, en dicho ejercicio.

Federações Desportivas, que estabelece os princípios gerais do referido regime disciplinar.

Todavia, com a publicação do segundo regime jurídico das federações desportivas aprovado pelo Decreto-Lei n.º 248-B/2008, de 31 de Dezembro, na sequência da publicação LBAFD (Lei n.º 5/2007, de 16 de Janeiro), que ainda se encontra em vigor, inexiste qualquer alusão revogatória aos princípios do regime disciplinar das federações desportivas constantes da mencionada Lei n.º 112/99, de 3 de Agosto. Para além disso, com a primeira alteração ao Decreto-Lei n.º 248-B/2008, de 31 de Dezembro, consubstanciado no Decreto-Lei n.º 93/2014, de 23 de Junho, que originou a republicação integral do regime jurídico das federações desportivas e das condições de atribuição do estatuto de utilidade pública desportiva, também não se constata qualquer norma revogatória aos princípios do regime disciplinar das federações desportivas, constantes da mencionada Lei n.º 112/99, de 3 de Agosto.

Face ao exposto, continuam a vigorar atualmente os princípios estabelecidos na presente norma, bem como, pelo menos expressamente, as seguintes disposições da Lei n.º112/99, de 3 de Agosto que nunca foram tácita ou expressamente revogadas, a saber:

- Artigos 1.º, n°s 3 e 4 (relativamente ao âmbito dos regulamentos disciplinares das federações desportivas titulares do estatuto de utilidade pública desportiva);
- Artigo 2.º (Princípios gerais do Regime disciplinar);
- Artigo 5.º (Condenações em processo penal);
- Artigo 7.º (Inabilitação para o exercício de cargos ou funções desportivas);
- Artigo 8.º (Proibição de exercício de certas atividades);
- Artigo 9.º (Registo de interesses);
- Artigo 10.º (Sanções nas competições de natureza profissional); e
- Artigo 11.º (Competência disciplinar),

Deste modo, constata-se hoje em dia que, para além da dificuldade de conjugar os princípios nem sempre coincidentes da presente norma e dos atrás mencionados da Lei n.º 112/99, de 3 de Agosto, a grande maioria das federações desportivas em Portugal, após a publicação do regime jurídico das federações desportivas de 2008, abandonaram nos respetivos regulamentos disciplinares, muitos dos princípios vertidos na mencionada lei de

1999, sem que da parte da Administração Pública e do Governo tenha logrado existir adequados esclarecimentos ou reparos sobre a matéria. Deste modo, salvo melhor opinião, ou o Legislador português revoga expressa e definitivamente, a Lei n.º 112/99, de 3 de Agosto, ou então terá de na futura lei-quadro e no Regime Jurídico das Federações Desportivas harmonizar as normas e efetuar algo semelhante ao que o congénere de Espanha realizou.[38]

Por outro lado, a redução do papel do Tribunal Administrativo Desportivo constitui uma das maiores novidades da nova Lei do Desporto, e que terá grande impacto no futuro da justiça desportiva e da prática administrativa, atendendo à redução do papel do TAD e a sua limitação a abrangência sancionatória administrativa.

A partir de agora o TAD espanhol já não conhecerá em sede de recurso as sanções impostas a clubes, dirigentes ou demais agentes desportivos, nem lhe compete organizar contencioso- ordem administrativa, pelo que, os conflitos que possam surgir serão resolvidos: (i) no foro cível correspondente ou (ii) através de um sistema de arbitragem de submissão prévia e voluntária, com exceção daquelas sanções que impliquem a privação, revogação ou suspensão definitiva de todos os direitos inerentes à denominada licença desportiva, o que será suscetível de recurso administrativo devido ao carácter público do ato de concessão da referida licença desportiva.

Cremos que esta novidade trará muita celeuma num futuro breve no país vizinho. Contudo, o sistema de Justiça Desportiva consagrado em Portugal também nos merece inúmeros reparos, que deveriam ser resolvidos na futura lei-quadro sobre Desporto.

Com a publicação da Lei n.º 74/2013, de 06 de Setembro com as alterações da Lei n.º 33/2014, de 16 de Junho, pretendeu-se, assim, dar ao Tribunal Arbitral do Desporto (TAD) a possibilidade de reapreciar, em sede de matéria de facto e de direito, das decisões do Conselho de Disciplina das federações desportivas, que se encontram no âmbito das competências legais daquele Tribunal (em particular entre os artigos 1.º, n.º 2, 3.º e 4.º da Lei do TAD).

Deste modo, constata-se que a opção do legislador da Lei do TAD, ao prever a possibilidade de impugnação direta das deliberações dos órgãos de disciplina (Conselhos de Disciplina) das federações desportivas, sem pre-

[38] Neste sentido, se me permitem, vide Correia, Lúcio Miguel e Relógio, Luís Paulo, O Novo Regime Jurídico das Federações Desportivas – 3.ª Edição, Vida Económica, 2023, pp. 185 a 193.

juízo, porém, da faculdade de os interessados, ao mesmo tempo, poderem também submeter o litígio a reapreciação pelos Conselhos de Justiça, causa inúmeros problemas não só aos órgãos de justiça federativa, bem como ao funcionamento do próprio TAD. De facto, não compreendemos como é que já passou quase uma década sem que esta situação tenha sido devidamente esclarecida e resolvida a nível legislativo.

Para além de se potenciar a contradição de decisões entre o TAD e os Conselhos de Justiça das federações desportivas sobre a mesma matéria e em momentos próximos, casos há (como no futebol) em que a interposição do recurso para o Conselho de Justiça tem mero efeito suspensivo da decisão impugnada, enquanto a regra no processo arbitral é a inversa (havendo que lançar mão, para obter efeito suspensivo da decisão nesta sede, de uma providência cautelar com esse propósito).

O legislador terá, num futuro breve, e de preferência na lei-quadro ou na Lei do TAD, de tomar uma posição clara, relativamente ao momento em que o Conselho de Disciplina delibera, prevendo que o Interessado possa optar entre o eventual recurso para o Conselho de Justiça ou para o Tribunal Arbitral do Desporto, mas sabendo de antemão que, perante o eventual recurso para o TAD, o interessado fica impedido de interpor recurso para o Conselho de Justiça ou vice-versa e sobre os efeitos dos recursos para o Conselho de Justiça ou para o Tribunal Arbitral Desporto poderão ou não trazer para as competições visadas, mas também sanções desportivas, para todos aqueles que pretendem ou potenciam casos que configuram autênticas situações de litispendência desportiva.[39]

Por fim, o repensar do modelo desportivo profissional em Espanha, decidindo-se abrir a participação tanto a clubes como a sociedades desportivas nas competições profissionais oficiais de nível estadual, dá que pensar, numa altura em que Portugal se prepara para aprovar novo regime jurídico das sociedades desportivas.[40] Assim sendo, Espanha passa a adotar o

[39] Sobre a articulação entre as deliberações dos Conselhos de Disciplina e de Justiça e o Tribunal Arbitral do Desporto, vide por todos, Correia, Lúcio Miguel e Relógio, Luís Paulo, O Novo Regime Jurídico das Federações Desportivas – 3.ª Edição, Vida Económica, 2023, pp. 139 a 155.

[40] O Governo aprovou, em Conselho de Ministros, em Janeiro de 2023 a Proposta de Lei n.º 62/XV que revê o regime jurídico das sociedades desportivas (SD) e que em breve, após aprovação na especialidade será publicado em Portugal. A Proposta de Lei n.º 62/XV encontra-se disponível em https://www.portugal.gov.pt

modelo anterior da lei quadro de 1990, ao permitir que nas suas competições profissionais, clubes e sociedades desportivas convivam e participem de forma igualitária, desde que tenham adquirido o direito desportivo para o efeito, enquanto que Portugal insiste que a participação em competições profissionais de modalidades coletivas é reservada a sociedades desportivas.

Considerando que cerca de 20% das sociedades desportivas constituídas até hoje foram ou estão a caminho da extinção, insolvência ou dissolução e que, em alguns casos, os clubes fundadores foram arrastados pela queda das respetivas sociedades desportivas, há que pensar se se deve proceder a alterações ao regime destas sociedades procurando-se, ao mesmo tempo, assegurar uma maior regulação ao setor, de forma a torná-lo mais atrativo para a captação de investimento, ou se se deve abandonar o modelo e seguir o caminho ora prosseguido pelo Legislador Espanhol, perante a realidade desportiva daquele país que, em determinadas circunstâncias (o nível de endividamento dos clubes e sociedades desportivas), até têm algumas semelhanças com o nosso.

Muito haveria por dizer, não só relativamente às necessidades de alteração do teor de muitas normas da LBAFD, bem como quanto às muitas novidades da Ley 39/2022 de 30 di Diciembre del Deporte. O intuito do presente artigo não é sobrevalorizar as opções do Legislador Espanhol e menorizar ou criticar as opções do Legislador Português. Contudo, não podemos esquecer que o Desporto, nas sociedades modernas, constitui um agente promotor da qualidade de vida da população, saúde, educação e organização comunitária. Da mesma forma, é um fator que tem forte impacto na economia e no emprego dos países mais desenvolvidos. A rapidez do desenvolvimento social e económico do Desporto e da atividade física tornou-se um dos elementos mais característicos e exigentes das sociedades modernas, a ponto de se tornarem objeto de especial e sucessiva atenção dos poderes públicos no que concerne à conceção de um sistema desportivo dinâmico contemplando todas as suas vertentes, incluindo o Desporto Profissional.

Hoje em dia, o Desporto e a atividade física, para além de objeto de planeamento político-social, exigem, mais do que nunca, o conhecimento da realidade social que visa regular, das inter-relações entre os principais intervenientes do sistema desportivo, dos hábitos (ou das razões da inexistência dos mesmos) de uma atividade física e recreativa, devendo estas matérias constituir um autêntico desígnio nacional se é que pretendemos atingir patamares de excelência.

E, neste aspeto, com maiores ou menores dificuldades, Espanha tem sido um país onde o Desporto é realmente um fator social e económico importante e respeitado por todos, quer pela competitividade das suas equipas em todas as modalidades a nível interno, quer pelo respeito que as mesmas angariaram a nível internacional, sem prejuízo da credibilidade da boa imagem na organização e execução das suas competições e da celeridade e teor das decisões da sua justiça desportiva.

É isto que almejo para o Desporto e para o sistema desportivo em Portugal, assente num corpo jurídico que seja sustentado de acordo com a grandeza da sua história.

Lisboa, 15 de Maio de 2023

Bibliografia

AMADO, João Leal, Contrato de Trabalho Desportivo – Lei n.º 54/2017, de 14 de julho – Anotada, Editora Almedina, 2017.

CHABERT, José Manuel, A Lei de Bases do Sistema Desportivo no Contexto Europeu e Internacional, Revista do Ministério Público, Lisboa, n.9 n. 35-36 (Julho-Dezembro 1988), pp.31-54.

CORREIA, Lúcio Miguel, Regime Jurídico dos Praticantes Desportivos Profissionais em Portugal e Espanha- Especificidades, Editora Quid Juris, 2022.

CORREIA, Lúcio Miguel, Compliance no Desporto – Imperatividade ou Consequência? – Coord. Maurício Correa da Veiga e Luciano Andrade Pinheiro, Editora Nobilitar, Brasil, 2022.

CORREIA, Lúcio Miguel e RELÓGIO, Luís Paulo, O Novo Regime Jurídico das Federações Desportivas – 3.ª Edição, Vida Económica, 2023.

FRAILE FERNANDEZ, Rosa e CHICO DE LA CÁMARA, Pablo, Compliance en Materia Deportiva y medidas de acción en favor de la Política de Género en la Nueva Ley del Deport, Aranzadi, 2023.

MEIRIM, José Manuel, Lei de Bases da Atividade Física e do Desporto – Estudo, Notas e Comentários, Coimbra Editora, 2007.

MESTRE, Alexandre Miguel, Direito do Desporto – Aspetos transversais, Editora Almedina, 2022.

MILAN GARRIDO, António, Nuevos Estudios sobre el proyeto de LEY DEL DEPORTE, Editorial Reus, 2023.

MILAN GARRIDO, António, Comentarios al Proyeto de LEY DEL DEPORTE, Editorial Reus, 2022.

VENTURA, Victor Hugo, O Regime do Contrato de Trabalho do Praticante Desportivo, AAFDL Editora, 2020.

13. OS ÁRBITROS DO TRIBUNAL ARBITRAL DO DESPORTO: DURAÇÃO DOS MANDATOS

LUIS PAULO RELÓGIO[1]

Introdução

Diga-se, desde já, que a matéria em análise não apresenta, para o Autor, grandes dúvidas, sendo o seu entendimento claro e inequívoco sobre a matéria. Contudo, porque se levantaram algumas questões, em diversas instâncias e momentos, procura-se com este trabalho contribuir para a estabilização do entendimento sobre os eventuais limites legais impostos ao mandato dos árbitros do Tribunal Arbitral do Desporto (TAD), do ponto de vista da sua duração ou da sua repetição, sendo certo que, no plano dos princípios, outros limites, seja de jurisdição seja de capacidade decisória, se colocarão necessariamente, mas essa não é questão que aqui nos ocupe.

Vejamos, então, o que se impõe refletir sobre o tema indicado.

Dispõe a lei do TAD (Lei n.º 74/2013, de 6 de setembro, com as alterações introduzidas pela Lei n.º 33/2014, de 16 de junho), no seu artigo 22.º, n.1, que "*Os árbitros são designados por um período de quatro anos, renovável, sem prejuízo do disposto no número seguinte.*" É, pois, claro que o mandato dos árbitros do TAD é renovável, não se extinguindo o seu direito às funções depois de renovado uma vez – e apenas uma só, como pretendem alguns – antes se prolongando a sua possível renomeação tantas vezes quantas aquelas que

[1] Advogado, Mestre em Ciências Jurídicas, docente universitário.

seja entendido adequado pelo órgão a quem compete designar os árbitros que integram a lista de árbitros, nos termos do artigo 11.º a) da lei do TAD.

Em reforço desta tese, analisemos os demais casos de renovação dos mandatos aos órgãos do TAD e respetivos limites.

A Estrutura do TAD

O TAD integra, como elementos da sua organização e funcionamento: o Conselho de Arbitragem Desportiva (CAD), o presidente, o vice-presidente, os árbitros, o conselho diretivo, o secretariado, a câmara de recurso e os árbitros (artigo 9.º da lei do TAD). Descarte-se, desde logo, esta inopinada repetição que passou na lei sem que ninguém, até agora, tivesse cuidado de corrigir: a dupla referência aos árbitros, manifesto erro de escrita que se mantém incólume, quiçá denunciando uma evidente desatenção não só à letra da lei como, principalmente, à própria instituição, pois que nada justifica esta referida duplicação.

Destes elementos estruturais, comecemos por aquele que, em nosso entender, se alinha como fulcral para o funcionamento do TAD: o Conselho de Arbitragem Desportiva, ou CAD. De acordo com o estatuído no artigo 11.º da lei, a este órgão compete:

a) **Estabelecer a lista de árbitros do TAD** e designar os árbitros que a integram, nos termos do disposto no artigo 21.º, bem como designar os árbitros que integram a câmara de recurso;

b) **Acompanhar a atividade e o funcionamento do TAD, em ordem à preservação da sua independência e garantia da sua eficiência**, podendo, para o efeito, formular as sugestões de alteração legislativa ou regulamentar que entenda convenientes;

c) Aprovar os regulamentos de processo e de custas processuais no âmbito da arbitragem voluntária, bem como dos serviços de mediação e consulta;

d) Aprovar a lista de mediadores e de consultores do TAD e as respetivas alterações;

e) Aprovar a tabela de vencimentos do pessoal do TAD;

f) Aprovar o seu regimento, observado o disposto na presente lei;

g) **Promover o estudo e a difusão da arbitragem desportiva e a formação específica de árbitros**, nomeadamente estabelecendo relações com outras instituições de arbitragem nacionais ou com instituições similares estrangeiras ou internacionais;

h) Adotar todas as medidas apropriadas para assegurar a proteção dos direitos das partes e a independência dos árbitros.

Em destaque aquelas que nos parecem as funções mais relevantes para o objeto desta análise. Esta norma, portanto, reconhece o papel nuclear do CAD na constituição do TAD, definindo um limite temporal à permanência dos titulares do órgão naquelas importantes funções, dispondo o número 4 do artigo 10.º da lei que *o mandato dos membros do Conselho tem a duração de três anos, podendo ser renovado por dois períodos*.

Desta forma clara, o legislador enuncia a sua intenção de que aqueles relevantes mandatos sejam limitados no tempo, tendência que repete noutros momentos da lei e relativamente a outros órgãos, como veremos de seguida.

O Presidente do TAD, a quem compete representar o tribunal nas suas relações externas, coordenar a sua atividade, convocar e dirigir as reuniões do conselho diretivo e exercer as demais funções cometidas por lei ou regulamento (artigo 14.º, n.1 da lei do TAD), tem também um limite temporal para o exercício destas funções, ou seja, de acordo com o determinado pelo número 2 do artigo 13.º, *o mandato do presidente e do vice-presidente do TAD tem a duração de três anos, podendo ser renovado por dois períodos idênticos*. Aqui, entende-se claramente esta junção do limite aos dois cargos, uma vez que, de acordo com o artigo 14.º, n.2 da lei, ao vice-presidente compete substituir o presidente nas suas faltas e impedimentos, pelo que a limitação de um é, necessariamente, a limitação do outro.

Mas também os restantes membros do Conselho Diretivo têm os mesmos limites temporais relativamente aos respetivos mandatos neste órgão: *três anos e podendo ser renovado por dois períodos idênticos* – cf. artigo 15.º, número 2 da lei do TAD.

Não termina aqui, porém, a preocupação do legislador em estabelecer limites temporais aos mandatos na estrutura do TAD. No que respeita à Câmara de Recurso, composta por árbitros designados pelo CAD – artigo 19.º, número 1 – o legislador deitou mão a um diferente processo de limitação, estabelecendo um sistema de sorteio rotativo que garante, ele próprio, um limitação temporal ao exercício de funções neste órgão. De acordo com o número 2 desta citada norma, a "*cada dois anos proceder-se-á à substituição de metade dos oito árbitros designados para a câmara de recurso, sendo designados por sorteio os árbitros a substituir na primeira renovação*". Deste mecanismo resulta uma evidente substituição, que implica o termo de funções de quatro dos oito membros, que são substituídos por outros que não os quatro que permaneceram da anterior renovação, os quais, por sua vez, dois anos depois serão substituídos por outros que não os anteriores.

Diga-se, desde já, que este mecanismo não impede a designação para aquele cargo de quem já exerceu tais funções mas garante que nunca ocorrerá em mandatos sucessivos, como resulta de óbvia análise da lei: imagine-se que, no momento 0 (zero) a Câmara de Recurso é composta pelos oito membros que designaremos pelas letras A a H. Ao fim de dois anos, serão substituídos 4 deles, digamos os membros B, D, F e H, mantendo-se os restantes em funções, por mais 2 anos, significando isso que, no ano 4, os membros A, C, E e G terminam os respetivos mandatos, sendo substituídos por outros que poderão, ou não, incluir aqueles que haviam terminado os mandatos no ano 2, por forma a que, em circunstância alguma, os membros da Câmara de Recurso possam ser designados para mandatos sucessivos, ainda que nada na lei indique que tenham limite para este tipo de designação, para além do normal limite, físico e jurídico, de terem a qualidade de árbitros do TAD no momento de cada renovação bienal daquela Câmara.

Aqui chegados, atingimos, por fim, a questão nuclear deste estudo: os limites temporais à duração dos mandatos dos árbitros.

Os Árbitros do TAD

Aqueles a quem compete exercer o poder jurisdicional do tribunal arbitral do desporto, os árbitros do TAD, são designados pelo Conselho de Arbitragem Desportiva (artigo 11.º, al. a)), segundo um processo de seleção feita a partir da designação pelas entidades a quem a lei concede tal poder (artigo 21.º), assim concretizando a natureza arbitral deste tribunal, atenta a natureza destas mesmas entidades, as quais representam de forma significativa o tecido da sociedade desportiva nacional.

Analisando em mais detalhe o referido artigo 21.º da lei, encontramos a distribuição dos árbitros que integram a lista de 40, referida no artigo 20.º, n.1, feita pelas diversas entidades que regulam ou intervêm no fenómeno, as quais indicam candidatos em número igual ao dobro daqueles que têm direito a ver designados, cabendo então ao CAD selecionar, de entre cada a proposta, aquele ou aqueles que entende ser/em mais adequados ao bom cumprimento dessa função, de acordo com regras de seleção previamente estabelecidas, de forma a garantir a todos as mesmas oportunidades de nomeação. Estas regras apreciam, em síntese, as habilitações académicas, o curriculum vitae e a pessoa, por meio de entrevistas a realizar aquando do processo de seleção.

Destaque para o direito que a lei reconhece ao CAD de recusar todos os nomes propostos, caso em que o direito de designação é devolvido à entidade que faz a nomeação, a qual poderá (deverá) indicar novos nomes para a designação – número 4 do mesmo artigo 21.º.

Falta ainda salientar que, dada a fórmula de determinação das entidades proponentes prevista no n.1 do artigo 21.º, poderá nem sempre resultar um número de 40 árbitros apurados em processo de seleção, caso em que o legislador atribuiu um poder especial ao CAD de, por escolha própria, designar o número de árbitros em falta para preencher os 40 previstos na lei. Aquilo que se designa habitualmente como a quota CAD.

Uma vez escolhido o conjunto de árbitros, estes tomam posse e iniciam o seu mandato que, nos termos do disposto no artigo 22.º, n.1, tem a duração de "*quatro anos, **renovável**, sem prejuízo do disposto no número seguinte*". Esclareça-se desde já, que o *número seguinte*, o n.2 da referida norma, estabelece que:

> *2 – O Conselho de Arbitragem Desportiva pode, a todo o tempo, por deliberação tomada por maioria de dois terços dos respetivos membros, excluir da lista estabelecida nos termos do artigo anterior qualquer árbitro, quando houver razões fundadas para tanto, nomeadamente a recusa do exercício de funções ou a incapacidade permanente para esse exercício.*

Significa isto que, independentemente do período de duração do mandato, o CAD pode exercer um poder de fiscalização, com carácter sancionatório, do bom cumprimento das funções por parte de cada árbitro que é designado para integrar a lista prevista no artigo 20.º, removendo-o da lista de árbitros e, em consequência, fazendo cessar as suas funções, por deliberação tomada por dois terços dos membros do mesmo CAD, ou seja, por 8 (oito) dos seus membros, poder este ancorado na previsão do artigo 11.º, alínea b), que define como competência do CAD "*acompanhar a atividade e o funcionamento do TAD, em ordem à preservação da sua independência e garantia da sua eficiência*".

Entenda-se que este poder/dever do CAD não pode, em circunstância alguma, transvasar para uma apreciação qualitativa das funções dos árbitros mas, apena e só, no que respeita à sua independência e eficiência – nunca ao conteúdo das suas decisões, nas quais os árbitros são livres.

Para além desta hipótese, que se mostra de carácter excecional, os mandatos são de quatro anos e são renováveis. Mas quantas vezes podem os mandatos dos árbitros ser renovados? O legislador não o diz. De facto, não responde a esta questão ou, se preferirmos outra perspectiva, o legislador não suscita esta questão, o que, desde logo, aponta para um entendimento que sustentamos: o de que os mandatos são renováveis, sem limite. Vejamos porquê.

Limites Temporais aos Mandatos na Administração Pública

Como se viu, o legislador teve, em todos os momentos enunciados, o cuidado de estabelecer os limites temporais à renovação dos mandatos, determinando, de forma clara, quantas vezes os mesmos podem ser repetidos, em linha com um princípio introduzido no nosso ordenamento jurídico, de forma generalizada, a partir de meados da primeira década deste século.

A título de mero exemplo, apontam-se alguns casos que relevam no direito público, a título meramente exemplificativo:

- a Lei Quadro dos Institutos Públicos, Lei n.º 3/2004, de 15 de janeiro, na redação introduzida pelo Decreto-lei n.º 5/2012, de 17 de janeiro, estabelece, relativamente aos mandatos dos gestores dos institutos públicos (artigo 20.º), que *"o mandato dos membros do conselho diretivo tem a duração de cinco anos, sendo renovável uma vez por igual período"*;
- o diploma que aprova a Orgânica das Comissões de Coordenação e Desenvolvimento Regional (CCDR), o Decreto-lei n.º 228/2012, de 25 de outubro, na redação aditada pelo Decreto-lei n.º 27/2020, de 17 de junho, determina, no seu artigo 3.º-I que *"1 – A duração dos mandatos do presidente e dos vice-presidentes é de quatro anos, estando sujeitos ao limite de três mandatos consecutivos"*;
- o Novo Estatuto do Gestor Público, aprovado pela Lei n.º 71/2007, regula, no seu artigo 15.º, a duração dos mandatos dos membros do mesmo órgão de administração, da seguinte forma:

  1 – O mandato é exercido, em regra, pelo prazo de três anos, sendo os mandatos dos membros do mesmo órgão de administração coincidentes.

  2 – A lei e os estatutos fixam, ***até ao limite máximo de três,*** *o número de renovações consecutivas dos mandatos na mesma empresa pública.*

  3 – Na falta de disposição legal ou estatutária, é aplicável o ***número de mandatos previsto no número anterior.***

Veja-se como, neste último exemplo, o legislador, ao mesmo tempo que confere alguma liberdade reguladora aos estatutos de cada empresa pública, impõe um limite máximo a essa mesma liberdade reguladora, bem assim como ao número de vezes em que os mandatos ali regulados podem ser repetidos.

É, assim, manifesto que o legislador nacional se ocupa – e preocupa – com a imposição de limites temporais ao exercício de funções de natureza pública, como forma de limitar a estratificação no exercício de poderes de natureza pública, em linha com a tendência identificada na lei que veio estabelecer limites à renovação sucessiva de mandatos dos presidentes dos órgãos executivos das autarquias locais autarquias – Lei n.º 46/2005, de 29 de agosto, cujo artigo 1.º regula, muito claramente:

Artigo 1.º

Limitação de mandatos dos presidentes dos órgãos executivos das autarquias locais

1 – O presidente de câmara municipal e o presidente de junta de freguesia só podem ser eleitos para ***três mandatos consecutivos****, salvo se no momento da entrada em vigor da presente lei tiverem cumprido ou estiverem a cumprir, pelo menos, o 3.º mandato consecutivo, circunstância em que poderão ser eleitos para mais um mandato consecutivo.*

2 – O presidente de câmara municipal e o presidente de junta de freguesia, depois de concluídos os mandatos referidos no número anterior, não podem assumir aquelas funções durante o quadriénio imediatamente subsequente ao último mandato consecutivo permitido.

3 – No caso de renúncia ao mandato, os titulares dos órgãos referidos nos números anteriores não podem candidatar-se nas eleições imediatas nem nas que se realizem no quadriénio imediatamente subsequente à renúncia.

Atente-se na cautela rigorosa que o legislador concedeu a esta norma, salvaguarda de um princípio que se propagou a diversas áreas da sociedade portuguesa e que, em determinado momento, se transferiu para a ordem desportiva, com a entrada em vigor do atual Regime Jurídico das Federações Desportivas, aprovado pelo Decreto-lei n.º 248-B/2008, de 31 de dezembro.

Em todos os casos enunciados, o legislador sempre teve o cuidado de estabelecer os limites à renovação dos mandatos, seja por termos temporais seja, principalmente, por aposição do número de vezes em que os mandatos podem ser repetidos.

O Mandato dos Árbitros do TAD

Retomando a questão na perspectiva do direito do desporto, enquanto disciplina que aborda as diferentes ações, juridicamente relevantes, no ordenamento jus-desportivo, encontramos a introdução do conceito de limitação dos mandatos, em número ou no tempo precisamente com o novo Regime Jurídico das Federações Desportivas, aprovado pelo Decreto-lei n.º 268-B/2008, de 31 de dezembro, cujo artigo 50.º, na altura numa inovação que se repercutiu no seio da sociedade desportiva, veio determinar:

> *Artigo 50.º –* ***Duração do mandato e limites à renovação***
>
> *1 – O mandato dos titulares dos órgãos das federações desportivas, bem como das ligas profissionais ou associações territoriais de clubes nelas filiadas é de quatro anos, em regra coincidentes com o ciclo olímpico.*
>
> *2 – Ninguém pode exercer mais do que três mandatos seguidos num mesmo órgão de uma federação desportiva, salvo se, na data da entrada em vigor do presente decreto-lei, tiverem cumprido ou estiverem a cumprir, pelo menos, o terceiro mandato consecutivo, circunstância em que podem ser eleitos para mais um mandato consecutivo.*
>
> *3 – Depois de concluídos os mandatos referidos no número anterior, os titulares dos órgãos não podem assumir aquelas funções durante o quadriénio imediatamente subsequente ao último mandato consecutivo permitido.*
>
> *4 – No caso de renúncia ao mandato, os titulares dos órgãos referidos nos números anteriores não podem candidatar-se para o mesmo órgão nas eleições imediatas nem nas que se realizem no quadriénio imediatamente subsequente à renúncia.*

Esta formulação normativa segue em linha com o que havíamos visto anteriormente, acautelando os mesmos princípios, ou seja, que o exercício dos cargos diretivos, sejam eles no seio do desporto, seja na administração pública, devem estar limitados no tempo, ou por via da duração efetiva de cada mandato, ou pelo número de renovações de cada mandato.

Este mesmo princípio, como vimos acima, encontra-se plasmado na lei do TAD, que preconiza limites aos mandatos nos diversos órgão abordados inicialmente, o que nos traz de volta à questão inicial: deve, ou não, entender-

-se que o legislador terá "esquecido" os limites aos mandatos dos árbitros, não prevendo tais limites para a renovação dos mandatos dos árbitros.

Pelo contrário, entendemos que o legislador não o fez propositadamente, por entender que a própria natureza do instituto do TAD contém meios suficientes para evitar a deterioração que a continuação prolongada em exercício pode causar nos detentores de cargos de determinada natureza.

Desde logo, importa não perder de vista as regras essenciais da interpretação normativa. Nos termos do artigo 9.º do Código Civil, número 1, "*a interpretação não deve cingir-se à letra da lei, mas reconstituir a partir dos textos o pensamento legislativo, tendo sobretudo em conta a unidade do sistema jurídico*[2]*, as circunstâncias em que a lei foi elaborada e as condições específicas do tempo em que é aplicada*".

É no plano da unidade do sistemática da lei que encontramos a primeira razão para sustentar a tese de que o legislador não queria limitar o número de vezes que um árbitro do TAD poderia ser designado. A motivação da lei do TAD assenta na necessidade de garantir uma justiça especializada e adequada às exigências do fenómeno desportivo, conforme se lê no segundo Acórdão do Tribunal Constitucional que apreciou o projeto da lei do TAD, antes da sua aprovação final e consequente promulgação.

> "*Com efeito, a criação do Tribunal Arbitral do Desporto foi justificada pela «necessidade de o desporto possuir um mecanismo alternativo de resolução de litígios que se coadune com as suas especificidades de justiça célere e especializada». O «desiderato de dotar o desporto nacional de uma justiça mais célere, mais pronta e especializada» veio, depois, a ser reafirmado aquando da reapreciação pela Assembleia da República do Decreto n.º 128/XII, na sequência da devolução pelo Presidente da República*" – *in* Acórdão n.º 781/2013 do Tribunal Constitucional – Relator Conselheiro José da Cunha Barbosa – pg.21".

Relativamente a esta natureza especial deste tribunal, citamos ainda a parte final da declaração de voto vencido da Conselheira Maria de Fátima Mata-Mouros, reafirmando a importância da especialização e da celeridade como elementos nucleares na formatação do TAD. Escreve aquela ilustre Conselheira:

[2] Sublinhado nosso.

"5. *A circunstância de o recurso de revista não possibilitar às partes a discussão da decisão da matéria de facto apreciada na jurisdição arbitral – argumento igualmente usado no Acórdão em reforço da tese da inconstitucionalidade –, não deve impressionar. A instituição da arbitragem visa confiar a julgadores especialmente habilitados o julgamento de litígios referentes a matérias que, pela sua própria natureza, requerem conhecimentos técnicos especiais*[3]. *Assim, a sujeição da apreciação da matéria de facto, confiada a árbitros especializados, ao subsequente controlo pelos tribunais comuns, além de, em teoria, nada poder acrescentar à qualidade da decisão, frustra a própria razão de ser da instituição da arbitragem. – in* Acórdão citado, pags.24"

Ora, é esta mesma especialidade e celeridade, enquanto elementos fundamentais na construção do TAD, que apoiam a tese da não limitação dos mandatos do árbitros do mesmo TAD. Impõe a lei, como condição para a investidura em tais funções, que podem integrar a lista de árbitros "*juristas de reconhecida idoneidade e competência e personalidades de comprovada qualificação científica, profissional ou técnica na área do desporto, de reconhecida idoneidade e competência, a qual é aprovada pelo Conselho de Arbitragem Desportiva* – artigo 20.º, n.2. Significa isto que a própria seleção dos árbitros é feita de entre um universo limitado – ainda que, hoje, em franca expansão – que poderia, em tese, vir, no futuro, a levantar obstáculos a uma sucessiva escolha de árbitros, caso estes vissem limitado o tempo do exercício de funções.

De igual modo, não cremos que a possibilidade de renovação de mandatos sem limitação coloque em causa a imparcialidade dos mesmos árbitros, o que igualmente não sucede com os magistrados judiciais, o que releva não porque se entenda serem estatutos semelhantes ou equivalentes mas porque integram, em ambos os caso, funções jurisdicionais para cujo exercício é fundamental a isenção e a independência.

Este raciocínio traz-nos àquela que, em nosso entender, é a principal razão para a leitura que, desde o primeiro momento, fazemos relativamente ao mandato dos árbitros do TAD e à sua renovação: a lei, apesar de não estabelecer qualquer limite à renovação de mandatos, como aqui já se reafirmou bastamente, consagrou uma outra forma, mais eficaz e expedita, de afastar quaisquer vícios que pudessem emergir do prolongamento eventualmente excessivo dos mandatos dos árbitros, ao prever o mecanismo consa-

[3] Sublinhado nosso.

grado no n.2 do já referido artigo 22.º, ou seja, a possibilidade de controlo efetivo por parte do CAD, através do uso da competência expressa na alínea b) do artigo 11.º: "*Acompanhar a atividade e o funcionamento do TAD, em ordem à preservação da sua independência e garantia da sua eficiência, podendo, para o efeito, formular as sugestões de alteração legislativa ou regulamentar que entenda convenientes*", na sequência do que pode atuar em conformidade com o referido n.2 do artigo 22.º, ou seja, "*o Conselho de Arbitragem Desportiva pode, a todo o tempo, por deliberação tomada por maioria de dois terços dos respetivos membros, excluir da lista estabelecida nos termos do artigo anterior qualquer árbitro, quando houver razões fundadas para tanto*[4]*, nomeadamente a recusa do exercício de funções ou a incapacidade permanente para esse exercício*".

Por tal razão, o número 1 desta avaliada norma estabelece o período dos mandatos, acrescentando a expressão "*renovável, sem prejuízo do disposto no número seguinte*". É aqui que o legislador revela a sua verdadeira intenção, no que respeita à duração dos mandatos dos árbitros do TAD: não estabeleceu outro limite que o do bom exercício das respetivas funções.

Se um árbitro cumprir adequadamente as suas funções, revelando **reconhecida idoneidade e competência** bem como **comprovada qualificação científica, profissional ou técnica na área do desporto**, nada obsta a que o seu mandato seja renovado as vezes que seja entendido desejável, sempre dependendo da sua própria vontade (ao candidatar-se ou ser proposto) e da avaliação que o CAD faça daqueles enunciados elementos, independentemente de qualquer disposição legal que coarte esta disponibilidade. No caso inverso, caberá ao CAD, no uso das suas competências, sindicar o bom cumprimento das funções por parte dos árbitros e tomar as providências que a lei lhe disponibiliza para assegurar, em cada momento, a preservação da independência e a garantia da sua eficiência.

Dito de outra forma, "*O CAD, tal como pode recusar a inclusão de personalidades indicadas na lista de árbitros (artigo 21.º, n.º 4), também pode, no exercício da sua competência de acompanhamento da actividade e do funcionamento do TAD, em ordem à preservação da sua independência e à garantia da sua eficiência [artigo 11.º, alínea b)], excluir da lista qualquer árbitro, sempre que houver fundadas razões para tanto (artigo 22.º, n.º 2).*

A Lei estabelece uma cláusula geral, um conceito indeterminado de exclusão, a integrar caso a caso.

[4] Sublinhado nosso.

São de considerar como integrando fundadas razões de exclusão toda e qualquer circunstância que, vista e apreciada à luz de critérios de razoabilidade e normalidade, seja considerada adequada a pôr em causa a capacidade, independência, isenção e a imparcialidade dos árbitros, bem como o prestígio e eficiência do tribunal. Como exemplo de situações que integram o conceito, a Lei indica a incapacidade permanente e a recusa do exercício de funções, que, no fundo, correspondem à não existência real de árbitro, podendo acrescentar-se-lhes situações como as de incompatibilidades ou de violação de deveres deontológicos, tais como a violação dos deveres de imparcialidade ou de reserva" – Conselheiro António MADUREIRA, in "Lei do Tribunal Arbitral do Desporto (TAD) – Anotada e Comentada", notas pessoais – pg.189.

É este o mecanismo que o legislador, perfeitamente cônscio da realidade da limitação de mandatos, optou por introduzir na lei, no que concerne a esta função tão essencial para a boa eficácia da justiça desportiva, no quadro da solução jurisdicional constituída pelo TAD e pela respetiva solução legal, saudada e criticada mas consagrada pela eficácia demonstrada das soluções adotadas, ainda que se apresente necessitada – a solução TAD – de aperfeiçoamentos e correções, depois de quase 10 anos de vigência, face aos problemas suscitados e às questões levantadas.

Conclusão

Sendo esta uma das questões que sobre ele se levantam (provavelmente não a mais relevante nem, tão pouco, a que se apresente de difícil enquadramento), dúvidas não temos, com base nos fundamentos supra apresentados e os argumentos expendidos , em afirmar que a redação dada ao artigo 22.º da Lei do TAD, Lei n.º 74/2013, de 6 de setembro, com as alterações introduzidas pela Lei n.º 33/2014, de 16 de junho, corresponde à exata intenção do legislador em regular o mandato dos árbitros do TAD – Tribunal Arbitral do Desporto, no sentido de que estes tenham a duração de 4 (quatro) anos, podendo ser livremente renovados sem qualquer limitação quanto ao número de renovações, com exceção e sem prejuízo do exercício, pelo Conselho de Arbitragem Desportiva (CAD), das competências próprias, designadamente as previstas no artigo 11.º, alínea b), da lei, que lhe comete a competência específica para *"(A)acompanhar a atividade e o funcionamento do TAD, em ordem à preservação da sua independência e garantia da sua eficiência, podendo, para o efeito, formular as sugestões de alteração legislativa ou regulamentar que entenda convenientes"*, estabelecendo, desta forma, um mecanismo bem mais eficaz e objetivo para alcançar o mesmo, ou melhor, efeito do que aquele que se poderia almejar com uma limitação ao número de vezes em que um árbitro do TAD poderia ser designado por aquele mesmo Conselho.

Qualquer outra leitura, da qual possa, eventualmente, resultar uma limitação a estes princípios, constitui uma incorreta e abusiva interpretação da lei, absolutamente contrária ao espírito do legislador.

14. TRANSFERÊNCIA DE JOGADORES DE FUTEBOL E O CONTRATO ESPECIAL DE TRABALHO NO BRASIL

Maurício de Figueiredo Corrêa da Veiga[1]

1. Introdução

A globalização é definida como o estabelecimento de relações entre diferentes partes do mundo graças à modificação das noções de tempo e espaço. Os modernos meios de comunicação suprimiram as distâncias, possibilitando a abertura das fronteiras e dos mercados. O mundo tornou-se uma aldeia global onde pretensamente tudo se sabe ou, pelo menos, tudo se pode saber. Uma das consequências deste fenômeno é o surgimento de referencias universais que são identificadas por um numero gigantesco de pessoas espalhadas por todas as partes do planeta, sendo o futebol uma das referências mais globais e universalmente conhecidas. Segundo Pascal Boniface, "o futebol é, ao fim e ao cabo, o arquétipo da mundialização, ainda mais do que a democracia, a economia de mercado ou a internet"[2].

O futebol não deve ser analisado somente como uma prática esportiva, pois revela diversas significações simbólicas, psíquicas, sociais, culturais,

[1] Advogado; Mestre em Ciências Jurídicas (UAL); Professor à contrato do Master Diritto & Sport da Università La Sapienza Roma; Vice-Presidente de Relações Internacionais da Academia Nacional de Direito Desportivo (ANDD-Brasil); Auditor do STJD do Basquete; Membro Honorário da Academia Petropolitana de Letras.

[2] Boniface, Pascal – **Football et mondialisation**. p. 14.

históricas, políticas e econômicas que envolvem multidões "concentradas em torno de um espetáculo que empolga sociedades e nações em esfera planetária, mobilizando milhões de dólares e conquistando a adesão cada vez maior de pessoas de todas as camadas sociais"[3].

O resultado desta força e abrangência do futebol é a sua atual articulação como uma indústria de entretenimento, que movimenta bilhões de dólares no mundo inteiro. O jogador é negociado como mercadoria e tem um preço ligado a sua imagem. Ele é um produto que traz rendimento para o clube que o contratou e para os patrocinadores. Assim, o futebol perde parte de seu caráter exclusivo de atividade esportiva e torna-se também um produto esportivo, cultural, econômico e social, oferecido como artigo de consumo. Para Nina Clara Tiesler e João Nuno Coelho:

> "Cinco importantes elementos e consequências dos processos de globalização – nomeadamente a migração internacional, o fluxo de capital global, a natureza sincretistica da tradição e da modernidade na cultura contemporânea, as novas experiências do tempo e do espaço e o desenvolvimento revolucionário das tecnologias da informação – tornam-se particularmente expressivos no estudo do futebol e das realidades que lhe estão associadas"[4].

Para se ter uma dimensão dos números e valores envolvidos, a Comissão Europeia estima que o futebol movimenta 2% do PIB do continente, o que transforma este esporte em um dos maiores setores da economia. Só o Manchester United (Inglaterra) calcula ter 330 milhões de torcedores espalhados pelo planeta, quase o dobro da população brasileira. Este mesmo clube, em 2009, tinha uma renda anual superior ao PIB de 33 países, entre eles Timor Leste, Libéria, Guiana, Eritreia, Cabo Verde ou Gâmbia. Na Espanha, a Liga movimentava, em 2010, 1,7% do PIB. Já a Bundesliga movimentou no mesmo ano cerca de 5,1 bilhões de dólares, sendo responsável por 110 mil empregos e garantindo a arrecadação de 1,5 bilhão de dólares em impostos por ano ao governo alemão[5].

[3] Bruni, José C – **Apresentação.** P. 7.

[4] Tiesler, Nina Clara; Coelho, João Nuno – **O futebol globalizado: uma perspectiva lusocêntrica**. p. 313.

[5] **Futebol, negócio globalizado e bilionário**. Estado de São Paulo, 30 Abr. 2010. Disponível em http://esportes.estadao.com.br/noticias/geral,futebol-negocio-globalizado-e-bilionario,545027 [Consult. 20 Jun. 2017].

Uma peça fundamental nesta engrenagem econômica é, obviamente, o jogador de futebol. Segundo Zygmunt Bauman, "a vida líquida é uma vida de consumo. Projeta o mundo e todos os seus fragmentos animados e inanimados como objetos de consumo, ou seja, objetos que perdem a utilidade enquanto são usados"[6]. O que pode nos assustar é quando percebemos que estes objetos são os próprios seres humanos, como destaca o sociólogo: "é um pensamento reconfortante – mas também prenhe de sofrimento quando as 'coisas' a serem consumidas pelos consumidores são outros seres humanos"[7]. Trazendo o debate para o futebol, mais precisamente para o jogador de futebol, o atleta da pós-modernidade está cada vez mais independente e flexível, evitando vínculos emocionais que marquem ou determinem sua permanência em um lugar, ou seja, sua fixação a uma cidade ou a um clube[8]. Esta flexibilidade ocasiona uma grande circulação dos atletas entre agremiações tornando-os peças importantes para gerar receitas aos clubes, investidores, patrocinadores e empresários. Ou melhor dizendo, tornando-os mercadorias.

Nesta lógica de mercado aplicada ao futebol, o Brasil não passa de um exportador de jogadores. A Diretoria de Registro e Transferência da Confederação Brasileira de Futebol – CBF, divulgou o relatório final de transações internacionais realizadas pelos clubes brasileiros durante a janela de transferências aberta entre 12 de janeiro e 4 de abril de 2017. Os dados da entidade mostram que mais atletas deixaram o país nessa primeira janela em relação a 2016. No total, foram 614 transferências para o exterior englobando atletas amadores, atletas profissionais, atletas de futsal e transferências feitas no sistema da FIFA (TMS)[9]. Segundo o relatório da CBF, o

[6] Bauman, Zygmunt. Vida Líquida. Tradução Carlos Alberto Medeiros. Rio de Janeiro: Jorge Zahar, 2007. p. 16-17.

[7] Idem – **Op. cit.** p. 140.

[8] Esta relação modificada, do jogador como "mercadoria", teve seu marco em 1995 com a criação da Lei Bosman na Europa. Jean-Marc Bosman insatisfeito com a oferta salarial do seu clube (Liége, Bélgica) reivindicou o passe livre e o direito de escolher onde desejava trabalhar, ou melhor, atuar como jogador de futebol. A justiça europeia concedeu ganho de causa ao atleta, e a partir de então foi extinto o passe e liberado o número de jogadores estrangeiros em clubes dos países da Comunidade Europeia.

[9] O Transfer Matching System (TMS) foi instituído pela FIFA com o objetivo de garantir que as autoridades do futebol tenham maiores informações sobre todas as transferências internacionais, aumentando a transparência sobre cada transação, mantendo por sua vez a credibilidade de todo o sistema de transferências de jogadores.

total recebido pelos clubes foi de R$ 311,4 milhões (84 milhões de euros). No mesmo período, 530 jogadores estrangeiros entraram no País e movimentaram R$ 124,7 milhões (33 milhões de euros) nos cofres dos clubes brasileiros. Japão, Portugal e Coreia lideram a lista de destino dos atletas brasileiros. Do outro lado, Portugal, Japão e Estados Unidos lideram a lista dos atletas que vieram ao Brasil[10].

Já na Europa o investimento total em contratações na janela de inverno de 2017 aumentou 48% com relação a temporada passada, atingindo a marca histórica de 633 milhões de euros gastos. Esse montante, somado ao que foi desembolsado na chamada janela de verão, faz com que a soma chegue a 3,9 bilhões de euros em toda a temporada, o que representa um crescimento de 14%, em comparação com 2015/2016. Das cinco grandes ligas da Europa (Inglaterra, Espanha, Itália, Alemanha e França), a que teve clubes gastando mais foi a inglesa, com 277 milhões de euros, valor 10% maior do que o da temporada passada[11].

Este fenômeno da comercialização do desporto em geral e do futebol, em especial, bem como a internacionalização sem precedentes do mercado de trabalho desportivo, aliado às somas consideráveis de dinheiro movimentado pelos meios de comunicação e pelos patrocinadores, gera nas autoridades governamentais e regulatórias sérias preocupações a respeito de práticas ilícitas como consequência deste grande impacto econômico e social.

Segundo o Grupo de Ação Financeira da OCDE – Organização para a Cooperação e Desenvolvimento Econômico, o futebol se transformou em um dos palcos preferidos para a corrupção, lavagem de dinheiro e evasão fiscal no mundo. O Grupo entende que a facilidade do uso do futebol para práticas ilícitas seria resultado de quatro fatores: a falta de profissionalismo em muitos clubes, o acesso de qualquer agente à administração do futebol, estruturas complexas de comando e total internacionalização do esporte[12].

[10] **CBF registra mais de 600 transferências de atletas para o exterior neste ano.** Esporte – iG, 18 abr. 2017. Disponível em http://esporte.ig.com.br/futebol/2017-04-18/cbf-transferencias-exterior.html.

[11] http://espn.uol.com.br/noticia/669386_mercado-do-futebol-na-europa-duplica-valores-e-movimenta-mais-de-r-2-bilhoes [Consult. 20 Jun. 2017].

[12] **Futebol, negócio globalizado e bilionário.** Estado de São Paulo, 30 Abr. 2010. Disponível em http://esportes.estadao.com.br/noticias/geral,futebol-negocio-globalizado-e-bilionario,545027 [Consult. 20 Jun. 2017].

Já Grupo de Ação Financeira contra a Lavagem de Dinheiro e o Financiamento do Terrorismo – FATF/GAFI, organismo internacional de inteligência responsável pela elaboração de recomendações referentes ao combate e prevenção à lavagem de dinheiro, realizou estudo em 2009 que apontou para o uso do setor de futebol como um veículo para a reciclagem de ativos provenientes de atividades criminosas, considerando o grande fluxo de dinheiro que envolvem as suas transações.

Para termos uma noção da vulnerabilidade deste setor esportivo, citamos Mauro Salvo que identificou diversos agentes financeiros na indústria do futebol:

> "os clubes (célula básica da indústria), jogadores de futebol (ativos mais valiosos da indústria), patrocinadores (na maioria dos níveis o investidor mais importante), meios de comunicação (especialmente poderosos na liga de futebol de topo), investidores individuais ("patronos do clube"), os clubes de empresas locais ou de talentos (investir em um clube ou na aquisição de jogadores individuais), os agentes de futebol (que agem no interesse do jogador ou como intermediário no mercado de transferências), governos locais (subsidiando clubes, atuando como emprestador de última instância, por vezes, proprietário do complexo do estádio), os proprietários de bens imóveis (estádios nem sempre são de propriedade dos clubes ou do governo local). Adicionalmente federações ou ligas podem atuar como reguladores também, e às vezes operam câmaras de compensação financeira para os pagamentos de transferências. Em alguns países, os torcedores fornecem grandes quantidades de dinheiro e têm influência sobre os proprietários do clube, a gestão e fornecimento de negócios, bem como, em um pequeno número de casos estão claramente ligados ao crime organizado"[13].

Percebe-se, portanto, que o negócio do futebol possui uma complexa rede de relações entre todos estes atores que pode torna-lo vulnerável às fraudes, corrupção, evasão fiscal ou branqueamento de capitais.

Além desta, o "mercado da bola" possui outras vulnerabilidades. A gestão profissional dos clubes ainda não é uma regra no futebol mundial

[13] SALVO, Mauro – **Lavagem de Dinheiro nas Transferências Internacionais de Jogadores de Futebol dos Clubes Gaúchos: as características do mercado e suas vulnerabilidades**. p. 5-6.

sendo bastante comum encontrarmos administrações voluntárias ou inexperientes. A falta de regulamentação ou controle sobre a estrutura jurídica e a propriedade ou o controle dos clubes de futebol pode facilitar a sua aquisição para fins ilícitos. A imprevisibilidade a respeito dos resultados futuros do jogador de futebol pode gerar uma certa irracionalidade ou desproporcionalidade dos valores de sua transferência, abrindo amplas oportunidades para a lavagem de dinheiro.

É bastante comum que as transações entre clubes envolvendo grandes jogadores de futebol, em virtude da falta de transparência, sejam objeto de denúncias de lavagem de dinheiro, corrupção e evasão de divisas. Recentemente, a Autoridade Tributária portuguesa anunciou que está investigando "eventuais fugas ao fisco por parte de clubes e jogadores de futebol" no país. Trata-se, na verdade, de uma operação em escala europeia, juntando diversas autoridades tributárias na procura de pistas de evasão fiscal no mundo do futebol. Nos primeiros meses de investigação, a Autoridade Fiscal espanhola foi a que mais apresentou resultados, tendo condenado vários jogadores com multas de milhões de euros e outras penas[14]. A questão da evasão tributária nas receitas obtidas e nas transferências internacionais de jogadores de futebol será tratada neste trabalho em capítulo próprio.

O mercado de transferências de jogadores de futebol também é passível de práticas relacionadas com a lavagem de dinheiro. Estimar o preço justo da transação de um jogador é muitas vezes inviável. A sobrevalorização de um jogador corresponde a uma técnica de lavagem de dinheiro semelhante ao superfaturamento de bens e serviços visto em lavagem de dinheiro ligada ao comércio. O elemento fundamental desta técnica é a deturpação do preço do bem ou serviço a fim de transferir o valor adicional de origem ilícita. A ausência de regras fixas sobre como estas operações devem ser contabilizadas e a falta de transparência dos clubes e dos empresários oferecem amplas oportunidades para o também chamado branqueamento de capital.

Os aspectos econômicos e jurídicos acima apontados compõem o prisma do mercado de transferências de jogadores de futebol. Porém, não podemos deixar de lado os aspectos sociais que também envolvem a questão.

Como destacamos, o futebol se transformou num esporte popular de escala global, com um crescente impacto econômico. Porém, é inegável a

[14] **Fisco investiga fugas de impostos no futebol português**. Público, 14 jun. 2017. Disponível em https://www.publico.pt/2017/06/14/desporto/noticia/fisco-investiga-fugas-de-impostos-no-futebol-portugues-1775567 [Consult. 19 Jun. 2017].

sua função social principalmente nas camadas menos favorecidas dos países que estão à margem da geopolítica mundial. Para muitas famílias o futebol não é apenas uma fonte de renda, mas também uma ferramenta para o desenvolvimento econômico local, que proporciona a coesão social, estimula a educação, o desenvolvimento pessoal e a transmissão dos valores humanos e culturais.

É certo, contudo, que a possibilidade de acumular riqueza através da prática futebolística continua sendo o maior atrativo para jovens atletas e suas famílias. É bastante comum que jovens candidatos a craques deixem suas origens quando ainda são muito novos e, por vontade e orientação de seus empresários, passam a percorrer inúmeras cidades e até mesmo países, às vezes migrando de clubes médios em seus países para pequenas equipes da segunda linha do futebol europeu ou emergentes asiáticos, onde devem se adaptar às condições do novo mundo. Circulam de cidade em cidade como qualquer mercadoria. Novamente, vale citar o sociólogo Zygmunt Bauman: "Os membros da sociedade de consumidores são eles próprios mercadorias de consumo, e é a qualidade de ser uma mercadoria de consumo que os torna membros autênticos dessa sociedade"[15]. A questão das limitações das transferências de jovens atletas e a legislação internacional aplicada à espécie também será objeto de análise neste trabalho.

Pretende-se, assim, mesmo que de forma sucinta, abordar os diversos aspectos políticos, econômicos, jurídicos e sociais da transferência de Jogadores de Futebol considerando a evidente interrelação entre eles.

3. Impactos econômicos e sociais nas transferências de atletas em formação para o exterior[16]

No mundo todo há escassez de trabalho e o cenário do futebol mundial acena com a possibilidade de ganhos elevados. Essa questão tem enorme impacto econômico e financeiro no cenário do futebol mundial, e foi agravada quando a FIFA – *Fédération Internationale de Football Association* decidiu

[15] Bauman, Zygmunt – **Vida para consumo: a transformação das pessoas em mercadoria.** p. 76.

[16] Miguel, Ricardo Georges Affonso – O Atleta Mirim e a limitação das transferências nacionais e internacionais: impacto técnico/econômico na reformulação do esporte. **Revista Academia Nacional de Direito Desportivo.** Rio de janeiro: Hazteka. Ano 1, n.º 1 (2016), p. 65-79. Neste artigo a ênfase está nas limitações trabalhistas e contratuais relacionadas ao atleta menor de idade. Apesar de alguns pontos coincidentes o enfoque deste trabalho é outro.

extinguir a possibilidade dos chamados direitos econômicos ou TPO (sigla em inglês para *Third Party Ownership*).

Mas o impacto não ocorre apenas na seara futebolística. Envolve aspectos penais, cíveis e tributários, uma vez que as transferências envolvem milhões e as autoridades fiscais dos países envolvidos têm interesse direto na verificação e tributação de valores.

Toda entidade de prática desportiva quer formar atletas de ponta. Mas é fato que as mais ricas muitas vezes optam por buscar esses atletas já formados, ou praticamente formados, no mercado para manterem equipes fortes, competitivas e vencedoras, vale dizer, equipes campeãs.

Sendo assim, a formação dos atletas nos países de origem se inicia cada vez mais cedo, mas a transferência para o exterior também se opera prematuramente, muitas vezes sem observância do regramento da FIFA.

Como se pode verificar pela reportagem da revista Veja de 13/05/2009, cuja matéria de capa é "Gol de ouro. O milionário negócio de descobrir, treinar e vender para a Europa "craques-bebês" brasileiros une clubes, famílias e investidores", essas transferências chegavam a ocorrer muito cedo, em total burla à legislação nacional e mesmo ao regulamento da FIFA. Esse êxodo de atletas mirins, ainda que financeiramente vantajoso para suas famílias, estava desprovido de proteção e é contrário a todo arcabouço jurídico constitucional e infra-constitucional de proteção ao menor[17]. Em que pese tenha havido algumas mudanças, transferências prematuras continuam ocorrendo. O prejuízo para o desenvolvimento do futebol local, inclusive de ordem financeira e econômica é grande, pois os atletas saem por valores reduzidos, não ajudam no crescimento do futebol para atrair investidores, maiores cotas de patrocínio, televisionamento etc.

Os países de origem que são formadores de atletas acabam por ser considerados exportadores desses, enquanto equipes com melhores condições financeiras são importadoras dos jogadores. O impacto econômico com a extinção do *TPO* faz com que os clubes permitam as transferências por ausência de condições financeiras de competir com salários melhores e necessidade de captação de dinheiro para manutenção de suas equipes.

Por força disso, o atleta *exportado* perde a identidade com o futebol de seu país de origem e isso não contribui com a melhora do futebol na sua

[17] Coura, Kalleo – Chuteiras que valem ouro. **Revisa Veja**. 2112. Ed Abril, ano 42, n.º 19, 13.mai.2009.

terra natal. Quando retorna, as transações financeiras também são difíceis em razão de oscilações de câmbio e custos, além da valorização natural do atleta que se desenvolveu na carreira e jogou em equipes famosas.[18]

Hoje, segundo o TMS da FIFA (sistema de transparência e registro de transferências de atletas), o Brasil é o país com mais jogadores envolvidos em negociações. A repatriação de jogadores brasileiros ficou muito difícil em decorrência da desvalorização do real, o que, ao mesmo tempo, faz com que os salários do exterior sejam muito mais atrativos, pois pagos em moeda forte. Com isso, mantem-se a ideia de o atleta continuar no exterior afastando--se cada vez mais do futebol de seu país.[19]

Tanto o Brasil como Portugal podem ser considerados países que exportam atletas e têm perdido muito com isso tanto no aspecto do futebol propriamente dito, como em questões fiscais e investimentos econômicos.

O mais recente caso brasileiro, mas de repercussão internacional, já que gera receita e tributação em dois países, trata do atleta Vinicius Júnior, do Clube de Regatas do Flamengo, de apenas 16 anos. Recentemente elevado à condição de profissional, logo após completar a idade mínima para tanto prevista na Lei 9.615/98, e jogar apenas 21 minutos como profissional, foi celebrada a transferência para o Clube Real Madrid por 45 milhões de euros por seis anos de contrato[20].

Como a FIFA proíbe a transferência do atleta antes dos 18 anos, salvo uma série de exigências que veremos, o atleta continuará jogando por seu clube de origem até, provavelmente, julho de 2018[21]. Trata-se da segunda maior transação de transferência de jogadores brasileiros para o mercado europeu. A maior foi a de Neymar, em 2013, envolvendo 88,2 milhões de euros[22], a qual gerou grande polêmica acerca de valores e tributos. Recentemente o atleta foi inocentado das acusações.

Obviamente todo esse montante financeiro e a série de transações que ocorrem, além de o futebol ser uma vitrine, despertou o interesse das auto-

[18] MANSUR, Carlos Eduardo. Moeda Frágil. Vulnerável. Dificuldade para repatriar jogadores e atratividade das propostas do exterior: como o futebol sentirá os efeitos da desvalorização do real. O Globo, Rio de Janeiro/RJ, pág. 42, 11/out/2015.

[19] Idem.

[20] SENECHAL, Alexandre. Tipo Exportação. **Revisa Veja**. 2532. Ed Abril, ano 50, n.º 22, 31.mai.2017.

[21] Idem.

[22] Ibidem.

ridades e do fisco para se verificar acerca do corretor recolhimento da tributação pertinente ou evasões fiscais.

Atualmente está em curso uma investigação nos Estados Unidos da América que envolve dirigentes da FIFA e de diversas Federações e Confederações de Futebol de vários países, dentre os quais o Brasil. O ex-presidente da Confederação Brasileira de Futebol (CBF) José Maria Marin encontra-se em prisão domiciliar em Nova Iorque. Também está preso o ex-presidente do Barcelona, Sandro Rossell, o qual é investigado por contratos com a CBF e a empresa de material esportivo americana Nike[23]. A mesma investigação envolve outro ex-presidente da CBF, Ricardo Teixeira.

Naturalmente que essas questões não decorrem exclusivamente de transferência de jogadores, mas exemplificam de que autoridades policiais e fiscais estão atentas ao mundo do futebol e eventuais atos de desvio de verbas e evasão de divisas.

Portanto, faz-se necessária uma análise dos mercados do futebol, preponderantemente o impacto econômico de transferências de atletas formados ou em formação para o exterior, já que isso gera questão tributária e fiscal tanto para o país exportador, como para o importador do atleta, além de outros desdobramentos.

A Lei Pelé (Lei n.º 9.615/98, Lei Geral do Desporto no Brasil) admite a contratação e profissionalização do atleta menor a partir de 16 anos, mas impõe como exigência um contrato com prazo não superior a 5 anos (art. 29) e preferência de renovação do mesmo com o clube formador por até 2 anos.

O regulamento de transferência de atletas da FIFA, art. 19, permite apenas a atletas maiores de 18 anos a transferência internacional, excepcionando três situações: mudança dos pais do jogador para trabalho não relacionado ao futebol; mudança entre países da União Europeia; distância não superior a 50km entre a residência do atleta e a fronteira dos países e também entre essa e o clube. O mesmo regulamento também dispõe que o certificado de transferência não pode ser requerido por atletas menores de 12 anos.

Portanto, no Brasil, o atleta só se profissionaliza a partir de 16 anos, porém a transferência só ocorrerá, salvo as exceções, aos 18 anos. Além disso,

[23] Disponível em:< http://g1.globo.com/mundo/noticia/policia-espanhola-prende-sandro-rosell-ex-presidente-do-barcelona.ghtml>. Acesso em 24/jun/2017.

em mais uma diferença entre o regramento brasileiro e a FIFA, a formação no Brasil pode ser iniciada aos 14 anos, sendo que a FIFA considera a formação a partir dos 12 anos.

Isso, evidentemente, já traz prejuízo à realidade brasileira, pois com o início mais tardio da formação, pode haver diferença financeira no sistema do mecanismo de solidariedade internacional.

Para atletas já formados ou em formação, mas disputando competições profissionais, a FIFA estabeleceu as chamadas janelas de transferência. Trata-se do período do registro de transferências internacionais dos jogadores, o qual é fixado pela Federação de cada país.[24]

Essa foi uma forma encontrada para manter o equilíbrio das competições e para preservar a estabilidade contratual entre clubes e atletas,[25] mas também tem a finalidade de limitar as transferências auxiliando na aderência do atleta ao clube formador, bem como ao país de origem.

Basicamente defendemos a ideia de que o atleta deve ter restringida a possibilidade de transferência para o exterior de modo que o clube formador tenha mais garantias pelos investimentos efetuados.

No cenário internacional, a FIFA já restringe a transferência de atletas menores e mesmo os já formados.

O artigo 29 da Lei Geral do Desporto no Brasil traz diversos meios de proteção ao clube com relação ao atleta em formação, evolução atingida com a reforma da legislação em 2011. Porém, essas alterações não foram suficientes, pois protegeram o clube acerca da formação, mas sabe-se que para um atleta obter sucesso nesse mundo competitivo a idade para despontar é de 15 anos, pois a partir dos 16 pode-se firmar o contrato definitivo e ser considerado profissional. Em razão disso, tem-se buscado promessas de idades cada vez menores, fazendo-se o investimento. Em alguns casos, são firmados contratos que aguardam o atleta completar 18 anos para que haja a transferência oficial pelos critérios regulamentares da FIFA, como o citado caso do atleta Vinicius Júnior. Existem outros contratos com subterfúgios para que haja a transferência a curto prazo.

[24] Miguel, Ricardo Georges Affonso – **A utilização do Instituto da Antecipação de Tutela para a transferência do atleta de futebol.** IN: *Atualidades sobre Direito Desportivo no Brasil e no Mundo.* Tomo II. Bastos, Guilherme Augusto Caputo, coordenador. Brasília, DF, pág. 341.

[25] Souza, Daniel Cravo. **A problemática das "janelas de transferência" no contexto do futebol brasileiro.** IN: *Atualidades sobre Direito Desportivo no Brasil e no Mundo.* Tomo II. Bastos, Guilherme Augusto Caputo, coordenador. Brasília, DF, pág. 69.

Como observa a reportagem da revista Veja, surgiram entidades (clubes) apenas destinadas à formação de atletas. É verdade que hoje essas entidades se transforaram em clubes, ou foram extintas, pois a lei exige a participação mínima em competições, mas continuam a formar atletas para serem exportados.

Desse modo, essas entidades são apenas clubes formadores. Eventualmente ocorre o empréstimo do atleta para outros clubes que funcionam como vitrines, e o jogador aparece no cenário nacional ou internacional.

Tudo isso visa, além do lucro, é claro, a transferência do jogador para o exterior, pois não é novidade que os salários pagos podem superar os pagos no país de origem.

Preocupadas com esse êxodo de atletas, há muito as autoridades desportivas resolveram partir para ações efetivas e preventivas, ao contrário de apenas julgar questões surgidas. Entenderam por bem alterar o Regulamento de Transferência da FIFA: *a*) aumentando o valor da compensação por formação dos atletas entre 12 e 15 anos (art. 20); *b*) integração de academias e escolas de futebol ao Sistema do Futebol com seus atletas relacionados nas associações nacionais; *c*) transferências internacionais e registros de atleta estrangeiro menor ficam sujeitas à autorização de um órgão dentro do Comitê do Estatuto do Jogador; e *d*) as transferências passam a constar do Sistema Eletrônico de Transferências da FIFA, com certificados internacionais de transferência emitidos eletronicamente, logo com maior publicidade.[26]

Saliente-se que, ainda assim, há problemas de transferências internacionais com burla ao sistema, bem como transferências internas que podem suscitar os mesmos problemas das transferências para o exterior.[27]

Ainda no ambiente internacional, outra ação seria a negociação entre clubes internacionais com a participação e aquiescência dos atletas a partir de 16 anos para a transferência ocorrer aos 18 anos, garantindo a formação do atleta no clube de origem e a compensação deste pelo investimento.[28]

[26] Abidão Neto, Motta, *op. Cit.* Pág. 84.

[27] Abidão Neto, Bichara e Malvestio, Stefano. Transferência Internacional do Atleta de Futebol: Tráfico ou Mercado?. IN: *Direito do Trabalho Desportivo. Os aspectos jurídicos da lei Pelé frente às alterações da Lei. N. 12.395/2011.* Organização e Coordenação Belmonte, Alexandre Agra; Mello, Luiz Philippe Vieira de; Bastos, Guilherme Augusto Caputo. – São Paulo: LTr, 2013, pág. 275.

[28] Abidão Neto, Motta, *op. Cit.* Pág. 85.

Assim, haverá plena harmonia entre as legislações trabalhista, civil, desportiva e futebolística, bem como entre essas e a legislação internacional, observada a segurança jurídica que deve reger as relações dessa natureza de modo que todos os envolvidos sempre ganhem, não havendo prejudicados ou perdedores. Essa compatibilidade de normas e interesses tutelados trará plena segurança jurídica e econômica aos atores do universo do esporte.

Esse cenário é complexo, pois exige interligação de aspectos médicos, técnicos, econômicos, financeiros, etc. É parte efetiva do destino do negócio que é o futebol, ou o esporte.

Hoje, no mundo todo, esporte não é apenas a prática lúdica onde o importante é competir, como ensinou Barão de Coubertin. Na verdade, é um negócio, que gera e gira muito dinheiro. Por isso, é imprescindível a atenção das autoridades públicas, e entidades privadas relacionadas ao futebol e ao esporte de um modo geral.

4. Evasão tributária nas Receitas Obtidas e nas Transferências Internacionais de Jogadores de Futebol

Quando se fala em atleta profissional a primeira imagem que permeia o imaginário popular é a do jogador bem sucedido, que recebe milhões de dólares de salário e ainda detém contratos milionários com empresas multinacionais.

Todavia, no Brasil, esse é um universo extremamente reduzido e que faz parte de uma minoria de atletas, conforme revelou um estudo realizado pela Confederação Brasileira de Futebol (CBF), no qual restou demonstrado que apenas 4% dos atletas ganham acima de R$ 5.000,00 (cinco mil reais) e que apenas 18% dos atletas recebem mais do que R$ 1.000,00 (um mil reais).

Logo, a conclusão a que se chega é a de que a grande maioria dos atletas recebe salários módicos, enquanto que aquela vida de glamour e conforto é restrita a uma mínima quantidade de atletas.

Todavia, o referido estudo apontou que cerca de um pouco mais de uma centena de atletas recebem salários superiores a R$ 100.000,00 (cem mil reais), que, apesar de serem exceção à regra, movimentam altas cifras mensalmente.

Essa minoria de atletas conta com o auxílio de empresários e consultores financeiros no intuito de blindar o patrimônio e adotar mecanismos legais que possam reduzir a incidência dos altíssimos tributos previstos na legislação pátria. Dentre as inúmeras formas de orientações possíveis, está a constituição de uma empresa (uma "PJ"), que passaria a receber os valores devidos em razão dos contratos de natureza civil.

4.1. Características do Contrato de Trabalho do Atleta Profissional

Contrato de trabalho é gênero do qual o contrato de emprego, dentre outros, são espécies. O trabalho que merece proteção jurídica é o trabalho subordinado, pois o trabalhador subordinado típico é o empregado.

É importante deixar claro que o atleta profissional, por força da Lei Pelé, possui vínculo de emprego e deve ter a sua carteira de trabalho profissional assinada pelo clube empregador, que também está obrigado a celebrar um contrato especial de trabalho desportivo, com os requisitos determinados na Lei n.º 9.615/1998, razão pela qual o salário devido pelo empregador deverá ser pago ao atleta (pessoa física).

Com efeito, o contrato de trabalho do atleta profissional é o negócio jurídico celebrado entre uma pessoa física (atleta) e o clube, disciplinando condições de trabalho, algumas delas pré-fixadas na *lex sportiva*, de forma onerosa e sob a orientação do empregador (clube).

No Contrato Especial de Trabalho Desportivo, a regra é a de que o contrato será, sempre, por prazo determinado, nunca inferior a 3 (três) meses e nunca superior a 5 (cinco) anos[29]. Esta talvez seja uma das características mais determinantes deste contrato especial, tendo em vista que em relação ao trabalhador ordinário a regra é a de que o contrato de trabalho vigora por prazo indeterminando, configurando exceção o prazo determinado.

Para o magistrado Sério Pinto Martins[30], as características do atleta profissional justificam a existência de um contrato de trabalho por prazo determinado, pois, do contrário, o atleta poderia sair do clube no decorrer do campeonato.

Por outro lado, o contrato por prazo determinado assegura uma garantia para o atleta, na medida e que não estará obrigado a permanecer por longo período vinculado ao mesmo clube, salvo se assim o desejar, tendo em vista

[29] Art. 30. O contrato de trabalho do atleta profissional terá prazo determinado, com vigência nunca inferior a três meses nem superior a cinco anos.

[30] MARTINS, Sérgio Pinto. Direitos Trabalhistas do Atleta Profissional de Futebol. Ed. Atlas – São Paulo: 2011. P. 19.

que poderá celebrar outros contratos de trabalho com o clube, sendo que esses contratos serão independentes e autônomos, via de regra.

Tendo em vista o curto período de duração da atividade do atleta profissional é natural a celebração de contratos até mesmo por campeonatos ou temporadas, desde que respeitado o período mínimo de 3 meses.

As características do Contrato Especial de Trabalho Desportivo estão enumeradas no artigo 28 da Lei Pelé que dispõe que *a atividade do atleta profissional é caracterizada por remuneração pactuada em contrato especial de trabalho desportivo, firmado com entidade de prática desportiva, no qual deverá constar, obrigatoriamente*: I – cláusula indenizatória desportiva, devida exclusivamente à entidade de prática desportiva à qual está vinculado o atleta, nas seguintes hipóteses: [...]; II – cláusula compensatória desportiva, devida pela entidade de prática desportiva ao atleta, nas hipóteses dos incisos III a V do § 5.º.

Aspecto fundamental para a compreensão do contrato de trabalho do atleta é a previsão contida no parágrafo 4.º do artigo 28 da Lei Pelé, na medida em que, segundo essa previsão, as disposições contidas na CLT e nas leis gerais de Seguridade Social terão aplicação subsidiária. Logo, a Lei Pelé, por se tratar de lei especial, será aquela que irá reger a atividade do atleta profissional. Naquilo em que houver omissão e desde que não haja incompatibilidade, serão aplicadas as disposições constantes daqueles diplomas legais acima mencionados.

Em Portugal não são todos os contratos de trabalho que são regidos pelo Código Português, que ressalva os contratos de trabalho em regime especial, conforme prevê expressamente o art. 9.º daquele diploma ao dispor que "Ao contrato de trabalho com regime especial aplicam-se as regras gerais deste Código que sejam compatíveis com a sua especificidade".

O professor *João Leal Amado*[31] registra que o Código do Trabalho coexiste com outras normas que contemplam regimes especiais de trabalho, como por exemplo, o trabalho doméstico, disciplinado pelo DL n.º 235/92, os profissionais de espetáculo, regidos pela Lei n.º 4/2008 e claro os desportistas profissionais, cuja profissão está regulada pela Lei n.º 28/98 e cujos principais destaques são enumerados pelo mestre português. *Verbis*:

> " i) O contrato de trabalho desportivo só é válido se for celebrado por escrito (art. 5.º, n.º 2), carecendo ainda de ser registrado para que o

[31] Contrato de Trabalho à luz do novo Código do Trabalho –2009 – P. 79/81.

praticante possa participar nas competições promovidas pela respectiva federação desportiva (art. 6.º);

ii) O contrato de trabalho desportivo é, necessariamente, um contrato a prazo, sujeito a um termo resolutivo (arts. 5.º, n.º 2, al. *e*), e 8.º, n.º 4);

iii) A duração máxima do contrato de trabalho desportivo é de oito épocas desportivas, podendo este contrato ser livremente renovado pelas partes (art. 8.º, n.º 1);

iv) Se o contrato for celebrado por um prazo superior ao permitido pela lei, o contrato não se transforma num contrato sem termo, antes vigora pelo prazo máximo legalmente admitido (art. 9.º);

v) Existem deveres específicos a cargo da entidade empregadora desportiva e do praticante desportivo (arts. 12.º e 13.º);

vi) É válida a cláusula contratual que determine o aumento ou a diminuição da retribuição em caso de subida ou descida de escalão competitivo em que esteja integrada a entidade empregadora desportiva (art. 14.º);

vii) O tempo despendido em estágios de concentração e em viagens que precedam ou se sucedam à participação em provas desportivas considera-se compreendido no período normal de trabalho do praticante, mas não releva para efeito dos limites do período normal de trabalho previsto na lei geral (art. 15.º);

viii) É permitida, com grande amplitude, a cedência temporária (o «empréstimo») do praticante desportivo (arts. 19.º e 20.º);

ix) o termo resolutivo aposto ao contrato desempenha uma função estabilizadora do vínculo, visto que ao praticante não é reconhecida a liberdade de denunciar o contrato *ante tempus* (arts. 26.º e 27.º);

x) A liberdade de trabalho do praticante poderá ser limitada, mesmo depois de o contrato ter cessado, pela chamada «compensação de formação, promoção ou valorização», a pagar pela futura entidade empregadora à anterior entidade empregadora do praticante (art. 18.º)."

O Código do Trabalho não se mostra adequado às peculiaridades da relação de trabalho desportivo. Com efeito, a aplicação da norma especial é a regra, sendo que a norma geral, prevista no Código de Trabalho, será aplicada subsidiariamente quando for compatível com a norma especial (art. 3.º da Lei 28/98 e art. 9.º do Código do Trabalho).

4.2. Outros tipos de Contratos firmados por Atletas Profissionais

Restou demonstrado que o atleta profissional possui um vínculo de natureza trabalhista com o seu clube empregador.

Todavia, nada impede que aquela minoria de atletas, que recebe altos valores e que possui uma imagem passível de exploração em razão de sua notoriedade, estabeleça contratos de natureza civil para receber esses valores.

Um atleta profissional, em razão de sua habilidade na modalidade desportiva que pratica, pode multiplicar o valor de seus contratos em curto espaço de tempo. Tal multiplicação, na maioria das vezes, decorre da exposição da imagem do atleta nos meios de comunicação. O espetáculo da globalização facilitou este caminho, na medida em que não há mais fronteiras físicas para a circulação da informação.

Atualmente, considerável parcela dos vencimentos dos atletas – em especial o futebolista – é paga através da celebração de um contrato de cessão do uso de imagem. A questão tem aportado nos Tribunais brasileiros tendo em vista a denúncia de celebração de contrato sem a devida veiculação da imagem do atleta, o que, de fato, não é permitido.

Para uma melhor compreensão do tema é necessária uma análise do instituto.

O direito de imagem está diretamente associado ao Direito da Personalidade, tendo em vista que a imagem, juntamente com o nome, a honra, a liberdade, a privacidade e o corpo, é um dos Direitos da Personalidade, que visam à proteção do ser humano e das origens de seu próprio espírito.

Celso Ribeiro Bastos[32] conceitua como sendo "*o direito de ninguém ver o seu retrato exposto em público sem o seu consentimento.*"

Na definição de Maria Cecília Naréssi Munhoz Affornalli[33], o Direito da Personalidade visa conferir proteção ao ser humano naquilo que lhe é próprio e também às suas emanações e projeções para o mundo exterior, sendo o Direito à Imagem, um direito da personalidade, classificado como um direito essencial, absoluto, oponível *erga omnes*, geral, irrenunciável, imprescritível, inexpropriável, impenhorável.

[32] Curso de Direito Constitucional – Saraiva – 1998.

[33] Direito à Própria Imagem – Ed. Juruá – 1.ª ed., 5.ª reimpressão – 2008 – P. 19.

Porém, o direito de imagem possui uma característica peculiar que o difere dos demais direitos da personalidade que é o conteúdo patrimonial, passível de exploração econômica.[34]

Além desse conteúdo material que confere ao detentor do direito a possibilidade de exploração econômica da sua própria imagem, o direito de imagem também contempla conteúdo moral, que se estabelece na proteção do interesse da pessoa que deseja impedir a propagação de sua imagem.

Trata-se de direito personalíssimo e intransferível, podendo haver permissão, autorização ou concessão de seu uso, previamente estabelecidos, em contrato, como, por exemplo: finalidade de uso, abrangência territorial, meios de divulgação, quantidade de publicação, etc. O direito à imagem não pode ser transferido, mas tão somente licenciado para determinado fim e por tempo certo. Portanto é válida e lícita a cessão do direito de explorar comercialmente o uso da imagem, pois tal fato se configura em cessão da faculdade de aproveitamento econômico e exploração comercial da imagem. Entretanto, a referida cessão não representa a transmissão da titularidade do direito à imagem.

O direito de imagem não pode ser considerado um direito de propriedade, na medida em que possui determinadas limitações, como, por exemplo, a indisponibilidade e a intransmissibilidade. Portanto, guardadas essas restrições, pode ser caracterizado como a propriedade que a pessoa tem sobre sua imagem, seu corpo e que em caso de publicação ou veiculação sem o consentimento do representado acarreta violação a este direito real.

Na lição de *Caio Mário da Silva Pereira*[35], "toda pessoa tem a faculdade de preservar a sua imagem e impedir a sua divulgação. A Constituição, a par da intimidade, resguarda a imagem, que simplesmente se representa pela expressão externa, como também pela descrição do caráter da pessoa".

É de se destacar que diante das peculiaridades que envolvem o atleta profissional, a imagem não se limita a fisionomia do jogador "se dirigindo a quaisquer partes destacadas do corpo, desde que por elas se possa reconhecer o indivíduo", conforme ensina *Carla Vasconcelos Carvalho,* destacando, nesta hipótese que, "Vislumbra-se o caráter identificador da imagem por partes e a conseqüente necessidade de tutela, na imagem de diversas cele-

[34] VEIGA, Mauricio de Figueiredo Corrêa da. **Manual de Direito do Trabalho Desportivo**. 4.ª edição, LTr – 2022, p. 263.

[35] Instituições de Direito Civil – Vol. I – Forense, 2007 – 22.ª Ed. – P. 257.

bridades do esporte, desde as pernas tortas de Mané [*sic*] Garrincha ao sorriso característico dos Ronaldos."[36]

Com efeito, a celebração de um contrato de licença de uso de imagem[37] firmado com o próprio clube que emprega o atleta, por si só, não pode ser considerado como fraudulento, mas, o será se restar demonstrada a utilização de um mecanismo fraudulento para mascarar o pagamento de salário.

Portanto, o fato do empregado possuir uma empresa para receber valores referentes a contratos de natureza civil, não pode ser considerado fraude.

Cumpre esclarecer que a exploração da imagem do atleta pode ser licenciada:

a) pelo próprio atleta;
b) por uma empresa que detém o direito de explorar a imagem daquele desportista, com o qual celebrou contrato para este fim e que lhe confere este direito; ou;
c) por uma empresa, em cujo quadro de sócios participa o próprio desportista, e aqui reside a diferença para o item "b", e que detém o direito de explorar a imagem deste, de acordo com contrato firmado para cstc fim.

É importante ressaltar que em cada uma das hipóteses acima descritas de exploração de imagem do desportista implica em um regime diverso de apuração de tributos incidentes sobre a retribuição econômica auferida. Na hipótese de serem escolhidas as opções constantes nas alíneas "b" e

[36] A Imagem do Atleta *In* Curso de Direito Desportivo Sistêmico – Vol. II. P. 602.

[37] O Direito de Imagem encontra proteção e amparo no art. 5.º, XXVIII, da Constituição Federal. *Verbis*:

Art. 5.º. XXVIII – são assegurados, nos termos da lei: a) a proteção às participações individuais em obras coletivas e à reprodução da imagem e voz humanas, inclusive nas atividades desportivas;

O art. 20 do Código Civil Brasileiro também ampara o direito à imagem da pessoa. *Verbis*:

Art. 20. Salvo se autorizadas, ou se necessárias à administração da justiça ou à manutenção da ordem pública, a divulgação de escritos, a transmissão da palavra, ou a publicação, a exposição ou a utilização da imagem de uma pessoa poderão ser proibidas, a seu requerimento e sem prejuízo da indenização que couber, se lhe atingirem a honra, a boa fama ou a respeitabilidade, ou se se destinarem a fins comerciais.

Parágrafo único. Em se tratando de morto ou de ausente, são partes legítimas para requerer essa proteção o cônjuge, os ascendentes ou os descendentes.

"c", ainda haverá a incidência, na pessoa jurídica, das Contribuições Sociais denominadas PIS e COFINS.

De acordo com a Receita Federal, desde o ano de 2003, pelo menos 405 atletas (e também artistas) foram autuados em razão da acusação de criação de empresas "fictícias" para o recebimento de serviços prestados e direitos de imagem. Os valores envolvidos chegam a aproximadamente 1 bilhão de reais se forem incluídos juros e atualização monetária.

Um dos casos de maior repercussão é o do jogador Neymar. De acordo com o Ministério Público Federal, as empresas NR Sport & Marketing, N&N Consultoria Esportiva e N&N Administração de Bens, teriam sido criadas com a única finalidade do jogador ser remunerado pelo Santos Futebol Clube e para viabilizar a transferência para a Espanha, com a única finalidade de pagar menos tributos.

Segundo informações disponibilizadas na imprensa, a empresa foi constituída para viabilizar o recebimento do valor devido a título de licença de uso de imagem e que era pago pelo clube santista.

Com efeito, a constituição de uma pessoa jurídica com essa finalidade, por si só, não pode ser considerada fraude. O Direito de imagem tem natureza civil está previsto na Constituição Federal. Em que pese se tratar de um direito da personalidade, o direito de imagem possui uma característica que o difere dos demais: a possibilidade de exploração econômica mediante a celebração de um contrato de licença de uso ou cessão.

No caso do atleta Neymar é indene de dúvidas que se trata de um atleta de notoriedade internacional, com imagem passível de exploração para fins mercantis. Logo, além do salário devido pelo clube empregador em razão da relação empregatícia estabelecida, é possível a co-existência de um contrato, à parte, de natureza civil e que pode ser celebrado com a empresa criada pelo atleta.

Em razão dos elevados valores envolvidos, foi criada uma Divisão de Acompanhamento dos Maiores Contribuintes, com a finalidade de fiscalizar "empresas de fachada" (também denominadas de "empresas de papel"), que, segundo a Receita Federal são estruturas sem atividade, muitas das vezes abertas apenas para pagar menos tributo.

De fato, a incidência do tributo para a pessoa física é de 27,5%, enquanto que a pessoa jurídica paga a metade desse percentual. Todavia, a simples existência de uma pessoa jurídica não quer dizer que haja fraude, tendo em vista que esta não se presume, devendo ser robustamente demonstrada e comprovada. Se restar comprovado que a constituição da pessoa jurídica tiver o intuito exclusivo de camuflar o pagamento de salário, aí sim restará caracterizado o ato ilícito. Do contrário, não.

4.3. Autuações da Receita Federal do Brasil

Quando a Receita Federal detecta a ocorrência de fraude é aplicada multa em valor dobrado, que aumenta de 75% para 150%, incidente sobre o tributo devido, o que acarreta autuações milionárias.

Contudo, deve ser ressaltada a existência de precedentes favoráveis aos atletas perante o Conselho Administrativo e Recursos Fiscais (CARF), tendo em vista que a Lei n.º 11.196/2005, autoriza a constituição de pessoa jurídica, de caráter personalíssimo, para o recebimento de remuneração por prestação de serviços intelectuais.

Não há dúvidas de que o recebimento de valores devidos a título de licença do uso de imagem está inserido na previsão constante da lei acima mencionada, também conhecida como Lei do BEM. O mesmo se pode dizer em relação a valores recebidos por propagandas e eventos.

A 1.ª Câmara da 2.ª Turma Ordinária da 2.ª Seção do CARF entende que a edição da Lei n.º 12.441/2011, reforçou a possibilidade de abertura de pessoa jurídica para receber valor proveniente de licença de uso de imagem (Direito de Imagem), tendo em vista que a lei de 2011 criou a empresa individual de responsabilidade limitada.

De acordo a turma julgadora acima destacada, se é possível transferir direitos autorias para empresa individual, com muito mais razão é permitido transmiti-los para uma sociedade simples, empresária, comercial ou civil de profissão regulamentada.

Outra decisão que merece destaque foi a que envolveu o Esporte Clube Vitória. Os conselheiros da 4.ª Câmara da 3.ª Turma Ordinária da 2.ª Seção, afastaram a autuação do clube pelo não recolhimento das contribuições previdenciárias incidentes sobre pagamentos feitos a equipe técnica entre os anos de 2008 e 2009, sob o fundamento no qual, os serviços prestados eram de natureza intelectual, com expressa previsão de permissão de prestação desses serviços por intermédio de pessoa jurídica.

Data vênia, dos entendimentos contrários, mas se o objeto da pessoa jurídica for lícito, o contribuinte tem a liberdade de conduzir os seus negócios, mesmo se isso importar em redução no pagamento de tributos.

4.4. Situação dos Jogadores na Europa e Tributação Internacional.

Os jogadores Messi, Neymar, Mascherano, Eto'o, Zico e Maradona, além de terem se destacado nos seus clubes e em suas seleções pátrias, têm em comum o fato de terem sido importunados pelo fisco, em razão de alegações de sonegação fiscal e ocultação de receita.

Os argentinos Messi e Mascherano respondem por sonegação, sendo que este último foi condenado em 2016 a um ano de prisão, enquanto que Messi foi condenado pelo Supremo Tribunal da Espanha à pena de 21 meses de prisão, acusado de três crimes por fraude fiscal no país

Quando eram jogadores do Barcelona, Figo e Eto'o também foram condenados no passado. O bicampeão mundial com a seleção argentina, Diego Maradona, foi acusado de burlar o fisco italiano no período em que atuou no Napoli, ao longo da década de 1980, fato este que o impediu de pisar na Itália durante muitos anos. Também lá, o jogador Zico enfrentou problema semelhante que acelerou a sua saída do Udinese, em 1985. Quatro anos depois, ele acabou inocentado, em pedido feito pelo próprio promotor de Justiça do Ministério Público.

Caso mais recente foi o do jogador português Cristiano Ronaldo, que foi denunciado no início do mês de junho de 2017, pela seção de crimes econômicos da Procuradoria Regional de Madri por supostos quatro crimes praticados contra a Fazenda Pública, entre os anos de 2011 e de 2014, importando em uma sonegação fiscal total de 14,6 milhões de euros (cerca de 51 milhões de reais).

De acordo com uma nota divulgada pelo Ministério Público, o jogador se utilizou de uma pessoa jurídica constituída em 2010, ano seguinte ao de sua contratação pelo Real Madrid, para "ocultar do fisco os rendimentos gerados na Espanha" com seus direitos de imagem, o que implica uma sonegação "voluntária" e "consciente" de suas obrigações fiscais nesse país.[38]

A Receita espanhola baseia suas denúncias no precedente firmado pelo Supremo Tribunal da Espanha que condenou o atacante Lionel Messi, em maios de 2017.

Ainda de acordo com a nota divulgada, as cotas tributárias supostamente fraudadas por Cristiano Ronaldo foram na seguinte proporção: de 1,39 milhão de euros em 2011; 1,66 milhão de euros em 2012; 3,2 milhões de euros

[38] Disponível em: http://brasil.elpais.com/brasil/2017/06/13/deportes/1497347102_586705.html.

em 2013 e 8,5 milhões de euros em 2014. Tendo em vista que esses valores ultrapassam os 120.000 euros anuais (mais de 444.600 reais por ano), a fraude fiscal é transformada em crime, punido com pena de prisão de um a cinco anos.

A denúncia contra o jogador do Real Madrid é baseada no relatório que foi enviado à procuradoria pela Agência Estatal da Administração Tributária (AEAT). O documento registra que, em 2008, o atleta outorgou a seu agente poderes para assinar um contrato de trabalho com o Real Madrid entre as temporadas de 2009/2010 e 2014/2015 e que foi assinado pelas duas partes em 21 de junho de 2009. No mês seguinte Ronaldo transferiu sua residência para a Espanha, obtendo, assim, a condição de residente fiscal nesse país a partir de 1 de janeiro de 2010.

O referido relatório aponta que o atleta optou "expressamente", em 11 de novembro de 2011, pelo regime fiscal aplicável aos trabalhadores que se transferem para o território espanhol. Isso significa que ele deveria ter registrado em 2011 os rendimentos obtidos no país a uma taxa de 24% e de 24,75% nos exercícios seguintes.

Todavia, o Fisco espanhol concluiu, depois de o Real Madrid ter confirmado, em 12 de dezembro de 2008, as condições do contrato que se formalizaria meses depois, que o atleta pretendeu obter um benefício fiscal ilícito quando chegasse à Espanha, na medida em que simulou a cessão dos seus direitos de imagem a uma empresa chamada Tollin Associates LTD, domiciliada nas Ilhas Virgens Britânicas, da qual era o único sócio.

Essa empresa, localizada naquele paraíso fiscal, cedeu a exploração dos direitos de imagem do jogador a uma outra empresa localizada na Irlanda com o nome de Multisports&Image Management LTD.

Com efeito, era a empresa irlandesa quem efetivamente realizava a gestão e a exploração dos direitos de imagem de Cristiano Ronaldo, enquanto a empresa localizada nas Ilhas Virgens Britânicas não exercia nenhuma atividade. De acordo com o Ministério Público, essa cessão era desnecessária e sua finalidade era apenas a interposição de uma tela para ocultar da Agência Estatal da Administração Tributária a totalidade das receitas obtidas pelo denunciado com a exploração de sua imagem.

Outrossim, a procuradoria faz uma referência ao fato de que o atleta registrou em sua declaração de Imposto de Renda de Pessoa Física de 2014 rendimentos de fontes espanholas, entre 2011 e 2014, de 11,5 milhões de euros. Contudo, os rendimentos obtidos de fontes espanholas naqueles exercícios teriam sido de aproximadamente 43 milhões de euros.

Outro fator apontado como irregular foi a classificação dos rendimentos obtidos como sendo de capital mobiliário e não de rendimentos derivados de atividades econômicas, o que lhe permitiu reduzir "consideravelmente" a base de cálculo a ser declarada. Por fim, a promotoria afirma que Cristiano Ronaldo excluiu "voluntariamente" outras rendas de direitos de imagem, que a Receita calcula em 28,4 milhões de euros, de outra empresa à qual cedera esses direitos entre 2015 e 2020, chamada Adifore Finance LTD, que só atuava em território espanhol.

A procuradoria de Madrid apoia sua denúncia contra Cristiano Ronaldo em critérios estabelecidos pela Procuradoria Geral do Estado espanhol e na jurisprudência mais recente, no caso a decisão do Supremo Tribunal daquele país, de 24 de maio de 2017 contra Messi e seu pai. De acordo com esses critérios, considera-se fraudulenta a interposição de um sujeito passível de um imposto diferente do real, localizado no estrangeiro, o que favorece a ocultação de informação à Fazenda.

De acordo com aquela Corte de Justiça, a liquidação apresentada pelo contribuinte é tão somente a etapa final de um procedimento forjado anteriormente para se obter a ocultação da base de cálculo do imposto, com uma razoável expectativa de sucesso por parte do fraudador.

4.5. Tributação Internacional

O Estado é livre e autônomo para criar o seu próprio sistema jurídico, inclusive com liberdade para o poder de tributar, ou seja, criar, por intermédio de normas jurídicas, os tributos e a disciplina de sua arrecadação.

Sempre se entendeu que a soberania era absoluta, no sentido de não existir, no Direito Internacional Público, qualquer limitação para que o Estado possa criar as suas próprias normas jurídicas. Contudo, na medida em que a celebração dos acordos internacionais de blocos econômicos foi se intensificando, há uma tendência no tocante à limitação da soberania estatal, tendo em vista que nestes acordos os Estados cedem parcela de sua soberania no intuito de viabilizar que determinados órgãos possam criar normas jurídicas que tenham validade, vigência e eficácia em todo o bloco econômico (SILVA; Felipe Ferreira, P. 201/202)[39].

Portanto, se a soberania estatal sofre limitações, a soberania fiscal também será afetada em razão da formação dos blocos econômicos.

[39] SILVA, Felipe Ferreira – Tributação no Futebol: Clubes e Atletas – São Paulo : Quartier Latin, 2009 – P. 201/202.

Tendo em vista o crescente movimento de circulação internacional de bens e pessoas, fatos existem que, ocorridos fora das fronteiras de um Estado, podem guardar relação com este e sofrerem a incidência de normas tributárias por ele editadas.

Atualmente é normal a constituição de empresas, com capital estrangeiro, que se instalam nas dependências de empresas em território e outro Estado, celebram-se contratos de mútuo com pessoas residentes em Estados distintos.

A tributação pode dar-se com base no princípio da nacionalidade ou no princípio da territorialidade. É importante distinguir a territorialidade material e forma. A territorialidade material tem a ver com a possibilidade de a norma viger ou não fora do território de um dado Estado, enquanto que a segunda significa que o crédito tributário não pode ser exigido fora do território de um Estado, ainda que o fato jurídico tributário tenha se realizado em outro Estado.

5. Considerações finais

a) No mundo globalizado, o futebol se tornou uma referencia mundialmente conhecida mobilizando grandes somas de dinheiro e conquistando a adesão cada vez maior de pessoas de todas as camadas sociais. Neste contexto, o jogador é negociado como mercadoria e tem um preço ligado a sua imagem. Ele é um produto que traz rendimento para o clube que o contratou e para os patrocinadores. Assim, o futebol perde parte de seu caráter exclusivo de atividade esportiva e torna-se também um produto esportivo, cultural, econômico e social.

b) Este fenômeno da comercialização do futebol aliado às somas consideráveis de dinheiro movimentado pelos meios de comunicação e pelos patrocinadores, transforma este esporte em alvo vulnerável para a corrupção, lavagem de dinheiro e evasão fiscal em todo o mundo.

c) A transferência prematura para o exterior de jogadores de futebol em formação possui diversos impactos econômicos e tributários. Em que pese as restrições existentes nos regulamentos da FIFA e nas legislações internas dos países "exportadores", como o Brasil, ainda existe espaço para aperfeiçoamento visando compatibilizar as normas e os interesses tutelados no sentido de conferir plena segurança jurídica e econômica aos atores do universo do esporte, e do futebol, em especial.

d) Uma das questões mais comuns relacionadas à transferência internacional de jogadores de futebol é a evasão fiscal. Foram abordados os diversos tipos de contratos firmados por atletas profissionais, dando ênfase ao contrato de trabalho e ao contrato de cessão do uso de imagem, expondo algumas de suas características. Os diversos exemplos de atuação das autoridades tributárias brasileira e europeia coibindo a utilização de pessoas jurídicas com a finalidade de ocultar do fisco os rendimentos gerados com os direitos de imagem dos jogadores, caracterizando esta prática como uma sonegação das obrigações fiscais, demonstram a complexidade do problema.

Referências bibliográficas

BAUMAN, Zygmunt – **Vida Líquida**. Rio de Janeiro: Jorge Zahar, 2007.

________________ – **Vida para consumo: a transformação das pessoas em mercadoria**. Rio de Janeiro: Zahar, 2008.

BASTOS, Guilherme Augusto Caputo, coordenador. Atualidades sobre o Direito Esportivo no Brasil e no Mundo. Coordenador. Dourados, MS: Ed. Seriema, 2009.

BASTOS, Guilherme Augusto Caputo, coordenador. Atualidades sobre Direito Desportivo no Brasil e no Mundo. Tomo II. Brasília, DF.

BELMONTE, Alexandre Agra; MELLO, Luiz Philippe Vieira de; BASTOS, Guilherme Augusto Caputo. Direito do Trabalho Desportivo. Os aspectos jurídicos da lei Pelé frente às alterações da Lei. N. 12.395/2011 – São Paulo: LTr, 2013,

BONIFACE, Pascal – **Football et mondialisation**. Paris: Armand Colin, 2006.

BRUNI, José C. Apresentação. **Revista USP – Dossiê Futebol**. São Paulo, n. 22, 1994, p. 6-9.

COURA, Kalleo. Chuteiras que valem ouro. Revisa Veja. 2112. ed., ano 42, n.º 19, 13 mai. 2009.

KOCH, Rodrigo; FORELL, Leandro – Mercadorias Pós-Modernas: produtividades das migrações de jogadores de futebol na contemporaneidade na constituição dos jovens torcedores. **Caderno de Estudos Culturais.** Campo Grande: UFMS. v. 8, n. 15 (2016).

MACHADO, Rubens Aprobato; LANFREDI, Luis Geraldo Sant'ana; TOLEDO, Otávio Augusto Almeida; SAGRES, Ronaldo Crespilho; NASCIMENTO, Wagner. Coordenação. Curso de Direito Desportivo Sistêmico. Volume II – São Paulo. Quartier Latin, 2010.

MANSUR, Carlos Eduardo. O Globo – Rio de Janeiro/RJ, 11/out/2015.

SALVO, Mauro – **Lavagem de Dinheiro nas Transferências Internacionais de Jogadores de Futebol dos Clubes Gaúchos: as características do mercado e**

suas vulnerabilidades. [Em linha] Apresentação de Trabalho/Congresso, 2012. [Consult. 19 Jun. 2017]. Disponível em http://cdn.fee.tche.br/eeg/6/mesa9/Lavagem_de_Dinheiro_nas_Transferencias_Internacionais_de_Jogadores_de_Futebol_dos_Clubes_Gauchos-As_caracteristicas_do_mercado__suas_vulnerabilidades.pdf

Tiesler, Nina Clara; Coelho, João Nuno. O futebol globalizado: uma perspectiva lusocêntrica. **Análise Social**. Lisboa, n. 179 (2006), p. 313-343.

Veiga, Mauricio de Figueiredo Corrêa da. **Manual de Direito do Trabalho Desportivo.** 4.ª edição, Editora LTr, São Paulo, 2022.

Regulations on the Status and Transfer of Players. Disponível em <http://www.fifa.com/ aboutfifa/federation/administration/playersagents/regulationstatustransfertsplayers.html>. Acesso em 16 de agosto de 2009.

15. PREVALÊNCIA AUTÁRQUICA NO DESENVOLVIMENTO DAS ATRIBUIÇÕES DESPORTIVAS

MIGUEL FURTADO[1]

RESUMO: O direito à prática desportiva, denominado cientificamente por *"desporto para todos"*, é um direito social fundamental atribuído pela Constituição da República Portuguesa a todos os cidadãos, de modo igual e sem qualquer discriminação, nos termos do seu art. 79.º e que produz múltiplos benefícios de relevo, tanto indíviduais como de cidadania. Devido à sua importância, é atribuido constitucionalmente ao Estado em sentido amplo (Governo, Regiões Autónomas e Autarquias Locais) a incumbência de promoção, estímulo, orientação e apoio deste direito universal ao desporto. No entanto e visto que todas estas pessoas coletivas de cariz territorial usufruem de atribuições, possuindo os seus órgãos em consequência, de competências para, nos termos mencionados desenvolver a atividade física, poderão verificar-se atropelos jurídicos entre as mesmas. Assim, de modo a clarificar normativamente as referidas atribuições e competências, pretendeu-se cientificamente com este artigo analisar, com base nos princípios da Autonomia Local e da Descentralização, mas prioritariamente no âmbito do Princípio da Subsidiariedade que entendemos ser o mais relevante, em caso de levantamento da dúvida jurídica, a qual das três entidades públicas deverá ser concedida a função

[1] mrfurtado@hotmail.com. Artigo científico realizado no âmbito do Doutoramento em Direito da Faculdade de Direito da Universidade de Lisboa, sob a coordenação do atual Presidente da República, o Sr. Professor Doutor Marcelo Rebelo de Sousa. O autor é Jurista, Professor Universitário e Investigador de Direito e especialista em Direito do Desporto e Políticas Públicas Desportivas.

da sua propagação. Investigação esta que, pelos motivos apresentados, concluirá por regra o desenvolvimento destas atribuições pelas Autarquias Locais aquando da existência de sobreposição.

Palavras-Chave: Direito ao Desporto para Todos, Atribuições e Competências, Autarquias Locais, Princípio da Subsidiariedade.

> *Assim como é injusto subtrair aos indivíduos o que eles podem efectuar com a própria iniciativa e indústria, para o confiar à colectividade, do mesmo modo passar para uma sociedade maior e mais elevada o que sociedades menores e inferiores podiam conseguir, é uma injustiça, um grave dano e perturbação da boa ordem social. O fim natural da sociedade e da sua acção é coadjuvar os seus membros, não destruí-los nem absorvê-los.*
>
> Encíclica Quadragesimo Anno[2]

1. Introdução

Estipula-nos o art. 79.º da Constituição da República Portuguesa que a prática desportiva por parte de todos os cidadãos é um direito fundamental social de âmbito cultural, tendo qualquer pessoa singular deste modo, independentemente das suas características e de acordo com o princípio da igualdade plasmado nos arts 13.º da CRP, 6.º do CPA e 2.º da LBAFD (Lei de Bases da Actividade Física e do Desporto – 5/2007, de 16 de Janeiro), possibilidade constitucional de desenvolver a prática desportiva com liberdade[3].

[2] A Conceção do Princípio da Subsidiariedade surgiu pela doutrina social da Igreja Católica, que a definiu deste modo, com a finalidade de proteção da dignidade da pessoa humana. Ver: Torres, Silvia Faber (2001). *O princípio da subsidiariedade no direito público contemporâneo*. Rio de Janeiro: Renovar. p. 25.

[3] Esta possibilidade jurídica de cada cidadão só se verificou em Portugal a partir da Constituição de 1976, primeiro através de um mero reconhecimento e a partir de 1982, com a atribuição constitucional ao cidadão de um efetivo direito a esta liberdade, ao contrário dos períodos anteriores, cuja prática era controlada, centralizada e adstrita a certas modalidades selecionadas pelo Estado e instrumentalizada em benefício de quem ocupava os respectivos cargos públicos. José Manuel Meirim apelida mesmo tais períodos negros como *"o momento de escravidão do desporto"*. Ver em Meirim, José Manuel (1993). *As Leis do Sistema Desportivo*. Lisboa: Editorial Notícias. p. 8.

Todos os cidadãos terão assim, nos termos do art. 79.º, n.º 1 da CRP, *"direito à cultura física e ao desporto"*[4] e em observância do art. 2.º da LBAFD, *"direito à atividade física e desportiva"*, direito este que, a ser corretamente desenvolvido, permitirá a adequada obtenção, conforme nos elucidam juridicamente o art. 2, n.º 1 a) da Carta Europeia do Desporto[5] (1992) do Conselho da Europa e o Livro Branco sobre o Desporto[6] (2007) proveniente da Comissão Europeia, de um bem-estar físico e psíquico, facilidade de relações sociais ou resultados competitivos, viabilizando portanto a efetiva aquisição ou melhoria da qualidade de vida da população, prevista no art. 9, d) da CRP.

Preceitua igualmente o art. 79.º, n.º 2 da CRP que o desenvolvimento deste direito fundamental social de caráter cultural *"incumbe ao Estado"*, que deverá *"promover, estimular, orientar e apoiar"* a sua prática e difusão, em colaboração com outras entidades, discriminadas na norma jurídica referida, designadamente as escolas, associações e as coletividades desportivas[7].

O Estado dispõe, portanto, da atribuição constitucional de propagação do direito fundamental ao desporto para todos os cidadãos, consistindo concretamente as citadas promoção, estimulação, orientação e correspondente apoio, de acordo com José Manuel Meirim, no seguinte[8]:

[4] Verifica-se pois, *"a expressa consagração constitucional do direito ao desporto como direito fundamental do cidadão"*. Ver MEIRIM, José Manuel (2006). "Desporto e Constituição". *Temas de Direito do Desporto.* Coimbra: Coimbra Editora. pp. 13-57. p. 15.

[5] Diz-nos o artigo mencionado que desporto significa: *"todas as formas de actividades* físicas que, através de uma participação organizada ou não, têm por *objectivo a expressão ou o melhoramento da condição física e psíquica, o desenvolvimento das relações sociais ou a obtenção de resultados na competição a todos os níveis"*

[6] No Livro Branco sobre o desporto, este significa: *"todas as formas de actividade* física que, através da participação ocasional ou organizada, visam exprimir ou melhorar a condição física e o bem-estar mental, constituindo relações sociais ou obtendo resultados nas competições a todos os níveis".

[7] De acordo com o mencionado na nota de rodapé n.º 1, explica-nos Alexandra Pessanha que, *"com a queda dos regimes ditatoriais a postura do Estado alterou-se, terminando o período da instrumentalização política sistemática do desporto"*. Ver em PESSANHA, Alexandra (2001). *As Federações Desportivas: Contributo para o Estudo do Ordenamento Jurídico Desportivo.* Coimbra: Coimbra Editora. p. 19.

[8] Complementando a opinião de José Manuel Meirim, diz-nos Alexandra Pessanha que, **promover** *"(do latim promovere), significa impelir para adiante, dela podendo inferir-se uma certa ideia de investidura no dever de difundir, desenvolver ou fomentar o desporto"*, **estimular e apoiar,** deverão possuir o mesmo sentido de **promover,** *"nele se fundando a obrigação de facultar todos os meios humanos, técnicos e financeiros necessários à prática e à difusão da cultura física e do desporto"*, enquanto a

- Promover, *"sugere desenvolvimento, difusão e vulgarização"*[9];
- Estimular, *"apela à existência de medidas que conduzam à prática desportiva"*[10];
- Orientar, *"é sinónimo de programação"*[11];

e

- Apoiar, *"traduz-se em financiamento público do desporto através do associativismo"*[12].

Mas, não usufruindo de um modo absoluto do desenvolvimento desta responsabilidade, devendo igualmente permitir que tal suceda pelas instituições estabelecidas no preceito jurídico indicado e inclusivamente da maneira aí estatuida[13].

Estado este que se deve entender, num sentido lato, incluindo as Regiões Autónomas e as Autarquias Locais. Neste sentido, diz-nos Jorge Miranda que, quando se *"fala em Estado deve entender-se...que abrange as regiões autónomas e as autarquias locais"* pois *"também elas devem promover, estimular, orientar e apoiar a prática e a difusão da cultura física e do desporto"*, sendo que *"tudo está depois em saber como conjugar as acções de uns e outros"*[14].

Tendo o prestigiado autor proposto inclusivamente em 1980, a revogação do artigo 79.º em vigor, substituindo-o pelo seguinte texto: *"Todos têm direito à cultura física e ao desporto, incumbindo ao Estado, às regiões autónomas e às autarquias locais promover, estimular e orientar a sua prática e difusão"*[15].

função **Orientar** ocupa um papel secundário, *"pertencendo-lhe a definição de uma política desportiva de âmbito nacional que contemple todas as formas de manifestação desportiva, uma vez que o direito do desporto é um direito de carácter universal e em articulação com outros direitos sociais constitucionalmente consagrados"*. Ver em Pessanha, Alexandra (2001). *As Federações Desportivas: Contributo para o Estudo do Ordenamento Jurídico Desportivo*. Coimbra: Coimbra Editora. p. 69.

[9] Meirim, José Manuel (2006). "O Papel do Estado na Educação Física e no Desporto a partir do Artigo 79.º da Constituição da República Portuguesa", *Temas de Direito do Desporto*. Coimbra Editora: Coimbra. pp. 135-165. p. 164.

[10] Idem.

[11] Idem.

[12] Idem.

[13] O denominado *"hemisfério do privado"*, de acordo com Paulo Otero. Ver Otero, Paulo (2016). *Direito do Procedimento Administrativo*. Volume I. Coimbra: Almedina. p. 437.

[14] Miranda, Jorge & Medeiros, Rui (2010). *Constituição Portuguesa Anotada*. Tomo I. 2.ª edição. Coimbra: Coimbra Editora. p. 1445-1446.

[15] Miranda, Jorge (1980). *Um Projecto de Revisão Constitucional*. Coimbra: Coimbra Editora. p. 70.

Apesar de não nos parecer, todavia necessário, já que decorre automaticamente da Constituição, na distribuição das atribuições e competências, que tal deverá ser assim, destacando-se de imediato, nos âmbitos geral da função administrativa, a estrutura descentralizada (art. 267.º, n.º 2 da CRP) e especifica, nomeadamente as estruturas descentralizadas das Regiões Autónomas (art. 227.º da CRP) e do Poder Local (art. 237, n.º 1 da CRP).

Deve assim interpretar-se a pessoa coletiva pública Estado na sua abrangência[16], pois *"o Estado que procura efetivar tais direitos só pode ser a realidade que abarca as diversas aproximações subjetivas da actividade* pública"[17], não existindo quaisquer dúvidas de que sentido recolhido na norma em apreço deve ser o mais amplo[18], visto ser um modelo que comporta *"uma vertente descentralizadora"*[19].

Aliás, se assim não fosse, estaria desprovida de qualquer sentido a estatuição como limites materiais constitucionais, da autonomia político-administrativa das Regiões Autónomas e da autonomia das autarquias locais, nos termos do art. 288.º, o) e n) da CRP. Seriam, pois, preceitos normativos esvaziados de conteúdo.

Mas caso ainda subsistissem quaisquer dúvidas quanto ao significado adequado do conceito de *"Estado"* previsto no art. 79.º da CRP, as mesmas ficariam dissipadas através da Lei ordinária (e de valor reforçado) mais relevante para o sector desportivo, a Lei de Bases da Actividade Física e do Desporto (LBAFD – Lei n.º 5/2007, de 16 de Janeiro), que nos apresenta inúmeros artigos com incumbências estatais de cariz nacional, regional e local[20].

[16] E nomeadamente a nível administrativo *"o conjunto de pessoas colectivas que exercem a título principal a função administrativa"*. Ver em: Sousa, Marcelo Rebelo de & Matos, André Salgado de (2014). *Direito Administrativo Geral – Introdução e Princípios Fundamentais*. 5.ª edição. Tomo I. Lisboa: Publicações Dom Quixote. p. 49.

[17] Meirim, José Manuel (2006). "Desporto e Constituição". *Temas de Direito do Desporto*. Coimbra: Coimbra Editora. pp. 14-57. p. 46.

[18] Idem. Diz-nos ainda José Manuel Meirim (2006, p. 46), em análise ao art. 79.º, n.º 2 que *"todo o sistema desportivo em qualquer das suas valências, tem que ter a participação dessas outras entidades, públicas e privadas"*.

[19] Canotilho, José Gomes & Moreira, Vital (2014). *Constituição da República Portuguesa Anotada*, Volume I, 4.ª edição revista, reimpressão, Coimbra: Coimbra Editora. p. 935.

[20] Casos dos arts 5.º, 6.º, 8.º, 28.º, 29.º, 38.º e 46.º da LBAFD.

Verificando-se deste modo três conclusões fulcrais[21], *"que correspondem às características típicas deste direito* (ao Desporto), *tal como é conformado pela Constituição"*[22], designadamente[23]:

- O desporto ser considerado como cultura e como meio capital de valorização do ser humano, tendo como finalidade primordial a formação integral da pessoa, e onde se incorpora não só a compleição física, mas mais importante ainda, o aperfeiçoamento da sua personalidade *("mens sana in corpore sano")*, bem como o desenvolvimento da sociedade vista enquanto bem-estar, qualidade de vida e aquisição de princípios éticos;
- A necessidade de intervenção estadual nos seus vários quadrantes **(Nacional, Regional e Autárquico)**, enquanto garante de organização social e representação da sociedade cívica, não se permitindo, pois, por parte do Estado, a sua indiferença por um pilar social fundamental, mas impedindo também o possível abuso do poder e o domínio total dos entes públicos, que poderiam secundarizar a indispensável intervenção civil;
- A colaboração e, portanto, a partilha de tarefas de incremento do desporto por parte do Estado com instituições preparadas para o efeito, caso das escolas, associações e coletividades, que conhecem muitas vezes bastante melhor o meio envolvente e o que precisa de ser realizado, encontrando-se mais facilmente em contacto com a realidade prática e os destinatários das políticas desportivas a aplicar.

Com base nas conclusões apresentadas, a finalidade deste nosso trabalho de investigação será o de analisar a matéria relativa ao desenvolvimento das atribuições por parte das instituições públicas que dispõem da função administrativa, sendo que estas atribuições, relativas ao fomento do Direito ao *"Desporto para Todos"*[24], são pois da incumbência jurídico-política das três

[21] Ou *"ideias-força"*, como lhes chama José Vieira de Andrade.

[22] Andrade, José Vieira de Andrade de. "Os Direitos Fundamentais e o Direito do Desporto". In Barbosa, Nuno & Costa, Ricardo (Coord. – 2007). *II Congresso de Direito do Desporto – Memórias.* Porto: Almedina. pp. 23-41, p. 26.

[23] Idem.

[24] Denominação atribuida pela doutrina especializada visto que, de acordo com os princípios da universalidade e da igualdade, **todos** os cidadãos dispõem do direito de praticarem com liberdade o seu desporto preferido, incumbindo ao Estado em sentido amplo o dever de possi-

pessoas coletivas de tipo territorial, Estado, Regiões Autónomas e Autarquias Locais.

Deste modo, ao nível da função administrativa, quem deverá possuir prevalência no desenvolvimento das respectivas atribuições, isto é, em caso de conflito, como se deve realizar a correspondente interpretação? Ou seja, quem é a pessoa colectiva de âmbito territorial que terá maior possibilidade de alcançar mais adequadamente as finalidades determinadas na lei, tendo em vista a melhor prossecução do interesse público?

Assim, o problema jurídico que nos interessa analisar respeita à possibilidade da existência de um conflito de atribuições, já que *"a disputa versa sobre a existência ou a prossecução de um determinado interesse público"*[25] e *"entre os interesses próprios das populações locais e os interesses gerais da colectividade nem sempre é fácil traçar a linha divisória"*[26].

Sendo que, em caso de dúvidas, importa, segundo Mário Esteves de Oliveira, Pedro Costa Gonçalves e Pacheco de Amorim *"a conveniência ou eficiência"*[27], *as maiores vantagens para a boa resolução do assunto"*[28], devendo tomar-se *"em conta a natureza dos interesses em causa"*[29].

bilitar que tal verdadeiramente se verifique. Veja-se por exemplo, MEIRIM, José Manuel (2006). "Desporto e Constituição". *Temas de Direito do Desporto.* Coimbra: Coimbra Editora. pp. 14-57. p. 42. Todavia, tal denominação surgiu primeiramente em 1966 através do Conselho da Europa, que idealizou e iniciou uma campanha, com o propósito de posicionar o desporto ao alcance de todos os indivíduos, independentemente do sexo, idade, ou condição socioeconómica, campanha esta intitulada precisamente de *"Desporto para Todos".* A partir desta data, foram elaborados vários documentos de âmbito jurídico com esta designação, destacando-se a *"Carta Europeia do Desporto para Todos",* aprovada na Conferência dos Ministros Europeus responsáveis pelo Desporto e adotada oficialmente a 24 de Setembro de 1976 na Resolução 76(41) do Conselho da Europa intitulada de *"On The Principles for a Policy of Sport for All".*

[25] AMARAL, Diogo Freitas de (2015). *Curso de Direito Administrativo.* Volume I. *4ª edição.* Coimbra: Almedina. p. 650. Diz-nos ainda o prestigiado autor que atribuição significa precisamente a *"prossecução de um determinado interesse público"* (AMARAL. Diogo Freitas de. 2015. p. 204). Veja-se também a opinião de Isabel Celeste Fonseca cuja atribuição é um *"o conjunto de interesses públicos postos por lei a cargo de um determinado ente público"*. Ver em: FONSECA, Isabel Celeste (2012). *Direito da Organização Administrativa.* Coimbra: Almedina. p. 65.

[26] AMARAL, Diogo Freitas de (2015) *Curso de Direito Administrativo,* Volume I. 4.ª edição. Coimbra: Almedina. p. 421.

[27] OLIVEIRA, Mário et al (2010). *Código do Procedimento Administrativo Comentado.* 2.ª edição. Coimbra: Almedina. p. 203.

[28] *Idem.*

[29] *Idem.*

2. Legislação relativa às atribuições e competências de âmbito desportivo

Determina a correspondente Lei Orgânica do XXI Governo[30] nos termos do seu art. 21.º, que a competência para formular, conduzir, executar e avaliar a política nacional de juventude e desporto é do Ministro da Educação sendo este coadjuvado, de acordo com o art. 8.º, pelo Secretário de Estado da Juventude e do Desporto, pertencendo deste modo as atribuições de âmbito administrativo estatal ao Ministério de Educação.

Nas Regiões Autónomas, as mesmas integram-se na Madeira, conforme nos refere o art. 7.º, n.º 1, alínea d) do Decreto Regulamentar Regional n.º 2/2015/M, de 12 de Maio, na Secretaria Regional da Educação[31] e nos Açores, segundo o art. 11.º, alínea d) do Decreto Regulamentar Regional n.º 12/2014/A, de 27 de Julho, na Secretaria Regional da Educação e da Cultura[32].

Quanto ao Poder Local, a matéria das atribuições e competências encontra-se regulada no Regime Jurídico das Autarquias Locais[33], estatuindo o art.º 2.º, n.º 2, alínea d) que as freguesias dispõem, entre outras, de atribuições no domínio da Cultura, tempos livres e desporto, enquanto pelo art. 23.º, n.º 2, alínea f), o mesmo sucede relativamente aos municípios no tocante aos tempos livres e desporto.

3. Princípios jurídicos relevantes

Como já visto, as atribuições para promover, estimular, orientar e apoiar a cultura física e a prática desportiva pertencem, conforme verificado, às três pessoas coletivas de âmbito territorial, Estado na acepção administrativa[34], Regiões Autónomas e Autarquias Locais, sem desprimor do princípio

[30] *Decreto-Lei n.º 241-A/2015, de 17 de Dezembro.*

[31] Preceitua o referido artigo que "À Secretaria Regional de Educação são cometidas as atribuições referentes aos setores seguintes: d) Desporto", sendo, portanto, o Órgão competente, o respectivo Secretário Regional da Educação.

[32] Preceitua o referido artigo, relativo às competências do Órgão, que *"O Secretário Regional da Educação e Cultura exerce as suas competências nas seguintes matérias: d) Desporto"*, sendo, portanto, o Órgão competente, o respectivo Secretário Regional da Educação e Cultura.

[33] Lei n.º 75/2013, de 12 de Setembro.

[34] Nomeadamente, de acordo com Diogo Freitas do Amaral, *"a pessoa colectiva* pública que, no seio da comunidade nacional, desempenha sob a *direcção do Governo, a actividade administrativa"*.

constitucional geral da unidade do Estado[35], conforme preceituado na primeira parte do art. 6.º, n.º 1 da CRP, existindo portanto *"um único ordenamento jurídico, uma única soberania e um único poder constituinte"*[36].

Em suma, como nos explicam José Gomes Canotilho & Vital Moreira, *"um único Estado, uma só constituição, órgãos de soberania únicos para todo o território nacional, uma ordem jurídica, com clara definição da competência das competências políticas e legislativas"*[37].

Contudo, deve verificar-se logo em uníssono e em consonância com este princípio geral de unidade, o respeito, de acordo com o mesmo preceito, do Regime Autonómico Insular e dos princípios da subsidiariedade, da autonomia das Autarquias Locais e da descentralização democrática da administração pública[38] e portanto, a necessidade imediata de se encontrarem distribuídas atribuições administrativas entre as várias pessoas coletivas de âmbito territorial.

Princípios estes de âmbito específico, que qualificam o primeiro referido, relativo à unidade do Estado, mas sem o contrariarem,[39] completando na nossa opinião, em conjunto, um núcleo de garantias aos próprios cidadãos. Princípios específicos estes, que se encontram posteriormente discriminados em outros preceitos constitucionais[40] ou em outros diplomas[41],

Ver em Amaral, Diogo Freitas de (2015). *Curso de Direito Administrativo.* Volume I. 4.ª edição. Coimbra: Almedina. p. 194.

[35] Canotilho, José Gomes & Moreira, Vital (2014). *Constituição da República Portuguesa Anotada.* Volume I. 4.ª edição revista. Reimpressão. Coimbra: Coimbra Editora. p. 232.

[36] Martelo, Bruno (2014). *Descalça vai para a Fonte: A ERSAR no Caminho da Autonomia Local.* Coimbra: CEDIPRE On Line 23 – Faculdade de Direito da Universidade de Coimbra. p. 8. Ver em: http://www.fd.uc.pt/cedipre/publicacoes/online/public_23.pdf.

[37] Canotilho, José Gomes & Moreira, Vital (2014). *Constituição da República Portuguesa Anotada.* Volume I. 4.ª edição revista. Reimpressão. Coimbra: Coimbra Editora. p. 233.

[38] Veja-se a título de exemplo, quanto a esta referência ao art. 6.º da CRP, os acórdãos do Tribunal Constitucional n.º 329/99, de 2 de Junho de 1999 e n.º 560/99, de 19 de Outubro de 1999.

[39] Canotilho, José Gomes & Moreira, Vital (2014). *Constituição da República Portuguesa Anotada.* Volume I. 4.ª edição revista. Reimpressão. Coimbra: Coimbra Editora. p. 232.

[40] Casos por exemplo dos arts. 225.º e 226.º da CRP relativos ao Regime Autonómico Insular ou do art. 237.º, n.º 1 da CRP, relacionado com a descentralização administrativa das Autarquias Locais.

[41] Como os Estatutos Político-Administrativos dos Açores e Madeira, a Carta Europeia da Autonomia Local ou o Regime Jurídico das Autarquias Locais, o Código de Procedimento Administrativo relativamente às competências dos Órgãos e a Lei de Bases da Actividade Física e do Desporto, quanto à matéria versada neste relatório.

sendo que, de acordo com o pretendido no respectivo artigo[42], o âmbito do nosso trabalho irá versar sobre o princípio da subsidiariedade[43].

No entanto, diga-se que este princípio se encontra necessariamente de modo instantâneo, como aliás se percebe pela disposição de várias normas onde se encontra a sua previsão, correlacionado com os princípios da descentralização e da autonomia local, que lhe conferem posterior eficácia[44].

Ora, autonomia local, como se pode perceber claramente pelo art. 3.º da Carta Europeia da Autonomia Local, é *"a capacidade das autarquias prosseguirem livremente a realização das suas atribuições através dos seus próprios órgãos e sob a sua inteira responsabilidade"*[45] e no interesse das suas populações, devendo estas atribuições confiadas às autarquias locais, nos termos do art. 4.º, n.º 4 serem normalmente plenas e exclusivas, não podendo ser postas em causa ou limitadas por qualquer autoridade central ou regional, a não ser nos termos da lei[46].

Existindo inclusivamente duas doutrinas divergentes, uma de António Cândido de Oliveira[47] e outra de Diogo Freitas do Amaral[48] no que diz res-

[42] Lembre-se que o pretendido é perceber, em caso de conflito de atribuições, quem deverá ser a pessoa colectiva de âmbito territorial que terá maior possibilidade de alcançar mais adequadamente as finalidades determinadas na lei, tendo em vista a melhor prossecução do interesse público.

[43] Ou *"subsidiariedade administrativa"*, conforme lhe chama Margarida Salema Martins. Ver em: Martins, Margarida Salema d'Oliveira (2001). *O Princípio da Subsidiariedade*. Vol. II. Lisboa: AAFDL. p. 617.

[44] Os vários princípios referidos devem ser lidos em contexto, ou seja, estão obrigatoriamente correlacionados entre si bem como com o princípio da unidade do Estado e o Regime Autonómico Insular. Ver: Canotilho, José Gomes & Moreira, Vital (2014). *Constituição da República Portuguesa Anotada*. Volume I. 4.ª edição revista. Reimpressão. Coimbra: Coimbra Editora. p. 232. Veja-se ainda, a título de exemplos jurisprudenciais, a Sentença do Tribunal Administrativo de Círculo de Lisboa relativa ao Processo n.º 2192/14.2 (Ação Administrativa Especial de pretensão conexa com atos administrativos) e o Acórdão do Tribunal Constitucional n.º 949/2015 de 22-10-2015.

[45] Neves, Maria José Castanheira (2004). *Governo e Administração Local*. Coimbra: Coimbra Editora. p. 9.

[46] Assim, nestes termos e conforme o preceituado no art. 4.º, n.º 2 da referida Carta, *"Dentro dos limites da lei, as autarquias locais têm completa liberdade de iniciativa relativamente a qualquer questão que não seja excluída da sua competência ou atribuída a uma outra autoridade"*.

[47] Ver em: Oliveira, António Cândido (2013). *Direito das Autarquias Locais*. Coimbra: Coimbra Editora. 2013.

[48] Ver em: Amaral, Diogo Freitas de (2015). *Curso de Direito Administrativo*. Volume I. 4.ª edição. Coimbra: Almedina. 2015.

peito ao núcleo de assuntos que devam pertencer às Autarquias Locais e o seu modo de colaboração com o Estado[49], o que nos faz concluir que a forma de interpretar o princípio da autonomia local influenciará obviamente a percepção do princípio da subsidiariedade[50].

Já o princípio da descentralização administrativa relaciona-se com a estruturação da Administração pública e desta maneira, diz respeito às relações entre as várias pessoas colectivas públicas e especificadamente à distribuição ou não de atribuições entre as várias entidades de base territorial existentes bem como às respectivas competências para a sua possível execução, mormente para o interesse do nosso escrito, entre Estado, Regiões Autónomas e Autarquias Locais[51], sendo que as Regiões Autónomas inserem-se na forma de *"descentralização política"*[52].

Assim, para nós, se quisermos delinear uma cadeia de relevância no desenvolvimento dos três princípios, o da descentralização encontrar-se-ia

[49] Vamos todavia isentar-nos de desenvolver a matéria relativa ao princípio da autonomia local visto não ser esta com efeito, a finalidade do nosso trabalho científico e sim, a concernente ao princípio da subsidiariedade.

[50] Aliás, para António Cândido Oliveira, o princípio de autonomia local acolhido pela nossa Constituição baseia-se numa *"autonomia local desenvolvida que o princípio da subsidiariedade, incluído no artigo 6.º ainda mais reforça"*, o que comprova a nossa teoria de posterior eficácia deste considerando os outros dois princípios, da autonomia local e da descentralização e portanto, a observância da indispensável interligação entre ambos para o fortalecimento jurídico do poder facultado pela lei às Autarquias Locais. Ver em: Oliveira, António Cândido (2013). *Direito das Autarquias Locais.* Coimbra: Coimbra Editora. p. 94. Veja-se ainda António Delgado, que considera verificar-se *"uma clara ligação entre o princípio sa subsidiariedade e a autonomia local"* e igualmente a Carta Europeia da Autonomia Local, que *"apela claramente ao princípio da subsidiariedade (art. 4.º, n.º 3) como uma das formas de concretização da respectiva autonomia local".* Ver em: Delgado, António (2013). *A Configuração do Poder Local na Constituição Portuguesa de 1976: A Autonomia do Poder Local e o Poder Regulamentar Municipal.* Lisboa: Universidade Autónoma de Lisboa. p. 89. http://repositorio.ual.pt/bitstream/11144/408/1/Disserta%C3%A7%C3%A3o%20UAL.pdf.

[51] Para António Cândido de Oliveira (2013, p. 81-82), a descentralização conforme entendida no art. 6.º *"visa antes essencialmente a administração indireta do Estado"* vindo também José Gomes Canotilho e Vital Moreira (2010, p. 235) mencionar que, apesar de lhes parecer mais adequada a interpretação relativa às *"entidades de população e território (autarquias locais e regiões autónomas)* ", *"num sentido menos caracterizado, a descentralização administrativa é uma noção mais genérica e diversificada"*, podendo-se por conseguinte, enquadrar a administração indireta. Contudo, vamos igualmente isentar-nos de desenvolver este assunto, pois conforme já invocado, não é este o objetivo do nosso estudo.

[52] Canotilho, José Gomes & Moreira, Vital (2014). *Constituição da República Portuguesa Anotada.* Volume II. 4.ª edição revista. Reimpressão. Coimbra: Coimbra Editora. p. 235.

em primeiro lugar já que estabelece logo à partida, *"o sistema em que a função administrativa esteja confiada não apenas ao Estado, mas também a outras pessoas colectivas territoriais"*[53] e concretamente às Autarquias Locais, nos termos do art. 237 da CRP.

Está em causa neste princípio, a obrigatória *"transferência de atribuições e competências do Estado para as autarquias locais"*[54], implicando a disponibilização de *"atribuições próprias"*[55] bem como o constante reforço destas atribuições do Estado *"para as autarquias locais na perspetiva de que correspondem a um núcleo de interesses verdadeiramente locais e de que serão exercidas por estas duma forma mais eficiente e eficaz"*[56].

Logo, o princípio da descentralização administrativa é, como nos elucidam José Gomes Canotilho & Vital Moreira, *"a espinha dorsal da concepção constitucional da autonomia local"*[57] que por sua vez, ocupa o segundo lugar na nossa cadeia de relevância criada, pelos motivos já invocados.

Sendo que, o princípio da descentralização, *"no seu entendimento mais exigente, aponta para o princípio da subsidiariedade, devendo a lei reservar para os órgãos públicos centrais apenas aquelas matérias que as autarquias não estão em condições de prosseguir"*[58].

Diga-se ainda que, a não existir juridicamente a obrigatoriedade de descentralização administrativa, a estrutura a aplicar seria a da centralização, o que anularia de imediato a pertinência usufruída pelas Regiões Autónomas

[53] AMARAL, Diogo Freitas de (2014). *Curso de Direito Administrativo.* Volume I. 4.ª edição. Coimbra: Almedina. p. 723. Elucidam-nos ainda Marcelo Rebelo de Sousa & André Salgado de Matos (2014, p. 145) que *"a descentralização administrativa exige que o exercício da função administrativa seja cometido a diversas pessoas colectivas além do Estado-administração".*

[54] NEVES, Maria José Castanheira (2004). *Governo e Administração Local.* Coimbra: Coimbra Editora. p. 12.

[55] Idem.

[56] Idem.

[57] CANOTILHO, José Gomes & MOREIRA Vital (2014). *Constituição da República Portuguesa Anotada.* Volume II. 4.ª edição revista. Reimpressão. Coimbra: Coimbra Editora. p. 723. Diz-nos também Luís Pereira Coutinho, que o princípio da autonomia local é uma concretização particular do princípio de descentralização administrativa. Ver em COUTINHO, Luís Pereira (2014). *O Problema das Atribuições e das Competências das Autarquias Locais (e do seu possível esvaziamento...).* Lisboa: Instituto de Ciências Jurídico-Políticas, Faculdade de Direito de Lisboa. Universidade de Lisboa. p. 2. *http://www.icjp.pt/sites/default/files/media/365-228.pdf.*

[58] CANOTILHO, José Gomes & MOREIRA, Vital (2014). *Constituição da República Portuguesa Anotada.* Volume II. 4.ª edição revista. Reimpressão. Coimbra: Coimbra Editora. p. 724.

e pelas Autarquias Locais, que ocupariam um mero papel decorativo ou que nem sequer seriam constituídas, já que o Estado abarcaria a totalidade das atribuições de cariz administrativo[59], invalidando desta forma a concepção dos outros dois princípios, da autonomia local e da subsidiariedade[60], por falta de qualquer essência.

Assim concluímos que o princípio da descentralização administrativa permite a operacionalidade integral do princípio da autonomia local e ambos, a efetivação do princípio da subsidiariedade[61] que, por sua vez, possibilita um desenvolvimento mais apropriado dos dois primeiros, à semelhança da *«pescadinha de rabo na boca»*, que efetua um círculo e cujas extremidades se encontram e relacionam constantemente.

Princípio este que veio deste modo, complementar na revisão constitucional de 1997 os outros dois já existentes, e reforçar a importância das Regiões Autónomas e Autarquias Locais[62].

[59] Entendendo-se deste modo por centralização, segundo Diogo Freitas do Amaral, *"o sistema em que todas as atribuições administrativas de um dado país são por lei conferidas ao Estado, não existindo quaisquer outras pessoas colectivas incumbidas do exercício da função administrativa"* Amaral, Diogo Freitas de *(2015). Curso de Direito Administrativo.* Volume I. 4.ª edição. Coimbra: Almedina. p. 723.

[60] Aliás, *"a descentralização administrativa assegura a concretização do princípio da subsidiariedade"* Sousa, Marcelo Rebelo de & Matos, André Salgado de (2014). *Direito Administrativo Geral – Introdução e Princípios Fundamentais.* 5.ª edição. Tomo I. Lisboa: Publicações Dom Quixote. p. 149, sendo que, segundo António Delgado," *só e possível haver subsidiariedade com a existência de entidades diversas do Estado, não havendo qualquer tipo de subsidiariedade num Estado totalmente centralizado".* Defende ainda o autor que, *"quanto mais ampla for a descentralização, maior será o campo de aplicação do princípio da subsidiariedade".* Ver em: Delgado, António (2013). *A Configuração do Poder Local na Constituição Portuguesa de 1976: A Autonomia do Poder Local e o Poder Regulamentar Municipal.* Lisboa: Universidade Autónoma de Lisboa. p. 88. http://repositorio.ual.pt/bitstream/11144/408/1/Disserta%C3%A7%C3%A3o%20UAL.pdf.

[61] Defendendo Marcelo Rebelo de Sousa e André Salgado de Matos que o princípio da subsidiariedade acrescenta um *"critério de descentralização"* já que decorre dele *"a necessária distribuição do exercício da função administrativa por diversas instâncias infra-estaduais".* Sousa, Marcelo Rebelo de & Matos, André Salgado de (2014). *Direito Administrativo Geral – Introdução e Princípios Fundamentais,* 5.ª edição, Tomo I, Lisboa: Publicações Dom Quixote. p. 148.

[62] Segundo Bruno Martelo, passou a ser mais *"um parâmetro a observar pelo Estado nas suas relações com as Regiões Autónomas e com as Autarquias Locais".* Martelo, Bruno (2014). *Descalça vai para a Fonte: A ERSAR no Caminho da Autonomia Local.* Coimbra: CEDIPRE On Line 23 – Faculdade de Direito da Universidade de Coimbra. p. 13. Ver em: http://www.fd.uc.pt/cedipre/publicacoes/online/public_23.pdf.

4. Princípio da Subsidiariedade

Determina o art. 10.º do Estatuto Político-Administrativo da Região Autónoma dos Açores que *"a Região assume as funções que possa prosseguir de forma mais eficiente e mais adequada do que o Estado"*.

Estabelecendo corolariamente o art. 11.º do Estatuto Político-Administrativo da Região Autónoma da Madeira que, *"no relacionamento entre os órgãos do Estado e os órgãos de governo próprio da Região é aplicável o princípio da subsidiariedade"*, significando este que, *"fora do âmbito das atribuições exclusivas do Estado, a intervenção pública faz-se preferencialmente pelo nível da Administração que estiver mais próximo e mais apto a intervir, a não ser que os objectivos concretos da acção em causa não possam ser suficientemente realizados senão pelo nível da Administração superior"*.

Note-se também que, no art.º 135.º do Estatuto Político-Administrativo da Região Autónoma dos Açores, é preceituado explicitamente que *"a transferência de atribuições e competências da administração do Estado para as autarquias locais dos Açores deve ter em conta as especificidades regionais, no respeito pelo princípio da subsidiariedade"*, o que demonstra nitidamente a obrigatoriedade de correlação jurídica, que nos parece imprescindível, entre os princípios da descentralização e subsidiariedade.

Já o art. 4.º do Regime Jurídico das Autarquias Locais[63], com o título *"Princípios Gerais"*, estatui que *"a prossecução das atribuições e o exercício das competências das autarquias locais devem respeitar"*, além de outros, o princípio da subsidiariedade[64] bem como *"a intangibilidade das atribuições do Estado"*.

Veja-se ainda o n.º 3 do art. 4.º da Carta Europeia da Autonomia Local, cuja regra deverá preferencialmente incumbir as *"autoridades mais próximas dos cidadãos"* no exercício das correspondentes responsabilidades públicas, devendo imperativamente a concessão de uma responsabilidade a uma outra autoridade[65] ter em conta *"a amplitude e a natureza da tarefa e as exigências de eficácia e economia"*, assistindo-se igualmente neste preceito à estipulação do princípio da subsidiariedade.

O que está portanto em causa, sabendo que as atribuições do desenvolvimento da prática desportiva para todos pertencem em conjunto à respon-

[63] Lei n.º 75/2013, de 12 de Setembro, com última atualização pela Lei n.º 7-A/2016, de 30 de Março.

[64] Onde se inclui mais uma vez, o princípio da descentralização, como não poderia deixar de ser.

[65] Leia-se, como já iremos perceber, a uma outra autoridade de nível superior.

sabilidade do Estado, das Regiões Autónomas e Autarquias Locais, que as deverão realizar de forma harmoniosa, articulada e em colaboração entre si, de acordo com o plasmado na lei[66], é a percepção, em caso de dúvida num certo momento, da pessoa coletiva territorial que poderá juridicamente dispor prioritariamente desta incumbência e cuja resposta deverá ser obtida através do esmiuçar e consequente compreensão do princípio da subsidiariedade[67].

Para se apurar assim, quem deverá ser a correspondente instituição pública, é necessário desde logo analisar qual delas em certo momento conseguirá alcançar de forma mais adequada a prossecução do interesse público, finalidade primordial da Administração Pública, como nos indicam os arts 266, n.º 1 da CRP e 4.º do CPA[68] mas todavia, pelo princípio da subsidiariedade, o significado de interesse público deve entender-se preferencialmente como de proximidade aos cidadãos e igualmente, como nos explica Bruno Martelo, de *"uma aproximação dos cidadãos ao poder político"*[69], numa lógica de *"distribuição vertical de poderes"*[70].

Nestes termos, de acordo com o preceituado na legislação estudada, a interpretação deve ser efetuada *"no sentido de maior proximidade dos cidadãos no âmbito da separação vertical de poderes"*[71], verificando-se, se quisermos, um «sistema de escadinhas» a observar e, deste modo, fracionando o princípio da subsidiariedade, assiste-se à observância de uma «regra de prevalência».

Ora, *"quando os assuntos podem ser resolvidos ao nível das autarquias locais, não devem ser resolvidos a nível superior"*[72] destarte, pelas Regiões Autónomas

[66] De acordo com a Constituição da República Portuguesa e a Lei de Bases da Atividade Física e do Desporto.

[67] Explica-nos António Delgado *que "é da aplicação deste princípio que se concluirá se é o Estado ou o ente infraestadual o titular de uma determinada atribuição".* Ver em: Delgado, António (2013). *A Configuração do Poder Local na Constituição Portuguesa de 1976: A Autonomia do Poder Local e o Poder Regulamentar Municipal.* Lisboa: Universidade Autónoma de Lisboa. p. 88. http://repositorio.ual.pt/bitstream/11144/408/1/Disserta%C3%A7%C3%A3o%20UAL.pdf.

[68] Explica-nos aliás Isabel Celeste Fonseca (2012, p. 65) que atribuição não é mais do que *"o conjunto de interesses públicos postos por lei a cargo de um determinado ente público".*

[69] Martelo, Bruno (2014). *Descalça vai para a Fonte: A ERSAR no Caminho da Autonomia Local.* Coimbra: CEDIPRE On Line 23 – Faculdade de Direito da Universidade de Coimbra. p. 13. Ver em: http://www.fd.uc.pt/cedipre/publicacoes/online/public_23.pdf.

[70] Idem.

[71] Ver em: Oliveira, António Cândido (2013). *Direito das Autarquias Locais.* Coimbra: Coimbra Editora. p. 80.

[72] Idem.

ou pelo Estado, sucedendo-se o mesmo entre estas duas últimas entidades relativamente às matérias que podem ser resolvidas pelas Regiões Autónomas[73]. Diga-se ainda, que, num terceiro patamar, tal obviamente deverá ser similar aos assuntos entre Autarquias Locais e Regiões Autónomas[74].

Pretende-se desta forma, consignar juridicamente determinadas decisões específicas a cada pessoa coletiva territorial, de acordo com critérios de utilidade e especialização, para melhor poder beneficiar a população[75] ou seja, segundo António Cândido de Oliveira, *"a ideia é que o Estado deve ter a seu cargo apenas os assuntos que não podem ser melhor resolvidos ao nível das regiões autónomas, no caso dos Açores e Madeira, ou ao nível das autarquias locais"*[76]. Deste modo, o poder público de maior dimensão *"só pode atuar quando os objetivos da sua atuação não possam ser suficientemente realizados por um ente menor"*[77].

Na opinião de Juarez Freitas, que interessantemente, o denomina também de *"princípio da intervenção estatal promotora do núcleo essencial dos direitos fundamentais"*, este princípio pretende disciplinar a atuação estatal na concentração de esforços das *"indeclináveis tarefas contemporâneas, notadamente as regulatórias e redutoras de assimetrias"*[78], devendo o Estado desta

[73] Idem.

[74] Idem. Verifica-se ainda a concretização de uma quarta subregra, entre freguesias e municípios *"e assim os assuntos que melhor poderem ser resolvidos ao nível das freguesias não devem ser confiados aos municípios"*.

[75] Nestes termos, *"enquanto que a promoção e defesa dos interesses regionais caberá, em princípio, aos entes territoriais das regiões autónomas, a prossecução dos interesses próprios das autarquias locais caberá, em primeira linha, aos entes autárquicos mais próximos dos cidadãos"*. Martelo, Bruno (2014). *Descalça vai para a Fonte: A ERSAR no Caminho da Autonomia Local.* Coimbra: CEDIPRE On Line 23 – Faculdade de Direito da Universidade de Coimbra. p. 14. Ver em: http://www.fd.uc.pt/cedipre/publicacoes/online/public_23.pdf.

[76] Idem.

[77] Sousa, Marcelo Rebelo de & Matos, André Salgado de (2014). *Direito Administrativo Geral – Introdução e Princípios Fundamentais.* 5ª edição. Tomo I. Lisboa: Publicações Dom Quixote. p. 148.

[78] Freitas, Juarez (2004). *O controle dos atos administrativos e os princípios fundamentais.* 3. ed, rev. e ampl. São Paulo: Malheiros. p. 80-82 Apud Tesserolli, Eduardo & Castro, Rodrigo. *Os Princípios da Subsidiariedade e da Universalização do Serviço Público como Fundamentos da Prestação de Serviço Público por meio de PPP: Realidade Brasileira.* pp. 1-17. p. 7. Ver em: http://www.pirontiadvogados.com/dnfile/ehee4wznj34njq9uwv25/pdf/artigos/0/arquivoehee4wznj34njq9uwv25.pdf.

forma, segundo o mesmo autor, concentrar-se e dedicar-se *"às suas atividades primordiais"*[79], deixando as restantes para os entes menores[80].

Encontramo-nos assim, perante *"exigências de eficácia e de economia"*[81] bem como de *"amplitude e natureza da tarefa"*[82], devendo a autoridade de nível superior só realizar as tarefas que não sejam mais eficientemente prosseguidas pela autoridade de nível inferior, importando, portanto, efetivamente a eficiência na prossecução das respectivas atribuições e competências, não outros quaisquer fatores[83].

O Princípio da Subsidiariedade deve deste modo entender-se como *"uma limitação de poderes de uma instância superior, a qual só deve ser chamar a si aquelas tarefas que não possam, de forma mais eficaz e adequada, ser prosseguidas pelas instâncias inferiores"*[84] ou que estas não tenham *"capacidade para levar a cabo, de modo próprio, pelos seus próprios meios"*[85].

Sendo pois, como nos explicam José Gomes Canotilho & Vital Moreira, um *"princípio diretivo da organização e funcionamento do Estado Unitário"*[86], que distribui da maneira mais adequada, eficiente e eficaz as atribuições que

[79] Idem.

[80] Para Maria Sylvia Pietro, quando as decisões visarem *"um interesse comum, devem ser adotadas pela autoridade local, por ser vizinha do cidadão"*, devendo o governo central só aturar, subsidiariamente, quando aquela não conseguir *"agir por conta"*. PIETRO, Maria Sylvia Di (2006). *Parcerias na Administração Pública: Concessão, Permissão, Terceirização, Parceria Público-Privada e outras formas.* 5.ª ed.. 2. Reimpressão. São Paulo: Atlas. p. 34 APUD TESSEROLLI, Eduardo & CASTRO, Rodrigo. *Os Princípios da Subsidiariedade e da Universalização do Serviço Público como Fundamentos da Prestação de Serviço Público por meio de PPP: Realidade Brasileira.* pp. 1-17. p. 8. Ver em: http://www.pirontiadvogados.com/dnfile/ehee4wznj34njq9uwv25/pdf/artigos/0/arquivoehee4wznj34njq9uwv25.pdf.

[81] NEVES, Maria José Castanheira (2004). *Governo e Administração Local. Coimbra:* Coimbra Editora. p. 13. e art. 4.º, n.º 3 da Carta Europeia da Autonomia Local.

[82] Art. 4.º, n.º 3 da Carta Europeia da Autonomia Local.

[83] Caso por exemplo da natureza dos interesses em causa, que será a prioridade do princípio da descentralização. NEVES, Maria José Castanheira (2004). *Governo e Administração Local.* Coimbra: Coimbra Editora. p. 13.

[84] MARTELO, Bruno (2014). *Descalça vai para a Fonte: A ERSAR no Caminho da Autonomia Local.* Coimbra: CEDIPRE On Line 23 – Faculdade de Direito da Universidade de Coimbra. p. 13. Ver em: http://www.fd.uc.pt/cedipre/publicacoes/online/public_23.pdf.

[85] Ibidem, p. 14.

[86] CANOTILHO, José Gomes & MOREIRA, Vital (2014). *Constituição da República Portuguesa Anotada.* Volume I. 4.ª edição revista. Reimpressão. Coimbra: Coimbra Editora. p. 233.

pertencem a este, num sentido de maior e melhor proximidade ao cidadão, importando somente a obtenção do melhor resultado possivel pretendido pela correspondente lei possuindo deste modo, uma *"dimensão prática de grande relevância"*[87].

No mesmo sentido, Carlos Blanco de Moraes classifica-o como *"um critério orientador do estatuto organizatório do Estado"*[88] e Marcelo Rebelo de Sousa/André Salgado de Matos, como uma *"delimitação recíproca das Esferas do Estado e da Sociedade"*[89].

É, pois, *"um princípio diretor de um sistema ideal de distribuição de atribuições e competências entre a comunidade maior e a comunidade menor, pelo quais os poderes devem ser exercidos de forma mais próxima possível do cidadão, só devendo as instâncias superiores intervir em nome da eficácia e da necessidade"*[90], possibilitando, se bem operacionalizado, *"atender de forma ótima aos anseios da coletividade"*[91].

Devendo ter sempre em conta, segundo José Gomes Canotilho & Vital Moreira, uma ideia de *"inserção sistemática de Estado Unitário e estruturação plural do território e a respectiva teleologia intrínseca"*[92]. Num modo pragmático, *"é preferível o exercício de atribuições e competências por entes mais próximos das pessoas e dos seus problemas concretos, sempre que os possam exercer melhor e mais*

[87] Ibidem, p. 234.

[88] Moraes, Carlos Blanco de. "A Dimensão Interna do Princípio da Subsidiariedade". *Revista da Ordem dos Advogados.* Ano 58. Volume II. Lisboa. Julho. pp. 791-794 Apud Martelo, Bruno (2014, p. 14).

[89] Sousa, Marcelo Rebelo de & Matos, André Salgado de (2014). *Direito Administrativo Geral – Introdução e Princípios Fundamentais.* 5.ª edição. Tomo I. Lisboa: Publicações Dom Quixote. p. 148.

[90] Torres, Silvia Faber (2001). *O Princípio da Subsidiariedade no Direito Público Contemporâneo.* Rio de Janeiro: Renovar. p. 33 Apud Sampaio, Lucas (2014). *O Princípio da Subsidiariedade.* Brasil: Jus Navigandi. Ver em https://jus.com.br/artigos/30515/o-principio-da-subsidiariedade.

[91] Tesserolli, Eduardo & Castro, Rodrigo. *Os Princípios da Subsidiariedade e da Universalização do Serviço Público como Fundamentos da Prestação de Serviço Público por meio de PPP: Realidade Brasileira.* pp. 1-17. p. 14. Ver em: http://www.pirontiadvogados.com/dnfile/ehee4wznj34njq9uwv25/pdf/artigos/0/arquivoehee4wznj34njq9uwv25.pdf.

[92] Canotilho, José Gomes & Moreira, Vital (2014). *Constituição da República Portuguesa Anotada.* Volume I. 4.ª edição revista. Reimpressão. Coimbra: Coimbra Editora. p. 234.

eficazmente que o Estado"[93], numa *"ideia de justiça material na organização coletiva"*[94] e numa ótica de defesa de *"uma autonomia a partir de baixo"*[95].

Se quisermos, dispondo de um *"significado descendente"*[96], onde se deve por regra conferir prevalência aos entes autónomos menores na proliferação das inerentes atribuições, por forma a que as mesmas sejam prosseguidas em termos mais próximos dos cidadãos[97]. Isto porque as entidades administrativas mais próximas dos particulares usufruirão de um mais *"fácil conhecimento das necessidades concretas que lhes cabe satisfazer"*[98], implicando também, de imediato, uma *"possibilidade de participação dos particulares na formação das decisões que lhes dizem respeito"*[99].

Sílvia Torres considera mesmo que o princípio da subsidiariedade recusa *"o monopólio da administração na prossecução do interesse público e leva à concretização do princípio da participação, que consiste numa manifestação da ideia de democracia"*[100].

[93] MIRANDA, Jorge & MEDEIROS, Rui (2010). *Constituição Portuguesa Anotada.* Tomo I. 2ª edição. Coimbra: Coimbra Editora. p. 143.

[94] MARTELO, Bruno, *Descalça vai para a Fonte: A ERSAR no Caminho da Autonomia Local.* Coimbra: CEDIPRE On Line 23 – Faculdade de Direito da Universidade de Coimbra. p. 13. Ver em: http://www.fd.uc.pt/cedipre/publicacoes/online/public_23.pdf.

[95] MORAES, Carlos Blanco de (Julho 1998). "A Dimensão Interna do Princípio da Subsidiariedade no Ordenamento Português". *Revista da Ordem dos Advogados.* Volume II. Lisboa. pp. 779-821. p. 780-781. nota 5 APUD MARTELO, Bruno (2014). *Descalça vai para a Fonte: A ERSAR no Caminho da Autonomia Local,* Coimbra: CEDIPRE On Line 23 – Faculdade de Direito da Universidade de Coimbra. p. 13. Ver em: http://www.fd.uc.pt/cedipre/publicacoes/online/public_23.pdf

[96] COUTINHO, Luís Pereira. *O Problema das Atribuições e das Competências das Autarquias Locais (e do seu possível esvaziamento...).* Lisboa: Instituto de Ciências Jurídico-Políticas. Faculdade de Direito de Lisboa. Universidade de Lisboa. p. 2. Ver em: http://www.icjp.pt/sites/default/files/media/365-228.pdf. Ver também: Morais, Carlos Blanco de (Julho 1998). "A Dimensão Interna do Princípio da Subsidiariedade no Ordenamento Português". *Revista da Ordem dos Advogados.* Volume II. Lisboa. p. 779-821. p. 792 segs.

[97] Idem.

[98] SOUSA, Marcelo Rebelo de & MATOS, André Salgado de (2014). *Direito Administrativo Geral – Introdução e Princípios Fundamentais.* 5.ª edição. Tomo I. Lisboa: Publicações Dom Quixote. p. 144.

[99] Idem.

[100] TORRES, Silvia Faber (2001). *O Princípio da Subsidiariedade no Direito Público Contemporâneo.* Rio de Janeiro: Renovar. p. 35 APUD SAMPAIO, Lucas (2014). *O Princípio da Subsidiariedade.* Brasil: Jus Navigandi.Ver em https://jus.com.br/artigos/30515/o-principio-da-subsidiariedade.

É, no entanto, interessante comparar o princípio da subsidiariedade do cariz europeu[101] com o princípio da subsidiariedade de caráter administrativo, que interessa para a nossa investigação. Como nos elucidam Jorge Miranda & Rui Medeiros, o primeiro baseia-se na soberania dos Estados perante a União Europeia e na garantia da subsistência desta garantia, sendo prevalente a atuação dos Estados soberanos e supletiva a da União Europeia, numa *"expressão de anterioridade e primariedade"* dos primeiros[102]. Já quanto ao princípio de subsidiariedade no domínio administrativo, as Regiões Autónomas e as autarquias locais *"têm poderes apenas por força da Constituição e das leis"*[103], numa lógica de *"garantia e reforço da descentralização"*[104].

Todavia, apesar da lógica ser idêntica nos dois conceitos, num sentido de atuação prioritária de baixo para cima, nomeadamente de Estados soberanos perante as instituições da União Europeia e das Autarquias Locais quanto às Regiões Autónomas e destas relativamente ao Estado de âmbito administrativo, o princípio da subsidiariedade de aplicação europeia fundamenta-se em razões de natureza e consequentes interesses legítimos enquanto o de função administrativa, numa vertente prática, pragmática de eficiência, eficácia, economicidade.

Como nos explica aliás Maria Castanheira Neves, no princípio da subsidiariedade de caráter administrativo, a repartição das tarefas públicas é independente da natureza dos interesses em causa, devendo sempre passar para o nível autárquico as atribuições com fundamento em razões de eficácia e não por motivos ligados à sua natureza[105].

Ora, cada uma das pessoas coletivas públicas territoriais e correspondentes órgãos dispõem, pela Lei fundamental e concernente legislação,

[101] Diga-se, a título de curiosidade, que a primeira introdução do princípio na Constituição verificou-se na Revisão Constitucional de 1992, *"enquanto princípio director da cláusula da União Europeia"*. Martelo, Bruno (2014, p. 13). Só posteriormente, na Revisão Constitucional de 1997, se introduziu o mesmo numa vertente administrativa. Na primeira situação tem uma dimensão externa e na segunda, uma dimensão interna.

[102] Miranda, Jorge & Medeiros, Rui (2010). *Constituição Portuguesa Anotada.* Tomo I. 2.ª edição. Coimbra: Coimbra Editora. p. 143.

[103] Idem.

[104] Idem.

[105] Neves, Maria José Castanheira (2004). *Governo e Administração Local.* Coimbra: Coimbra Editora. p. 34.

da definição das devidas atribuições e competências, não estando pois em causa a quem pertencem estas nos termos juridicamente delimitados e em conformidade com os princípios relacionados, até porque algumas são atribuições exclusivas e intangíveis, mas sim, naquelas situações em que qualquer uma delas as podem/devem desenvolver, quem deverá lograr de prioridade, tendo em conta a maior eficiência e adequação da prossecução do interesse público.

Veja-se aliás, que o princípio da subsidiariedade não é totalmente rígido na obrigatoriedade de serem sempre as autoridades de nível inferior e seus órgãos a desenvolverem as atribuições e competências já que as mesmas se encontram distribuídas pelo Estado, Regiões Autónomas e Autarquias Locais importando sim, quem melhor as pode propagar[106]. Parece-nos até que, determinar meramente esta regra sem motivos pertinentes, faria com que se verificasse uma inversão da pirâmide visto que quem se encontrasse na base e tivesse caráter inferior, pura e simplesmente teria maior poder decisório relativamente a quem se situasse no vértice, com cariz superior.

Diga-se ainda que não poderia ser de outra maneira, já que *"não se mostra compatível com as exigências da moderna administração pública, dotada de múltiplas áreas de intervenção e de preocupações de eficiência no exercício das suas funções, um sistema imóvel inflexivel ou fechado*[107], devendo sim, verificar-se necessariamente, uma *"elasticidade das normas definidoras de atribuições"*[108] visto esta flexibilidade ser bastante positiva *"ao nível da realização das tarefas administrativas e da tutela dos particulares"*[109].

[106] Como nos elucida Margarida Salema Martins, *"o princípio em causa só adquire a sua configuração, por assim dizer, final, em confronto com a realidade concreta em que é convocado a proceder à repartição das várias atribuições em causa"*. Martins, Margarida Salema d'Oliveira (2001). *O Princípio da Subsidiariedade*. Vol. II. Lisboa: AAFDL. p. 636 Apud Delgado, António (2013). *A Configuração do Poder Local na Constituição Portuguesa de 1976: A Autonomia do Poder Local e o Poder Regulamentar Municipal*. Lisboa: Universidade Autónoma de Lisboa. p. 90. http://repositorio.ual.pt/bitstream/11144/408/1/Disserta%C3%A7%C3%A3o%20UAL.pdf.

[107] Otero, Paulo (2016). Direito do Procedimento Administrativo. Volume I. Coimbra: Almedina. p. 449.

[108] Ibidem, p. 450. Paulo Otero dá precisamente como um dos exemplos para esta «elasticidade de atribuições», o princípio da subsidiariedade.

[109] Idem. Flexibilidade esta denominada por Paulo Otero como *"princípio da flexibilidade das regras de competência"*, devendo comportar o mesmo para o autor, devido à *"modernidade do agir administrativo"*, uma *"debilitação da tradicional configuração do princípio da legalidade"*. (Otero, Paulo, 2016, p. 449).

Desta forma, se a conclusão fundamentada, num cenário concreto, for a de uma maior eficiência e economicidade por parte do Estado ou a execução de uma tarefa de amplitude ou natureza nacional, deve ser este o responsável o mesmo se aplicando às restantes entidades públicas[110], independentemente do ideal ser, dentro do possível, inclusivamente por questões de harmonização, integração e equilíbrios territoriais, uma propícia articulação entre todas.

Não nos esqueçamos também que o poder decisório da função administrativa se encontra sujeito à declaração de políticas públicas provindas da função legislativa e, portanto, é imperioso existir uma linha de coerência que obrigatória e obviamente se inicia na Administração Central e Direta.

Veja-se igualmente o art. 39.º do CPA, relativo à resolução de conflitos relacionados com aquele órgão que deva dispor de competência territorial no âmbito da concretização de certa atribuição, que procura igualmente apresentar-nos um parâmetro de decisão, devendo, em caso de dúvidas sérias de entendimento ou de aplicação das correspondentes normas, ser utilizado, como critério interpretativo, o da localização mais adequada do órgão decisor para a eficiente resolução do assunto.

Podemos assim também observar, com base nesta regra, considerada por nós como complementar ao princípio discutido neste estudo científico, que o critério é o da *"eficiente resolução do assunto"*, integrando como suas fontes de análise a amplitude e natureza da tarefa a atingir, bem como as atinentes eficácia e economicidade, devendo consequentemente a competência ser confiada ao órgão que usufrua da localização mais adequada.

O Princípio da Subsidiariedade deverá nestes termos, *"assegurar que as atribuições e competências administrativas sejam prosseguidas e exercidas pelo nível de administração melhor colocado para o fazer com maiores racionalidade, eficácia e proximidade em relação aos cidadãos"*[111].

[110] Para António Delgado, a interpretação do princípio deve permitir flexibilidade e adaptabilidade à realidade concreta do momento e do lugar. Delgado, António (2013). *A Configuração do Poder Local na Constituição Portuguesa de 1976: A Autonomia do Poder Local e o Poder Regulamentar Municipal.* Lisboa: Universidade Autónoma de Lisboa. p. 90. http://repositorio.ual.pt/bitstream/11144/408/1/Disserta%C3%A7%C3%A3o%20UAL.pdf.

[111] Sousa, Marcelo Rebelo de & Matos, André Salgado de (2014). *Direito Administrativo Geral – Introdução e Princípios Fundamentais.* 5.ª edição. Tomo I. Lisboa: Publicações Dom Quixote. p. 148. Ver também Martins, Margarida Salema d'Oliveira (2003). *O Princípio da Subsidiariedade em Perspetiva Jurídico-Política.* Coimbra: Coimbra Editora. p. 458.

E interpretando as várias normas jurídicas apresentadas, é preceituado de modo transparente a primazia habitual pelas autoridades do nível inferior, por estas se encontrarem mais próximas dos cidadãos e mais aptas a intervir, devendo tal não acontecer apenas quando os objetivos especificadamente pretendidos não forem suficientemente realizados senão pelo nível da Administração superior, o que nos demonstra a preponderância pelas Autarquias Locais por se enquadrarem no último degrau[112].

Autarquias Locais estas que constituem *"um dos principais fundamentos de todo o regime democrático"*[113], sendo por via delas que os cidadãos, sem qualquer dúvida, *"podem exercer melhor o(s) seu(s) direito(s) de participação na gestão dos assuntos públicos"*[114].

Desta maneira, *"as funções que podem ser desempenhadas, em determinada instância, não devem ser desempenhadas por instância superior, pelo que, todas as tarefas que podem ser realizadas pelas autarquias locais não devem ser exercidas pelo Estado"*[115], devendo o exercício das responsabilidades públicas incumbir habitualmente, sempre que possível, *"às autoridades mais próximas do cidadão"*[116].

Na mesma linha de raciocínio, dizem-nos Maria Castanheira Neves bem como José Gomes Canotilho & Vital Moreira, que o princípio da subsidiariedade *"pressupõe que a administração autárquica tem competência geral e plena de desempenhar todas as tarefas com incidência local que, pela lei, não sejam atribuídas a outros titulares da administração"*[117].

[112] Diz-nos aliás o Tribunal Central Administrativo do Sul, através do Acórdão datado de 22/03/2012, relativo ao Processo n.º 08154/11 (com o relator Paulo Pereira Gouveia), que o município português representa a concretização do princípio da subsidiariedade administrativa, bem como dos outros dois princípios relacionados, designadamente da descentralização e da autonomia local. Ver em: http://www.dgsi.pt/jtca.nsf/170589492546a7fb802575c3004c6d7d/34119054a1fea2e9802579cf00422e1b?OpenDocument.

[113] ROCHA, Joaquim Freitas da (2014). *Direito Financeiro Local (Finanças Locais)*. Coleção Estudos. 2.ª edição. CEJUR – Centro de Estudos Jurídicos do Minho. Coimbra: Coimbra Editora. p. 24.

[114] Idem.

[115] PINTO, Eliana (2010). "A Privatização da Atividade Administrativa Local" in *Direito Administrativo das Autarquias Locais – Estudos*. Coimbra: Wolters Klumer/Coimbra Editora. 2010, pp. 9-25, p. 14.

[116] Idem.

[117] NEVES, Maria José Castanheira (2004). *Governo e Administração Local*. Coimbra: Coimbra Editora. p. 13. Ver também: CANOTILHO, José Gomes & MOREIRA, Vital (2014). *Constituição da República Portuguesa Anotada*. Volume II. 4.ª edição revista. Reimpressão. Coimbra: Coimbra Editora. p. 724.

Em suma e segundo Raquel Urbano de Carvalho, o princípio da subsidiariedade privilegia as atribuições do ente mais próximo do cidadão, *"sendo que a de ordem imediatamente superior atua, apenas, em caso de insucesso da primeira"*[118], dizendo-nos igualmente Joaquim Freitas da Rocha que *"o Estado só deve prosseguir as atribuições e exercer as competências que as Autarquias não consigam prosseguir da mesma forma ou da forma mais eficiente"*[119].

Diga-se ainda, que, a não ser efetuada esta interpretação, o princípio da subsidiariedade encontrar-se-ia num papel secundário relativamente aos outros princípios mencionados senão mesmo de figurante, somente como mera formalidade e despido de qualquer relevância material.

Verificar-se-ia desta forma a opinião de Luís Pereira Coutinho, visto que para este autor o princípio da subsidiariedade *"não acrescenta nada de verdadeiramente relevante ao que resultava já de um princípio geral de descentralização em sentido material e de um seu concretizador princípio de autonomia local"*[120], não possuindo *"verdadeiramente um significado normativo próprio"*[121], posição esta com que não poderemos concordar[122].

[118] CARVALHO, Raquel Urbano de (2009). *Curso de direito administrativo: Parte Geral, Intervenção do Estado e Estrutura da Administração.* 2. ed. rev. atual. e ampl. Salvador: Juspodivm. p. 217 APUD TESSEROLLI, Eduardo & CASTRO, Rodrigo. *Os Princípios da Subsidiariedade e da Universalização do Serviço Público como Fundamentos da Prestação de Serviço Público por meio de PPP: Realidade Brasileira.* pp. 1-17. p. 14. Ver em: http://www.pirontiadvogados.com/dnfile/ehee4wznj34njq9uwv25/pdf/artigos/0/arquivoehee4wznj34njq9uwv25.pdf.

[119] ROCHA, Joaquim Freitas da (2014). *Direito Financeiro Local (Finanças Locais).* Coleção Estudos. 2.ª edição. CEJUR – Centro de Estudos Jurídicos do Minho. Coimbra: Coimbra Editora. p. 24.

[120] COUTINHO, Luís Pereira. *O Problema das Atribuições e das Competências das Autarquias Locais (e do seu possível esvaziamento...).* Lisboa: Instituto de Ciências Jurídico-Políticas. Faculdade de Direito de Lisboa. Universidade de Lisboa, Lisboa. p. 2. http://www.icjp.pt/sites/default/files/media/365-228.pdf.

[121] Idem. No mesmo sentido, diz-nos Vital Moreira que o pincípio da subsidiariedade *"não tem verdadeiramente um significado normativo próprio no confronto com o princípio da descentralização"*. Ver em: MOREIRA, Vital (1997). *Administração Autónoma e Associações Públicas.* Coimbra: Coimbra Editora. p. 251.

[122] Já António Delgado entende *"que o princípio da subsidiariedade não se confunde nem dilui no princípio, também constitucionalmente consagrado, da descentralização"* e que a autonomia local *exige que aquele se assuma como mais que residual perante outros princípios nomeadamente o da descentralização".* Ver em DELGADO, António (2013). *A Configuração do Poder Local na Constituição Portuguesa de 1976: A Autonomia do Poder Local e o Poder Regulamentar Municipal.* Lisboa: Universidade Autónoma de Lisboa, Lisboa. p. 88-89. Ver http://repositorio.ual.pt/bitstream/11144/408/1/Disserta%C3%A7%C3%A3o%20UAL.pdf.

Concordamos sim, com Celso Bandeira de Melo, Eduardo Tesserolli e Rodrigo Castro, para quem este princípio deve ser considerado como um *"mandamento nuclear de um sistema, que lhe serve de alicerce e influi sobre as normas que serão compreendidas com base no seu critério de preceito fundamental"*[123], devendo assumir-se *"como plenamente operativo na repartição das atribuições entre o Estado e as autarquias locais"*[124] e concretamente, no âmbito deste nosso artigo de investigação, das atribuições de caráter recreativo desportivo, para o maior e melhor aproveitamento por parte das correspondentes populações.

É aliás, *"o recurso dinâmico ao princípio da subsidiariedade"*[125] que permite estabelecer da forma mais adequada o *"critério otimizador da prossecução de fins de interesse público"*[126], ocupando as Autarquias Locais um papel essencial enquanto *"mecanismo de eficácia e proximidade em relação à administração"*[127].

Parecendo-nos assim que, apesar de à primeira vista aparentar-se a subsistência de um largo poder discricionário, visto serem várias as pessoas colectivas territoriais com atribuições na vertente desportiva com base no princípio discriminado, deve existir um poder discricionário limitado já que a melhor alternativa deverá ser usualmente o incremento das atribuições pertencentes a determinada Autarquia Local, por parte dos seus Órgãos representativos.

[123] Mello, Celso Bandeira de (2010). *Curso de direito administrativo*. 27 edição. São Paulo: Malheiros. p. 53 Apud Tesserolli, Eduardo & Castro, Rodrigo, *Os Princípios da Subsidiariedade e da Universalização do Serviço Público como Fundamentos da Prestação de Serviço Público por meio de PPP: Realidade Brasileira*. pp. 1-17. p. 15. Ver em: http://www.pirontiadvogados.com/dnfile/ehee4wznj34njq9uwv25/pdf/artigos/0/arquivoehee4wznj34njq9uwv25.pdf.

[124] Delgado, António (2013). *A Configuração do Poder Local na Constituição Portuguesa de 1976: A Autonomia do Poder Local e o Poder Regulamentar Municipal*. Lisboa: Universidade Autónoma de Lisboa. p. 89. Ver em http://repositorio.ual.pt/bitstream/11144/408/1/Disserta%C3%A7%C3%A3o%20UAL.pdf.

[125] Amaral, Diogo Freitas de (2015). *Curso de Direito Administrativo*. Volume I. 4.ª edição. Coimbra: Almedina. p. 473.

[126] Idem.

[127] Rocha, Joaquim Freitas da (2014). *Direito Financeiro Local (Finanças Locais)*. Coleção Estudos. 2.ª edição. CEJUR – Centro de Estudos Jurídicos do Minho. Coimbra: Coimbra Editora. p. 24.

16. DESPORTO E DIREITO ANTIDISCRIMINATÓRIO: ALÉM DO FORMALISMO DA JUSTIÇA, A ÉTICA DA INCLUSÃO DE ATLETAS COM DIFERENÇAS NO DESENVOLVIMENTO SEXUAL PARA A VERDADE DESPORTIVA

Patrícia Cardoso Dias[1]

Resumo: As competições desportivas são organizadas de acordo com o critério de género binário; conforma-se, por conseguinte, com um modelo de organização socialmente construído, assente na heteronormatividade e no desiderato igualitário formal, desconsiderando a incomensurável diversidade que carateriza a pessoa humana. A natureza intrínseca da pessoa é a sua humanidade, é a pertença a esta espécie que não admitirá a sua exclusão e segregação por termos decorrentes da sua imanente dignidade. A pessoa é dignidade e liberdade, e o livre exercício desta não carece pois de justificação enquanto projeção daquela. Todavia, justificadas terão de ser quaisquer restrições à realização da pessoa que configurem limitações historicamente identificadas com estereótipos de género que se encontram na origem de preconceitos e pré conceitos em razão do sexo e do género, promovendo multidimensionais formas de discriminação direta e indireta, manifestadas em formas de violência e exclusão social, tais como o discurso de ódio, o desrespeito pela privacidade, vida privada e familiar, a discriminação

[1] Professora Assistente Convidada na Universidade Autónoma de Lisboa "Luís de Camões". Investigadora do Ratio Legis [Projeto: Cultura de Paz e Democracia]. L.L.M. Universidade Autónoma de Lisboa "Luís de Camões". Investigadora do CIDEP vinculado ao PPGD/UniFG.

no mercado de trabalho, no acesso a bens e serviços, na saúde, na educação e no desporto. O repúdio por estes fenómenos no âmbito da atividade física e do desporto, conjugado com a interseção das fontes formais e materiais do Direito Antidiscriminatório, enquanto sistema orientado para a proteção contra a discriminação e a desigualdade no reconhecimento e promoção dos direitos humanos, numa perspetiva vertical e horizontal, promove a conformação material positiva dos seus pressupostos imprescindíveis, *inter alia*, a eliminação da discriminação e da exclusão, que se assume como um meio de defesa da dignidade da pessoa humana que é o catalisador inexorável da preservação, promoção e proteção dos direitos humanos. O compromisso do desporto profissional com a proteção e reconhecimento dos direitos humanos deve, por isso, ser interpretado de acordo com uma visão holística e multidisciplinar da pessoa humana[2].

Palavras-chave: Direitos humanos; Desenvolvimento da Personalidade; Direito à Diferença e Identidade Pessoal e Genética; Desporto; Atletas com Diferenças no Desenvolvimento Sexual.

Considerações iniciais

A discriminação indireta que se infere do resultado exclusivo e segregador das atletas transgénero femininas e com diferenças no desenvolvimento sexual é premissa para uma compreensão alargada do conceito de género e do papel fundamental que o Direito Antidiscriminatório pode significar na concretização da igualdade material no âmbito das competições desportivas profissionais.

Em 2018, a *International Association of Athletics Federations* (IAAF) adotou um conjunto de critérios de elegibilidade para a classificação feminina de atletas com diferenças no desenvolvimento sexual. De acordo com esta regulamentação, as atletas femininas que pretendessem ser elegíveis para competições internacionais em corridas de 400, 800 e 1500 metros deveriam apresentar níveis de testosterona em valores inferiores a 5 nanomols por litro.

Os critérios de elegibilidade em apreço deram lugar aos recursos propostos pela atleta Mokgady Caster Semenya, que enquanto ser humano absolutamente indissociável do seu meio e das atividades nas quais se realiza,

[2] De forma a evitar eventuais equívocos quanto ao género, emprega-se a expressão "direitos humanos" ou "direitos da pessoa humana", visando integrar termos inclusivos dedicados a todos os diversificados membros da família humana.

tem protagonizado uma insigne luta pelos direitos humanos e pela imanente dignidade da pessoa humana[3], em circunstâncias vexatórias, degradantes e humilhantes, em que o escrutínio a transmutou no Prometheus agrilhoado.

Em 2019, na conclusão da decisão executiva afirmou o Tribunal Arbitral do Desporto: «*The Panel also stresses that while much of the argument in this proceeding has centred around the "fairness" of permitting Ms. Semenya to compete against other female athletes, there can be no suggestion that Ms. Semenya (or any other female athletes in the same position as Ms. Semenya) has done anything wrong. This is not a case about cheating or wrongdoing of any sort. Ms. Semenya is not accused of breaching any rule. Her participation and success in elite female athletics is entirely beyond reproach and she has done nothing whatsoever to warrant any personal criticism*»[4] [5].

[3] Note-se a este respeito, como bem ressalva Soraia Quarenta, «Os direitos humanos são universais, aplicando-se a toda a pessoa, indistintamente e apenas pelo facto da sua condição humana. Os direitos protegidos pelo desporto, ainda que nobres e defensáveis, tentam equiparar-se aos primeiros, desde logo se autodenominando como fundamentais (...). Contudo, a nosso ver, têm uma grande falha em relação aos primeiros: da mesma forma que se autodeterminam, também se autolimitam, pois que falam apenas dos praticantes desportivos e só a estes são dirigidos». QUARENTA, Soraia. Naturalmente fortes. O longo percurso das mulheres no desporto profissional, a relação com o doping e os direitos humanos. *In* **Compêndio de Direito do Desporto**. P. 552.

[4] Art.º 28 do sumário executivo da decisão do Tribunal Arbitral do Desporto (Court of Arbitration for Sport, doravante CAS) de 30 de abril de 2019. Cfr. COURT of Arbitration for Sport. Executive Summary. Disponível em CAS_Executive_Summary__5794_.pdf (tas-cas.org); a decisão relativa aos processos CAS 2018/O/5794 e CAS 2018/O/5798 que opõe Mokgadi Caster Semenya e a Athletics South Africa (ASA) à International Association of Athletics Federations (também conhecida pela referência à sigla IAAF e atualmente World Athletics), que apreciou a validade da regulamentação relativa aos critérios de elegibilidade nas classificações femininas para atletas com diferenças no desenvolvimento sexual (*DSD Regulations*). COURT of Arbitration for Sport. CAS 2018/O/5794, Mokgadi Caster Semenya v. International Association of Athletics Federations & CAS 2018/O/5798, Athletics South Africa v. International Association of Athletics Federations. Disponível em https://www.tas-cas.org/fileadmin/user_upload/CAS_Award_-_redacted_-_Semenya_ASA_IAAF.pdf

[5] Traduzindo, em termos gerais, refere o CAS, a final, que o caso trazido à liça por Caster Semenya se centrou em torno da "justiça" em permitir que esta competisse com outras atletas femininas, não restando dúvidas de que a atleta, ou quaisquer atletas em situação idêntica, não tinham feito nada de errado, tal como uma tentativa de adulteração do resultado desportivo. O Tribunal afirma, por conseguinte, que Caster Semenya não foi acusada de violar qualquer regra e que a sua participação e sucesso no atletismo de elite feminino se encontra acima de qualquer suspeita.

A decisão do CAS foi reforçada com a decisão do Supremo Tribunal Federal suíço[6] que rejeitou o recurso de Mokgady Caster Semenya e da *Athletics South Africa* (doravante ASA) contra a *International Association of Athletics Federation* (IAAF) – agora designada *World Athletics* – considerando que as regras relativas à elegibilidade de atletas femininas, designadamente a atletas com diferenças no desenvolvimento sexual[7], após uma ponderação dos diversos interesses envolvidos não era arbitrária e, por conseguinte, contrária à ordem pública, resultando no afastamento da atleta das competições de atletismo entre os 400 e os 1500 metros e, consequentemente, de defender as medalhas olímpicas conquistadas em nos Jogos Olímpicos de 2012 e 2016, na distância de 800 metros.

Recentemente, a *World Athletics* afastou as atletas transgénero das competições desportivas e reduziu os níveis de testosterona para 2,5 nanomols por litro no que concerne às atletas com diferenças no desenvolvimento sexual, através da adoção de novos critérios de elegibilidade[8].

Contudo, não poderá deixar de causar perturbação que a justiça, a verdade e a integridade desportivas sejam instrumentalizadas para excluir das competições desportivas uma mulher por ter nascido geneticamente diferente da maioria e, por isso, com uma capacidade endógena natural superior à média da modalidade na categoria feminina, em nome de uma

[6] SWITZERLAND Supreme Court. 4A_248/2019/4A_398/2019, *Caster Semenya et Athletics South Africa ASA contre International Association of Athletics* Federation (IAAF). Disponível em https://www.bger.ch/ext/eurospider/live/fr/php/clir/http/index.php?lang=fr&type=highlight_simple_query&page=7&from_date=&to_date=&from_year=2020&to_year=2020&sort=relevance&insertion_date=&from_date_push=&top_subcollection_clir=bge&query_words=&part=all&de_fr=&de_it=&fr_de=&fr_it=&it_de=&it_fr=&orig=&translation=&rank=67&highlight_docid=atf%3A%2F%2F147-III-49%3Afr&number_of_ranks=200&azaclir=clir.

[7] WORLD Athletics – **Eligibility Regulations for the female classification (athletes with differences of sex development) (Approved by Council on 30 November 2021, effective from 10 December 2021).** Disponível em https://worldathletics.org/about-iaaf/documents/book-of-rules.

[8] WORLD Athletics – **ELIGIBILITY REGULATIONS FOR TRANSGENDER ATHLETES (Version 2.0, approved by Council on 23 March 2023, and coming into effect on 31 March 2023)**; WORLD Athletics – **ELIGIBILITY REGULATIONS FOR THE FEMALE CLASSIFICATION (ATHLETES WITH DIFFERENCES OF SEX DEVELOPMENT) (Version 3.0, approved by Council on 23 March 2023, and coming into effect on 31 March 2023).** Disponível em Book of Rules | Official Documents (worldathletics.org).

proporcionalidade que é negativamente discriminatória e que em nada se conforma um critério de justiça, conforme seria expectável para um modelo meritocrático sustentado na integridade e verdade desportiva. Apresentamos, assim, a premissa que suporta o silogismo do raciocínio que não tem a pretensão de alcançar uma resposta, mas ancorar um contributo reflexivo assente na dignidade imanente da pessoa humana.

No desporto de competição a discriminação de atletas transgénero e com diferenças no desenvolvimento sexual não se traduz apenas na desqualificação. A discriminação é estigmatizante e violadora do primado da pessoa humana, entrando em conflito com a sua autodeterminação pessoal, que foi subjetivada em direito para que se assegure à pessoa humana a manifestação externa do poder de autodeterminação que é enquanto fonte jurisgénica desse mesmo poder.

Não se trata de uma mera violação ao princípio da igualdade, mas de uma violação qualificada em função do sexo por via da estigmatização assente num preconceito socialmente edificado, dirigido a destinatários específicos em função de caraterísticas particulares que encontra respaldo num argumento, ainda por consolidar cientificamente, de vantagem biológica em relação a atletas cisgénero não beneficiárias da lotaria genética natural nos mesmos termos que as atletas com diferenças no desenvolvimento sexual. Fica assim por elucidar, a partir de que momento é que as caraterísticas genéticas, biológicas e físicas naturais passaram a ser injustas e assim subsumíveis ao argumento da justiça como ponto de partida no desporto. Bastará mobilizar a síndrome de Marfan (que consiste numa condição médica) que torna a pessoa particularmente alta, para que se compreenda que esta condição médica, não teve, não tem e não terá relevância ao ponto de excluir um atleta de uma equipa de *basketball* ou *volleyball.* não obstante a evidência de que quando comparado com outros atletas da mesma modalidade sempre se encontrará em vantagem em relação ao resultado por força da sua altura. Recordemos, de igual forma, o atleta Michael Phelps, cujas caraterísticas genéticas naturais, determinantes da sua composição física, revelam uma predisposição para alcançar melhores resultados quando comparado com outros atletas na mesma modalidade[9].

[9] COOPER, Jonathan – Testosterone: "the Best Discriminating Factor". **Philosophies.** P. 2; Para uma análise mais detalhada sobre os testes de verificação de género, cfr, COOPER, Emely J. – Gender Testing in Athletic Competitions – Human Rights Violations: Why Michael Phelps

A dignidade da pessoa humana, o livre desenvolvimento da personalidade, o direito à autodeterminação pessoal e à identidade pessoal e genética e o desporto profissional, não podem quedar-se anquilosados à organização binária das competições desportivas, porque o sexo anatómico não determina a identidade genética e esta tem de ser entendida no quadro do direito à identidade de género e à identidade pessoal. Semelhante correspondência encerraria a pessoa humana a uma dimensão morfológica que desconsideraria a infinita diferença que ela própria encerra em si.

Nota-se, contudo, que a elevada percentagem de massa muscular e a inerente força, robustez e agilidade de atletas como Caster Semenya têm suscitado particular atenção por força de uma vantagem genética que determina a diferença em relação a outras atletas cisgénero, fundada em níveis endógenos de testosterona superiores, e que por isso tem sido considerada uma vantagem desproporcional e injusta, ao contrário do que sucede com os atletas dados a exemplo, aos quais se associa um sentido positivo de vantagem genética enquanto "talento natural" e que por isso é celebrada.

I. O Direito Antidiscriminatório e o Desporto

Em resultado do que se acaba de afirmar, revela-se necessário ponderar quando é que se torna possível afirmar que determinado desempenho é significativamente superior para que não se possa considerar legítimo numa mulher. Em Direito, tanto como na natureza, comum é sempre a diferença. A igualdade é uma técnica de controlo, um critério que mede a desigualdade juridicamente admissível. A igualdade é, por conseguinte, um critério de razoabilidade da diferença jurídica de tratamento. A igualdade, em Direito, mobiliza a compreensão de uma medida de desigualdade que se admite tolerar[10]. A igualdade que se procura alcançar necessariamente terá de atender aos destinatários ilimitadamente diversos na sua existência, consigo próprios e com os outros, atenta a natureza eminentemente da pessoa, adensando-se a precisão de preservação da diferença.

O Direito e os direitos são os mesmos para todas as pessoas, são assexuados. O impulso regulador que mobilize questões de género terá de criar ou

is Praised and Caster Semenya is Chastised. **The Journal of Gender, Race & Justice**; sobre a regulação da vantagem genética, cfr, Polez, Sarah; Lewis, anna – Regulating Genetic Advantage. **Harvard Journal of Law & Technology.**

[10] Rey Martinez, Fernando – **Direito Antidiscriminatório**. P. 19.

recriar as condições necessárias para o exercício dos mesmos considerando a matriz fundante que é génese dos direitos fundamentais da personalidade (razão de ser do Direito) e que não podem ser oblinulados no desporto. A concretização do princípio da dignidade da pessoa humana está assim intrinsecamente ligada aos mecanismos operativos do livre desenvolvimento da personalidade, do qual é expoente no objeto de análise deste texto o direito à identidade pessoal e genética e o à autodeterminação pessoal.

O princípio da igualdade percorreu um extenso e meandroso caminho que se dirigiu ao reconhecimento da igualdade de género. Igualdade que ainda não se encontra verdadeiramente alcançada formal e materialmente, mas que convoca o reconhecimento de um direito à diferença, que deve ser integrado em políticas de direito anti discriminatório e que, necessariamente, terá de se integrar por via do compromisso com os direitos humanos e que no desporto se revela, a título de exemplo, pelos princípios fundamentais assumidos na Carta Olímpica[11], bem como no Código de Ética do Comité Olímpico Internacional (IOC)[12]. Assim, e atendendo à finalidade

[11] «*Fundamental Principles of Olympism: 1. Olympism is a philosophy of life, exalting and combining in a balanced whole the qualities of body, will and mind. Blending sport with culture and education, Olympism seeks to create a way of life based on the joy of effort, the educational value of good example, social responsibility and respect for universal fundamental ethical principles; 2. The goal of Olympism is to place sport at the service of the harmonious development of humankind, with a view to promoting a peaceful society concerned with the preservation of human dignity; 4. The practice of sport is a human right. Every individual must have the possibility of practising sport, without discrimination of any kind and in the Olympic spirit, which requires mutual understanding with a spirit of friendship, solidarity and fair play; 6. The enjoyment of the rights and freedoms set forth in this Olympic Charter shall be secured without discrimination of any kind, such as race, colour, sex, sexual orientation, language, religion, political or other opinion, national or social origin, property, birth or other status. (...) Mission and role of the IOC: 6. to act against any form of discrimination affecting the Olympic Movement*», cfr. IOC – **OLYMPIC CHARTER** (IN FORCE AS FROM 17 JULY 2020).

[12] «*Respect for the universal fundamental ethical principles is the foundation of Olympism. These include: 1.1 Respect for the Olympic spirit, which requires mutual understanding with a spirit of friendship, solidarity and fair play; 1.2 Respect of the principle of the universality and political neutrality of the Olympic Movement; 1.3 Maintaining harmonious relations with state authorities, while respecting the principle of autonomy as set out in the Olympic Charter; 1.4 Respect for international conventions on protecting human rights insofar as they apply to the Olympic Games' activities and which ensure in particular: respect for human dignity; rejection of discrimination of any kind on whatever grounds, be it race, colour, sex, sexual orientation, language, religion, political or other opinion, national or social origin, property, birth or other status; rejection of all forms of harassment and abuse, be it physical, professional or sexual, and any physical or mental injuries; 1.5 Ensuring the participant's conditions of safety, well-being*

última prosseguida de proteção da dignidade humana, a Pessoa é colocado no centro de um sistema de valores universal que fundamentam a construção de um sistema de proteção de direitos humanos, cujos pilares são a liberdade, a igualdade e a solidariedade conforme resulta do art.º 1.º da Declaração Universal dos Direitos Humanos (DUDH)[13] [14] e com os quais o desporto profissional assume um compromisso sistemático, inalienável e intemporal.

Com efeito, acompanhamos Fernando Rey Martinez, ao observar que «*(...) el nuevo Derecho Antidiscriminatorio, más concreto y más intenso que el clásico derecho de igualdad, ofrece una enorme capacidad de penetración y transformación de la sociedad porque el derecho clásico de igualdad juega frente al Estado mientras que el Derecho antidiscriminatorio lo hace también, y quizá sobre todo, frente a otros particulares. (...) El Derecho antidiscriminatorio no es un fenómeno aislado de nuestro ordenamiento, sino que, como ocurre habitualmente en esta fase histórica del constitucionalismo, avanza rápidamente a lomos del Derecho internacional de los derechos humanos, del Derecho de la Unión Europea y del Derecho Comparado. Los nuevos derechos, y entre ellos sobre todo el del nuevo concepto de igualdad, se hallan especialmente globalizados: es uno de sus rasgos definitorios*»[15].

Compete ao desporto, em relação de reciprocidade com as demais áreas da ciência, conformar-se e acompanhar a evolução do conhecimento, oferecendo o seu manifesto contributo para a desconstrução de fenómenos discriminatórios e segregadores. O exercício concreto destes fundamentais direitos pode ter expressões materiais difusas, entre as quais o exercício do direito ao desporto e ao exercício físico, designadamente, no desporto profissional de competição que, em resultado eminentemente oposto ao que seria o paradigma de justiça desportiva, se tem evidenciado segregador para as atletas transgénero femininas e com diferenças no desenvolvimento sexual. Conforme é oportuno notar, e atendendo ao conhecimento científico

and medical care favourable to their physical and mental equilibrium», cfr. IOC – **Code of Ethics and other texts 2020**.

[13] DECLARAÇÃO Universal dos Direitos Humanos. **Diário da República**, I Série, n.º 57/78, de 9 de março de 1978.

[14] Os três pilares principais do sistema de proteção de direitos humanos encontram-se, também, expressamente previstos no Pacto Internacional sobre os Direitos Económicos, Sociais e Culturais (PIDESC) e no Pacto Internacional sobre os Direitos Civis e Políticos (PIDCP) que, em conjunto com a DUDH, formam a Carta Internacional dos Direitos Humanos.

[15] MARTINEZ REY, Fernando; NETO, Luísa (Coord.). **Direito Antidiscriminatório**. P. 14-15.

de outras áreas, nem todos os seres humanos são necessariamente homens e mulheres[16] [17] enquadrados em categorias objetivas e pré-determinadas[18], tratando-se de um fenómeno humano comum, antropologicamente determinado e culturalmente diverso.

A desigualdade atenta, neste sentido, contra a dignidade humana e perpetua o comprometimento dos direitos humanos. Não se concretiza o desiderato de verdade desportiva sem o repúdio de todas as formas de discriminação que fundamentem um tratamento desigual ou desfavorável em resultado, a título de exemplo, da condição particular, crenças ou identidade genética do ser humano. O direito antidiscriminatório, colocando a pessoa humana no centro gravitacional da criação de um eixo jurídico de proteção permite a aplicação efetiva dos elementos descentralizados do conteúdo material do direito à igualdade e à diferença que é constitutiva da espécie humana.

Cremos que, o "caminho a percorrer" hodiernamente quanto aos critérios de elegibilidade de atletas transgénero transsexuais femininas e com diferenças no desenvolvimento sexual e a organização binária das competições desportivas, acarretará abandonar o tradicional paradigma igualitário, que considera o que une as pessoas entre si e não ao que as separa, para se

[16] O sexo, feminino e masculino, é o resultado expresso da observação dos órgãos sexuais externos (caraterísticas sexuais primárias). É definido de acordo com as caraterísticas biológicas, anatómicas, genéticas e reprodutivas da pessoa. Neste sentido, regra geral, o cariótipo consistente com o sexo feminino apresenta-se com a designação 46 XX e o masculino 46 XY. Contudo, existem composições cromossomáticas inferiores a 46, tais como as pessoas diagnosticadas com a Síndrome de Turner, cuja variação consiste num cariótipo 45 XO, bem como composições superiores a 46, como é o caso da Síndrome de Klinefelter em que o cariótipo é 47 XXY. *Vide*, Hirschberg, Angelica Lindén – Female Hyperandrogenism and elite sports. **Endocrine Connections Review.** P. 84-85; Schultz, Jamie – Caster Semenya and the "Question of Too": Sex Testing in Elite Women's Sport and the Issue of Advantage. **Quest.** P. 230-231.

[17] «Em termos de desenvolvimento sexual ao nível biológico a maioria das pessoas nasce com uma anatomia e fisiologia típica de sexo feminino ou de sexo masculino. No entanto, cerca de 1% das pessoas nasce com características atípicas, seja ao nível genético, ao nível dos órgãos sexuais ou do desenvolvimento das gónadas». *Vide*, Macedo, Ana – **Identidade de Género e Orientação Sexual na Prática Clínica.** P. 22, 73; Em relação à especificidade das pessoas intersexo a nível cromossomático, *vide*, Sax, Leonard – How Common is Intersex? A Response to Anne Fausto-Sterling. **The Journal of Sex Research.** Vol. 39 N.º 3.

[18] Neste mesmo sentido a WORLD Professional Association for Transgender Health – **Standarts of Care for the Health of Transsexual, Transgender, and Gender-Nonconforming People.** P. 4-5.

aproximar de um paradigma de preservação da diferença, adequado à salvaguarda das particularidades de cada ser humano.

A regulação do hiperandrogenismo tem consistido numa forma de exclusão reiterada de atletas das competições, segregação esta assente em vantagens genéticas decorrentes da produção endógena de testosterona[19]. Trata-se, em bom rigor, de uma esforçada regulação da lotaria genética natural, a que subjaz uma conceptualização de patologia do hiperandrogenismo, que por isso deve ser objeto de uma intervenção terapêutica de forma que as atletas possam cumprir os requisitos de elegibilidade para competir na categoria feminina com as demais atletas cisgénero. Encontra-se por isso claramente em oposição ao princípio 18 – que reforça a proibição de tratamentos médicos sem o consentimento da pessoa – e ao princípio 32 – que reitera a consolidação do direito à integralidade da pessoa física e psíquica, vertidos na *Yogykarta Principles*[20].

No que concerne aos critérios de eligibilidade adotodas pela *World Athletics*, o requisito que suscitou maior celeuma foi a regra 2.2. que impõem às atletas a redução dos níveis de testosterona a um valor inferior a 5 nanomols por litro de sangue (nmol/L) de forma permanente enquanto houver pretensões de participar nas competições, designadamente, com o recurso a contracetivos, concomitantemente com o reconhecimento em termos legais da categorização binária feminina, como intersexo ou equivalente[21]. Recorde-se que em 2018 e 2021, a adoção dos novos critérios de elegibilidade adotados pela *World Athletics*, foi sustentada na vantagem atlética na ordem dos 8% a 12% dos atletas cisgénero masculinos[22] em relação

[19] Note-se que, em circunstâncias competitivas similares, as vantagens genéticas de Usain Bolt nunca foram colocadas em causa. No mesmo sentido, «*Whilst dedication and training was, of course, part of Usain Bolt's success, it would be hard to maintain that his recent domination of sprinting was not due, in part, to natural genetic advantages he enjoyed over his competitors. It has been suggested that Bolt, like many other top sprinters, has the "sprinting gene", meaning he may have particulary fast-twitch muscle reflexes and longer fibers than most. Unlike most of sprinters, however, he is 6 ft. 5 inches tall. These genetic advantages almost certainly contributed to what makes him especially adept at sprint*», *vide*, Cooper, Jonathan – Testosterone: "the Best Discriminating Factor". **Philosophies.** P. 2.

[20] Schwend, Amets Suess – Trans Health Care from a Despathologization and Human Rights Perspective. **Public Health Reviews.** P. 7.

[21] IAAF – **Eligibility Regulations for the Female Classification (Athlets With Differences of Sex Development).** P. 3.

[22] «*Elite athletic competitions have separate male and female events due to men's physical advantages in strength, speed, and endurance so that a protected female category with objective entry criteria is required.*

às atletas cisgénero femininas. Esta vantagem resultava, entre outros fatores, da largura da estrutura óssea, da superioridade percentual de massa muscular magra e força desta resultante, dos níveis de circulação de hemoglobina, que são potenciados pelo nível de testosterona que intensifica a superioridade no desempenho[23] [24], o que se deu por comprovado em diversos estudos científicos endocrinológicos que sustentaram a adoção da regulamentação[25].

Contudo, a evidência científica da influência da testosterona nos resultados das competições desportivas, designadamente, a que resultava do estudo promovido em 2017 pela *World Athletics* sobre os níveis de testosterona em atletas 46 XY DDS, e que justificou as restrições dos critérios de elegibilidade para eventos de 400, 800 e 1500 metros, foi melhor esclarecido já no decurso do ano de 2021, porquanto é suscetível de conduzir a resultados enganadores, considerando que se tratava de um estudo exploratório, não tendo sido demonstrada, para os devidos efeitos, qualquer evidência direta de benefício nas distâncias de 1.500m e 1,5 km[26].

Prior to puberty, there is no sex difference in circulating testosterone concentrations or athletic performance, but from puberty onward a clear sex difference in athletic performance emerges as circulating testosterone concentrations rise in men because testes produce 30 times more testosterone than before puberty with circulating testosterone exceeding 15-fold that of women at any age. (...) These dichotomies largely account for the sex differences in muscle mass and strength and circulating hemoglobin levels that result in at least an 8% to 12% ergogenic advantage in men. Suppression of elevated circulating testosterone of hyperandrogenic athletes results in negative effects on performance, which are reversed when suppression ceases.». *Vide*, HANDELSMAN, David J; HIRSCHBERG, Angelica L; BERMON, Stephane – Circulating Testosterone as the Hormonal Basis of Sex Differences in Athletic Performance. **Endocrine Review**. DOI https://doi.org/10.1210/er.2018-00020

[23] IAAF – **Elibibility Regulations for the Female Classification (Athletes With Differences of Sex Development) Explanatory Note.** P. 1-2; Na prática esta regulação exclui automaticamente atletas como Caster Semenya.

[24] WORLD Athletics – **ELIGIBILITY REGULATIONS FOR THE FEMALE CLASSIFICATION (ATHLETES WITH DIFFERENCES OF SEX DEVELOPMENT)** (Approved by Council on 30 November 2021, effective from 10 December 2021).

[25] «*However, there is also an additional concern raised about how the IAAF has made use of scientific evidence as a basis for justifying the Testosterone Regulations. (...) Bermon and Garnier, may be scientifically flawed, both in terms of what it is capable of showing (only correlation not cause) and in terms of the data resulting in a lack of scientific integrity*», *vide*, COOPER, Jonathan – Testosterone: "the Best Discriminating Factor". **Philosophies.** P. 13.

[26] BERMON, S; GARNIER, P – Correction: Serum androgen levels and their relation to performance in track and field: mass spectrometry results from 2127 observations in male and

Paradigmático é, para este efeito, o caso da atleta Caster Semenya, bicampeã olímpica de 800 metros em atletismo, que tendo suscitado dúvidas quanto à sua elegibilidade para competir na categoria feminina em resultado da sua virilização e aparência ambígua, a solicitação da, na época, IAAF foi submetida a testes de verificação de género, bem como aos níveis de testosterona que se revelaram substancialmente elevados em virtude do hiperandrogenismo[27].

Atenta a igual dignidade de todas as pessoas, sendo proibida qualquer forma direta ou indireta de discriminação, designadamente, por força do direito à identidade pessoal e genética, verifica-se ainda no desporto manifestações de carater discriminatório quanto à participação de atletas com diferenças no desenvolvimento sexual[28].

II. Os direitos humanos e o desporto

A Declaração Universal dos Direitos Humanos (DUDH) não deixa de enunciar e precisar paradigmáticos princípios de respeito pela pessoa e pela sua dignidade, de tal forma que alguns deles elevaram-se a princípios de *ius cogens*[29] [30]. É, para todos os efeitos que aqui relevam, o caso do princípio da igualdade. O conceito de igualdade, enquanto princípio jurídico, não significa, nem poderia significar, uma igualdade absoluta, o que é coerente com a admissibilidade de tratamentos diferenciados. Com efeito, se por um lado uma interpretação simplista pode significar a supressão de quaisquer

female elite athletes. **British Journal of Sports Medicine**. Disponível em https://bjsm.bmj.com/content/55/17/e7.

[27] Schultz, Jamie – Caster Semenya and the "Question of Too": Sex Testing in Elite Women's Sport and the Issue of Advantage. **Quest.** P. 228-233.

[28] Tenha-se em consideração que tanto atletas DSD como transgénero femininas são objeto das mesmas reservas críticas, designadamente, quanto ao nível de testosterona. «*Although these differences are significant, it is important to consider intersex persons because they are often criticized for having too much testosterone to compete in female categories, which is the thought to give them an unfair advantage. This is the same criticism that is applied to trans*women.*» Cfr. Bianchi, Andria – Transgender Women in Sports. **Journal of the Philosophy of Sport.** P. 231.

[29] Miranda, Jorge. **Curso de Direito Internacional Público.** P. 126, 297-299.

[30] Não obstante as regras jurídicas, por via de regra, apresentarem as caraterísticas enunciadas ao Direito Cogente de imperatividade e vinculatividade, a expressão latina pretende evidenciar que se tratam de regras que estão para além da vontade ou do acordo de vontades dos sujeitos de Direito Internacional, revestindo-se de uma força jurídica imanente ao primado dos direitos das pessoas. Miranda, Jorge. **Curso de Direito Internacional Público.** P. 119-120.

formas de discriminação (situações de desvantagem) ou privilégios, uma análise mais atenta evidencia a complexidade do princípio.

Também a UNESCO International Charter of Physical Education, Physical Activity and Sports, conforme resulta das disposições conjugadas do artigo 1.º e do artigo 10.º, eleva a princípio fundamental de governança desportiva o acesso à prática desportiva, incluindo as competições profissionais, a não discriminação[31]. Este instrumento tem de ser interpretado com o quadro legal de proteção internacional de direitos humanos e, por conseguinte, concretizar-se em circunstâncias materiais que prossigam o cumprimento integral do desiderato de respeito pela dignidade da pessoa humana, livre desenvolvimento da personalidade e integridade.

Porque no desporto existem desigualdades de facto (*v.g.* físicas), exige-se às organizações das competições desportivas que criem ou recriem as oportunidades e condições para que a todos se admita usufruir dos mesmos direitos e cumprir os mesmos deveres, em adequação com uma igualdade material, complementada com a igualdade formal[32], porquanto é dirigida à igualdade real ou de resultado. A dimensão humana e social do princípio convoca a eliminação de todas as formas de segregação e exclusão, conferindo ao princípio sentido positivo[33]. Por conseguinte, a igualdade, enquanto conceito e princípio, não opera diacronicamente apenas para proibir discriminações; é superlativamente operante na proteção das pessoas contra discriminações resultantes de desigualdades de facto, mas também enquanto instrumento concretizador de um direito à diferença, do qual é expoente máximo a diferença genética inelutavelmente endógena, concedendo-se liberdade constitutiva para corrigir situações que se reputem concretamente iguais e desiguais[34].

A necessidade de adoção de medidas de ação afirmativas no desporto profissional resulta assim da consideração da pessoa humana enquanto sujeito de direito, estatuto que cumpre um elementar sentido de justiça, com três consequências imediatas: o reconhecimento integral da pessoa como sujeito de direito pressupõe o reconhecimento de autonomia para determinar o seu caminho de vida, sem controlos ou dominações heterónomos;

[31] UNESCO – **International Charter of Physical Education, Physical Activity and Sports.**

[32] MIRANDA, Jorge; MEDEIROS, Rui. **Constituição Portuguesa Anotada. Tomo I.** P. 120.

[33] CANOTILHO, J. J. Gomes; MOREIRA, Vital. **Constituição da República Portuguesa Anotada.** P. 337.

[34] MIRANDA, Jorge; MEDEIROS, Rui. **Constituição Portuguesa Anotada. Tomo I.** p. 120, 125-126.

reconhecimento da liberdade de não ser bloqueada na conformação das decisões fundamentais da sua vida; criação de condições materiais para participar com liberdade e igualdade na escolha e deliberação coletivas[35].

O direito à identidade pessoal e à identidade genética, enquanto garantias de identificação de cada pessoa como indivíduo singular e irrepetível, não deve deixar de ser interpretado em harmonia com o direito ao livre desenvolvimento da personalidade, enquanto manifestação da dignidade intrínseca que é reconhecida à pessoa humana. Esta, constitui um valor anterior à própria ideia de Estado de Direito Democrático e é por isso referencial primário de direitos humanos fundamentais que lhe asseguram uma expressão mais definida. Dignidade é sinónimo de Pessoa, dignidade é na pessoa.

Os direitos humanos enformam posições jurídicas fundamentais da pessoa pelo simples facto de o ser, são aspetos imediatos de exigência de integração da pessoa, da sua dimensão individual e social dinâmica, revelando emanações do conteúdo essencial da sua personalidade humana. São direitos de exigir de outrem o respeito pela sua própria realidade constitutiva.

Por conseguinte, se por referência ao sistema de proteção internacional de direitos humanos é possível afirmar que os direitos das pessoas transgénero e com diferenças no desenvolvimento sexual se encontram formalmente tutelados, quanto aos resultados materiais, analisados na perspetiva da eficácia destes instrumentos, não se pode afirmar o equivalente. Um dos setores com maior incidência de impedimentos de participação de atletas transgénero femininas ou com diferenças de desenvolvimento sexual é precisamente o do desporto individual de competição[36], em resultado da maioria dos eventos realizados se organizarem de acordo com a categorização binária de sexo[37]. A premissa fundamental é que o sexo/género é uma caraterística da humanidade e que a humanidade é sexuada de acordo com o modelo binário e de acordo com caraterísticas endógenas imanentes, relativamente uniformes e homogéneas, estigmatizando-se a diferença constitutiva endógena.

[35] Novais, Jorge Reis. **A Dignidade da Pessoa Humana. Vol. II. Dignidade e Inconstitucionalidade.** P. 106-107.

[36] Cumpre assinalar que o objeto em relação ao qual se desenvolve o texto é o da participação de atletas em competições individuais e não em grupo que, por razões relativas à delimitação do objeto do texto, não são aqui tidas em consideração.

[37] Não obstante a consideração de outros fatores como a idade e peso.

III. *The skill thesis*: ética no desporto e exclusão (in)justificada fundada na testosterona

De acordo com o desiderato do princípio *the skill thesis*, os resultados das competições desportivas devem ser determinados pela performance dos/as atletas para os/as quais são dadas as mesmas oportunidades de competir. A prossecução deste remete para uma ideia de justiça de resultado, donde é consensual que a utilização de elementos externos que possam ter influência naquele sejam de rejeitar[38].

A organização binária dos/as atletas nas competições desportivas (*v.g.* ciclismo feminino/masculino, natação feminina/masculina, levantamento de pesos feminino/masculino), é presidida pela categorização determinante da elegibilidade para cada segmento, por referência aos 46 cromossomas organizados em pares, sendo que o 23 cromossoma é aquele que determina o sexo que identifica a pessoa como mulher na sequência 46 XX e homem na correspondência 46 XY[39].

Com efeito, não se reconhece desde logo neste sistema binário, a possibilidade de atletas transgénero poderem livremente optar por uma categoria conciliável com a identidade e expressão de género por si auto percebidas[40], limitação que juridicamente se pode conceder e sustentar. Todavia, mais enigmática e inteligível se enuncia a exclusão de atletas DSD que, não se sujeitando a terapêuticas "forçadas" (porque doentes, em bom rigor, não se encontram), não devem, por princípio, competir na respetiva categoria,

[38] Os equipamentos utilizados pelos atletas terão assim de ser os mesmos de forma a afastar quaisquer influências exógenas nos resultados, o controlo de doping permite combater a administração de composições promovam uma melhor performance desportiva por via exógena. São, neste sentido, também compreensíveis as críticas apontadas à utilização de próteses de fibra de carbono por Oscar Pistorius nas competições com atletas que não deficientes físicos; Neste sentido, Cooper, Jonathan – Testosterone: "the Best Discriminating Factor". **Philosophies.** P. 3.

[39] «*Whilst dedication and training was, of course, part of Usain Bolt's success, it would be hard to maintain that his recent domination of sprinting was not due, in part, to natural genetic advantages he enjoyed over his competitors. It has been suggested that Bolt, like many other top sprinters, has the "sprinting gene", meaning he may have particulary fast-twitch muscle reflexes and longer fibers than most. Unlike most of sprinters, however, he is 6 ft. 5 inches tall. These genetic advantages almost certainly contributed to what makes him especially adept at sprint*», *vide*, Cooper, Jonathan – Testosterone: "the Best Discriminating Factor". **Philosophies.** P. 3-4; Bianchi, Andria – Transgender Women in Sports. **Journal of the Philosophy of Sport.** P. 232.

[40] Naturalmente encontram-se aqui apenas consideradas as atletas que não iniciaram ou não pretendem iniciar a terapêutica hormonal ou recorrer à cirurgia de afirmação de género.

porquanto encontrar-se-ão numa posição eminentemente vantajosa em virtude de possuírem caraterísticas físicas e fisiológicas, em contraposição com as demais atletas, que determinariam uma injustiça como ponto de partida da competição.

Uma razão imediata e precipitada que resulta para a imposição de limites à participação destas atletas é rapidamente apreensível atendendo ao argumento da vantagem física, porquanto apresentam uma massa muscular superior às restantes mulheres, além de regra geral mais altura, além de que a superioridade percentual da massa muscular confere assim mais robustez e potência[41]. Contudo, há que destacar que a testosterona é o argumento que tem perpetuado a discriminação nas competições desportivas, dirigindo-se às atletas com diferenças no desenvolvimento sexual, como se de doping se tratasse.

Conforme já tivemos oportunidade de enunciar noutro texto[42], a falácia dos testes de verificação cromossomática do sexo por força das variações cromossomáticas que determinam que mulheres não sejam necessariamente 46 XX e homens 46 XY, reuniu os pressupostos para a elevação da testosterona a melhor argumento de discriminação indireta sob o pretenso paradigma de assegurar uma justiça artificial numa área em que precisamente as vantagens físicas e fisiológicas genéticas distinguem as/os atletas nos resultados.

O argumento assente na injustiça é empregue no que concerne a atletas DDS enquanto mecanismo de impedimento de participação nas categorias femininas, porquanto se entende que, regra geral, apresentando níveis mais elevados de testosterona ficam imediatamente colocadas numa situação de vantagem do ponto de vista da aptidão física[43]. Uma reflexão mais atenta a respeito da consideração dos fatores de ordem biológica e genética, e atenta

[41] IAAF – **Elibibility Regulations for the Female Classification (Athletes With Differences of Sex Development) Explanatory Note.** P. 2; Macedo, Ana – **Identidade de Género e Orientação Sexual na Prática Clínica.** P. 107.

[42] Dias, Patrícia Cardoso. Paridade e Género: Uma Nova Igualdade no Desporto. **GALILEU – REVISTA DE DIREITO E ECONOMIA**, Vol. XXI.

[43] «*Makes them perform immensely better than their female-born counterparts.*». Cfr. Bianchi, Andria – Transgender Women in Sports. **Journal of the Philosophy of Sport.** P. 229-230; Confirmando as vantagens relitivamente a algumas provas na modalidade de atletismo, cfr, IAAF – **Elibibility Regulations for the Female Classification (Athletes With Differences of Sex Development) Explanatory Note.** P. 6.

a importância da consistência para o desenvolvimento de uma regulamentação adequada a tutelar e garantir a participação das atletas com diferenças no desenvolvimento sexual, é necessário adstringir-nos à evidência dos estudos incidentes sobre potenciais vantagens atléticas que aquelas atletas possam apresentar. Na verdade, não existe consenso científico que evidencie que estas atletas beneficiam de alguma vantagem na sua performance em todas as modalidades desportivas ou, no caso do atletismo, em todas as distâncias[44].

Não menos importante, e admitindo-se em abstrato que o nível de testosterona é suscetível de se considerar relevante, a aptidão e performance de um/a atleta depende de um conjunto de fatores externos e internos, tais como a aptidão natural para a modalidade, a sua composição genética, a motivação pessoal, o treino adequado, a alimentação e nutrição, fatores que não podem ser menosprezados. Os níveis de testosterona têm constituído um verdadeiro impedimento dirimente absoluto, porquanto têm fundado a exclusão de atletas com DDS das competições, mas não garantem por si só que o/a atleta tenha um nível de performance significativamente superior aos restantes atletas em todas as modalidades desportivas. Não existindo assim razões atendíveis que levem a uma adstrição absoluta aos níveis de testosterona *per se*, ter-se-á que considerar a resposta do corpo do/a atleta ao nível de testosterona para aferir a relevância desta no caso particular[45].

O termo "testosterona efetiva" remete, precisamente, para o nível de testosterona efetivamente utilizado pelo corpo do/a atleta para incremento

[44] O que se permite inferir, em bom rigor, da regulação da IAAF em relação ao hiperandrogenismo é precisamente que o nível de testosterona é apenas significativo em algumas provas de atletismo, designadamente as provas entre 400 a 1600 metros. Cfr. IAAF – **Elibibility Regulations for the Female Classification (Athletes With Differences of Sex Development) Explanatory Note.** P. 3-4; O emprego do verbo transitivo "pode" indicia a possibilidade, não a dando por isso por assente. Hirschberg, Angelica Lindén – Female Hyperandrogenism and elite sports. **Endocrine Connections Review.** P. 86-89. «*Critics often believe that having, on average, more testosterone gives them an unfair advantage that*

[45] Schultz, Jamie – Caster Semenya and the "Question of Too": Sex Testing in Elite Women's Sport and the Issue of Advantage. **Quest.** P. 233-234; No mesmo sentido, Bianchi, Andria – Transgender Women in Sports. **Journal of the Philosophy of Sport.** P. 233. «*According to the fairness argument, transgender women should not be allowed to compete in female categories in sports since they possess unfair advantages due to high levels of testosterone. One explanation for this argument is the skill thesis, which says that sports are meant "to determine which opponent is more skilfull"*».

da sua aptidão e performance na modalidade desportiva concreta[46]. Assim, se a resposta do corpo da atleta ao nível de testosterona for relevante, é legítimo afirmar-se que o nível de testosterona enquanto fator determinante de uma performance superior em relação às atletas cisgénero encontra respaldo na justiça de resultado que o princípio *the skill thesis* pretende alcançar, não se traduzindo por isso numa violação ao princípio da igualdade.

Não obstante, a lotaria genética natural por si só sempre bastaria para relativizar o princípio *the skill thesis* porquanto as caraterísticas genéticas sempre serão suscetíveis de determinar uma maior vantagem para alguns atletas quando e se comparados entre si apenas atletas cisgénero. No que concerne à identidade genética, o que sobressai no desporto profissional de competição, é que se tratam de caraterísticas genéticas naturais que não se encontram facilmente nos demais atletas, pelo que se tratam de diferenças que se revestem de potencial para que não se considerem subsumíveis à justiça desportiva radicada da interpretação tradicional do princípio *the skill thesis* e da qual se alcança a igualdade meramente formal e não material ou de resultado. Não se poderá deixar de entender que o argumento da testosterona é, na verdade, um pressuposto da organização binária das competições desportivas que resulta da desigual e discriminatória conceptualização em relação às variações genéticas decorrentes do cromossoma sexual e às variações cromossomáticas que determinam vantagens físicas que, no desporto, por definição se evidenciam na consecução dos resultados.

Pese embora com algumas reservas, não rejeitamos a proposta de Torbjörn Tännsjö quanto à eliminação de categorias binárias por referência ao sexo morfológico. A premissa de que qualquer forma de discriminação sexual é moralmente rejeitável independentemente do contexto e motivações em que se verifique[47], pretende resgatar o originário desiderato das

[46] SCHULTZ, Jamie – Caster Semenya and the "Question of Too": Sex Testing in Elite Women's Sport and the Issue of Advantage. **Quest.** P. 238-239; BIANCHI, Andria – Transgender Women in Sports. **Journal of the Philosophy of Sport.** P. 233; BIANCHI, Andria – Something Got to Give: Reconsidering the Justification for a Gender Divide in Sport. **Philosophies.** P. 6.

[47] Tännsjö, Torbjörn – Against Sexual Discrimination in Sports. Values. In **Sports: Elitism, Nationalism, Gender Equality and the Scientific Manufacturing of Winners**; «*For virtually as long as women have been allowed to compete in Athletics (and indeed other sports), there have been rules to segregate competition into male and female categories, a distinction that as historically been made by reference to biological sex. The rational for segregation was, no doubt, initially based on observations, assumptions and generalizations about the athletic ability of men and woman, the perceived "weakness"*

competições desportivas, segundo o qual os atletas devem competir em igualdade de circunstâncias, sem referência a uma categoria, determinando-se assim por via da performance física de facto e de resultado quem seria o/a melhor atleta.

Contudo, note-se que a categorização binária poderá não consistir numa forma de discriminação injustificada *stricto sensu*, desde logo em virtude da possibilidade científica de fatores biológicos (*v.g.* testosterona) sustentarem a manutenção da categorização binária de género em modalidades específicas. A dimensão social da construção de igualdade de género e do sinuoso caminho que levou à inclusão das mulheres nas competições desportivas que, inicialmente, se encontravam reservadas aos homens[48], apresenta-se de igual forma como um argumento a ponderar.

O sucesso dos resultados dos/as atletas encontra-se estritamente ligado à maximização das aptidões biológicas naturais. Significa isto que as próprias caraterísticas físicas e fisiológicas que enformam o património genético que é o corpo, têm relevância imediata na robustez, resistência, potência e aptidão do/a atleta. A quimera de justiça que se pretende assacar ao princípio e que sustenta a categorização binária com recurso ao argumento do nível de testosterona, ter-se-á de ter por necessariamente errónea, porquanto a individualidade endógena sempre colocará alguns atletas numa posição eminentemente vantajosa que outros tantos jamais poderão alcançar, concluindo-se pela relativa expressão do princípio em relação ao ponto de partida igualitário na organização binária das competições desportivas[49].

Resta assim, apreciar duas alternativas que já enunciámos anteriormente[50]: a primeira, que se prescinda do princípio *the skill thesis* em relação à participação destes/as atletas nas competições ainda que os níveis de testosterona efetiva sejam determinantes no resultado; a segunda, não se

of the feminine form and cultural stereotypes about the role of women», *vide*, COOPER, Jonathan – Testosterone: "the Best Discriminating Factor". **Philosophies.** P. 3.

[48] SAPPENFIELD, Kourtney – Adrienne Miller and Jomills Braddock II: Sex Segregation in Sports: Why Separate is Not Equal. P. 2480-2481.

[49] «*I draw on a couple of examples to illustrate this point, such as the case of Michael Phelps, whose genetic attributes provide him with many advantages that is competitors probably lack (e.g. size 14 feet, the fact that he is double jointed, his large 'wingspan')*», *vide*, BIANCHI, Andria – Something Got to Give: Reconsidering the Justification for a Gender Divide in Sport. **Philosophies**. P. 6.

[50] DIAS, Patrícia Cardoso – Paridade e Género: Uma Nova Igualdade no Desporto. In **Compêndio de Direito do Desporto**.

prescindindo do princípio, que se atendam às vantagens genéticas de todos os atletas (cisgénero e transgénero e DDS) na organização das competições desportivas, de forma a mitigar as vantagens resultantes da lotaria genética natural[51].

Considerações finais

Uma hipótese a considerar é a de eliminar as categorias de género binário nas competições desportivas sem que se prescinda da sua realização nestes termos, mas suportada em requisitos distintos dos que até ao presente têm sido empregues. Trata-se de um argumento de adequação do sistema, que parte da tutela geral da personalidade, com a premissa de que a igualdade material de resultado é alcançada por via da atualização da interpretação da paridade e do princípio *the skill thesis*, resultante de uma sincrónica e diacrónica atualização do conceito de género no quadro de proteção dos direitos humanos contemporâneo.

A eliminação das categorias binárias desportivas, enformada pelo substrato da paridade para uma real igualdade de género com recurso a um sistema de *handicap* para determinação dos fatores relevantes em cada modalidade desportiva é, assim, promotora de uma justiça distributiva meritocrática no desporto, promovendo simultaneamente a desconstrução misógina que subjaz ao padrão hetero binário consolidado e que responde à preocupação das atletas transgénero femininas e com diferenças no desenvolvimento sexual apresentarem uma vantagem injusta em relação às atletas cisgénero.

Porque o sexo anatómico não determina o que o ser Pessoa irrepetível e única é, este tem assim de ser entendido no quadro do direito à identidade genética. A emergência de um direito fundamental à diferença é, neste sentido, expressão da igualdade material que visa alcançar o objetivo geral de justificar a eliminação das categorias binárias de género na organização das competições desportivas, partindo da necessária compreensão da infinita diversidade das pessoas que integram a espécie humana e da incompatibilidade com o poder de autodeterminação que é a própria pessoa com a sua redução a um sexo pré-determinado e objetivo meramente morfológico.

O tradicional fundamento da testosterona, que até ao presente tem consistido no "melhor" argumento de discriminação indireta, não é aceitável

[51] Bianchi, Andria – Something Got to Give: Reconsidering the Justification for a Gender Divide in Sport. **Philosophies.** P. 6.

à luz da sistemática dos direitos humanos fundamentais, porquanto não se poderá admitir que um/a atleta apenas possa competir se estiver em igualdade condições de perder a competição. É a igual dignidade de todas as pessoas que determina que se reconheça a lotaria genética natural no desporto profissional de competição, que não se pode furtar, no âmbito de uma boa governança desportiva, ao cumprimento integral do desiderato do primado da pessoa humana. Não pode, por conseguinte, deixar de arrepiar ao mais elementar sentido de justiça que as atletas com diferenças no desenvolvimento sexual sejam, sucessivamente, segregadas por força de uma vantagem, que é biológica, e que por força da necessidade de assegurar uma justiça artificial numa área em que precisamente as vantagens físicas e fisiológicas genéticas distinguem as/os atletas nos resultados, se prescinda da ética num sistema que se pretende inclusivo e não discriminatório.

Este paradigma poderá ser alcançado com a eliminação de categorias nas competições desportivas com recurso a um proporcional sistema de *handicap* que atenda às caraterísticas efetivamente relevantes para cada modalidade desportiva. O modelo proposto poderá conduzir a que muitas competições, do ponto de vista do resultado, sejam organizadas binariamente, mas já não será este o *kick off* de origem, admitindo-se por esta via a participação de todo/as atletas de acordo com um modelo de meritocracia como impõe a própria verdade desportiva.

Isto, sem prejuízo, da livre admissibilidade da participação de atletas DDS, em coerência com o reconhecimento de que a lotaria genética natural no desporto, inelutavelmente, irá premiar uns e ignorar outros. Parece, em bom rigor, ser esta a solução que melhor se harmoniza com proteção dos direitos humanos e com os valores do desporto. A pessoa humana é muito mais que um corpo, é ser em devir, exige-se por isso a conformação dos critérios de elegibilidade com a dimensão ética, ontológica e axiológica da pessoa.

Referências

BARBOSA, Mafalda Miranda; ÁLVAREZ, Tomás Prieto – **O Direito ao Livre Desenvolvimento da Personalidade.** Coimbra: GestLegal, 2020. ISBN 978-989-8951-321-1.

BASS, Megan; GOZALEZ, Luis J.; COLIP, Leslie; [et. al] – Rethinking Gender: The Nonbinary Approach. In **AM J Health-Syst Pharm.** [sl]. Vol. 75, N.º 22, (2018). P. 1821-1823.

BIANCHI, Andria – Something Got to Give: Reconsidering the Justification for a Gender Divide in Sport. **Philosophies.** [sl]. Vol. 4, N.º 23, (2019). P. 1-13.

BIANCHI, Andria – **Transgender Women in Sports. Journal of the Philosophy of Sport.** Vol. 44, N.º 2, (2017). P. 229-242.

CANOTILHO, J. J. Gomes; MOREIRA, Vital – **Constituição da República Portuguesa. Artigos 1.º a 107.º.** Coimbra: Coimbra Editora, 2014. ISBN 978-972-32-2286-9.

CARVALHO, Orlando de – **Teoria Geral do Direito Civil.** 3.ª ed. Coimbra: Coimbra Editora, 2012. ISBN 978-972-32-2017-9.

COOPER, Emely J. Gender Testing in Athletic Competitions – Human Rights Violations: Why Michael Phelps is Praised and Caster Semenya is Chastised. In **The Journal of Gender, Race & Justice.** Vol. 14, N.º 1, (2010-2011). P. 233-264.

COOPER, Jonathan – Testosterone: "the Best Discriminating Factor". In **Philosophies.** Vol. 4, N.º 36. (2019). P. 1-15.

COURT of Arbitration for Sport. CAS 2014/A/3759, Dutee Chand vs. AFI & IAAF. [Consult. 22 fevereiro 2020]. Disponível em https://plawyered.files.wordpress.com/2015/09/dutee-chand-v-athletics-federation-of-india-afi-the-international-association-of-athletics-federations-iaaf.pdf.

COURT of Arbitration for Sport. CAS 2018/O/5794, Mokgadi Caster Semenya v. International Association of Athletics Federations & CAS 2018/O/5798, Athletics South Africa v. International Association of Athletics Federations. Disponível em https://www.tas-cas.org/fileadmin/user_upload/CAS_Award_-_redacted_-_Semenya_ASA_IAAF.pdf.

COURT of Arbitration for Sport. Executive Summary. Disponível em https://www.tas-cas.org/fileadmin/user_upload/CAS_Executive_Summary__5794_.pdf.

COWAN, Sharon – "Gender is No Substitute for Sex": A Comparative Human Rights Analysis of the Legal Regulation of Sexual Identity. In **Feminist Legal Studies.** N.º 13, (2005). P. 67-96.

DIAS, Patrícia Cardoso – Paridade e Género: Uma Nova Igualdade no Desporto. **GALILEU – REVISTA DE DIREITO E ECONOMIA**, Vol. XXI, p. 95-143, 2020. DOI: https://doi.org/10.26619/2184-1845.XXI.2.6.

GLEAVES, John; LEHRBACH, Tim – Beyond Fairness: The Ethics of Inclusion for Transgender and Intersex Athletes. **Journal of The Philosophy of Sport.** Vol. 43, N.º 2, (2016). P. 311-326.

HIRSCHBERG, Angelica Lindén – Female Hyperandrogenism and Elite Sports. In **Endocrine Connections Review.** N.º 9. (2020). P. 81-92.

IAAF – **Elibibility Regulations for the Female Classification (Athletes With Differences of Sex Development) Explanatory Note.** [Consult. 8 maio 2020]. Disponível em https://www.worldathletics.org/news/press-release/questions-answers-iaaf-female-eligibility-reg.

INTERNATIONAL Olympic Committee. **IOC Consensus Meeting on Sex Reassignment and Hyperandrogenism November 2015.** [Consult. 22 abril

2020]. Disponível em https://stillmed.olympic.org/Documents/Commissions_PDFfiles/Medical_commission/2015-11_ioc_consensus_meeting_on_sex_reassignment_and_hyperandrogenism-en.pdf.

IOC – **Code of Ethics and other texts 2020**. Disponível em IOC Code of Ethics – Olympic Principles and Rules of Conduct (olympics.com).

IOC – **OLYMPIC CHARTER** (IN FORCE AS FROM 17 JULY 2020). Disponível em Olympic Charter – Official Olympic Documents (olympics.com).

Macedo, Ana – **Identidade de Género e Orientação Sexual na Prática Clínica.** Lisboa: Edições Sílabo, 2018. ISBN 978-972-618-953-4.

Martinez Rey, Fernando; Neto, Luísa (Coord.) – **Direito Antidiscriminatório**. Lisboa: AAFDL, 2021. ISBN 978-972-629-653-9.

Mestre, Alexandre Miguel (Coord.) – **Compêndio de Direito do Desporto**. Coimbra: GestLegal, 2021. ISBN 978-989-8951-59-5.

Novais, Jorge Reis – **A Dignidade da Pessoa Humana. Vol. I. Dignidade e Direitos Fundamentais.** 2.ª ed. Coimbra: Almedina, 2018. ISBN 978-972-40-7591-4.

Pinto, Paulo da Mota – **Direitos de Personalidade e Direitos Fundamentais – Estudos.** Coimbra: GestLegal, 2018. ISBN 978-989-54076-3-7.

Raposo, Vera Lúcia – **O Poder de Eva. O Princípio da Igualdade no Âmbito dos Direitos Políticos; Problemas Suscitados pela Discriminação Positiva.** Coimbra: Edições Almedina, 2004. ISBN 978-972-4019-85-7.

Raposo, Vera Lúcia Carapeto – Paridade, a Outra Igualdade. In **Ciências Jurídicas Civilísticas: Comunitárias; Económicas; Empresariais; Filosóficas; Históricas; Políticas; Processuais.** Coimbra: Edições Almedina, 2005. Depósito Legal 230369/05.

Sappenfield, Kourtney. Adrienne Miller and Jomills Braddock II – Sex Segregation in Sports: Why Separate is Not Equal. In **J Youth Adolescence.** California: Praeger, 2016. ISBN 978-1-4408-3810-1. P. 2479-2482.

Sax, Leonard – How Common is Intersex? A Response to Anne Fausto-Sterling. **The Journal of Sex Research.** Vol. 39 N.º 3. (2010). P. 174-178.

Schultz, Jamie – Caster Semenya and the "Question of Too": Sex Testing in Elite Women's Sport and the Issue of Advantage. **Quest.** N.º 63, (2011). P. 228-243.

Schwend, Amets Suess – Trans Health Care from a Despathologization and Human Rights Perspective. In **Public Health Reviews.** Vol. 41, N.º 3, (2020). P. 1-17.

Silva, Artur Flamínio da – Hiperandrogenismo. In **Enciclopédia de Direito do Desporto.** Coimbra: GestLegal, 2019. ISBN 978-989-8951-27-4. P. 213-214.

SWITZERLAND Supreme Court – 4A_248/2019/4A_398/2019, Caster Semenya et Athletics South Africa (ASA) contre International Association of Athletics Federation (IAAF). Disponível em https://www.bger.ch/ext/eurospider/live/fr/php/clir/http/

index.php?lang=fr&type=highlight_simple_query&page=7&from_date=&to_date=&from_year=2020&to_year=2020&sort=relevance&insertion_date=&from_date_push=&top_subcollection_clir=bge&query_words=&part=all&de_fr=&de_it=&fr_de=&fr_it=&it_de=&it_fr=&orig=&translation=&rank=67&highlight_docid=atf%3A%2F%2F147-III-49%3Afr&number_of_ranks=200&azaclir=clir

The Yogykarta Principles Plus 10. [Consult. 30 maio 2023]. Disponível em https://yogyakartaprinciples.org/principles-en/yp10/.

UNESCO – **International Charter of Physical Education, Physical Activity and Sports.** Disponível em International Charter of Physical Education, Physical Activity and Sport | UNESCO.

UNESCO – **Unesco's Gender Mainstreaming Implementation Framework for 2002-2007 – Basic Definitions of Key Concepts and Terms.** [Consult. 25 maio 2023]. Disponível em http://portal.unesco.org/es/files/14954/10645732009Gender_Mainstreaming_Implementation_Framework.pdf/Gender+Mainstreaming+Implementation+Framework.pdf.

Unzueta, M.ª Ángeles Barrère; Taramundi, Dolores Morondo – lSubordiscriminación y Discriminación Interseccional: Elementos para una Teoría del Derecho Antidiscriminatorio. **Anales de la Cátedra Francisco Suárez**, n.º 45, p. 15-42, 2011.

WORLD Athletics – ***ELIGIBILITY REGULATIONS FOR THE FEMALE CLASSIFICATION (ATHLETES WITH DIFFERENCES OF SEX DEVELOPMENT) (Version 3.0, approved by Council on 23 March 2023, and coming into effect on 31 March 2023).*** Disponível em Book of Rules | Official Documents (worldathletics.org).

WORLD Athletics – ***ELIGIBILITY REGULATIONS FOR THE FEMALE CLASSIFICATION (ATHLETES WITH DIFFERENCES OF SEX DEVELOPMENT) (Version 3.0, approved by Council on 23 March 2023, and coming into effect on 31 March 2023).*** Disponível em Book of Rules | Official Documents (worldathletics.org).

WORLD Athletics – ***Eligibility Regulations for the female classification (athletes with differences of sex development), (Approved by Council on 30 November 2021 effective from 10 December 2021).*** *Disponível em https://worldathletics.org/about-iaaf/documents/book-of-rules.*

WORLD Health Organization – **International Classification of Diseases.** [Consult. 28 janeiro 2020]. Disponível em https://www.who.int/classifications/icd/en/.

WORLD Health Organization – **WHO/Europe brief – transgender health in the context of ICD-11.** [Consult. 3 junho 2020]. Disponível em https://www.euro.who.int/en/health-topics/health-determinants/gender/gender-definitions/whoeurope-brief-transgender-health-in-the-context-of-icd-11.

17. O PRATICANTE DESPORTIVO E OS SEUS DIREITOS DE PERSONALIDADE: O DIREITO À IMAGEM E O DIREITO À INTEGRIDADE FÍSICA

Patrícia Sousa Borges[1]

1. Enquadramento Geral

O nosso Código Civil não apresenta uma definição concreta para o conceito de *Direitos de Personalidade*. Esta concretização dogmática foi apresentada pelo Rabindranath Capelo de Sousa que os definiu como "direitos subjetivos, privados, absolutos, gerais, extrapatrimoniais, inatos, perpétuos, intransmissíveis, relativamente indisponíveis, tendo por objeto os bens e as manifestações interiores da pessoa humana, visando tutelar a integridade e o desenvolvimento físico e moral dos indivíduos e obrigando todos os sujeitos de direito a absterem-se de praticar ou de deixar de praticar atos que ilicitamente ofendam ou ameacem ofender a personalidade alheia sem o que incorrerão em responsabilidade civil e/ou na sujeição às providências civis adequadas a evitar a consumação da ameaça ou a atenuar os efeitos da ofensa cometida."[2].

[1] Assistente Convidada da Escola de Direito da Universidade do Minho e Investigadora do JusGov, Centro de Investigação em Justiça e Governação.

[2] Sousa, Rabindranath Capelo de, «A Constituição e os Direitos de Personalidade», *in* Estudos sobre a Constituição, vol. II, Livraria Pedrony, Lisboa, 1978, p. 93.

A dignificação da tutela destes direitos intrínsecos à própria personalidade jurídica compromete de forma absoluta a sua disposição. Isto significa que, a todo o indivíduo está vedada a possibilidade de dispor dos seus direitos de personalidade. Trata-se dos valores inderrogáveis que norteiam a coexistência humana e social e, nessa medida, o legislador entendeu concretizar uma dupla proteção: uma tutela antecipatória – isto é, quando existe uma ameaça legítima de ofensa – e uma tutela à posterior – quando a ameaça a algum direito de personalidade do indivíduo já ocorreu (n.º 1, do art.º 70.º do Código Civil) – e em função disso, prevê a aplicação de diferentes tipos de providências adequadas, sem prejuízo, da aplicação do instituto da responsabilidade civil (n.º 2, do art.º 70.º do Código Civil)[3].

Acontece, porém, que tal não significa que o indivíduo não possa limitar o exercício desses direitos – pois o legislador prevê a figura da limitação voluntária legal dos direitos de personalidade, desde que esta não se firme contrária à ordem pública, tal como disciplina o art. 81.º do Código Civil.

2. Os Direitos de Personalidade em específico na órbita desportiva

Na órbita desportiva, existem determinados direitos de personalidade cujo campo de limitação voluntária ganha necessariamente maior relevo quando trazidos para dentro dessa realidade específica.

Atento o palco para o exercício da atividade por parte dos atletas, todo o praticante desportivo vê a sua imagem difundida nas mais diversas realidades e em diferentes contextos, desde logo em virtude da sua exposição pública, inerente à atividade laboral que desempenham.

2.1. O Direito à Imagem do desportista

No nosso ordenamento jurídico, o legislador, no artigo 79.º do Código Civil, estabelece que o retrato de uma pessoa não pode ser exposto, reproduzido ou lançado no comércio sem o consentimento dela, sem prejuízo de no seu n.º 2, consagrar a dispensa do *ato de consentir* quando assim o justifiquem a sua notoriedade, o cargo que desempenhe, exigências de polícia ou de justiça, finalidades científicas, didáticas ou culturais, ou quando a reprodução da imagem vier enquadrada na de lugares públicos, ou na de factos

[3] Sobre esta temática veja-se os nossos breves comentários em Borges, Patrícia Sousa, «A Limitação Voluntária Dos Direitos De Personalidade Dos Praticantes Desportivos, *in VOX IURIS*, mar., 2023, pp. 101 a 105.

de interesse público ou que hajam decorrido publicamente. Ora, nesta senda, a divulgação da imagem dos atletas estaria dispensada de consentimento prévio para a sua divulgação, visto que o exercício da atividade que desempenha, transforma o praticante numa pessoa pública. A Assembleia Parlamentar do Conselho da Europa, consciente de que a privacidade pessoal é frequentemente invadida, em virtude de ser ter tornado uma mercadoria altamente lucrativa para certos setores da média, mesmo em países com legislação específica para a sua proteção[4]. A este propósito, pode ler-se no ponto 7 da Resolução 1165 que "as figuras públicas são pessoas que ocupam cargos públicos e/ou utilizam recursos públicos e, de um modo mais geral, todos aqueles que têm um papel na vida pública, seja na política, na economia, nas artes, na esfera social, no desporto ou em qualquer outro domínio"[5].

Cientes do mercado gerador de receita que é o desporto[6], o legislador foi mais além, e no que respeita aos praticantes desportivos, classificou o direito de imagem em dois tipos: os direitos de imagem coletivos e os direitos de imagem individuais. Estabelece o artigo 14.º do Regime jurídico do contrato de trabalho do praticante desportivo[7] que todo o praticante desportivo tem direito a utilizar a sua imagem pública ligada à prática desportiva e a opor-se a que outrem a use para exploração comercial ou para outros fins económicos, sem prejuízo da possibilidade de transmissão contratual da respetiva exploração comercial. É no n.º 2 do mesmo preceito legal que o legislador estabelece a cedência dos direitos de imagem (coletivos) do praticante desportivo, pois reserva à entidade empregadora desportiva a imagem do coletivo dos praticantes[8].

[4] Conselho da Europa, Resolução 1165 – Direito à privacidade, 1968, disponível em https://assembly.coe.int/nw/xml/XRef/Xref-XML2HTML-en.asp?fileid=16641&lang%20=en, última consulta em 21/02/2023.

[5] *Idem.*

[6] Em particular o futebol que adicionou ao Produto Interno Bruto um total de 550 milhões de euros na época 2020-21, cerca de 0,25% do PIB, mais 11,3% face à época anterior, – Anuário do Futebol Profissional Português 2020-21, elaborado pela consultora E&Y, disponível em https://www.ey.com/pt_pt/strategy-transactions/anuario-do-futebol-profissional-portugues-2020-21, última consulta em 21/0/2023.

[7] Lei n.º 54/2017, de 14 de julho – Regime jurídico do contrato de trabalho do praticante desportivo, do contrato de formação desportiva e do contrato de representação ou intermediação.

[8] No que respeita ao árbitro desportivo pese embora seja unânime o seu enquadramento no quadro de praticantes desportivos, até porque a Lei n.º 5/2007, de 16 de janeiro, também

Todavia, nem sempre foi assim. Em 2005, o Supremo Tribunal de Justiça[9] entendeu que o contrato de cedência do desportista era nulo por violação da ordem pública. Naquele acórdão pode ler-se que a cedência do direito de imagem de jogadores profissionais ao respetivo sindicato "ainda que limitada a uma utilização coletiva do retrato de jogadores em determinado tipo de publicações" era nula porque contrária aos limites ínsitos no artigo 81.º do Código Civil. Àquela data, a jurisprudência entendia que os desportistas podiam dispor dos seus direitos de imagem de forma abstrata e global e que, pela leitura daquele preceito legal, o titular do direito dispunha apenas da faculdade de limitar o seu direito de imagem, mas de forma concreta e determinada – ou seja, parece-nos que se defendia uma exceção muito restrita para a ofensa do direito à imagem do atleta.

Só volvidos quatro anos é que o Supremo Tribunal de Justiça, novamente chamado a aferir da nulidade dos contratos de cedência dos direitos de imagem dos jogadores, passou a aferir de um julgamento à luz do que é agora regulado no artigo 14.º do Regime jurídico do contrato de trabalho do praticante desportivo. No referido acórdão, o Tribunal começou por distinguir o direito de imagem do indivíduo – afirmando que esse é inalienável – do direito de imagem do indivíduo enquanto desportista – ao qual entendeu ser passível de exploração comercial por não ser desconforme com a ordem pública. Pode ler-se no referido acórdão que a exploração comercial da imagem de alguém não é inalienável e pode ser feita pelo

denominada, Lei de Bases da Atividade Física e do Desporto, que define as bases das políticas de desenvolvimento da atividade física e do desporto, não apresenta uma definição de árbitro desportivo, fazendo referência à sua existência enquanto agente filiado a uma federação desportiva e regulando a sua atividade em escassos preceitos ao longo do diploma, sem, contudo, lhe conferir autonomia face ao leque tipificado de agentes desportivos. Acontece, porém que ao árbitro não é aplicado o Regime jurídico do contrato de trabalho do praticante desportivo, não tendo aliás, o árbitro qualquer tipo de vínculo laboral – sobre esta questão veja-se Borges, Patrícia Sousa – «A esquecida profissionalização do árbitro desportivo: 2011 não foi ontem.», UMdicas – Desporto, Informação, Cultura e Acção Social na Universidade do Minho Departamento de Desporto e Cultura, 2022, – e, portanto, a tutela dos direitos de imagem coletivos (enquanto membro integrante de uma equipa de arbitragem e participante de uma competição desportiva) é totalmente inexistente.

[9] Acórdão do Supremo Tribunal de Justiça datado de 24-02-2005, proferido no âmbito do processo n.º 2788/04-3, disponível para consulta em www.dgsi.pt – última consulta em 12-04-2023.

próprio titular, desde que este preste o seu consentimento[10]. Acrescenta ainda que o que foi cedido foi "o direito à exploração comercial da imagem do jogador enquanto futebolista profissional, mediante um preço e durante um determinado período, e não o direito puro e simples à sua imagem".

Entendemos, pois, que o julgador já desenhava os elementos necessários para a validade deste contrato de cedência de imagem quando afirmava que os jogadores não alienavam o seu direito à imagem mas através dos contratos de cedência concediam " a um terceiro, por um período limitado no tempo, um determinado aproveitamento da sua imagem"[11], sendo certo porém que, é no acórdão do Tribunal da Relação de Lisboa, proferido em 2007, que entendemos que vêm elencados os pressupostos para essa validade – e que ainda mantemos hoje – para a celebração de um contrato de cedência de imagens: a finalidade para a reprodução da imagem; a duração dessa cedência e ainda as obrigações entre as partes. No referido acórdão, a Jurisprudência defendeu ainda que validade face à ordem pública deve ser aferida casuisticamente, "tendo-se em consideração o direito fundamental em causa, o fim que se tem em vista e os contornos da limitação efetivamente negociada"[12]. Esta contrapartida entre as partes, ganhou ainda mais relevo, num outro Acórdão proferido pelo mesmo Tribunal da Relação de Lisboa, no ano de 2014, defendendo a validade dos contratos de cedência de imagem, desde que exista por parte do titular, o respetivo consentimento para essa exploração comercial[13].

Por sua vez, e alicerçados no reconhecimento do potencial económico dos atletas, no presente, há já autores que defendem a existência de um tipo de direito secundário que nasce "*ex novum*" associado ao direito de imagem do indivíduo, e que surge desta dimensão patrimonial derivada desse mesmo direito, é o que conduz a que Ricardo Cardoso defina esse

[10] Acórdão do Supremo Tribunal de Justiça datado de 25-10-2005, proferido no âmbito do processo n.º 05A2577, disponível para consulta em www.dgsi.pt – última consulta em 12-04-2023.

[11] *Idem.*

[12] Acórdão do Tribunal da Relação de Lisboa datado de 18-12-2007, proferido no âmbito do processo n.º 7379/2007-2, disponível para consulta em www.dgsi.pt – última consulta em 12-04-2023.

[13] Acórdão do Tribunal da Relação de Lisboa datado de 16-10-2014, proferido no âmbito do processo n.º 7896/09.9T2SNT.L1-8, disponível para consulta em www.dgsi.pt – última consulta em 12-04-2023.

direito de imagem específico dos atletas como – *direito de imagem das Celebridades Desportivas*[14].

De todo o modo, tudo isto no que respeita aos direitos de imagem coletivos do atleta, pois no plano individual, este não está obrigado a fazer essa cedência, e parece-nos que, caso existisse essa imposição, essa não seria lícita à luz dos limites que coexistem para a limitação voluntária legal dos direitos de personalidade. Neste sentido vai também o Tribunal Central Administrativo Sul, onde se lê num dos seus Acórdãos que "o contrato de trabalho desportivo não implica a aquisição do direito de explorar a imagem individual do atleta – direito este que pode, ou não, ser cedido por este"[15].

Ainda no que respeita a este direito de personalidade específico, com o desenvolvimento das tecnologias e da era dos videojogos, assistimos hodiernamente a um outro fenómeno associado aos direitos de imagem dos desportistas, – a difusão da imagem (e nome) do atleta nos *E-SPORTS*. Em abono da verdade, entendemos que já não poderemos configurar essa divulgação/difusão da imagem associada aos direitos de imagem coletivos do atleta e, posto isto, para que a imagem de um atleta seja utilizada para esse fim específico defendemos que é necessário que seja consentida a partilha da sua imagem por parte do titular desse direito. Num recente do Acórdão do Supremo Tribunal de Justiça, em que a questão principal era a competência territorial para a discussão da causa, o Tribunal apreciou a situação de um jogador profissional de futebol, cujo exercício da sua atividade ocorreu predominantemente em Portugal, que peticionou uma indemnização pelos danos causados pela utilização, não consentida, do seu nome e imagem nos videojogos FIFA, e, portanto, divulgados por todo o mundo, com base na responsabilidade civil extracontratual, por violação dos direitos de personalidade, e ainda, no enriquecimento sem causa (enriquecimento por intervenção no direito de personalidade ao nome e à imagem). O Supremo Tribunal de Justiça entendeu, assim, que não tinha existido *ato de consentir* para aquele fim específico por parte do jogador e, por

[14] CARDOSO, Ricardo, «Direitos de Imagem das Celebridades Desportivas, De onde vêm, o que são e para onde vão» *in Compêndio de Direito do Desporto*, MESTRE, Alexandre Miguel (Coord.), Gestlegal, p. 1194.

[15] Acórdão Tribunal Central Administrativo Sul datado de 09-03-2017, proferido no âmbito do processo n.º 05458/128, disponível para consulta em www.dgsi.pt – última consulta em 19-04-2023.

conseguinte, os danos que derivaram da violação dos seus direitos de personalidade, no tocante à imagem e ao nome, na sua vertente patrimonial, podem ser ressarcidos em sede de responsabilidade civil extracontratual[16].

2.1. O Direito à Integridade Física do desportista

Dispõe o n.º 1, do art. 70.º do Código Civil que a lei protege os indivíduos contra qualquer ofensa ilícita ou ameaça de ofensa à sua personalidade física ou moral, tutelando assim, a salvaguarda da integridade física de todos os indivíduos. Em abono da verdade, quando pensamos num desporto de contacto, facilmente conjeturamos a omnipresença do risco de ofensa à integridade física dos praticantes desportivos. Todavia, isto não significa que o praticante desportivo renunciou a esse direito de personalidade, mas que apenas e tão só, limitou voluntariamente o exercício desse direito, isto é, o consentimento do titular do direito elimina a ilicitude do ato lesivo[17]. No desporto, damos palco à aplicação do conceito indeterminado de adequação social que ganha relevo quando aplicado na órbita desportiva e engrandece-se quando vem justificar a limitação (lesão) dos direitos de personalidade dos desportistas.

No que concerne ao dever geral de personalidade – de ausência de ofensa à integridade física do indivíduo, esta é impossível de garantir dentro da órbita desportiva, isto porque, o decurso normal da prática desportiva, motivada muitas vezes por uma volatilidade e inevitável contacto físico entre os atletas, designadamente nos *desportos atleta contra atleta* ou *desportos praticados lado a lado*[18], é inexequível que o desportista não limite o seu direito geral de personalidade, previsto no n.º 1 do art. 70.º do Código Civil, particularmente, o direito à sua personalidade física.

[16] Acórdão do Supremo Tribunal de Justiça datado de 27-09-2022, proferido no âmbito do processo n.º 637/20.1T8PRT.P1.S1, disponível para consulta em www.dgsi.pt – última consulta em 19-04-2023.

[17] Horster, Heinrich Ewald / Silva, Eva Sónia Moreira da, *A Parte Geral do Código Civil Português*, Almedina, 2.ª ed. totalmente revista e atualizada, 2019, p. 287.

[18] Para desenvolvimento desta temática, ver André Dias, «A Responsabilidade civil nas actividades desportivas», *in Desporto & Direito – Revista Jurídica do Desporto*, n.º 14, ano V, jan./abr. 2008, da Coimbra Editora, pp. 229 a 232.

2.1.1. O paradoxo entre a promoção do desporto como instrumento de manifestação da personalidade humana e a proteção da pessoa humana

Ora, apesar de encontrarmos nas palavras de CARLOS MOTA PINTO quase a premissa absoluta de que os direitos de personalidade são o "conteúdo mínimo e imprescindível da esfera jurídica de cada pessoa"[19], a verdade é que a intocabilidade deste núcleo duro deixa de ser totalmente inviolável quando reconduzido à órbitra desportiva.

Como *supra* fizemos saber, todo o praticante desportivo tem a consciência que, eventualmente, no decurso do exercício de uma determinada atividade desportiva, poderá ser confrontado, por exemplo, com o risco de ofensa à sua integridade física. Conforme elucida MARIA CIMMINO "il fenomeno sportivo ha messo alla prova le garanzie costituzionali dei diritti inviolabili della persona umana, nonché le regole ed in principi sulla responsabilità civile (oltre che penale), essendo innegabile che l'esercizio dell'attività sportiva, in tutte le sue espressioni e manifestazioni, ad ogni livello, dilettantistico o professionistico, amatoriale od agonistico si rivela quale occasione di danni all'integrità fisica dell'individuo"[20]. Por conseguinte, não podemos deixar de referir que no desporto reside um paradoxo definido entre a tutela do bem-estar social alicerçado na prática desportiva e por outro na inevitabilidade de se ofender a integridade física de outrem em virtude desse mesmo exercício.

Não podemos olvidar que a Conferência Geral da Organização das Nações Unidas para a Educação, a Ciência e a Cultura, reunida em Paris, em 1978, que na sua 20.ª sessão, proclamou a CARTA INTERNACIONAL DA EDUCAÇÃO FÍSICA E DO DESPORTO DA UNESCO, onde no seu artigo 1.2 postulou que todas as pessoas humanas têm o direito à educação física e ao desporto, indispensáveis ao desenvolvimento da sua personalidade. Esse direito ao desenvolvimento das aptidões físicas, intelectuais e morais, deve ser concretizado através da educação física e do desporto, e garantido, tanto no quadro do sistema educativo, como nos outros aspetos da vida social. No mesmo

[19] PINTO, Carlos Mota, *Teoria Geral do Direito Civil*, 4.º Ed., Coimbra Editora, Coimbra, 2005, pp. 208 a 209.

[20] CIMMINO, Maria, «L'indisponibilità Del Diritto All'integrità Fisica Della Persona Umana in Ambito Sportivo e I Limiti al Rischio Consentito», Ius Humani. Revista de Derecho, Vol. 5 (2016), p. 75. ISSN: 1390-440X – eISSN: 1390-7794.

sentido, veja-se a Carta Europeia do Desporto publicada em 1992, que postulava, no seu artigo 2.º, que o desporto respeita "todas as formas de atividades físicas que, através de uma participação organizada ou não, têm por objetivo a expressão ou o melhoramento da condição física e psíquica, o desenvolvimento das relações sociais ou a obtenção de resultados na competição a todos os níveis"[21].

Ainda a este propósito, não podemos olvidar o exposto no n.º 2 do artigo 165.º do Tratado de Funcionamento da União Europeia, onde se lê que a União contribuirá para o desenvolvimento de uma educação de qualidade, incentivando a cooperação entre Estados-Membros e, se necessário, apoiando e completando a sua ação, respeitando integralmente a responsabilidade dos Estados-Membros pelo conteúdo do ensino e pela organização do sistema educativo, bem como a sua diversidade cultural e linguística e, nesse sentido, a ação da União terá por objetivo desenvolver a dimensão europeia do desporto, promovendo a equidade e a abertura nas competições desportivas e a cooperação entre os organismos responsáveis pelo desporto, bem como protegendo a integridade física e moral dos desportistas, nomeadamente dos mais jovens de entre eles[22].

Destarte, não podemos deixar de ter em conta, a primeira versão do nosso texto constitucional, onde o legislador postulou, pela primeira vez, o direito fundamental ao desporto como o direito dos cidadãos à cultura física e ao desporto, como meio de valorização humana, incumbindo-lhe promover, estimular e orientar a sua prática e difusão[23]. Por sua vez, e como já afirmado noutra sede[24], na versão atual, este preceito constitucional, decompõe-se em dois valores fundamentais: *o direito à cultura física* e o *direito ao desporto,* sendo que, de acordo com Gomes Canotilho e Vital Moreira, esta cultura, como cultura física, "não pressupõe necessariamente desporto, pois representa duas dimensões básicas que se reconduzem ao movimento

[21] Carta Europeia do Desporto, disponível em ipdj.gov.pt, consultado em 22/04/2023.

[22] Jornal Oficial Da União Europeia, *Tratado sobre o Funcionamento da União Europeia,* (versão consolidada), C 326/120, 26.10.2012, disponível em https://eur-lex.europa.eu/legal-content/PT/TXT/?uri=CELEX:12012E/TXT, consultado em 19-04-2023.

[23] Cf. n.º 1 do art. 79.º da Constituição da República Portuguesa – versão à luz do Decreto de 10/04 de 1976.

[24] Borges, Patrícia Sousa, *Direito Penal Desportivo: a corrupção desportiva e o árbitro de futebol.* NovaCausa Edições Jurídicas, 2021, pp. 29 a 30.

corporal e atividade automotora"[25]. Já a proteção constitucional que é confinada ao desporto nesta norma, confere o direito a todos os praticantes desportivos, das várias espécies de desporto ou atividades desportivas ("desporto de massa", desporto escolar, desporto sénior, desporto militar), várias categorias desportivas (desporto de alta competição, desporto dos cidadãos portadores de deficiência) e várias formas de expressão (desporto amador e desporto profissional). Assim sendo, apesar das alterações operadas pelas duas revisões constitucionais, não se admitirá outra interpretação a este preceito constitucional que não seja a de que o legislador sedimenta a concretização deste direito económico, social e cultural como garante da saúde e bem-estar em consequência da prática desportiva.

A reboque desta previsão constitucional, surge a Lei de Bases da Atividade Física e do Desporto[26], onde também no seu artigo 6.º faz saber que "incumbe ao Estado, às Regiões Autónomas e às autarquias locais, a promoção e a generalização da atividade física, enquanto instrumento essencial para a melhoria da condição física, da qualidade de vida e da saúde dos cidadãos".

Neste sentido, parece-nos omnipresente a existência de um equilíbrio entre a tutela do bem-estar físico e psíquico motivados pela prática desportiva e a ofensa aos direitos de personalidade do indivíduo enquanto atleta. Senão vejamos, a Carta Internacional da Educação Física e do Desporto da Unesco apesar de ter concretizado no seu artigo 1.º o direito de todos ao desporto com vista ao desenvolvimento são (físico e psíquico), não deixou de ter em consideração o outro lado da moeda e, por conseguinte, no seu artigo 7.4 consagrou que não se devem poupar esforços para proteger a saúde física e mental dos atletas, os valores do desportivismo e da competição, a integridade do movimento desportivo e os direitos de todos os intervenientes, a qualquer nível. Encontramos refletida a mesma pretensa no Código de Ética Desportiva que estabelece como dever dos praticantes a obrigação de respeitar o seu próprio corpo, bem como o dos adversários, preservando-os de qualquer ofensa à sua integridade física e mental.

Patenteados desta sinopse entre a promoção do desporto como veículo de manifestação da personalidade humana e a proteção da pessoa humana,

[25] Canotilho, J. J. Gomes e Moreira, Vital, Constituição da República Portuguesa Anotada, Vol. I, 4.ª Ed., Coimbra Editora, 2014, p. 933.

[26] Lei n.º 5/2007, de 16 de janeiro.

cumpre delinear o espaço de consentimento que é dado pelo atleta no seio do campo de exercício da sua atividade desportiva.

3. Os pressupostos exigidos para a limitação voluntária legal dos Direitos de Personalidade

3.1. No contexto geral

Quando conjeturamos a divulgação da imagem de um atleta em determinado *outdoor* de publicidade ou assistimos a um combate de karaté, o próprio espetáculo desportivo, ofusca-nos que para a ocorrência daquele evento desportivo, foi necessário que o atleta tenha consentido quanto à limitação dos seus direitos de personalidade.

Como proémio, cumpre destacar que uma das características dos direitos de personalidade[27] é a sua indisponibilidade, isto é, o titular destes direitos subjetivos e absolutos não pode renunciar ao seu exercício, podendo apenas, tal como escreve HEINRICH EWALD HÖRSTER consentir em limitações quanto ao seu exercício[28]. Essa limitação – que também espelha uma expressão da sua personalidade[29], retira a ilicitude à ofensa, ou seja, a ofensa não deixa, todavia, de existir, sendo que aos olhos do titular do direito, esta passa a ser lícita após o *ato de consentir.*

Artigo 340.º Código Civil

> *1. O ato lesivo dos direitos de outrem é lícito, desde que este tenha consentido na lesão.*
> *2. O consentimento do lesado não exclui, porém, a ilicitude do ato, quando este for contrário a uma proibição legal ou aos bons costumes.*
> *3. Tem-se por consentida a lesão, quando esta se deu no interesse do lesado e de acordo com a sua vontade presumível.*

O legislador não exige nenhuma forma especial para este *ato de consentir*, embora ORLANDO DE CARVALHO identifique três tipologias distintas

[27] Conforme se escreveu no primeiro capítulo deste artigo.

[28] HÖRSTER, Heinrich Ewald; SILVA, Eva Sónia Moreira da, *A Parte Geral do Código Civil Português*, 2.ª edição totalmente revista e atualizada, Almedina, 2019, p. 287.

[29] PINTO, Paulo Mota, «A limitação voluntária do direito à reserva sobre a intimidade da vida privada», *in Separata de Estudos em Homenagem a Cunha Rodrigues*, Coimbra, Coimbra Editora, 2001, p. 527.

de consentimento – consentimento: autorizante, vinculante e tolerante[30]. No que respeita ao consentimento autorizante, é aquele que atribuí a outrem a legitimidade para ofender, ou seja, o ato permissivo para a ofensa, nos termos do n.º 2 do art. 81.º do Código Civil[31]; por outro lado, o consentimento vinculante é aquele que pese embora não confira um poder para a agressão, origina um compromisso jurídico através de um contrato[32] e, por último, o consentimento tolerante, atribui uma causa justificativa para a ofensa, ou seja, afasta a ilicitude ao comportamento lesante, nos termos do n.º 1 do art. 340.º do Código Civil[33].

O mesmo autor configura a ofensa à integridade física no desporto como fruto de uma atividade perigosa e, portanto, entende que nesta órbita opera o consentimento tolerante, na forma de consentimento tácito, visto que, nas palavras do autor o desportista participa voluntariamente no jogo, estando ciente das regras e dos riscos associados a essa prática[34] e, por sua vez, não implica que o atleta atribua a outrem um poder de lesão à sua integridade física.

Na nossa visão, de acordo com este enquadramento dogmático, parece-nos que à luz do artigo 340.º do Código Civil, que define o consentimento como – *o ato lesivo dos direitos de outrem é lícito, desde que este tenha consentido na lesão* –, é a figura do consentimento autorizante que ganha relevo dentro da órbita desportiva, isto porque, a limitação voluntária legal, ínsita no artigo 81.º do Código Civil, é uma norma especial para os direitos de personalidade e que permite ao declarante que manifeste de forma livre e voluntária (tal como postulado pelo n.º 1 do art. 81.º do Código Civil), o exercício desse direito de personalidade, retirando a ilicitude para uma ofensa à sua integridade física – *o atleta autoriza a ofensa* – retirando, assim, a ilicitude a esse ato (sempre dentro dos limites implícitos no n.º 1 do art. 81.º do Código Civil[35]), sem prejuízo da possibilidade da revogação desse consentimento autorizante, a todo o tempo, nos termos do n.º 2 do mesmo preceito legal.

[30] Carvalho, Orlando de, *Teoria Geral de Direito Civil*, 4.ª ed. Coimbra, Gestlegal, p. 207.

[31] *Idem.*

[32] *Idem.*

[33] A este propósito, veja-se, Sousa, Rabindranath Capelo de, *O Direito Geral de Personalidade*, Coimbra, Coimbra Editora, 2011, p. 221.

[34] Carvalho, Orlando de, *Teoria ..., ob. cit.*, p. 218.

[35] *Infra* analisaremos os limites para a validade da limitação voluntária dos direitos de personalidade no Desporto.

Por outro lado, cumpre acrescentar-se e sufragando da posição de HEINRICH EWALD HÖRSTER, entendemos que este *ato de consentir* para ser legal tem de corroborar determinadas características essenciais à sua validade. Antes de mais, este *ato de consentir* tem de resultar de um comportamento consciente, em resultado de uma vontade livre, esclarecida e certa de uma liberdade exterior, ou seja, livre de qualquer ação exterior que autolimite essa decisão (p. exemplo, a coação). Como complemento, este consentimento deve ser devidamente ponderado e concreto, com vista a incidir sobre situações concretas e determinadas[36].

Por outra banda, o legislador não estabelece nenhuma forma especial para *o ato de consentir*, visto que tratando-se de uma declaração negocial, está sujeita ao Princípio da Livre Declaração, podendo, por conseguinte, ser prestada pelo titular de direito de forma expressa ou de forma tácita (art. 217.º do Código Civil), pese embora para HEINRICH EWALD HÖRSTER "por via de regra, o consentimento será prestado de maneira expressa e não pode ser deduzido de um comportamento anterior"[37]. Do mesmo modo, a declaração negocial de consentir está também sujeita ao Princípio da Liberdade de Forma (art. 219.º do Código Civil), o que significa que, em regra, o titular do direito de personalidade não está obrigado a limitar o exercício dos direitos através de forma escrita.

No que respeita ao desporto, tendo em conta a organização das próprias competições desportivas, parece-nos que o desportista – enquanto declarante da limitação dos seus direitos de personalidade – procede ao ato de consentir quanto a essa limitação de forma tácita, ou seja, deduz-se de factos que, com toda a probabilidade, manifestam a disponibilidade daquele direito. Perfilhamos, portanto, do entendimento de HEINRICH EWALD HÖRSTER quando afirma categoricamente que o consentimento à limitação voluntária não carece, em todas as situações, de uma manifestação expressa, "podendo ser dado também tacitamente, implicitamente, p. ex., os praticantes de um desporto perigoso consentem nas lesões que possam acontecer, não obstante a observação das respetivas regras"[38].

[36] HÖRSTER, Heinrich Ewald; SILVA, Eva Sónia Moreira da, *A Parte Geral...ob.cit.*, p. 288.

[37] *Idem.*

[38] HÖRSTER, Heinrich Ewald; SILVA, Eva Sónia Moreira da, *A Parte Geral...ob.cit.*, p. 289.

3.2. No Desporto em particular

Já afirmava RÖSSENER que " a fronteira entre as lesões corporais intoleráveis e a prática permitida do desporto também no direito penal se situa a um nível mais elevado do que sucede na vida social, em geral"[39]. A este propósito, a Doutrina tem, todavia, apresentado uma outra solução. Há quem perfilhe do entendimento que o desportista não pratica um ato concreto de consentir uma lesão dos seus direitos de personalidade, mas ao invés, atua com a consciência do risco associado ao exercício daquela atividade – ou seja, atua de acordo com a assunção de um risco intrínseco à génese da própria modalidade[40], e pese embora não exista uma positivação da figura da assunção do risco, esta parece resultar da interpretação do art. 81.º do Código Civil.

Artigo 81.º do Código Civil

1. Toda a limitação voluntária ao exercício dos direitos de personalidade é nula, se for contrária aos princípios de ordem pública.

2. A limitação voluntária, quando legal, é sempre revogável, ainda que com obrigação de indemnizar os prejuízos causados às legítimas expectativas.

Em abono da verdade, e alicerçados no exposto *supra*, pese embora não possamos despedir a verificação de lesões no desporto, porém não podemos olvidar que elas não são desejáveis[41]. Tal como escreve ANDRÉ DIAS PEREIRA "no domínio das atividades desportivas, a ideia de um consentimento do lesado para os danos futuros não é a mais adequada, uma vez que aqui os concretos danos nem são previsíveis, nem são desejados"[42], pelo que, o desportista não poderá usar da faculdade prevista no artigo 340.º do Código Civil e consentir numa lesão aos seus direitos de personalidade quando, *in casu*, poderá não se verificar nenhuma lesão concreta.

[39] RÖSSENER, *Fahrassiges Verhalten in Sport als Prufstein des Fahlassigkeitsdogmatik*, Festschrift-Hirsch, 1999, p. 314.

[40] PEREIRA, André Dias, «Assunção do Risco em actividades desportivas no Direito Português», *in Desporto & Direito – Revista Jurídica do Desporto*, n.º 9, ano III, maio/agosto 2006, da Coimbra Editora, pp. 423 a 431.

[41] Conforme estudado *supra* em: O paradoxo entre a promoção do desporto como instrumento de manifestação da personalidade humana e a proteção da pessoa humana.

[42] PEREIRA, André Dias, «Assunção do Risco..., *ob. cit.*, p. 423.

Assim como acrescenta José Brandão Proença "a assunção do risco pode ter um âmbito de aplicação mais geral que o consentimento, sendo relevante para os casos de danos sofridos pelos que participam em atividades ou jogos desportivos (...)", visto que "traduz, essencialmente, a atitude do lesado de se expor conscientemente a um perigo típico ou específico conhecido, sem a isso ser obrigado, mas conservando a esperança de o perigo não se concretizar em dano"[43].

Orlando de Carvalho entende que, apesar do desporto poder ser qualificado como uma atividade perigosa, "a exposição a uma situação de perigo não implica disposição do direito à integridade física (atribuição a outrem de um poder de lesão), nessa medida, o autor defende que o que sucede neste tipo de contratos, como causa de justificação do facto ilícito é o consentimento tolerante tácito por parte do desportista, desde que este participe voluntariamente no jogo e esteja ciente das regras e dos riscos associados[44].

José Brandão Proença defende ainda que "os participantes na competição desportiva assumem, à margem de qualquer intenção "declarativa" o "risco desportivo", os riscos normais ou típicos implicados na prática desportiva e que são fruto, quer do contacto físico mais permanente (como no futebol e no râguebi), menos intenso (como no andebol e no hóquei) ou mais eventual (corridas de cavalos, de automóveis, de bicicletas), quer da possível ação danosa dos instrumentos utilizados (como no ténis, no squash e no jogo do pau)"[45]. O autor Heinrich Ewald Hörster também parece afastar a figura do consentimento da órbita desportiva quando escreve que "alguém que está a agir por risco próprio ao praticar atos, conscientemente, de que podem resultar lesões ou prejuízos para ele, não são abrangidas pela figura do consentimento"[46].

Diga-se que esta também é a posição assumida pela Doutrina Espanhola que vem defendendo que o atleta assume implicitamente o risco de praticar determinado desporto e que eventualmente a assunção do risco da prática desportiva pode afastar o âmbito normal do reconhecimento de danos

[43] Proença, José Carlos Brandão, *A conduta do lesado como pressuposto e critério de imputação do dano extracontratual*, Coimbra, Almedina, 1997, p. 619.

[44] Carvalho, Orlando de, *Teoria ..., ob. cit.*, p. 218.

[45] Proença, José Carlos Brandão, *A conduta do lesado...ob. cit.*, p. 632.

[46] Hörster, Heinrich Ewald; Silva, Eva Sónia Moreira da, *A Parte Geral...ob.cit.*, p. 287.

que derivem dessa atividade[47]. Ou seja, como perfilha DAVID ANTONIO BETANCOURT MAINIERI trata-se de "la exposición voluntaria de una persona a unos riesgos específicos que conoce; que ponen en peligro su vida, salud e integridad física; y que son creados por outro"[48].

Todavia, e tal como defende DÍEZ BALLESTEROS "la actividad deportiva se desenvuelve con una serie muy diversa de matices, por lo que su tratamiento, desde la perspectiva de la asunción de riesgos, obliga a considerar en cada caso sus singularidades"[49], ou seja, esta assunção do risco deve sempre ser delimitada tendo em conta cada modalidade desportiva.

A Doutrina Italiana também defende a aplicabilidade da assunção do risco à limitação dos direitos de personalidade dos desportistas. Como afirma MARIA CIMMINO "L'esperienza insegna come sembri acquisito al comune sentire che lo svolgimento di suddetta attività, come sopra intesa, comporti di fatto l'esposizione volontaria al rischio intrínseco connesso alla disciplina praticata, in quanto chiunque decida di dedicarsi ad uno sport accetta di essere esposto, in misura più o meno ampia a seconda dell'attività, ad un evento potenzialmente danoso"[50]. A mesma autora acrescenta ainda que "si è riconosciuto che il partecipante alla competizione ne accetta le regole ed i principi sia in astratto, quindi sia al momento in cui entra a far parte dell'ordinamento Sportivo con l'atto di tesseramento, ovvero all'atto di iscrizione alla manifestazione sportiva, che in relazione al singolo specifico comportamento in concreto posto in essere nell'ambito della singola gara o manifestazione sportiva, ed in questo consenso sarebbe compreso anche il rischio di subire lesioni durante il gioco o la gara"[51].

Todavia, cumpre esclarecer que esta figura da assunção do risco não opera *per si*, é necessário que se verifique do lado do declarante/desportis-

[47] Para o desenvolvimento desta temática, veja-se, LABANDA, Danny Cerdá, «La asunción del riesgo en la práctica deportiva y la determinación del daño. Comentario a la Sentencia de la Audiencia Provincial de Barcelona (Sección Civil número 17) de 16 de enero de 2019», *in Revista Aranzadi de derecho de deporte y entretenimiento*, ISSN 2171-5556, n.º. 63, 2019.

[48] MAINIERI, David Antonio Betancourt, «La asunción de riesgos por el acreedor: el caso de las actividades deportivas de alto riesgo», *in Revista de Derecho Privado*, n.º 52, julio – diciembre, ISSN 1909-7794, 2014, p.7.

[49] DÍEZ BALLESTEROS, J. A. (La asunción del riesgo por la víctima en la responsabilidad civil extracontractual [Un estudio jurisprudencial], AC, 2000, n.º 37, 9-15 oct., p. 1345.

[50] CIMMINO, Maria, «L'indisponibilità ...*ob.cit.*, p.71.

[51] CIMMINO, Maria, «L'indisponibilità ...*ob.cit.*, p.79.

ta um conjunto de requisitos. Isto significa que este ato limitativo do exercício dos direitos de personalidade, particularmente no tocante à figura da assunção do risco prevista no artigo 81.º do Código Civil exige do titular do direito um conjunto de características valorativas para que possam legitimar a legalidade da limitação voluntária. Deste modo, e sufragando da posição de ANDRÉ DIAS PEREIRA "a doutrina da assunção do risco – exige como requisitos: capacidade para dispor de direitos de personalidade; a decisão voluntária e livre; disponibilidade dos bens jurídicos; o limite da ordem pública; a livre revogabilidade"[52].

4. A *dead line* para a limitação voluntária dos Direitos de Personalidade

4.1. Em geral

Na verdade, adira-se a uma ou a outra teoria, isto é, à figura da assunção do risco ou ao consentimento do lesado, para ambas as hipóteses, o legislador estabelece parâmetros máximos para a limitação dos direitos de personalidade. Se atentarmos no n.º 2 do art. 340.º do Código Civil, o legislador definiu como limite para o consentimento do lesado os bons costumes, sendo que no que respeita à limitação voluntária legal dos direitos de personalidade, ínsita no n.º 2 do art. 81.º do Código Civil, este ampliou essa margem de limitação à ordem pública.

Assim, no que respeita à limitação voluntária legal, o legislador delegou para a Doutrina e para a Jurisprudência a concretização deste conceito indeterminado. Nesse sentido, ANTUNES VARELA entende que a ordem pública se retrata dos "interesses superiores da coletividade que, segundo o espírito do sistema, não podem se sacrificados aos interesses particulares"[53], o que significa que qualquer limitação voluntária que venha a ultrapassar os princípios basilares e fundamentais de um Estado de Direito, será nula (n.º 1 do art. 81.º e art.º 281.º, ambos do Código Civil) e, portanto, não produzirá qualquer efeito jurídico.

Ademais, a Doutrina defende que por imposição da verificação dos princípios de ordem pública, este *ato de consentir* deve ornamentar outras duas características, visto que para ser válida, a autolimitação terá de ser concreta e temporalmente delimitada. Isto significa que, ao declarante caberá definir

[52] PEREIRA, André Dias, « Responsabilidade Civil em Eventos Desportivos», *in Desporto & Direito – Revista Jurídica do Desporto*, n.º 14 , ano V, jan./abr., 2008, da Coimbra Editora, p. 237.
[53] VARELA, Antunes, *Das obrigações em geral*, vol. I, 10.ª ed., Almedina, Coimbra, 2010, p. 804.

o fim concreto a que se destina a autolimitação do seu direito e ainda, identificar o prazo de validade para esse consentimento[54].

No que respeita à Jurisprudência, os tribunais quando são chamados a aferir, casuisticamente, se o ato de consentimento ofende a ordem pública, na maioria das vezes, afere-o do ponto de vista de indagar se aquela autolimitação pode tocar/ferir o limite da dignidade da pessoa humana. De um cômputo geral, a Jurisprudência entende que "através do conceito indeterminado de "ordem pública", o Direito protege os valores e princípios do ordenamento que são inderrogáveis por serem base da coexistência social e garantes de um bem público[55] e que, por conseguinte, verificada *in casu* uma situação que possa ofender esses princípios basilares à limitação dos direitos de personalidade por via do consentimento torna-se absolutamente irrelevante como causa de exclusão da ilicitude da lesão (cfr. arts. 81.º, n.º 1, e 280.º, n.º 2, do CC)[56].

Aqui chegados, não pode deixar-se de referir que esta previsão específica quanto à limitação voluntária dos direitos de personalidade, assente na verificação dos requisitos supre elencados pela Doutrina, encontra também espasmo na revogação, a todo o tempo, do *ato de consentir* atempadamente declarado. O exercício dos direitos de personalidade do indivíduo gozam de uma magnitude própria que permite ao titular desse mesmo exercício a revogação do consentimento autorizante para essa ofensa a qualquer momento. Esta norma imperativa ínsita no n.º 2 do art. 81.º do Código Civil denota a fragilidade do *ato de consentir*, pois este, a qualquer altura, pode ser livremente revogável, ressuscitando assim o caráter ilícito da ofensa.

Todavia, o legislador não olvidou a possibilidade do recurso ao instituto da responsabilidade civil, no caso da contraparte, a quem foi consentida a lesão, fizer prova da existência de prejuízos causados em função das legítimas expectativas que foram criadas pela limitação voluntária legal e, por conseguinte, no n.º 2 do art. 81.º do Código Civil, consagra a possibilidade de o titular do direito de personalidade ter de indemnizar a outra parte.

[54] A este propósito, veja-se, Campos, Leite de, «Lições de Direitos de Personalidade», *in Boletim da Faculdade de Direito da Universidade de Coimbra*, Coimbra, 1991, p. 214.

[55] A este propósito veja-se o Acórdão do Supremo Tribunal de Justiça datado de 30-05-2019, proferido no âmbito do processo n.º 336/18.4T8OER.L1.S1, disponível para consulta em www.dgsi.pt – última consulta em 20-02-2023.

[56] *Idem.*

4.2. No desporto em particular

No caso particular do Desporto, reside ainda uma outra *dead line* para se aferir da exclusão da ilicitude da violação da ofensa à integridade física do desportista: as denominadas *regras do jogo*, que naturalmente são heterogéneas dentro das várias modalidades desportivas.

Não há dúvidas que a limitação do desportista apenas opera *in volenti non fit iniuria*, isto é, quando o próprio titular do direito subjetivo limita previamente o exercício desses direitos de personalidade, sendo certo, porém que, a par disto, conforme escreve HEINRICH E. HÖRSTER "os praticantes de um desporto perigoso consentem nas lesões que possam acontecer não obstante a observação das respetivas regras"[57], ou seja, no campo desportivo as regras do jogo servem também de *dead line* para o limite do consentimento. Aliás, conforme já *supra* exposto, o CÓDIGO DE ÉTICA DESPORTIVA impõe que todos os praticantes desportivos devem respeitar o seu próprio corpo, bem como o dos adversários, preservando-os de qualquer ofensa à sua integridade física, apanágio do que o art. 7.º da CARTA INTERNACIONAL DA EDUCAÇÃO FÍSICA E DO DESPORTO DA UNESCO já proclama de que não se devem poupar esforços para proteger a saúde física e mental dos atletas.

Para ORLANDO DE CARVALHO a lesão não pode pela sua gravidade ir além do risco próprio da atividade desportiva e que "a exposição a uma situação de perigo não implica disposição do direito à integridade física (atribuição a outrem de um poder de lesão)" [58], sob pena de ter de considerar-se o consentimento nulo por contrário à ordem pública (artigos 81.º n.º 1 e 340.º do Código Civil)".

Dentro do prisma da apreciação penal, COSTA ANDRADE perfilha da aplicação pelo instituto da assunção do risco e admite que "a obediência às regras do jogo afastará, em princípio, o tipo e, por vias disso, a ilicitude e as reações criminais. Mas já a inversa não é verdadeira: a violação das regras do jogo (...). Tal só sucederá nas constelações em que a violação das regras, pela sua violência e desproporcionalidade e pela gravidade das lesões produzidas, *perde a conexão de sentido com o jogo*, mesmo o jogo jogado com o mais exasperado e agónico empenhamento."[59]. Todavia, o autor defende

[57] HORSTER, Heinrich Ewald / SILVA, Eva Sónia Moreira da, *A Parte Geral, ob. cit.*, p. 289.

[58] CARVALHO, Orlando de, *Teoria Geral de Direito Civil – Sumários desenvolvidos para uso dos alunos do 2.º ano (1.ª Turma) do Curso Jurídico de 1980/81*, Centelha, Coimbra, 1981, p. 97.

[59] ANDRADE, Costa, «As lesões corporais (e a morte) no desporto», *in Liber Discipulorum para Jorge Figueiredo Dias*, Coimbra Editora, 2003, p.719.

a preservação da teleologia da prática desportiva em si, pois entende que "descontadas" todas as situações típicas que no decorrer do jogo possam ofender o atleta, "a lesão dolosa é ilícita, mesmo que praticada a coberto da observância das regras do jogo. Pois, se as regras do jogo visam, *inter alia*, a preservação da vida e da integridade física entre atletas, não parece que elas possam ser invocadas para, ao arrepio da própria teleologia, legitimar agressões."[60].

A Doutrina Espanhola também perfilha deste entendimento. María Medina Alcoz escreve que "la figura de la asunción de riesgos cobra así una enorme relevancia, pero siempre bajo la pauta de que se asumen los riesgos normales del juego o de la competición y no los riesgos anormales o cualificados. Quedan, pues, al margen de aquéllos los actos estrictamente dolosos, los actos brutales y también las actuaciones que no estén relacionadas con las exigencias de la competición."[61].

Assim sendo, não podemos deixar de dar nota que a limitação voluntária deste direito de personalidade dos atletas desportivos é lícita porque inevitável à própria génese da atividade, sendo certo porém que, a ofensa propriamente dita continua a deixar de ser desejável e tem como limite inultrapassável as regras do jogo que nunca poderão permitir um consentimento para além da integridade física do atleta, pois, caso assim fosse, essa limitação violaria os princípios da ordem pública e seria portanto nula à luz do art. 281.º do Código Civil. Por outro lado, também não poderão dirimir-se de ilicitude todos os comportamentos que não se possam justificar face às regras do jogo, por exemplo, agressões a adversários quando o jogo está interrompido, lesões de gravidade excecionalmente elevada, *etc.*

Voltamos, uma vez mais, a ser chamados a pronunciarmo-nos sobre o conceito indeterminado de – lesão excecionalmente elevada ou grave. Para aferir de um juízo valorativo a propósito desta temática, como escreve María Medina Alcoz "a tal efecto, parece clave resaltar que la participación en los juegos deportivos conlleva al tiempo la creación y la asunción de riesgos específicos, de intensidad muy variable; y, sobre esta base, la idea fundamental es que la práctica de los deportes está montada sobre una

[60] Andrade, Costa, «As lesões corporais...», *ob. cit.*, pp. 701 e 702.

[61] Alcoz, María Medina, «La Asunción de Los Riesgos Deportivos», Comunicación presentada en el 2.º Congreso de la Asociación Española de Abogados Especializados en Responsabilidad Civil y Seguro, Granada, 14-16 de noviembre de 2002, p. 12.

modificación del listón de la prudencia exigible a los jugadores. Puede afirmarse que la diligencia ordinaria de un buen padre de familia no constituye en absoluto el parámetro de medición de la actuación de los deportistas y que, en lugar de ella, el parámetro está constituido por la diligencia de un buen deportista"[62].

Acompanhamos a posição da autora e entendemos que aqui caberá ao julgador aferir do pressuposto da culpa[63] em sede de responsabilidade civil, não de acordo com o critério geral do *bonus pater familis* – art. 487.º n.º 2 do Código Civil, mas à luz do bom desportista, diligente e prudente no exercício da atividade físico-desportiva. Parece-nos assim, ser possível defender-se a aplicabilidade do *princípio da intervenção mínima* muitas vezes associado ao Direito Penal[64] e à falta de dignidade penal para determinado facto consubstanciar um comportamento ilícito, porém, neste domínio concreto, parece-nos que fará sentido a sua aplicabilidade nesta sede face à irrelevância da conduta do lesante enquadrada nas regras do jogo[65].

5. Breves reflexões conclusivas

No artigo 79.º da Constituição da República Portuguesa, com a epígrafe «cultura física e desporto», a nossa lei constitucional reconhece o direito ao desporto como um direito fundamental, dogmática e sistematicamente inserido na categoria de «Direitos e deveres económicos, sociais e culturais»,

[62] ALCOZ, María Medina, «La Asunción..., *ob. cit.*, p. 8.

[63] No domínio das competições profissionais de futebol, a Liga Portugal concretiza no artigo 4.º do seu Regulamento Disciplinar que uma lesão de especial gravidade é a lesão que ofenda a integridade física de determinada pessoa de forma a: i. privá-la de importante órgão ou membro, ou a desfigurá-la grave e permanentemente; ii. tirar-lhe ou afetar-lhe, de maneira grave, a capacidade de trabalho, as capacidades inteletuais ou de procriação, ou, também de maneira grave, a possibilidade de utilizar o corpo, os sentidos ou a linguagem, temporária ou permanentemente; iii. provocar-lhe doença particularmente dolorosa ou permanente, ou anomalia psíquica grave ou incurável; ou iv. provocar-lhe perigo para a vida; – disponível em https://www.ligaportugal.pt/pt/paginas/conteudos/estatutos-e-regulamentos/, última consulta em 22/04/2023.

[64] A este propósito veja-se o Acórdão do Tribunal da Relação de Coimbra, datado de 11-03-2009, proferido no âmbito do processo n.º 36/03.3GCTCS.C1., disponível para consulta em www.dgsi.pt – última consulta em 06-04-2023.

[65] Sobre esta matéria, ver – PAREDES, José Manuel, «Consentimiento y riesgo en las actividades deportivas: algunas cuestiones jurídico-penales», *in Anuario de derecho penal y ciencias penales*, ISSN 0210-3001, Tomo 43, vol. II, ab.-jun., ,1990, p. 653.

pelo que forçoso se torna concluir que este preceito constitucional constitui a pedra angular do nosso estudo, porquanto é dele que decorre a verdadeira importância do desporto no Estado de Direito português. Outrossim, este preceito constitucional impõe que o Estado reconheça o direito dos cidadãos ao desporto, definindo-o como meio de valorização humana, promovendo a sua prática, bem como a sua difusão.

Caberá, portanto, ao Estado regular esta prática desportiva por forma a que não deixemos de associar o desportista a um *homem médio*, despido dos seus direitos de personalidade. Não somos céticos em defender que o exercício desses direitos de personalidade devem ser exercidos *tout court* na órbita desportiva, aliás, o próprio legislador está ciente dessa circunstância – nesta e noutras atividades – e facultou ao indivíduo a possibilidade de limitar esse mesmo exercício.

É exatamente o que sucede no plano desportivo: onde o atleta vê inevitavelmente a sua imagem associada ao espetáculo desportivo e a sua integridade física associada a um perigo de lesão – direitos de personalidade que incidiram no nosso estudo.

Quanto à limitação dos direitos de imagem dos praticantes desportivos parece-nos que a Doutrina e a Jurisprudência caminharam de mãos entrelaçadas e, portanto, assistimos hoje, designadamente no seio do regime jurídico do REGIME JURÍDICO DO CONTRATO DE TRABALHO DO PRATICANTE DESPORTIVO, a uma tutela digna deste direito de personalidade do atleta. A atribuição de uma compensação por essa mesma exposição em sede de ambiente coletivo, permitirá separar-se o trigo do joio, possibilitando ao praticante desportivo a escolha quanto à livre limitação dos seus direitos de imagem individuais.

No que respeita à salvaguarda da integridade física dos praticantes desportivos, num primeiro momento, voltamos a trazer à colação aquele que entendemos ser o verdadeiro busílis desta questão: o paradoxo evidente entre a salvaguarda da saúde/integridade física do atleta e o risco inerente dessa lesão no âmbito da prática desportiva. Aliás, como escrevem ALEXANDRE MIGUEL MESTRE e MARGARIDA MARQUES CARVALHO "Desporto e saúde são um binómio cada vez mais intenso"[66].

[66] MESTRE, Alexandre Miguel/ CARVALHO, Margarida Marques, «Técnicos de exercício físico. "Profissão paramédica" na aceção do Código do IVA?» *in Compêndio de Direito do Desporto*, MESTRE, Alexandre Miguel (Coord.), Gestlegal, p. 181.

Neste prisma, apesar das diferentes teorias defendidas na Doutrina, entendemos que não podemos desassociar a prática desportiva da eventual colocação em perigo de lesão do desportista, que será maior ou menor, tendo em conta a modalidade em causa. Não restam dúvidas que nas modalidades desportivas de *atleta contra atleta*, a limitação deste direito de personalidade encontra-se muito mais evidenciado do que nos desportos praticados por *atleta lado a lado* ou ainda mais reduto nos desportos de *uns contra os outros com perigo de lesão*. Todavia, não podemos deixar de referir que em qualquer dos casos o desportista se expõe, voluntariamente, de forma livre e consciente, a um perigo inerente à atividade desportiva, que não lhe é desconhecido face ao conhecimento das regras do jogo, sem que, contudo, atue descrente que essa lesão não venha efetivamente a suceder. Entendemos, pois, que o atleta exerce a sua atividade, crendo e desejando que essa lesão efetiva não venha a ocorrer, mas assumindo os riscos de uma eventual lesão.

Defendemos, pois, ser a figura do consentimento autorizante a ganhar relevo dentro da órbita desportiva, isto porque, a limitação voluntária legal, ínsita no artigo 81.º do Código Civil, é uma norma especial para os direitos de personalidade e que permite ao declarante que manifeste de forma livre e voluntária (tal como postulado pelo n.º 1 do art. 81.º do Código Civil), o exercício desse direito de personalidade, retirando a ilicitude para uma ofensa à sua integridade física – o atleta autoriza a ofensa – retirando, assim, a ilicitude a esse ato (sempre dentro dos limites implícitos no n.º 1 do art. 81.º do Código Civil[67]), sem prejuízo, da possibilidade da revogação desse consentimento autorizante, a todo o tempo, nos termos do n.º 2 do mesmo preceito legal.

Apesar das diferentes teorias da Doutrina, em Portugal, a Jurisprudência tanto exclui a ilicitude das ofensas à integridade física decorrentes do curso normal da atividade física mediante a aplicação do consentimento do lesado – art.º 340.º do Código Civil, seja pela aplicação da figura da assunção do risco – art.º 81.º do Código Civil[68]. Todavia, não deixa de identificar aquele que para nós é outra característica essencial desta matéria na órbita

[67] *Infra* analisaremos os limites para a validade da limitação voluntária dos direitos de personalidade no desporto.

[68] A este propósito veja-se o Acórdão do Supremo Tribunal de Justiça, datado de 12-05-2016, proferido no âmbito do processo n.º 108/09.7TBVRM.L1.S1., disponível para consulta em www.dgsi.pt – última consulta em 24-04-2023.

desportiva – o *dead line* das regras do jogo. Isto porque, o facto de o atleta limitar, voluntariamente, este seu direito de personalidade, não significa que não existam limites a esse *ato de consentir*. Em termos gerais, a ordem pública ínsita no n.º 1 do art. 81.º do Código Civil, mas de forma especial, na órbita desportiva, não podemos olvidar que, casuisticamente, no caso de uma eventual lesão deste direito de personalidade e consequente reivindicação dos danos em sede de responsabilidade civil, ao Julgador caberá aferir, *in casu*, se aquela atuação ultrapassou os limites das regras do jogo. Isto porque aliás, a figura da assunção do risco "não se confunde com a renúncia prévia à responsabilidade civil[69], pois não seria admitido nos termos da lei civil.

[69] Pereira, André Dias, «Assunção do Risco..., *ob. cit.*, p. 426.

18. TRIBUTAÇÃO DOS DIREITOS DE IMAGEM

PAULO LOURENÇO[1]

RESUMO: O presente artigo pretende efetuar o enquadramento fiscal dos rendimentos obtidos pela cedência dos direitos de imagem a outras entidades que não a sociedade desportiva com a qual o atleta tem um contrato de trabalho desportivo, sustentando a respetiva inclusão no âmbito da categoria B do IRS e não no âmbito da categoria E, como sustenta a Autoridade Tributária, com todas as consequências daí advenientes, nomeadamente no que diz respeito à forma de determinação da matéria coletável sujeita a imposto.

Por outro lado, visa clarificar que devem ser automaticamente consideradas como gastos para efeitos fiscais, com o limite de 20% do respetivo total, as importâncias despendidas pelas sociedades desportivas com a aquisição dos direitos de imagem dos atletas.

Finalmente, no que diz respeito às importâncias que excedam o valor correspondente a 20% supra mencionado, a que se refere o n.º 2 do artigo 2.º da Lei n.º 56/2013, de 14 de agosto, devem ser comprovadas e demonstrada a respetiva utilização, sob pena de não serem consideradas relevantes fiscalmente, por via do disposto no artigo 23.º do Código do IRC.

Em qualquer dos casos, pelas razões anteriormente referidas e em jeito de conclusão sustenta-se que é irrelevante a exclusão prevista no artigo 23.º-A do Código do IRC.

[1] Advogado. Docente no ISCAL.

1. Caracterização do Direito à imagem

No entender do Prof. Meneses Cordeiro, a ideia de imagem resulta da representação de uma pessoa na sua configuração exterior e apenas começou a ganhar relevância a respetiva utilização a partir do momento em que apareceu a fotografia.

De acordo com a lição do citado Professor, "*O aparecimento desta, nos finais do século XIX, veio permitir que qualquer pessoa, munida de uma câmara fotográfica – instrumento, de resto, fácil de utilizar – pudesse captar e reproduzir a imagem alheia*".

No ordenamento jurídico português, o direito à imagem encontra-se devidamente salvaguardado e tem consagração expressa no artigo 79.º do Código Civil, normativo que dispõe que o retrato de uma pessoa não pode ser exposto, reproduzido ou lançado no comércio sem o consentimento dela. Por outro lado, o mesmo normativo refere que depois da morte da pessoa retratada, a autorização compete às pessoas designadas no n.º 2 do artigo 71.º, segundo a ordem nele indicada.

O n.º 2 do mesmo artigo, por seu lado, refere que não é necessário o consentimento da pessoa retratada quando assim o justifiquem a sua notoriedade, o cargo que desempenhe, exigências de polícia ou de justiça, finalidades científicas, didáticas ou culturais, ou quando a reprodução da imagem vier enquadrada na de lugares públicos ou na de factos de interesse público ou que hajam decorrido publicamente.

Finalmente, o n.º 3 do citado artigo adianta ainda que o retrato não pode, porém, ser reproduzido, exposto ou lançado no comércio, se do facto resultar prejuízo para a honra, reputação ou simples decoro da pessoa retratada.

A Constituição da República Portuguesa, por seu lado, consagra no respetivo artigo 26.º que a todos são reconhecidos os direitos à identidade pessoal, ao desenvolvimento da personalidade, à capacidade civil, à cidadania, ao bom nome e reputação, à imagem, à palavra, à reserva da intimidade da vida privada e familiar e à proteção legal contra quaisquer formas de discriminação.

Da análise das normas supra mencionadas, parece resultar evidente que a imagem de uma determinada pessoa pode ser analisada na perspetiva da salvaguarda da intimidade da vida privada e do bom nome e reputação, evitando a divulgação não autorizada, sob pena de responsabilidade civil e criminal.

Por outro lado, a imagem pode também ser analisada na perspetiva dos rendimentos que permite ao seu titular auferir, sobretudo se estiver em causa a imagem de pessoas famosas. É nesta última perspetiva que ganha relevância a problemática tributária, quer no que diz respeito ao enquadramento dos rendimentos auferidos pelo respetivo titular quer no que se refere à aceitação para efeitos fiscais dos encargos suportados pelas entidades que procedem à respetiva aquisição.

A cedência dos direitos de imagem pode ser efetuada a título individual ou coletivo, apenas tendo relevância, na perspetiva tributária, a cedência individual, uma vez que a utilização da imagem coletiva não necessita, por regra, de autorização dos respetivos titulares.

É o que resulta de forma inequívoca do disposto no n.º 2 do artigo 14.º da Lei n.º 54/2017, de 14 de julho, normativo que refere expressamente que ficam ressalvados os direitos da entidade empregadora desportiva quanto à imagem do coletivo dos praticantes, direitos que podem ser objeto de regulamentação em sede de contratação coletiva.

No que diz respeito à imagem individual, estabelece o n.º 1 do mesmo artigo que todo o praticante desportivo tem direito a utilizar a sua imagem pública ligada à prática desportiva e a opor-se a que outrem a use para exploração comercial ou para outros fins económicos, sem prejuízo da possibilidade de transmissão contratual da respetiva exploração comercial.

É prática usual, no domínio do Desporto e do futebol em particular, os atletas cederem os respetivos direitos de imagem, permitindo que seja utilizada em campanhas promocionais de determinados bens ou serviços ou em serviços de publicidade, com vista ao reforço da imagem institucional da entidade desportiva.

A cedência de direitos de imagem a favor da entidade desportiva com a qual é celebrado o contrato de trabalho aponta, segundo se julga, no sentido de que tais rendimentos, tal como os resultantes da prática desportiva, devem ser qualificados como rendimentos do trabalho dependente, tributados em sede de IRS no âmbito da categoria A.

Este entendimento é, de resto, o que tem vindo a ser seguido na generalidade dos países europeus e é o que serve de linha orientadora na aplicação das convenções de dupla tributação celebradas em conformidade com a convenção-modelo da OCDE.

Nos comentários ao artigo 17.º da referida Convenção-modelo, página 363 e seguintes, versão em vigor à data de 21 de novembro de 2017, é referido que *"O artigo 17.º se aplica aos rendimentos da publicidade ou do patrocínio, entre outros, que têm uma relação estreita com as manifestações ou espetáculos que têm lugar num determinado Estado (por exemplo, um pagamento atribuído a um jogador de ténis que tem na sua camisola o logótipo, a marca comercial ou o nome comercial de um patrocinador durante um jogo"*.

Todos estes rendimentos, sendo tributados como rendimentos do trabalho dependente na esfera jurídica dos atletas, podem ser considerados como gastos para efeitos de IRC, na esfera jurídica do clube ou sociedade desportiva que os suporta, sem que se levantam particulares dificuldades de interpretação.

Porém, a cedência individual de direitos de imagem pode ser efetuada a favor de outras entidades, desportivas ou não, que se encontrem ou não estabelecidas no território de residência do referido agente desportivo.

É no contexto de cedência dos direitos de imagem a favor de outras entidades que não os clubes ou sociedades desportivas que se tem vindo a suscitar divergências interpretativas quer no que diz respeito à qualificação dos rendimentos quer no que diz respeito à respetiva aceitação como gasto na esfera jurídica da entidade que suporta tais encargos.

A Autoridade Tributária emitiu sobre esta temática a circular n.º 17/2011, com vista a clarificar o entendimento tributário no que diz respeito à cedência dos direitos de imagem.

No ponto 4 da referida circular é referido que *"Os rendimentos obtidos por um jogador com a cedência do seu direito de imagem a uma outra entidade, que não o clube/SAD com a qual celebrou um contrato de trabalho desportivo, assumem a natureza de rendimentos da exploração de um direito de natureza pessoal, com conteúdo patrimonial, devendo ser qualificados como rendimentos de capitais (Categoria E), nos termos do n.º 1 do artigo 5.º do Código do IRS"*.

A qualificação efetuada pela Autoridade Tributária não é isenta de reparos, sobretudo porque os rendimentos de capitais a que se refere o artigo 5.º do Código do IRS tem um caráter residual, o que significa que apenas terão tal natureza no caso de não serem abrangidos por uma qualquer outra norma de incidência objetiva.

É esse o entendimento que parece resultar de forma clara da norma em causa, que refere que se consideram rendimentos de capitais os frutos e demais vantagens económicas, qualquer que seja a sua natureza ou denominação, sejam pecuniários ou em espécie, procedentes, direta ou indiretamente, de elementos patrimoniais, bens, direitos ou situações jurídicas, de natureza mobiliária, bem como da respetiva modificação, transmissão ou cessação, com exceção dos ganhos e outros rendimentos tributados noutras categorias.

No entender do Prof. Xavier de Basto, IRS, Incidência real e determinação dos rendimentos líquidos, Coimbra Editora, 2007, pág. 226 e seguintes, *"...os rendimentos da categoria E são proventos "passivos" que decorrem da "exploração passiva" de um valor mobiliário, nisso diferindo, no núcleo essencial, dos rendimentos da categoria B, onde existe uma "exploração ativa" de um acervo de bens de um trabalho, ou de ambos, dirigido à obtenção de proventos. Os rendimentos de capitais típicos exigem só a titularidade de um ativo mobiliário, de cuja cessão temporária ou aplicação resultam os rendimentos, sem apelar para qualquer "engenho" ou "ordenação por conta própria" (para repetir a fórmula, já antes citada, da lei espanhola, quando define rendimentos profissionais ou empresariais). Trata-se, em geral, de rendimentos do "sleeping partner", do capitalista passivo, cujo paradigma são os juros e os lucros distribuídos".*

A cedência e consequente utilização dos direitos de imagem implicam, por parte do atleta que os cede uma atitude ativa, uma disponibilização para estar presente em eventos que envolvem necessariamente a sua participação, pelo que se entende, salvo melhor opinião, que revestem, do ponto de vista tributário, a natureza de rendimentos empresariais ou profissionais, enquadráveis no âmbito da categoria B do IRS.

Não obstante o exposto, a verdade é que a maior divergência interpretativa com a Autoridade Tributária diz respeito à aceitação como gastos fiscais das importâncias pagas com a aquisição dos direitos de imagem por parte das entidades desportivas com quem o atleta celebrou o contrato de trabalho.

Na verdade, pode suceder que, em momento anterior à celebração do referido contrato de trabalho desportivo, o atleta tenha cedido os direitos de imagem a favor de uma entidade, residente ou não em território nacional, que efetua a respetiva gestão, o que significa que a entidade desportiva tem necessidade de proceder à respetiva aquisição na eventualidade de pretender utilizar a imagem individual do atleta em campanhas promocionais referentes a determinados bens ou serviços.

Estabelece o n.º 2 do artigo 2.º da Lei n.º 56/2013, de 14 de agosto, diploma que procede à primeira alteração ao regime fiscal específico das sociedades desportivas, que sem prejuízo do disposto no artigo 23.º do Código do imposto sobre o rendimento das Pessoas Coletivas, os montantes pagos pela sociedade desportiva a título de exploração dos direitos de imagem dos agentes desportivos são considerados gastos em percentagem correspondente a 20% do respetivo total.

Independentemente da aceitação ou não como gasto, ao abrigo do disposto no artigo 23.º-A do Código do IRC, a verdade é que a Autoridade Tributária tem vindo a manifestar a respetiva posição no sentido de não aceitar como gastos as importâncias pagas a título de aquisição de direitos de imagem, por entender que não cumprem os requisitos exigidos pelo artigo 23.º do Código do IRC.

Com efeito, conforme consta do ponto 7 da Circular n.º 17/2011, de 19 de maio, o clube/SAD residente em território português que adquire a uma outra entidade os direitos de imagem de um jogador com o qual vai celebrar um contrato de trabalho desportivo, deve poder comprovar a mínima adequação entre a sua exploração e os encargos suportados, para que estes possam ser considerados como gastos nos termos do artigo 23.º do Código do IRC.

A interpretação vertida na referida circular contraria, com o devido respeito, a norma prevista no n.º 2 do artigo 2.º da Lei n.º 56/2013, de 14 de agosto.

Aliás, dir-se-á até que a intenção do legislador terá sido a de criar um critério de natureza objetiva que evite a necessidade de comprovar a mínima adequação pretendida pela Autoridade tributária.

Analisando o relatório do grupo de trabalho das sociedades desportivas, criado pelo Despacho n.º 12692/2011, de Sua Excelência o Senhor Ministro Adjunto e dos Assuntos Parlamentares, datado de 16 de setembro e publicado no Diário da República, 2ª Série, n.º 184, de 23 de setembro, é possível concluir que o entendimento da Autoridade Tributária vai bastante além do que o legislador pretendeu.

O texto legal vigente coincide integralmente com o que foi proposto pelo referido grupo de trabalho, pelo que parece inequívoco que o relatório justificativo permite compreender na íntegra que a intenção do legislador foi a de tentar evitar que os clubes ou sociedades desportivas tenham necessidade de demonstrar a adequação entre a exploração dos direitos de imagem e os encargos suportados.

Na página 31 do mencionado relatório refere-se que *"No âmbito da atividade das sociedades desportivas surgem com regularidade situações com relevância fiscal que não se encontram previstas na legislação específica e não têm expressa cobertura no regime geral aplicável às sociedades desportivas. É o caso, por exemplo, das importâncias pagas pelas sociedades anónimas desportivas, a título de direitos de imagem, situação em que a Administração Fiscal exige a demonstração da indispensabilidade e da utilização da imagem dos atletas, sob pena de tais importâncias não serem aceites como gasto para efeitos fiscais.*

Considerando que tais pagamentos constituem, para as sociedades anónimas desportivas, uma inevitabilidade, entende-se que têm de ser considerados relevantes do ponto de vista fiscal, devendo, no entanto, estabelecer-se um critério objetivo, de natureza percentual, que permita a aceitação como custo fiscal, até ao respetivo limite, dos montantes envolvidos".

Posto isto, julga-se que é correto o entendimento no sentido de que as importâncias pagas pelos clubes ou sociedades desportivas às entidades detentoras dos direitos de imagem devem ser consideradas automaticamente como gastos fiscais, em montante correspondente a 20% do respetivo total, nos termos do n.º 2 do artigo 2.º da Lei n.º 56/2013, de 14 de agosto, independentemente de ser ou não demonstrada a indispensabilidade.

As restantes importâncias serão ou não consideradas como gastos para efeitos fiscais, consoante seja ou não efetuada a demonstração da respetiva utilização por parte do clube ou sociedade desportiva que procede à aquisição dos direitos de imagem.

Nem sequer é relevante a exclusão prevista na alínea r) do n.º 1 do artigo 23.º-A do Código do IRC.

Em primeiro lugar, porque a própria norma prevê a possibilidade de ser efetuada a prova de que os encargos correspondem a operações efetivamente realizadas e que não têm um caráter anormal ou um montante exagerado.

Por outro lado, porque a norma que prevê a não aceitação de tais encargos como gastos para efeitos fiscais já existia à data em que foi aprovada a norma constante do n.º 2 do artigo 2.º da Lei n.º 56/2013, de 14 de agosto, o que significa que o legislador terá pretendido que esta última, que consagra uma aceitação automática de 20% dos encargos suportados com a aquisição dos direitos de imagem, prevaleça sobre a que se encontra prevista no artigo 23.º-A do Código do IRC.

Tudo visto, julga-se que é correto o entendimento que aponta no sentido de que os rendimentos auferidos pelos atletas com a cedência, a outras entidades que não a sociedade desportiva com a qual têm um contrato de trabalho desportivo, devem ser enquadrados no âmbito da categoria B do IRS e não no âmbito da categoria E, como sustenta a Autoridade Tributária, com todas as consequências daí advenientes, nomeadamente no que diz respeito à forma de determinação da matéria coletável sujeita a imposto.

Por outro lado, devem ser automaticamente considerados como gastos para efeitos fiscais, como o limite de 20% do respetivo total, as importâncias despendidas pelas sociedades desportivas com a aquisição dos direitos de imagem dos atletas.

As importâncias que excedam o valor correspondente a 20%, a que se refere o n.º 2 do artigo 2.º da Lei n.º 56/2013, de 14 de agosto, devem ser comprovadas e demonstrada a respetiva utilização, sob pena de não serem consideradas relevantes fiscalmente, por via do disposto no artigo 23.º do Código do IRC.

Em qualquer dos casos, pelas razões anteriormente referidas, é irrelevante a exclusão prevista no artigo 23.º-A do Código do IRC.

2. Bibliografia

1. *Livros, monografias e teses*

- Convenção-Modelo, redação em vigor em 2017, OCDE
- Xavier de Basto, José Guilherme, IRS, Incidência real e determinação dos rendimentos líquidos, Coimbra Editora, 2007
- Meneses Cordeiro, António, Tratado de Direito Civil, Almedina, 2012
- Relatório do Grupo de trabalho das sociedades desportivas, Despacho n.º 12692/2011, de Sua Excelência o Ministro Adjunto e dos Assuntos Parlamentares, de 16 de setembro, Diário da República n.º 184, 2ª Série, de 23 de setembro

2. *Doutrina administrativa*

- Circular n.º 17/2011, de 19 de maio

3. *Jurisprudência nacional*

- Acórdão do Tribunal Central Administrativo Sul, de 9 de março de 2017
- Processo arbitral n.º 523/2018-T, de 22 de julho de 2019

19. DIRIGENTES DESPORTIVOS, ENTRE A FICÇÃO E A REALIDADE

PEDRO BERJANO[1]

Todos os que conhecem por dentro o Desporto em Portugal, sabem que o papel dos Dirigentes desportivos é absolutamente decisivo. Na maioria dos casos sendo voluntários, quantas vezes até, também mecenas, retiram muito tempo das suas vidas familiares e profissionais, em favor do desenvolvimento das suas modalidades.

Numa organização como a do atual modelo Europeu de Desporto, que assenta numa estrutura em pirâmide e hierarquizada a partir dos clubes, na base, até às federações internacionais, no topo. Numa organização sob a forma associativa sem fins lucrativos, em que estes dirigentes são por regra geral nutridos por uma forte ligação à identidade local, regional e/ou nacional, conforme as suas funções, fica muito claro que, literalmente, todo o "edifício" Desportivo, está construído com base nestes "alicerces", milhares de mulheres e de homens, sem os quais pura e simplesmente implodiria.

Se ilustramos com números e recorrendo ao Instituto Nacional de Estatística[2], a taxa de voluntariado em geral, em 2018 foi de 7,8%, tendo cerca de 695 mil pessoas da população residente com 15 ou mais anos participado em, pelo menos, uma atividade formal e/ou informal de trabalho voluntário.

[1] Advogado especialista em Direito do Desporto. Árbitro no TAD. Monitor Universitário em diversos cursos de Pós-Graduação. Diretor-Geral da Confederação do Desporto de Portugal (CDP).

[2] https://www.ine.pt/xportal/xmain?xpid=INE&xpgid=ine_destaques&DESTAQUESdest_boui=379956830&DESTAQUESmodo=2&xlang=pt.

A taxa de voluntariado feminina foi superior à masculina (8,1% vs. 7,6%). O escalão etário predominante foi o dos 15-24 anos (11,3%). A participação no trabalho voluntário aumentou progressivamente com o nível de escolaridade (15,1% nos indivíduos com ensino superior). A taxa de voluntariado foi superior nos indivíduos desempregados (10,5%) e solteiros (9,1%).

Mas e em concreto no que respeita ao Desporto? Segundo a mesma fonte, e numa publicação mais especifica, como o próprio nome indica: o "Desporto em Números[3]" de 2020, com ano de Edição de 2021, e por estranho que pareça, pesquisando em detalhe este documento, o Dirigente Desportivo voluntário, não merece qualquer tipo de referência. Zero!

Ainda assim, bem sabemos que o voluntariado sob qualquer forma e seja de cariz social, cultural, ambiental, desportivo ou qualquer outro, tem sempre presentes alguns princípios comuns e imutáveis, independentemente das circunstâncias de tempo ou do lugar. Refiro-me naturalmente a valores como a solidariedade, a generosidade, a partilha, a cooperação, o sentido de compromisso com uma causa, a gratuitidade ou o espírito de missão. Tal como aliás reconhece o Decreto-Lei n.º 71/98, de 3 de novembro, que estabelece as bases do enquadramento jurídico do voluntariado em geral.

No caso em concreto, não me devo alongar sobre as razões, socio culturais, económicas, geracionais, temporais, políticas, ou outras, que levam a que hoje existam manifestamente menos pessoas disponíveis ou com vontade para serem dirigentes desportivos e muito menos voluntários, mas que isso é um facto, não tenho qualquer dúvida.

Cumpre isso sim, nesta sede e perante este cenário, passar em revista o enquadramento jurídico destes agentes desportivos, no sentido de se perceber, se o mesmo se adequa ou não, ao desenvolvimento da sua relevante atividade.

O enquadramento legislativo

Merecem destaque inicial e enquanto marcos internacionais da valorização e da transversalidade do voluntariado em geral:

- A Resolução n.º 40/212 da Assembleia Geral das Nações Unidas, de 17 de dezembro de 1985, que convidou todos os governos a celebrar anualmente, a 5 de dezembro, o Dia Internacional dos Voluntários.

[3] https://www.ine.pt/ine_novidades/DENum2021/index.html.

- E a Declaração Universal do Voluntariado de Janeiro de 2001, adotada pelo Conselho Internacional de Administradores da IAVE, (Associação Internacional para o Esforço Voluntário), na sua 16ª. Conferência Mundial de Voluntariado, em Amsterdão.

No contexto nacional, no que concerne ao enquadramento do voluntariado em geral, são referências:

- A supra identificada Lei n.º 71/98, de 3 de novembro, que estatui as bases do enquadramento jurídico do voluntariado;
- O Decreto-Lei n.º 389/99, de 30 de setembro que Regulamenta a Lei n.º 71/98, de 3 de novembro, estabelecendo as bases do enquadramento jurídico do voluntariado. O Decreto-Lei n.º 176/2005, de 25 de outubro, altera o n.º 1 do art.º 4.º do Decreto-Lei n.º 389/99, de 30 de setembro;
- A Resolução do Conselho de Ministros n.º 50 (2.ª série), de 30 de março de 2000 (publicada no D.R., II série, n.º 94, de 20 de abril) que define a composição e o funcionamento do Conselho Nacional para a Promoção do Voluntariado;
- A Resolução da Assembleia da República n.º 7/99, de 19 de fevereiro – Aprova, para ratificação, o Tratado de Amesterdão, que altera o Tratado da União Europeia, os Tratados que instituem as Comunidades Europeias e alguns atos relativos a esses Tratados, incluindo o Anexo e os Protocolos, bem como a Ata Final com as Declarações, entre as quais a 38, relativa às atividades de voluntariado.
- E o Decreto-Lei n.º 40/89, de 12 de fevereiro que Institui o seguro social voluntário, regime contributivo de carácter facultativo no âmbito da Segurança Social, em que podem ser enquadrados os voluntários. O seguro social voluntário foi objeto de adaptação ao voluntariado pelo Decreto-Lei n.º 389/99, de 30 de setembro.

No que respeita em concreto ao Desporto. O "Livro Branco sobre o Desporto[4]", que é a base orientadora das políticas públicas dos Estados-Membros da União Europeia, aprovado por Resolução do Parlamento Europeu e publicado no Jornal Oficial da União Europeia em 12 de novembro de 2009, veio reforçar, reconhecer e valorizar o papel do dirigente

[4] https://eur-lex.europa.eu/legal-content/PT/TXT/?uri=LEGISSUM%3Al35010.

desportivo voluntário. Afirmando ainda, que já na altura existia um "declínio do número de voluntários nos clubes desportivos amadores" (Pág. 7).

Em Portugal é a própria Constituição da República no artigo 79.º, a reconhecer expressamente no âmbito dos Direitos e deveres económicos, sociais e culturais a relevância de *"promover, estimular, orientar e apoiar a prática e a difusão da cultura física e do desporto"*, tal como estatui, igualmente e como um Direito, Liberdade e Garantia, no seu Artigo n.º 46.º a Liberdade de Associação.

Se atendermos que estas mesmas Associações, nas suas múltiplas formas, são necessariamente também no Desporto compostas por Órgãos sociais, nos termos do Artigo 157.º e seguintes do Código Civil e consequentemente pelos seus titulares, estamos desde já e nesta sede a falar precisamente dos dirigentes.

No que concerne ao Desporto (e atividade física), a Lei Fundamental no Artigo n.º 79.º, n.º 2.º, vai ainda mais longe, ao incumbir ao Estado, "*em colaboração com as escolas e as associações e coletividades desportivas, promover, estimular, orientar e apoiar a prática e a difusão da cultura física e do desporto, bem como prevenir a violência no desporto*". Isto é, o Estado, nestas matérias, deve de estar, obrigatoriamente de "braço dado", com as Associações e por maioria de razão, desde logo, com os seus dirigentes, pois, reitero, são estes que lhe dão corpo.

Neste sentido, a Lei de Bases do Sistema Desportivo (Lei n.º 1/90, de 13 de janeiro), no n.º 1 do seu artigo 13.º, faz o reconhecimento do importante papel desempenhado pelos dirigentes desportivos e determina que sejam garantidas as condições necessárias ao bom desenvolvimento das suas funções. O n.º 2 do mesmo artigo, remete para diploma próprio o estabelecimento das medidas de apoio ao dirigente desportivo em regime de voluntariado, no fundo estabelecendo desde logo a distinção entre estes e os dirigentes profissionais.

A consequência Legislativa, foi o Decreto-Lei n.º 267/95, de 18 de outubro, que veio definir o Estatuto dos dirigentes desportivos em regime de voluntariado e que começa por estabelecer no seu Artigo 1.º, n.º 1, o objeto (supra identificado) e em seguida no n.º 2, reconhece *"o interesse público da atividade dos dirigentes desportivos na promoção, organização e desenvolvimento do desporto"*. Reconhecimento este que merece nos Artigos seguintes, medidas atinentes ao desempenho deste instituto, mas não antes, de procurar enquadrar "melhor", a definição de dirigente desportivo em regime de voluntariado, no n.º 1 do Artigo 2.º, como: "*qualquer pessoa que se encontre, de modo efetivo e sem remuneração, no exercício de funções em órgãos estatutários do Comité Olímpico de Portugal, da Confederação do Desporto de Portugal, de federações desportivas dotadas de estatuto de utilidade pública desportiva ou de associações nestas últimas inscritas.*"

Aqui e desde logo, o perigo da existência neste pequeno Diploma, de apenas nove Artigos, de uma lacuna gigantesca. Ou se interpreta que as Associações a que o legislador se refere, são em sentido genérico, ou aparentemente, e por absurdo que possa parecer, foram esquecidos os dirigentes dos clubes, porque ninguém poderia acreditar, que esses verdadeiros catalisadores do Desporto em Portugal, não gozem de qualquer direito ou proteção! Não obstante, parece ser dada outra pista, nesse sentido no Artigo 3.º n.º 3, do antedito Decreto-Lei n.º 267/95, de 18 de outubro, dedicado ao apoio Estatal na área da Formação permanente, onde é dito expressamente e no que pela forma da sua redação parece ser uma exceção, que: "*O disposto no presente artigo é aplicável aos dirigentes dos clubes desportivos*".

Regressando ao que objetivamente, se encontra plasmado, no Estatuto dos dirigentes desportivos em regime de voluntariado, encontramos medidas de apoio que assumem diversos perfis, a saber:

- Apoio jurídico específico, por via de um centro, criado para esse efeito, em sede de Comité Olímpico de Portugal, Artigo 4.º,
- Horários de trabalho adequados a viabilizar o exercício das funções de dirigente, Artigo 5.º;
- A dispensa temporária de funções, quando atuam no âmbito do alto rendimento, Artigo 6.º e que se deve de ler em articulação com a Portaria n.º 739/91, de 1 de agosto, que define o regime de requisição de técnicos e dirigentes que se dedicam especificamente ao subsistema de alto rendimento e ainda;
- O usufruto de um seguro de acidentes pessoais, destinados a cobrir as deslocações ao estrangeiro de dirigentes integrados em seleções nacionais. Seguro esse comparticipado pelo Instituto do Desporto de Portugal, em 75%, Artigo 7.º.

Infelizmente, a prática tem revelado que estas medidas, são desajustadas, insuficientes ou pecam por não serem efetivamente aplicadas.

Exemplos recorrentes, prendem-se com a criação e um horário específico ou com a dispensa de serviço, que sem dúvida, seriam medidas fundamentais de apoio, mas que esbarram muitas vezes, particularmente nos sectores privados, na maior ou menor sensibilidade das entidades patronais, para a causa do voluntariado desportivo, quando de facto, não deveria de todo ser assim, perante o manifesto interesse publico, aliás legalmente reconhecido, da atividade desenvolvida.

Mas não se pense, que o facto de se ser Dirigente Desportivo voluntário, é por si só, condição bastante para o acesso ao regime de apoio legalmente previsto. De facto, existem deveres a cumprir e também eles devidamente elencados, no Artigo n.º 8, ainda do mesmo Decreto-Lei:

"*a) Defender os interesses da sua modalidade e do desporto em geral, tendo em vista a prossecução do interesse público;*

b) Promover a ética desportiva, prevenindo a prática de manifestações antidesportivas, em particular nos domínios da violência associada ao desporto, da dopagem e da corrupção no fenómeno desportivo;

c) Não patrocinar, no exercício das suas funções, interesses particulares, próprios ou de terceiros, de qualquer natureza;

d) Não intervir em atos ou contratos de qualquer tipo, por si ou como representante de terceiros, em que tenha interesse direto ou indireto, quando o contraente seja o organismo onde exerce funções;

e) Não usar, para fins de interesse próprio ou de terceiros, informações a que tenha acesso por motivo do exercício das suas funções;

f) Participar nas reuniões dos órgãos de que é membro, salvo motivo justificado."

Volvidos quase dez anos, a Assembleia da República, no âmbito da sua competência constitucional política e legislativa, criou a Lei n.º 20/2004, de 5 de junho, no sentido de estabelecer o regime de apoio aos dirigentes associativos voluntários, na prossecução das suas atividades de carácter associativo. Esta Lei de dez Artigos, ficou comummente conhecida, como o Estatuto do Dirigente Associativo Voluntário. Nos termos do seu Artigo, n.º 2.º, n.º 1.º, ela é aplicável aos *"Dirigentes de todas as Associações e respetivas Estruturas Associativas ou de Cooperação, dotadas de personalidade jurídica que não tenham por fim o lucro económico dos associados ou da associação"*. Consagrando um estruturante, Princípio Geral, no Artigo 3.º, n.º 1.º:" Os *dirigentes associativos voluntários não podem ser prejudicados nos seus direitos e regalias no respetivo emprego por virtude do exercício de cargos de direção nas associações"*.

Reconhecendo assim e mais uma vez o Estado, que estando ao serviço desta nobre causa, que é a demanda do voluntariado desportivo, tem de ser criado em seu redor, um "escudo" protetor, relativo aos direitos decorrentes da respetiva atividade profissional.

Por outro lado, o Artigo 4.º, concede o seguinte crédito de horas ao Presidente da Direção, ou outro Dirigente, sob decisão da Direção, nos seguintes moldes:

- Associações com um máximo de 100 associados, meio-dia de trabalho por mês;
- Associações com associados entre 100 e 500, um dia de trabalho por mês;
- Associações com associados entre 500 e 1000, dois dias de trabalho por mês;
- Associações com mais de 1000 associados, três dias de trabalho por mês.

Mas atente-se que:

- O aviso à entidade empregadora ou ao responsável pelo serviço público, deve ser feito, no mínimo, com 48 horas de antecedência, nos termos do n.º 3 do mesmo Artigo;
- Que segundo o Artigo 5.º, não existe acumulação de horas pelo facto de o dirigente associativo não exercer o direito previsto no artigo 4.º, em determinado mês, nem pelo facto de o trabalhador ser dirigente de mais do que uma associação;
- No sentido de evitar cominações o Artigo 6.º, esclarece que "*as faltas dadas ao abrigo do disposto no artigo 4.º pelos dirigentes associativos voluntários que sejam trabalhadores da Administração Pública são consideradas justificadas, não implicando perda de remuneração*".

A Lei salvaguarda ainda e no sentido de todo o pensamento anteriormente explanado, quer o tempo de serviço (artigo 7.º), quer a marcação de férias (artigo 8.º), mantendo ainda e em moldes idênticos aos da legislação anterior, a comparticipação de 75%, num seguro de acidentes pessoais em deslocações fora do território nacional.

Posteriormente a Lei de Bases da Atividade Física e do Desporto, a Lei n.º 5 de 16 de outubro de 2007, no seu Artigo 36.º, diz-nos que: "A Lei define os direitos e deveres dos titulares dos cargos dirigentes desportivos", remetendo com esta redação para a Legislação anteriormente analisada e ainda, no caso específico:

- Para o Decreto Legislativo Regional n.º 19/2002/M, de 16 de novembro, que define o Estatuto do Dirigente Desportivo na Região Autónoma da Madeira, e;
- Para o Decreto Legislativo Regional n.º 9/2000/A, de 10 de maio (Regime Jurídico de dispensa de serviço efetivo de funções, por períodos limitados, para a participação em atividades, sociais, culturais e desportivas).

Cumpre recordar, que entronca ainda diretamente nestas temáticas, o Regime Jurídico das Federações Desportivas, Decreto-Lei n.º 248-B/2008, de 31 dezembro, com as alterações introduzidas pelo Decreto-Lei n.º 93/2014, de 23 de junho, entre outras, em matérias como o regime de incompatibilidades ou a limitação de mandatos.

Sugestões de e para a mudança

A primeira sugestão é necessária e obrigatoriamente a da urgente revisão legislativa. Mesmo que por bondade, desconhecimento ou inocência se entenda que o enquadramento legal era o adequado, o que em minha opinião não era sequer o caso, desde 1995 e com apenas nove Artigos, por certo que existem outras formas, mais formas, melhores formas, de proteger e valorizar o Estatuto do Dirigente Desportivo Voluntário.

Naturalmente que cada uma das sugestões pode só por si ser detalhada, discutida, mas o simples facto de isso acontecer, mesmo que no final fossem apenas algumas ou fossem outras, as sugestões contempladas, já seria por um passo na direção certa. A título de exemplo aqui ficam algumas ideias e formas de o fazer, umas mais fáceis de implementar que outras, umas mais práticas que outras, umas mais onerosas que outras, mas todas com o mesmo objetivo, o de ajudar a reverter a insustentável situação atual:

- A existência de diversos regimes de dispensa parcial da atividade profissional, fossem com base em licenças sem vencimento, ou outros modelos ou formas;
- A atribuição de um crédito de horas efetivo e real para os dirigentes desportivos;
- A existência de políticas fiscais de reconhecimento e compensação objetiva da dimensão económica do seu trabalho voluntário;
- Uma correlação direta entre a diminuição da idade legal da reforma, para quem exerça estes cargos em instituições com Utilidade Publica Desportiva e o tempo de serviço nas mesmas em cargos voluntários;

- A atribuição de uma bonificação nos dias de férias legalmente previstos, com as devidas formas de controlo e escalonamento na sua atribuição;
- Um regime de marcação de férias específico;
- A criação sempre que viável de horários de trabalho mais adequados ao exercício das funções no dirigismo;
- A cobertura automática por seguros de acidentes pessoais, saúde e de viagem, dos Dirigentes Desportivos voluntários, mediante a contratualização estatal de uma rede para o efeito;
- O atendimento prioritário sempre que necessite de algo junto dos Serviços da Administração publica e na função de Dirigente Desportivo Voluntário;
- Apoio à formação, com valores controlados, no âmbito do exercício específico das suas funções;
- Que a carreira dual de dirigente e estudante seja devidamente enquadrada legislativamente para a transformar numa opção viável e não num caminho de sucessivos e desmobilizadores obstáculos;
- Que se criem medidas efetivas de proteção legal e compatibilização dos seus direitos, sejam os da esfera pessoal, da profissional/académica ou enquanto dirigentes desportivos voluntários.

Bem sei que algumas destas medidas são de aplicabilidade prática difícil num País como Portugal, mas o padrão não pode ser o atual, o padrão, o objetivo final tem de ser o das melhores práticas ao nível internacional, tem de ser o da inovação, tem se ser o da atratividade, tem de ser o do reconhecimento e da valorização.

Sempre com grau de exigência máximo, aumentando o escrutínio e, por conseguinte, a responsabilidade, para tal, sugere-se que seja imposto:

- O Registo obrigatório aquando do início de funções, junto das entidades competentes como as Direções Regionais do Desporto ou o Instituto Português do Desporto e da Juventude (IPDJ);
- A existência de uma base de dados atualizada, com a indicação de todos os Dirigentes inscritos e registados junto do IPDJ, tal como já acontece com outros agentes desportivos;
- Que o acesso a estes apoios seja apenas consequência de uma situação legal, fiscal e contributiva junto da Segurança Social totalmente regularizada;

- A obrigatoriedade do respeito a todo o tempo, pelo Código de ética, comum e específico dos Dirigentes.

Bem sabendo que a ação de todos os Dirigentes Desportivos Voluntários, no exercício das suas funções deve desde logo e em primeira instância ser a todo o tempo, balizada por princípios éticos inegociáveis, mas também, pelos respetivos estatutos e pela Lei em geral. Um exemplo concreto, respeita ao mandato, ou seja, ao contrato pelo qual uma das partes se obriga a praticar atos jurídicos por conta da outra, como manifestamente é o caso.

Ainda assim, cumpre esclarecer que o dirigente apenas poderá ser responsabilizado por ter violado culposamente os deveres que lhe são impostos pela lei e pelos estatutos, isto é, se ele podia, e mais do que isso, devia ter agido de outro modo por comparação ao modo de atuação ou à diligência de um qualquer gestor criterioso, perante aquelas mesmas circunstâncias. Para além disso, essa conduta deverá ter sido a causa direta da produção de um dano à pessoa coletiva que esse dirigente representa, tem, portanto, de existir um nexo causal, sem o qual o dano não se teria verificado.

Neste sentido aliás a ação dos Dirigentes está limitada ou mesmo proibida em alguns campos de atuação, como é o caso das apostas desportivas online. Seja de forma tácita ou mesmo expressa como é o caso do Decreto-Lei n.º 67/2015, de 29 de abril que impede o dirigente desportivo de efetuar apostas online, na al. i) do n.º 1 do art.º. 4.º do supra mencionado diploma legal, onde se lê: "É proibida a prática de apostas desportivas à cota, diretamente ou por interposta pessoa (...) a quaisquer pessoas, tais como os dirigentes desportivos, os técnicos desportivos, os treinadores, os praticantes desportivos, profissionais e amadores, os juízes, os árbitros, os empresários desportivos (...)".

Existindo diversa legislação que pela sua natureza, está pensada para os dirigentes Desportivos que não voluntários e em especial para os Dirigentes das Sociedades Anónimas Desportivas, inclusivamente em determinadas situações prevendo-se um especial agravamento sancionatório da conduta. Como por exemplo acontece com o incitamento à indisciplina, por parte de dirigentes de determinada sociedade desportiva que por ocasião dos jogos oficiais, assumam atitudes de violência ou de incitamento de outrem à prática de atos violentos, como previsto no n.º 1 do art.º 132.º do Regulamento Disciplinar da Liga Portuguesa de Futebol Profissional e que consubstanciaria uma infração disciplinar muito grave.

Inquietações e algumas questões finais

Se o trabalho dos dirigentes desportivos voluntários fosse justamente valorizado, incentivado e protegido, qual o motivo para a tão falada crise do associativismo? Porque é que é, cada vez mais complicado, envolver novos dirigentes? Porque é que, existe um tremendo desgaste emocional e físico, nos Dirigentes voluntários? Quem está na primeira linha de combate na defesa de melhores princípios de governação financeira e desportiva? Na defesa do primado e da divulgação da ética desportiva? Pela prevenção e o combate à violência no desporto? Pela integridade das competições?

Quem "vive" o pulsar real do Desporto em Portugal, sabe por certo dar respostas a todas estas questões. Respostas que são feitas de rostos anónimos, em todos os dirigentes voluntários: *"não fosse a D. Maria"*; *"no dia em que o Sr. João se vá embora"*, *"quem faz tudo é a ....."* etc., etc., multiplicados por milhares de Joões e Marias pelo País.

Mas quem efetivamente deveria dar estas respostas, será que as sabe ou quer dar? Sabe quais as suas consequências de não as dar ou sequer de as procurar? Estaremos finalmente preparados para o fazer de forma fundamentada?

Anteriormente já fui aflorando algumas pistas atinentes a encontrar as respetivas respostas e como mencionei anteriormente, para quem anda diariamente no terreno, elas são por demais óbvias. Entre a ilusão e a realidade, existe demasiadas vezes uma linha invisível, onde as medidas de apoio são letra-morta e para uma larga maioria, nunca passam de pura ficção. Acresce a falta de valorização do papel a todos os títulos basilares, de verdadeira *"trave-mestra"* dos dirigentes desportivos que continua por cumprir e é algo que urge, a bem da saúde e nesta altura da própria sobrevivência do Desporto como o conhecemos.

Os dirigentes voluntários desportivos, exercem o melhor que podem e sabem, uma missão de Interesse Público, por isso, de enorme responsabilidade direta e indireta, com impacto no dia a dia de Organizações de cúpula, de Federações, de Associações, de Clubes e instituições paralelas. Mas também e em concreto na vida de milhares e milhares de pessoas, dos encarregados de educação, aos treinadores, dos árbitros a todos os restantes agentes desportivos e sempre dos atletas, para os atletas e pelos atletas.

Perante tudo o que foi exposto resta-me apenas uma pergunta final: assim, nestas condições, quantos dirigentes desportivos voluntários e por quanto mais tempo?

20. MERCADOS ILEGAIS DE APOSTAS DESPORTIVAS, VICIAÇÃO DE RESULTADOS E INTEGRIDADE DO DESPORTO. HAVERÁ CURA PARA A DOENÇA? BREVE HISTÓRIA DAS APOSTAS DESPORTIVAS (LEGAIS) EM PORTUGAL

Pedro Cortés[1]

O desejo de jogar remonta ao Paleolítico, quando se rolaram alguns ossos e se fizeram apostas sobre qual dos lados ficaria para cima.

Este desejo não é exclusivo do ser humano: abelhas e primatas foram observados a arriscar para ter um prémio. Há um estudo da Universidade de Duke com primatas que vai neste sentido: preferem um objectivo mais arriscado que lhes deu quantidades diferentes de sumo em vez de um seguro que lhes deu sempre o mesmo.

As apostas desportivas em linha (*online*) foram reguladas pelo Decreto-Lei n.º 66/2015, de 29 de Abril em resposta a uma actividade que proliferava na Europa desde o final do século passado.

[1] Advogado em Macau, Portugal, Brasil (OAB-São Paulo) e Timor-Leste. Docente Convidado em Apostas Desportivas na Autonoma Academy. Docente Convidado na Católica | Faculdade de Direito Escola de Lisboa. Coordenador-Executivo do *Advanced Course in Gaming Law and Sports Betting* da Católica Next. *Master of Laws* (LL.M.) *Gaming Law and Regulation*, Universidade do Nevada, Las Vegas.

A resposta legislativa tardia, mas ainda assim fundamental, veio regular a actividade de apostas desportivas – e os jogos de fortuna ou azar em linha – com um modelo diferente daquele que existia para a actividade de base territorial, assente na concessão – para os casinos – e/ou exclusivo para as apostas desportivas exploradas pela Santa Casa da Misericórdia de Lisboa (SCML).

Historicamente, desde 1948, que a SCML tentou legalizar as apostas desportivas, sempre com a oposição de António Oliveira Salazar, que não queria "*que se imoralizassem os costumes*" evitando que Portugal fosse um "*País de batota*".

Em 1961, em resultado do esforço do "rapaz do Totobola – Provedor Melo e Castro – o Decreto-Lei n.º 4377, de 1961 atribui à SCML a organização e exploração, em regime exclusivo para a metrópole e para ultramar, dos concursos de prognósticos ou apostas mútuas sobre resultados desportivos.

Na Europa do pós-guerra cresceu o fervor do público pelas apostas mútuas sobre resultados de competições desportivas, em especial, dos dois desportos-rei da época: Futebol e Ciclismo.

Na vizinha Espanha de Franco, tal actividade proporcionava rendimentos consideráveis para auxílio da assistência, da educação física e dos desportos.

Na verdade, anos antes, já o Decreto-Lei n.º 40397, de 24 de Novembro de 1955, previa a possibilidade de a Santa Casa da Misericórdia de Lisboa poder explorar apostas mútuas, sem que tenha sido publicado nenhum diploma legal que regulasse os termos da exploração.

O preâmbulo do Decreto-Lei de 1961[2] assume isso mesmo, discorrendo também que o interesse pelas apostas mútuas sobre resultados de futebol era mais antigo na Inglaterra, facto que, aliás, ainda hoje se mantém.

A nível europeu o modelo adoptado na maior parte dos países era, à época, o sueco, com a Suíça, a Dinamarca, a Noruega, a Finlândia, a Áustria e a Alemanha Ocidental a adoptarem a modalidade de apostas sobre resultados desportivos com o fim de obter rendimento para fins de interesse colectivo.

No entanto, o «totocalcio» italiano era aquele que o legislador de 1961 apelidava de "*mais espectacular*".

[2] Decreto-Lei n.º 43777, de 3 de Julho "*Em Espanha é muito grande o interesse do público pelos concursos de prognósticos de futebol. E não passam despercebidos, nos meios interessados, os rendimentos consideráveis que proporcionam para auxílio da assistência, da educação física e dos desportos. Na Inglaterra é mais antigo o interesse pelas apostas mútuas sobre resultados de futebol.*"

Como quase sempre quando se fala de apostas desportivas ou de jogos de fortuna ou azar, o objectivo era aproveitar o rendimento destas actividades, recolhendo-se impostos sobre as receitas da actividade com benefício para o público.

Interessante também perceber que a distinção entre jogo de fortuna ou azar e as apostas desportivas (onde a perícia tem um peso maior) é também assumida pelo legislador português da altura, nestes termos:

> *"Por outro lado, já no relatório do Decreto-Lei n.º 36889 fora anotado que os concursos de prognósticos desportivos não constituem, rigorosamente, um jogo de fortuna ou azar.*
> *Na verdade, a composição pelo concorrente de um conjunto de prognósticos (por exemplo sobre os resultados de várias competições de futebol) obriga a dispor de informação sobre o valor relativo dos clubes e dos jogadores e sobre a marcha dos campeonatos. Demanda por isso certa perícia, atenção e reflexão. Indiscutivelmente, intervém a sorte; mas este aspecto não obrigará a renovar o debate sobre a legitimidade cias actividades destinadas a obter do jogo um rendimento socialmente útil."*

Recentemente, em 2014, o Jornal A Bola publicou 4 suplementos sobre a história do Totobola superiormente coordenados pelo jornalista António Simões, que nos teletransporta à infância.

É num desses suplementos que se explica a razão de Salazar ter autorizado o jogo do 1X2.

Por um lado, um motorista de um amigo de Salazar – Bissaya Barreto – tinha tido um acidente de viação e teve necessidade de ir receber tratamento à Alemanha, por falta de condições para a reabilitação em Portugal. Por outro, e talvez a razão decisiva, estávamos no início da Guerra Colonial. Razões de escassez financeira e prática – constatação de que viriam vários combatentes a necessitar de reabilitação – levaram Salazar a autorizar a exploração da actividade.

Com as receitas geradas pelo Totobola financiar-se-iam as actividades de saúde e assistência, fomentando-se os serviços de reabilitação ou recuperação dos diminuídos físicos, preparando pessoal médico de auxiliar especializado.

O centro de Alcoitão, ainda hoje instituição de referência, acaba por ser também uma consequência daquilo que o Provedor Melo e Castro conseguiu que fosse aprovado.

Temos assim, uma vez mais, como tinha acontecido em 1927, com o Decreto-Lei n.º 14.463, de 3 de Dezembro, o reconhecimento do Estado de que é melhor regular do que deixar a actividade na ilegalidade, criando receita para os cofres públicos.

Objectivos do Decreto-Lei 66/2015 – Regime Jurídico de Jogos e Apostas Online (RJO)

O modelo de apostas (mútuas) desportivas manteve-se praticamente inalterável desde 1961 até 2015, não obstante a proliferação dos mercados de apostas *online* por todo o mundo.

À semelhança de outras áreas – mas com especial relevo, pela matéria que trata – a resposta do legislador foi tardia e apenas duas décadas depois da popularização da *internet* – e com ela, as apostas desportivas *online* – na última década do século passado, é que se regulou uma actividade que já gerava milhões em receitas, sem que o Estado quinhoasse nos proventos.

É, aliás, mister referir que esta opção do legislador poderá ter tido a ver com a necessidade de criar receita para o Estado – a *Troika* tinha deixado o País em 2014 e os cofres estavam sequiosos de novas fontes de receita.

No Preâmbulo do RJO, o legislador reconhece que a exploração e a prática dos jogos e apostas "*sofreram grandes alterações, sendo que o quadro normativo que atualmente a rege não acompanhou essa evolução*".

De igual modo, reconhece-se que a evolução tecnológica de sistemas e equipamentos – *internet* – levou a que essa actividade tivesse tido uma "*relevância crescente e incontornável*".

Curiosamente, é nesse mesmo diploma que se assume ser necessário repensar o modelo de exploração da actividade, tendo o legislador optado pela licença ao invés da concessão – modelo tradicional de enquadramento jurídico da actividade – e que ainda hoje se mantém para a exploração de base territorial.

Pretendia-se, com a entrada em vigor do RJO, alcançar os seguintes objectivos:[3]

(1) Regular o jogo online em Portugal com um enquadramento normativo;

[3] *Vide* Preâmbulo do RJO, disponível em https://www.srij.turismodeportugal.pt/pt/jogos-e-apostas-online/enquadramento-legal-do-jogo-online

(2) Trazer para a legalidade operadores e jogadores que operavam e jogavam no mercado ilegal sem qualquer proteção;
(3) Assegurar o são funcionamento do mercado;
(4) Estimular a cidadania e o jogo responsável e reforçar o combate à economia informal;
(5) Garantir a protecção dos menores e das pessoas mais vulneráveis;
(6) Evitar a fraude e o branqueamento de capitais;
(7) Prevenir comportamentos criminosos em matéria de jogo online;
(8) Salvaguardar a integridade do desporto prevenindo e combatendo a viciação de apostas e de resultados;
(9) Garantir a segurança e ordem pública, prevenindo o jogo excessivo e desregulado e comportamentos e práticas aditivas.

Para concretizar os objectivos, o RJO estabeleceu, entre outros, que as entidades exploradoras devem preencher estritos requisitos de idoneidade e de capacidade económica e financeira, bem como a capacidade técnica para operar jogos.

Têm os objectivos sido alcançados, nomeadamente, a "*salvaguarda da integridade do desporto prevenindo e combatendo a viciação de apostas e de resultados*"?

Mercados ilegais de apostas desportivas

O mercado das apostas desportivas legal a nível global é apenas uma gota no oceano. Estima-se que apenas uma percentagem pequena gere receita para os Estados.

É impossível erradicar os mercados ilegais de apostas desportivas. Existiram, existem e existirão em paralelo com os mercados legais. E não vale a pena ter a veleidade de pensar que uma política repressiva que ilegalize a actividade das apostas desportivas teria algum efeito profilático. Muito pelo contrário: aumentaria ainda mais a ilegalidade!

Podemos afirmar, com alguma certeza, que Portugal não foge à regra e que os apostadores continuam a apostar no mercado ilegal, bastando, para essa conclusão, consultar os números do Serviço de Inspecção e Regulação de Jogos: é recorrente o regulador ordenar o bloqueio dos sítios ilegais que oferecem a possibilidade de apostar em competições desportivas da mais variada espécie aos apostadores que, em face das regras mais ou menos apertadas dos mercados legais, se sentem seduzidos por apostar no mercado ilegal, com o objectivo de obter ganhos superiores aos daqueloutros.

O mercado ilegal das apostas desportivas é uma doença viral espalhada pelos quatro cantos do mundo que corrói todos os participantes no sistema, pondo em causa os objectivos regulatórios também enunciados pelo legislador português.

É também a causa primeira da viciação de resultados desportivos (*match fixing*) que, em consequência, põe em cheque a integridade do desporto[4], entendida, de forma simples, como o conjunto de valores e comportamentos éticos que promovem a confiança numa determinada modalidade.

Ao contrário das entidades exploradoras de apostas desportivas dos mercados regulados, os operadores dos *black* ou *grey markets*[5] não têm custos de licenciamento que são muitas vezes avultados.

Nas contas dos operadores dos mercados ilegais não entram também os elevados custos de operação por mor de recursos humanos altamente qualificados que a indústria das apostas desportivas requer, nem tampouco os investimentos em tecnologia.

Por outro lado, a boa prática e o sistema de regras e condutas[6] que normalmente quem explora esta actividade cumpre à risca[7] impõem custos de conformidade (*compliance*) que também não entram nos balanços dos operadores ilegais.

Finalmente, ao contrário de quem explora a actividade no mercado legal, a verdade é que os operadores ilegais não pagam impostos, coarctando ao Estado essa fonte de receita.

A operação dos mercados ilegais decorre assim em plena concorrência desleal, porquanto a grande fatia dos custos inexiste, permitindo-lhes dessa forma oferecer melhores *odds* obtendo margens superiores e, em consequência, lucros substancialmente avultados quando comparados com os dos mercados legais.

Refira-se a este respeito que as entidades exploradoras de apostas desportivas operam com margens consideravelmente baixas.

Estima-se que, se operarem de forma a gerir de forma prudente o risco, i.e., se equilibrarem os montantes das apostas, talvez possam operar com

[4] A par de outras, como a corrupção desportiva, o *doping*, discriminação ou abusos de vária ordem.

[5] Com tons mais ou menos escuros: *50 shades of grey*!

[6] Governo de sociedades ou *corporate governance*.

[7] Se não o fizer poderá ver as licenças nos diversos mercados em que opera revogadas.

uma margem de perto dos 5% do volume total das apostas[8] num determinado evento desportivo. É dessa margem que são pagos os custos da operação e os impostos.

A proliferação do mercado ilegal das apostas desportivas proporciona terreno fértil para que os valores estruturais do desporto atribuídos por Pierre Coubertin ao movimento olímpico: igualdade, equidade, justiça, respeito pelas pessoas, racionalidade, compreensão, autonomia e excelência, sejam postos em causa.

Fenómenos de combinação de resultados e viciação de apostas, bem como corrupção de jogadores e árbitros são cada vez mais comuns.

Ainda há poucas semanas, no Brasil, onde o mercado é "cinzento" – permite-se, mas não se regulamenta – foram noticiados casos de vários jogadores em várias divisões envolvidos no esquema de viciação de resultados.

A visão simplista vai no sentido de atirar responsabilidades para quem explora as apostas desportivas. Nada mais errado! Sobretudo se essa actividade tiver lugar num mercado legal e regulado.

As metástases da doença estão espalhadas por todos os mercados e é mister que os Estados, ao invés de fecharem os olhos, combatam o fenómeno que não é apenas um exclusivo da Ásia, dos países do Leste Europeu ou da América do Sul.

A *Champions League*, o Campeonato do Mundo de Futebol ou a *La Liga*, entre outras, também já foram afectadas por este vírus.

Isto apenas no que respeita ao futebol, porque no ténis – desporto favorito para as redes criminosas internacionais de viciação de resultados – são vários os relatos que envolvem não só jogadores, mas também árbitros.

A maleita da combinação ou viciação de resultados desportivos (*match fixing*) tem, a montante, várias causas, de que podem destacar-se algumas:

(1) Salários dos jogadores em algumas competições baixos ou pagos tardiamente;
(2) A falta de cultura e educação dos atletas com alguns deles a perguntarem-se "*se o outro faz, porque é que eu não posso fazer?*";
(3) Coacção das redes criminosas internacionais sobre vários intervenientes – jogadores, famílias, árbitros, treinadores, médicos, massagistas ...;

[8] Em inglês "handle".

(4) Fenómeno da adição ao jogo e às apostas dos jovens jogadores[9] que os leva a ter de "pagar o vício".

Todos sofrem, em maior ou menor escala, com o *match fixing*.[10]

Em primeiro lugar, todos os atletas e intervenientes íntegros que não aceitam fazer parte dos esquemas e que conseguem manter-se imunes às tentações do dinheiro fácil. Não deve, neste ponto, olvidar-se que a carreira dos atletas profissionais é limitada na esmagadora maioria a uma década ao mais alto nível.

E, durante a carreira desportiva, os momentos de "baixa de forma" dos jogadores são, muitas das vezes, mais longos do que os períodos de "pico de forma". Ademais, em muitos casos, os futebolistas vêm de contextos sociais desfavorecidos e com limitações no acesso à educação. Felizmente que esse paradigma tem evoluído.

Em segundo lugar, os clubes, que podem ver as receitas – com perda de patrocínios pondo em causa a sua própria existência – e a reputação cair a pique caso sejam envolvidos em escândalos de viciação de resultados desportivos[11].

Ao lado dos clubes as federações das modalidades e os adeptos.

E, *last but not the least,* os principais afectatos: as casas de apostas que operam nos mercados legais, os Estados, que não recebem as correspondentes receitas fiscais decorrentes da actividade, os apostadores dos mercados legais, os jornais e publicações desportivas.

É seguro afirmar-se que o *match fixing* não deixa ninguém de fora!

Escreve-se por aí que o primeiro passo para a cura é assumir a doença.

Haverá cura para esta doença?

A erradicação de doenças crónicas é impossível, mas as dores e outras consequências mais negativas podem ser suavizadas com recurso a terapias.

Não obstante difícil de alcançar, a verdade é que ainda é possível aos Estados e entidades públicas e privadas, em primeiro lugar, assumir que a doença existe e que é necessário combatê-la.

[9] Os exemplos – uns mais mediáticos do que outros – são vários a nível mundial.

[10] Restringe-se a análise ao futebol sem prejuízo de a análise poder aplicar-se *mutatis mutandis* outras modalidades.

[11] Não faltam exemplos, dispensando-se a listagem.

Para o Professor Declan Hill – autor do livro *The Fix: Soccer and Organized Crime*[12] que mergulha nas redes ilegais de apostas e viciação de resultados – alguns dos medicamentos possíveis passam por ter regras iguais para todos, a criação de departamentos de *compliance* nos clubes, limitar – como o Reino Unido já preconizou[13] – os patrocínios de operadores que não estejam no mercado onde decorrem as competições, alteração dos incentivos dados aos jogadores nos vários torneios, introdução de *playoffs* em todas as competições, distribuição dos lucros das competições pelos jogadores, a criação de agências continentais dedicadas a combater a corrupção no desporto nos seus diversos epifenómenos – *doping*, apostas combinadas – instituir-se uma espécie de *integrity fee*.

São apenas sugestões de quem estudou e estuda o fenómeno numa perspectiva de investigação criminal.

Acompanhamos, na sua maioria, as prescrições do Professor Declan Hill.

Sem pretensões de curandeiro, parece claro que a doença veio para ficar e que a integridade do desporto está, de facto, ameaçada.

A prevenção e diminuição dos fenómenos de viciação de resultados passa, *prima facie*, pela educação de todos os intervenientes.

Devem ser aprofundadas as sessões de formação a todos os atletas de todas as idades, de todas as modalidades e de todas as competições.

Tarefa hercúlea, de facto.

No entanto, não vale a pena considerar-se que apenas os atletas profissionais das modalidades e competições onde são aceites apostas pelas entidades exploradoras estão expostos, até porque as redes internacionais de apostas ilegais e viciação de resultados estão mais activas do que nunca e atacam os atletas desde tenra idade, aceitando apostas em todas as modalidades e competições possíveis e em todos os escalões etários.

Sugerem-se, neste contexto, e por forma a minimizar o impacto da doença, algumas medidas nas seguintes áreas:

Educação: os treinadores, atletas e todos os outros intervenientes directos ou indirectos em qualquer competição desportiva de qualquer escalão

[12] The Fix: Soccer and Organized Crime, McClelland & Stewart, 2010.

[13] Em abril de 2023 os clubes da Premier League votaram no sentido de banir os patrocínios das camisolas a partir da época de 2026-27, *vide*, entre outros, "*Premier League clubs ban gambling sponsors on front of shirts from 2026-27*", in The Guardian, 13 de Abril de 2023, disponível em: https://www.theguardian.com/football/2023/apr/13/premier-league-clubs-ban-gambling-sponsors-on-front-of-shirts-from-2026-27.

etário só poderem ser licenciados pelas federações ou admitidos à competição no caso de terem um determinado número mínimo de horas de formação sobre ética desportiva, apostas desportivas, jogo compulsivo, *match fixing*, corrupção desportiva, *doping*, discriminação e abusos.

Transparência: organizações desportivas e federações devem ser transparentes em relação às suas operações, às operações dos seus associados ou membros, cobranças e regulamentos, de modo a minimizar a possibilidade de corrupção desportiva.

Colaboração: envolver os jogadores, treinadores, árbitros, casas de apostas, agregadores de dados desportivos, federações e outras organizações desportivas, adeptos, e outros intervenientes no meio desportivo nas iniciativas que visam proteger o desporto, disseminando a cultura de integridade.

Cooperação: entre todas as entidades públicas e privadas ligadas ao fenómeno desportivo e ao combate ao crime[14] por forma a que se detectem precocemente comportamentos que possam pôr em causa a integridade do desporto.

Fiscalização: os órgãos estatais e reguladores devem intensificar a supervisão e a fiscalização para impedir que comportamentos desviantes sejam concretizados.

Aplicação da Lei (*enforcement*): as leis devem ser rigorosamente aplicadas e a justiça deve ser capaz de seguir seu curso para que se impeçam comportamentos que desvirtuem a verdade desportiva.

Conclusões

Os mercados legais e ilegais de apostas desportivas movimentam milhares de milhões de euros todos os anos, com tendência para aumentar na próxima década.

Só em Portugal, mercado regulado, nos últimos cinco anos movimentaram-se quatro mil milhões de euros, com uma receita bruta para as enti-

[14] De referir que apenas em 2022 a UEFA e a Europol cooperaram conjuntamente no combate e prevenção do fenómeno de viciação de resultados, vide "UEFA e Europol realizam conferência sobre viciação de resultados no futebol", in Sapo Desporto, 26 de Abril de 2022, disponível em https://desporto.sapo.pt/futebol/internacional/artigos/uefa-e-europol-realizam-conferencia-sobre-viciacao-de-resultados-no-futebol.

dades exploradoras de 811,1 mil milhões de euros[15]. Deste bolo, as federações desportivas nacionais a receberem 245 milhões de euros[16].

A ilegalidade não permite aferir quais os montantes apostados. No entanto, há estimativas de que o mercado ilegal a nível global seja incomensuravelmente superior.

Apenas como exemplo, a *American Gaming Association* estima que os americanos apostem mais de 510 mil milhões de dólares americanos nos mercados ilegais e não regulados de jogos, dos quais 63 mil milhões correspondem ao montante total de apostas desportivas, ou seja 40% do valor de apostas colocadas no mercado legal[17].

O volume assustador de apostas colocadas nos mercados ilegais ou não regulados já deveria ter sido assumido pelos Estados como um alerta.

São os milhares de milhões canalizados para estes mercados que originam, em grande parte, fenómenos de viciação de apostas e de resultados desportivos.

Como se indicou oportunamente, o legislador português de 2015 assumiu como objectivo **salvaguardar a integridade do desporto, prevenindo e combatendo a viciação de apostas e resultados**, bem como a segurança e ordem pública, prevenção do jogo excessivo e desregulado e comportamentos e práticas aditivas.

Os Estados, desde sempre, são alérgicos a tudo o que sejam jogos de fortuna ou azar ou apostas desportivas. Acrescentamos que é uma alergia cínica de quem prefere fingir que não existe adição ao jogo, que não existe viciação de apostas e de resultados.

O mesmo Estado "glutão" que vê assegurados os financiamentos de federações desportivas pelas receitas da exploração das apostas desportivas, tapando o sol com essa peneira.

Há e haverá mercados ilegais de apostas desportivas que põem em causa a integridade do desporto. É um fenómeno contra o qual não existirá cura,

[15] "Apostas desportivas online movimentam 4.000 milhões de euros em cinco anos", DN/Lusa, 14 de Fevereiro de 2023, disponível em https://www.dn.pt/desporto/apostas-desportivas-online-movimentam-4000-milhoes-de-euros-em-cinco-anos-15836237.html.

[16] Idem.

[17] "Sizing the Illegal and Unregulated Gaming Markets in the U.S.", American Gaming Association, 30 de Novembro de 2022, disponível em https://www.americangaming.org/resources/sizing-the-illegal-and-unregulated-gaming-markets-in-the-u-s/.

mas que se algumas das medidas ora sugeridas forem adoptadas teremos, pelo menos, uma doença controlada.

Haja vontade de todos os actores.

Agradecimentos

Gostaria de agradecer penhoradamente ao meu querido amigo, Professor Doutor Alexandre Miguel Mestre, a oportunidade que me dá, há já alguns anos, de leccionar o "Regime Jurídico das apostas desportivas" do módulo "Direito do Desporto: Aspectos Transversais Essenciais" do curso de Pós-Graduação em Direito do Desporto da Autónoma Academy. Não obstante a diferença horária entre Macau e Portugal, tem sido uma experiência enriquecedora poder partilhar alguns destes temas com os alunos que fazem o favor de retribuir com dúvidas e questões.

Muito obrigado Alexandre, muito obrigado, Estimados Alunos!

21. A ESPECIFICIDADE DO AUTOMOBILISMO: VARIAÇÕES EM RELAÇÃO AO CLÁSSICO SISTEMA PIRAMIDAL DO DESPORTO

PEDRO HENRIQUE REBELLO DE MENDONÇA[1]

1. Introdução

O Direito do Desporto contempla diversos princípios, preceitos e normas aplicáveis de modo geral a diferentes modalidades desportivas, indistintamente. À luz do ordenamento jurídico brasileiro, é correto afirmar, inclusive, que a estipulação de regras legais de incidência específica a uma ou mais modalidades é exceção, não regra; e quando há tal especificação, ela usualmente se refere ao futebol[2].

Consequentemente, academicamente também predomina o tratamento ao desporto como fenômeno único, a partir de regras gerais sem distinção entre as modalidades desportivas. Essa abordagem decorre das semelhanças na forma como a maioria dos diferentes desportos se organizam, sobretudo

[1] Advogado inscrito na Ordem dos Advogados do Brasil e na Ordem dos Advogados Portugueses; Mestre em Direito Transnacional; Especialista em Direito Desportivo; Consultor da CSMV Advogados.

[2] Como exemplo de normativo aplicável exclusivamente ao futebol no Brasil, tem-se a Lei n.º 14.193/2021, que regula as Sociedades Anônimas do Futebol e assim se distingue do modelo adotado em Portugal, que, por meio do Decreto-Lei n.º 10/2013, regula as sociedades desportivas de modo geral, independentemente da modalidade.

no que tange à adoção do clássico sistema piramidal, e é importante para consolidar a compreensão dessa estrutura efetivamente dominante na organização desportiva.

Ocorre que as modalidades desportivas são dotadas de especificidades que as distinguem entre si, não apenas quanto à sua prática, mas também com relação ao modo como se estruturam. Essa diferenciação se torna especialmente relevante e clara quando do exame das normas da *Lex Sportiva*, oriundas das respectivas entidades de administração do desporto.

O futebol é provavelmente o mais reluzente exemplo nesse sentido, diante do elevado nível de regulamentação estabelecido pela FIFA e pelas demais entidades de administração da modalidade em nível nacional ou continental; as normas concernentes à transferência e ao registro de atletas bem ilustram essa complexidade. Soma-se a isso o fato de ser o desporto mais popular do mundo e um dos mais pujantes economicamente. Como resultado, temos no futebol um desporto com vasta produção acadêmica própria, a ponto de a melhor doutrina propor a especificidade da modalidade futebol em paralelo àquela reconhecida em relação ao desporto de modo geral[3].

Contudo, a existência de particularidades em relação à modalidade desportiva não é exclusividade do futebol; todo e qualquer desporto possui, em maior ou menor grau, especificidades em sua regulamentação e organização. Em alguns casos, essas características ensejam a adoção, por determinada modalidade, de estruturas que variam em relação àquela consagrada pelo clássico sistema piramidal desportivo – como é o caso do automobilismo.

Diante disso, o presente artigo tem como objeto a exposição de noções gerais acerca de aspectos específicos do automobilismo que ensejam variações em relação aos preceitos clássicos do sistema piramidal desportivo.

2. Noções gerais sobre o clássico sistema piramidal do desporto

De forma resumida, a estrutura organizacional do desporto é comumente ilustrada através de uma pirâmide. Tomando-se como norte o movimento olímpico, o topo dessa pirâmide é ocupado pelo Comitê Olímpico Internacional; numa camada abaixo, encontra-se a Federação Internacional

[3] Alexandre Miguel Mestre, 'The Olivier Bernard judgment and article 165 TFUE: Towards a "Specificity of (professional) football"?' [2010] January-May EPFL Sports Law Bulletin 57-62

competente por cada desporto; a seguir, se posicionam as Federações Nacionais, filiadas à respectiva Federação Internacional; posteriormente estão as entidades de prática desportiva (via de regra, os clubes); por fim, abaixo delas e na base da pirâmide se encontram os atletas. Essa seria a estruturação mais básica do desporto, passível de complementação com entidade continental, Federações Estaduais (especialmente no caso do Brasil) e liga – esta última será objeto de exame mais detido no tópico a seguir.

A visualização desse sistema como uma pirâmide, que tem em sua base os atletas e no topo o Comitê Olímpico Internacional, auxilia na compreensão de que cada um dos integrantes dessa estrutura se sujeita hierarquicamente às normas e decisões emanadas de todas as entidades posicionadas acima de si na estrutura. Nesse sentido, uma entidade de prática de determinado desporto deve observar não apenas os regulamentos estabelecidos pela correspondente Federação Nacional, mas também os preceitos definidos pela Federação Internacional da modalidade em questão.

Assim se estrutura, em essência, a *Lex Sportiva* como sistema jurídico autônomo, reconhecido por quatro características principais: a transnacionalidade, a estruturação de uma cadeia associativa, o *Ein Platz Prinzip* e a autonomia das entidades.

A transnacionalidade diz respeito à desterritorialização do sistema, bem ilustrada pelo fato de que as normas editadas por uma Federação Internacional se aplicam à(s) modalidade(s) desportiva(s) sob sua competência sem limitação territorial. Em função disso, por exemplo, o cartão vermelho é reconhecido em todo o mundo como símbolo de expulsão quando da prática do futebol organizado[4].

A cadeia associativa se revela na medida em que as entidades contidas nas diversas camadas da pirâmide em que se organiza o desporto são usualmente associadas entre si. Retomando o exemplo do futebol, e tomando como base a realidade brasileira: um clube é filiado a uma Federação Estadual de Futebol; esta é filiada à Confederação Brasileira de Futebol, que por sua vez é uma associação membro da FIFA. Portanto, essa característica do sistema piramidal baseia-se essencialmente nas ideias de que (i) as entidades de administração do desporto são historicamente constituídas como associações (ou pessoas jurídicas cujo tipo societário a esse se asse-

[4] A expressão "futebol organizado" faz referência à noção de prática formal da modalidade, no âmbito do sistema capitaneado pela FIFA.

melhe, conforme a legislação aplicável de cada país), e (ii) os vínculos entre os integrantes do sistema são majoritariamente associativos. Em relação a esse último ponto, excepciona-se o vínculo entre atleta e entidade de prática desportiva, usualmente de natureza contratual; não obstante, desse vínculo contratual decorre o ingresso do atleta no sistema, por meio de seu registro federativo.

A expressão alemã *Ein Platz Prinzip* refere-se ao "princípio do único lugar", em tradução livre. Significa dizer que, em regra, cada Federação Internacional admite apenas uma associação membro de cada país dentre suas filiadas, assim como o Comitê Olímpico Internacional reconhece apenas uma Federação Internacional como responsável por cada modalidade desportiva. Assim o sistema desportivo busca se estruturar verticalmente.

Por fim, a autonomia das entidades desportivas visa afastar ingerências governamentais/estatais sobre o funcionamento e a organização dos integrantes do sistema desportivo. Além de consagrado pela *Lex Sportiva*, esse princípio se reflete também em alguns ordenamentos jurídicos nacionais; no caso brasileiro, essa autonomia é resguardada pela própria Constituição Federal, em seu artigo 217.

Ainda que o sistema desportivo classicamente se estruture conforme acima descrito, é possível notar alternativas a esse modelo no que tange à organização de determinados desportos. Especificamente no automobilismo, vislumbram-se interessantes variações em relação a essa estrutura classicamente reconhecida.

3. A especificidade do automobilismo e as características do seu sistema

3.1. As entidades promotoras

O automobilismo internacional encontra no Código Desportivo Internacional, editado pela Federação Internacional de Automobilismo ("FIA")[5], provavelmente o principal normativo regente da organização e da disputa desse desporto. O mesmo modelo se replica nacionalmente: no Brasil, a Confederação Brasileira de Automobilismo ("CBA") conta com o seu Código Desportivo do Automobilismo como norteador máximo da regulamentação do desporto em nível nacional.

[5] Disponível em <https://www.fia.com/sites/default/files/2023_international_sporting_code_fr-en_clean_9.01.2023.pdf> Acesso em 14 de maio de 2023.

A versão 2023 do Código Desportivo do Automobilismo da CBA[6] contém algumas disposições com referências a entidades denominadas "promotoras", dentre as quais se destacam as seguintes:

> 62.2 – As Provas, Campeonatos, Torneios, Copas ou Troféus poderão ser organizados por promotores, desde que haja a concordância da CBA para os eventos em âmbito Nacional/Brasileiro; ou das respectivas FAUs para os eventos em âmbito estadual.
> 62.2.1 – As Provas, Campeonatos, Torneios, Copas ou Troféus agregados à denominação BRASIL, BRASILEIRO OU NACIONAL são de propriedade da CBA e poderão ser promovidos por empresas promotoras, desde que haja concordância e supervisão da CBA e sejam realizados no mínimo em 03 (três) FAUs.

Daí se extrai, de plano, que entidades promotoras podem ter papel importante na organização do automobilismo brasileiro, em especial na organização de "provas, campeonatos, torneios, copas ou troféus" (simplificando: competições). Esse conceito não se limita ao Brasil; por exemplo, a Federação Portuguesa de Automobilismo e Karting ("FPAK"), no Anexo II do normativo intitulado "Prescrições Gerais Automobilismo e Karting"[7], contempla a seguinte definição: "*Promotor pode ser uma entidade em nome individual, uma empresa, uma associação ou uma associação de clubes que será responsável pela promoção de um campeonato, de um troféu ou série monomarca*". Trata-se, pois, de elemento próprio do automobilismo nos mais diversos territórios.

No cenário brasileiro, o exame dos regulamentos de algumas das principais competições do automobilismo nacional revela a preponderância das promotoras como suas organizadoras.

O Regulamento Desportivo do Campeonato Brasileiro de Stock Car Pro Series 2023[8] estabelece em seu artigo 1.2: "*É de competência da Confederação Brasileira de Automobilismo – CBA supervisionar técnica e desportivamente o Cam-*

[6] Disponível em <https://www.cba.org.br/downloads/listar/157/0/codigo-desportivo> Acesso em 15 de maio de 2023.

[7] Disponível em <https://www.fpak.pt/sites/default/files/ficheiros/2023-03/Prescri%C3%A7%C3%B5es%20Gerais%20de%20Automobilismo%20e%20Karting%202023_atualizadas.pdf> Acesso em 15 de maio de 2023.

[8] Disponível em <http://www.cba.org.br/upload/downloads//683/stock-car-pro-series-regulamento-desportivo-2023-.pdf> Acesso em 13 de maio de 2023.

peonato Brasileiro de Stock Car Pro Series, que será promovido comercialmente pela empresa Vicar Promoções Desportivas S/A". Por sua vez, a Porsche Carrera Cup Brasil tem no artigo 5 do seu Regulamento Desportivo 2023[9] a previsão de que "*a DENER MOTORSPORT PRODUÇÕES LTDA. (PROMOTORA) (...) organiza o Campeonato PORSCHE CARRERA CUP*". Como último exemplo, pode-se destacar que o Rally dos Sertões 2022 foi organizado pela empresa Dunas Race Promoções S.A., nos termos do artigo 2 de seu Regulamento Particular de Prova[10].

Duas observações iniciais podem ser extraídas desses exemplos. A primeira é a ratificação do importante papel exercido pelas promotoras no automobilismo, assumindo a organização de competições de primeira linha. A segunda concerne ao fato de que as promotoras são usualmente constituídas como sociedades empresárias.

Além disso, cabe também observar que todos os regulamentos supracitados emanam da CBA, na condição de entidade nacional de administração do desporto. Por conseguinte, tem-se que o direito de organização e promoção de uma competição por uma entidade promotora lhe é outorgado diretamente pela própria entidade de administração do desporto, o que pode suscitar comparações entre uma promotora e uma liga.

As ligas são entes usualmente constituídos pelas entidades de prática desportiva com a finalidade de organizar e gerir competição(ões) nacional(is) de determinada modalidade. Via de regra, sua inserção no sistema desportivo nacional se dá não apenas pelo fato de ter como membros as entidades de prática desportiva, mas também na medida em que a entidade nacional de administração do desporto a reconheça e chancele a(s) competição(ões) por ela organizada(s).

No caso específico de Portugal, o Decreto-Lei n.º 248-B/2008 auxilia na compreensão dos aspectos inerentes às ligas, e permite também identificar diferenças em relação às entidades promotoras.

Nos termos do artigo 27.º, a liga organiza e regulamenta competições (sempre de natureza profissional no contexto português), e é integrada pelas sociedades desportivas que disputem tais competições. Embora também

[9] Disponível em <http://www.cba.org.br/upload/downloads//678/porsche-carrera-cup-brasil-regulamento-desportivo-e-tecnico-2023-.pdf> Acesso em 13 de maio de 2023.

[10] Disponível em <http://www.cba.org.br/upload/downloads//652/regulamento-particular-de-prova-rally-dos-sertoes-2022-.pdf> Acesso em 13 de maio de 2023.

organizem as competições, as entidades promotoras não as regulamentam propriamente; em regra a aprovação dos regulamentos desportivos e técnicos fica a cargo da entidade de administração do desporto que outorga à promotora o direito de organizar e/ou promover o campeonato. Por exemplo, o Regulamento Desportivo do Campeonato de Portugal de Velocidade 2023[11] é editado direta e exclusivamente pela FPAK, ainda que preveja no artigo 1.1 que a organização da competição se dá em conjunto com os respectivos promotores. No Brasil, o cenário não é diferente – todos os regulamentos desportivos citados anteriormente emanam da CBA, não das promotoras. Portanto, diferentemente das ligas, as promotoras não regulamentam diretamente as competições.

Outra distinção inerente ao mesmo artigo 27.º se constata à medida que os participantes de um campeonato automobilístico em regra não integram as entidades promotoras. Aliás, os exemplos supracitados inclusive revelam que as promotoras usualmente são sociedades empresárias; as equipes e/ou pilotos que participam das respectivas competições não são necessariamente sócios dessas pessoas jurídicas.

No contexto brasileiro, convém lembrar que a Lei n.º 9.615/98[12] estipula em seu artigo 20 que as ligas (i) são organizadas pelas entidades de prática desportiva e (ii) integram os sistemas das entidades nacionais de administração do desporto que incluíssem suas competições nos calendários anuais das respectivas modalidades. Assim, a legislação brasileira positiva a acepção clássica das ligas como entes constituídos por entidades de prática e que se inserem no sistema piramidal do desporto – aspectos dos quais se distanciam as entidades promotoras no automobilismo.

Retomando o exame do Decreto-Lei n.º 248-B/2008, o artigo 29.º reforça que as ligas detêm competência para elaborar e aprovar os regulamentos das respectivas competições. Assim se corrobora a relevante distinção em relação às entidades promotoras: conforme acima mencionado, ainda que a uma promotora seja outorgado o direito de organizar uma competição

[11] Disponível em <https://www.fpak.pt/sites/default/files/ficheiros/2023-05/Regulamento_CPVSupercars%202023_vers%C3%A3o%20limpa.pdf> Acesso em 15 de maio de 2023.

[12] Quando da elaboração deste artigo, a Lei n.º 9.615/98 encontrava-se prestes ser revogada pela nova Lei Geral do Esporte, aprovada pelo Congresso Nacional mas ainda não sancionada pelo Presidente de República até a conclusão deste artigo.

automobilística, compete à respectiva entidade de administração do desporto a aprovação dos regulamentos desportivos correspondentes.

Os elementos ora expostos evidenciam, portanto, que as entidades promotoras não se confundem com as ligas e não se inserem no clássico modelo do sistema desportivo uma vez que tampouco se caracterizam como entidades de administração ou de prática do desporto. São, na verdade, entes externos ao sistema federativo, porém por ele autorizados a organizar e/ou promover comercialmente competições diversas. Cuida-se de modelo consagrado no automobilismo de modo geral – inclusive em nível mundial[13] –, ainda que não impeça as entidades de administração do desporto de gerenciar diretamente as competições caso assim lhes convenha[14].

Assim, a importante presença das entidades promotoras na organização do automobilismo, que se dá de forma sistemática e não excepcional, consagra significativa variação em relação à estrutura piramidal clássica que caracteriza outros desportos.

3.2. As entidades de prática desportiva e os pilotos: relações com as entidades de administração do desporto e com as promotoras

O Código Desportivo Internacional da FIA define como competidor de um evento automobilístico "*uma pessoa física ou jurídica aceita para a competição, e que necessariamente possua uma licença emitida pela respectiva entidade nacional de administração do desporto*"[15]. Essa definição, por si só, permite identificar aspectos fundamentais inerentes às entidades de prática e aos atletas na estrutura do automobilismo.

Em primeiro lugar, é interessante notar que o competidor pode ser tanto o piloto (pessoa física) quanto uma equipe (pessoa jurídica), a depender do regulamento da competição.

[13] A FIA atribui à Formula One Group os direitos de promoção do Campeonato Mundial de Fórmula 1, ao passo em que retém a competência de elaboração e aprovação dos regulamentos desportivos e técnicos da competição.

[14] Por exemplo, o 57.º Campeonato Brasileiro de Kart, realizado em 2022, foi organizado diretamente pela CBA em conjunto com a Federação de Automobilismo do Estado de São Paulo, conforme disposto no respectivo regulamento, disponível em < http://www.cba.org.br/upload/downloads//650/57-brasileiro-de-kart-regulamento-geral-2022-grupo-1-.pdf>. Acesso em 14 de maio de 2023.

[15] Tradução livre do original em inglês: "*Person or body accepted for any Competition whatsoever, and necessarily holding a Competitor's Licence issued by their Parent ASN.*"

Há campeonatos que contemplam simultaneamente disputas de pilotos e de equipes, enquanto outros não contam com competição entre equipes. O Campeonato Mundial de Fórmula 1 é o caso clássico da primeira hipótese, que também se reproduz, por exemplo no Regulamento Desportivo do Campeonato Brasileiro de Stock Car: o artigo 4.4 dispõe sobre a inscrição de pilotos, enquanto o artigo 4.8 versa sobre a inscrição de equipes. Esse cenário, por si só, já distingue o automobilismo de outros desportos (como o futebol) em que a competição se dá exclusivamente entre equipes; nesse sentido, é possível dizer que o automobilismo assume dupla faceta enquanto modalidade coletiva (representada pela disputa entre equipes) e também individual (diante da competição direta entre os pilotos, em nome próprio).

Porém, ainda mais distante do futebol é o caso em que a competição automobilística se dá exclusivamente entre os pilotos, inexistindo um campeonato de equipes – como é o caso da já citada Porsche Carrera Cup Brasil. Nesse cenário, observa-se a ausência de entidades de prática desportiva como partícipes da competição, o que diferencia em relação ao modelo competitivo usualmente adotado em modalidades coletivas, mas não é propriamente uma novidade quanto à forma como se estruturam algumas modalidades individuais[16].

Retomando o exame da definição de "competidor" contida no Código Desportivo Internacional da FIA, em segundo lugar vale observar a necessidade de licença emitida pela entidade nacional de administração do desporto.

A licença é o instrumento pelo qual uma entidade de administração do automobilismo atesta a qualificação do piloto para participar de determinados tipos de competição. Esse mecanismo se presta, a um só tempo, a duas funções: (i) formaliza o registro do piloto no âmbito federativo, habilitando-o a participar de competições inseridas no sistema do automobilismo organizado, e (ii) estabelece parâmetros de diferenciação entre os pilotos conforme sua experiência na prática do desporto.

Enquanto a primeira função é comum na absoluta maioria dos desportos, a segunda decorre de mais uma particularidade do automobilismo: o risco associado à sua prática. Nesse sentido, a concessão de licenças de diferentes gradações e a exigência de determinado nível mínimo de licença para

16 Pode-se tomar o tênis como referência: os principais torneios de nível mundial compõem o *ATP Tour*, e são disputados pelos atletas em nome próprio, não em representação a uma entidade de prática desportiva.

que um piloto possa participar de uma competição específica – em regra de forma proporcional à idade do piloto e/ou à potência dos carros daquele campeonato – exerce papel importante na mitigação dos riscos inerentes ao automobilismo.

A título de ilustração, o artigo 4.1[17] do Regulamento Desportivo do Campeonato Mundial de Fórmula 1 2023[18] exige que os pilotos tenham a superlicença para estarem aptos a disputá-lo. Trata-se da licença máxima do automobilismo mundial, que demanda o cumprimento das condições mais rigorosas para sua obtenção, nos termos do artigo 13 do Anexo L ao Código Desportivo Internacional da FIA. A outorga da superlicença pela primeira vez a um piloto demanda, por exemplo, que ele tenha um mínimo de desempenho em outros campeonatos do automobilismo mundial, aos quais o mesmo Anexo L atribui pontuação conforme o nível de cada competição; daí a importância de categorias "preparatórias"[19] à Fórmula 1, tais como a Fórmula 2 e a Fórmula 3.

Ainda quanto à detida análise do conceito de "competidor", em terceiro lugar é necessário abordar a noção de que o piloto e/ou a equipe deve ter aceita a sua participação no campeonato. Para isso, cumpre trazer à baila também a definição de "inscrição" insculpida no Código Desportivo Internacional da FIA: "*um contrato entre um Competidor e o Organizador relativo à participação do aludido Competidor em uma determinada Competição*".

Portanto, para participar de um campeonato, o piloto e/ou a equipe devem realizar sua inscrição no mesmo, junto ao organizador da competição. Ademais, é interessante observar que essa relação entre competidor e organizador no automobilismo é de natureza preponderantemente contratual, não associativa.

17 "*4.1. All drivers, Competitors and officials participating in the Championship must hold an FIA Super Licence. Applications for Super Licences must be made annually to the FIA through the applicant's ASN.*"

18 Disponível em <https://www.fia.com/sites/default/files/fia_2023_formula_1_sporting_regulations_-_issue_5_-_2023-04-25_0.pdf> Acesso em 14 de maio de 2023.

19 Tecnicamente, a participação dos pilotos nessas competições não é indispensável para a obtenção da superlicença. A pontuação mínima exigida pelo Anexo L do Código Desportivo Internacional pode ser obtida, por exemplo, por meio de bons resultados em categorias como a Indy Car, a Fórmula E e até mesmo campeonatos regionais pré-determinados. Todas as pontuações constam de tabela inserida no Suplemento 1 ao Anexo L do Código Desportivo Internacional da FIA.

Esse elemento adicional auxilia na compreensão da forma como se estrutura o automobilismo, visto que se relaciona diretamente com a presença das entidades promotoras como partícipes desse sistema. Uma vez que estas podem assumir a organização de competições mediante outorga da entidade de administração do desporto correspondente, explica-se a escolha pela via contratual (e não meramente associativa) como forma de estruturar a relação jurídica entre o organizador de um campeonato e seus participantes; assim, assegura-se a regularidade da relação independentemente de o organizador ser uma entidade de administração do desporto (que integra o sistema associativo) ou uma entidade promotora (que não integra o sistema associativo).

O Regulamento Desportivo do Campeonato Brasileiro de Stock Car Pro Series 2023 bem ilustra essa relação contratual, inclusive indicando importantes elementos que integram tal contrato:

a. o artigo 4.2 determina que "*as equipes e os pilotos deverão, obrigatoriamente, possuir Contrato de Credenciamento e Outras Avenças com a empresa promotora*";
b. o artigo 4.4.1.IV exige que o piloto atenda a "*todas as determinações firmadas no Contrato de Credenciamento entre Equipe/Piloto e a empresa promotora, principalmente no que se diz respeito a publicidades obrigatórias, tais como, uso do boné no pódio, bordados obrigatórios no macacão, adesivos obrigatórios, estar presente no cerimonial do pódio, estar disponível para coletiva de imprensa pós prova, atender o público presente no horário de visitação aos boxes e outros, que estarão especificados no contrato*";
c. o parágrafo primeiro do artigo 4.8.1 menciona que o contrato de credenciamento entre equipe e promotora estipula sanções aplicáveis à equipe em caso de descumprimento de obrigações (por exemplo, em relação ao protocolo de segurança da Covid-19);
d. o artigo 4.10 permite que o contrato entre equipe e promotora disponha sobre "*a participação no campeonato de mais de duas equipes que tenham vínculo de qualquer natureza, inclusive societária ou técnica*";
e. nos termos dos artigos 4.13.3 e 4.13.4, o contrato de credenciamento contém disposições sobre "*a forma, cor, dimensão e posicionamento dos números dos veículos*", bem como sobre o layout dos veículos;
f. o artigo 14 estabelece que "*todos os veículos e macacões dos participantes do Campeonato deverão possuir áreas reservadas para a publicidade*

obrigatória, como consta no Contrato de Credenciamento da equipe e do piloto com a Empresa Promotora".

Portanto, além da mera inscrição em si, o contrato celebrado pelos pilotos e (quando for o caso) equipes participantes junto a empresa promotora regula diversos elementos inerentes à participação na competição, com destaque para os aspectos comerciais e de publicidade – tão relevantes no contexto atual do desporto de alto rendimento.

Vê-se, portanto, que o automobilismo contempla particularidades no que tange à relação dos praticantes do desporto (os pilotos e/ou as equipes) com as entidades de administração do desporto e com as entidades promotoras. Mas não se encerram aí as especificidades desse desporto, que se estendem à forma como equipes e pilotos se relacionam entre si.

3.3. As entidades de prática desportiva e os pilotos: relações entre si

Para melhor identificação das especificidades do automobilismo quanto a esse aspecto, cabe mais uma vez trazer à baila o futebol como parâmetro. Sabe-se que o sistema do futebol organizado, capitaneado pela FIFA, contém vasto arcabouço regulatório das relações entre atletas e clubes. O Regulamento sobre Status e Transferência de Jogadores (no original em inglês, *Regulations on the Status and Transfer of Players* – "RSTP") publicado pela FIFA estabelece regras norteadoras aplicáveis em todo o mundo, assim se conectando com as disposições trabalhistas da legislação de cada país.

Para além disso, a FIFA ainda edita normas complementares, inclusive em situações excepcionais. Excelente exemplo recente foi a inclusão do Anexo 7 ao RSTP, contendo regras temporárias em função da guerra na Ucrânia. Em resumo, a partir desse normativo, a FIFA autorizou que atletas estrangeiros suspendessem unilateralmente contratos de trabalho com clubes russos ou ucranianos, assim podendo ficar livres para se tranferirem a clubes de outros países.

Por sua vez, o sistema do automobilismo é marcado por cenário oposto: a ausência de normas no âmbito da *Lex Sportiva* regentes das relações jurídicas entre atletas (pilotos) e entidades de prática desportiva (equipes).

Coincidentemente, verificou-se na Fórmula 1 caso relacionado à guerra na Ucrânia e que bem ilustra essa diferença quanto ao futebol. O russo Nikita Mazepin foi piloto da equipe Haas na temporada 2021 e já havia sido confirmado para a temporada seguinte; noticiava-se que ele era o responsável pelo principal patrocínio da equipe, oriundo de uma empresa russa de propriedade de seu pai. De fato, com a chegada do piloto, o nome da empresa passou a integrar o da própria equipe[20], e o carro passou a contar com as cores da bandeira russa[21]. Ocorre que, com a guerra deflagrada, a equipe Haas comunicou o rompimento do contrato de patrocínio e do vínculo com o piloto, antes mesmo de iniciada a temporada 2022[22].

Diferentemente do que ocorreria no futebol, não houve (nem há) qualquer norma da FIA que objetivamente regesse as relações jurídicas em questão, ainda que uma delas fosse diretamente entre dois participantes do Campeonato Mundial de Fórmula 1: um piloto e a equipe pela qual disputaria a competição. Assim, o litígio entre os envolvidos era regulado exclusivamente pelos respectivos contratos e pela legislação nacional aplicável (o que pode também ter sido definido no âmbito do respectivo contrato).

Diante da ausência de regulamentação específica no âmbito da *Lex Sportiva*, o que se constata na prática é que as relações entre pilotos e equipes podem assumir características, objetivos e naturezas diversas conforme o caso. Por exemplo: (i) piloto e equipe podem estabelecer uma relação de trabalho, em que o piloto é empregado da equipe; (ii) piloto e equipe podem estabelecer uma relação estritamente comercial, de natureza civil, eventualmente regendo a captação de patrocínios pelo piloto em benefício da equipe; (iii) piloto e equipe podem se inserir em uma relação híbrida, regulada por diferentes contratos, que envolva aspectos trabalhistas e questões comerciais; ou (iv) em campeonatos nos quais a competição é exclusivamente entre pilotos, estes podem ser os contratantes diretos de profissionais que compõem sua equipe de apoio – o que pode se dar via relação de trabalho ou de natureza civil, conforme o caso. Cumpre ressaltar que, nesta última hipótese, a "equipe" não deve ser compreendida como "entidade de prática desportiva", como já acima exposto.

[20] <https://www.sportbusiness.com/news/haas-f1-secures-uralkali-as-new-title-sponsor/> Acesso em 15 de maio de 2023.

[21] O que inclusive gerou controvérsia diante da decisão da Corte Arbitral do Esporte proibindo que atletas e equipes representassem a bandeira russa em competições mundiais, como se vê em <https://www.motorsport.com/f1/news/haas-explains-russian-flag-car-wada/5578240/> Acesso em 15 de maio de 2023.

[22] <https://www.cnnbrasil.com.br/esportes/equipe-haas-de-f1-rescinde-contratos-com-russo-nikita-mazepin-e-patrocinador-uralkali/> Acesso em 15 de maio de 2023.

Assim, nota-se que, diante das especificidades do automobilismo e da ausência de regulamentação própria da *Lex Sportiva*, não é possível estabelecer uma regra acerca das relações entre pilotos e equipes, cuja natureza jurídica pode variar conforme o caso concreto. Cuida-se, pois, de substancial diferença em relação à forma como outros desportos se estruturam e regulamentam o tema.

Conclusão

Enfim, diante de sua especificidade, o automobilismo comporta estrutura organizacional com variações em relação àquele sistema piramidal classicamente atribuído ao desporto de modo geral.

Em primeiro lugar, constata-se que a estrutura do automobilismo admite – e adota de forma costumeira – a outorga do direito de organização de competições a terceiros que não integram o sistema associativo. Como consequência disso, a relação jurídica entre organizador e participantes é de natureza contratual, distanciando-se da clássica noção de cadeia associativa usualmente identificada na estrutura piramidal em que se organizam outras modalidades. Não obstante, a competência de regulamentação técnica e desportiva das competições é preservada pelas entidades de administração do desporto.

Em segundo lugar, a licença de piloto, além de formalizar o registro federativo dos atletas, assume importante função de mitigação dos riscos associados à prática do automobilismo.

Em terceiro lugar, nem todas as competições automobilísticas contemplam a participação de entidades de prática do desporto, em distinção ao modelo habitualmente consagrado em desportos coletivos.

Por fim, não se vislumbra no automobilismo uma regra clara acerca da natureza das relações jurídicas entre pilotos e equipes, diante da ausência de regulamentação específica desse tema no âmbito da *Lex Sportiva* e considerando as circunstâncias práticas do desporto.

Isto posto, revela-se o automobilismo como desporto dotado de especificidade que recomenda especial atenção no exame de suas normas. Contudo, é essencial que também se observem conceitos e princípios consagrados pelo Direito do Desporto de modo geral, sobretudo em relação a elementos comuns integralmente preservados pelo sistema do automobilismo, tais como a transnacionalidade das normas emanadas pela FIA e o

Ein Platz Prinzip[23]. Com essa combinação, é possível dar o tratamento adequado às matérias do automobilismo, bem como melhor preencher as eventuais lacunas verificadas na sua regulamentação.

[23] Especialmente quanto a Federações Nacionais com poderes desportivos, conforme artigo 3.3 do Estatuto da FIFA, disponível em <https://www.fia.com/sites/default/files/2023_fia_statutes_fr-en_clean.pdf> Acesso em 15 de maio de 2023.

22. MULHERES TRANSEXUAIS NO DESPORTO: IGUALDADE DE OPORTUNIDADES E OPORTUNIDADES IGUAIS

Pedro Trovão do Rosário[1]
Edith Maria Barbosa Ramos[2]
Mylla Maria Sousa Sampaio[3]

[1] Pedro Trovão do Rosário, Doutor em Direito, Investigador na Linha de Investigação GLOB do *Jusgov* – Escola de Direito da Universidade do Minho e do Centro de Investigação *Ratio Legis – UAL*, Professor Universitário – Universidade Autónoma de Lisboa (Rua de Sta. Marta, n.º 47 – 1150-293 Lisboa – Portugal; prosario@autonoma.pt) e Advogado na Trovão do Rosário & Associados, Sociedade de Advogados, SP, RL

[2] Pós-Doutora em Direito Sanitário pela Fundação Oswaldo Cruz – FIOCRUZ/Brasília/DF. Doutora em Políticas Públicas pela Universidade Federal do Maranhão. Mestre em Direito pela Universidade Federal de Minas Gerais – UFMG. Graduada em Direito pela Universidade Federal do Maranhão. Professora do Departamento de Direito da Universidade Federal do Maranhão. Professora do Mestrado em Direito e Instituições do Sistema de Justiça da Universidade Federal do Maranhão. Coordenadora do Núcleo de Estudos em Direito Sanitário (NEDISA/UFMA). Professora da graduação e Pós-graduação da Universidade do CEUMA – UNICEUMA. Coordenadora do Mestrado em Direito e Afirmação de Vulneráveis da Universidade do CEUMA – UNICEUMA. Bolsista do BEPP/FAPEMA (Bolsa de Estímulo à Produtividade em Pesquisa – Edital n.º 007/2021 – Produtividade – 2021/2022). Professora do Curso de Graduação em Direito da Faculdade Santa Luzia/Santa Inês (MA). Membro Convidado da Rede Ibero-Americana de Direito Sanitário e da Associação Lusófona de Direito da Saúde – ALDIS. Presidente da Comissão de Direito à Saúde do Conselho Seccional da Orem dos Advogados do Brasil (OAB), no Maranhão (Portaria n.º 291, de 24 de fevereiro de 2022). Contato: edith.ramos@ufma.br

[3] Mestre em Direito pela Universidade Federal do Maranhão (2020), com instância de investigação pela Universidad de Salamanca (Salamanca – Espanha) e na Universidade Presbiteriana

Resumo: O presente artigo propõe analisar a atual discussão sobre a participação de mulheres transexuais nas modalidades femininas dos desportos cujos atributos físicos sejam determinantes para o sucesso na atividade, considerando os estudos inconclusivos já apresentados sobre o tema, a opinião das atletas e especialistas que já se envolveram nas discussões. Abordou-se as teorias construtivistas sobre género enquanto o caminho mais adequado para solucionar uma celeuma que não pode prestigiar as ciências humanas em questão que envolva preponderantemente os conhecimentos produzidos pelas ciências biológicas e da saúde.

Introdução

Na sigla LGBTQIAPN+[4] o que se tem entre os mais frágeis e socialmente vulnerabilizados é o que é representado pela letra "T", ou seja, as pessoas transexuais e travestis. As pessoas transexuais sofrem inimagináveis preconceitos e enfrentam desafios excruciantes no enfrentamento ao preconceito e pelo reconhecimento da sua condição humana. É uma verdadeira e interminável *via crucis* na família, na escola, no trabalho e em todos os ambientes que participam. Por isso, toda sorte de política afirmativa[5] que pretenda diminuir os obstáculos que se impõem no caminho das pessoas transexuais deve ser considerada urgente e relevante.

Enquanto grupo vulnerabilizado, o tema da participação das mulheres transexuais nas modalidades femininas dos desportos é especialmente sensível, marginalizado e tem padecido nas ondas de violência cometidas por motivações transfóbicas. Esse cenário suscita indignações e reivindicações

Mackenzie (São Paulo – Brasil). Bacharel em Direito pela Universidade Federal do Maranhão (2018). Assessora jurídica parlamentar na Assembleia Legislativa do Estado do Maranhão (2019-2020). Assessora jurídica de Desembargador no Tribunal de Justiça do Estado do Maranhão (2020 – atual). Contato: myllamssampaio@gmail.com

[4] Sigla que designa pessoas lésbicas, gays, bissexuais, transexuais, travestis, queer, intersexuais, assexuais, pansexuais e não-binarie.

[5] Feres Júnior, Campos, Daflon e Venturini (2018, p. 13) consideram ação afirmativa como todo programa, público ou privado, que tem por escopo atribuir recursos ou direitos especiais para integrantes de um grupo social vulnerabilizado, com vistas a um bem coletivo. Segundo os autores, etnia, raça, classe, ocupação, gênero, religião e castas são as categorias mais comuns nesse tipo de política. Estão incluídos nesses programas a garantia da participação política, acesso à educação, admissão em instituições de ensino superior, serviços de saúde, emprego, oportunidades de negócios, bens materiais, redes de proteção social e reconhecimento cultural e histórico.

por proteção especial a essas pessoas, mas as ações ativistas e passionais devem ser mantidas distantes do processo de construção do conhecimento científico para que não alterem as percepções e nem induzam a conclusões inadequadas.

No Brasil, essa discussão é relativamente recente e se fez pública quando a jogadora Tifanny[6] tornou-se a primeira atleta transexual a disputar a Superliga Feminina de Voleibol[7]. Fato que provocou diversas reações favoráveis e contrárias à inclusão de mulheres transexuais nas competições desportivas profissionais em desacordo com o sexo biológico. A questão se agrava por não haver qualquer estudo conclusivo sobre a (in)suficiência da transgenerização e dos tratamentos hormonais para compatibilizar o corpo da mulher transexual com os mesmos níveis hormonais e estruturais apresentados pelo corpo da mulher cisgênero.

Aparentemente há uma constatação que os pesquisadores compartilham, qual seja: a puberdade é um marco determinante no processo de desenvolvimento do corpo humano e mesmo com todos os tratamentos hormonais realizados, é possível que subsistam elementos corporais que coloquem as mulheres transexuais em vantagens físicas ante as mulheres cisgênero, perspectiva contra a lógica de qualquer esporte, que exige igualdade de condições iniciais (Hilton, Lundberg, 2021).

A presente pesquisa caracteriza-se como qualitativa, alicerçada em revisão de literatura, foram selecionados artigos científicos e jornalísticas publicados nos principais veículos científicos e de comunicação do Brasil entre os anos de janeiro de 2017 e maio de 2023. Foram realizadas buscas eletrônicas de artigos científicos publicados em revistas jurídicas gratuitas brasileiras, utilizando-se os seguintes descritores: "transgênero/transgénero", "transexuais", "isonomia", "igualdade" e "esporte/desporto".

[6] Tifanny Pereira de Abreu é uma jogadora de voleibol brasileira atua como oposto e ponta. Foi a primeira mulher transexual a disputar uma partida oficial da Superliga feminina de voleibol brasileira.

[7] A Superliga Brasileira de Voleibol Feminino – Série A é a principal divisão do campeonato brasileiro de voleibol. O torneio é organizado anualmente pela Confederação Brasileira de Voleibol (CBV) e permite a participação no Campeonato Sul-Americano de Clubes. (CBV, 2023)

1. A transexualidade, novos direitos e desafios

Nietzsche em sua obra "Aurora" discute a história dos costumes e da moralidade, aborda a história do pensamento e do conhecimento, assim como ressalta os preceitos cristãos que demarcaram a história. No livro primeiro, item 3 – "Tudo tem seu tempo", afirma que:

> Quando o homem deu a todas as coisas um gênero, não acreditou estar brincando, mas haver obtido uma profunda compreensão: – apenas muito tarde, e talvez ainda não completamente, ele deu-se conta da enormidade desse erro. – De igual modo, o homem conferiu a tudo o que existe uma relação com a moral e revestiu o mundo de um significado ético. Um dia, isso terá tanto valor quanto hoje tem a crença na masculinidade ou feminilidade do Sol. (Nietzsche, 2012, p. 11).

Para Jesus (2012, p. 9) a construção da identificação entre homens e mulheres não é um fato biológico, mas social. Para a Ciência Biológica o que determina o sexo de uma pessoa são os cromossomos, níveis hormonais ou a conformação genital. No entanto, a autora alerta que isso não define o comportamento masculino ou feminino das pessoas, mas que, na verdade, a cultura é determinante no processo de autopercepção e na forma como a pessoa se expressa socialmente.

Algumas pessoas vivem um gênero discordante do sexo, como questão de identidade. As pessoas travestis e transexuais representam essa parcela da população e compõem o grupo chamado de transgênero. A transexualidade é uma questão de identidade (Jesus, 2012, p. 7). Jesus (2012) alerta que a transexualidade não é uma doença mental, não é uma perversão sexual, ou uma doença debilitante ou contagiosa e que não está relacionada com orientação sexual, escolha ou capricho.

O transexual, segundo Sampaio e Coelho (2013), é aquele que se aflige com o desacordo entre seu sexo biológico e seu sexo psicológico, desejando viver como alguém do sexo oposto ao do seu nascimento. É importante ressaltar que, em termos de gênero[8], as pessoas podem ser enquadradas (mesmo diante de todas as limitações impostas por qualquer classificação) como transgênero e cisgênero.

[8] O gênero vai além do sexo, nessa perspectiva o que define ser homem ou mulher, não são os cromossomos ou a conformação genital, mas a autopercepção e a forma como a pessoas se expressa socialmente (Jesus, 2012, p. 8).

Existem diferentes definições clínicas que têm por escopo descrever a condição de transexual, no entanto, aqui nos interessa destacar que as pessoas transexuais lidam de maneira diversa, e em diferentes graus, com o gênero ao qual se identificam. Parcela dessa população reconhece essa condição na infância e outras mais tardiamente, seja por questões familiares, sociais ou políticas.

Alguns teóricos afirmam que a transexualidade é uma questão biológica, outros que é uma questão social (Jesus, 2012), outros ainda entendem que há uma implicação biológico-social. Deve-se considerar que a transexualidade não pode ser vista como uma dádiva ou um pecado, mas como uma condição humana como tantas outras.

Ao longo dos anos, houve modificações na forma que essa condição foi interpretada, já tendo sido encarada como uma patologia pelo Código Internacional de Doenças – CID, caracterizando importante instrumento de estigmatização das pessoas transexuais. Mesmo com a atualização em 2019 do CID, que modificou o termo *transexualidade* para *incongruência de gênero*, esse fato não representou um avanço disruptivo da condição das pessoas transgêneros, uma vez que ainda mantem um caráter de anomalia à condição (Viana, 2018).

A transexualidade já foi considerada um tipo de psicose, em razão da desarmonia entre o corpo e o sujeito. O discurso *patologizante* que orbitou a transexualidade justificou-se pela interpretação de que os indivíduos nesse estado demandavam uma modificação corporal (seja genital ou hormonal) como necessidade imprescritível à correção da natureza, algo que somente poderia ser alcançado pelas proposições da medicina, havendo um lapso temporal consideravelmente grande para que a psicanálise se opusesse à manipulação do corpo como único meio curativo para as aflições de gênero, conforme ensinam Jorge e Travassos (2017).

Há pouco mais de uma década, reconhecer a pessoa transexual como sujeito de direitos e tratar sua condição de maneira tão honesta e verdadeira era um tabu, como a maior parte das discussões que envolvem a sexualidade e o gênero humano no Brasil.

A igualdade gênero é uma luta recente, um novo direito substanciado no princípio hegeliano de orientação do sujeito pelas suas próprias convicções a partir do reconhecimento da autonomia da vontade, do assentimento em reconhecer como valoroso apenas o que julga bom para si.

De acordo com Freiria (2004), no âmbito da liberdade subjetiva, o indivíduo torna-se o centro de todas as coisas, inclusive do ordenamento jurídico, o que está umbilicalmente associado à liberdade individual, ao direito à felicidade e a dignidade da pessoa humana, corolários do liberalismo político. Antes de qualquer coisa, discutir a possibilidade de mulheres transexuais participarem de competições esportivas nas modalidades femininas é uma evolução histórica, um demonstrativo dos avanços que essa categoria de indivíduos conquistou ao longo dos anos.

No grupo LGBTQIAPN+, não há dúvidas de que os transexuais ainda representam o que há de mais vulnerável, menos compreendido e mais suscetível de violências (psicológica, física e econômica, em especial) motivadas por ódio às peculiaridades que as pessoas nessa situação inescapável – por não haver qualquer maneira descoberta pelas ciências de modificar o sexo biológico – estão inseridas. Sendo tão atual o reconhecimento do transexual como sujeito de direitos, torna-se sensível e espinhoso tratar sobre um tema que pode ser compreendido erroneamente como supressão das garantias até aqui adquiridas.

Cumpre esclarecer, portanto, que não se trata de privações genéricas oriundas de discriminações injustificadas e odiosas, mas sim de limitações impostas intrinsecamente em razão de naturais diferenças fisiológicas e indiscutíveis existentes entre a *cisgeneridade* e a *transgeneridade*. Há, de fato, um contrassenso: ao incluí-los de um lado, não se torna necessariamente a exclusão do outro, visto a pequena quantidade de mulheres transexuais em desportos, mas gera um desequilíbrio inadequado e indesejável em uma prática cuja regra é a paridade, a igualdade de condições, a isonomia em sua plenitude.

E por que é tão difícil e politicamente inconveniente dizer o que parece tão óbvio? O plano situacional acentua a sensibilidade com que essas constatações e informações são transmitidas e recebidas. A marginalidade, o preconceito e as violências massacrantes as quais homens e mulheres transexuais estão inseridos os tornam membros de um grupo que merece cuidados e atenções especiais, tratando-se de minorias, o tabu de outrora sobre o reconhecimento desses indivíduos como merecedores da dignidade intrínseca à condição de ser humano converteu-se em outro tabu: o de não tratar sobre tudo que possa limitar de alguma forma o exercício dos seus direitos tão recentes.

Dalrymple (2015) afirma que quando um preconceito é superado, isso não significada sua destruição como tal, mas sim a substituição por outro preconceito que, naquele momento histórico, considera-se mais aceitável. Nesse sentido, as modificações realizadas no imaginário das pessoas comuns para tentar tornar a transexualidade aceita pela sociedade com maior facilidade se converteram na ideia de que tudo que, possivelmente, venha a limitar a plenitude das capacidades dos transexuais se trata de segregações que remetem ao ódio, a incompreensão e à intolerância ainda experimentadas por quem vive essa condição.

O Brasil, acompanhando a tendência de outros países como a Austrália[9], por exemplo, teve o seu caso emblemático: Tiffany, jogadora profissional de vólei integrante da equipe Sesi Bauru e primeira atleta transexual a disputar a Superliga Feminina de Voleibol. Tendo ingressado no desporto quando ainda era reconhecida pelo seu sexo biológico, recebeu a autorização da *Fédération Internacionale de Volleyball* – FIVB para disputar as competições femininas quando realizou os tratamentos hormonais necessários às modificações corporais que a distanciaram das características externas do gênero masculino.

No entanto, em junho de 2022, a Federação Internacional de Natação (Fina) anunciou a restrição de participação de mulheres trans em modalidades aquáticas, notadamente, mulheres trans que passaram pela puberdade masculina ou completaram a sua transição após os 12 anos de idade. A Fina mudou a sua orientação após voto de 71% das 152 nações federadas em Budapeste. Da mesma forma a União Ciclística Internacional (UCI) anunciou regras restritivas à participação de mulheres transgêneros em seus eventos. As atletas trans devem respeitar uma quarentena de dois anos, o dobro de tempo do regulamento anterior, bem como o limite de testosterona no organismo caiu à metade, para 2,5 nanomols por litro de sangue. Nessa trilha a União Internacional de Rugby (UIR) decidiu proibir a participação de mulheres transgêneros em qualquer partida internacional organizada pela entidade (JORNAL DA UNESP, 2022).

Deve-se ainda ressaltar que a World Athletics decidiu pela proibição de mulheres trans em provas internacionais de atletismo, assim desde o dia 31 de março de 2023, atletas transgênero que passaram pela puberdade

[9] LIGA Feminina de futebol australiano autoriza transexual a jogar segunda divisão. Estadão, 14 fev 2018. São Paulo. Disponível em: <https://desportos.estadao.com.br/noticias/geral,liga-feminina-de-futebol-australiano-autoriza-transexual-a-jogar,70002189152> Acesso em 21 abril 2019

masculina não poderão competir em eventos válidos pelo ranking mundial feminino. O presidente da Instituição, Sebastian Coe, asseverou que a determinação não é definitiva e, portanto, poderá ser revista no futuro. Destacou, ainda, que a Instituição priorizou a justiça e a integridade da competição feminina antes da inclusão (JORNAL DA UNESP, 2022).

Em Portugal a Constituição da República prevê no seu artigo 79.º que "(n.º 1.) Todos têm direito à cultura física e ao desporto." e "(n.º 2.) Incumbe ao Estado, em colaboração com as escolas e as associações e colectividades desportivas, promover, estimular, orientar e apoiar a prática e a difusão da cultura física e do desporto, bem como prevenir a violência no desporto", sendo o principio da igualdade (jurídica) assegurado pelo artigo 13.º da mesma Lei fundamental, não se podendo olvidar o constante do artigo 9.º, alínea *d)* onde se manifesta uma "igualdade real dos portugueses" como tarefa fundamental do Estado no que à "efectivação dos direitos económicos, sociais, culturais e ambientais" diz respeito.[10]

Em âmbito normativo brasileiro, deve-se considerar o texto da Constituição da República Federativa do Brasil (CRFB/1988) e a Lei .º 9.615/1998. O art. 217 da CRFB/1988 garante que é dever do Estado fomentar práticas desportivas formais e não-formais, como direito de cada um. Estabelece a observância da autonomia das entidades desportivas dirigentes e associações, quanto a sua organização e funcionamento; a destinação de recursos públicos para a promoção prioritária do desporto educacional e, em casos específicos, para a do desporto de alto rendimento; o tratamento diferenciado para o desporto profissional e o não-profissional, bem como a proteção e o incentivo às manifestações desportivas de criação nacional.

A Lei 9.615/1998 institui normas gerais sobre o desporto e dá outras providências. Estabelece em seu art. 1.º, §1.º que o desporto brasileiro abrange práticas formais e não-formais e deve obedecer às normas gerais da referida Lei, mas que está submetida aos fundamentos constitucionais do Estado Democrático de Direito. Aduz que a prática desportiva formal é regulada por normas nacionais e internacionais e pelas regras de práticas desportivas de cada modalidade, aceitas pelas respectivas entidades nacionais de administração do desporto.

Acompanhando os fatos sociais, já há projeto de lei visando utilizar como critério de definição para inscrição em competições esportivas o sexo

[10] Sendo um destes o direito à cultura física e ao desporto.

biológico do atleta, a exemplo do PL 346/2019, em tramitação na Assembleia Legislativa do Estado de São Paulo – ALESP, que veda a atuação de transexuais em equipes que correspondam ao sexo oposto ao do nascimento e estabelece multa para as entidades que descumprirem a previsão[11] (SÃO PAULO, 2019).

Considerando o atual momento político vivenciado pelo país e por não haver qualquer inconstitucionalidade formal entre a normativa e a Constituição da República Federativa do Brasil de 1988 (uma vez que a competência para legislar sobre desporto e lazer é concorrente entre a União, os Estados e os Municípios), o caminho natural dessa norma é a aprovação pela ALESP, ensejando posteriormente que os demais entes federativos legislem no mesmo sentido e restrinjam que pessoas transexuais se inscrevam em modalidades distintas do sexo determinado biologicamente, e, em um exercício de *futurologia*, não é demais cogitar que essa é uma questão que pode vir a ser resolvida pelo Supremo Tribunal Federal caso suscitada a inconstitucionalidade material da matéria (SÃO PAULO, 2019).

No âmbito brasileiro deve-se observar o Projeto de Lei n.º 2.596/2019, de propositura do Deputado Federal Júlio Cesar Ribeiro, do Partido Republicanos – PRB – do Distrito Federal, estabelece o sexo biológico como único critério para definição do gênero em competições esportivas oficiais no território brasileiro. Em sua justificativa afirma que a participação de atletas transgêneros em competições esportivas oficiais têm se repetido em diversas modalidades em todo o país. Assevera que a transformação de sexo depende da utilização de hormônios e de cirurgias invasivas de grande complexidade. Aborda que a formação fisiológica do atleta transgênero não se altera, o que, em última instância, representa vantagem desses atletas em relação ao demais (BRASIL, 2019).

Arremata que "em casos em que a mudança de sexo só ocorre em estágio de vida mais avançado, quando a musculatura e composição óssea já estão mais formadas, sua formação fisiológica continua masculina", assim configura-se desigualdade de condição física em relação às demais atletas. Ressalta que a propositura do presente Projeto de Lei não tem intenção preconcei-

[11] Projeto de Lei n.º 346 de 2019, que estabelece o sexo biológico como o único critério para definição do gênero de competidores em partidas esportivas oficiais no Estado. Assembleia Legislativa do Estado de São Paulo. Publicado em 02 abr 2019. Disponível em: <https://www.al.sp.gov.br/propositura/?id=1000261787> Acesso em 11 jun 2019.

tuosa contra as pessoas transgêneros, mas visa assegurar igualdade entre forças nas equipes femininas que disputam títulos em todo território nacional. Destaca, ainda que:

> Os níveis de testosterona entre homens e mulheres, hormônio que influencia diretamente na condição física e força do ser humano, é extremamente desigual. Enquanto o homem apresenta níveis de testosterona entre 175 e 781 ng/dl, as mulheres estão limitadas entre 12 e 60, isto é, a desigualdade é extremamente relevante. Reforçamos que a intenção da proposta não é a de promover preconceito, mais a de igualar as condições entre competidores.

Ocorre que essa é uma questão de isonomia em seu corolário aristotélico: se a igualdade material se substancia em tratar os iguais como iguais e os desiguais como desiguais na medida de suas desigualdades há de se reconhecer que as mulheres transexuais são desiguais às mulheres que nasceram com a estrutura corporal do sexo feminino. Desiguais, frise-se, unicamente em termos anatômicos. Dessa forma, para que a justiça não seja monocular, é imperativo, também, o reconhecimento das diferenças e vantagens físicas em termos de força e resistência que mulheres transexuais, em determinadas condições, têm sobre mulheres cisgênero.

Goellner (2006) afirma que, embora um dos grandes destaques da Olimpíada de Atenas em 2006 tenha sido o número de atletas mulheres praticamente iguais ao de homens, as condições de acesso, participação e remuneração das mulheres no campo das práticas esportivas ainda são precárias. O desestímulo das mulheres no desporto sempre foi uma perspectiva presente no Estado no Brasil, especialmente considerando os tabus sobre possível perda da feminilidade, o que levou, em 1941, que algumas instruções fossem apresentadas ao Conselho Nacional de Desportos para a regularização dos desportos femininos e embasou a interdição das mulheres às práticas como lutas, boxe, algumas modalidades de atletismo, *rugby* e futebol.

Aproveitando a contemporaneidade da Copa do Mundo de Futebol Feminina ocorrida no ano de 2019 em França, para falar mais especificamente sobre o futebol, é importante destacar que as mulheres foram proibidas de praticar essa modalidade desportiva no Brasil até o ano de 1983, em razão de um decreto editado por Getúlio Vargas (que *ipsi literis*, aduzia que "às mulheres não se permitirá a prática de desportos incompatíveis com as condições de sua natureza").

No vólei, o avanço feminino também foi lento e precário, como aduz Moreira (2009), a modalidade começou a ser praticada por mulheres antes de 1930, o que foi facilitado pela ausência de contato entre as participantes e de grandes esforços físicos (já que não era tolerado que o corpo feminino adquirisse músculos), acentuando a percepção de que é um desporto compatível com características socialmente consideradas como femininas.

No Brasil a comunicação social teve um papel importante para a popularização das mulheres no vólei, especialmente pela apelação estética que os veículos de comunicação abordavam nas partidas, sempre enaltecendo o corpo escultural das jogadoras e dividindo o público masculino entre os que realmente eram apaixonados pelo desporto e os que só estavam ali para contemplar as mulheres, rivalizando essa modalidade com o basquete feminino, que também estava em ascensão, mas contava com a "desvantagem" de que as mulheres que praticavam esse desporto eram constantemente criticadas pelos calções largos e estranhos que não as tornavam atrativas aos admiradores e ainda lhes associava à homossexualidade. Assim, pode-se dizer que a estética foi o que possibilitou o voleibol feminino se tornar um produto a ser vendido, um melhor bem de consumo para o mercado desportivo.

3. Mulheres transexuais no desporto: o que dizem as praticantes e os especialistas?

Desde que a jogadora Tifanny se destacou no vólei feminino pela sua condição de mulher trans, a mais contundente crítica à possibilidade de que pessoas transexuais pudessem participar de competições desportivas em modalidade distinta da apresentada pelo seu sexo biológico foi feita pela campeã olímpica de vólei Ana Paula Henkel em um artigo poderoso publicado no jornal Estadão, com o título "*A biologia não é de esquerda nem de direta*"[12], o que demonstra ao leitor que sua concepção é de que a discussão e as polêmicas sobre essa questão se dão muito mais no âmbito ideológico do que em qualquer outra esfera que possa ser levada em consideração nesse tema.

E ela tem razão, especialmente se se considerar que a ofensiva contra as pessoas transexuais é capitaneada por conservadores, como a própria autora

[12] HENKEL, Ana Paula. A biologia não é de esquerda nem de direita. Jornal Estadão, São Paulo, 28 dez 2017. Disponível em: <https://politica.estadao.com.br/blogs/ana-paula-henkel/biologia-nao-e-de-esquerda-nem-de-direita/>. Acesso em 11 jun 2019.

se define, e as ações afirmativas pelos progressistas. Ocorre que seus argumentos não são ideológicos e devem ser analisados, estando, entre suas razões, as seguintes: **a)** as atletas que competem nas ligas femininas desde as categorias de base passam por monitoramentos muito rigorosos, qualquer traço de testosterona em seus corpos gera punições e isso força a distância da estruturação dos corpos femininos de qualquer hormônio masculino; **b)** a transição de Tifanny se deu aos trinta e um anos de idade, antes ela competia nas ligas masculinas de vólei, portanto, toda sua estrutura física foi construída com hormônios masculinos; **c)** mulheres cisgênero que, por algum distúrbio corporal, naturalmente produzem testosterona acima dos níveis permitidos pelas entidades internacionais de desportos são excluídas das competições (casos de hiperandroginismo ou situações como a da corredora Caster Semenya[13]); **d)** mulheres transexuais em modalidades femininas é uma forma de exclusão das mulheres biológicas.

A jogadora de vólei Sheilla também secundou Ana Paula Henkel em entrevista ao IG São Paulo, em 21 de janeiro de 2018, onde afirmou que são claras as vantagens físicas de Tifanny[14]. O treinador Bernardinho também se envolveu na polêmica, quando se expressou (de forma bastante deselegante e ofensiva, é verdade) no meio de uma partida em que sua equipe enfrentava o Bauru (clube da jogadora Tifanny) que estava jogando contra um homem[15].

Há opiniões dissonantes, como a da pesquisadora Ariadne Silva[16], que em entrevista declarou que os processos de transgenitalização e tratamento hor-

[13] SEMENYA perde processo no Tribunal Arbitral do Esporte e não poderá correr entre as mulheres. Globo Esporte, São Paulo, 01 maio 2019. Disponível em: <https://globoesporte.globo.com/atletismo/noticia/semenya-perde-no-tas-e-nao-podera-correr-entre-as-mulheres.ghtml>. Acesso em 11 jun 2019.

[14] CASO Tifanny: Sheilla vê vantagem física e se diz contra; opinião gera polêmica. IG, São Paulo, 21 jan 2018. Disponível em: <https://esporte.ig.com.br/maisdesportos/volei/2018-01-21/caso-tiffany-sheilla.html>. Acesso em 11 jun 2019.

[15] BERNARDINHO desabafa sobre Tifanny durante partida: "um homem é f...". Revista Veja, São Paulo, 27 mar 2019. Disponível em: <https://veja.abril.com.br/esporte/bernardinho-desabafa-sobre-tiffany-durante-partida-um-homem-e-f/>. Acesso em 11 jun 2019.

[16] CARVALHO, Ketryn. Pesquisadora da UNIFESP, Ariadne Ribeiro fala abertamente sobre trans no esporte. UOL Notícias – Observatório G, 30 jun 2019. Disponível em: < https://observatoriog.bol.uol.com.br/entrevistas/2019/06/pesquisadora-da-unifesp-ariadne-ribeiro-fala-abertamente-sobre-trans-no-esporte> Acesso em 10 jul 2019.

monal contínuo e a longo prazo provocam perda da massa óssea e são capazes de compatibilizar as mulheres transexuais com as mulheres cisgênero.

Foi verificado por Silva (2019) que no âmbito científico há uma celeuma onde não se vislumbra um consenso entre os profissionais e estudiosos da matéria. Havendo fisiologistas que entendem haver vantagens pretéritas oriundas dos anos que as atletas transexuais cresceram influenciados pela testosterona, há quem sustente que essa vantagem não garante que a atleta transexual tenha uma maior capacidade física comparada às atletas cisgênero, existe a possibilidade de que os tratamentos hormonais produzam um significativo decréscimo na massa corporal e densidade óssea, bem como que a diminuição dos hormônios masculinos é suficiente para igualar as competidoras. Outro grupo de especialistas afirma que o caminho deve ser trilhado pelos estudos sociológicos sobre gênero, especialmente as teorias que afirmam ser o gênero uma construção social e conclui que discurso contrário à inclusão de mulheres transexuais nas modalidades femininas dos desportos não passa de clara transfobia (Santos, 2020).

A fragilidade dessa construção argumentativa é evidente. Oras, não é possível categorizar como uma atitude transfóbica as constatações científicas de que corpos masculinos possuem maior força física que os corpos femininos nas mesmas condições. Respostas pueris e fáceis que fogem à complexidade do problema devem ser descartadas, especialmente se pretendem privilegiar ciências humanas em detrimento das ciências biológicas e da saúde – searas mais adequadas a oferecer respostas para essa discussão.

A Sociedade Brasileira de Endocrinologia e Metabologia pronunciou-se sobre essa questão e não emitiu qualquer nota definitiva sobre mulheres transexuais nos desportos, mas destacou a necessidade de que a masculinidade deva ser bloqueada na puberdade para que não se desenvolvessem massas muscular e óssea em níveis mais elevados que as encontradas nos corpos femininos, e caso isso não for viabilizado, existe, sim, vantagem na performance das atletas transexuais sob as mulheres biológicas, principalmente no que se refere à altura, força muscular e estrutura esquelética mais resistente dos homens[17]. Por isso, as preocupações são válidas e não devem ser negligenciadas. Os quatro argumentos de Henkel serão analisados sob

[17] Sociedade Brasileira de Endocrinologia e Metabologia. Transexualidade no esporte. 29 jan 2018. Disponível em: <https://www.endocrino.org.br/transsexualidade-no-esporte/>. Acesso em 11 junho 2019.

as duas óticas mais relevantes a tratar sobre o tema: a questão isonômica e a possível vantagem corporal.

A igualdade de condição é uma virtude soberana dos desportos e, por isso, são muitas as verificações que os desportistas precisam passar para que se constate a regularidade de seus corpos, afastando qualquer hipótese de utilização de substâncias que aumentem seus rendimentos e os coloquem em uma posição desigual ante os demais competidores. É provável que em mulheres esse controle seja ainda mais rigoroso. De acordo com Dauder (2011, p. 10), na década de sessenta, o Comitê Olímpico Internacional – COI decidiu realizar testes de verificação de gênero para atestar se, de fato, as atletas eram mulheres e não estavam tentando burlar as regras da competição, evitando, assim, que homens se inscrevessem nas modalidades femininas e pudessem se tornar campeões olímpicos com facilidade. Eram feitas vexatórias inspeções anatômicas, que posteriormente evoluíram para as menos humilhantes análises da cromatina sexual e testes de reação no gene SRY (*sex-determining region*):

> (...) los criterios de verificación de género ya no buscan tanto descubrir a la "verdadera mujer" cuanto decidir quién debe o no competir em función de su "ventaja competitiva". Y, para de la Chapelle, "lo que determina si un individuo debería competir en pruebas de mulleres es principalmente el sexo psicosocial (apariencias y conducta) y las características sexuales secundarias (músculos y cuerpo). Así, el criterio que determina a la mujer ya no es el anatómico genital o el cromosómico, sino la "ventaja competitiva" medida por la fuerza muscular.

Essa vantagem competitiva que é uma frequente preocupação trata-se das diferenças corporais relacionadas à força física e resistência entre homens e mulheres. Como as pessoas transexuais nasceram com um gênero biológico, mas possuem outro gênero social com o qual se identificam, se sentem felizes e querem ser assim identificadas, são criadas maneiras de garantir sua inclusão nas práticas esportivas e viabilizar sua participação nas competições, por isso o Comitê Olímpico Internacional – COI tem feito uma série de modificações em suas normativas ao longo dos anos, como expõe Scarnatto (2017, ps. 8-9):

> Para fines de 2003 la Comisión Médica del COI convocó un comité para debatir y consensuar una serie de recomendaciones referidas a la participación de

> atletas que se hayan realizado un cambio de sexo. Algunas recomendaciones producidas por la comisión que participó del llamado Consenso de Estocolmo en 2003, fueron: a) quienes se sometan a una cambio de sexo antes de la pubertad serán considerados hombres o mujeres según el sexo alcanzado tras la intervención; b) quienes se sometan a una cambio de sexo luego de la pubertad, podrán participar de las competiciones oficiales siempre y cuando tengan em cuenta las siguientes condiciones: haber obtenido el reconocimiento legal del sexo obtenido, haberse sometido a una terapia hormonal oportuna de forma comprobable y durante un tiempo suficiente, haber transcurrido al menos dos años desde que se haya aplicado la gonadectomía. Pese a los avances que podrían identificarse em estas nuevas reglamentaciones, es evidente que ser deportista y transexual seguía siendo una realidad bastante compleja.
>
> Pasaron más de diez años para que a fines de 2015, el COI nuevamente convocara a otra comisión de expertos, quienes em el Consenso de Estocolmo de 2015 sugirieron eliminar gran parte de estas exigencias para los atletas transexuales. Luego de algunos años de debate entre integrantes de la Comisión Médica y Científica del COI y de un grupo de especialistas, el Comité determino que las deportistas transexuales iban a poder participar de las diferentes disciplinas sin tener que someterse a una cirugía para cambiar de sexo, y em el caso de los hombres que deseen competir como mujeres, solo se les exigirá que tengan niveles de testosterona menores a 10 nanogramos por litro de sangre. Asimismo, a las mujeres que de forma natural produzcan niveles de testosterona al rango normal (lo que se conoce con el nombre hiperandrogenismo) se les permitirá participar sin necesidad de verse sometidas a pruebas de feminidad.

Como se vê, até 2015 as mulheres transexuais deveriam cumprir vários requisitos para que pudessem competir nas modalidades femininas dos desportos, mas foram gradualmente reduzidos ao controle da testosterona no corpo. Eis uma problemática: os estudos de Janssen (2000) demonstram que a influência dos hormônios masculinos dão vantagens que nem sempre poderão ser perdidas com os tratamentos de transição (a musculatura, os ossos, a altura, a força física, a capacidade pulmonar e de resistência à dor), portanto, o controle de testosterona não é suficiente para as vantagens precedentes e que foram adquiridas durante a puberdade sejam desconsiderados e o Comitê Olímpico Internacional – COI sabe disso, tanto que as primeiras normativas faziam referência a essa fase do desenvolvimento humano, colocando-a como um divisor de águas: se a modificação de gênero ocorrer antes da puberdade, é perfeitamente aceitável que os atletas disputem a modalidade no gênero que adquiriram após os procedimentos cirúrgicos ou hormonais; se a modificação de gênero ocorrer após a puberdade, precisam cumprir outros requisitos relacionados às terapias hormonais.

Assim, a publicação de 2015 do Comitê Olímpico Internacional – COI decidiu contrariar evidências científicas e tomou uma decisão política para facilitar o acesso de mulheres transexuais nas competições. Esse era o caminho mais fácil e enfrentaria menor resistência da comunidade internacional, afinal, estaria em consonância com o espírito agregador e fraterno do desporto e de uma sociedade liberal de livres e iguais que se pretende construir, mas nem sempre os caminhos mais fáceis são os mais justos e adequados.

Em novembro de 2021 o COI mudou a abordagem sobre atletas trans. A divulgação das novas diretrizes para inclusão e participação de atletas transgêneros e com diferenças no desenvolvimento sexual possibilitou alterações importantes, embora seus efeitos não sejam imediatos. O primeiro impacto foi a mudança na abordagem do tema. O chamado Guia do COI sobre "Justiça, Inclusão e Não Discriminação com Base na Identidade de Gênero e Variações de Sexo" apresenta 10 princípios básicos, entre eles inclusão, prevenção de danos, não presunção de vantagem e primazia da saúde e autonomia.

O princípio da isonomia, que garante o tratamento igualitário a todos, está previsto no rol dos direitos fundamentais inseridos no art. 5.º da Constituição Cidadã. Sendo direcionado ao criador e ao intérprete da lei, não são compatíveis com o ordenamento jurídico brasileiro as normas que atentem diretamente contra a consideração de igualdade universal e muito menos que seja dado entendimento diverso deste. A compreensão do Supremo Tribunal Federal sobre o tema pode ser verificada na seguinte jurisprudência:

> (...) Não há outro modo de concretizar o valor constitucional da igualdade senão pelo decidido combate aos fatores reais de desigualdade. O desvalor da desigualdade a proceder e justificar a imposição do valor da igualdade. A imperiosa luta contra as relações desigualitárias muito raro se dá pela via do descenso ou do rebaixamento puro e simples dos sujeitos favorecidos. Geralmente se verifica pela ascensão das pessoas até então sob a hegemonia de outras. Que para tal viagem de verticalidade são compensadas com este ou aquele fator de supremacia formal. Não é toda superioridade juridicamente

conferida que implica negação ao princípio da igualdade. O típico da lei é fazer distinções. Diferenciações. Desigualações. E fazer desigualações para contrabater renitentes desigualações. A lei existe para, diante desta ou daquela desigualação que se revele densamente perturbadora da harmonia ou do equilíbrio social, impor uma outra desigualação compensatória. A lei como instrumento de reequilíbrio social. (...)

[ADI 3.330, rel. min. Ayres Britto, j. 3-5-2012, P, DJE de 22-3-2013.]

Assim, pode-se afirmar que o caráter formal desse princípio não é suficiente para a correção de tantas situações de injustiças historicamente perpetradas contra grupos que foram vítimas de processos marginalizantes, fomentando a percepção da isonomia sob o manto aristotélico, de onde, inclusive, se extrai a ideia da ação afirmativa (a exemplo das cotas para negros e índios nas instituições de ensino superior públicas, a Lei Maria da Penha, a reserva de recursos do fundo eleitoral para maior participação das mulheres na vida pública e, no caso específico dos transexuais, há alguns exemplos de destinação específica de vagas em editais de pós-graduação na Universidade Federal da Bahia – UFBA[18] e na Universidade Federal do Rio de Janeiro – UFRJ[19]).

Nesse sentido, pode-se indagar qual o critério autorizativo para a distinção de pessoas em grupos segregados cujo objetivo seja a concessão de tratamentos jurídicos diversos sem que isso fira a isonomia, mas sim a promova? Bandeira de Mello (2000) esclarece a necessidade de haver um nexo plausível entre a discriminação e a peculiaridade diferencial acolhida para justificar o tratamento desigual, sendo a realidade social o elemento que possibilita essa correlação lógica.

Assim, tomando-se ainda como exemplo a reserva de vagas para travestis e transexuais no edital de mestrado da UFBA, o índice de evasão escolar em

[18] Universidade Federal da Bahia. UFBA para todos: refugiados e pessoas trans também serão incluídos nas cotas. Bahia, 26 fev. 2019. Disponível em: <https://ufba.br/ufba_em_pauta/ufba-para-todos-refugiados-e-pessoas-trans-tambem-sao-incluidos-em-cotas>. Acesso em 11 junho 2019.

[19] Universidade Federal do Rio de Janeiro. Decisão judicial suspende reserva de vagas para travestis e transexuais no edital de Mestrado do NEPP-DH. 29 ago. 2018. Disponível em: <http://www.cfch.ufrj.br/index.php/27-noticias/1001-decisao-judicial-suspende-reserva-de-vagas-para-travestis-e-transexuais-no-edital-de-mestrado-do-nepp-dh> Acesso em 11 junho 2019.

virtude dos sofrimentos enfrentados na educação básica pelas pessoas nessas condições arrazoam o incentivo, em especial por haver uma dupla prejudicialidade aos transgêneros: o abandono escolar impossibilita a capacitação profissional e consecutivamente os arrasta para uma situação de vulnerabilidade econômica, conforme apontam pesquisas de Souza e Bernardo (2014).

Como permitir que transexuais disputem competições esportivas em desacordo com seu sexo biológico pode configurar uma violação ao princípio da isonomia, sem negligenciar todos os esforços pelo reconhecimento dos direitos das pessoas nessas condições? Trata-se de uma questão de reversão isonômica, que pode ser compreendida como uma deformação dos elementos informadores no entendimento acerca da igualdade material. Em outros termos, quando a busca da isonomia para um agrupamento de pessoas volta-se contra outra coletividade que também desfruta de alguma desvantagem histórico-cultural, tornando o caso sensível e de difícil resolução.

Traduzindo a definição para que seja mais palatável e aplicando-a a realidade dos fatos: mulheres cisgênero, que ainda sofrem todo infortúnio nos desportos (ausência de incentivo às práticas esportivas desde tenra idade, escassez de patrocínio, remunerações bem abaixo das recebidas pelos homens que praticam as mesmas modalidades, etc.) e não alcançaram o mesmo nível de destaque social que desfrutam homens cujo talento é igual ou muitas vezes até inferior, acabam tendo que enfrentar mais um desafio: a desigualdade imposta dentro da própria categoria para aceitação de alguém com condições peculiares nas competições.

Importando um termo das ciências econômicas, não deixa de ser uma espécie de concorrência desleal porque essas mulheres competem em uma situação similar ao *dopping* natural. Tifanny joga vólei, desporto que não implica contato físico entre os participantes e a probabilidade de que ela cause alguma lesão a outras jogadoras é bastante reduzida, mas, se um dia alguém que decidiu realizar o processo de mudança de sexo após os trinta anos de idade tornar-se lutadora de boxe ou qualquer outro desporto que implique contato ou envolvam agressões, podem resultar em desastre.

Homens transexuais nos desportos não são uma preocupação. Eles existem, mas não causam espécie a qualquer espectador e tampouco geram pronunciamentos das entidades esportivas e associações médicas. Isso acontece por uma razão: os homens transexuais, que tiveram seu desenvolvimento corporal influenciado pelos hormônios femininos em boa parte da vida, não possuem quaisquer vantagens físicas relacionadas à força, altura, resistência muscular e estrutura óssea quando comparados aos homens biológicos.

Como não existe uma resposta definitiva dada pela ciência, o debate deslocou-se para o âmbito ideológico, político e moral e é por essa razão que uma das respostas a essa problemática no Brasil pode ser oferecida pela leitura moral da Constituição.

Dworkin (2006) propõe um método particular de ler e executar uma Constituição fazendo referência a princípios morais de decência e justiça. É a chamada leitura moral da Constituição. Por constantemente serem invocados a dignidade da pessoa humana, a persecução de uma sociedade livre de preconceitos, inclusiva e que erradique todas as formas de discriminação quando o assunto são grupos vulneráveis, a perspectiva do autor é adequada à abordagem proposta neste artigo, pois é uma teoria acerca do qual a Constituição significa. O autor entente uma necessária ligação entre Direito e Política, com a pressuposição intimamente atrelada à concepção de Estado de Direito, com uma visão centrada nos direitos. Essa perspectiva exige, como parte do ideal do Direito, que o texto legal retrate os direitos morais e os aplique (Dworkin, 2005), desta feita presume a existência de direitos e deveres morais dos cidadãos entre si e de direitos políticos perante o Estado como um todo (Bernsts, 2022).

Quando casos difíceis surgem, as pessoas que devem resolvê-los (seja um magistrado tradicional ou a cúpula do Comitê Olímpico Internacional – COI) constantemente partem do princípio de que as sociedades e as normas fundamentais que as regem expressam exigências morais abstratas que só podem ser verificadas nos casos concretos. Dworkin (2005) afirma que os direitos morais e políticos precisam ser reconhecidos pelo Direito Positivo, como condição para sua exigência aos cidadãos individuais por meio de tribunais e outras instituições judiciais.

Quais foram as exigências morais abstratas que levaram as organizações internacionais esportivas a afrouxarem os requisitos para que mulheres transexuais competissem na modalidade compatível com seu gênero social? A inclusão, uma ofensiva contra a discriminação, talvez. Ocorre que não podem ser negligenciados os efeitos reflexos desse posicionamento: a desigualdade é natural nos desportos, é por isso que há vencedores e perdedores, mas essa desigualdade não pode ser gerada por influências externas. O desporto é uma atividade tradicionalmente meritocrática e isso exige igualdade de condições no ponto de partida. Para Hilton e Lundberg:

> Ao comparar atletas que competem diretamente entre si, como atletas de elite ou de níveis comparáveis em idade escolar, as vantagens fisiológicas

> conferidas pelo sexo biológico parecem, na avaliação dos dados de desempenho, insuperáveis. Além disso, em esportes onde o contato, colisão ou combate são importantes para o jogo, atributos fisiológicos amplamente diferentes podem criar preocupações de segurança e bem-estar do atleta, necessitando não apenas segregação do esporte em categorias masculinas e femininas, mas também, por exemplo, em classes de peso e idade. Assim, para garantir que homens e mulheres possam desfrutar do esporte em termos de justiça, segurança e inclusão, a maioria dos esportes é dividida, em primeira instância, em categorias masculinas e femininas (Hilton, Lundberg, 2021, p. 2).

Pessoas que tiveram a maior e mais importante parte de seu desenvolvimento corporal sob a influência de hormônios masculinos estão em uma situação vantajosa em relação às atletas que nunca tiveram (e nem podem ter sem correr o risco de severas punições pelas entidades esportivas) submetidas à testosterona. Permitir que mulheres transexuais sob determinadas condições participem de competições contra mulheres cisgênero é criar uma desigualdade detestável e significa, ainda, desvalorizar todo o trabalho que as atletas que nasceram mulheres têm em manterem-se dentro dos rigorosos padrões exigidos.

Dworkin apresenta dois tipos de direito a igualdade. O direito a igual tratamento (*equal treatment*), que seria o direito a uma igual distribuição de oportunidades, recursos ou encargos e o tratamento como igual (*treatment as equal*) que concede a todos os direitos de serem tratados com o mesmo respeito e considertação (Miranda, Bonifácio, 2021, p. 4).

Falar ainda sobre princípios morais de decência e justiça é uma grande dificuldade pelo alto nível de abstração que esses conceitos carregam. Justiça tem significados distintos para pessoas distintas e depende sempre de concepções sobre o mundo e sobre a vida.

Há quem sustente que há justiça social quando mulheres transexuais têm seu espaço garantido nas práticas esportivas, especialmente se se considerar que a exclusão experimentada pelas pessoas nessas condições as afasta do desporto e isso tem influência direta em sua qualidade de vida e bem-estar, aumentando suas chances de desenvolver doenças e reduzindo sua qualidade de vida, conforme Coelho (2018); mas há, também, quem sustente a profunda injustiça social e física a qual as mulheres cisgênero estão submetidas quando precisam competir com alguém que está em condições vantajosas que jamais puderam desfrutar. Silva (2021, p. 257) afirma que:

> Texto e integridade agem como restrições importantes, como tenho enfatizado ao longo desta discussão. Mas ainda que essas restrições formem e limitem o impacto das convicções sobre a justiça, elas não podem eliminar esse impacto. A leitura moral insiste, porém, que essa influência não é desonesta, contando que ela seja reconhecida de forma aberta e contando que as convicções sejam identificadas e defendidas de forma honesta, e com isto quero dizer através de argumentos apropriados sobre princípio e não apenas com slogans superficiais e metáforas ultrapassadas.

A leitura moral orienta aos intérpretes e a quem precisa resolver um caso difícil que encontre a melhor concepção constitucional dos princípios morais que estão implícitos ou explícitos no texto da Constituição e que se encaixe de maneira satisfatória no conjunto da história do país. Silva (2021, P. 260) arremata que:

> (...) a melhor maneira de implementar a interpretação da prática jurídica baseada na integridade é adotando (...) condições de verdade que tornam a própria questão do que é o direito em qualquer tema uma questão interpretativa. Uma proposição do direito é verdadeira, eu proponho, se ela flui dos princípios da moralidade pessoal e política que fornecem a melhor interpretação das outras proposições do direito geralmente tratadas com verdadeiras na prática jurídica contemporânea.

Considerando que o histórico brasileiro é de discriminações odiosas e injustificadas contra as pessoas transexuais, qualquer interpretação que leve em consideração o passado estará sempre prejudicando a letra mais vulnerável da sigla LGBTQIAPN+, mas também não é possível que seja dada uma interpretação que desfavoreça as mulheres cisgênero e acentue as situações de desigualdade que o gênero feminino sempre enfrentou. De acordo com Dworkin (2006) encontrar o direito pertinente para a solução de um caso envolve combinar a leitura do direito como integridade com a leitura moral da constituição.

Nesse sentido, a interpretação adequada que compatibilize os interesses deve tentar adequar e encaixar as mulheres transexuais em atividades acessórias nos desportos onde a força física é preponderante, como participação nas comissões técnicas e nos comitês nacionais e internacionais de desportos; já nas práticas esportivas cujo desempenho esteja relacionado com as habilidades que não dependem dos atributos corporais não há qualquer óbice à competição dessas atletas.

Esse é um caminho para que os preceitos constitucionais de não discriminação, da dignidade da pessoa humana e da construção de uma sociedade justa e solidária sejam observados de maneira a não prejudicar ou desconsiderar pessoa alguma.

Conclusão

Conclui-se que historicamente, as modalidades femininas dos desportos são negligenciadas e pode-se falar que existe, inclusive, uma política de Estado responsável pelo sucateamento do desporto feminino (como no caso do decreto editado por Getúlio Vargas que impedia as mulheres de praticarem desportos que demandassem grandes esforços físicos). Com o vólei não foi diferente, sua popularização se deu por dois fatores: não ser um desporto de contato direto e toda a erotização em torno dos trajes utilizados pelas jogadoras que chamavam atenção do público masculino e tornaram a prática vendável e lucrativa às emissoras de televisão que transmitiam os jogos. Ainda assim as atletas desfrutam de enormes desprestígios quando comparadas aos homens nos mesmos desportos com talento igual ou até mesmo inferior a elas, isso significa que ainda há um longo caminho para que o gênero feminino tenha um desenvolvimento pleno no desporto.

Deve-se considerar que a condição transexual não pode ser negligenciada e a sociedade precisa se adaptar às suas demandas. Uma das mais atuais é a inclusão das mulheres transexuais nas modalidades femininas das práticas esportivas. Para além do caso Tifanny, é necessário ter cautela para que discriminações positivas não se tornem, ao final das contas, uma forma velada de misoginia. Não havendo estudos conclusivos sobre a (in)suficiência dos tratamentos hormonais ou da transgenitalização para atenuar as diferenças naturais entre os corpos femininos e masculinos, a dúvida deve beneficiar o *status quo* para não tornar uma situação ruim (a atual condição de desvalorização das mulheres nos desportos) em algo ainda pior (a perda de espaço e de reconhecimento das atletas cisgênero para as transgênero).

Não se está discutindo a exclusão das mulheres transexuais dos desportos de maneira generalizada. Para as práticas esportivas que não dependam preponderantemente das capacidades corporais como a força física, a altura, a resistência etc. (o xadrez, tira ao alvo, arco e flecha, saltos ornamentais, por exemplo) não existe qualquer justificativa para que sejam impedidas de competir na modalidade compatível com seu gênero social. Nos desportos que dependam das capacidades corporais, as mulheres transexuais devem ser alocadas em outras atividades, como as comissões técnicas. As mulheres transexuais que fizeram todos os tratamentos necessários à mudança de sexo antes ou durante a puberdade também estão aptas a competir na modalidade que esteja em consonância com seu gênero social.

A leitura moral da constituição proposta por Dworkin (2006) oferece uma interpretação alternativa a casos difíceis como esse e propicia a compatibilização entre os interesses de não exclusão das pessoas transexuais com as demandas das jogadoras cisgênero que veem profundas injustiças em competir com alguém que teve toda a sua formação corpórea influenciada por hormônios masculinos, e os princípios constitucionais de não discriminação, da dignidade da pessoa humana e da construção de uma sociedade justa e solidária, considerando, é claro, as peculiaridades do caso e o conhecimento científico já produzido sobre o tema.

Referências

BONIFÁCIO, A. C.; MIRANDA, L. M. B. de. A Discriminação Inversa pelo Contributo de Dworkin. **Revista Internacional Consinter de Direito**, Paraná, Brasil, v. 7, n. 13, p. 71–88, 2021. DOI: 10.19135/revista.consinter.00013.02. Disponível em: https://revistaconsinter.com/index.php/ojs/article/view/64. Acesso em: 28 jun. 2023.

BRASIL. Câmara dos Deputados. **Projeto de Lei n.º 2.596, 30 de abril de 2019**. Estabelece o sexo biológico como único critério para definição do gênero em competições esportivas oficiais no território brasileiro. Brasília: Câmara dos Deputados, 2019. Disponível em:<https://www.camara.leg.br/proposicoesWeb/prop_mostrarintegra?codteor=1751648>. Acesso em: 27 jun. 2023.

BRENSTS, Luísa Giuliani. Direito centrado em direitos, princípios e democracia em Dworkin. **Consultor Jurídico**. Disponível em: <https:/www.conjur.com.br/2022-mar-05/diário-classe-direito-centrado-direitos-princípios-democracia-dworkin>. Acesso em: 28 jul. 2023.

CARVALHO, Ketryn. **Pesquisadora da UNIFESP, Ariadne Ribeiro fala abertamente sobre trans no esporte**. UOL Notícias – Observatório G, 30 jun 2019. Disponível em: <https://observatoriog.bol.uol.com.br/entrevistas/2019/06/pesquisadora-da-unifesp-ariadne-ribeiro-fala-abertamente-sobre-trans-no-esporte> Acesso em: 10 jul 2019.

CASO Tifanny: Sheilla vê vantagem física e se diz contra; opinião gera polêmica. IG, São Paulo, 21 jan 2018. Disponível em: <https://esporte.ig.com.br/mais desportos/volei/2018-01-21/caso-tiffany-sheilla.html>. Acesso em 11 jun 2019.

Canotilho, J.J. Gomes / Moreira, Vital, "Constituição da República Portuguesa Anotada" – 4.ª edição revista, Coimbra, 2007.

Coelho, Rafael Torres; Filho, Rubem Machado; Luz, Edna. **Atletas transgêneros: tabu, representatividade, minorias e ciências do esporte.** In Revista de Trabalhos Acadêmicos Universo São Gonçalo – vol. 3, n. 5, 2018.

COMISSÃO dos Direitos Humanos da Ordem dos Advogados Portugueses. **Direitos Humanos. Cidadania e Igualdade.** Coimbra: Ed. Princípia, 2006. ISBN: 972-8818-68-8.

COMISSÃO dos Direitos Humanos da Ordem dos Advogados Portugueses. **Direitos do Homem. dignidade e justiça.** 1ª Edição. Cascais: Ed. Princípia. 2005. ISBN 972-8818-44-0. 2015.

Dalrymple, Theodore. **Em defesa do preconceito: a necessidade de se ter ideias preconcebidas**; tradução Maurício G. Righi – 1. ed. – São Paulo: É Realizações, 2015.

Dauder, Sílvia García. **Las fronteras del sexo em el deporte: tecnologias, cuerpos sexuados y diferencias.** In Revista Internacional Interdisciplinar em Ciências Humanas – INTERthesis. Florianópolis – SC, 2011.

Dworkin, Ronald. **O direito da liberdade: a leitura moral da Constituição norte-americana** – tradução de Marcelo Brandão Cipolla. São Paulo: Martins Fontes, 2006.

Dworkin, Ronald. **Uma questão de princípio**. Trad. Luís Carlos Borges. São Paulo: Martins Fontes, 2005.

Feres Júnior, J., Campos, L.A., Daflon, V.T., and Venturini, A.C. O conceito de ação afirmativa. In: **Ação afirmativa: conceito, história e debates** [online]. Rio de Janeiro: EDUERJ, 2018.

Freiria, Rafael Costa. **Perspectiva para uma teoria geral dos novos direitos: uma leitura crítica sobre biodiversidade e os conhecimentos tradicionais associados.** – Franca: UNESP, 2004.

Goellner, Silvana Vilodre. **Mulher e esporte no Brasil: entre incentivos e interdições elas fazem história.** In Revista Pensar a Prática, 85-100, Jan./Jun.2005.

Henkel, Ana Paula. **A biologia não é de esquerda nem de direita.** Jornal Estadão, São Paulo, 28 dez 2017. Disponível em: <https://politica.estadao.com.br/blogs/ana-paula-henkel/biologia-nao-e-de-esquerda-nem-de-direita/>. Acesso em 11 jun 2019.

Hilton, Emma. Lundberg, Tommy. Transgender Women in the Female Category of Sport: Perspectives on Testosterone Suppression and Performance

Advantage. **Sports Med.** 2021. Disponível em: <https://pubmed.ncbi.nlm.nih.gov/33289906/>. Acesso em: 27 jun. 2023.

JANSSEN, Ian, Steven B. Heymsfield, ZiMian Wang, and Robert Ross. **Skeletal Muscle Mass and Distribution in 468 Men and Women Aged 18–88 Yr.** Journal of Applied Physiology 89, no. 1 (July 1, 2000): 81–88.

JESUS, Jaqueline Gomes de. **Orientações sobre identidade de gênero: conceitos e termos.** Brasília, 2012. Disponível em: <https://files.cercomp.ufg.br/weby/up/16/o/ORIENTA%C3%87%C3%95ES_POPULA%C3%87%C3%83O_TRANS.pdf?1334065989>. Acesso em: 27 jun. 2023.

JORGE, Marco Antônio Coutinho; TRAVASSOS, Natália Pereira. **A epidemia transexual: histeria na era da ciência e globlização?** In Rev. Latinoam. Psicopat. Fund., São Paulo, 20(2), 307-330, jun. 2017.

LIGA Feminina de futebol australiano autoriza transexual a jogar segunda divisão. Estadão, 14 fev 2018. São Paulo. Disponível em: <https://desportos.estadao.com.br/noticias/geral,liga-feminina-de-futebol-australiano-autoriza-transexual-a-jogar,70002189152> Acesso em 21 abril 2019

MELLO, Celso Antônio Bandeira de. **O conteúdo jurídico do princípio da igualdade.** Malheiros: São Paulo, 2000.

MOREIRA, Tatiana Sviesk. **O voleibol feminino no Brasil: do amadorismo à profissionalização.** Dissertação apresentada ao programa de pós-graduação em Educação Física da Universidade Federal do Paraná. 158 f. 2009.

NIETZSCHE, Friedrich. **Aurora: reflexões sobre os preconceitos morais.** Trad. Paulo César de Souza. Rio de Janeiro: Companhia das Letras, 2012.

SAMPAIO, Liliana Lopes Pedral; COELHO, Maria Thereza Ávila Dantas. **A transexualidade na atualidade: discurso científico, político e histórias de vida.** n: Anais do III Seminário Internacional Enlaçando Sexualidades. Salvador: UNEB, 2013.

SÃO PAULO. Assembleia Legislativa. **Projeto de Lei n.º 346, 02 de abril de 2019.** Estabelece o sexo biológico como o único critério para definição do gênero de competidores em partidas esportivas oficiais no Estado. São Paulo: Assembleia Legislativa, 2019. Disponível em: <https://www.al.sp.gov.br/propositura/?id=1000261787>. Acesso em: 27 jun. 2023.

SCARNATTO, Martín. **Cuerpo, deporte y cidadania: outsiders en offside?** In Actas de Periodismo y Comunicación, vol. 3, n.º 2, diciembre 2017.

SEMENYA perde processo no Tribunal Arbitral do Esporte e não poderá correr entre as mulheres. Globo Esporte, São Paulo, 01 maio 2019. Disponível em: <https://globoesporte.globo.com/atletismo/noticia/semenya-perde-no-tas-e--nao-podera-correr-entre-as-mulheres.ghtml>. Acesso em 11 jun 2019.

SILVA, Maria Eduard Aguiar da. **A divisão do esporte deve ser separada por sexo ou gênero**. In Revista Docência e Cibercultura – REDOC, v. 3, n. 1, p. 236, jan./abr., Rio de Janeiro, 2019.

SILVA, Matheus Pelegrino da. Dworkin, a leitura moral da constituição e os problemas da legitimidade democrática e da segurança jurídica. Revista Direitos Culturais. Santo Ângelo. V. 16. N. 38. P. 245-268. Jan./abr., 2021. Disponível em: <https://san.uri.br/revistas/index.php/direitosculturais/article/view/98>. Acesso em: 28 jun. 2023.

SOUZA, Heloisa Aparecida de.; BERNARDO, Marcia Hespanhol. **Transexualidade: as consequências do preconceito escolar para a vida profissional**. In Bagoas – Estudos gays: gêneros e sexualidades, v. 8, n. 11, 11, 2014.

Universidade Federal da Bahia. **UFBA para todos: refugiados e pessoas trans também serão incluídos nas cotas**. Bahia, 26 fev 2019. Disponível em: <https://ufba.br/ufba_em_pauta/ufba-para-todos-refugiados-e-pessoas-trans-tambem-sao-incluidos-em-cotas>. Acesso em 11 jun 2019.

Universidade Federal do Rio de Janeiro. **Decisão judicial suspende reserva de vagas para travestis e transexuais no edital de Mestrado do NEPP-DH**. 29 ago 2018. Disponível em: <http://www.cfch.ufrj.br/index.php/27-noticias/1001-decisao-judicial-suspende-reserva-de-vagas-para-travestis-e-transexuais-no-edital-de-mestrado-do-nepp-dh> Acesso em 11 jun 2019.

VIANA, Thiago Gomes. **Direito Internacional Arco-íris: o reconhecimento do direito à diversidade sexual e de gênero no Sistema Interamericano de Direitos Humanos**. São Luís: UFMA, 2018.

23. AS POLÍTICAS DA POLÍTICA DESPORTIVA

Rui Alexandre Jesus[1]

1. Princípio

No início do presente milénio, foi publicada em Portugal uma obra literária que, só pelo simples facto de lhe estar a dar esta designação, já lembra a polémica cultural e/ou intelectual que na data gerou. Título: «Não há coincidências». Estávamos em Janeiro de 2000.

Lembrei-me desse livro a propósito do momento em que me foi formulado o convite para escrever este texto. Já tinha na minha mente a vontade de contribuir para uma reflexão que julgo pertinente no contexto desportivo lusitano, a de percebermos afinal o que queremos coletiva ou pelo menos maioritariamente, como nação, quanto à definição do que é desporto em território nacional e que intervenção pública deve ter, essencialmente do ponto de vista legislativo.

Há quem por aí diga que não é por fazer leis que as coisas mudam. Discordo. As leis são a base da sociedade, estabelecendo as regras da sã convivência social. Através de uma legislação bem feita e corretamente aplicada, podemos mudar maus hábitos e consequentemente melhorar o País. O que há que ter a coragem de debater é se existe ou é materializável a vontade política de efetivamente o fazer.

Dentro deste contexto, estava a decorrer um evento ligado à indústria do Fitness onde à margem da busca por clarificação sobre (quanto ao posicionamento fiscal) se era uma atividade comercial ou uma atividade de

[1] Jurista. Consultor em Direito do Desporto.

benefícios públicos diretos para a saúde e portanto como tal até ser enquadrada numa missão pública, quando um dos intervenientes no momento reclamava algo que, modéstia à parte, defendo (e alerto para, repetidamente) nas minhas últimas duas décadas de atividade profissional: a extrema importância e enorme necessidade de se clarificarem conceitos, de se definirem os conteúdos das palavras que utilizamos, quando conversamos, especialmente em ambiente profissional, e mais ainda quando dentro de uma alegada utilidade de debate público e construtivo, publicitado com conducente à produção de políticas a adotar. É verdade e real essa pertinência; é útil e necessária a mudança de paradigma.

Uma evidência que constatei no terreno, por todo o Portugal, em variados contextos desportivos: aquilo que inconscientemente muitos dão como adquirido, é perigoso – que quando falamos sobre "desporto", estamos todos a falar da mesma coisa; que quando pensamos em prevenir a doença e promover a saúde, é das mesmas práticas que iremos conversar; que quando se aborda a relevância do exercício físico, está assente há anos como deveremos lidar com esse universo. Afinal não. Em 2023 ainda temos delimitações políticas por estabelecer, tendo focos exatos por definir, que não estão regularmente delineados.

O que são práticas desportivas? Desporto e Saúde vs Desporto e competição: uma diferenciação que interessa? Atividades desportivas de índole comercial e atividades de interesse público: é clara a separação? Interessa (é útil) fazê-la? Campanhas públicas para o cidadão com foco nos riscos e nas doenças, ou na prevenção e na saúde? Estou a ligar o "complicómetro" ou estarei a sugerir uma pausa no ritmo de tratamento de uma sociedade através de instrumentos e equipamentos conexos com o desporto, de modo a enfatizar a vertente salutar do que se quer promovido como benefício efetivo público e social?

Confuso/a, leitor/a? Convido-o/a a refletir um pouco nas consequências para o universo do desporto português que até hoje perduram pela ação criativa que levou a, em 2011, ser gerado o Instituto Português do Desporto e Juventude. Naquela data, a razão política simplificada foi a seguinte: *a relação entre desporto e juventude é bastante próxima e complementar. Por este motivo, faz sentido que seja um único instituto a encarregar-se destas duas áreas. É assim criado o IPDJ, que vem substituir vários organismos públicos. Ao IPDJ são ainda atribuídas as funções que até aqui pertenciam às seguintes entidades, que assim deixam de existir: Instituto Português da Juventude, Instituto do Desporto de Portugal,*

Fundação para a Divulgação das Tecnologias de Informação, Mobilidade Juvenil, Cooperativa de Interesse Público de Responsabilidade Limitada (MOVIJOVEM). Para quem não saiba, a Movijovem ressuscitou, apesar de em 2012 ter chegado a ter uma comissão liquidatária em movimento...

E perante o que foi entendido pelo poder político faz agora uma dúzia de anos, perguntamo-nos (e desafiamos à consideração da evidência) se não fará mais sentido e lógica sustentar que "a relação entre desporto e saúde é bastante próxima e complementar"...

Sem pressas, sem dramas, mas perante cada vez mais apelos para uma definição urgente do posicionamento social do desporto em Portugal, este ponto basilar mantém-se por apurar: se o desporto dá Saúde, porque não está incluído na política de saúde? Se temos uma Lei de Bases que diferencia o desporto da atividade física, quando se refletirá essa distinção de forma clara na operacionalização de programas políticos e responsabilidades governamentais? As preocupações de uma equipa política reunida para lidar com as problemáticas da organização de competições desportivas, da prática competitiva e formação de atletas, devem estar diariamente misturadas com prioridades de incrementação da prática de exercício físico e da implementação de comportamentos conexos com a atividade física dos cidadãos em geral?

Ouvi de um elemento do gabinete de um dos mais recentes Secretários de Estado do Desporto (e Juventude), que o trabalho político aí desenvolvido é mais o de "apagar fogos" e dar resposta imediata a problemáticas prementes, do que trabalhar para a melhoria do sistema, do que ter tempo para pensar em progressos estruturais nos setores abrangidos. Assim, não evoluímos. Ou, vá lá, vamos evoluindo, muito lentamente, quando sobrar espaço na operacionalização da agenda política, para lidar com tais preocupações, aparentemente, menos importantes.

2. Meio

Torna-se extremamente difícil abordar o desporto e o direito numa lógica estatal, como uma missão de administração pública de um bem coletivo imaterial, sem entrar pelas teorias de gestão do Estado, pela ideologia mais liberal ou mais intervencionista, no que toca à relação da função política com a liberdade individual do cidadão.

Irei afastar-me o mais possível dessa luta, até porque tivemos os anos de 2020 e 2021 bem ilustrativos do quão longe estamos (em Portugal e no

Planeta) de uma unanimidade de pensamentos e junção de esforços. Embora a esperança ainda resida no consenso alargado que se obteve em áreas de atuação urgentes, mesmo que num espaço temporal provisório.

Assim, espero conseguir neste texto sumarizar o meu sentimento de ansiedade por um ritmo maior e melhor, em algumas áreas de possibilidade de intervenção política, por meio legislativo, no setor do desporto em Portugal (definido como está, para o bem e para o mal, faz décadas por força de um documento constitucional que tarda em ser atualizado e adaptado ao mundo atual).

Em impacto pós-pandemia, regressaram no nosso país os apelos ao Estado, vindos dos mais diversos quadrantes, para mais apoio, mais investimento, mais financiamento, mais subsídio. Embora em algumas áreas do sistema desportivo, o silêncio seja o mais poderoso aliado dos poderes instalados, sem que haja capacidade política para os identificar e alterar.

Mas, façamos aqui um ponto de ordem à escrita, enquadrando alguma terminologia já aqui utilizada.

Do que andam por aí a falar quando pedem revisões da política desportiva para o País?

Lembremos o que é afinal a política (sim, não pensem que a compreensão exata dela é um dado adquirido para qualquer cidadão nacional, que a maioria revela não ter noção do alcance exato da coisa):

«*Arte de governar*»; «*orientação administrativa de um governo*»; «*conjunto dos princípios e dos objetivos que servem de guia a tomadas de decisão e que fornecem a base da planificação de atividades em determinado domínio*» (Dicionário Porto Editora). Se repararem, as definições de Política, que aqui partilho, diferem muito da segunda para a terceira, na indicação de quem tem o poder de as definir e executar: um Governo, ou alguém impreciso (um Estado, uma Sociedade Civil?); e isso faz toda a diferença...

Mas para não dissertar sobre onde reside o poder das democracias, quem controla o sistema político ou que força têm os cidadãos ou as partes de um setor, para defender os respetivos interesses, quando comuns e partilhados (ou até quando benéficos à sociedade em geral), vamos cingir-nos ao que nos traz a esta reflexão: o Desporto. Então, o que é uma Política Desportiva?

A resposta parece fácil, até porque temos uma lei vigente desde 2007 em Portugal, que define as bases das políticas de desenvolvimento da atividade física e do desporto. Portanto, será só segui-la, lê-la e verificar a respetiva execução e aplicação, nestes mais de 15 anos. Até porque, temos especificamente um Capítulo intitulado «CAPÍTULO II – Políticas públicas»...

Fiquemos com uma resenha do que em 2021 é publicado pelo Parlamento Europeu, sob o título «Relatório sobre a política desportiva da UE: avaliação e eventual rumo futuro». Aqui, escreveu-se que uma política tem de contemplar os seguintes 15 "considerandos":

A. Considerando que o desporto desempenha um papel fundamental na vida social, cultural e educativa dos cidadãos europeus e promove valores como a democracia, o respeito, a solidariedade, a diversidade e a igualdade;

B. Considerando que o desporto é um vetor de integração, especialmente para as pessoas com menos oportunidades;

C. Considerando que o desporto tem de ser inclusivo e aberto a todos, independentemente da idade, género, deficiência ou origem cultural e socioeconómica;

D. Considerando que o desporto é um setor económico em crescimento que contribui para o crescimento e o emprego na UE e, portanto, para a sua prosperidade;

E. Considerando que o desporto contribui para o reforço da integração europeia e para a posição da UE na cooperação internacional;

F. Considerando que a COVID-19 teve um impacto económico e social negativo no setor do desporto;

G. Considerando que a UE deve visar continuar a desenvolver a dimensão europeia do desporto, respeitando simultaneamente a sua natureza específica e a sua autonomia;

H. Considerando que a política desportiva da UE tem de apoiar tanto o desporto de elite como o desporto de base, incluindo a ocupação de tempos livres ativos;

I. Considerando que o desporto de base contribui para o desenvolvimento de competências nos jovens e promove a participação cívica através do voluntariado;

J. Considerando que os jovens atletas enfrentam o desafio de conciliar as suas carreiras desportivas e as suas atividades de formação e profissionais;

K. Considerando que o desporto tem um impacto positivo na saúde e no bem-estar dos cidadãos;

L. Considerando que o desenvolvimento das infraestruturas desportivas é um elemento importante para a melhoria da qualidade de vida e das oportunidades económicas nas zonas remotas e desfavorecidas;

M. Considerando que o desporto enfrenta uma série de desafios, como problemas de governação, corrupção, viciação de resultados, dopagem, financiamento, pirataria digital, modelos puramente baseados no lucro, violações dos direitos humanos, discriminação e violência e preocupações com o impacto e a sustentabilidade ambientais;

N. Considerando que as mulheres continuam a estar sub-representadas no desporto, tanto nos órgãos diretivos como na esfera mediática;

O. Considerando que a transmissão em linha ilegal de eventos desportivos em direto ameaça a estabilidade financeira tanto do desporto profissional como do desporto de base, que dependem das receitas dos direitos das transmissões desportivas.»

E, perante tudo isto, perante esta dimensão do universo desportivo, num nível europeu entende-se em 2023 que a atuação política dos Estados europeus (e da própria "Europa") deverá centrar-se em:

1) Reforçar a visibilidade, a cooperação e a integração do desporto nas políticas da UE;
2) Consolidar a boa governação e a integridade;
3) Garantir um desporto seguro, inclusivo e equitativo;
4) Promover estilos de vida saudáveis e ativos juntamente com a educação e as oportunidades de desenvolvimento;
5) Apoiar a transição para um futuro sustentável e inovador.

Caberá a cada País, na parte que lhe toca, assumir atividades políticas e/ou legislativas, nestas direções. Como será em Portugal?

3. Fim. Ou melhor, fins.

A este ponto da leitura, talvez o/a leitor/a esteja já a reclamar um consubstanciar concreto das palavras até aqui transcritas. Muito bem, vamos lá então a isso, com alguns exemplos (entre outros que poderiam caber nesta ocasião, mas que me vou reservar no direito de guardar para uma futura conversa presencial que espero poder vir um dia a ter com todos Vós).

Vou introduzir agora alíneas, para facilitar a separação temática que pretendo salvaguardar, nesta mão cheia de áreas ilustrativas do desporto nacional, nas quais parece que existem impedimentos incontornáveis para melhorias...

a) A problemática da violência.

A relação do poder político nacional com o fenómeno da ocorrência repetida de atos de violência, quer verbal quer física, nos eventos desportivos (ou, sejamos corretos, em algumas modalidades desportivas), é das melhores ilustrações da lenta evolução histórica de um combate que se desejaria célere e eficaz.

Se iniciarmos em mil novecentos e oitenta a viagem, encontramos as primeiras medidas, essencialmente repressivas, "*tendentes a conter a curto prazo a violência em recintos desportivos*", no Decreto-Lei n.º 339/80, de 30 de agosto. A partir daí, é ver a noção de "a curto prazo" se desenrolar ao longo de dezenas de anos...

Cinco anos depois, em 1985, novo decreto-lei com o qual, anunciava o poder político da altura: «*Com as disposições introduzidas espera o Governo, prevenindo situações de violência ou agressão, contribuir para que os espetáculos desportivos decorram em ambiente de dignidade e correção e sejam escola de educação cívica e de um saudável espírito de competição*». Lá está, em Portugal espera-se que a dignidade e correção brotem em geração espontânea no desporto. Ou que a educação cívica dê frutos pela mera divulgação de princípios de ética, investindo-se milhares de euros em prevenção e apelos. A ideia de repressão, exemplo punitivo, ou sanção exemplar, parece estar arredada do léxico político. Não deverá ser muito popular...

Dois anos após, em 1987, temos a Resolução da Assembleia da República n.º 11/87, de 10 de Março, que aprova a Convenção Europeia sobre a Violência e os excessos dos Espectadores por ocasião das Manifestações Desportivas. "Excessos dos espectadores" surgiu como um conceito disruptivo, que não teve força para se implementar.

À porta dos anos noventa, novamente um decreto-lei, desta feita o n.º 270/89, de 18 de Agosto, que surge com o intuito anunciado de reforçar o combate a ocorrências de violência associadas ao desporto, prometendo uma inflexão face a anterior legislação que se baseava essencialmente no respeito pela ética desportiva e promoção de comportamentos corretos. Depois, a primeira Lei de Bases e, quase uma década depois, nova intervenção estatal por meio de um instrumento legal: 1998, Lei n.º 38/98, de 4 de agosto, com um misto de medidas a incrementar, quer na ótica da prevenção, quer numa perspetiva de contenção.

E após esta sequência imparável de tentativas de resolver um problema, já estamos noutro século, encontrando-nos no início de um novo milénio quando ocorre um evento de significativa dimensão europeia mediática, o Campeonato Europeu de Futebol, em Portugal. Aparece a Lei n.º 16/2004, de 11 de maio, que, inspirada em necessidades prementes naquela data e face ao aludido *timing*, introduz efetivamente novidades e alterações práticas na responsabilidade de acolhimento de espetáculos desportivos e organização de eventos competitivos. Porém, como se viu e sentiu nas duas décadas subsequentes, não eliminou o problema. Irresolúvel?

Diferentes poderes políticos não desistiram entretanto, certamente por considerarem que havia ainda algo para corrigir no sistema desportivo português, no que à eliminação de comportamentos violentos diz respeito. Aliás, a Lei n.º 39/2009, de 30 de julho, evidencia o foco, ao visar erradicar do desporto a "*violência, o racismo, a xenofobia e a intolerância nos espetáculos desportivos, de forma a possibilitar a [sua] realização (...) com segurança e de acordo com os princípios éticos inerentes à sua prática*". Como o propôs fazer? Extinguiu o Conselho Nacional contra a Violência no Desporto, que viu as suas atribuições integradas no novo Conselho Nacional do Desporto, e cria o Conselho para a Ética e Segurança no Desporto (CESD)... (não fez só isto, é verdade, pois abriu também um foco de atenção para os Grupos Organizados de Adeptos, os vulgarmente chamados de Claques).

Existiu, para o que aqui nos interessa, um momento específico no tempo, na nossa história recente, que marca ainda hoje o contexto em que vivemos: 2013, através da Lei n.º 52/2013 (de 25 de Julho). Quatro anos depois de ser criado, elimina-se do ordenamento jurídico o CESD, passando os regulamentos de prevenção da violência a dever ser registados junto do Instituto Português do Desporto e da Juventude, bem como os regulamentos de segurança e de utilização dos espaços de acesso público. O legislador ainda aludiu, nesta data, note-se, à necessidade de fixar melhor a responsabilidade de quem acolhe um evento competitivo desportivo e delimitar bem o papel de quem organiza uma competição e os respetivos embates, seja em Pavilhão, seja em Estádio.

Em quase quarenta anos de atividade legislativa, é extraordinário ler como durante quatro décadas o Estado tentou conter uma problemática que, uns entenderam e entendem ser mais grave do que outros (algo logo neste aspeto surpreendente) mas que, estando o País melhor neste campo do que estava em 1980, não está porém calmo e tranquilo no que à verificação de atos de violência em espaços de prática desportiva concerne; ainda se "reza" por vezes para que não ocorram situações que façam perigar a segurança física de inocentes que pretendam deslocar-se a estádios e pavilhões e assistir em ambiente salutar aos embates competitivos que neles se desenrolam.

Verdade: em 2018, foi dado um passo relevante para um efetivo progresso neste assunto, com a criação da Autoridade para a Prevenção e o Combate à Violência no Desporto.

Facto: existem em vigor em várias federações desportivas a quem está atribuído/reconhecido o estatuto de utilidade pública desportiva, regulamentos de prevenção da violência (de adoção obrigatória, por imposição da

Lei n.º 39/2009, de 30 de julho, na sua redação atual) que têm artigos que não são respeitados pelas próprias. Aliás, só a evidência de ter sido necessário impor a implementação das normas recomendadas pela lei de então, é merecedor de registo na leitura que se pode fazer do comportamento das entidades que deveriam zelar para garantia máxima de segurança de elevado nível, para os respetivos protagonistas das suas modalidades (incluindo espetadores).

Deixo dois exemplos:

Pune-se como mera contraordenação, promotores e organizadores de competições desportivas, bem como proprietários de recintos desportivos, pelo incitamento ou a admissão pública de violência, da intolerância ou do ódio, nomeadamente através da realização de críticas ou observações violentas, que utilizem terminologia desrespeitosa, que façam uso da injúria, difamação ou ameaça, ou que possam afetar a realização pacífica e ordeira dos espetáculos desportivos e a relação entre quaisquer entidades, grupos ou indivíduos envolvidos na sua concretização, ou a adoção de comportamentos dessa natureza. Para quem não esteja familiarizado com o termo jurídico, direi que atitudes como as que acima estão descritas, levarão (apenas, digo eu) a uma sanção de natureza administrativa com um sentido dissuasor de uma advertência social, traduzindo-se na imposição do pagamento de uma quantia fixada.

Outro exemplo, ainda mais concreto e ilustrativo, provavelmente: um dos comportamentos que não pode ocorrer, de acordo com a maioria dos regulamentos federativos (face ao que é imposto pelo poder político, traduzido em imposição legal) é o de não *usar de correção, moderação e respeito relativamente a organizadores de competições desportivas, associações, clubes, sociedades desportivas, agentes desportivos, adeptos, autoridades públicas, elementos da comunicação social e outros intervenientes no espetáculo desportivo.* A não violação dessa disposição é condição de permanência dos espetadores no recinto desportivo. Está por apresentar a estatística sobre quantas vezes tal norma foi violada e em que ocasiões o(s) espetador(es) que a infringiram foram removidos do recinto desportivo; ou em que o clube desportivo responsável por fazer respeitar os regulamentos nesse "detalhe" foi punido por não efetivar o cumprimento das regras.

É certo que o panorama jurisprudencial também não contribui para uma superação do estado das coisas. Não vou realizar nova resenha histórica sobre as decisões de tribunais comuns ou do tribunal arbitral do desporto, sobre a admissibilidade de um nível de violência verbal no desporto (na sua maioria de casos, na modalidade específica do futebol); vários textos podem ser consultados que já o fizeram. Mas não posso deixar de lembrar esta lamentável realidade: coloca-se o desporto como um setor social à parte do que é admissível na sociedade em geral, assumindo-se uma condescendência decisória perante o que deveria ser bloqueado como exemplo, mas que se aceita por ser feito por quem é, para quem é (adeptos).

Só os próprios dirigentes desportivos e alguns agentes prevaricadores (certos atletas e determinados treinadores) querem que assim continue a ser: que se entenda que seja natural no plano desportivo existirem, se admitirem e persistirem *«expressões desagradáveis, indelicadas e nada polidas. (...) que (...) resulta claro que nem todos os comportamentos descorteses ou boçais ofendem o mínimo de respeito a todos devido, não passando muitos deles de impertinências e de grosserias. No âmbito de um viver social desportivo, em contexto social específico de relações entre dirigentes desportivos, existe alguma tolerância social (que não aceitação social) em relação a uma certa margem de aspereza de linguagem e de confrontação de palavras e de ideias. Excessos de linguagem e de atitude que convivem com um correspondente "poder de encaixe" por parte de quem frequenta e se move nesses mesmos espaços e nesses mesmos meios, de "luta desportiva»*.

Que tristeza. Assim estamos e aparentemente assim vamos ficar. "Tudo bem"; o desporto que fique para os desportistas como está. Sejam é coerentes, não reclamem pela ausência de público, nem pela inexistência de iniciativa privada consubstanciável em patrocínios ou *sponsorizações*. Só não é obvio para quem não quer ver. Só os desrespeitadores de condutas sociais, só aqueles que se sentem bem com faltas de tolerância, sem cordialidade, com ausência de respeito mútuo, podem estar bem com tal continuidade.

Também posso evidenciar algo que parece passar despercebido a quem tem tido responsabilidades políticas nesta matéria: a qualificação do que é um ato grave, no contexto de práticas violentas. Sim, a qualificação de algo como grave, pouco grave, muito grave, ou extremamente grave, não é algo despiciendo, pois daí derivará (como qualquer jurista muito bem sabe, mas certamente também um cidadão comum que pense sobre isto deduzirá) a dimensão da punição/sanção para o Clube/organizador do evento desportivo desrespeitador. Procurem pelo conceito de "especial gravidade" na legislação sobre esta temática, e tirem as vossas próprias conclusões. Que espero e desejo, possam contribuir depois, em ação cívica, para o definitivo passo que falta ser tomado, politicamente e legislativamente, para um derradeiro progresso no real combate a todo o tipo de violência conexa com o desporto.

b) O Tabu do Dirigismo.

Não interesse agora (até porque por dever de reserva institucional não o posso revelar), mas num dos primeiros Conselhos Nacionais do Desporto em que tive o privilégio de participar, em meados da segunda década deste milénio, um dos conselheiros elabora um pungente apelo à intervenção do Estado na proteção dos Dirigentes Desportivos voluntários, reclamando (sem surpresa...) mais apoio, mais benefícios, mais direitos; até que, antes que pudesse terminar a sua locução, alguém lhe lembra que já existe uma previsão legal para isso... mas era natural que estivesse esquecida: data de 1995! Sim, um dos diplomas legais mais antigos neste momento em vigor no sistema desportivo português, dentro de um âmbito subjetivo de relevância. Sendo que, sobre o que há que se ter coragem de refletir, é porque é que essa matéria é tão intocável.

Ao longo das últimas décadas, o poder político debruçou-se (e bem) nos requisitos a fixar para se ser dirigente federativo, bem como dirigente (gestor, administrador) de entidades empresariais (sociedades comerciais) que queiram operar no desporto. Mas tem deixado de lado o olhar, face ao material humano inerente ao associativismo desportivo (não querendo – ou não sabendo – aperfeiçoar), o instrumento legislativo que regula as condições para os recursos humanos que queiram dirigir clubes desportivos.

Isto, apesar de em Portugal existir legislação aprovada no final do século passado para as regras do voluntariado (1998). Normas legislativas que fixam deveres, mesmo para quem assume funções dentro de um regime de exercício voluntário. Porém, no desporto, temos sempre a dicotomia liberdade associativa vs. intervencionismo estatal...

Um dos melhores exemplos do desenvolvimento político, da postura política, no que concerne aos temas desportivos, é/foi a concretização da obrigatoriedade legal da definição do termo "Entidade Formadora" no contexto dos pagamentos de indemnizações ou compensações entre entidades desportivas por força da formação de jovens atletas em cada modalidade desportiva. O ritmo com que as federações desportivas portuguesas implementaram a certificação de entidades formadoras, ou melhor, a lentidão com que a maioria delas ainda as estão a adotar, é sintomático e ilustrativo.

Se quiséssemos olhar para o outro lado da fronteira ibérica, faz dez anos neste momento que, em Espanha, o Governo da altura teve coragem para enfrentar a realidade do dirigismo desportivo, ou melhor, teve capacidade e a seriedade de reconhecer a necessidade de a definir, em território espanhol. A administração pública espanhola encarregou-se, dentro da "pasta" da Segurança Social, de uma pesquisa entre os clubes desportivos, em 2013, destinada a perceber a natureza da atividade desenvolvida no associativismo desportivo pelos protagonistas das respetivas direções, ou seja, pelos titulares dos órgãos sociais das associações desportivas espanholas, como organizações que funcionariam sem visar qualquer tipo de lucro ou rendimento financeiro.

No ano seguinte, revelaram-se as conclusões de tal estudo governamental: foram detectadas inúmeras atividades, inúmeros dirigentes desportivos, que operavam no meio desportivo sob o manto de um falso voluntarismo desportivo. Entre gratificações, reembolsos, e outras variedades de compensações financeiras pela atividade diretiva desenvolvida, muito fluxo de dinheiro não era declarado.

Mesmo que não fosse um falso profissionalismo, era pelo menos um falso semiprofissionalismo.

Mas para quem não gosta de comparações, ou solta o frágil argumento da cultura lusa própria ou das especiais tradições lusitanas, regressemos a Portugal e vinquemos então que já pelo menos por duas vezes desde 2002, diferentes partidos políticos deixaram expresso nos registos do parlamento: a urgência de abordagem da peculiaridade do dirigismo desportivo – primeiro, o Bloco de Esquerda, que submeteu um projeto de lei para a determinação do registo de interesses em instituições desportivas, defendendo que *a regra da transparência da declaração de interesses deve forçosamente abranger todos os agentes desportivos que tenham a responsabilidade de gerir fundos públicos ou que tenham responsabilidades em acontecimentos desportivos.* Mais tarde, mais recentemente, em 2010, foi o Partido Comunista Português, a solicitar publicamente a definição do conceito, a criação de um novo estatuto legal, para o dirigente desportivo voluntário, escrevendo-se à data que, a delimitação do que é uma atividade benévola no associativismo desportivo era já então uma necessidade urgente, por carecer de um entendimento comum minimamente claro e contemplação jurídica inequívoca.

Será também muito interessante para quem tenha prazer em analisar estas matérias e gosto em estudar estas particularidades temáticas, sequenciar o surgimento das várias profissões desportivas na legislação portuguesa, sem descurar a percepção da *ratio legis* de cada uma delas. Já não digo o abordar da previsão legislativa desde 1990 (sim, 1990) para a definição dos requisitos legais para se ser "gestor desportivo", sem que desde então se esclareça cabalmente os conceitos de "diretor desportivo" ou se preferirem, o exercício de funções diretivas (e/ou de gestão) no desporto português. Existe algum registo académico de ensaios sobre tal, mas será bem-vindo um enquadramento político da situação atual. Fica o repto.

c) A subsídio-dependência.

Desde 1995 que tive a oportunidade de percorrer alguns meandros da esfera desportiva nacional, cruzando-me inúmeras vezes com todo o género de dirigentes desportivos. Mas durante estes mais de 25 anos que tenho ouvido várias sensibilidades provindas de diferentes modalidades, uma coisa tiveram sempre em comum: exigiam sempre mais dinheiro público, mais investimento do Estado, mais afetação de verbas provenientes dos impostos cobrados aos cidadãos. O curioso (ou talvez não) tem sido o número de vezes que pergunto se sabem quanto se gasta anualmente em Portugal com o desporto; acabo por ver espelhado no rosto dos/as interlocutores/as o espanto, quando confrontados com as centenas de milhar de euros que existem de despesa pública todos os anos.

Quando todos deveríamos ter a coragem de estar a dissecar minuciosamente quanto desse dinheiro público é dispendido na efetiva promoção de uma prática desportiva saudável e livre, ou qual a fatia desse bolo que é canalizada para a real disseminação da utilidade de uma atividade física regular, não estamos. A esmagadora maioria dos cidadãos que até têm algum interesse em perceber a dimensão das problemáticas e erros políticos cometidos dentro do sistema desportivo, esbarra na ocultação dos valores que são gastos na sustentação de competições desportivas, obrigatoriamente praticadas em contexto federado, viradas por isso para a sobrevivência de talvez clubes a mais (ouçam-se as dificuldades e apelos das autarquias face ao número exagerado – palavras dos políticos municipais – de clubes existentes em centenas delas–).

Não sei se o leitor discordará de mim quando expresso a importância de politicamente ser feita uma separação clara entre o apoio à prática desportiva adulta (que deveria ser sustentável financeiramente) e o apoio à formação de atletas, ao ensino da prática desportiva durante a idade jovem (ainda que mesmo aqui ninguém tenha a coragem de questionar se a garantia constitucional de acesso "ao desporto" tem de existir para todas as modalidades que existam e mais algumas que possam vir a existir, ou só para garantir que há opções de prática desportiva – deixando a existência ou não de cada modalidade à capacidade de a mesma se organizar, subsistir, sobreviver). Presumo que concordará ou não, consoante o lado da barricada em que se encontrar; embora correndo o risco de ser utópico ou de me acusarem de lírico, preferia que fizesse um exercício cívico e racional de cidadania.

d) A Arbitragem no Futebol, mas não só.

27 de Dezembro de 2011: fica concluído o Relatório do Grupo de Trabalho para a avaliação da atividade dos Árbitros e entidades equiparadas, com estudo da sua eventual "profissionalização" (aspas enfatizadas na própria epígrafe do Documento), tarefa que tinha sido impulsionada por Despacho do Ministro Adjunto e dos Assuntos Parlamentares, à data com a tutela na Presidência do Conselho de Ministros, do Gabinete do Secretário de Estado do Desporto. Sim, leram bem; existe já realizada uma extensa análise sobre as condições de exercício da atividade de arbitragem no desporto nacional, sob as suas múltiplas faces (juízes de partida, oficiais de mesa, etc...).

O que se fez à data, muito bem na nossa perspectiva, foi algo que para todos os aspetos do desporto português periodicamente deveria ser assumido e reclamado por todos os agentes desportivos como essencial: reunir peritos, profissionais com conhecimento nas matérias, gerar debate, meditação, escrutínio, para que daí resulte escrita uma avaliação do ponto-de-situação de uma problemática e se apontem, documentalmente, soluções possíveis para melhorar.

No caso, importava ponderar, em primeira análise, se se deveria optar pela via da profissionalização desses agentes. Mais de 10 anos passados, onde está a segunda análise? Onde está o aproveitamento de um trabalho que aponta falhas, sugere caminhos? Que continuidade política, supostamente com um foco cívico, alegadamente centrado no benefício social para o País, existiu?

O extraordinário, é que nem com posteriores evidências públicas de necessidade de mudança, a coisa evoluiu, nem na modalidade que está sempre no nosso País debaixo dos mais intensos holofotes:

1 de Novembro de 2013, Federação Portuguesa de Futebol. É apresentado à comunicação social, em cerimónia aberta e amplamente divulgada, o

novo Modelo Português de Profissionalização do Setor da Arbitragem afeto às competições profissionais e internacionais.

Nesse modelo, ficou explanada a evidente necessidade de garantia de melhores condições de exercício da atividade, para a modalidade desportiva em causa ter melhores árbitros. Nesse modelo ficou indicado o caminho da criação de contratos de trabalho que garantissem estabilidade e alguma segurança laboral, para os protagonistas da função técnica de decisão nos desafios de futebol.

Nesse modelo foram exemplificadas as várias opções que poderiam ser assumidas, em termos comparados com outros países europeus (delimitando a comparação à realidade mais adaptável e próxima do nosso país, a europeia), para a gestão de um setor, carente de que algo fosse feito, de que uma decisão fosse tomada e assumida.

Chegados a 2024 o problema não está sanado; parece não haver solução para uma dificuldade que, aparentemente, não tem "remédio". Deixa-se às federações desportivas de cada modalidade a gestão de pessoas, de futuros, de opções de "carreira" (que não existe).

Qual a política desportiva assumida pelos governantes desde então? Parece que respondem "isso não é connosco"; deixemos para o desporto o que é do desporto; cada uma (Federação) saberá de si. Não interessa o que em 2011 já foi sugerido e recomendado por um grupo de personalidades ligadas a entidades como o Comité Olímpico de Portugal, a Confederação do Desporto, a Federação Portuguesa de Futebol, a Liga Profissional de Futebol, coadjuvados por investigadores de Universidades de Coimbra, Porto e Lisboa. Admissível?

e) O faz de conta do Amadorismo.

30 de Junho de 2011, Alfândega da cidade do Porto: apresentação pela Liga de Clubes (à data presidida pelo atual Presidente da Federação Portuguesa de Futebol) de um documento que deveria ter ficado para a história. "Competição fora das 4 linhas", uma reflexão estratégica sobre a sustentabilidade do futebol profissional em Portugal, realizada pelo Centro de Estudos em Gestão e Economia da Universidade Católica, do Porto, juntamente com a consultora Deloitte. Foi um momento histórico, mas ficou parte dele esquecido politicamente na história, com propósitos específicos certamente, mas nunca assumidos pelos diferentes governos do País.

A determinada altura, lê-se que o futebol português teria (em 2011) o desafio de assumir uma prioridade estratégica, que seria o traçar de uma fronteira clara entre o futebol amador e o profissional, definindo-se meios de financiamento e clarificando a compensação por formação. Mas porque é que se torna relevante trazer para este texto este momento? Porque pela primeira vez em Portugal, ainda que só numa modalidade em específico, menciona-se a necessidade de qualificar uma determinada competição como semiprofissional.

Sim, esse conceito tão arisco ao léxico político-desportivo português. Repúdio conceptual que mantém um "fazer de conta que não existe", quando a realidade em diversas modalidades desportivas nacionais é tão evidente e tão carente desse reconhecimento. Não, em Portugal todo o desporto (coletivo) é Amador, para o Estado. Só há uma modalidade "profissional". Diferente é existirem modalidades desportivas com profissionais; e com sociedades anónimas desportivas a competir. Mas todas elas, todas essas outras, mesmo que com ânimo de lucro, mesmo com reconhecimento formal da característica "comercial" de alguns "Clubes" competidores, são idênticas: amadoras, não-profissionais.

Mais uma vez, o posicionamento político nacional é evidente: juridicamente, cria-se um diploma legal que configura a atribuição de um cariz profissional a uma competição. Mas depois, quem gere essa autonomia, essa eventual liberdade organizacional e competitiva, é a própria Federação da modalidade. Assim se extinguiram as outrora Ligas profissionais de Andebol e de Basquetebol. Assim persistem competições nesses desportos, que não são totalmente amadoras; mas também não são profissionais. O Estado continua a "assobiar para o lado" quando tem responsabilidades políticas na definição dessa vertente do sistema desportivo.

Os franceses tiveram há muito a coragem de enfrentar a realidade e a de a configurar adequadamente. Em Portugal, certos dogmas constitucionais servem para cruzar braços.

Isto não faria diferença nenhuma, se a ausência de ação política não provocasse duas coisas lamentáveis: primeira, a desproteção dos praticantes desportivos, treinadores e árbitros envolvidos nessas modalidades, que permanecem sem beneficiar da adequada proteção laboral para o exercício da atividade que praticam, limitadamente quanto ao seu espaço temporal; segunda, a indefinição e confusão que a "independência" de qualificações federativas lança no panorama desportivo, levando à dificuldade de opções de "carreira", por exemplo quando um jovem atleta quer decidir que modalidade praticar e pensar na respetiva opção, quanto à dedicação até à idade adulta.

Deixo ao leitor que tenha a curiosidade de as procurar, encontrar as disparidades que temos no sistema desportivo nacional, neste contexto. Vai encontrar entre federações desportivas de reconhecida utilidade pública, múltiplas opções: desde a admissibilidade do registo de contratos de prestação de serviços nos clubes (criando não sabemos bem que tipo de atletas... profissionais liberais? Trabalhadores independentes?), passando pela expressa rejeição de contratos de trabalho mesmo que os haja nos clubes («*Na organização e desenvolvimento da prática desportiva federativa, não são reconhecidos, no âmbito estritamente desportivo, os contratos celebrados entre os clubes e os atletas que os representam*») – lê-se num Regulamento Geral federativo, num artigo com a epígrafe «*Inscrição de Atletas por Transferência*»–. E encontrará ainda a "invenção" de peculiares acordos de prática desportiva, num regulamento interno federativo, denominados de *Contrato de Acordo Mútuo de Participação Desportiva.*

Todas estas realidades acima descritas, todas estas confusões mentais aqui retratadas, evidenciam por vezes um desconhecimento dos motivos pelos quais "as coisas são como são". Mas noutros pontos, também revelam a falta de conhecimento ou vontade da força política em assumir o que está correto fazer, por mais impopular que seja. Infelizmente, o que a faz mover está provado não serem os efetivos diagnósticos e as decorrentes necessidades de melhorias, mas o incómodo que isso pode causar, o trabalho que pode dar, do ponto de vista de uma gestão partidária eleitoral.

E por ora, fico-me por aqui.

Confesso o desejo de que este singelo texto desperte algumas consciências e possa contribuir para um "arregaçar de mangas", pelo menos de uma geração mais jovem, interessada no desporto em Portugal. Se chegará a quem tenha ao alcance mecanismos políticos que permitam efetivar as necessárias e possíveis melhorias, já será algo que cá estaremos todos para observar.

24. SPORT FINANCE: A NOVA ERA DO FUTEBOL E OS RISCOS DA CONCENTRAÇÃO

Rui Teixeira Santos[1]

Introdução

O desporto – e o desporto de massas em particular – desde o século XX que assumiu um espaço de afirmação de identidades e do nacionalismo que está a acentuar-se perversamente no século XXI, acompanhando por um lado a deriva populismo depois da grande crise financeira de 2008 e, por outro, a necessidade de reposicionamento de alguns países como marcas globais.

Mas o aumento das aquisições e fusões de sociedades comerciais desportivas prende-se também com a evolução do sistema financeiro global e a necessidade de canalizar recursos para novos mercados de ativos que permitam salvaguardar os enormes recursos monetários postos à disposição dos investidores e dos estados pelos bancos centrais com a progressiva politização das políticas monetárias, depois da grande crise financeira de 2009 e subsequentes crise das dividas soberanas, da pandemia do COVID 19 e da ameaça de estagflação com a Guerra da Ucrânia.

Basicamente, a financeirização do capitalismo começa a chegar ao desporto e ao futebol em particular (mas também ao basquetebol, golfe e rugby) a partir da última década do século passado, mas ganha especial dimensão com a multiplicação da massa monetária com as crises profundas do século XXI e a captura pelos bancos e fundos de investimento em ativos

[1] Advogado. Professor Associado do Instituto Superior de Gestão.

mobiliários e outros das enormes quantidades de dinheiro impresso. Basicamente, o que as estatísticas mostram é que o crescimento da apetência por sociedades comerciais desportivas por grandes fundos ou investidores financeiros familiares é proporcional ao crescimento da massa monetária no âmbito da flexibilização quantitativa (quantitative easing).

Após a crise financeira global iniciada em 2007, os bancos centrais das economias avançadas afrouxaram a política monetária, reduzindo as taxas de juros até que as taxas de curto prazo chegassem perto de zero. Alguns bancos centrais usaram políticas monetárias não convencionais, comprando títulos de longo prazo para reduzir ainda mais as taxas de longo prazo. Alguns até colocaram as taxas de curto prazo abaixo de zero. Em resposta à pandemia do COVID-19, os bancos centrais tomaram medidas para flexibilizar a política monetária, fornecer liquidez aos mercados e manter o fluxo de crédito. Para mitigar o estresse nos mercados de câmbio e títulos, muitos bancos centrais de mercados emergentes usaram intervenções cambiais e, pela primeira vez, programas de compra de ativos.

Esta súbita disponibilidade de ativos monetários não foi, durante mais de uma década, canalizada para consumo e, portanto, a inflação manteve-se moderada. Só por via da oferta é que os preços começaram a subir, na década de 20, com a invasão russa da Ucrânia, iniciada em 24 de Fevereiro de 2022. Essa liquidez acabou capturada pelos grandes investidores que procuraram ativos de refúgio para rentabilizar as aplicações a crédito, sendo o mercado desportivo e em particular as ações das sociedades desportivas e os passes dos jogadores, mas também os estádios de futebol e as escolas de formação desportivas – sobretudo para fundos imobiliários – ativos de refúgio suficientemente interessantes e resilientes, tendo em atenção os contratos de publicidade e merchandising, e, sobretudo, os direitos de transmissão desportivos nas diversas plataformas de comunicação.

Mas não foi apenas o crescimento das disponibilidades de crédito que provocaram a onda de aquisições que vimos sobretudo nas ligas do ocidente alargado, nem a oportunidade de branqueamento de dinheiro nas ligas mais frágeis[2].

[2] O exemplo da compra de ações do SCP por interesses financeiros luso-angolanos que está sobre investigação em https://www.record.pt/futebol/futebol-nacional/liga-bwin/sporting/detalhe/sobrinho-acusado-de-desviar-15-milhoes-de-euros-para-o-sporting consultado em 15 de jun. de 23.

Complementar à procura de fundos, a corrupção das segundas ligas por mafias ligadas ao jogo chinês[3] veio falsear a verdade desportiva e criar situações desafiantes do ponto de vista da igualdade na competição desportiva, pressuposto de espírito desportivo em geral e Olímpico em particular.

O fenómeno de afirmação das autocracias no espaço mediático global tem passado, desde os romanos, mas sobretudo com o fascismo alemão e italiano e o regime comunista da URSS e da China, pelo desporto. As suspeitas de fraude e as condenações por corrupção na esfera da UEFA, por causa da escolha da Rússia e do Catar[4] para a realização de jogos e finais desportivas demonstra que estas autocracias estão dispostas a usar de todos os meios para a sua afirmação internacional, mesmo que o racional financeiro inclua formas modernas de escravatura e desrespeito pelos mais básicos critérios ESG (Environmental, Social and Governance, ou Ambientais, Sociais e de Governança, em português). Mas a entrada da Arábia Saudita na tentativa de criar uma liga de impacto global e de nível internacional –

[3] O mercado de apostas é um verdadeiro gigante, capaz de movimentar verbas de magnitude estatal mundo afora: 1,3 trilhão de euros (R$ 4,8 trilhões) somente em 2015. A internet abriu ainda mais esse mercado, permitindo que usuários residentes em países onde as apostas são proibidas entrem no mundo das probabilidades através de sites baseados onde a lei é favorável. Entre 2009 e junho de 2016, foram detetados por empresas especializadas 2.532 casos suspeitos no planeta. Somente em 2015 foram 524 casos. De acordo com um organograma obtido junto a uma dessas companhias voltadas para fiscalização de fraudes no mercado de apostas, o esquema é muito maior do que se supõe e tem como financiadores pesos-pesados do crime organizado como a máfia italiana e as tríades chinesas. In https://globoesporte.globo.com/futebol/noticia/2016/07/apostas-movimentam-r-48-trilhoes-em-2015-e-mafia-financia-fraudes.html consultado em 15 de jun. de 23.

[4] Quando o Qatar preparou uma ofensiva de charme para capitalizar os ganhos reputacionais deste Campeonato do Mundo, recrutou uma vice-presidente do Parlamento Europeu, Eva Kaili, acusa a justiça belga, que deteve a eurodeputada grega, num escândalo que abala a credibilidade da UE. Kaili, suspeita de receber subornos, era considerada um dos rostos mais glamorosos da Aliança Progressista dos Socialistas e Democratas (S&D, na sigla inglesa), a bancada parlamentar europeia a que pertence o PS, que já fora acusada de ter uma posição demasiado branda quanto a abusos de direitos humanos do Qatar. In https://sol.sapo.pt/artigo/787669/qatar-suspeita-rede-de-corrupcao-abala-a-uniao-europeia consultado em 15 de jun. de 23. Ver também a atribuição da organização do Campeonato do Mundo de futebol, à Rússia, em 2018, e ao Qatar, em 2022, e as acusações de corrupção quanto à escolha desses países em https://www.cnnbrasil.com.br/esportes/sport-washing-e-corrupcao-moldam-polemicas-em-torno-da-realizacao-da-copa-no-catar/ .

como o fizeram antes dos EUA e a China – globalizando em particular o futebol, cria desafios regulatórios inesperados.

A autorregulação da UEFA não conseguiu, apesar do "fair play" desportivo[5] garantir regras de transparência e evitar a contaminação do futebol com os fenómenos de corrupção desportiva[6] levando a um novo debate à volta da nacionalização do fenómeno desportivo nas formas mais extremas ou pela criação de entidades reguladoras nacionais ou de nível federal (nos EUA ou na Europa) para gerir o fenómeno desportivo.

O mercado de aquisições e fusões no sector desportivo

O ano de 2023 está a ser desafiador para o mercado de fusões e aquisições (M&A), e os desafios devem continuar em 2024. O levantamento da Standard & Poor's (S&P), agência global de rating, mostrou que o valor total levantado com operações de M&A caiu 35% nos primeiros nove meses de 2022 e essa tendência se manteve em 23 e provavelmente, continuará em 2024 com os impactos inflacionários provocados pela invasão da Ucrânia pela Rússia, levando, nomeadamente, à subida do preço do dinheiro e à contração do crédito nas economias do Ocidente alargado.

Mas as ameaças ao sector na Europa com os elevados recursos que são mobilizados pelos novos *players* mundiais e pelas superpotências obrigam a Europa a repensar os conceitos fundamentais do desporto federado e, em particular, do desporto profissional, sobretudo na área Futebol.

A cooperação e o diálogo a nível da UE no domínio do desporto melhoraram significativamente com o Livro Branco sobre o Desporto de 20071.

[5] "Regulamentos de Licenciamento de Clubes e Fair Play Financeiro da UEFA" em https://pt.uefa.com/insideuefa/protecting-the-game/club-financial-controlling-body/ consultado em 15 de jun. de 23.

[6] Sobre a criminalização da corrupção desportiva ver
– Rui Teixeira Santos (2011) Direito Português da Corrupção Lisboa: Economics
– COI/UNODOC, Criminalization approaches to combat match-fixing and illegal/irregular betting: a global perspective – Comparative study on the applicability of criminal law provisions
concerning match-fixing and illegal/irregular betting, Lausanne / Vienna, Julho de 2013
– Enlarged Partial Agreement on Sport (EPAS), Provisions of International Legal Instruments on Treating Bribery in Sport as a Crime, 28 de Março de 2011
– European Commission, KEA European Affairs: Match-fixing in sport, A mapping of criminal law provisions in EU 27, Março de 2012.

Quase todas as acções do plano de acção «Pierre de Coubertin», que acompanha esse Livro Branco, foram concluídas ou encontram-se em fase de implementação. O Livro Branco descreve a especificidade do desporto e a aplicação da legislação da UE em áreas como o mercado interno e a concorrência no sector do desporto. Através da aplicação do Livro Branco sobre o Desporto, a Comissão pôde recolher informações úteis sobre os tópicos a abordar no futuro. A presente Comunicação não substitui o Livro Branco, procurando antes desenvolver as suas realizações.

Num certo número de áreas, o Livro Branco continua a ser uma referência adequada para as actividades realizadas a nível da UE no domínio do desporto. Essas áreas incluem, nomeadamente, a promoção do voluntariado no desporto, a protecção dos menores e a protecção ambiental. O Livro Branco também possibilitou um diálogo estruturado com as partes interessadas do desporto, incluindo um Fórum do Desporto da UE, que ocorre anualmente e serve de base para a integração das actividades ligadas ao desporto nos fundos, programas e iniciativas da UE pertinentes. O facto de certos tópicos não serem considerados nesta Comunicação não significa que deixaram de ser prioritários para a Comissão, mas unicamente que o Livro Branco continua a ser uma referência adequada para o seu desenvolvimento nos próximos anos.

Os diferentes aspectos do sector do desporto são regidos por diferentes disposições do Tratado, como explicado no Livro Branco. Além disso, o Tratado de Lisboa veio atribuir uma nova competência à UE no domínio do desporto, no sentido de apoiar, coordenar e completar a acção dos Estados-Membros, incluindo uma acção da UE com o objectivo de desenvolver a dimensão europeia do desporto (artigo 165.o do TFUE).

A estrutura do Livro Branco, assente em três partes temáticas principais (a função social do desporto, a dimensão económica do desporto e a organização do desporto) e reflectindo as disposições do Tratado sobre o desporto tornou-se um instrumento de referência reconhecido para as actividades e debates a nível da EU.

Em 2011, na mesma linha, uma proposta de resolução do Parlamento Europeu[7] fazia menção ao estado da arte na reflecção sobre os riscos e as ameaças ao desporto na Europa:

[7] PROPOSTA DE RESOLUÇÃO DO PARLAMENTO EUROPEU sobre a dimensão europeia do desporto (2011/2087(INI)) consultado em https://www.europarl.europa.eu/doceo/document/A-7-2011-0385_PT.html em 21 de Junho de 2023.

"Considerando que o desporto contribui para a realização dos objectivos estratégicos da União Europeia, que põe em evidência valores pedagógicos e culturais fundamentais e que é um vector de integração, na medida em que afecta todos os cidadãos, independentemente do seu sexo, origem étnica, religião, idade, nacionalidade, condição social e orientação sexual;

B. Considerando que a natureza específica do desporto deve ter precedência na jurisprudência do TJE e nas decisões da Comissão em matéria de desporto;

C. Considerando que todas as partes interessadas, incluindo os decisores políticos, devem ter em conta a especificidade do desporto, as suas estruturas baseadas no voluntariado e a sua função social e educativa;

D. Considerando que a especificidade do desporto decorre do conjunto dos aspectos individuais e essenciais do desporto, que o distinguem de todos os outros sectores de actividade, incluindo as actividades económicas; que deve, porém, ser sujeito à legislação da União Europeia, sempre que apropriado e necessário e numa base casuística;

E. Considerando que a acção da UE no domínio do desporto deve ter sempre em conta a especificidade do desporto no que respeita aos seus aspectos sociais, educativos e culturais;

F. Considerando que o desporto constitui competência da UE ao abrigo do Tratado de Lisboa, que visa promover a lealdade e a abertura nas competições desportivas, a cooperação entre os organismos responsáveis pelo desporto, protegendo a integridade física e moral dos desportistas, e melhorando os benefícios do desporto tanto em termos de saúde, como do ponto de vista social, cultural e económico, e requer um adequado apoio político e financeiro;

G. Considerando o contributo significativo do desporto para a formação de valores positivos como o «fair play», o respeito e a inclusão social;

H. Considerando que milhares de milhões de pessoas em todo o mundo praticam desportos inventados, codificados e difundidos na Europa e tendo ainda em conta que o Movimento Olímpico moderno foi criado em França pelo Barão Pierre De Coubertin;

I. Considerando que a política do desporto da UE deve ser desenvolvida para atender e apoiar as metas e os objectivos dos desportos profissionais e amadores;

J. Considerando que o apoio e a promoção do desporto para pessoas com deficiência mental ou física deve ser uma prioridade da UE dado o seu papel importante no sentido de garantir a inclusão social, a saúde pública e o voluntariado além fronteiras;

K. Considerando que o voluntariado é a pedra angular da maior parte do desporto amador na Europa;

L. Considerando que 35 milhões de amadores apoiam o desenvolvimento do desporto de massas e a disseminação dos ideais desportivos, como o fazem também os clubes e as associações desportivos sem fins lucrativos;

M. Considerando que o desporto é uma factor fundamental para a saúde na sociedade moderna e que, graças ao seu papel na educação formal e não formal, constitui um elemento essencial de uma educação de elevada qualidade e contribui para a realização pessoal dos idosos;

N. Considerando que a promoção das actividades físicas e desportivas contribui para uma poupança importante de despesa pública em matéria de saúde;

O. Considerando que um factor fundamental de motivação para a participação dos cidadãos no desporto e na actividade física é melhorar a saúde e o bem-estar;

P. Considerando que as práticas associadas à dopagem transgridem os valores do desporto e expõem os desportistas a perigos graves, causando danos graves e permanentes à saúde;

Q. Considerando que o desporto de alto nível glorifica alguns dos seus valores mais fundamentais, prolongando-os no seio da sociedade, junto da qual promove a prática desportiva;

R. Considerando a precariedade da situação em que se encontram numerosos atletas de alto nível após a conclusão da sua carreira desportiva;

S. Considerando que é fundamental preparar os atletas para a sua reconversão profissional, permitindo-lhes beneficiar de um ensino geral ou de uma formação profissional paralelamente à sua formação desportiva;

T. Considerando que cumpre garantir a salvaguarda e protecção dos direitos fundamentais dos desportistas;

U. Considerando que a violência, verbal e física, e uma conduta discriminatória são susceptíveis de ocorrer durante competições desportivas;

V. Considerando que a prática de desporto entre as mulheres não é suficientemente valorizada e que as mulheres estão sub-representadas nos órgãos de decisão das organizações desportivas;

W. Considerando que as actividades desportivas requerem instalações, equipamentos e aparelhos específicos e adequados e que as escolas também devem dispor de instalações adequadas para promover a educação física,

X. Considerando que o desporto desempenha um importante papel na economia europeia, na medida em que emprega, directa ou indirectamente, 15 milhões de pessoas, isto é, 5,4% da população activa, e representa um valor acrescentado anual de cerca de 407 mil milhões de euros, ou 3,65% do PIB da Europa, e que um sector desportivo economicamente florescente contribui, assim, para a consecução dos objectivos da Estratégia Europa 2020;

Y. Considerando que a violação dos direitos de propriedade intelectual das organizações desportivas e a crescente pirataria digital, em especial a retransmissão não autorizada de eventos desportivos em directo, constituem uma ameaça para a economia do sector desportivo na sua globalidade;

Z. Considerando que o desporto não funciona como um sector típico da economia devido à interdependência entre adversários e ao equilíbrio competitivo necessário para preservar a incerteza dos resultados;

AA. Considerando que o desporto não se comporta como uma actividade económica habitual devido às suas características específicas e às suas estruturas organizativas baseadas em federações, que não funcionam como empresas, e que o interesse desportivo deverá ser distinto do interesse comercial;

AB. Considerando que o Diálogo Social Europeu pode desempenhar um papel importante, devendo por isso ser incentivado;

AC. Considerando que o desporto desempenha um papel importante e proporciona alegria a muitos cidadãos, sejam eles participantes, adeptos ou espectadores;

AD. Considerando que os grandes eventos e a prática desportiva constituem ocasiões extraordinárias para explorar o potencial de desenvolvimento do turismo na Europa, que pode ser um veículo difusor dos valores e princípios ligados ao desporto;

AE. Considerando que o modelo desportivo europeu se baseia numa federação por disciplina desportiva e que os mecanismos de solidariedade desportiva e financeira, como o princípio da promoção e despromoção e das competições abertas que envolvem tanto clubes como equipas nacionais, estão organizados numa base autónoma, democrática e territorial no quadro de uma estrutura piramidal, sendo o resultado de uma longa tradição democrática;

AF. Considerando que a transparência e a responsabilidade democrática em clubes desportivos podem ser melhoradas através do envolvimento dos adeptos na propriedade e na estrutura directiva dos seus clubes;

AG. Considerando que as organizações desportivas tradicionais e populares desempenham um papel fundamental no fortalecimento da cultura, na promoção da inclusão social e no desenvolvimento das comunidades;

AH. Considerando que as equipas nacionais desempenham um papel essencial, que as competições internacionais continuam a ser uma referência e que convém combater as naturalizações de conveniência;

AI. Considerando que a natureza própria das competições entre equipas nacionais implica que as federações e os clubes desportivos possam valorizar a formação dos desportistas nacionais;

AJ. Considerando que o desporto profissional e o desporto de base são vulneráveis e são gravemente afetados pela instabilidade financeira e que incumbe às federações relevantes incentivar os clubes a adotarem uma cultura de planeamento e investimento razoável;

AK. Considerando que as transferências internacionais podem representar um perigo para os jovens atletas, uma vez que o fracasso desportivo, a desagregação familiar e a marginalização social são algumas das consequências eventualmente ocorrentes quando os jovens atletas saem de casa demasiado cedo;

AL. Considerando que as federações desportivas não dispõem de meios estruturais e jurídicos para agirem eficazmente contra a manipulação dos resultados dos jogos;

AM. Considerando que, devido à sua especificidade, os serviços de jogo estão excluídos do âmbito de aplicação da Diretiva "Serviços" (2006/123/CE), bem como da nova Diretiva relativa aos Direitos dos Consumidores (aprovada pelo Parlamento Europeu em 23 de Junho de 2011);

AN. Considerando que o financiamento do desporto amador só está garantido se os titulares de licenças nacionais de jogo a dinheiro, que pagam impostos e financiam outros projetos de interesse geral nos Estados-Membros, forem obrigados por lei a pagar taxas de "interesse público" e forem eficazmente protegidos contra a concorrência ilegal;

AO. Considerando que a regulamentação relativa aos agentes dos jogadores requer uma Acão concertada entre as entidades reguladoras do desporto e as autoridades públicas, para que seja possível impor sanções eficazes aos agentes e/ou intermediários que infrinjam as regras;

AP. Considerando que o desporto pode desempenhar um papel em diversos domínios das relações externas da União Europeia, nomeadamente através da diplomacia;

Papel social do desporto

1. Insta a Comissão a propor um orçamento específico e ambicioso para a política desportiva no âmbito do futuro QFP, tendo em conta os benefícios do desporto em termos de saúde pública, mas também do ponto de vista social, cultural e económico;

2. Exorta os Estados-Membros a garantirem que o desporto passe a integrar os currículos de todos os tipos de escolas e salienta a importância de encorajar a participação nos desportos a todos os níveis de ensino, desde a mais tenra idade, incluindo escolas, universidades e comunidades locais, que devem ser encorajadas a dispor de instalações desportivas dotadas de equipamento adequado;

3. Insta os Estados-Membros a estabelecerem diretrizes claras para integrar o desporto e a atividade física em todos os níveis de ensino em todos os Estados-Membros;

4. Salienta a importância da educação pelo desporto, bem como o potencial do desporto para ajudar os jovens socialmente vulneráveis a regressarem ao bom caminho, e exorta os Estados-Membros, as federações nacionais, as ligas e os clubes a desenvolverem e apoiarem iniciativas nesse sentido;

5. Exorta os Estados-Membros a promoverem e apoiarem a cooperação das escolas e dos clubes desportivos; considera, neste contexto, que a Comissão, enquanto organismo coordenador no desporto, deve recolher exemplos de práticas de excelência dos Estados-Membros e torná-las disponíveis a todos os interessados, em toda a Europa, numa base de dados central;

6. Recomenda à Comissão que incentive as pessoas idosas à prática desportiva, na medida em que esta contribui para promover a interação social e de níveis elevados de saúde;

7. Salienta que o desporto é, em todas as idades, uma importante área de grande potencial para aumentar o nível de saúde geral dos Europeus e exorta, por conseguinte, a EU e os Estados-Membros a facilitarem a prática desportiva e a promoverem um estilo de vida saudável, explorando, para o efeito, as oportunidades propiciadas pelo desporto, reduzindo, assim, as despesas com os cuidados de saúde;

8. Exorta a Comissão e os Estados Membros a apoiarem com mais firmeza o papel dos profissionais de saúde na promoção da prática desportiva e a examinarem a forma como as companhias que comercializam seguros de doença poderiam oferecer incentivos à prática de atividades desportivas;

9. Sublinha a importância de tornar a prática do desporto disponível a todos os cidadãos em muitos contextos diferentes, seja na escola, no trabalho, como atividade recreativa ou através de clubes e associações;

10. Reconhece o trabalho realizado pelas organizações que oferecem atividades desportivas para pessoas portadoras de deficiência mental ou física em toda a UE; exorta a Comissão, os Estados-Membros e as organizações desportivas a promoverem e desenvolverem, mediante financiamento apropriado, atividades e competições desportivas destinadas às pessoas portadoras de deficiência, nomeadamente, disponibilizando e propiciando-lhes igual acesso ao desporto e às instalações desportivas gratuitas e adaptadas às suas necessidades;

11. Salienta a enorme força socialmente integradora do desporto em muitos domínios, incluindo o empenhamento cívico e a conceção da democracia, a promoção da saúde, o desenvolvimento urbano, a integração social, o mercado de trabalho, o emprego, a formação de competências e a educação;

12. Incentiva os Estados-Membros e as instituições comunitárias a aumentarem os seus subsídios às organizações que trabalham em prol da integração, através do desporto, de pessoas em risco de exclusão social ou que promovem a prática desportiva entre pessoas com deficiência física ou mental;

13. Incentiva os Estados-Membros a incluírem permanentemente o desporto nos programas e serviços, visando uma real integração de todos os grupos em risco de discriminação e exorta as organizações desportivas a adotarem adequados programas de formação dos profissionais e voluntários, a fim de precaver e combater todas as formas de discriminação ou racismo;

14. Assinala a função exemplar do desporto para a sociedade e insta as entidades reguladoras do desporto a assumirem um papel de vanguarda no combate à discriminação institucional

15. Recorda que no desporto não deve existir qualquer discriminação de género e insiste no alargamento da aplicação da Carta Olímpica a todos os eventos desportivos, em particular os europeus;

16. Convida o Conselho, a Comissão, os Estados Membros e as autoridades desportivas nacionais a empenharem-se no combate à homofobia e à transfobia, e a aplicarem corretamente a legislação e as políticas de luta contra a discriminação, sobretudo de atletas lésbicas e de atletas bissexuais, gays e transexuais;

17. Exorta os Estados-Membros a colocarem maior ênfase na importância de uma educação física de qualidade para ambos os géneros e propõe que desenvolvam as estratégias necessárias para abordar esta questão;

18. Salienta que a composição dos órgãos de decisão das organizações desportivas deve refletir a composição das suas Assembleias Gerais, bem como o equilíbrio de género entre os jogadores titulares de licença, proporcionando, assim, a igualdade de acesso de homens e mulheres às funções administrativas, mesmo a nível transnacional;

19. Incentiva a Comissão e os Estados-Membros a reconhecerem a importância do desporto como meio de promoção da paz, do crescimento económico, do diálogo intercultural, da saúde pública, da integração e da emancipação das mulheres;

20. Solicita à Comissão e aos Estados-Membros que exortem o Comité Olímpico Internacional a impor a sua própria regra na Carta Olímpica, que proíba todas as manifestações ou propaganda de natureza política, religiosa ou racista nos eventos desportivos e, ao mesmo tempo, a assegurar que não seja exercida pressão política sobre as mulheres para violação desta regra e que os países não a possam contornar, não se fazendo representar por mulheres nas competições;

21. Exorta as organizações desportivas a incentivarem ainda mais a participação das mulheres no desporto e nos órgãos diretivos das organizações desportivas, garantindo, para o efeito, a igualdade de acesso às atividades desportivas, essencialmente por parte de meninas e mulheres oriundas de meios desfavorecidos, promovendo, para o efeito, a participação das mulheres nos desportos e conferindo aos desportos e resultados femininos e masculinos igual proeminência e visibilidade; incentiva os Estados-Membros a desenvolverem medidas que permitam às mulheres atletas conciliarem a vida familiar com a vida desportiva profissional, e a promoverem a igualdade de género nas políticas públicas no sector desportivo; exorta a Comissão a encorajar o intercâmbio de informações e boas práticas em matéria de igualdade de oportunidades para ambos os géneros no desporto;

22. Convida a Comissão e os Estados-Membros a apoiarem as organizações europeias que promovem e implementam as recomendações da Carta Europeia dos Direitos da Mulher no Desporto;

23. Exorta a Comissão e os Estados-Membros a incluírem a dimensão de género em todas as suas atividades relacionadas com o desporto, dando particular atenção ao acesso das mulheres imigrantes e pertencentes a minorias étnicas ao desporto, ao acesso das mulheres a postos de decisão no sector do desporto e à cobertura mediática das mulheres no desporto, e a assegurarem que as políticas e a legislação no domínio do desporto se baseiem na igualdade entre os sexos;

24. Convida a Comissão e os Estados-Membros a apoiarem e incentivarem a realização de investigações europeias sobre a especificidade da atividade desportiva feminina, sobre as razões do abandono do desporto por parte de mulheres e raparigas e sobre a persistência das desigualdades no acesso das mulheres à prática desportiva;

25. Incentiva a criação de redes de mulheres no campo do desporto para promover a troca de boas práticas e informações;

26. Sublinha que a proibição, imposta a raparigas imigrantes pelos respetivos pais, de participarem em atividades desportivas e na natação na escola não pode não ser tolerada e desculpada por razões culturais ou religiosas;

27. Salienta que, embora muitas raparigas pratiquem desporto na infância, deixam de o praticar na adolescência; remete, neste contexto, para os estudos que demonstram que as raparigas estão sujeitas a pressão, explícitas ou subtis, dos seus pares e famílias para se tornarem "femininas" ou assumirem responsabilidades que impedem uma participação permanente; encoraja os Estados Membros e as autoridades desportivas nacionais a desenvolverem estratégias, de modo que tanto os programas como os treinadores ajudem sobretudo as meninas que têm interesse no desporto a desenvolverem a sua identidade de atleta;

28. Insiste na necessidade de lutar contra o doping, respeitando, embora, os direitos fundamentais dos atletas, nomeadamente entre os atletas mais jovens, mediante campanhas de prevenção e informação; exorta os EstadosMembros a tratarem o tráfico de substâncias dopantes ilegais no mundo desportivo da mesma forma que o tráfico de drogas ilícitas e a adotarem legislação nacional nesse sentido, procurando melhorara a coordenação europeia neste domínio; apela à Agência Mundial Anti-Doping para que crie um sistema de administração da localização fácil de utilizar, em conformidade com o direito da EU, e salienta a necessidade de estatísticas sobre o recurso ao doping e a falta de comparência aos controlos, a fim de estabelecer uma abordagem específica de combate ao doping;

29. Entende que a adesão da UE à Convenção contra o Doping do Conselho da Europa constitui um passo necessário para a coordenação de uma aplicação mais uniforme do código da AMA nos Estados-Membros;

30. É a favor de uma maior harmonização da legislação, de modo a alcançar uma cooperação efetiva por parte da polícia e do poder judicial na luta contra a dopagem e outros tipos de manipulação de eventos desportivos;

31. Exorta os Estados-Membros a abordarem a questão da dependência do jogo e da proteção dos menores contra os riscos do jogo;

32. É favorável à formulação de regras claras sobre a proteção dos menores no desporto de competição, bem como ao desenvolvimento de novas medidas vitais de proteção, em consulta com as federações;

33. Salienta a fundamental importância da formação dual, que inclui o desporto e a carreira, para os jovens desportistas; exorta, por conseguinte, a Comissão e os Estados--Membros, em cooperação com todos os atores relevantes, a elaborarem diretrizes, de forma a garantir que os jovens desportistas prossigam a escolaridade normal e ou estudos profissionais para além da sua formação desportiva, tendo em conta as práticas de excelência existentes em cada um dos EstadosMembros; incentiva, a este respeito, os Estados--Membros a terem em conta a experiência relevante de antigos atletas profissionais que pretendam enveredar pela carreira de treinador, a estabelecerem carreiras concebidas para os atletas de alto nível que decidam seguir estudos superiores e pôr a sua experiência ao serviço do desporto em geral;

34. Insta os Estados-Membros a desenvolverem programas educativos estruturados para facilitar a combinação de educação e formação para os atletas profissionais;

35. Propõe a criação e incorporação de um quadro de qualificações e formação de treinadores no Quadro Europeu de Qualificações e nos Programas de Aprendizagem ao longo da Vida, com o objetivo de promover uma sociedade baseada no conhecimento e no desenvolvimento da excelência no treino desportivo, tanto a nível amador como profissional;

36. Destaca o papel dos treinadores no desenvolvimento e na educação dos jovens, não apenas nas suas capacidades desportivas, mas também nas suas competências de vida; observa que os treinadores podem orientar os jovens para um estilo de vida saudável;

37. Insta os Estados-Membros, em estreita concertação com as federações relevantes, a recusarem o acesso aos estádios aos adeptos que tenham evidenciado um comportamento violento ou discriminatório, e a criarem uma abordagem coordenada no plano da instituição e aplicação de sanções a esses adeptos, a cooperarem estreitamente, visando garantir que as proibições de acesso aos estádios se mantenham em vigor por ocasião de desafios internacionais nos Estados-Membros que não aqueles em que foram impostas e a criarem, na observância dos direitos e da liberdade individuais, uma base de dados europeia que permita o intercâmbio de informações, bem como a reforçarem a cooperação através de um sistema de alerta precoce para os desafios de alto risco;

38. É favorável a que os Estados-Membros elaborem, em concertação com as federações desportivas europeias, normas mínimas de segurança para os estádios e tomem todas as medidas adequadas para assegurar a melhor segurança possível de jogadores e adeptos;

39. Salienta que, sempre que a prática de desportos se realizar em ambiente natural, deve ser assegurado um equilíbrio entre os benefícios sociais e a saúde dos ambientes em que aqueles são praticados;

40. Assinala o potencial dos eventos desportivos para o turismo a nível local e nacional e exorta os Estados-Membros a contribuírem para o desenvolvimento deste ramo de atividade económica e comercial;

Dimensão económica do desporto

41. É favorável ao reconhecimento da natureza específica do desporto no domínio do mercado interno e no direito da concorrência e, por isso, reitera o seu apelo à Comissão para que adote orientações sobre a aplicação da legislação da UE ao desporto, a fim de retificar as muitas incertezas jurídicas;

42. Assinala que o mecenato constitui uma importantíssima tábua de salvação financeira e oferece muitas possibilidades no desporto, no respeito dos princípios do «fair play» financeiro;

43. Insta a Comissão e os Estados-Membros a concederem um estatuto elevado às atividades de voluntariado no desporto; reitera a importância do voluntariado no desporto e salienta a necessidade de estabelecer um quadro de reconhecimento social e de garantir aos voluntários uma formação adequada, é favorável ao intercâmbio de informações e práticas de excelência entre os EstadosMembros, para promover o voluntariado no desporto, bem como à exploração da exequibilidade de um quadro legal e fiscal que seja adequado às atividades das associações desportivas;

44. Solicita à Comissão e aos Estados-Membros que procedam à criação de um sistema de reconhecimento dos certificados obtidos pelos voluntários e das qualificações exigidas para o exercício das profissões regulamentadas no sector do desporto;

45. Salienta que é de particular importância o reconhecimento mútuo de cursos e da formação especializada num quadro europeu unificado para os profissionais que trabalham no domínio do desporto como especialistas (árbitros, treinadores), uma vez que contribui a longo prazo para aumentar a competitividade, o que, por sua vez, permitirá evitar grandes perdas de receitas;

46. Incentiva os Estados-Membros a assegurarem aos desportistas o acesso a estudos superiores e a garantirem um reconhecimento harmonizado das suas qualificações desportivas e educativas, a fim de potenciar a sua mobilidade profissional;

47. Solicita ainda aos Estados-Membros que melhorem as estruturas para os antigos desportistas que regressam ao mercado de trabalho e que promovam a sua integração numa carreira após a saída do desporto profissional;

48. Exorta os Estados-Membros a debruçarem-se sobre modalidades tendentes a reduzir os encargos financeiros dos desportistas profissionais com rendimentos mais baixos, cujas carreiras são breves e flutuantes; reitera que os desportistas profissionais, designados atletas, cujos rendimentos provêm maioritariamente do desporto, devem gozar dos direitos de segurança social de que os trabalhadores beneficiam;

49. Considera que o diálogo social no desporto constitui um instrumento adequado para criar o equilíbrio entre os direitos fundamentais e os direitos laborais dos desportistas, em combinação com a natureza específica do desporto;

50. Considera que a dimensão económica em constante evolução do sector do desporto requer a introdução imediata de melhorias em questões relacionadas com o desporto em áreas cruciais como a livre circulação de trabalhadores e os serviços, a liberdade de estabelecimento, o reconhecimento das qualificações profissionais, os direitos de propriedade intelectual e as normas em matéria de auxílios estatais, por forma a garantir que o sector do desporto retire pleno proveito dos benefícios que o mercado interno oferece;

51. Salienta a fundamental importância da exploração comercial dos direitos audiovisuais para as competições desportivas, numa base centralizada, exclusiva e territorial, tendo em vista garantir a equidade na repartição das receitas entre desporto de elite e desporto de massas;

52. Entende que os eventos desportivos que considerados de grande importância para a sociedade devem ser acessíveis a um público tão vasto quanto possível; exorta os Estados-Membros que ainda assim não tenham procedido a tomarem medidas para garantir que os organismos de radiodifusão televisiva sob a sua jurisdição não transmitam esses eventos em regime de exclusividade;

53. Reconhece o direito dos jornalistas a terem acesso a eventos desportivos organizados de grande interesse para o público e a relatá-los, a fim de garantir o direito do público a obter e receber notícias e informações independentes sobre eventos desportivos;

54. Solicita à Comissão e aos Estados-Membros que protejam os direitos de propriedade intelectual no tocante aos conteúdos desportivos, tendo em devida conta o direito do público à informação;

55. Considera que as apostas desportivas constituem uma forma de exploração comercial das competições e solicita à Comissão e aos Estados-Membros que as protejam de atividades não autorizadas, de operadores não licenciados e de suspeitas de manipulação dos resultados dos jogos, reconhecendo, nomeadamente, os direitos de propriedade intelectual dos organizadores sobre as suas competições, garantindo uma contribuição significativa dos operadores de apostas desportivas para o financiamento do desporto de massas e desporto de base e protegendo a integridade das competições, com uma ênfase na educação dos atletas; considera, no entanto, que esses direitos de propriedade não devem prejudicar o direito a resumos de transmissões, estabelecido na Diretiva 2007/65/CE (Diretiva «Serviços de Comunicação Audiovisuais»);

56. Reitera o seu pedido à Comissão para que defina linhas diretrizes relativas aos auxílios estatais, especificando que tipo de apoio público é legítimo para a realização das missões sociais, culturais e educativos do desporto;

57. Exorta os Estados-Membros a lutarem eficazmente contra a corrupção e a promoverem a ética no desporto; considera, por conseguinte, essencial que cada país adote regras estritas de supervisão financeira dos clubes desportivos;

58. Incentiva as associações desportivas a cooperarem com os organismos responsáveis pela aplicação da lei, nomeadamente através da partilha de informações, a bem de uma adequada e eficaz abordagem ao combate à manipulação dos resultados dos jogos e outras fraudes no desporto;

59. Convida a Comissão a propor medidas concretas, a fim de salvaguardar o financiamento do desporto através dos fundos gerados pelas lotarias;

60. Considera extremamente oportuna a introdução pela Comissão de contas satélite no sector do desporto, pois permitem que as atividades relacionadas com o desporto sejam avaliadas a nível nacional, de acordo com normas uniformes, o que permite detetar anomalias e juntar valor acrescentado à economia europeia e ao mercado único;

61. Exorta a Comissão e os Estados-Membros a tomarem medidas práticas para promover o intercâmbio de boas práticas e uma cooperação mais estreita no que diz respeito aos aspetos técnicos e à investigação do domínio do desporto;

62. Considera fundamental o papel das autoridades locais e regionais no desenvolvimento da dimensão europeia do desporto, uma vez que as suas competências institucionais incluem a prestação de serviços ao público no domínio do desporto e a afetação de fundos a atividades desportivas e instalações necessárias à prática de desporto;

63. Insiste em que o desporto de base beneficie do Fundo Europeu de Desenvolvimento Regional e do Fundo Social Europeu, o que deverá permitir o investimento nas infraestruturas desportivas, e exorta a Comissão e os Estados-Membros a dotarem a União de um programa orçamental específico no domínio do desporto, como é agora possível nos termos do artigo 165.º do TFUE;

Organização do desporto

64. Observa que, na Europa, as estruturas desportivas assentam nos princípios da nacionalidade e da territorialidade;

65. Reitera o seu apego ao modelo desportivo europeu, no qual as federações desempenham um papel central e cuja base é constituída por atores diversos, incluindo adeptos, jogadores, clubes, ligas, associações e voluntários, que desempenham um papel fundamental no apoio a toda a estrutura desportiva;

66. Apela a uma redução dos entraves ao voluntariado no desporto em toda a UE;

67. Salienta a importância do papel desempenhado pelas entidades locais na promoção social do desporto para todos e convida estas entidades a participarem ativamente nos fóruns europeus de debate e diálogo europeus dirigidos ao mundo do desporto;

68. Recorda que a boa governação no desporto é uma condição para a autonomia e autorregulação das organizações desportivas, na observância dos princípios da transparência, da responsabilidade e da democracia, e salienta a necessidade de uma política de tolerância zero no que diz respeito à corrupção no desporto; salienta a necessidade de uma adequada representação, no processo decisório, de todas as partes interessadas;

69. Exorta os Estados-Membros e as entidades reguladoras do desporto a incentivarem ativamente o papel social e democrático dos adeptos desportivos que apoiem os princípios do «fair play», promovendo, para o efeito, o seu envolvimento na propriedade e nas estruturas diretivas dos seus clubes desportivos e na sua qualidade de importantes partes interessadas nas entidades reguladoras do desporto;

70. Sustenta que os clubes desportivos devem ceder os jogadores convocados para as seleções nacionais, reconhecendo, simultaneamente, o seu contributo para o êxito dos grandes torneios nacionais por equipas, que poderiam incluir mecanismos seguradores, e assinala que uma abordagem única não é aplicável a todos os desportos;

71. Salienta que a formação dos jogadores a nível local e o investimento na educação desportiva são necessários para o desenvolvimento sustentável do movimento desportivo na Europa e para a difusão da sua influência positiva nos indivíduos e na sociedade; Considera, por conseguinte, necessário garantir que o desporto de alto nível não afete o desenvolvimento dos jovens desportistas, do desporto amador e do papel essencial das organizações operantes no âmbito do desporto de base; salienta a necessidade de equivalência e reconhecimento dos diplomas e qualificações no desporto;

72. Reitera o seu empenho na regra relativa aos jogadores formandos nas escolas dos clubes e considera que a mesma poderia ser um modelo para as outras ligas profissionais da Europa; apoia novos esforços das entidades reguladoras do desporto no sentido de estimular a formação de jovens jogadores locais, nos limites da legislação da EU, reforçando, assim, o equilíbrio competitivo nas competições, bem como o saudável desenvolvimento do modelo desportivo europeu;

73. Considera que o desenvolvimento de novos talentos constitui uma das atividades essenciais de um clube desportivo e que uma excessiva dependência da transferência de jogadores pode subverter os valores desportivos;

74. Destaca a importância dos subsídios de formação, na medida em que constituem um mecanismo de proteção eficaz dos centros de formação e um retorno justo do investimento;

75. Considera que a profissão dos agentes desportivos deve ser uma atividade profissional regulamentada e estar sujeita a uma adequada qualificação oficial e que os agentes desportivos devem ter a sua residência fiscal no território da União Europeia, a bem da transparência; exorta a Comissão a elaborar e implementar, em cooperação com as federações desportivas, os sindicatos dos jogadores e as associações de agentes, um sistema europeu de licenciamento e registo, acompanhado de um código de conduta e de um mecanismo de sanções;

76. Propõe a criação, pelas federações desportivas, de um registo europeu não público de agentes desportivos, em que os agentes fariam figurar os nomes dos jogadores por si representados, a fim proteger os atletas, nomeadamente os de idade inferior a 18 anos, de modo a limitar o risco de conflitos de interesses; entende que o pagamento dos montantes devidos aos agentes pela transferência de jogadores deve ter lugar em prestações ao longo do período de duração do contrato celebrado pelo desportista em resultado da transferência, sendo que o pagamento do montante integral deve ser subordinado ao cumprimento do contrato;

77. Exorta os Estados-Membros a complementarem as disposições regulamentares existentes em matéria de agentes/intermediários de jogadores com as devidas sanções dissuasivas, e a aplicarem rigorosamente tais sanções;

78. Exorta as entidades reguladoras do desporto a melhorarem a transparência no que se refere às atividades dos agentes dos jogadores e a cooperarem com as autoridades dos EstadosMembros com vista a erradicar as práticas de corrupção;

79. Congratula-se com o estudo encomendado pela Comissão sobre o impacto económico e jurídico das transferências de jogadores; considera, além disso, que as iniciativas tomadas pelas federações desportivas com vista a introduzir uma maior transparência nas transferências internacionais devem ser apoiadas;

80. Entende que os sistemas aplicados pelas entidades reguladoras do desporto para aumentar a transparência das transferências internacionais de jogadores constituem um passo na direção certa, pois respeitam o princípio da boa governação e visam assegurar a integridade das competições desportivas;

81. Manifesta o seu claro apoio aos sistemas de licenças e ao "fair play" financeiro, na medida em que estes incentivam os clubes a competir de acordo com a sua capacidade financeira real;

82. Considera que estas medidas estão a ajudar a melhorar a governação e a restabelecer a estabilidade financeira e a sustentabilidade a longo prazo dos clubes, e contribuem para a justiça financeira nas competições europeias; solicita, por isso, à Comissão Europeia que reconheça a compatibilidade dessas regras com o direito comunitário;

83. Saúda os esforços das federações desportivas no sentido de proibir a propriedade múltipla de clubes desportivos envolvidos na mesma competição; entende que deve ser interdito a qualquer operador de apostas deter o controlo de uma entidade que organize ou participe em competições, assim como deve ser interdito a qualquer entidade que organize ou participe em competições deter o controlo de um operador que propõe apostas sobre os eventos que organiza ou em que participa;

84. Insta os Estados-Membros a tomarem todas as medidas necessárias para impedir e punir atividades ilegais que afetem a integridade do desporto e a passar a tipificar essas atividades como infração penal, nomeadamente as relacionadas com apostas, ou seja, as que envolvem a manipulação intencional e fraudulenta dos resultados de uma competição ou de uma das suas fases, a fim de obter uma vantagem não resultante unicamente da prática desportiva normal ou da incerteza que lhe é inerente;

85. Insta as federações desportivas a colaborarem estreitamente com os Estados-Membros, a fim de proteger a integridade do desporto;

86. Apela à Comissão Europeia para que combata a opacidade das transferências e a manipulação de resultados, tal como anunciado na sua estratégia de luta contra a corrupção na UE, estabelecendo regras mínimas relativas à definição de infrações penais neste domínio;

87. Manifesta a sua profunda preocupação face às graves atividades ilegais ocorrentes no desporto, como o branqueamento de capitais, e exorta os Estados-Membros a intensificarem a sua cooperação para resolver estes problemas e assegurar uma maior transparência nas transações financeiras conduzidas como parte das transferências de jogadores e das atividades dos agentes;

88. Sustenta que é essencial desenvolver instrumentos para incentivar a cooperação entre as autoridades públicas, as autoridades desportivas e os operadores de jogos de apostas no respeitante aos casos de fraude desportiva, bem como prever eventualmente a cooperação com a Europol e a Eurojust;

89. Reconhece a legitimidade das jurisdições desportivas para a resolução de litígios no domínio do desporto, na medida em que respeitem os direitos fundamentais dos cidadãos a um julgamento independente; exorta o Tribunal Arbitral do Desporto (TAS) a ter em conta as disposições regulamentares da EU, em caso de resolução de litígios desportivos ocorrentes na UE;

90. Solicita à Comissão que apresente, até 2012, uma proposta destinada a proporcionar uma melhor compreensão das necessidades específicas do sector desportivo e a adotar medidas práticas com vista a dar-lhes resposta, no total respeito pelo disposto no artigo 165.º do TFUE;

Cooperação com países terceiros e organizações internacionais

91. Convida a Comissão e os Estados-Membros a cooperarem com os países terceiros em questões como as transferências internacionais de jogadores, a exploração de jogadores menores, a pirataria relativa à manipulação dos resultados e as apostas ilegais; sublinha também a importância de reforçar a cooperação internacional para o desenvolvimento do desporto nos países em desenvolvimento;

92. Aguarda com expectativa os resultados dos sistemas destinados a monitorizar a transparência e o "fair play" financeiro, bem como a combater a corrupção e o tráfico de seres humanos; assinala a necessidade de o sistema ser conforme com o direito da UE e com as normas em matéria de protecção de dados; exorta os organismos de tutela do desporto a estabelecerem ligações entre o sistema de regulação das transferências e outros sistemas de combate à corrupção, visando uma monitorização mais eficaz para lutar contra a viciação de resultados;

93. Salienta a necessidade de abordar a questão dos operadores de jogos de apostas não autorizados estabelecidos na UE e em países terceiros, porquanto estes são capazes de evitar os sistemas de controlo da fraude no desporto;

94. Exorta a Comissão e os Estados-Membros a promoverem, em todas as acções de cooperação com países terceiros, o respeito global pelas regras e regulamentos olímpicos;

95. Solicita aos clubes que zelem pelo cumprimento da legislação em matéria de imigração, sempre que assinarem um contrato com jovens oriundos de países terceiros, e que garantam que todos os termos desse contrato cumpram a legislação em vigor; apela a que os jovens atletas possam regressar ao seu país de origem em condições satisfatórias, se assim o desejarem, nomeadamente caso as suas carreiras não sejam bem sucedidas; salienta, a este propósito, que é essencial para fazer cumprir efetivamente a legislação pertinente;

96. Insiste na necessidade de reforçar a proteção dos menores no contexto das transferências internacionais; entende que as transferências internacionais são potencialmente perigosas para os jovens atletas que se encontram extremamente vulneráveis devido ao facto de terem deixado precocemente as suas famílias e os seus países, devendo, portanto, ser objeto de uma atenção permanente por parte das organizações desportivas;

97. Exorta a Comissão e o Serviço Europeu de Acão Externa a promoverem, pesem embora as regras ou obrigações socialmente impostas às mulheres por fatores culturais, tradicionais, históricos ou religiosos, a liberdade absoluta que assiste os homens e as mulheres de exercerem qualquer tipo de desporto;

Identidade europeia através do desporto

98. Exorta a Comissão a expandir os programas existentes de promoção do desporto como instrumento da sua política de desenvolvimento e a lançar novas iniciativas neste domínio;

99. Exorta a Comissão:

– a organizar anualmente uma «Dia Europeu do Desporto» que promova o papel social e cultural do desporto amador e profissional e os benefícios do desporto em termos de saúde pública;

– a apoiar a nomeação anual de uma «capital europeia do desporto» sob a liderança da ACES (Associação das Capitais Europeias do Desporto), com o apoio financeiro e controlo necessários;

– a apoiar os desportos locais, tradicionais e autóctones, que fazem parte da rica diversidade histórica e cultural da UE, simbolizando o lema «Unidos na Diversidade», através da sensibilização para esses jogos, nomeadamente através da promoção de um mapa europeu e festivais europeus;

– a criar um programa de mobilidade e medidas relevantes para os jovens atletas amadores e treinadores, para que possam aprender novos métodos de treino, estabelecer práticas de excelência e desenvolver valores europeus através do desporto, nomeadamente o «fair play», o respeito e a inclusão social e encorajar o diálogo intercultural;

– a ajudar a viabilizar um programa de mobilidade para o intercâmbio de treinadores desportivos;

– a laborar com os Estados-Membros e as organizações desportivas para proteger a integridade fundamental do desporto de base;

– a apoiar o trabalho dos Estados-Membros na recolha de dados e na investigação, com vista ao intercâmbio de práticas de excelência;

100. Propõe que a bandeira europeia seja erguida em grandes eventos desportivos internacionais organizados no território da UE e que as federações desportivas considerem a ideia de a mesma constar dos equipamentos dos atletas dos EstadosMembros, em conjunto com as bandeiras nacionais; assinala que a decisão de recorrer ou não a esta opção deve ser totalmente voluntária e caber aos Estados-Membros e às organizações desportivas;"

Verificamos, portanto, que no início da década passada se seguia o guião que vinha do século XX e que era subjacente à ideia de que a Europa tinha um papel a desempenhar na economia do desporto em face da sua relevância social e política. O artigo 165.º do Tratado sobre o Funcionamento da União Europeia (TFUE) já atribuía uma nova competência à UE no domínio do desporto e, portanto, aos programas de apoio financeiro a nível da EU.

No parecer da Comissão dos Assuntos Económicos e Monetários (23.9.2011 dirigido à comissão da cultura e da educação sobre a dimensão europeia do desporto (2011/2087(INI)), sendo como Relator de parecer Burkhard Balz, sugeria-se à Comissão da Cultura e da Educação, competente quanto à matéria de fundo, a incorporação das seguintes sugestões na proposta de resolução que aprovar:

"2. Reconhece a importância dos eventos desportivos no processo de integração europeia; considera que a oportunidade de estar presente em eventos desportivos ou de os acompa-

nhar pela televisão, Internet ou rádio contribui para estabelecer laços culturais entre os cidadãos da Europa;

3. Salienta que o desporto desempenha várias tarefas importantes não só na sociedade, tal como a promoção do voluntariado, da integração e da saúde, mas também como empregador, contribuinte e promotor inovador da economia e do crescimento; assinala que a análise económica empírica deste sector a nível europeu é de importância fundamental, sendo, porém, necessários esforços adicionais com vista à criação de uma plataforma adequada de dados fidedignos e comparáveis; insta uma vez mais a que o sector da economia social seja amplamente reconhecido em termos estatísticos;

4. Considera que o Eurostat deve proporcionar rapidamente estes dados estatísticos, em cooperação com as autoridades nacionais relevantes, e que este processo deve contar com a vasta participação dos organismos internacionais, bem como de outros agentes económicos e organismos, incluindo as estações de televisão e o Observatório Europeu do Audiovisual;

5 Salienta ainda que, para além das considerações quanto ao exemplo moral e de solidariedade que constitui, o voluntariado pode também ser benéfico para os Estados-Membros de um ponto de vista económico; salienta ainda que o voluntariado facilita a criação de postos de trabalho e contribui para o aumento do emprego;

6. Insta a Comissão Europeia e os Estados-Membros a reconhecerem o direito dos organizadores de competições desportivas a serem compensados pelos operadores de apostas que se servem das competições daqueles para executar as suas próprias operações comerciais, e a ajudar os organismos desportivos na sua luta em prol da protecção da integridade do desporto; assinala, porém, que não estão abrangidos os operadores públicos de apostas desportivas que apoiam o desporto de acordo com as respectivas cartas;

7. Solicita que se proceda a uma análise da situação económica dos clubes desportivos na Europa; observa que tem vindo a tornar-se cada vez mais comum, sobretudo no futebol, a existência de clubes que se debatem com avultadas dívidas financeiras;

8. Convida o Conselho e a Comissão a apoiar a criação de uma estrutura de intercâmbio constante das melhores práticas e de coordenação entre os Estados-Membros, a sociedade civil e outras partes interessadas, com vista a criar sinergias entre os grandes eventos e todas as iniciativas importantes destinadas a estimular o crescimento económico relacionado com as actividades desportivas; declara, no entanto, que o objectivo das políticas da UE não é a harmonização das políticas nacionais a nível da UE;

9. Lamenta os casos de corrupção e de viciação de resultados no desporto, que prejudicam a integridade do desporto aos olhos dos adeptos e põem em causa a contribuição económica do desporto; exorta, portanto, a que se tomem medidas de cooperação eficaz a nível da UE com vista a defender a integridade e o fair play no desporto, nos termos dos artigos 6.º, 83.º e 165.º do Tratado sobre o Funcionamento da União Europeia, entre os organizadores de eventos desportivos, os operadores de apostas em linha e as autoridades públicas, a fim de promover a educação dos atletas e coordenar a acção contra a fraude e a corrupção no desporto, através do intercâmbio de informações e conhecimentos e da aplicação de uma definição comum de delitos e sanções – incluindo sanções penais – por fraude desportiva;

10. Exorta a Comissão a clarificar a aplicação das regras aplicáveis em matéria de auxílios estatais no que respeita ao financiamento público do desporto, a fim de proporcionar certeza jurídica aos Estados-Membros na promoção do interesse público por meio do financiamento ao desporto de massas;

11. Salienta a necessidade de uma análise mais profunda e alargada sobre a evolução económica sustentável do desporto; defende, nomeadamente, que uma parte dos montantes de transferência de jogadores seja devolvida aos clubes formadores, medida essencial para a criação de um movimento desportivo mais sustentável e equitativo;

12. Relembra que as receitas no domínio do desporto são geralmente usadas para financiar eventos e competições, organizações participantes, a construção e manutenção de intra-estruturas e a promoção do desporto juvenil, amador e de massas; realça, por conseguinte, que os organizadores devem ter o direito de promover por si próprios os seus eventos, de forma transparente, no respeito pela legislação da UE em matéria de concorrência; regista a importância do papel das academias de formação e a necessidade de garantir a sua viabilidade e êxito a longo prazo através de uma protecção adequada;

13. Reconhece a relação entre o valor económico do desporto e a protecção dos direitos de propriedade intelectual (DPI); insta a Comissão e os Estados-Membros a assegurar a adequada protecção dos DPI; salienta que as apostas em linha constituem uma forma de exploração comercial de eventos desportivos e exorta a Comissão a apresentar propostas com vista a garantir um retorno justo para os eventos desportivos, a salvaguardar a integridade do desporto de massas e a desenvolvê-lo;

14. Recorda que a União Europeia tem por missão promover a equidade e proteger a integridade do desporto, nos termos do artigo 165.º do TFUE; considera, por isso, que a UE deve estabelecer uma cooperação estrutural a nível europeu, a fim coordenar a luta contra a fraude e a corrupção no desporto;

15. Apoia todas as formas de auto-regulação no sector do desporto destinadas a reforçar a assunção de responsabilidades, a transparência e a estabilidade financeira; considera que, para a credibilidade deste tipo de legislação, é essencial a execução de um sistema de avaliação eficaz e um justo equilíbrio de sanções e incentivos, no quadro de um sistema europeu unificado que permita a detecção dos vários tipos de corrupção (o suborno e os efeitos nefastos das apostas desportivas para a natureza equitativa do desporto); insta a Comissão a estudar a possibilidade de medidas, com base no artigo 114.º, destinadas a garantir a existência de regras harmonizadas de boa gestão financeira para os clubes desportivos profissionais europeus;

16. Salienta que é de particular importância o reconhecimento mútuo de cursos e da formação especializada num quadro europeu unificado para os profissionais que trabalham no domínio do desporto como especialistas (árbitros, treinadores), uma vez que contribui a longo prazo para aumentar a competitividade, o que, por sua vez, permitirá evitar grandes perdas de receitas;

17. Considera desejável e justificável que se mantenham os incentivos em matéria de desporto no próximo quadro financeiro plurianual, quer como parte de um programa independente da UE em matéria de desporto, quer como subprograma;

18. Considera extremamente oportuna a introdução pela Comissão de contas satélite no sector do desporto, pois permitem que as actividades relacionadas com o desporto sejam avaliadas a nível nacional, de acordo com normas uniformes, o que permite detectar anomalias e juntar valor acrescentado à economia europeia e ao mercado único;

19. Exorta à criação e implementação de regulamentação interna relativa aos elevados níveis de endividamento no desporto profissional, que permita combater as suas causas; observa que tal regulamentação deve ser proposta, de comum acordo, pelas instituições desportivas de toda a Europa, com vista a criar um quadro coerente para todo o continente;

20. Exorta a Comissão a apresentar propostas concretas com vista a suprir as lacunas e sanar as discrepâncias na legislação sobre o exercício da atividade – por natureza, transfronteiriça – dos agentes desportivos, identificadas no estudo independente realizado em 2009 para a Comissão."

De notar que no ponto 8 este parecer se indica a necessidade de "*apoiar a criação de uma estrutura de intercâmbio constante das melhores práticas e de coordenação entre os Estados-Membros, a sociedade civil e outras partes interessadas, com vista a criar sinergias entre os grandes eventos e todas as iniciativas importantes destinadas a estimular o crescimento económico relacionado com as atividades desportivas; declara, no entanto, que o objetivo das políticas da UE não é a harmonização das políticas nacionais a nível da EU*". Não está em causa a criação de uma entidade reguladora, mas simplesmente da articulação e harmonização de políticas ainda de forte pendor nacionalista no sector do desporto. Com efeito, o debate sobre a entidade reguladora só vai surgir depois de 2015.

É difícil ter, desde já, uma consciência perfeita do que representa em quase todas as organizações as profundas mudanças desta segunda década do século XXI. Mas o que verificamos é que de um modo geral é insustentável o modelo empresarial desportivo tal como ele existe perante ameaças à secundarização do desporto, sobretudo, profissional, da Europa no espaço financeiro e mediático global.

Temos consciência que as próprias finanças desportivas encontram novos caminhos abertos pelas novas tecnologias.

A quarta revolução industrial afeta o modelo como concebemos o a empresa desportiva, o mercado interno e a própria concorrência e por isso, os clubes e as sociedades desportivas, mas também as ligas e as federações, têm de repensar como manteremos uma sociedade coesa enquanto o desporto enfrenta esta transição digital. As próprias políticas públicas desportivas estão a mudar. Introduzimos, sobretudo no Reino Unido, mas também na União Europeia o tema das entidades reguladoras publicas desportivas.

O mundo mudou já drasticamente com a Pandemia do COVID 19 e obviamente também com os desastres climáticos e novos apelos por equidade e justiça que abrem espaço ao protesto popular em particular em países com mais tradição revolucionária como a França.

Menciono esses temas não apenas porque devem ser importantes para nós como indivíduos e juristas, mas também porque impactam o espaço de M&A Desportivo que vamos aqui abordar. Mas há também tendências positivas como, por exemplo, o facto de a utilização das aplicações digitais nos EUA terem aumentado 24%.

Há, portanto, novos caminhos que as empresas desportivas podem seguir com a digitalização, a robotização e a inteligência artificial. Mas muitas forças das quais falávamos antes da pandemia – automação do trabalho, a necessidade de requalificação – foram massivamente aceleradas com ela e agora, também, com a reindustralização através do complexo industrial-militar por causa da Guerra na Ucrânia.

Poderemos voltar ao normal? Temos que considerar nos últimos vinte anos duas fases.

Num primeiro momento temos a chegada dos clubes espanhóis e ingleses às transferências de jogadores e num segundo momento a chegada dos países emergentes e das duas superpotências que definem como necessidade pública a valorização económica das suas Ligas de futebol.

Relativamente às duas fases, o mercado tem sabido encontrar soluções eficientes para melhorar a performance das empresas sem necessidade de planeamento fiscal ou ilidição tributária (diverso de evasão fiscal). E um desses caminhos tem sido as fusões e aquisições aproveitando os benefícios fiscais decorrentes da aquisição de dívida, prejuízos, preços de transferência e outros expedientes fiscais.

As empresas desportivas podem fazer subsequentes procedimentos usando veículos institucionais, cisões, incorporações, para a aquisição de ativos, fazendo depois fusões e reestruturações e outros que acabam por permitir ganhos fiscais avultados.

As operações de reestruturação não declaradas como processos de aquisição são mais comuns que os processos de incorporação e cisão. Fora do mundo desportivo, o caso das seis barragens da EDP demonstra uma engenharia mais complexa onde se usam diversos institutos jurídicos para conseguir dois fins: a aquisição e o planeamento fiscal. Mas isso também se passa na aquisição de segundas marcas por grandes clubes ou empresários desportivos.

No mercado das transações de activos empresariais podemos identificar uma tipologia há muito estabilizada na legislação comercial:

1. M&A – Fusões e aquisições de empresas cotadas ou não.
2. Private Equity – o capital privado é uma classe alternativa de investimento e consiste no capital que não está listado na Bolsa.
3. Venture Capital – capital de risco
4. Asset Acquisition – compra de ativos diretamente

As fusões e as aquisições (M&A) constituem, atualmente, uma força motriz no mundo dos negócios em geral. Nas duas primeiras décadas deste século foi o modo de crescimento das empresas dominantes nos mercados globais, mas também em Portugal. Aliás, em toda a economia, nomeadamente no sector bancário por exemplo, quem optou pelo crescimento orgânico em Portugal acabou por necessitar de mais recursos do que quem optou pelo crescimento por aquisição. E esta necessidade de consolidação chega agora ao sector desportivo, nos mesmos e precisos temos, salvo melhor opinião.

Na primeira fase os ativos das sociedades comerciais desportivas do futebol vão ser alimentadas com ativos intangíveis que passam a ser o cerne da nova economia do desporto e que o sistema contabilístico, criado há mais de 500 anos por Luca Pacioli, não acompanhou salvo raras exceções, no sentido de propiciar melhores condições para a tomada de decisões, num ambiente de negócios complexo, no qual os bens que criam valor mudaram radicalmente.

O tema foi desenvolvido desses ativos intangíveis tem substancial substrato na bibliografia contabilística chegando "Lengrand (2001), citado por Feiteira (2019)[8] a afirma "que 50 a 90% do valor criado por uma organização advém, já não da gestão dos tradicionais ativos financeiros, como acontecia depois da segunda Guerra Mundial do século XX, mas da gestão do capital intelectual.

Em 2002, o Financial Accounting Standard Board (FASB) emitiu a Statement of Financial Accounting Standards (SFAS) 142 – Goodwill and Other Intangible Assets vem fixar um ativo intangível como um **"ativo, que não um ativo financeiro, sem substância física", de que decorram "prováveis benefícios económicos futuros, obtidos ou controlados por uma empresa, como resultado de transações ou eventos passados**."

A NCRF 6 tal como a IAS 38 além de definir o conceito de ativo intangível ainda identifica 3 atributos que o ativo intangível tem de cumprir:

a) Identificabilidade – deve ser passível de identificação e descrição, ou seja, deve ser possível obter uma descrição clara e objetiva do ativo, por forma a que possa ser diferenciável relativamente a qualquer outro ativo. No fundo, esta é condição necessária para que o ativo seja objeto de direitos de propriedade;
b) Controlo – deve possuir existência e proteção legal;
c) Gerar benefícios económicos futuros – estes poderão incluir réditos da venda de produtos ou serviços, poupanças de custos, bem como outros benefícios resultantes do uso do ativo pela entidade que o detêm;

Roberto, (2007), citado por Feteira(2019)[9], em consonância com o normativo contabilístico define ativos intangíveis, como "ativos não monetários, identificáveis, sem substância física, detidos por uma empresa para uso na produção ou fornecimento de bens ou serviços, para arrendar a outros, ou para finalidades administrativas", e ainda segundo o mesmo autor são "recursos controlados pela empresa como resultado de acontecimentos passados e dos quais, são esperados que fluam para a empresa benefícios económicos".

[8] Feiteira (2019).

[9] Idem.

Nesta primeira fase como disse, a entrada dos clubes espanhóis e inglese no mundo das gigatransferências as quais envolvem dezenas ou centenas milhões de euros – como é exemplo a do Cristiano Ronaldo do Manchester United para o Real Madrid por 96 milhões de euros – cedo despertou a necessidade de criar um suporte normativo que regulamentasse toda esta nova forma de transações inerentes ao futebol, desde os direitos de aquisição de jogadores aos direitos sobre a imagem desses mesmos jogadores, bem como os direitos sobre transmissões televisivas de eventos desportivos.

Assim, "em Espanha a Lei de 23/06/95 veio criar o instrumento legislativo, *que permitiu a adaptação do Plano de Contabilidade Espanhol às especificidades das actividades desenvolvidas pelas Sociedades Desportivas, através da aprovação do Plan General de Contabilidad a las SAD*" (Alonso, 2004)[10].

Este primeiro plano contabilístico das Sociedades Comercias Desportivas espanholas estabelece relativamente ao Imobilizado Incorpóreo as seguintes contas e subcontas:

- Concessões Administrativas;
- Propriedade Industrial;
- Fundo de Comercio;
- Direitos de trespasse de locais;
- Aplicações Informáticas;
- Direitos de aquisição de jogadores;
- Direitos sobre bens (desportivos e outros) em regime de locação financeira;
- Direitos de participação em competições e organização de eventos desportivos;
- Direitos sobre investimentos realizados em terrenos a instalações Cedidos.

"A Espanha acaba por ser um dos países pioneiros, na criação de bases jurídicas e contabilísticas para este sector de atividade. Com o crescente desenvolvimento da atividade dos seus clubes, propiciou a que a Liga de Futebol Profissional Espanhola se tornasse uma das mais competitivas do mundo e das mais apetecíveis para os profissionais de futebol."[11]

[10] José Barroso (2010).

[11] O regime fiscal das sociedades desportivas em Portugal consta de lei especial, aplicando-se-lhes diretamente, na falta desta, as leis tributárias gerais. Trata-se da Lei n.º 103/97, de

Em Portugal como na generalidade das ligas europeias, nesta primeira fase, nenhum Plano de Contabilidade específico, que se adapte à realidade das Sociedades Desportivas, e que explicite quais os elementos que devem figurar na rubrica de Ativos Intangíveis foi criado.

A criação do Regime Fiscal Específico das Sociedades Desportivas (RFESD), instituído pela Lei no 103/97 de 13 de Setembro, no final do século passado, tinha definido no número 1 do seu Art.º 3.º que "considera-se como elemento do ativo imobilizado incorpóreo o direito de contratação dos jogadores profissionais, desde que inscritos em competições desportivas de carácter profissional ao serviço da sociedade desportiva. Este artigo ainda define como elementos a considerar na determinação do valor do direito de contratação, "as quantias pagas pela sociedade desportiva à entidade donde provém o jogador, como contrapartida da sua transferência, e a quantias pagas ao próprio jogador pelo facto de celebrar ou renovar o contrato, sem prejuízo do disposto na legislação geral". Contabilisticamente, estamos perante uma movimentação, em tudo, semelhante ao registo de qualquer outro ativo.

Com o objetivo de garantir que o valor da compensação estabelecido não é exageradamente elevado, o no 3 deste mesmo artigo prevê que: "os custos de formação para jogadores para as épocas entre os seus 12.º e 15.º aniversário (isto é quatro épocas) são baseados nos custos de formação e educação para clubes de categoria 4."

No caso do mercado português quem estipula os custos de formação é a UEFA, dividindo os clubes inscritos nas competições organizadas pela LPFP e pela FPF, em 4 categorias, sendo a 4 categoria a mais baixa.

Caso os clubes não cheguem a um acordo do valor de compensação pelo facto do clube que vai adquirir o jogador o considerar muito elevado, este deve recorrer à Câmara de Litígios, tendo esta o poder de alterar o valor se o considerar desproporcionado. A FPF previu ainda que, se um clube ou um jogador não respeitar a compensação por formação a ser paga ao clube de formação, fica sobre a alçada da comissão disciplinar da FIFA, a qual pode aplicar castigos tanto ao clube infractor, como ao jogador. Relativamente

13 de setembro, cujos artigos tratam respetivamente do «Objeto» (artigo 1.º); dos «Gastos específicos» (artigo 2.º); das «Amortizações» (artigo 3.º); do «Reinvestimento dos valores de realização» (artigo 4.º), da «Isenção de imposto municipal sobre as transmissões onerosas de imóveis (IMT), imposto do selo e emolumentos» (artigo 5.º), e do «Regime de responsabilidade» (artigo 7.º).

aos jogadores formandos internamente pelo clube, e que sejam alvo de uma transferência, o seu valor deve ser calculado através de regulamento próprio, elaborado pela FIFA.[12]

Mas na atual segunda fase, graças ao excesso de liquidez nas economias mundiais e ao reposicionamento estratégico das grandes potências e de alguns países do Médio Oriente estes ativos intangíveis ganham uma nova dimensão, que vêm distorcer de tal maneira a competição desportiva e a concorrência entre as ligas nacionais dentro do mercado desportivo global que nem a autorregulação do fair play desportivo nem as ténues reformas contabilísticas da primeira fase (grandes ligas europeias) conseguem atenuar.

Há, atualmente, vários mercados onde os investidores aplicam os seus recursos. Os juristas têm abordagens diferentes para cada um dos mercados. Nos últimos quatro anos, mesmo durante a pandemia do COVID, 19 as principais transações velicaram-se nos sectores do imobiliário, tecnologia, banca e sistema financeiro, e saúde, medicina e higiene. Seguem depois oportunidades de investimento em Private Equity – uma classe alternativa de investimento no capital de empresas não cotadas no mercado secundário de ações – e o Venture Capital – que se traduz na compra de ativos de risco.

Finalmente, existem sempre as oportunidades do próprio mercado, mesmo em sectores maduros. Com a pandemia houve empresas e sectores que desvalorizaram ou colapsaram, pois estavam expostos a dívida ou não tiveram tesouraria suficiente e isso criou oportunidades de concentração – com fusões e aquisições – muito rentáveis. Isso também aconteceu no futebol e criou algumas oportunidades nesta segunda fase para a entrada de novos grandes players que fragilizaram clubes tradicionais e ligas europeias. O caso das dificuldades do Barcelona em segurar os seus melhores jogadores é paradigmático nesta segunda década do século XXI.

Em face desta realidade, está a haver uma reavaliação das carteiras, com quatro vetores principais a empurrarem para o desenvolvimento do mercado de M&A no mercado em geral, mas também no mercado desportivo.

[12] Em Portugal existe o comunicado oficial n.º. 393 da FPF, de 19 Maio de 2005, que regulamenta este tipo de transferência. Segundo o anexo 4 deste comunicado, é previsto no artigo 1.º que "A formação e educação de um jogador ocorrem entre os 12 e os 23 anos de idade." Esta compensação deve ser paga ao clube formador até o atleta atingir os 23 anos. Considera-se para efeitos de cálculo do valor da formação, o período que decorre dos 12 anos até aos 21, salvo quando seja evidente que determinado jogador terminou este processo antes daquela idade. O artigo 2.º explicita quando existe lugar à compensação por formação de um atleta.

Em primeiro lugar há claramente uma nova visão na economia do desporto onde a escala é importante. Ter uma operação mais diversificada e dimensionada para suportar os choques que parecem ocorrer com mais frequência e com maior intensidade é crítico atualmente na gestão das SCD. E, neste particular, as fusões e as aquisições vão ter um papel cada vez mais relevante, salvo melhor opinião.

Alguns gestores desportivos querem ter certeza de que os seus ativos têm o tamanho, a escala e a amplitude necessários para a próxima onda de crescimento económico e inovação no sector desportivo.

Mas, nesta segunda fase, há um segundo grande acelerador das fusões e das aquisições que é a transformação digital: entender como usar a automação e onde as empresas desportivas estão na transformação da nuvem e no contexto da quarta revolução industrial.

O terceiro grande impulsionador, que não é tão óbvio nas transações que vemos agora, mas que se tornará cada vez mais evidente, são as questões de sustentabilidade e ESG (ambientais, sociais e de governança corporativa). Isso levará a uma grande reavaliação e racionalização do portefólio e estimulará a atividade de M&A.

E o mercado de capitais continua disposto a financiar essas fusões e aquisições.

A competitividade do mercado financeira tem o seu papel a desempenhar também nas Fusões e aquisições que observamos nesta segunda fase que agora se inicia, para além do papel das novas ligas das superpotências e do Médio Oriente: nas entidades de Private Equity existe uma forte preocupação em alcançar taxas internas de rentabilidade elevadas e uma estratégia de saída lucrativa, o que não acontece de igual forma nas restantes empresas. A capacidade de extrair o máximo lucro de todas as operações é um dever para os gestores. E um problema pode surgir também nas sociedades comerciais desportivas, que já observamos nos M&A de outros setores. Poucos gestores tratam a integração das sociedades adquiridas separadamente do resto da transação e assistimos a custos adicionais desnecessários que acabam a comprometer algumas aquisições, como se o sector desportivo fosse um sector sem rentabilidade e com forte exigência da capital adicional. As melhoras práticas começam hoje a exigir que se planeie a integração ainda na fase de "pré-negócio".

As fusões e as aquisições constituem, atualmente, uma força motriz no mundo dos negócios e vão passar a ser nesta segunda fase, salvo melhor opinião, o motor da organização esportiva profissional na Europa e nos EUA.

Nas duas primeiras décadas deste século foi o modo de crescimento das empresas dominantes nos mercados globais, mas não o foi no sector desportivo. Em nosso entender, vai passar a ser nos próximos 20 anos, sobretudo depois do colapso das ligas alternativas e para valorizar o retorno financeiro e isso vai criar um debate acerca da necessidade de regulação ou mesmo a necessidade de criação de entidades reguladoras independentes de natureza publica federal na Europa ou nos EUA ou simplesmente de ordem nacional. Trata-se de um debate que decorre a par da análise do conteúdo da própria gestão de topo desportivas nas Sociedades Comercias Desportivas.

Neste particular a Deloitte propôs cinco linhas de ação para que as empresas consigam vencer no competitivo ambiente de fusões e aquisições:

1. Clarity of purpose: Poucas empresas vêm as fusões e aquisições como uma disciplina core. Além disso, existe uma falha de clarificação em torno da responsabilidade pelas transações. As melhores práticas de organizações com sucesso, neste campo, demonstram clareza e rigor ao longo de todas as fases de cada transação;
2. Parent power: O sucesso exige que as empresas mãe contribuam e potenciem os ganhos e a performance das empresas subsidiárias. Os analistas aumentam a pressão sobre as empresas cotadas para que estas possam demonstrar que são os melhores donos que as afiliadas poderiam ter;
3. Know your prey: Dado o ritmo de atividade das fusões e aquisições, os gestores necessitam de mais recursos para esta prioridade, essencial para identificar os alvos certos antes destes entrarem em "jogo". Esta identificação dos negócios certos, na altura certa, permitir-lhes-á competir com maior eficácia.

Os gestores de hoje têm de pensar sobre seus stakeholders de maneira diferente do que pensavam há cinco, dez ou vinte anos, e isso só vai acelerar. A narrativa na sociedade é cada vez mais sobre clima, crescimento inclusivo, disparidade de riqueza, igualdade racial e a pandemia e a inflação (pós-início da Guerra na Ucrânia) é um grande catalisador para aumentar o foco nessas áreas. A pandemia teve um impacto darwiniano: aqueles que têm capital e recursos geralmente saíram-se muito bem, enquanto as comunidades carentes que carecem desses recursos financeiros foram atingidas com mais força, e isso exige uma reavaliação por parte da sociedade.

Os seus stackolders e funcionários vão exigir isso.

A devida diligência no processo de M&A enquadra a transação potencial delineando cuidadosamente a lógica do negócio e identificando as principais fontes de valor e risco. Cada vez mais, pelo menos algum valor – e muitas vezes uma quantidade substancial – é encontrado no digital. Mas a tecnologia também pode ser a fonte de riscos. Valor, risco e segurança digital passaram nesta fase a fazer parte das due diligencie das novas aquisições. Ao avaliar o valor digital, é essencial compreender e quantificar as competências, as capacidades e os intangíveis em jogo e como eles se encaixariam na organização combinada. As plataformas de software, por exemplo, podem estar entre os ativos mais valiosos que uma empresa adquire numa transação porque podem equipar a entidade combinada para perseguir objetivos digitais estratégicos (desde a gestão de conhecimento desportivo até ao isport), como criar e comercializar produtos digitais ou aprimorar as experiências do sócio ou apoiante do clube. Uma plataforma sofisticada de gestão de relacionamento com o cliente (CRM) pode sobrecarregar os programas de marketing e vendas de uma sociedade desportiva adquirente. Outros sistemas importantes relevantes para setores específicos, como sistemas de execução de produção e sistemas de gestão da qualidade, podem adicionar recursos que ajudarão a gerar valor para todo o negócio. O talento digital também pode ser uma fonte de valor. Uma empresa-alvo com um grande grupo de cientistas de dados ou arquitetos de nuvem pode ser particularmente atraente para outra SAD sem profundidade técnica. No entanto, esse talento deve estar vinculado ao aumento do valor para o acionista, como aumento da receita, redução do custo ou uso mais eficiente do capital, para ser um aspeto justificável da lógica do negócio desportivo.

Os vários fatores que contribuem para o sucesso da integração estão também a mudar nos últimos anos e terão cada vez mais relevância na gestão dos processos de M&A. A abordagem de integração deve considerar os seguintes três aspetos: (1) o ritmo, o que implica que a integração que costumava durar de 24 a 36 meses, com pouco trabalho feito antes do fecho de um negócio, tendo e ser muito mais rápido agora, com considerável trabalho de planeamento feito antes de encerrar do negócio; (2) a cultura que recebeu sempre muito pouca atenção até ao final da integração da empresa adquirida e que cada vez mais reconhecemos agora terá um papel essencial, uma vez que o desalinhamento organizacional e cultural é responsável por cerca de metade dos fracassos da integração ou das aquisições; e (3) o workflow ou engenharia de processos, pois as empresas costumavam empregar os mesmos processos e manuais para todas as integrações e hoje, as empresas desportivas têm que adaptar as suas abordagens de integração, fusão ou aquisição a cada situação.

Mas aprender essa lição não é fácil nesta segunda fase. À medida que os tipos de negócio proliferam, as empresas entram em território desconhecido. As transações distanciam ainda mais os adquirentes de suas capacidades principais, tornando a integração mais difícil e os efeitos para os mercados verdadeiramente perversos. Os adquirentes vão explorar novas fontes de valor e integrar novos talentos, nesta segunda fase, e, frequentemente, uma cultura diferente. Nessas situações, a empresa-alvo – não o adquirente – pode possuir muitas das respostas para o sucesso da própria integração. Esses desafios exigem a adaptação de processos de integração e manuais para situações específicas. Para os juristas a verdadeira questão não é se M&A é bom ou mau; é uma questão de como as empresas podem fazer isso bem. E esse desafio institucional está também na base da discussão sobre a eventual criação de autoridades independentes que vão para além da mera monitorização académica do mercado na definição do fair play e da verdade económica do desporto.

Sabemos hoje que a maioria das empresas exige crescimento orgânico e inorgânico para obter resultados superiores. E isso vai ser também a realidade do desporto. Uma pesquisa da McKinsey mostra que cerca de seis em cada dez empresas de sucesso incluem Fusões e Aquisições em suas estratégias de crescimento. Essas empresas aumentaram sua receita na taxa de crescimento de seu segmento de indústria ou acima dela e tiveram o dobro do sucesso dos concorrentes atrasados. Isso vai acontecer também no desporto. O maior erro que os executivos desportivos podem cometer, ao passar por uma fusão ou aquisição, é olhar apenas para a superfície da declaração de missão da sociedade adquirida e presumir que ela combina bem com a deles e, portanto, as culturas estão bastante alinhadas. O desrespeito pela cultura e a falha em adaptar a abordagem de integração são sinais de alerta. As empresas se combinam para obter vantagem competitiva. Quando as fusões e aquisições fracassam, normalmente é porque as organizações muitas vezes negligenciam ou ignoram a cultura organizacional e as questões de capital humano e prestam pouca atenção à integração dessas questões de RH no processo de integração[13].

[13] Na verdade, de acordo com executivos que responderam à pesquisa Merger Integration Conference (2010-2017), da Mckinsey, mais de 50 por cento das empresas que não geriram a

Igualmente o *venture capital* sobretudo de origem publica (investimento na fundação de uma empresa nova ou expansão de uma empresa pequena) vai também, nesta segunda fase, passar a ser mais comum no desporto. E também verificaremos cada vez mais situações extraordinárias investimento em empresas que passam por dificuldades financeiras ou que sofrem mudanças impactantes, de um modo geral, mas especificamente no desporto sobretudo nas ligas emergentes. Estas formas de intervenção pública são geralmente realizadas em empresas desportivas emergentes de maior porte e com grande potencial ou em clubes redesenhados por medida o que tem o mesmo efeito, com se vê atualmente na Arábia Saudita. Na maioria dos casos são constituídos em acordos contratuais privados entre investidores (públicos ou da família real) e gestores, não sendo oferecidos abertamente ao mercado e sim através de colocação privada. Capital privado, participações privadas, investimento em empresas maduras, ou investimento em empresas já estabelecidas que podem ou não enfrentar problemas de reestruturação e governança ou de mercado (em inglês: private equity) é um tipo de atividade financeira realizada por instituições que investem essencialmente em empresas que ainda não estão cotadas em bolsa de valores, ou seja, ainda estão fechadas ao mercado de capitais, ao contrário do que se passa com as SAD das Ligas europeias, com o objetivo de captar recursos para alcançar desenvolvimento das marcas e dos desporto nacionais. Esses investimentos são realizados via empresas de participações privadas (ainda que algumas vezes financiadas pelos erários públicos), que gerem os fundos de private equity (FPE). Na Europa e nos EUA, muitos empresas ou fundos dessa atividade financeira investem diretamente em empresas (cotadas ou não), com o intuito de geri-las, e realizar o desinvestimento no longo prazo. Nesta segunda fase da concentração desportiva e concorrência na área do futebol ainda não se consegue vislumbrar – para alem da narrativa ideológica – para onde vão os investimentos colossais que países, com a Arábia Saudita ou a China, estão a fazer no sector.

cultura de forma eficaz quando passam por uma fusão ou aquisição relatam que não atingem suas metas de sinergia. As empresas de alto desempenho abordam os grandes negócios com cautela e reconhecem que são arriscados, geralmente exigem transformação para ter sucesso e normalmente levam de 3 a 5 anos para entregar sinergias de capital e receita. A abordagem programática pode render muito na criação de valor, produzindo maior retorno total excedente para os acionistas. Reter talentos essenciais e garantir que as pessoas certas ocupem funções-chave são essenciais para uma fusão bem-sucedida.

Como em qualquer bem económico podemos olhar para o capital de risco pelo lado da oferta ou pelo lado da procura. Pelo lado da oferta temos os detentores de capital (investidores) que podem ser institucionais públicos ou privados que procuram oportunidades de investimento com elevadas margens de rentabilidade, elaborando para isso uma estratégia de redução de riscos, em aspetos como dispersão de investimentos, sectores em que investem, idade das empresas, avaliação das capacidades técnicas. Igualmente também há investidores que aplicam não só capital como também o *Know how* (saber fazer) na área da gestão a quem normalmente se dá o nome de investidor-anjo, em seguimentos de mercado sofisticados. Certamente que estes investidores estão à procura de lucros e portanto, introduzem nas cláusulas do contrato as opções de saída, para garantir que em caso de sucesso não vão ficar eternamente amarrados aquela empresa. É uma logica que pode normalizar também as aquisições desportivas, mas que ainda não assistimos no futebol profissional em grande escala.

Outro caminho que já observamos em algumas ligas europeias é o do Capital de risco, capital empreendedor, capital de investimento ou capital de ventura (em inglês: venture capital), que é uma modalidade de investimentos alternativos utilizada para apoiar negócios por meio da compra de uma participação acionista, geralmente minoritária, com objetivo de ter as ações valorizadas para posterior saída da operação. Chama-se capital de risco não pelo risco do capital, porque qualquer investimento, mesmo a aplicação tradicional, em qualquer sociedade comercial tem um risco associado, mas pela aposta em empresas cujo potencial de valorização é elevado e o retorno esperado é idêntico ao risco que os investidores querem correr. Este modelo de investimento é feito através de sociedades especializadas neste tipo de negócio denominadas Sociedades de Capital de Risco (SCR). Estas sociedades além do contributo em capital, ajudam na gestão. Pode ser um caminho com futuro, sobretudo para o isport ou publicidade desportiva (central de meios, por exemplo). Este financiamento está associado a negócios que estão a iniciar, em fase de expansão ou em mudança de gestão. Qualquer destas situações tem um risco muito elevado associado à incerteza do projeto em que a empresa se encontra, quando não se pode considerar como a solução, mas sim uma possível solução.

As estratégias de aquisição em geral são um meio de uma empresa promover o crescimento por meio da compra de outras SCD ou unidades de negócios de outras empresas. Isto contrasta com uma estratégia de crescimento orgânico, onde o foco é aumentar a atividade das linhas de negócio internas. Existem muitos motivos pelos quais uma sociedade desportiva gostaria de comprar outra sociedade desportiva. Esses motivos podem incluir a construção de economias de escala num desporto ou, por exemplo, um esquema de distribuição ou de exploração de contratos de publicidade.

Recordemos que o benefício de uma estratégia de aquisição de ativos, quando comparada a uma estratégia de aquisição de ações, é que a empresa adquirente pode selecionar e escolher as partes de uma sociedade desportiva que acha que beneficiariam outra sociedade desportiva. Isso contrasta com uma estratégia de aquisição de ações em que uma empresa teria que comprar todas as partes de uma empresa em que certas áreas poderiam ser inadequadas e teriam que ser vendidas no futuro. Escolher quais ativos (nomeadamente os jogadores ou os passes), e às vezes passivos, evita quaisquer questões inesperadas que não foram divulgadas antes da aquisição, que poderiam prejudicar o mercado desportivo ou causar mais problemas do que o valor da própria aquisição. Basicamente, reduz o risco e quaisquer perdas potenciais. Este tipo de estratégia funciona bem em relação às SCD inadimplentes, onde uma empresa pode escolher as restantes partes lucrativas de uma empresa sem ter de comprar as partes que já não fornecem qualquer valor.

Na Europa, a situação tem sido um pouco diferente. Trata-se mais de empresas existentes já cotadas em bolsa que, por uma razão ou outra, encerraram as suas atividades, mas continuam cotadas em bolsa. Acontece então que se coloca sob o tal "manto" outra empresa que já está na bolsa. Se os PSPCs[14] acabarão por se estabelecer como um meio alternativo de financiamento aos IPOs tradicionais, é muito cedo para dizer. Comparado aos IPOs tradicionais, o processo de listagem por meio de um SPAC tem

[14] Os PSPCs são hoje uma forma alternativa de investimento em comparação com private equity e IPOs tradicionais. Esta forma alternativa é baseada em 3 pontos: (1) Os PSPCs permitem que o investidor de varejo tenha acesso a investimentos de private equity que antes estavam disponíveis apenas para clientes institucionais, como fundos de hedge e bancos de investimento; (2) Além disso, os PSPCs são mais transparentes do que os investimentos de private equity, conforme evidenciado pelas obrigações de relatórios da SEC, como apresentação de demonstrações financeiras e direitos de voto dos acionistas em relação a qualquer fusão ou aquisição; e (3) Finalmente, os PSPCs oferecem um risco claramente definido aos investidores, mantendo os resultados do IPO em custódia e reembolsando esse valor se uma aquisição não for feita dentro de 18 a 24 meses.

dois pontos fracos, em minha opinião: por um lado, a empresa não de precisa passar no mesmo "exame" para avaliar a maturidade do seu modelo de negócios. Por outro lado, no quadro de um PSPC, também não tem de realizar os mesmos esforços em termos de marketing. Por exemplo, ela não é sujeita a due diligencie. O "teste", portanto, não ocorre da mesma forma que em um IPO tradicional. Atualmente, fala-se muito em "tokenização" de ativos financeiros, uma forma de trocar diretamente os títulos de propriedade da empresa em formato eletrónico, sem passar pelas bolsas de valores tradicionais. Será que as Sociedade comercais desportivas pequenas e médias "locais" um dia também se financiarão através deste mecanismo, em vez de através dos mercados de ações tradicionais?

Ainda é muito cedo para prever se o financiamento via "tokenização" será necessário ou não. Para ter sucesso, seria necessário, por um lado, que este método de financiamento estabeleça primeiro uma certa padronização de seus processos e, por outro lado, que seja enquadrado por uma regulamentação tão boa quanto a dos mercados tradicionais. Notemos que preparar um IPO requer um processo de preparação muito estruturado. Se cada empresa puder, no futuro, levantar recursos por meio de tokens digitais, isso pode criar um risco adicional para os investidores, que não esta minimamente regulado nem monitorizado.

Quer uma empresa desportiva se financie por meio de tokens digitais, por meio do "Special Purpose Acquisition Company" (SPAC) ou de um IPO tradicional, surge a questão do cuidado de longo prazo com as relações com investidores. Devemos manter relações com os investidores e permanecer atraentes para eles no longo prazo. A "Special Purpose Acquisition Company" (SPAC) tem atraído muita atenção desde o final do ano de 2022, especialmente nos EUA. É uma nova forma de levantar fundos que se liquidará no longo prazo. No que diz respeito aos Estados Unidos, deve-se, no entanto, notar que os PSPCs existem como meio de financiamento há vários anos.

Os mercados já estão mais habituados a este conceito, que consiste em disponibilizar uma "money box" ao investidor que deverá então encontrar uma empresa para financiar num determinado prazo. Na Europa ainda se está muito atrasado nestes mecanismos de financiamento da economia, mas a ameaça de novas áreas desreguladas leva a burocracia europeia a pensar na necessidade de criar mecanismos de acompanhamento do mercado desportivo, agora que de um modo geral e em particular no mercado desportivo "the big is beutiful".

Do direito privado internacional ao direito público regulatório

Estas crescentes complexidades nas relações financeiras da economia do desporto e as dinâmicas que se estabelecem entre sectores económicos – público, privado e social ou voluntariado[15] – não podem ser desligadas da própria natureza das fontes do direito desportivo.

Mais importante, no entanto, observamos com o aumento das interações entre diversos tipos de reguladores e regimes regulatórios ao nível global. Isso, aliás, reflete-se em vários memorandos de entendimento que estabelecem os termos de cooperação entre vários tipos de atores e o desenvolvimento de estruturas por organizações internacionais, que especificam a colaboração com o setor privado.[16]

Para entender e abordar o aumento da autoridade privada e das interações regulatórias, precisamos de uma investigação teórica completa sobre a arquitetura alterada do espaço internacional, a distribuição de autoridade nele e as maneiras pelas quais o direito internacional está lidando com esses fenómenos[17]. Isso ainda não aconteceu num grau satisfatório (Schmidt 2017). Os atores privados têm um lugar na bolsa de estudos de direito internacional, como revelam os exemplos da palestra de Storrs de Philip Jessup[18], citada em (Schmidt 2017). No entanto, uma integração conceitual de interações regulatórias permanece subdesenvolvida. O projeto de

[15] Rui Teixeira Santos (2021 e 2022).

[16] Veja, por exemplo, Nações Unidas (ONU), Diretrizes sobre Cooperação entre as Nações Unidas e o Setor Empresarial, 20 de novembro de 2009; Memorando de Entendimento entre o Escritório do Pacto Global da ONU e a Organização Internacional de Padronização, Doc. ISO/TMB/WG SR N 82, 9 de novembro de 2006; em https://academic.oup.com/ejil/article/28/4/1341/4866305
Consultado em 03 de abril de 2023.

[17] Rebecca Schmidt (2017) Protecting the Environment through Sports? Public-Private Cooperation for Regulatory Resources and International Law, EJIL (2017), Vol. 28 No. 4, 1341–1366.

[18] P.C. Jessup, Transnational Law (1956). P. Alston (ed.), Non-State Actors and Human Rights (2005); A. Clapham, Human Rights Obligations of Non-State Actors (2006). S. Tully, Corporations and International Lawmaking (2007); A. Peters et al. (eds), Non-State Actors as Standard Setters (2009). Peters, Koechlin and Fenner Zinkernagel, 'Non-State Actors as Standard Setters: Framing the Issue in an Interdisciplinary Fashion', in Peters et al., ibid., 1, at 4ff; ver também United Nations Conference on Environment and Development, 3–14 June 1992; Agenda 21, 13 June 1992, UN Doc A/CONF. 151/26 (1992), ch. 27; Agenda 2030, Doc. GA 70/1, 21 October 2015.

Direito Administrativo Global (GAL), por exemplo, inclui apenas de forma hesitante atores privados e formas híbridas de governança[19] e, até agora, os mecanismos e instrumentos de tais interações não foram analisados com muito detalhe.[20] Em contraste, isso aconteceu noutros lugares.[21] Trabalhos recentes de estudos de relações internacionais enfocam formas específicas de interação entre organizações internacionais e outros atores.[22] Da mesma forma, os debates nacionais e europeu sobre novas formas de regulação não consideram apenas "a criação de um diálogo constante entre reguladores e regulados", crucial para efetiva regulamentação em condições de grande complexidade'. Traduzir debates sobre interação regulatória para o direito internacional é uma tarefa altamente complexa (Schmidt 2017).

É neste quadro de debate que devemos enquadrar os desafios que as concentrações das Sociedades Comerciais Desportivas levantam, bem como a natureza do debate à volta da natureza jurídica da regulação do desporto.

Reforcar as normas autoregulatórias de Fair Play Financeiro pode ajudar a evitar a fusão e aquisição de clubes em função apenas das suas dívidas fiscais e financeiras. Estes processos podem ter consequências negativas para os clubes e para os adeptos, pois podem levar à perda de identidade e tradição dos clubes e à diminuição da concorrência desportiva.

[19] Kingsbury, Krisch and Stewart, 'The Emergence of Global Administrative Law', Law and Contemporary Problems (2005): 'We cautiously suggest that the margins of the field of global administration be extended to the activities of some of these non-governmental bodies.'

[20] Notável excepção é Azis, 'Global Public-Private Partnerships in International Law', Asian Journal of International Law (2012); Meidinger, 'The Administrative Law of Global Private--Public Regulation: The Case of Forestry', 17 European Journal of International Law (EJIL) (2006); ver ainda contribuições em 'Hybrid Public-Private Organizations and Private Bodies Exercising Public Functions', in S. Cassese et al. (eds), The GAL Casebook (3rd edn, 2012), available at http://irpa-c02.kxcdn.com/wp-content/ uploads/2012/10/Contents.pdf.

[21] Por exemplo, K.W. Abbott et al. (eds), International Organizations as Orchestrators (2015); Wood et al., 'The Interactive Dynamics of Transnational Business Governance: A Challenge for Transnational Legal Theory', 6 Transnational Legal Theory (TLT) (2015) 333; de Búrca, Keohane and Sabel, 'Experimentalist Governance', 44 British Journal of Political Science (BJPS) (2014) 477; Eberlein et al., 'Transnational Business Governance Interactions: Conceptualization and Framework for Analysis', 8 Regulation and Governance (2014) 1.

[22] Abbott et al., supra note 20; Abbott, Levi-Faur and Snidal (eds), 'Regulatory Intermediaries in the Age of Governance (Special Issue)', 670 Annals of the American Academy of Political and Social Science (2017) 14.

É por isso que se vem defendendo que um modo de reforçar as normas seria aumentar os controles financeiros exercidos pelos organismos governamentais sobre as finanças dos clubes, nomeadamente quanto às formas de financiamento e à sua origem. Outra opção poderia ser a implementação de mecanismos mais rígidos de penalização para aqueles que não respeitarem as regras estabelecidas em termos de fair play financeiro, quer em âmbito nacional, quer em âmbito internacional.

Assim, poderia incentivar-se a transparência financeira dos clubes e à aderência aos princípios éticos e morais em matéria desportiva e financeira. E, neste contexto, poderiam criar-se meios de reclassificação e certificação das Sociedades Comerciais Desportivas em função das boas práticas éticas e financeiras. Assegurando que as sociedades comercias desportivas (SCD) estejam preparadas e possam lidar com eventualidades adversas sem prejudicar a sua capacidade operacional e financeira. Isso permitiria melhorar a comunicação com os stakeholders e as autoridades locais e internacionais, além de fazer frente à pressão da imprensa e dos fãs e aos desafios internos da gestão da integração de sociedades diversas. Isto poderá contribuir para a manutenção da imagem positiva dos clubes, bem como do próprio futebol, e dar lugar a projetos de natureza social, nomeadamente na área do desporto para todos e do desporto juvenil. Por outro lado, a implementação desses mecanismos depende do comprometimento e da determinação das SCD, dos clubes desportivos e das entidades governamentais para resolver esses problemas.

Historicamente o papel da regulação desportiva na Inglaterra tem variado desde 1965, antecipando o movimento atual europeu na matéria. Antes disso, houve pouquíssima regulação desportiva, e era quase totalmente deixado tudo ao arbítrio dos proprietários dos grandes clubes britânicos. Desde então, a Football Association (FA) tornou-se num órgão regulador forte e influente dentro do mundo do futebol em geral. Contudo, apesar deste órgão ser composto por membros eleitos por todos os elementos do sistema, incluindo os jogadores e treinadores, também existem outros grupos de interesse que podem exercer grande força através da coação económica.

Este tipo de interferência está ainda longe da Liga portuguesa, mas as ameaças existem. É por isso mesmo que o debate ganha dimensão europeia e a possibilidade de se avançar com uma entidade reguladora independente dos Stakehorders desportivos é conversado em instâncias comunitárias.

Para quem a defende, uma entidade reguladora independente da administração pública na área do desporto teria as seguintes competências:

- Política e planeamento: Estabelecimento de diretrizes e objetivos estratégicos para o desporto nacional, coordenação com organizações e agências envolvidas, monitoramento e avaliação das políticas aplicadas.
- Regulamentação: Elaboração e execução de normativas e regulamentos para garantir a saúde, segurança e equilíbrio no desporto, bem como para combater o doping e a corrupção.
- Financiamento: Alocação de recursos públicos e privados para financiar projetos, eventos e programas desportivos, bem como para apoiar atletas e clubes.
- Desenvolvimento: Promoção do crescimento e desenvolvimento do desporto em todo o território nacional, com especial atenção aos jovens, mulheres e minorias étnicas e regionais.
- Competições e eventos: Supervisão das competições nacionais e internacionais, planejamento e realização de eventos desportivos, gerenciamento de conflitos e disputas entre equipes e atletas.
- Assistência e suporte: Fornecimento de serviços de assistência técnica e logística para atletas, equipes e clubes, bem como para organizações desportivas locais e regionais.
- Marketing e relações-públicas: Gestão da identidade visual e reputação do desporto nacional, divulgação de notícias e acontecimentos desportivos, colaboração com média e parceiros comerciais.
- Investigação e pesquisa: Realização de estudos e análises sobre tendências e desafios no desporto, para informar as políticas e estratégias a adotar.
- Transparência e responsabilidade social: Garantia da transparência e responsabilidade social no desporto, promoção do código de ética e boas práticas, fiscalização dos standards ambientais e de sustentabilidade.

Os críticos, como nós argumentam que a criação de uma Agência Europeia de Regulação Independente (AERI) dentro da União Europeia poderia ser uma opção mais centralizada e coordenada para regular o desporto na Europa. Mas que existem alguns fatores importantes a considerar antes de se tomar essa decisão:

- Federalismo e autodeterminação: A UE passaria a ter na área do desporto uma natureza federalista, o que significaria que suas instituições deveriam respeitar a autonomia das sociedades civis, incluindo as entidades desportivas nacionais, o que era particularmente melindroso. Uma AERI pode colocar essa autonomia em causa e levar a tensões entre países membros quanto ao controle desses aspetos.

- Tradição histórica: As tradicionais federações nacionais desportivas surgiram como forma de organizar, governar e controlar a prática do desporto nas diferentes comunidades nacionais. Torná-las dependentes de um órgão externo poderia descaracterizar esta tradição.
- Diversificação cultural: O desporto nos diferentes países membros da UE apresenta diferenças significativas quanto às modalidades, valores, costumes e prioridades. Um modelo unificado de regulamentação poderia ignorar ou representar mal essas particularidades.
- Taxonomia jurídica específica: O desporto possui uma taxonomia jurídica específica dentro dos sistemas legais nacionais. Uma AERI pode não estar preparada para lidar com esses problemas específicos e requerer reformas legislativas complexas.
- Equilíbrio na liderança privada internacional e politização: ainda que fosse possível controlar melhor op papel e a governância das grandes organizações de direto privado internacional desportivo a tendência para a politização do desporto poderia acentuar-se e a intervenção politica europeia poderia condenar o espirito do desporto a nível global, como realização social da emergência de uma classe média que desde o dealbar do século XIX conseguiu ter tempo e recursos financeiros para explorara o lazer e o desporto.
- Limitações financeiras: Os fundos europeus para o desporto são limitados e compartilham recursos com outros setores sociais e econômicos. A criação de uma nova AERI exigiria investimentos adicionais que podem comprometer esses fundos alocados para outros fins.

Em suma, é importante considerar cuidadosamente todos esses fatores antes de tomar qualquer decisão. Enquanto uma AERI pode oferecer vantagens em termos de harmonização, cooperação e consistência na regulamentação, também deve levar em conta a diversidade cultural, as tradições históricas, a deriva populista que vivemos nos políticas públicas e as limitações financeiras para evitar possíveis impactos negativos. É necessário encontrar uma solução adequada para permitir a regulamentação europeia do desporto sem perder de vista essas considerações críticas.

A FIFA e outras federações desportivas têm mostrado interesse em uma possível Agência Europeia de Regulação do Desporto Independente (EARDI), mas o processo encontra resistência por parte de algumas autoridades nacionais. A UEFA, por seu lado, já manifestou preocupação acerca das possíveis consequências deste tipo de gestão, principalmente no que diz respeito à capacidade de manter os direitos audiovisuais em seus torneios.

Para já, os detratores argumentam que uma entidade reguladora para o desporto será ineficaz porque continuará a concessão do monopólio de marketing global à FIFA e UEFA e a manutenção da jurisdição privada desportiva no sistema arbitral global, embora a nível nacional os tribunais arbitrais desportivos já tenham regulação pública.

No nosso manual de Direito da União Europeia de 2014, já tínhamos chamado já a atenção para a natureza das próprias entidades reguladoras independentes como parte da administração publica desconcentrada da EU[23], respondendo a propósitos político de integração europeia, à margem dos movimentos políticos mais próximos do confederalismo.

Por outro lado, temos de ter noção que a adoção de novos regimes normativos e da entidade reguladora independente a nível europeu faria aumentar a confiança pública na justiça desportiva, reduziria as disparidades no espectro desportivo, facilitaria a participação de mulheres na alta administração desportiva e reduziria a corrupção e a criminalidade no âmbito desportivo.

O debate está em curso, mas continuamos a ter enormes reservas nesta conjuntura política sobre uma resposta publica às limitações do direito privado europeu em face dos desafios de concentração que nos próximos anos vamos assistir no mercado esportivo europeu, sendo preferível, no que concerne a regras de concorrência fazer apelo à competência específica da EU nessa matéria em vez de avançar já para a criação e estruturas especificas à escala continental.

Conclusão

Em suma, a grande crise financeira 2008-2009, a crise das dívidas soberanas de 2013, a pandemia do COVID-19, a Guerra na Ucrânia e a deriva populista e totalitária que carateriza a década de 20 do século XXI, consubstanciam uma "grande alteração das circunstâncias" também na área das sociedades comerciais desportivas, onde os desafios financeiros parecem

[23] Rui Teixeira Santos 2014.

colossais e a complexidade dos instrumentos parecem não ser acompanhados por um Framework institucional eficaz, criando a necessidade de reconformação do quadro em que se desenvolve a generalidade das relações jurídicas de carácter patrimonial desportivo, devendo, salvo melhor opinião, atender-se às valorações implícitas à regulação geral das fusões e aquisições das sociedades comerciais, por razões que se prendem, em primeira linha, com os princípios da igualdade e da boa governância, em vez de criar novas e burocráticas instâncias regulatórias nacionais ou internacionais.

A procura por recursos cada vez mais escassos – em jogadores e treinadores – e as audiências planetárias transformaram o futebol num subsector onde os recursos financeiros são cada vez mais exigentes. Esse fenómeno já tínhamos verificado antes com o chamado "trumpismo" no golfe[24], com a entrada das autocracias da China e da Arábia Saudita no mercado global desportivo. Esta entrada de novos atores de dimensão estatal no palco do futebol lança desafios regulatórios extraordinários neste mercado onde os gestores tomam riscos cada vez maiores e onde a autorregulação se tem mostrado pouco dissuasora.

Salvo melhor opinião, a eventual criação de entidades reguladoras especializadas no desporto não é o caminho, pois em vez de manter o problema dentro das questões regulatórias do mercado as burocratiza e politiza, acentuando o papel mercenário que o desporto parece já ocupar no espaço político e como narrativa e instrumento do populismo, assumindo claramente a natureza de política pública em alguns países.

Sem embargo de nova regulação dever ser feita por via legislativa, podemos sempre considerar como princípio geral que sempre que não exista diploma específico, é admissível o recurso a disposições e princípios de carácter geral como o artigo 437.º do CC português (condições de admissibilidade de modificação ou resolução do contrato por alteração anormal das circunstâncias) e o princípio da boa fé e, especificamente, o regime jurídico da concorrência – no caso português previsto na Lei n.º 19/2012, de 08 de Maio – a 4ª versão foi atualizada pela Lei n.º 17/2022, de 17/08 – que transcreve as diretivas comunitárias da concorrência.

[24] Simon Chadwick (2023) A NOVA ORDEM MUNDIAL 'TRUMPIANA' NO ESPORTE, ILUSTRADA PELO GOLFE (12 de junho de 2023) em https://knowledge.skema.edu/golf-pga-liv-trump-saudi-arabia-usa/ consultado em 15 de jun. de 23.

Bibliografia

- Abbott, K.W et al. (eds), (2015) International Organizations as Orchestrators (2015); Wood et al., 'The Interactive Dynamics of Transnational Business Governance: A Challenge for Transnational Legal Theory', Transnational Legal Theory (TLT); de Búrca, Keohane and Sabel, 'Experimentalist Governance', British Journal of Political Science (BJPS).
- Abbott, K.W, Levi-Faur and Snidal (eds) (2017) 'Regulatory Intermediaries in the Age of Governance (Special Issue)', 670 Annals of the American Academy of Political and Social Science.
- Azis, A. (2012) 'Global Public-Private Partnerships in International Law', Asian Journal of International Law (2012).
- Barroso, José (2010) Activos Intangíveis nas Sociedades Anónimas Desportivas: O Caso dos Jogadores de Futebol em https://comum.rcaap.pt/bitstream/10400.26/4286/1/Jos%C3%A9%20Barroso%20-%20Tese_VersaoFinal_1%206.pdf consultado em 21 de junho de 2023
- Chadwick, Simon (2023) A nova ordem mundial 'trumpiana' no esporte, ilustrada pelo golfe (12 de junho de 2023) em https://knowledge.skema.edu/golf-pga-liv-trump-saudi-arabia-usa/ consultado em 15 de jun. de 23.
- Clapham, A. (2007) Human Rights Obligations of Non-State Actors (2006). S. Tully, Corporations and International Lawmaking.
- COI/UNODOC, Criminalization approaches to combat match-fixing and illegal/irregular betting: a global perspective – Comparative study on the applicability of criminal law provisions concerning match-fixing and illegal/irregular betting, Lausanne / Vienna, Julho de 2013.
- Eberlein et al., (2014) 'Transnational Business Governance Interactions: Conceptualization and Framework for Analysis', Regulation and Governance.
- Enlarged Partial Agreement on Sport (EPAS), Provisions of International Legal Instruments on Treating Bribery in Sport as a Crime, 28 de Março de 2011
- European Commission, KEA European Affairs: Match-fixing in sport, A mapping of criminal law provisions in EU 27, Março de 2012.
- Feiteira, Eduardo (2019) Como criar valor no setor e mercado elétrico, no seu contexto atual e futuro: "A Empresa Elétrica do Futuro" – Uma abordagem pelas Teorias dos Recursos, Stakeholders e Capacidades Dinâmicas – O caso do Grupo EDP, Tese especialmente elaborada para obtenção do grau de Doutor em Gestão Empresarial Aplicada, ISCTE: 2019, em https://repositorio.iscteiul.pt/bitstream/10071/18858/4/phd_eduardo_almeida_feiteira.pdf consultado em 21 de junho de 2023.
- Jessup, P.C. (1956) Transnational Law . P. Alston (ed.), Non-State Actors and Human Rights (2005).

- Kingsbury, Krisch and Stewart, (2005). 'The Emergence of Global Administrative Law', 68 Law and Contemporary Problems.
- Meidinger, (2012) 'The Administrative Law of Global Private-Public Regulation: The Case of Forestry', 17 European Journal of International Law (EJIL) (2006); 'Hybrid Public-Private Organizations and Private Bodies Exercising Public Functions', in S. Cassese et al. (eds), The GAL Casebook (3rd edn, 2012), available at http://irpa-c02.kxcdn.com/wp-content/ uploads/2012/10/Contents.pdf.
- Nações Unidas (ONU), Diretrizes sobre Cooperação entre as Nações Unidas e o Setor Empresarial, 20 de novembro de 2009; Memorando de Entendimento entre o Escritório do Pacto Global da ONU e a Organização Internacional de Padronização, Doc. ISO/TMB/WG SR N 82, 9 de novembro de 2006; em https://academic.oup.com/ejil/article/28/4/1341/4866305 Consultado em 03 de abril de 2023.
- Peters, A. et al. (eds), Non-State Actors as Standard Setters (2009). Peters, Koechlin and Fenner Zinkernagel,
- Peters, A. et al. (eds), 'Non-State Actors as Standard Setters: Framing the Issue in an Interdisciplinary Fashion', in Peters et al., ibid., 1, at 4ff.
- Proposta de Resolução do Parlamento Europeu sobre a dimensão europeia do desporto (2011/2087(INI)) consultado em https://www.europarl.europa.eu/doceo/document/A-7-2011-0385_PT.html em 21 de Junho de 2023.
- Santos, Rui Teixeira (2011) Direito Português da Corrupção Lisboa: Bnomics.
- Santos, Rui Teixeira (2014) Direito da União Europeia. Lisboa: Bnomics.
- Santos, Rui Teixeira (2021) Caraterização da Economia Social em Portugal. Lisboa: Edições Lusófonas.
- Santos, Rui Teixeira e Quadros, E. (2022) Administração e Gestão Pública. Coimbra: Almedina.
- Schmidt, Rebecca (2017) Protecting the Environment through Sports? Public--Private Cooperation for Regulatory Resources and International Law, EJIL (2017), Vol. 28 No. 4, 1341–1366.
- UEFA, "Regulamentos de Licenciamento de Clubes e Fair Play Financeiro da UEFA" em https://pt.uefa.com/insideuefa/protecting-the-game/club-financial-controlling-body/ consultado em 15 de jun. de 23.
- United Nations (1992) Conference on Environment and Development, 3–14 June 1992; Agenda 21, 13 June 1992, UN Doc A/CONF. 151/26 (1992), ch. 27; Agenda 2030, Doc. GA 70/1, 21 October 2015.

25. MANIPULAÇÃO DOS RESULTADOS DESPORTIVOS/*MATCH FIXING*

SÉRGIO CASTANHEIRA[1]

I. Introdução

Os comportamentos – como por exemplo as apostas desportivas – suscetíveis de alterar a imprevisibilidade do resultado ou o normal desenrolar da competição desportiva com vista à obtenção de alguma vantagem são hoje a maior ameaça à integridade das competições desportivas.

Apesar de fortemente ligada ao futebol, a manipulação das competições desportivas não diz respeito apenas ao "desporto rei". Quanto menos mediática for a modalidade e a competição menos riscos correm os infratores de serem descobertos.

Em Portugal têm existido alguns casos mediáticos alegadamente relacionados com práticas de *match fixing*. Uma das investigações mais famosas tem o nome de "Jogo Duplo". A operação da Polícia Judiciária foi desencadeada a 14 de maio de 2016. No final dos jogos, Oliveirense-Leixões e Atlético-Oriental, vários inspetores detiveram, ainda dentro dos respetivos recintos desportivos, dirigentes, jogadores, empresários e outros suspeitos ligados ao futebol. Já em março de 2017 foram detidos mais seis suspeitos e constituídos mais oito arguidos. Em causa estão crimes de associação criminosa em competição desportiva, corrupção ativa e passiva em competição

[1] Árbitro do Tribunal Arbitral do Desporto. Advogado.

desportiva e apostas desportivas à cota de base territorial fraudulentas. Segundo o despacho de acusação, entre agosto de 2015 e até 14 de maio de 2016, os arguidos "constituíram um grupo dirigido à manipulação de resultados de jogos das I e II ligas nacionais de futebol ('match-fixing') para efeito de apostas desportivas internacionais".

Este tipo de manifestações não conhece fronteiras e aparece, na maioria das vezes, associada a organizações que operam em múltiplos territórios, o que fez com que a nível internacional existam algumas convenções que abordam a presente temática.

Assim, a Convenção das Nações Unidas Contra a Corrupção, a Convenção das Nações Unidas Contra o Crime Organizado Transnacional e a Convenção "Macolin" do Conselho da Europa (Convenção sobre a Manipulação de competições Desportivas adotada em 9 de julho de 2014 e aberta à assinatura a 18 de setembro de 2014) constituem os instrumentos mais relevantes, nomeadamente para reforçar a cooperação entre os diferentes países.

A referida Convenção "Macolin" tem como finalidade a luta contra a manipulação de competição desportivas, a fim de proteger a integridade do desporto e da ética desportiva, em conformidade com o princípio da autonomia do desporto. Com esse fim, a Convenção visa prevenir, detetar e sancionar a manipulação de competições desportivas nacionais e internacionais, bem como promover a cooperação nacional e internacional contra a manipulação de competições desportivas entre as autoridades públicas competentes, e entre as entidades envolvidas no desporto e nas apostas desportivas. Perante o exposto, percebe-se desde logo que o Conselho da Europa aborda esta problemática de uma dupla perspetiva: prevenção e repressão do *Match Fixing*.

No plano dos princípios e do bem jurídico pretendido tutelar encontra-se em causa a ética desportiva que, de uma perspetiva simplista, pode traduzir-se em *fair-play*, lealdade, verdade e integridade da competição desportiva. Tradicionalmente a violência associada ao desporto, bem como a corrupção, foram tidos como comportamentos típicos suscetíveis de colocar em causa a ética desportiva. Não obstante o *doping*, e as práticas a si associadas, tem sido considerado como o fenómeno mais perigoso para o desporto, uma vez que colocando em causa a igualdade entre as partes atenta fortemente contra a verdade dos resultados desportivos.

Acontece que a realidade foi-se alterando a uma velocidade estonteante. A era do mundo digital e a globalização criam novos desafios ao mundo do direito.

De acordo com a Gambling Capital, o mercado legal de apostas gerou um volume de negócios de 490 mil milhões de dólares em 2019. Em 2025, esse número deve crescer para 770 mil milhões.

O desporto depara-se hoje com um dos seus maiores desafios: regular, controlar e reprimir a proliferação de atos que visam a manipulação das competições e dos resultados desportivos – *Match Fixing*.

No que diz respeito à prevenção do *Match Fixing* cumpre realçar desde logo o estipulado no artigo 6.º da Convenção do Conselho da Europa: cada parte deve incentivar a sensibilização, a educação, a formação e a investigação para reforçar a luta contra a manipulação de competições desportivas.

Não temos dúvidas que é na formação e educação dos desportistas e dos demais agentes que deverá assentar a luta contra este fenómeno. O comportamento dos desportistas assume-se como fundamental para que haja lugar a práticas ilegais. Se o desportista que procura substâncias dopantes para aumentar o seu rendimento desportivo merece ser censurado, igual ou maior censura merece o desportista que se "vende" às apostas desportivas e perde a competição de forma propositada.

Enquanto que no *doping* o atleta é pressionado para obter melhores resultados, quer pela própria essência do ser humano que visa a sua superação, quer nomeadamente pelos dirigentes, treinadores e patrocinadores, no caso da combinação dos resultados desportivas os comportamentos relacionam-se, na maioria das vezes, com questões monetárias, com a procura do "dinheiro fácil".

Ainda no que à prevenção diz respeito e segundo a Convenção Macolin, cada país deve coordenar as políticas e as ações de todas as autoridades públicas envolvidas na luta contra a manipulação de competições desportivas, nomeadamente incentivando as organizações desportivas, os organizadores de competições e as operadoras de apostas a cooperarem na luta contra o *match fixing*.

Assim, cada país deve identificar, analisar e avaliar os riscos associados à manipulação de competições desportivas, devendo ser adotada a legislação e tomadas outras medidas que sejam necessárias para combater o referido fenómeno. Neste contexto devem ser expressamente estabelecidos conflitos de interesse, como por exemplo a proibição de as partes interessadas apostarem nas competições em que participem ou a proibição de utilização indevida ou a divulgação de informação privilegiada.

A convenção prevê ainda medidas concretas que cada país deve levar a cabo relativas ao financiamento das organizações desportivas, à autoridade reguladora das apostas, aos operadores das apostas e, ainda, medidas relativas à troca de informações entre as autoridades públicas competentes, as organizações desportivas e os operadores de apostas desportivas.

Quanto à repressão, cada país deve garantir a aplicação de sanções penais quando a manipulação de competições desportivas leve à prática do crime de coação, fraude ou corrupção, sempre respeitando os conceitos existentes no direito interno de cada parte signatária.

Importa referir, ainda, que a Convenção Macolin envolve todos os *stakeholders* relevantes, nomeadamente autoridades públicas, organizações desportivas e operadores de apostas desportivas.

Tendo em consideração que o fenómeno é transnacional, a Convenção prevê também medidas de cooperação internacional em matéria penal. Assim, as partes signatárias devem cooperar entre si, de forma tão amplamente quanto possível, no âmbito de investigações, ações penais e processos judiciais.

II. Portugal

Por via da Resolução da Assembleia da República n.º 109/2015, publicada em Diário da República de 7 de agosto de 2015, Portugal foi um dos primeiros países a aprovar a referida Convenção do Conselho da Europa.

A nível interno e segundo o artigo 79.º, n.º 2 da CRP, incumbe ao Estado, em colaboração com as escolas e as associações e coletividades desportivas prevenir a violência no desporto. Apesar de o preceito não se referir expressamente à ética, a jurisprudência e a doutrina têm interpretado esta norma no sentido de incumbir ao estado a prevenção de todas as manifestações que coloquem em causa a ética desportiva.

Neste contexto, a Assembleia da República, por via da Lei n.º 73/2014, de 2 de setembro, autorizou o Governo a legislar sobre o regime jurídico da exploração e prática do jogo online. Consequentemente, foi publicado o Decreto-Lei n.º 66/2015, de 29 de abril, que aprovou o Regime Jurídico dos Jogos e Apostas Online e regula a exploração e a prática dos jogos de fortuna ou azar, das apostas desportivas à cota e das apostas hípicas, mútuas e à cota, quando praticados à distância, através de suportes eletrónicos, informáticos, telemáticos e interativos, ou por quaisquer outros meios.

Mais recentemente, a Lei n.º 13/2017, de 02 de maio, procedeu à segunda alteração ao regime de responsabilidade penal por comportamentos suscetíveis de afetar a verdade, a lealdade e a correção da competição e do seu resultado na atividade desportiva (Lei n.º 50/2007, de 31 de agosto). A nova redação prevê a pena de prisão de um a oito anos para o crime de corrupção passiva e a pena de prisão de um a cinco anos para o crime de corrupção ativa. O crime do tráfico de influência, que no quadro atual tem uma punição idêntica à do crime de corrupção ativa, passa a ser agravado na mesma medida, enquanto as molduras penais aplicáveis aos crimes de associação criminosa serão equivalentes às constantes do código penal, podendo ser agravadas em função da qualidade do agente.

Este diploma, Lei n.º 13/2017, de 02 de maio, criou um novo tipo de crime, a aposta antidesportiva: o agente desportivo que fizer, ou em seu benefício mandar fazer, aposta desportiva à cota, online ou de base territorial, relativamente a incidências ou a resultado de quaisquer eventos, provas ou competições desportivas nos quais participe ou esteja envolvido, é punido com pena de prisão até 3 anos ou com pena de multa até 600 dias.

Por fim, por via da Lei n.º 101/2017, de 28 de agosto, foram impostos os deveres de transparência relativos à titularidade do capital social das sociedades desportivas e ao reforço da credibilização das competições, bem como obrigações para as federações desportivas no investimento em programas de defesa da integridade e da verdade desportivas nas competições.

Consagra-se, por esta via, a obrigação legal de comunicação à federação respetiva e ao Instituto do Desporto, no início de cada época desportiva, de uma relação dos titulares, individuais ou coletivos, de participações qualificadas no capital social de cada sociedade desportiva. Também por razões de transparência, mas sobretudo em defesa da integridade das competições, clarificou-se a proibição legal de detenção de participações no capital social de mais do que uma sociedade desportiva participante numa mesma competição.

Apesar de já terem sido dados os primeiros passos na prevenção e combate à manipulação das competições desportivas a verdade é que muito ainda há a fazer. Tal como aconteceu com a prevenção e combate ao *doping*, o caminho é longo, árduo e deve ser efetuado sempre numa perspetiva internacional.

III. Jurisprudência do Tas/Cas – *Court Arbitration of Sport*

Os casos do Tribunal Arbitral do Desporto, com sede em Lausanne, sobre manipulação dos resultados desportivos têm vindo a aumentar e, simultaneamente, têm-se tornado importantes referências na luta contra este fenómeno.

Neste capítulo seguimos de perto "The court of arbitration for sport jurisprudence on match-fixing: a legal update"[2]. Selecionámos apenas os acórdãos do TAS/CAS sumariados no referido estudo que nos pareceram elucidativos da evolução jurisprudencial e que maior proximidade têm com a nossa realidade.

O primeiro acórdão envolve o RSC Anderlecht no âmbito do processo TAS 98/185. O Conselho Executivo da UEFA tinha recusado a admissão do RSC Anderlecht nas competições de clubes da UEFA, por uma temporada, por tentativa de suborno de um árbitro em duas partidas da Taça UEFA de 1983. O colégio arbitral concluiu que as sanções aplicadas eram de natureza disciplinar e, portanto, dentro da competência da UEFA, mas não do seu órgão executivo. A corrupção viola a "lealdade, integridade e fairplay" princípios vertidos em normas disciplinares da UEFA. Assim, conforme concluiu o colégio arbitral, o Conselho Executivo não tinha competência para emitir tal sanção.

Num segundo processo (CAS 2008/A/1583) a Federação Portuguesa de Futebol considerou o F. C. Porto e o seu Presidente envolvidos em atividades destinadas a organizar ou influenciar o resultado de um jogo. A PFF sancionou o F. C. Porto, impossibilitando-o de participar, na temporada de 2008-2009, na Liga dos Campeões, decisão que o Órgão de Recurso da UEFA reverteu. O S. L. e Benfica e o Vitória Sport Clube (Guimarães) recorreram ao TAS/CAS. O colégio arbitral não ficou convencido de que o Presidente do F.C. Porto ou o F.C. Porto tenham praticado atividades ilícitas, pelo que manteve a decisão recorrida de absolvição. Segundo o TAS/CAS, se uma federação nacional condenar um clube por manipulação de resultados, a UEFA não fica automaticamente vinculada a esta decisão. A UEFA deve tomar a sua decisão de forma autónoma e independente com base em todas as circunstâncias factuais à sua disposição.

No âmbito de um processo que envolveu um clube da macedónia, Pobeda (CAS 2009/A/1920) o Órgão de Recuro da UEFA confirmou a suspensão de Pobeda com base em ações (de seu presidente, Sr. Zabrcanec, e de um jogador, Sr. Zdraveski) correspondentes a somas anormalmente altas apostadas em duas partidas da Liga dos Campeões. Neste caso, o colégio arbitral ficou confortavelmente convencido com os factos dados como provados

[2] M. Diaconu, S. Kuwelker, A. Kuhn em The International Sports Law Journal, 22 de janeiro de 2021, para cuja leitura remetemos o leitor para maior desenvolvimento sobre a matéria.

pela UEFA, com base em depoimentos de especialistas que explicaram os padrões de apostas e outros testemunhos, nomeadamente de que o Sr. Zabrcanec esteve pessoalmente envolvido, tendo-o sancionado com suspensão vitalícia. Já o clube Pobeda foi sancionado com uma suspensão de 8 anos. Por sua vez, Zdraveski foi absolvido, porquanto apenas existia um boato sobre o seu envolvimento de uma única testemunha.

No processo Köllerer, CAS 2011/A/2490, o recorrente, jogador profissional de tênis, foi, com base em depoimentos, sancionado com suspensão vitalícia e multado em USD 100.000 pelo Anti-Corruption Hearing Officer, por tentativa de manipulação de resultados, tendo convidado outros jogadores a perder partidas propositadamente, oferecendo-lhes US$ 10.000. O colégio arbitral ficou convencido do facto de o atleta ter tentado manipular vários encontros, ainda que sem sucesso, tendo mantido a decisão de suspensão vitalícia tendo considerado, no entanto, desproporcional qualquer sanção financeira adicional, nomeadamente pelo facto de a situação financeira do atleta já se encontrar afetada pela sanção de suspensão aplicada.

Por sua vez, no caso Olympiakos Volou, TAS 2011/A/2528, com base nas alegações de manipulação e apostas ilegais do presidente do Olympiakos Volou FC, num encontro da Superliga Grega, o Órgão de Apelação da UEFA suspendeu a sua participação na Liga Europa de 2011/12. A Federação Grega de Futebol entendeu que apenas o presidente do clube, mas não os jogadores, estavam envolvidos na manipulação de alguns encontros. O colégio arbitral levou em consideração a decisão da federação grega, a detenção preventiva do presidente e os relatórios sobre apostas, para concluir que a UEFA provou o envolvimento do clube de forma a justificar a aplicação da referida sanção de suspensão, independentemente de os jogadores estarem ou não envolvidos.

No caso Besiktas (CAS 2013/A/3258) o órgão de recurso da UEFA suspendeu o Besiktas da Liga Europa 2013/4 com base no envolvimento de seus dirigentes na manipulação de resultados na final da Liga da Turquia de 2011. O colégio manteve a decisão previamente aplicada pela EUFA baseando a sua decisão no interesse desportivo e financeiro do clube em vencer, nas conversas gravadas com tendência a evitar o uso de linguagem direta a manipulação, nas reuniões realizadas em privado, nas declarações de testemunhas e nos documentos escritos, bem como na falta de explicações alternativas.

No âmbito do processo CAS 2013/A/3062 (Sammut), o recurso para o TAS/CAS surgiu de uma decisão do órgão de recursos da UEFA que sancionou o recorrente, um jogador profissional de futebol de Malta, com uma suspensão vitalícia por manipular um encontro do Campeonato Europeu de Futebol, perdendo por 4 a 0 para a Noruega (três golos marcados nos últimos 17 minutos) onde os jogadores de Malta receberam uma percentagem de ganhos de apostas. O colégio concluiu que o resultado foi acordado (com base numa carta anónima e numa declaração confirmando a manipulação, nos padrões de apostas suspeitos e nos depoimentos de testemunhas), que o recorrente foi responsável pela manipulação, realçando os seus principais erros em campo que levaram ao primeiro golo. No entanto, o colégio reduziu a suspensão para 10 anos.

Já noutro processo, CAS 2014/A/3467, o recorrente, jogador de tênis profissional, de la Rica, foi suspenso de todos os eventos ATP, por 5 anos e multa de USD 25.000, baseando-se em mensagens do Skype e depoimentos corroborantes de testemunhas, o Colégio concluiu que o tenista não poderia alegar falta de conhecimento (dada a educação da ATP e acordos/livro de regras do jogador assinado) na violação das normas. A perda do encontro (perante evidência de um esforço deliberadamente fraco) não era necessariamente tida como corrupção, embora neste caso o tenha sido porquanto existiam depoimentos de testemunhas e evidências claras de um acordo para receber €15.000,00, bem como discussão sobre como perder deliberadamente.

No caso CAS 2015/A/4351 (Pakruojo) com base no Sistema de Deteção de Apostas Fraudulentas da UEFA e noutros relatórios de variações de apostas referentes a dois encontros perdidos para o FK Siauliai, na forma competitiva do clube, posições na liga e taxa de rotatividade, no comportamento do jogador dentro e fora do campo e noutros fatores (concessão de uma grande penalidade, retirada deste encontro das casas de apostas líderes) o Conselho Disciplinar e de Recurso da Federação de Futebol da Lituânia sancionaram os jogadores com suspensão entre 8 e 12 meses e o clube com uma multa. O Colégio do TAS/CAS baseou-se nos mesmos fundamentos anteriormente referidos para concluir pela manipulação dos resultados com base, ainda, na falta de uma explicação para a combinação presumida.

O Conselho Disciplinar da Liga Europeia de Bridge (Fantoni e Nunes CAS 2016/A/4783) considerou dois jogadores profissionais de bridge culpados de manipulação de competição desportiva por terem criado um método ilícito de comunicação efetivamente usado para trocar informações, colocando a carta principal "verticalmente" para indicar que tinham "honras" nesse naipe. Os jogadores foram suspensos dos eventos da Liga Europeia de Bridge por cinco anos, proibidos vitaliciamente de jogarem juntos com equipa e multados. O colégio arbitral reverteu a decisão perante a verificação de incongruências no código, a incapacidade de compreender todo o código, a seleção de dados e falhas de análise na avaliação do código, sem nenhuma vantagem patente comprovada, afirmando, no entanto, que "isso não significa que os jogadores eram inocentes" impondo-lhes o pagamento das custas processuais, porquanto o comportamento "anormal" dos jogadores deu azo ao processo.

Por fim, no caso Labuts, CAS 2018/A/6075 o recorrente, guarda-redes da Letónia, que jogava pelo Athlone Town AFC na segunda divisão da liga irlandesa, foi suspenso por um ano de toda e qualquer atividade relacionada com o futebol por participar na manipulação de um encontro em que perdeu por 3-1 contra o Longford Town FC. O Comitê Disciplinar considerou, com base em atividades de apostas suspeitas em relação a vários aspetos da partida, que a partida foi combinada e que o guarda-redes havia deixado deliberadamente a equipa adversária marcar dois golos. O jogador negou veementemente as acusações e não havia evidências de transferências monetárias. Os três peritos chamados a apreciar os "erros" do guarda-redes não foram unânimes em distinguir entre um comportamento deliberado e meras manifestações de inadequação e cansaço. Os defesas da mesma equipa também tiveram um desempenho desportivo baixo, o que contribuiu para o segundo golo da equipa adversária. Com base nestes factos e experiência, o colégio arbitral ficou confortavelmente convencido de que o encontro foi manipulado, mas não que o guarda-redes estivesse realmente envolvido, pelo que anulou a decisão recorrida.

Em suma, no que diz respeito aos meios de prova os vários colégios arbitrais do TAS/CAS não são obrigados a aplicar as regras processuais aplicáveis num tribunal suíço, desde que garantam a igualdade de tratamento das partes de acordo com a "ordem pública processual".

Assim, meios de prova como padrões e condutas de apostas suspeitas fornecidos pelos operadores de apostas, provas escritas como emails, declarações de testemunhas e confissões, provas periciais, escutas telefónicas e gravações de vídeo de comportamento são tidos em conta. Tal como no âmbito da dopagem, os colégios socorrem-se da *prima facie proof* (prova da primeira aparência / presunção judiciail) desde que não afastada pela explicação razoável (presunção ilidida).

Nesta matéria assume-se de enorme relevo o Sistema de Deteção de Apostas Fraudulentas da UEFA que, em estreita colaboração com a empresa internacional Sportradar, monitoriza apostas ilegais antes e no decorrer dos jogos em direto, nomeadamente os comportamentos ilógicos que fazem disparar alertas essenciais para se iniciar uma investigação. Se a atuação em campo confirmar os padrões anormais de apostas e tal não puder ser explicado de forma razoável, então poderá será considerado, com alto grau de probabilidade, que a competição foi manipulada.

Já relativamente ao grau de prova aparentemente os colégios arbitrais do TAS/CAS não têm aplicado um grau demasiadamente exigente como o aplicável no âmbito do direito penal (prova para além de qualquer dúvida razoável), mas sim um critério em que se sintam confortavelmente convencidos de que efetivamente ocorreu uma conduta que preenche o tipo objetivo de ilícito disciplinar, ou seja, um nível mais elevado do que um mero equilíbrio de probabilidades, tal como tem acontecido nos litígios sobre doping.

Não obstante, os próprios colégios arbitrais reconhecem que o critério "convencido confortavelmente" pode entrar em conflito com a ordem pública pelo que procuram, primeiramente, aferir se o atleta consentiu na aplicação de tal critério, aquando da adesão às regras da federação internacional em causa, sendo ceto que tendo em consideração os valores e bens jurídicos em causa nos casos de manipulação das competições desportivas (ética, verdade e justiça desportiva), o referido critério encontra-se preenchido se houver um alto grau de confiança na qualidade da evidência, e se esta tiver sido carreada para os autos de forma legitima. Em suma, o padrão/critério deve estar mais próximo do teste "para além de uma dúvida razoável" do que de um "mero equilíbrio de probabilidades". Se se pretender recorrer a uma tentativa de referenciação numérica, a certeza da ocorrência da conduta ilícita deve andar mais perto dos 75%!

Por fim, o TAS/CAS procede à aplicação de sanções vitalícias, desde que as mesmas se encontrem expressamente previstas, o que no nosso país não tem lugar, pelo menos no âmbito das federações desportivas em que a inscrição nas mesmas é essencial para a prática da competição desportiva. Para além do exposto, há sempre que verificar se o princípio da proporcionalidade não se encontra violado. Por fim, a aplicação de sanções de natureza disciplinar, administrativa e civil também levanta algumas questões, nomeadamente de adequação com o princípio constitucional *ne bis in idem*.

Se o TAS/CAS é a entidade que julga os litígios sobre manipulação das competições desportivas, tal como sucede no âmbito da dopagem, a verdade é que, a montante, o *match-fixing* reclama uma entidade transfronteiriça que consiga lidar com a prevenção, regulamentação e controlo de um fenómeno tão com complexo como este.

No panorama internacional a SIGA – Sport Integrity Global Alliance parece pretender alcançar tal desiderato:

SIGA works towards a vision of sport played and governed under the highest integrity standards, free from any form of unethical, illicit and criminal activity, to safeguard sports values and ensure its positive impact and benefits to all citizens. The mission of SIGA is to provide global leadership, promote good governance and safeguard the integrity of sport through a set of universal standards operated by an independent, neutral and global body.

26. A INCLUSÃO DE ATLETAS COM DEFICIÊNCIA NO DESPORTO: AVANÇOS E DESAFIOS NA LEGISLAÇÃO PORTIGUESA

Tiago Carvalho[1]

"Se alguma vez fiz algo correcto na minha carreira médica, foi introduzir o desporto no tratamento e reabilitação de pessoas com deficiência."
Ludwig Guttmann

De acordo com o dicionário Priberam («Deficiência», 14/04/2023), deficiência é definida como Imperfeição, falta, lacuna, no entanto o mesmo dicionário define-a como termo da medicina, e nesse contexto considera-a como consistindo numa deformação física ou insuficiência de uma função física ou mental.

A associação do conceito de deficiência à medicina é desde há muito feita, sendo este o modelo tradicional de classificação da deficiência, ainda hoje abordamos o tema da deficiência como sendo uma questão médica, este modelo, conhecido como Biomédico, vem sendo considerado desde a segunda metade do século XIX, conforme podemos ver no trabalho de

[1] Advogado, licenciado em Direito pela Univeridade Autónoma de Lisboa; Vice-Presidente do Comité Paralímpico de Portugal; Membro do Comité Legal e de Étiva do Comité Paralímpico Internacional (IPC) e membro da Comissão de Ética da Commonwealth Games Federation (CGF).

(Tregaskis, 2002). Este modelo deveu-se à "medicalização" da deficiência, pois procurava-se tratar a deficiência como um problema de saúde, e não como uma questão social, logo era uma condição do foro médico, associando-se a deficiência a um infortúnio da vida. Este termo surge assim com a industrialização e a transformação da economia rural em economia industrial, e com o crescimento do capitalismo industrial. Ora por contraposição à noção de "eficiência" surge o conceito de deficiência, sendo a pessoa com deficiência considerada um indivíduo economicamente improdutivo. Segundo este modelo procurava-se tratar a deficiência, aproximando a pessoa com deficiência da normalidade da sociedade, desenvolvendo-se um novo campo da medicina que consistia na reabilitação, sendo por esta altura introduzido o conceito de anormalidade, por contraposição à normalidade da sociedade. Ora o crescente poder da classe médica e dos demais profissionais de saúde enraizava-se cada vez mais levando com que a deficiência fosse cristalizada como sendo um problema médico e não social, inclusive toda esta visão sobre o enquadramento da deficiência veio a ficar gravada em 1980 pela OMS – Organização Mundial de Saúde, no seu documento sobre *Classificação Internacional de Deficiências Incapacidades e Desvantagens.*

No entanto entre anos de 1970 e 1980, o modelo biomédico foi sujeito a severas críticas, nomeadamente por parte das próprias pessoas com deficiência, começando a surgir movimentos instituídos nos Estados Unidos da América e na Grã-Bretanha. Estes últimos organizados na *London Union of the Physically Impaired Against Segregation (UPIAS)* avançaram com as primeiras definições de incapacidade e deficiência, "a incapacidade é algo que se sobrepõe às nossas deficiências pela forma como somos desnecessariamente isolados e excluídos de uma participação plena na sociedade" (Union of the Physically Impaired Against Segregation & Disability Alliance, 1976).

Estes também definem "deficiência (*impairment*) como a falta de parte ou de todo um membro ou a disfunção de um membro, órgão ou mecanismo do corpo; e a incapacidade (*disability*) como a desvantagem ou restrição à actividade causada por formas contemporâneas de organização social, que tomam pouco ou nada em consideração as pessoas que têm incapacidades físicas e portanto as excluem de participar em actividades sociais."(Union of the Physically Impaired Against Segregation & Disability Alliance, 1976). É então na sequência destes eventos que surge o modelo social, pois na realidade as dificuldades pelas quais as pessoas com deficiência eram e são sujeitas deixariam de ser explicadas por questões biológicas ou por patologias clínicas e passariam a ser explicadas "pela incapacidade da sociedade responder adequadamente às suas necessidades e características diversas" (Pinto, 2021).

Já assente no modelo social define a lei portuguesa que "Considera-se pessoa com deficiência aquela que, por motivo de perda ou anomalia, congénita ou adquirida, de funções ou de estruturas do corpo, incluindo as funções psicológicas, apresente dificuldades específicas susceptíveis de, em conjugação com os factores do meio, lhe limitar ou dificultar a actividade e a participação em condições de igualdade com as demais pessoas." (Lei n.º 38/2004, de 18 de agosto – Regime jurídico da prevenção, habilitação, reabilitação e participação da pessoa com deficiência, 2004), não temos nesta definição nenhuma alusão a quaisquer condições de saúde ou patologias clínicas, à semelhança do previsto na Convenção dos Direitos das Pessoas com Deficiência que define que os estados membros reconhecem "que a deficiência é um conceito em evolução e que a deficiência resulta da interacção entre pessoas com incapacidades e barreiras comportamentais e ambientais que impedem a sua participação plena e efectiva na sociedade em condições de igualdade com as outras pessoas." (Convenção sobre os Direitos das Pessoas com Deficiência, 2007). Ambas as definições remetem para uma relação entre a pessoa com deficiência e a sociedade, e a redução das barreiras existentes entre este e a sociedade, promovendo uma melhoria da qualidade de vida, e a promoção de uma vida independente.

A inclusão de atletas com deficiência no desporto é um tema de grande relevância e importância na sociedade atual. O desporto é por si só é uma actividade que comprovadamente traz inúmeros benefícios para a saúde física e mental, além de promove a inclusão social e a igualdade de oportunidades. No entanto, para que isso seja possível, é fundamental que haja legislação que garanta a participação plena e efetiva de atletas com deficiência, em igualdade de oportunidades com os demais.

Em Portugal, a legislação relativa à inclusão de atletas com deficiência no desporto tem evoluído ao longo dos anos.

E na base da construção legislativa como não poderia deixar de ser encontramos o artigo 79.º da Constituição da República Portuguesa que prevê o direito ao desporto, na generalidade dos cidadãos, assim como do dever do Estado de promover, incentivar e apoiar a prática desportiva, tendo em conta as especificidades de cada pessoa.

A Constituição Portuguesa garante o direito de todos à prática desportiva e à educação física significando isto que todos os cidadãos têm o direito de praticar desporto e ter acesso à educação física e ao desporto, independentemente da sua idade, género, etnia ou condição social ou deficiência e em igualdade de circunstancias.

Este direito é reforçado pelo artigo 71.º do mesmo diploma, que reconhece e garante ás pessoas com deficiência o direito à proteção da vida activa em sociedade, e no exercício dos seus plenos direitos, nomeadamente a saúde o desporto entre outros. Isso significa que o Estado tem a responsabilidade de promover a educação para a saúde e para o desporto e criar condições que garantam o acesso de todos os cidadãos aos cuidados de saúde preventivos, curativos e de reabilitação e de participação total na vida em sociedade o que claramente inclui o acesso ao desporto e á prática desportiva.

Assim, o Estado tem a obrigação de promover o desporto e a educação física, bem como de garantir o acesso aos serviços necessários para a prática desportiva. Isso inclui a disponibilização de instalações desportivas adequadas e a promoção de atividades desportivas para pessoas com deficiência.

Além disso, a Constituição Portuguesa estabelece que o Estado deve garantir a igualdade de oportunidades para todos os cidadãos, independentemente das suas condições. O que significa que o Estado tem a responsabilidade de criar condições que permitam a todos os cidadãos participar plenamente na vida social e desportiva do país, sem discriminação.

É a Constituição Portuguesa o garante do direito de todos os cidadãos à prática desportiva e à educação física.

Podemos então partindo deste pilar fundamental analisar a construção legislativa que foi feita, onde um dos principais marcos desse desenvolvimento, ainda que tímido, foi a Lei de Bases da Actividade Física e do Desporto (Lei n.º 5/2007 – Lei de Bases da Actividade Física e do Desporto, 2007). Lei essa que reforçou o direito à prática de atividade física e desportiva, independentemente das suas características individuais, incluindo a deficiência.

Reconhecendo no seu artigo 13.º a existência do Comité Paralímpico de Portugal, como entidade de cúpula do desporto em Portugal a par do Comité Olímpico, ainda que o mesmo já viesse reconhecido no anterior texto de 2004 (Lei n.º 30/2004, de 21 de julho – Lei de Bases do Desporto). Alem disso, e já mais adiante no seu artigo 29.º a mesma lei confere ao Estado, Regiões Autónomas e autarquias locais uma responsabilidade, quase que uma imposição exclusiva, relativamente á promoção e ao fomento da prática desportiva por parte das pessoas com deficiência, sendo esta uma evolução do anteriormente previsto na lei de 2004 no seu artigo 52.º, que considerava como um dever do Estado. Ainda que sejam conceitos muito similares, os mesmos encerram em si um peso diferente, o dever refere-se a uma obrigação moral ou ética que se espera que seja cumprida, este é estabelecido por normas sociais, éticas ou legais. O cumprimento do dever é visto como um comportamento virtuoso e desejável, já a obrigação é uma exigência ou um dever legalmente estabelecido, existindo uma expectativa legal ou jurídica de que essa obrigação seja cumprida.

Neste sentido podemos observar já no artigo 58.º n.º 1 a) do Decreto-Lei n.º 248-B/2008 (Regime jurídico das federações desportivas e as condições de atribuição do estatuto de utilidade pública desportiva, 2008) a não discriminação da pratica desportiva por parte dos atletas com deficiência, acolhendo em si o conceito da classificação desportiva[2], permitindo a estes competir em condições de igualdade entre si baseando-se essa igualdade em critérios exclusivamente desportivos.

Além disso, o direito constitucional à prática desportiva pelas pessoas com deficiência também é garantido por convenções internacionais, como a Convenção das Nações Unidas sobre os Direitos das Pessoas com Deficiência, que estabelece a obrigação dos Estados Partes de garantir que as pessoas com deficiência tenham acesso igualitário à atividade física e ao desporto.

Sendo este um avanço importante na legislação portuguesa aquando ratificação da Convenção sobre os Direitos das Pessoas com Deficiência de 2007. A Convenção, que foi ratificada por Portugal em 2009, reconhece o direito das pessoas com deficiência à participação plena e efetiva na sociedade, incluindo no desporto.

A Convenção representa um avanço significativo na proteção dos direitos e inclusão das pessoas com deficiência na sociedade. Já no que se refere ao desporto, o artigo 30.º da (Convenção sobre os Direitos das Pessoas com Deficiência, 2007) reconhece que as pessoas com deficiência têm o direito de participar plenamente e de forma efetiva no desporto, em igualdade de condições com os demais cidadãos. Tal direito abrange o acesso a insta-

[2] "A classificação desportiva define-se por ser o sistema que determina a elegibilidade de um determinado atleta para competir no desporto paralímpico.
Alem disso a classificação determina também a elegibilidade para competir em determinadas disciplinas ou provas, esta também prevê a sectorização dos atletas por classes desportivas, ou seja, a classificação determina quem pode competir, e contra quem pode competir." (Carvalho, 2021)

lações, equipamentos e treino desportivo adequados às suas necessidades específicas, assim como a formação de profissionais para atender às mesmas.

Para garantir a inclusão de pessoas com deficiência no desporto, é essencial que haja ações concretas para promover a acessibilidade e a adaptação das instalações e equipamentos desportivos, bem como a formação de profissionais que atuem nesse campo. Além disso, é importante incentivar a participação das pessoas com deficiência em atividades desportivas de lazer, recreação e competição, para que possam desfrutar dos benefícios físicos, sociais e emocionais que o desporto pode proporcionar.

O artigo 30.º da Convenção é uma importante consagração legal para a promoção da inclusão de pessoas com deficiência no desporto não só em Portugal.

Espelho disso é a Lei n.º 46/2006 – (2006) lei esta que proíbe e pune a discriminação em razão da deficiência e da existência de risco agravado de saúde. Esta lei aplicável a várias áreas da sociedade, incluindo o desporto vem destacar a necessidade de proteção adicional que a pessoa com deficiência, o seu objetivo é garantir que todas as pessoas, independentemente das suas condições de vida, tenham os mesmos direitos e oportunidades de participar em atividades desportivas.

No âmbito do desporto, a Lei n.º 46/2006 proíbe a discriminação em qualquer fase da prática desportiva, desde a admissão de atletas até à seleção para competições. É importante notar que a discriminação não se limita apenas à deficiência, mas também inclui a existência de risco agravado de saúde. Isso significa que as pessoas que enfrentam limitações devido a doenças ou outras condições médicas também são protegidas pela referida lei.

O desporto é uma atividade importante para promover a inclusão social e a igualdade de oportunidades. A Lei n.º 46/2006 desempenha um papel fundamental ao garantir que todas as pessoas, independentemente das suas condições, tenham os mesmos direitos e oportunidades de participar em atividades desportivas. Além disso, a referida lei ajuda a criar um ambiente mais justo e inclusivo no desporto, contribuindo para a promoção de valores como o respeito, a solidariedade e a diversidade.

No entanto, apesar desses avanços, ainda há muitos desafios a serem enfrentados na inclusão de atletas com deficiência no desporto em Portugal. Um dos principais desafios é a falta de infraestruturas adequadas e acessíveis para a prática esportiva por pessoas com deficiência. Muitos espaços desportivos ainda não são adaptados para atender as necessidades de atletas com deficiência, o que dificulta a sua participação plena nas atividades desportivas.

Além disso, há uma falta de investimento em recursos humanos especializados na área de inclusão de pessoas com deficiência no desporto. É importante que haja profissionais capacitados e treinados para lidar com as especificidades desse público, garantindo uma prática desportiva segura e inclusiva.

Outro desafio é o preconceito e a discriminação ainda presentes na sociedade em relação às pessoas com deficiência. É fundamental que haja uma mudança de mentalidade por parte de todos os envolvidos no desporto, desde os atletas até os treinadores, árbitros e dirigentes esportivos, para que a inclusão de atletas com deficiência seja uma realidade concreta e efetiva.

Para que a inclusão de atletas com deficiência no desporto seja uma realidade concreta e efetiva, é fundamental que haja um esforço conjunto de todos os envolvidos no desporto, desde os órgãos governamentais até as federações desportivas, clubes, atletas e a sociedade em geral. É preciso garantir o acesso e a igualdade de oportunidades para todos os atletas, independentemente de suas características individuais, para que possam desfrutar dos benefícios do desporto e contribuir para uma sociedade mais inclusiva e justa.

A inclusão de pessoas com deficiência no desporto é uma questão fundamental no âmbito dos direitos humanos, pois garante que todas as pessoas tenham acesso em igualdade de oportunidades de participação em atividades físicas e desportivas. Historicamente, as pessoas com deficiência foram excluídas do desporto em razão de barreiras físicas e sociais, o que perpetuou o estigma e a discriminação.

É importante ressaltar que a garantia do direito constitucional à prática desportiva pelas pessoas com deficiência não se resume apenas à possibilidade de participação em competições e eventos desportivos, mas também ao seu consumo, incluindo o acesso a equipamentos e instalações adequados, bem como o acesso a treinadores e profissionais especializados que possam oferecer suporte adequado e orientação técnica.

Com isso veio a Lei n.º 113/2019 Estabelece o regime jurídico da segurança e combate ao racismo, à xenofobia e à intolerância nos espetáculos desportivos, (2019) demonstrar uma preocupação especial da pessoa com deficiência não só numa óptica de praticante desportivo/atleta, mas também na óptica do consumidor de desporto, se não vejamos, no seu artigo

17.º a lei prevê a existência de lugares apropriados nos recintos desportivos para pessoas com deficiências ou incapacidades, dando especial enfoque na questão da mobilidade condicionada associada ás deficiências motoras.

Mas, não só os lugares dentro do recinto são foco de preocupação para o legislador, que mais adiante nos artigos 19.º e 20.º, este entende que o acesso aos recintos, bem como os estacionamentos dos mesmos deve ser acessíveis, e dispor de lugares específicos destinados a pessoas com deficiência, este tipo de medidas visa não só a protecção da pessoa com deficiência no acesso ao recinto desportivo, como também o fomento pelo consumo do desporto enquanto espetáculo, e enquanto actividade praticada por este.

Tal preocupação reflete-se ainda na exclusão permitida nos termos do artigo 22.º da referida lei, ao autorizar a entrada no recinto desportivo de objectos que se destinam ao auxílio de pessoas com deficiência, ainda que estes possam ser perigosos. Bem como no artigo 23.º do mesmo diploma o legislador mantém a preocupação conferindo á pessoa com deficiência o direito de uso de vias de acesso e evacuação e outras destinadas a situações de emergência, por entender a necessidade especial de mobilidade destas pessoas.

Além das preocupações de acesso e uso das infraestruturas desportivas, preocupou-se também o legislador e agravar as sansões contraordenacionais previstas no artigo 39.º, nomeadamente as das alíneas d), f), g), h) e i) aplicando um regime diferente deste, o da Lei n.º 46/2006 (Lei n.º 46/2006 – Proíbe e pune a discriminação em razão da deficiência e da existência de risco agravado de saúde, 2006), que altera o valor das coimas previstas no artigo 40.º aplicando-se um regime mais gravoso previsto no artigo 9.º da (Lei n.º 46/2006 – Proíbe e pune a discriminação em razão da deficiência e da existência de risco agravado de saúde, 2006).

Para assegurar o acesso e a igualdade de oportunidades para as pessoas com deficiência na prática desportiva, na construção jurídica nacional chegamos á Lei n.º 38/2004, de 18 de agosto – Regime jurídico da prevenção, habilitação, reabilitação e participação da pessoa com deficiência, 2004, esta lei estabelece medidas específicas a serem adotadas pelo Estado quando aos cidadãos com deficiência. É no artigo 38.º da referida lei que constatamos que compete ao Estado a adoção de medidas específicas necessárias para assegurar o acesso da pessoa com deficiência à prática do desporto e à fruição dos tempos livres, mediante a criação de estruturas adequadas e formas de apoio social.

Nesse sentido, mais uma vez verificamos que o Estado tem o dever de promover a criação de estruturas e equipamentos desportivos acessíveis, adaptados às necessidades das pessoas com deficiência, para que estas possam praticar atividades físicas em igualdade de condições com os demais.

Além disso, a lei prevê a necessidade de formas de apoio social para as pessoas com deficiência na prática desportiva, que incluem a disponibilização de recursos técnicos e financeiros para a sua participação em atividades desportivas, bem como a promoção da formação de técnicos e outros profissionais envolvidos na prática desportiva para o atendimento das necessidades específicas dessas pessoas.

Já o artigo 39.º da mesma lei estabelece que compete ao Estado a adoção de medidas específicas necessárias para assegurar a prática do desporto de alta competição pela pessoa com deficiência, mediante a criação de estruturas adequadas e formas de apoio social. Esse artigo destaca a importância de assegurar o acesso das pessoas com deficiência ao desporto de alta competição, bem como a necessidade de investimentos em infraestrutura e suporte técnico para permitir a participação dessas pessoas em competições nacionais e internacionais.

Assim, e por remissão do artigo 29.º da (Lei n.º 5/2007 – Lei de Bases da Actividade Física e do Desporto, 2007) reforçamos a ideia de que é dever do Estado promover a inclusão das pessoas com deficiência na prática desportiva, assegurando o acesso e a igualdade de oportunidades para todas as pessoas. Através da adoção de medidas específicas, o Estado pode e tem a obrigação de garantir que as pessoas com deficiência tenham acesso a estruturas adequadas, suporte técnico e financeiro para que possam participar de atividades desportivas não só de lazer, mas também ao nível da alta competição.

O artigo 39.º da Lei n.º 38/2004 reveste uma grande importância para todos aqueles que praticam desporto de alta competição, caracterizado por exigir muito mais dos atletas, em termos de compromisso com a sua preparação, e requer um investimento significativo em infraestruturas, recursos humanos e um maior investimento financeiro na preparação dos atletas.

E é por esse motivo que a Lei n.º 38/2004 reconhece essa dificuldade e estabelece a responsabilidade do Estado em adotar medidas específicas para assegurar a prática do desporto de alta competição pelas pessoas com deficiência. Isso significa que o Estado deve investir em infraestrutura adequada, como infraestruturas de treino e competições acessíveis, bem como fornecer suporte técnico e financeiro para os atletas com deficiência.

Em virtude deste reconhecimento, e equiparação, chegamos ao (Decreto-Lei n.º 272/2009, de 1 de outubro – Estabelece as medidas específicas de apoio ao desenvolvimento do desporto de alto rendimento, 2009), sendo objetivo deste diploma garantir que as pessoas com deficiência tenham acesso a todas as oportunidades para desenvolver o seu potencial desportivo, em igualdade de circunstâncias com os atletas sem deficiência. Para isso, Estado deve adotar políticas de alto rendimento específicas para pessoas com deficiência, que visem a adaptação das condições de prática desportiva às suas necessidades, a criação de oportunidades de formação para técnicos desportivos especializados em desporto adaptado e a promoção da inclusão dos atletas com deficiência em competições desportivas de alto nível.

Constatamos então que o artigo 8.º do Decreto-Lei n.º 272/2009 reconhece a especificidade do desporto para pessoas com deficiência, e a sua necessidade de enquadramento especial, reconhecendo assim a importância da promoção do desporto adaptado como forma de garantir a inclusão dos atletas com deficiência no desporto de alto rendimento e a necessidade de criação de medidas específicas que visem o desenvolvimento do desporto adaptado em Portugal tendo por base a ideia que "O desporto de alto rendimento reveste especial interesse público na medida em que constitui um importante factor de desenvolvimento desportivo e é representativo de Portugal nas competições desportivas internacionais." conforme previsto no art. 3.º deste diploma legal.

E não poderíamos abordar o reconhecimento previsto no desporto de alto rendimento nomeadamente no seu artigo 32.º, que confere o direito a um prémio a todos aqueles, sem distinção, que obtenham os resultados desportivos de excelência, sem consequentemente analisar o mérito desportivo que é reconhecido aos atletas com deficiência, quer sejam eles Paralímpicos ou Surdolímpicos, pela (Portaria n.º 103/2014, de 15 de maio Alterada pela Portaria n.º 332-A/2018 de 27 de dezembro, 2018) que "Fixa os resultados desportivos a considerar, o montante e os termos da atribuição de prémios em reconhecimento do valor e mérito de êxitos desportivos", portaria essa que na sua versão original reconhecia com méritos diferentes diferenciando os prémios entre os atletas com e sem deficiência, o que se revelava ser uma discriminação, e por esse motivo entendeu o Estado proceder á referida alteração, pois havia que respeitar o previsto na Lei de Bases da Atividade Física e do Desporto que define o desporto de alto rendimento como a prática desportiva que visa a obtenção de resultados de excelência a nível internacional e estabelece medidas de apoio específicas para os praticantes desportivos, técnicos e outros agentes que participam nos mais altos escalões competitivos, não diferenciando os atletas pela sua deficiência ou ausência desta. Este diploma reconhece também que as seleções e representações nacionais assumem-se como missões de interesse público, merecendo para tal garantia especial de apoio por parte do Estado.

Os prémios em reconhecimento do valor e mérito de êxitos desportivos constituem-se como um estímulo adicional de superação para os atletas de alto rendimento. Com anteriormente foi referido a Portaria n.º 103/2014 mostrou-se insuficiente para dar resposta à necessidade de reconhecimento de competições de grande relevância internacional e de tratamento equitativo das modalidades paralímpicas. Então entendeu por isso o Estado proceder á alteração da portaria no sentido de melhorar e equiparar os montantes dos prémios a atribuir por resultados obtidos em eventos como os Jogos Olímpicos, Jogos Paralímpicos e Campeonatos do Mundo e da Europa, estimulando ainda as representações multidesportivas nacionais em eventos como as Universíadas, os Jogos Mundiais e os Jogos Surdolímpicos. A equiparação dos prémios entre os universos olímpico e paralímpico foi então garantida e consequentemente foram equiparados o reconhecimento e o mérito que ambas as realidades desportivas têm. As medidas de apoio então introduzidas têm por base a relevância para o País dos resultados obtidos nos principais eventos desportivos internacionais e critérios de qualidade nas classificações obtidas.

Em Portugal, a prática do desporto para pessoas com deficiência tem sido incentivada por várias organizações, nomeadamente o Comité Paralímpico de Portugal, a Federação Portuguesa de Desporto para Pessoas com Deficiência e as respectivas federações de modalidade. Essas organizações têm promovido e fomentado a prática desportiva por parte das pessoas com deficiência, além de fornecerem os recursos financeiros, e os meios técnicos para o desenvolvimento dos atletas.

A par destas organizações o governo português, também por imposição legal, tem promovido o incentivo á prática do desporto para pessoas com deficiência, disponibilizando apoio financeiro e estrutural para a o desenvolvimento desportivo, através de contratos de programa e apoio ás preparações Paralímpica e Surdolímpica outro dos sinais de interesse no fomento da pratica desportiva é o Programa Nacional de Desporto para Todos, tem sido uma importante iniciativa do governo português para promover a prática do desporto para todas as pessoas, incluindo as com deficiência.

No entanto, a dependência financeira das organizações desportivas do financiamento público representa uma fragilidade destas organizações, pois pode comprometer a independência e autonomia das organizações e limitar a sua capacidade de inovação e empreendedorismo e crescimento. Além disso, a dependência financeira do Estado cria desigualdades entre as modalidades desportivas, uma vez que em virtude do modelo atual de financiamento publico existe uma diferença acentuada nos apoios dados ás várias modalidades.

Logo o desporto representa também uma ferramenta de inclusão social. O desporto tem sido reconhecido como uma ferramenta importante para a inclusão social de pessoas com deficiência, bem como para a promoção de um estilo de vida saudável e ativo. Em Portugal, a promoção da atividade física e desporto é regulada pela Lei de Bases da Atividade Física e do Desporto, que estabelece como anteriormente vimos o direito de todas as pessoas a praticar desporto em igualdade de condições. Além disso também constatámos que Portugal é signatário de várias convenções internacionais, entre elas a Convenção Internacional sobre os Direitos das Pessoas com Deficiência, que reconhecem o direito das pessoas com deficiência à prática desportiva.

No entanto, apesar do reconhecimento da importância do desporto na promoção da inclusão social, ainda existem desafios a serem enfrentados no contexto das políticas públicas portuguesas, nomeadamente ainda há uma falta de investimento em infraestruturas e recursos humanos especializados para a prática desportiva adaptada. Além disso, a falta de informação e divulgação sobre as atividades desportivas adaptadas e a falta de envolvimento de organizações da sociedade civil são também apontadas como barreiras para a inclusão.

No entanto, apesar dos avanços e iniciativas, ainda há muito a ser feito para garantir a plena inclusão de pessoas com deficiência no desporto em Portugal. É necessária uma maior coordenação entre as políticas e uma aplicação efectiva das politicas existentes.

Em resumo, as políticas públicas portuguesas têm reconhecido a importância do desporto como uma ferramenta de inclusão social, promovendo a igualdade de oportunidades para a prática desportiva e incentivando a participação de pessoas com deficiência em todos os níveis, sendo que a evolução e o desenvolvimento constante do desporto não só nacional como mundial obriga a uma evolução constante e um desenvolvimento de mais e melhores políticas.

Referências:

Carvalho, T. (2021). Desporto Paralímpico – A Visão Legal da Classificação Desportiva. Em *Compêndio de Direito do Desporto* (1.ª, pp. 105–110). Gestlegal.

Convenção sobre os Direitos das Pessoas com Deficiência, n.º A/RES/61/106, Assembleia Geral das Nações Unidas (2007). https://www.un.org/development/desa/disabilities/convention-on-the-rights-of-persons-with-disabilities.html.

Decreto-Lei n.º 272/2009, de 1 de outubro – Estabelece as medidas específicas de apoio ao desenvolvimento do desporto de alto rendimento, n.º Decreto-Lei n.º 272/2009, de 1 de outubro (2009).

Deficiência. (sem data). Em *Dicionário Priberam da Língua Portuguesa*. Obtido 14 de abril de 2023, de https://dicionario.priberam.org/defici%C3%AAncia.

Estabelece o regime jurídico da segurança e combate ao racismo, à xenofobia e à intolerância nos espetáculos desportivos, n.º Lei n.º 113/2019 (2019).

Lei n.º 5/2007 – Lei de Bases da Actividade Física e do Desporto, Lei n.º 5/2007, Assembleia da República, Diário da República n.º 11/2007, Série I de 2007-01-16 (2007). https://dre.pt/.

Lei n.º 38/2004, de 18 de agosto – Regime jurídico da prevenção, habilitação, reabilitação e participação da pessoa com deficiência, n.º Lei n.º 38/2004, de 18 de agosto (2004).

Lei n.º 46/2006 – Proíbe e pune a discriminação em razão da deficiência e da existência de risco agravado de saúde, n.º Lei n.º 46/2006 (2006).

Pinto, P. C. (2021, abril 10). *Deficiência, sociedade e direitos–A visão do sociólogo*. https://www.icjp.pt/content/deficiencia-sociedade-e-direitos-visao-do-sociologo

Portaria n.º 103/2014, de 15 de maio Alterada pela Portaria n.º 332-A/2018 de 27 de dezembro, n.º Portaria n.º 103/2014, de 15 de maio Alterada pela Portaria n.º 332-A/2018 de 27 de dezembro (2018).

Regime jurídico das federações desportivas e as condições de atribuição do estatuto de utilidade pública desportiva, Decreto-Lei n.º 248-B/2008, Assembleia da República, Diário da República n.º 252/2008, 3º Suplemento, Série I de 2008-12-31 (2008). https://dre.pt/

Tregaskis, C. (2002). Social Model Theory: The story so far. *Disability & Society*, *17*(4), 457–470. https://doi.org/10.1080/09687590220140377

Union of the Physically Impaired Against Segregation & Disability Alliance. (1976). *Fundamental Principles of Disability*. https://tonybaldwinson.files.wordpress.com/2014/06/1975-11-22-upias-and-disability-alliance-fundamental-principles-of-disability.pdf

27. A NOVA LEI DO DESPORTO ESPANHOLA

Tiago Fonseca Machado[1]

A Lei 39/2022, foi publicada a 31 de Dezembro de 2022, no *Boletin Oficial del Estado.*

A sua antecessora a Lei 10/1990 (Lei do Desporto), de 15 de outubro, já passava dos trinta anos de vigência. E a antecessora, desta a Lei 13/1980, de 31 de março, (Lei Geral da Cultura Física e do Desporto), apenas esteve em vigor durante uma década, facto revelador do dinamismo do fenómeno desportivo e a necessidade de ajustar o quadro regulamentar à realidade que este exige. Urgia de facto aprovar uma nova Lei do Desporto, regulando quer os aspectos que sejam da competência do Estado, mas também incorporando os necessários mecanismos de coordenação, colaboração e cooperação com as Comunidades Autónomas naquilo que o requeira, a fim de realizar com eficácia o comando constitucional de promoção do desporto.

A Constituição Espanhola, no n.º 3 do Artigo 43.º, determina a promoção da Educação Física e do Desporto pelas autoridades públicas, como um dos princípios orientadores da política económica e social.

Com a nova Lei a mudança é transversal, e, afecta todas as áreas ligadas ao fenómeno desportivo: a da própria prática e as suas diferentes fórmulas, a económica, laboral, turística, comunicacional, educativa, sanitária, social e internacional.

Em virtude da análise feita dos diferentes dados relativos ao Desporto em Espanha, conclui o legislador pela necessidade de adaptar as normas

[1] Advogado. Docente Universitário.

vigentes à sua situação atual, uma necessidade que o próprio sector do Desporto reclamava nos últimos anos. Destacam-se as dimensões como a inclusão social, igualdade e diversidade, coesão territorial e social, transição ecológica e inovação através da digitalização que se revelam essenciais para adaptar o desporto à actual e futura realidade socioeconómica.

Esta lei constitui a primeira reforma relativa à "Promoção do Setor Desportivo", do Plano de Recuperação, Transformação e Resiliência do Estado (PRR), cujo principal objectivo é a promoção do sector desportivo através da revitalização, reestruturação e modernização do sector, adaptando-o à nova realidade socioeconómica surgida após a pandemia global de COVID-19.

É uma lei que destaca o papel essencial que as políticas de promoção do desporto devem desempenhar na promoção da actividade física junto da população juvenil mais vulnerável, fomentando o desporto de base e atraindo talentos, bem como protegendo e integrando no desporto os jovens e outros grupos em risco de exclusão social.

Esta concepção do desporto como instrumento facilitador da coesão social e territorial do país é uma mais-valia nas zonas mais despovoadas do meio rural, com maiores dificuldades no estabelecimento e reforço de laços sociais e de proximidade. No sentido de facilitar a coesão social, esta Lei permite criar canais estruturados para a participação de adeptos organizados em clubes e entidades desportivas onde existam adeptos organizados e elevados níveis de sentimento de identificação comunitária entre modalidades desportivas, entidades e hobbies.

Esta lei vem ao encontro dessa necessidade ao garantir a participação dos adeptos, sócios e accionistas minoritários nas tomadas de decisão das federações e nos órgãos administrativos das entidades desportivas, participação que será realizada por meio das associações e federações devidamente registada.

Esta Lei reconhece a actividade física e o Desporto, como actividade essencial, como direito de todos os cidadãos, (Artigo 2.º – Direito à práctica desportiva), que deve girar em torno do respeito e exercício deste direito, sendo que o conteúdo desta lei está orientado para a sua garantia e o seu gozo pleno e efectivo.

Esta Lei tem em conta que o Desporto possui uma série de especifidades na sua gestão e organização. Isto está previsto, por exemplo, no artigo 165.º do Tratado sobre o Funcionamento da União Europeia, que se refere ao desporto, cujas características o tornam merecedor de especial atenção e, em certos casos, de regulamentação própria.

Esta Lei é inspirada em todos os seus artigos pelo princípio da igualdade previsto no Artigo 14.º da Constituição Espanhola, que enforma o sistema jurídico como um todo.

Esta igualdade deve ser entendida como igualdade real no acesso à prática desportiva, no exercício de cargos técnicos e dirigentes, bem como na prática desportiva livre de qualquer tipo de discriminação, especialmente no caso de meninas e mulheres. (Artigos 3.º e 4.º)

Esta Lei inspira-se no princípio da igualdade de tratamento entre mulheres e homens, que, nos termos do Artigo 4.º da Lei Orgânica 3/2007, de 22 de março, promove a efectiva igualdade entre homens e mulheres.

Assistimos hoje ao crescimento imparável do papel da mulher no desporto sem que o ordenamento jurídico tenha respondido adaptando-se a este fenómeno. Esta Lei permite que as diferentes modalidades e especialidades desportivas, independentemente do sexo dos seus atletas, garantam a viabilidade e estabilidade das competições em que participem. Além disso, as entidades desportivas devem equilibrar a presença de homens e mulheres nos seus órgãos sociais, cumprindo assim o disposto na Lei Orgânica 3/2007, de 22 de março.

O legislador na presente Lei, não poderia ignorar o desamparo legal das atletas grávidas pela perda de auxílios e subsídios, a pretexto de não terem competido, redução de seus direitos como membros de entidades desportivas, como por exemplo a perda do direito de votação nas assembleias gerais das federações desportivas, bem como as manifestas dificuldades de conciliação familiar e reinserção na atividade desportiva após a maternidade.

As atletas manterão o seu direito de voto mesmo quando não cumpram os requisitos gerais estabelecidos na lei, especialmente os que exigem a manutenção de um tempo mínimo de licença ou prática da atividade desportiva, e manterão os seus direitos como desportistas, de alto nível, decorrido este período, sem prejuízo da necessidade de implementação de políticas activas que apoiem estes princípios. Tudo isto é complementado por mais medidas de promoção da igualdade, sobretudo no artigo 4.º, mas também nos direitos e deveres dos atletas, com o firme propósito de avançar em termos de inclusão e igualdade.

Esta lei, na procura de uma igualdade real e efectiva para todas as pessoas que praticam desporto, não esquece os direitos das pessoas LGTBI, com base em dois critérios essenciais: eliminar qualquer tipo de discriminação, cuja proteção deve ser confiada à Lei 19/2007, de 11 de julho, contra a violência, o racismo, a xenofobia e a intolerância no desporto; e zelar para que a prática desportiva seja realizada com total segurança e respeito ao princípio constitucional da fisonomia, independentemente de sua orientação ou identidade sexual.

Esta Lei promove o desporto inclusivo praticado por pessoas com deficiência (Artigo 6.º). O desporto inclusivo deve ser entendido como qualquer prática desportiva que favoreça a inclusão de pessoas com deficiência na sociedade, tendo papel relevante aquelas atividades que proporcionem essa prática conjunta entre pessoas com e sem deficiência, e sempre tendo em conta a igualdade de oportunidades e condições entre as pessoas com deficiência no campo do desporto. A igualdade no desporto é conseguida integrando homens e mulheres com deficiência na prática desportiva, podendo usufruir dos benefícios a ela associados. A igualdade deve ser concebida globalmente, sem ignorar nenhum grupo ou indivíduo. Pretende-se que a integração de todos os atletas em estruturas organizacionais comuns seja um instrumento de coesão, abrindo caminho à participação em órgãos de gestão e governação. Por esta razão, esta Lei pretende facilitar a integração de todos os atletas da mesma federação e a eliminação dos obstáculos que os segregam de acordo com as suas condições.

Sendo considerado o desporto inclusivo e os programas que o desenvolvem de interesse geral, tal como é o desporto de alto rendimento.

Desta forma, além de incentivar as federações que desejam implementar modelos de integração para pessoas com deficiência, para que sejam incorporadas todas as pessoas que praticam a mesma modalidade desportiva, a integração das modalidades é obrigatória na federação desportiva quando assim o tenha sido feito na federação internacional correspondente. A referida obrigação estende-se às federações autonómicas, que não poderão integrar-se na correspondente federação desportiva espanhola se não cumprirem a referida integração na respetiva área territorial.

Desta forma, pretende-se aproveitar as estruturas federativas da federação desportiva da respetiva modalidade para permitir o crescimento da prática desenvolvida por pessoas com deficiência, garantindo a participação de atletas com deficiência nas respetivas competições internacionais e, o mais importante, consagrar oportunidades iguais para este grupo no acesso à prática desportiva. Por esta razão, estabelece-se a necessidade de uma representação ponderada nos órgãos sociais das federações que tenham modalidades desportivas integradas para pessoas com deficiência com o objetivo de garantir voz e voto a todos os atletas.

A indústria do desporto e do exercício físico tem um impacto directo e muito relevante na economia espanhola e na criação de emprego. Não por acaso, o desporto é considerado uma alavanca geradora de riqueza por meio de múltiplas atividades e agentes que constituem o chamado ecossistema esportivo por meio do desporto profissional, da prestação de serviços desportivos e das novas indústrias desportivas que incorporam o desenvolvimento tecnológico e a inovação.

O ecossistema desportivo como um todo contribui para a transformação socioeconómica do país. Existem, razões suficientes para que as autoridades públicas sejam obrigadas a promover a atividade física e o desporto. E devem fazê-lo garantindo condições ideais de segurança individual e colectiva que reflictam nas pessoas todos os benefícios que a atividade desportiva acarreta, desde a saúde aos efeitos positivos a nível social, permitindo o desenvolvimento da personalidade e dos valores que terão um papel fundamental impacto na vida quotidiana dos cidadãos. Assim, a Lei deve proporcionar ao poder público a possibilidade de implementar planos e políticas voltadas para esse fim, tanto promovidos pela própria Administração como por entidades desportivas, e para isso devem ser estabelecidas condições mínimas de segurança de instalações desportivas, competições, prática desportiva em geral, a implementação de programas de colaboração com as federações desportivas na promoção e desenvolvimento das suas modalidades, bem como na promoção e facilitação de comportamentos saudáveis por parte dos cidadãos, com especial atenção aos menores e idosos (Artigos 7.º, 8.º e 11.º).

Os poderes públicos devem desenvolver políticas públicas desportivas que promovam a paz e a harmonia no desporto, preservando o fair play, a convivência e a integração numa sociedade democrática e pluralista, bem como os valores humanos que se identificam com o desporto, e que estão diretamente ligados mesmo, com vista à erradicação da violência, do racismo, da intolerância e da xenofobia no desporto.

O Governo, em colaboração com as Comunidades Autonómicas, desenvolverá as acções necessárias para a inclusão de grupos desfavorecidos na actividade desportiva, numa perspectiva de respeito pela diversidade cultural, de forma a facilitar a sua integração, conhecimento e respeito mútuo com o meio onde vivem.

Parece inegável a necessidade de que a implementação de políticas desportivas seja subscrita por todos os actores envolvidos. Em primeiro lugar, com as demais Administrações Públicas, já que esta Lei leva em conta a distribuição de poderes estabelecida pela Constituição Espanhola, com respeito por esta e de acordo com o assumido nos respectivos Estatutos de Autonomia.

A nova Lei cria a Conferência Sectorial do Desporto (Artigo 17.º), como órgão de cooperação e colaboração e elemento de diálogo entre a Administração Geral do Estado e as Comunidades Autonómicas, com a participação das Entidades Locais, definindo alguns objetivos que se têm considerado essenciais.

As Entidades Locais são também transcendentes na promoção e dinamização da prática desportiva enquanto gestoras do território e detentoras de um maior número de equipamentos desportivos, através da disponibilização de espaços para a prática desportiva.

Esta nova Lei canaliza de forma comum as necessidades dos municípios de forma a cumprir os objetivos previstos na Constituição espanhola, nomeadamente no que diz respeito à qualidade, acesso universal e segurança das instalações desportivas.

Esta Lei determina que o desporto de alto nível e a representação do desporto espanhol sejam assuntos de interesse público, devido à destacada projeção da Espanha, bem como das suas Comunidades Autonómicas com competências na matéria, e o que isso implica a nível internacional e o reflexo não só a nível desportivo, mas também em muitos outros sectores da economia que favorecem o crescimento do Estado.

Tudo isso deve ser feito com um claro esquema de competência dos diversos actores, tanto públicos como privados.

De seguida temos de destacar o regime de competências do Conselho Superior do Desporto (Artigo 14.º), as funções específicas que delega nas federações desportivas Espanholas e outras entidades incluídas na presente Lei e, por último, as atribuídas a estas últimas, de molde a evitar conflitos jurisdicionais para decidir ou executar determinados aspectos essenciais.

Especial atenção, no que se refere às atribuições do Conselho Superior de Desporto, representa aquelas relativas ao controle económico, financeiro e administrativo das entidades esportivas estaduais.

Propõe-se desde logo um elemento de ajuda pública, um instrumento de colaboração, que aperfeiçoe os seus próprios instrumentos de gestão económica e administrativa com o objetivo de evitar situações que ponham em causa o seu futuro e o do desenvolvimento da modalidade ou especialidade desportiva cuja promoção é promovida.

As pessoas que praticam desporto em todos os níveis são consideradas um elemento fundamental e prioritário desta nova Lei. Regulamentar o seu estatuto, os seus direitos e obrigações e garantir a sua estabilidade pessoal, tanto durante a atividade desportiva como após a sua conclusão, deve ser a prioridade das autoridades públicas.

Isso é garantido na nova Lei pela definição precisa das necessidades dos atletas, de modo que os seus direitos e obrigações devem estar intimamente ligados com as características específicas derivadas de sua classificação. Todas estas disposições darão origem, no seu conjunto, a um autêntico Estatuto do Desportista, enquanto verdadeira Carta dos Direitos e Deveres dos desportistas, e mecanismo de reforço da sua visibilidade sócio-profissional e aumento da sua segurança jurídica. (Artigos 19.º a 28.º).

Assim, tanto a definição de atleta, como também de atleta profissional, é incorporada em norma com força de lei, conceito que o legislador reputou como essencial. Tal definição amplia o conceito que limitava essa possibilidade àqueles que possuíam vínculo laboral. Com esta classificação, esta última definição limitar-se-á à regulamentação laboral mas, para qualquer outra finalidade, serão considerados atletas profissionais os que participem numa competição desportiva, estejam inscritos no regime correspondente e recebam rendimentos pela sua participação regular, seja por conta própria ou em nome de terceiros; ou seja, serão aquelas pessoas que se dediquem especialmente à atividade desportiva e sejam remuneradas para isso, sem prejuízo da promoção da dupla carreira que perdura ao longo de toda a norma.

A figura do atleta não profissional é também definida como aquele que se dedica à prática desportiva no âmbito de uma entidade, mas que não tem vínculo laboral com esta e recebe, como limite, uma indemnização pelas despesas que isso implique.

Da mesma forma, no âmbito de uma federação desportiva, define-se como atleta de competição a pessoa que obtém a licença para participar nas competições de cada federação desportiva Espanhola; ao atleta não competitivo, como aquele que obtém licença sobretudo naquelas federações desportivas em que a competição não é o foco da sua atividade; e, por fim, o atleta ocasional, como aquele que participa daquelas competições ou actividades esportivas de caráter não oficial e que se vincula à federação desportiva exclusivamente para a participação em tais eventos.

Além disso, a nova Lei define quem são os atletas de alto rendimento e os de alto desempenho, e, principalmente, qual a Administração Pública responsável pela qualificação, de forma a esclarecer que os atletas de alto rendimento são assim qualificados pela Administração Geral do Estado, enquanto que os de alto desempenho serão qualificados pelas Comunidades Autonómicas, permitindo distinguir os direitos e obrigações que correspondem a cada grupo.

De seguida a Lei aborda detalhadamente os direitos e obrigações que os atletas têm pelo simples facto de o serem, para posteriormente especificá-los de acordo com as condições individuais de cada caso. Por este motivo, é recolhida de forma genérica uma série detalhada de direitos e deveres dos atletas, visando a livre prática desportiva sem discriminação, em condições de segurança e respeito pelos direitos que o ordenamento jurídico já reconhece de forma geral aos todas as pessoas.

Seguidamente a Lei indica os direitos específicos decorrentes do facto de serem titulares de licença federativa – relativos à representação e participação nas decisões e informações sobre a situação da federação-, bem como de atletas de alto nível e profissionais, de acordo com as especialidades que cada uma das situações têm.

É digno de relevo a disposição feita por esta Lei para manter o estatuto de atleta de alto nível durante os cinco anos após o último em que a pessoa reuniu os requisitos para ser qualificado como tal de acordo com o Real Decreto 971/2007, de 13 julho, que regula os atletas de alto nível e alto rendimento. Dessa forma permitir-lhes-á beneficiar dos direitos que esta condição confere mesmo que a desistência tenha ocorrido ou, por qualquer outro motivo, os resultados desportivos não possam ser mantidos. Entre estes direitos encontram-se não só os incluídos nesta Lei, mas também, por exemplo, os previstos na décima primeira disposição adicional da Lei 35/2006, de 28 de novembro, sobre o Imposto sobre o Rendimento das Pessoas Singulares e modificação parcial da legislação sobre o Imposto sobre as Sociedades, sobre Rendimentos de Não Residentes, que permite aos atletas de alto nível beneficiarem da redução da base tributável das contribuições para o prémio fixo da mutualidade da segurança social dos atletas profissionais durante o período indicado. No entanto, é permitido que o atleta opte por manter essa condição, para que possa ter os direitos consolidados pelo referido dispositivo adicional.

No entanto, o reconhecimento legal desses direitos não pode esgotar o esforço que deve ser feito para o seu cumprimento. A legislação complementar deve aprofundar a forma de exercê-los e, claro, prever um mandato a todas as entidades desportivas e Administrações Públicas para adequar o seu funcionamento e actuação ao respeito destes direitos.

A nova Lei centra também a sua atenção na proteção da saúde a vários níveis (Artigos 29.º a 34.º): a proteção dos atletas de acordo com a definição que se faz destas pessoas, através do Plano de Apoio à Saúde, a proteção da saúde dos atletas de competição e profissionais em geral, bem como como a importância de proteger a saúde destes últimos após o término da carreira esportiva, para prevenir lesões crónicas ou graves que os impeçam de levar uma vida normal. Adicionalmente, a nova Lei contribuirá para desenvolver a ligação entre o desporto e a saúde numa perspetiva preventiva, através da promoção e visibilidade, também ao alto nível e alto rendimento, de comportamentos saudáveis.

As Federações Desportivas Espanholas têm sido um elemento chave no crescimento que o desporto espanhol tem experimentado, especialmente nos últimos anos em que o desporto se tem profissionalizado cada vez mais e todos os níveis. O modelo federativo espanhol vive um momento de suficiente maturidade que permite ao Estado não ter de fiscalizar algumas das suas atividades mais essenciais, como tem acontecido até agora. Um exemplo no novo modelo legislativo é a autorização pelo Conselho Superior do Desporto das despesas plurianuais das federações desportivas espanholas. Com isto, as federações são dotadas de maior grau de autonomia na sua organização interna e no cumprimento da sua finalidade essencial, reduzindo as funções que exercem por delegação do Estado (Artigo 41.º).

No entanto, vale a pena observar certas áreas onde a proteção do Estado é necessária. Em primeiro lugar, destaca-se o regime de licenças para a participação em competições desportivas oficiais (Artigo 49.º), estatais e internacionais, onde se encontra consagrada a natureza administrativa da sua emissão ou recusa, já consagrada pelo Supremo Tribunal Federal Espanhol através de diversas sentenças, bem como a consequências dessa qualificação.

A natureza pública justifica-se pela necessidade da Administração Pública verificar o respeito pelos direitos dos atletas, especialmente os relativos a menores, estrangeiros e/ou pessoas pertencentes a grupos étnicos, bem como a toda expressão de género, orientação sexual e identidade, ao conceder ou negar licenças por parte das Federações Desportivas Espanholas. Grupos que são especificamente mencionados na Lei como forma de cumprimento do regime jurídico na emissão destes títulos de qualificação, cujo objetivo é dar segurança e estabilidade ao sistema, de forma a que os atletas fiquem amparados no caso da Federação não agir de acordo com a lei numa questão transcendental como é a de permitir o seu acesso a competições esportivas oficiais estaduais e internacionais.

Outra questão que afecta diretamente a emissão da licença e que tem sido problemática nos últimos anos tem sido o regime de licença única, que não pode ser prevista nesta Lei, após o Acórdão do Tribunal Constitucional n.º 33/2018, de 12 de abril, substituindo-se ao modelo anterior à modificação que foi realizada em 2014, de forma a tornar este último sistema mais eficaz e promover este modelo que tem funcionado adequadamente nas federações desportivas em benefício, principalmente, dos atletas, mas sempre tendo em conta o respeito pelo enquadramento das competências de cada Comunidade Autonómica.

Nos últimos anos demonstrou-se que a situação económica de algumas federações Desportivas Espanholas comprometeu seriamente o cumprimento de funções tanto públicas como privadas que lhes foram confiadas, o que obrigou à intervenção do Conselho Superior de Desporto quando a sua viabilidade estava em sério perigo. Isto tem evidenciado a necessidade das federações encontrarem, a nível económico, financeiro e de governança, o apoio da Administração Pública, que garanta o seu bom funcionamento.

De acordo com o modelo anterior, prevê-se um modelo de controle económico das federações orientado principalmente para que os recursos públicos que recebem sejam utilizados única e exclusivamente para os fins estipulados, e que o crescimento da modalidade e seus atletas não estejam ameaçados.

Sem olvidar a garantia do equilíbrio económico e financeiro das federações, este mecanismo foi concebido de molde a prevenir as situações de insolvência (Artigo 55.º). Nesse sentido, as federações desportivas devem perceber que esse controlo económico não visa prejudicar a sua independência ou sua autonomia organizacional. Pelo contrário, o objectivo não é outro senão servir de garantia e apoio no caso de surgirem dificuldades que impeçam o correcto desempenho das suas funções.

Em segundo lugar, este controlo deve ser alargado à boa governança das federações desportivas e ao estabelecimento de padrões de transparência que permitam à sociedade conhecer toda a actividade das federações.

Essa fórmula de regulação estatal nas federações visa favorecer a sua atividade, e, assenta no facto de que na medida em que aumenta a publicidade da sua situação económica e de gestão, e todos os cidadãos podem aceder e conhecer exactamente a actividade que exercem, será favorecido o interesse por parte dos actores nas organizações, conseguindo maior envolvimento e participação dos atletas neste modelo desportivo, usufruindo da segurança que advém do conhecimento da solvência técnica, financeira e de governança das federações. O que acabará por significar um grande impulso à sua atividade desportiva e um reforço da sua própria estrutura e do sistema desportivo.

Aos poucos, as Federações Desportivas Espanholas vêm implementando modelos de controlo económico e boa governança com óptimos resultados. Por este motivo, estas garantias são alargadas a todas as federações, para que o resultado positivo destas políticas se reflita a todos os níveis, estabelecendo medidas de controlo e autorregulação obrigatórias e facultativas, e permitindo a atuação do Conselho Superior do Desporto, em determinadas situações, observando as regras desta nova Lei.

Esta lei visa promover o desporto federado (Artigos 43.º a 48.º), entendendo as federações desportivas como entidades que colaboram com a Administração na promoção e incentivo ao desporto, devendo para o efeito dotar as federações de melhores mecanismos para o exercício da sua actividade.

Um desses instrumentos são os Programas de Desenvolvimento Desportivo (Artigo 54.º), que permitirão às federações um planeamento plurianual de acordo com os recursos que possam receber do Conselho Superior do Desporto, respondendo a uma das grandes exigências dos últimos anos, e devem reflectir necessariamente as modalidades desportivas praticadas por pessoas com deficiência quando tenha ocorrido a integração prevista no artigo 6.º.

Estes Programas estão ligados à necessidade de desenvolver um Plano Estratégico com o objectivo de que as federações orientem a sua actividade desde o início e possam executar adequadamente os Programas de Desenvolvimento Desportivo.

Assim, introduz-se o conceito de planeamento desportivo, com o intuito de maximizar os recursos disponíveis, e canalizar o trabalho federativo para além do curto prazo, além de gerar uma atracção para empresas e atletas que desejam vincular-se a um ente federativo, cujos objetivos são definidos a partir do início e enquadrado num curso de tempo específico.

Não podemos esquecer que uma das razões pelas quais as empresas têm optado, em muitas ocasiões, por patrocinar eventos desportivos específicos, em vez de projectos federativos tem sido a falta de concretização destes em um período de tempo que gere segurança no retorno económico procurado.

Outra questão que actualmente gera maior preocupação é a relação entre as federações desportivas espanholas e regionais. É fundamental que esta relação não dificulte a gestão da modalidade desportiva, pois o aparecimento de conflitos constantes só prejudica o desenvolvimento da sua modalidade a todos os níveis e, principalmente, dos atletas, que procuram a estabilidade no quadro que acolhe a sua prática.

Esta nova Lei visa garantir que as discrepâncias entre as organizações não se repercutam nos praticantes do desporto, e isso garante-se com a integração das federações regionais nas estaduais quando assim o entenderem e promovendo acordos de integração que, em todo caso, não envolvam instrumentos de negociação que coloquem uma das partes em desvantagem.

Nesse sentido, a liberdade de integração deve ser total, e para isso se inclui a necessidade de arbitrar um sistema de separação das federações autonómicas, o que evitará uma infinidade de conflitos que surgiram no dia a dia das federações, sendo a Administração o garante do conteúdo mínimo desses acordos.

Os Comités Olímpico e Paralímpico (Artigo 75.º) tiveram, desde a sua criação, um papel essencial no desenvolvimento do desporto e na divulgação dos ideais e valores associados aos Movimentos Olímpico e Paralímpico. Esta nova Lei reconhece a importância do seu trabalho e garante a igualdade de ambos no exercício de suas funções, bem como em relação às suas obrigações e direitos.

Desta forma, contempla-se a sua natureza e funções, bem como a reserva dos elementos mais representativos de ambos. Além disso, também se reconhece que a inscrição e participação de atletas nos Jogos Olímpicos e Paraolímpicos ou eventos afins dependerá dessas organizações.

A abordagem das competições desportivas oferecida pela anterior Lei do Desporto parecia responder à s necessidades da conjuntura desportiva de então, quando as estruturas competitivas não eram tão desenvolvidas como hoje, quando o progresso abriu novos caminhos na organização das competições.

O regulamento das competições profissionais está configurado de forma a permitir abranger tanto as modalidades coletivas como as de natureza individual, desde que cumpram os requisitos estabelecidos na presente lei.

Nas competições classificadas como amadoras, nela podem competir atletas profissionais, modalidade de competição explicitamente classificada no âmbito organizativo das federações desportivas.

A nova Lei mantém a diferenciação entre competições oficiais e não oficiais (Artigo 63.º e seguintes), determinando-se neste caso a inclusão ou não das mesmas nos calendários federativos para a sua qualificação – sem prejuízo de poderem ser profissionais ou amadoras – e impondo o cumprimento de um série de garantias para os atletas que nelas participam, bem como obrigações para com os organizadores que garantam integridade no desenvolvimento da competição e óptimas condições de saúde e segurança para os participantes e assistentes tanto nas modalidades não oficiais como nas oficiais.

A classificação das competições não oficiais está reservada àquelas atividades que ocorram dentro da federação fora do calendário oficial, organizadas por si ou por terceiros. Pretende-se que as federações desportivas possam aumentar a sua actividade através da promoção de outras competições que vão para além das competições oficiais, alargando o seu espectro de atuação, gerando um maior impulso ao crescimento e promoção do desporto.

A nova Lei não ignora o fenómeno do desporto praticado fora da actividade federativa. Por isso, é necessário que as actividades desportivas não patrocinadas por federações desportivas e ligas profissionais sejam realizadas num quadro de garantias para os participantes, desde que essas actividades ultrapassem a esfera regional, respeitando a divisão de poderes. O seu desenvolvimento será alcançado por meio de regulamentos.

A nova Lei estabelece as bases da competição em diferentes níveis territoriais. Assim, a política desportiva deve apoiar a realização de competições internacionais no território espanhol, pelo que se incluem as condições para a sua autorização. Da mesma forma, incluem-se as competições suprarregionais, como as organizadas pela Federação Desportiva Espanhola ou por uma Regional que permite a participação de várias federações regionais.

Outra das regulamentações na nova Lei é a das competições escolares e universitárias, especialmente quando afectam a realização dos respectivos campeonatos espanhóis ou têm relevância a nível internacional. Fica agora garantida uma organização específica que poderá ser exercida pelo Conselho Superior do Desporto, pelas federações ou ainda por um terceiro organizador, consoante as características intrínsecas da competição em causa, sob a égide da Administração Geral do Estado, reforçando ambas as áreas do desporto e melhorando as condições de desenvolvimento dessas competições, cobrindo assim aquele espaço indeterminado em que se encontravam uma vez que transcendiam a esfera das autonomias (alínea d) do Artigo 14.º e Artigos 88.º e 89.º).

A nova Lei mantém a competência das ligas profissionais (Artigos 56.º a 61.º) como entidades desportivas específicas para organizar e gerir as competições profissionais assim qualificadas pelo Conselho Superior do Desporto, considerando que uma organização adequada pode contribuir para incrementar e melhorar o crescimento económico da competição; o que resultará em benefícios para as entidades participantes, para a própria liga, para a respectiva federação desportiva por intermédio dos acordos que devem ser firmados para o desenvolvimento da competição e, principalmente, para os atletas que dela participam.

A lei anterior exigia, para a participação nas competições profissionais oficiais de nível estadual, a transformação dos clubes em sociedades desportivas (SAD), com excepção daqueles que conseguissem manter a forma jurídica por apresentarem saldo patrimonial positivo no últimas temporadas. Apenas quatro clubes cumpriram os requisitos: FC Barcelona e Real Madrid no futebol e basquetebol, e Athletic Bilbao e Osasuna no futebol. Para as restantes entidades, o regime aplicável era o das sociedades anónimas com algumas especialidades, para adaptação à natureza da modalidade e da própria competição. No entanto, o passar do tempo mostrou a ineficácia desse modelo, que tinha como objectivo acabar com a insolvência dos clubes.

Anos depois, mantiveram-se elevadas as taxas de endividamento, sendo a referida insolvência um problema endémico, sobretudo no futebol profissional, cuja recuperação se deveu a outros factores que nada têm a ver com a exclusão de outras formas jurídicas de participação neste tipo de competição. Esta situação obrigou a repensar o modelo. O fundamento legal desta proibição parece hoje desprovido de justificação e, após uma profunda reflexão sobre o modelo desportivo profissional, decide-se com a nova Lei abrir a participação tanto a clubes como a organizações desportivas, ampliando o anterior modelo de espartilho tão amplamente questionado pela doutrina especializada em Espanha.

Há que reflectir sobre o momento histórico em que foi aprovada a anterior Lei, profundamente marcado pelo elevado endividamento de muitas das entidades desportivas que participavam nas competições profissionais, enquadradas numa difícil conjuntura económica que colocava em risco a viabilidade da competição, pelo que, como expresso no anterior lei, um de seus principais objectivos era estabelecer um modelo de responsabilidade económica.

Não obstante, e apesar das medidas implementadas em 1990, o aumento do endividamento nos anos seguintes à entrada em vigor da lei revelou as deficiências do modelo proposto pelo legislador e a ineficácia dos instrumentos legais estabelecidos, bem como a necessidade de implementar outros mecanismos de controlo mais úteis.

Actualmente, no entanto, já existem outros mecanismos de controlo financeiro sobre os clubes, uma vez que a capacidade das entidades organizadoras da competição estabeleceram sistemas de controlo interno dos participantes, verdadeiramente úteis para garantir a viabilidade e integridade das competições. Na última década, a implementação de regulamentos de controlo económico nas ligas que organizam a competição, bem como a aprovação do Real Decreto-Lei 5/2005, de 30 de Abril, sobre medidas urgentes em relação à comercialização de exploração de direitos audiovisuais das competições de futebol profissional, constituem instrumentos eficazes de controlo financeiro dos clubes, tornando desnecessária a fiança (garantia legalmente prevista em 1990). Dessa forma, as estruturas são democratizadas, facilitando o acesso de mais candidaturas à presidência dos clubes.

A regulamentação das entidades desportivas que participam nas competições profissionais tem sido dirigida, por um lado, a lei contemplando questões comuns independentemente da sua forma jurídica, que versam sobre situações de controlo efectivo por outras entidades, bem como a definição de significados e respectivo regime jurídico, ambos assuntos de especial interesse e que visam garantir a concorrência. Por outro, uma secção dedicada às sociedades anónimas desportivas (Artigo 69.º e seguintes) e aos elementos específicos que devem ser apreciados em razão da sua forma jurídica. Por fim, e sem prejuízo de posterior regulamentação, recolhem-se algumas questões comuns às restantes entidades desportivas autorizadas por esta nova Lei, de forma a garantir um tronco comum de obrigações independentemente da forma de participação nas referidas competições.

A nova Lei contempla ainda a necessidade de criar canais estruturados para a participação de adeptos organizados em clubes desportivos e sociedades anónimas de modalidades desportivas onde existam tais adeptos organizados e um elevado sentido de identificação comunitária entre as entidades desportivas e os adeptos. Esta necessidade, reconhecida em numerosos documentos normativos aprovados pelas instituições da União Europeia, é satisfeita através da criação de canais que facilitem a participação dos adeptos, sócios e acionistas minoritários através das associações e federações que os representam.

No que toca ao regime sancionatório (Artigos 97.º e seguintes) este configura-se como um poder público que as federações desportivas e ligas profissionais espanholas podem exercer por delegação no âmbito das suas funções públicas delegadas, da mesma forma que é exercida pelo Tribunal Administrativo do Desporto em casos muito concretos referentes à prática de infrações por parte dos órgãos sociais das federações desportivas e ligas profissionais. Da mesma forma, são claramente determinadas as infrações gravíssimas, graves e leves adaptadas à atual realidade desportiva, alargando-se o prazo de prescrição (Artigo 112.º) das infrações e sanções ao estabelecido na Lei n.º 40/2015, de 1 de outubro, sobre o Regime Jurídico do Sector Público, bem como o catálogo de sanções com o objetivo de chegar a uma solução mais ajustada ao tipo de infração cometida.

A nova Lei estabelece ainda um mecanismo preventivo para favorecer a transparência e o exemplo na gestão do desporto, através do código de boa conduta dos dirigentes. Por outro lado, encontramos o regime disciplinar, decorrente da violação das regras do jogo e da competição, que fica essencialmente nas mãos das federações desportivas e ligas profissionais e na sua esfera de competência, o qual estabelecerá regime próprio de infrações, sanções e forma de coação dessas condutas, respeitando os princípios essenciais do procedimento administrativo sancionatório mas sem a intervenção do poder público em nenhuma instância, razão pela qual o Tribunal Administrativo do Desporto deixará de conhecer por via de recurso das sanções impostas aos membros dessas entidades nem, logicamente, da ordem contenciosa-administrativa.

Pelo contrário, as divergências que se fundamentem nesta matéria serão susceptíveis de ser resolvidas no foro cível correspondente, ou mediante submissão voluntária e prévia a um sistema de arbitragem.

Exceptuam-se as sanções que impliquem a privação, revogação ou suspensão definitiva de todos os direitos inerentes à licença para a prática de infrações muito graves. Esta especifidade justifica-se pelo carácter público do acto de concessão da licença desportiva, uma vez que seria totalmente incongruente que este acto fosse objecto de nova revisão administrativa pelo interesse público que apresenta mas, ainda assim, através de processo disciplinar, que pode ser revogado sem que a Administração tenha capacidade de intervenção.

Verificada a infracção, a nova Lei estabelece os órgãos disciplinares que devem possuir as entidades com competências nesta matéria. Assim, desenha-se um modelo aberto, de forma a não exigir, mas permitir, a existência de uma segunda instância, da mesma forma que não é imposto um número específico de membros das referidas comissões, com a exigência de que pelo menos um dos membros dos referidos órgãos tenha formação jurídica.

A nova Lei inclui um título relacionado com a resolução de conflitos (Artigo 116.º e seguintes) mais desenvolvido do que o da sua antecessora, procurando resolver a indeterminação jurídica existente até à data, em que não se definia claramente que tipo de actos eram de natureza privada e quais eram susceptíveis de ser actos administrativos, passíveis de recurso nas formas previstas na legislação do procedimento administrativo comum.

Este título regula também o Tribunal Administrativo do Desporto, remetendo a maior parte do seu conteúdo para posterior desenvolvimento regulamentar, mas mantendo a regulamentação das suas competências e a designação dos seus membros de acordo com critérios de objectividade e cumprimento de presença equilibrada por razões de género. Este regulamento evidencia a incompetência no regime disciplinar desportivo com excepção das sanções que impliquem a privação, revogação ou suspensão total dos direitos inerentes à licença, bem como a modificação da sua intervenção nos processos eleitorais nos termos que foram indicados.

Relativamente aos conflitos que podem surgir num processo eleitoral, o modelo até à data existente, em que o Tribunal Administrativo do Desporto resolve os litígios, tem permitido resolver a grande maioria das questões que foram colocadas perante este órgão, evitando a judicialização e, consequentemente, a paralisação dos processos eleitorais. A nova Lei incorpora uma série de melhorias destinadas a aperfeiçoar o seu funcionamento.

A nova Lei destaca ainda a importância das instalações desportivas para o desenvolvimento e promoção da atividade desportiva. Para isso, além de promover a construção e manutenção de instalações, a Rede de Centros de Alto Rendimento e de Técnica do Desporto é incluída na Lei como o conjunto de instalações voltado para a preparação de atletas para a alta competição.

Especificamente, são considerados os centros de alto rendimento, que tradicionalmente têm sido denominados de CAR, centros de treino técnico desportivo (CTD), bem como centros especializados ou monodesportivos tanto na área de alto rendimento quanto no treino técnico desportivo, que têm a designação de CEAR e CETD. Em relação a este último, é mencionada a necessária coordenação entre as várias administrações territoriais para a melhor preparação dos atletas. Tudo isto enquadrado num processo de planeamento desportivo que permite uma melhor gestão dos recursos disponíveis, e a adequação da qualidade das instalações e dos programas a desenvolver em função das conjunturas.

A nova Lei madata os diferentes poderes públicos para que as referidas instalações cumpram, no mínimo, as normas de acesso universal às mesmas para que as pessoas com deficiência possam usufruir, de forma igual, das instalações desportivas, para além de respeitar as normas essenciais de segurança e sustentabilidade. Essas normas devem levar em consideração as especificidades dos equipamentos desportivos utilizados por pessoas com deficiência.

A regulamentação posterior desta nova Lei, está colocada para permitir uma maior precisão do catálogo de infracções e sanções.

A nova Lei inclui um mandato para o Governo apresentar um Projecto de Lei que regulamente as profissões desportivas, uma exigência do sector que vem de longa data e que deve ser atendida o mais rapidamente possível para esclarecer a sua situação e estabelecer critérios comuns.

Inclui ainda a figura da confederação das federações desportivas, que deverá cumprir determinados requisitos de participação para poder inscrever-se no Registo Estadual de Entidades Desportivas e cuja existência permitirá a defesa de interesses comuns e a conjugação de esforços que conduzam estas entidades desportivas ao um melhor cumprimento de seu objecto social.

A nova Lei já inclui referências à Lei Orgânica 11/2021, de 28 de Dezembro, sobre a luta contra a dopagem no desporto, que se adapta às modificações introduzidas na regulamentação estabelecida no Código Mundial Antidopagem de 2021, incluindo as relativas a atletas reformados que desejam retornar às competições, bem como três alterações à Lei 19/2007, de 11 de julho, contra a violência, o racismo, a xenofobia e a intolerância no desporto, a primeira com o objectivo de dar cumprimento às medidas que o Pacto Estadual contra a violência de Género A, a segunda para permitir a inclusão das associações de adeptos na Comissão Estatal contra a violência, o racismo, a xenofobia e a intolerância no desporto, dando cumprimento ao disposto na Convenção do Conselho da Europa sobre uma abordagem integrada da protecção, segurança e cuidado em jogos de futebol e outros eventos desportivos, realizada em Saint-Denis a 03 de julho de 2016, assinado e ractificado pela Espanha, e a terceira para implementar a figura do funcionário de ligação ao adepto no desporto espanhol.

PARTE II
ARTIGOS DE EX-ALUNOS

1. A (RE)ORGANIZAÇÃO DAS COMPETIÇÕES DESPORTIVAS E A PARIDADE DE GÉNERO. ATLETAS TRANSGÉNERO E ATLETAS COM DIFERENÇAS NO DESENVOLVIMENTO SEXUAL

CATARINA MONTEIRO FONSECA[1]

RESUMO: O debate sobre a participação de atletas femininas com diferenças no desenvolvimento sexual e de atletas transgénero nas competições desportivas, iniciado há mais de quarenta anos, opõe os princípios desportivos da justa competição e igualdade de armas aos princípios da autodeterminação e livre expressão da identidade de género.

Contrariamente ao esperado, à data, ainda não temos uma solução baseada na equidade e igualdade para esta problemática.

Pelo contrário, observamos, numa época onde se encontra estabelecido o direito ao livre desenvolvimento da identidade de género, inúmeros casos de regressão neste tema.

Atletas DSD e atletas transgénero são, em número crescente, afastadas das competições desportivas.

Urge a realização de estudos científicos e médicos que oponham atletas transgénero e com diferenças no desenvolvimento sexual a atletas cisgénero. Estudos que comparem as suas diferenças biológicas e o respetivo impacto no desempenho desportivo, dentro de cada modalidade.

Ficam, ainda, por cumprir os princípios da igualdade, paridade, autodeterminação e livre expressão da identidade de género enquanto não se alterar a organização binária das competições.

[1] Jurista.

Introdução

"Quero ver pessoas praticar desporto sem serem crucificadas pela sua cor, raça, gênero ou sexualidade. Quero um desporto igualitário para todos."
Tifanny Abreu.

A problemática da inclusão de pessoas transgénero e com diferenças de desenvolvimento sexual no desporto e nas Olimpíadas não é um tema recente.

Contudo, atualmente, dado o crescente número de participações de atletas quer a nível do desporto universitário, quer a nível do desporto Olímpico, esta discussão voltou a ganhar espaço no campo de Federações Desportivas, na medicina, na ciência e na opinião pública.

No presente trabalho adotamos o conceito de desporto vertido no artigo 1.º da Carta Europeia do Desporto, definido como toda a forma de atividade física, profissional ou não profissional, que tenha como objetivo o enaltecimento ou a melhoria da condição física e psíquica, o desenvolvimento pessoal e social ou a obtenção de um resultado numa competição desportiva.

O desporto, apesar de todos os benefícios que lhe são reconhecidos, ainda não é, hoje, um Direito Humano.

A Declaração Universal dos Direitos Humanos não consagra, explicitamente, o Direito ao Desporto como um Direito Humano.

Contudo, no seu artigo vigésimo quarto reconhece a todas as pessoas o direito "aos lazeres", onde podemos incluir, tacitamente, o direito ao desporto.

O artigo 2.º estipula o direito à não discriminação com base na raça, cor, sexo, língua, religião ou qualquer outra situação.

A Carta Internacional da Educação Física e do Desporto da UNESCO, no seu preâmbulo, determina que todas as *pessoas humanas* têm os mesmos *direitos e liberdades sem distinção por raça, cor, sexo, língua, cor política ou por qualquer outra condição.*

No número 1.1 do artigo primeiro, estabelece-se que todos os indivíduos têm direito ao desporto e que este é indispensável ao desenvolvimento da personalidade.

A Carta Olímpica, em vigor desde 8 de agosto de 2021, no seu quarto princípio fundamental, considera o direito ao Desporto como um Direito

Humano, simultaneamente, proibindo qualquer tipo de discriminação no movimento e no espírito Olímpicos.

No ordenamento jurídico português, a Constituição da República Portuguesa, no capítulo destinado aos Direitos Económicos e Sociais, mais concretamente no artigo 79.º, diz-nos que *todos têm direito à cultura física e ao desporto.*

Apesar de, atualmente, ser pacífico a abertura do desporto a qualquer indivíduo, masculino e feminino, durante muitos anos o desporto, em especial os jogos olímpicos, era uma atividade reservada apenas aos indivíduos do género masculino.

A partir de 1928, com a inclusão das mulheres no desporto, dividiram-se as competições desportivas tendo em conta o sexo dos participantes. Passámos, então, a ter categorias masculinas e femininas, justificando-se esta divisão nas diferenças corporais e fisiológicas. Consideraram-se como diferenças justificativas para esta categorização binária a quantidade de testosterona, tamanho, altura e força entre os sexos.

Atualmente, a par das proibições de discriminação, vivemos um período onde se tenta fechar o desporto a indivíduos transgénero ou com diferenças de desenvolvimento sexual.

O presente trabalho pretende expor as dificuldades de acesso e permanência nas competições desportivas que indivíduos transgéneros e com diferenças de desenvolvimento sexual enfrentam devido à atual categorização das competições desportivas.

De modo a prosseguir o objetivo a que nos propomos dividimos o nosso texto em três partes. A primeira parte destina-se à definição de conceitos e princípios relevantes, a segunda prende-se com evolução regulamentar sobre a matéria até ao paradigma atual e concluímos, no terceiro capítulo, com a nossa apreciação critica, tentando avançar com possíveis soluções.

1. Sexo biológico e Género

Importa, antes de discorrer sobre os avanços regulamentares e a atual posição das Federações Internacionais e do Comité Olímpico Internacional[2], definir alguns conceitos relevantes para uma melhor compreensão do tema em análise.

[2] Doravante, COI.

Avançámos na introdução, do presente trabalho, que a questão da existência de atletas transgénero e com diferenças no desenvolvimento sexual[3] não é novidade.

Paralelo a este tema, surge a distinção entre sexo biológico e género, conceitos que também não comportam, em si, algo de novo.

Apesar de, ainda hoje, ser um tema incompreendido e inaceitável por muitos, afastámo-nos, enquanto sociedade, do binómio sexo feminino/sexo masculino para "classificar" os indivíduos.

O nosso sexo biológico é, hodiernamente, um critério de distinção insuficiente tendo em conta a panóplia de expressões e de identidades de género.

Sexo biológico e género são conceitos totalmente distintos. Quando nos referimos às diferenças biológicas entre os seres humanos, falamos em sexo biológico. Por outro lado, o género diz respeito à conceção e aos sentimentos que a pessoa tem sobre si mesma. Esta visão e esta maneira de *ser e de estar*[4] podem ou não coincidir com o sexo biológico.

Seguindo a linha de pensamento da Organização Mundial de Saúde, simplificada e traduzida por *Carlos Alberto Lobo* na sua tese de doutoramento[5], mulher e homem, são categorias de sexo biológico, enquanto os termos feminino e masculino fazem referência ao género.

A *World Health Organization* define género como os papéis e comportamentos socialmente tidos e adequados para mulheres e homens[6].

Identidade de género é, por isso, a visão pessoal que cada pessoa tem sobre si mesma, independentemente de corresponder ao sexo biológico.

O preâmbulo dos Princípios de Yogyakarta, estabelece que identidade de género é a profunda experiência interna e individual de género de cada pessoa, podendo ou não representar o sexo atribuído aquando do nascimento. A identidade de género inclui a perceção que cada indivíduo tem sobre o seu corpo e pode manifestar-se através das mais diferentes formas,

[3] Doravante DSD, do Inglês *Differences of Sex Development.*

[4] Lobo, Carlos Alberto Gameiro de Campos, *O Reconhecimento da Identidade de Género na Perspetiva dos Direitos Fundamentais na Região Administrativa Especial de Macau (RAEM),* dissertação apresentada para obtenção do grau de Mestre em Direito na especialidade de Ciências Jurídicas, Universidade Autónoma de Lisboa, Lisboa, 2018, p. 5.

[5] Ibid., p. 22.

[6] Tradução nossa, *What do we mean by "sex" and "gender"*, disponível em: https://www.legal-tools.org/doc/a33dc3/pdf/.

como nome, pronomes, aspeto físico, modo de vestir e cirurgia de reatribuição de género[7].

Um indivíduo que viva de acordo com o género distinto do sexo biológico, ou que tenha realizado a referida cirurgia, ou o tratamento hormonal, ou ambos, é comumente designado por transgénero[8].

Ao passo que as pessoas cisgénero são aquelas em que o seu sexo biológico corresponde totalmente à sua identidade de género[9].

Pode surgir o caso em que uma pessoa não se identifique com nenhum dos géneros, feminino e masculino, ou se identifique com ambos. Quando assim é, o termo correto a empregar será pessoa não-binária[10].

Por último, tanto o termo hermafrodita como o termo intersexo são, após o Consenso de Chicago[11], conceitos ultrapassados.

O conceito intersexo designava toda e qualquer pessoa que nascesse com características físicas, hormonais e cromossomáticas que não fossem subsumíveis à dicotomia binária[12].

Atualmente, todas as pessoas que *apresentam variações na anatomia das características sexuais primárias e secundárias*, podendo estas abarcar *situações*

[7] Tradução livre, *The Yogyakarta Principles – Principles on the Application of International Human Rights Law in Relation to Sexual Orientation and Gender Identity*, março 2007. Disponível em: http://yogyakartaprinciples.org/wp-content/uploads/2016/08/principles_en.pdf.

[8] Pinto, Ana Carolina Reis, *O Princípio da Igualdade e o Dever de Não Discriminação com Base na Orientação Sexual e na Identidade de Género dos Trabalhadores*, dissertação para obtenção do gau de mestre, Faculdade de Direito da Universidade de Lisboa, Lisboa, 2018, p. 58.

[9] Ibid. p. 59.

[10] *World Rugby Transgender Glossary*. Disponível em: https://www.world.rugby/the-game/player-welfare/guidelines/transgender/glossary.

[11] O Consenso de Chicago ou *International Intersex Consensus Conference*, reuniu cinquenta peritos da Lawson Wilkins Pediatric Endocrine Society e da European Society for Paediatric Endocrinology com o objetivo rever, médica e cientificamente, os casos das pessoas, até então, intersexo. Deste Consenso resultou, também, a adoção de termos menos estigmatizantes. Houk, Christopher P, Ieuan A Hughes, Faisal Ahmed, PA Lee, Summary of consensus statement on intersex disorders and their management, International Intersex Consensus Conference, in Pediatrics, 2006, p. 554. Disponível em: https://www.researchgate.net/publication/40706958_Summary_of_consensus_statement_on_intersex_disorders_and_their_management_International_Intersex_Consensus_Conference.

[12] Gomes, Inês Espinhaço, *Queering European Union Law: Sex and gender beyond the binary and cisnormativity*, Study Paper n.º 04/19, Institute for European Integration, Europa-Kolleg, 2019, p.10. Disponível em: https://europa-kolleg-hamburg.de/wp-content/uploads/2019/04/Study-Paper-Ines.pdf.

congénitas respeitantes ao desenvolvimento cromossomático e das gónadas (ovários e testículos[13]*)*, são designados por pessoas com Diferenças no Desenvolvimento Sexual.

1.1. Princípios de Yogyakarta

Os Princípios de Yogyakarta constituem um documento de Direitos Humanos que incide, mais concretamente, nos direitos à orientação sexual e à identidade de género[14].

Publicados em 2006, enunciam vinte e nove princípios, acompanhados de recomendações a implementar pelos Estados e outras organizações sempre que estejam em causa matérias de identidade de género ou orientação sexual.

Aos princípios originais foram aditados mais dez em 2017, surgindo assim, os Princípios de Yogyakarta *Plus 10*[15]. Deste modo, os Princípios passaram a incluir a defesa de matérias como expressão de género e características sexuais.

Os referidos documentos estabelecem princípios relevantes à temática em causa, como o direito ao pleno gozo de todos os Direitos Humanos; à proibição de qualquer discriminação; à privacidade, reserva e escolha quanto ao próprio corpo; à proteção contra abusos médicos, como submissão forçada a tratamentos e testes médicos; à participação na vida cultural[16]; o direito à integridade corporal e mental, condenando qualquer tratamento

[13] Nas palavras de Patrícia Candoso Dias. Dias, Patrícia Candoso, *Paridade e Género, Uma nova Igualdade no Desporto,* in Compêndio do Desporto, coordenação Alexandre Miguel Mestre, 1.ª edição, Gestlegal, 2021, pp. 1139 e 1140.

[14] *The Yogyakarta Principles – Principles on the Application of International Human Rights Law in Relation to Sexual Orientation and Gender Identity,* março 2007. Disponível em: http://yogyakartaprinciples.org/wp-content/uploads/2016/08/principles_en.pdf.

[15] *The Yogyakarta Principles plus 10 – Additional Principles and State Obligations on the Application of International Human Rights Law in Relation to Sexual Orientation, Gender Identity, Gender Expression and Sex Characteristics to Complement the Yogyakarta Principles.* Disponível em: http://yogyakartaprinciples.org/wp-content/uploads/2017/11/A5_yogyakartaWEB-2.pdf.

[16] Respetivamente, 1.º princípio (o direito ao gozo universal dos Direitos Humanos), 2.º princípio (os direitos à igualdade e não discriminação), 6.º princípio (o direito à privacidade), 18.º princípio (princípio da proteção contra abusos médicos) e 26.º princípio (o direito de participar na vida cultural). Disponível em: http://yogyakartaprinciples.org/wp-content/uploads/2016/08/principles_en.pdf

degradante e a ausência de consentimento livre e esclarecido para procedimentos médicos[17].

A adição de 2017 comporta uma recomendação destinada às Organizações Desportivas para que estas adotem e integrem os Princípios. Devem assegurar e efetivar a integração, apoio e participação, sem restrições desproporcionais, a todos os indivíduos, independentemente da sua identidade e expressão de género e características sexuais. Para além disso, deverão eliminar toda e qualquer política que obrigue, coaja ou pressione mulheres atletas a exames e tratamentos médicos desnecessários, com o único propósito de ser elegível para a competição[18].

2. Transexuais e DSD no Desporto

A discussão sobre a participação de atletas transgénero em competições desportivas, data de 1976, ano em que a tenista Renée Richards viu, legalmente, reconhecido o seu direito a competir, profissionalmente, com atletas cisgénero[19].

Rapidamente surgiram opiniões divergentes sobre a sua participação. Se por um lado se aplaudiu o reconhecimento do direito à participação de atletas transgénero, por outro, várias vozes se levantaram contra baseando, sempre, a sua oposição na quantidade de testosterona que cada sexo biológico produz. Desconsideravam o género da atleta e afirmavam que estávamos perante uma competição que violava a igualdade de armas ao opor um homem a uma mulher.

Como irá ser demonstrado *infra*, este argumento permanece quarenta e sete anos e alguns estudos depois.

Recentemente, com a participação, pela primeira vez, de atletas transgénero nos Jogos Olímpicos de 2021 reacendeu-se o debate quer na comunidade desportiva, quer na comunidade científica e médica, como na opinião pública.

[17] 32.º princípio dos Princípios Yogyakarta plus 10. Disponível em: http://yogyakartaprinciples.org/wp-content/uploads/2017/11/A5_yogyakartaWEB-2.pdf.

[18] Tradução nossa. Princípios Yogyakarta plus 10, recomendações adicionais, p.25. Disponível em: http://yogyakartaprinciples.org/wp-content/uploads/2017/11/A5_yogyakartaWEB-2.pdf.

[19] Dias, Patrícia Candoso, *Paridade e Género, Uma nova Igualdade no Desporto*, in Compêndio do Desporto, coordenação Alexandre Miguel Mestre, 1.ª edição, Gestlegal, 2021, pp. 1140 e 1141.

Hodiernamente, o mundo do desporto continua a ser um mundo *paternalista*[20] onde se aplaudem as características naturais masculinas e onde se desconfia e reprime as mesmas características nas mulheres[21].

Soraia Quarenta apresenta-nos a evolução dos testes de feminilidade a que mulheres atletas foram sujeitas, durante grande parte da história do desporto, apenas por terem uma aptidão natural ou um aspeto físico desviante dos padrões heteronormativos de beleza feminina[22].

O princípio da verdade desportiva permitiu, que no período compreendido entre 1966 e 1999, fossem realizados testes de observação e apalpação abusivas do corpo das atletas, mais tarde substituídos por testes cromossomáticos, de modo a garantir que a organização binária das competições não era defraudada[23].

Com a realização destes testes, constatou-se a existência de vários casos de atletas femininas cujo código genético não correspondia ao tradicional cromossoma "XX", apresentando elevados valores de testosterona. Surgiram, deste modo, os primeiros casos de atletas com Diferenças no Desenvolvimento Sexual.

Os casos mais recentes, no atletismo, das atletas Dutee Chand e Caster Semenya colocaram, de novo, os holofotes nos regulamentos para a elegibilidade de atletas femininas da *World Athletics*[24] e do Comité Olímpico Internacional.

Iremos agora proceder à análise da evolução regulamentar das duas entidades referidas, entre outras, tendo como auxiliar alguns estudos publicados.

2.1. Regulamentação 2004

Os principais argumentos para afastar atletas transgénero e DSD da categoria feminina assentam, sobretudo nos índices de testosterona e no impacto físico que os mesmos têm no tamanho do tronco e membros, na velocidade, na força e na resistência.

[20] Quarenta, Soraia, *Naturalmente Fortes – O Longo Percurso das Mulheres no Desporto Profissional, a Relação com o Doping e os Direitos Humanos*, in Compêndio do Desporto, coordenação Alexandre Miguel Mestre, 1.ª edição, Gestlegal, 2021, p. 549.

[21] Ibid., p. 546.

[22] Ibid, pp. 540-543.

[23] Ibid, pp. 540-543.

[24] Antiga IAAF, Associação Internacional de Federações de Atletismo.

Generalizando, os homens são mais altos, mais robustos, mais fortes e mais rápidos do que as mulheres.

Como tal, a testosterona surge, desde os primórdios do desporto, como critério para a definição binária de categorias desportivas, permitindo a efetivação dos princípios da igualdade de armas e competição justa.

No entanto, diversos autores têm vindo a demonstrar que após o tratamento hormonal e cirurgia de reatribuição de género os níveis de testosterona nas atletas transgénero igualam os níveis das atletas cisgénero, observando-se a perda das tais vantagens competitivas que o corpo masculino pode ter face ao corpo feminino. Concluem, portanto, que não há uma vantagem competitiva das atletas transgénero.

Um desses estudos foi levado a cabo pela comissão médica do COI em 2003 e culminou com a abertura dos Jogos Olímpicos de 2004 a atletas transgénero, desde que observados certos requisitos necessários para manter a igualdade de armas e a justa competição.

Atletas transgénero, que tenham realizado a mudança de género antes da puberdade, competem na categoria correspondente à sua identidade de género. Ao passo que, as atletas transgénero que realizaram a transição de género após a puberdade podem competir na categoria feminina se procederem à cirurgia de reatribuição de género, obtiverem o reconhecimento legal da sua identidade de género e concluírem a terapia hormonal nos dois anos anteriores à competição[25].

Em 2011, a ainda IAAF estabelece que mulheres com DSD podem competir na categoria feminina se tomarem supressores hormonais ou métodos de contraceção hormonal para igualarem os níveis de hormonas com as mulheres cisgénero[26].

2.2. Regulamentação 2015

O Comité Olímpico Internacional, com a contínua defesa da equidade entre atletas transgénero e cisgénero por alguns autores[27], e ciente de que a

[25] Ibid. Tradução nossa.

[26] Dias, Patrícia Candoso, *Paridade e Género, Uma nova Igualdade no Desporto,* in Compêndio do Desporto, coordenação Alexandre Miguel Mestre, 1.ª edição, Gestlegal, 2021, p. 1141.

[27] Joanna *Harper* reuniu, durante sete anos, o tempo de corrida de oito atletas transexuais e concluiu que sete em oito atletas, após a cirurgia de reatribuição de género e tratamento hormonal, registam uma redução substancial na velocidade. *Harper,* conclui que as mulheres transgénero igualam as mulheres cisgénero uma vez que perdem força e velocidade. Apesar de

cirurgia de reatribuição de género não é uma realidade permitida em todos os ordenamentos jurídicos, altera em 2015 o seu regulamento.

No Consenso sobre Cirurgia de Reatribuição de Género e Hiperandrogenismo[28], respeitando quer o *fair play* desportivo, quer a paridade no desporto[29] estipulam-se novos parâmetros para a participação desportiva das pessoas transgénero.

Os homens transgénero estão aptos a competir nas categorias masculinas sem qualquer restrição, mas às mulheres transgénero continuam a ser impostos requisitos.

Mantém-se a distinção pré-puberdade e pós-puberdade, elimina-se a obrigatoriedade de cirurgia de reatribuição de género, impõe-se que a atleta se declare como mulher e não altere, para fins desportivos, essa declaração nos quatro anos subsequentes e impõe-se um nível máximo de testosterona[30].

No que concerne às atletas DSD, se estas não forem elegíveis para a competição feminina, devido aos níveis de testosterona, devem ser consideradas elegíveis para a categoria masculina.

A orientação do COI não é vinculativa para as Federações Internacionais, podendo estas definir os requisitos que melhor se coadunem com a sua modalidade.

permaneceram mais altas, com densidade óssea e massa muscular um pouco acima das atletas cisgénero, podem sofrer desvantagens no que toca à corrida de longa distância e ginástica. Conclui o estudo afirmando que, de um modo geral, as atletas transgénero concorrem em equidade com as mulheres cisgénero. Harper, Joanna, Race Times for Transgender Atheletes, in Journal of Sporting Cultures and Identities, v.6, Issue 1,Common Ground, 2015, p.1-9, ISSN: 2381-6694, Disponível em: https://www.researchgate.net/publication/307766116_Race_Times_for_Transgender_Athletes.

[28] IOC Consensus Meeting on Sex Reassignment and Hyperandrogenism, November 2015. Disponível em: https://stillmed.olympic.org/Documents/Commissions_PDFfiles/Medical_commission/2015-11_ioc_consensus_meeting_on_sex_reassignment_and_hyperandrogenism-en.pdf.

[29] "A paridade (...) definição perpétua de uma representação igualitária (...) congregando em si mesma o reconhecimento de que a humanidade é infinitamente diversa nas suas características (...)". Dias, Patrícia Candoso, *Paridade e Género, Uma nova Igualdade no Desporto*, in Compêndio do Desporto, coordenação Alexandre Miguel Mestre, 1.ª edição, Gestlegal, 2021, p.1136. Perfilhamos da mesma posição doutrinal, defendendo a necessária paridade de género no desporto.

[30] O nível de testosterona deve ser inferior a 10 nmol/L nos doze meses que antecedem a primeira competição e deve ser mantido durante todo o período de elegibilidade.

A *World Athletics*, a *World Rowing* e a *Union Cycliste Internationale*[31], estipularam, para as suas modalidades, um limite inferior a 5 nmol/L.[32]

2.3. Regulamentação 2019 a 2022

A 1 de outubro de 2019 entrou em vigor um novo regulamento que visa facilitar a elegibilidade de atletas transgénero no atletismo[33].

A *World Athletics* estabeleceu, como condições gerais de elegibilidade, que nenhum atleta seria forçado a qualquer avaliação ou tratamento médico[34], o respeito pelo Código Mundial Antidopagem e a proibição de alteração da declaração de género por um período de quatro anos.

Adicionalmente, aos atletas transgénero masculinos, somente é exigido que estes apresentem uma declaração escrita, ratificada pela equipa médica, que defina a sua identidade de género.

Em contrapartida, as atletas femininas devem, para além da mesma declaração de género, provar uma quantidade de testosterona inferior a 5nmol/L durante um período contínuo de doze meses. Este valor deve ser mantido durante todo e qualquer tempo em que a atleta deseje ser elegível.

Caso a atleta não consiga manter o referido valor não poderá competir até demonstrar, por um novo período de doze meses, a redução e manutenção dos valores de testosterona. Se se apurar que a atleta competiu com valores de testosterona acima do limite regulamentar, será desqualificada e perderá os prémios e classificações obtidas.

[31] Respetivamente: antiga IAAF, Federação Internacional de Remo e a Associação Internacional das Federações de Ciclismo.

[32] Hamilton, Blair et al, in. (2021). Integrating Transwomen and Female Athletes with Differences of Sex Development (DSD) into Elite Competition: The FIMS 2021 Consensus Statement, Sports Medicine, 2021, p.6. Disponível em: https://www.ncbi.nlm.nih.gov/pmc/articles/PMC7988249/pdf/40279_2021_Article_1451.pdf.

[33] Book C3.5. Disponível em: https://www.worldathletics.org/about-iaaf/documents/book-of-rules.

[34] Justifica-se a referida nota pelos abusos cometidos, no passado, com os testes de feminilidade e "recomendações" a tratamentos hormonais, referidos anteriormente. Colocamos aspas na expressão uma vez que, se as atletas não procedessem aos tratamentos hormonais não podiam competir na categoria feminina. Não estávamos, portanto, na presença de uma recomendação, mas sim no âmbito de uma coação. A liberdade de escolha e autonomia privada ficavam reduzidas a duas hipóteses: tratamento hormonal versus impossibilidade de competir.

No que concerne à elegibilidade de atletas DSD femininas, entrou em vigor, a 10 de dezembro de 2021, um regulamento específico[35].

O Regulamento de Elegibilidade para a Categoria Feminina, destinado a atletas com Diferenças de Desenvolvimento Sexual, estipula o necessário reconhecimento legal da atleta como género feminino ou intersexo[36] e a redução e manutenção dos níveis de testosterona para um valor inferior a 5nmol/L[37].

Seguindo a linha do Regulamento para atletas transgénero fica, também no Regulamento em análise, a observação pela não obrigatoriedade de tratamentos e introduz-se, pela primeira vez, a proibição de realização de análises genéticas a partir das amostras recolhidas para efeitos de controlo de doping, sem informação e consentimento prévios do atleta[38].

A *World Rugby*, que em 2010 adotou as recomendações de 2004 do COI, rejeitando para a sua modalidade as de 2015, atualizou em 2019, as suas políticas para a inclusão de atletas transgénero[39].

Deste modo, as atletas transgénero femininas cujos valores de testosterona fossem inferiores a 5nmol/L, durante doze meses consecutivos, podiam participar em competições de rugby feminino.

Contudo, em 2020, após a constituição de um grupo de trabalho, a *World Rugby* modifica, novamente, os seus regulamentos de elegibilidade tornando-se o primeiro organismo desportivo a proibir, expressamente, a participação de atletas transgénero femininas nas suas competições[40].

[35] Book C3.6. Disponível em: https://www.worldathletics.org/about-iaaf/documents/book-of-rules.

[36] Termo já em desuso, como visto *supra*.

[37] As atletas que não queiram proceder à redução dos níveis de testosterona são, elegíveis para qualquer competição não internacional na categoria feminina, ou qualquer competição internacional na categoria masculina se não existir à data uma terceira categoria.

[38] Grande parte dos casos de atletas femininas com diferenças no desenvolvimento sexual, foram, até então, descobertos pela análise cromossomática às amostras fornecidas no controlo antidoping, sem qualquer informação ou esclarecimentos prévios ao atleta, e sem o seu consentimento para tais efeitos.

[39] *Transgender Guideline Consultation*. Disponível em: https://cdn.vox-cdn.com/uploads/chorus_asset/file/21825559/Transgender_Guideline_Paper_for_Consultation__1_.pdf.

[40] *Transgender Guidelines*. Disponível em: https://www.world.rugby/the-game/player-welfare/guidelines/transgender#SummaryforTransgenderWomen.

Sustentam a proibição nas significativas diferenças de altura, peso e força entre as atletas transgénero e cisgénero, argumentando que estes fatores podem contribuir para o aumento do risco de lesões.

Todavia, é permitida a participação, na categoria rugby masculino, de atletas transgénero masculinos, quer tenham realizado a reatribuição de género antes ou depois da puberdade, desde que, seja confirmada a sua capacidade física e sejam detentores de uma Isenção para Uso Terapêutico.

Os atletas transgénero masculinos, após o início do processo de reatribuição de género, não podem competir na categoria feminina se o processo incluir suplementos de testosterona. Devem, também, declarar por escrito o seu conhecimento sobre os riscos associados ao competirem com homens cisgénero, estatística e supostamente, mais fortes, rápidos e pesados.

No que concerne a atletas não binários, o critério de integração é a presença de testosterona na puberdade. Em casos de presença do referido hormônio o atleta é elegível para o rugby masculino.

Apesar de vedar a competição às mulheres transgénero, a *World Rugby*, no mesmo documento, encoraja todos os indivíduos transgénero a envolverem-se ativamente no rugby, através de posições como treinadores, árbitros e administração.

Recentemente, em novembro de 2021, o Comité Olímpico Internacional adota uma nova posição no que toca à equidade, inclusão e não discriminação com base na identidade de género e variações sexuais[41].

O referido documento, explana, expressamente, o direito que todo e qualquer indivíduo tem à prática desportiva livre de discriminações, bem como, à segurança e dignidade na mesma.

De modo introdutório, afirma-se a continua prossecução pelos valores e princípios olímpicos, a incompatibilidade dos mesmos com vantagens desportivas, desde que estas sejam desproporcionais, e que a exclusão de atletas nunca se pode ancorar na sua identidade de género ou variações sexuais.

A par do princípio da inclusão, o COI, estabelece o princípio de não discriminação. Os critérios de elegibilidade devem ser isentos de preconceitos, não podendo excluir atletas apenas com base na sua identidade de género,

[41] IOC Framework on Fairness, Inclusion and Non-Discrimination on the Basis of Gender Identity and Sex Variations. Disponível em: https://stillmed.olympics.com/media/Documents/News/2021/11/IOC-Framework-Fairness-Inclusion-Non-discrimination-2021.pdf?_ga=2.147170110.886357489.1637076113-256867964.1619700291. Tradução nossa.

aparência física e sexo biológico. Como tal, os atletas devem ser elegíveis na categoria da sua identidade de género.

Segundo o referido princípio, poderá ser necessária a realização de testes de desempenho e capacidade física para aferir a categoria de participação do atleta. Contudo, não se devem confundir, ou deturpar, estes testes com exames ao sexo biológico, género e cromossomas.

O Comité Olímpico Internacional, ao condenar uma presunção de vantagem e de primazia, rejeita que se proíba a participação de atletas com fundamento único nessa hipotética vantagem biológica. Todas as vantagens competitivas carecem de prova e devem ser injustas e desproporcionais.

Contrariamente ao estipulado pela *World Athletics*, quando um atleta não é elegível para uma competição deve ser autorizado a participar noutros eventos e noutras modalidades para os quais seja elegível, mas na mesma categoria do seu género.

No ponto sete, abomina-se a pressão e sujeição de atletas a processos e tratamentos clínicos, sem qualquer vantagem para a saúde, a fim de reunir as condições de elegibilidade. Estipula-se ainda, firmemente, a proibição de exames de comprovação de sexo biológico, de variações sexuais e de género.

O presente documento não tem força vinculativa. Apesar de entendermos o posicionamento do COI, ao definir que cada Federação se encontrará em melhor posição para regular a respetiva modalidade, cremos que é necessário que o Comité tome uma posição mais assertiva e vinculativa, sob pena de estarmos numa constante oscilação entre evolução e retrocesso, como estamos atualmente.

Destacamos, como exemplo deste retrocesso, a atualização do Regulamento para a Elegibilidade de Atletas Transgénero da *Union Cycliste Internationale*[42], logo em 2022.

A UCI estabelece que homens transgénero apenas necessitam de uma declaração de género. Porém, as atletas transgénero, para além da mesma declaração, necessitam de ter e manter uma concentração de testosterona no sangue inferior a 2,5 nmol/L durante vinte e quatro meses consecutivos e durante todo o período em que ambicionem ser elegíveis para a categoria feminina.

[42] Associação Internacional das Federações Nacionais de Ciclismo, doravante UCI. Regulamento disponível em: https://assets.ctfassets.net/761l7gh5x5an/5Qwu5ycbagkT3ApUSZg9N9/9f7b16c5c213d3260ac413be4668fab1/Chapter_V_-_Trangender_athletes_FRA_29072022.pdf.

As medidas adotadas pela UCI levam ao afastamento de atletas como Emily Bridges, que se viu proibida de competir na categoria feminina do campeonato britânico[43].

O Regulamento estipula, ainda, que não serão considerados requisitos de elegibilidade, para nenhuma das categorias, o reconhecimento legal da identidade de género nem a realização da cirurgia de reatribuição de género. Medida que saudamos.

2.4. Panorama Atual

A alteração do Regulamento para a Elegibilidade de Atletas Transgénero, por parte da *Union Cycliste Internationale*, parece ter sido o mote para outras federações internacionais procederem a alterações idênticas.

Em março de 2023, a *World Athletics* promulga novos Regulamentos para a Elegibilidade de Atletas Transgénero e Atletas com Diferenças de Desenvolvimento Sexual[44].

Ambos os Regulamentos, na sua parte introdutória, ressalvam que pretendem ser o mais inclusivos possível, tendo como objetivo facilitar o acesso e participação destes atletas, assim como, assegurar oportunidades iguais a todos os atletas mantendo a justiça das competições. Contudo, a justa competição só poderá ser salvaguardada com a separação binária das categorias, justificada pelos níveis de testosterona que cada sexo biológico produz.

Os Regulamentos consagram que nenhum atleta será obrigado a submeter-se a avaliações ou tratamentos médicos e dispensam, ainda, a realização de cirurgias de reatribuição de género. Apenas o Regulamento para a Elegibilidade de Atletas Transgénero dispensa o reconhecimento legal da identidade de género dos seus atletas.

A *World Athletics* proíbe toda e qualquer forma de abuso, assédio e discriminação para com os atletas transgénero e DSD, em particular quando se baseiem apenas no desvio do aspeto físico dos padrões sociais heteronormativos.

[43] https://www.cyclingnews.com/news/uci-british-cycling-block-transgender-athlete-from-track-championships/.

[44] Disponíveis em: https://worldathletics.org/about-iaaf/documents/book-of-rules.

As condições de elegibilidade para os atletas transgéneros masculinos não sofrem qualquer alteração[45], ao passo que os critérios de elegibilidade para as atletas transgénero femininas sofrem drásticas reformas[46].

As atletas transgénero femininas, para além da mesma declaração, necessitam de preencher uma das seguintes condições: não devem ter passado por uma puberdade típica do sexo biológico masculino, devem manter os níveis de testosterona inferiores a 2,5 nmol/L, de forma contínua, desde a puberdade[47] e durante todo o período em que desejem ser elegíveis[48].

Todos os casos de atletas transgénero femininas serão avaliados por um Painel de Peritos[49] que pode levar a cabo todos os inquéritos e investigações que considerem necessários[50]. O Painel deverá ter, obrigatoriamente, acesso a todo o historial médico pormenorizado das atletas, bem como ao seu paradeiro para proceder a análises sanguíneas sem aviso prévio[51]. Poderá, ainda, aceder aos resultados de análises realizados para efeitos de doping[52].

Cumpre referir que o processo para a avaliação de um caso de elegibilidade para a categoria feminina pode ser iniciado pela própria atleta transgénero, pelo seu médico, pela sua federação nacional ou por "qualquer fonte fiável"[53].

[45] Continua, apenas, a ser necessário que o atleta forneça uma declaração por escrito onde declara a sua identidade de género.

[46] Numa época em que devíamos estar, realmente, a incluir estes atletas damos passos gigantescos em direção ao passado. Se o Regulamento de 2019 tinha as suas falhas, estas não foram suprimidas, mas acentuadas.

[47] Quando contrapostos os dois Regulamentos da *World Athletics* observamos não só a descida drástica da concentração de testosterona como a redução do período para a sua manutenção.

[48] Por período em que deseje ser elegível entende-se todo aquele em que decorram, ou não, competições. Caso a atleta não consiga manter os níveis de testosterona exigidos pelo Regulamento, durante o período em que deseje ser elegível ou incumprir o Regulamento, perderá os seus pontos, prémios, medalhas e recordes.

[49] O Painel de Peritos é formado por um conjunto de médicos independentes.

[50] O Regulamento não restringe ou elenca o tipo de inquéritos e investigações aceitáveis e não aceitáveis, pelo que, dado os abusos cometidos no passado, tememos a prática de novos abusos e invasões das esferas íntimas e privadas das atletas.

[51] Recorrem à mesma linha de atuação que a Agência Mundial Antidopagem.

[52] Observamos aqui um retrocesso face a 2019, uma vez que o antigo Regulamento introduziu, como vimos, a proibição do recurso às análises realizadas para efeitos de doping.

[53] Regulamento para a Elegibilidade de Atletas Transgénero, ponto 4.6, página 10. Disponível em: https://worldathletics.org/about-iaaf/documents/book-of-rules. Lamentamos, seriamente,

No que concerne à elegibilidade, para a categoria feminina, das atletas DSD o Regulamento[54] elenca as diferenças de desenvolvimento sexual que são consideradas relevantes para a classificação da atleta como uma atleta DSD.

Para além da atleta ser subsumível a um dos síndromes elencados, deverá ser reconhecida legalmente como mulher ou intersexual[55] e necessitará de manter, continuamente, os valores de testosterona abaixo dos 2,5 nmol/L durante vinte e quatro meses e por todo o intervalo temporal em que almeje a elegibilidade[56].

O Regulamento para a Elegibilidade de Atletas DSD segue o mesmo procedimento[57] e aplica as mesmas sanções do Regulamento para a Elegibilidade de Atletas Transgénero.

A *World Aquatics*[58] altera, também, a sua política de elegibilidade para as categorias femininas e masculinas[59]. A partir de março de 2023, todos os atletas devem certificar o seu sexo cromossomático para se considerarem elegíveis[60] e as atletas DSD são, automaticamente, elegíveis para competir na categoria masculina. Os atletas transgénero masculinos são elegíveis para a classificação masculina mediante apresentação de uma declaração de risco.

Por outro lado, os requisitos de elegibilidade das atletas transgénero femininas, para a categoria consistente com a sua identidade de género, e das atletas DSD, para a classificação feminina, são bastante idênticos aos da *World Athletics*[61].

que a desconfiança nas atletas e na sua aptidão leve à adoção de medidas de policiamento como esta. Resta-nos esperar que não se entenda por fonte fiável os meios de comunicação.

[54] Disponível em: https://worldathletics.org/about-iaaf/documents/book-of-rules.

[55] Termo já em desuso como vimos no ponto 1.

[56] Estes requisitos são cumulativos.

[57] Será o Painel de Peritos independentes a avaliar os casos com as exatas competências e liberdades que têm no Regulamento para a Elegibilidade de Atletas Transgénero. A abertura do caso segue os mesmos trâmites que no Regulamento analisado *supra*.

[58] Antiga FINA, Federação Internacional de Natação.

[59] Disponível em: https://resources.fina.org/fina/document/2023/03/27/dbc3381c-91e9-4ea4-a743-84c8b06debef/Policy-on-Eligibility-for-the-Men-s-and-Women-s-Competiition-Categories-Version-on-2023.03.24.pdf.

[60] Contrariando a recomendação feita pelo COI em 2021.

[61] As atletas não devem ter experienciado uma puberdade tipicamente do sexo biológico masculino e devem manter, desde os 12 anos até ao fim do período em que desejem ser elegíveis, uma concentração de testosterona abaixo dos 2,5 nmol/L.

Para a *World Aquatics*, apenas será aceitável, a diversidade de género dentro da mesma classificação, se um homem transgénero competir na categoria feminina e se uma mulher transgénero competir na categoria masculina.

Por fim, o Comité Olímpico Internacional e a *World Rugby* mantêm as diretrizes e posições analisadas no capítulo anterior.

3. Apreciação Crítica

Concluída a evolução regulamentar sobre o tema em estudo pretendemos, no presente capítulo, tomar posição nesta divergência.

Os argumentos para a não inclusão de mulheres transgénero no desporto coincidem, como vimos, com os argumentos para não elegibilidade de mulheres com DSD na categoria feminina. A exclusão destas atletas assenta, sempre, na presença e na influência da testosterona.

Admitimos que os avanços científicos e médicos continuam sem ser suficientes para dar uma resposta clara e precisa a este tema, e raros são os que têm atletas de alto rendimento como amostra.

Sentimos dificuldade, aquando da nossa pesquisa, em encontrar estudos que oponham atletas de alto rendimento transgénero e com diferenças de desenvolvimento sexual a atletas de alto rendimento cisgénero.

Cremos que o caminho a seguir será na realização de estudos, dentro de cada desporto e de cada modalidade, opondo atletas transgénero e DSD a atletas cisgénero.

No entanto, fomos confrontados com dados científicos que demonstram ou a equiparação de valores com atletas cisgéneros, ou a reduzida vantagem das atletas transgéneros.

Estudos como o de Bethany Jones, Jon Arcelus, Walter Pierre Bouman e Emma Haycraft concluem pela inexistência de provas científicas que permitam afirmar uma vantagem significativa por parte dos atletas transgénero[62]. Deste modo, consideram as condições de elegibilidade em vigor discriminatórias.

Também, Timothy A Roberts, Joshua Smalley e Dale Ahrendt estudaram a aptidão física de vinte e nove homens transgénero e quarenta e seis mulheres transgénero da força aérea. O estudo conclui que, após a reatri-

[62] Jones, Bethany et al., *Sport and Transgender People: A Systematic Review of the Literature Relating to Sport Participation and Competitive Sport Policies*, in Sports Med, 47, 2017, pp. 701-716. Disponível em: https://www.ncbi.nlm.nih.gov/pmc/articles/PMC5357259/pdf/40279_2016_Article_621.pdf.

buição de género, os homens transgénero conseguiram igualar o desempenho físico dos seus pares, assim como as mulheres transgénero. Ressalvando que, estas últimas continuam a ser mais rápidas nos tempos de corrida[63].

Joanna Harper, em 2021, conduziu um estudo onde procurou percecionar os efeitos da supressão de testosterona nos valores de massa magra, área muscular, força e hemoglobina em mulheres transgénero. Os autores constatam, em todas as participantes, diminuições expressivas de todos os indicadores em avaliação. Após quatro meses de terapia hormonal os valores de hemoglobina e massa magra igualam os valores médios das mulheres cisgénero. Contudo, nos três primeiros anos de terapia, valores como força e área muscular, apesar de uma drástica redução, continuam a ser superiores aos observados nas mulheres cisgénero[64].

Por fim, Miranda Scharff, em conjunto com outros cinco investigadores, conclui que após um ano de tratamento hormonal a força de aderência em atletas transgénero apesar de diminuir não iguala os valores dos seus pares cisgénero[65].

Cumpre indagar se, para a vantagem desportiva não ser injusta e desproporcional, é necessário que os valores coincidam totalmente ou, se há um espectro dentro do qual os valores possam oscilar, continuando a respeitar o *fair play* desportivo e a igualdade de armas. Parece-nos ser por aqui o caminho, apesar de não existir ainda uma resposta à nossa pergunta.

Revemo-nos na linha de pensamento de autoras como Patrícia Dias Candoso[66] e Soraia Quarenta[67] quando questionam se todos os atletas

[63] Roberts, A Timothy, et al., *Effect of Gender Affirming Hormones on Athletic Performance in Transwomen and Transmen: Implications for Sporting Organisations and Legislators*, in Br J Sports Med, 55, 2021, pp.577-583. Disponível em: https://bjsm.bmj.com/content/bjsports/55/11/577.full.pdf.

[64] Harper, Joanna, et.al, *How does hormone transition in transgender women change body composition, muscle strength and haemoglobin? Systematic review with a focus on the implications for sport participation*, in Br J Sports Med, 55, 2021, pp.865-872. Disponível em: https://bjsm.bmj.com/content/bjsports/55/15/865.full.pdf%20/.

[65] Scharff Miranda, et al., *Change in grip strength in trans people and its association with lean body mass and bone density*, in Edocrine Connections, 8, 2019, pp. 1020-1029. Disponivel em: https://www.ncbi.nlm.nih.gov/pmc/articles/PMC6652261/pdf/EC-19-0196.pdf.

[66] Dias, Patrícia Candoso, *Paridade e Género, Uma nova Igualdade no Desporto*, in Compêndio do Desporto, coordenação Alexandre Miguel Mestre, 1.ª edição, Gestlegal, 2021, pp. 1121-1156.

[67] Quarenta, Soraia, *Naturalmente Fortes – O Longo Percurso das Mulheres no Desporto Profissional, a Relação com o Doping e os Direitos Humanos*, in Compêndio do Desporto, coordenação Alexandre Miguel Mestre, 1.ª edição, Gestlegal, 2021, pp. 537-556.

cisgénero, femininos e masculinos, têm os mesmos valores de hormônios, força, resistência, velocidade, altura, largura de ombros e tamanho das mãos. Acreditamos que não.

Todos os atletas de alta competição têm vantagens naturais uns perante os outros, a própria competição assim o exige. O próprio *fair play* desportivo possibilita a existência da mesma desde que justa, proporcional e segura.

No ténis, a título de exemplo, os atletas destros têm uma vantagem sobre os atletas esquerdinos e competem, pacificamente, entre todos.

O problema, das vantagens naturais, parece apenas colocar-se quando esta se verifica em atletas femininas.

Atletas femininas com DSD foram estigmatizadas e suspensas de competições apenas por não seguirem o padrão heteronormativo de beleza e por demonstrarem uma aptidão e talento naturais para uma modalidade.

Michael Phelps, Usain Bolt, Michael Jordan, Cristiano Ronaldo, entre outros, têm predisposições genéticas que lhes conferem uma vantagem sobre os seus adversários e nunca se colocou em questão restringir o seu acesso às competições ou criar uma categoria desportiva apenas para estes atletas.

Certamente nem todos os homens têm as mesmas quantidades de testosterona, a mesma capacidade pulmonar, altura ou força. Contudo, enquanto que nas categorias masculinas as vantagens naturais são um estímulo à competição saudável, nas categorias femininas, Dutee Chand e Caster Semenya a título de exemplo, são motivos de desqualificação e desigualdade de armas.

Se o desporto, e o desporto de competição em concreto, desejam limitar os níveis de testosterona ou dividir as competições por quantidades de hormonas ou outras condições físicas não nos opomos, desde que a realidade seja a mesma para todas as categorias, desde que o princípio da igualdade não seja preterido pelos princípios desportivos.

Aplaudimos a posição mais recente do COI, e a sua constância, ao recomendar que as vantagens desleais, que tenham por base características naturais, não sejam presumidas, mas sim provadas.

Ovamos, também, a recomendação pelo fim da imposição de tratamentos hormonais às atletas DSD como condição de elegibilidade.

Apresentar como opções a toma de contracetivos ou a não elegibilidade para competições desportivas é limitar a liberdade de escolha das atletas, configurando uma violação dos Princípios de Yogyakarta, em especial dos direitos à privacidade, reserva e escolhas quanto ao próprio corpo e à proteção contra abusos médicos.

Como referimos *supra*, apenas nos desiludimos com o caracter não vinculativo do documento que contribui para a atual arbitrariedade, desigualdade e instabilidade de critérios.

A proibição de competição de atletas com DSD, ou a proibição das atletas a certas modalidades perpetua, no nosso entender, a discriminação arbitrária contra as mulheres.

Podemos estabelecer um paralelo desta discriminação para os atletas transgénero, que lutam, há largos anos, por um lugar no desporto. Ambos reclamam por direitos iguais aos seus pares e por paridade desportiva.

Enquanto que no caso das atletas com DSD a causa do problema parece ser o carácter ainda machista e paternalista do desporto, aqui, no que concerne aos atletas transgénero, coloca-se em perspetiva, ou se preferirmos em confronto, três realidades. O Direito Fundamental ao desporto das atletas transgénero, os princípios desportivos como a justa competição e o desporto feminino, fruto de uma grande luta por parte das mulheres.

Apenas se conseguirá solucionar a questão, de elevada sensibilidade e polémica, se tivermos algum jogo de cintura e alguma sensibilidade de modo a satisfazer as três realidades mencionadas.

Iremos começar pelo que nos parece de mais fácil solução.

Cresce na opinião pública, e no seio do desporto feminino, o "argumento" de que estaríamos a "matar" o desporto das mulheres cisgénero ao permitirmos "homens" nas categorias do desporto feminino[68].

Não desconsideramos a difícil, e contínua, luta das mulheres pela sua posição na sociedade e no desporto, no entanto, as mulheres transgénero são mulheres.

Ao empregar o termo homem, para além de demonstrarem uma falta de conhecimento sobre o processo de reatribuição de género, demonstram uma falta de empatia, uma estigmatização e preconceito enormes.

Simultaneamente, demonstram a fraqueza dos seus argumentos ao recorrer a expressões chocantes, polémicas e totalmente alheias à realidade das mulheres transgénero e dos seus corpos.

[68] Após as diretrizes do COI de 2015 e, sobretudo, após as Olimpíadas de Tóquio em 2021, um grupo de atletas femininas criou um movimento pela integridade do desporto feminino. Podemos encontrar, entre outras, estas expressões numa carta aberta que endereçaram ao Comité. Disponível em: https://savewomenssports.com.

Marginalizam as mulheres transgénero um pouco como os homens marginalizaram, e continuam a marginalizar, as mulheres cisgénero.

Abrir a luta das mulheres, por mais lugares, mais visibilidade, e iguais condições no desporto, a mulheres transgénero apenas irá credibilizar e fortalecer a luta feminista no desporto.

Não cremos, portanto, que a inclusão de atletas transgénero na categoria feminina seja "matar" o desporto feminino, antes pelo contrário, será torná-lo mais visível, competitivo e respeitador do princípio da igualdade e, sobretudo, da paridade.

Impedir a participação de mulheres transgénero e mulheres DSD nas categorias femininas, para além de reforçar o preconceito de inferioridade e fraqueza das mulheres face aos homens, prejudica todas as atletas femininas, sejam elas cisgénero, transgénero ou DSD. A exclusão abre portas ao policiamento de gênero, à sujeição de toda e qualquer atleta feminina a comprovações invasivas[69] e a discriminações com base nos padrões heteronormativos de beleza e *performance*.

Pouco realista é, também, a afirmação sobre a impossibilidade de atletas cisgénero subirem ao pódio e arrecadarem títulos e prémios se competirem com atletas transgénero.

O argumento falacioso perde se observamos os resultados das últimas olimpíadas.

A halterofilista transgénero, Laurel Hubbard, não teve um lugar no pódio, muito pelo contrário, a sua jornada olímpica terminou nas primeiras provas.

Como vimos, na parte introdutória do nosso trabalho, o direito ao desporto apenas é reconhecido, na Carta Olímpica, como Direito Humano.

Perfilhamos a opinião de Alexandre Miguel Mestre de que será um passo importante e necessário reconhecê-lo como tal[70].

Apesar de não ser consagrado, internacionalmente, como um Direito Humano, o desporto para além de o ser, é, também, um Direito Fundamental. No nosso ordenamento jurídico, encontra-se consagrado no artigo 79.º da Constituição.

[69] Como a obrigatoriedade, imposta pela *World Aquatics*, de todos os atletas confirmarem o seu sexo cromossomático.

[70] Mestre, Alexandre Miguel, *Carta Aberta ao Senhor Secretário-Geral da Organização das Nações Unidas, Pelo Reconhecimento do Desporto como um Direito Humano*, in Jornal A Bola, 15 de outubro de 2021, p .30.

O direito ao desporto, como Direito Humano e como Direito Fundamental, é um direito das pessoas transgénero e mulheres DSD.

O COI em 2021 reitera, como vimos, que o desporto é um direito de todos.

Incluir atletas transgénero e atletas DSD é respeitar os Direitos Humanos e credibilizar o desporto.

Não podemos conferir Direitos Humanos e Direitos Fundamentais apenas a pessoas cisgénero, nem podemos "escolher" que direitos terão as pessoas que não se enquadram nos padrões heteronormativos.

Fazê-lo, como se tenta fazer com o direito ao desporto e à competição, é o equivalente a implementar um regime de segregação desportiva.

O direito ao desporto e à competição dos atletas transgénero esbarra, para os opositores, nas vantagens, alegadamente desproporcionais, conferidas pela testosterona. Mais resistência, mais força, mais músculos, membros maiores, pulmões e corações mais fortes[71], entre outros, impossibilitam, à partida, uma competição justa com as atletas cisgénero.

As atletas transgénero podem, ocasionalmente, ser mais altas e mais fortes, no entanto, dentro das mulheres cisgénero não temos todas a mesma altura nem a mesma força.

A jogadora de volley Tiffany Abreu, com um metro e noventa e cinco, é mais baixa que a jogadora de volley Carla Terezinha de Souza, com um metro e noventa e seis. A jogadora transgénero é mais baixa que a jogadora cisgénero, no entanto apenas a altura de Tiffany é um problema no mundo do desporto e na opinião pública. Apenas Tiffany tem uma vantagem desproporcional que desvirtua e impossibilita a competição saudável e justa.

Com este exemplo, questionamos se o entrave à abertura das competições a atletas transgénero e DSD está nas hipotéticas vantagens físicas das atletas, como é apontada a altura de Tiffany Abreu, ou se, por outro lado, está na intolerância, no preconceito e na transfobia?

Argumentar que o talento das atletas transgénero apenas assenta nas suas condições físicas parece muito redutor.

As características físicas e a predisposição genética podem facilitar a *performance*, tal como nas atletas cisgénero. Não obstante, todos os resultados que as atletas alcançam são, também, fruto de uma enorme disciplina e treino.

[71] Coincide com os argumentos empregues para atletas femininas com DSD uma vez que estas também desenvolvem vantagens inaptas pela presença da testosterona.

Por outro lado, as atletas transgénero também enfrentam desvantagens face as atletas cisgénero. A altura não é, sempre, uma vantagem. Pensemos na ginástica. A velocidade e a força não são sempre critérios decisivos no desporto.

O tratamento hormonal tem como consequência a redução de massa muscular, no entanto não se verifica a redução de massa óssea, pelo que as atletas têm mais dificuldade em suportar o seu corpo.

Por último, argumentos como o *fair play*, a vantagem justa e proporcional e a igualdade de armas, parecem apenas estar em causa na integração destas atletas na categoria feminina.

A preocupação com a segurança dos atletas parece importar, apenas, para as atletas femininas cisgénero.

Os atletas masculinos transgénero serão, pela lógica generalista dos argumentos, mais baixos, mais leves, menos rápidos e fortes do que os atletas masculinos cisgénero. Contudo, a sua elegibilidade é, como vimos *supra*, pacífica.

A própria *World Rugby*, nas diretrizes de 2020, admite expressamente que não há um padrão de características físicas entre pessoas cisgénero e que os homens transgénero podem ser mais baixos e menos fortes que os seus adversários.

Questionamos se estes não estão, a par das mulheres cisgénero, numa posição de elevado risco de lesões?

Questionamos se estarão em igualdade de armas com os atletas masculinos?

O *fair play* e a vantagem proporcional são, apenas, princípios desportivos quando, abstratamente, percecionamos um adversário mais forte que nós?

Parece-nos que a exclusão das atletas transgénero e a inclusão, sem entraves, de homens transgénero, nas devidas categorias, se prende com o aumento, manutenção ou diminuição das hipóteses de vencer.

Por um lado, se a probabilidade de alcançar um dos três lugares no pódio é dificultada, proibimos a participação e excluímos. Em alternativa, se essa dificuldade se mantiver ou até reduzir, incluímos atletas.

Partindo das palavras de Soraia Quarenta, (...) *tirar a vantagem natural de alguém, é também dizer que os outros atletas não estão à altura*[72] (...), pedimos que se olhe para a questão por este prisma.

[72] Quarenta, Soraia, *Naturalmente Fortes – O Longo Percurso das Mulheres no Desporto Profissional, a Relação com o Doping e os Direitos Humanos*, in Compêndio do Desporto, coordenação Alexandre Miguel Mestre, 1.ª edição, Gestlegal, 2021, p. 556.

Sugerimos que se abandone o tom derrotista e afirmações falaciosas como a falta de atletas cisgénero em lugares no pódio, homens transgénero que nunca serão fortes e rápidos o suficiente para ganhar e a viciação de competições.

Ao invés, porque não pensamos numa maior exaltação das características físicas e no incremento de uma rivalidade saudável que sustenta uma maior dedicação, esforço e desempenho que melhoram a qualidade do espetáculo[73]?

Cremos que, após o tratamento hormonal e a reatribuição de género, tanto os atletas transgénero masculinos como as atletas transgénero femininas, igualam ou reduzem de forma proporcional as vantagens sobre os atletas cisgénero.

Na nossa humilde opinião, não haverá nenhuma vantagem desproporcional nem risco de lesões. Continuamos sem ter dados, ou casos documentados, de lesões anormais em competições que oponham atletas cisgénero a atletas transgénero.

A proibição adotada, nomeadamente, pela *World Athletics*, como analisado *supra*, contribui para a estigmatização destes atletas.

O velho argumento, que reduz a desconformidade entre o género e sexo à vontade de ganhar, como se uma pessoa se sujeitasse a todo o processo médico e hormonal, apenas para ganhar medalhas e títulos, numa categoria diferente da qual onde sempre competiu e pouco singrou, volta a ganhar espaço.

No que respeita a estas vantagens e perante os poucos dados científicos, parece-nos precipitado e radical o afastamento destes atletas das competições desportivas, mais ainda quando o conhecimento atual refuta as vantagens desproporcionais que as Federações Internacionais alegam.

Esta proibição pela competição na categoria feminina de atletas transgénero e DSD, para além de atentar aos princípios da igualdade e paridade, limita e impossibilita o desenvolvimento de estudos e pesquisas, urgentes e necessários, sobre o rendimento e desempenho atlético destas atletas.

Chegados aqui importa solucionar, ou tentar solucionar, o atual problema do desporto.

[73] Afinal de contas o desporto, sobretudo o desporto de alto rendimento e o Movimento Olímpico assentam na exaltação das características físicas, numa *performance* única e numa competição saudável.

Temos visto como uma tentativa de solução, já avançámos que não o é, a proibição de atletas transgénero e DSD nas competições desportivas.

Surge, mais recentemente, a possibilidade de criação de uma categoria aberta destinada a todas as atletas que não sejam elegíveis à categoria feminina.

A nosso ver, o problema desta solução não se encontra, apesar de ser um argumento válido, na escassez de atletas para a criação da categoria.

O inconveniente está no seu contributo para a estigmatização. Como já referido anteriormente, estas atletas são mulheres e têm uma categoria desportiva onde competir, tal como os homens transgénero.

Outra possível solução, satisfatória da igualdade e paridade no desporto, passa pela abolição do sistema binário de classificação.

Substituir a classificação com base no sexo biológico por uma classificação assente na identidade de género permite incluir todo e qualquer atleta.

Por fim, e na esteira da solução anterior, substituir a classificação binária por outros fatores que sejam relevantes em cada modalidade.

No nosso entender, a solução que mais satisfaz as aspirações dos atletas transgénero e das atletas DSD, respeitando os princípios desportivos é o fim das categorias binárias.

Alinhamos com a doutrina que defende a organização do desporto com base no género ou aptidão e características relevantes para a modalidade desportiva. Aqui sim, faria sentido ficar na arbitrariedade das Federações, mas sempre após prova e demonstração, a definição dessas características.

Quando nos referimos à aptidão e características relevantes pensamos na medição, possível, hodiernamente, pelos avanços tecnológicos, da velocidade, resistência, força, peso, altura, entre outros relevantes.

Se tal se configurar impossível, a curto prazo, que se mantenham os atletas nas categorias a que correspondem o seu género.

A criação de uma terceira categoria, apenas nos parece sensato se se destinar a atletas de género neutro, que não se identificam nem com um género nem com outro. Nesta situação não nos parece discriminatório, nem estigmatizante, uma vez que estamos a respeitar a identidade de género neutra dos atletas ao não forçar a sua elegibilidade numa categoria binária com a qual não se identificam.

Género neutro também pode significar a flutuação da identidade de género ou a identificação com ambos. Nestes casos admitimos, ainda que com reservas, a inalteração, por um determinado período, da declaração de género. Conseguimos ceder, nestas circunstâncias, uma vez que criaria uma situação de instabilidade desportiva, um atleta de género neutro identificar-se e competir durante um período Olímpico como género feminino e, nos Jogos Olímpicos, ou a meio desse período, identificar-se e competir como género masculino[74].

Conclusão

O mundo, a sociedade e as suas construções estão em constante mudança e evolução, todos nós, sem exceção, temos de as acompanhar.

O desporto, com os seus reconhecidos benefícios para a saúde, contribuição para os valores humanos e sociedade, e as competições desportivas, em especial os Jogos Olímpicos, como aspiração máxima de todos os atletas, não pode ficar estagnado e preso aos valores contemporâneos à sua criação.

A realidade desportiva sofreu várias alterações, mostrou-se permeável e sensível a inúmeras causas como a discriminação das mulheres, a violência e o racismo.

O que se pede, nos dias de hoje, é que seja novamente capaz de continuar a ter um papel de especial relevo na luta contra as novas formas de violação de Direitos Humanos.

O desporto, que tantas outras vezes, mudou mentalidades e diminuiu preconceitos sociais, deve mostrar-se respeitador da autodeterminação e expressão da identidade de género.

O panorama atual, da elegibilidade de atletas transgénero e com diferenças no desenvolvimento sexual, a par da constante evolução e retrocesso, contribui de forma estigmatizante e discriminatória para a problemática em causa.

Afirmações como a da *World Rugby* que veda a participação das atletas às competições, mas que lhes abre a porta como treinadoras, árbitros ou corpo administrativo não satisfazem nem as pretensões, nem os direitos destas atletas.

A utilização da palavra sexo, em vez de género, nos Regulamentos como os da *World Aquatics*, bem como a elegibilidade sem entraves das atletas DSD na categoria masculina configuram uma insistente e reprovável negação de Direitos Humanos.

[74] Deste modo a declaração apenas poderia ser alterada findo cada período Olímpico.

A participação de atletas transgénero nos Jogos Olímpicos de 2021, e no desporto de alta competição no geral, não é assim tão expressiva que justifique a criação de uma categoria destinada a estes atletas. Para a marginalização e exclusão não existirá, nunca, uma causa justificativa.

Afigura-se como imperativo a reorganização das competições desportivas e o abandono da classificação binária, de modo a incluir todos os atletas, independentemente da sua identidade de género.

Bibliografia

Adame, Alcine, *Direito à Identidade: Aspectos Legais da* Transexulaidade, Tese de Doutoramento, Faculdade de Direito da Univeridade de Lisboa, Lisboa, 2009.

AA.VV, in, Enciclopédia de Direito do Desporto, coord. Alexandre Miguel Mestre, 1.ª edição, Gestlegal, Coimbra, 2019.

Dias, Patrícia Candoso, *Paridade e Género, Uma nova Igualdade no Desporto,* in Compêndio do Desporto, coordenação Alexandre Miguel Mestre, 1.ª edição, Gestlegal, Coimbra, 2021.

Gomes, Inês Espinhaço, *Queering European Union Law: Sex and gender beyond the binary and cisnormativity*, Study Paper n.º 04/19, Institute for European Integration, Europa-Kolleg, 2019.

Hamilton, Blair, Giscard Lima, Giscard, James Barret, Leighton Seal, Alexander Kolliari-Turner, Guan Wang, Antonia Karanikolou, Xavier Bigard, Herbert Loellgen, Petra Zupet, Anca Ionescu, Andre Debruyne, Nigel Jones, Karin Vonbank, Frederica Fagnani, Chiara Fossati, Maurizio Casasco, Demitri Constantinou, Bernd Wolfarth, Yannis Pitsiladis, *Integrating Transwomen and Female Athletes with Differences of Sex Development (DSD) into Elite Competition: The FIMS 2021 Consensus Statement,* in Sports Medicine, v.51, 2021.

Harper, Joanna, *Race Times for Transgender Atheletes,* in Journal of Sporting Cultures and Identities, v.6, Issue 1, Common Ground, 2015.

Harper, Joanna, Emma O'Donnell, Behzad Sorouri Khorashad, Hilary McDermott, Gemma L Witcomb, *How does hormone transition in transgender women change body composition, muscle strength and haemoglobin? Systematic review with a focus on the implications for sport participation,* in Br J Sports Med, v. 55, 2021.

Jones, Bethany Alice, Jon Arcelus, Walter Pierre Bouman, Emma Haycraft, *Sport and Transgender People: A Systematic Review of the Literature Relating to Sport Participation and Competitive Sport Policies,* in Sports Med, v. 47, 2017.

Lobo, Carlos Alberto Gameiro de Campos, *O Reconhecimento da identidade de género na perspectiva dos Direitos Fundamentais na Região Administrativa Especial de Macau (RAEM)*, Dissertação de Mestrado, Universidade Autónoma de Lisboa, Lisboa, 2018.

Nicacio, Gabriela Autran Dourado Dutra, *A Participação de Atletas que Passaram por Cirurgia de Mudança de Sexo nas Competições Esportivas*, in Desporto & Direito, Revista Jurídica do Desporto, ano IV, n.º10, Setembro/Dezembro 2006, Coimbra Editora, 2006.

Pinto, Ana Carolina Reis, *O Princípio da Igualdade e o Dever de Não Discriminação com Base na Orientação Sexual e na Identidade de Género dos Trabalhadores*, Dissertação de Mestrado, Faculdade de Direito da Universidade de Lisboa, Lisboa, 2018.

Quarenta, Soraia, *Naturalmente Fortes – O Longo Percurso das Mulheres no Desporto Profissional, a Relação com o Doping e os Direitos Humanos*, in, Compêndio do Desporto, coordenação Alexandre Miguel Mestre, 1.ª edição, Gestlegal, Coimbra, 2021.

Roberts, A Timothy, Joshua Smalley, Dale Ahrendt, *Effect of Gender Affirming Hormones on Athletic Performance in Transwomen and Transmen: Implications for Sporting Organizations and Legislators*, in Br J Sports Med, v. 55, 2021.

Scharff Miranda, Chantal Maria Wiepjes, Maartje Klaver, Thomas Schreiner, Guy T'Sjoen, Martin den Heijer, *Change in grip strength in trans people and its association with lean body mass and bone density*, in Edocrine Connections, v. 8, 2019.

2. LEGITIMIDADE EM AGIR POR PARTE DE TERCEIRO EM PROCESSO DISCIPLINAR DESPORTIVO

Carlos Lopes Ribeiro[1]

Sumário: I. As normas que tipificam determinadas condutas como ilícitos disciplinares visam proteger bens jurídicos ligados à proteção da própria competição, da verdade ou da ética desportiva, que são superiores aos interesses próprios de cada clube ou de cada agente desportivo.

II. Daí que, quando no art. 52.º da LTAD se exige como critério da legitimidade ativa a titularidade de um interesse direto em demandar, tal deve ser interpretado como a exigência de que o ato recorrido/impugnado (a decisão administrativa-disciplinar) tenha dado causa a uma lesão ou prejuízo direto e imediato na própria esfera jurídica do Demandante.

III. Assim, para que o Demandante tenha legitimidade ativa, não lhe basta um interesse indireto, reflexo ou derivado na procedência da ação.

Texto

Tendo sido Presidente do Colégio Arbitral e consequentemente relatar num processo que teve seus termos no Tribunal Arbitral do Desporto (TAD), a decisão proferida, por maioria, terá sido a primeira que no TAD

[1] Advogado; Árbitro do TAD.

se debruçou sobre a matéria da legitimidade de um agente desportivo em intervir enquanto parte num recurso de uma decisão federativa de âmbito disciplinar relativa a outros agentes e entidade desportiva.

Em face disso, e aproveitando e reproduzindo muito do constante em tal acórdão se elaborou o presente apontamento.

A..., instaurou um recurso em processo arbitral necessário contra a entidade federativa B... porquanto não se conformou com a decisão disciplinar que esta proferiu envolvendo outra entidade e agentes desportivos, pretendendo assim obter junto do tribunal não só a reavaliação do processo disciplinar assim como das sanções disciplinares aplicadas e das absolvições determinadas.

O A.... pretendia, pois, ver escrutinado tal processo disciplinar entendendo que da prova nesses autos as sanções aplicadas eram manifestamente insuficientes para satisfazerem as finalidades de prevenção geral e especial subjacentes ao regime disciplinar, não condizentes com a qualificação jurídica dos factos em causa, tendo alguns dos agentes desportivos sido injustamente absolvidos.

O A... afirmou-se lesado e ofendido pelos comportamentos dos outros agentes desportivos que agiram contra os princípios de lealdade, probidade, verdade e retidão em tudo o que diga respeito às relações de natureza desportiva, económica ou social que estão ínsitos nos regulamentos disciplinares.

Concretamente, afirmava que era titular de um interesse legalmente protegido, visto que os factos que constituíam o objeto do processo disciplinar contendiam com a prática de infrações disciplinares que atentariam contra a sua integridade física e moral, a honra, o bom nome, a reputação e o património do Demandante.

Foram desde logo levantadas pela demandada, entidade federativa e pelos contrainteressados, os outros agentes desportivos, a questão de legitimidade por parte do Demandante.

Dizia-se que o ato administrativo que o Demandante impugnara não lhe foi dirigido e que "no âmbito do direito disciplinar existe uma relação que é exclusivamente bilateral, entre arguido e aplicador da sanção, por natureza" pelo que "os demais competidores apenas poderão ter um interesse legítimo no desenrolar do processo, mas não são, eles próprios, titulares de qualquer direito."

Dizia ainda a Demandada que a todos os agentes desportivos é legítima e até, em alguns casos, obrigatória, a participação de factos de que tenham conhecimento e que possam consubstanciar um ilícito disciplinar, mas a partir do momento em que apresentam a devida participação dos factos, tais agentes não terão qualquer intervenção ativa no processo disciplinar sendo apenas notificados da decisão final proferida.

Acrescentava-se que embora pudesse ter eventual fundamento para dar início a procedimentos de outra índole – civil ou criminal, as normas que tipificam determinadas condutas como ilícitos disciplinares visam proteger bens jurídicos ligados à proteção da própria competição, da verdade ou da ética desportiva, que são superiores aos interesses próprios de cada clube ou de cada agente desportivo.

Consequentemente para que o Demandante tivesse legitimidade ativa não lhe bastaria assim um interesse indireto, reflexo ou derivado na procedência da ação.

No mesmo sentido, os Contrainteressados afirmaram também que existia ilegitimidade ativa do Demandante dizendo que "o procedimento disciplinar desportivo tem natureza pública e visa tutelar bens jurídicos ligados ao próprio funcionamento e regularidade das competições", pelo que nas normas disciplinares desportivas não implica a prossecução ou tutela de posições jurídicas subjetivas de particulares."

O artigo 52.º n.º 1 da Lei do TAD afirma que "Tem legitimidade para intervir como parte em processo arbitral necessário no TAD quem for titular de um interesse directo em demandar ou contradizer."

E, por sua vez o artigo 55.º n.º 1 al. a) do CPTA dispõe que tem legitimidade para impugnar um ato administrativo "Quem alegue ser titular de um interesse direto e pessoal, designadamente por ter sido lesado pelo ato nos seus direitos ou interesses legalmente protegidos".

Existe também basta jurisprudência no que se refere à questão da legitimidade das partes de que a título exemplificativo se retira:

- "Terá interesse na anulação do acto impugnado aquele que, com verosimilhança, aferida pelos termos peticionados, materialmente bem ou mal fundada, invoque, a titularidade no seu património jurídico de um direito subjectivo ou de um interesse legalmente protegido susceptível de ter sido lesado com a prática do acto, retirando da anulação pretendida uma qualquer utilidade ou vantagem dignas de tutela jurisdicional."[2]

[2] Acórdão do STA de 30 de Abril de 1997 in dgsi.

– "que se deve entender que há interesse na impugnação de um acto quando o demandante visar obter "uma vantagem ou utilidade nessa anulação repercutida na protecção de um bem jurídico preexistente no seu património jurídico, ou seja, quando as infracções disciplinares [forem] susceptíveis de ofender os seus valores pessoais, como a integridade física e moral ou a honra, bom nome e reputação."[3]
– "refere que se deve reconhecer legitimidade activa aos titulares de um interesse legalmente protegido com base na "violação ou [n]a ofensa de bens/valores pessoais que resultam ou podem resultar reflexamente prosseguidos e tutelados em sede disciplinar".[4]

Verificou-se pelo processo disciplinar que o mesmo se iniciou por participação disciplinar efetuada pela entidade da qual o Demandante era Presidente do seu Conselho de Administração e que o mesmo foi ali indicado como testemunha e nessa qualidade prestou depoimento nesse processo disciplinar.

Inexistiu qualquer outra intervenção do Demandante no processo disciplinar.

Verificou-se ainda que o Conselho de Disciplina da entidade federativa Demandada entendeu a final proferir acórdão no qual apreciando a responsabilidade disciplinar de cada um dos arguidos no processo decidiu pela responsabilidade relativamente a alguns dos arguidos e ilícitos disciplinares e pela não responsabilidade noutros dos ali arguidos e relativamente a outros ilícitos disciplinares.

Em face da invocação da exceção dilatória de legitimidade ativa por parte do Demandante, entendeu-se que sendo matéria exclusivamente de direito o Tribunal se poderia, desde logo, pronunciar sem discutir ou analisar a matéria de facto, com o que veio a avançar com o que de seguida se apresenta.

Como é consabido, o poder disciplinar desportivo exercido no âmbito das competições organizadas pela entidade federativa reveste natureza pública, sendo certo que, concorrem para esta proposição as normas constantes dos artigos 19.º, n.º 1 e 2 da Lei n.º 5/2007 de 16 de Janeiro (Lei de Bases da Actividade Física e do Desporto), e dos artigos 10.º, 13.º alínea i), do RJFD2008.

[3] Acórdão do STA de 15 de Outubro de 2020 in dgsi.
[4] Acórdão do STA de 19 de Maio de 2022 in dgsi.

Tudo isto decorre do facto de que a existência desse poder disciplinar é justificada por um dever legal.

Significa isto que a existência de um poder disciplinar se justifica pelo dever legal – artigo 52.º, n.º 1, do RJFD2008 – de sancionar a violação das regras de jogo ou da competição, bem como as demais regras desportivas, nomeadamente as relativas à ética desportiva, entendendo-se por estas últimas as que visam sancionar a violência, a dopagem, a corrupção, o racismo e a xenofobia, bem como quaisquer outras manifestações de perversão do fenómeno desportivo (artigo 52.º, n.º 2, do RJFD2008).

Estão sujeitos ao poder disciplinar desportivo das Federações os clubes, dirigentes, praticantes, treinadores, técnicos, árbitros, juízes e, em geral, todos os agentes desportivos que desenvolvam a atividade desportiva compreendida no seu objeto estatutário (artigo 54.º n.º 1 do RJFD2008), enquanto o artigo 55.º do RJFD2008 afirma que o regime da responsabilidade disciplinar é independente da responsabilidade civil ou penal.

Parece-nos claro que o poder disciplinar desportiva para além de ser de ordem pública não visa a tutela de bens jurídicos pessoais ou de pessoas jurídicas subjetivas, mas sim "proteger bens jurídicos ligados à proteção da própria competição, da verdade ou da ética desportiva, que são superiores aos interesses próprios de cada clube ou de cada agente desportivo".

É certo que pode reflexamente oferecer também essa proteção, mas o único bem jurídico tutelado é o da estabilidade organizativa e regular funcionamento das competições, em sentido amplo.

Daí que, quando no art. 52.º da LTAD se exige como critério da legitimidade ativa a titularidade de um interesse direto em demandar, tal deve ser interpretado como a exigência de que o ato recorrido/impugnado (a decisão administrativa-disciplinar) tenha dado causa a uma lesão ou prejuízo direto e imediato na sua própria esfera jurídica.

De acordo com o que entendemos ser a melhor doutrina, para averiguar da legitimidade ativa deve avaliar-se se existe um interesse "pessoal e direto" por parte do interveniente, seja, "o ato estar a provocar, ao momento em que é impugnado, consequências desfavoráveis na esfera jurídica do autor de modo que a anulação ... desse acto lhe traz, pessoalmente a ele, uma vantagem directa (ou imediata)"[5].

[5] Mário Aroso de Almeida, Manual de Processo Administrativo, almedina, 2012, pgs. 233, 234, 235.

"Ou seja, tem de ser pedida por quem nisso tenha interesse no sentido em que reivindica para si próprio uma vantagem jurídica ou económica que há-de resultar dessa anulação",[6] com isso se afirmando o referido caráter pessoal do interesse em acionar, ou seja "a utilidade tem de ser pessoal no sentido de que será titular do interesse em nome do qual se move o processo"[7].

Mas também esse interesse deve ser direto – isto é se é atual e efetivo, devendo ser apreciado "em função das vantagens que o recorrente alega poderem advir-lhe da anulação do ato"[8] o qual deve ser de "repercussão imediata na esfera do interessado."

Ora, o Demandante apesar de ter uma ligação intrínseca aos factos, pois é inegável que as invocadas lesões sofridas por este, poderão resultar em responsabilidade civil ou criminal, não tem legitimidade ativa na presente ação, pois não basta a mera titularidade de interesses ofendidos para se ter legitimidade ativa, são, para além do que acima já se referiu, também necessários requisitos formais, requisitos estes que não foram cumpridos pelo ora demandante.

Veja-se que o Demandante não efetuou qualquer participação no procedimento administrativo anterior, alvo da presente ação, e, de acordo com o que ora invoca seria do interesse do ora Demandante ter participado nele, pelo menos dando o impulso inicial ao mesmo.

Conferindo o artigo 55.º do Código de Processo nos Tribunais Administrativos (CPTA) no seu n.º 1 al a) ali se afirma:

> *"Tem legitimidade para impugnar um ato administrativo: Quem alegue ser titular de um interesse direto e pessoal, designadamente por ter sido lesado pelo ato nos seus direitos ou interesses legalmente protegidos"*

o que se abstratamente se poderia aplicar ao caso concreto, contudo este mesmo número deve ser conjugado com o n.º 3 do mesmo artigo que diz

> *"A intervenção do interessado no procedimento em que tenha sido praticado o ato administrativo constitui mera presunção de legitimidade para a sua impugnação."*

[6] Idem.

[7] Mário Aroso de Almeida, idem.

[8] Idem.

E esta presunção não procede, não existe, nem pode beneficiar o Demandante no presente caso, dado que ele nem sequer se constituiu como participante no procedimento administrativo que vem agora impugnar.

A este respeito o Tribunal Central Administrativo do Norte já se pronunciou no seu acórdão n.º 00036/06.8BEVIS, ao dizer:

> "1 – A legitimidade é um pressuposto processual, ou seja, uma condição para obtenção de uma pronúncia sobre o mérito da pretensão formulada, permitindo aferir a posição que devem ter as partes perante a pretensão deduzida em juízo, para que o julgador possa e deva pronunciar-se sobre o mérito da causa, julgando a ação procedente ou improcedente.
>
> 2 – Para que o autor disponha de legitimidade ativa não lhe basta um interesse indireto, reflexo ou derivado na procedência da ação.
>
> 3 – O exercício do direito de ação requer a verificação de requisitos formais quanto aos respetivos sujeitos e objeto cuja falta obsta ao conhecimento de mérito, determinando a absolvição do réu da instância. Essa apreciação é feita de acordo com a relação material controvertida delineada, objetiva e subjetivamente pelo autor na petição inicial e na vigência da redação do CPC aqui aplicável, também na réplica. (...)."[9] (Negrito nosso).

A este respeito o Supremo Tribunal Administrativo, no processo 098/20.5BALSB de 19-05-2022[10], também em relação à matéria da legitimidade ativa, pronunciou-se da seguinte forma:

> "O participante disciplinar goza de legitimidade processual ativa para impugnar contenciosamente o ato que determina o arquivamento do processo de inquérito se, dos termos em que se mostra elaborada a petição da ação, se concluir que ele não se limita a invocar interesses coletivos, antes visa obter a reparação, ainda que reflexa, de valores eminentemente pessoais que hajam sido lesados com a conduta denunciada, como os inerentes à sua integridade física ou moral, honra, bom nome

[9] In http://www.dgsi.pt/jtcn.nsf/89d1c0288c2dd49c802575c8003279c7/aff85bde6b317e28802584d5005bcfcd?OpenDocument.

[10] http://www.dgsi.pt/jsta.nsf/35fbbbf22e1bb1e680256f8e003ea931/16a7b7989d833fff80258852003ba9f9?OpenDocument.

e reputação." (...) "Para depois em face do atual regime de contencioso administrativo afirmar e concluir que «[n]ão há motivo para alterar esta orientação, em face do que dispõe atualmente o CPTA em matéria de legitimidade para impugnação de ato administrativo que a faz depender da alegação da titularidade de um interesse direto e pessoal na sua anulação, estabelecendo uma presunção "juris tantum" de legitimidade a favor do interveniente no procedimento administrativo em que tenha sido praticado esse ato [art. 55.º, n.ºs 1, al. a) e 3]. (...) Importa, pois, apreciar se, de acordo com as circunstâncias factuais alegadas pela A., se deve entender que a infração disciplinar que participou é suscetível de ofender os seus valores pessoais, como a integridade física e moral»." (Negrito nosso).

Note-se que a menção à qualidade de participante do procedimento e não à mera qualidade de titular de um direito ou interesse lesado.

Também na área do Direito Penal, encontramos jurisprudência[11] que vai no sentido de declarar a ilegitimidade mesmo no caso de um assistente no processo, porquanto:

I – A matéria da espécie e medida da pena aplicada – como decorre do «assento» n.º 8/99 – é essencialmente guiada por razões de interesse público, visando a realização dos fins assinalados à punição criminal (aos «fins das penas»), pelo que quanto a ela o assistente só pode recorrer se, como aí se decidiu, «demonstrar um concreto e próprio interesse em agir».

II – Este «interesse», como quer que se conceba, não pode consistir na obtenção de um meio de coação para eventual cobrança mais eficaz de uma dívida, que não integra os critérios legais para a escolha da espécie de pena a aplicar.

III – Assim, o assistente não pode, por falta de «interesse em agir», impugnar por si só sentença que condena o arguido em pena pecuniária tendo em vista a substituição desta por pena privativa da liberdade, suspensa na sua execução, subordinada ao pagamento da indemnização cível também arbitrada pelo Tribunal.

Mas, alguma jurisprudência vai mesmo mais longe, e mesmo relativamente a um participante, transcreve-se parte de declaração de voto da

[11] Ac. TRP de 11 Jan. 2023, relator Pedro Menezes in http://www.dgsi.pt/jtrp.nsf/56a6e7121657f91e80257cda00381fdf/0a1f3568050239f58025894000538915?OpenDocument.

Senhora Conselheira Susana Tavares da Silva no acórdão do STA supra citado[12], em que defende:

> "***entendo que a A., na qualidade de participante, nem tem um interesse pessoal e directo no prosseguimento do processo instrutor e em que seja aplicada uma sanção disciplinar ao Sr. Magistrado visado na sua queixa.***
>
> *A A. sustenta a sua reclamação ..., segundo a qual se a conduta que consubstancia o ilícito disciplinar viola simultaneamente bens pessoais (ex. direito à honra, como é o caso aqui), então pode extrair-se daí um interesse directo, pessoal e legítimo à impugnação do acto que determina não haver fundamento (inexistência de indícios suficientemente caracterizadores de uma infracção disciplinar) para a prossecução do processo disciplinar.*
>
> *Esta é uma construção jurídica que não acompanhamos.*
>
> *Primeiro, porque assenta no pressuposto equivocado de que* ***o processo disciplinar pode tutelar bens ou interesses jurídicos para além dos interesses funcionais a que o mesmo se encontra exclusivamente ligado. Se a participante se considera lesada na sua honra, então a reparação desse bem jurídico pessoal terá de fazer-se no âmbito dos ordenamentos normativos em que este bem jurídico é tutelado, seja no direito civil ou administrativo da responsabilidade civil, seja no direito penal. Da punição em sede disciplinar do agente que tenha cometido o alegado ilícito disciplinar não decorre para a esfera jurídica do "alegado ofendido" nenhuma reparação, pelo que nenhum interesse pessoal se pode recortar da fiscalização judicial da decisão que determina o arquivamento da participação. A ofensa à honra do participante constitui, para efeitos do procedimento disciplinar, o "facto" que há-de ser mobilizado como suficientemente caracterizador (ou não) do alegado ilícito (da violação dos deveres funcionais), esgotando-se nessa função. E o ilícito disciplinar é também um ilícito típico, que a lei caracteriza pela exclusiva ofensa de deveres funcionais, no âmbito dos quais os bens jurídicos pessoais de terceiros não são juridicamente protegidos, nem sequer de forma indirecta, pelo que nenhuma razão assiste à A. quando alega a violação de direitos fundamentais ou humanos provocados por aquela decisão de arquivamento da participação.***
>
> *Segundo, porque* ***se se considerar que da mera punição disciplinar do agente que cometeu o alegado ilícito disciplinar se pode retirar um***

[12] http://www.dgsi.pt/jtcn.nsf/89d1c0288c2dd49c802575c8003279c7/aff85bde6b317e2880 2584d5005bcfcd?OpenDocument.

qualquer tipo de "reparação" do bem jurídico individual violado (no nosso exemplo, a honra) estaremos a transmutar um procedimento, que, como dissemos, se caracteriza pela satisfação de um interesse público uno (i. e. não há interesses individualizáveis no correcto funcionamento do serviço, sendo este um interesse de ordem pública e não um interesse difuso), num procedimento que se presta, também, a uma finalidade de vendetta privada. Algo que juridicamente se afigura inadmissível.

Terceiro, porque a legitimidade procedimental do participante não se projecta no âmbito processual, uma vez que a primeira tem como exclusivo fundamento "vencer" eventuais "constrangimentos" que possam resultar de relações de proximidade entre o arguido e aqueles que sobre ele hierarquicamente exercem o poder disciplinar, ao passo que a legitimidade processual é sempre avaliada em função da relação material controvertida que subjaz ao acto impugnado e, em relação a este, repete-se, ***inexiste qualquer refracção de bens ou interesses de um alegado lesado pelo comportamento que caracteriza o tipo de ilícito disciplinar que aqui possa obter reparação. (...)***

Quarto, a legitimidade do participante não pode igualmente fundar-se na protecção do interesse público ao correcto exercício do poder administrativo sancionador, em que a A. pretende também fundar o interesse legítimo directo à impugnação da decisão de arquivamento da participação. (...) Lembre-se, até, que o participante ou denunciante apenas é notificado do "resultado final da decisão do procedimento, tal como o respectivo instrutor" se o tiver expressamente solicitado (artigo 222.º, n.º 2 da LGTFP, aqui aplicável ex vi do artigo 212.º do EMP), o que mostra claramente que ele não é titular de qualquer refracção do interesse público de controlo da legalidade das decisões dos órgãos titulares do poder disciplinar. A isso acresce que nas situações em que, quando solicitado, o participante venha a ser notificado do resultado do processo instrutor, ***tal notificação há-de inscrever-se numa medida auxiliar da transparência e da boa administração, mas não dá lugar, como pretende a A., a um alargamento da legitimidade do artigo 55.º do CPTA. (...)*** *(negrito nosso)*

De resto, mesmo a Doutrina[13] mais antiga afirma que "a legitimidade seja [será] em primeiro lugar reconhecida ao titular do interesse directo, pessoal e legítimo no provimento do recurso" e "a legitimidade do seu **pedido**

[13] Marcello Caetano in Manual Direito administrativo Vol. II – Almedina 9.ª Edição – pág. 1356 e sgs.

resulta para ele na utilidade ou uma vantagem. Essa vantagem tanto pode ser material, como meramente moral" mas deve ser também um interesse "e directo quando anulação ou nulidade de acto jurídico que seja obstáculo à satisfação de pretensão anteriormente formulada pelo recorrente pessoal", "quando o recorrente alegue esperar uma utilidade concreta para próprio do provimento do recurso" pois "para o particular se ver privado de uma utilidade é preciso que tenha pretendido acrescentá-la à esfera dos seus interesses".

Ora, o "processo de interesse particular – [é o] que nasce da iniciativa de uma pessoa titular de direitos ou **interesses diferentes dos da administração** e que pretenda fazê-los valer para próprio ou de terceiros, particulares também, a coberto da legalidade".

Acrescentando ainda que "se a lei reconhece a alguém o direito de intervir no processo gracioso e ele usou do direito de intervenção presume-se que a decisão em contrário da pretensão formulada causou prejuízo directo e efectivo: ao passo que, ..., a pessoa que não interveio no processo gracioso terá de demonstrar, para recorrer a existência desse prejuízo ... em relação ao momento da interposição do recurso"[14]

Se por um lado a falta de participação no procedimento administrativo faz com que o Demandante seja um mero terceiro quanto áquele procedimento, por essa razão estaria já ferido de legitimidade ativa na presente ação.

No caso concreto dos autos de que recorre, a decisão disciplinar em nada afeta a esfera jurídica do Demandante, não lhe causa qualquer prejuízo direto ou indireto nem a ablação do seu património.

Entendemos que, recorrendo livremente à citação supra, se se considerar que da mera punição disciplinar do agente que cometeu o alegado ilícito disciplinar se pode retirar um qualquer tipo de "reparação" do bem jurídico individual violado (no nosso exemplo, a honra) estaremos a transmutar um procedimento, que se caracteriza pela satisfação de um interesse público uno que o interesse de ordem pública e não um qualquer interesse difuso, num procedimento que se presta, também, a uma finalidade de vendetta privada. Algo que juridicamente se afigura inadmissível.

Ora, nos autos, em todas as motivações e passos lógicos do Demandante, não se vislumbra, a invocação de um interesse que seja seu, o chamar de um qualquer valor pessoal seu que haja sido lesado, antes que as sanções

[14] Ver nota 11.

aplicadas aos outros agentes desportivos, além de se revelaram manifestamente insuficientes para satisfazerem as finalidades de prevenção geral e especial subjacentes ao regime disciplinar, não são, em certos casos, condizentes com a devida qualificação jurídica dos factos em causa.

Daí a conclusão que, a não ser que se pretenda obter "finalidade de vendetta privada, algo que juridicamente se afigura inadmissível" [15], não se vê como o Demandante possa tirar qualquer benefício ou tenha para ele pessoalmente ocorrido qualquer prejuízo com a decisão da entidade disciplinar da federação em causa, pelo que se entendeu declarar o Demandante como parte ilegítima para demandar nos autos, negando o provimento ao recurso e mantendo a decisão disciplinar recorrida.

[15] Retirado da citação da Conselheira Susana Tavares da Silva supra.

3. OS NOVOS DESÍGNIOS DA *CORPORATE GOVERNANCE* DA MESA DA ASSEMBLEIA-GERAL PERANTE ACCIONISTAS MINORITÁRIOS E COM PODERES ESPECIAIS NO QUADRO DAS SOCIEDADES ANÓNIMAS DESPORTIVAS

DIOGO COUTO GERALDES[1]

SUMÁRIO: § Introdução; 1. O Presidente e da Mesa da Assembleia-Geral na tradição portuguesa e no governo das Sociedades; 2. O Presidente da Mesa da Assembleia-Geral no governo das Sociedades; 3. Dos accionistas minoritários; 4. Particularidades do Presidente de Mesa nas Sociedades Anónimas Desportivas 5. Conclusão; 6. Bibliografia.

§ Introdução

O presente artigo tem como objecto a especial relação intra-orgânica entre o Presidente de Mesa da Assembleia-Geral, os sócios minoritários e com poderes especiais nas Sociedades Anónimas Desportivas na peculiar tradição portuguesa. Apesar de centrar-se sobretudo no seio das sociedades anónimas, a importância do Presidente de Mesa, acompanha os novíssimos (e não raras vezes vertiginosos) caminhos da *corporate governance,* através das mais recentes plataformas (*blockchain*, metaverso, *smart contracts*, e sobretudo os novos desígnios da inteligência artificial).

[1] Docente Universitário.

Nestes, o Presidente de Mesa deve ser o promotor da salvaguarda dos interesses de todos os participantes, com maior acuidade para os accionistas minoritários, que convocam novos e plúrimos vectores decisórios, a que o Presidente de Mesa não deverá ser alheio, como órgão coordenador dos mecanismos deliberativos, no seio do universo multidimensional que é o Desportivo.

1. O Presidente e da Mesa da Assembleia-Geral na tradição portuguesa e no governo das Sociedades[2]

Há uma tradição muito própria no direito nacional relativamente à figura autónoma do Presidente de Mesa da Assembleia-Geral (PMAG).[3] Apesar de não ser referida directamente na *Lei das Sociedades Anonymas* de 1867 (não havia Mesa da Assembleia-Geral organizada), o VISCONDE DE CARNAXIDE[4] reconhecia que o PMAG era um *"órgão permanente"*. A realidade societária revelá-lo-ia, por aplicação consuetudinária. O PMAG não deveria ser objecto de substituição ou destituição livres, a não ser após o tempo para o qual fora designado.[5] Assim, a atribuição de um verdadeiro *poder originário* convocara a necessidade de um PMAG *permanente*.[6]

Ora, a especial fisionomia que o PMAG apresenta entre nós fora densificada dogmaticamente, no terceiro quartel do século XX, por VASCO LOBO XAVIER, nomeadamente, a natureza dos *poderes funcionais*, alicerçados na importância do PMAG no processo deliberativo, da responsabilização e

[2] Para mais desenvolvimentos, *vide* a nossa obra, *O Presidente da Mesa da Assembleia-Geral, Regime jurídico. Da teoria à prática*, 2.ª edição, Almedina, Lisboa, 2023.

[3] *Secção V – Das assembleias geraes — arts. 26.º a 29.º*; cfr. SOUSA, António Baptista de (VISCONDE DE CARNAXIDE) – *Sociedades anonymas: estudo theorico e pratico de direito interno e comparado*, F. Amado Editor, Coimbra, 1913, p. 139.

[4] Cfr. SOUSA, António Baptista de (VISCONDE DE CARNAXIDE) – *Sociedades. op. cit.*, p. 139.

[5] *"quanto à destituição em qualquer tempo, como a assemblêa póde fazer para os directores, é que deve obstar aos membros da mesa [...]"* e *"D'este modo não póde ella ser substituida por outros accionistas senão no fim do periodo, para o qual fôra eleita"* Cfr. SOUSA, (VISCONDE DE CARNAXIDE) – *Sociedades, op. cit.*, p. 140.

[6] Cfr. PINTO FURTADO, Jorge – *Código Comercial Anotado*, V. II, Tomo II, Almedina, Coimbra, 1979, p. 500.

do respectivo quadro interorgânico de *competências*.[7,8] Importa referir que a grande reforma societária, com a aprovação do Código das Sociedades Comerciais (1986),[9] atendeu à importância do PMAG enquanto figura preponderante no controlo da legalidade do procedimento deliberativo, que os desenvolvimentos posteriores quanto ao reforço da independência vieram confirmar.[10]

Se, no passado, poder-se-ia afirmar que os elementos *cooperação* e *organização* eram fundamentais no desígnio de qualquer sociedade – as pessoas teriam de cooperar entre si[11] e, para tal, necessitariam do escopo organizacional –, hoje, no direito societário, os aspectos *organizacionais* estão, não raras vezes, dissociados do elemento *cooperativo*; p.e., nas *sociedades cotadas*, a organização tem valor próprio, de forma a permitir menores custos de transacção, a estabelecer confiança em todos os *stakeholders* e a garantir a

[7] Cfr. Xavier, Vasco Lobo – *Anulação de deliberação social e deliberações conexas*, Atlântida Editora, Coimbra, 1976, pp. 64 a 67; 268 a 269; 270 a 272; 314 a 321 e 324 a 327 (316 e 317 – notas de rodapé 70 e 71-).

[8] Veja-se a obra de referência de Mariano Roque Laia no âmbito das Assembleias-Gerais, cfr. Roque Laia, Mariano – *Guia das assembleias gerais: das sociedades: das associações e suas assembleias gerais*, 3.ª Edição, edição de autor, Lisboa, 1968, *passim*.

[9] A grande reforma do direito privado em Portugal, que culminou na aprovação do Código Civil (1966), conduziria à apresentação por um dos autores daquele, Adriano Vaz Serra, de um anteprojecto para a reforma das assembleias-gerais que, se tivesse sido aprovado, teria marcado um retrocesso quanto aos poderes do PMAG. No entanto, houve uma inflexão doutrinária de âmbito comercial, fortemente influenciada por Raúl Ventura. *Vide* os importantes anteprojectos destes autores. Vaz Serra, Adriano – *Assembleia Geral*, BMJ, n.º 197, 1971, pp. 5 a 138. (115) e Ventura, Raúl – *Anteprojecto*, BMJ, n.º 327, 1983, pp. 265 a 271.

[10] A reforma de 2006 é um exemplo, bem como as obrigações crescentes de comunicação às entidades reguladoras.

[11] Em Portugal, veja-se o conceito de *sociedade civil* em 1840, ainda desprovido do substrato colectivo, ideia de afirmação difícil no hexágono gaulês, contemporâneo do *code civil*–. É construído eminentemente sobre o *elemento cooperativo*. *V.g.*, título XI *do contrato de sociedade "1067 cada um dos sócios deve contribuir por igual para os fundos da sociedade, se outra coisa não ajustarão"* e *"1075 – O regular o modo da administração pertence a todos os sócios conjuntamente"* Cfr. Corrêa Telles, J, H – *Digesto Portuguez ou Tractado dos Modos de adquirir a propriedade, de a gozar e administrar e de a transferir por derradeira vontade, para servir de subsídio ao novo código civil*, Tomo III, 2.ª edição, Imprensa da universidade, Coimbra, 1840, pp. 170 e 173. Importa não olvidar que em Portugal o primeiro Código Comercial, de 1833 (de Ferreira Borges) já preconizava uma estrutura societária para as "sociedades de responsabilidade limitada", as denominadas "companhias". *Vide*, Pinto Duarte, Rui – *O Código Comercial de 1833*, *in* Direito das Sociedades em Revista, ano 10, vol. 21, Lisboa, 2010, pp. 13 a 35.

remuneração dos investidores. Para tal, é necessário que se estabeleçam regras quanto ao governo de sociedades. Quanto ao nosso direito societário, importa apurar o enquadramento do PMAG, no quadro das relações interorgânicas, no *governo das sociedades.*

2. O Presidente da Mesa da Assembleia-Geral no governo das Sociedades

O enérgico desenvolvimento do mercado de capitais que caracterizou as últimas cinco décadas "*provocou importantes consequências quanto ao comportamento e estruturação dos agentes económicos*",[12] especialmente em mercados concorrenciais exigentes, sendo "*seguramente aquele que mobiliza[m] o maior volume capitais*",[13] sobretudo devido ao crescente incremento das economias de escala. Na verdade, os modelos de governação das sociedades anónimas (SA)[14] concebidos para as organizações plurissocietárias, as *sociedades cotadas*[15], promoveram um verdadeiro "*microsistema que regula uma instituição destinada a gerir, em modo coletivo, interesses e perspetivas de um projeto empresarial potencialmente conflituantes*".[16]

Ademais, a pluralidade de elementos *potencialmente* conflituantes tem vindo a assumir-se, incluindo nas *sociedades fechadas*, sobretudo na nova geometria conflitual (vertical, entre sócios e administradores, e horizontal, entre sócios maioritários e minoritários), decisiva à centralidade sobre o debate do papel dos sócios[17,18], aditada pelos "*novos atores no governo societário*"[19],

[12] Cfr. Câmara, Paulo – *Manual de Direito dos Valores Mobiliários*, 4.ª edição, Almedina, Lisboa, 2018, p. 588.

[13] Cfr. Pereira de Almeida, António – *Sociedades comerciais, Valores Mobiliários, Instrumentos Financeiros Mercados*, vol. I, 7.ª edição, Coimbra Editora, Coimbra, 2013, p. 441.

[14] O princípio da tipicidade tem como objectivo cimeiro a tutela de terceiros, evitando-se que a "*qualificação diversa faça incorrer os terceiros que se relacionam com ela* [sociedade] *num erro sobre o tipo*". Cfr. Olavo Cunha, Paulo – *Direito das Sociedades, op. cit.*, p. 591.

[15] Sociedades nas quais as acções (ou outros valores mobiliários que representem participações de capital) se encontram admitidas à negociação em mercado regulamentado, tendo o seu regime plasmado no CVM.

[16] Cfr. Ferreira Gomes, José – *Modelos de governo das S.A.: a difícil compreensão do modelo germânico e os requisitos de fiscalização reforçada da Lei n.º 148/2015 in* Revista de Direito das Sociedades, n.º 2, Almedina, Lisboa, 2018, p. 399.

[17] A denominada *Sustentabilidade no Corporate Governance* (ou governo de sociedades), no qual as empresas devem ter um papel activo na mitigação dos problemas ambientais e sociais, devendo afastar-se do modelo societário, dirigido ao aumento do valor accionista *shareholder value*. Aliás, a Comissão Europeia, na recente proposta de Directiva, de Fevereiro de 2022 –

entre os quais os investidores institucionais, não raras vezes, apenas intermediários dos verdeiros investidores finais. Estes são os únicos interessados, mas única e exclusivamente com o fito da criação de valor accionista, *shareholder value* (na verdade, mera transferência de valor), não necessariamente *coincidente com a maximização do valor da empresa.*[20]

Ora, facilmente se antevê que, em termos organizativos, os "*quadros de colaboração privada*"[21] estabelecidos para as SA no Código das Sociedades Comerciais devem ser maximizados, no sentido de fortalecerem soluções integrativas nos novos quadros de boa governança. Apesar desta "[..] *surg[ir] predominantemente relacionada com as grandes empresas, nomeadamente as empresas cotadas em bolsa ou emitentes de obrigações, ou empresas de interesse público* [...], *a sua aplicação também pode resultar benéfica em empresas de menor dimensão que*

Corporate Sustainability Due Diligence and amending Directive (EU) 2019/1937, pretende assegurar que a implementação de processos de *due diligence* nas sociedades comerciais de forma a identificar e avaliar o impacto das suas operações nos direitos Humanos. Esta visa estabelecer estratégias de gestão para a identificação, avaliação, mitigação de implementação de mecanismos de cessação de diversos riscos. Contudo, parece um pouco incipiente, porquanto no único artigo, artigo 25.º, os deveres acometidos aos administradores na prossecução sustentabilidade empresarial, apresentam uma natureza marcadamente política, porque não esclarece se os administradores se devem afastar (desde já) da maximização do valor accionista, *tout court.* Cf. *proposal for a Directive Of The European Parliament And Of The Council on* Corporate Sustainability Due Diligence and amending Directive (EU) 2019/1937, consultável [em linha] em: https://eur-lex.europa.eu/resource.html?uri=cellar:bc4dcea4-9584-11ec-b4e4-01aa75ed71a1.0001.02/DOC_1&format=PDF.

[18] Nas próximas décadas, as questões da sustentabilidade ambiental e dos recursos, serão centrais no governança das sociedades. A este título, a Comunicação da Comissão Europeia de 2021 sobre a os deveres fiduciários no enquadramento das actividades financeiras nos objectivos do Pacto Ecológico Europeu. *Vide, Comunicação da Comissão ao Parlamento Europeu, ao Conselho, ao Comité Económico e Social Europeu e ao Comité das Regiões Taxonomia da UE, Divulgação de Informações sobre Sustentabilidade das Empresas, Preferências em Termos de Sustentabilidade e Deveres Fiduciários: Direcionar As Atividades Financeiras Para Os Objetivos Do Pacto Ecológico Europeu* COM/2021/188 final.

[19] Formalmente como elementos extrínsecos à sociedade, mas que detém um controlo que é tanto maior quanto a exposição da sociedade aos credores. Assim, temos os denominados *insiders* ou *credores controladores* Cf. Oliveira, Ana Perestrelo de – *Manual de Governo das Sociedades,* Almedina, Lisboa, 2018, p. 18.

[20] Os novos desafios no governo de sociedades, *v.* Oliveira, Ana Perestrelo de – *Manual..., op. cit.,* p. 18 e *passim.*

[21] Assim, Menezes Cordeiro, António de – *Manual de Direito das Sociedades, II das Sociedades em Especial,* Almedina, Lisboa, 2007, p. 482.

poderão, obviamente, adaptar as correspondentes estruturas à sua própria realidade orgânica.".[22]

No entanto, estas sociedades apresentam algumas características de governança no âmbito das relações interorgânicas de poder, nos planos *interno* e *externo*.

No plano *interno*, devido à dispersão de capital pelo público, existe o tendencial incremento da dissociação entre propriedade e controlo, um dos factores que potencia um maior índice conflitual.[23] No plano *externo*, a questão está precisamente na origem da volatilidade das mudanças de controlo, i.e., a maior facilidade de financiamento das sociedades (sobretudo as *cotadas*), através da emissão de valores mobiliários que são negociados (não raras vezes ao segundo), pode conduzir a instabilidade nos investidores (accionistas), aliada a uma pressão sobre o desempenho da gestão, em grande parte indexada ao desempenho financeiro e à consequente distribuição de dividendos. Ora, piores resultados normalmente conduzem à alienação das participações sociais pelos investidores, o que leva, por sua vez, a uma descida dos preços de mercado, pelo aumento da oferta (a denominada *wall street rule*),[24] o que significa uma redução do valor da empresa, favorecendo o aparecimento de tomadas hostis da sociedade.

[22] Cfr. BAHAMONDE, Ruben – *Governança e Fiscalização das Sociedades Comerciais: O Modelo Latino Governance and Supervision of Commercial Companies: The Latin Mode, in* Governança, Ética e Compliance (Org. ALEX SANDER PIRES, PEDRO TROVÃO DO ROSÁRIO, RUBEN BAHAMONDE), Almedina, Lisboa, 2022, p. 106.

[23] Apesar de não ser um novo tipo societário, a *sociedade cotada* (até 2022, designada por *sociedade aberta* apresenta características muito específicas no plano do equilíbrio interorgânico de poderes, nomeadamente na –"*a dispersão das ações pelo público,* [pode] *existir a possibilidade de uma minoria de sócios lograr reunir a posição de domínio sobre essa sociedade*", potenciando assim um risco acrescido *maior ligado ao que se domina de problemas de agências, isto é,* [...] existe "*uma maior probabilidade de desvio entre o fim prosseguido pela sociedade e os atos praticados pelos seus representantes*" cfr. CÂMARA, Paulo – *Manual.. op cit.*, pp. 601 a 604.

Veja-se, a obrigatoriedade de lançamento de oferta pública de aquisição, quando a oferta ultrapassa 1/3 dos direitos de voto, n.º 1 do artigo 187.º do CVM. Aplica-se neste caso princípio da universalidade da oferta, devendo a mesma recair sobre a totalidade dos valores mobiliários emitidos pela sociedade, cfr. RODRIGUES, André Alfar – *Código dos Valores Mobiliários Anotado e Comentado,* AAFDL Editora, Lisboa, 2021, p. 278.

[24] A relação entre a liquidez das acções da uma empresa e o seu desempenho operacional é demonstrável. *Vide* FANG, Vivian; NOE, Thomas; TICE, Sheri – *Stock Market Liquidity and Firm Performance: Wall Street Rule or Wall Street Rules?,* vol, 94, *in* Journal of Financial Economics (JFE), Rochester, NY, 2009, pp. 150 a 169.

Apesar desta *"função disciplinadora das ofertas públicas de aquisição"*[25], que tenta *"estimular a optimização do desempenho das sociedades* [...]*"*[26], é notório que a interpenetração de interesses entre os diversos investidores (organismos de investimento colectivo, accionistas institucionais, etc.) potencia a clivagem entre os pequenos e os grandes accionista, o que aguça a necessidade da determinação clara dos poderes funcionais do órgão de coordenação das Assembleias-Gerais – o PMAG e MAG – na gestão das Assembleias-Gerais, mormente as especiais.

Não se olvida que o propósito societário deverá (re)centrar-se na perspectiva *stakeholder value,*[27,28] no sentido de que os administradores, no processo

[25] Cfr. Câmara, Paulo – *Manual.. op. cit.*, p. 603.

[26] *Idem.*

[27] No âmbito da articulação e resolução de "conflitos de escolha", forçosamente divergentes e não raras vezes apresentados como teoricamente dilemáticos, entre os dois objectivos antagónicos *shareholder value* e *stakeholder value.* Cfr. Jensen, Michael – *Value Maximization, Stakeholder Theory, and the Corporate Objective Function in* Business School Working Paper N.º 00-058, p. 8 a 21, consultável [em linha]: https://ssrn.com/abstract=220671.
No ordenamento norte-americano, têm sido desenvolvidas as questões de actuação dos *directors* do propósito das sociedades estarem comprometidas com todos os *stakeholders* – na recente declaração de 2019 da *business roundtable,* cf. *Business Roundtable Redefines the Purpose of a Corporation to Promote 'An Economy That Serves All Americans,* Washington, 2019, consultável [em linha] em https://www.businessroundtable.org/business-roundtable-redefines-the-purpose-of-a-corporation-to-promote-an-economy-that-serves-all-americans.
Aliás, a actuação dos conselhos de administração nos EUA é vista como fiduciária. Ou seja, encontra-se teleologicamente destinado ao serviço da relação fiduciária constituída, correspondendo a um dever de lealdade (*duty of loyalty*), implicando um dever de cuidado (*duty of care*). Sobre este ponto, vide, na doutrina portuguesa cfr. Moredo Santos, Hugo/Guiné, Orlando, *deveres fiduciários dos administradores: algumas considerações (passado, presente e futuro)*, RDS, V, 4, 2013, pp. 491 a 711, (693). A título de exemplo, a lei societária da Pensilvânia tem consagrado a relação fiduciária. *Vide Pensulvania business corporation law* consultável [em linha] https://2yrr8n1h5wj043subb2ardvg-wpengine.netdna-ssl.com/wp-content/uploads/2019/10/PractialLaw_CorporationLawPA_AmoaAsselinApril2019.pdf.

[28] De forma discordante, António Menezes Cordeiro, apontando que *"o modo colectivo de defesa dos sócios implica* [..] *que não se sacrifiquem a sociedade* [..] referindo do mesmo modo que o anglicismo *stakeholder* foi introduzido de forma errática na nossa legislação, pois confunde-se os conceitos de *lealdade* com *diligência.* Cfr. Menezes Cordeiro, António de – *Direito das Sociedades Comerciais,* I, Parte Geral, Almedina, Lisboa, 2011, pp. 872 e 873. Para José Ferreira Gomes, não deverá competir à administração zelar pelos interesses dos *stakeholders,* designadamente dos trabalhadores, *"mas apenas respeitá-los na prossecução do interesse comum dos sócios."*. Cfr. Ferreira

de tomada de decisão, devem ter em conta os interesses dos *stakeholders*[29], inclusivamente nas *sociedades fechadas*, nas quais a responsabilidade social das empresas, a par da sustentabilidade (nos novos desígnios de investimento sustentável, alargado a todo o tecido empresarial, através dos factores *ESG – Environmental, Social and Governance*)[30] e da gestão e prevenção de riscos, deverá situar-se no perímetro dos deveres dos administradores.[31] Na verdade, o voraz desenvolvimento tecnológico, tenderá a ser um facilitador da integração dos centros de decisão societários, num conceito – *platform governance* – que muitos vêm como paulatino substituto da *corporate governance*.[32] Aliás, as plataformas tecnológicas de partilha de dados societários bem como papel da *blockchain*, dos *smart contracts* e do próprio

Gomes, José – *Nomeação judicial de titulares de órgãos sociais*, *in* Estudos Dispersos, volume 1 – Estudos de direito das sociedades, AAFDL Editora, Lisboa, 2021, p. 297 a 301 (299).

29 Entidades cujos interesses podem ser afectadas pela prossecução de objectivos da sociedade, *vg*, clientes, trabalhadores (colaboradores), fornecedores, comunidades locais, sociedade, responsabilidade social, etc.

30 As preocupações com a responsabilidade social e a sustentabilidade da comunidade, devem estar alicerçadas nos factores *ESG (Environmental, Social e Governance)* através de um verdadeiro compromisso da *corporate governance* de cada empresa. *Vide* o estudo pioneiro sobre a importância fulcral do ESG, *vide*. Câmara, Paulo; Morais, Filipe – *The Palgrave Handbook of ESG and Corporate Governance* [org. e edit. Paulo Câmara; Filipe Morais], Palgrave Macmillan, London, 2022, [em linha] em: https://doi.org/10.1007/978-3-030-99468-6_1 pp. 3 a 41; 59 a 87 e 131 a 137.

31 Assim, *vide* Pereira Dias, Rui; Sá, Mafalda de – *Deveres Dos Administradores E Sustentabilidade*. Cadernos Do Programa de Pós-Graduação em Direito, UFRGS, vol. 16, 2021, pp. 107 a 151. Defendendo a ideia do "*sistema móvel*" no qual os interesses dos associados, apesar de preponderantes, devem adaptar-se aos demais *stakeholders*, como possível *"limite externo"* de actuação da sociedade, *vide* Serra, Catarina – *Entre corporate governance e corporate responsibility: deveres fiduciários e interesse social iluminado in* I Congresso Direito das Sociedades em Revista, Coimbra, 2011, pp. 211-258 (249).

32 Cfr. Fenwick, Mark; Mccahery, joseph; Vermeulen, Erik – *The end of Corporate Governance (Hello "platform governance")*, Law Working Paper N.º 430/2018, December, 2018, [em linha] em: http://ssrn.com/abstract_id=3232663, pp. 1 a 25. Com referência à pluralidade de plataformas transnacionais de comunicação, *vide* Gorwa, Robert – *What is Platform Governance in* Information, Communication & Society, 2019, [em linha], em doi:10.1080/1369118X.2019.1573914, pp. 854-871.

metaverso[33] podem consubstanciar, a breve trecho, a alteração por completo do paradigma do governo societário.[34]

Quanto à *blockchain*, esta tecnologia já está a alterar a forma como os dados e a informação são partilhados e geridos, com redes *peer-to-peer* descentralizadas que permitem transacções e partilha de informação de maneira mais eficiente, sem a necessidade de autoridades administrativas centrais de confiança. O conceito matriz centra-sena transparência da distribuição do registo e da gestão de dados de forma segura entre todos os partipantes envolvidos. De forma operacioonal, a *blockchain*, a transparência e imutabilidade e rastabilidade, intrínseca à tecnologia, permitem incrementar confiança e celeridade nos processos de tomada de decisão e, consequentemente, um convite à maior participação dos *stakeholders* na vida societária.

No metaverso, o elemento-chave, centra-se na disponibilização de experiência imersiva através de tecnologias de realidade virtual e realidade aumentada, podendo potenciar, no futuro, uma integração em tempo real, dos participantes e dos elementos disponibilizados em sede de Assembleia-Geral.

O que será o metaverso no futuro, é difícil de prever, até porque depende muito da evolução da tecnologia. Actualmente, não existe um metaverso, mas sim várias plataformas com objetivos diferentes e potenciados por uma economia virtual assente em activos digitais e NFT's. Os participantes adoptam uma presença e uma identidade digital num espaço virtual, no qual podem interagir e fazer transacções entre si ou com outras entidades.

A transformação da interacção digital, no seio do metaverso terá de ser ancorada na evolução de vários aspectos tecnológicos, nomeadamente os dispositivos de interacção que ainda são pouco ergonómicos e caros. Contudo, a evolução dos sensores hápticos (tácteis) permitirá avatares mais realistas e uma experiência de interacção mais imersiva. As tecnológicas, com particular destaque para a Meta, Microsoft, Google e Apple estão a investir para dar corpo a esta nova visão. Ademais, uma miríade de soluções estão

[33] Sobre os desafios e os potenciais riscos do Metaverso, *vide* SMAILI, Nádia; RANCOURT-RAYMOND, Audrey de, *"Metaverse: welcome to the new fraud marketplace"*, Journal of Financial Crime, 2022, [em linha] em https://doi.org/10.1108/JFC-06-2022-0124, passim.

[34] *Vide*, PASTOR SEMPERE, María – *Internet del valor in* Blockchain; Aspectos tecnológicos, Empresariales e Legales, Thompson Reuters/Aranzadi (RAMÓN VILARROIG MOYA; CARMEN PASTOR SEMPERE, Coords), 2018, pp 78 e ss.

neste momento em desenvolvimento, no âmbito dos activos digitais, dos espaços virtuais em multiplataforma.

Pode afirmar-se que desta forma, a necessidade de definir com rigor o regime do PMAG, órgão que parece carecer de densificação quanto à repartição interorgânica dos seus *poderes funcionais*. Refiram-se, outrossim, as exigências de independência e de incompatibilidades a que os membros da MAG devem obedecer, fruto do desenvolvimento do *governo de sociedades*, guiado pela directiva 2006/43/CE, que resultou no reforço do estatuto do PMAG.[35]

Ademais, os modelos propostos (v. artigo 248.º do CSC) visam (em teoria) adaptar a construção conceptual às necessidades de cada sociedade comercial. Esquematicamente, a estrutura encontra-se dividida (com vasos comunicantes) em três pólos de *poderes funcionais*: *a)* o que administra, *b)* o que fiscaliza e *c)* o garante da legalidade do processo deliberativo. Ora, para este terceiro pólo, o legislador desenhou uma *estrutura de coordenação*, eleita pelos sócios, com poderes funcionais próprios, tendo sido estabelecidas regras formais de independência dos próprios membros.

Contudo, essa *estrutura de coordenação* apresenta singularidades no seu regime que o legislador não clarificou de forma inequívoca e que permitirá responder à tutela dos accionistas minoritários

Todavia, assiste-se paulatinamente ao domínio do órgão de Administração em detrimento da Assembleia-Geral (*a denominada transmutação ontológica*). Aliás, "*a* [gestão] *das sociedades constitui o cerne do Direito das sociedades: ponto em torno do qual tudo orbita e destino final de todas as construções e institutos*"[36].

Um dos pontos apontados para a denominada *transmutação ontológica*[37] das competências da Assembleia-Geral, tal como defendido hodiernamente, radica, entre outras, na "*própria fraqueza institucional deste órgão no tipo social*

[35] É uma decorrência "*dos princípios de corporate governance nas sociedades aberta e de maior dimensão*". Cfr. Pereira de Almeida, António – *Sociedades, op cit.*, p. 209.

[36] Cfr. Menezes Cordeiro, António de – *Direito das Sociedades*, I, Parte Geral, 3.ª edição, Almedina, Coimbra, 2011, p. 840.

[37] Para a compreensão da crescente e exponencial centralização das competências de administração no órgão de gestão, desde os alvores oitocentistas ao dealbar do século XXI, *vide*, Coutinho de Abreu, J. M – *Governação das Sociedades Comerciais*, 2.ª edição, Almedina, Coimbra, 2010, pp. 45 a 54. Com posição crítica em face da *inversão ontológica* que ocorreu pela substituição conceptual, das *deliberações em Assembleia-Geral*, pelas *deliberações dos sócios*, *vide* Menezes Cordeiro, António de – *SA, op. cit.*, p. 27 a 30.

em causa"[38]. A denominada *"fraqueza institucional"* advém da assimetria informativa que, não raras vezes, ocorre entre os accionistas e órgão de administração e *a fortiori*, o de fiscalização. De facto, a crescente complexidade e exigência, por parte dos reguladores dos reportes de informação, no sentido de apurar a supervisão[39] e da exigência do giro comercial, conduzem à particular complexidade dos documentos de reporte, impondo uma consagração quase absoluta dos destinos da sociedade no órgão de administração.

No entanto, tem vindo a acentuar-se uma efectiva[40] assimetria informativa promovida (de forma intencional ou não) pelo órgão de gestão. Frequentemente, nas grandes sociedades (e também nas fechadas, *maxime*, nas sociedades de pendor familiar), "[...]*a Assembleia Geral não passa de uma encenação, já estando decidido o sentido de voto em reunião informal dos accionistas da maioria"*.[41] É precisamente este problema que o legislador quis evitar, com atribuição de *poderes funcionais* a um órgão independente e isento, – o PMAG–. Ora, cremos que a denominada assimetria informativa poderá ser mitigada através do órgão de coordenação. Como elemento central na *fiscalização dos mecanismos do procedimento deliberativo*, e consequentemente na procura de elementos informativos (no âmbito dos poderes- deveres para a obtenção de informação), para a efectiva e consciente deliberação pelos accionistas, em sede de Assembleia.[42] A relevância dos accionistas minoritários no processo de tomada de decisão societário é bastante relevante.

[38] Cfr. Oliveira, Ana Perestrelo de – *Manual, op. cit.*, p. 108.

[39] A título de exemplo, as exigências, justificadas, de informação, pela CMVM às entidades gestoras de fundos de risco. *Vide*, Regulamento da CMVM n.º 6/2020 que altera os Regulamentos da CMVM n.º 2/2007, n.º 2/2015, n.º 3/2015, n.º 2/2002, n.º 8/2018, n.º 1/2020, n.º 1/2017, n.º 3/2016.

[40] Verificada sobretudo nas grandes sociedades, onde predomina a dispersão de capital. Pedro Maia, sobre os *"problemas da agência"* em sociedades de capital pulverizado refere que *"[..] no plano jurídico, a dispersão não afecta, por si ou em si mesma, dos direitos dos accionistas: independentemente de o capital se encontrar repartido por muitos accionistas, estes disporão no seu conjunto dos direitos que a lei e o estatuto lhe atribuírem (..). Mas na prática, dispondo embora formalmente dos mesmos direitos ou poderes – desde logo, o seu poder de controlo ou de fiscalização dos administradores –, acaba por facultar ou mesmo favorecer a actuação egoística dos administradores, que deixam de prosseguir os interesses dos accionistas (ou outros), conforme era seu dever, para passarem a prosseguir[...] os seus próprios interesses"*. Cfr. Maia, Pedro – *Voto, e Corporate Governance – Um novo paradigma para a Sociedade Anónima*, Almedina, Coimbra, 2019, pp. 579 a 580.

[41] Cfr. Pereira de Almeida, António – *Sociedades, op. cit.*, p. 204.

[42] Aliás, a tutela dos interesses e direitos dos accionistas não se basta com deliberações assentes no princípio maioritário para a prossecução do interesse dos próprios e da sociedade.

Importa assim, densificar como os accionistas minoritários exercem, na prática, os seus direitos.

Vejamos;

3. Dos accionistas minoritários[43]

a. O exercício do direito de voto pelo accionista minoritário

Os accionistas nas SA assumem um papel distinto do assumido pelos sócios nas SQ, nas quais os sócios têm um papel de relevo que não se verifica nas SA, dado o seu substrato capitalista. Nestas últimas, não importa a pessoa do accionista que subscreve parte do capital social. Nas sociedades em que o capital se encontra aberto a subscrição pública, o accionista tem ainda uma importância menor. Nestes casos funciona apenas como um simples e puro investidor.

b. Accionistas minoritários de natureza activista

Os accionistas minoritários estão sujeitos, não raras vezes, a comportamentos abusivos por parte dos accionistas maioritários, resultando num conflito horizontal entre sócios maioritários (ou controladores) e minoritários (ou investidores)[44].

Efectivamente, nas últimas décadas tem-se assistido paulatinamente à insurgência da figura do accionista activista, o qual, embora minoritário, pretende ter voz e poder no seio da sociedade.

A multiplicidade e heterogeneidade de características dos vários accionistas (sócios), permitiu construir algumas categorias, entre as quais se destacam[45]:

a) O accionista *controlador simples*. Não se encontra envolvido empresarialmente noutras sociedades;

Não obstante no Direito Societário as decisões sejam maioritariamente (com as excepções do administrador único, delegado, do fiscal único e do próprio PMAG) ancoradas no princípio da colegialidade.

[43] Para maior densificação, com uma posição critica sobre o abuso do direito de voto por accionistas minoritários *vide* COUTINHO DE ABREU, J.M, *Curso de Direito Comercial, Vol. II*, 6.ª Edição, Almedina, 2020, pp. 302-308.

[44] OLIVEIRA, Ana Perestrelo de, *Manual de Governo das Sociedades.. op.cit*, 2018, p. 17.

[45] *Vide* OLIVEIRA, Ana Perestrelo de, *Manual de Governo, op. cit..* 50.

b) O accionista *controlador com interesses empresariais externos* – potencialmente conflituantes ("controlo inter-empresarial");
c) Os accionistas *minoritários passivos*; não intervêm na vida societária;
d) Os accionistas *minoritários activos ou activistas*. Estes, embora em grau diverso, desenvolvem acções com o intuito de potenciar alterações na empresa. Há diferentes tipos de activismo dirigido ao governo das sociedades, os quais serão analisados mais adiante.

Assim, o accionista minoritário activo difere do accionista controlador, por este último deter uma participação no capital social da sociedade que lhe permite, sozinho, tomar decisões dentro da sociedade, ao contrário do primeiro. Desta forma, os minoritários podem produzir efeitos significativos em determinadas situações. Os sócios minoritários activistas são aqueles que maiores preocupações justificam e que tendem a agravar os problemas de governo da sociedade[46].

A questão e as problemáticas em torno dos accionistas minoritários podem colocar-se com maior ênfase nas sociedades de maior dimensão, no qual o número de accionistas minoritários é maior e as suas participações sociais menores. Ademais, parte da Doutrina defende que o estudo do governo de sociedades ou *corporate governance*,[47] encontra-se associado essencialmente às SA – sociedades de capitais de grande dimensão[48], no entanto, o tecido empresarial português, marcado pela proliferação de SQ e SA de natureza familiar, pode infirmar tal afirmação, dado que, estas tipologias de sociedades padecem de problemas e desafios de *governo*, parametricamente semelhantes.

[46] Oliveira, Ana Perestrelo de, *Manual de Governo, op. cit*, p. 17.

[47] "A *corporate governance* surge como meio de defesa dos sócios, seja em geral, seja face à administração ou, no caso dos minoritários, face aos maioritários" – Oliveira, Ana Perestrelo de, *Manual de Governo op. cit* ..., p. 49.

[48] Oliveira, Ana Perestrelo de, *Manual de Governo op. cit.* ..., p. 30.

4. Particularidades do Presidente de Mesa nas Sociedades Anónimas Desportivas[49]

Às Sociedades Anónimas Desportivas aplicam-se as normas estabelecidas no novíssimo regime jurídico das sociedades desportivas (LSD)[50] e, de forma subsidiária, o regime legal previsto para as Sociedades Anónimas no CSC.[51]

Ora, existem especificidades que convocam a importância do órgão PMAG, na gestão de todo o procedimento deliberativo. Designadamente, no âmbito dos direitos especiais conferidos aos diversos titulares de participações sociais (categorias de acções), da transmissibilidade das participações sociais, na protecção ao clube fundador e à possibilidade de veto.

Dadas as especificidades quanto à sua constituição,[52] o legislador impôs limites mínimos na definição do capital social, designadamente pela participação na 1.ª ou 2.ª ligas, (artigo 9.º da LSD), fossem sempre nominativas, por questões de transparência, além de ter estabelecido duas categorias de acções (A e B), A primeira, destinadas a ser subscritas pelo clube fundador (constituída por personalização jurídica) e a segunda, para os demais.[53]

Dado que existe a impossibilidade da sua transmissão de participações sociais (n.º 2 do artigo 14.º da LSD) e encontra-se estabelecido a limitação do exercício dos direitos sociais (se ao accionistas foram titulares de acções

[49] Vide, entre outros, Tarso Domingues, Paulo de *"As sociedades desportivas"*, *in* IV Congresso de Direito do Desporto, coord.: Ricardo Costa/Nuno Barbosa, Almedina, Coimbra, 2015, p. 95; Ribeiro, Maria de Fátima, *Sociedades desportivas*, Universidade Católica Editora, Porto, 2015, *passim*; Costa, Ricardo, *"Os clubes desportivos e as sociedades desportivas na Lei de Bases da Actividade Física e do Desporto: artigos 26.º e 27.º"*, *in* Direito & Desporto. Revista Jurídica do Desporto, Ano IV, n.º 11, Janeiro/Abril 2007, p. 269.

[50] Aprovado pela Lei n.º 39/2023.

[51] Artigo 49.º da LSD.

[52] Artigo 3 da LSD – A constituição pode ser promovida: a) de raiz; b) por transformação de clube desportivo que pré-exista, c) sem qualquer clube envolvido, através de transformação de entidade associativa desportiva em SAD, ocorrendo tecnicamente uma cisão, a equipa participante em competição profissional será participante no capital social da sociedade desportiva erigida, permanecendo, paralelamente, como entidade distinta juridicamente (a maioria das vezes com escopo associativo), que será a promotora das demais modalidades; d) por fusão, se e só se, os clubes desportivos se fundirem.

[53] Direitos especiais de natureza *suis generis*, de difícil enquadramento no seio do regime das sociedades comerciais (n.º 1 do artigo 24.º e al. *c)* do artigo 272.º do CSC). Cfr. Costa, Ricardo, *A posição privilegiada do clube fundador na sociedade anónima desportiva – I Congresso de Direito do Desporto"*, AA. VV., Coimbra, Almedina, 2005, p. 162.

em mais de uma SAD que tenha por objecto a mesma modalidade desportiva) – (artigo 25.º da LSD), compete ao PMAG (nas sociedades com um número elevados de participantes, será a MAG ou os serviços de apoio, mas sob supervisão do PMAG) aferir a legitimidade das participações em AG através da organização da lista de accionistas presentes[54] e representados no início da reunião, assim como outras formalidades.[55] Refira-se que aos accionistas não lhes é concedido o direito de obstar à decisão do PMAG sobre a qualidade de accionista – não será possível o reenvio para apreciação do órgão deliberante (Assembleia).[56] Se previsto estatutariamente, a organização da denominada *lista de presenças* será atribuída primordialmente ao Secretário,[57] ou ao Vice-Presidente (se houver), i.e., à MAG.

Como é referido no n.º 1 do artigo 382.º, a lista deve ser organizada até ao início da reunião. Todavia, a dinâmica da assembleia impõe que a lista possa sofrer actualizações ao longo da reunião, tendo de ser registadas as entradas e saídas de accionistas, quando prolongadas.[58] O conteúdo mínimo, consta do artigo (n.os 1, 2 e 3 do artigo 382.º)].[59] Nas Assembleias por via telemática, cabe ao PMAG organizar a lista de presenças de forma mais adequada com recurso à desmaterialização informática. Todas as listas deverão

[54] Uma por cada reunião, dado que a mesma pode ser suspensa – artigo 387.º.

[55] Os estatutos da sociedade podem propugnar outras formalidades, que devem ser cumpridas pelo PMAG.

[56] Já assim o era quanto ao regime anterior ao que hoje vigora, sendo afirmado pela doutrina, *"é na verdade o presidente da assembleia geral que incumbe admitir os presentes[..], julgando da sua legitimidade para o exercício de voto"* e *"a própria admissão à assembleia geral" vide* XAVIER, Vasco Lobo – *Anulação, op. cit.*, pp. 63 a 64 nota de rodapé 21.

[57] Assim, TARSO DOMINGUES, Paulo – *"artigo 382.º" in Código das Sociedades Comerciais em Comentário [Coutinho De Abreu, J. M (coord.)], VI,* 2.ª edição, Almedina, Coimbra, 2019. – *O presidente da mesa da assembleia geral (PMAG), in Direito das Sociedades em Revista, vol. especial, III Congresso Direito das Sociedades em Revista,* Almedina, Coimbra, 2014., p. 117, nota de rodapé 4.

[58] Cfr. TARSO DOMINGUES, Paulo – *"artigo 382.º" op cit.*, p. 118. De forma discordante, *vide* MENEZES CORDEIRO, António de – *Código, op. cit.*, p. 944.

[59] É composto por um documento que deverá apresentar 9 colunas (nome dos accionistas/ domicílio do accionista/nome do representante (se existir) /domicílio do representante/ número de acções na titularidade do accionista/categoria de acções do accionista/valor nominal das acções de cada accionista/espaço para a assinatura autógrafa ou rúbrica/indicação do número de voto por accionista]. Que poderá ser digital. Nada obsta à elaboração da lista em formato desmaterializado, com a aposição de assinaturas em dispositivo computacional portátil (*tablet*).

ser arquivadas e guardadas por um prazo de 10 anos (n.º 4 do artigo 382.º do CSC e artigo 40.º do CCom.).[60,61]

Assim, terá de ser a) apurado o montante do capital social presente, com a correspondência no b) poder de voto,[62] e no c) quórum.[63] Ademais, o PMAG deverá verificar se existem agrupamentos de accionistas (n.º 5 do artigo 379.º) e a respectiva representação de cada um, de entre eles, nas deliberações (participação, apresentação de propostas e voto).[64] O PMAG também deverá verificar as presenças obrigatórias e facultativas.

Outro pomo de possível conflitualidade, que pode convocar os poderes do PMAG e da MAG, reside na possibilidade, concedida pelo legislador, da participação como accionistas, de Pessoas colectivas de natureza Pública, designadamente as Regiões Autónomas, Municípios e Associação de Municípios.[65] Assim, presença de accionistas minoritários, mas que, não raras vezes, detêm um ascendente financeiro/logístico, pode ser gerador de tensões e clivagens em sede de Assembleia-Geral.

Acresce que, os accionistas minoritários, detém direitos sociais que são relevantes, mormente;

a) Direito mínimo à informação, correspondendo a informações de relevância assinalável e que sobre os quais é sempre necessária confidencialidade, tendo como requisito mínimo para o seu exercício, a detenção, de pelo menos 1% do capital social (artigo 288.º do CSC);
b) Direito de voto nas assembleias gerais;

60 Mesmo os accionistas que não marcaram presença na reunião, podem solicitar a consulta da lista de presenças, desde que seja titular de uma participação social de pelo menos 1% [al. *b*) do n.º 1 do artigo 288.º].

61 As *listas de presenças* são consideradas *"documentos particulares, sem força probatória plena por isso, e que, em relação a terceiros, podem ser contrariados por prova testemunhal[...]"* conforme o acórdão do Tribunal da Relação do Porto, Proc. n.º 9520184 de 27.06.1995.

62 A lista de presenças permite determinar as maiorias necessárias para as deliberações, através do cômputo das votações.

63 Apesar do CSC não exigir para o funcionamento da AG, a obrigatoriedade de quórum constitutivo (n.º 1 do artigo 383.º). No entanto, algumas matérias que o legislador considerou importantes, como a alteração do pacto social, fusão, cisão, transformação e dissolução das sociedades. Estas carecem de um número mínimo de participantes (*in fine* do n.º 2 do artigo 383.º) em primeira convocatória (n.º 3 do artigo 383.º).

64 Cfr. Olavo Cunha, Paulo – *Direito, op. cit.*, p. 409.

65 Até 50% do capital social das sociedades anónimas desportivas. *Vide* artigo 20.º do Decreto-Lei 10/2013, com as alterações decorrentes da Lei 101/2017.

c) Direito a requerer[66] a convocação assembleias gerais de accionistas, para o qual só é necessário deter 5% do capital social (artigo 375.º CSC), ou 2% no caso das sociedades emitentes de acções admitidas à negociação em mercado regulamentado (23.º-A CVM);

Ora, dada a multiplicidade de factores, incluindo o desejo expresso do legislador de proteger o clube fundador, na atribuição de direitos especiais, a complexidade é manifesta, o que não raras vezes conduz a uma verdadeira assimetria informativa pelo órgão de administração.

Aliás, tem vindo a acentuar-se uma efectiva[67] assimetria informativa promovida (de forma intencional ou não) pelo órgão de gestão. Frequentemente, nas grandes sociedades (e também nas fechadas, *maxime*, nas sociedades de pendor familiar), "[..]*a Assembleia Geral não passa de uma encenação, já estando decidido o sentido de voto em reunião informal dos accionistas da maioria*".[68] É precisamente este problema que o legislador quis evitar, com atribuição de *poderes funcionais* a um órgão independente e isento, – o PMAG–. Ora, cremos que a denominada assimetria informativa poderá ser mitigada através do órgão de coordenação. Como elemento central na *fiscalização dos mecanismos do procedimento deliberativo*, e consequentemente na procura de elementos informativos (no âmbito dos poderes-deveres para a obtenção de informação), para a efectiva e consciente deliberação pelos accionistas, em sede de Assembleia.[69]

[66] No caso em que a reunião seja requerida pelos accionistas – requerimento de minorias, este deverá ser reduzido a escrito e dirigido ao PMAG, com indicação da Ordem do Dia e nota justificativa da necessidade de tal reunião. Nos 15 dias seguintes à recepção do requerimento, o PMAG deverá promover a publicação da convocatória para a AG, que deverá realizar-se no prazo máximo de 45 dias após a publicação da convocatória.

[67] Verificada sobretudo nas grandes sociedades, onde predomina a dispersão de capital. Pedro Maia, sobre os "*problemas da agência*" em sociedades de capital pulverizado refere que "*[...] no plano jurídico, a dispersão não afecta, por si ou em si mesma, dos direitos dos accionistas: independentemente de o capital se encontrar repartido por muitos accionistas, estes disporão no seu conjunto dos direitos que a lei e o estatuto lhe atribuírem (..). Mas na prática, dispondo embora formalmente dos mesmos direitos ou poderes – desde logo, o seu poder de controlo ou de fiscalização dos administradores –, acaba por facultar ou mesmo favorecer a actuação egoística dos administradores, que deixam de prosseguir os interesses dos accionistas (ou outros), conforme era seu dever, para passarem a prosseguir[..] os seus próprios interesses*". Cfr. Maia, Pedro – *Voto, op. cit.*, pp. 579 a 580.

[68] Cfr. Pereira de Almeida, António – *Sociedades, op. cit.*, p. 204.

[69] Aliás, a tutela dos interesses e direitos dos accionistas não se basta com deliberações assentes no princípio maioritário para a prossecução do interesse dos próprios e da sociedade.

Ademais, importa reflectir sobre a questão da importância do papel da colegialidade no funcionamento das Assembleias-Gerais de accionistas onde não impere a regra da unanimidade. A maioria (pode) implicar a erosão de garantias individuais – implícitas no princípio da unanimidade – no qual cada membro tem um poder decisório na construção da deliberação, verdadeiramente decisivo. Como tal, deverá carecer de regras que permitam tutelar os interesses dos membros, sobretudo os minoritários

5. Conclusão

Em suma, o PMAG assume preponderância como mediador entre os accionistas minoritários – *minorias* – o clube fundador e os demais, na defesa da legalidade do procedimento, para o exercício de determinados direitos (de relevância primaz), entre os quais, o direito *a)* de requerer a de Assembleias-Gerais[70] –; *b)* o requerer providências cautelares de suspensão ou de impugnação de deliberações sociais –e relativamente ao *c)* direito à informação para além do direito de *d)* inclusão de assuntos na ordem de trabalhos (ordem do dia).

Ademais, como promotor da legalidade no procedimento deliberativo, o PMAG deverá atentar às plúrimas formas de intervenção dos accionistas minoritários, sobretudo nos novos quadros da *corporate governance*, de imersão no digital, no quadro de múltiplas plataformas, não raras vezes, de acesso mitigado aos demais investidores, sobretudo nos clubes com menor expressão mediática.

6. Bibliografia

BAHAMONDE, Ruben – *Governança e Fiscalização das Sociedades Comerciais: O Modelo Latino Governance and Supervision of Commercial Companies: The Latin Mode, in* Governança, Ética e Compliance (Org. ALEX SANDER PIRES, PEDRO TROVÃO DO ROSÁRIO, RUBEN BAHAMONDE), Almedina, Lisboa, 2022.

COUTINHO DE ABREU, J.M, – *Curso de Direito Comercial*, Vol. II, 6.ª Edição, Almedina, 2020.

——, *Governação das Sociedades Comerciais*, 2.ª edição, Almedina, Coimbra, 2010.

Não obstante no Direito Societário as decisões sejam maioritariamente (com as excepções do administrador único, delegado, do fiscal único e do próprio PMAG) ancoradas no princípio da colegialidade.

[70] Cfr. n.º 2 do artigo 375.º, artigo 24.º do CVM, n.º 3 do artigo 289.º e [al. a) do artigo 291.º] e artigo 378.º, respectivamente.

CÂMARA, Paulo – *Manual de Direito dos Valores Mobiliários*, 4.ª edição, Almedina, Lisboa, 2018.

CÂMARA, Paulo; MORAIS, Filipe – *The Palgrave Handbook of ESG and Corporate Governance* [org. e edit. PAULO CÂMARA; FILIPE MORAIS], Palgrave Macmillan, London, 2022.

COSTA, Ricardo, – "*Os clubes desportivos e as sociedades desportivas na Lei de Bases da Actividade Física e do Desporto: artigos 26.º e 27.º*", *in* Direito & Desporto. Revista Jurídica do Desporto, Ano IV, n.º 11, Janeiro/Abril 2007.

——, "*A posição privilegiada do clube fundador na sociedade anónima desportiva – I Congresso de Direito do Desporto*", AA. VV., Coimbra, Almedina, 2005.

CORRÊA TELLES, J, H – *Digesto Portuguez ou Tractado dos Modos de adquirir a propriedade, de a gozar e administrar e de a transferir por derradeira vontade, para servir de subsídio ao novo código civil*, Tomo III, 2.ª edição, Imprensa da universidade, Coimbra, 1840.

ENGRÁCIA ANTUNES, José – *Os Hedge Funds e o Governo das Sociedades*, *in* Direito dos Valores Mobiliários, volume IX, 2010.

FANG, Vivian; NOE, Thomas; TICE, Sheri – *Stock Market Liquidity and Firm Performance: Wall Street Rule or Wall Street Rules?, vol, 94, in* Journal of Financial Economics (JFE), Rochester, NY, 2009.

FENWICK, Mark; MCCAHERY, joseph; VERMEULEN, Erik – *The end of Corporate Governance (Hello "platform governance")*, Law Working Paper N.º 430/2018, December, 2018.

FERREIRA GOMES, José – *Modelos de governo das S.A.: a difícil compreensão do modelo germânico e os requisitos de fiscalização reforçada da Lei n.º 148/2015 in* Revista de Direito das Sociedades, n.º 2, Almedina, Lisboa, 2018.

——, *Nomeação judicial de titulares de órgãos sociais, in* Estudos Dispersos, volume 1 – Estudos de direito das sociedades, AAFDL Editora, Lisboa, 2021.

GERALDES, Diogo Couto – *O Presidente da Mesa da Assembleia-Geral, Regime jurídico. Da teoria à prática*, 2.ª edição, Almedina, Lisboa, 2023.

JENSEN, Michael – *Value Maximization, Stakeholder Theory, and the Corporate Objective Function in* Business School Working Paper N.º 00-058.

MENEZES CORDEIRO, António – *A Lei Das Sociedades Anonymas de 22 de Junho de 1867: século e meio de progresso in* ROA, ano 77, Lisboa, Jun/Jul 2017.

——, *SA: Assembleia Geral e Deliberações Sociais*, Almedina, Lisboa, 2009.

——, *Código das Sociedades Comerciais Anotado*, (1.ª), 4.ª edição revista e actualizada, Almedina, Lisboa, (2009), 2021.

——, *Da Boa-Fé no Direito Civil*, Almedina, Coimbra, 1984.

——, *Da Responsabilidade Civil dos Administradores nas Sociedades Comerciais*, LEX, Lisboa, 1997.

——, *Direito das Sociedades Comerciais, I Parte Geral*, Almedina, Lisboa, 2011. *Direito das Sociedades*, volume II, 2.ª edição, Almedina, Coimbra, 2007.

——, *Novas regras sobre assembleias gerais: a reforma de 2010, in* RDS, II, Almedina, Lisboa.

——, *O Presidente de Mesa da Assembleia Geral nas Sociedades Anónimas, in* Conferência organizada por Gonçalves Pereira, Castelo Branco Associados, [CD-ROM], Lisboa, Março/2008.

——, *Tratado de Direito Civil Português, I, Parte Geral*, Tomo III, Pessoas, Almedina, Coimbra, 2004.

Moredo Santos, Hugo/GUINÉ, Orlando, *Deveres fiduciários dos administradores: algumas considerações (passado, presente e futuro)*, RDS, V, 4, 2013.

Oliveira, Ana Perestrelo de, *Manual de Governo das Sociedades*, Reimpressão, Almedina, Lisboa, 2018.

Pastor Sempere, María – *Internet del valor in* Blockchain; Aspectos tecnológicos, Empresariales e Legales, Thompson Reuters/Aranzadi (Ramón Vilarroig Moya; Carmen Pastor Sempere, Coords), 2018.

Pereira de Almeida, António – *Sociedades comerciais, Valores Mobiliários, Instrumentos Financeiros Mercados*, vol. I, 7.ª edição, Coimbra Editora, Coimbra, 2013.

Pereira Dias, Rui; Sá, Mafalda de – *Deveres Dos Administradores E Sustentabilidade*. Cadernos Do Programa de Pós-Graduação em Direito, UFRGS, vol. 16, 2021.

Pinto Duarte, Rui – *O Código Comercial de 1833, in* Direito das Sociedades em Revista, ano 10, vol. 21, Lisboa, 2010.

Pinto Furtado, Jorge – *Código Comercial Anotado*, V. II, Tomo II, Almedina, Coimbra, 1979.

Ribeiro, Maria de Fátima – *Sociedades desportivas*, Universidade Católica Editora, Porto, 2015.

Rocco, Alfredo – *Princípios de direito comercial: parte geral* (trad. Cabral de Moncada), Arménio Amado, Coimbra, 1931.

Rodrigues, André Alfar – *Código dos Valores Mobiliários Anotado e Comentado*, AAFDL Editora, Lisboa, 2021.

Roque Laia, Mariano – *Guia das assembleias gerais: das sociedades: das associações e suas assembleias gerais*, 3.ª Edição, edição de autor, Lisboa, 1968.

Smaili, Nádia; Rancourt-Raymond, Audrey de – *"Metaverse: welcome to the new fraud marketplace"*, Journal of Financial Crime, 2022.

Sousa, António Baptista de (Visconde de Carnaxide) – *Sociedades anonymas: estudo theorico e pratico de direito interno e comparado*, F. Amado Editor, Coimbra.

Tarso Domingues, Paulo de – *"As sociedades desportivas", in* IV Congresso de Direito do Desporto, coord.: Ricardo Costa/Nuno Barbosa, Almedina, Coimbra, 2015.

——, *"Artigos 446.º-A a 446.º-F; 374.º; 374-A e 382.º" in Código das Sociedades Comerciais em Comentário [Coutinho De Abreu, J. M (coord.)], VI,* 2.ª edição, Almedina, Coimbra, 2019.

——, *O presidente da mesa da assembleia geral (PMAG), in* Direito das Sociedades em Revista, vol. especial, III Congresso Direito das Sociedades em Revista, Almedina, Coimbra, 2014.

——, *O presidente da mesa da assembleia geral (PMAG), in Direito das Sociedades em Revista, vol. especial, III Congresso Direito das Sociedades em Revista,* Almedina, Coimbra, 2014.

Vaz Serra, Adriano – *Assembleia Geral,* BMJ, n.º 197, 1971.

Ventura, Raúl – *Anteprojecto,* BMJ, n.º 327, 1983.

4. INSTITUCIONALIZAÇÃO DA SEGURANÇA SOCIAL PARA OS DESPORTISTAS EM ANGOLA

EGAS VIEGAS[1]

1. Considerações preliminares

É com sentimento de júbilo e gratidão que aceitei o nobre convite do Prof. Alexandre Mestre para escrever e contribuir para esse tão expectável manual, do qual fazem parte ilustre figuras académicas da Universidade Autónima de Lisboa, dentre as quais, uma vez que, o seu primeiro Panorama. Vale destacar que, fui seu aluno no primeiro grupo de pós-graduação em Direito do Desporto dessa histórica instituição e temos regado diariamente o jardim da nossa amizade e irmandade.

Fui desafiado a abordar sobre "A Institucionalização da Segurança Social para os Desportistas em Angola", um tema muito actual e pertinente, uma vez que, o seu primeiro quadro jurídico em Angola entrou em vigor em 2022, com a entrada em vigor do Decreto Presidencial n.º 86/22 de 12 de Abril, que aprova o Regime Jurídico de Protecção Social Obrigatória dos Praticantes Desportivos Profissionais.

Um artigo sem o total rigor académico, tendo em atenção à exígua bibliografia angolana sobre a temática e tendo em consideração a necessidade de reduzirmos a nossa abordagem à Angola, todavia, não pressupõe restrição do seu consumo aos angolanos.

[1] Advogado & Pós-graduado em Direito do Desporto pela Universidade Autónoma de Lisboa.

Aproveito o ensejo para saudar a iniciativa e que juntos possamos levar esse acervo científico aos quatros cantos do planeta.

2. Introdução

Toda a contribuição ao sistema nacional de segurança social é aplicada em programas que impliquem intervenção no domínio económico e/ou na satisfação dos interesses de classes profissionais ou categorias de pessoas, a título de abono de velhice, pensão de sobrevivência vitalícia ou assistenciais e de subsídio de maternidade, enquanto benefícios económicos.

A materialização de patenteio científico, intitulado de "A Institucionalização da Segurança Social para os Desportistas em Angola", visa essencialmente, facultar uma observação superficial da génese da segurança social em Angola, adentrando profundamente no regime especial dos desportistas em Angola, seus direitos, deveres, benefícios e garantias. Outrossim, abordaremos sobre a sustentabilidade do regime especial, a sua relação com o regime geral e a capacidade da entidade gestora nesse regime especial. De salientar que, neste sintético proseado académico, procuraremos identificar as principais lacunas do regime especial e eventuais soluções.

3. Evolução histórica do sistema de segurança social em Angola

Segundo David Kinjica e Egas Viegas, *em Segurança Social, Fundos de Pensões e Seguro par Desportistas, Where Angola Editora, pag. 16 a 19,* a evolução do sistema de segurança social em Angola remonta desde a época do regime colonial, registando de forma progressiva um grande desenvolvimento e expansão, consubstanciado na melhoria das condições da protecção social e, simultaneamente, na garantia da sustentabilidade financeira do sistema.

a) Antes da Independência até 1975

A segurança social era de natureza corporativista, dirigida sobretudo a funcionários públicos. Com enfoque protector a grupos profissionais, estava organizada por caixas de providência social, como sejam os funcionários dos correios e telecomunicações, das alfândegas, entre outros. Nessa época, foram criadas as condições para um sistema de protecção de base formal, associado ao trabalho, para uma minoria de trabalhadores urbanos assalariados.

b) Entre 1975 e 2002

Com a visão de institucionalizar uma política nacional de segurança social, o Governo de Angola desenvolveu estudos e tomou medidas pontuais de alargamento quer do âmbito pessoal da segurança social quer do âmbito da protecção material, como sejam:

- Integração no Sistema dos Trabalhadores por Conta de Outrem, além dos funcionários públicos;
- Direito à licença de maternidade a todas as mulheres trabalhadoras (1978);
- Subsídio por morte e funeral (1978);
- Uniformização e generalização do montante do abono de família a todos os trabalhadores por conta de outrem (1978).

Com a aprovação da Lei 18/90 de 27 de Outubro, primeira Lei de Bases, institucionalizou-se o Sistema Nacional de Segurança Social, entendido como um sistema, fundamentado nos aspectos integrados de gestão, financiamento e normativo. Enquadrada com a Norma Mínima de Segurança Social (Convenção n.º 102 da OIT), esta lei estabeleceu a progressividade do Sistema de Segurança Social e veio a consagrar a: doença ou acidente comum; protecção na maternidade; pensão de velhice; pensão de invalidez; pensão de sobrevivência; prestações às famílias (subsídio de funeral, morte e abono de família); protecção no desemprego; protecção nos acidentes de trabalho e doenças profissionais.

c) A partir de 2002

Com a paz, tornou-se imperioso restabelecer o desenvolvimento e fortalecimento da sociedade angolana, de modo a impulsionar a progressiva melhoria dos níveis de bem-estar social e da qualidade de vida dos cidadãos.

Estavam criadas as condições para o surgimento de uma nova era para a segurança social, consubstanciada na Lei de Bases – lei 7/04 –, a qual permitiu avançar de forma efectiva para a consolidação do Estado-Previdência em Angola, entendido como um sistema integrado, universal e contributivo. Entre as várias medidas levadas a cabo neste período, destaque-se:

- Instituição do dia do Idoso (30 de Novembro);
- Regulamentação da protecção dos acidentes de trabalho e das doenças profissionais;

- Regime de vinculação e contribuição ao sistema;
- Regime dos trabalhadores por conta própria;
- Regime do clero e religioso;
- Regime jurídico das prestações familiares, o qual integra o princípio da diferenciação positiva;
- Subsídio de Pré-Maternidade;
- Manutenção do direito às prestações sociais pensões de velhice, sobrevivência, aleitamento e abono de família.

4. Direito à Segurança Social

O Direito da Segurança Social pode ser definido como um integrado de normas jurídicas de natureza pública, que visam a prevenção e reparação dos riscos (individuais e colectivos) emergentes da existência, fundada na solidariedade intergeracional entre os indivíduos da respectiva comunidade.

Trata-se de um direito com assento constitucional e, enquanto direito público, reveste a forma de um direito subjectivo universal, garantido e limitado.

O direito à segurança social admite fortes elementos, não só de origem publicista, mas também de natureza privatística, pelo que, podemos concluir que estamos perante um ramo do direito cuja sua natureza é caracterizada pela sua interdisciplinaridade e pelo seu carácter misto.

Importa ter em atenção que estamos a "lidar com um ramo do direito limitado, onde permanecem determinadas franjas da sociedade desguarnecidas de protecção. No entanto, estes sujeitos devem ser objecto de tutela por parte de outras modalidades protectoras, nomeadamente de assistência, solidariedade social ou até mesmo, por modalidades privadas. Junta-se à esta limitação uma outra, a contingencial, uma vez que falamos de uma protecção que é acionada em face de certos eventos ou contingências tipificadas. Ademais, esta limitação deve ser desdobrada numa limitação económica e temporal, onde a primeira, é referente à atribuição de uma compensação relativa ou uma indemnização parcial".

5. As fontes da Segurança Social dos desportistas

5.1. Constituição da República de Angola (CRA)

Uma vez realizada a caracterização do direito à segurança social proceder-se-á à análise das principais fontes no nosso ordenamento jurídico deste ramo do direito. Neste sentido, a fonte primordial do Direito à Segurança Social, sendo também a primeira de todas as fontes, será a Constituição da República de Angola.

Não é novidade que a CRA edifica o primordial diploma legislativo que acomoda toda a criação legislativa e a actuação política de Angola, instituindo uma garantia fundamental de tudo o que se considera fundamental para um Estado. Para além disso, é igualmente o espelho da génese cultural, axiológica, socio-económica, política e ideológica de um país.

A CRA trata da matéria da Segurança Social no seu Título II, Capítulo III, relativo aos Direitos e Deveres Económicos, Sociais e Culturais, que se dedica sobretudo à regulação dos direitos e deveres sociais de natureza positiva, sendo na verdade direitos de 2.ª Geração, na qual impende sobre o Estado uma obrigação de "facere". O art.º 77.º da CRA – Saúde e Protecção Social – define os princípios orientadores que responsabilizam os diferentes representantes da nação, na adopção de medidas adequadas ao texto constitucional (vide alínea i do n.º 1 do art.º 165.º da CRA, que estabelece a reserva relativa de competência da Assembleia da Nacional, sendo exclusiva daquele órgão a regulação desta matéria, salvo autorização concedida ao Executivo).

A protecção social como objectivo primacial do Estado angolano, encontra-se constitucionalmente consagrada no n.º 1 do artigo 77.º da CRA. Outrossim, são ilustradas algumas das realidades acauteladas pela Segurança Social. Assim, podemos dizer que existe uma protecção de cidadãos na infância, na maternidade, na invalidez, na deficiência, na velhice e em qualquer situação de incapacidade para o trabalho. O n.º 2 do mesmo artigo estabelece a tarefa incumbida ao Estado na organização, coordenação e o financiamento do próprio sistema, tendo que tomar decisões com e sem audiência dos seus parceiros sociais, como é o caso das entidades representativas de trabalhadores, isto é, associações sindicais ou outras entidades representativas dos beneficiários. Por conseguinte, podemos declarar que estamos perante uma exigência de natureza pública do sistema, permitindo a participação dos interessados na gestão das instituições da Segurança Social. Finalmente, no n.º 3 do artigo supradito refere-se à responsabilidade do Estado, em apoiar e fiscalizar, nos termos da Lei, a actividade e o funcionamento das diferentes Instituições Particulares de Segurança Social (IPSS), ou outras de reconhecido interesse público que prosseguem os mesmos objectivos seguidos dos entes públicos. Apesar de encontramo-nos nos números anteriores perante um elenco meramente exemplificativo, observo que esta lista de realidades de carência deve ser amplificada paulatinamente de forma a abranger o maior número de situações possíveis, de maneira a tornar o sistema cada vez mais universal. Numa óptica jurídica este preceito consagra a existência de uma tarefa fiscalizadora que é reconhecida por parte do Estado diante das iniciativas particular e cooperativas.

5.2. Tratados Internacionais

A nível das fontes internacionais do Direito à Segurança Social, tem-se que reconhecer a extrema relevância que os diferentes Tratados Internacionais tiveram no estabelecimento do "*status quo*". É de referir que, os tratados aplicáveis no território nacional terão observado (previamente) as exigências consagradas no art.º 13.º da CRA. Vigora no Direito angolano, relativamente às normas constantes de convenções internacionais, o sistema da recepção automática na ordem jurídica interna. O n.º 2 do art.º 13.º da CRA dispõe com efeito: *"Os tratados e acordos internacionais regularmente aprovados ou ractificados vigoram na ordem jurídica angolana após a sua publicação oficial e entrada em vigor na ordem jurídica internacional e enquanto vincularem internacionalmente o estado angolano"*. Decorre deste preceito que, as regras constantes das convenções ractificadas e/ou aprovadas pelo estado angolano e publicadas no Diário da República passam a integrar o Direito interno independentemente da transposição do seu conteúdo por lei ordinária interna (se ela fosse necessária, estar-se-ia perante o sistema da "transformação"). A vinculação internacional do estado angolano pode cessar com a denúncia da convenção, nos termos que esta defina. No plano interno, a eficácia da denúncia equivale à revogação das normas incorporadas em consequência da ractificação.

Contempla-se que, a importância deste tipo de fontes prende-se sobretudo com uma internacionalização do direito à segurança social desde o início do séc. XX. As causas que levaram a criação deste ramo do direito eram comuns à maioria dos países sendo esta a nota de verosimilhança que permitiu a discussão do tema nas diversas instâncias internacionais. A singularidade do direito à segurança social permitiu uma convergência de políticas, com a consequente harmonização dos quadros normativos implantados nos diversos países.

5.3. Outros instrumentos internacionais

Várias são as entidades internacionais que desde os meados da metade do séc. XX começaram a dedicar-se ao estudo desta temática. A Organização das Nações Unidas (ONU) definiu, desde cedo, os princípios a serem adoptados pelos Estados no domínio da Segurança Social – veja-se o disposto na «Carta do Atlântico», de 14 de agosto de 1942, em que se exige a "colaboração de todas as nações no domínio económico a fim de assegurar a todos (...) a Segurança Social". Todavia, a nível da Declaração Universal dos Direitos do Homem (DUDH), de 10 de dezembro de 1948, nos seus arts.º 22.º e 25.º concede-se a garantia de proteção das pessoas através de um sistema de Segurança Social, realidade, que acabou também por ser reconhecida pelo art.º 9.º do Pacto Internacional de Direitos Económicos Sociais e Culturais.

5.3.1. Convenções da Organização Internacional do Trabalho

A Organização Internacional do Trabalho (OIT) constitui um organismo que se dedica exclusivamente ao estudo de matérias relacionadas com a área laboral e de Segurança Social. Como refere Ilídio das Neves "a OIT esteve na origem histórica da internacionalização da Segurança Social". A actuação deste organismo tem sido fundamental na criação e na alteração dos esquemas sociais, económicos, políticos e jurídicos. De todas a convenções criadas pela OIT refira-se sobretudo a Convenção n.º 102 de Genebra, de 28 de junho de 1952, constituindo uma das fontes mais importantes na formação e desenvolvimento da segurança social à escala global. Acabou por introduzir a ideia de um nível geral de segurança social que devia ser alcançado em todos os Estados-Membros (e não só), sendo adequado ao desenvolvimento económico e social de cada Estado. A convenção definia a gama de prestações que constituíam o núcleo da segurança social, fixava "normas mínimas" relativamente ao seu campo de aplicação, assim como a natureza e o nível de prestações, entre outras realidades. O sistema proposto pela dita convenção integrava nove ramos de prestações e enunciava os diferentes graus de proteção. Apesar de actualmente podermos considerar como sendo pouco ambiciosos (os objetivos propostos na altura), no entanto devemos reconhecer o papel dinamizador deste trabalho.

Para além da convenção referida supra, podemos, à título exemplificativo, referir as Convenções n.º 128 de 1967, sobre a invalidez, velhice e sobrevivência, a Convenção n.º 157 de 1982, relativa à manutenção dos direitos da

Segurança Social e a Convenção n.º 168 sobre a promoção do emprego e a proteção em situação de desemprego.

5.3.2. Lei Ordinárias publicadas em Angola

a) Lei n.º 7/04, de 15 de Outubro, aprova a Lei de Bases da Protecção Social (LBPS)

Este diploma é aplicável à população residente que não tenha meios de subsistência ou que, tendo, os mesmos sejam diminutos, e que não possam assumir, na totalidade, a sua protecção, nomeadamente famílias, mulheres, crianças e jovens, idosos, pessoas com deficiência ou desempregados, que se encontrem em situações de pobreza grave, exclusão, risco de marginalização ou de vida ou dependentes de outrem.

Esta protecção social consubstancia-se na atribuição, após verificação da situação em causa e consoante o grupo em questão, de prestações de risco, de apoio social e de solidariedade. Este diploma regula, assim, o regime jurídico aplicável às prestações sociais obrigatórias, bem como o regime aplicável às prestações sociais complementares, quer para os trabalhadores por conta de outrem, quer para os trabalhadores por conta própria. De referir, ainda, que este diploma elenca as formas de financiamento da protecção social.

É imperioso realçar que a Lei de Bases – Lei 7/04 de 15 de Outubro, permitiu avançar de forma efectiva para a consolidação do Estado-providência em Angola, entendido como um sistema integrado, universal e contributivo.

b) Regime Jurídico de Vinculação e de Contribuição da Protecção Social Obrigatória – Decreto n.º 38/08, de 19 de Junho.

Esse diploma surgiu na necessidade de se regular as relações jurídicas de vinculação e contribuições com vista a concretização do direito às prestações atribuídas pela Protecção Social.

6. Institucionalização do sistema de protecção social para os desportistas

Durante vários anos, fomos defensores da ideia segunda a qual, não podem os desportistas contribuir nessa qualidade, nos mesmos termos que os trabalhadores comuns, isto é, aqueles cuja sua relação laboral é regida pela Lei Geral do Trabalho (LGT), uma vez que esses exercem actividades que perdura ao longo do tempo, susceptiveis de ser enquadrada, contribuir e beneficiar da protecção social nos termos da legislação sobre a protecção social aplicável ao trabalhador comum.

Sempre defendemos que se encontra na genesis da constituição da segurança social desportiva o ideal de protecção de todos os desportistas, ou seja, a institucionalização de um sistema (o mais que possível) universal, todavia, respeitando as especificidades da actividade dos destinatários. Por conseguinte, sempre julgamos que, é pacificamente aceite que o sistema especial não devia ser uniforme ao regime geral que vigora em Angola para todos os estratos da sociedade, fazendo-se alusão aos princípios de justiça social e de solidariedade, em que todos os membros devem contribuir para assegurar essa protecção universalizante.

A Lei do Desporto, aprovada pela Lei n.º 5/14 de 20 de Maio, foi de facto o ponto de partida para o devido tratamento das questões de segurança social para os desportistas, preceituando no seu artigo 61.º a obrigatoriedade da institucionalização do sistema de segurança social dos praticantes e demais agentes desportivos e sujeitando as entidades desportivas ao pagamento do seguro obrigatório, que tem em vista a protecção da saúde e segurança social dos praticantes.

A segurança social diz respeito a todas as pessoas, sejam economicamente activas ou não. É através da segurança social que os desportistas poderão aceder à prestações substitutivas do seu rendimento de trabalho, como na doença, na maternidade e paternidade, no desemprego, na doença profissional, na invalidez e na velhice; que as famílias são apoiadas, nomeadamente com a educação das crianças e jovens, através do abono de família e de prestações dirigidas à dependência e à deficiência; e que as pessoas mais pobres e vulneráveis são apoiadas através de prestações, incluindo as pensões sociais, o rendimento social de inserção e o complemento solidário para idosos.

O sistema público de segurança social para desportistas continua a ser criticado por aqueles que invocam a falta de estrutura realística que possam acudir às situações perniciosas inerentes ao trabalho dos praticantes desportivos. Não é o direito à segurança social dos desportistas e dos cidadãos em geral que a põem em causa, mas sim a política de direita que faz tábua rasa do preceito constitucional que incumbe ao Estado promover a execução de políticas de trabalho e protecção social daquelas que em situações pontuais ficam inactivos, como vimos aquando da pandemia da Covid-19, que abalou o mundo e o nosso sistema previdenciário não foi capaz de suster as famílias e empresas durante um certo período.

Importa referir que, a segurança social deve ter um papel essencial na concretização dos valores da solidariedade laboral e da solidariedade entre gerações, coesão da sociedade; na defesa do rendimento das pessoas, protegendo-as face aos riscos laborais e sociais; na protecção da maternidade e da paternidade; na diminuição da pobreza e da exclusão social.

Os argumentos catalogados têm sido o bastante para suster a nossa visão segundo a qual os desportistas não poderiam continuar à margem da protecção social, simplesmente por falta de regulamentação própria, bem como, a institucionalização de um regime próprio jamais deveria ser uma ponte de acesso ao regime geral no seu todo.

O legislador ordinário deu o passo tão aguardado às questões de segurança social para os trabalhadores desportistas. Entretanto, julgamos que ficou muito aquém do esperado, pois, quiçá por ignorância em questões jus desportivas, não levou em consideração as particularidades deste sector, aprovando um diploma que parece mais um meio que fundamenta a aplicação supletiva das normas do regime geral, ou seja, o regime especial acaba por ser um conjunto de normas não autónomas, porque carecem da intervenção do regime geral para a materialização dos interesses dos desportistas.

Para melhor elucidação sobre a nossa crítica, faremos uma exaustiva análise do diploma em vigor.

7. Regime jurídico da protecção social do desportista

O diploma vigente estabelece o regime jurídico de protecção social obrigatória dos Praticantes Desportivos Profissionais que, nos termos definidos na legislação aplicável, celebram contrato de trabalho desportivo.

Infelizmente, o artigo 1.º desse diploma não alcança os treinadores e outros operadores do desporto, que diariamente laboram com os atletas, por culpa do legislador que não os qualificou como praticantes desportivos ao aprovar o respectivo regime jurídico laboral em 2019. Essa exclusão com a regulamentação da protecção para os desportistas, uma vez que, contrariando a Lei Geral de Trabalho – Lei n.º 7/15, de 15/06 – que prevê no seu artigo 11.º, n.º 1, al. c), que as actividades desportivas profissionais são relações jurídicas-laborais de carácter especial, o Decreto Presidencial n.º 238/19, de 29/07 – Regime Jurídico do Contrato de Trabalho do Praticante, Empresários Desportivos e Formação Desportiva, exclui os treinadores do leque de praticantes desportivos, ou seja, não considera a actividade profissional desses como desportiva, como se existisse atleta sem treinadores. Entretanto, mas do que avançar com esse diploma, julgamos que era importante corrigir o erro na legislação laboral, pois, é impensável pensarmos que os treinadores exercem uma actividade não especial, aliás, a prática desportiva moderna, seus horários de treinamento e jogo, viagens, não coexistem com as mesmas de um trabalhador sob à égide da Lei Geral do Trabalho.

Uma nota importante a destacar nesse diploma diz respeito a remuneração, porque o nosso legislador, no artigo 4.º do diploma, procurou ao máximo alcançar todas as regalias que o trabalhador recebe como contrapartida do seu labor, desde os montantes pagos a título de prémios de assinatura de contrato ou de qualquer outra natureza, os quais são parcelados por cada um dos meses da sua duração, e os atribuídos por força de regulamento interno do clube ou de contrato em vigor.

No que diz respeito à base de incidência e obrigação contributiva dos praticantes desportivos, nos termos do artigo 5.º, é a remuneração efectiva ou declarada, nos termos do previsto no artigo 4.º do diploma em apreço, todavia, ficam de fora, as prestações sociais pagas pelas entidades empregadoras desportivas no âmbito da protecção social obrigatória e os valores correspondentes à subscrição ou participação efectuada, pelos praticantes desportivos profissionais e pelas entidades empregadoras desportivas, de modalidades da protecção social complementar, nos termos da legislação aplicável. Outrossim, estão excluídos, os pagamentos de prémios relativos à contratos de seguros, de que o praticante desportivo profissional seja beneficiário, nas modalidades de doença, de acidentes pessoais, de trabalho e doenças profissionais e, ainda, de seguro de vida que garanta exclusivamente o risco de morte, invalidez ou reforma por velhice.

No que tange à taxa contributiva, esteve bem o legislador, ao consagrar no artigo 6.º do diploma a mesma taxa contributiva para os praticantes desportivos profissionais e para as entidades empregadoras que é aplicada aos trabalhadores do regime geral, isto é, 3% e 8% respectivamente, tendo em consideração ao salário mínimo nacional e aos ainda baixos salários praticados no nosso desporto.

Quanto ao artigo no 7.º do diploma, que diz respeito as prestações, não concordamos com o seu conteúdo, uma vez que o legislador limitou-se a estabelecer as mesmas prestações de segurança social (pensão de invalidez, a pensão de sobrevivência e a pensão de reforma por velhice) que se encontram previstas para os segurados e dependentes do regime de protecção social obrigatória dos trabalhadores do regime geral, olvidando a especificidade da actividade desportiva e a nossa realidade social. Vale lembrar que, Angola ainda não tem um mercado desportivo com muitas oportunidades de trabalho, pelo que, julgamos que, seria oportuno legislar sobre prestações de desemprego, atendendo ao facto da necessidade do atleta desempregado manter as condições sociais mínimas e manter o físico e a mente para oportunidades de trabalho futuras, ainda que seja por um período máximo de 3 ou 6 meses, tendo em atenção que em quase todas as modalidade nacionais existem duas janelas de transferência e inscrição de atletas, sob pena dos atletas desempregados abdicarem dessas profissões e recorrerem em labores fora do regime especial.

No que diz respeito aos artigos 8.º (Redução da idade da reforma) e 9.º (Condições de atribuição das prestações), não concordamos com a previsão do legislador, porque, sendo certo que, a reforma por velhice atinge-se com 60 anos ou 420 meses de entrada de contribuição, nos termos do n.º 1 do Art.º 4.º do Decreto Presidencial n.º 299/20, de 23 de Novembro, ainda que se reduza 1 ano em 48 meses de contribuições (quando ininterrupta são 4 anos) o desportista jamais poderá atingir tal desiderato, tendo em atenção ao período reduzido para exercer essa actividade, que em regra, a nível nacional, varia de 10 a 15 anos, para os senhores e muito menos para as senhoras, que quase ou nada beneficiam-se da excepção, isto é, redução da idade por cada filho até ao máximo de 5, uma vez que actividade desportiva literalmente as condiciona da procriação.

A ideia do resgate consagrada no artigo 10.º, legalmente é muito bonita, mas na prática parece apenas uma isca para o desportista aderirem aos sistema especial e contribuírem, pois, por alguma razão o legislador deixou de prever os critérios para os praticantes desportivos profissionais que não completem os prazos de garantia para o acesso às prestações deferidas, nomeadamente a pensão de invalidez, a pensão de sobrevivência e a pensão de reforma por velhice, poderem solicitar o resgate das contribuições efectuadas, ademais, deixou à mercê do titular do Departamento Ministerial responsável pela área da Protecção Social Obrigatória.

A ideia do número 1 do artigo 11.º sobre a portabilidade de regime, é de enaltecer, porque permite aos praticantes desportivos profissionais que se encontravam inscritos na Protecção Social Obrigatória, ao celebrarem contrato de trabalho ou ao serem declarados praticantes desportivos, transitarem com a sua carreira contributiva. Julgamos que se pretende aqui é trazer para esse regime especial os praticantes que estão inscritos no regime geral com outra actividade, de forma a não perderem as prestações e os benefícios.

Dispõe o seguinte o n.º 2 "*os praticantes desportivos profissionais que depois de terminarem as suas carreiras desportivas transitem para o regime dos trabalhadores por conta de outrem ou para o regime dos trabalhadores por conta própria ou para o regime dos membros do clero ou qualquer outro, que venha ser criado, têm direito à protecção das eventualidades e às prestações vigentes nesses regimes e, ainda, ao regime de redução, na idade de reforma, prevista no artigo 9.º do presente Diploma, que se aplica a todos os que tenham contribuído, nesses termos, para o regime jurídico de Protecção Social Obrigatória dos praticantes desportivos*".

O que se devia pretender com esse diploma é simplesmente que o desportista cumpra com o período de contribuição, nos mesmos termos que o trabalhador do regime geral, o que à partida já se prevê impossível. Julgamos que o mais profícuo seria um regime de não transição, isto é, ter uma caixa especial, ou seja, após concluir a sua carreira desportiva, o cidadão ex-praticante profissional recebe a pensão de reforma, nos termos e condições prevista melhor prevista. Julgamos que o mais profícuo seria um regime de não transição, isto é, ter uma caixa especial onde o desportista contribui e posteriormente beneficia-se, ou seja, após concluir a sua carreira desportiva, o cidadão ex-praticante profissional recebe a pensão de reforma, nos termos e condições prevista. Por outro lado, na eventualidade de o particular em causa exercer uma actividade cujo objecto de protecção social vá ao encontro do regime geral aí o profissional outrora desportista passa a contribuir nesse novo regime a contar da data do cadastramento nessas novas vestes.

8. A insustentanbilidade do sistema para um futuro

O ideal de sustentabilidade e viabilidade futura do sistema especial supramencionado, só pode ser realizado se analisarmos com honestidade todas as transformações operadas no passado com o regime geral e as características do laboral desportivo.

Perante a actual incerteza concernente à sustentabilidade do sistema especial, mormente no que tange à capacidade de resposta dos prestadores de serviços e entidades gestoras, respectivamente, julgamos que não se fez a justiça social, pois, foi institucionalizado um sistema pernicioso ao Estado Poder-político, porque casa da fraca adesão do público-alvo, e prejudicial para o público alvo, devido ao não alcance de situações previsíveis para a actividade desportiva, tal como em situações de desemprego, em que o sistema não dará resposta às necessidades dos desportivas.

Outrossim, era no todo importante a criação de um caixa diferente, para melhor controlo financeiro e, para não sob-carregar o regime geral, sob pena do sistema não ter capacidade de resposta para os tantos casos de doenças profissionais, como tem acontecido no nosso desporto, onde as entidades empregadoras não têm capacidade de resposta e, concomitantemente, furtam-se das suas obrigações.

9. Conclusões

As reflexões carreadas nesse já longo artigo visam despertar e agregar valores para nas próximas revisões legais, entretanto, muito ainda pode ser apresentado em outras oportunidades.

Importa aqui salientar que, não existem modelos perfeitos de protecção social, existem sim povos com seus hábitos e costumes, que devem ser observados pelo legislador e governo, sob pena de criar ruído na satisfação do interesse das colectividades. Não podemos socorrermo-nos sempre a um método especifico de outras realidades, por conta da não adaptação integradora, mas sempre podemos retirar alguns pontos similares de ouras realidade para fortalecer a nossa, a título de exemplo, a realidade brasileira e portuguesas podem ser-nos úteis, até mesmo por identificarmos vários pontos em comum com esses dois povos irmãos.

As reformas a levar a cabo mitigarão ecos de alarmismo relativamente ao futuro a médio prazo, no entanto, convém reconhecer que se vislumbra uma alteração profunda dos sistemas de protecção, que irão ao encontro da ideia das quais defendemos, isso é, a institucionalização de um sistema especial de protecção social dos desportistas.

A dicotomia entre a transição ou não de regime deu azo ao surgimento de uma nova discussão em torno do futuro da segurança social e que caminho deverá ser trilhado para garantir a sustentabilidade da mesma.

A urgência de reformas é patente e a questão mais grave prende-se com o facto de que as gerações de antigos praticantes, no dia-a-dia clamar por ajuda do Estado, todavia, também somos apologistas de que o Estado não pode ficar sobrecarregado com o elevadíssimo número de clamantes, quando nem sequer contribuíram, ainda que o Estado tenha o seu dever social, de satisfazer as necessidades das colectividades.

Assim, para que possamos almejar a existência de um sistema futuro de protecção social dos desportistas em Angola assente em moldes que se efectivam na coexistência entre os fins da protecção social e as características do desporto, recomendamos a revisão de todo o quadro legal desportivo.

5. FISCALIDADE NOS CLUBES DESPORTIVOS – ESPECIFICIDADES: ENQUADRAMENTO DAS MENSALIDADES DAS ATIVIDADES DESPORTIVAS EM CLUBES DESPORTIVOS DE UTILIDADE PÚBLICA EM IRC E IVA; LIMITAÇÃO À DEDUÇÃO DO IVA NAS DESPESAS ASSOCIADAS À ATIVIDADE DESPORTIVA

Fernando Jorge Cardoso do Vale[1]

Introdução

A relevância que o Desporto tem assumido nas nossas sociedades tem sido cada vez mais significativa, promovendo desafios enormes ao nível da sua regulamentação e abordagem particular a situações específicas únicas. Tal facto tem tido reflexos na crescente importância do Direito do Desporto, com o aparecimento de um quadro normativo específico, como, por exemplo, nos domínios administrativos, laborais, disciplinares, embora ainda não se verificando o mesmo, de forma tão evidente, noutras áreas, nas quais se incluem o Direito Fiscal, ramo no qual incidirá este estudo. Isso não significa que não existam no seu âmbito especificidades relativas ao desporto, mas prevalece essencialmente o direito geral e, consequentemente, o recurso à interpretação e adaptação aos casos do desporto.

Pretende-se com este trabalho abordar algumas especificidades fiscais relativas ao desporto, aplicáveis essencialmente a clubes desportivos com estatuto de Utilidade Pública, sendo que, para o efeito, serão abordados

[1] Licenciado em Gestão. Pós-Graduado em Direito do Desporto. Presidente do Ginásio Clube de Santo Tirso.

genericamente e de forma sucinta o enquadramento dos clubes desportivos e dos dois impostos a abordar, o Imposto sobre o Rendimento das Pessoas coletivas (IRC) e o Imposto sobre o Valor Acrescentado (IVA), detalhando de seguida as questões em causa, nomeadamente:

- Enquadramento das mensalidades das atividades desportivas em Clubes desportivos de Utilidade Pública em IRC e IVA;
- Limitação à dedução do IVA nas despesas associadas a atividade desportiva.

Com esta análise é pretendido, em primeiro lugar, efetuar o enquadramento jurídico das questões acima mencionadas, prosseguindo com uma reflexão crítica acerca de aspetos levantados por esse enquadramento, incluindo argumentações contrárias, interpretações e posicionamentos assumidos pelas entidades relevantes.

Espera-se, assim, permitir não só uma sistematização do enquadramento jurídico, mas também refletir sobre as suas implicações do lado dos clubes desportivos.

Enquadramento dos clubes desportivos

A complexidade do fenómeno desportivo no atual panorama faz com que a estruturação de uma organização desportiva seja um tema com crescente relevo. Os clubes desportivos assumem neste fenómeno, enquanto associações/coletividades desportivas, um papel essencial, o qual resulta desde logo da sua menção no art.º 79.º, n.º 2 da Constituição da República Portuguesa, que refere *"Incumbe ao Estado em colaboração com as escolas e as associações e colectividades desportivas promover, estimular, orientar e apoiar a prática e a difusão da cultura física e do desporto, bem como prevenir a violência no desporto"*.

Conforme definido na Lei de Bases da Actividade Física e do Desporto (Lei n.º 5/2007, de 16 de janeiro, com as alterações introduzidas pela Lei n.º 74/2013), no seu artigo 26.º, 1, *"São clubes desportivos as pessoas colectivas de direito privado, constituídas sob a forma de associação sem fins lucrativos, que tenham como escopo o fomento e a prática directa de modalidades desportivas"*.

Importa distinguir os Clubes Desportivos da outra entidade mais relevante no que respeita à realidade desportiva, pois, não obstante serem ambas pessoas coletivas, têm estruturas e escopos diferentes – as Sociedades Desportivas. Assim, segundo o n.º 1 do artigo 27.º da mesma Lei de Bases da Actividade Física e do Desporto, *"São sociedades desportivas as pessoas colectivas de direito privado, constituídas sob a forma de sociedade anónima, cujo objecto é a participação em competições desportivas, a promoção e organização de espectáculos desportivos e o fomento ou desenvolvimento de actividades relacionadas com a prática desportiva profissionalizada no âmbito de uma modalidade".*

Existem importantes diferenças no quadro legal da tributação, por um lado, dos clubes desportivos e, por outro lado, das sociedades desportivas, sendo que as temáticas aqui abordadas respeitam apenas aos clubes desportivos.

Considerando o Modelo Europeu de Desporto, este prevê uma estrutura piramidal e hierarquizada, em cuja base se encontram os clubes desportivos, juntamente com atletas, treinadores, etc., seguindo-se as Federações Regionais, as Federações Nacionais, as Federações Continentais, terminando nas Federações Internacionais.

Os clubes desportivos assumem-se como uma peça fundamental e insubstituível na base do desenvolvimento desportivo. A Conta Satélite da Economia Social, elaborada pelo INE/CASES em 2016, revela que cerca de 47% das entidades da economia social são associações de cultura, recreio e desporto, ultrapassando as 33 mil entidades. Destas, cerca de um terço estão envolvidas no movimento federado (Pordata/IPDJ 2017) e envolvem 624.001 praticantes, número que será certamente bem maior no universo mais amplo da prática desportiva informal. É inegável que os clubes desportivos representam a diversidade e proximidade que o Estado não tem e na qual as autarquias têm dificuldade, sendo elementos agregadores de comunidades, de transmissão de valores identitários e de vivência de uma cidadania ativa. É nos clubes desportivos que se inicia a prática e onde esta se desenvolve, sustentando assim o sistema do desporto.

Conforme já mencionado anteriormente, os clubes desportivos são pessoas coletivas de direito privado, constituídas sob a forma de associação e que seguem o regime jurídico das Associações previsto nos artigos 167.º a 184.º do Código Civil. Neste enquadramento, importa ainda destacar o Estatuto de Utilidade Pública, cuja lei-quadro foi aprovada pela Lei n.º 36/2021 de 14 de junho, do qual os clubes desportivos podem, na generalidade dos casos, usufruir, em função de prosseguirem um interesse geral da comunidade. Este estatuto confere uma série de direitos, benefícios e isenções fiscais, entre outras regalias, acompanhados, naturalmente, por um conjunto de deveres, nomeadamente de prestação de contas e informações.

O Imposto sobre o Rendimento das Pessoas Coletivas (IRC)

O Imposto sobre o Rendimento das Pessoas Coletivas (IRC) está definido no Decreto-Lei n.º 442-A/88, de 30 de novembro, que aprovou o respetivo Código (CIRS), com entrada em vigor em 1 de janeiro de 1989. Este imposto recai sobre pessoas coletivas, incidindo, essencialmente, sobre o rendimento real (n.º 2 do art.º 107.º da Constituição da República Portuguesa), embora através do mesmo tribute, frequentemente, rendimentos presumidos reais, assentando essas presunções em critérios de normalidade (Lei n.º 106/88, art.º 19.º CIRS, art.ºs 51.º e seguintes).

Quanto à incidência do imposto, importa referir:

– Incidência real: O IRC incide sobre os rendimentos obtidos, independentemente de serem lícitos ou ilícitos, uma vez que a lei não distingue nem isola os rendimentos legais dos ilegais. Dependendo de as pessoas coletivas e outras entidades exercerem a título principal, atividade comercial, industrial ou agrícola, ou não o fazerem, o IRC incide sobre o "lucro", nos termos do n.º 2 do art.º 3.º do CIRC (diferença entre os valores do património líquido no princípio e no fim do período de tributação), ou então sobre o "rendimento global", que se determina como sendo o resultado da soma algébrica dos rendimentos das diversas categorias consideradas para efeitos de IRS e, bem assim, dos incrementos patrimoniais obtidos a título gratuito. Os clubes desportivos, enquanto pessoas coletivas, são considerados sujeitos passivos de IRC, sendo que o imposto incide sobre o rendimento global do clube,

– Incidência territorial: Cada vez mais relevante, também no âmbito desportivo. Para as entidades não residentes que não dispuserem em território português de estabelecimento estável, a base do imposto é o lucro imputável a esse estabelecimento estável. Se não tiverem estabelecimento estável, ou tendo-o, caso esses rendimentos não lhe sejam imputáveis, a base do imposto é constituída pelos rendimentos das diferentes categorias consideradas para efeitos de IRS.

– Incidência pessoal: São sujeitos passivos de IRS:

a) As pessoas coletivas – As sociedades comerciais ou civis sob forma comercial, as cooperativas, as empresas públicas e as demais pessoas coletivas de direito público ou privado, com sede ou direção efetiva em território português;

b) As entidades desprovidas de personalidade jurídica, com sede ou direção efetiva em território português, cujos rendimentos não sejam tributáveis em imposto sobre o rendimento das pessoas singulares (IRS) ou em IRC diretamente na titularidade de pessoas singulares ou coletivas;
c) As entidades, com ou sem personalidade jurídica, que não tenham sede nem direção efetiva em território português e cujos rendimentos nele obtidos não estejam sujeitos a IRS.

Ao rendimento global sujeito a imposto são dedutíveis os gastos comuns e outros gastos (desde que não estejam especificamente ligados à obtenção de rendimentos não sujeitos ou isentos de IRC), bem como eventuais benefícios fiscais.

É de realçar a possibilidade de os clubes desportivos poderem deduzir à matéria coletável (do próprio exercício fiscal ou do exercício seguinte) 50% do montante investido em novas infraestruturas, desde que esses montantes não provenham de subsídios.

No que diz respeito à taxa, é aplicável a taxa geral de IRC (atualmente, de 21%), sem prejuízo da eventual aplicação da derrama estadual e de taxas de tributação autónoma a certos encargos.

De acordo com o Código do IRC, estão isentos de imposto os rendimentos diretamente derivados do exercício de atividades desportivas, sujeitos a alguns requisitos que serão abordados mais à frente neste trabalho.

O Imposto sobre o Valor Acrescentado (IVA)

O Código do Imposto sobre o Valor Acrescentado (CIVA) entrou em vigor a 1 de janeiro de 1986 (Decreto-Lei n.º 394-B/84 d 26 de dezembro), tendo revogado o Código do Imposto de Transações de 1966, o Decreto-Lei n.º 374-D/79 (imposto de transações sobre as prestações de serviços), entre outros impostos e tributações consignadas pela Tabela Geral do Imposto do Selo.

O IVA é um imposto geral sobre o consumo, que tributa as transmissões de bens, as prestações de serviços, as importações e as aquisições intracomunitárias de bens. O imposto comporta um regime geral, com regimes especiais para pequenos operadores económicos e vários regimes particulares, sendo de realçar a existência permanente de uma harmonização comunitária.

Em termos de incidência real, estão sujeitas a imposto sobre o valor acrescentado, conforme art.º 1.º, n.º 1 do CIVA:

a) As transmissões de bens e as prestações de serviços efetuadas no território nacional, a título oneroso, por um sujeito passivo agindo como tal;
b) As importações de bens;
c) As operações intracomunitárias efetuadas no território nacional, tal como são definidas e reguladas no Regime do IVA nas Transações Intracomunitárias.

De notar que, ao contrário do que agora acontece, como vimos, em sede do IRC, o IVA não pode incidir sobre atividades ilícitas. E isto não só porque o CIVA não contempla essa tributação, mas sobretudo porque o direito comunitário, na interpretação que dele vem fazendo o TJCE, não permite uma tal tributação.

Quanto à incidência pessoal, e segundo o art.º 2.º do CIVA, são sujeitos passivos de IVA:

a) As pessoas singulares ou coletivas que, de um modo independente e com carácter de habitualidade, exerçam atividades de produção, comércio ou prestação de serviços, incluindo as atividades extrativas, agrícolas e as das profissões livres, e, bem assim, as que, do mesmo modo independente, pratiquem uma só operação tributável, desde que essa operação seja conexa com o exercício das referidas atividades, onde quer que este ocorra, ou quando, independentemente dessa conexão, tal operação preencha os pressupostos de incidência real do imposto sobre o rendimento das pessoas singulares (IRS) ou do imposto sobre o rendimento das pessoas coletivas (IRC);
(Redação dada pelo artigo 2.º do Decreto-Lei n.º 186/2009, de 12/08, em vigor a partir de 01/01/2010)
b) As pessoas singulares ou coletivas que, segundo a legislação aduaneira, realizem importações de bens;
c) As pessoas singulares ou coletivas que mencionem indevidamente IVA em fatura;
(Redação do D.L. n.º 197/2012, de 24 de Agosto, com entrada em vigor em 1 de Janeiro de 2013)
d) As pessoas singulares ou coletivas que efetuem operações intracomunitárias, nos termos do Regime do IVA nas Transações Intracomunitárias;

e) As pessoas singulares ou coletivas referidas na alínea a), pela aquisição dos serviços abrangidos pela alínea a) do n.º 6 do artigo 6.º, quando os respetivos prestadores não tenham, no território nacional, sede, estabelecimento estável ou, na sua falta, o domicílio, a partir do qual os serviços são prestados;
(Redação do Decreto-Lei n.º 165/2019, de 30 de outubro) – Entrou em vigor a partir de 1 de janeiro de 2020, nos termos do art.º 4 do Decreto-Lei n.º 165/2019, de 30 de outubro

f) As pessoas singulares ou coletivas referidas na alínea a), que sejam adquirentes em transmissões de bens ou prestações de serviços efetuadas no território nacional por sujeitos passivos que aqui não tenham sede, estabelecimento estável ou domicílio nem disponham de representante nos termos do artigo 30.º;

g) As pessoas singulares ou coletivas referidas na alínea a), que sejam adquirentes dos bens indicados no n.º 4 do artigo 6.º, nas condições aí previstas, desde que os respetivos transmitentes não tenham, no território nacional, sede, estabelecimento estável ou, na sua falta, o domicílio, a partir do qual as transmissões são efetuadas;
(Redação dada pelo artigo 2.º do Decreto-Lei n.º 186/2009, de 12/08, com efeitos a partir de 01/01/2010)

h) As pessoas singulares ou coletivas referidas na alínea a) que, no território nacional, sejam adquirentes dos bens ou dos serviços mencionados no anexo E ao presente Código e tenham direito à dedução total ou parcial do imposto, desde que os respetivos transmitentes ou prestadores sejam sujeitos passivos do imposto;

i) As pessoas singulares ou coletivas referidas na alínea a) que disponham de sede, estabelecimento estável ou domicílio em território nacional e que pratiquem operações que confiram o direito à dedução total ou parcial do imposto, quando sejam adquirentes de serviços de construção civil, incluindo a remodelação, reparação, manutenção, conservação e demolição de bens imóveis, em regime de empreitada ou subempreitada.

j) As pessoas singulares ou coletivas referidas na alínea a) que disponham de sede, estabelecimento estável ou domicílio em território nacional e que pratiquem operações que confiram o direito à dedução total ou parcial do imposto, quando sejam adquirentes de prestações de serviços que tenham por objeto direitos de emissão, reduções certificadas de emissões ou unidades de redução de emissões de gases com efeito de estufa, aos quais se refere o Decreto-Lei n.º 233/2004, de 14 de Dezembro. *(Aditada pela Lei n.º 3-B/2010-28/04)*

l) As pessoas singulares ou coletivas referidas na alínea a) que disponham de sede, estabelecimento estável ou domicílio em território nacional e que pratiquem operações que confiram o direito à dedução total ou parcial do imposto, quando sejam adquirentes de cortiça, madeira, pinhas e pinhões com casca. (*Aditada pelo Decreto-Lei n.º 165/2019, de 30 /10) – Entrou em vigor a partir de 1 de janeiro de 2020, nos termos do art.º 4 do Decreto-Lei n.º 165/2019, de 30 de outubro.*

m) As pessoas singulares ou coletivas referidas na alínea i) do artigo 1.º que disponham de sede, estabelecimento estável ou domicílio em território nacional, quando sejam adquirentes de eletricidade produzida em unidades de produção para autoconsumo, com potência instalada igual ou inferior a 1 MW, nos termos definidos nas alíneas f) e vvv) do artigo 3.º do Decreto-Lei n.º 15/2022, de 14 de janeiro, na sua redação atual, a autoconsumidores cujo enquadramento no regime normal do imposto resulte unicamente da prática destas transmissões. *(Aditada pelo Decreto-Lei n.º 85/2022, de 21/12 – Produz efeitos a partir de 1 de janeiro de 2023)*

Assim, e neste enquadramento, os clubes desportivos, como pessoas coletivas, são, naturalmente, também sujeitos passivos de IVA.

No que diz respeito a isenções, atendendo ao sujeito junto do qual se concretizam, são de distinguir duas situações: as isenções concretizadas junto do sujeito passivo do IVA, em que se fala de isenção simples e de isenção completa, e as isenções que operam junto de quem suporta o imposto, em que se fala de regimes de restituição do imposto.

Os clubes desportivos estão inseridos nas entidades que são abrangidas pela isenção incompleta (simples) conforme artigos 9.º e 10.º do CIVA, que se concretiza na não liquidação de imposto na venda ou na prestação de serviços e na não permissão de dedução do imposto suportado nas aquisições, exprimindo assim, não uma isenção completa, mas uma redução da carga fiscal, desde que a isenção se situe no estádio final do circuito económico.

Esta isenção de IVA liberta os isentos de qualquer obrigação de liquidar o imposto e de realizar a respetiva prestação tributária. Mas, em contrapartida, aos isentos não é facultado deduzir o imposto que tenham suportado pelas aquisições de bens e de serviços.

Para efeito de dedução de IVA, os clubes desportivos são considerados sujeitos passivos mistos estando, portanto, abrangidos pelo artigo 23.º do CIVA que dispõe que quando o sujeito passivo, no exercício da sua atividade, efetue transmissões de bens e prestações de serviços, parte das quais não confira o direito à dedução, a determinação do imposto dedutível pode ser efetuada por dois métodos: o método da percentagem de dedução ou da dedução pro rata, nos termos do qual o imposto suportado nas aquisições confere o direito à dedução proporcional ao valor anual das operações tributáveis e isentas com direito a dedução relativamente ao volume de negócios total; e o método da afetação real, que consiste na separação contabilística das aquisições de bens afetos ao sector dedutível das afetas ao sector isento, deduzindo o imposto suportado pelas primeiras (e não deduzindo imposto relativamente às segundas).

Apesar de a regra ser a do método da percentagem ou pro rata, o n.º 2 do artigo 23.º do CIVA prevê a possibilidade de adoção do método da afetação real de todos ou parte dos bens e serviços utilizados, sem prejuízo de a Autoridade Tributária lhe vir a impor condições especiais ou a fazer cessar esse procedimento no caso de se verificarem distorções significativas na tributação.

A temática das isenções e deduções é fulcral nas duas especificidades centrais deste estudo, pelo que serão mais desenvolvidas nessas abordagens.

Enquadramento das mensalidades das atividades desportivas em clubes desportivos de utilidade pública em IRC e IVA

Considerando o panorama do Desporto em Portugal, são muitas as dificuldades financeiras que os clubes desportivos enfrentam para levar a cabo a sua nobre missão de base no fomento do desporto. Efetivamente, a sustentação através de receitas que assumam um caráter de permanência, fundamentais para uma gestão equilibrada e visando assegurar o futuro dos clubes, é cada vez mais difícil. Mesmo os apoios estatais, nomeadamente, através do poder local, não acompanham a evolução e a importância que o desporto assume.

Segundo dados do Sistema de Contas Integradas das Empresas, publicados no relatório "Desporto em Números 2022", o aumento de 11,9% do volume de negócios do Desporto nacional, contrasta com a redução de 3% do financiamento do Instituto Português do Desporto e Juventude (IPDJ) face ao ano anterior. Apenas a nível municipal houve um aumento de 7,4%, revelando, mais uma vez, que são muitas vezes as edilidades a permitir que várias competições decorram, face à falta de apoio do Governo.

As receitas dos Clubes podem ser de vária ordem, nomeadamente:

- Quotas de associados;
- Mensalidades de utentes/atletas;
- Patrocínios;
- Donativos;
- Aluguer de instalações;
- Venda de produtos;
- Apoios estatais, em particular, através de Contratos Programa de Desenvolvimento Desportivo estabelecidos com as Câmara Municipais.

Considerando o exposto, as mensalidades assumem particular importância, pois revestem um caráter de permanência interessante e refletem diretamente o trabalho desenvolvido pelos clubes, nomeadamente, na captação de jovens. Como tal, aborda-se de seguida o seu enquadramento, em termos de isenções, tanto do IRC como do IVA.

Enquadramento das mensalidades em IRC

O art.º 10.º (Pessoas coletivas com estatuto de utilidade pública e de solidariedade social) do CIRC refere, no seu ponto n.º 1:

> *1 – Estão isentas de IRC:*
>
> *a) (Revogada.) (Redação da Lei n.º 36/2021 de 14/06)*
>
> *b) As instituições particulares de solidariedade social, bem como as pessoas colectivas àquelas legalmente equiparadas;*
>
> *c) As pessoas coletivas com estatuto de utilidade pública que prossigam, exclusiva ou predominantemente, fins científicos ou culturais, de caridade, assistência, beneficência, solidariedade social, defesa do meio ambiente e interprofissionalismo agroalimentar. (Redação da Lei n.º 36/2021 de 14/06)*

Os clubes desportivos enquadram-se na alínea c) do n.º 1 deste artigo, pelo que estarão, por norma, isentos de IRC. No entanto, nem todos os rendimentos estão isentos, e aqueles que serão isentos estão condicionados à observância de alguns requisitos, como consta do n.º 3 do mesmo art.º 10.º:

> *3 – A isenção prevista no n.º 1 não abrange os rendimentos empresariais derivados do exercício das actividades comerciais ou industriais desenvolvidas fora do*

âmbito dos fins estatutários, bem como os rendimentos de títulos ao portador, não registados nem depositados, nos termos da legislação em vigor, e é condicionada à observância continuada dos seguintes requisitos:

a) Exercício efetivo, a título exclusivo ou predominante, de atividades dirigidas à prossecução dos fins que justificaram a isenção; (Redação da Lei n.º 36/2021 de 14/06)

b) Afectação aos fins referidos na alínea anterior de, pelo menos, 50% do rendimento global líquido que seria sujeito a tributação nos termos gerais, até ao fim do 4.º período de tributação posterior àquele em que tenha sido obtido, salvo em caso de justo impedimento no cumprimento do prazo de afectação, notificado ao director-geral dos impostos, acompanhado da respectiva fundamentação escrita, até ao último dia útil do 1.º mês subsequente ao termo do referido prazo;

c) Inexistência de qualquer interesse directo ou indirecto dos membros dos órgãos estatutários, por si mesmos ou por interposta pessoa, nos resultados da exploração das actividades económicas por elas prosseguidas.

4 – O não cumprimento dos requisitos referidos nas alíneas a) e c) do número anterior determina a perda da isenção, a partir do correspondente período de tributação, inclusive.

5 – Em caso de incumprimento do requisito referido na alínea b) do n.º 3, fica sujeita a tributação, no 4.º período de tributação posterior ao da obtenção do rendimento global líquido, a parte desse rendimento que deveria ter sido afecta aos respectivos fins.

No caso particular dos clubes desportivos com estatuto de Utilidade Pública, é de notar que, ao lado da isenção subjetiva do art.º 10.º, determinados rendimentos escapam ao IRC por via de uma não sujeição expressa, mas objetiva. O art.º 11.º no seu n.º 1, indica que *"Estão isentos de IRC os rendimentos directamente derivados do exercício de actividades culturais, recreativas e desportivas"*. Contudo, também aqui estabelece alguns condicionalismos, conforme n.º 2 do mesmo artigo:

2 – A isenção prevista no número anterior só pode beneficiar associações legalmente constituídas para o exercício dessas actividades e desde que se verifiquem cumulativamente as seguintes condições:

a) Em caso algum distribuam resultados e os membros dos seus órgãos sociais não tenham, por si ou interposta pessoa, algum interesse directo ou indirecto nos resultados de exploração das actividades prosseguidas;

b) Disponham de contabilidade ou escrituração que abranja todas as suas actividades e a ponham à disposição dos serviços fiscais, designadamente para comprovação do referido nas alíneas anteriores.

De notar ainda que, conforme o n.º 3 deste artigo, *"Não se consideram rendimentos directamente derivados do exercício das actividades indicadas no n.º 1, para efeitos da isenção aí prevista, os provenientes de qualquer actividade comercial, industrial ou agrícola exercida, ainda que a título acessório, em ligação com essas actividades e, nomeadamente, os provenientes de publicidade, direitos respeitantes a qualquer forma de transmissão, bens imóveis, aplicações financeiras e jogo do bingo".*

As coletividades desportivas, de cultura e recreio, podem ainda beneficiar da isenção prevista no artigo 54.º do Estatuto dos Benefícios Fiscais (EBF), que nos diz que *"ficam isentos de IRC os rendimentos das coletividades desportivas, de cultura e recreio, abrangidas pelo artigo 11.º do Código do IRC, desde que a totalidade dos seus rendimentos brutos sujeitos a tributação, e não isentos nos termos do mesmo Código, não exceda o montante de € 7.500".*

Adicionalmente a estas isenções o art.º 54.º, n.º 3, estabelece que *"Consideram-se rendimentos não sujeitos a IRC as quotas pagas pelos associados em conformidade com os estatutos, bem como os subsídios destinados a financiar a realização dos fins estatutários".*

Assim, considerando o enquadramento jurídico exposto, e desde que assegurados os requisitos definidos no mesmo, poderemos concluir que, ao abrigo do art.º 11.º do CIRS, as mensalidades recebidas pelos clubes desportivos com estatuto de utilidade pública são isentas de IRC.

Já outros rendimentos, como a prática de atos de comércio (ex: exploração de um bar), não se enquadram nesta isenção do artigo 11.º do CIRC, tratando-se de rendimentos de natureza comercial sujeitos a tributação, devendo o lucro ser apurado com base nas regras do CIRC.

Enquadramento das mensalidades em IVA

Conforme abordado aquando do enquadramento efetuado ao IVA, os clubes desportivos são sujeitos passivos deste imposto em conformidade com a alínea a) n.º 1 do art.º 2.º do CIVA: *"As pessoas singulares ou colectivas que, de um modo independente e com carácter de habitualidade, exerçam actividades de produção, comércio ou prestação dos serviços, incluindo as actividades extractivas, agrícolas e as das profissões livres, e, bem assim, as que, do mesmo modo independente, pratiquem uma só operação tributável, desde que essa operação seja conexa com o exercício das referidas actividades, onde quer que este ocorra, ou quando, independentemente dessa conexão, tal operação preencha os pressupostos de incidência real do imposto sobre o rendimento das pessoas singulares (IRS) ou do imposto sobre o rendimento das pessoas colectivas (IRC)".*

Como tal, e de acordo com o definido na alínea a) n.º 1 do art.º 1.º do Código do IVA, os rendimentos dos clubes desportivos aí definidos estão sujeitos a imposto: *"Estão sujeitas a imposto sobre o valor acrescentado as transmissões de bens e as prestações de serviços efectuadas no território nacional, a título oneroso, por um sujeito passivo agindo como tal".*

Assume, pois, especial relevância para a abordagem das mensalidades das atividades desportivas a questão das isenções. Tal como já mencionado, os clubes desportivos estão inseridos nas entidades abrangidas pela isenção incompleta (simples) conforme artigos 9.º e 10.º do CIVA, que se concretiza na não liquidação de imposto na venda ou na prestação de serviços (em determinados rendimentos e com determinadas condições) e na não permissão de dedução do imposto suportado nas aquisições, exprimindo assim, não uma isenção completa, mas uma redução da carga fiscal, desde que a isenção se situe no estádio final do circuito económico.

Assim, o artigo 9.º do CIVA, enumera determinadas operações, que, por serem consideradas de interesse geral ou social e com fins de relevante importância, ficam abrangidas pela isenção prevista neste artigo, pretendendo-se assim desonerar, quer administrativamente, quer financeiramente, tais atividades. No que importa aos clubes desportivos, são de destacar os n.ºs 8 e 19.º:

> *8) As prestações de serviços efectuadas por organismos sem finalidade lucrativa que explorem estabelecimentos ou instalações destinados à prática de actividades artísticas, desportivas, recreativas e de educação física a pessoas que pratiquem essas actividades;*
> *19) As prestações de serviços e as transmissões de bens com elas conexas efectuadas no interesse colectivo dos seus associados por organismos sem finalidade lucrativa, desde que esses organismos prossigam objectivos de natureza política, sindical, religiosa, humanitária, filantrópica, recreativa, desportiva, cultural, cívica ou de representação de interesses económicos e a única contraprestação seja uma quota fixada nos termos dos estatutos.*

De notar que esta última isenção será aplicável às transmissões de bens e/ou prestações de serviços que reúnam, cumulativamente, os seguintes requisitos:

- sejam efetuadas por organismos sem finalidade lucrativa (art.º 10.º do CIVA);
- em relação direta com os interesses dos seus associados;
- sendo exclusivamente remunerada por uma quota fixada nos termos dos estatutos.

Para efeitos de isenção, nomeadamente, relativa ao n.º 19, importa enquadrar os clubes desportivos no art.º 10.º do CIVA, como organismos sem finalidade lucrativa, para o que terão de cumprir com os pressupostos aí definidos, nomeadamente, *"Para efeitos de isenção, apenas são considerados como organismos sem finalidade lucrativa os que, simultaneamente: a) Em caso algum distribuam lucros e os seus corpos gerentes não tenham, por si ou interposta pessoa, algum interesse directo ou indirecto nos resultados da exploração; b) Disponham de escrituração que abranja todas as suas actividades e a ponham à disposição dos serviços fiscais, designadamente para comprovação do referido na alínea anterior; c) Pratiquem preços homologados pelas autoridades públicas ou, para as operações não susceptíveis de homologação, preços inferiores aos exigidos para análogas operações pelas empresas comerciais sujeitas a imposto; d) Não entrem em concorrência directa com sujeitos passivos do imposto".*

Deste modo, uma entidade pode beneficiar das isenções consignadas nos n.ºs 8 e 19 do art.º 9.º do CIVA, mas, se no exercício da sua atividade, efetuar prestações de serviços ou transmissões de bens não enquadráveis nas citadas normas ou em qualquer outra das referidas no art.º 9.º do CIVA, tais operações estão sujeitas a IVA e dele não isentas, ficando abrangida pela disciplina do art.º 23.º do CIVA, relativamente ao exercício do direito à dedução.

Considerando o enquadramento exposto acima, se o clube desportivo reunir as condições referidas, beneficia da isenção prevista no n.º 8 do art.º 9.º do CIVA, nas prestações de serviços efetuadas diretamente às pessoas que praticam as atividades mencionadas, no âmbito da exploração das instalações destinadas à prática daquelas atividades, ou seja, beneficia da isenção para o caso das mensalidades. Beneficia, ainda, da isenção prevista no n.º 19 do art.º 9.º do mesmo Código, relativamente às quotas pagas pelos associados nos termos dos estatutos. Ou seja:

- As prestações de serviços e transmissões de bens efetuadas no âmbito estrito das quotas pagas pelos associados, fixadas nos termos dos estatutos dos clubes desportivos, encontram-se abrangidas pela isenção contemplada no n.º 19 do art.º 9.º do CIVA.
- Relativamente ao pagamento de mensalidades, pagas para além das quotas, desde que respeitantes às prestações de serviços efetuadas diretamente aos associados que praticam as atividades, beneficiam da isenção prevista no n.º 8 do art.º 9.º do CIVA.

Resultam da análise alguns pontos cuja interpretação é propícia a dúvidas, pelo que são abordados de seguida, considerando jurisprudência que os tem endereçado.

- *As isenções previstas nos n.ºs 8 e 19 do art.º 9 do CIVA aplicam-se apenas a associados?*

Estas disposições legais têm por base as alíneas m) e i) do n.º 1 do artigo 132.º da Diretiva IVA.

Para aplicação da isenção prevista na alínea 19) do artigo 9.º do CIVA, as operações devem ser efetuadas por entidades sem fins lucrativos, na relação direta com os interesses dos seus associados e ser, exclusivamente, remuneradas por uma quota fixada nos termos dos respetivos estatutos, implicando que, se as operações efetuadas ocasionarem o pagamento por parte dos associados, ou de terceiros, de quaisquer outras importâncias para além da quota fixada nos termos dos estatutos, já não aproveitam da isenção, sendo sujeitas a imposto nos termos gerais do CIVA.

Embora a isenção consignada na mencionada alínea 19) do artigo 9.º fique condicionada aos fornecimentos de bens e aos serviços prestados pelos organismos aí descritos aos seus associados, a isenção prevista na alínea 8) do mesmo artigo não se encontra limitada dessa forma. De facto, os serviços indicados nesta alínea, sendo prestados por entidades sem fins lucrativos beneficiam da isenção, ainda que os destinatários não sejam seus associados. Portanto, as mensalidades poderão ser isentas, independentemente de os destinatários serem ou não associados do clube desportivo.

(Jurisprudência sobre esta matéria: Acórdão, proferido em 19 de dezembro de 2013 pelo TJUE, no Processo C-495/12 conhecido como caso "Bridport and west Dorset Golf Club Limited")

- *Qual a interpretação a atribuir à designação "pessoas que pratiquem desporto", constante do n.º 8 do art.º 9.º do CIVA?*

Esta designação vem mencionada na alínea m) do n.º 1 do artigo 132.º da Diretiva IVA. O entendimento proferido pela jurisprudência do TJUE considera que, não obstante o facto de que apenas as pessoas singulares praticam desporto, embora possam fazê-lo em grupo, *"(...) a identidade do destinatário formal de uma prestação de serviços e a forma jurídica sob a qual este desta beneficia não são pertinentes"*, pelo que a isenção *"(...) abrange igualmente, no contexto de pessoas que praticam desporto, prestações de serviços fornecidas a pessoas colectivas e a associações não registadas, desde que (...) essas prestações tenham uma estreita conexão com a prática do desporto e sejam indispensáveis à sua realização, sejam efectuadas por organismos sem fins lucrativos e que os beneficiários efectivos das referidas prestações sejam pessoas que praticam desporto"* (Acórdão proferido em 16 de Outubro de 2008, no âmbito do Processo C-253/07, conhecido como o Caso "Canterbury Hockey Club e Canterbury Ladies Hockey Club").

Face a este entendimento, a isenção consignada na alínea 8) do artigo 9.º do CIVA abrange, ainda, as prestações de serviços fornecidas a pessoas coletivas e associações não registadas, desde que os beneficiários efetivos das prestações de serviços sejam pessoas que praticam desporto.

- *Como validar a alínea d) do art.º 10.º do CIVA "Não entrem em concorrência directa com sujeitos passivos do imposto"?*

É sustentado pela jurisprudência que a fundamentação, neste caso particular, da concorrência direta, deve incorporar elementos de facto e de direito que permitam ao destinatário do ato perceber o iter decisório. Adicionalmente, a fundamentação de ato tributário deve ser sempre contemporânea do ato, não sendo possível fundamentação "a posteriori", porquanto tal afrontaria o entendimento consolidado do STA, expresso em inúmeros arestos de ambas as Secções, de que a fundamentação tem de ser contextual, ou seja, contemporânea do ato (Vd. Acórdão de 17/03/2005, exarado no proc.º 0103/05).

A questão da concorrência, ou sua distorção, não deve nunca ser aferida de forma abstrata, o que levaria a que tudo fosse em abstrato violador da concorrência, quando não é essa a intenção do legislador comunitário. Conforme se decidiu no processo 161/2017-T proferido pelo CAAD:

Ora, compulsado o referido artigo 10.º do CIVA aplicável, e, em concreto a sua al. d), verifica-se que o mesmo veio excluir a abrangência da isenção que nos ocupa, quando ocorrer "concorrência direta com sujeitos passivos do imposto", e não, como consta do texto da Directiva, quando haja susceptibilidade de "provocar distorções de concorrência em detrimento de empresas comerciais sujeitas ao IVA. (...)

Como o TJUE salienta, estando em causa o respeito pelo princípio da neutralidade, a regra de tributação contida nesta disposição não deve ser interpretada de forma demasiado restrita, sendo que uma das questões que se tem vindo a analisar nesta sede é a de saber se as distorções de concorrência se devem apreciar em relação à actividade no seu conjunto ou casuisticamente em relação aos mercados locais.

No que tange às isenções este requisito foi poucas vezes analisado, destacando-se para o efeito o Acórdão de 20 de Novembro de 2003, proferido no Processo C-8/01, conhecido como Caso Taksatorrigen. Neste contexto, embora no que se reporta ao disposto na al. f) do artigo 132.º da Directiva IVA (relativa a agrupamentos autónomos de pessoas), o TJUE veio salientar que é a própria isenção que não deve provocar distorções de concorrência, sendo necessário que o risco das distorções de concorrência seja real e não apenas hipotético.

Feitos estes considerandos e para efeitos do caso em análise, deveremos notar que a apreciação da existência ou não de concorrência pode ser feita a vários níveis.

Assim, poder-se-á considerar que a oferta lúdica de serviços de desporto concorre com outros serviços como cinemas e espectáculos, na medida em são dirigidos à ocupação de tempos livres, mas crê-se que não se poderá, manifestamente, falar aí de concorrência efectiva, nos termos que nos ocupam.

Dentro da oferta lúdica de serviços de desporto, pode-se dizer que serviços ligados, por exemplo, ao atletismo, ao futebol, ao ténis, à natação, e ao golfe, concorrem entre si, enquanto oferta de serviços desportivos, mas, também aí, não se poderá falar de concorrência efectiva, nos termos que nos ocupam.

E mesmo dentro da oferta de serviços relacionados com uma mesma modalidade desportiva, poderá não haver concorrência directa. Assim, por exemplo, uma escola de Futebol em que a formação seja dada pelo Cristiano Ronaldo, ou uma escola de Ténis em que a formação seja dada pelo João Sousa, não concorrerão directamente, em princípio, com uma escola da mesma modalidade, com formação ministrada por um curioso local.

(...) Assim, como se escreveu no Acórdão do STJ de 09-10-2002, proferido no processo 02S1905, em situação distinta mas directamente transponível, "Para que possa realizar-se com adequação e legitimidade o confronto de uma situação concreta com o dever de não concorrência é, pois, necessário ter em conta, mais do que a identidade ou

semelhança dos bens ou serviços produzidos pelas empresas consideradas, e muito mais do que o facto de pertencerem ao mesmo " ramo", " género" ou "sector" de actividade económica este requisito elementar da hipótese de concorrência: a possibilidade factual do desvio de clientela."

(...) A concorrência não é susceptível de ser definida em abstracto e só pode ser apreciada em concreto, pois o que interessa saber é se a actividade de um agente económico atinge ou não a actividade de outro, através da disputa da mesma clientela.(...).

Assim, podemos concluir que, para verificação de uma situação de concorrência directa das actividades com outros sujeitos passivos do imposto, será necessária a demonstração em concreto dessa concorrência, dessa competição de clientela, sendo que em tal demonstração influem o tipo de serviços que são prestados, para além das características específicas destes, como a qualidade ou personalização, o preço, e as características da própria clientela angariada. Não bastará, por isso, fazer referência a uma identidade de sector ou de mercado local, e muito menos apelando a toda a extensão do território nacional, como se a região do Alentejo ou do Algarve, só para dar alguns exemplos, fossem susceptíveis de provocar uma situação de concorrência a uma actividade desportiva que ocorre, exclusivamente, numa cidade do Norte. Não seria certamente normal ou expectável que um residente da região do Algarve se deslocasse ao norte para poder usufruir de uma atividade desportiva onde não pagaria IVA.

Tendo em consideração o enquadramento regulatório das isenções de IVA, bem como os inputs em termos de jurisprudência acerca de alguns pontos mais sensíveis quanto à sua interpretação, podemos concluir que, desde que os clubes desportivos reúnam as condições estabelecidas no artigo 10.º do CIVA, e em conformidade com o definido no artigo 9.º do mesmo código, as mensalidades cobradas pelo desenvolvimento de atividades desportivas serão isentas de IVA.

A questão da concorrência será, provavelmente, a que dará azo a mais divergências e diferentes interpretações, nomeadamente, pelo que é possível verificar por alguns processos no CAAD em que a AT é interveniente. No entanto, e como mencionado acima, será necessária uma efetiva e clara demonstração por parte da AT do enquadramento dessa concorrência, em termos de disputa da mesma clientela, para que não seja considerada a isenção das mensalidades, em conformidade com as premissas estabelecidas no art.º 9.º do CIVA.

Limitação à dedução do IVA nas despesas associadas a atividade desportiva

Para os clubes desportivos, em função dos calendários desportivos das várias modalidades, que implicam constantes deslocações para disputa dos jogos e competições em que se inserem, os custos com deslocações, alimentação e alojamento são muito significativos e relevantes no seu orçamento anual. Existem clubes que desenvolvem várias modalidades desportivas, com equipas/atletas desde os escalões mais jovens até aos seniores, com grupos alargados, necessários para a disputa das várias competições. Torna-se, pois, simples de perceber a importância dos custos mencionados naquilo que são as despesas dos clubes desportivos, cujas dificuldades financeiras são, por norma, muitas e uma constante. Por tal motivo, ganha especial relevância a limitação prevista no CIVA à dedução do IVA destas despesas.

Conforme abordado aquando do enquadramento efetuado ao IVA, a regra geral do seu funcionamento assenta no mecanismo da dedução do imposto suportado, de forma a evitar que o mesmo se incorpore de forma oculta no preço dos bens e serviços, dando origem ao aparecimento de efeitos cumulativos, que são contrários à neutralidade, que é a sua principal característica. Como tal, é suscetível de dedução todo o imposto suportado na aquisição de bens e serviços desde que venham a ser efetivamente utilizados no âmbito de uma atividade profissional ou empresarial.

Contudo, por questões administrativas relacionadas com a dificuldade ou mesmo impossibilidade do controlo rigoroso dos eventuais desvios para consumos privados de determinados bens e serviços, o legislador português teve necessidade de excluir do direito à dedução o IVA suportado nalgumas aquisições. Ou seja, existem algumas despesas que, embora destinadas a uma atividade tributável, não conferem direito a dedução do IVA nelas contido. Assim sucede, nos termos do artigo 21.º, e no que aos clubes desportivos mais diz respeito, com despesas relativas a viaturas de turismo, transportes e viagens, alojamento, alimentação e bebidas, entre outras, que se encontram expressamente excluídas do direito à dedução, por força do estatuído no n.º 1 do artigo 21.º do Código do IVA, normativo que dispõe da seguinte forma:

1. Exclui-se, todavia, do direito à dedução o imposto contido nas seguintes despesas:
(...)
c) Despesas de transportes e viagens de negócios do sujeito passivo do imposto e do pessoal, incluindo as portagens;

d) Despesas respeitantes a alojamento, alimentação, bebidas e tabacos e despesas de receção (...);

Adicionalmente, o artigo 21.º do CIVA tem igualmente previsto algumas exclusões das limitações à dedução:

2. Não se verifica, contudo, a exclusão do direito à dedução nos seguintes casos:
d) despesas mencionadas nas alíneas c) e d), com exceção de tabacos, ambas do número anterior, efetuadas para as necessidades diretas dos participantes, relativas à organização de congressos, feiras, exposições, seminários, conferências e similares, quando resultem de contratos celebrados diretamente com o prestador de serviços ou através de entidades legalmente habilitadas para o efeito e comprovadamente contribuam para a realização de operações tributáveis, cujo imposto é dedutível na proporção de 50%;
e) despesas mencionadas na alínea c) e despesas de alojamento, alimentação e bebidas previstas na alínea d), ambas do número anterior, relativas à participação em congressos, feiras, exposições, seminários, conferências e similares, quando resultem de contratos celebrados diretamente com as entidades organizadoras dos eventos e comprovadamente contribuam para a realização de operações tributáveis, cujo imposto é dedutível na proporção de 25%;

Sendo estas despesas indispensáveis ao exercício da atividade das entidades desportivas, estas exclusões ao direito à dedução revelam um efeito penalizador substancialmente relevante, não se justificando, pela facilidade de demonstração da afetação que lhes é conferida, a aplicação literal do artigo 21.º supramencionado. Esse caráter de relevância e facilidade de demonstração acima referido foi já considerado pelo legislador em situações similares, como se constata através da abertura, ainda que parcial, que o mesmo concedeu em relação às atividades de organização de eventos (Lei n.º 55-B/2004, de 31 de dezembro, que procedeu a uma alteração substancial do artigo 21.º do Código do IVA, no sentido de passar a permitir, a partir do dia 1 de janeiro de 2005, a dedução do imposto suportado nas já referidas despesas de transportes e viagens, incluindo as portagens, as despesas de alojamento, alimentação e restauração, no caso de resultarem da organização e participação em congressos, feiras e exposições). A atividade desportiva, pela sua publicidade e notoriedade, é seguramente merecedora de semelhante enquadramento, já que não é real o perigo de desvio das despesas em causa para consumos privados.

O artigo 21.º do CIVA leva-nos essencialmente a assumir que o Estado concluiu a sua incompetência para determinar se as despesas em questão são utilizadas para fins da atividade ou fins pessoais, pelo que estabelece as exceções definidas no artigo em questão.

O anteprojeto do Código do IVA revela de forma clara que *"a limitação do direito do sujeito passivo à dedução do IVA no tocante às despesas em causa, era apenas justificada pela Autoridade Tributária nacional pela dificuldade em controlar de forma precisa a repartição entre a parte profissional e a parte privada das despesas relativas a este tipo de bens e pelos riscos de fraude ou de abuso que daqui decorrem"*.

A posição assumida pela Autoridade Tributária (AT), nomeadamente na sequência de ações inspetivas efetuadas às entidades desportivas, tem vindo a manter-se fiel a uma interpretação literal do normativo contido no artigo 21.º do Código do IVA, o que significa que, independentemente de existirem ou não provas inequívocas de uma utilização exclusivamente empresarial, a dedução não é permitida em qualquer circunstância.

Por outro lado, a jurisprudência nacional, não é abundante quanto a esta matéria de exclusão do direito à dedução, podendo-se inferir que os próprios operadores económicos, quer sejam desportivos ou não, se conformam com a interpretação literal do artigo 21.º do Código do IVA. Mesmo nos casos em que o Supremo Tribunal Administrativo foi chamado, por via de recurso, a pronunciar-se sobre a questão fê-lo sempre numa perspetiva de interpretação dos conceitos, ou seja, numa perspetiva de saber se as despesas suportadas pelos sujeitos passivos têm cabimento nas normas de afastamento da exclusão do direito à dedução do imposto.

A nível comunitário, a dedução integral e imediata do imposto constitui a regra geral no que respeita às despesas que têm um caráter profissional ou empresarial, como pode ser verificado no expresso na alínea a) do artigo 168.º da Diretiva 2006/112/CE do Conselho, de 28 de novembro, que dispõe que, quando os bens e os serviços são utilizados para os fins das suas operações tributadas, o sujeito passivo tem direito, no Estado-membro em que efetua essas operações, a deduzir, do montante do imposto de que é devedor, o IVA devido ou pago nesse Estado-membro em relação aos bens que lhe tenham sido ou venham a ser entregues e em relação aos serviços que lhe tenham sido ou venham a ser prestados por outro sujeito passivo.

Existe diversa jurisprudência, pacífica, do Tribunal da Justiça defendendo esse entendimento, mesmo em casos em que a justificação para a exclusão se prende com motivos relacionados com fraude e evasão fiscal, resultantes de eventuais desvios para consumo privado de despesas que contêm IVA objeto de dedução, nomeadamente de despesas relacionadas com alojamento, alimentação e deslocações. O mesmo Tribunal tem considerado também que a não permissão de demonstração da ausência de fraude ou evasão fiscal não constitui um meio proporcionado ao objetivo de lutar contra essas problemáticas, afetando excessivamente os objetivos e princípios da Sexta Diretiva.

Coloca-se, pois, a questão da eventual desconformidade com o direito comunitário e princípios da neutralidade e proporcionalidade que o enformam, das normas do artigo 21.º do Código do IVA limitativas do direito à dedução. Será que o legislador português, ao estabelecer no Código do IVA as limitações a este direito, o fez em violação do disposto no artigo 17.º, n.º 6, da Diretiva 77/388/CEE, do Conselho, em vigor à data de adesão do Estado Português à então CEE?

A posição do legislador português fundamenta-se na utilização da cláusula "standstill" admitida no artigo 17.º, n.º 6, da Diretiva 77/388/CEE (Sexta Diretiva IVA). Embora as normas comunitárias transpostas para o direito nacional consagrem o regime das deduções como princípio fundamental do sistema comum do IVA que, segundo declara o Tribunal da Justiça da União Europeia (TJUE), não pode, em princípio, ser limitado, a Diretiva IVA autoriza, através de uma cláusula denominada de "standstill", que os Estados-Membros possam consagrar nas suas legislações nacionais exclusões do direito à dedução, na condição de as mesmas constarem de legislação anterior à adoção do IVA, tal como delineado no âmbito do sistema comum. Tal autorização encontra-se expressa no artigo 17.º, n.º 6, da Diretiva 77/388/CEE, em vigor à data de adesão da República Portuguesa à então Comunidade Económica Europeia, com a seguinte redação: *"O mais tardar antes de decorrido o prazo de quatro anos a contar da data da entrada em vigor da presente diretiva, o Conselho, deliberando por unanimidade, sob proposta da Comissão, determinará quais as despesas que não conferem direito à dedução do imposto sobre o valor acrescentado. Serão excluídas do direito à dedução, em qualquer caso, as despesas que não tenham carácter estritamente profissional, tais como despesas sumptuárias, recreativas ou de representação. Até à entrada em vigor das disposições acima referidas, os Estados-membros podem manter todas as exclusões previstas na legislação nacional respetiva no momento da entrada em vigor da presente diretiva."*

Esta norma consta do artigo 176.º da atual Diretiva IVA, com a seguinte redação: *"O Conselho, deliberando por unanimidade, sob proposta da Comissão, determina quais as despesas que não conferem direito à dedução do IVA. Em qualquer caso, são excluídas do direito à dedução as despesas que não tenham carácter estritamente profissional, tais como despesas sumptuárias, recreativas ou de representação. Até à entrada em vigor das disposições referidas no primeiro parágrafo, os Estados-Membros podem manter todas as exclusões previstas na respetiva legislação nacional em 1 de Janeiro de 1979 ou, no que respeita aos Estados-Membros que tenham aderido à Comunidade após essa data, na data da respetiva adesão."* É com base nesta disposição que o legislador nacional consagrou, no artigo 21.º do Código do IVA, exclusões e limitações ao direito à dedução do imposto contido nas despesas mencionadas no seu número 1.

Verificamos que grande parte da jurisprudência vai ao encontro da posição assumida pelo legislador português. Como exemplo, em resposta a algumas questões colocadas em função de ter sido suscitado reenvio prejudicial em decisão arbitral proferida no processo 207/2019-T, o TJUE prestou, entre outros, os seguintes esclarecimentos[2]:

- *No caso vertente, importa, em primeiro lugar, precisar, por um lado, que, em conformidade com o artigo 395.º do Ato relativo às condições de adesão do Reino de Espanha e da República Portuguesa e às adaptações dos Tratados, lido em conjugação com o anexo XXXVI do mesmo ato, a República Portuguesa, que aderiu à União em 1 de janeiro de 1986, pôde diferir até 1 de janeiro de 1989 a plena aplicação das regras que constituem o sistema comum do IVA (Acórdão de 08-03-2012, Comissão/Portugal, C-524/10, EU:C:2012:129, n.º 13).*
- *Por outro lado, embora na data da adesão da República Portuguesa à União o artigo 21.º do Código do IVA excluísse totalmente do direito a dedução o imposto pago a montante que incidia sobre as despesas respeitantes a alojamento, alimentação e bebidas, bem como sobre as despesas em transportes e viagens de negócios do sujeito passivo e do seu pessoal, incluindo portagens, uma alteração ao referido artigo efetuada no ano de 2005 teve por efeito, sob certas condições, admitir o direito a dedução do IVA para este tipo de despesas, até ao limite de 50%. Afigura-se, assim, sob reserva de verificação pelo órgão jurisdicional de reenvio, que, na sequência desta alteração, despesas que estavam totalmente excluídas desse direito passaram a conferir, sob certas condições, um direito a dedução parcial deste imposto (v., neste sentido, Despacho de 26-02-2020, PAGE International, C-630/19, não publicado, EU:C:2020:111, n.ºs 32 e 33).*

[2] Esclarecimentos constantes do Despacho do processo n.º 143/2020-T do Centro de Arbitragem Administrativa (Lisboa, 3 de dezembro de 2020).

- *Há, portanto, que constatar, em segundo lugar, que, por um lado, resulta da leitura conjugada do artigo 17.º, n.º 6, segundo parágrafo, da Sexta Diretiva e do artigo 395.º do Ato relativo às condições de adesão do Reino de Espanha e da República Portuguesa e às adaptações dos Tratados, lido em conjugação com o anexo XXXVI do mesmo ato, que as exclusões do direito a dedução previstas no artigo 21.º do Código do IVA na data da adesão da República Portuguesa à União estavam abrangidas pela cláusula de standstill prevista no artigo 17.º, n.º 6, segundo parágrafo, da Sexta Diretiva. Além disso, resulta da jurisprudência recordada nos n.ºs 30 e 31 do presente despacho que, após a alteração do artigo 2.º do Código do IVA efetuada no decurso do ano de 2005, que reduziu o âmbito das despesas excluídas deste direito, essas exclusões continuaram abrangidas por essa cláusula.*
- *Por outro lado, as exclusões previstas no referido artigo 21.º do Código do IVA, conforme assim alterado, continuam abrangidas pela cláusula de standstill referida no artigo 176.º, segundo parágrafo, da Diretiva IVA.*
- *Com efeito, em conformidade com a jurisprudência recordada no n.º 26 do presente despacho, sendo o artigo 176.º, segundo parágrafo, da Diretiva IVA, em substância, idêntico ao artigo 17.º, n.º 6, segundo parágrafo, da Sexta Diretiva, a jurisprudência relativa à interpretação da segunda disposição é pertinente para a interpretação da primeira disposição. Daqui resulta que esta deve ser interpretada no sentido de que não se opõe a uma legislação nacional em matéria de exclusão do direito a dedução do IVA que não era contrária à referida disposição da Sexta Diretiva (v., neste sentido, Despacho de 26-02-2020, PAGE International, C-630/19, não publicado, EU:C:2020:111, n.ºs 28, 29 e 39).*
- *Além disso, qualquer outra interpretação seria contrária ao artigo 395.º do Ato relativo às condições de adesão do Reino de Espanha e da República Portuguesa e às adaptações dos Tratados, lido em conjugação com o anexo XXXVI do mesmo ato, por força do qual, conforme foi recordado no n.º 33 do presente despacho, este último Estado-Membro pôde diferir a plena aplicação das regras que constituem o sistema comum do IVA até 1 de janeiro de 1989. Ora, tanto um ato de adesão como os protocolos e os anexos desse ato de adesão constituem disposições de direito primário que, a menos que o ato de adesão disponha em sentido diferente, só podem ser suspensas, alteradas ou revogadas segundo os procedimentos previstos para a revisão dos Tratados originários (v., neste sentido, Acórdão de 11-09-2003, Áustria/Conselho, C-445/00, EU:C:2003:445, n.º 62).*

Assim, para tentar ultrapassar esta questão, que influencia efetivamente de forma negativa a posição financeira dos clubes desportivos, e atendendo à sensibilidade já demonstrada pelo Legislador para situações similares, como a dos organizadores de eventos, o Comité Olímpico de Portugal, o Comité Paralímpico de Portugal e a Confederação do Desporto de Portugal apresentaram uma proposta[3], sugerindo que sejam introduzidas duas alterações legislativas, uma nas alíneas d) e e) do n.º 2 do artigo 21.º do Código do IVA e uma outra no artigo 63.º do Regime Jurídico das Federações Desportivas, aprovado pelo Decreto Lei n.º 248.º-B/2008, de 31 de dezembro, na redação que lhe foi conferida pelo Decreto Lei n.º 93/2014, de 23 de junho, no sentido de passar a permitir que o IVA associado à atividade desportiva, que é suportado pelos Clubes aquando das deslocações, alimentação, bebida e alojamento, seja passível de ser dedutível, nos seguintes termos:

Artigo 21.º CIVA

2. Não se verifica, contudo, a exclusão do direito à dedução nos seguintes casos:

d) despesas mencionadas nas alíneas c) e d), com exceção de tabacos, ambas do número anterior, efetuadas para as necessidades diretas dos participantes, relativas à organização de congressos, feiras, exposições, seminários, conferências e similares, quando resultem de contratos celebrados diretamente com o prestador de serviços ou através de entidades legalmente habilitadas para o efeito e comprovadamente contribuam para a realização de operações tributáveis, cujo imposto é dedutível na proporção de 50%, bem como as efetuadas para as necessidades diretas das associações desportivas dotadas do estatuto de utilidade pública, com vista à prossecução do respetivo objeto social.

Artigo 63.º RJFD
Seleções nacionais

1. ......

2. ......

3. ......

4. A aquisição de equipamentos desportivos, de viagens e de alojamento necessários à preparação e participação das seleções nacionais e das equipas das missões olímpicas, paralímpicas ou surdolímpicas confere integralmente o direito à dedução do IVA suportado.

[3] Propostas do Comité Olímpico de Portugal, do Comité Paralímpico de Portugal e da Confederação do Desporto de Portugal (Lisboa, 2 de outubro de 2020).

Considerando tudo o acima exposto, em particular a legislação comunitária e as posições do TJUE, seria efetivamente importante rever esta temática no sentido de eliminar as limitações legais à dedução no âmbito da atividade desportiva das despesas em questão. Sendo o desporto uma atividade mediática, é facilmente demonstrável que essas despesas são efetuadas, exclusivamente, no âmbito da atividade desportiva, não sendo desviadas para consumos privados.

Como tal, no caso de as propostas apresentadas acima não serem acolhidas pelo legislador, deve ser dada a possibilidade aos clubes desportivos de demonstrar a utilização empresarial dada a essas despesas, sendo que para isso não é sequer necessária qualquer alteração da Lei – basta que a AT tenha uma interpretação da Lei em conformidade com o acima mencionado, não aplicando a exceção do art.º 21.º do CIVA nesses casos.

Bibliografia

Centro de Arbitragem Administrativa (2016). Despacho Processo n.º 274/2016-T

Centro de Arbitragem Administrativa (2019). Despacho Processo n.º 864/2019-T

Centro de Arbitragem Administrativa (2020). Despacho Processo n.º 143/2020-T

Código do Imposto sobre o Valor Acrescentado. Decreto-Lei n.º 394-B/84 de 26 de dezembro. Diário da República

Código do Imposto sobre o Rendimento das Pessoas Coletivas. Decreto-Lei n.º 442-A/88, de 30 de novembro. Diário da República

Constituição da República Portuguesa. Parlamento.pt

Conta Satélite da Economia Social 2016 (2019). CASES. Lisboa

Desporto em números 2022 (2023). Instituto Nacional de Estatística, I.P.. Lisboa

Ficha Doutrinária AT (2012). Processo n.º 2981

Ficha Doutrinária AT (2019). Processo n.º 14829

Lourenço, Paulo (2014). As Exclusões do Direito à Dedução na Atividade Desportiva. Newsletter n.º 3 Novembro 2014 Morais Leitão, Galvão Teles, Soares da Silva & Associados, Sociedade de Advogados. Lisboa

Meirim, José Manuel (2014). As questões tributárias, em co-autoria. O desporto que os tribunais praticam, Coimbra Editora

Mestre, Alexandre Miguel (2021). Compêndio de Direito do Desporto. 1.ª edição, Gestlegal. Coimbra

Pássaro, Nuno Vieira (2021). Direito do Desporto: Uma visão prática. 1.ª edição AAFDL. Lisboa

6. *E-SPORTS & DOPING*: POSSÍVEL COEXISTÊNCIA?

Francisco Côrte-Real[1]

I. Introdução

A evolução tecnológica e social experimentada nas últimas décadas fez emergir novas indústrias, nelas se incluindo formas inovadoras de prática desportiva competitiva. O que, inicialmente, consistia numa atividade lúdica e de entretenimento – vulgarmente conhecida como *gaming* –, rapidamente abraçou uma componente competitiva capaz de lhe associar a possibilidade de enquadramento como prática desportiva. Os *E-Sports* são hoje uma realidade incontornável para os jovens que, num primeiro momento apenas buscando entretenimento e convivência social, veem neles uma via possível para o traçar de uma carreira financeiramente sedutora, estável e, à sua maneira, desafiante. A indústria dos *E-Sports* mobiliza milhões de pessoas em todo o mundo. Em 2022, o número de espectadores superou os 500 (quinhentos) milhões de pessoas, estimando-se que em 2025 ultrapasse os 640 (seiscentos e quarenta) milhões[2]. Consequentemente, trata-se de uma indústria geradora de enormes fluxos financeiros, tendo, em 2022, gerado receitas na ordem dos 1.38 biliões de dólares americanos[3]. É, assim, simples conceder que os jovens se sintam atraídos com a possibilidade de poderem construir uma carreira aparentemente sólida e estável, fazendo o

[1] Advogado.

[2] Informação disponível em https://newzoo.com/resources/blog/the-esports-audience-will-pass-half-a-billion-in-2022-as-revenue-engagement-esport-industry-growth.

[3] Informação disponível em https://newzoo.com/resources/blog/the-esports-audience-will-pass-half-a-billion-in-2022-as-revenue-engagement-esport-industry-growth.

que lhes dá prazer e escapando à infelicidade de serem obrigados a trabalhar em algo que não os cativa e que é financeiramente menos atraente.

Uma característica inerente à condição humana é a constante busca da superação e sucesso – seja no panorama individual ou coletivo – nas mais diversas áreas da sua atuação: da ciência à cultura, da tecnologia ao conhecimento, da economia ao desporto. Mais do que uma característica humana, assume-se como uma necessidade ou um propósito que, à distância da sua projeção, parece desvendar o caminho da felicidade. Face à urgência e imediatez que tal propósito reclama, é frequente a utilização de ferramentas ou estratégias que permitam, pelo menos em teoria, alcançá-lo de forma mais célere e facilitada. Na ciência e tecnologia, a mecanização ou robotização de processos permite reduzir custos e ganhar tempo. Na cultura e na economia, ferramentas de deteção de padrões comportamentais podem servir para criar obras de sucesso ou antecipar cenários de crise. O surgimento de ferramentas de inteligência artificial veio conceder à generalidade do público a possibilidade de obter, num ápice, conhecimento ou soluções para os mais diversificados obstáculos da vida quotidiana e profissional. De facto, o que, há umas décadas, implicava estudo aprofundado e conhecimento experimentado, nos dias que correm pode ser resolvido quase instantaneamente com o recurso a uma destas ferramentas. Assistimos, por isso, à paulatina, mas vertiginosa, simbiose entre a humanidade e a tecnologia enquanto método ou ferramenta facilitadora do alcance daquele propósito humano.

Também no desporto, podemos assistir à utilização de tecnologia ao serviço da busca pela vitória. A evolução do treino e da alimentação são exemplos disso. Nos dias que correm, a constante recolha de estatísticas de *performance*, assim como de dados fisiológicos, é uma realidade incontornável – através dela se almejando a definição de estratégias que permitam a obtenção de melhores resultados. Tais metodologias são utilizadas, ainda assim, como meros auxiliares à *performance* que a natural condição humana é capaz de reproduzir. No entanto, é sabido que, no campo desportivo, há muito se recorre a metodologias capazes de melhorar a natural condição humana, dessa forma criando vantagens injustas: o *doping*. Porque o desporto se traduz na competição com recurso a aptidões exclusivamente naturais – a altura, o peso, a força, a destreza, a agilidade, o equilíbrio, a técnica, o controlo, a velocidade, entre outros –, a utilização de metodologias capazes de melhorar qualquer uma delas é, desde logo, atentatória da preservação de valores e princípios-base que alicerçam o Desporto: a verdade desportiva, a ética desportiva ou o *fair-play*.

As novas realidades que os últimos anos propiciaram impõem importantes reflexões. Não sendo, de todo, pacífica a qualificação dos *E-Sports* como uma modalidade desportiva – ou conjunto de modalidades desportivas –, é possível conceber que alguns dos desafios que se colocam ao desporto dito tradicional podem surgir no âmbito do panorama desportivo moderno. O *doping* – e o seu combate em nome dos princípios fundamentais do desporto – é um desses casos. Podem os *E-Sports* serem qualificados como desporto? Se sim, poderá existir *doping* na prática de modalidades de *E-Sports*?

O presente trabalho pretende contribuir para a reflexão acerca da coexistência do *doping* e os *E-Sports*, iniciando-se com um enquadramento individual de ambos os temas no plano conceptual e jurídico, finalizando com uma tentativa de harmonização conjunta, revisitando o caminho que tem vindo a ser percorrido no combate ao fenómeno do *doping* nesta nova realidade desportiva. Certamente quedarão muitos aspetos por abordar mas, desejavelmente, será um contributo para as necessárias reflexões que os novos tempos reclamam.

II. Enquadramento dos *E-sports* como Desporto

É inquestionável a correlação existente entre o conceito de Desporto e a atividade física. Porém, não é simples definir estes dois conceitos. Tradicionalmente, o Desporto apresenta-se como um *sistema ordenado de práticas corporais de relativa complexidade que envolve atividades de competição institucionalmente regulamentada, que se fundamenta na superação de competidores ou de marcas e/ou resultados anteriormente estabelecidos pelo próprio desportista*[4]. Por sua vez, a atividade física pode ser definida como *qualquer movimento corporal produzido pelos músculos esqueléticos que resulte num gasto energético maior do que os níveis de repouso, isto é, todos os movimentos executados aquando da realização das atividades quotidianas, nomeadamente, as tarefas domésticas e de lazer, como passear o cão, regar o jardim, lavar o carro, entre outras*[5]. No Brasil, Luiz Roberto Martins Castro ensina que "[O]s *requisitos ou elementos que devem existir para caracterizar*

[4] Generalitat de Catalunya, 1991.

[5] Caspersen, Powell, Christenson, "*Physical Activity, Exercise, and Physical Fitness: Definitions and Distinctions for Health-Related Research*", Public Health Report, 100(2), Mar-Apr, 1985, pp. 126-131.

o esporte são a atividade física; caráter interpessoal; existência de regras previamente estabelecidas; ocorrência de competição; e objetivo final competitivo e não meramente artístico"[6].

A tónica diferenciadora do conceito de Desporto é, assim, o caráter competitivo e regulamentado.

Sucede que, nem toda a atividade física é dotada de tal natureza. Aliás, a grande maioria da prática de atividade física é órfã de competição regulamentada – pensemos, por exemplo, nas típicas corridas ao ar livre ou nas partidas de futebol ou padel entre amigos. Admite-se, no entanto, a existência de uma componente competitiva nos exemplos que agora se referiram. Ainda assim, a mesma não é institucionalmente regulamentada, salvo, claro está, se a partida ou corrida em causa se realizar no âmbito de uma competição oficialmente organizada por entidade com poderes para o efeito. Em linha com o que acaba de se expor, Michel Boudot e Marianne Faure-Abbad ensinam que "[l]*e sport est regardé comme une activité compétitive licite (ou en vue d'une compétition). Ce n'est ni une activité de pur loisir, ni une activité thérapeutique, ni une activité de socialisation, et quando bien même le sport viserait-il à détendre les pratiquants, à soigner ou à socialiser, c ene ser apas pour obtenir le titre du plus détendu, du mieux guéri ou du plus sociable*"[7]. Isto é, a existência do desporto depende sempre da existência de uma componente competitiva, ainda que, a ela aliada possam surgir propósitos distintos como a mera promoção da saúde ou a convivência social.

Existindo, ou não, caráter competitivo e regulamentado associado, a verdade é que o conceito tradicional de Desporto surge, em regra, associado à ideia de movimento: a corrida, o salto, a luta, a caminhada ou o nado. Algumas modalidades desportivas englobam vários destes movimentos – o futebol, o basquete ou o ténis, por exemplo –, outras apenas demandam um único movimento repetido – a corrida, a marcha ou a natação.

Foram, no entanto, surgindo atividades que, não demandando práticas corporais de relativa complexidade, se assemelham, em diversos outros aspetos, ao conceito tradicional de Desporto. São exemplos o Xadrez, o *Bridge*, o *Mahjong* ou, mais recentemente, os *E-Sports*. Com efeito, os exemplos que

[6] Luiz Roberto Martins Castro, in *Conceito e Evolução Sociológica do Esporte*, Enciclopédia de Gestão, Marketing e Direito Desportivo, Porto Alegre: INEJE, 2017, pp. 16 e 17.

[7] Michel Boudot, Marianne Faure-Abbad, "*La qualification juridique de l'e-sport*" in *Les Enjeux Juridiques de l'E-sport*, Collection Centre de Droit du Sport, Aix-Marseille, pp. 26.

agora se elencam não são propriamente conhecidos por exigirem preparação ou *performance* física de grande complexidade. Aliás, a sua prática, em bom rigor, não exige movimentação corporal no espaço, mas tão só pequenos movimentos com os braços e mãos articulados com coordenação ocular, estratégia e concentração. Assim, o seu enquadramento no conceito de Desporto sempre seria tarefa algo rebuscada. Sucede, no entanto, que todas estas atividades envolvem exercício mental de enorme complexidade e – contrariamente à perceção pública – alguns reclamam preparação física específica, bem como desempenho físico intenso. No caso dos *E-Sports*, é frequente assistirmos a partidas com duração de várias horas, exigindo-se, por isso, uma enorme capacidade de resistência (física e mental), de concentração e de combatividade. Ademais, é inequívoco que o sucesso na prática dos *E-Sports* depende da conjugação de elementos como o talento, a preparação ou a sorte – tal qual como em qualquer outra atividade pacificamente aceite como Desporto. A prática competitiva de videojogos requer, ainda, reflexos, velocidade de raciocíno e de movimentos, coordenação motora e mental, bem como habilidade.

Um dos principais motivos para que o enquadramento de tais atividades no conceito de Desporto não seja, ainda, totalmente pacífico é o facto de as mesmas terem surgido como atividades de natureza puramente lúdica e a sua prática competitiva ser, durante muito tempo, alheia a regulamentação institucionalizada. Com efeito, apenas nas décadas mais recentes pudemos assistir a uma emancipação destas atividades relativamente à conceção generalizada de que se tratam de meros *hobbies* ou passatempos. O caso particular dos *E-Sports* apresenta-se – atrevamo-nos – como o mais recente produto de tal emancipação, remontando o seu surgimento competitivo ao ano de 1981, com o videojogo *Space Invaders*. De facto, os *E-Sports* nascem da prática competitiva de videojogos, concebidos como produtos de entretenimento – aquilo que vulgarmente se designa por *Gaming*. No entanto, a exponencial adesão que o mundo dos videojogos experimentou nas últimas décadas fomentou o surgimento de competições – inicialmente não regulamentadas – entre os seus praticantes. Ora, a dimensão atingida por esta atividade implicou, inevitavelmente, a intervenção do Direito com vista à sua regulamentação e organização. Nas palavras de Constantino Fernandes, "*o desporto, como todos os fenómenos sociais, é necessariamente projetado no campo jurídico. Todo o poder na vida das sociedades baseia-se no Direito (...) e o desporto, portanto, tem a necessidade de uma organização normativa*"[8]. Sucede que, o caso dos *E-Sports* reveste contornos muito peculiares e tremendamente distintos das modalidades desportivas tradicionais. Desde logo, tratam-se de produtos de entretenimento, concebidos e fabricados por determinada entidade, o que significa que são sujeitas ao direito de propriedade – conceito impensável em qualquer modalidade desportiva tradicional. Com efeito, não obstante as modalidades desportivas serem regulamentadas por uma entidade com poderes para o efeito – as Federações –, a verdade é que não são, nem podem ser, propriedade de alguém. Contrariamente, os videojogos são criações. Como tal, legitimamente, o seu criador arroga-se do direito de propriedade sobre elas – com todas as consequências que daí advêm, nomeadamente as relacionadas com a propriedade intelectual. Há, por isso, uma série de *players* na indústria dos *E-Sports* que, de certa forma, contribuíram para uma espécie de anarquia na regulamentação e organização de competições. Desde logo, os criadores (*publishers*), enquanto titulares dos direitos de propriedade intelectual sobre os videojogos, são os principais organizadores de competições. A título de exemplo, pense-se no *League of Legends Championship Series*, organizado pela *Riot Games* – criadora do videojogo *League of Legends* –, ou na *Fortnite World Cup*, organizado pela *Epic Games*. Sucede que, enquanto titulares dos direitos de propriedade intelectual sobre os videojogos por si criados, é frequente os *publishers* atribuírem licenças de utilização dos mesmos a entidades terceiras para que estas organizem novas competições – as *third-party tournament organizers*.

Apesar de já existirem entidades constituídas com vista ao exercício exclusivo de poderes de regulamentação, de organização e de disciplina no âmbito dos *E-Sports*, é frequente, como vimos, encontrarmos competições organizadas e regulamentadas pelos próprios criadores ou editores dos videojogos em causa, ou até por entidades terceiras licenciadas para tal. Ora, este cenário heterogéneo é altamente fértil à confusão e instabilidade na consolidação dos *E-Sports* como uma modalidade desportiva – ou conjunto de modalidades desportivas – perfeitamente harmonizada. Ainda assim, têm vindo a ser dados importantes passos nesse sentido. A criação de entidades organizadoras e promotoras de uma unificação mundial dos

[8] Constantino Fernandes, *O Direito e os Desportos – Breve estudo de Direito Desportivo* (Procural Editora, Lisboa, 1946) em José Manuel Meirim, *A Federação Desportiva como Sujeito Público do Sistema Desportivo* (Coimbra Editora, 2002), 48.

E-Sports é um bom exemplo. Neste âmbito, salientam-se a *International Esports Federation* (IESF) e a *Global Esports Federation*, cuja missão é a promoção da credibilidade, legitimidade e prestígio dos *E-Sports* a nível global. A *International Esports Federation* conta já com 130 federações nacionais enquanto membros – aí se incluindo a Federação Portuguesa de Desportos Eletrónicos, criada em 2016, e que tem como missão a pedagogia e promoção dos *E-Sports* em Portugal.

Recentemente, o Comité Olímpico Internacional criou, em colaboração com federações internacionais e criadores de videojogos, uma competição global de desportos virtuais e simulados – a *Olympic Esports Series* 2023. Trata-se de uma evolução dos *Olympic Virtual Series* – uma primeira abordagem do Comité Olímpico Internacional no enquadramento dos *E-Sports* no movimento olímpico, em linha com a Agenda Olímpica 2020+5. De facto, uma das recomendações aí constantes é a de "*Encourage the development of virtual sports and further engage with video gaming communities*". Assim, verifica-se que também o Movimento Olímpico se vai moldando à nova realidade desportiva, emergindo, assim, mais um sólido indicador da viabilidade de um reconhecimento mundial dos *E-Sports* enquanto verdadeiro Desporto que, em nossa opinião, pecará sempre por tardio.

Debrucemo-nos, agora, acerca da viabilidade da qualificação dos praticantes de *E-Sports* como atletas. Primeiramente, será oportuno atentar no conceito de atleta.

O *Cambridge Dictionary*[9] define atleta (*athlete*) como "*a person who is very good at sports or physical exercise, especially one who competes in organized events*". Por sua vez, o dicionário francês Larousse[10] apresenta a seguinte definição de atleta: "*1. Personne qui pratique un sport (en général un sport individuel, l'athlétisme; 2. Personne dont la musculature est três développée et qui est de constitution robuste*". Entre nós, um atleta é a pessoa que pratica desporto ou outra forma de exercício físico[11].

Temos, assim, em traços gerais, que é atleta quem pratica desporto. Mas o que distingue um atleta de um desportista? Ricardo Georges Affonso Miguel ilumina-nos, sintetizando: "(...) *particularmente entendemos haver distinção*

[9] Cambridge Dictionary, disponível em www.dictionary.cambridge.org/dictionary/english/athlete.

[10] Larousse, disponível em www.larousse.fr/dictionnaires/francais/athlète/6098.

[11] Dicionário de Língua Portuguesa, Porto Editora.

entre estas figuras, tendo o atleta uma conceituação mais profissional que o desportista. Para nós, o desportista é o indivíduo que pratica exercícios físicos com conotação de divertimento saúde e lazer. Já atleta, que vem do grego athletes, e está relacionado aos lutadores que combatiam em jogos oficiais, portanto com o ânimo de competição. Assim, exemplificativamente, aquele que pratica corrida, inscreve-se em maratonas e outras corridas de rua, mas nada recebe por isso, ao contrário, paga a sua inscrição e todos os seus gastos, é apenas um desportista, ainda que tenha rendimento similar ao de atletas. Logo, a diferenciação do atleta do desportista é didática do ponto de vista da prática do esporte de diversas formas e incentivos por cada uma delas recebido"[12].

Acompanhamos esta posição, na medida em que será atleta quem, dedicando-se à prática de desporto, o faz com um objetivo competitivo profissionalizado. Isto é, não se limita à prática desportiva de competição com intuito meramente lúdico, antes buscando, nessa atividade, sustento de vida.

Ora, os praticantes de *E-Sports* – também denominados por ciberatletas – devem, assim, ser considerados atletas. Com efeito, a sua atividade assemelha-se, em larga medida, à atividade de um atleta dito tradicional. Se há uns anos os ciberatletas treinavam e competiam por conta própria, nos dias que correm tal não sucede. Grande parte dos ciberatletas que hoje competem, fazem-no em representação de um clube ou equipa – tal como sucede nas modalidades desportivas tradicionais. Inclusivamente, começa a ser usual que clubes que se dedicam a modalidades desportivas tradicionais criem equipas de ciberatletas para competir em provas de *E-Sports*. Em Portugal, veja-se, por exemplo, os casos do Sporting Clube de Braga, do Futebol Clube do Porto, do Boavista Futebol Clube, do Sport Lisboa e Benfica ou do Sporting Clube de Portugal. Todos estes clubes, juntamente com outros bem conhecidos do futebol profissional português, criaram equipas de ciberatletas e competem na eLiga Portugal, na Taça eLiga Portugal e na Supertaça eLiga Portugal – competições organizadas pela Liga Portuguesa de Futebol Profissional.

Ademais, a rotina de preparação e treino a que os ciberatletas são sujeitos, ainda que com algumas especificidades, não difere muito da adotada pelos atletas de outras modalidades desportivas. Tal como um atleta de futebol ou basquetebol, os ciberatletas que compõem clubes ou equipas

[12] Ricardo Georges Affonso Miguel, in *Atleta: Definição, Classificação e Deveres, Direito do Trabalho Desportivo, Os aspetos jurídicos da lei Pelé frente às alterações da Lei n.º 12.395/2011*, São Paulo, LTr, 2013, p. 145.

com recursos para tal, são frequentemente acompanhados por nutricionistas, preparadores físicos, treinadores, psicólogos, fisioterapeutas, médicos e até cozinheiros. É, também, frequente a existência de uma estrutura organizada de apoio à formação, preparação e desenvolvimento pessoal do ciberatleta.

Note-se, ainda, que a par com o que sucede nas modalidades desportivas tradicionais profissionalizadas, os ciberatletas, em regra, possuem um vínculo contratual com o clube ou equipa que representam. No plano nacional, levanta-se a questão de saber se o vínculo contratual de um ciberatleta poderá ser enquadrado no Regime Jurídico do Contrato de Trabalho do Praticante Desportivo, consagrado na Lei n.º 54/2017, de 14 de julho. Numa primeira análise, diríamos que as especificidades dos *E-Sports* justificariam um capítulo próprio naquele – ou qualquer outro – diploma regulador do vínculo laboral do praticante desportivo tradicional. Com efeito, ainda que, como vimos, os pontos de contacto existentes entre os *E-Sports* e as modalidades desportivas tradicionais sejam de tal maneira evidentes que justificam o enquadramento daqueles no conceito de Desporto, a verdade é que algumas especificidades de uma relação laboral que envolva os ciberatletas não se compaginam com o recurso à analogia na sua integração legislativa. Pense-se, por exemplo, na inexistência, em parte motivada pela dispersa e anárquica organização competitiva, de uma concreta e definida janela temporal de competição – leia-se, época desportiva – no âmbito dos *E-Sports*. Tal implicará, desde logo, alterações na forma de contabilização da duração do vínculo laboral. Com efeito, a duração do vínculo laboral dos praticantes desportivos tradicionais coincide com o início e o término da época desportiva da modalidade em causa, tal como consagrado no artigo 9.º da Lei n.º 54/2017, de 14 de julho – o que não seria possível concretizar no âmbito dos *E-Sports*. Em todo o caso, cremos que as semelhanças prevalecem sobre as diferenças e, como tal, grande parte do regime jurídico já existente pode – e deve – ser aproveitado para regular as relações laborais existentes entre ciberatletas e clubes ou equipas.

Resulta do exposto que os *E-Sports* merecem um urgente reconhecimento internacional enquanto modalidade desportiva. Estamos em crer que, atento o desenvolvimento e crescimento verificados nos últimos anos, tal reconhecimento não tardará – o que será sempre positivo para esta nova indústria e para o Desporto em geral.

III. O *Doping* e o seu combate

O desporto só existe quando se verifica a obediência e respeito por um conjunto de princípios e regras fundamentais que emanam das conceções consolidadas que permitem a organização e convivência pacífica em sociedade. Princípios gerais da vida em sociedade – como a ética ou a justiça – são essenciais à existência do desporto. Eduardo Vera-Cruz Pinto ilumina-nos, a propósito da ética desportiva, postulando que "[A] *ética desportiva é universal a todos os praticantes e comum a todos os desportos. Pode haver adaptações ou especificidades, mas as regras são as mesmas. Por isso, o conceito de desporto é construído e densificado pela obediência a um conjunto de regras. Se elas não forem cumpridas, não há aí desporto. Logo, a ética explicitada em regras é a condição de existência do Desporto, não apenas a sua base. Não há desporto sem ética. O modo de ser do desporto é o Bem. Fazer o Bem, fazendo bem, respeitando todos. O Desporto é uma pedagogia do cuidado, colocando cada um no lugar do outro para proceder bem. Jogar limpo, sem deixar de ser competitivo e apaixonado, é fazer desporto e ser desportista*"[13].

Temos, assim, que a própria existência do desporto depende do respeito por princípios como a verdade desportiva, a ética desportiva ou o *fair-play* – entendendo-se como tal o jogo limpo, de acordo com as regras estabelecidas e sem recurso a qualquer vantagem ilícita.

Não sendo pacífica a definição de *doping*, este relaciona-se, em traços gerais, com a utilização de métodos ou substâncias externas ao organismo, potencialmente prejudiciais à saúde, capazes de aumentar o rendimento desportivo. Estamos, assim, perante algo que ameaça a preservação de tais princípios e, por isso, a própria existência do desporto. Nas palavras de Sérgio Castanheira, o doping "*aparece sempre associado à verdade igualdade desportiva, sendo que as condutas contrárias a estes princípios, como p. ex. o consumo de substâncias para aumentar o rendimento físico, vão também contra a ética desportiva, colocando em causa o Fair Play. Todas essas condutas se resumem à tão utilizada expressão inglesa "cheating" – fraude, batota*"[14]. Paralelamente à criação de vantagem injusta no âmbito de uma competição, há uma componente de prejudicialidade para a saúde – individual e pública – que caracteriza o *doping*. Com efeito, as substâncias dopantes são suscetíveis de provocar consequências

[13] Eduardo Vera-Cruz Pinto, "Ética Desportiva" in Enciclopédia de Direito do Desporto, 1.ª Edição, novembro 2019, Gestlegal, pp. 176.

[14] Sérgio Nuno Coimbra Castanheira, in "*O Fenómeno do Doping no Desporto*", Almedina, agosto 2011, p. 41.

nefastas para a saúde individual dos atletas podendo, inclusive, provocar a sua morte – o que, inclusivamente, já se verificou por diversas ocasiões no âmbito de competições desportivas. Consequentemente, emergem problemas sociais, tais como o tráfico de tais substâncias, cujo combate deve ser promovido. De certo modo, trata-se de um fenómeno em vários aspetos semelhante ao da toxicodependência, urgindo, por isso e pela ameaça à existência do desporto, enfrentá-lo. Neste particular, Sérgio Castanheira conclui que "[o] *doping, entendido em termos gerais, é um problema que ultrapassa as fronteiras do desporto competitivo para se colocar no seio da comunidade social que pratica atividade física desportiva* (...) *condutas como o consumo, administração e tráfico de substâncias dopantes, e prática de métodos dopantes, carecem de ser sancionadas não só em nome da ética desportiva e da igualdade das condições de competição, mas também em nome da preservação da saúde individual dos praticantes e da saúde pública*"[15].

Como se referiu, a ambição humana de superação constante despoleta, não raras vezes, o recurso a estratégias, externas à sua natural condição, capazes de, em teoria, facilitar tal desiderato. Sucede que, nem todas essas estratégias constituem *doping*, não devendo, por isso, ser proibidas e sancionadas. No desporto, o treino, a alimentação e suplementação ou o descanso constituem exemplos de estratégias que, utilizadas com o amparo do conhecimento científico, podem potenciar a obtenção de melhores resultados. Pensemos, por exemplo, no grau de minuciosidade que a dieta dos atletas contemporâneos atinge quando comparada com a dos atletas de há cinquenta anos. Hoje em dia, é impensável um atleta profissional poder adotar uma dieta livre, sem qualquer acompanhamento profissional. Com efeito, o exponencial crescimento, nas últimas décadas, do conhecimento científico na área da nutrição, nomeadamente no impacto que a mesma pode ter na *performance* desportiva, implicou que os atletas e as organizações lhe atribuíssem uma relevância que, até então, seria inimaginável. O mesmo sucedeu com a preparação física e o treino. Novas metodologias foram sendo estudadas e a sua aplicação traduziu-se na obtenção de melhores resultados desportivos. Um bom exemplo disso mesmo é a análise de dados aplicada ao desporto. Nos dias que correm, a generalidade – senão a totalidade – dos clubes e equipas, monitorizam a performance desportiva dos seus atletas com vista a determinar aspetos a melhorar ou a explorar.

[15] Sérgio Castanheira, *ob. cit.*, p. 44.

Trata-se da utilização do conhecimento em prol da melhoria desportiva, sem com isso se obterem vantagens ilícitas ou injustas na competição. Com efeito, os exemplos ora elencados circunscrevem-se à análise de indicadores – factos – que permite a definição de novas estratégias potencialmente impulsionadoras de melhores *performances* e resultados. Se, por exemplo, a análise do desempenho desportivo de um jogador de futebol num conjunto de treinos ou jogos, medido através de ferramentas de análise de dados e estatísticas, determina que o seu desempenho melhora – seja através de golos marcados, assistências, passes acertados ou roubos de bola – quando o mesmo joga numa determinada zona do terreno de jogo ou joga coordenado com determinado colega de equipa, então o mesmo procurará jogar mais naquela zona e não noutras, assim como jogar mais próximo daquele colega e não de outros. Do mesmo modo, se o rendimento desportivo de um jogador de ténis melhora quando o mesmo, previamente ao início da partida, ingere determinada quantidade de hidratos de carbono de rápida absorção – como a fruta –, ao invés de uma fonte de proteína ou gordura, então o mesmo apostará, naturalmente, na ingestão daqueles macronutrientes em detrimento destes, sempre que dispute uma partida de ténis.

Ao passo que a adoção das estratégias que se vêm de referir não parece colidir com a conservação da verdade e ética desportivas, surgem outras metodologias que são suscetíveis de o fazer. Mas porquê? Em bom rigor, umas e outras culminam em vantagens, à partida, injustas. Aliás, vantagens injustas existem – e sempre existirão – em todas as formas de desporto. Os exemplos que acima se referiram – a nutrição e a evolução tecnológica do treino – podem constituir vantagens injustas na medida em que a sua exploração é de mais fácil acesso nos países mais desenvolvidos do que nos países subdesenvolvidos. Do mesmo modo, características físicas e fisiológicas dos atletas – como a altura, o peso ou a força – podem, também elas, constituir vantagens injustas no desporto. Ainda, os atletas que habitam e treinam em zonas a grande altitude podem beneficiar de vantagens injustas quando competem com atletas que o fazem ao nível do mar. A este propósito, Simon Gardiner refere que "*Competitive sport is all about one athlete being better than another and therefore it is beneficial to have physiological and psychological differences between the participants*"[16]. Porque razão umas são permitidas

[16] Simon Gardiner, *Sports Law*, Simon Gardiner/Mark James/John O'Leary/Roger Welch, third edition, Cavendisch, 2005, p. 286.

e outras proibidas? É uma pergunta de difícil resposta. Como vimos, a necessidade de combate ao *doping* resulta de uma simbiose entre razões de preservação e respeito por princípios fundamentais do desporto, como a verdade e a ética, assim como razões de índole sanitária. Assim, entendemos que certos métodos ou substâncias são permitidos como auxiliares do rendimento desportivo porque não se sub-rogam a circunstâncias como a natural aptidão física, o treino, o talento ou a resiliência dos atletas, nem possuem a virtualidade de melhorar a velocidade da corrida, a altura de um salto ou a força de um pontapé. Do mesmo modo, não são, à partida, nocivos para a saúde do praticante desportivo ou para a saúde pública. Apesar de tais metodologias potenciarem melhor desempenho desportivo, a verdade é que a competição – no sentido do confronto de naturais características humanas – não resulta comprometida.

O mesmo não sucede, no entanto, quando se verifica o recurso a métodos ou substâncias consideradas dopantes. Com efeito, tais substâncias são proibidas porque, não apenas são prejudiciais à saúde, como potenciam as referidas naturais características humanas. Substâncias que potencialmente melhorem, por exemplo, a resistência à fadiga ou a concentração, colocam em cheque a natural competição humana. Com efeito, a disputa que se pretende que exista entre atletas é a que resulte do confronto de um conjunto de características ou aptidões naturais. Só assim se poderá alcançar a justiça desportiva. Só assim poderá haver um justo vencedor que, por ser melhor ou mais completo do que o seu adversário, o derrotou. Ora, a partir do momento em que determinado atleta utiliza metodologias ou substâncias que potencialmente melhorem as suas naturais características, ou que potencialmente atenuem ou eliminem certas características naturais que sejam indesejadas para a prática de determinada modalidade desportiva, então a justa competição está comprometida. Pensemos, por exemplo, num atleta de tiro desportivo que recorre a determinada substância que lhe permite reduzir ou eliminar o natural tremor das mãos e braços, ou mesmo num atleta de ciclismo ou corrida que administra em si mesmo determinada substância que aumenta os níveis de hemoglobina no sangue, dessa forma melhorando o transporte de oxigénio para os músculos. É evidente que a competição onde tais comportamentos se verifiquem fica, a partir desse momento, condenada à injustiça. Com efeito, existirá um atleta que compete com uma vantagem injusta face aos demais, provocada por uma substância externa ao seu organismo que melhora determinada característica natural. Deixará de existir um confronto de características, aptidões ou talentos naturais, para passar a existir um confronto em que um atleta, momentânea e injustamente, beneficia de um melhoramento em determinada característica sem que a tenha herdado geneticamente ou trabalhado com a prática.

IV. *E-Sports* & *Doping*

Tendo por assente a possível – e desejável, em nossa opinião – qualificação dos *E-Sports* como desporto, torna-se inevitável a reflexão sobre a possível existência de fenómenos e problemas característicos do desporto tradicional nesta nova realidade. O fenómeno que aqui nos propomos analisar é o *doping*. Será possível existir doping na prática de *E-Sports*? Se sim, sob que forma? Como pode ser e tem sido combatido? Que entidade deverá regular esta matéria? São questões de difícil resposta sobre as quais nos propomos refletir.

Até há bem pouco tempo, a questão da possível existência de *doping* nos *E-Sports* não se colocava. Talvez fruto da inércia existente quanto à sua qualificação como desporto ou mesmo devido à falta de informação na comunidade em geral, esta matéria ia passando entre os pingos da chuva. Sucede que, em julho de 2015, um ex-atleta profissional canadiano revelou que ele e os seus colegas que, em conjunto, formavam a equipa *Cloud 9*, recorreram a uma substância psicostimulante (*Adderall*) durante um torneio de *Counter-Strike* organizado pela *Electronic Sports League* (ESL One Katowice). Trata-se de um fármaco bastante conhecido e utilizado no tratamento de patologias como a Perturbação de Hiperatividade com Défice de Atenção (PHDA) ou a Narcolepsia, composto por anfetamina e dextroanfetamina, que estimula o sistema nervoso central e pode influenciar positivamente o tempo de reação, a resistência à fadiga, a atenção e a memória. Este incidente conduziu a que a *Electronic Sports League* iniciasse, logo no torneio seguinte por si organizado (ESL One Cologne, em agosto de 2015), procedimentos de controlo anti-*doping* aos atletas que nele competiram. Curiosamente, um ano depois, nenhum atleta participante nas competições organizadas pela ESL voltou a testar positivo para *doping* – "*Wishful thinking would have one hoping that the introduction of drug tests rooted out the problem; however, what is more likely is that the players are simply ahead of the curve. We have also seen this trend in traditional sports. For years, sporting organizations struggled to catch up with the advanced doping regimes that athletes participated in*"[17]. É um facto: o combate ao *doping*, tal como o combate à maioria das práticas ilícitas, andará sempre um passo atrasado face às novas metodologias ou substâncias que quase diariamente emergem.

Numa entrevista anónima a trinta e três atletas profissionais das ligas norte-americana e europeia do videojogo *League of Legends*, vinte e sete por cento dos inquiridos responderam afirmativamente quando questionados sobre se tinham conhecimento de atletas que recorrem a anfetaminas ou ritalina com vista ao melhor desempenho em competição[18]. Torna-se, assim, evidente que a indústria dos *E-Sports*, tal como o desporto tradicional, foi já capturada pelo fenómeno do *doping*. Sucede que, contrariamente ao que acontece no desporto dito tradicional, o *doping* nos *E-Sports* tem maior incidência no melhoramento de capacidades cognitivas e já não nas capacidades físicas dos seus utilizadores. Na medida em que os *E-Sports* se caracterizam por reclamarem, essencialmente, capacidades cognitivas e psicológicas, faz sentido que os atletas prevaricadores procurem substâncias que lhes aprimorem ou potenciem essas competências, em detrimento de competências exclusivamente físicas como sucede no desporto tradicional. "*We have become accustomed to thinking of substances that improve physical ability when we talk about doping. However, in esports, mental dexterity and prolonged concentration often separate the good player from great players. In fact, when world-renowned League of Legends player Lee "Faker" Sang-hyeok was asked if it was his reaction times that make him elite, he rebuffed the notion, even admitting that his reaction times are actually mediocre, and insisted that it was his concentration ability that put him above the rest*"[19]. De facto, ainda que a prática de *E-Sports* implique elevados níveis de coordenação motora ou tempos de reação extremamente curtos, a verdade é que na ausência de concentração prolongada, tais características podem resultar inócuas em competição.

O recurso ao *doping* na prática dos *E-Sports* é uma realidade incontornável e cujo combate coloca novos desafios. Oluwatamilore Fashina refere que "*As the industry is so fragmented, tackling doping in esports presents several challenges, namely: online tournaments where competitors are playing remotely; developing*

[17] Oluwatamilore Fashina, in *Doping in Esports: How and to What Extent Can We Look to WADA for Guidance*, Sports Lawyers Journal, 2021, Vol. 28, p. 22.

[18] In *Confidential: Life as a League of Legends Pro*, disponível em www.espn.com/esports/story/_/id/18461870/life-league-legends-pro.

[19] Oluwatamilore Fashina, *ob. cit.*, p. 31.

a drug policy that is broad but also tailored enough to cover all games; establishing the legitimacy of an individual regulating body; and how to obtain compliance from different esports leagues"[20]. Concordamos, genericamente, com a existência de tais desafios elencados pelo autor. Há, no entanto, algumas considerações a tecer.

Vejamos.

Os torneios *online* são, sem margem para dúvidas, um dos principais obstáculos do combate ao *doping* nos *E-Sports*. Este tipo de competição não requer a presença física, num único espaço, dos seus participantes. Pelo contrário, podem nela participar atletas de qualquer parte do mundo, a partir de qualquer local. Ora, como será de simples compreensão, numa competição em que participem atletas a partir de locais como os Estados Unidos da América, a China, Portugal ou a África do Sul, é inconcebível a realização de testagens anti-*doping* aos seus participantes. Seria impensável que a entidade reguladora do *doping* nos *E-Sports* – tema que iremos abordar de seguida – disponibilizasse em cada um dos locais que ora se referiram, uma equipa técnica capaz de realizar controlos anti-*doping* aos participantes de todas as competições *online* que se realizassem. Do mesmo modo, seria descabido que se confiasse a cada um dos atletas competidores a tarefa de realizarem, a si mesmos e sem qualquer controlo externo, testes anti-*doping*. Com efeito, casos como os que acima se relataram são suficientes para fazer antever a possibilidade de tais atletas poderem vir a ludibriar o sistema e adulterarem tais testagens. Assim, nos casos de competição exclusivamente *online*, parece ser de extrema dificuldade a implementação de um sistema fidedigno de controlo anti-*doping*. O mesmo não sucede nos casos em que as competições se realizam presencialmente, num único local – nas quais já se tem verificado, como vimos, desde 2015, controlos anti-*doping*. Tal como em qualquer competição de qualquer modalidade desportiva tradicional, é possível – e desejável – a realização de controlos anti-*doping* em momento anterior ou posterior ao início de cada partida. Para tal, é suficiente a presença de uma equipa responsável pela realização de tal controlo, através de amostras recolhidas diretamente de cada atleta.

Quanto ao desafio da definição de uma política de combate ao *doping* que seja suficientemente abrangente e, ao mesmo tempo, detalhadamente concebida para abranger todos os jogos ou modalidades, tendemos a

[20] Oluwatamilore Fashina, *ob. cit.*, p. 37.

discordar. Vejamos. É um facto que nem todas as modalidades de *E-Sport* exigem o mesmo conjunto de habilidades. Umas relacionam-se mais com a destreza de movimentos com os dedos e mãos, outras com a concentração prolongada, outras com a coordenação ocular e motora, e por aí em diante. No entanto, julgamos pacífico afirmar que o mesmo sucede com as diferentes modalidades do desporto tradicional. Umas modalidades exigem maior capacidade de salto, outras exigem força, outras exigem pontaria e, praticamente todas elas, exigem concentração. Mas nem por isso a definição de uma política comum de combate ao *doping* saiu prejudicada. Com efeito, encontra-se perfeitamente consolidada – ainda que, certamente, possam existir aspetos a melhorar – uma tal política no desporto tradicional, sendo mundialmente dirigida pela WADA (*World Anti-Doping Association*) e, em Portugal, pela ADoP. Tendemos, por isso, a discordar neste ponto, uma vez que a especificidade é comum a qualquer modalidade desportiva, não sendo, ainda assim, inviabilizadora da criação de uma política comum capaz de responder aos desafios que o *doping* coloca.

Outro dos principais obstáculos que o combate ao *doping* no âmbito dos *E-Sports* convoca é, sem dúvida, a legitimação de uma única entidade com tal atribuição e competência. Se a necessidade do combate ao *doping* nos *E-Sports* é uma realidade unanimemente aceite nos dias que correm, a verdade é que a atribuição dessa responsabilidade a uma única entidade tem sido um grande desafio por força de uma certa anarquia que caracterizou o surgimento e implementação dos *E-Sports* a nível global. Criada em 1999, a Agência Mundial Antidopagem (AMA ou, em língua inglesa, WADA) veio, já em 2003, a adotar o Código Mundial Antidopagem. Desde a sua criação, a AMA tem sido a entidade responsável pelo combate ao fenómeno do doping no desporto tradicional, desde a permanente atualização da lista de substâncias e métodos proibidos até à definição de sanções aplicáveis a atletas ou equipas prevaricadoras. A solução mais simples para a inclusão dos *E-Sports* no ecossistema do combate ao *doping* seria a sua sujeição às diretrizes impostas pela AMA. Com efeito, trata-se de uma entidade independente, internacionalmente reconhecida, dotada de suficiente credibilidade e que dispõe de mecanismos eficazes para, com sucesso, combater o fenómeno do *doping*. Tal não sucedeu até aos dias que correm, uma vez que os *E-Sports* não são, como vimos, reconhecidos como Desporto, mormente pelo Comité Olímpico Internacional – apesar das aproximações que têm vindo a ser levadas a cabo. A solução, poderia, assim, passar pela atribuição dessa responsabilidade a uma federação internacional reguladora dos *E-Sports*, como por exemplo a *International Esports Federation* (IESF). Como refere Charles Dugognon, "(...) *la solution pourrait résider dans la reconnaissance de l'autorité de la Fédération internationale d'e-sports (IeSF) en matière de lutte contre le dopage. Cette solution serait interessante et efficace si cette organisation se voyait reconnaître la qualité de veritable fédération international du sport électronique. Pour cela, encore, faut-il que tous les États se soient dotes d'une association nationale d'e-sport et que cette dernière s'affilie à l'instance internationale ou à défaut que cette instance fédère les organisateurs – au moins principaux – des compétitions de sport électronique.*[21]". Importantes passos têm vindo a ser dados nesse sentido. A este propósito, refira-se que a *International Esports Federation* (IESF) adotou, com base no código mundial antidopagem, aquilo que denominou como *Anti-Doping Regulations*. Trata-se de uma derivação do Código Mundial Antidopagem com aplicação aos *E-Sports* e que se pretende seja implementado unanimemente em todo o mundo. Relembre-se, tal como referido *supra*, que a IESF conta já com 130 federações nacionais como seus membros, assumindo-se, por isso, como principal candidata a assumir as vestes de entidade internacionalmente reconhecida como responsável pela regulação dos *E-Sports* a nível global e, consequentemente, pelo combate às mais diversas formas de atividade fraudulenta. Uma última nota para referir que, em 2016, foi criada, em Inglaterra, a ESIC (*Esports Integrity Commission*), com a missão de ser reconhecida como a guardiã da integridade nos *E-Sports* e assumir a responsabilidade da disrupção, prevenção, investigação e perseguição de todas as formas de batota nos *E-Sports*, incluindo, mas não limitando, a manipulação de resultados e o *doping*.

Em face do exposto, outra conclusão não se poderá extrair que não a de que o combate ao *doping* no âmbito dos *E-Sports* se encontra numa fase muito embrionária. É, no entanto, oportuno frisar que se têm vindo a verificar a tomada de importantes decisões e a consolidação de louváveis iniciativas. Parte da solução passará, certamente, pela harmonização do ecossistema desta nova realidade, unificando os seus diversos *players* numa única estrutura hierarquizada.

[21] Charles Dudognon, "*Dopage et E-Sport: Quelques aspects stratégiques et repères méthodologiques*" in *Les Enjeux Juridiques de l'E-sport*, Collection Centre de Droit du Sport, Aix-Marseille, pp. 278.

V. Conclusão

Os *E-Sports* são, sem sombra de dúvida, um fenómeno desportivo que se perspetiva vir a consolidar-se cada vez mais no panorama da prática competitiva e institucionalizada. Para tal, será necessário, como procurámos expor, mitigar os efeitos que o seu surgimento desregulado provocou e que ainda se fazem sentir. A ausência de uma única entidade responsável pela regulação dos *E-Sports* a nível global, consensualmente reconhecida e capaz de efetivar a harmonização que se impõe, constitui, salvo melhor opinião, o maior entrave à consolidação dos *E-Sports* como modalidade desportiva reconhecida. A multiplicidade de *players* existente nesta indústria, por sua vez, parece ser a razão pela qual a centralização, numa única entidade, das prerrogativas de organização e regulação dos *E-Sports* à escala mundial, ainda não se efetivou. De todo o modo, não cremos que a consolidação dos *E-Sports* como desporto implique o afastamento de alguns dos seus *players*. Com efeito, seria possível a criação de uma estrutura hierarquizada e bem definida, encabeçada por uma entidade globalmente reguladora da modalidade, que abarcasse não apenas as federações nacionais ou continentais, como também englobasse os criadores e produtores de cada videojogo, assim como as organizações de atletas, clubes e adeptos. Seria necessário, para tal, que ficasse estabelecido um modelo de exploração, pela própria entidade reguladora ou pelas federações nacionais e continentais por si tuteladas, dos direitos de propriedade intelectual sobre os videojogos que, como referimos, pertencem, legitimamente, aos criadores e produtores. Há, assim, um longo e tortuoso caminho a percorrer, ainda que, reitere-se, tenham já sido dados passos muito importantes nesse sentido.

O fenómeno do *doping* constituirá sempre uma ameaça à existência do Desporto. Colocando em cheque princípios e valores fundamentais como a verdade e a ética desportiva, o *doping* desvirtua totalmente a essência da atividade física competitiva e institucionalizada. Se no plano do desporto tradicional o combate ao *doping* já é uma preocupação com décadas de existência e, ainda assim, está em constante mutação – motivada pelo surgimento de novas metodologias e substâncias capazes de ludibriar os meios de deteção existentes –, no plano dos *E-Sports* ainda nos encontramos numa fase muito rudimentar. Com efeito, apenas nos últimos anos se tem vindo a refletir sobre a evidente existência de *doping* nos meandros dos *E-Sports* – não apenas fruto do recente crescimento exponencial desta indústria, mas também porque o *doping*, normalmente, surge associado à ideia de melhoramento da condição física e não tanto cognitiva. Os casos recentes de ciberatletas que publicamente confessaram a utilização de substâncias dopantes em competições de *E-Sports* vieram, no entanto, dar o pontapé de saída a este necessário debate.

Tal como sucede relativamente à consolidação dos *E-Sports* como modalidade desportiva, o combate ao *doping* nesse âmbito também depende, em grande medida, da definição de uma estrutura reguladora hierarquizada. Ainda que fosse possível – e talvez desejável – atribuir-se as prerrogativas de combate ao *doping* nos *E-Sports* à já estabelecida Agência Mundial Antidopagem, aproveitando-se, assim, os recursos e estruturas por si desenvolvidos desde a sua fundação, a verdade é que as especificidades dos *E-Sports* não permitem, em nossa opinião, a mera adesão ao quadro regulamentar e institucional de combate ao *doping* consagrado para o desporto tradicional. Concedemos, no entanto, que a criação, de raíz, de uma entidade responsável pelo combate ao *doping* neste particular, seria, certamente, uma tarefa mais demorada e atribulada – o que, face à urgência que esta matéria implica, não seria tolerável.

Estamos em crer que o futuro passará, a breve trecho e inevitavelmente, pela consagração dos *E-Sports* como modalidade desportiva – ou conjunto de modalidades desportivas. De facto, são vários os argumentos de peso que conduzem à conclusão de que esta nova realidade desportiva carece de mais e melhor regulamentação – o que apenas será possível com o seu concreto enquadramento conceptual e jurídico. A montante, invariavelmente será necessário definir uma robusta e eficaz política de combate a fenómenos como o *doping* – ou outras formas de batota a que os *E-Sports* são bastante propícios –, principiando, naturalmente, pela atribuição dessas prerrogativas a determinada entidade. Em nossa visão, o cenário mais verosímil será a Agência Mundial Antidopagem assumir as rédeas dessa missão, ainda que, para tal, careça de alguma adaptação às especificidades do desporto moderno.

Esperamos ter contribuído, ainda que minimamente, para a reflexão acerca do enquadramento conceptual e jurídico dos *E-Sports* e do *Doping*, embora muito houvesse, ainda, por explorar.

7. A PRIVACIDADE E PROTEÇÃO DE DADOS DO PRATICANTE DESPORTIVO, À LUZ DO RGPD

João Juvenal Camacho Pereira[1]

1. Introdução

O *desideratum* da temática de proteção de dados pessoais do praticante desportivo, à luz do Regulamento Geral sobre a Proteção de Dados, surge pelo desvalor em relação aos praticantes desportivos enquanto titulares de dados pessoais, num contexto em que a privacidade reveste especificidades atinentes à atividade laboral. Tal objetividade implicará uma análise preliminar da génese nos preceitos legais comunitários e da conceituação genérica de privacidade e da proteção de dados pessoais, relativamente aos Princípios, aos intervenientes e às licitudes que fundamentam o tratamento, nos termos da legislação *data* protecionista.

Após a familiarização sobre os aspetos supramencionados, será refletido o enquadramento da legislação comunitária em relação aos dados pessoais dos praticantes desportivos. Atendendo aos requisitos legalmente exigíveis pelo Regulamento (UE) 2016/679 do Parlamento Europeu e do Conselho, com efetiva aplicabilidade desde 25 de maio de 2018, a restruturação dos processos em torno do setor desportivo afigura-se imprescindível para o alcance da conformidade. Facto primordial será o conhecimento das atividades de tratamento sobre os dados pessoais em torno do praticante desportivo, que se coaduna com a ponderação e registo das finalidades, dos fundamentos jurídicos que legitimam esse tratamento, das categorias de

[1] Jurista no Gabinete para a Conformidade Digital e Proteção de Dados, Governo Regional da Madeira.

dados pessoais estritamente necessários e dos direitos passíveis de exercício. Sobre orientações, em termos gerais, de conformidade com o RGPD, será de considerar as linhas de concretização indicadas pela *Wright Hassall*[2] e pela *Global Association of International Sports Federation (GAISF*[3]*)*.

Estruturalmente, serão considerados os conceitos e disposições normativas associadas à privacidade proteção de dados pessoais, para que, *a posteriori*, sejam refletidos contextos complexos de aplicabilidade do RGPD em circunstâncias associadas ao praticante desportivo, nomeadamente, no controlo de dopagem e no combate à manipulação de resultados em prol da integridade desportiva; na reprodução de dados pessoais em jogos eletrónicos; na criação de perfis pelas entidades exploradoras de apostas desportivas em linha; e no fluxo de dados pessoais entre entidades desportivas estabelecidas no Espaço Económico Europeu e para países terceiros.

2. A Responsabilidade da Proteção de Dados Pessoais no Setor Desportivo

2.1. As pegadas da proteção de dados pessoais até ao marco histórico do RGPD

A privacidade e a proteção de dados pessoais têm a sua consagração no artigo 12.º da Declaração Universal dos Direitos Humanos (DUDH), de 1948, e no artigo 8.º da Convenção Europeia dos Direitos Humanos (CEDH), do Conselho da Europa, de 1950. Na União Europeia, a Proteção de Dados Pessoais consolidou-se como direito fundamental através da Carta dos Direitos Fundamentais da União Europeia (CDFUE) pelos seus artigos 7.º e 8.º. Os diplomas reconhecem que estes direitos individuais não têm caráter absoluto e que podem conflituar com outros direitos fundamentais, designadamente, o direito à liberdade de expressão, consagrado no artigo 19.º da DUDH e no artigo 10.º da CEDH. A proteção de dados pessoais é, desde a sua génese, ponderada com base em critérios de necessidade e proporcionalidade.

Tendo ciente o encadeamento histórico-normativo comunitário[4] antecedente ao Regulamento (UE) 2016/679 do Parlamento Europeu e do

[2] Disponível em https://www.wrighthassall.co.uk/knowledge-base/guide-to-the-gdpr-for-sports-clubs (consultável em junho de 2023).

[3] Disponível em https://gdpr.sport/(consultável em junho de 2023).

[4] Efeito legal vinculativo com Tratado de Lisboa, em 2009, ao introduzir a estrutura legal única para todas as atividades da União Europeia (o Tratado sobre o Funcionamento da União

Conselho, de 27 de abril de 2016 (Regulamento Geral sobre a Proteção de Dados doravante, RGPD), será de sublinhar que, por se tratar de regulamento comunitário[5], tal facto permitiu alcançar, em termos gerais, uma exigibilidade legal uniforme nas legislações internas[6] e priorizar a privacidade face ao estado de arte das novas tecnologias.

2.2. O Contraste terminológico e a sua aplicação na esfera jurídica do praticante desportivo

Por auxílio das designações decorrentes nos artigos 7.º e 8.º da CDFUE, reconhece-se a ampla abrangência que o contexto da privacidade pode alcançar, comparativamente à proteção de dados pessoais. O respeito pela privacidade implica o respeito pela vida privada, pela vida familiar, pelo espaço pessoal e pelas suas comunicações. Percorre a privacidade territorial, da qual faz limitar a intromissão no ambiente pessoal[7] do indivíduo; a privacidade corporal, associada à fisiologia, à genética, à biometria e aos atos corporais do indivíduo; a privacidade das comunicações, centrada nas correspondências pessoais por meios eletrónicos ou manuais; a privacidade da informação, designadamente os testemunhos de conexão (*cookies*) do mundo cibernético, dados pessoais de identificação genérica, académicos, financeiros, entre outros. O conceito de privacidade é dinâmico no âmbito cultural, pelo que a própria definição poderá divergir à luz da proteção estadual que lhe seja concebida[8].

Europeia), voltada para o cumprimento da Justiça, da Liberdade e da Segurança, em prol dos valores fundamentais.

[5] Entenda-se direta e imediatamente aplicável em todos os Estados-Membros da União Europeia.

[6] Nos parâmetros legislativos nacionais, são direitos constitucionalmente protegidos – à luz dos artigos 35.º e 37.º da Constituição da República Portuguesa – por efeitos da vinculação de Portugal enquanto Estado signatário das convenções internacionais sobre a temática da proteção de dados, nomeadamente a Convenção 108 – que, embora dotados de índole informática, foram alvos de sucessivos enquadramentos legais que descentraram a proteção de dados desse âmbito meramente informático ao passo do procedido a nível comunitário – a aplicação do RGPD foi regulada no ordenamento jurídico português, através da Lei n.º 58/2019, de 8 de agosto, enquanto Lei de Execução do RGPD (adiante, LERGPD).

[7] Na habitação particular, nos estabelecimentos laborais, ou até mesmo nos espaços públicos, já que estes também fazem parte da esfera jurídica do cidadão, mas não é por isso que possa estar sujeito a monitorizações automatizadas sem limitações e regras específicas.

[8] Por remissão à definição de privacidade plasmada na Política de Privacidade da *International Association of Privacy Professionals* "*Em linhas gerais, a privacidade é o direito de ficar em paz, ou a*

Já no contexto do direito à proteção de dados pessoais enquanto direito fundamental específico, no n.º 2 do artigo 8.º da CDFUE, constata-se que a proteção dos dados de índole pessoal implicará um tratamento leal, devidamente informado, com fins determinados, que tenha por base um fundamento legitimável, como por exemplo o consentimento do próprio titular de dados pessoais (quando validamente aplicável), e que permita garantir determinados direitos, designadamente, o acesso e a retificação dessas informações pessoais. O certo é que, numa definição restrita de proteção de dados pessoais, podemos incluir alguns dos âmbitos de privacidade expostos no artigo 7.º da CDFUE, nomeadamente a privacidade das comunicações e, sobretudo, a privacidade da informação.

Em prol da proteção dos dados pessoais, o RGPD exige o cumprimento dos princípios basilares do artigo 5.º do RGPD, reforça o compromisso com os direitos dos titulares de dados alistados nos artigos 13.º a 22.º, exige o preenchimento de uma base de licitude listada no n.º 1 do artigo 6.º ou uma exceção de tratamento lícito do n.º 2 do artigo 9.º, dependendo da categoria de dados pessoais em causa, e exige garantias de segurança dos dados pessoais[9], salvaguardando a confidencialidade, a integridade e a disponibilidade e resiliência da informação retida, através de medidas técnicas, físicas e organizacionais apropriadas[10].

No contexto desportivo, a panóplia de intervenientes faz com que as categorias de titulares de dados e os responsáveis pelo seu tratamento sejam diversificados. Tendo em consideração a definição de "agentes desportivos" nos termos da alínea a) do artigo 3.º da Lei n.º 39/2009, de 30 de julho[11], debrucemo-nos na proteção de dados pessoais atinente ao praticante

liberdade de interferência ou intrusão. A privacidade das informações é o direito de ter algum controlo sobre como as suas informações pessoais são recolhidas e utilizadas.".

[9] *Cfr.* alínea f), do n.º 1 do artigo 5.º do RGPD.

[10] São aspetos que podem seguir uma linha padronizada de concretização, clarificada pela *International Organization for Standardization (ISO)*, através da família de normas ISO 27000, essencialmente as normas ISO 27001 e 27002 para o sistema de gestão da segurança da informação e, diretamente associado à privacidade e proteção de dados pessoas, a norma ISO 27701 orientada para a concretização de um Sistema de Gestão de Segurança Privada.

[11] Estabelece o regime jurídico da segurança e combate ao racismo, à xenofobia e à intolerância nos espetáculos desportivos.

desportivo profissional à luz do artigo 34.º da Lei n.º 5/2007, de 16 de janeiro (Lei de Bases da Atividade Física e do Desporto – doravante, LBAFD)[12].

O Regime Jurídico do Contrato de Trabalho do Praticante Desportivo que se encontra regulado pela Lei n.º 54/2017, de 14 de julho (adiante, abreviadamente designado por RJCTD), aplica-se, portanto, ao praticante que detenha um contrato de trabalho desportivo, nos termos da alínea a) do artigo 2.º. Nesta medida, será aplicável ao praticante desportivo profissional e ao praticante desportivo semiprofissional, desde que detenha um contrato de trabalho desportivo, mas não em relação ao praticante desportivo amador, já que nada aufere.

Sem desviar o foco primordial deste trabalho, ainda que ao praticante desportivo amador não seja aplicável o constante no RJCTD, o direito à proteção dos dados pessoais permanecerá na sua esfera jurídica, à luz do n.º 2 do artigo 1.º do RGPD. Portanto, o praticante desportivo tem direito à proteção dos seus dados pessoais, independentemente do estatuto que este preencha.

Na mesma ótica de aplicação material do direito à proteção de dados pessoais, os praticantes desportivos internacionais[13] veem o respeito pela sua privacidade e proteção dos seus dados frisado através do artigo 12.º da DUDH. Já os atletas olímpicos têm o mesmo direito universal contextua-

[12] Na revogada Lei de Bases do Desporto – Lei n.º 30/2004, de 21 de julho – acrescia o entendimento de que os praticantes desportivos seriam "*aqueles que, a título individual ou integrados numa equipa, desenvolvam uma atividade desportiva*", retirada na sua atual versão, embora essa alusão fosse determinante para auxiliar na interpretação. Todavia, este estatuto continua a definir-se "*de acordo com o fim dominante da sua atividade*" – *Cfr.* n.º 1 do artigo 34.º da Lei 5/2007, de 16 de janeiro. – independentemente de preencher o estatuto de profissional (aquele que exerce a atividade desportiva como profissão exclusiva ou principal – *cfr. in fine* do n.º 1 do artigo 34.º da LBAFD – isto é, para efeitos fiscais, se os rendimentos auferidos por via dessa atividade sejam mais de 50%.), o estatuto de semiprofissional (aquele que não exerça atividade a título profissional ou exclusivo, mas recebe complemento além da exata medida que gasta, como por exemplo, compensações ou prémios de jogo) ou de amador (aquele que receba na exata medida que gasta, não auferindo qualquer remuneração).

[13] Do ponto de vista territorial, a aplicação da norma comunitária surge quando o estabelecimento do responsável – nos termos do ponto 16 alínea a) do artigo 4.º – esteja situado num dos Estados Membros da União Europeia – ainda que o tratamento dos dados ocorra dentro ou fora do território comunitário – ou quando não esteja estabelecido na União Europeia, mas trate dados pessoais de titulares residentes no espaço comunitário.

lizado, exposto no n.º 10 da seção I da Declaração dos Direitos e das Responsabilidades dos Atletas[14].

2.3. A responsabilização e a licitude do tratamento[15] de dados pessoais de praticantes desportivos

A subsistência dos direitos dos titulares de dados implica a existência de uma contraparte na relação *data* protecionista. Essa contraparte poderá ocupar certas nomenclaturas, à luz do RGPD, dependendo da sua intervenção. Num panorama como o desportivo, considerando a diversidade de dinâmicas contratuais, com graus de intervenção e responsabilização distintos, importa, em primeiro plano, reconhecer qual a posição que cada pessoa coletiva e singular ocupa.

Esmiuçando os dizeres das disposições comunitárias, **o responsável pelo tratamento**[16], enquanto definidor de finalidades e meios essenciais de proceder ao tratamento de dados pessoais, será aquele a quem incumbe garantir a proteção dos direitos dos titulares de dados, recaindo sobre si o cumprimento das obrigações impostas pelo RGPD, exceto quando operacionalize os dados pessoais para atividades exclusivamente pessoais ou domésticas[17]. No contexto organizacional, a entidade tende a ser responsável pelo tratamento (e não a sua gestão de topo ou demais colaboradores), na medida em que ela própria determina, enquanto pessoa coletiva, os motivos para o tratamento de informação pessoal. Salientam-se casos em que o tratamento seja efetuado por mais do que um responsável, aquando da determinação das finalidades e meios de tratamento, situações essas em que

[14] Inspirada na DUDH, mas com conotação específica para os atletas, a Declaração dos Direitos e Responsabilidades dos Atletas foi adotada pelo Movimento Olímpico Mundial na sua 133.ª Sessão, em Buenos Aires, Argentina, em 2018. Disponível em https://www.gymnastics.sport/site/pdf/safeguarding/IOC_Athltes_rights_and_responsibilities_declaration.pdf (consultável em junho de 2023).

[15] No conceito de tratamento incluem-se "*(...) a recolha, o registo, a organização, a estruturação, a conservação, a adaptação ou alteração, a recuperação, a consulta, a utilização, a divulgação por transmissão, difusão ou qualquer outra forma de disponibilização, a comparação ou interconexão, a limitação, o apagamento ou a destruição.*" ainda que essa operação ou esse conjunto de operações seja feita por meios automatizados ou não automatizados – definição do ponto 2 do artigo 4.º do RGPD.

[16] *Cfr.* ponto 7.º do artigo 4.º do RGPD, o Responsável pelo Tratamento é "*a pessoa singular ou coletiva, a autoridade pública, a agência ou outro organismo que, individualmente ou em conjunto com outras, determina as finalidades e os meios de tratamento de dados pessoais (...)*".

[17] *Cfr.* alínea c) do artigo 2.º do RGPD.

haverá corresponsabilidade perante o titular de dados[18]. Essa posição de responsável conjunto, nos trâmites do artigo 26.º do RGPD, exigirá a elaboração de um acordo que determine a quota-parte de responsabilidade de cada organização[19].

Por outro lado, a contraparte poderá ocupar uma posição de **Subcontratado**[20] enquanto *"pessoa singular ou coletiva, a autoridade pública, agência ou outro organismo* ***que trate os dados pessoais por conta do responsável*** *pelo tratamento destes."* – *cfr.* ponto 8.º do artigo 4.º do RGPD. À semelhança da corresponsabilização, a subcontratação deve ser formalizada através de um contrato ou outro ato normativo, desde que reduzido a escrito, no qual ficam repartidas as obrigações de cada interveniente – *cfr.* constante dos n.os 3 e 9 do artigo 28.º do RGPD.

No contexto desportivo, podemos considerar, num enquadramento supérfluo, o Clube Desportivo, Sociedade Anónima Desportiva ou outra entidade desportiva como sendo a responsável pelo tratamento perante o seu praticante desportivo. Numa abordagem mais complexa, a operação específica de transmissão / disponibilização desses dados com as Associações Desportivas e/ou Federações Desportivas[21] tornará, quer o Clube / Sociedade Anónima Desportiva, quer estes intervenientes , responsáveis conjuntos pelo tratamento de dados, na medida em que ambos determinam finalidades de

[18] O Tribunal de Justiça da União Europeia (TJUE) clarificou o conceito e implicações de Responsáveis Conjuntos em acórdãos como o Fashion ID GmbH & Co. KG v Verbraucherzentrale NRW eV (C-40/17).

[19] A forma jurídica do acordo dos corresponsáveis não é especificada no RGPD, mas nas linhas orientadoras 07/2020 sobre os conceitos de Responsável e Subcontratado, do Comité Europeu para a Proteção de Dados, em que se esclarece que tal acordo deverá seguir a forma de um documento vinculativo, como um contrato ou outro ato vinculativo ao abrigo da legislação da UE ou dos Estados-Membros a que os responsáveis pelo tratamento estejam sujeitos, desde que reflita, devidamente, as funções e relações entre os corresponsáveis, no que concerne aos titulares dos dados, sendo que a essência desse acordo deve ser disponibilizada ao titular de dados.

[20] A denominação correta seria de "subcontratado", por acordo ao exposto nas orientações da CNPD, e não "subcontratante" enquanto terminologia adotada no Regulamento traduzido para a Língua portuguesa – Cfr. Filipa Magalhães e Maria Pereira, Regulamento Geral de Proteção de Dados – Manual Prático, Vida Económica, 2018, pág. 11, nota de rodapé 1; outra consideração sobre o erro léxico-semântico em Alexandre Sousa Pinheiro *et alia*, Comentário ao Regulamento Geral de Proteção de Dados, Edições Almedina S.A., 2018, pág. 150.

[21] *Cfr.* conceituação do artigo 2.º do Decreto-Lei 248-B/ 2008, de 31 de dezembro, o Regime Jurídico das Federações Desportivas.

tratamento e métodos indissociáveis, ou seja, intrinsecamente ligados de tal modo que o tratamento não teria o seu efeito útil sem a participação de ambas as partes.

Nos casos em que ocorra a cedência do praticante desportivo para outro Clube ou Sociedade Desportiva (nos termos do artigo 20.º da Lei n.º 54/2017, de 14 de julho – RJCTD[22]), haverá, igualmente, a ocupação da figura de responsáveis conjuntos para efeitos dessa operação de divulgação/transmissão de dados pessoais. São responsáveis conjuntos para as fases do tratamento relativamente às quais determinam conjuntamente finalidades, mas responsáveis autónomos em relação às operações de tratamento em que determinam separadamente as finalidades e os meios.

Em ambos os casos, os responsáveis conjuntos seguem a forma de participação conjunta devido a uma decisão comum. Já noutros casos, poderá surgir a responsabilização conjunta devido a tomadas de decisão convergentes quanto aos meios e propósitos do tratamento de dados pessoais. Ocorrerá quando as decisões convergem, mas se complementam e em que, sem a participação de ambas as partes, o tratamento não seria possível. São exemplos de responsáveis conjuntos com base em decisões convergentes, o Clube/SAD e os *Publishers* de jogos eletrónicos que reproduzam dados biométricos (enquanto dados categorizados como especiais para efeitos do artigo 9.º do RGPD), tendo por base os direitos de imagem do praticante desportivo; a mesma corresponsabilidade poderá ocorrer nas relações do Clube ou Sociedade Anónima Desportiva com outras entidades para fins publicitários, reproduzindo, para o efeito, o nome e/ou a imagem do praticante desportivo. O certo é que, a qualificação da corresponsabilidade requer uma avaliação casuística[23].

[22] Contexto que decorrerá apenas no caso de o praticante desportivo deter um contrato de trabalho e não um contrato de prestação de serviços, já que só haverá cedência se houver subordinação jurídica.

[23] O Comité Europeu para a Proteção de Dados, nas Orientações 07/2020, dá o exemplo genérico da transmissão de dados às autoridades fiscais. A empresa recolhe e processa os dados para gestão salarial, seguros de saúde (*et cetera*) e encaminha essa informação pessoal à Autoridade Tributária, por obrigação legal, em prol do controlo fiscal. Há, portanto, falta de propósitos em comum correlacionados com os dados pessoais do praticante desportivo. A linha ténue será na decorrência de propósitos e meios convergentes, mas "*necessários e correlacionados com impacto tangível na determinação dos propósitos e meios de tratamento*", sobretudo na recolha de dados pessoais efetuada pelos *publishers* dos desportos eletrónicos *stricto sensu*, a refletir adiante.

Por seu turno, em jeito de reflexão prática, sobre a subcontratação ocorrerá quando um Clube e/ou Sociedade Anónima Desportiva contrate uma empresa ou profissional externo para tratar os dados pessoais dos praticantes desportivos, em seu nome, por exemplo, a contratação de uma empresa de *software* para utilização de uma plataforma para gestão de dados imprescindíveis para as funções de *scouting*; ou aquando da contratação de empresa de segurança privada para reforço de medidas de segurança, nomeadamente, de videovigilância.

O contexto da equipa médica interna que trate dados clínicos/relativos à saúde, é que gera certa ambiguidade. *Primus*, não será um subcontratado na medida em que desempenha funções internas, sob o poder de direção do responsável pelo tratamento.

Todavia, embora pertença, quando aplicável, à estrutura organizacional do responsável pelo tratamento, o médico do clube – tal como ocorre com advogado ou contabilista interno – será considerado responsável pelo tratamento, na medida em que este não está sujeito a instruções, estando adstrito ao Princípio da independência, do ponto de vista estatutário, no n.º 10 do artigo 135.º do Estatuto da Ordem dos Médicos[24].

Descomplicando as responsabilidades dos intervenientes, o epicentro de imputação das obrigações relativas ao tratamento de dados pessoais será o responsável pelo tratamento. Importa ressalvar que, em matéria de proteção de dados pessoais, não basta a conformidade *per si*, pois o responsável pelo tratamento deverá estar apto a demonstrar essa conformidade, por força do Princípio da Responsabilização do n.º 2 do artigo 5.º do RGPD, ultrapassando o paradigma de fiscalização, regulação e necessidade de autorização prévia oriunda da Autoridade de Controlo, [25], pelo que implica uma cultura organizacional de registo de evidências de conformidade[26].

[24] Dispõe que este profissional de saúde deve prestar os melhores cuidados ao seu alcance, com independência técnica e deontológica.

[25] No caso português, a Comissão Nacional de Proteção de Dados – CNPD – *cfr.* artigo 3.º da Lei n.º 58/2019.

[26] Às obrigações atinentes aplica-se o provérbio romano de Pompeia, Esposa de Júlio Cesar «À mulher de César não basta ser honesta, deve parecer honesta» (aniquilando qualquer interpretação sexista que possa suscitar).

2.4. As Bases de Licitude no contexto do praticante desportivo

Ao iniciar a relação jurídica com o praticante desportivo, o responsável pelo tratamento deverá desde a conceção e por defeito, ter conhecimento do fluxo que os dados pessoais irão percorrer, permitindo antever operações que possam acarretar riscos para os direitos e liberdades das pessoas singulares. Desde a conceção, deverá identificar qual o fundamento de legitimidade, intimamente associado à finalidade específica, para que se reconheça a sua licitude[27]. Aliás, esse fundamento jurídico é um dos itens informativos contidos nos artigos 13.º e 14.º do RGPD, que devem ser transmitidos aos titulares de dados pessoais, para que fiquem cientes dos riscos, operações, finalidades e garantias dos seus direitos associados, aclarando os meios de que os titulares dispõem para exercer esses direitos.

Em termos gerais, o tratamento de dados pessoais efetuado pelo Clube/ Sociedade Anónima Desportiva licita-se para execução de um contrato no qual o titular é parte, ou para diligências pré-contratuais a pedido do titular dos dados e, noutros casos, pelo cumprimento de obrigações jurídicas a que esteja sujeito, sem demérito da defesa de interesses vitais do titular dos dados ou de outra pessoa singular. No entanto, em circunstâncias mais específicas, suscitam-se bases de licitude mais complexas: o consentimento do praticante desportivo e os interesses legítimos prosseguidos pelo responsável pelo tratamento.

a) Consentimento do Praticante Desportivo

No contexto desportivo, obter um consentimento válido à luz do RGPD[28] desencadeia maior complexidade do que aparenta, atendendo à prática corrente (e errónea, sublinhe-se) de considerar que o tratamento de dados pessoais depende e legitima-se – apenas e só – pelo consentimento do seu próprio titular.

[27] A licitude para o tratamento de dados pessoais segue os fundamentos elencados no n.º 1 do artigo 6.º e as exceções de tratamento listadas no n.º 2 do artigo 9.º, quando diga respeito a dados pessoais "gerais" ou quando estejam em causa categorias especiais de dados, respetivamente. Desmistifica-se a referência ao consentimento como única via que licita o tratamento de dados pessoais.

[28] *Cfr.* considerando 32 do artigo 7.º do RGPD – "manifestação de vontade, livre específica, informada e inequívoca, pela qual o titular dos dados aceita, mediante declaração ou ato positivo inequívoco, que os dados pessoais que lhe dizem respeito sejam objeto de tratamento" – ponto 11 do artigo 4.º do RGPD.

Primus, o praticante desportivo não tem uma escolha real na aceitação[29], por exemplo, no caso do consentimento para a participação numa competição organizada e aceitação dos regulamentos de uma federação desportiva. No entanto, nem todas as declarações de consentimento dos praticantes desportivos devem ser consideradas inválidas[30], já que o tratamento de certos dados pessoais por parte das federações e/ou associações desportivas, é pautado por razões muito legítimas, não sendo um cenário de conquista unilateral dos seus próprios interesses, contra os interesses do praticante desportivo.

Secundis, no contexto do praticante desportivo com contrato de trabalho, o consentimento não é um fundamento idóneo, atendendo à vontade condicionada do titular de dados no contexto laboral[31], devido à relação assimétrica entre o trabalhador e o empregador – isto é, entre o titular de dados e o responsável pelo tratamento. Em artigo de opinião, Katie Russell[32] carateriza a base legal como sendo "inapropriada e logisticamente problemática" neste âmbito.

A ICO[33] considera que, em algumas circunstâncias, na relação laboral poderá ser garantida a livre vontade manifestada, quando forem tomadas medidas que garantam que o titular dos dados não sinta qualquer pressão para consentir e aliviar quaisquer preocupações sobre as consequências da recusa do consentimento[34]. No tratamento de dados pessoais na relação laboral[35], o uso do consentimento terá que ser restringido, na medida em que a execução do contrato não poderá estar subordinada a esse consentimento

[29] *Cfr.* Chlarmann, Angela: Datenschutz beim Kampf gegen Doping, ZD 2016, págs. 572 e 573.

[30] *Cfr.* artigo de opinião de Jan Kleiner, *in* EXPERTGUIDES, 2018, disponível em: https://www.expertguides.com/articles/sports-and-data-protection-practical-insights/aroffzxs(consultável em junho de 2023).

[31] *Cfr.* circunstâncias plasmadas no n.º 3 do artigo 28.º da Lei n.º 58/2019.

[32] *In*. GDPR ASSOCIATES, 2019, disponível em https://www.gdpr.associates/why-sports-teams-should-avoid-relying-on-consent-to-comply-with-gdpr/(consultável em junho de 2023).

[33] Designada por *Information Commissioner's Office*, a Autoridade de Controlo do Reino Unido (criação prévia ao brexit).

[34] Disponível em https://ico.org.uk/for-organisations/guide-to-data-protection/guide-to-the-general-data-protection-regulation-gdpr/consent/when-is-consent-appropriate/(consultável em junho de 2023).

[35] No contexto nacional, constam os termos dos artigos 17.º a 19.º do Código do Trabalho *ex vi* n.º 1 do artigo 28.º da Lei Nacional de Execução do RGPD (LERGPD).

para efeitos de tratamento de dados pessoais desnecessários (*cfr.* n.º 4 do artigo 7.º do RGPD).

Por outro lado, a gestão dos consentimentos levanta diversos desafios, tanto em termos do seu registo e arquivo, quanto no ato da sua retirada pelo próprio titular, já que o titular poderá retirá-lo a qualquer momento, de modo tão fácil quanto a via pela qual consentiu. Após a retirada, se a entidade desportiva pretender continuar a tratar os dados pessoais com outro fundamento, deve notificar o titular sobre essa alteração. Importa frisar que a entidade desportiva não poderá submeter o praticante desportivo a um prejuízo pelo facto de não consentir ou de retirar o consentimento.

Em suma, se optar por invocar o consentimento para uma parte do tratamento de dados dos praticantes desportivos, a entidade desportiva deve estar preparada para cumprir a adjetivação de consentimento válido, gerir essa manifestação de vontade e respeitar essa opção, parando a operação de tratamento se for retirado o consentimento, sob pena de incumprir com o Princípio da lealdade[36].

No âmbito das categorias especiais de dados, a validação do consentimento afigura-se mais exigente, atendendo à criticidade e sensibilidade dos dados pessoais em causa, passíveis de discriminarem a pessoa singular. O consentimento válido deverá ser explícito[37], o que implica um ato positivo/expresso, nos termos do artigo 217.º do Código Civil, ao contrário dos consentimentos tácitos e/ou pré preenchidos.

No âmbito desportivo, os empregadores e as entidades reguladoras do desporto têm a necessidade de tratar dados relativos à saúde dos praticantes desportivos para análise de desempenho, prevenção de lesões e combate à dopagem. Para isso, há um tratamento intensivo de dados médicos e

[36] Orientações relativas ao consentimento na aceção do Regulamento (UE) 2016/679, do Grupo de Trabalho do Artigo 29.º (WP 159 rev. 01, pág. 26).

[37] Embora o RGPD na versão portuguesa do ponto 11.º do artigo 4.º refira o consentimento como sendo uma manifestação de vontade "explícita", essa manifestação só deverá ser explícita quando estejam em causa categorias especiais de dados, seguindo o plasmado no considerando 32 – "*(...) manifestação de vontade (...) inequívoca*". Assim nos termos do artigo 6.º, o consentimento deverá ser inequívoco, o que engloba o consentimento tácito que, contextualizado, permitirá concluir a vontade do titular dos dados. Enquanto a manifestação de vontade explícita exige a declaração expressa, a manifestação de vontade inequívoca poderá ser preenchida tanto na declaração expressa como na declaração tácita desde que contextualizada e comprovável, *cfr.* artigo 217.º do Código Civil.

informações potencialmente médicas que podem ou não ser específicas do desporto em si. Imaginemos se a fundamentação legal para o tratamento de dados pessoais para se proceder às testagens de controlo de dopagem tivesse a sua fundamentação no consentimento do titular: abriria legitimidade para que o praticante desportivo, enquanto titular dos seus dados pessoais, pudesse retirar o consentimento em qualquer momento, impedindo que as informações fossem tratadas. A entidade a quem incumbe combater o uso de substâncias e/ou métodos passíveis de gerar perigo à saúde ou melhorar o seu desempenho (desde que constantes em lista anualmente estipulada por Portaria)[38] ficaria, pois, à mercê da manifestação de vontade do praticante desportivo.

b) Interesses Legítimos prosseguidos por entidades desportivas

Quando o tratamento de dados pessoais não preencha outras fundamentações legais e quando o Clube e/ou Sociedade Anónima Desportiva não consiga garantir o consentimento válido, poder-se-á socorrer do interesse legítimo enquanto base de licitude para efetuar esse tratamento. Esta opção poderá ser enquadrada nos contextos em que o responsável pelo tratamento pretenda tratar dados pessoais por questões de desempenho, aspetos disciplinares ou para manter um ambiente de trabalho seguro (nomeadamente, recolha de imagem através de sistemas de videovigilância para efeitos de proteção de pessoas e bens).

Esta base de licitude exige uma ponderação entre os interesses do responsável pelo tratamento e os interesses, direitos e liberdades dos titulares de dados, e, eventualmente, de terceiros[39].

No "Comentário ao Regulamento Geral de Proteção de Dados" de ALEXANDRE SOUSA PINHEIRO, *et alia*, indica que "*um elemento decisivo na ponderação poderá ser a natureza dos elementos em presença. Assim, poderá verificar-se uma polarização entre um direito e um interesse material de natureza não jurídica, o que fará com que prevaleça o primeiro*".[40]

[38] *Cfr.* Lei n.º 38/2012, de 28 de agosto. O ato normativo que estipula o rol de substâncias e métodos proibidos é a Portaria n.º 306/2020, de 29 de dezembro.

[39] O considerando 47 do RGPD auxilia a avaliação cuidada do interesse legítimo, tendo como elementos fundamentais, a configuração da posição jurídica que o titular dos dados ocupe e as expetativas razoáveis dos titulares dos dados no momento e contexto em que os dados pessoais são recolhidos.

[40] *Cfr.* ALEXANDRE SOUSA PINHEIRO *et alia*, Comentário ao Regulamento Geral de Proteção de Dados, Edições Almedina S.A., 2018, pág. 224, ponto 19.

Então, ainda que passível de ser aplicada nas relações entre a entidade desportivo e o praticante desportivo, esta base legal deverá seguir uma prévia avaliação casuística. Para tal, ainda que de caráter facultativo[41] e sem menção no RGPD, a Autoridade de Controlo do Reino Unido (ICO) recomendou a realização de uma "avaliação do interesse legítimo" em que se analise três fatores[42] de averiguação da viabilidade do interesse legítimo como base de licitude.

Ademais, o critério de interesse legítimo não abrange a prossecução de tarefas públicas. Nesse âmbito, releva-se o princípio da legalidade na prossecução das atribuições das entidades públicas, conforme o artigo 3.º do CPA e o n.º 2 do artigo 3.º e o n.º 2 do artigo 266.º, ambos da CRP. No caso das autoridades públicas, "*a previsão do fundamento jurídico (...) faz-se por intermédio de ato legislativo*"[43], pelo que faz alinhar a outros fundamentos de licitude mais adequados, designadamente o de obrigação legal ou de prossecução do interesse público.

Concludentemente, há que analisar com cautela sobre a base de licitude aplicável, sendo um passo fulcral para a efetiva conformidade com as normas *data* protecionistas, sem que essa conformidade condicione o *core business* das entidades desportivas.

3. Proteção de dados pessoais do praticante desportivo

3.1. Tratamento específicos de dados pessoais do praticante desportivo

No seguimento da análise genérica sobre as responsabilidades na relação entre a entidade desportiva e o praticante desportivo enquanto titular de

[41] Ainda que não obrigatória, é uma boa prática pela qual o TJUE já se manifestou sobre o seu conteúdo no Caso Rigas (C-13/16, 4 de maio de 2017).

[42] Os três fatores incidem sobre a testagem da finalidade, isto é, se existe um interesse legítimo fiável por detrás do tratamento e se a entidade estará a prossegui-lo por esta via; testagem da necessidade, na qual se verifica a necessidade do tratamento para a prossecução da finalidade projetada e se não existem alternativas menos intrusivas à privacidade ou prejudiciais à proteção de dados pessoais dos titulares; testagem da proporcionalidade, em que se analisa se o interesse legítimo terá valor jurídico inferior aos interesses, direitos e liberdades dos titulares, prevalecendo sobre os interesses do responsável pelo tratamento. Recomenda, inclusive, enquanto boa prática a comprovação com uma escala qualitativa/quantitativa dos prejuízos para as partes que se contrapõem.

[43] *Cfr.* Alexandre Sousa Pinheiro *et alia*, Comentário ao Regulamento Geral de Proteção de Dados, Edições Almedina S.A., 2018, pág. 223, ponto 18.

dados, importa agora esmiuçar alguns contextos práticos de tratamento de dados pessoais no desporto profissional.

A) DADOS DE SAÚDE E DE LOCALIZAÇÃO NO CONTROLO DE DOPAGEM

Como ponto de partida, elucidemos o caso de controlo de dopagem. Nos termos da alínea g) do artigo 2.º da Lei n.º 81/2021, de 30 de novembro[44], que define o controlo de dopagem[45], importa sublinhar os atos e formalidades da informação sobre a localização dos praticantes desportivos, a recolha e o manuseamento das amostras, as análises laboratoriais e a inserção na Base de dados internacional ADAMS (*Anti-Doping Administration & Management System*)[46]. São diferentes tratamentos de dados para a prossecução de finalidades identificadas: luta contra a dopagem, que se coaduna na averiguação da existência ou não de infratores no âmbito da dopagem[47]. Tal verificação poderá seguir em controlos agendados ou sem aviso prévio, daí a relevância em reconhecer a localização permanente do praticante desportivo.

Ora, do ponto de vista cultural, a utilização de substâncias e/ou métodos que melhorem o desempenho do sujeito que pratique desporto por lazer, não é condenável, ainda que no âmbito da saúde seja, da mesma forma, uma ameaça em certas circunstâncias[48]. Do ponto de vista competitivo, o

[44] Aprova a lei antidopagem no desporto, adotando na ordem jurídica interna as regras estabelecidas no Código Mundial Antidopagem.

[45] "«Controlo de dopagem» o *procedimento que inclui todos os atos e formalidades, desde a planificação e distribuição dos controlos até à decisão final* e à correspondente aplicação das sanções, nomeadamente a informação sobre a localização dos praticantes desportivos, a recolha e o manuseamento das amostras, as análises laboratoriais, as autorizações de utilização terapêuticas, as investigações e a gestão dos resultados".

[46] Base de dados internacional criado pelo Código Mundial Antidopagem de 2009 e que ainda permanece no artigo 48.º da Lei n.º 81/2021. É uma ferramenta crucial de coordenação que compila os dados necessários dos praticantes desportivos, de modo a evitar a indesejada duplicação de controlos nacionais e internacionais – fomenta o conhecimento bilateral das ações de controlo.

[47] *Cfr.* alínea a) do artigo 53.º da Lei n.º 81/2021.

[48] Os comportamentos de *doping*, seja por ingerência de substâncias seja pela utilização de métodos que favoreçam o desempenho desportivo, poderão afetar a saúde física e psíquica do praticante desportivo, sendo a proteção da saúde um dos eixos basilares no qual a política antidoping segue no âmbito desportivo – *cfr.* artigo de ELENA MACÍAS, 2013, *in* http://www.scielo.org.mx/scielo.php?script=sci_arttext&pid=S0041-86332014000200002 (consultável em junho de 2023).

praticante desportivo que ingira substâncias rotuladas como infratoras da ética desportiva, faz acrescer outras complicações. Além de poder ser uma ameaça à saúde, a dopagem coloca em causa a verdade desportiva e defrauda as regras do desporto e a própria essência competitiva. Portanto, está intrínseca a salvaguarda de um interesse público.

A materialização constitucional que determina a salvaguarda do bem jurídico, nos procedimentos de controlo de dopagem, poderá decorrer pela ética desportiva, sob a interpretação extensiva de GOMES CANOTILHO em relação ao artigo 70.º da CRP[49] ou em nome da Saúde Pública nos termos da alínea b) do n.º 2 do artigo 64.º da CRP.

O próprio RGPD carateriza a eliminação da dopagem no desporto como interesse público relevante, no âmbito da saúde pública, por interpretação do considerando 112 do diploma comunitário[50].

Atendendo ao artigo 14.6 do Código Mundial Antidopagem de 2021[51], os controlos de dopagem ao procederem ao tratamento de dados pessoais dos praticantes desportivos ou outras pessoas singulares, devem ser pautados por um critério de necessidade e proporcionalidade consoante a conduta do Código e estar em conformidade com a legislação *data* protecionista e os *standards* internacionais, inclusive os específicos do âmbito da antidopagem – *World Anti-Doping Code International Sandard Protection of Privacy and Personal Information 2021* (ISPPPI)[52].

Os tratamentos de dados pessoais associados ao controlo de dopagem serão legitimáveis, *cfr.* o objetivo de controlo n.º 6.1. da ISPPPI, quando necessários para o cumprimento de uma obrigação jurídica, conforme o Código Mundial Antidopagem e Lei n.º 81/2021, para o desempenho de funções de interesse público ou quando necessário por motivos de interesse público

[49] O Artigo 79.º CRP não se refere à ética de forma direta, já que a concretização no n.º 2 *in fine* faz referência à violência no desporto, deixando a dopagem de fora. Todavia, por interpretação extensiva, a violência será inclusiva da ética e através desta doutrina é que as condutas de dopagem no âmbito desportivo poderão ser consideradas crime.

[50] Embora a *ratio* do considerando seja reconhecer a eliminação da dopagem no desporto como uma das derrogações que legitimam as transferências internacionais de dados (extra EEE).

[51] Disponível em http://www.adop.pt/media/23281/World%20Anti-Doping%20Code%20-%202021.pdf(consultável em junho de 2023).

[52] Disponível em http://www.adop.pt/media/23272/International%20Standard%20for%20the%20Protection%20of%20Privacy%20and%20Personal%20Information%20(ISPPPI)%20-%202021.pdf(consultável em junho de 2023).

no domínio da saúde pública, e ainda por cumprimento contratual ou proteção dos interesses vitais do praticante desportivo ou outra pessoa singular, em casos específicos. No considerando 45 do RGPD reforça-se que se "*o tratamento dos dados for realizado em conformidade com uma obrigação jurídica (...) ou se o tratamento for necessário ao exercício de funções de interesse público (...) Poderá ser suficiente uma lei para diversas operações de tratamento baseadas...* (nas bases de licitude indicadas)".

O ISPPPI ainda refere a possibilidade de a licitude seguir pela via do consentimento, designadamente, para a transferência dos dados para a Agência Mundial Antidopagem (AMA, ou pela designação inglesa WADA) nos termos da alínea b) do objetivo de controlo n.º 6.1 e, em especial, no objetivo de controlo n.º 6.2., mas que entra em conflito com a definição de consentimento decorrida do RGPD. Aliás, esta norma internacional ainda obriga a que, na nota informativa a ser apresentada ao praticante desportivo no momento prévio ao consentimento[53], sejam indicadas as consequências negativas que podem surgir da recusa em participar nos controlos de dopagem e, subsequentemente, no tratamento de dados pessoais. No fundo, estará a desvirtuar a definição de consentimento do ponto 11 do artigo 4.º do RGPD, já que a vontade de consentir não será livre se o praticante desportivo retiver a informação que de outra forma será impedido de continuar a sua prática desportiva profissional ou que serão invalidados os resultados de uma competição por esse motivo. Por outro lado, na alínea b) do objetivo de controlo n.º 6.2. do ISPPPI, é indicada a possibilidade de decorrerem operações de tratamento no momento após a retirada do consentimento.

Desta forma, a utilização forçosa do consentimento como base de licitude é idónea, na medida em que existe outros fundamentos que licitam as operações de tratamento e que veste uma maior conformidade com os restantes diplomas.

À exclusão do consentimento como base de licitude, o ISPPPI estabelece um conjunto de requisitos similares ao RGPD, mas que são aplicáveis ao tratamento de dados pessoais efetuado pelas organizações antidopagem e agentes terceirizados. Afiguram-se imprescindíveis para correlacionar a privacidade e proteção dos dados com o contexto específico dos controlos de dopagem, entre os quais:

[53] À semelhança do artigo 13.º do RGPD, a norma internacional descreve o conteúdo a indicar ao titular dos dados no objetivo de controlo n.º 7.º.

- No objetivo de controlo n.º 4.3 do ISPPPI, a obrigatoriedade em demonstrar conformidade com este normativo internacional, através de medidas técnicas e organizacionais à semelhança da *accountability* do n.º 2 do artigo 5.º do RGPD;
- No objetivo de controlo n.º 4.4. do ISPPPI, a elaboração dos Registos das Atividades de Tratamento (RAT's) à semelhança do artigo 30.º do RGPD;
- Nos objetivos de controlo n.ºs 5.1, 5.2. e 5.3 do ISPPPI, a limitação do tratamento de dados relevantes e proporcionais às finalidades, à semelhança da alínea b) do n.º 1 do artigo 5.º do RGPD;
- No objetivo de controlo n.º 5.4. do ISPPPI, a exatidão dos dados pessoais, à semelhança da alínea d) do n.º 1 do artigo 5.º do RGPD;
- Nos objetivos de controlo n.ºs 9.1 e seguintes do ISPPPI, a aplicação de medidas de segurança adequadas para mitigar o risco de violação de dados pessoais, à semelhança do artigo 32.º do RGPD;
- No objetivo de controlo n.º 9.5. do ISPPPI, a obrigação de comunicar aos titulares de dados aquando da ocorrência de violações de dados pessoais significativas, à semelhança do artigo 34.º do RGPD, e de notificar a pessoa nomeada para controlo de conformidade com o *standard* internacional e as restantes disposições legais aplicáveis (nos termos do objetivo de controlo n.º 4.5 da ISPPPI) - figura que aparenta ter similaridades com o Encarregado de Proteção de Dados (nos termos do artigo 37.º do RGPD);
- Nos objetivos de controlo n.ºs 10.1 e seguintes do ISPPPI, a limitação da retenção dos dados e a salvaguarda do direito à proteção de dados em todos os ciclos vitais da informação, inclusive o momento da sua destruição, à semelhança da alínea e) do n.º 1 do artigo 5.º do RGPD. Acresce, no Anexo A do ISPPPI, a clarificação dos períodos de retenção exatos, para cada dado pessoal recolhido nas operações de antidopagem, que variam entre os 10 e os 12 anos de retenção;
- No objetivo de controlo n.º 11.0 do ISPPPI, clarifica-se os direitos dos titulares de dados em matéria de controlo de dopagem, sem demérito dos direitos dos titulares de dados decorrentes nos termos dos artigos 13.º a 21.º do RGPD.

Em suma, serão lícitas as recolhas, transmissões e armazenamentos de amostras clínicas/análises laboratoriais pelas bases de licitude apresentadas, desde que todos os intervenientes que tenham acesso aos dados clínicos estejam obrigados a um dever de sigilo[54] e confidencialidade, consolidado no âmbito nacional pelo artigo 51.º da Lei n.º 81/2021, ainda que seja exequível a divulgação a publico do resultado positivo de ingerência de substâncias infratoras.

Quanto ao armazenamento dos dados na base de dados internacional ADAMS, importa realçar que, pelo objetivo de controlo n.º 4.4. do ISPPPI, a AMA reconhece-se como responsável individual por manter a bases de dados em conformidade com os princípios *data* protecionistas.

Por outro lado, poderá suscitar alguma contestação quanto às recolhas de informação sobre a localização permanente do praticante desportivo. Essa função tende a ser encarada como crucial para maximizar o efeito inesperado e a eficiência dos controlos fora da competição, sem aviso prévio. Sob essa premissa, é questionável se a intromissão à sua privacidade se justifica a fim de proteger saúde num prisma individual ou público, ou até mesmo em prol da ética desportiva. Há uma nítida colisão entre direitos fundamentais que deve ser ponderada pelos objetivos perseguidos por cada direito fundamental conflituante e se socorrer de um equilíbrio alcançável pelos critérios de proporcionalidade e necessidade. Por mera reflexão pessoal, com a inovação tecnológica, como o caso da Internet das Coisas (IoT), que dá azo a monitorização fiável, será razoável pensar que a localização em permanência do praticante desportivo aparenta estar ultrapassada e esbarrar no critério da proporcionalidade, já que por outras vias menos intrusivas (interprete-se, num sentido temporal) seria possível a prossecução da mesma finalidade.

O contexto de antidopagem não faz parte do Capítulo VI – Situações específicas de tratamento de dados pessoais – da Lei n.º 58/2019, de 8 de agosto (Lei de Execução do RGPD LERGPD), seria de considerar a sua menção, como é exemplo do artigo 27 do Anexo 1 do *Data Protection Act 2018*[55], do Reino Unido, ainda que haja aplicabilidade direta do ISPPPI.

[54] *Cfr.* n.º 3 do artigo 29.º da Lei n.º 58/2019 no que concerne ao tratamento de dados de saúde e dados genéticos, com incidência genérica.

[55] Inserido no capítulo referente às condições substanciais de interesse público, clarifica que o tratamento de dados será lícito se necessário para a concretização de medidas destinadas a combater a dopagem, sob operacionalização das organizações próprias de antidopagem no setor desportivo ou se necessário para o fornecimento de dados que possam levantar suspeitas de dopagem. Acresce ainda que tal tratamento é licitude ainda que o responsável não

Na legislação nacional, a Lei n.º 81/2021, de 30 de novembro, faz referência às finalidades do controlo e luta contra a dopagem no desporto que propositam o tratamento de dados pessoais através do sistema ADAMS ou outros sistemas equivalente aprovado pela AMA (artigo 48.º); que o Responsável pelo tratamento dos dados na ordem jurídica é a Autoridade Antidopagem de Portugal (ADoP) – artigo 49.º; que incumbe o dever de confidencialidade sobre os dados pessoais que tratem em razão da sua atividade laboral, para os dirigentes e funcionários das entidades desportivas, como também para os dirigentes e funcionários que exerçam funções públicas (artigos 50.º e 51.º); a enunciação contextualizada dos direitos de acesso, retificação dos titulares de dados e a obrigação da limitação do tratamento consoante as finalidades, sem demérito dos restantes direitos aplicáveis por via do RGPD (artigos 52.º e 53.º); a possibilidade de criação de perfis dos praticantes desportivos e do seu pessoal de apoio, desde que notificados sobre essa criação de perfis (artigos 54.º e 55.º)[56].

B) INFORMAÇÕES COMPORTAMENTAIS E DADOS PESSOAIS NO COMBATE À MANIPULAÇÃO DE COMPETIÇÕES DESPORTIVAS

À semelhança do controlo de dopagem, temáticas como a manipulação de resultados (designado por *match-fixing* na terminologia inglesa), a violência no desporto, a corrupção, discriminação racial e étnica estão na ordem do dia e centram-se em manifestações antidesportivas que afetam a integridade do desporto. Caraterísticas como a integridade, o *fair play* e o respeito pelos outros são basilares para a concretização ética desportiva – Princípio fulcral para atividade física e o desporto, nos termos do artigo 3.º da LBAFD.

No caso da dopagem, o infrator corrompe as regras desportivos para alcançar objetivos desportivos. Já no caso da manipulação de competições desportivas, há o inverso com a finalidade de obtenção de vantagens para si ou para outrem, podendo, até, reverter a ordem natural da "competição para ganhar".

tenha um documento de política adequado em vigor – n.º 3 do artigo 27 do Anexo A do *Data Protection Act* – disponível em https://www.legislation.gov.uk/ukpga/2018/12/schedule/1/enacted(consultável em junho de 2023).

[56] Apesar do enquadramento adequado, a lei utiliza a nomenclatura incorreta (em certa medida, imprópria) de "responsável pelos dados" na alínea e) do n.º 2 do artigo 55.º, ao invés de responsável pelo tratamento.

A Convenção do Conselho da Europa sobre a Manipulação de Competições Desportivas, aprovada na ordem jurídica nacional pela Resolução da Assembleia da República n.º 109/2015, define, no n.º 4 do seu artigo 3.º, a manipulação de competições desportivas[57].

Os procedimentos de combate à manipulação de competições desportivas, nomeadamente, de prevenção, deteção e sancionamento são da competência das organizações desportivas[58], enquanto responsáveis pelo desporto, gozando de poderes disciplinares e de autorregulação, ainda que as autoridades públicas possam intervir em prol da integridade desportiva[59]. Para o propósito da temática em análise, importa destacar que a Convenção obriga, no decurso das operações da luta contra a manipulação de competições desportivas, ao respeito dos Direitos Humanos e, com destaque em separado, o respeito pelos Princípios da Proteção da vida privada e dos dados pessoais – *cfr.* alíneas a) e d) do n.º 1 do artigo 2.º.

Adicionalmente, o artigo 14.º da Convenção estipula diretrizes para que as ações contra a manipulação de competições desportivas, essencialmente no âmbito das transferências/comunicações de informação privada, estejam em consonância com a legislação atinente à proteção de dados. Exige atuações que se afigurem necessárias, por parte dos *stakeholders* (descritos no n.º 6 do artigo 3.º aos quais inclui o praticante desportivo), em prol do direito à proteção de dados pessoais nos tratamentos que advenham dessas ações – a recolha, a consulta, utilização e a divulgação entre os intervenientes[60].

[57] *"Um acordo, ato ou omissão intencional, que vise uma alteração irregular do resultado ou do desenrolar de uma competição desportiva, a fim de eliminar, no todo ou em parte, a natureza imprevisível da referida competição desportivas, com vista à obtenção de vantagens indevidas para si ou para outrem"*, fazendo a alusão, no penúltimo parágrafo do Preâmbulo de que *"(...)pode estar ou não relacionada com apostas desportivas e com infrações penais(...)"*, da qual se concluir que não se poderá fixar, exclusivamente, no acréscimo apostas desportivas, embora tenha sido esse o impulso dos riscos de manipulação.

[58] No ordenamento jurídico português, a Lei n.º 101/2017, de 28 de agosto, considera como programas de defesa da integridade e da verdade desportivas nas competições, a prevenção, formação e educação relativos a esta temática, que incumbem às federações desportivas (*cfr.* artigo 1.º e aditamento ao Decreto-Lei 248-B/2008 do n.º 4 do artigo 13.º).

[59] *Cfr.* 19.º parágrafo do preâmbulo da Convenção do Conselho da Europa sobre a Manipulação de competições desportivas.

[60] Da redação do n.º 2 *in fine* do artigo 14.º da Convenção, segue uma tradução incongruente, na medida em que define os momentos como "recolha, tratamento e troca de dados pessoais", pelo que a recolha e troca/divulgação de dados pessoais é, em si, tratamento de dados pessoais para efeitos do ponto 2 do artigo 4.º do RGPD.

Essa salvaguarda do direito à proteção de dados pessoais é da competência das autoridades públicas e organizações previstas na Convenção, ainda que dependa da divulgação de cada parte interessada. Embora as organizações competentes tenham a obrigação de implementar medidas técnicas e organizacionais para a salvaguarda dos Princípios do RGPD[61], em especial medidas associadas à Segurança da Informação Privada[62], deverá ser pautado o risco de recolher informações pessoais que não sejam pertinentes para as finalidades da troca de informações e da plataforma nacional do artigo 13.º da Convenção. A mitigação dos riscos de recolha de informação pessoal indesejada ou de utilização indevida dos dados pessoais dos praticantes desportivos, poderão ter por base ações de sensibilização, cláusulas de sigilo e confidencialidade[63], mecanismos técnicos automatizados que consigam detetar, por palavras-chave, se a informação excede o necessário para a prossecução das finalidades e outras medidas de segurança pertinentes para o efeito.

Na plataforma nacional, poderá ser ponderada uma criação de perfis dos praticantes desportivos, em prol das finalidades específicas prosseguidas pelos procedimentos de combate à manipulação de competições desportivas, interpretando extensivamente os artigos 54.º e 55.º da Lei n.º 81/2021, relativa à antidopagem no desporto, tendo em conta que se enquadra na matéria de integridade e ética desportivas.

O certo é que a informação inserida na plataforma nacional destinada ao combate à manipulação de competições desportivas, tendo em conta a natureza, âmbito, contexto e finalidade do tratamento de dados, será suscetível de implicar um elevado risco para os direitos e liberdades das pessoas singulares e, por isso, será obrigatória a elaboração de uma Avaliação de Impacto sobre a Proteção de Dados (AIPD), nos termos do artigo 35.º. Para sustentar a obrigatoriedade deste instrumento formal de responsabilização, será de frisar que tal operação de tratamento preenche com clarividência os critérios 1.º, 4.º e 6.º das orientações comunitários sem demérito

[61] *Cfr.* n.º 2 do artigo 14.º da Convenção.

[62] Confidencialidade, integridade, disponibilidade e resiliência dos dados pessoais.

[63] Como é exemplo o artigo 3.4 do Código de Conduta sobre a Integridade nas Apostas Desportivas do Comité Olímpico de Portugal, *in* https://www.panathlonlisboa.pt/wp-content/uploads/2017/05/Codigo-de-Conduta-sobre-a-Integridade-nas-Apostas-Desportivas-PRT-v-25-05.pdf(consultável em junho de 2023).

de outros que possa preencher numa análise mais exaustiva[64] – orientações do Grupo de Trabalho do Artigo 29.º que auxiliam no entendimento de implicar um elevado risco (WP 248 rev.01)[65].

À semelhança dos controlos de dopagem, a recolha de padrões comportamentais dos praticantes desportivos em prol da integridade desportiva não faz parte das situações específicas de tratamento de dados pessoais no Capítulo VI da LERGPD. Tal facto desvirtua a ligação do setor desportivo com a temática de proteção de dados e fomenta a escassa preocupação na vertente desportivo relativamente à privacidade e proteção dos dados pessoais dos praticantes desportivos. Seria de considerar a inclusão, no Capítulo VI da LERGPD, de uma menção aproximada ao artigo 28 do Anexo 1 do *Data Protection Act 2018*[66], do Reino Unido, clarificando a base de licitude do tratamento de dados pessoais em nome da integridade desportiva, notoriamente associado à salvaguarda de interesses públicos substanciais ou ao exercício e funções da autoridade pública,

c) DADOS BIOMÉTRICOS E COMPORTAMENTAIS NOS JOGOS ELETRÓNICOS (*E-SPORTS*)

O tratamento de dados pessoais no contexto dos *e-sports*, tanto em termos de imagem, quanto de dados biométricos d comportamentais, é outro

[64] Aos quais acrescem os critérios do Regulamento n.º 1/2018 (CNPD), no âmbito nacional, *ex vi* n.º 4 do artigo 35.º do RGPD – disponível em https://dre.pt/home/-/dre/117182365/details/maximized (consultável em junho de 2023).

[65] Dos critérios ilustrados, a plataforma em causa corresponde à avaliação ou classificação de "*aspetos relacionados com o desempenho profissional, a situação económica (...) fiabilidade ou comportamento (...)*" (Considerandos 71 e 91); à recolha de categorias especiais de dados ou de natureza altamente pessoal, tais como dados relacionados com condenações penais e infrações, mensagens de correio eletrónico, notas de dispositivos eletrónicos, informações pessoais incluídas em aplicações onde efetuam registos de operações/ atuações pessoais, *et cetera*; à interconexão de dados.

[66] Inserido no capítulo referente às condições substanciais de interesse público, indica a licitude do tratamento de dados quando necessário para a proteção da integridade no desporto ou na competição desportiva, considerando a sua necessidade por razões de interesse público substancial (portanto, com ligação à alínea e) do n.º 1 do artigo 6.º e alínea g) do n.º 2 do artigo 9.º, ambos do RGPD). Clarifica ainda que tal tratamento não deverá ser realizado sob o consentimento do titular dos dados, já que tal colidirá com os propósitos associados. No n.º 2 do artigo 28 do Anexo A do *Data Protection Act* é feita referência aos comportamentos que possam ser alvo de avaliação e classificação – disponível em https://www.legislation.gov.uk/ukpga/2018/12/schedule/1/enacted(consultável em junho de 2023).

contexto que, devido à sua complexidade, pode dificultar os direitos à reserva sobre a intimidade da vida privada e de proteção de dados pessoais dos praticantes desportivos.

A recolha de dados pessoais dos praticantes desportivos para proceder à estruturação, divulgação por difusão e reprodução eletrónica para fins comerciais/lucrativos por parte dos *Publishers*[67] (que determinam as finalidades e meios do tratamento), posiciona os desenvolvedores de jogos eletrónicos enquanto responsáveis pelo tratamento. Neste âmbito estrito, os desenvolvedores de videojogos desportivos[68] têm enfrentado expetativas elevadas por parte dos consumidores desta indústria em relação ao aumento do realismo, sentindo a necessidade comercial de recolher dados pessoais precisos e dinâmicos dos praticantes desportivos, por forma a virtualizar com o maior realismo possível, personificando certos praticantes desportivos em personalidades digitais.

Ora, a industrialização dos direitos de personalidade dos praticantes desportivos é uma temática com discussão permanente, essencialmente para os praticantes desportivos profissionais. No Regime Jurídico do Contrato de Trabalho do Praticante Desportivo – Lei n.º 54/2017, de 14 de julho – encara os direitos de personalidade como respeitáveis por parte da entidade empregadora, sem prejuízo das limitações que se possam suscitar pela especificidade da atividade desportiva[69].

Em relação à imagem, importa distinguir o direito de imagem coletivo dos praticantes (implicitamente condicionado através da celebração do contrato de trabalho desportivo – *cfr.* n.º 2 do artigo 14.º do RJCTPD), do direito individual de imagem pública ligada à prática desportiva, do qual a exploração patrimonial não é cedida com a celebração do respetivo contrato. É neste âmbito que surgem os designados contratos de cedência de imagem[70] para a utilização do mediatismo e notoriedade do praticante

[67] Centremos a análise nos desportos eletrónicos em sentido estrito, enquanto atividade desportiva virtualizada, fundindo o desporto eletrónico com o tradicional, o qual efetua a reprodução das competições eletrónicas em videojogos. Não será relevante os *e-sports* em sentido amplo, que abarcam o *gaming*.

[68] Entre os quais, a *EA Sports, Konami, 2K Sports e a* Sports Interactive.

[69] *Cfr.* n.º 1 do artigo 12.º da Lei n.º 54/2017.

[70] O cronista Ricardo Nascimento, num artigo de opinião do Jornal *o Jogo*, refere que "*a acentuada mediatização e mercantilização do desporto, converteu-se a imagem dos desportistas em objeto de comércio jurídico*", *in* https://www.ojogo.pt/opiniao/cronistas/ricardo-nascimento/noticias/o-

desportivo em campanhas de *marketing* e publicidade, mas também nas licenças de reprodução virtual dos praticantes desportivos em videojogos.

No mês de novembro de 2020, Zlatan Ibrahimovic, praticante desportivo profissional de futebol, numa publicação nas redes sociais, levantou a questão sobre o uso do seu nome e expressão facial/imagem para fins de comercialização, efetuado pela *EA Sports.* O desenvolvedor do videojogo "*FIFA*" veio a público afirmar que, pela necessidade de elaborar a virtualização mais autêntica possível, há um investimento prévio para a aquisição contratual dos direitos de todos os jogadores virtualizados, através de licenças diretamente adquiridas às Ligas, Clubes/SADs ou jogadores individuais[71]. Embora a virtualização desportiva em causa seja de histórico alargado, atualmente a complexidade da questão surge pela colisão de dois aspetos:

- A carência exponencial de aliciamento dos consumidores para a aquisição de atletas virtualizados com melhor potencial/ mediáticos, sob a forma de pacotes ("*cartas especiais*"), que poderão ser adquiridos pelo progresso no jogo eletrónico, de forma gratuita, ou, com maior celeridade, sob a forma de micro transações em que o consumidor converte um valor monetário pago em pontos dos videojogos (no caso do "*FIFA*", os designados "*FIFA Points*");
- A sensibilização uniforme sobre a Privacidade e Proteção de Dados e o mediatismo que esta temática tem levantado após a entrada em vigor do Regulamento Geral sobre a Proteção de Dados.

A questão levantada servirá de exemplo para refletirmos sobre a conformidade em matéria de proteção de dados pessoais nos videojogos que dão azo aos *e-sports.* Como vimos, há a necessidade de aquisição dos direitos da imagem individual relacionada com a prática desportiva. Todavia, esta necessidade de aumentar o realismo dos videojogos tem fomentado a reprodução de aspetos que vão muito além da imagem do jogador e que

direito-de-imagem-dos-praticantes-desportivos-profissionais-10258646.html(consultável em junho de 2023).

[71] O caso foi alvo de publicações no Jornal *Record*, por parte do cronista João Seixas, *in* https://www.record.pt/internacional/paises/italia/ac-milan/detalhe/fifa-21-ibrahimovic-aponta-o-dedo-em-riste-a-ea-sports(consultável em junho de 2023); https://www.record.pt/internacional/paises/italia/detalhe/ea-sports-responde-a-ibrahimovic-temos-direitos-de-todos-os-jogadores(consultável em junho de 2023).

podem ser catalogados como sendo dados pessoais não conexionados com o desempenho das atividades laborais.

Pelo exposto, elenquemos os tipos de dados pessoais recolhidos e reproduzidos na maioria dos *e-sports*: dados de identificação genérica como o nome, a nacionalidade e a idade, dados naturais como a altura e o peso aproximados (dados sobre a fisiologia/genética do praticante desportivo); simulação de expressões faciais idênticas, através da utilização de tecnologias sofisticadas; a suscetibilidade a lesões (dados pessoais de natureza altamente pessoal); dados relativos ao desempenho profissional, com a compilação de dados estatísticos (desde a força, o equilíbrio, a velocidade, a reação, *etc*) que enquadram os praticantes desportivos numa classificação que determina o seu potencial (recolha de dados biométricos e definição de perfis); em alguns casos específicos, a reprodução de dados comportamentais tais como a postura corporal na prossecução da atividade laboral e as celebrações de um feito individual que podem ser suscetíveis de identificar a origem racial ou étnica, convicções religiosas ou filosóficas do praticante desportivo[72].

Portanto, há o tratamento de dados pessoais, inclusive dos catalogados como dados especiais no artigo 9.º do RGPD, que implica inúmeras imposições a cumprir nos termos do RGPD. É reconhecível que a notoriedade[73] e as especificidades da atividade praticada possam desencadear a reprodução dos dados pessoais *per si*, designadamente quando o praticante desportivo, enquanto titular dos dados pessoais, os torne manifestamente públicos,

[72] Como exemplo, o praticante desportivo da modalidade de futebol, Mohamed Salah, que vê as suas celebrações reproduzidas na íntegra no videojogo *FIFA*, designadamente: a posição de *sujud* enquanto oração da religião muçulmana; a posição de braços estendidos que simboliza a demonstração triunfante do faraó do Egito diante do povo; e a pose "a árvore" conhecida no mundo do Yoga como representando o sentido de compromisso. Descrição disponível em https://www.goal.com/es/noticias/la-explicacion-de-las-celebraciones-de-los-goles-de-salah/4achzxswzpki17vvrlikjymre(consultável em junho de 2023); representação virtual exemplificativa em: https://talksport.com/football/418292/fifa-19-new-celebrations-cristiano-ronaldo-paul-pogba-neymar/(consultável em junho de 2023).

[73] Por interpretação extensiva do n.º 2 do artigo 79.º do Código Civil, relativo ao direito à imagem (englobado ao direito à proteção de dados pessoais, em concreto, aos dados fisiológicos), no qual indica que as operações de tratamento não carecem de consentimento quando se trate de uma pessoa retratada com notoriedade justificável ou quando a reprodução vier enquadrada com o que se apresente em lugares públicos. Porém, a leveza com que se comercializa os dados pessoais dos praticantes desportivos não poderá, de todo, ser justificada pela notoriedade, nem, por isso, retirar a exigibilidade do consentimento válido, nos termos do RGPD.

como é o caso de desmonstração das crenças religiosas nas celebrações dos feitos desportivos ou de informação pessoal genética tornada manifestamente pública pelo titular dos dados[74]. A circunstância do titular dos dados tornar os dados pessoais manifestamente públicos[75] não equivale a uma autorização geral do tratamento. No "Comentário ao Regulamento Geral de Proteção de Dados", Tatiana Duarte, *et alia*, refere que a manifestação pública pelo titular enquanto base de licitude para tratamento de dados sensíveis "*não deverá ser interpretada como sendo legitimadora de tratamentos com os quais o titular não possa razoavelmente contar, que não corresponda às expetativas razoáveis do titular*"[76].

Dessa forma, os limites da licitude do tratamento de dados pessoais tornados públicos pelo respetivo titular devem ser pautados pelas expetativas razoáveis, mas não invalida que até nesses dados pessoais o responsável pelo tratamento tenha que definir a finalidade explícita e legítima, informar os praticantes desportivos sobre esse tratamento, enquadrar mecanismos de resposta aos direitos dos titulares de dados e, sobretudo, que os dados sejam os estritamente necessários à prossecução desse propósito, à luz do Princípio da minimização dos dados.

Assim sendo, o tratamento de dados pessoais operacionalizado pelos *Publishers*[77], poder-se-á fundamentar na execução de contrato (se for estipulado nos contratos de cedência de imagem); para o efeito de atividades/interesses legítimos (com ponderação cautelosa e sem que se fundamente o tratamento de dados genéticos[78]); quando sejam tornados manifestamente públicos pelo titular (sem que se excedam as expetativas razoáveis e os Princípios da Necessidade e minimização dos dados); ou através do consen-

[74] Por exemplo, ao efetuar a pesagem no momento prévio a uma competição desportiva de combate.

[75] *Cfr.* alínea e) do n.º 2 do artigo 9.º do RGPD.

[76] *Cfr.* Alexandre Sousa Pinheiro *et alia*, *in* Comentário ao Regulamento Geral de Proteção de Dados, Edições Almedina S.A., 2018, pág. 263.

[77] Se os dados pessoais forem alvos de contratualização com as Ligas, Clubes ou SAD's, os *Publishers* estarão numa posição de Responsáveis Conjuntos, posto que tratam os dados pessoais com propósitos convergentes, mas inseparáveis para a concretização das finalidades. Há uma correlação entre os intervenientes pelo facto de o praticante desportivo representar o clube/SAD e, dessa forma, poder representá-lo virtualmente.

[78] *Cfr.* Alexandre Sousa Pinheiro *et alia*, *in* Comentário ao Regulamento Geral de Proteção de Dados, Edições Almedina S.A., 2018, pág. 263, em "artigo 9.º, al.d)".

timento explícito do titular dos dados, embora não seja a fonte de licitude mais adequada.

Por fim, a questão ficará mais complexa se considerarmos a reprodução de dados pessoais de pessoas singulares que já não praticam a atividade desportiva com caráter profissional, mas que sejam alvos de comercialização desses dados (no caso do *"FIFA"*, procede à comercialização dos pacotes de "cartas especiais", com o aliciamento em adquirir um ícone/lenda do desporto, com pontuação elevada). Será mais problemático quando essa comercialização seja associada a uma pessoa falecida[79], como ocorre, por exemplo, com Maradona, Eusébio, Lev Yashin, entre outros.

D) A DEFINIÇÃO DE PERFIS DOS PRATICANTES DESPORTIVOS POR ENTIDADES EXPLORADORAS DE APOSTAS DESPORTIVAS EM LINHA

Sem que se proceda a uma análise extensiva sobre o Regime Jurídico dos Jogos e Apostas Online , às quais se incluem as desportivas, as entidades exploradoras no exercício da atividade de exploração de jogos e apostas em linha, sob o licenciamento obrigatório nos termos dos artigos 8.º e seguintes do Decreto-Lei 66/2015, de 29 de abril, ficam sujeitas a inúmeras obrigações elencadas nos termos do artigo 26.º.

No respetivo diploma em análise, os aspetos relativos à privacidade e proteção de dados[80] estão associados aos apostadores, designadamente, aos

[79] A aplicabilidade material do RGPD não abrange as pessoas falecidas, mas abre essa possibilidade por indicação dos Estados Membros, nos termos do Considerando 27. Na LNE, o artigo 17.º permite a proteção de dados pessoais de pessoas falecidas "quando se integrem nas categorias especiais de dados pessoais a que se refere o n.º1 do artigo 9.º do RGPD, ou quando se reportem (...) à imagem (...)". No n.º 2 acresce que os direitos de acesso, retificação e apagamento relativos a dados pessoais de pessoas falecidas serão passíveis de exercício "por quem a pessoa falecida haja designado para o efeito ou, na sua falta, pelos respetivos herdeiros", podendo as pessoas falecidas deixarem descrita a impossibilidade de exercício dos referidos direitos. Ainda que esta *nuance* apresente controversias no que diz respeito ao acesso a dados clínicos ou relativos às comunicações (abrindo brechas à invasão da privacidade *post mortem*), no que toca à reprodução de dados fisiológicos e de imagem, poderá ter um peso significativo em matéria de e-sports.

[80] De modo exemplificativo, a alínea b) do artigo 30.º quanto ao direito de acesso; a alínea d) do artigo 43.º quanto ao prazo de conservação; a alínea e) do n.º 1 do artigo 38.º no que diz respeito ao direito à proteção de dados pessoais; o n.º 7 do artigo 47.º sobre a exatidão e atualização dos dados dos jogadores impedidos de jogar; *etc*). Em relação ao artigo 93.º que enquadra o tratamento de dados pessoais, é feita referência à lei nacional de proteção de dados que já se

dados de registo e dados bancários de pessoas singulares que participam nos jogos e apostas em linha. Não obstante, a atividade de exploração de jogos e apostas em linha efetua operações de tratamento de dados pessoais relativos aos praticantes desportivos, designadamente o nome que, mesmo que não seja o nome completo, será identificável por cruzamento de informação (o evento desportivo, a modalidade e o Clube/SAD que representa).

À semelhança do que acontece nas pontuações virtuais dos videojogos associadas aos praticantes desportivos, as entidades exploradoras de apostas desportivas recolhem, estruturam e analisam, de modo detalhado, os dados comportamentais e os dados de desempenho da atividade laboral dos praticantes desportivos para que os apostadores possam apostar num determinado acontecimento diretamente relacionado com um praticante desportivo, consoante uma cota associada[81].

Nos termos do Regulamento Geral sobre a Proteção de Dados, o tratamento automatizado de dados pessoais que consista na avaliação de aspetos pessoais, com a finalidade de classificação e apreciação de caraterísticas individuais – designadamente, para previsão de aspetos relacionados com o desempenho profissional, inserindo o titular de dados em uma determinada categoria ou grupo, atendendo à sua capacidade de executar uma tarefa – estará enquadrado no que se entende por definição de perfis[82]. Neste sentido, as entidades que procedam à definição de perfis, deverão informar os titulares dos dados sobre esse *profiling* e sobre as consequências que dele possam advir[83], indicando, de modo claro e distinguível, o direito de se opor ao tratamento a qualquer momento e de modo gratuito[84]. Além disso, a avaliação sistemática e completa dos aspetos pessoais que tenha por base o tratamento automatizado, incluindo a definição de perfis, torna a elaboração do formalismo de Avaliação de Impacto sobre a Proteção de Dados (AIPD) de caráter obrigatório, nos termos da alínea a) do n.º 3 do artigo 35.º do RGPD.

encontrava revogada aquando da última versão do Decreto Lei n.º 66/2015 – referência à Lei n.º 67/98, de 26 de outubro, revogada pela Lei n.º 58/2019, de 8 de agosto.

[81] Na terminologia inglesa, designada por *odd*, representa a estimativa dos possíveis ganhos advindos de uma aposta desportiva e será dinâmica consoante a probabilidade de acontecer um determinado evento.

[82] *Cfr.* ponto 4.º do artigo 4.º do RGPD.

[83] *Cfr.* considerandos 60 e 63 do RGPD.

[84] *Cfr.* considerando 70 e n.º 1 do artigo 21.º do RGPD.

Assim, a definição de perfis dos praticantes desportivos é operacionalizada pelas entidades exploradoras no exercício da atividade de exploração de jogos e apostas em linha[85], enquanto responsáveis pelo tratamento e, por isso, terão que assegurar o cumprimento das exigências do RGPD, em todas as fases do ciclo vital dos dados[86].

Sem desvirtuar a densidade das reflexões consideradas, o facto de definição de perfis se enquadra como decisória/preponderante ou não para a esfera jurídica do praticante desportivo, será deixada em aberto. Todavia, é manifesto que o praticante desportivo seja alvo de definição de perfis e que deva, por isso, ser informado nos termos supramencionados.

E) TRANSFERÊNCIAS INTERNACIONAIS DE DADOS PESSOAIS

De modo concludente e sintetizado, importa realçar a intrínseca necessidade da livre circulação de dados pessoais associada ao setor desportivo. Na prática profissional, a inscrição de praticantes desportivos nas federações, associações desportivas, Clubes/SADs e demais intervenientes, obriga a que haja transferência de dados pessoais dentro do Espaço Económico Europeu, mas também para países terceiros.

Quando haja transferência de dados pessoais entre responsáveis pelo tratamento, subcontratantes ou outros intervenientes, que estejam estabelecidos no espaço comunitário, o nível de proteção de dados das pessoas singulares estará assegurado desde que respeite as disposições *data* protecionistas[87]. Pelo mecanismo de "balcão único", aquando do tratamento transfronteiriço de dados pessoais, frequente na atividade desportiva profis-

[85] Se nos debruçarmos sobre as linhas orientadoras do Grupo de trabalho do Artigo 29.º (atual Comité Europeu para a Proteção de Dados), sobre as decisões individuais automatizadas e a definição de perfis para efeitos do RGPD – in WP 251 rev.01 – a definição de perfis enquadra-se no contexto exposto já que este processo "pode implicar um conjunto de deduções estatísticas. É frequentemente utilizado para efetuar previsões sobre pessoas, recorrendo a dados provenientes de várias fontes para inferir algo sobre uma pessoa (...)" e que se enquadra na "recolha de informações sobre uma pessoa e a avaliação das suas caraterísticas ou dos seus padrões de comportamento (...) para fins de análise e/ou previsão, por exemplo: da sua capacidade para executar uma tarefa; (...) do seu comportamento presumível." *In* seção A do Ponto II. da WP 251 rev, 01, págs. 7 e 8.

[86] Na fase de recolha de dados, na identificação de correlações efetuada por análise automatizada e na sua aplicação no sentido de identificar caraterísticas comportamentais futuras.

[87] *Cfr.* considerando 101 e n.º 3 do artigo 1.º do RGPD.

sional, será relevante a identificação da autoridade de controlo principal[88], uma vez que só ela estará apta para o controlo e a fiscalização das circunstâncias decorrentes destes tratamentos.

Por outro lado, se for procedida a transferência dos dados pessoais para países terceiros ou organizações internacionais[89], o responsável pelo tratamento deverá atender a uma das disposições do Capítulo V do RGPD, para não comprometer o nível de proteção das pessoas singulares. Será de frisar que a transmissão de dados pessoais para países terceiros exige reflexão da sua licitude e, quando preenchida, da implementação de medidas de segurança capazes de garantir que as informações pessoais só estarão acessíveis a intervenientes provenientes de países com grau de proteção da privacidade igual ou superior ao espaço comunitário ou, em alternativa, com condições contratuais rigorosas. A elevada frequência com que ocorrem transferências extracomunitárias no setor desportivo, obriga a uma reformulação dos processos de aquisição de praticantes desportivos e, sobretudo, dos processos de *scouting* e partilha dos dados pessoais recolhidos.

4. Nota conclusiva

Concludentemente, importa frisar que a aplicabilidade das disposições legais relativas à privacidade e proteção de dados pessoais no setor desportivo, fica dependente da reengenharia processual – destacando a carência de sensibilização dos intervenientes e a ausência de notas informativas sobre proteção de dados pessoais que cumpram os itens do artigo 13.º do RGPD – além do alinhamento com padrões internacionalmente reconhecidos como orientadores fulcrais para a proteção da informação privada, como é o caso da família de Normas ISO 27000, em concreto a ISO 27701. Por outro lado, será imprescindível reconhecer o praticante desportivo como pessoa singular dotada de direitos fundamentais, entre os quais o direito à proteção de dados que não fica descartado devido às especificidades

[88] A autoridade de controlo que esteja no Estado-Membro onde o responsável pelo tratamento ou subcontratante detenha o estabelecimento principal, isto é, onde são aprovadas as decisões sobre as finalidades e meios de tratamento.

[89] Análise exaustiva por Caldas, Gabriela *in* "O direito à explicação no Regulamento Geral sobre a Proteção de Dados", Anuário do Direito da Proteção de Dados Pessoais, 2019, páginas 37 a 53. Disponível em http://protecaodedadosue.cedis.fd.unl.pt/wp-content/uploads/2019/05/ANUARIO-2019-Eletronico_compressed.pdf (consultável em junho de 2023).

reconhecidas pelo contrato de trabalho do praticante desportivo e pela notoriedade que este preencha.

Do ponto de vista prático, é clarividente que a realidade nacional ainda está muito distante do que seria expetável aquando da entrada em vigor da norma comunitária, não só no setor desportivo. Por análise à base de dados *Enforcement Tracker da CMS*[97], a escassa aplicação de coimas por parte da Comissão Nacional de Proteção de Dados será um dos motivos para que a temática seja ponderada com leveza, sobretudo nos setores em que a privacidade é perspetivada com menor amplitude devido ao mediatismo e à notoriedade associados ao praticante desportivo.

A proatividade dos praticantes desportivos sobre a proteção dos seus dados pessoais será imprescindível para tal reconsideração. José Saramago, em 1998, no discurso proferido pelo Nobel da Literatura, fez inspirar o documento entregue à ONU, em 2018, por Pilar Del Río. Considerou-se que a Declaração Universal dos Direitos Humanos seria instrumento inacabado se não fosse complementado por uma Declaração Universal dos Deveres Humanos, já que a plenitude dos direitos fundamentais não será alcançável sem a designada "ética da responsabilidade". Neste sentido, a parte interessada só poderá exigir a proteção dos seus dados pessoais quando cumprir com o seu dever de cidadania responsável e de proatividade em prol dos direitos fundamentais, o que inclui o conhecimento e o exercício dos seus direitos.

8. *LEGAL ENTANGLEMENT* E PLURALISMO JURÍDICO NO CAS: UMA MISTURA PERIGOSA

João Miguel Baptista Ruivo[1]

I. Abstract

O presente estudo visa demonstrar que a prática decisória do CAS é reflexo do panorama de pluralismo jurídico e de entrelaçar entre diferentes planos sociais e jurídicos que se faz sentir no espaço transnacional. Por outras palavras, pretende-se olhar o CAS como centro de inter-legalidade e as suas decisões como verdadeiras "montagens jurídicas", dando origem ao entrelaçar de diferentes ordenamentos jurídicos ou "legal entanglement". Esta necessidade de a *lex sportiva* se (re)construir para fazer face às pressões externas que sofre quer do DUE quer do Direito Suíço leva, no entanto, a que possam surgir situações de interpretação e aplicação transviadas por parte do CAS quando está a "falar a língua" de um desses ordenamentos, dando origem a sentenças arbitrais com efeito *auto-executivo* e relevantes enquanto precedentes dentro do CAS que são apenas alvo de um escrutínio limitado pelo TFS e pela dificuldade em ir mais além.

II. O Espaço Transnacional

Com o advento da globalização, é sabido, o número de relações jurídicas de carácter internacional, isto é pluri-localizadas e que envolvem diferentes ordenamentos jurídicos, aumentou também exponencialmente. As tendências de desenvolvimento global, a abertura dos mercados, e a afirmação de princípios como a liberdade de comércio, a livre circulação de pessoas, bens

[1] Advogado estagiário.

e capitais aliadas à crescente importância da autonomia privada levaram a que os estados olhassem o seu papel de reguladores de forma diferente.[2] Com efeito, a necessidade de fazer face aos desafios legais emergentes destas novas relações e do pluralismo jurídico por elas criada no espaço transnacional levou ao aparecimento de fenómenos de regulação e produção normativa por parte de novos agentes que não os estados. Assim aconteceu, por exemplo, no âmbito do direito corporativo e comercial com o surgimento da denominada *lex mercatoria* e com ela de instrumentos jurídicos como os Princípios Relativos aos Contratos do Comércio Internacional do UNIDROIT ou os Incoterms, um conjunto de termos normalizados da venda à distância de mercadorias[3]. A atitude permissiva dos estados ao "entregarem" a regulação de certos setores aos próprios sujeitos é também um reflexo da crescente importância dos princípios *supra* referidos que, aliados aos usos e costumes e à normatividade emandada por instituições, – muitas vezes privadas – constituem assim um teia complexa de relações e instrumentos jurídicos, densificada e desenvolvida em grande parte por aquele que é o principal garante da afirmação da sua autonomia : a arbitragem internacional. Assim o é pois os estados, para além de concederem autonomia legislativa aos agentes no espaço transnacional, permitem também que os mesmos submetam os seus litígios a tribunais internacionais especializados, as mais das vezes recorrendo à arbitragem, tribunais estes que produzem decisões passíveis de serem reconhecidas e executadas por tribunais nacionais.

É desta realidade específica de determinados setores, da qual resultam realidades sociais e jurídicas estranhas aos estados, que surge a necessidade de (re)construir o direito para conseguir uma regulação apropriada destes

[2] No mesmo sentido vide PINHEIRO LIMA, Luís de, *Arbitragem Transnacional – A determinação do Estauto da Arbitragem*, Almedina, Coimbra, 2005, pp.375-376. Cf. Igualmente GÓMEZ, Katia Fach, Enforcing global law: international arbitration and informal regulatory instruments, The Journal of Legal Pluralism and Unofficial Law, pp. 1-2. Cfr. também DUVAL, Antoine, *Lex Sportiva: A Playground for Transnational Law* (July 31, 2013). European Law Journal, Vol. 19, Issue 6, pp. 822-842, 2013, Available at SSRN: https://ssrn.com/abstract=2317826 or http://dx.doi.org/10.2139/ssrn.2317826 pp. 1-4.

[3] Cf. PINHEIRO LIMA, Luís de, *Direito Internacional Privado Vol.1 – Introdução e Direito de Conflitos – Parte Geral, 3.ª edição Reimpressão,* AAFDL, Lisboa, 2019, pp. 112-114. Cf. Também GÓMEZ, Katia Fach, op. cit., pp.20ss., onde refere vários outros instrumentos jurídicos criados por instituições reguladoras privadas. Exemplos como os International Accounting Standards (IAS) elaborados pelo International Accounting Standards Committee (IASC) ou o World Anti-Doping Code redigido pela World Anti-Doping Agency (WADA).

fenómenos, estando assim criadas as condições para a formação de regras e princípios jurídicos independentemente da acção dos orgãos estaduais, seja através de práticas reiteradas dos sujeitos que dão corpo a usos – utilizados depois para a interpretar e integrar contratos – seja através do exercício de competências normativas por parte de associações e federações internacionais, centros de arbitragem ou organizações profissionais.[4]

Já nos referimos variadas vezes ao espaço transnacional sem esboçar uma definição do mesmo, assim é pois na verdade a mesma não pode ser encontrada de forma precisa. No ponto de vista que aqui se defende olhamos para o espaço transnacional como uma esfera de atuação autónoma onde se desenrolam interações jurídico-sociais entre vários agentes sediados em diferentes *locci* que, fruto da já referida autonomia privada e necessidade de regulação em setores específicos, permite a criação de instituições reguladoras, normatividades, e sistemas de resolução de conflitos, fugindo em grande escala à intervenção dos ordenamentos estaduais.[5]. É desta fragmentação de fenómenos sociais que surgem – ou se transportam para – no espaço transnacional diferentes fenómenos sociais, interesses, direitos e autoridades a interagirem entre si, neste espaço que não é de ninguém e ao mesmo tempo é todos fruto da sua característica essencial: a inexistência de um vínculo a qualquer ordenamento jurídico nacional. Assim ficam criadas as condições para um espaço onde a regulação e as relações fogem (quase) totalmente à intervenção estadual, com a arbitragem a surgir como meio de resolução de litígios privilegiado – fruto das suas características específicas – e a permitir à autonomia estender-se à resolução de litígios, veremos melhor adiante.

A falta de ligação e intervenção estadual não deve ser confundida com uma inexistência total dos estados no espaço transacional, na verdade, eles mesmos são agentes e interagem com outros estados ou entes privados neste espaço, o ponto é que contrariamente ao que acontece nos respetivos territórios onde detêm soberania – *ius imperii* – aqui, no espaço transnacional, são um agente *tendencialmente* igual aos outros. Tendencialmente é a palavra-chave, de facto, apesar da autonomia privada ser a verdadeira base de toda esta teia de pluralismo-jurídico, os estados continuam a ter uma

[4] Pinheiro Lima, Luís de, *Arbitragem Transnacional – A determinação do Estauto da Arbitragem*, Almedina, Coimbra, 2005, pp. 376.

[5] Neste sentido *vide* Duval, Antoine, op. cit., "*Lex Sportiva: A Playground for ...*" p. 1ss.

palavra a dizer mesmo num espaço onde não governam. Não sendo estes os criadores e aplicadores únicos do direito, assistimos no espaço transnacional a uma passagem de uma realidade piramidal para um realidade em "teia" – no que toca as relações de poder – com o controlo (reduzido) por parte dos estados e das instituições reguladoras privadas a ser realizado por vezes em cooperação, por vezes em competição, subvertendo assim a lógica piramidal de relação de poderes existente[6].

No fundo, a atuação dos estados acaba por se reconduzir a três grandes casos:

(i) relativamente às questões que não são arbitráveis, quando estas existam ou sejam conexas por exemplo, ao contrato em questão; (ii) quando um tribunal estadual seja chamado a apreciar um *pedido de impugnação ou de reconhecimento e /ou execução de sentença arbitral*; (iii) quando estejamos perante um contrato *celebrado com um Estado ou um seu ente público autónomo, dependa da prática de um ato individual da Administração,* ou tenha por objecto a execução de um contrato que se encontra nestas circunstâncias[7].

Por sua vez, podemos dizer que o espaço transnacional é condicionado pelos estados essencialmente por três fatores: (i) a *arbitrabilidade da matéria*; (ii) *inserção da relação neste espaço* através da celebração de uma convenção de arbitragem válida pelas partes; (iii) *o controlo estadual da arbitragem* – ao estabelecer os critérios exigências mínimas que um tribunal arbitral sediado nesse estado deve cumprir – e a *necessidade de colaboração por parte dos orgãos estaduais* na realização dos atos coercivos de que dependa o funcionamento da arbitragem e a execução das decisões arbitrais[8].

III. A normatividade transnacional

Explorado que foi espaço transnacional, e a forma como os agentes encontraram nele uma bolha de autonomia e auto-regulação face aos ordenamentos estaduais, importa aludir também ao conceito de normatividade transnacional, pois é ela o produto do funcionamento da "teia" jurídica transnacional. Esta normatividade transacional manifesta-se através de

[6] *Ibid* p. 3.

[7] Pinheiro Lima, Luís de, *Arbitragem Transnacional – A determinação do Estauto da Arbitragem*, Almedina, Coimbra, 2005, pp. 377.

[8] *Ibid.*

diferentes formas, numa acepção ampla, dizemos que a mesma é composta por toda a normatividade positiva emanada por instituições reguladoras que atuem no espaço transnacional (vg. regulamentos de associações ou instituições de arbitragem, recomendações ou princípios plasmados em documentos de soft law), pelos usos e costumes densificados em princípios globalmente aceites (*lex mercatoria*) e, não menos importante, pela função interpretava e integradora dos tribunais arbitrais internacionais que aplicam todo este direito positivo[9]. O carácter transnacional desta normatividade advém em grande parte, dir-se-ia, de a mesma ser produzida por entidades que não o estado, por o seu processo de formação fugir à ingerência dos ordenamentos estaduais. Esta afirmação não é totalmente verdadeira, vimos já que o espaço transnacional é condicionado pelos ordenamentos estaduais, consequentemente, a normatividade transnacional será também condicionada pelos ordenamentos estaduais. É fácil pensar numa impugnação de uma decisão arbitral perante um tribunal nacional ou europeu que revogue uma determinada norma, ou a negação do reconhecimento de uma sentença arbitral por violação da ordem pública internacional da UE. Reconhecendo que a normatividade transnacional não só é condicionada pelo Direito dos estados como muitas das vezes se inspira no mesmo, podemos olhá-la como uma reconstrução da forma e das funções do Direito para se adaptar a uma realidade sectorial específica, com as suas próprias exigências, princípios ordenadores e sentido comunitário de direito[10].

É a fragmentação das realidades sociais que origina a esfera de atuação autónoma do espaço transnacional, permitindo assim a criação da normatividade transnacional. No entanto, é a normatividade transnacional que, sempre condicionada pelos ordenamentos estaduais, ao adaptar-se e reconstruir-se para corresponder às exigências de direito da comunidade ou setor específico que regula, estabelece uma relação dinâmica entre o estadual e o transnacional, originando aquele que é um dos principais objetos do nosso estudo: as "montagens legais", " legal assemblages" que originam situações de "legal entaglement"[11].

[9] Ibid. pp. 381-382.

[10] ZUMBASEN, Peer, – *Defining the Space of Transnational Law: Legal Theory, Global Governance, and Legal Pluralism,* Transnational Law and Contemporary Problems. Volume 21, Number 2 (2012), pp.310-314.

[11] *Ibid.* p. 332.

Por forma a melhor analisarmos este fenómeno, e em particular no setor onde a mesma se faz sentir com mais força – o do desporto – importa conseguirmos em primeiro lugar uma visão da estrutura organizativa do fenómeno desportivo, que nos irá permitir apreender as relações de poder e o funcionamento de uma estrutura montada – com bastante sucesso – no espaço transnacional, para podermos depois analisar a prática decisória do seu orgão de resolução de litígios máximo.

IV. A estrutura organizativa do fenómeno desportivo: fonte de autonomia

O panorama em que é desenvolvida e regulada actividade desportiva é caracterizado por uma transnacionalidade transversal a quase todos os aspectos do fenómeno. Assim acontece pois as entidades situadas no topo da estrutura organizacional do desporto são federações e associações internacionais. Estas entidades – os Sports Governing Bodies – de que são exemplo a FIFA ou o Comité Olímpico Internacional, assumem o papel principal na governação do desporto a nível global, estendendo a sua intervenção para outros planos pelas mãos de federações ou associações continentais e nacionais. Não obstante a sua origem privada, a extensão e os moldes em que exercem o seu poder de regulamentação leva a que estas organizações seja atribuído um carácter híbrido, "situado entre a esfera jurídico-pública (do Estado) e a esfera jurídico-privada (do associativismo desportivo)."[12]. O sistema regulatório montado no âmbito desportivo é, por ventura, o que logrou a maior autonomia face aos ordenamentos estaduais dentro do espaço transnacional, vejamos porquê.

O fenómeno desportivo reclama uma regulação normativa global capaz de se estender, de modo idêntico, a todos os agentes desportivos envolvidos, de forma a que se seja possível atingir uma situação de igualdade de tratamento e um "level playing field" de que o desporto tanto necessita. A viabilidade da prática desportiva a nível global, especialmente quando exercida a título profissional, reclama essa uniformidade de regulação aos mais variados níveis, de certo que os intervenientes não se conformariam com a inexistência da mesma no que toca, por exemplo, à organização das competições desportivas, às "regras do jogo" que ditam os termos em que o desporto concreto deve ser praticado, ou às medidas disciplinares que

[12] Cfr. Flamínio da Silva, Artur, *A Resolução de Conflitos Desportivos em Portugal – Entre o Direito Privado e o Direito Público*, Almedina, Coimbra, 2017, p. 185.

visam sancionar quem as infringir. Mas o quadro regulamentar do desporto não se esgota com os exemplos acima expostos, na verdade, com a profissionalização e comoditização[13] do desporto, outros aspectos económicos e jurídicos vêm a reclamar a extensão do mesmo. Pense-se, desde logo, na celebração de contratos de trabalho entre atletas e clubes a impor uma a intervenção do direito laboral, ou na uniformidade e harmonia jurídica que a resolução de litígios desportivos reclama.

Neste sentido, e para atingir estes objectivos, as federações desportivas transacionais e nacionais surgem como entidades nas quais se encontra concentrado todo este poder de regulamentação, que as mesmas exercem através da criação da totalidade da normatividade desportiva, que elas próprias aplicam ao caso concreto. Podemos falar, neste sentido, de uma posição monopolística destas organizações, posição que é garantida por um *princípio de unicidade*. Este princípio postula uma "limitação material e espacial do número de entidades responsáveis pela regulação de uma determinada atividade desportiva."[14] e apresenta duas vertentes diferentes. Na sua *vertente material*, exige que apenas uma federação seja responsável pela regulação de uma modalidade desportiva devidamente localizada num determinado espaço, na sua *vertente espacial*, impõe que exista somente uma federação em cada um dos âmbito espaciais: transacional, continental e nacional.

Da complementaridade e coexistência de ambas as vertentes deste princípio resulta a verificação da unicidade nos três planos espaciais referidos. Neste sentido, podemos falar de uma *unicidade transacional* quanto ao poder de regulamentação, onde figura apenas uma federação transacional para cada atividade desportiva. Esta federação, por sua vez, é normativamente reconhecida pelas federações continentais e nacionais de forma imperativa, fruto do sistema de vinculações e remissões estatutárias que a mesma institui, ficando assim sustentado o seu poder de regulação e estendendo o mesmo até aos âmbitos continental e nacional[15].

[13] Sobre a comoditização do desporto, aqui associada à venda e exploração de direitos televisivos mas com reparos que são transversais a todos os aspectos do fenómeno, Cfr. Weatherill, Stephen, *Principles and Practice in EU Sports Law*, Oxford EU Law Library, Oxford University Press, 2017, p. 288-289. Cfr ainda, falando embora em mercantilização, Gião Sousa, João, *O Governo das Sociedades Desportivas in: O Governo das Organizações – A vocação universal do corporate governance*, Almedina, Coimbra, 2011, p. 234-235.

[14] Cfr. Flamínio da Silva, Artur, op. cit., p. 188.

[15] De facto, as federações continentais e nacionais ao reconhecerem estatutáriamente a federação transnacional obrigam- se a exercer o seu poder de regulação de acordo com a norma-

O mesmo se irá passar nos níveis inferiores da pirâmide, verificando-se igualmente uma unicidade ao nível continental e nacional[16], com as respetivas federações a estabelecerem entre elas – e entre elas e a sua superior transnacional – uma relação de reconhecimento mútuo, e tendo em comum a nota da exclusividade de existência em cada um dos planos espaciais[17].

Note-se que este reconhecimento imperativo não se verifica somente entre as federações desportivas situadas nos diferentes âmbitos espaciais, na verdade, o mesmo apresenta-se como uma verdadeira *condito sine qua non* para todos os intervenientes que pretendam actuar numa competição desportiva ou agir numa atividade conexa com esta, estando os mesmos dependentes do reconhecimento por parte da federação desportiva responsável pela regulação no âmbito espacial em questão, reconhecimento que é concedido primeiro pela inscrição do atleta, clube, ou agente desportivo como membro da federação e, depois, através de um licenciamento concedido para a prática da actividade desportiva. Esta estratégia de vinculação levada a cabo pelos SGB's é apelidada de "*via contratual*"[18] e acaba por estender-se igualmente para o âmbito da jurisdição através de cláusulas arbitrais a atribuírem competência ao CAS, que estão presentes quase na totalidade dos estatutos dos SGB's.

tividade criada por esta. Cf, a título de exemplo, as alíneas a) e d) do artigo 14.º dos estatutos da FIFA onde são estipuladas as obrigações das associações membros "a) to comply fully with the Statutes, regulations, directives and decisions of FIFA bodies at any time (...)." e "b) to cause their own members to comply with the Statutes, regulations, directives and decisions of FIFA bodies.".

[16] Veja-se, entre tantos outros, o artigo 11.º/1 do estatutos da FIFA, o qual estipula que "(...) only one Association shall be recognised in each country".

[17] Para mais sobre o *princípio da unicidade* de que aqui se fala, cf. Flamínio da Silva, Artur, op. cit., p. 186-190.

[18] Cfr., a este propósito, Weatherill, Stephen, op. cit., pp. 10ss. onde fala da via contratual utilizada pelos SGB's na procura da autonomia da Lex Sportiva. Esta via contratual traduz-se no já aludido sistema de vinculações e remissões estatuárias erigido pelos SGB's mas, também, nas cláusulas arbitrais incluídas nos estatutos de federações e associações ou em formulários de inscrição em competições por elas organizadas. Cfr. artigo 11.º/4 e as suas alíneas a), b) e, c), dos estatutos da FIFA, onde se estipula que os estatutos das associações ou federações que desejem fazer parte da FIFA "(...) shall contain the following mandatory provisions: a) always to comply with the Statutes, regulations and decisions of FIFA and of the relevant confederation, b) to comply with the Laws of the Game in force, c) to recognise the Court of Arbitration for Sport, as specified in these Statutes".

Se recordarmos o que foi dito *supra*, fica assim ultrapassada a exigência de uma convenção arbitral que submeta os sujeitos à jurisdição do espaço transnacional, razão pela qual o sistema de resolução de litígios desportivo é apontado por muitos como a principal fonte de autonomia da *lex sportiva*. Aproveitando a realidade criada pelo já aludido princípio da unicidade, cada uma das associações ou federações atuam a nível disciplinar e de resolução de conflitos no seu plano espacial. Através de orgãos de resolução de litígios internos como o conselho de disciplina da FPF ou a câmara de resolução de conflitos da FIFA, os SGB's funcionam como a primeira instância, prevendo a possibilidade de um recurso ainda dentro da própria associação/federação ou diretamente para o CAS, que atua como a última instância dentro da estrutura do desporto global.

O Court of Arbiration for Sport é uma instituição permanente de arbitragem sediada em Lausanne (Suíça), no âmbito da arbitragem o mesmo tem duas câmaras principais: a câmara arbitral ordinária e a câmara de apelo. A primeira tem competência para julgar todos os litígios relacionados com o desporto que não sejam atribuídos pelos Código do CAS à câmara de apelo. A câmara de apelo tem competência para julgar os litígios desportivos decorrentes de decisões de federações desportivas, associações e outras entidades desportivas, desde que esteja previsto nos estatutos ou regulamentos dessa entidades, ou que exista uma convenção de arbitragem que disponha nesse sentido. A grande parte dos casos que chegam ao CAS são recursos de decisões de associações ou federações internacionais e por isso são apreciados na câmara de apelo. Ora sendo que a grande maioria dos processos que chegam ao CAS são dirigidos à câmera de apelo este acaba por exercer a função de última instância dentro do sistema de resolução de litígios montado para o desporto. Esta circunstância é relevante se atentarmos ao facto que no caso de um recurso de uma decisão – porventura a aplicação de uma sanção disciplinar – de uma federação nacional para o CAS que seja improcedente – mantendo-se por isso a sanção – não será necessário o reconhecimento da mesma para que esta seja executada e aplicada a sanção. Assim acontece pois a mesma federação ou associação que aplicou a sanção em primeira instância tem competência para a executar, utilizando a sentença arbitral do CAS como fundamento e sem necessidade de recorrer à justiça estadual. Temos então que a complementaridade estabelecida entre um orgão máximo de resolução de litígios – na esfera transacional – e os vários orgãos de resolução de litígios das federações nacionais e continentais, confere às sentenças arbitrais do CAS um efeito *auto-executivo*.

Vislumbra-se, destarte, que a estrutura organizativa em que assenta o fenómeno desportivo bem como as relações de poder nela estabelecidas, quando aliadas ao sistema de resolução de litígios erigido, logram uma autonomia face aos ordenamentos jurídicos estaduais sem paralelo e, na senda da análise feita acerca do espaço transnacional, o maior exemplo de como a regulação por entidades privadas tem a sua viabilidade e autonomia garantidas pela arbitragem internacional.

V. A produção da Lex Sportiva: dos SGB's ao CAS

Recuperando a acepção ampla de normatividade transnacional a que aludimos supra podemos definir a *lex sportiva* enquanto o acervo de normatividade e jurisprudência que regulam de forma direta ou indireta o fenómeno desportivo. A produção desta normatividade tem o seu primeiro estádio nos SGB's, com efeito, são as associações internacionais (vg. FIFA, IOC, ISU) os principais produtores de normatividade desportiva no universo desportivo, às quais se junta também a WADA com o seu importantíssimo World Anti-Doping Code. Apesar de estarem no topo da pirâmide, nem toda a normatividade positiva é produzida ao nível transnacional, a competência para regular alguns aspetos como por exemplo as condições de elegibilidade para participar numa competição ou as regras da sua organização são transferidas para as esferas nacionais, (vg. FPF, COP) ficando as federações e associações nacionais responsáveis pela mesma. Esta normatividade é frequentemente aplicada pelas mesmas associações ou federações que a produziram, cada uma no seu nível espacial, através dos orgãos disciplinares e, posteriormente, dos orgãos de resolução de litígios internos.

Aplicada pela primeira vez, a *lex sportiva* sofre ainda várias mutações fruto de exigências e problemas que surgem muitas vezes da sua aplicação. Assim, assistimos a muitos recursos de associações e federações nacionais e internacionais para o CAS, o que demonstra que quer os regulamentos e outros instrumentos normativos, quer a aplicação dos mesmos é re-avaliada pelo CAS, também ele sujeito a controlo e pressões externas. Pese embora a produção de regulamentos e muitos outros instrumentos normativos seja levada a cabo pelos SGB's, dir-se-ia que não lhes cabe o papel principal na linha de produção da *lex sportiva*. Se as associações criam e muitas vezes aplicam as normas por elas criadas, é através do CAS que as mesmas são interpretadas e densificadas. Como veremos adiante, a autonomia da *lex sportiva* perante os ordenamentos estaduais não é total, e é precisamente a prática decisória do CAS, embora não de forma exclusiva[19], ao interpretar e aplicar os regulamentos a casos concretos que leva os agentes desportivos a recorrer para tribunais europeus e nacionais. Para mais, como já vimos, o CAS está sediado em Lausanne, o que significa que estamos perante uma das situações em que a normatividade transnacional – *lex sportiva* – está sujeita a uma lei estadual, no caso à lei Suíça.

Acresce ao que foi dito aquele que é o controlo exercido, através essencialmente do Direito Europeu do Mercado Interno, pela União Europeia. Qualificando os agentes desportivos como agentes económicos para efeitos do Direito Europeu, em *Bosman*[20] o Tribunal de Justiça da União Europeia (TJUE) abriu o caminho para este controlo, para depois em *Meca-Medina*[21] (utilizando uma formulação concebida em *Wouters*[22]) a comissão o efetuar também através do Direito da Concorrência, estabelecendo assim as duas principais formas de controlo da *lex sportiva* que, passou a ser moldada pelo Direito Europeu. Pense-se nos casos *UEFA Champions League*[23] e *Premier League*[24] onde o direito da Concorrência interveio na venda e exploração dos direitos televisivos, acabando por exigir alterações regulamentares que salvaguardassem os interesses dos operadores e dos detentores dos direitos, bem como a experiência e o valor retirado pelo consumidor final. Da mesma forma, a Comissão Europeia foi parte ativa na elaboração do novo RSTP

[19] Pense-se no caso Português em que segundo a lei que regula o TAD é possível o recurso da decisão para o STA Sul. Igualmente o facto de o CAS estar sediado na Suíça coloca-o sob a alçada do TFS por força do artigos 176.º e 191.º do PILA.

[20] Processo C-415/93, *Union Royal Belge das sociétés de football association ASBL v Jean-Marc Bosman*, Acordão de 15.12.1995, ECR 1995 I-4921.

[21] Processo C-519/04P, *Meca-Medina and Majcen v Commission*, Acordão de 18 de Julho de 2006, ECR I-06991.

[22] Em *Wouters* o tribunal não estava perante questões desportivas, no entanto aplicou o mesmo raciocínio que viria a ser transportado para *Bosman* e *Meca-Medina*. Processo C-309/99., *J. C. J. Wouters, J. W. Savelbergh and Price Waterhouse Belastingadviseurs BV v Algemene Raad van de Nederlandse Orde van Advocaten*, Acordão de 19 de Fevereiro de 2002, ECR 2002 I-01577.

[23] Cfr. WEATHERILL, Stephen, ob. cit. p. 313ss. sobre o caso *Champions League* e a decisão da Comissão Europeia sobre o acordo de venda conjunta dos direitos televisivos para essa competição – COMP/C.2-37.398 – *Joint selling of the commercial rights of the UEFA Champions League*, JO C 7, 12.1.2008.

[24] COMP/C.2/38.173 and 38.453 – Joint selling of the media rights of the FA Premier League on an exclusive basis.

da FIFA[25]. Este é aquele que chamamos o modelo de autonomia condicionada[26] que o Direito da União Europeia (DUE) concede à *lex sportiva*, não podendo exceder as suas competências[27] de apoio ao desenvolvimento da área do desporto (art 165.º TFUE) e intervir legislativamente, exerce uma espécie de controlo constitucional das decisões do CAS, onde avalia sobretudo a proporcionalidade das sanções, normas, ou regulamentos em causa, e determina se as mesmas prosseguem um objetivo legítimo e se são inerentes ao mesmo[28].

VI. A força das decisões do CAS enquanto precedentes

A. *Notas Iniciais*

A importância da função interpretativo-integradora do CAS reflete-se especialmente se tivermos em conta o papel das suas decisões arbitrais para futuros litígios. Sendo o CAS o orgão responsável por atingir um correta interpretação e aplicação da normatividade desportiva, a sua prática decisória permite uma avaliação da aplicação dos regulamentos e demais instrumentos jurídicos que, não poucas vezes, poderão ser mal interpretados e aplicados pelas associações ou federações nos seus orgãos de resolução de conflitos internos. A questão relativa aos critérios interpretativos e ao direito aplicável ao mérito da causa será abordada mais adiante em sede própria, cumpre, por agora, endereçar aquela que é a força das decisões arbitrais do CAS enquanto precedentes e como essa mesma força permite ao CAS uniformizar e fixar a nível racional e a nível prático a aplicação da normatividade desportiva a casos concretos. Só entendendo este carácter tendencialmente vinculativo das decisões, a sua origem, e os argumentos que

25 Nota de Imprensa IP/01/314, 5 de Março de 2001, disponível em: https://ec.europa.eu/commission/presscorner/detail/en/IP_01_314.

26 Cfr. Weatherill, Stephen, op. cit. pp.70ss e pp. 100ss.

27 A competência da União Europeia é determinada pelo Princípio da Atribuição, plasmado no artigo 5.º do TFUE este princípio postula que a União apenas dispõe das atribuições e competências que lhe hajam sido conferidas pelos Estados membros através dos tratados. Neste sentido vide Gorjão-Henriques, Miguel, *Direito da União. História, direito, cidadania, mercado interno e concorrência*, 8.a ed., Almedina, Coimbra, 2017, p. 340-342.

28 Esta é a fórmula encontrada pelo TJUE em *Wouters*, depois transportada para *Bosman* e *Meca-Medina* para avaliar a necessidade, adequação e proporcionalidade – *rectius* a inerência – da *lex sportiva*, quer das suas normas concretas quer da aplicação das mesmas.

o sustentam, veremos a verdadeira importância do CAS enquanto produtor da *lex sportiva*.

B. *O hábito de aderência ou vinculação informal?*

Vimos já que o CAS produz uma parte importante da *lex sportiva* através da sua prática decisória, mas o que dizer do valor das suas decisões na resolução ou interpretação de casos similares? A este propósito importa referir que nada se encontra estabelecido no código do CAS, a grande parte da doutrina considera igualmente que o CAS não se encontra formalmente vinculado a seguir as suas decisões anteriores. O próprio CAS veio já referir isso mesmo em algumas decisões[29], por exemplo, quando primeiramente considerou em *Webster*[30] que perante uma rescisão unilateral do contrato de trabalho desportivo por parte do jogador, o clube não teria direito a nenhuma compensação baseada no valor do mercado do jogador para depois, em *Matuzalem*[31], considerar que o valor de uma possível transferência futura pode ser considerado um lucro cessante e ser, por isso, ressarcível. Até mesmo o Tribunal Federal Suíço (TFS) tem decisões que vão no sentido de o CAS não se encontrar formalmente vinculado a seguir as suas decisões anteriores, no entanto, será que ainda assim os árbitros e o próprio CAS se consideram vinculados pelos seus precedentes?

Numa obra[32] onde estuda a prática jurisprudencial do CAS das mais variadas óticas Johan Lindholm dedica algum espaço para esta questão. O primeiro caso, segundo o autor, em que CAS endereçou a questão das

[29] Vide. por exemplo, CAS 2008/A/1545 *Andrea Anderson, LaTasha Colander Clark, Jearl Miles-Clark, Torri Edwards, Chryste Gaines, Monique Hennagan, Passion Richardson v. International Olympic Committee (IOC)*, Decisão de 16 Julho de 2010, CAS 97/176, UCI v. Jogert & NCF, decisão de 28 de Agosto de 1998.

[30] CAS 2007/A/1298 *Wigan Athletic FC v/ Heart of Midlothian* & CAS 2007/A/1299 *Heart of Midlothian v/ Webster & Wigan Athletic FC* & CAS 2007/A/1300 *Webster v/ Heart of Midlothian*, Decisão de 24 Julho de 2007, para 82.

[31] CAS 2008/A/1519 *FC Shakhtar Donetsk v. Matuzalem Francelino da Silva & Real Zaragoza SAD & Fédération Internationale de Football Association (FIFA)* & CAS 2008/A/1520 *Matuzalem Francelino da Silva & Real Zaragoza SAD v. FC Shakhtar Donetsk & Fédération Internationale de Football Association (FIFA)*, Decisão de 19 Maio 2009, para 117. O painel de árbitros em Matuzalem panel referiu igualmente que existia jurisprudência anterior a Webster que ia no sentido da sua decisão. Ibid. para 117 e n.16.

[32] Lindholm, Johan, *The Court of Arbitration for Sport and Its Jurisprudence: An Empirical Inquiry into Lex Sportiva*, 1.ª edição, ASSER international Sports Lar Series, 2019, Haia.

suas decisões enquanto precedentes foi em *Cullwick*[33]. Bebendo da racionalidade desenvolvida anteriormente num caso que versava igualmente sobre questões de anti-dosagem, o caso *Lethinen*[34], em *Cullwick* o CAS reconheceu que apesar de não se encontrar vinculado a seguir a jurisprudência estabelecida em Lethinen "[it was] disposed to do so, both out of a sense of comity and because of the desirability of consistent decisions of the CAS, unless there were a compelling reason, in the interest of justice, not to do so."[35]. Mais tarde, em *Jogert*[36] o CAS volta a reiterar que é desejável que a jurisprudência anterior seja seguida, disse o painel: "[t]he Panel feels that CAS rulings form a valuable body of case law and can contribute to strengthen legal predictability in international sports law. Therefore, although not binding, previous CAS decisions can, and should, be taken into attentive consideration by subsequent CAS panels, in order to help developing legitimate expectations among sports bodies and athletes.". Percebemos, portanto, que apesar de não existir nenhum vínculo formal que obrigue o CAS a valorar as suas decisões enquanto precedentes, o CAS atribui-lhes um carácter tendencialmente vinculativo. Utilizando como fundamento a certeza e a uniformidade na aplicação do direito, bem como a previsbilidade jurídica e a manutenção das expetativas jurídicas dos agentes desportivos, fica a cargo de quem pretender uma interpretação ou *ratio decidendi* diferente da estabelecida na jurisprudência do CAS o ónus de justificar e fundamentar o porquê desse desvio.[37]

Este hábito de aderência pode ser igualmente demonstrado através de dados estatísticos, um estudo feito por Lindholm na obra referida supra mostra-nos que desde 1995 a percentagem de decisões do CAS que citam pelo menos uma decisão anterior aumentou exponencialmente. Desde

[33] CAS 96/149, Cullwick.

[34] CAS 95/142, Lehtinen, para 20.

[35] CAS 96/149, Cullwick, para. 22.

[36] CAS 97/176, UCI v. Jogert & NCF, decisão de 28 de Agosto de 1998.

[37] CAS 2008/A/1545 *Andrea Anderson, LaTasha Colander Clark, Jearl Miles-Clark, Torri Edwards, Chryste Gaines, Monique Hennagan, Passion Richardson v. International Olympic Committee (IOC)*, Decisão de 16 Julho de 2010. Para. 55 :"Therefore, although a CAS panel in principle might end up deciding differently from a previous panel, it must accord to previous CAS awards a substantial precedential value and it is up to the party advocating a jurisprudential change to submit persuasive arguments and evidence to that effect. Accordingly, the CAS 2004/A/725 award is a very important precedent and the Panel will draw some significant guidance from it."

2007, esta percentagem tem se estabelecido entre 70 e 80%, demonstrando que na prática o CAS recorre à sua própria jurisprudência frequentemente para fundamentar as suas decisões[38]. Ora existindo este hábito de aderência à jurisprudência anteriormente fixada, e sendo o mesmo justificado pela criação de um linha de pensamento e decisão que contribui para a previsibilidade e segurança jurídica, seria de esperar que o CAS se referisse variadas vezes a uma particular decisão onde estabeleceu alguma interpretação ou *ratio decidendi*. Este desenvolvimento de uma linha de pensamento ao longo do tempo e ao longo dos casos é em teoria o objetivo, mas a a verdade é que os dados nos mostram outra coisa. Referindo-nos de novo ao estudo feito por Lindholm podemos verificar que a "idade" das decisões do CAS citadas em decisões posteriores não reflete a máxima da jurisprudência constante, isto é, da criação de uma corrente jurisprudencial que com o tempo adquire uma determinada autocritas, e uma presunção de justeza. Com efeito, as decisões proferidas pelo CAS atingem o pico da probabilidade de serem citadas seis meses após serem proferidas, e o número de citações diminui com a antiguidade da decisão[39], levando-nos a concluir que os objetivos que o CAS diz estarem por detrás deste hábito de aderência não estão a ser cumpridos da melhor forma, e deverá averiguar-se porquê. Poderá dar-se o caso de existirem avanços que rompam com uma corrente jurisprudencial, ou novas circunstâncias que alterem completamente um determinado paradigma, a verdade é que os SGB's e o CAS há muito utilizam argumentos funcionalistas para justificar determinadas práticas suas, mas nem sempre a sua prática se coaduna com os mesmos.

C. *Decisões não publicadas enquanto precedentes*

Resta, ainda no que diz respeito à prática do CAS de utilização de precedentes, endereçar uma questão que poderá ser particularmente perigosa e controversa. O Código do CAS[40], documento que regula o funcionamento do tribunal, estipula no seu artigo R58, que versa sobre a confidencialidade das decisões proferidas pela câmara de apelo, que as decisões proferidas

[38] LINDHOLM, Johan, op. cit., p. 94-96. Vide. Fig. 4.1.

[39] *Ibid*, p. 98-99. Vide. Fig. 4.3.

[40] Código do CAS disponível para consulta em: https://www.tas-cas.org/fileadmin/user_upload/CAS_Code_2021__EN_.pdf.

pela câmara de apelo devem ser publicadas pelo CAS a não ser que ambas as partes concordem em mantê-la confidencial[41].

O que dizer do uso das decisões que foram mantidas confidenciais como precedente para a resolução de um caso concreto? Recuperando uma vez mais o estudo feito por Lindholm verificamos que das 3039 citações de decisões anteriores encontradas pelo autor, o CAS citou 577 decisões não publicadas, ou seja, uma em cada cinco referências a casos anteriores por parte do CAS é feita para uma decisão não publicada[42]. Exemplos como o caso *Korneev & Gouliev*[43], onde o CAS estabeleceu os requisitos para a prova ou contra-prova relativamente a uma sanção anti-doping, e que transportou para qualquer outra sanção disciplinar, ou o caso *Associação Portuguesa de Desportos v. Club Valencia*[44], onde ficam estabelecidos critérios importantes relacionados com os prazos de interposição de um recurso de apelo ou a validade de convenções arbitrais, não estão disponíveis para acesso e são frequentemente citados. Ora esta prática de recorrer a decisões anteriores não publicadas e utilizá-las como precedentes poderá trazer vários problemas, desde logo, a desvantagem em que se encontram as partes que não tenham acesso a tais decisões que não lhes permite preparar a sua argumentação e a sua defesa de forma cabal. Para mais, a utilização de decisões anteriores não publicadas não é, como facilmente se percebe, uma prática idónea para prosseguir a previsibilidade e a segurança jurídica que se pretende, segundo o próprio CAS, garantir aos agentes desportivos. Da mesma forma que não nos parece ser possível atingir a harmonia jurídica e garantir aos direitos processuais das partes com esta prática. Não sendo as decisões e a *ratio decidendi* nelas contida cognoscível para os agentes desportivos, os mesmos não poderão conformar-se com elas, existindo quem defenda que esta prática pode mesmo ir contra o princípio da legalidade[45]. De facto, não será exígivel a um agente parte que se conforme com uma norma – *rectius* com uma intrepertação jurisprudencial da mesma – que não conheça e que por isso não poderia ter influenciado a sua conduta, o que nos leva a alinhar com a

[41] Cf. Artigo R59 do Código do CAS.

[42] LINDHOLM, Johan, op. cit., p. 108.

[43] CAS OG/96/003 & 004, *Korneev & Gouliev v. IOC*. Citado em CAS 2014/A/3628, *Eskişehirspor v. UEFA*, para 123.

[44] CAS 2004/A/574, *Associação Portuguesa de Desportos v. Club Valencia*. Citado em CAS 2006/A/1153, *Lopes de Almeida*; CAS 2011/A/2425, *Fusimalohi*.

[45] LINDHOLM, Johan, op. cit., p. 111-113.

doutrina[46] que reclama uma maior transparência no CAS, nomeadamente no que toca à publicação de todas as suas decisões da câmara de apelo.

Feita a análise das decisões do CAS enquanto precedentes, e descobertos que foram os perigos desta prática, passemos então à análise da lei aplicável nos processos do CAS. Este ponto é especialmente relevante para o nosso estudo pois é nele que iremos olhar para o CAS enquanto um centro de inter-legalidade onde o direito aplicado reflete de forma fiel o pluralismo jurídico que neste espaço se encontra, mas é a forma como ele é aplicado – através de montagens jurídicas – que nos irá permitir avaliar como o CAS lida com essa mesma realidade, alertando para os vários problemas e obstáculos que podem emergir da mesma.

VII. A lei aplicável no CAS: um pluralismo jurídico indissociável do direito suíço

A. *A escolha da lei aplicável*

Viremos a nossa atenção para as normas de DIP Privado que regulam o CAS, e mais concretamente para a lei aplicável nos seu seio. O ponto de partida desta análise passa inevitavelmente pelo PILA (Federal Act on Private International Law)[47] que regula o DIP Suíço. No capítulo 12 deste diploma encontramos as normas relativas à arbitragem internacional, mais concretamente, o artigo 176.º/1 diz-nos que o diploma se aplica quando a sede do tribunal arbitral seja na Suíça ou , quando à data da celebração da convenção arbitral pelo menos uma das partes não tenha o seu domicílio na Suíça, por forma a estarmos perante uma relação jurídica internacional. No que diz respeito à lei aplicável ao mérito da causa, e ainda no âmbito do PILA, o artigo 187.º/1 estabelece a escolha das partes como critério principal, aplicando-se subsidiariamente – na falta de escolha – as normas que tenham a conexão mais estreita com o caso.

Constata-se, destarte, que o PILA confere uma autonomia quase total às partes para a escolha da lei aplicável, característica natural da arbitragem. Esta autonomia concedida pelo PILA acaba, no entanto, por ser condicionada

[46] Neste sentido, por exemplo, DUVAL Antoine, *The rules of the game: Three pillars for a reform of the Court of Arbitration for Sport: Independence, Transparency and Access to Justice*, artigo publicado em: https:// www.playthegame.org/news/comments/2015/019. Cfr. Também DUVAL Antoine, op. cit., "*Time to go public...*".

[47] Disponível para consulta em: https://www.fedlex.admin.ch/eli/cc/1988/1776_1776_1776/en.

pelo código do CAS, em mais uma reflexão da força da via contratual e da obrigatoriedade de vinculação dos agentes desportivos à estrutura e ao poder dos SGB's.

Se vimos já que a via contratual permite aos SGB's compelir os agentes desportivos a submeterem-se ao seu poder e à sua jurisdição, também na escolha da lei entra em funcionamento o sistema de remissões e vinculações estatutárias. Com efeito, o CAS tem considerado que ao submeterem-se à sua jurisdição as partes estão implicitamente a submeter-se à aplicação do código do CAS, que contem, no seu artigo R58, uma norma de conflitos para determinar a lei aplicável com o seguinte teor:

> "The Panel shall decide the dispute according to the applicable regulations and, subsidiarily, to the rules of law chosen by the parties or, in the absence of such choice, according to the law of the country in which the federation, association or sports-related body has issued the challenged decision is domiciled or according to the rules of law the Panel deems appropriate. In the latter case, the Panel shall give reasons for its decision".

Ora, considerando que as partes se submetem implicitamente ao código do CAS quando lhe atribuem jurisdição, o CAS tem vindo a considerar que nessa submissão está igualmente implícita uma escolha da lei aplicável ao mérito da causa, por força da aplicação do artigo R58. Esta posição tem vindo a ser apoiada pela doutrina Suíça[48] e vincada pelo CAS, retirando qualquer espaço para o tribunal decidir de acordo com a lei mais próxima ao caso (segunda hipótese do artigo 187.º/1 do PILA), aplicando-se sempre a lei determinada de acordo com o artigo R58 do código do CAS. A própria jurisprudência do CAS confirma esta posição, por exemplo no caso CAS (17.7.2015) 2014/A/3850 o painel concluiu que:

> "The PILA is the relevant law. ... Art. 187 para. 1 of the PILA provides – inter alia – that 'the arbitral tribunal shall rule according to the law chosen by the parties or, in the absence of such choice, according to the

[48] Neste sentido, HAAS, U., 'Applicable law in football-related disputes – The relationship between the CAS Code, the FIFA Statutes and the agreement of the parties on the application of national law' (2015) *Bulletin TAS / CAS Bulletin* 7 pp. 7-9. Cfr. também DUVAL, Antoine, Seamstress of Transnational Law: How the Court of Arbitration for Sport Weaves the *Lex Sportiva*, ASSER Research Paper 2020-08, pp. 3-4.

> law with which the action is most closely connected' ... According to the legal doctrine, the choice of law made by the parties can be tacit and/or indirect, by reference to the rules of an arbitral tribunal. In agreeing to arbitrate the present dispute according to the CAS Code, the Parties have submitted to the conflict-of-law rules contained therein, in particular to Article R58 of the CAS Code..."[49].

Aqui chegados, o que dizer se existir uma escolha explícita da lei aplicável por parte das partes quando confortada com o artigo R58 do código do CAS? A resposta mais imediata seria a de que a escolha explícita das partes tem prevalência sobre a escolha implícita que remete para o artigo R58, essa é também a posição defendida pela Doutrina Suíça[50]. No entanto, o CAS tem vindo a sustentar que a escolha explícita da lei aplicável pelas partes não preclude o artigo R58 , isto é, a aplicação em primeira linha dos regulamentos apropriados e subsidiariamente da lei escolhida pelas partes.

Sem nunca avançarem com explicações de fundo, as decisões do CAS assumem a relação de prevalência da escolha implícita perante a escolha explícita como um dado adquirido[51]. a obra já citada, Ulrich Haas vai um pouco mais longe. Conclui o autor, referindo-se à doutrina suíça que sustenta a prevalência da escolha de lei explícita das partes por ser mais específica, que na verdade, em casos que versem sobre a aplicação de regulamentos emanados pelos SGB's, serão estes os mais específicos.[52] O argumento é válido, ainda assim, fica clara a interação entre o nacional e o transacional cuja resposta é oferecida pelo CAS uma vez mais socorrendo-se de argumentos funcionalistas, e moldando não só a lex sportiva mas também,

[49] Vide. HAAS, U., op. cit., pp. 9-10.

[50] Cfr. ARROYO, Manuel, *Arbitration in Switzerland, The Practitioner's Guide*, Kluwers Law International, 2013, Art. 187 no. 22. "... if the parties ... [only] agree on such a set of arbitration rules, the tribunal has to apply these rules and may not revert to Art. 187 (1) PILA to determine the law with the closest connection. If, however, the parties both directly choose the applicable law and refer to a set of arbitration rules, the direct choice of law prevails and there is no room for determining the applicable law indirectly by using the provisions of the chosen arbitration rules".

[51] Cfr. CAS 2014/A/3848: "... the Club submits that the Employment Contract is 'regulated by laws of ... Kazakhstan ...'. The Panel finds that primarily the various regulations of FIFA shall be applied ... [according to R58 of the CAS Code] since this is a dispute of an international nature ...".

[52] Vide. HAAS, U., op. cit., pp. 12-13.

de certa forma, o direito suíço. eImportante será perceber se os meios – preterição da autonomia privada – são adequados, necessários e proporcionais a prosseguir o fim, e uma resposta só pode ser obtida caso a caso. O próprio CAS reconhece que está a restringir a autonomia das partes mas está a fazê-lo – segundo o mesmo – para garantir a aplicação uniforme dos regulamentos bem como a previsibilidade, a segurança jurídica e o "level playing field"[53].

Para finalizar, importa referir-nos à parte final do artigo R58 "(...) according to the law of the country in which the federation, association or sports-related body has issued the challenged decision is domiciled or according to the rules of law the Panel deems appropriate" quando conjugada com o artigo 59.º/2 do Estatutos da FIFA. Este confronto assume especial relevância se atentarmos que os recursos de decisões proferidas pela FIFA são uma grande porção dos casos que chegam à câmara de apelo do CAS, mas sobretudo porque serve de fundamento para uma aplicação extensiva do Direito Suíço em todas as questões que não sejam previstas pelos regulamentos, ou seja, como critério interpretativo dos estatutos e regulamentos da FIFA. O referido artigo 59.º/2 dos Estatutos da FIFA estipula que "The provisions of the CAS Code of Sports-related Arbitration shall apply to the proceedings. CAS shall primarily apply the various regulations of FIFA and, additionally, Swiss law", referindo a lei Suíça expressamente como a lei subsidiariamente aplicável, esta norma entra em confronto com o estipulado no artigo R58, que refere a lei escolhida pelas partes como subsidiariamente aplicável.

Da jurisprudência do CAS[54] e da doutrina[55] resulta que a interpretação dos estatutos e regulamentos da FIFA é feita exclusivamente através do direito suíço, uma vez mais recorrendo aos argumentos funcionalistas (Haas doctrine), justificam esta posição pela necessidade de uma aplicação uniforme e equitativa dos regulamentos, por forma a manter o "level playing field" e uma linha interpertativa coerente, e a não enveredar por tantas interpretações quantos ordenamentos jurídicos sejam chamados ao

[53] CAS 2005/A/983 & 984, Club Atlético Peñarol v. Carlos Heber Bueno Suarez, Cristian Gabriel Rodriguez Barrotti & Paris Saint-Germain, decisão de 12 Juho de 2006, para. 24.

[54] CAS 2016/A/4605, *Al-Arabi Sports Club Co. For Football* v. *Matthew Spiranovic*, decisão de 22 Fevereiro de 2017, para. 5.6. Cfr. também CAS 2017/A/5341, *CJSC Football Club Lokomotiv* v. *Slaven Bilic*, para. 59.

[55] Cfr. Haas, U., op. cit., pp. 14ss.

caso.[56] Mas esta *ratio* vai ainda mais longe, no caso de existir uma escolha explicita da lei pelas partes, estamos perante uma situação de coexistência de leis aplicáveis, com o direito suíço a ser limitado apenas às questões que sejam relacionadas com a interpretação dos regulamentos, aplicando-se a lei escolhida pelas partes às restantes. Está aqui presente o recurso do CAS à *"depéçage"*, condição fundamental para as suas decisões serem verdadeiras montagens legais das mais diversas fontes de direito.

Resulta do que foi dito que o CAS, um tribunal arbitral internacional, se encontra estreitamente ligado ao direito de um estado (Suíça) e que o mesmo, como veremos, assume um papel de relevância primordial naquela que é a prática de "montagem legal" levada a cabo pelo CAS, mas também naquelas que são as possibilidades limitadas de conseguir a anulação de uma decisão do CAS perante o TFS.

***B.** A montagem jurídica operada pelo CAS:*

O conceito *"legal entaglement"* retiramo-lo da obra de Nico Krisch[57]. Traduz-se no entrelaçar ou no entranhar de diferentes realidades legais, diferentes instrumentos jurídicos, e diferentes princípios jurídicos, no fundo, num emaranhar de planos que de outra forma seriam diferentes e independentes.

Referimos já várias vezes que a prática decisória do CAS é uma verdadeira "montagem jurídica", ora dessa montagem resulta uma forma de *legal entanglement*, a *lex sportiva* adapta-se e reconstrói-se através da *ratio decidendi* da decisão, resultando numa nova *lex sportiva* que tem em si entrelaçada realidades jurídicas de diversas naturezas, fazendo com que tanto uma como outra deixem de poder ser apreendidas ou descritas independentemente uma da outra[58]. Quer isto dizer que o CAS ao interpretar e aplicar direito que não o produzido na esfera desportiva está, ele próprio, a falar a língua de outros ordenamentos jurídicos, produzindo decisões com consequências

[56] Esta mesma posição é defendida por Ulrich Haas na obra já citada.

[57] KRISCH, Nico (ed.) *'Entangled Legalities'*, Cambridge University Press (2020), em específico pp. 2-6.

[58] A expressão retiramo-la da definição de entanglement no campo da física quântica, como refere Krisch, op. cit., p. 2. "It is common in quantum physics where it denotes a phenomenon in which different particles relate to one another in such a way that the 'state of each of them cannot be described independently of the state of the other(s)'.

práticas, e verdadeiras (re)construções do direito dessas realidades. Vimos isto, embora no sentido inverso, quando abordámos o modelo de autonomia condicionada que o DUE concede à *lex sportiva*, e o controlo que exerce através do mesmo. Através deste controlo o DUE acaba por se entranhar na *lex sportiva*, porquanto em decisões como *Bosman*, que levou a uma alteração profunda do sistema de tranferências de jogadores de futebol, ou *Meca-Medina*, onde fica estabelecida a fórmula da proporcionalidade que deve ser utilizada a avaliar a conformidade da *lex sportiva* com o DUE, levaram a que a mesma tivesse que se reconstruir para se adaptar a novas exigências, deixando de ser possível descrever um sem o outro, porquanto passaram a estar entrelaçados. Da mesma forma, o CAS tem vindo a falar várias línguas jurídicas diferentes, e por isso o risco de o estar a fazer erradamente cresce a cada decisão que é proferida. Esta situação torna-se particularmente relevante se nos lembrar-mos de como a estrutura organizativa do desporto confere às decisões do CAS um efeito *auto-executivo*, de como a jurisprudência do CAS é relevante enquanto precedente (por vezes até de decisões não publicadas), mas principalmente das escassas possibilidades de anulação de uma decisão do CAS perante o TFS, sendo que os custos e morosidade para esgotar outras instâncias (se for possível!) são impeditivos para a maioria dos agentes desportivos.

(i) O Direito Suíço: entrelaçar o nacional e o transnacional na busca de autonomia

Comecemos a nossa análise desta prática no seio do CAS por nos referimos de novo ao direito Suíço que será, a par dos regulamentos dos SGB's, a fonte de direito mais presente nas suas decisões. Sabendo, como vimos *supra*, que o direito suíço é aplicável subsidiariamente aos regulamentos, importa agora saber que questões concretas são respondidas através desta fonte legal, por forma a percebermos qual a verdadeira influencia da mesma nas decisões do CAS. Vimos que a lei suíça é aplicada principalmente como critério interpretativo dos regulamentos, destarte, como denota Antoine Duval[59], a mesma vai ser utilizada para responder a questões como[60]: o

[59] Duval, Antoine, op. cit. "*Seamstress* ...", pp. 6-7.

[60] *Ibid*, nota anterior, o autor refere várias outras questões que são interpretadas e respondidas de acordo como o Direito Suíço. Vg. – a validade de uma cláusula penal e do valor da mesma, ou a taxa de juro aplicável no caso de mora ou incumprimento contratual.

método a seguir ao interpretar os regulamentos da FIFA;[61] a obrigação de aplicação de normas imperativas (no sentido do artigo 19.º/1 do PILA);[62] sobre quem recai o ónus da prova;[63] se estamos perante um contrato ou uma oferta por escrito;[64] se existe justa causa para a rescisão unilateral de um contrato de trabalho desportivo entre um jogador e um clube;[65] o montante de uma indemnização devido por uma parte em caso de incumprimento contratual;[66]

As questões acima referidas têm uma enorme relevância para as partes em litígio, porquanto têm repercussões ao nível da decisão final mas, para os agentes desportivos, importantes consequências práticas na sua vida pessoal e profissional. A utilização do Direito Suíço como critério interpretativo por parte do CAS reclama que as partes, ou os advogados que as representem, estejam muito bem familiarizados com as normas e a jurisprudência suíça. Ao fixar montantes de indemnizações, e decidir questões como a existência ou não de justa causa para uma rescisão unilateral de um contrato o CAS está a utilizar o Direito Suíço para justificar as suas escolhas interpretativas, que, por sua vez, justificam as suas escolhas distributivas.

Temos então mais uma vez a prática do CAS a ser fortemente influenciada pelo Direito Suíço, diríamos até que este será o ordenamento jurídico que mais se encontra "entrelaçado" com a *lex sportiva*, não só por ser a base

[61] CAS 2008/A/1521, *VfB Admira Wacker Modling* v. *A.C. Pistoiese s.p.A.*, decisão de 12 de Dezembro de 2008; CAS 2010/A/2316, CAS 2013/A/3365, *Juventus Football Club S.p.A.* v. *Chelsea Football Club Ltd* & CAS 2013/A/3366, *A.S. Livorno Calcio* v. *Chelsea Football Club Ltd*, decisão de 21 de Janeiro de 2015.

[62] CAS 2008/A/1485, FC Midtjylland A/S v. Fédération Internationale de Football Association (FIFA), decisão de 6 de Março de 2009. Para além da jurisprudência do CAS vide. Duval, Antoine, op. cit. *"Seamstress..."*, p. 6, De Vito Bieri, Sandra e Nünlist, Penelope, Aplication of EU law by arbitral tribunals seated in Switzerland, ASA Bull. 1/2017, Kluwer Law International, 2017, pp. 55-60.

[63] CAS 2009/A/1909, *RCD Mallorca SAD & A. v. Fédération Internationale de Football Association (FIFA) & UMM Salal SC*, decisão de 25 de Janeiro de 2010 e CAS 2013/A/3444, *S.C. FC Brasov S.A v. Renato Ferreira Da Silva Alberto*, decisão de 29 de Outubro de 2015.

[64] CAS 2008/A/1521 e CAS 2010/A/2316 citados acima, CAS 2013/A/3207, *Tout Puissant Mazembe* v. *Alain Kaluyituka Dioko & Al Ahli SC*, decisão de 3 de Março de 2014.

[65] CAS 2016/A/4720, *Royal Standard de Liège* v. *FC Porto (Player T.)*, CAS 2016/A/4721, *Royal Standard de Liège* v. *FC Porto (Player C.)*, decisões de 19 de Maio de 2017.

[66] CAS 2005/A/902, *Mexès & AS Roma* v. *AJ Auxerre*, CAS 2005/A/903, *AJ Auxerre* v. *Mexès & AS Roma*, decisões de 5 de Dezembro de 2005.

interpertativa para a prática decisória do CAS mas também, como já vimos, pelo facto de a maioria dos SGB's – bem como o CAS – estarem sediados na Suíça. Presente na formação e regulação dos SGB's enquanto associações, na prática e regulação do CAS e, sobretudo através do TFS enquanto única instância para requerer a anulação de uma decisão do CAS, este *legal entanglement* permite que se levantem novas e velhas questões. Começando pelo risco de o CAS poder aplicar de forma errónea o Direito Suíço, e recuperando as dúvidas que pairam em relação à atitude permissiva[67] que o mesmo tem vindo a conceder à *lex sportiva*, podemos questionar qual a justificação (política?) por detrás desta simbiose entre o nacional e o transnacional. Importa igualmente perceber que a *lex sportiva* e o Direito Suíço estão de tal forma interligados que o último poderá muito bem alterar profundamente a estrutura desportiva global, bastando, por exemplo, uma alteração na atitude e *ratio* do TFS ao lidar com casos da esfera desportiva.

(ii) *O Direito Europeu:*

A interação entre o DUE e a *lex sportiva* já foi por nós abordada, aliás já demos conta de como os dois estão entrelaçados através do modelo de autonomia condicionada. Importa agora olhar para aquela que é a presença do DUE nas decisões do CAS e como se tem verificado uma crescente aplicação *ex ofício* do mesmo nas decisões arbitrais. Numa decisão de 1999[68] o CAS já tinha reconhecido a necessidade de aplicação do DUE quanto estivesse perante uma norma imperativa no sentido do artigo 19.º do PILA, no entanto, nos dias de hoje o DUE surge na prática decisória do CAS através de duas vias principais: *quando é mobilizado para questionar a legalidade e constitucionalidade dos regulamentos dos SGB's*, e como *parte integrante dessa mesma normatividade*, tornando-se por isso necessária a sua interpretação e aplicação.

No que diz respeito à aplicação e interpretação do DUE em casos onde o mesmo é mobilizado para questionar os regulamentos dos SGB's, importa recordar que o modelo de autonomia condicionada concedido pelo mesmo à lex sportiva está ancorado na fórmula ou teste de proporcionalidade fixado em *Meca-Medina*. Assim sendo, o DUE estabeleceu já os limites à sua auto-

[67] Cfr. Flamínio da Silva, Artur, op. cit., pp.. O autor refere mesmo que o TFS é o guardião do CAS.

[68] CAS 98/200, AEK Athens and SK Slavia Prague v. Union of European Football Associations (UEFA), decisão de 20 de Agosto de 1999.

nomia, levando a que o próprio CAS realize esse mesmo teste aplicando e interpretando as normas europeias. Temos então o CAS a "falar a língua" do DUE em casos como *Galatasaray*[69] onde avalia a compatibilidade de normas do Regulamento de Fair play Financeiro da UEFA e da proibição pela FIFA da *third-party ownership* com o DUE, tendo considerado em ambos os casos que as normas em causa prosseguiam um objetivo legítimo e eram inerentes ao mesmo. Não iremos enveredar por uma análise desta compatibilidade, importa sim denotar que o CAS assume o papel de aplicador descentralizado do Direito Europeu sem existir, como no caso dos tribunais estaduais, possibilidade ou obrigação de revisão ou de reenvio prejudical (artigo 267.º TFUE) para as instâncias europeias, o que deixa inquestionavelmente no ar o perigo de o CAS produzir decisões onde o DUE é aplicado de forma errada. Sendo verdade que é impossível saber se o TJUE ou a Comissão Europeia chegariam a conclusões idênticas, a verdade é que muito raramente o CAS considera a normatividade produzida pelos SGB's como contrária ao DUE. Pode ser argumentado, como já fez alguma doutrina, que esta aplicação do DUE por parte do CAS se traduz numa funcionalização do mesmo para a manutenção da sua autonomia, efetuando ele próprio o controlo que seria efetuado pelas instâncias europeias, garante assim que menos casos cheguem, *in fine*, ao TJUE ou à CE.

Na segunda hipótese de que falamos, o DUE é mobilizado no CAS como critério interpretativo dos regulamentos dos SGB's, assumindo aqui o papel que atrás atribuímos ao Direito Suíço.

Paradigmático neste sentido é o caso que opôs Livorno, Juventus e Chelsea, fruto do caso de *Adrian Mutú*[70]. Ao avaliar a aplicação do artigo 14(3) do RSTP da FIFA na sua versão de 2001 o CAS sentiu a necessidade de fazer uma interpretação histórica e teológica da norma, considerando que para tal deveria recorrer ao DUE. Ao referir-se a decisões como *Bosman* e à fórmula de proporcionalidade já aludida, o CAS reconhece que a aplicação dos regulamentos deve, conforme a jurisprudência do TJUE e da CE, prosseguir objetivos legítimos e ser inerente aos mesmo, por forma a respeitarem o DUE.

[69] CAS 2016/A/4492, Galatasaray v. UEFA, decisão de 3 de Outubro de 2016.

[70] CAS 2013/A/3365 Juventus FC v. Chelsea FC & CAS 2013/A/3366 A.S. Livorno Calcio S.p.A. v. Chelsea FC, decisões de 21 de Janeiro de 2015.

Vemos o CAS a demonstrar preocupação com o DUE, ciente do papel que o mesmo tem e pode vir a ter no moldar da *lex sportiva*, e de que se a sua prática não se mostrar consentânea com os princípios do mesmo poderá vir a ser contestada com maior frequência em instâncias europeias ou nacionais. Mas vemos também o CAS, apesar desta preocupação, a utilizar o DUE como critério intepretativo sem nenhum controlo, o que pode originar situações como a que se faz sentir em relação à inteprepertação do artigo 17.º do RSTP e a sua compatibilidade com o DUE. Com efeito, desde que *Matuzalém* veio quebrar com a fórmula utilizada para calcular o montante da indemnização devida em caso de rescisão unilateral do contrato de trabalho desportivo sem justa causa que perdurava até Webster, o CAS tem interpretado o artigo 17.º do RSTP e feito este cálculo caso-a-caso[71]. O próprio CAS reconhece que o cálculo de uma indemnização com base no artigo 17.º do RSTP poderá ser imprevisível. Se em *Matuzalém* o CAS se desviou de Webster para se guiar pelo princípio do "interesse positivo" e colocar a parte lesada na posição em que estaria caso o contrato tivesse sido cumprido, a adoção deste princípio levou também à incerteza na aplicação e interpretação do artigo 17.º do RSTP. Em *Mutu* o CAS considera que a interpretação e aplicação do artigo 17.º feitas *in casu* seriam consentâneas com o DUE pois prosseguiam o objetivo legítimo de garantir a estabilidade contratual. Referiu que a possibilidade de vir a pagar uma indemnização considerável iria dissuadir os jogadores de incorrerem em qualquer quebra injustificada de tal estabilidade , e que esta seria uma aplicação mais apta a prosseguir o fim em questão do que a responsabilidade solidária dos novos clubes. Temos, uma vez mais, o CAS a falar a língua do DUE mas, para alguns autores[72], esta interpretação do artigo 17.º do RSTP poderá restringir não só a liberdade de trabalhador e de circulação dos jogadores mas produzir efeitos que restringem a concorrência e que por isso violam o artigo 101.º do TFUE. Apontam que na tentativa de encontrar o equilíbrio entre a proteção da estabilidade contratual e a liberdade de circulação dos atletas o CAS tem inclinado a balança para o primeiro, dando origem a interpretações potencialmente violadoras do DUE.

[71] Cfr. Duval, Antoine e Rigozzi, Antonio, op. cit., pp. 165ss. Cfr. Também Parrish, Richard, *Article 17of the FIFA Regulations on the Status and Transfer of Players – Compatibility with EU Law*, Maastricht Journal of European and Comparative Law, 2015.

[72] Cfr. Parrish, Richard, *Article 17of the FIFA Regulations on the Status and Transfer of Players – Compatibility with EU Law*, Maastricht Journal of European and Comparative Law, 2015.

O mesmo acontece com o Direito da Concorrência Europeu, com efeito, várias situações são apontadas onde a aplicação do artigo 17.º do RSTP pode originar restrições à concorrência (artigo 101.º do TFUE) que não cabem na exceção do n.º 3 do artigo 101.º do TFUE[73]. Não iremos enveredar por uma análise muito detalhada, mas diríamos que está aqui bem representado o potencial risco que advém da aplicação do DUE por parte do CAS, se é certo que a preocupação do mesmo com a conformidade da *lex sportiva* em relação ao DUE é de saudar, veremos no ponto seguinte que um maior controlo poderá ser aconselhável, sobretudo face à difícil tarefa de conseguir a anulação de uma decisão do CAS ou a sua apreciação parte de instâncias europeias e nacionais.

VIII. Um remédio pouco ou nada eficaz: a anulação de decisões perante o TFS e a dificuldade em ir mais além

Já referimos anteriormente que o TFS é o tribunal competente para conhecer das acções de anulação de decisões do CAS, assim ditam os artigos 190.º e 191.º do PILA. É precisamente num desses artigos – o 190.º – que encontramos os fundamentos com os quais pode ser requerida uma acção de anulação perante o TFS. A verdade é que o controlo exercido pelo TFS é marcado por uma atitude permissiva e benevolente para com o sistema desportivo e por uma abordagem muito restritiva e altamente criticada na avaliação de casos de anulação de decisões do CAS[74]. Não nos iremos ocupar das hipóteses previstas nas alíneas (a) a (c) pois são de natureza processual e prendem-se essencialmente com falhas na constituição do tribunal arbitral, na assunção da jurisdição ou de casos de ultra ou infra *petita*. Foquemo-nos antes nas hipóteses presentes nas alíneas (d) e (e) pois são essas que poderão eventualmente servir de fundamento para uma acção de anulação que surja da "montagem jurídica" operada pelo CAS, isto porque se tratam das únicas situações em que o TFS avalia o mérito da decisão ainda que indiretamente, isto é, apenas através do seu resultado.

[73] *Ibid*, pp. 267.ºss.

[74] Neste sentido, entre muitos, Flamínio da Silva, Artur, ob. cit., p. 411, Rigozzi, Antonio, *Challeging Awards of the Court of Arbitration for Sport*, Journal of International Dispute Settlement, Vol. 1, No. 1 (2010), pp. 254.

A. Violação de Direito Processuais (190.º/2/(d))

A hipótese prevista no artigo 190.º/2/(d) é a de existir uma violação do princípio da igualdade de tratamento das partes ou do princípio do contraditório. A primeira hipótese traduz-se essencialmente no direito a um tratamento igualitário das partes, oferecendo a ambas as mesmas oportunidades de expor os seus argumentos e produzir a sua prova. A segunda hipótese desdobra-se em duas: o *princípio do contraditório* a exigir que as partes tenham acesso e possam examinar toda a prova e argumentos produzidos pela contra-parte, bem como examiná-la e contestá-la; e o *direito a ser ouvido,* que reclama a garantia de que ambas as partes verão os seus pedidos e argumentos ouvidos pelo tribunal. Apesar da baixíssima quantidade de decisões do CAS que são anuladas pelo TFS, qualquer que seja a alínea do artigo 190.º/2 do PILA que lhe sirva de fundamento, as duas principais situações em que poderá existir a anulação de uma decisão do CAS com fundamento no artigo 190.º/2/(d) serão:[75] (i) se os árbitros não tiverem em conta documentos ou argumentos relevantes para a decisão do mérito da causa em conta; (ii) se o tribunal surpreender as partes com a aplicação de normas ou princípios que as partes não poderiam ter previsto.

Pese embora sejam raros, existem casos de anulação de decisões do CAS por violação grosserias dos referidos princípios e direitos. Assim, em Cañas[76], o SFT anulou uma decisão do CAS pela violação do *direito a ser ouvido* do tenista, fruto da não consideração de argumentos relevantes para o mérito da causa pelos árbitros. Também no caso *Urquijo Goitia*[77] o TFS procedeu à anulação de uma decisão do CAS, desta vez com fundamento no facto de o mesmo ter surpreendido as partes com a aplicação de uma norma do Swiss Federal Act on Service of Labour and Lease of Services (LSE), que tal como o TFS considerou não era expectável que se aplicasse ao caso em questão.[78]

B. A violação da ordem pública internacional

A ordem pública internacional é um conceito bastante difundido e estudado no âmbito do DIP Privado. Pode ser definida como um cláusula geral

[75] RIGOZZI, Antonio, op. cit., pp. 247-251.

[76] TFS 4P.172/2006, Guillermo Cañas vs. ATP TOUR & CAS, decisão de 22 de Março de 2007.

[77] TFS 4A_400/2008, 9 de Fevereiro de 2009.

[78] RIGOZZI, Antonio, op. cit., pp. 246-250.

que atua quando, perante o conjunto de circunstâncias do caso concreto, o resultado da decisão seja incompatível com os princípios e normas fundamentais da ordem jurídica do foro.[79] Cabem também dentro do conteúdo da ordem pública internacional as regras e princípios fundamentais que sejam aceites e reconhecidos pela comunidade internacional e, por isso, inderrogáveis ou imperativos e, ainda, princípios e regras autónomos que sendo expressão de valores partilhados por um determinado setor ou comunidade do espaço trananacional, tenho encontrado consagração na jurisprudência arbitral ou nos regulamentos de centros de arbitragem.[80]

O conteúdo que o TFS tem vindo a atribuir à ordem pública material é no entanto bastante mais restritivo que a noção acima avançada, o que tem vindo a desencadear desde há muito várias críticas. O tribunal considera que existe uma violação da ordem pública material quando uma sentença seja contrária aos "princípios fundamentais do direito material ao ponto de não ser conciliável com a ordem jurídica e o sistema de valores fundamentais; entre esses princípios encontram-se: princípio do pacta sunt servanta, do respeito pelas regras da boa-fé, da interdição do abuso do direito, a proibição de medidas discriminatórias ou confiscatórias, bem como a proteção de pessoas civicamente incapazes. Assim, não violará a ordem pública uma manifesta aplicação errada do direito aos factos, mas apenas quando existir uma desconformidade entre estes princípios e o resultado da aplicação das mesmas na sentença arbitral impugnada[81]. Está noção já levou o TFS a desconsiderar a CEDH para o conceito de ordem pública internacional, foi o que aconteceu recentemente no caso de *Blake Leeper*[82] que tentou a anulação de uma decisão do CAS depois de o mesmo manter parcialmente a decisão da World Athletics. O SFT reiterou que a CEDH não constituía fundamento para a anulação de umas sentença com base na violação de ordem pública internacional. O mesmo aconteceu no caso da atleta C*asper Semenya,* que recorreu igualmente ao Tribunal Europeu dos Direitos do Homem (TEDH).

[79] Cf. Pinheiro Lima, Luís de, op. cit., "*Direito Internacional Privado...*", pp. 588ss.

[80] Cf. Pinheiro Lima, Luís de, op. cit., "*A Arbitragem Transnacional..*", pp. 470ss.

[81] Cfr. Flamínio da Silva, Artur, op. cit. p. 413.

[82] Blake Leeper é um atleta paralímpico que compete com próteses no lugar das suas pernas amputadas, a World Athletics considerouque as próteses usadas por Blake lhe conferiam uma vantagem em relação aos outros atletas. Cfr. TFS 4A_618/2020, disponível em: https://uk.practicallaw.thomsonreuters.com/.

Vemos assim que será difícil obter a anulação de uma decisão do CAS perante o TFS com base na violação da ordem pública internacional invocando quer o DUE quer a CEDH, para ter sucesso neste empreendimento é necessário existir uma violação de um princípio ou norma que caiba dentro do conceito adotado pelo TFS, conceito que vimos já ser restrito. Assim sendo, resta apenas a opção de recorrer às instâncias nacionais, necessitando que as mesmas se considerem competentes, ou às instâncias europeias em casos que versem sobre violações do DUE ou da CEDH, sendo que a morosidade e os custos se apresentam como obstáculos altamente dissuasivos para os agentes desportivos.

C. *A dificuldade em ir mais além*

Se as dificuldades para conseguir a anulação de uma decisão do CAS não fossem bastantes, aqueles que como Pechstein[83] ou Semenya tentam levar o seu caso a instâncias nacionais e/ou europeias deparam-se com enormes custas processuais, honorários de advogados, e uma espera de anos que não se coaduna, como vimos ja, com a celeridade que a resolução de litígios desportivos reclama (sobretudo se estivermos perante uma decisão que aplique uma sanção). No caso de Pechstein volveram-se vários anos desde a decisão que lhe aplicou a sanção e a decisão do TEDH que considerou o recurso da Alemã e de Adrian Mutu (processo conjunto) improcedente[84]. Destarte, vemos que as possibilidades de ver uma decisão do CAS revertida, corrigindo erros ou violações derivadas da sua "montagem jurídica" são muito reduzidas, mantendo-se assim potenciais violações do DUE ou da CEDH que poderão eventualmente ser citadas enquanto precedentes em casos futuros.

Tendo em conta o que foi dito não é de estranhar que várias vozes se tenham já levantado a favor de uma revisão do conceito de ordem pública internacional adotado pelo TFS, existindo até quem propugne pela criação de uma ordem pública desportiva, por forma a alargar o âmbito do

[83] Cláudia Pechstein é uma patinadora alemã que travou uma longa batalha legal com as instâncias desportivas. Depois do insucesso duplo no CAS, Pechestein recorreu ao TFS, aos tribunais alemães e também ao TEDH. Para mais cfr. DUVAL, Antoine, *Not in My Name! Claudia Pechstein and the Post-Consensual Foundations of the Court of Arbitration for Sport*, MPIL Research Paper Series, n 2017-01, Max Planck Institute, 2017.

[84] TEDH, processos apensos 40575/10 and 67474/10, *Mutu and Pechstein v. Switzerland*, 02.10.2018.

conceito[85]. Uma outra hipótese de revisão do mérito da causa de uma decisão do CAS com base na violação da ordem pública internacional poderia ter origem numa tentativa de reconhecimento e/ou execução de uma sentença do CAS perante um tribunal nacional. Como sabemos, segundo a Convenção de Nova Iorque de 1958 sobre o reconhecimento e execução de sentenças estrangeiras, o reconhecimento e/ou execução podem ser negados com base na violação da ordem pública internacional (artigo 5.º). Esta opção encontra-se no entanto altamente condicionada pelo efeito *auto-executivo* das sentenças do CAS quando se tratem de recursos de decisões de associações ou federações, reduzindo-se apenas a uma miragem no horizonte. Claudia Pechstein conseguiu que o seu caso fosse visto à luz da ordem publica internacional pelo OLG Munchen[86] que considerou a decisão do CAS violadora do DUE, inserido no conceito de ordem pública para o tribunal. A sua batalha legal viria no entanto a ser infrutífera, deixando um legado para outros agentes desportivos que queiram seguir as suas pisadas mas demonstrando igualmente as dificuldades e consequências que daí advém.

IX. Conclusões

A viagem que efetuamos pelo espaço transnacional – procurando a sua origem e características – permitiu-nos descobrir uma nova perspetiva sobre o direito que vai para alem dos ordenamentos nacionais, europeus, ou de qualquer delimitação espacial. Vimos que a fragmentação de certas realidades sociais e certos setores originam uma (re)construção do direito adaptada e que corresponda às exigências destas "comunidades", dando lugar à criação de instituições e estruturas regulatórias que gozam de grande autonomia face aos ordenamentos estaduais. Nasce, assim, a normatividade transnacional e com ela um pluralismo-jurídico que faz de muitos tribunais verdadeiros centros de inter-legalidade.

Uma análise da estrutura organizativa do fenómeno desportivo mostrou-nos como os SGB's conseguiram erigir um sistema que utiliza a via contratual para garantir a sua autonomia, com a peça fulcral do mesmo a ser indubitávelmente o CAS. A análise da prática decisória do orgão máximo

[85] Cfr. Flamínio da Silva, Artur, op. cit. p.413 onde cita Rigozzi, Antonio, *Arbitrage international en matiére du sport*, pp. 732.

[86] OLG München, processo Kart – U 1110/14, 15.01.2015.

de resolução de litígios na esfera desportiva abriu-nos as portas para a realidade de *"legal entaglement"* que resulta da aplicação das mais diversas fontes de direito por parte do CAS, mas também das pressões externas que a *lex sportiva* sofre fruto do modelo de autonomia condicionada a que o DUE a submete. Esta prática trás contudo alguns riscos, entre argumentos funcionalistas e interpretações transviadas, o CAS pode estar a falar um dialeto diferente do TJUE ou da CE no que toca à interpretação das normas europeias sem que haja possibilidade de um controlo cabal a nível preventivo, (reenvio prejudicial) ou por via de recurso, fruto das limitações que o artigo 190.º/2 do PILA impõe à anulação de sentenças e que o próprio TFS agrava com a sua interpretação restrita do conceito de ordem pública.

Não podemos esquecer também que o Direito Suíço influencia fortemente a *lex sportiva* e o CAS, estando profundamente entranhado nas normas e jurisprudência desportivas. Tudo isto leva a que estejamos numa situação em que "montagens jurídicas" não são sujeitas aos escrutínio que deveriam ser, e caso as mesmas sejam violadoras de princípios e direitos fundamentais, a tarefa de apurar responsabilidades torna-se diabólica.[87]

Não nos parece que seja possível o desemaranhar da *lex sportiva* e do direito suíço, nem os SGB's nem o estado Suíço demonstraram intenções de acabar com a sua parceria. Confiar numa mudança na jurisprudência do TFS ou numa alteração da lei suíça que permita um maior escrutínio das decisões do CAS é igualmente uma hipótese que apresenta poucas hipóteses de sucesso. A solução, ainda que parcial, poderá passar por uma das seguintes vias que conseguimos excogitar:

i) A criação de uma câmara europeia no CAS:

A criação de uma divisão de DUE no CAS foi proposta pelo Parlamento Europeu através de uma recomendação inserida no Relatório sobre a Dimensão Europeia do Desporto[88]. A criação desta câmara teria o propósito permitir uma colaboração entre este e os orgãos europeus no sentido de familiarizar e instruir os árbitros sobre a aplicação e interpretação das normas europeias. Seguir esta recomendação seria sem dúvida um passo em frente para uma melhor aplicação e interpretação do DUE por parte do CAS,

[87] Neste sentido, Duval, Antoine, op. cit., *"Seamstres..."*, pp.21-23.

[88] Disponível para consulta em: https://www.europarl.europa.eu/doceo/document/A-7-2011-0385_EN.html.

facilitando igualmente a concordância de possíveis regulamentos com as normas europeias, no fundo, trazendo para o CAS o dialeto de DUE falado no TJUE e nas outras instâncias europeias. Para mais, parece inteiramente possível a criação de uma divisão dedicada à CEDH dentro desta câmara, possibilitando uma cooperação e uma instrução na interpretação e aplicação de outro instrumento profundamente entrelaçado com a *lex sportiva*.

ii) O recurso a instâncias nacionais e europeias:

Retirando o cenário de uma cooperação na interpretação e aplicação como foi exposto supra, resta apenas a hipótese de um eventual crescimento do número de decisões do CAS que são contestadas perante os tribunais nacionais ou europeus com sucesso. Vimos a propósito do modelo de autonomia condicionada concedido pelo DUE à *lex sportiva* que esse controlo efetuado pelas instâncias europeias levou o CAS a sentir necessidade de aplicar o DUE nas suas decisões, procurando assim provar a concordância da sua *ratio decidendi* com as normas europeias. Se o cenário que tivemos em Bosman e Meca-Medina se voltar a verificar, existe algum espaço para uma possível mudança no seio do CAS e da *lex sportiva*, quem sabe essa mudança possa surgir através da criação de uma Câmara Europeia no CAS, ponto é que a mesma exista para fazer face aos problemas que a prática jurídica do CAS pode trazer.

Bibliografia

Duval Antoine, *The rules of the game: Three pillars for a reform of the Court of Arbitration for Sport: Independence, Transparency and Access to Justice*, artigo publicado em: https:// www.playthegame.org/news/comments/2015/019_three-pillars-for-a-reform-of-the-court-of-arbitration-for-sport-independence-transparency-and-access-to-justice/.

—. *Time to go public? The need for transparency at the Court of Arbitration for Sport*, ASSER Research Paper 2020-07, ASSER Institute, Setembro de 2020, disponível em: https:// papers.ssrn.com/sol3/papers.cfm?abstract_id=3688340.

—. Lex Sportiva: A Playground for Transnational Law, European Law Journal, Vol. 19, Issue 6, 2013, Adisponível em: https://ssrn.com/abstract=2317826.

—. Seamstress of Transnational Law: How the Court of Arbitration for Sport Weaves the Lex Sportiva, in Krisch, N. (ed.) 'Entangled Legalities', Cambridge University Press (2020).

Duval, Antoine e **Rigozzi**, Antonio (eds.), Yearbook of International Sports Arbitration 2015, ASSER international Sports Law Series, 2016, Haia.

Flamínio da Silva, Artur, A Resolução de Conflitos Desportivos em Portugal – Entre o Direito Privado e o Direito Público, Almedina, Coimbra, 2017.

Gião Sousa, João, O Governo das Sociedades Desportivas in: O Governo das Organizações – A vocação universal do corporate governance, Almedina, Coimbra, 2011.

Gómez, Katia Fach, Enforcing global law: international arbitration and informal regulatory instruments, The Journal of Legal Pluralism and Unofficial Law, disponível em:

Gorjão-Henriques, Miguel, Direito da União. História, direito, cidadania, mercado interno e concorrência, 8.ª ed., Almedina, Coimbra, 2017.

Haas, U., 'Applicable law in football-related disputes – The relationship between the CAS Code, the FIFA Statutes and the agreement of the parties on the application of national law' (2015) *Bulletin TAS / CAS Bulletin* 7.

Lindholm, Johan, *The Court of Arbitration for Sport and Its Jurisprudence: An Empirical Inquiry into Lex Sportiva*, 1.ª edição, ASSER international Sports Law Series, 2019, Haia.

Parrish, Richard, Article 17of the FIFA Regulations on the Status and Transfer of Players – Compatibility with EU Law, Maastricht Journal of European and Comparative Law, 2015.

Pinheiro Lima, Luís de, *Arbitragem Transnacional – A determinação do Estauto da Arbitragem*, Almedina, Coimbra, 2005.

—. Direito Internacional Privado Vol. 1 – Introdução e Direito de Conflitos – Parte Geral, 3.ª edição Reimpressão, AAFDL, Lisboa, 2019.

Rigozzi, Antonio, *Challeging Awards of the Court of Arbitration for Sport*, Journal of International Dispute Settlement, Vol. 1, No. 1 (2010).

Weatherill, Stephen, Principles and Practice in EU Sports Law, Oxford EU Law Library, Oxford University Press, 2017.

Zumbasen, Peer, – *Defining the Space of Transnational Law: Legal Theory, Global Governance, and Legal Pluralism*, Transnational Law and Contemporary Problems. Volume 21, Number 2 (2012), disponível em: https://digitalcommons.osgoode.yorku.ca/.

9. O DIREITO DO DESPORTO E AS AUTARQUIAS LOCAIS

Jorge Emanuel Oliveira Machado[1]

Resumo: Os municípios são os principais responsáveis pela "saúde" do Desporto neste país, sendo-lhes reconhecido o meritório papel no desenvolvimento das políticas públicas de desenvolvimento desportivo. A própria Constituição da República Portuguesa, nos termos do artigo 79.º, garante a todos os cidadãos o direito à cultura física e ao Desporto, assegurando que compete ao Estado, mormente às autarquias locais, a responsabilidade de incentivar, promover e apoiar a prática desportiva e de atividade física.

Incumbe, por isso, às autarquias locais esta promoção, generalização e democratização da prática de atividade física e do Ddesporto, enquanto instrumento essencial para a melhoria da qualidade de vida e saúde (física e mental) dos cidadãos, em consonância com o disposto no n.º 1, do artigo 6.º, da Lei n.º 5/2007, de 16 de janeiro (Lei de Bases da Atividade Física e do Desporto).

No que concerne às atribuições e competências das autarquias locais no domínio do desporto, versa o Regime Jurídico das Autarquias Locais, publicado em anexo à Lei n.º 75/2013, de 12 de setembro.

Ora, se é inquestionável a forte aposta que os municípios fazem no Desporto, seja numa lógica de promoção da atividade física, da saúde e bem-estar, ou numa

[1] Licenciado em Direito, Mestre em Gestão do Desporto e Pós-graduado em Direito do Desporto e em Gestão Autárquica. Dirigente na administração pública e autarca local. Embaixador para a Ética no Desporto, antigo praticante de alto rendimento, treinador e dirigente. Juiz social, membro do Comité Português Pierre de Coubertin e autor dos livros "Ensaios sobre ética no desporto" e "Planos estratégicos de desenvolvimento desportivo municipal".

lógica de afirmação territorial e de promoção do que de melhor têm para oferecer, é simultaneamente importante que o Direito regulamente a sua relação com os poderes públicos. Mas não só, o espaço próprio e inigualável que o Desporto ocupa na sociedade contemporânea exige uma relação intrínseca com o Direito, por forma a regulamentar e enquadrar a sua prática, permitindo, deste modo, a sua massificação e a garantia de critérios de justiça, igualdade, equidade e verdade desportiva.

Por fim, sendo possível o financiamento público de projetos de desenvolvimento desportivo apresentados pelas associações e clubes, importa ainda versar sobre a figura legal dos contratos-programa de desenvolvimento desportivo e da sua relação com a publicidade e objetividade na gestão do erário e interesses públicos.

1. Introdução

O Desporto e a atividade física têm vindo a reforçar a sua importância na agenda nacional e internacional. A título de exemplo, a prática desportiva tem um papel determinante no cumprimento dos objetivos de desenvolvimento sustentável, estabelecidos pelas Nações Unidas. Por sua vez, também a Organização Mundial de Saúde destaca o papel importante do Desporto e da atividade física na promoção da saúde e bem-estar. Já a Organização Mundial de Turismo destaca o Desporto como um produto turístico, na ótica de turismo de espetáculo desportivo e de turismo de prática desportiva, assumindo a sua importância no desenvolvimento económico, territorial e financeiro das comunidades e territórios.[2]

No que ao nosso país diz respeito, um dos objetivos do programa governamental do XXII Governo, enunciado no Orçamento de Estado para 2021, e reiterado pelo atual Governo da República (XXIII), passa por colocar Portugal no lote dos 15 países da Europa com mais prática de atividade física e Desporto, até 2030. Portanto, o Governo passou de querer que Portugal seja um dos países com mais prática desportiva na União Europeia, para que esteja no top 15 de todo o continente europeu. Sem sombra de dúvida, um objetivo ambicioso e que precisa de todos os *stakeholders* para a sua concretização.

Todavia, não obstante esta agenda estratégica, facto é que na Agenda 2030 o Desporto não assume um destaque autónomo. Por exemplo, no

[2] Rocha, C., Serras, A. R. & Carvalho, M. A. (2021). Estudo caracterizador do setor do desporto em Portugal e Impacto da COVID-19. PWC.

âmbito do Plano de Recuperação e Resiliência (PRR) o Desporto e a atividade física apenas estão incluídos em vertentes relacionadas com a componente da saúde, do desporto escolar e da inclusão social, não assumindo, porventura, a dignidade e individualismo que mereceria. Ainda assim, temos consciência de que o PRR se apresenta como uma oportunidade a não perder nesta área, desde logo pela linha de financiamento que se anuncia para a requalificação e melhoria de instalações desportivas.

Ora, para muitos autores as autarquias locais, nomeadamente os municípios, são os principais responsáveis pela "saúde" do Desporto neste país, sendo-lhes reconhecido o meritório papel no desenvolvimento das políticas públicas de desenvolvimento desportivo. A própria Constituição da República Portuguesa, nos termos do artigo 79.º, garante a todos os cidadãos o direito à cultura física e ao Desporto, assegurando que compete ao Estado, mormente às autarquias locais, a responsabilidade de incentivar, promover e apoiar a prática desportiva e de atividade física.

Incumbe, por isso, às autarquias locais esta promoção, generalização e democratização da prática de atividade física e do Desporto, enquanto instrumento essencial para a melhoria da qualidade de vida e saúde (física e mental) dos cidadãos, em consonância com o disposto no n.º 1, do artigo 6.º, da Lei n.º 5/2007, de 16 de janeiro (Lei de Bases da Atividade Física e do Desporto).

Evidentemente, apesar da sua aparente simplicidade, o Desporto é dotado de uma enorme complexidade e ocupa cada vez mais um espaço próprio e inigualável na sociedade contemporânea.

Esta complexidade está diretamente associada ao seu processo de codificação, que por sua vez está também na base da passagem de um regime de quase exclusiva autorregulação para uma maior intervenção estatal, justamente porque se abandona a prática desportiva isolada e espontânea, em detrimento de uma prática mais formal, estruturada e universal.

Naturalmente, a própria evolução do Desporto tem obrigado o ordenamento jurídico a criar normas que regulamentem a sua prática. Surge, então, a necessidade de existência do ramo do Direito do Desporto, precisamente porque sendo o Direito um modo de regulação dos comportamentos da sociedade, também no Desporto ele deve existir.

Para concluir, o Desporto exige uma relação intrínseca com o Direito, por forma a regulamentar e enquadrar a sua prática, *conditio sine qua non* para a sua massificação, legalidade e integridade. Sendo um direito consagrado constitucionalmente, o Desporto necessita de uma regulamentação jurídica que balize a sua atuação e garanta critérios de justiça, igualdade, equidade e verdade desportiva. Sobre isto, versaremos nos próximos capítulos.

2. Direito e Desporto

De acordo com o n.º 1, do artigo 2.º da Carta Europeia do Desporto entende-se por Desporto:

> *"todas as formas de atividade física, através de participação organizada ou ocasional, que visam a expressão ou melhoria da condição física e bem-estar mental, o desenvolvimento das relações sociais ou a obtenção de resultados na competição a todos os níveis.".*[3]

Assim, pudemos afirmar que o Desporto apresenta uma dimensão bio-psico-social, na medida em que a sua prática visa a melhoria do bem-estar físico e mental, bem como o desenvolvimento de relações sociais.

Portanto, viver o Desporto de forma saudável é perceber o seu papel enquanto instrumento para a adoção de comportamentos salutares, orientados para a melhoria do bem-estar e da saúde, física e mental, mas é também compreender a competição como parte de um processo pedagógico, de aprendizagem, crescimento e maturação, jamais como um fim em si mesmo, relevando a sua importante dimensão ética, axiológica, social, cultural e educativa.[4]

Por conseguinte, como já afirmamos anteriormente, apesar da sua aparente simplicidade o Desporto é dotado de uma enorme complexidade e ocupa cada vez mais um espaço próprio e inigualável na sociedade contemporânea. Esta complexidade está diretamente associada ao processo de codificação do Desporto que ocorre, justamente, porque se abandona a prática desportiva isolada e espontânea, optando-se pela sua codificação e institucionalização.

Esta codificação está também na base da passagem de um regime de quase exclusiva autorregulação para uma maior intervenção estatal no Desporto, na medida em que se abandona a prática desportiva isolada e

[3] Carta Europeia do Desporto, disponível em: https://ipdj.gov.pt/documents/20123/133814/Carta+Europeia+do+Desporto.pdf/69432aa6-e8e2-ae85-24ce-76cc276d3dda?t=1582815203169, consultada a 20 de abril de 2023.

[4] Machado, J. (2022). Ensaios sobre ética no Desporto. Lisboa. Livro na Mão.

espontânea, optando-se por uma institucionalização do jogo (na sua definição doutrinal mais ampla).

Necessariamente, com esta evolução e massificação desportiva, começou a ser importante que cada modalidade possuísse regras e regulamentos que permitissem a sua adequada prática e desenvolvimento, quanto mais não seja, de modo a possibilitar, por exemplo, que todos pratiquem determinada modalidade, em continentes e contextos diferentes, com base em regras uniformes e universais.

Assim, será seguro afirmar que a própria evolução do Desporto tem obrigado o ordenamento jurídico a criar normas que regulamentem essa prática.

Surge, deste modo, a necessidade de existência do ramo do Direito do Desporto. Ora, sendo o Direito um modo de regulação dos comportamentos da sociedade, também no Desporto é possível notar a sua influência.

Assumindo desde logo que não existe uma definição legal, única e universal de Direito do Desporto, de entre as múltiplas definições escolhemos a proposta pelo Doutor Diogo Freitas de Amaral:

> "*É o ramo de direito constituído pelo sistema de normas jurídicas internacionais e nacionais, públicas e privadas, estaduais e não estaduais, que regulam as atividades desportivas, bem como o seu condicionamento e fiscalização por organismos internacionais privados e pelo Estado.*"[5]

Sendo o Direito apontado como um estabilizador ético do meio social, para realizar tal desiderato, este comporta

> "*na sua normatividade coerciva um "mínimo ético" necessário e suficiente para que a sociedade se mantenha em ordem dentro de um padrão minimamente aceitável*" (aquilo a que os juristas denominam de teoria do mínimo ético).[6]

Ora, embora a presença do Desporto seja inquestionável no nosso quotidiano, a verdade é que a sua relação com o Direito nem sempre foi ou é

[5] Carvalho, Maria José (2007). Os elementos estruturantes do regime jurídico do desporto profissional em Portugal. Porto. Dissertação de Doutoramento à Faculdade de Desporto da Universidade do Porto.

[6] Brochado, M (2008). O Direito como mínimo ético e como maximum ético. Rev. Fac. Direito UFMG, Belo Horizonte, n. 52, pp. 237-260.

pacífica. Todavia, como suprarreferimos, a própria evolução do Desporto tem obrigado o ordenamento jurídico a criar normas que regulamentem a sua prática.

A imposição desta regulamentação tem, assim, cariz individual e coletivo, obrigando indivíduos, organizações e federações desportivas ao cumprimento de normas legais no decurso da prática desportiva.

Portanto, o Desporto exige uma relação intrínseca com o Direito, por forma a regulamentar e enquadrar a sua prática, garantindo a sua intrarregulação, autorregulação e heterorregulação, *conditio sine qua non* para a sua massificação, legalidade, igualdade e respeito pela sua identidade.

Isto é relevante porque, se por um lado, verificamos a existência de um ordenamento jurídico desportivo público, designadamente a legislação em sentido lato, por outro lado, existe também um ordenamento jurídico desportivo privado, nomeadamente os regulamentos, regimentos, estatutos, entre outros, normativos emanados das associações, federações e outras entidades, que devendo respeitar o ordenamento jurídico público, ainda assim podem livremente ser criados e assumem força de lei no dia-a-dia do movimento associativo.[78]

Deste modo, seja no ordenamento jurídico desportivo público, seja na regulamentação emanada de múltiplas organizações do movimento associativo desportivo (ordenamento jurídico desportivo privado),

> "*são muitas as normas aplicáveis ao setor desportivo, com projeção prática no quotidiano de muitos, dos Estados (a nível nacional e supranacional) aos agentes desportivos, e, claro, todos as pessoas individuais e coletivas que interagem com aqueles em torno do fenómeno desportivo, mais a mais quando o desporto é, também, um negócio.*"[9]

Acresce que, sendo um direito consagrado constitucionalmente, o Desporto necessita de uma regulamentação jurídica que balize a sua atuação e garanta critérios de justiça, igualdade, equidade e verdade desportiva. É, justamente, a existência de normas que permite a sua prática global, garantindo a igualdade, a uniformização e a possibilidade de resolução de litígios globais.

[7] Mestre, A. M. (2014). O Desporto na Lei – Guia Prático. Porto: Vida Económica.

[8] Pessanha, A. (1999). Algumas reflexões sobre o Ordenamento Jurídico Desportivo. Coletânea de Estudos em Memória de Francisco Lucas Pires. Universidade Autónoma de Lisboa.

[9] Mestre, A. M (2019). Enciclopédia do Direto do Desporto. Lisboa. Gestlegal.

3. Sistema desportivo nacional

O sistema desportivo nacional apresenta-se estruturado de forma piramidal e hierarquizada, tendo na base os clubes e as associações. No topo encontram-se as federações nacionais e internacionais.

As associações são, maioritariamente, de direito privado e sem fins lucrativos, quase sempre dirigidas por voluntários. Na sua génese está a vontade popular, pelo que os clubes e associações possuem uma enorme identidade local e regional.

O sistema desportivo nacional é também um sistema de unicidade desportiva, na medida em que uma modalidade desportiva apenas é organizada por uma federação, salvo raras exceções, como por exemplo as federações multidesportivas.

É ainda um modelo intervencionista, já que o Estado regula o funcionamento de todo o sistema desportivo, na maioria das áreas, designadamente o financiamento ao desporto, a orgânica e competências das federações desportivas, o desporto escolar, as instalações desportivas, o combate à violência e corrupção, entre outros.

Apresenta-se também como um sistema centralizado, na medida em que o Estado, através da Secretaria de Estado da Juventude e do Desporto estabelece as orientações da política desportiva, sendo responsável pela maioria das normas que regulamentam o funcionamento do sistema, tendo no Instituto Português do Desporto e da Juventude o seu braço operacional junto das organizações desportivas.

Como princípios base do sistema desportivo nacional podemos apontar os seguintes:

- princípio do livre acesso à prática desportiva (visão universal e plural da prática desportiva);
- princípio da necessária intervenção pública no desporto (desporto-matéria de interesse público);
- princípio da necessária colaboração com o associativismo desportivo (vedada a estatização do desporto);
- princípio da defesa da democratização o acesso e do conceito de desporto para todos (conjugação com 64.º n.º 2 b) e 70, n.º 1 d) da CRP).

Portanto, no que concerne à orgânica do sistema desportivo português, temos uma administração pública desportiva central, regional e local, complementada por entidades desportivas de direito privado sem fins lucrativos, como são os clubes, as associações e as federações, bem como entidades desportivas de direito privado com fins lucrativos e natureza comercial, como por exemplo as sociedades anónimas desportivas.

Resumindo, em Portugal, como na grande maioria dos países do velho continente, o sistema desportivo organiza-se na dependência do estado central (ministério e/ou secretaria de estado) em estrita ligação com as organizações desportivas dotadas de utilidade pública desportiva (UPD); comités olímpicos/paralímpicos; confederações/fundação do desporto; federações desportivas, com uma cobertura territorial continental e insular via associações territoriais (regionais ou distritais); e clubes e associações, células base e fundamentais para o desenvolvimento desportivo. [10]

Porventura, a proliferação de organizações faz com que se assista a uma inconveniente dispersão de organismos reguladores da atividade desportiva e à quase total falta de coordenação entre os poderes centrais, regionais e autárquicos, com efeitos devastadores na capacidade de se convergir num processo de pensamento e ação estratégica de desenvolvimento integrado e complementar.[11,12]

Em 2001, numa entrevista a um órgão de comunicação social, o atual presidente do Comité Olímpico de Portugal, José Manuel Constantino afirmava que "*o verdadeiro problema do nosso sistema desportivo é ser frágil, carente, assimétrico, pobre e dependente*", numa referência ao empobrecimento do sistema desportivo, situação não muito diferente dos dias que correm.

A excessiva dependência financeira das organizações desportivas do poder político, seja este local ou central; a falta de reconhecimento, por parte da sociedade civil, das funções sociais desempenhadas pelo movimento associativo; a necessidade de os clubes se reinventarem e agregarem novos sócios, novas formas de financiamento e de funcionamento; a necessidade de renovação ("sangue novo"), de recursos humanos qualificados e capazes de fazer uma gestão dos clubes que se coadune com as exigências do século XXI; entre outras razões, continuam a manter atual esta afirmação.

[10] Meirim, J. M. (2002). A Federação Desportiva como Sujeito Público do Sistema Desportivo. Lisboa: Coimbra Editora.

[11] Carvalho, J. V. (2022). Sistema Político Desportivo e Modelo de Financiamento em Portugal. Lisboa. IPDJ – Instituto Português do Desporto e Juventude e Edições Afrontamento.

[12] Constantino, J. M. (2015). Valorizar e afirmar socialmente o desporto: Um desígnio nacional. Comité Olímpico de Portugal.

4. O Direito ao Desporto na Constituição da República Portuguesa

O direito ao Desporto é um direito consagrado constitucionalmente. A Constituição da Républica Portuguesa (CRP), no n.º 1, do artigo 79.º, estatui que "*todos têm direito à cultura física e ao desporto.*". Por outro lado, no n.º 2 do mesmo artigo é inequívoco que

> "*incumbe ao Estado, em colaboração com as escolas e as associações e coletividades desportivas, promover, estimular, orientar e apoiar a prática e a difusão da cultura física e do desporto, bem como prevenir a violência no desporto.*"

Deste modo, é possível afirmarmos que o artigo 79.º da CRP consagra o direito de todos à educação física e ao Desporto, como um direito fundamental das pessoas, à semelhança de todos os outros direitos, liberdades e garantias com proteção constitucional.[13]

Pelo exposto, alguns autores afirmam que o legislador constituinte de 1976, de uma forma inovadora e sem precedentes no movimento constitucionalista de até então, consagrou o Direito ao Desporto, contrariando a tendência que vinha sendo seguida, nomeadamente de se limitar a impor ao Estado a obrigação de proteger e fomentar a atividade físico-desportiva.

Isto é, a nossa CRP de 1976 foi muito além disto, assumindo, paralelamente à preocupação com a proteção e fomento do Desporto, o reconhecimento a todos, de forma expressa, do direito à cultura física e ao desporto.[14] Diga-se ainda, em jeito de curiosidade, que a CRP de 1976 foi a segunda legislação fundamental a consagrar o direito ao Desporto, só antecedida pela Grécia, na sua Constituição de 1975.[15]

No entanto, além do artigo 79.º da CRP, o Desporto também está referido de forma explicita no artigo 64.º, n.º 2, alínea b) da CRP

> "*O direito à proteção da saúde é realizado (...) b) (...) pela promoção da cultura física e desportiva, escolar e popular, e ainda pelo desenvolvimento da educação sanitária do povo e de práticas de vida saudável*".

Isto significa que o direto à proteção da saúde, enquanto direito social, é realizado através da promoção da cultura física e desportiva.

[13] Furtado, M. (2019). Prevalência autárquica no desenvolvimento das atribuições desportivas. R-Lego – Revista Lusófona de Economia e Gestão das Organizações, n.º 8, pp. 55-86.

[14] Santos, R. T. (2013). Lições de Direito Desportivo, ISEIT, Lisboa.

[15] Santos, R. T. (2013). Lições de Direito Desportivo, ISEIT, Lisboa.

Também o artigo 70.º, n.º 1, alínea d) da CRP, refere que "*os jovens gozam de proteção especial para efetivação dos seus direitos económicos, sociais e culturais, nomeadamente (...) d) Na educação física e no desporto.*"

De uma forma indireta, podemos ainda enumerar as seguintes menções ao Desporto na nossa CRP:

- artigo 59.º, no que se refere ao direito dos trabalhadores aos lazeres;
- artigo 65.º, sobre o direito à habitação, sendo certo que este direito compreende a disponibilização de espaços desportivos coletivos;
- artigo 66.º, sobre o ambiente e a qualidade de vida;
- artigo 71.º, sobre a reabilitação dos cidadãos portadores de deficiência;
- ou o artigo 73.º, sobre a educação.

Portanto, é possível verificar que a CRP, documento magno do nosso ordenamento jurídico, reconhece o Direito ao Desporto como um direito consagrado constitucionalmente, logo como matéria de interesse público.

Esse reconhecimento reflete-se ainda na própria Lei de Bases da Atividade Física e do Desporto (LBAFD), como veremos mais à frente neste artigo, na qual são também vários os princípios e referências que concretizam este seu carácter constitucional.

Para concluir, não restam dúvidas que legislador constituinte ao equacionar o direito ao Desporto como um direito fundamental, conferiu-lhe uma relevância estrutural no nosso ordenamento jurídico, fundamentando a intervenção do Estado na promoção, proteção e garantia do Desporto, como *condição sine qua non* ao aperfeiçoamento da personalidade e desenvolvimento social e integral do cidadão, evocando a máxima mente sã em corpo são.[16]

5. O Direito do Desporto e as Autarquias Locais

No que concerne ao enquadramento legal do Desporto nas autarquias locais este está disperso em três diplomas: a Lei de Bases da Atividade Física e do Desporto, Lei n.º 5/2007, de 16 de janeiro; a Lei-Quadro de Competências e Regime Jurídico de Funcionamento dos Órgãos dos Municípios e das Freguesias, Lei n.º 169/1999, de 18 de setembro; e o Regime Jurídico das Autarquias Locais, Anexo I da Lei n.º 75/2013, de 12 de setembro.

[16] Furtado, M. (2019). Prevalência autárquica no desenvolvimento das atribuições desportivas. R-Lego – Revista Lusófona de Economia e Gestão das Organizações, n.º 8, pp. 55-86.

Deste último diploma resulta que o Desporto consta de entre as atribuições e competências das autarquias locais, sendo exemplos disso o disposto na alínea f), do n.º 2, do artigo 23.º, e o disposto na alínea d), do n.º 2, do artigo 7.º, do Anexo I da Lei n.º 75/2013, 12 de setembro:

> "*Os municípios dispõem de atribuições, designadamente, nos seguintes domínios (...) Tempos livres e desporto*"; "*As freguesias dispõem de atribuições designadamente nos seguintes domínios (...) d) Cultura, tempos livres e desporto*", respetivamente.

As autarquias locais são pessoas coletivas territoriais, dotadas de órgãos representativos, que visam a prossecução de interesses próprios das respetivas populações.

Por conseguinte, a autonomia local pressupõe a existência de dois elementos essenciais, designadamente órgãos e poderes próprios. No que concerne aos órgãos próprios, de acordo com o artigo 235.º da CRP, "*as autarquias locais são pessoas coletivas territoriais dotadas de órgãos representativos*", democraticamente eleitos, "*que visam a prossecução de interesses próprios das respetivas populações*". Por sua vez, os poderes próprios correspondem às atribuições das autarquias locais, que se encontram atualmente definidas no Anexo I da Lei n.º 75/2013, de 13 de setembro.

Destarte, verificamos que a autonomia local é um conceito constitucional ligado à própria organização do Estado, razão pela qual a CRP, no n.º 1, do artigo 235.º define que "*a organização democrática do Estado compreende a existência de autarquias locais*" sendo que "*as atribuições e a organização das autarquias locais, bem como a competências dos seus órgãos, serão regulados por lei*", nos termos do disposto no n.º 1, do artigo 237.º.

Portanto, através destes e demais artigos que constam do título VII da Constituição da República Portuguesa, é possível compreender que a autonomia local é um princípio fundamental no ordenamento jurídico português e que se constitui precisamente como um princípio chave da administração local.

O núcleo da autonomia local consiste no "*direito e na capacidade efetiva de as autarquias locais regulamentarem e gerirem, nos termos da lei, sob sua responsabilidade e no interesse das respetivas populações*", os assuntos que lhe estão confiados, de acordo com o disposto no n.º 3, do artigo 4.º da Carta Europeia da Autonomia Local. Assim,

> *"as autarquias locais têm completa liberdade de iniciativa relativamente a qualquer questão que não seja excluída da sua competência ou atribuída a uma outra autoridade."* (cf. n.º 2, do artigo 4.º Carta Europeia da Autonomia Local).

Posto isto, importa assumir que também ao nível do Desporto a atuação das autarquias é manifestamente importante. O entendimento generalizado da doutrina é que os municípios sempre tiveram uma importante intervenção no domínio do Desporto, sendo os principais promotores e dinamizadores do desenvolvimento desportivo local logo, por maioria de razão, os principais promotores e dinamizadores do Desporto nacional.[17]

Justamente, é inquestionável a forte aposta que os municípios fazem no Desporto, seja numa lógica de promoção da atividade física, saúde e bem-estar, seja numa lógica de afirmação territorial e de promoção do que de melhor têm para oferecer. Como tal, as autarquias locais foram extremamente importantes no passado e continuarão a sê-lo no presente e no futuro do Desporto, a todos os níveis e em todas as suas dimensões.[18]

Neste sentido, Pires (2000), citado por Carvalho M.J. (2007) afirma que

> *"a autarquia terá uma responsabilidade crescente na configuração do Desporto do futuro, sendo colocada uma grande carga de responsabilidade e confiança no desenvolvimento da estratégia para o desenvolvimento desportivo".*[19]

Por fim, a Constituição da República Portuguesa enuncia três espécies de autarquias locais: as freguesias, os municípios e as regiões administrativas. Destas, apenas existem atualmente as freguesias e os municípios, autarquias sobre as quais iremos de seguida discorrer.

5.1. Freguesias

A origem das freguesias, na nossa organização administrativa, resulta da atribuição de tarefas administrativas às paróquias religiosas, então existentes.

17 Machado, J. (2000). Planos estratégicos de desenvolvimento desportivo municipal. Lisboa. Livro na Mão.

18 Machado, J. (2000). Planos estratégicos de desenvolvimento desportivo municipal. Lisboa. Livro na Mão.

19 Carvalho, Maria José (2007). Os elementos estruturantes do regime jurídico do desporto profissional em Portugal. Porto. Dissertação de Doutoramento à Faculdade de Desporto da Universidade do Porto.

No início do liberalismo existiam cerca de 4000 freguesias, mantendo-se aproximadamente as mesmas até à reforma que ocorreu entre 2011 e 2013.

Através da resolução do Conselho de Ministros n.º 40/2011, de 22 de setembro, o XIX Governo Constitucional decidiu rever o mapa administrativo do território das freguesias, publicando o "Documento Verde da Reforma Administrativa Local".[20]

Em resultado desta resolução e da proposta de Lei n.º 44/XII, foi promulgada a Lei n.º 22/2012, de 30 de maio, que fixou os critérios de redução das freguesias. Como consequência desta reforma, foi reduzido o número de freguesias existentes à data, de cerca de 4259, para 3091, representando tal medida uma diminuição de 1168 freguesias, alegadamente com o objetivo de reduzir a despesa pública e melhorar o funcionamento da administração local, reforçando a atuação e competências das juntas de freguesia e uniões de freguesia, entretanto criadas.

Sempre muito contestada, esta Lei n.º 22/2012, de 30 de maio, que ficou conhecida como a "Lei Relvas", foi recentemente alvo de revisão, através da promulgação da Lei n.º 39/2021, de 24 de junho que veio definir o regime jurídico de criação, modificação e extinção de freguesias e revogar a Lei n.º 11-A/2013, de 28 de janeiro, que procedeu à reorganização administrativa do território das freguesias.

No que aos órgãos das freguesias diz respeito, a legislação define a existência da assembleia e da junta de freguesia. A assembleia é eleita através de sufrágio universal direto e secreto segundo o método de Hondt. Relativamente às competências da assembleia, podemos afirmar que são paralelas às funções da assembleia municipal, uma vez que detém competências de apreciação e fiscalização. Na qualidade de órgão deliberativo e fiscalizador, dispõem os artigos 9.º e 10.º do Anexo I da Lei n.º 75/2013, de 12 de setembro, sobre as suas competências.

Por sua vez, a junta de freguesia é o órgão executivo da freguesia. A junta, enquanto órgão colegial, é composta pelo presidente e por vogais, sendo o presidente de junta o primeiro cidadão que encabeçar a lista mais votada para a assembleia de freguesia. As suas competências materiais e funcionais estão definidas no artigo 15.º e seguintes do Anexo I da Lei n.º 75/2013, de 12 de setembro.

[20] Disponível em: http://www.apgeo.pt/files/docs/Newsletter/doc_verde_ref_adm_local.pdf.

À semelhança do que sucede com a figura do presidente da câmara, embora a lei não mencione a figura do presidente da junta como órgão da freguesia, ele deverá ser entendido como tal pelo conjunto de competências próprias e delegadas que possui (*vide* arts. 17.º e 18.º da supracitada Lei).

Conquanto a referida Lei pugne pelo reforço das competências das juntas de freguesia, passando estas a deter atribuições que até então não dispunham, o facto é que são várias as críticas à forma como foi concretizada a delegação de competências nas juntas de freguesia, uma vez que estas não possuem os recursos humanos, materiais nem financeiros para darem resposta às novas competências atribuídas.

Situação idêntica tem ocorrido com o atual processo de descentralização de competências, de harmonia com o Decreto-Lei n.º 57/2019, de 30 de abril, na sua redação atual, que veio concretizar a transferência de competências dos municípios para os órgãos das freguesias, conforme previsto pelo artigo 38.º da Lei n.º 50/2018, de 16 de agosto, em que o poder local reclama por mais recursos humanos, materiais e financeiros para dar cumprimento às atribuições e competências que a lei determina.

Por fim, a competência das freguesias no domínio do desporto decorre do disposto na alínea d), do n.º 2, do artigo 7.º, do Anexo I da Lei n.º 75/2013, 12 de setembro: "*As freguesias dispõem de atribuições designadamente nos seguintes domínios (...) d) Cultura, tempos livres e desporto*".

5.2. Municípios

De acordo com a Constituição da República Portuguesa o Estado é politicamente unitário, mas tem de atender à autonomia insular, à autonomia das autarquias locais, aos princípios da subsidiariedade e da descentralização administrativa democrática (n.º 1. do art.º 6.º CRP).

O princípio da autonomia local pressupõe, para as autarquias locais, uma série de direitos, entre os quais o direito e a capacidade de gerirem de forma efetiva uma parte dos assuntos públicos que se encontram sob sua responsabilidade, no estrito interesse das respetivas populações.

Justamente, no livro de Direito Administrativo das Autarquias Locais, de Francisco António Sousa, este autor defende que a

> "*verdadeira razão de ser da autonomia autárquica é o localismo, ou seja, uma forte ligação primária das populações às terras onde residem, ligação essa em que resultam interesses locais específicos que são mais eficazmente e*

justamente perseguidos pelos órgãos próprios da comunidade local, pois têm um conhecimento mais íntimo e profundo do meio geográfico e socioeconómico que os rodeia."[21]

Como órgãos representativos do município, o artigo 250.º da CRP define a assembleia municipal e a câmara municipal. A assembleia municipal é um órgão deliberativo do município. Sendo um órgão colegial é composto por membros eleitos diretamente e pelos presidentes das juntas de freguesia e uniões de freguesia que constituem o município. Os membros da assembleia municipal são denominados de deputados municipais, sendo que a assembleia é o órgão de fiscalização do órgão executivo (câmara municipal) e é dotada de poderes deliberativos. As competências da assembleia municipal estão definidas nos artigos 24.º e 25.º do Anexo I da Lei n.º 75/2013, de 12 de setembro.

Por sua vez, a câmara municipal é o órgão executivo do município, sendo também um órgão colegial eleito pelo método de Hondt. É constituída pelo presidente da câmara, que é o primeiro candidato da lista mais votada e por um número de vereadores a definir de acordo com o número de eleitores do município em questão. Entre os vereadores podem existir também vereadores em regime de permanência e de não permanência. Quanto às suas competências, dispõem os artigos 32.º e 33.º do Anexo I da Lei n.º 75/2013, de 12 de setembro, sendo que o artigo 34.º permite que algumas competências sejam delegáveis no presidente da câmara.

Quanto ao presidente da câmara, a tendência atual é o reforço do seu papel, sendo inúmeras as permissões de delegação de poderes da câmara no presidente (cf. art.º 34.º). Por conseguinte, podemos asseverar que o presidente da câmara tem assumido um papel de relevo tornando-o, inevitavelmente, na figura principal do município. O artigo 35.º estatui as competências próprias do presidente, como por exemplo a representação do município; executar as deliberações da câmara municipal e coordenar a atividade desta; dar cumprimento às deliberações da assembleia municipal; entre outras.

À semelhança do que referimos quanto às juntas de freguesia, também nos municípios a Lei n.º 75/2013, de 12 de setembro veio reforçar as suas competências. No entanto, quer os municípios quer as freguesias não

[21] Sousa, F. A (1993). Direito administrativo das autarquias locais. Luso Livro. Lisboa.

podem viver de expectativas e não deveriam ver estas novas competências atribuídas sem os correspondentes meios para as executar. Esta questão torna-se, novamente, atual e pertinente, com o atual processo de transferência de competências para as autarquias locais, nos termos da Lei n.º 50/2018, de 16 de agosto, em resultado das duras críticas dos autarcas no sentido de que esta descentralização é idêntica à anterior, revelando-se uma mera transferência de responsabilidades do Estado para as autarquias locais, asfixiando-as e hipotecando todos os objetivos e propósitos de uma verdadeira descentralização de competências e atribuições, com vista ao reforço do poder local.

Por fim, referir que entre as múltiplas atribuições e competências dos municípios constam as relacionadas com o desporto e tempos livres, conforme dispõe a alínea f), do n.º 2, do artigo 23.º e alínea u), do n.º 1 do artigo 33.º, ambos do Anexo I da Lei n.º 75/2013, 12 de setembro.

6. As Autarquias Locais e a Lei de Bases da Atividade Física e do Desporto

Como abordamos no ponto anterior, resulta do Anexo I da Lei n.º 75/2013, de 12 de setembro, que o Desporto consta de entre as atribuições e competências das autarquias locais, sendo exemplos disso o disposto na alínea f), do n.º 2, do artigo 23.º, e o disposto na alínea d), do n.º 2, do artigo 7.º:

> "*Os municípios dispõem de atribuições, designadamente, nos seguintes domínios (...) Tempos livres e desporto*"; "*As freguesias dispõem de atribuições designadamente nos seguintes domínios (...) d) Cultura, tempos livres e desporto*", respetivamente.

Ora, também como já supra discorremos, a CRP, documento magno do nosso ornamento jurídico, reconhece o direito ao Desporto como um direito consagrado constitucionalmente, logo como matéria de interesse público. Assim, são vários os princípios e referências na Lei de Bases da Atividade Física e do Desporto (LBAFD) que estatuem e concretizam este seu carácter constitucional. Senão vejamos.[22]

[22] Furtado, M. (2021). A evolução das Leis de Base do Desporto em Portugal: No âmbito das Autarquias Locais e as respetivas Políticas Públicas, in Compêndio de Direito do Desporto, Gestlegal, Coimbra, pp. 11-43.

O n.º 1, do artigo 2.º, sobre os princípios da universalidade e igualdade, a LBAFD refere que "*todos têm direito à atividade física e desportiva, independentemente da sua ascendência sexo, raça, língua (...) condição social ou orientação sexual.*".

No n.º 2 do artigo 3.º, sobre o princípio da ética desportiva, "*a atividade física e o desporto devem contribuir para a promoção equilibrada e não discriminatória entre homens e mulheres.*"

No que concerne ao princípio da coesão e continuidade territorial, o artigo 4.º menciona que "*o desenvolvimento da atividade física e do desporto é realizado de forma harmoniosa e integrada, com vista a combater as assimetrias regionais e a contribuir para a inserção social e a coesão nacional*".

De acordo como os n.ºs 1 e 2, do artigo 6.º,

> "*incumbe ao Estado (...) e às autarquias locais, a promoção e a generalização da atividade física, enquanto instrumento essencial para a melhoria da condição física, da qualidade de vida e da saúde dos cidadãos.*" *Para estes efeitos, são adotados programas que visem "a) criar espaços públicos aptos para a atividade física; b) incentivar os hábitos de atividade física nos hábitos de vida quotidianos, bem como a adoção de estilos de vida ativa; c) Promover a conciliação da atividade física com a vida pessoal, familiar e profissional.*"

Por sua vez, dispõe o n.º 1, do artigo 7.º que

> "*incumbe à Administração Pública na área do desporto apoiar e desenvolver a prática desportiva regular e de alto rendimento, através da disponibilização de meios técnicos, humanos e financeiros, incentivar as atividades de formação dos agentes desportivos e exercer funções de fiscalização, nos termos da lei.*"

O n.º 1, do artigo 8.º refere que

> "*o Estado, em estreita colaboração com as Regiões Autónomas e com as autarquias locais e entidades privadas, desenvolve uma política integrada de infraestruturas e equipamentos desportivos com base em critérios de distribuição territorial equilibrada de valorização ambiental e urbanística e de sustentabilidade desportiva e económica,, visando a criação de um parque desportivo diversificado e de qualidade, em coerência com uma estratégia de promoção de atividade física e desportiva, nos seus vários níveis e para todos os escalões e grupos da população.*"

De acordo com o n.º 2, do artigo 28.º *"as atividades desportivas escolares devem valorizar a participação e o envolvimento (...) das autarquias locais na sua organização, desenvolvimento e avaliação."*

Já o artigo 29.º alude que

> *"a atividade física e a prática desportiva por parte das pessoas com deficiência é promovida e fomentada (...) pelas autarquias locais com as ajudas técnicas adequadas (...), tendo em vista a plena integração e participação sociais, em igualdade de oportunidades com os demais cidadãos."*

Por seu turno, o artigo 46.º da LBAFD enquadra os apoios financeiros por parte do Estado e das autarquias locais. De acordo com o n.º 1,

> *"(...) podem beneficiar de apoios ou comparticipações financeiras por parte do Estado, das Regiões Autónomas e das autarquias locais as associações desportivas, bem como os eventos desportivos de interesse público como tal reconhecidos por despacho de membro do Governo responsável pela área do desporto."*

O n.º 3 referencia ainda que

> *"Os apoios ou comparticipações financeiras concedidas pelo Estado, pelas Regiões Autónomas e pelas autarquias locais, na área do desporto, são tituladas por contratos-programa de desenvolvimento desportivo, nos termos da lei."*.

Consequentemente, o artigo 47.º define as regras para a conceção e comparticipação financeira no âmbito de um contrato programa de desenvolvimento desportivo.

Portanto, pelo exposto, é indiscutível que LBAFD consagra o carácter constitucional do direito ao Desporto e veio definir novas exigências e requisitos em matéria de financiamento público do sistema desportivo, alterando profundamente a Lei n.º 1/90, de 13 de janeiro (Lei de Bases do Sistema Desportivo), originando a necessidade de criação de um diploma próprio, que viesse a regulamentar esta matéria dos contratos-programa de desenvolvimento desportivo.[23]

[23] Furtado, M. (2021). A evolução das Leis de Base do Desporto em Portugal: No âmbito das Autarquias Locais e as respetivas Políticas Públicas, in Compêndio de Direito do Desporto, Gestlegal, Coimbra, pp. 11-43.

Como tal, por força do disposto no artigo 51.º da LBAFD, o legislador publicou o Decreto-Lei n.º 273/2009, de 01 de outubro (alterado e republicado pelo Decreto-Lei n.º 41/2019, de 26 de março), que regulamenta as matérias relacionadas com aos contratos-programa de desenvolvimento desportivo.

De entre os principais aspetos regulamentados pelo Decreto-Lei n.º 273/2009, de 01 de outubro, na sua redação atual, destacamos:

- a subordinação das comparticipações financeiras públicas para construção ou melhoramento de instalações desportivas propriedade de entidades privadas a este regime legal;
- a assunção por parte dos beneficiários de contrapartidas de interesse público;
- o prévio reconhecimento do interesse público de eventos desportivos, por despacho do membro do Governo responsável pela área do Desporto, como condição para o financiamento público dos mesmos;
- a consagração do princípio segundo o qual os clubes desportivos participantes em competições desportivas de natureza profissional não podem beneficiar, nesse âmbito, de apoios ou comparticipações financeiras por parte do Estado e das autarquias locais, sob qualquer forma, salvo no tocante à construção ou melhoramento de instalações ou equipamentos desportivos com vista à realização de competições desportivas de interesse público;
- a obrigação de certificação das contas das entidades beneficiárias de financiamentos públicos, quando os montantes concedidos sejam superiores a 50.000,00€;
- a proibição de novos financiamentos públicos às entidades que estejam em situação de incumprimento das suas obrigações fiscais ou para com a segurança social;
- e, por último, a impenhorabilidade das verbas provenientes de financiamentos públicos, devidamente titulados por contratos-programa, uma vez que as mesmas se consideram exclusivamente afetas às finalidades para as quais foram atribuídas.

Abordaremos de seguida a figura jurídica dos contratos-programa de desenvolvimento desportivo.

7. A figura dos contratos-programa de desenvolvimento desportivo

Conforme dispõe a alínea f), do n.º 2, do artigo 23.º do Anexo I da Lei n.º 75/2013, 12 de setembro "*constituem atribuições do município (...) f) Tempos livres e desporto.*". Neste sentido, de acordo com a alínea u), do n.º 1, do artigo 33.º, do anexo I da Lei n.º 75/2013, de 12 de setembro,

> "*Compete à câmara municipal (...) u) Apoiar atividades de natureza social, cultural, educativa, desportiva, recreativa ou outra de interesse para o município, incluindo aquelas que contribuam para a promoção da saúde e prevenção das doenças.*"

Esta competência encontrava-se consagrada na alínea b), do n.º 4, do artigo 64.º da Lei n.º 169/99, de 18 de setembro, nos seguintes termos:

> "*compete à câmara municipal no âmbito do apoio a atividades de interesse municipal: (...) b) apoiar ou comparticipar, pelos meios adequados, no apoio a atividades de interesse municipal, de natureza social, cultural, desportiva, recreativa ou outra*", artigo revogado pela atual lei (Lei n.º 75/2013, 12 de setembro).

Por sua vez, é a Lei n.º 5/2007, de 16 de janeiro, atual Lei de Bases da Atividade Física e do Desporto (LBAFD), que define as políticas de desenvolvimento da atividade física e do desporto.

Além dos princípios da coordenação, descentralização e colaboração, relativamente aos apoios financeiros por parte do Estado e das Autarquias Locais, esta lei estabelece ainda, nos termos do n.º 1, do artigo 46.º, o seguinte:

> "*sem prejuízo do disposto no número seguinte, podem beneficiar de apoios ou comparticipações financeiras por parte do Estado, das Regiões Autónomas e das autarquias locais as associações desportivas, bem como os eventos desportivos de interesse público como tal reconhecidos por despacho de membro do Governo responsável pela área do desporto.*".

Assim, nos termos do n.º 2., 3, 4.º e 7.º

> "*os clubes desportivos participantes em competições desportivas de natureza profissional não podem beneficiar, nesse âmbito, de apoios ou comparticipações financeiras por parte do Estado, das Regiões Autónomas e das autarquias locais, sob qualquer forma, salvo no tocante à construção ou melhoramento de*

infraestruturas ou equipamentos desportivos com vista à realização de competições desportivas de interesse público, como tal reconhecidas pelo membro do Governo responsável pela área do desporto."

Portanto,

> *"os apoios ou comparticipações financeiras concedidas pelo Estado, pelas Regiões Autónomas e pelas autarquias locais, na área do desporto, são tituladas por contratos-programa de desenvolvimento desportivo, nos termos da lei.". "As entidades beneficiárias de apoios ou comparticipações financeiras por parte do Estado, das Regiões Autónomas e das autarquias locais na área do desporto, ficam sujeitas a fiscalização por parte da entidade concedente, bem como à obrigação de certificação das suas contas quando os montantes concedidos sejam superiores ao limite para esse efeito definido no regime jurídico dos contratos-programa de desenvolvimento desportivo."*

Isto significa que todos os apoios ou comparticipações financeiras concedidas pelas autarquias locais, no domínio do Desporto, têm de ser titulados, obrigatoriamente, por contratos-programa de desenvolvimento desportivo.

Tal acontece porque o legislador sentiu a necessidade de colmatar os abusos que se vinham a verificar durante a vigência da Lei n.º 1/90, de 13 de Janeiro (Lei de Bases do Sistema Desportivo), subordinando a "*subsidiação à celebração dos ditos contratos-programa de desenvolvimento desportivo, onde detalhadamente se define a finalidade e as contrapartidas destes subsídios*"[24], obrigado à sua deliberação em sede de órgão executivo e respetiva publicitação legal.

Esta obrigação permite uma maior fiscalização e escrutínio das decisões, pugnando por deliberações que salvaguardem o interesse público, interesse que deve sempre fundar qualquer decisão da administração pública em prol das suas comunidades e territórios.

Os contratos-programa de desenvolvimento desportivo são, assim, os contratos celebrados com vista à atribuição, por parte das autarquias locais, diretamente ou através de organismos dependentes, de apoios financeiros, materiais e/ou logísticos.

[24] Furtado, M. (2021). A evolução das Leis de Base do Desporto em Portugal: No âmbito das Autarquias Locais e as respetivas Políticas Públicas, *in* Compêndio de Direito do Desporto, Gestlegal, Coimbra, pp. 11-43.

A celebração destes contratos-programa dependem, designadamente, da observância dos requisitos estabelecidos no artigo 47.º, da Lei n.º 5/2007, de 16 de janeiro, nos seguintes termos:

> *"A concessão de apoios ou comparticipações financeiras na área do desporto, mediante a celebração de contratos-programa, depende, nomeadamente, da observância dos seguintes requisitos: a) Apresentação de programas de desenvolvimento desportivo e sua caracterização pormenorizada, com especificação das formas, dos meios e dos prazos para o seu cumprimento; b) Apresentação dos custos e aferição dos graus de autonomia financeira, técnica, material e humana, previstos nos programas referidos na alínea anterior; c) Identificação de outras fontes de financiamento, previstas ou concedidas.*
> *Os apoios previstos no artigo anterior encontram-se exclusivamente afetos às finalidades para as quais foram atribuídos, sendo insuscetíveis de apreensão judicial ou oneração."*

Para além de terem de reunir estes requisitos, os contratos-programa de desenvolvimento desportivo têm ainda de respeitar as normas constantes do seu regime jurídico.

No que concerne ao âmbito subjetivo dos contratos-programa de desenvolvimento desportivo, o artigo 3.º, do Decreto-Lei n.º 273/2009, de 1 de outubro, na sua redação atual, dispõe o seguinte:

> *"Podem beneficiar da concessão de apoios: a) O Comité Olímpico de Portugal e o Comité Paralímpico de Portugal; b) A Confederação do Desporto de Portugal; c) As federações desportivas; d) As associações ou confederações de praticantes, de treinadores e de árbitros, bem como os clubes desportivos e as associações promotoras do desporto; e) As sociedades desportivas, nos termos previstos no presente decreto-lei.*
> *Os apoios financeiros diretamente atribuídos aos clubes desportivos por parte do Estado só podem ter por objeto planos ou projetos específicos que não caibam nas atribuições próprias das associações de clubes e das federações desportivas e não constituam um encargo ordinário dos mesmos clubes.*
> *Por despacho do membro do Governo responsável pela área do desporto podem igualmente ser concedidos apoios a outras pessoas singulares ou coletivas não previstas no n.º 1, desde que se destinem, direta ou indiretamente, ao apoio de atividades desportivas.*
> *É condição para a atribuição de apoios à federação desportiva a aprovação e execução por parte desta de programas de prevenção, formação e educação relativos*

à defesa da integridade das competições, e à luta contra a dopagem, a corrupção e a viciação de resultados, e ao combate à violência, ao racismo, à xenofobia e à intolerância nos espetáculos desportivos."

Face ao exposto, reunidas certas circunstâncias e verificados determinados requisitos, algumas das atividades desenvolvidas por pessoas singulares, na área do Desporto, podem também ser beneficiárias da concessão de apoios e de patrocínios financeiros, nos termos do disposto no artigo 9.º:

> *"Podem beneficiar de patrocínios financeiros os agentes desportivos cuja atividade, nesta qualidade, projete internacionalmente o nome do País, bem como as pessoas, singulares ou coletivas, que promovam ou organizem eventos desportivos. Aos patrocínios financeiros são aplicáveis, com as necessárias adaptações, as regras aplicáveis aos contratos-programa de desenvolvimento desportivo, salvo as que digam respeito."*

Quanto às finalidades intrínsecas à celebração de um contrato-programa de desenvolvimento desportivo, dispõe o artigo 8.º do seguinte:

> *"A concessão de apoios mediante a celebração de contratos-programa de desenvolvimento desportivo tem em vista, nomeadamente, os seguintes objetivos: a) Enquadrar a execução de programas concretos de promoção da atividade física e do desporto; b) Fazer acompanhar a concessão dos apoios por uma avaliação completa dos custos de programa ou projeto, assim como dos graus de autonomia financeira, técnica, material e humana previstos para a sua execução; c) Permitir a intervenção e mútua vinculação de diversas entidades interessadas na realização de um mesmo programa de desenvolvimento desportivo; d) Reforçar o sentido de responsabilidade dos outorgantes relativamente ao cumprimento das obrigações por eles livremente assumidas; e) Assegurar a plena publicidade e transparência das condições com base nas quais os apoios são concedidos."*

A forma e o conteúdo dos programas de desenvolvimento desportivo resultam dos artigos 11.º e 12.º, do referido DL:

> *"Os contratos programa de desenvolvimento desportivo integram, no respetivo clausulado ou em anexo ao mesmo, o programa de desenvolvimento desportivo objeto da comparticipação.*

Para efeitos do presente decreto-lei, consideram-se programas de desenvolvimento desportivo: a) Os planos regulares de ação das entidades que fomentam e dirigem, no plano nacional, regional ou local, a prática das diversas modalidades desportivas; b) Os planos de ação específica destinados a promover e divulgar a atividade física e o desporto, a organizar competições com interesse social ou desportivo relevante ou a apoiar a participação de praticantes portugueses em provas internacionais; c) Os projetos de construção ou melhoramento de instalações e equipamentos desportivos; d) As iniciativas que visem o desenvolvimento e a melhoria da prática da atividade física e do desporto, nomeadamente nos domínios da formação, da documentação, da investigação ou das relações com organismos internacionais."

"Os programas de desenvolvimento desportivo devem conter os seguintes elementos: a) Descrição e caracterização específica das atividades a realizar; b) Justificação do programa, nomeadamente do ponto de vista do desenvolvimento das modalidades em causa e das provas, competições ou eventos desportivos a realizar; c) Quantificação dos resultados esperados com a execução do programa; d) Previsão de custos e das necessidades de financiamento público, com os respetivos cronogramas ou escalonamentos; e) Demonstração do grau de autonomia financeira, técnica, material e humana oferecido pela entidade proponente para a execução do programa, incluindo, se for caso disso, a indicação de outras comparticipações, financiamentos ou patrocínios e respetivas condições; f) Identificação de quaisquer entidades eventualmente associadas à gestão e execução do programa, definindo a natureza da sua intervenção, os seus poderes e as suas responsabilidades; g) Relações de complementaridade com outros programas já realizados ou em curso de execução na mesma área ou em áreas conexas, se os houver; h) Calendário e prazo global de execução do programa de desenvolvimento desportivo; i) Destino dos bens adquiridos ou construídos ao abrigo do programa, se a sua titularidade não ficar a pertencer à entidade outorgante do contrato, bem como a definição da entidade responsável pela sua gestão e manutenção.

Quando o programa tiver em vista a construção de instalações ou equipamentos desportivos deve, ainda, além dos elementos referidos no número anterior, conter a planta da respetiva localização e os estudos prévios ou descrições técnicas necessárias à sua apreciação.

Se estiver prevista a participação de terceiras entidades no contrato programa, devem estas ser igualmente identificadas na proposta, com indicação dos respetivos direitos e obrigações."

Por sua vez, os artigos 15.º, 17.º, 19.º regulamentam, respetivamente, o conteúdo dos contratos-programa, as contrapartidas de interesse público e a obrigação da entidade concedente fiscalizar e acompanhar a execução do contrato-programa.

Quanto à entrada em vigor das deliberações, com a alteração provocada pelo Decreto-Lei n.º 41/2019, de 26 de março, os contratos-programa entram em vigor na data da sua publicitação na página eletrónica das entidades concedentes do apoio, ao contrário do que anteriormente sucedia, na medida em que era obrigatória a sua prévia publicitação em jornais de âmbito local/regional.

Importa, ainda, destacar a relevância que o legislador dá à defesa da integridade e combate à violência, à corrupção e à dopagem associadas ao Desporto. Nos termos do disposto no n.º 1, do artigo 24.º

> *"o incumprimento da legislação referente à defesa da integridade das competições, à luta contra a dopagem, à corrupção e à viciação de resultados, à violência, ao racismo, à xenofobia e à intolerância nos espetáculos desportivos, bem como das determinações das entidades competentes nestas áreas, implica a suspensão de todos os apoios concedidos por parte do Estado, enquanto tal incumprimento se mantiver".*

Por fim, três breves notas conclusivas.

A primeira para referir que o capítulo IV regula o direito à restituição dos apoios financeiros (29.º), da mora e incumprimento (28.º) e da resolução de litígios (30.º), artigos tão importantes para um adequado acompanhamento e fiscalização do desenvolvimento dos projetos desportivos apoiados no âmbito deste instrumento legal.

A segunda para afirmar que, depois do exposto, facilmente se entende que tenha sido introduzido pelo legislador, no nosso ordenamento jurídico-desportivo, o princípio de que os apoios e comparticipações financeiras atribuídos pelo Estado, pelas Regiões Autónomas ou pelas autarquias locais às diversas entidades que integram o sistema desportivo, devem ser titulados por contratos-programa de desenvolvimento desportivo, nos termos da legislação em vigor.

A terceira para assumir que o legislador reconhece ao Desporto o seu importante papel no desenvolvimento integral do ser humano, pelo que a LBAFD:

"goza de uma amplíssima dimensão, atribuindo à Administração Pública no seu conjunto, um poder dever fundamental, na propagação da qualidade de vida e bem-estar da população, pois a prática da atividade física e o desporto é um direito indispensável de todo o cidadão, que lhe permite o aperfeiçoamento integral das suas capacidades físicas, intelectuais e sociais, ocupando a atividade física um papel essencial na obtenção de várias valias fulcrais para a qualidade de vida e bem-estar do povo."[25]

8. Conclusão

A complexidade do fenómeno desportivo traz acoplada a si a complexidade das relações jurídicas, pelo que se exige a criação de elementos normativos que possam garantir a eficiência e eficácia do sistema jurídico--desportivo, em particular, e do sistema jurídico em geral.

Com efeito, pretende-se que a atividade legislativa confira um mínimo jurídico essencial à prática do Desporto, tão necessário e suficiente para que a sociedade se mantenha em ordem dentro de um padrão minimamente aceitável, no caso em apreço, a sociedade civil e os demais agentes que se relacionam com o fenómeno desportivo.

Portanto, a presença do Desporto no nosso quotidiano é inquestionável e indiscutível. Consequentemente, seja por esta razão ou pela própria evolução do Desporto, tal tem obrigado o legislador a criar normas que regulamentem a sua prática.

A imposição desta regulamentação tem, assim, cariz individual e coletivo, obrigando indivíduos, organizações e federações desportivas ao cumprimento de normas legais.

Destarte, concordamos com a doutrina maioritária quando esta afirma que o Desporto exige uma relação intrínseca com o Direito, por forma a regulamentar e enquadrar a sua prática, garantindo a sua intrarregulação, autorregulação e heterorregulação, *conditio sine qua non* para a sua massificação, legalidade e equidade.

Justamente por isso o Direito do Desporto alcançou, presentemente, uma dimensão e especialização tal que lhe permite ser considerado um ramo de direito autónomo e independente. Sobre esta afirmação rememo-

[25] Furtado, M. (2021). A evolução das Leis de Base do Desporto em Portugal: No âmbito das Autarquias Locais e as respetivas Políticas Públicas, in Compêndio de Direito do Desporto, Gestlegal, Coimbra, pp. 11-43.

ramos as palavras do Prof. José Manuel Meirim, *"mal estaríamos, se o Direito não fosse, também ele, desportivo"*.

Sendo um direito consagrado constitucionalmente, discorremos neste artigo que o ordenamento jurídico português reconhece o Desporto como um direito fundamental. Assim, na esteira da CRP, o poder local, através das autarquias locais, detém atribuições e competências na promoção do Desporto e da atividade física.

Foi, aliás, por esse motivo que trouxemos à colação a figura dos contratos-programa de desenvolvimento desportivo, figura jurídica vital para a instrumentalização do apoio financeiro atribuído por parte das autarquias locais e do Estado ao movimento associativo desportivo.

Mais, foi também por essa razão que abordamos o papel das autarquias locais no desenvolvimento desportivo, na medida em que todos lhe reconhecem a sua importância na concretização e democratização do acesso ao Desporto (Desporto para todos).

A concluir, assegurar que o Direito do Desporto se apresenta como um instrumento para estabelecer um enquadramento mínimo da atividade desportiva, nas suas diversas dimensões, com vista a que este se projete, harmoniosamente, no todo societário. Ademais, através da premissa *"ubi homo ibi societas; ubi societas, ibi jus"*, isto é "onde existe o homem, há sociedade; onde existe sociedade, há Direito.", pelo impacto que o Desporto gera a todos os níveis, seja social, desportivo, ético, cultural, territorial, económico ou político, jamais este poderia estar alheado do Direito e da sua necessária normatividade.

9. Referências bibliográficas

Academia Olímpica de Portugal. Livro Branco do Desporto. Disponível em: https://www.aop.pt/upload/tb_content/320160419151552/357163146f180d/whitepapershortpt.pdf.

Andrade, J. V. A. (2007). Os Direitos Fundamentais e o Direito do Desporto, in Barbosa, Nuno & Costa, Ricardo (Coord). II Congresso de Direito do Desporto – Memórias. pp. 23-41. Porto: Almedina.

Barbosa, N., & Costa, R. (2010). Leis do Desporto, 2.ª Edição, Almedina, Coimbra;

Bento, J., & Constantino, J. (2007). Em Defesa do Desporto – Mutações e Valores em Conflito. Coimbra: Edições Almedina.

Bento, J., & Constantino, J. M (2012). Desporto e Municípios: políticas, práticas e programas. Lisboa: Visão e Contextos.

Brochado, M (2008). O Direito como mínimo ético e como maximum ético. Rev. Fac. Direito UFMG, Belo Horizonte, n. 52, pp. 237-260.

Capela, J. V. (2005). Administração local e municipal portuguesa do século XVIII às reformas Liberais (Alguns tópicos da sua Historiografia e nova História, in Os Municípios no Portugal Moderno: dos forais manuelinos às reformas liberais, Lisboa, Ed. Colibri-CIDEHUS-EU, pp. 39-58.

Carvalho, J. V. (2022). Sistema Político Desportivo e Modelo de Financiamento em Portugal. Lisboa. IPDJ – Instituto Português do Desporto e Juventude e Edições Afrontamento.

Carvalho, M. (1994). Desporto e Autarquias Locais, uma nova via para o desenvolvimento desportivo nacional. Porto: Campo das Letras.

Carvalho, M. J. (2007). Os elementos estruturantes do regime jurídico do desporto profissional em Portugal. Porto. Dissertação de Doutoramento à Faculdade de Desporto da Universidade do Porto.

Carvalho, M. J. (2012). Desporto, Política e Direito, in Desporto e Municípios: Políticas, práticas e programas, Visão e Contextos, Lisboa, pp. 39-66.

Constantino, J. M. (2015). Valorizar e afirmar socialmente o desporto: Um desígnio nacional. Comité Olímpico de Portugal.

Cruz, G. (2015). A Ética do Desporto e as Regras do Jogo: Referências e Critérios materiais inerentes ao Direito do Desporto. Lisboa. Dissertação para obtenção do grau de mestre em gestão desportiva, apresentado à Faculdade de Direito da Universidade Católica Portuguesa, pp. 14.

Furtado, M. (2019). Prevalência autárquica no desenvolvimento das atribuições desportivas. R-Lego – Revista Lusófona de Economia e Gestão das Organizações, n.º 8, pp. 55-86.

Furtado, M. (2021). A evolução das Leis de Base do Desporto em Portugal: No âmbito das Autarquias Locais e as respetivas Políticas Públicas, in Compêndio de Direito do Desporto, Gestlegal, Coimbra, pp. 11-43.

Instituto Português do Desporto e Juventude. Carta Europeia do Desporto. Disponível em: https://ipdj.gov.pt/documents/20123/133814/Carta+Europeia+do+Desporto.pdf/69432aa6-e8e2-ae85-24ce-76cc276d3dda?t=1582815203169.

Lisboa, Gabinete do Ministro Adjunto e dos Assuntos Parlamentares.

Machado, J. (2000). Planos estratégicos de desenvolvimento desportivo municipal. Lisboa. Livro na Mão.

Machado, J. (2022). Ensaios sobre ética no Desporto. Lisboa. Livro na Mão.

Marques, J. (1993). Os municípios portugueses dos primórdios da nacionalidade ao fim do reinado de D. Dinis, alguns aspetos, Revista da Faculdade de Letras, pp. 69 a 90.

Meirim, J. M. (2002). A Federação Desportiva como Sujeito Público do Sistema Desportivo. Lisboa: Coimbra Editora.

Meirim, J. M. (2006). Temas de Direito do Desporto. Coimbra: Coimbra Editora.

Meirim, J. M. (2019). Direito do Desporto, volume 2. Lisboa. Universidade Católica Editora.

Meirim, J. M., & Nascimento, A. P. (2017). Direito do Desporto, volume 1. Lisboa. Universidade Católica Editora.

Mestre, A. M. (2014). O Desporto na Lei – Guia Prático. Porto: Vida Económica.

Mestre, A. M. (2019). Enciclopédia do Direto do Desporto. Lisboa. Gestlegal.

Oliveira, A. C. (2013). Direito das Autarquias Locais, 2.ª Edição, Coimbra: Coimbra Editora.

Pessanha, A. (1999). Algumas reflexões sobre o Ordenamento Jurídico Desportivo. Coletânea de Estudos em Memória de Francisco Lucas Pires. Universidade Autónoma de Lisboa, pp. 21-34.

Pessanha, A. (2001). As Federações Desportivas: Contributo para o Estudo do Ordenamento Jurídico Desportivo. Coimbra: Coimbra Editora.

Rocha, C., Serras, A. R. & Carvalho, M. A. (2021). Estudo caracterizador do setor do desporto em Portugal e Impacto da COVID-19. PWC. Lisboa. Disponível em: https://paralimpicos.pt/documents/20181/0/Estudo+caracterizador+do+setor+do+desporto+em+Portugal+e+o+impacto+da+COVID-19/77b3187d-d395-4074-886efc8eb9946673.

Santos, R. T. (2013). Lições de Direito Desportivo, ISEIT, Lisboa.

Sousa, F. A. (1993). Direito administrativo das autarquias locais. Luso Livro. Lisboa.

XIX Governo Constitucional (2011). Documento Verde da Administração Local.

10. DESPORTO, CULTURA FÍSICA E CONSTITUIÇÃO – DIREITO AO DESPORTO: DIREITOS, DEVERES E GARANTIAS NO SISTEMA PORTUGUÊS DE DIREITOS FUNDAMENTAIS: BREVES NOTAS

José Pereira da Costa[1]

I. Introdução Sistemática

A noção de Direito do Desporto, naquilo que consideramos ser uma aproximação linguística, começa logo com um problema acrescido: o que é, ou que noção tem, aliás, Desporto?

A abordagem que faremos ao longo deste trabalho não é axiologicamente isenta e começa, desde logo, nestas questões, ou seja, saber o que entendemos por Desporto e qual a carga material da categorização de um ramo de Direito dedicado à sua regulação.

Desde logo, o artigo 2.º, n.º 1 da Carta Europeia do Desporto refere que:

> "[e]*ntende-se por desporto todas as formas de atividades físicas que, através de uma participação organizada ou não, têm por objetivo a expressão ou o melhoramento da condição física e psíquica, o desenvolvimento das relações sociais* ***ou*** *a obtenção de resultados na competição a todos os níveis*".

É esta a noção que perfilhamos e que será, aliás, decisiva para a enunciação da "tese", como adiante se verá.

[1] Advogado.

Com Alexandre Miguel Mestre[2] *sendo a Carta Europeia do desporto emanada pelo Conselho da Europa, de que Portugal é membro, e um texto que teve o contributo e aprovação do Estado português, para além do circunstancialismo ser uma fonte normativa estatal, é esta a definição jurídica na qual assentaremos a nossa análise objeto do presente artigo e cremos que, pelos mesmos motivos, deveria ser a fonte a balizar a conceptualização jurídica do desporto para efeitos da aplicação do ordenamento jurídico desportivo nacional.*

Não podemos, no entanto, colocar de parte os conceitos clássicos[3].

Destarte, consideramos, numa aproximação linguística, que o desporto pode ser entendido como o exercício físico regulamentado, de carácter individual ou colectivo, cuja finalidade é alcançar o melhor resultado ou vencer lealmente em competição, sem qualquer outro intuito de interesse material ou intenção reservada. Segundo a definição de Pierre de Coubertin[4], *desporto é o culto voluntário e regular do exercício muscular intensivo firmado no desejo de progresso que pode ir até ao sacrifício.* Assim, Georges Hébert *considera desporto todo o género de exercício ou actividade **física tendo por** objectivo o estabelecimento dum resultado superior e cuja execução assenta essencialmente sobre a ideia de luta contra um elemento definido: distância, tempo, adversário ou, por generalização, contra si próprio.*

Temos, então, que a noção de Desporto terá quatro características que devem ser aqui consideradas: a actividade, o fim, o meio e o limite. Nestas, o enquadramento normativo é absolutamente decisivo para o que aqui nos traz, naquilo que será o Direito do Desporto.

Neste quadro, a doutrina portuguesa tem referido as seguintes noções de Direito do Desporto[5]:

Considera Meirim que o Direito do Desporto é o *Conjunto normativo que regula a actividade desportiva*, Fernando Seara que é o *Complexo de normas jurídicas que regulam a actividade desportiva*, Karaquillo o *Conjunto de normas e princípios que regulam a sociedade desportiva*, Maranitono o *grupo normativo integrado por um conjunto de disposições que regulam o mundo do desporto)* e Freitas

[2] Alexandre Miguel Mestre, *Rumo a uma Definição Jurídica de Desporto: Uma Eterna Narrativa Aberta?, Direito do Desporto – Aspectos Transversais*, Coimbra, p. 20.

[3] *Grande Enciclopédia Portuguesa Brasileira*, Volume 8, pp. 797-800.

[4] *Grande Enciclopédia Portuguesa Brasileira*, op. cit. Volume 8, pp. 797-800.

[5] V. por todos Freitas do Amaral, *Enciclopédia de Direito do Desporto*, coordenador Alexandre Miguel Mestre, pp. 5-8.

do Amaral ***É o ramo de direito constituído pelo sistema de normas jurídicas internacionais e nacionais, públicas e privadas, estaduais e não estaduais, que regulam as*** *actividades desportivas, bem como o seu condicionamento e fiscalização por organismos internacionais privados e pelo Estado.*

Sublinhamos, ainda, a definição de Luís Paulo Relógio, pela relevância e pormenorização[6]:

> *Ramo autónomo do Direito que se dedica ao estudo das normas reguladoras da actividade e do sistema desportivo, incluindo fontes de direito de diversas origens, pois que não só integra as leis que, nos mais diferentes níveis hierárquicos, regulam os inúmeros aspectos do sistema desportivo e dos seus agentes, como compreende as normas cooperativas emergentes dos diversos institutos e entidades reguladoras dotados de competência normativa da actividade desportiva.*

Nestes precisos termos, o presente trabalho versará sobre uma questão especifica do Direito do Desporto, mas que é transversal a todas as abordagens: o Direito do Desporto no Sistema de Direitos Fundamentais da Constituição da República Portuguesa, considerando o Direito à Cultura Física e ao Desporto.

Esta abordagem não é, desde logo, axiologicamente isenta, nem podia ser.

O Direito ao Desporto e à Cultura Física é um Direito Fundamental *per si* e, ao mesmo tempo, como veremos, torna-se absolutamente essencial na promoção de outros Direitos Fundamentais, contribuindo para a legitimação do Estado de Direito Democrático ou, como preferimos, Estado de Direitos Fundamentais, no dever estabelecido, desde logo, no artigo 9.º da CRP: é tarefa fundamental do Estado a protecção dos Direitos Fundamentais, em sentido amplo, afirma-se, no âmbito do respeito pela dignidade humana, sendo, então, necessário estabelecer um (material e formal) "sistema de Direitos Fundamentais", que parta da Constituição.[7]

Este dualismo constituinte, chamemos-lhe assim, é decorrência de uma meticulosa construção constitucional: Direitos Liberais e Direitos Sociais

[6] Luís Paulo Relógio, *Enciclopédia de Direito do Desporto*, coordenador Alexandre Miguel Mestre, pp. 156-157.

[7] V. por todos Cristina M. M. Queiroz, *Direitos Fundamentais (Teoria Geral)* e Rui Medeiros, *Ensaio sobre a Responsabilidade Civil do Estado por Actos da Função Legislativa.*

surgem lado a lado, interrelacionados e conectados, num sistema que, no fim, é completo e sistemático.

É com naturalidade que aproveitamos esta sede para discorrer sobre um tema que nos acompanha há bastante tempo e que tem no Direito ao Desporto um corolário que não podia deixar de ser referido.

Veremos, no fim, se chegámos a bom porto. Mas para lá chegar, percorreremos um caminho que não é estreito.

II. Visão Geral – Direitos Fundamentais no tempo e no modo

Considera, bem, assuma-se desde já, Gomes Canotilho[8] que os Direitos Fundamentais obedecem a quatro funções:

a) Função de defesa ou de liberdade;
b) Função de prestação social;
c) Função de protecção perante terceiros;
d) Função da não discriminação.

Nesta senda,

a) Com a função de defesa ou de liberdade, assegura-se a defesa da pessoa humana e da sua dignidade perante os poderes do Estado.[9]

Ou seja, os Direitos Fundamentais cumprirão a função de defesa dos cidadãos numa dupla perspectiva:

1. *Constituem, num plano jurídico-objectivo, normas de competência negativa para os poderes públicos, proibindo fundamentalmente as ingerências destes na esfera individual;*
2. *Implicam, num plano jurídico-subjectivo, o poder de exercer positivamente Direitos Fundamentais (liberdade positiva) e de exigir omissões dos poderes públicos, de forma a evitar agressões lesivas por parte dos mesmos (liberdade negativa)*[10]

b) Com a função de prestação social, pretende-se assegurar que os Direitos Fundamentais garantam (ou vinculem o Estado à garantia) a prestação de certos e determinados cuidados sociais aos cidadãos. Serão os cuidados à saúde, educação e segurança social.

[8] Gomes Canotilho, *Direito Constitucional e Teoria da Constituição*, pp. 405 ss.

[9] Gomes Canotilho, *op. cit.*, p. 405.

[10] Gomes Canotilho, *op. cit.*, p. 405.

Esta função *está associada a três núcleos problemáticos dos direitos sociais, económicos e culturais*[11]:

1. Ao problema dos *direitos sociais originários*, isto é, o cidadão sentir o Estado vinculado, directamente e por via das normas constitucionais, a assegurar determinada prestação;
2. Ao problema dos *direitos sociais derivados*, que vincula o legislador a actuar no âmbito das *normas constitucionais sociais* e no *direito de exigir e obter a participação igual nas prestações criadas pelo legislador*;
3. A saber se as normas *consagradoras de Direitos Fundamentais sociais têm uma dimensão objectiva juridicamente vinculativa dos poderes públicos no sentido* de os obrigarem a *políticas sociais activas*

c) Neste âmbito, os Direitos Fundamentais **têm como função vincular o Estado à** protecção desses mesmos direitos perante eventuais agressões de terceiros.

d) Esta função provém do princípio da igualdade. Aqui, afere-se da imposição do Estado actuar, impedindo a discriminação. Na verdade, o que aqui se trata é do dever do Estado de *assegurar que trata todos os seus cidadãos como fundamentalmente iguais*[12].

1. Enquadramento dogmático

O exposto até ao momento serve, essencialmente, para considerar que o moderno Estado de Direito Democrático só o é se e quando estiver vinculado aos Direitos Fundamentais, a todos os Direitos Fundamentais.[13]

Entender a democracia sem perceber que um dos objectivos fundamentais do Estado Democrático é a percepção e defesa dos Direitos Fundamentais, é não perceber a importância dos mesmos para o desenvolvimento do Homem, enquanto ser livre.

Consideramos este aspecto fulcral no âmbito do moderno Estado de Direito Democrático.

O Estado de Direitos Fundamentais pressupõe a democracia. A democracia, por seu turno, deriva da vontade de enquadrar a sociedade com a lei

[11] Gomes Canotilho, *op. cit.*, p. 406.

[12] Gomes Canotilho, *op. cit.*, p. 406.

[13] V. por todos, Rui Medeiros, *A Decisão de Inconstitucionalidade.*

universal do direito, que é, ao mesmo tempo, limite e fonte de liberdade. A liberdade é, assim, condição de:

(i) escolha social
(ii) deliberação universal
(iii) existência de lei

Só essa circunstância colectiva, "ser livre", permite que o Direito, enquanto princípio regulador da vida societária e, portanto, da liberdade colectiva, possa garantir que todos possam, através, primeiro, da formação e, depois, da conformação, garantir e ver garantidos os Direitos Fundamentais.

Torna-se, assim, evidente que o papel do Estado na defesa dessa liberdade colectiva e, em consequência, dos Direitos Fundamentais, não pode ser diminuído ou relativizado.

No entanto, enquanto ponto de partida, a liberdade do Homem, é a tarefa fundamental do Estado, que nasce e se preenche na necessidade da sua preservação.

O Homem, com efeito, não é um ser sem Direito. Pelo contrário, a sua percepção da vida societária cria, de imediato, o Direito. Em primeira linha, a obrigatoriedade social de respeito à produção normativa do Direito, surge na defesa dos Direitos Fundamentais e da percepção da necessidade dessa defesa – societária, entenda-se – para a defesa dos direitos de cada um.

Ouçamos Bobbio:

O último problema que eu gostaria de mencionar é aquele da relação entre os direitos de liberdade e os direitos sociais. Problema demasiado vasto e controvertido para que eu possa responder aqui: "São entre si compatíveis? Ou são incompatíveis? E em que medida e até que ponto são compatíveis? Quanto e como é preciso sacrificar uns em função dos outros? Existe uma prioridade destes sobre aqueles?"

A minha resposta, uma resposta pessoal, inspira-se no ideal de uma superação a antítese entre o liberalismo, que prioriza os direitos de liberdade, e o socialismo, que antepõe os direitos sociais. Faço esta afirmação porque considero que o reconhecimento de alguns direitos sociais fundamentais sejam o pressuposto ou a pré-condição para um efectivo exercício dos direitos de liberdade. O indivíduo instruído é mais livre do que um inculto; um indivíduo que tem um trabalho é mais livre do que um desempregado; um homem são é mais livre do que um enfermo.

No esplêndido ensaio, publicado em 1946, mas escrito nos anos da guerra da libertação, intitulado «L´avvenire dei diritti di libertà», **Piero** *Calamandrei escrevia que também os direitos sociais são direitos de liberdade, porque "constituem a* *premissa indispensável para assegurar a todos os cidadãos o gozo efectivo das liberdades políticas".*

Iniciei afirmando que dos direitos sociais fala-se muito pouco e cada vez menos. Espero ter oferecido alguns bons argumentos para demonstrar a oportunidade de romper esse silêncio[14].

Consideramos que a divisão histórica entre Estado liberal de Direito e Estado social de Direito tem causado equívocos na análise da Ciência Política e do Direito Constitucional. A verdade, analisada a história, é que a evolução do Estado e do modelo de Estado permite dizer que houve uma fase, inicial, com preocupações de libertação do Homem e outra fase, posterior, em que alcançada essa libertação humana, o Homem pode reclamar, para si, outros direitos, tidos por sociais.

Assim, não concordamos que o Estado social seja a antítese do Estado liberal, nem, tão pouco, confiamos que um modelo liberal se oponha a um modelo social. Pelo contrário, o Estado social desenvolveu-se num estádio civilizacional de independência e autonomia humana perante o exercício arbitrário do poder político. Só assim, perante essa independência, pode o Homem reclamar como seus esses direitos sociais.

Daí a importância desta análise no que concerne à categorização do Direito ao Desporto como Direito Fundamental.

A bem da verdade, se encararmos os Direitos Fundamentais reconhecidos pelo modelo liberal (vida, liberdade, igualdade jurídica e segurança) e os contrapusermos aos Direitos Fundamentais do modelo social (propriedade, saúde, educação, justiça, trabalho e salário condigno), encontramos uma linha contínua de actuação conjunta, rumo a um modelo completo: os últimos são consequência normativa da efectivação dos primeiros.

Mas não se confundam as realidades: no primeiro caso, estamos perante realidades que antecedem o Estado, formando-o – uma vez que os princípios são prévios à própria formação do Estado –, no segundo estamos perante exigências éticas do Estado, que só o Estado pode praticar.

Daqui a importância do positivismo, enquanto realidade normativa do Estado, uma vez que consagra, em toda a sua plenitude, a noção de direitos perante o Estado. Esses são os direitos sociais.

[14] Norberto Bobbio, *Teoria Geral da Política,* p. 508.

O Estado está, assim, vinculado aos Direitos Fundamentais num duplo sentido:

(i) enquanto realidades que o antecedem – no caso dos referidos Direitos naturais, pré-existentes – e que não pode contrariar;
(ii) enquanto vínculos com a sociedade – direitos sociais – que deve garantir, a bem do desenvolvimento do Homem enquanto ser livre.

Neste último vínculo, o dever de legislar, na protecção dos Direitos Fundamentais, assume particular importância. Não só pela responsabilização do Estado no caso de omissão legislativa, mas, e sobretudo, no caso de a própria Constituição – através do legislador constituinte – abdicar de orientar o Estado – enquanto legislador, claro está – no que respeita à vinculação a esses mesmos direitos.[15]

Nesse caso, o Estado – na sua plenitude – não pode deixar de estar vinculado a esses mesmos direitos, mas não através de realidades jurídicas prévias ou através do Direito natural. Está vinculado, apenas, porque deve receber princípios desses direitos naturais, estendendo a sua essência a toda a realidade normativa estatal. Já não estamos, então, perante categorias colocadas pela razão, enquanto realidade apriorística, mas perante categorias colocadas pela necessidade do Estado actuar na defesa da comunidade – e de todos os seus membros –, sendo que, aí, o Estado é que se torna realidade imposta pela razão.

Repare-se, *para Kant a essência da filosofia está na metafísica, (...) segundo Kant toda a metafísica anterior fracassou porque não quis ver esta dificuldade fundamental: ela tem necessidade da crítica. Mas esta crítica tem por sentido, não substituir a metafísica por uma pura teoria do conhecimento da ciência positiva, mas fundar a metafísica apesar do seu «embaraço» fundamental. (...) A crítica dirige-se não contra todo o uso da razão pura, mas somente contra o «uso especulativo». Ela tem «uma utilidade positiva e muito importante, desde que se esteja persuadido que há um uso prático absolutamente necessário da razão pura (o uso moral)». Então a crítica tem por objectivo fundar a metafísica graças à moral, e isso apesar da «impossibilidade» da metafísica. Ela quer mostrar que é possível libertar-se dos erros históricos «passados» da filosofia, de modo que «possa ser atingido antes do fim do século presente o que tantos séculos não conseguiram produzir.*[16]

15 V. por todos Rui Medeiros, *A Decisão de Inconstitucionalidade.*

16 Kruger, *Critique el Morale Chez Kant*, p. 22.

Nesses termos, Kant situa, ao contrário do que faz entender Kelsen, em planos distintos o que pertence ao conhecimento científico e à crença.

A razão humana, relembramos, para Kant tem um uso teórico e prático, mas é só uma. Não há que distinguir entre diferentes razões. Mas ainda que Kant situasse o Divino na razão prática e, por isso, condicionasse o Direito natural à vontade Divina – o que, como vimos, não faz, uma vez que situa a razão no Homem –, ainda assim se poderia dizer que Kant assentaria a faculdade a priori num Direito racional Divino. O sujeito criador (nesse caso Deus) teria, impreterivelmente, de assentar a criação da categoria apriorística na razão, que por sua vez, sendo também criada a priori e condicionando a criação, voltaríamos à base, dizendo que o criador desse Direito natural, fosse o Homem ou fosse Deus, estaria sempre vinculado à mesma razão, sendo que o resultado, então, seria o mesmo.

Relembrando o ensinamento de Vieira de Andrade, os direitos naturais situam-se na esfera dos *direitos de todos os homens, em todos os tempos e em todos os lugares,* enquanto realidades absolutas e prévias ao próprio Estado, e os direitos sociais situam-se quer na perspectiva estadual, enquanto *direitos dos homens, num determinado tempo e lugar,* quer na perspectiva universalista, *enquanto direitos de todos os homens, em todos os lugares, num certo tempo.*[17]

Por outro lado, analisando, agora, Gregório Peces-Barba Martínez[18], quanto à relação entre poder e Direito, cabe dizer que o sistema apresentado se adequa, na perfeição, à positivação dos direitos sociais. Quanto aos direitos naturais, então considerados valores que se impõem ao poder, convém acrescentar algo: mais do que valores, são autênticas realidades normativas, que se impõem ao Direito positivo, que não as pode contrariar, sob pena de se tornar anti-jurídico.

O que aqui nos traz, como veremos, é um dos corolários do desenvolvimento social: o Direito do Desporto, enquanto conjunto normativo que visa regular a prática desportiva, com ou sem competição, no respeito pela efectivação da cultura física, representa um conjunto de garantias de efectivação de Direitos Fundamentais, consagrando, também, um Direito Fundamental que deve ser objecto de tratamento próprio, a que a Constituição chamou Direito à Cultura Física e ao Desporto – é exactamente por isto

[17] Vieira de Andrade, *Op. Cit.*

[18] Gregório Peces-Barba Martinez , e Eusebio Fernandez Garcia (Dir.), Historia de los Derechos Fundamentales, Tomo I, II, Vol. I, II e III, Madrid, Dykinson, 2003.

que começámos pela sumula da justificação da nossa tese sobre a relação entre Direitos Fundamentais.

III. O Sistema Português de Direitos Fundamentais

Nos termos da Constituição da República Portuguesa e sua sistematização, existem dois tipos de Direitos Fundamentais: os "direitos, liberdades e garantias", por um lado, e os "direitos e deveres económicos, sociais e culturais", por outro, na sequência de tudo o que temos vindo a afirmar.

Destarte, o primeiro tipo – por ex., o direito à liberdade e à segurança, à integridade física e moral, à propriedade privada, à participação política e à liberdade de expressão, a participar na administração da justiça – corresponde ao núcleo fundamental de uma sociedade democrática, de acordo com a matriz "liberal" e o segundo tipo assentam no respeito pelo princípio do Estado social, de acordo com o modelo que tem vindo a ser perfilhado no denominado "Modelo Social Europeu".

Independentemente da existência de leis que os protejam, os primeiros são sempre invocáveis, beneficiando de um regime constitucional específico que dificulta a sua restrição ou suspensão.

São Direitos que assentam, prima facie, na dignidade da pessoa humana e que são, a nosso ver, imanentes à circunstância de "ser Homem".

Por outro lado, os direitos económicos, sociais e culturais – por exemplo, o direito ao trabalho, à habitação, à segurança social, ao ambiente e à qualidade de vida – são, muitas vezes, de aplicação diferida e de garantia da aplicação dos Direitos, Liberdades e Garantias, ou enquanto extensão, ou enquanto emanação de necessidades sociais associadas a Direitos Fundamentais em cada momento da vida em sociedade.

Desta forma, partilhamos com Jorge Miranda[19] a seguinte diferenciação no sistema português de Direitos Fundamentais, no âmbito do regime específico da Constituição:

> *1.º) os direitos, liberdades e garantias que não podem ser suspensos em nenhum caso (art. 19.º, n.º 4) e devem ter-se por intangíveis em qualquer revisão constitucional (artigo 290.º, alínea d));*
>
> *2.º) Os direitos, liberdades e garantias pessoais, de participação política e dos trabalhadores, enunciados no título II da parte I da Constituição aos quais se*

[19] Jorge Miranda, *Os Direitos Fundamentais da Ordem Constitucional Portuguesa*, Revista Española de Derecho Constitucional, pp. 134-135.

aplica, na sua plenitude, o regime dos direitos, liberdades e garantias dentro do seu alcance;

3.ª) Os Direitos Fundamentais de natureza análoga à dos direitos, liberdades e garantias do título II, aos quais se aplica o regime material destes (art. 17.º);

4.º) Os outros Direitos Fundamentais constantes da Constituição e da Declaração Universal (Direitos Fundamentais em sentido formal) que gozam das garantias gerais de fiscalização da constitucionalidade e da revisão constitucional.

No modelo português, então, o Legislador Constituinte optou pelo seguinte esquema, que não é, como refere Jorge Miranda[20], axiologicamente isento:

Parte I Direitos e deveres fundamentais
Título I Princípios gerais
Título II Direitos, liberdades e garantias
Capítulo I Direitos, liberdades e garantias pessoais
Capítulo II Direitos, liberdades e garantias de participação política
Capítulo III Direitos, liberdades e garantias dos trabalhadores
Título III Direitos e deveres económicos, sociais e culturais
Capítulo I Direitos e deveres económicos
Capítulo II Direitos e deveres sociais
Capítulo III Direitos e deveres culturais

Neste quadro, o regime específico dos artigos 17.º e 18.º deve ser apreciado de acordo com a visão de Jorge Miranda, não sem esquecer o ensinamento de Gomes Canotilho e Vital Moreira, ou seja, a aplicação do seu regime deve partir de um pressuposto prévio: o respeito pelos Princípios Gerais.

Exactamente neste quadro, a Constituição da República Portuguesa sistematizou os Direitos Fundamentais de acordo com a síntese Estado liberal/social, encontrando uma solução de compromisso, que não podia, quanto a nós, ser melhor.

Daí a importância do regime específico dos artigos 17.º e 18.º da CRP:

Artigo 17.º
Regime dos direitos, liberdades e garantias

O regime dos direitos, liberdades e garantias aplica-se aos enunciados no título II e aos direitos fundamentais de natureza análoga.

[20] V. por todos Jorge Miranda, *Direitos Fundamentais, Introdução Geral.*

Artigo 18.º
Força jurídica

1. Os preceitos constitucionais respeitantes aos direitos, liberdades e garantias são diretamente aplicáveis e vinculam as entidades públicas e privadas.
2. A lei só pode restringir os direitos, liberdades e garantias nos casos expressamente previstos na Constituição, devendo as restrições limitar-se ao necessário para salvaguardar outros direitos ou interesses constitucionalmente protegidos.

4. *As leis restritivas de direitos, liberdades e garantias têm de revestir carácter geral e abstrato e não podem ter efeito retroativo nem diminuir a extensão e o alcance do conteúdo essencial dos preceitos constitucionais.*

Tal permite considerar um regime de tutela e de garantias que não se limite aos Direitos, Liberdades e Garantias, estendendo-o. Será o caso da protecção do Direito à Cultura Física e ao Desporto, como adiante se estudará com maior cuidado.

Não podemos, no entanto, deixar de referir já um aspecto fundamental na dialéctica que aqui referimos: se os "direitos, liberdades e garantias" têm sido tidos como decorrência da Liberdade e os "direitos e deveres económicos, sociais e culturais" assentam na Igualdade, princípios reconhecidos pela Constituição da República Portuguesa, estamos no centro nevrálgico do reconhecimento da "dignidade da pessoa humana", pelo que a opção constituinte, que assentou, é certo, num pacto, consagra na plenitude a necessidade de protecção aos Direitos Fundamentais que tenham esta natureza "essencial".

Estamos, também, no âmbito do cumprimento das referenciadas Tarefas Fundamentais do Estado, atrás referenciadas, e que estão normativizadas no artigo 9.º da CRP, realçando-se, desde logo, a imposição de um regime de reconhecimento e tutela dos Direitos Fundamentais no seu todo.

IV. O Direito do Desporto na Dinâmica da Constituição da República Portuguesa

1. Enquadramento Dogmático

Dispõe o artigo 79.º da CRP o seguinte, sob a epígrafe Cultura Física e Desporto, inserido no Capítulo III (Direitos e deveres culturais) do Título III (Direitos e deveres económicos, sociais e culturais):

1. Todos têm direito à cultura física e ao desporto.

> *2. Incumbe ao Estado, em colaboração com as escolas e as associações e colectividades desportivas, promover, estimular, orientar e apoiar a prática e a difusão da cultura física e do desporto, bem como prevenir a violência no desporto.*

Ou seja, dentro da sistemática dos Direitos Fundamentais, o referenciado artigo é divido em duas partes: "o Direito" e "a Garantia".

Neste prisma, não podemos deixar de fazer um juízo crítico, ao longo deste trabalho, sobre a tutela que o Direito ao Desporto tem recebido por parte do Estado e, sobretudo, para a ausência da "Garantia" para o exercício desse Direito.

O desporto e a cultura física (comecemos por não diferenciar) são essenciais ao desenvolvimento do Homem, quer no plano físico, enquanto ser biológico, quer no plano intelectual, enquanto ser racional.

O Homem é um ser complexo, é certo, e, pelo menos desde o "Erro de Descartes"[21], de António Damásio, que todos sabemos, ou devíamos saber, que as emoções e a Razão andam de mãos dadas, como se se completassem no complexo racional que é o ser humano. E andam, sem simplificar, porque o Homem, na nossa perspectiva, é sobretudo um "ser ético", que assenta o seu comportamento na Razão e na compreensão do seu papel no meio físico em que se rodeia – no tempo, modo e espaço.

Neste prisma, que pode e deve ser discutido, mas que é o nosso, o enquadramento do Desporto e da Cultura Física no dia-a-dia dos cidadãos é um dever do Estado, uma incumbência, diria, prioritária.[22]

Desde logo porque, como bem refere a Organização Mundial de Saúde, são actividades essenciais à saúde física e mental, quer na protecção ao risco de doenças, quer no prolongamento da vida de forma saudável.

Como bem sabemos, a Saúde e a promoção de políticas de Saúde públicas, em Portugal por via da implementação de um Serviço Nacional de Saúde universal, estão associadas ao Direito à Saúde, que na óptica constitucional se inserem, também e evidentemente, no sistema português de Direitos Fundamentais.

[21] António Damásio, *O Erro de Descartes, Emoção, razão e cérebro humano.*

[22] consideramos, por via da aproximação linguística, que as expressões actividade física e prática desportiva são bastante mais inclusivas no âmbito da realidade que aqui nos traz.

Vejamos, assim, o artigo 64.º (Saúde) da CRP, inserido no Capítulo II (Direitos e deveres sociais), Título III (Direitos e deveres económicos, sociais e culturais):

> *1. Todos têm direito à protecção da saúde e o dever de a defender e promover.*
> *2. O direito à protecção da saúde é realizado:*
> *a) Através de um serviço nacional de saúde universal e geral e, tendo em conta as condições económicas e sociais dos cidadãos, tendencialmente gratuito;*
> *b) Pela criação de condições económicas, sociais, culturais e ambientais que garantam, designadamente, a protecção da infância, da juventude e da velhice, e pela melhoria sistemática das condições de vida e de trabalho, bem como pela promoção da cultura física e desportiva, escolar e popular, e ainda pelo desenvolvimento da educação sanitária do povo e de práticas de vida saudável.*
> *3. Para assegurar o direito à protecção da saúde, incumbe prioritariamente ao Estado:*
> *a) Garantir o acesso de todos os cidadãos, independentemente da sua condição económica, aos cuidados da medicina preventiva, curativa e de reabilitação;*
> *b) Garantir uma racional e eficiente cobertura de todo o país em recursos humanos e unidades de saúde;*
> *c) Orientar a sua acção para a socialização dos custos dos cuidados médicos e medicamentosos;*
> *d) Disciplinar e fiscalizar as formas empresariais e privadas da medicina, articulando-as com o serviço nacional de saúde, por forma a assegurar, nas instituições de saúde públicas e privadas, adequados padrões de eficiência e de qualidade;*
> *e) Disciplinar e controlar a produção, a distribuição, a comercialização e o uso dos produtos químicos, biológicos e farmacêuticos e outros meios de tratamento e diagnóstico;*
> *f) Estabelecer políticas de prevenção e tratamento da toxicodependência.*
> *4. O serviço nacional de saúde tem gestão descentralizada e participada.*

Ou seja, o Legislador Constituinte refere a expressão "desporto e cultura física" em relação a dois Direitos diferentes – e veremos, adiante, se de natureza diferente.

Por um lado, considera, no âmbito do Direito à Protecção da Saúde[23], que é dever do Estado a *promoção da cultura física e desportiva*, por outro lado,

[23] entraríamos num segundo nível de discussão ao discutir se é preferível o termo Direito à Saúde, considerando que a Saúde, para o ser, necessita, no âmbito do moderno Estado de

no âmbito do Direito ao Desporto, considera que *todos têm direito à cultura física e ao desporto* e que *incumbe ao Estado, em colaboração com as escolas e as associações e colectividades desportivas, promover, estimular, orientar e apoiar a prática e a difusão da cultura física e do desporto, bem como prevenir a violência no desporto.*

Não se tratam, naturalmente, de dois direitos ao desporto e à cultura física diferentes, nem se trata de um erro do Legislador.

Trata-se, aqui, do reconhecimento, em dois contextos constitucionais diferentes, da importância da promoção do desporto e da cultura física no âmbito do sistema de Direitos Fundamentais.

Pelo que consideramos, também naturalmente, que o Legislador constituinte esteve bem e analisou correctamente a dinâmica do que é o desporto e a cultura física, quer no âmbito da promoção de políticas de saúde, ao assegurar o tal "Direito à Saúde", quer no âmbito do desenvolvimento do indivíduo enquanto "Ser Social".

É exactamente nesta qualificação e sistematização que o Legislador Constituinte considerou, ainda, no âmbito das políticas de "Juventude" o seguinte, de acordo com o artigo 70.º da CRP, inserido no Capítulo II (Direitos e deveres sociais), Título III (Direitos e deveres económicos, sociais e culturais)):

> *1. Os jovens gozam de protecção especial para efectivação dos seus direitos económicos, sociais e culturais, nomeadamente:*
> *a) No ensino, na formação profissional e na cultura;*
> *b) No acesso ao primeiro emprego, no trabalho e na segurança social;*
> *c) No acesso à habitação;*
> *d) Na educação física e no desporto;*
> *e) No aproveitamento dos tempos livres.*
> *2. A política de juventude deverá ter como objectivos prioritários o desenvolvimento da personalidade dos jovens, a criação de condições para a sua efectiva integração na vida activa, o gosto pela criação livre e o sentido de serviço à comunidade.*
> *3. O Estado, em colaboração com as famílias, as escolas, as empresas, as organizações de moradores, as associações e fundações de fins culturais e as colectividades*

Direitos Fundamentais, de promoção e de políticas que a defendam; não é essa a discussão, mas fica aqui referido que a nossa ver seria melhor considerar, desde logo, o termo Direito à Saúde.

de cultura e recreio, fomenta e apoia as organizações juvenis na prossecução daqueles objectivos, bem como o intercâmbio internacional da juventude.

Neste segmento, entende Gomes Canotilho que[24]:

1. *Tal como outros preceitos relativos aos direitos económicos, sociais e culturais, também este comporta duas partes: a primeira reconhece o direito à educação física e ao desporto como direito fundamental dos cidadãos (n.º 1); a segunda enuncia as principais incumbências do Estado para dar satisfação a esse direito (n.º 2). Entre elas hão-de naturalmente contar-se a inclusão da educação física nos programas escolares, a formação de monitores e orientadores desportivos, a edificação de campos e recintos desportivos, o apoio às actividades desportivas, etc. Na realização deste direito desemprenham papel insubstituível certos "corpos sociais intermediários" (escolas, associações, colectividades desportivas), que a Constituição explicitamente reconhece;*
2. *O direito à cultura física e ao desporto articula-se com outros direitos como, por exemplo, o direito à protecção da saúde (64/2), os direitos da juventude (70/1-C), o direito à educação (73) e o direito ao ensino (74). A imbricação destes direitos como direito ao desporto aponta para a ideia de "desonvolvimento integral" das pessoas (69/1).*
   Por outro lado, o desporto reabilitador dos "jogos tradicionais" articula-se com a protecção do património cultural. Finalmente, o direito ao desporto interpenetra-se com os direitos dos trabalhadores como elemento da sua realização pessoal e da efectivação do direito ao lazer (59/1d).
3. *O n.º 2, ao estabelecer uma imposição constitucional de promoção da cultura física e do desporto em colaboração com as escolas e as associações e colectividades desportivas, aponta para um modelo colaborativo do Estado com as suas estruturas autónomas do desporto (independentemente de se saber qual o carácter – público ou privado – das associações e federações desportivas). Este modelo colaborativo (não estatal) tem uma vertente descentralizadora, com a consequente redução das assimetrias regionais e da desigualdade de acesso às práticas desportivas. Este modelo serve também de impulso ao associativismo desportivo.*
4. *Dentre as imposições dirigidas aos poderes públicos no sentido de assegurarem a cultura física e o desporto podem contar-se as medidas prestacionais destinadas ao fomento do desporto escolar, à formação de docentes e técnicos*

[24] Gomes Canotilho e Vital Moreira, *Constituição da República Portuguesa Anotada*, pp. 379-380.

desportivos, ao estímulo de alta competição, em termos respeitadores da integridade moral e física dos desportistas, bem como da ética e verdade desportivas, à organização da medicina desportiva e ao desenvolvimento de instalações e equipamentos desportivos.

Nas tarefas públicas a Constituição destaca especialmente a prevenção da violência no desporto, obrigando o Estado adoptar as medidas necessárias, apropriadas e proporcionais à prevenção e punição de formas antidesportivas (violência, corrupção, dopagem, discriminação social).

5. *Problemática é a questão do enquadramento constitucional do chamado ordenamento desportivo, como ordenamento jurídico autónomo das organizações desportivas (autodisciplina desportiva), cujas características típicas são: (a) as federações desportivas têm o poder de emanar regulamentos vinculantes para os entes desportivos e para os atletas; (b) detêm o poder disciplinar relativamente às infracções regulamentares cometidas pelos atletas; (c) dispõem do "vínculo de justiça", isto é, da proibição de os desportistas recorrerem aos órgãos jurisdicionais do Estado antes de os órgãos próprios da justiça desportiva se terem pronunciado. No entanto, a admissibilidade do vínculo de justiça desportiva não pode significar uma completa preclusão da competência dos órgãos jurisdicionais do Estado, designadamente quando estão em causa Direitos Fundamentais dos cidadãos cuja lesão é constitucionalmente garantida através do recurso aos tribunais (CRP 20 e 205).*

Ora o reconhecimento da importância do desporto e cultura física como realidades quotidianas e fundamentais ao desenvolvimento da pessoa humana, em todas as suas vertentes, permite-nos dizer que estamos perante o seguinte quadro jurídico:

O Legislador Constituinte impõe o dever de promoção do desporto e da actividade física enquanto Direito Fundamental, o que denominamos Direito ao Desporto, e impõe o dever de promoção do desporto e actividade física como elementos jurídicos da promoção da saúde, juventude e cultura, naquilo que será o conjunto de normas reguladoras dessas actividades, através do Direito do Deporto, que por sua vez regula, também, o Direito Fundamental específico.

Mas insere o dever e o direito em secções diferentes da Constituição, como vimos. Enquanto dever de promoção e outros Direitos, o desporto e a cultura física surgem no âmbito dos Direitos e deveres sociais, enquanto Direito Fundamental, surgem no âmbito dos Direitos e deveres culturais.

Este tratamento autónomo é justificável e compreensível[25], considerando a perspectiva do Legislador de separar o dever para garantia de um outro Direito e a consideração do Direito em si mesmo.

O exemplo natural é verificarmos que o Desporto e a cultura física serão essenciais para manter uma população mais saudável, física e mentalmente e, portanto, essenciais a assegurar a universalidade do Direito à saúde. Mas a prática de Desporto e a cultura física, assegurados por políticas públicas, são também essenciais enquanto direito em si mesmo, enquanto direito de exercício autónomo e também universal.

Esta visão assume particular destaque na promoção de políticas de Igualdade, que serão, face à sua importância, objecto de análise especifica.

Nesse enquadramento, entendem Jorge Miranda e Rui Medeiros[26]: *o direito à cultura física e ao desporto é direito de todas as pessoas, enquanto corolário ou configurado como incindível do direito à protecção da saúde (artigo 64.º, n.º 2, alínea b) e do direito aos lazeres (artigos 59.º, n.º 1, alínea d) e 70.º, n.º 1, alínea e).*

A sua efectivação requer tanto medidas especifícas como medidas adequadas à efectivação de outros direitos e ao cumprimento de outras incumbências pelo Estado, tais como:

- *a inserção da educação física nos currículos escolares (n.º 2 e artigo 74.º);*
- *o combate à violência (n.º 2, in fine) e a quaisquer violações da ética desportiva como parte da educação ao serviço da compreensão mútua e da responsabilidade (artigo 73.º, n.º 2);*
- *a protecção especial da juventude (artigo 70.º, n.º 1, alínea d);*
- *a reabilitação e a integração dos cidadãos portadores de deficiências (artigo 71.º, n.º 2);*
- *a preservação dos jogos tradicionais como componentes do património cultural português (artigo 78.º, n.º, alínea c);*
- *a inserção dos equipamentos desportivos numa rede adequada de equipamentos sociais (artigo 65.º, n.º, alínea a).*

[25] Não já tanto, assuma-se, a questão da inserção do Direito ao desporto e à cultura física no âmbito dos Direitos e Deveres culturais, uma vez que, naturalmente, situam-se, no âmbito dos Direitos sociais e não no dos culturais. Essa discussão ficará, certamente, para outra sede, mas deixamos já aqui a nossa posição.

[26] Jorge Miranda e Rui Medeiros, *Constituição da República Portuguesa Anotada*, Tomo 1, pp. 748 e seguintes.

Neste quadro, a Lei de Bases do Desporto tem uma importância fulcral no âmbito da promoção da efectivação do Direito, quer *per si*, quer enquanto garantia de outros direitos.

Na verdade, defende Miguel Furtado, no âmbito do princípio *Desporto para Todos* que *todos os cidadãos terão assim, nos termos do artigo 79.º, n.º 1 da Constituição da República Portuguesa "direito à cultura física e ao desporto" e em observância do artigo 2.º da Lei de Bases da Atividade Física e Fesporto "direito à atividade física e desportiva", direito este que, a ser corretamente desenvolvido, permitirá adequada obtenção, conforme nos elucidam juridicamente o artigo 2.º, n.º 1 alínea a) da Carta Europeia do Desporto (1992) do Conselho da Europa e o Livro Branco sobre o Desporto (2007) proveniente da Comissão Europeia, de um bem-estar físico e psíquico, facilidade relações sociais ou resultados competitivos, viabilizando portanto a efectiva aquisição ou melhoria da qualidade de vida da população, previstos no artigo 9.º, alínea d) da Constituição da República Portuguesa*[27].

Com relevância fulcral para a questão, defende ainda: *é contudo ainda para nós, além do fim jurídico constitucional pretendido pela Lei fundamental do nosso território igualmente ao mesmo tempo, um instrumento que a Constituição concede aos cidadãos para alcançar os Direitos Fundamentais e que sem a sua intervenção seriam mais difíceis de atingir, como são os casos por exemplo do direito à saúde, do direito à educação, direito à habitação ou do direito à segurança social, onde se enquadra a integração social entre outros, sendo portanto ainda o meio constitucional de importante relevo.*[28]

É precisamente aqui que damos o salto para a nossa proposta de compreensão da inserção dos Direito ao Desporto no sistema de Direitos Fundamentais.

V. Conclusão: a Protecção Constitucional do Desporto

Sabemos o caminho que percorremos e o seu risco. Mas não nos limitaremos a expor a "tese" e retiramos, daí, conclusões, que permitirão, quem sabe, percorrer um caminho menos estreito no futuro.

Não por acaso, ao longo deste trabalho não temos diferenciado Desporto e Cultura Física. Não o fizemos por um motivo: são conceitos distintos a que a Constituição acabou por trazer igual dignidade, transformando-os num só Direito Fundamental.

[27] Miguel Furtado, *Dicionário de Direito do Deporto*, coordenador Alexandre Miguel Mestre, Op. Cit. p. 137.

[28] Miguel Furtado, Op. Cit., p. 138-139.

O denominado Direito ao Desporto, em termos constitucionais, é complexo e apresenta-se nessa dupla formação, com referência à Cultura Física.

A promoção de políticas de igualdade, no moderno Estado de Direito, assume particular importância, sendo objecto de debate contínuo, sobretudo atendendo a três questões específicas: igualdade social, racial e de género.

Neste âmbito, é mister considerar que a Cultura e a Educação são os grandes passos de investimento no futuro, envolvendo os jovens num compromisso que permita uma sociedade que não assente em discriminação social, racial e, ou, de género.

Sucede, porém, que o Desporto é, também por si, parte substancial do compromisso e da aposta no futuro que todos pretendemos. Ou seja, a prática desportiva inclusiva é um veículo directo de garantia da aplicação de políticas de promoção da igualdade e de prevenção da discriminação.

Neste capítulo, o Direito ao Desporto é, além do que ficou dito, uma garantia que incide sobre o compromisso de cumprimento do artigo 13.º da CRP (Igualdade), que dispõe o seguinte:

> *1. Todos os cidadãos têm a mesma dignidade social e são iguais perante a lei.*
> *2. Ninguém pode ser privilegiado, beneficiado, prejudicado, privado de qualquer direito ou isento de qualquer dever em razão de ascendência, sexo, raça, língua, território de origem, religião, convicções políticas ou ideológicas, instrução, situação económica, condição social ou orientação sexual.*

Na verdade, considerar o Desporto um Direito Fundamental, na medida em que o fizemos, implica quatro consequências imediatas e que não podem deixar de ser referidas neste trabalho: (i) o Desporto é em si mesmo um Direito que deve ser tutelado; (ii) a falta de legislação na protecção e promoção do Desporto é geradora de juízos de inconstitucionalidade por omissão[29]; (iii) a não execução de medidas legislativas é geradora de responsabilidade do Estado; (iv) enquanto Direito que visa também a promoção de outros Direitos Fundamentais, tais como a Igualdade e o Direito à Saúde, duas pedras basilares do denominado Modelo Social Europeu adoptado pela Constituição da República Portuguesa, o Desporto beneficia da mesma tutela desses Direitos.

[29] V. por todos Medeiros, *Ensaio sobre a Responsabilidade Civil do Estado por Actos da Função Legislativa.*

Miguel Furtado, neste quadrante, refere: *é contudo ainda para nós, além do fim jurídico constitucional pretendido pela Lei fundamental do nosso território igualmente ao mesmo tempo, um instrumento que a Constituição concede aos cidadãos para alcançar os Direitos Fundamentais e que sem a sua intervenção seriam mais difíceis de atingir, como são os casos por exemplo do direito à saúde, do direito à educação, direito à habitação ou do direito à segurança social, onde se enquadra a integração social entre outros, sendo portanto ainda o meio constitucional de importante relevo.*[30]

Com José Manuel Meirim assentamos que a partir do preceito originário da Constituição de 76, os cidadãos beneficiaram de um verdadeiro direito do desporto, obrigando o Estado a legislar para a sua efectivação[31] - temos assim o Desporto como um Direito para Todos.

Considera Alexandra Pessanha[32] que a Constitucionalização do desporto tem uma *dupla dimensão que legitima, quer a actuação dos cidadãos, no sentido de poderem exigir do Estado um comportamento conforme ao direito que lhes é reconhecido, quer a actuação do Estado, impondo-lhe a adopção das medidas necessárias à sua concretização.*

Nesta linha de pensamento, mas com uma ligeira diferença na perspectiva de execução do referenciado preceito, defende Alexandre Miguel Mestre[33]: *ora o que o artigo 79.º da CRP revela é a consideração de que desporto é um bem jurídico digno de atenção e proteção constitucional, de que se trata de uma verdadeira tarefa pública, encerrando uma real questão de Estado. Na verdade, o legislador constituinte não quis que em matéria de "cultura física e desporto" (numa interpretação actualista diremos atividade física e desporto) o estado ficasse de fora, desligado da sociedade civil, pelo que positivou uma (prioritária) intervenção estatal.*

Concluindo, refere: *a partir da Constituição da República Portuguesa, o estado português assume papel fulcral na regulação do desporto, em prol da concretização do direito ao desporto, da promoção da saúde através do desporto e de se conferir proteção especial aos jovens através da educação física e do desporto. A legislação ordinária concretiza os diferentes comandos constitucionais e vai ainda mais além da intervenção do Estado, pode mesmo estar na fronteira da ingerência. Ainda assim, em razão de a lei fundamental e a "legislação de desenvolvimento" também mencionarem a*

[30] Miguel Furtado, Op. Cit., p. 138-139.

[31] José Manuel Meirim, *Desporto e Constituição, Temas de Direito do Desporto,* pp 13-57.

[32] Alexandra Pessanha, *As Federações Desportivas: Contributo para o Estudo do Ordenamento Jurídico Desportivo,* p. 64 e 65.

[33] Alexandre Miguel Mestre, *O Artigo 79.º da Constituição da República Portuguesa e o Papel Primacial do Estado na Regulação do Desporto em Portugal, Direito do Desporto – Aspectos Transversais* p. 42.

colaboração entre o estado e entes privados, sem esquecer também a autonomia privada que a Constituição igualmente consagra, convergem para uma "regulação mista", em que o Estado e os particulares partilham responsabilidades e em que aquele chega mesmo a delegar ou devolver a federações desportivas poderes originários de promoção do desporto, por via do estatuto de utilidade pública desportiva. Há ainda espaço para auto regulação do desporto por parte das organizações desportivas, maxime das federações desportivas, essencialmente no que tange a questões mais técnicas estritamente desportivas, das modalidades, que, num contexto que o princípio da subsidiariedade se constata serem melhor prosseguidas pelas organizações desportivas, sem que uma regulação do Estado traga um valor acrescentado.

Ainda no seguimento do ensinamento de Miguel Furtado, *o estado dispõe portanto, da atribuição constitucional de propagação do direito fundamental ao desporto para todos os cidadãos, consistindo concretamente as citadas promoção, estimulação, orientação e correspondente apoio, de acordo com José Manuel Meirim, no seguinte: Promover, sugere desenvolvimento, difusão e vulgarização; Estimular, apela à existência de medidas que conduzam à prática desportiva; Orientar, é sinónimo de programação; E apoiar, traduz-se em financiamento público do desporto através do associativismo.*[34]

Considerando estas realidades e a súmula a que estamos adstritos, é hora de voltarmos a Gomes Canotilho[35]: *os Direitos Fundamentais obedecem a quatro funções:*

a) Função de defesa ou de liberdade;
b) Função de prestação social;
c) Função de protecção perante terceiros;
d) Função da não discriminação.

O Direito ao Desporto e à Cultura Física, quer enquanto realidade autónoma, quer enquanto promoção/garantia de outros Direitos, quer enquanto veículo de promoção de Princípios Fundamentais, quer, ainda, como "tarefa fundamental do Estado" (Artigo 9.º da CRP), enquanto veículo de promoção da dignidade da pessoa humana, do seu desenvolvimento, obedece integralmente às funções identificadas.

E é exactamente por isso ou também por isso, se preferirem, que entendemos que o Direito ao Desporto e à Cultura Física são Direitos

[34] Miguel Furtado, Op. Cit., p. 140-141.

[35] Supra p. 6.

Fundamentais merecedores da tutela do artigo 17.º e 18.º, em toda a sua extensão e com as necessárias consequências, nomeadamente o dever de intervenção do Estado na sua promoção.[36]

Assim, sempre que o Estado não o faça, obedecendo, naturalmente, aos níveis de intervenção estadual, viola a Constituição e deve ser responsabilizado.[37]

Por outro lado, é decorrência do enunciado o Direito do cidadão a impor ao Estado comportamentos em defesa do Direito, como consagração plena do regime enunciado.

Seja através de políticas governativas, municipais e/ou por concessão a privados, seja através de acções ou omissões, seja por via legislativa ou executiva, o Estado tem esse dever. E tem-no, também, criando as condições para a sua efectivação plena enquanto Direito autónomo e *per si*.

Por isso mesmo e sendo o Direito ao Desporto universal, o Estado não pode deixar, desde logo, de apostar no Desporto Escolar como manifestação deste Direito, impondo-o no Sistema Nacional de Educação do país.

Se referimos esta decorrência e não noutras, é porque a consideramos fulcral: é aí que tudo deve começar e, portanto, sempre que tal não suceder, sempre que em algum ponto de Portugal não se fizer essa aposta, estamos perante uma violação da Constituição.

É assim que concluímos, sabendo por que o fazemos: o dever de prestar, por parte do Estado, tem no Desporto uma das suas manifestações plenas.

Sendo assim, o Direito do Desporto assume uma importância também ela fulcral: é através do sistema jurídico específico do Desporto que o Direito Fundamental se explana, ganhando força normativa na aplicação dos seus princípios, com dignidade Constitucional e com respeito pelo Direito Fundamental.

Daí a necessidade de enquadrarmos a Lei de Bases da Actividade Física e do Desporto no âmbito do reconhecimento e garantia do Direito Fundamental, desde logo pelo conteúdo e teor do seu artigo 2.º:

[36] É verdade que posições mais restritivas ou "não-maximalistas", como a de Marcelo Rebelo de Sousa e José de Melo Alexandrino (in *Constituição da República Portuguesa Anotada, p. 17.º*) fazem assentar a extensão naqueles direitos absolutamente essenciais para a garantia de Dignidade da pessoa humana (artigo 9.º da CRP). Mas mesmo aí, como defendemos, o Direito ao Desporto acaba por ser absolutamente relevante, considerando a sua natureza de Direito em si mesmo e de garantia de tutela de outros Direitos que se enquadram nessa restrição.

[37] V. Jorge Miranda, supra, pp. 14-15.

Princípios da universalidade e da igualdade

1 – Todos têm direito à actividade física e desportiva, independentemente da sua ascendência, sexo, raça, etnia, língua, território de origem, religião, convicções políticas ou ideológicas, instrução, situação económica, condição social ou orientação sexual.

2 – A actividade física e o desporto devem contribuir para a promoção de uma situação equilibrada e não discriminatória entre homens e mulheres.

Ou seja, não é por a Lei de Bases o referir que a actividade física e o desporto[38] beneficiam da protecção dos princípios da universalidade e da igualdade – já a têm, independentemente da referência. Mas não deixa de ser relevante, absolutamente relevante, dizemos mais, esta referência: desde logo porque o principal instrumento legislativo de promoção da Cultura Física e do Desporto teve o cuidado de respeitar, com referência expressa, a tutela Constitucional do Direito.

A sistematização da Lei de Bases[39], aliás, não podia deixar de ser mais clara e cristalina: a preocupação do Legislador assentou, em primeira linha, no respeito pela tutela material, passou pela garantia formal e assentou na promoção pela disposição orgânica, num sistema complexo, mas que se respeita pela coerência sistemática.

Não podíamos concluir este trabalho sem uma breve referência ao que aqui nos trouxe: consideramos, assim, que **o Direito do Desporto é o complexo de normas que visa garantir e regulamentar o Direito Fundamental à Cultura Física e ao Desporto, no respeito pela promoção universal da prática desportiva.**

Esta noção de Direito do Desporto, a nosso ver, é a que melhor compreende as três realidades subjacentes à sua categorização: a sua inserção no âmbito da sistemática dos Direitos Fundamentais, a vinculação do legislador à sua tutela e promoção e o regime de garantias que lhe é assegurado.

[38] Não vamos glosar neste trabalho a alteração linguística e a não referência a Cultura Física e Desporto, limitando-nos a referir que a referência é, como não podia deixar de ser, ao Direito referenciado no artigo 79.º da CRP.

[39] Admitimos que a síntese a que estamos adstritos levou a uma breve análise à Lei de Bases da Actividade Física e do Desporto, o que não deixará de ser compensado, naturalmente, em futuros estudos sobre o tema, que nos levarão a abordar a necessária sistematização legislativa à Cultura Física e Desporto.

É por isso que terminamos com o início de um outro caminho: a posição de garante no exercício do Direito permite ao Estado a sua promoção por via de diferentes escalas e realidades, no respeito pelo princípio da subsidiariedade, podendo, inclusive, delegar em privados a promoção da Cultura Física e Desporto. Mas não pode abdicar *dessa posição de garante,* sob pena de violação da Constituição.

Bibliografia

ANDRADE, Vieira, *Os Direitos Fundamentais na Constituição Protuguesa de 1976,* Coimbra, Almedina, 2004.

BOBBIO, Norberto, *Kant e le due libertá,* na sua obra *da Hobbes a Marx,* Nápoles, Morano, 3.ª Ed., 1974.

______________, *O Futuro da Democracia,* Lisboa, Publicações Dom Quixote, 1998.

______________, *Teoria Geral da Política,* São Paulo, Campus.

BURKE, Edmund, *Reform of Representation in the House of Commons* (1782), Works, vol. VI.

CANOTILHO Gomes e MOREIRA Vital, *Constituição da República Portuguesa Anotada,* 3.ª Ed., Coimbra, Coimbra Editora, 1993.

CANOTILHO, Gomes, *Constituição Dirigente e Vinculação do Legislador,* Coimbra, Coimbra Editora, 1994.

______________, *Direito Constitucional e Teoria da Constituição,* Coimbra, Almedina 1998

______________, «O Círculo e a Linha», in GOMES CANOTILHO, *Estudos sobre Direitos Fundamentais,* Coimbra, Coimbra Editora, 2004.

DAMÁSIO, António, *O Erro de Descartes, Emoção, razão e cérebro humano,* Lisboa, 2011, Círculo dos Leitores.

HEGEL, G. W. F., *Fundamentos de la Filosofia del Derecho,* Madrid, Prodhufi, 1993.

KANT, Immanuel, *Crítica da Razão Prática,* Lisboa, Edições 70, 1984.

______________, *Crítica da Razão Pura,* Lisboa, Fundação Calouste Gulbenkian, 1985.

______________, *Fundamentação da Metafísica dos Costumes,* Lisboa, Edições 70, 1986.

______________, *Métaphysique des moeurs,* Paris, GF – Flamarion, 1994, II volumes.

KELSEN, Hans, *Teoria Pura do Direito,* 4.ª Ed., Coimbra, Coimbra Editora, 1976.

KRÜGER, *Critique el Morale Chez Kant*, Paris, Beauchesne, 1961.

MEDEIROS, Rui, *Ensaio sobre a Responsabilidade Civil do Estado por Actos da Função Legislativa,* Coimbra, Almedina, 1992.

______________, *Decisão de Inconstitucionalidade,* Lisboa, Universidade Católica Portuguesa, 1999.

Mestre, Alexandre Miguel, **Enciclopédia de Direito do Desporto**, coordenador Alexandre Miguel Mestre, Gestlegal, Coimbra, 2019.

_______________, *Rumo a uma Definição Jurídica de Desporto: Uma Eterna Narrativa Aberta?, Direito do Desporto – Aspectos Transversais*, Almedima, 2023, Coimbra.

_______________, *O Artigo 79.º da Constituição da República Portuguesa e o Papel Primacial do Estado na Regulação do Desporto em Portugal*, Direito do Desporto – Aspectos Transversais, Almedima, 2023, Coimbra.

Miranda, Jorge, *Manual de Direito Constitucional*, Tomos, I, II, III, IV, V, VI, Coimbra, Coimbra Editora, 2003, 1996, 1998, 2000, 1997, 2001.

_______________, *Teoria do Estado e Constituição*, Coimbra, Coimbra Editora, 2002.

_______________, *Os Direitos Fundamentais da Ordem Constitucional Portuguesa*, Revista Española de Derecho Constitucional, Año 6, Núm. 18. Septiembre-Diciembre, 1986.

_______________, *Direitos Fundamentais, Introdução Geral*, Lisboa, 1999.

Novais, Jorge Reis, *As Restrições aos Direitos Fundamentais não Expressamente Autorizadas pela Constituição*, , Coimbra, Coimbra Editora, 2003.

Queiroz, Cristina, *Direitos Fundamentais – Teoria Geral*, Coimbra, Coimbra Editora, 2002.

Sousa, Marcelo Rebelo e Alexandrino José de Melo, *Constituição da República Portuguesa Anotada*, Lisboa, Lex, 2000.

11. AS TRANSFERÊNCIAS INTERNACIONAIS DOS JOGADORES DE FUTEBOL MENORES DE IDADE, À LUZ DO REGULAMENTO DO ESTATUTO E TRANSFERÊNCIA DE JOGADORES DA FIFA

Margarida Batlle y Font[1]

Introdução

É com profundo lamento que nos cumpre constatar que o futebol, desporto-rei amado por milhares, não foi capaz de passar ao lado dos flagelos civis de tráfico de seres humanos e da exploração financeira. Dúvidas não subsistem que o contributo do futebol para esta realidade – trágica – se efectiva através do mecanismo das transferências internacionais de jogadores e, em particular, dos menores de idade.

O fenómeno desportivo e, em concreto, a indústria do futebol, não pode ser alheia à realidade da sociedade civil, abstendo-se de desempenhar um papel activo no combate às violações de direitos humanos. É neste conspecto que a FIFA decide actuar e assim implementar um conjunto de disposições regulamentares de referência quanto à proteção de jogadores de futebol menores de idade, as quais se encontram previstas no Regulamento do Estatuto e Transferência de Jogadores (RSTP)[2].

[1] Ex-Advogada. Diretora do Departamento de Futebol Feminino do Sporting Clube de Portugal (SCP).

[2] FIFA, Regulations on the Status and Transfers of Players, May 2023 Edition.

O presente trabalho tem por objetivo apresentar uma visão holística e prática do quadro regulamentar que norteia as transferências de jogadores de futebol menores de idade[3], nomeadamente das disposições constantes do artigo 19.º do RSTP da FIFA, nomeadamente pela exposição das normas regulamentares vigentes, as exceções previstas e os requisitos a que se encontram adstritas as associações nacionais, os clubes e todos os jogadores de futebol menores de idade que participam no futebol organizado, tal como o conhecemos.

Num segundo momento, serão apresentadas algumas decisões do CAS – enquanto organismo decisório arbitral supremo do desporto – e que respeitam à resolução de litígios e violações regulamentares relacionadas com o fenómeno das transferências de jogadores de futebol menores de idade.

I. FIFA – Federátion Internationale de Football Association

i. Criação e Objetivos

O futebol moderno nasceu em 1863[4], quando a Federação Inglesa de Futebol foi fundada, surgindo nesse ano as primeiras regras básicas sobre este desporto. A organização administrativa do futebol funciona através de um sistema piramidal, estabelecido segundo a uma hierarquia ascendente de competências e responsabilidade e que se desenha, de forma resumida, nos seguintes termos: clubes; associações locais; ligas/federações nacionais; confederações e a FIFA.

A Fédération Internationale de Football Association – FIFA é o principal organismo do futebol internacional, encontrando-se no topo da pirâmide organizacional hierárquica deste desporto. É filiada ao Comitê Olímpico Internacional – COI, e tem como associadas as Confederações Continentais UEFA, CONMENBOL, CONCACAF, CAF, AFC, e, por último, OFC.[5]

[3] A definição de "menor" adotada no presente trabalho é a que consta do n.º 11 do RSTP, edição Maio de 2023, "*Minor: a player who has not yet reached the age of 18*". Não prevalece, para efeitos de cumprimento com a regulamentação FIFA, a idade para a maioridade determinada pela legislação de cada país aos seus cidadãos.

[4] Fédération Internationale de Football Association, Who We Are – History of Football, disponível em http://www.fifa.com/about-fifa/who-we-are/the-game/index.html.

[5] José Vincenzo Procopio Filho, "Natureza jurídica da FIFA como sujeito de direito internacional", in Data Vaia Revista Jurídica Digital, p. 174.

Os principais objetivos da FIFA assentam na promoção constante do futebol organizado como um fator unificador de desenvolvimento educacional, social, cultural e de valores humanitários dos jovens.[6]

ii. Estrutura

No que respeita à sua estrutura interna, o Estatuto da FIFA[7] aponta para a seguinte composição: Congresso, Conselho, Presidente, Secretário-Geral, Comités Permanentes e Comités Independentes e o Tribunal do Futebol.

Conforme disposto no art.º 50 dos seus Estatutos, a FIFA é composta por três órgãos judiciais, Comité Disciplinar, Comité de Ética e Comité de Recurso.[8] A par destes três órgãos, cumpre-nos ainda destacar o Tribunal de Futebol da FIFA – pela sua pertinência para este trabalho – que congrega o Câmara do Estatuto do Jogador (PSC -*Players´ Status Chamber*), a Câmara de Resolução de Disputas (*DRC – Dispute Resolution Chamber*) e a, também recente, Câmara de Agentes.

O PSC[9] ocupa-se, fundamentalmente, da monitorização e controlo do cumprimento do Regulamento sobre o Estatuto e Transferências de Jogadores (RSTP) por parte das associações, clubes e demais agentes desportivos filiados na FIFA. Este Comité tem jurisdição para aplicar, aos agentes supramencionados, as sanções previstas nos Estatutos e Regulamentos da FIFA, em caso de violação do RSTP. É ainda o órgão que decide sobre o estatuto dos jogadores de futebol para as várias competições organizadas pela FIFA.

A Câmara de Agentes é o órgão de resolução de litígios destinado a dirimir conflitos de dimensão internacional respeitantes à atividade de representação de agentes e intermediários nas transferências internacionais entre clubes e atletas.

A DRC[10] é o órgão de arbitragem da FIFA que profere decisões no âmbito da disputas e litígios relativos, entre outros, à relação e estabilidade contratual entre jogadores e clubes, à emissão de certificados internacionais de transferência e aos montantes devidos por mecanismos de solidariedade

[6] FIFA, FIFA Statutes, June 2022 Edition, art. 2.º "*Objectives*".

[7] FIFA, FIFA Statutes, May 2022 Edition, art. 24.

[8] Cf. cit. 8, art. 50.

[9] FIFA Procedural Rules Governing the Football Tribunal, March 2023, art. 1, b) e Cap. III.

[10] Cf. cit. 10, art. 1, a) e Capítulo III.

e compensação por formação. Tudo tendo por base o princípio da igualdade de representação de jogadores e clubes.

iii. A subordinação às normas da FIFA pelas Federações Nacionais

A FIFA é, com efeito, o organismo de maior relevância no que respeita à organização do futebol e à determinação das regras segundo as quais este desporto se rege. Com efeito, todos os seus membros – Confederações, Federações, Ligas, clubes e jogadores – encontram-se subordinados e sujeitos às normas e orientações superiores emanadas pela FIFA.[11]

O Estatuto da FIFA estabelece ainda os direitos e deveres dos seus associados, nomeadamente das federações afiliadas, as quais devem comprometer-se, através dos seus respetivos estatutos nacionais, a respeitar e incluir nos seus regulamentos desportivos, todas as disposições imperativas e de cariz obrigatório e vinculativo, determinadas pelo órgão superior máximo, a FIFA.

Na verdade, os estatutos das federações nacionais devem, eles próprios, conter disposições que prevejam a obrigação destas associações cumprirem com os Estatutos, Regulamentos e decisões da FIFA, reconhecer a autoridade do CAS para a resolução de litígios e ainda a respeitar as Leis do Jogo[12].

Conforme referido, a cadeia hierárquica na qual assenta o futebol organizado[13] visa estabelecer uma só diretriz normativa, harmonizando os valores e regras deste desporto e vinculando de forma direta ou indireta todos os seus intervenientes, de modo a que não tenham outra alternativa que não seja a de agir em concordância com as normas e orientações impostas pela FIFA.

No que diz respeito à transferência de jogadores, o Regulamento sobre o Estatuto e Transferências de Jogadores determina expressamente que alguns dos seus artigos sejam transpostos de forma integral e literal para os regulamentos das federações nacionais, sem que seja permitido ao legislador jus desportivo nacional proceder a qualquer alteração à sua redação.

A este propósito, aproveitamos para fazer uma breve referência aquela que é a relação das normas de direito privado da FIFA com o ordenamento

[11] Cf. cit. 8, art.º 22.º, 23.º e 59.º.

[12] Cf. cit. 8, art. 14.º e 15.º.

[13] De ressalvar que, a este propósito, referimo-nos também ao futebol amador que se encontra regulamentado e abrangido pelas normas FIFA.

jurídico português e à sua transposição para os regulamentos desportivos nacionais, nomeadamente para os elaborados pela Federação Portuguesa de Futebol (FPF). Para este efeito, socorremo-nos da doutrina de Artur Flamínio da Silva quando refere que *"(...) Esse acto consubstancia uma aceitação da normatividade transnacional pela federação nacional que exerce poderes públicos, que opta deliberadamente por integrar no seu próprio ordenamento – parcial ou totalmente – regras transnacionais"*[14].

Deste modo, apesar das disposições do RSTP da FIFA serem, por princípio, normas de direito privado, a partir da sua incorporação nos regulamentos da FPF, estas disposições passam a adotar um cariz de regulamentação pública atento o Estatuto de Utilidade Pública conferido a este organismo[15]. A transposição de regras a que aludimos comporta não apenas as normas consideradas como "imperativas" pela própria FIFA, como é o caso do artigo 19.º do RSTP – sobre o qual adiante nos debruçaremos –, como também as normas da FIFA que versam sobre matérias em que a própria FPF reconhece a necessidade de regulamentação interna e opta por transpor para os seus regulamentos.

iv. A competência do CAS na resolução de conflitos

O *Court of Arbitration for Sport* – CAS foi criado a 6 de Abril de 1983 pelo Comitê Olímpico Internacional (COI). Na génese da sua criação encontra-se a resolução de disputas e litígios de direito privado, relacionados com o fenómeno desportivo.

Certo é que, os primeiros tempos de vida do CAS foram repletos de adversidades[16], as quais resumidamente se podem identificar como: **i)** reduzida atividade e intervenção do Tribunal[17]; **ii)** o facto de algumas federações

[14] Artur Flamínio Rocha, A Resolução de Conflitos Desportivos em Portugal: *entre o direito público e o privado*. Coimbra. Edições Almedina. 2017. p. 588.

[15] José Manuel Meirim, "*Regulamentação da actividade de empresário desportivo* – Acórdão do Tribunal da Relação de Lisboa de 14.10.2008, Proc. 7929/08", in Cadernos de Direito Privado, n.º 30. 2010. p. 41/58.

[16] Lorenzo Casini, *The Making of a Lex Sportiva,* The Court of Arbitration for Sport "Der Ernährer", 2010.

[17] A este propósito, referir que na década de 1980, foram submetidos à apreciação do CAS menos de 50 casos. Só em 2021 o número de processos de arbitragem ascende a um total de 996. Estatísticas disponíveis em: CAS statistics (tas-cas.org).

internacionais, como o IAAF[18] e a FIFA, terem os seus próprios órgãos judiciais e não reconhecerem competência ao CAS; **iii)** a influência e o controlo político e financeiro do COI[19,20] sobre o CAS.

Em 1994, o Tribunal Federal Suíço declarou que o CAS não cumpria com todos os requisitos exigidos relativos às arbitragens internacionais, nomeadamente o da independência enquanto órgão arbitral[21]. Por esse motivo, o COI viu-se então obrigado a proceder a uma reorganização do CAS, a qual resultaria no modelo que hoje conhecemos.

Atualmente, o CAS é uma estrutura de arbitragem permanente e independente[22], tendo como principal objetivo a resolução de disputas relacionadas com o fenómeno desportivo através da arbitragem e mediação.[23] O Tribunal é constituído por dois órgãos distintos, o Conselho Internacional de Arbitragem do Desporto (ICAS)[24] e o CAS, ambos com sede em Lausanne, na Suíça.

O CAS é a principal autoridade judicial competente para conhecer dos recursos das decisões proferidas pela FIFA, funcionando como uma segunda instância das decisões proferidas pelos órgãos decisórios desta entidade. Com efeito, no âmbito da jurisdição do CAS encontra-se a resolução de conflitos entre o principal organismo do futebol mundial e os seus membros associados[25]. No âmbito das disputas que lhe são submetidas, o CAS

[18] IFAF – Associação Internacional das Federações de Atletismo.

[19] O elevado financiamento e influência do COI (IOC) para a criação e existência do CAS levou a que, ao longo da sua primeira década de existência, o CAS fosse visto como um órgão judicial subordinado e vassalo às orientações do COI.

[20] A este propósito, RECUEIL DES SENTENCES DU TAS/DIGEST OF CAS AWARDS 1986-1998, p. 561 (Matthieu Reeb ed., 1998.)

[21] Tribunal Federal Suíço, "Gundel v. Fédération Equestre Internationale", 15 de Março de 1993, in *BGE* 119 II S. 271 ss.

[22] Richard H. McLaren, The Court of Arbitration for Sport: *An Independent Arena for the World's Sports Disputes,* 35 Val. U. L. Rev. 379 (2001).

[23] Code of Sports-related Arbitration, "*Statutes of the Bodies Working for the Settlement of Sports--related Disputes*", edição Fevereiro 2023, S1.

[24] Idem, S4. Criado em 1994, por recomendação do Tribunal Federal Suíço. É o órgão responsável pela gestão financeira e administrativa do CAS e garantir a sua autonomia e independência enquanto órgão judicial arbitral. Aponta a lista de árbitros e mediadores.

[25] Com excepção aos casos que digam respeito a suspensões no âmbito de aplicação de decisões disciplinares, decisões passíveis de recurso para outros tribunais e questões relativas à violação das Leis do Jogo.

aplica, por princípio, as disposições regulamentares emanadas pela FIFA e, subsidiariamente, a lei suíça[26].

v. O Regulamento do Estatuto e Transferências de Jogadores (RSTP)

O Regulamento do Estatuto e Transferências de Jogadores da FIFA (RSTP), reporta o início da sua vigência a Março de 2001, tendo sofrido diversas alterações à sua redação inicial ao longo do tempo.[27] Na génese da sua criação pela FIFA encontram-se princípios como a proteção da estabilidade contratual, o incentivo à formação, a solidariedade entre as equipas de elite e as bases, **a proteção dos menores**, o equilíbrio concorrencial, e a garantia de regularidade das competições desportivas.[28]

A criação deste documento regulamentar visou sobretudo a uniformização[29] de um conjunto de regras aplicáveis a todos as associações e clubes afiliados, de modo a facilitar que vigorasse um entendimento comum a todos os agentes do futebol em matéria das transferências de jogadores.

No que concerne ao princípio de proteção de jogadores menores, cumpre, pois, notar que, desde muito cedo, esta temática representou uma preocupação para a FIFA. Em 2001[30], apenas poucos meses após a primeira publicação do RSTP, a FIFA decidiu promover de proteção de jovens promessas e talentos enquanto partes intervenientes de transferências internacionais entre clubes. Estas alterações visavam conferir segurança associada à mobilidade de jovens jogadores e, sobretudo, erradicar situações de potencial tráfico humano ou de exploração financeira[31] do panorama desportivo.

[26] José Manuel Meirim, "Suíça: uma real especificidade desportiva" in *Stvdia Jvridica 101 – Estudos em Homenagem ao Prof.Doutor Jorge de Figueiredo Dias* – Vol. IV, Coimbra Editora, 2009, p. 646 e ss.

[27] As alterações e versões ao RSTP podem ser consultadas em: https://www.fifa.com/who-we-are/legal/rules-and-regulations/archive/.

[28] Fédération Internationale de Football Association, disponível em: https://www.fifa.com/who-we-are/news/fifa-takes-the-first-step-for-the-establishment-and-operation-of-the-fifa-cleari.

[29] FIFA, FIFA Commentary on the Regulations for the Status and Transfer of Players, 2006, comentários ao art. 1, pontos 1 e 2.

[30] Atente-se na Circular no. 769 da FIFA, de 24 de Agosto de 2001, disponível em: https://resources.fifa.com/image/upload/769-revised-fifa-regulations-for-the-status-and-transfer-players-500345.pdf?cloudid=dml3hvtpgzmjkbn5hixd.

[31] Serhat Yilmaz e James Esson: "Children's rights and the regulations on the transfer of young players in football" in *International Review for the Sociology of Sport* 2020, Vol. 55(1) p. 115–124.

Mais tarde, também a regulamentação respeitante à atividade de intermediários de futebol acompanharia o sentido da demais regulamentação FIFA e conteria normas de salvaguarda à posição de jogadores menores de idade no âmbito de contratos de representação.[32,33]

II. Transferências internacionais de jogadores de futebol

À luz do RSTP, uma transferência internacional ocorre sempre que o registo federativo de um jogador de futebol circula de uma federação nacional para outra diferente[34], via *Transfer Matching System* (TMS).[35,36]

As transferências de jogadores podem ser definitivas, caso em que os direitos federativos[37,38] e económicos[39,40] de um jogador são cedidos de forma definitiva de um clube ("vendedor") para outro ("comprador") ou, por outro lado, podem ser temporárias ("empréstimos"), quando consistem na cedência, por período de tempo determinado, dos direitos federativos do atleta, pelo clube de origem (cedente) a outro clube (cessionário). Quanto a estas últimas, cumpre dar nota de que o contrato de transferência temporária não pode exceder o período previsto para a vigência do contrato de trabalho desportivo entre o atleta e o clube cedente.

No que respeita às transferências de jogadores de futebol propriamente ditas, o artigo 9.º do RSTP dispõe que os jogadores de futebol registados junto de uma federação nacional por determinado clube, apenas poderão ser inscritos noutra federação após ser emitido o Certificado Internacional

[32] FIFA, FIFA Regulations on Working with Intermediaries 2014, art. 5.2 e 7.8.

[33] FIFA, FIFA Agents Regulations, January, 2023, art. 1, d), art. 13 e art. 14.9.

[34] FIFA, FIFA Regulations on the Status and Transfer of Players, May 2023 Edition, Def. no. 21.

[35] Cf. Cit. 42, Def. no. 13, Sistema de controlo instituído pela Circular FIFA n.º 1206, de 13 de Outubro de 2009.

[36] Para mais detalhes consultar: FIFA.

[37] Direito de um clube registar, por estar ligado a um contrato de trabalho, um jogador numa federação nacional ou Liga profissional, com vista a permiti-lo participar nas competições oficiais organizadas por essas instituições desportivas.

[38] Lei 54/2017, de 14 de Julho, artigo 7.º, n 1.

[39] Direitos pecuniários resultantes da cessão do registo federativo de um jogador de um clube para outro, isto é, na transferência do praticante desportivo para outro clube desportivo.

[40] CAS 2004/A/701 - Sport Club Internacional v. Galatasaray Sport Kulubu Dernegi, de 17 de Março de 2005.

de Transferência (*ITC – International Transfer Certificate*)[41] por parte do clube de origem.

Para o presente trabalho, importa referir em Março de 2015, a FIFA procedeu à alteração da idade mínima permitida para transferências internacionais de 12 para 10[42] anos. Com esta alteração, a emissão de ITC no âmbito de transferências internacionais de jogadores passou a ser necessária e aplicável a jovens jogadores a partir desta idade.[43]

III. Transferências internacionais de jogadores de futebol menores de idade

Uma vez feito o enquadramento regulamentar e sistemático do tema subjacente ao presente trabalho, focaremos agora a nossa atenção na análise desta temática à luz do Regulamento sobre o Estatuto e Transferência de Jogadores da FIFA.

Conforme se adiantou, as transferências de jogadores de futebol menores de idade foram, desde cedo, alvo de preocupação e regulamentação por parte da FIFA.[44]

Atualmente, importa destacar o artigo 19.º do RSTP, de onde constam as disposições e regras aplicáveis às federações, clubes e demais agentes desportivos no âmbito da matéria e sobre a qual nos debruçamos. Reportamo-nos, pois, ao princípio geral de proibição de transferências de jogadores menores de idade e às suas exceções.

i. Princípio geral de proibição

O artigo 19.º, n.º 1, do RSTP da FIFA determina, por princípio, a proibição de transferências internacionais de jogadores de futebol menores de idade. Este princípio de proibição estende-se também aos casos em que um jogador menor de idade se pretende registar por um clube, situado em país diferente daquele de que o jogador é nacional.

[41] FIFA. Regulations on the Status and Transfer of Players, May 2023, art. 9.

[42] FIFA, Circular no. 1468, 23 de Janeiro de 2015, disponível em: https://resources.fifa.com/image/upload/1468-amendments-to-the-regulations-on-the-status-and-transfer-of-playe-2510650.pdf?cloudid=zro9p178udvmsgy3nzy7.

[43] FIFA, FIFA. Regulations on the Status and Transfer of Players, May 2023, Art. 9, n.º 4.

[44] Cf. cit. 32.

O princípio a que aludimos *supra* tem por objetivo primordial garantir o bem-estar dos jovens jogadores, restringindo, tanto quanto possível, potenciais práticas de exploração financeira e tráfico humano, as quais, lamentavelmente, são ainda vastamente reportadas à FIFPRO[45] e FIFA.

O artigo 19.º do RSTP apresenta-se como uma norma imperativa da FIFA, obrigando as federações nacionais à transposição integral e literal da norma para os seus regulamentos nacionais. Com isto, a FIFA pretende assegurar uma aplicação rigorosa e transversal do princípio da proibição de transferências internacionais de jogadores menores de idade, ai quais – como adiante veremos – apenas poderão ter lugar em circunstâncias excecionais, previstas no artigo n.º 19.º, n.º 2 do RSTP.

ii. Exceções

a) Art.º 19.º, n.º 2 do RSTP

Conforme referido, o princípio de proibição de transferências internacionais de menores comporta, efetivamente, algumas exceções. São elas: **a)** a deslocação dos pais por motivos alheios ao futebol; **b)** a regra da territorialidade UE-EEE, aplicável às transferências de jogadores com idades compreendidas entre os 16 e o 18 anos **c)** a regra fronteiriça, **d)** razões humanitárias (proteção e asilo a jovens refugiados) e, por último, **e)** mobilidade académica.

A primeira regra de exceção – que permite que um jogador de futebol menor de idade se possa transferir para um clube diferente do seu de origem – aplica-se aos casos em que os seus pais[46] se deslocam do país do seu país por motivos alheios[47] ao futebol e, em consequência, o jogador – que os acompanha – pretende registar-se por um novo clube, verificando-se, assim, uma transferência internacional do clube do país de origem para o de destino[48].

[45] A Fédération internationale des Associations de Footballeurs Professionnels. Para mais informações, consultar: https://www.fifpro.org/en/about-us/our-vision.

[46] A este propósito tem sido entendimento da FIFA proceder a uma interpretação restritiva do conceito de "*parents*", de modo a que a excepção apenas se aplique ao acompanhamento dos progenitores.

[47] O FIFA Commentary on the Regulations for the Status and Transfer of Players, edição 2006 era omisso quanto ao que respeita "reasons not linked to football", não restringindo estes motivos a questões profissionais. A Edição de 2021 oferece já alguns exemplos que ajudam a compreender o escopo da norma excepcional.

[48] FIFA, FIFA. Regulations on the Status and Transfer of Players, May 2023, Article 19 2(a).

A segunda exceção elencada, permite que jogadores com idades compreendidas entre 16 e 18 anos de idade se possam transferir dentro do espaço da União Europeia ou do Espaço Econômico Europeu, desde que o novo clube demonstre, através de um processo formal, que se encontra apto a proporcionar ao jovem jogador uma formação desportiva de elevada qualidade. Para que a transferência internacional seja aceite pela FIFA, é ainda exigido que o clube de destino garanta ao jogador o acesso às melhores condições possíveis ao nível pedagógico e académico, por forma a permitir ao jovem jogador prosseguir uma carreira alternativa, na eventualidade de não querer continuar a jogar futebol.[49]

A terceira exceção, vulgarmente denominada como "regra fronteiriça", aplica-se aos casos dos jogadores de futebol menores de idade que residam a não mais do que 50 km de uma fronteira nacional e que pretendam registar-se junto de um clube pertencente à federação do país vizinho, também localizado num raio de até 50km da fronteira nacional. Porém, em nenhuma circunstância poderá a distância máxima entre o domicílio do jogador e a sede do clube novo exceder os 100km. É pressuposto de aplicação desta exceção que, sem prejuízo do deslocamento entre fronteiras, o jovem continue a habitar no seu domicílio, mantendo o convívio familiar e o seu percurso académico.

Para além das exceções já elencadas, destacamos também as exceções previstas nas alíneas d) e e) do n.º 2 do art. 19.º, introduzidas, a 1 Março de 2020 no RSTP e assentes na jurisprudência produzida pelo Sub-Comité[50] do Estatuto do Jogador da FIFA que, acompanhando a realidade, vinha denotando a ocorrência de transferências de jogadores de futebol refugiados e não acompanhados pelos seus progenitores, bem como a de jogadores que integravam programas de intercâmbio, conciliando com o percurso académico com a atividade de jogadores de futebol.

[49] Idem, 19 2 (b).

[50] Em 2009, a FIFA criou um Sub-Comité denominado de Players' Status Comittee como novo órgão de supervisão de transferência internacional de menores. O Subcomité seria responsável pela avaliação e aprovação dos pedidos que submetidos para cada transferência internacional e cada primeiro registo de menores no futebol. Atualmente, este órgão encontra-se integrado estruturalmente dentro do Tribunal de Futebol da FIFA, como Câmara do Estatuto do Jogador.

Por último, cumpre ainda destacar o papel dos acórdãos Vada I[51] e II[52] do CAS e ainda o acórdão Bassong[53] relativamente à questão da territorialidade e nacionalidade.[54]

b) Art.º 19, 3 e art.º 19, n.º 4, (c) do RSTP

Conforme se referiu anteriormente, o princípio de proibição de transferências internacionais de jogadores menores estende-se, de igual modo, aos primeiros registos de menores em federações nacionais diferentes das do seu país de origem.

Aproveitamos, a este propósito, para proceder à competente distinção entre, por um lado, a primeira inscrição/registo de jogador de futebol menor e, por outro, a transferência internacional de um jogador menor. A primeira ocorre aquando do registo de um menor que nunca antes foi registado por um clube e pretende ser registado em determinada federação nacional. A segunda ocorre quando um menor que, tendo já sido registado num clube de determinado país, pretenda efetuar esse registo por clube de país diferente.

Sendo certo que, para efeitos do princípio de proibição de transferência internacional de jogador menor de idade, a FIFA não distingue ambos os casos. Ou seja, de igual modo não será permitido a um jogador de futebol menor de idade que nunca antes tenha sido registado por um clube, registar-se, pela primeira vez, a favor de um clube que se encontra sediado num país diferente do seu de origem. Porém, o jogador poderá ser registado uma vez ficando demonstrada a verificação de alguma das exceções previstas no artigo 19.º, n.º 2.

Acresce às já elencadas, a exceção prevista no artigo 19.º, n.º 4, c), cujo início de produção de efeitos reporta a Junho de 2016[55]. Esta exceção, vulgarmente denominada por "regra dos 5 anos", vem, assim, acrescentar uma *nuance* ao princípio de proibição, determinando que a possibilidade e validade de registo de um jogador de futebol menor de idade a favor de um

[51] CAS 2011/A/2494.

[52] TAS 2012/A/2862.

[53] TAS/2015/A/4178.

[54] A este propósito ver, Vera Lopes, *As exceções não Escritas à Proibição da Transferência Internacional de Jogadores de Futebol Menores de Idade,* in Direito do Desporto, Universidade Católica Editora. 2017. p. 300-306.

[55] Circular n.º 1542 da FIFA, de 01 de Junho de 2016 e disponível em: https://img.fifa.com/image/upload/d0ztsdr5xod4lpv8sfrw.pdf.

clube sediado num país que não é o seu de origem, desde que, para tal, seja possível demonstrar, à data do pedido de registo, que o jogador se encontra domiciliado nesse país há, pelo menos, 5 anos de forma contínua.

iii. Regrais procedimentais

O artigo 19.º, n.º 4 do RSTP determina que estão sujeitos à aprovação da Câmara do Estatuto do Jogador do Tribunal da FIFA todos os casos em um clube pretenda realizar a transferência internacional de um jogador menor de idade.

Para esse efeito, os clubes devem submeter, via federações nacionais, um pedido formal de transferência internacional à Câmara do Estatuto do Jogador do Tribunal da FIFA, demonstrando que o pedido de registo se situa no âmbito das exceções previstas no artigo 19.º, n.º 2 ou 19.º, n.º 4. Apenas após a obtenção de aprovação deste organismo poderão as federações nacionais proceder ao registo de qualquer jogador menor.

É também obrigatória a utilização do sistema TMS da FIFA para o efeito de uma transferência internacional de menor ou do seu primeiro registo[56] e ainda a emissão do ITC por parte da federação com a qual o jogador menor de idade se encontrava registado previamente. A este respeito, sublinhamos o anteriormente referido no que respeita à não necessidade de emissão do ITC[57] para transferências internacionais relativas a jogadores com menos de 10 anos. Neste contexto, resulta claro que a problemática em torno do artigo 19.º do RSTP e suas exceções aplica-se às transferências internacionais de jovens futebolistas com idades compreendidas entre os 10 e os 18 anos de idade.

Os detalhes relativos aos mecanismos processuais e requisitos formais que devem ser respeitados nas candidaturas submetidas à apreciação da Câmara do Estatuto do Jogador do Tribunal de Futebol da FIFA, por ocasião de transferência internacional ou registo de jogador de futebol menor de idade, encontram-se previstos no Anexo 3[58] ao Regulamento e ainda nas *Procedural Rules Governing the Football Tribunal.*[59]

[56] FIFA, Circular no 1205, 23 de Setembro de 2009, disponível em https://resources.fifa.com/image/upload/1205-fifa-tms-transition-phase-1107760.pdf?cloudid=zzqzkztuzalrjy4r6jtu.

[57] Cf. Cit. 45.

[58] FIFA. Regulations on the Status and Transfer of Players, May 2023, Annexe 3, Title I, art. 2, e); Title IV, art. 11, d) e art. 14.

[59] FIFA Procedural Rules Governing the Football Tribunal, March 2023, Chapter V, art. 29 e 30.

As federações nacionais que não cumprirem com os mecanismos legais estabelecidos, aprovando o registo de jogadores menores de idade fora do âmbito das exceções previstas no artigo 19 do RSTP encontram-se sujeitas às sanções previstas no Código Disciplinar da FIFA.

No que respeita ainda aos procedimentos a adotar pelos clubes/federações no âmbito da transferência internacional e registo de jogadores de futebol menores de idade, cumpre ressalvar o papel do artigo 19-bis do RSTP, que impõe diversos requisitos aos clubes/academias de futebol de formação a fim de se encontrarem aptos a receber atletas menores de idade. Entre eles, destacamos a obrigação regulamentar destes clubes/academias formadores reportarem às respetivas federações nacionais uma lista de todos os jogadores menores de idade que se encontram vinculados ao clube e ainda de todos os que, não estando vinculados, se encontrem a receber formação desportiva nas suas instalações.

IV. Jurisprudência do CAS

A intervenção do Tribunal Arbitral do Desporto no que respeita à proteção e transferências internacionais de jogadores de futebol menores de idade, tem servido bem o propósito de promover alguma discussão e, por essa via, clarificar a aplicação prática das normas regulamentares emanadas pela FIFA.

Por esse motivo, entendemos pertinente determo-nos também sobre alguns dos principais casos de jurisprudência deste órgão arbitral a respeito desta matéria.

i. Rodrigo Betancourt (CAS 2012/A/2839 Boca v. FIFA)[60]

Rodrigo Betancourt, jogador nascido no Uruguai, tinha 7 anos quando a sua mãe faleceu. Mais tarde, o seu pai decidiu casar-se com uma cidadã argentina.

Aos 14 anos, a família pensou em mudar-se para Buenos Aires, Argentina, de onde a sogra do pai de Rodrigo era natural e onde queria regressar. O jogador, então, com a "avó" para a sua casa em Buenos Aires e o resto da família (madrasta, pai e as suas irmãs) posteriormente. Pouco tempo após Rodrigo se instalar na cidade argentina, o Boca Juniors submeteu à FIFA um pedido de registo do jogador a seu favor. A FIFA não autorizou o registo

[60] CAS 2012/A/2839, Boca v. FIFA, 2012.

de Rodrigo por este clube, uma vez que, no seu entendimento, não havia ficado demonstrado que a família se tinha deslocado para Buenos Aires por razões diversas que a prática da atividade futebolística pelo jogador.

A recusa da FIFA quanto ao pedido submetido pelo Boca Juniors assentou em dois fundamentos: **i)** o pai do jogador mantinha o seu domicílio profissional e empresa sediadas no Uruguai, pelo que não se verificavam motivos de mobilidade profissional dos progenitores associados à mudança de país e **ii)** a sogra do pai de Rodrigo – sua "avó" para estes efeitos – não estava preenchia a definição de "parents" (pais) para efeitos da exceção elencada no artigo 19.º, n.º 2, do RSTP, tendo a FIFA decidido aplicar o conceito de forma restritiva.

Após apresentação de recurso pelo Boca Juniors, o CAS anulou a decisão considerando que, dentro do contexto familiar apresentado e demonstrado, a sogra do pai de Rodrigo deveria ser entendida como "*parent*"[61] para os efeitos pretendidos pelo artigo 19.º, n.º 2 e ainda que apesar de o pai manter a sua empresa no Uruguai, toda a família vivia em Buenos Aires, pelo que o contexto familiar e desenvolvimento académico do jovem jogador não ficava comprometido ou prejudicado pela sua transferência desportiva. Rodrigo foi, pois, autorizado a registar-se pelo Boca Juniores.

ii. Valentin Vada (TAS 2012/A/2862) Girondins de Bordeaux v. FIFA[62]

O jogador, Valentin Vada, cidadão argentino e detentor de passaporte europeu, residia em França quando, no ano de 2011, com 15 anos, o clube Girondins de Bordeaux, em França, solicitou à FIFA a sua inscrição ao abrigo da exceção prevista no artigo 19.º, n.º 2, a) do RSTP (transferência por motivos não relacionados com o futebol). A FIFA rejeitou o pedido e, posteriormente, o CAS confirmou a decisão da FIFA.[63]

Um ano depois, o clube francês voltou a pedir a inscrição do jogador à FIFA, desta vez ao abrigo da exceção prevista no artigo 19.2.b) do RSTP (transferência de jogadores dentro do espaço da UE), uma vez que o jogador já tinha celebrado o 16.º aniversário.

[61] Cf. cit. 48.

[62] TAS 2012/A/2862 Girondins de Bordeaux v. FIFA, 2012.

[63] Para mais detalhes sobre o caso Vada, ver: Mekenkamp Kester (2016), *FIFA's Provisions on the Protection of Minors*, in Asser International Sports Law Blog, disponível em: https://www.asser.nl/SportsLaw/Blog/post/fifa-s-provision-on-the-protection-of-minors-and-eu-law-part-1-the-early-years-by-kester-mekenkamp.

A FIFA considerou que não se tratava de uma transferência da UE porque o jogador se deslocava da Argentina para a Europa. Contudo, o CAS entendeu de modo diverso, invertendo a decisão da FIFA e aceitando o recurso do clube francês. O tribunal arbitral considerou que o jogador, enquanto cidadão detentor de passaporte europeu, deveria gozar dos mesmos direitos – à liberdade de circulação – do que qualquer outro cidadão da União Europeia.

A jurisprudência do CAS no caso Vada, ajudou a desenvolver o sentido interpretativo da exceção prevista no artigo 19.2.b) do RSTP. Com efeito, após a decisão do CAS neste, passou a resultar claro de que a exceção em crise poderia ser interpretada ao abrigo de dois critérios: o da territorialidade e da nacionalidade.[64]

iii. John Kenneth HILTON (CAS 2015/A/4312 John Kenneth Hilton v. FIFA)[65]

Em 2014, o jovem jogador norte-americano, John Kenneth, mudou-se com a mãe – o pai permaneceu nos Estados Unidos da América (EUA) por razões profissionais – e os irmãos para Manchester, Inglaterra. Em 2015, novamente com a mãe e os irmãos, o jovem jogador de futebol mudou-se para Amstelveen, na Holanda. Em ambas as mudanças, o jogador manteve o seu percurso académico, matriculando-se em escolas internacionais nos respetivos países.

Em 2015, a FIFA rejeitou o pedido de registo do jogador da Federação Holandesa (KVNB) a favor do Ajax FC porque, com base na documentação apresentada, o clube não tinha sido capaz de demonstrar que a mãe do jogador se tinha deslocado para aquele país por razões diversas da atividade futebolística do filho. Ao invés, a FIFA entendeu o percurso desde os Estados Unidos, nomeadamente a passagem por Inglaterra, como uma tentativa propositada e previamente orquestrada de contornar o princípio de proibição de transferência de menores previsto na regulamentação FIFA.

O CAS confirmou a decisão da FIFA, tendo igualmente considerado que a carreira futebolística de John havia sido o motivo-chave e "gatilho" da mudança da mãe e do jogador dos EUA para a Europa.

[64] A este propósito ver, Vera Lopes, *As exceções não Escritas à Proibição da Transferência Internacional de Jogadores de Futebol Menores de Idade*, in Direito do Desporto, Universidade Católica Editora. 2017. p. 300-306.

[65] CAS 2015/A/4312, John Kenneth Hilton v. FIFA, 2015.

O caso em torno deste jovem jogador captou a atenção da comunidade desportiva para a assertividade da FIFA relativamente ao princípio da proibição de transferência de menores e, bem assim, mudou a tendência geral de interpretação deste princípio como uma regra de proteção aos jogadores enquanto parte mais frágil no âmbito da relação contratual com o clube que pretende proceder ao registo.

In casu, John não se aparentava figurar como "elo mais fraco". Com efeito, para além de ser uma jovem promessa do "soccer" norte-americano – com presença assídua nas camadas jovens das seleções nacionais do EUA – era também um jogador muito cobiçado na Europa, atentas as suas prestações em jogos amigáveis contra equipas como o FC Barcelona, Manchester City e o clube que o tentou registar, Ajax FC[66]. Ao contexto desportivo, acrescia o facto de John pertencer a uma família de classe média-alta e do seu rendimento académico ser acima do expectável e do praticado por atletas inseridos em contextos de alto rendimento desportivo. Não obstante o contexto aparentemente seguro, a FIFA foi intransigente na aplicação do princípio de proibição, sendo esta posição suportada, de igual modo, pelo CAS.

iv. Alex Reneau (CAS 2013/A/3140 A.v. Atlético de Madrid & RFEF & FIFA)[67]

A FIFA rejeitou pedido de inscrição do jogador norte-americano, Alex Reneau, a favor do clube Atlético de Madrid, com o fundamento de que as partes não foram capazes de provar que a deslocação da família para Espanha era alheia à transferência desportiva do jogador menor de idade.

Destacamos a pertinência deste caso uma vez que, ao contrário dos casos Vada e Hilton já expostos, o CAS entendeu anular a decisão da FIFA, tendo considerado devidamente respeitada a exceção constante do artigo 19.º, n.º 1, a) devido a um conjunto de fatores: **i)** a família do jogador era rica e multicultural (sua mãe era colombiana, a sua irmã vivia em Londres) **ii)** eram uma família com elevada estabilidade financeira, não estando a mudança associada ou condicionada à dependência de qualquer salário que o jovem jogador pudesse vir a auferir e, por último, **iii)** o serviço nacional de estrangeiros e fronteiras espanhol, havia concedido os vistos de residência

[66] Martínez. A & Enric Ripol, (2017) FIFA, CAS and Minors*: the Return of the Laudable Purposes and the Disproportionate Tools,* in Football Legal.

[67] CAS 2013/A/3140 A.v. Atlético de Madrid & RFEF & FIFA, 2013.

ao jogador e família bastante tempo antes do pedido de registo do jogador a favor do Atlético de Madrid.

v. Os casos espanhóis

No âmbito da nossa exposição sobre a recente jurisprudência do CAS em torno das transferências internacionais menores de idade, não poderíamos deixar passar a oportunidade de destacar as decisões do Tribunal Arbitral do Desporto nos casos que envolveram os clubes espanhóis Barcelona [68]FC e Real Madrid FC[69] e ainda a Federação Espanhola de Futebol (RFEF)[70].

Antes de analisarmos de forma sucinta um dos casos e respetivo acórdão proferido pelo CAS, cumpre proceder ao enquadramento do sistema de organização governamental desportiva[71] que vigorava em Espanha, à data dos factos.

Caberá começar por realçar que o país vizinho – que tão bem conhecemos – é hoje composto por 17 regiões autónomas. Todas estas regiões contam com a sua associação de futebol, onde se encontram filiados os clubes da respetiva região. As associações regionais ocupam-se do licenciamento e registo de jogadores de futebol que participem nas suas competições organizadas. Em consequência, apenas aos jogadores que participam em competições nacionais é exigido o registo junto da federação nacional, RFEF.

Na origem dos casos que envolvem os clubes Barcelona e Real Madrid, está o facto de ambos os clubes terem procedido ao registo de vários jogadores menores junto das associações regionais a que se encontravam filiados, nomeadamente a Federación Catalan de Fútbol (FCF) e a Federación Fútbol de Madrid (FFM), ao invés de procederem ao registo junto da RFEF. Com efeito, no decorrer da década de 2000, ambos os clubes procederam ao registo de vários jogadores futebol menores de idade à margem dos mecanismos legais já analisados e previstos no artigo 19.º, n.º 2, 19.º, n.º 4 e nos, à data dos factos, Anexos 2 e 3 do RSTP.

Na sequência das investigações e processos instaurados pela FIFA ao FC Barcelona, Real Madrid e ainda à sua federação nacional afiliada,

[68] CAS 2014/A/3793, Fútbol Club Barcelona v. FIFA, 2015.

[69] CAS 2016/A/4785, Real Madrid Club de Fútbol v. FIFA, 2017.

[70] CAS 2014/A/3813, Real Federación Española de Fútbol (RFEF) v. FIFA, 2015.

[71] Yilmaz, S. (2018). Protection of minors: *lessons about the FIFA RSTP from the recent Spanish cases at the Court of Arbitration for Sport.* The International Sports Law Journal, *18*(1), 15-28.

RFEF, o Comité Disciplinar da FIFA aplicou severas sanções a todas as partes envolvidas.

Os clubes foram, numa primeira instância, banidos pela FIFA de registar jogadores, a nível nacional e internacional, durante dois períodos de transferência consecutivos e ainda alvo de uma repreensão formal [72]por parte do Comité.

O FC Barcelona foi ainda condenado ao pagamento de uma multa no valor de 450.000 CHF e obrigado a corrigir todas as questões formais relativamente ao registo de jogadores menores de idade, num prazo de 90 dias.

De igual modo, o Real Madrid FC foi condenado ao pagamento de uma multa no valor de 360.000 CHF, tendo-lhe sido conferido um prazo de 60 dias para que corrigisse todas as questões formais relativamente ao registo de jogadores menores de idade.

Por seu turno, a RFEF foi multada em 500.000 CHF e alvo de uma repreensão formal, tendo-lhe sido conferido o prazo de um ano para corrigir – alinhando pela regulamentação FIFA – todas as questões administrativas e regulamentares relacionadas com o registo de jogadores a nível nacional, A este propósito, valerá a pena salientar que RFEF foi a primeira federação desportiva afiliada da FIFA a ser condenada no âmbito das políticas da FIFA relativas à proteção de menores.

Todas as partes envolvidas – FC Barcelona, Real Madrid FC e RFEF – recorreram posteriormente para o CAS, tendo os seus recursos sido rejeitados e mantidas, quase na íntegra, as decisões do Comité Disciplinar da FIFA e Comité de Recurso.

O raciocínio jurídico subjacente aos acórdãos proferidos pelo CAS nos três casos referidos, permite retirar algumas conclusões pertinentes sobre o funcionamento prático das normas previstas no RSTP relativamente à proteção de menores.

De entre elas merecem-nos destaque as seguintes:

a. Os clubes encontram-se obrigados a cumprir com as normas regulamentares previstas no RSTP, cabendo às federações nacionais filiadas na FIFA garantir e zelar por esse cumprimento;
b. As federações nacionais encontram-se obrigadas ao cumprimento do das disposições regulamentares da FIFA, onde se inclui o RSTP, pelo que não serão isentas de responsabilidade em caso de violação;

[72] FIFA, FIFA Disciplinary Code, 2019 Edition, art. 14.º.

c. As disposições previstas no RSTP relativas a menores são aplicáveis a todos os jogadores de futebol menores de idade que participem no futebol organizado;
d. Cumpre às federações nacionais – e não a associações regionais – garantir que a transferência internacional ou o primeiro registo de um jogador menor deve ocorrer apenas quando tenham lugar as exceções previstas no artigo 19.º, n.º 2 e com respeito aos procedimentos previstos nos termos dos artigos 19.º, n.º 4 e dos Anexos do RSTP e em demais documentação FIFA.
e. Os clubes devem registar os seus jogadores de futebol menores de idade junto das federações nacionais filiadas na FIFA, não bastando o seu registo junto das associações regionais.
f. Para efeitos de cumprimento do artigo 19-bis do RSTP, não basta aos clubes registarem os seus jogadores junto das federações nacionais. É necessário que os clubes reportem de forma clara e pelos canais próprios, os jogadores que integram as suas academias ou centros de treino da formação.

a) Fútbol Club Barcelona v FIFA, 2015 (CAS 2014/A/3793)

Analisemos agora o caso concreto das sanções aplicadas ao FC Barcelona, os argumentos apresentados na sua defesa perante ambos o Comité de Recurso e o CAS e ainda os fundamentos do acórdão proferido pelo principal Tribunal Arbitral de Desporto no âmbito do recurso interposto.

Na génese da condenação do FC Barcelona, acima exposta, estão as seguintes sanções: **i)** violação do artigo 5.º do RSTP relativamente a 31 menores pelo seu não registo junto da Federação Nacional, RFEF; **ii)** violação do artigo 9.º, n.º 1 do RSTP por não ter sido solicitada a emissão do ITC à RFEF, no âmbito de transferência de um menor de uma associação nacional diferente; **iii)** violação dos n.ºs 1, 3 e 4 do artigo 19.º por não ter informado a FIFA, via RFEF, da lista de menores que jogavam na Academia da equipa; **iv)** violação dos Anexos 2 e 3 do RSTP da FIFA pelo não cumprimento dos requisitos estabelecidos pelo TMS na contratação desses jogadores;

Após a confirmação, pelo Comité de Recurso, da decisão proferida pelo Comité Disciplinar da FIFA, o Barcelona interpôs recurso perante o CAS, contra a FIFA.

Em ambos os recursos apresentados o FC Barcelona socorreu-se dos seguintes argumentos: **i)** O clube havia solicitado a autorização obrigatória para registar todos os jogadores junto da associação regional que, de acordo com as leis espanholas e regulamentos federativos, era a competente, designadamente a FCF; **ii)** ao registar os jogadores perante a FCF, o Clube cumpria as suas obrigações; **iii)** a violação do artigo não podia ser considerada, uma vez que o quadro regulamentar espanhol impedia efetivamente os clubes de registarem jogadores que disputassem competições a nível regional, junto da Federação Nacional, RFEF; **iv)** o Clube registou e apresentou as devidas licenças de todos os jogadores que estavam integrados na sua academia junto da FCF, o que deveria servir como notificação às autoridades competentes – RFEF e FIFA; **v)** a FCF era a entidade responsável por notificar a RFEF sobre todos os jogadores inscritos e, por último; **vi)** nenhum jovem jogador teria sido colocado em perigo ou prejudicado no seu desenvolvimento, na medida em que todos os menores em causa tinham participado em programas de formação desportiva de alta qualidade, proporcionados pelo clube.[73]

A 30 de Dezembro de 2014, o CAS confirmou a decisão da FIFA, rejeitando, quase na totalidade, o recurso apresentado pelo FC Barcelona.

Os fundamentos do acórdão proferido pelo CAS podem resumir-se nos seguintes pontos: **i)** ao abrigo dos Estatutos da FIFA, a FCC não podia ser considerada como "*association*" para efeitos do cumprimento do artigo 19.º do RSTP; **ii)** o quadro regulamentar espanhol não era desculpa para o FC Barcelona não cumprir com os requisitos do RSTP; **iii)** nos termos do Art. 9.º, parágrafo 1 e Anexo 3 do RSTP, cabe ao novo clube iniciar o procedimento tendo em vista a obtenção do ITC. Não iniciando esse procedimento, através do TMS, o clube incumpre com o artigo 9.º do RSTP; **iv)** no âmbito do artigo 19-bis do RSTP, é dever dos clubes reportarem às associações nacionais a lista de atletas que se encontram nas suas academias. Esta obrigação não se pode ter por cumprida pelo simples registo dos jogadores; **v)** no que respeita à alegada violação agravada do artigo 5.º, n.º 1 do RSTP por parte do FC Barcelona, o Painel aceitou o argumento apresentado pelo clube de que o registo dos menores junto das associações regionais era válido, uma vez que o enquadramento regulamentar espanhol não permitia ao clube dirigir-se diretamente à RFEF para esse efeito. Ou seja, por respeito à regu-

[73] Lucas Ferrer & Jordi Lopez: El "caso FC Barcelona" y la Protección de los menores de acuerdo com el reglamento FIFA sobre el Estatuto y las Transferencias de jugadores, in *Importantes Casos Laborales Deportivos en el TAS: Jurisprudencia y comentários*, p. 285-299.

lamentação nacional desportiva, o clube estava impedido de agir de acordo com o RSTP, motivo pelo qual o Painel decidiu absolver o FC Barcelona da sanção agravada que lhe tinha sido aplicada pelo Comité Disciplinar.

Certo é que, não obstante o último ponto referido, o Painel decidiu manter na íntegra as sanções aplicadas pelo Comité Disciplinar.[74]

b) Chelsea Football Club Limited v. FIFA, 2019 (CAS 2019/A/6301)[75]

Anos mais tarde, voltaríamos a assistir à "mão dura" da FIFA e do CAS no processo 2019/A/6301 Chelsea Football Club Limited v. FIFA, o qual conta com muitas semelhanças ao caso que acabamos de expor. Este caso colocou, uma vez mais, o princípio da proibição de transferência de jogadores menores de idade no centro da discussão e atenção da comunidade desportiva, uma vez que a FIFA determinou que o Chelsea fosse banido de transferir jogadores durante duas janelas de transferências consecutivas (verão 2019 e janeiro de 2020). Em causa encontrava-se a violação e tentativa de contorno às disposições previstas no art.º 19.º do RSTP em 29 casos de transferências de jogadores menores de idade. A par do impedimento de registo de novos jogadores pelo período de duas janelas de transferências, a FIFA condenou ainda o Chelsea a pagar CHF 600.000,00, conferindo 90 dias ao clube para regularizar a situação.

V. Conclusão

Com o presente trabalho procurou-se apresentar uma visão geral relativamente à proteção dos jogadores de futebol menores de idade no seio da indústria do futebol e ao abrigo da regulamentação vigente da FIFA.

Dúvidas não poderão subsistir que a proteção dos jogadores de futebol menores de idade apresenta-se, nos dias de hoje, como uma forte prioridade para o organismo máximo do futebol mundial. Com efeito, a FIFA não só promoveu, ao longo dos tempos, significativas alterações ao Regulamento sobre o Estatuto e Transferências de Jogadores de Futebol como, por outro lado, tem vindo a aplicar um forte controlo e sanções aos clubes e federações nacionais que não respeitem as disposições regulamentares de prote-

[74] A este propósito vale a pena referir que o Árbitro Único apontado ao caso do Real Madrid e que também ilibou o clube da violação do artigo 5.º do RSTP, decidiu reduzir as sanções aplicadas ao clube, de modo a que refletissem de forma proporcional as violações cometidas.

[75] CAS 2019/A/631, Chelsea Football Club Limited v. FIFA, 2019.

ção de menores, previstas no artigo 9.º, 19.º e Anexo e 3 do RSTP e detalhadas no nos art. 29 e 30 das Procedural Rules Governing the FIFA Football Tribunal.

Por outro lado, é também inequívoco que a temática abordada é suscetível de levantar diversas questões de elevada complexidade, nomeadamente no que respeita à interpretação das disposições regulamentares vigentes e à sua respetiva aplicabilidade prática.

Com a apresentação de alguns casos de jurisprudência do CAS, procurámos também apresentar algumas das fragilidades que ainda se colocam a respeito do quadro regulamentar da FIFA sobre transferências de menores de idade. Na verdade, as decisões expostas denotam que apesar do tema da proteção de jovens promessas do futebol ser alvo de atenção por parte das mais altas instituições competentes em matéria de futebol, existem ainda algumas contradições entre as posições da FIFA e CAS sobre o assunto, o que inevitavelmente gera incerteza relativamente aquilo que é permitido ao abrigo do RSTP.

Não obstante, o que é inevitável concluir é que com a inclusão do quadro regulamentar abordado ao longo do presente trabalho, a FIFA demonstrou ter, sem sombra de dúvidas, uma clara intenção de proteger os jovens atletas menores de idade de possíveis situações prejudiciais ao seu desenvolvimento e desportivo, nomeadamente as de exploração financeira e de tráfico de pessoas.

Certo é que, existe ainda muito trabalho – sobretudo preventivo e de controlo – a realizar em torno desta matéria, uma vez que época após época, diversos clubes continuam a ser alvo de investigações e de sanções pelo facto de não cumprirem com as regras previstas no artigo 19.º do RSTP, agora pela mão do Tribunal de Futebol da FIFA.

Pese embora não tenhamos tido oportunidade de o abordar no presente trabalho, cumpre ainda alertar para o facto de que o princípio geral de proibição de transferências internacionais de jogadores de futebol menores de idade levanta, naturalmente, algumas questões discutíveis ao nível da restrição de direitos fundamentais destes jovens atletas. Direitos que, conforme sabemos, são garantias indisponíveis e protegidas ao nível da legislação europeia e internacional. Sobre estas – questões – e, bem assim, sobre os benefícios/prejuízos que o Regulamento da FIFA pode comportar para o bem-estar e desenvolvimento dos jovens, talvez tenhamos oportunidade de nos deter num outro momento.

Por ora, valerá a pena salientar que o papel da FIFA neste âmbito foi de extrema importância e referir que, não obstante existam ainda falhas e fragilidades no sistema – que pese embora não se encontrarem aqui refletidas em profundidade, seguramente não as ignoramos –, todos os motivos serão sempre válidos e pertinentes para nos debruçarmos sobre a proteção especial que as transferências internacionais de jovens jogadores de futebol menores de idade devem merecer à luz dos regulamentos desportivos vigentes.

VI. Referências

i. Bibliografia

Casini, L. (2010). The Making of a Lex Sportiva: The Court of Arbitration for Sport'Der Ernährer'. *Available at SSRN 1621335.*

Lopes, Vera – As exceções não escritas à proibição da transferência internacional de jogadores de futebol menores de idade. In Meirim, José Manuel – *Direito do Desporto.* Lisboa. Universidade Católica Editora. 2017. ISBN: 9789725405802. p. 297-315.

Martínez, Augustín; Ripoll, Enric – (2017). FIFA, CAS and Minors: the Return of the Laudable Purposes and the Disproportionate Tools, in *Football Legal,* #7. ISSN: 2497-1219. P. 89-96.

Mclaren, R. H. (2000). The Court of Arbitration for Sport: An Independent Arena for the World's Sports Disputes. *Val. UL Rev., 35, 379.*

Meirim, José Manuel – Regulamentação da actividade de empresário desportivo – Acórdão do Tribunal da Relação de Lisboa de 14.10.2008, Proc. 7929/08", *in Cadernos de Direito Privado,* n.º 30. 2010. p. 41/58.

Meirim, José Manuel – Suíça: uma real especificidade desportiva. in *Stvdia Jvridica 101 – Estudos em Homenagem ao Prof.Doutor Jorge de Figueiredo Dias* – Vol. IV, Coimbra Editora, 2009, p.646 e ss.

Procopio Filho, J. V. (2019). Comentários sobre a natureza jurídica da FIFA como sujeito de direito internacional e seu eventual direito de ação perante o Tribunal Constitucional Internacional. *Data enia.*

Reeb, M. (Ed.). (2002). *Recueil des sentences du TAS.: Digest of CAS Awards. II, 1998-2000.* Kluwer Law International.

Silva, Artur Flamínio – A Resolução de Conflitos Desportivos em Portugal: entre o direito público e o direito privado. Coimbra. Edições Almedina. 2017. ISBN: 978-972-40- 7063-6. Pp. 185-283 e 569-591.

Yilmaz, S. (2018). Protection of minors: lessons about the FIFA RSTP from the recent Spanish cases at the Court of Arbitration for Sport. *The International Sports Law Journal, 18(1), 15-28.*

Yilmaz, S., Esson, J., Darby, P., Drywood, E., & Mason, C. (2020). Children's rights and the regulations on the transfer of young players in football. *International Review for the Sociology of Sport*, 55(1), 115-124.

ii. Base Legal

Circular no. 769 da FIFA, de 24 de Agosto de 2001.

Circular no 1205, 23 de Setembro de 2009.

Circular FIFA n.º 1206, de 13 de Outubro de 2009.

Circular no. 1542 da FIFA, de 01 de Junho de 2016.

FIFA, FIFA Disciplinary Code, 2019 Edition.

FIFA, Commentary on the Regulations for the Status and Transfer of Players, 2006 e 2021.

FIFA Regulations on the Status and Transfers of Players, Maio 2023.

FIFA Regulations on Working with Intermediaries, 2014.

FIFA Rules Governing the Procedures of the Players' Status Committee and the Dispute Resolution Chamber, January 2021 Edition.

FIFA Procedural Rules Governing the Football Tribunal, Março 2023.

FIFA Statutes, June 2019 Edition.

Code of Sports-related Arbitration, "Statutes of the Bodies Working for the Settlement of Sports-related Disputes", July 2020.

Lei 54/2017 de 14 de julho, publicada no Diário da República série I, n.º 135 de 14 de julho de 2017.

iii. Jurisprudência

Tribunal Federal Suíço, "Gundel v. Fédération Equestre Internationale", 1993.

CAS 2011/A/2494, Girondins de Bordeaux v. FIFA, 2011.

CAS 2012/A/2839, Boca v. FIFA, 2012.

TAS 2012/A/2862 Girondins de Bordeaux v. FIFA, 2012.

CAS 2013/A/3140 A.v. Atlético de Madrid & RFEF & FIFA, 2013.

TAS 2012/A/2862, Girondins de Bordeaux v. FIFA, 2013.

CAS 2015/A/4312, John Kenneth Hilton v. FIFA, 2015.

CAS 2014/A/3793, Fútbol Club Barcelona v. FIFA, 2015.

CAS 2016/A/4785, Real Madrid Club de Fútbol v. FIFA, 2017.

CAS 2014/A/3813, Real Federación Española de Fútbol (RFEF) v. FIFA, 2015.

TAS/2015/A/4178, Zohran Ludovic Bassong & RSC Anderlecht v. FIFA, 2016.

CAS 2019/A/631, Chelsea Football Club Limited v. FIFA, 2019.

iv. Sites

https://www.fifa.com/

https://www.tas-cas.org/

12. OS DIREITOS EXCLUSIVOS NO ORDENAMENTO JURÍDICO-DESPORTIVO PORTUGUÊS: DESAFIOS E EXPERIÊNCIA PRÁTICA NO ATLETISMO

PEDRO CALDEIRA CONCEIÇÃO[1]

Nike! Nike! Nenikekamen!
Fidípedes (530 a.C – 490 a.C)

I. Introdução

O conceito de Direitos Desportivos Exclusivos foi expressamente introduzido no ordenamento jurídico-desportivo português na Lei de Bases da Atividade Física e do Desporto (LABFD), Lei 5/2007, de 16 de janeiro e depois replicado no Regime Jurídico das Federações Desportivas (RJFD), Decreto-Lei n.º 248-B/2008 de 31 de dezembro, alterado pelo Decreto-Lei n.º 93/2014 de 23 de junho.

Embora aquela noção já estivesse de certa forma prevista na Lei de Bases do Sistema Desportivo (LBSD), Lei n.º 1/90 de 13 de janeiro, só mais tarde viria a ser complementada com o Decreto-Lei n.º 45/2015 de 9 de abril, que veio definir as formas de proteção do nome, imagem e atividades desenvolvidas pelas federações desportivas, bem como o respetivo regime contraordenacional.

A evolução social, económica e desportiva que se verificou em especial nas duas últimas décadas fez surgir circunstancialismo diverso e atentatório

[1] Jurista. Presidente do Conselho de Disciplina da Federação Portuguesa de Atletismo.

do pleno exercício de direitos e deveres daqueles organismos – que apesar de previsão legal, ainda se verificam- embora em alguns casos talvez já não de forma tão evidente e duradoura como no passado.

Nas linhas que se seguem, propomos uma reflexão contextualizada do surgimento dos direitos desportivos exclusivos no tempo, através da qual pretendemos identificar o propósito do Legislador na adoção de tais normativos, particularmente no que respeita à proteção das atividades das federações desportivas, tentando simultaneamente enquadrar e analisar o respetivo alcance numa visão técnico-jurídica tendencialmente mais prática – e por vezes opinativa.

Constatamos, ainda, que os Direitos Desportivos Exclusivos estão intimamente relacionados com outros conceitos estruturantes presentes nas leis desportivas, deles derivando ou complementando-se. O princípio da unicidade federativa, o associativismo desportivo, que assume papel social preponderante no complemento à função do Estado nesta matéria e o Estatuto de Utilidade Pública Desportiva (EUPD), que confere a uma federação a competência para o exercício, em exclusivo, por modalidade ou conjunto de modalidades, de poderes regulamentares, disciplinares e outros de natureza pública, bem como a titularidade dos direitos e deveres especialmente previstos na lei, conforme o estabelecido na LBAFD e no RJFD, porque essenciais para a compreensão do tema a que nos propomos, serão aqui também referenciados mas de forma menos exaustiva.

Em nossa opinião, esta tema reveste-se de particular importância no movimento federativo português, pelo que procuraremos interpretar as normas existentes e projetar os seus efeitos na conjuntura desportiva existente.

Por fim, tentaremos identificar alguns problemas na aplicação prática destes normativos no âmbito do Atletismo, arriscando dizer que serão os mesmos problemas com que se debatem, muitas federações desportivas.

Esta referência não surge ao acaso: o autor, embora nesta sede se encontre na qualidade de aluno -e dela não se afastando-, é membro do Conselho de Disciplina da Federação Portuguesa de Atletismo, e será também nessa perspetiva que vai tentar aplicar os dispositivos jurídicos atrás referidos à realidade federativa.

O leitor dirá se se cumpriu o objetivo proposto.

Nota: O presente trabalho foi escrito de acordo com as regras do novo Acordo Ortográfico, tendo-se, no entanto, optado por manter a redação dos textos legislativos citados na grafia original.

II. A dignidade constitucional do desporto

1. O artigo 79.º como ponto de partida

O direito ao desporto está consagrado na Constituição da República Portuguesa, no Capítulo III, «Direitos e deveres culturais», artigo 79.º, sob a epígrafe «Cultura física e desporto»: *1. Todos têm direito à cultura física e ao desporto, 2. Incumbe ao Estado, em colaboração com as escolas e as associações e coletividades desportivas, promover, estimular, orientar e apoiar a prática e a difusão da cultura física e do desporto, bem como prevenir a violência no desporto.* Este direito, pacificamente aceite na Doutrina como um direito fundamental de cariz social e cultural[2] que começou por integrar o texto constitucional aprovado em 2 de abril de 1976[3], sofreu ligeiras alterações ao longo das últimas quase cinco décadas de democracia, que acompanharam a evolução da sociedade portuguesa relativamente à prática desportiva, passando a encará-la também como desígnio educativo e de bem-estar físico e psicológico. Os princípios de universalidade e de igualdade, respetivamente previstos nos artigos 12.º e 13.º da Lei fundamental, ajudam-nos a complementar aquela definição, uma vez que determinam de forma expressa a sua abrangência, que assume como principal atribuição do Estado desenvolver e assegurar o "desporto para todos".

Estes princípios estão vertidos, grosso modo, no artigo 2.º da LBAFD: "*1 – Todos têm direito à actividade física e desportiva, independentemente da sua ascendência, sexo, raça, etnia, língua, território de origem, religião, convicções políticas ou ideológicas, instrução, situação económica, condição social ou orientação sexual. 2 – A actividade física e o desporto devem contribuir para a promoção de uma situação equilibrada e não discriminatória entre homens e mulheres.* Este direito e o seu reflexo no ordenamento jurídico português constituem o ponto de partida para a reflexão a que nos propomos.

[2] Simão Mendes de Sousa, Compêndio de Direito do Desporto, Coordenador Alexandre Miguel Mestre, O direito fundamental ao desporto, Coimbra, Gestlegal, 1.ª Edição, fevereiro 2021, pp. 44-74.

[3] Para efeitos do presente trabalho apenas nos referimos às disposições constitucionais relativas a desporto a partir da Constituição de 1976.

III. A exclusividade da atividade das federações desportivas

2. Na Lei de Bases do Sistema Desportivo, Lei 1/90 de 13 de janeiro

Para a concretização do direito constitucional ao desporto, o Estado, através dos seus órgãos de soberania, começou a "construir" a atual organização jurídico-desportiva portuguesa com a Lei de Bases do Sistema Desportivo, Lei 1/90 de 13 de janeiro[4].

Não sendo nosso objetivo proceder a uma análise detalhada desta norma (ou sequer comparativa, das que se lhe seguiram), sempre se dirá que foi daqui que nasceram alguns dos princípios e conceções estruturantes que perduram até hoje no nosso ordenamento jurídico-desportivo.

Para o que nos interessa, o Capítulo III «Associativismo desportivo», Secção I, «Clubes e federações desportivas», apresenta no artigo 21.º a definição, requisitos e objetivos gerais das federações desportivas. São eles: *Promover, regulamentar e dirigir, a nível nacional, a prática de uma modalidade desportiva ou conjunto de modalidades afins; Representar perante a Administração Pública os interesses dos seus filiados; Representar a sua modalidade desportiva, ou conjunto de modalidades afins, junto das organizações congéneres estrangeiras ou internacionais* (artigo 21.º, n.º 1, alíneas a), b) e c) da LBSD). É aqui que se começa a percecionar o papel determinante atribuído pelo Legislador às federações na organização desportiva de modalidades e competições, de representatividade perante o Estado e a Administração Pública e também em termos internacionais.

Conceito determinante a considerar nesta sede é a Utilidade Pública Desportiva, nos termos da qual é atribuída a uma federação desportiva a competência para o exercício, dentro do respetivo âmbito, de poderes regulamentares, disciplinares e outros de natureza pública (artigo 22.º, n.º 1, *idem*).

Nesta senda, e fundamental, determinava a LSBD que "*Regime geral específico protege o nome, a imagem e as atividades desenvolvidas pelas federações desportivas titulares do estatuto de utilidade pública desportiva*" (artigo 22.º, n.º 5, *idem*). Apesar desta previsão, só muito mais tarde é que se viria a proceder à devida regulamentação, como veremos. Ainda assim, o EUPD viria a ser densificado no Decreto-Lei n.º 144/93 que estabeleceu o Regime Jurídico

[4] No seguimento da anterior nota. Para efeitos do presente trabalho apenas faremos referência à legislação desportiva a partir da entrada em vigor da LBSD.

das Federações Desportivas e as respetivas condições de atribuição. No Capítulo II «Utilidade pública desportiva», o artigo 7.º, sob a epígrafe «conteúdo» estipulava que *"o estatuto de utilidade pública desportiva atribui a uma federação desportiva em exclusivo, a competência para o exercício, dentro do respetivo âmbito, de poderes de natureza pública, bem como a titularidade de direitos especialmente previstos na lei"*. Neste contexto, a ideia de "exclusivo" resulta primordialmente do princípio da unicidade federativa (existe apenas uma federação internacional por modalidade desportiva e esta reconhece uma única federação nacional), atribuindo à federação desportiva a capacidade de organizar a respetiva modalidade e de gerir, de forma autónoma, a sua atividade, ainda que munida de poderes públicos[5].

3. Na Lei de Bases do Desporto, Lei n.º 30/2004 de 21 de julho

No seguimento desta evolução normativo-jurídica, a Lei de Bases do Desporto, Lei n.º 30/2004 de 21 de julho, veio rever de forma profunda a LBSD. Embora mantendo um artigo (art.º 20.º) com a epígrafe «Federações Desportivas», no dispositivo foi desta feita inserido no Capítulo III «Organização do desporto», subsecção I «Movimento associativo desportivo», aumentando o leque de responsabilidades para as federações desportivas: *Promover, regulamentar e dirigir, a nível nacional, a prática de uma modalidade desportiva ou o conjunto de modalidades afins ou combinadas; Representar perante a Administração Pública os interesses dos seus filiados; Representar a respetiva modalidade desportiva, ou conjunto de modalidades afins ou combinadas, junto das organizações congéneres estrangeiras ou internacionais; Promover a formação dos jovens desportistas; Promover a defesa da ética desportiva; Apoiar, com meios humanos e financeiros, as práticas desportivas não profissionais; Fomentar o desenvolvimento do desporto de alta competição na respetiva modalidade; Organizar a preparação desportiva e a participação competitiva das seleções nacionais; Assegurar o processo de*

[5] A propósito do Princípio da unicidade Federativa, mas também do exercício da tutela de direitos obre uma modalidade, veja-se o Acórdão do TAD no processo n.º 54/2018, que opôs a Federação Portuguesa de Surf à Federação Portuguesa de Canoagem, relativamente à tutela da modalidade de *Stand-Up paddle*, na qual aquele Tribunal deu razão à Federação Portuguesa de surf. Curiosamente o mesmo tema, que opôs a International Surfing Association (ISA) à International Canoe Federation (ICF), foi arbitrado no TAS CAS, tendo a decisão ido numa direção "salomónica", digamos assim:
https://www.tribunalarbitraldesporto.pt/files/decisoes/TAD_54-2018.pdf.

formação dos recursos humanos no desporto e dos recursos humanos relacionados com o desporto (Artigo 20.º, alíneas a) a f) da LBD).

Com uma sistematização bastante distinta da anterior, esta lei veio incrementar sobremaneira as atribuições das federações desportivas, contribuindo para a sua organização e estabilização no ordenamento jurídico nacional. Nesta altura, tal como na LBSD, as atribuições das federações permanecem intactas, facto que nos leva a concluir que há um reconhecimento cada vez maior do Legislador relativamente a estas entidades, credibilizando-as e encarando-as cada vez mais – tal como ao associativismo desportivo, de uma forma geral considerado – como motores do desenvolvimento desportivo e social.

No entanto, apesar de as federações desportivas continuarem a dever manter, como objetivos gerais, entre outros, a promoção, regulamentação e direção, a nível nacional da prática de uma modalidade desportiva ou o conjunto de modalidades afins ou combinadas, a verdade é que, pelo menos textualmente, o "exclusivo" inexiste no texto legislativo da LBD.

Aliás, refira-se que a preocupação do Legislador relativamente à proteção do nome, imagem e atividades (introduzida, como acima vimos, no artigo 22.º, n.º 5 LBSD), surge agora plasmada na alínea f) do n.º 2 do artigo 19.ª, mas sob a epígrafe «Sociedade desportiva», facto que parece denotar algum desajustamento normativo face à evolução do fenómeno desportivo e da respetiva conjuntura jurídica.

4. Na Lei de Bases da Atividade Física e do Desporto, Lei n.º 5/2007 de 16 de janeiro

A LBD vigoraria por pouco tempo[6], sendo revogada praticamente dois anos e meio depois com a Lei de Bases da Atividade Física e do Desporto, Lei n.º 5/2007 de 16 de janeiro, atualmente em vigor. Através da introdução de novos conceitos jurídicos, o Legislador acrescentou a expressão "actividade física" à sua designação, *por forma a contribuir para a promoção e a*

[6] De acordo com José Ribeiro e Castro, *in* Enciclopédia de Direito do Desporto, Coordenador Alexandre Miguel Mestre, "Lei de Bases da Atividade Física e do Desporto", Coimbra, Gestlegal, 1.ª Edição, novembro 2019, p. 262, *várias das linhas fundamentais definidas já na LBSD de 1990 mantém-se na LBAFD, que também não introduz alterações de fundo relativamente à LBD de 2004, sugerindo que a nova lei se deveu a razões políticas, pela mudança de governos, e a questões estilísticas.*

generalização da atividade física e do desporto, bem como apoiar a prática desportiva regular e de alto rendimento[7].

Esta norma veio trazer nova sistematização no que concerne às federações desportivas, mantendo-as apesar de tudo no mesmo Capítulo III «Associativismo desportivo», Secção II «Federações Desportivas», mas já sob a epígrafe «Conceito de federação desportiva» no seu artigo 14.º. Nesta sede, embora em termos formais não se tivesse traçado uma linha absolutamente diferenciadora da definição da lei anterior, os requisitos regressam a uma redação mais espartana, digamos, mantendo-se – tal como anteriormente – *a promoção, regulamentação e direção, a nível nacional, da prática de uma modalidade desportiva ou de um conjunto de modalidades afins ou associadas; Representar perante a Administração Pública os interesses dos seus filiados; Representar a sua modalidade desportiva, ou conjunto de modalidades afins ou associadas, junto das organizações desportivas internacionais, bem como assegurar a participação competitiva das seleções nacionais e ainda a obtenção do estatuto de pessoa coletiva de utilidade pública desportiva* (art.º 14.º, als. i) a iii).

A LBAFD surge numa redação mais condensada relativamente à LBD, introduzindo algumas inovações, designadamente o artigo 18.º sob a epígrafe "Justiça Desportiva" (posteriormente revogado pela Lei n.º 74/2013 de 6 de setembro, que criou o Tribunal Arbitral do Desporto) e, para o que nos interessa, os "Direitos Desportivos Exclusivos" (cláusula 16.ª), complementando-os com a nova conceção jurídica do Estatuto de Utilidade Pública Desportiva, ínsita no artigo 19.º e ainda o artigo 32.º, relativo à realização de provas desportivas em espaços públicos.

Refira-se que nas anteriores leis de bases, ainda que aquela noção não conste nos respetivos normativos, a expressão – comum a todos os diplomas – *promoção, regulamentação e direção, a nível nacional, da prática de uma modalidade desportiva* já parece criar a noção de exclusivo, no sentido de ser a federação desportiva a única entidade investida de poderes para tal porque devidamente habilitada através do EUPD.

[7] Exposição de motivos para uma nova Lei de Bases para o Desporto, Proposta de Lei n.º 80/X, Conselho de Ministros, 14 de junho de 2006, p. 1.

IV. O direito desportivo exclusivo, conceito jurídico inovador

5. Na Lei de Bases da Atividade Física e do Desporto

Na LBAFD, é na secção II «Federações Desportivas», Capítulo III «Associativismo Desportivo», art.º 16 que surge a primeira referência expressa da noção jurídica de «Direitos Desportivos Exclusivos», também reproduzida nos seus exatos termos no artigo 61.º do Regime Jurídico das Federações Desportivas (RJFD), Decreto-Lei n.º 248-B/2008, de 31 de dezembro, alterado pelo Decreto-Lei n.º 93/2014 de 23 de junho.

A justificação para este preceito consta na exposição de motivos da proposta para a nova Lei de Bases para o Desporto[8], na qual o Legislador refere que esta inovação teve como objetivo "*clarificar o regime dos direitos desportivos exclusivos das federações desportivas, bem como o regime sancionatório em caso de uso abusivo desses direitos por entidades não titulares do estatuto de utilidade pública desportiva, retomando-se, neste âmbito, o denominado princípio da «unicidade federativa» que vigora em todos os países que trabalham com instrumentos equivalente ao do estatuto da utilidade pública desportiva*".

Nos termos da redação do artigo 16.º, n.º 1 daquela proposta sob a epígrafe «Direitos desportivos exclusivos» "*a atribuição de títulos desportivos, de nível nacional ou regional, é privativa das federações desportivas e só estas podem organizar selecções nacionais*". Já o n.º 2 tinha a seguinte redação: "*A lei define as formas de protecção do nome, imagem e actividades desenvolvidas pelas federações desportivas, estipulando o respectivo regime contra-ordenacional*". A norma final, resultou de diferente redação: "*1 – Os títulos desportivos, de nível nacional ou regional, são conferidos pelas federações desportivas e só estas podem organizar selecções nacionais. 2 – A lei define as formas de protecção do nome, imagem e actividades desenvolvidas pelas federações desportivas, estipulando o respectivo regime contra-ordenacional*".

Apesar de estarmos perante uma nova perspetiva jurídica das atividades, direitos e obrigações das federações desportivas, a verdade é que disposições semelhantes constavam já na LBSD, designadamente nos números 4 e 5 do artigo 22.º: "*4 – Só podem ser reconhecidos os títulos, sejam de nível nacional ou regional, atribuídos no âmbito das federações desportivas às quais seja concedido o estatuto de pessoa colectiva de utilidade pública desportiva, bem como as selecções nacionais que por estas federações sejam organizadas.*

[8] Exposição de motivos para uma nova Lei de Bases para o Desporto, Proposta de Lei n.º 80/X, Conselho de Ministros, 14 de junho de 2006, p. 3.

5 – Regime legal específico protege o nome, a imagem e as actividades desenvolvidas pelas federações desportivas titulares do estatuto de utilidade pública desportiva".

Neste articulado autónomo, o Legislador aumentou as atribuições das federações, incutindo uma maior dignidade às modalidades desportivas, elevando a integridade das competições com a atribuição de títulos, manifestando ao mesmo tempo – parece-nos – uma especial preocupação com a envolvente económica associada à prática desportiva quer para entidades privadas, quer para as próprias federações. Como aquela disposição se poderia afigurar insuficiente para assegurar o grau de proteção desejado, o Legislador foi mais longe, alargando-a à imagem e ao nome, estabelecendo em simultâneo um regime sancionatório.

Como refere José Manuel Meirim[9] "*trata-se de, por um lado, atribuir direitos exclusivos e, por outro lado, proteger tais federações contra abusos levados eventualmente a cabo por outras entidades, fazendo perigar a sua autoridade desportiva e potenciando a confusão junto dos destinatários das actividades desportivas*", reflexão com a qual concordamos integralmente. Neste âmbito, os abusos podem passar, designadamente, pela apropriação das atribuições próprias das federações na organização de provas desportivas sem a necessária homologação, pela atribuição indevida de títulos ou pela utilização não autorizada de nome e imagem federativas – quase uma usurpação, diríamos – como forma de conferir "chancela competitiva" a determinada prova ou competição e reveladores de um claro propósito comercial em prejuízo da vertente desportiva. Prerrogativa essencial para o exercício pleno dos direitos desportivos exclusivos é o Estatuto de Utilidade Pública Desportiva, cuja definição constante no n.º 1 do artigo 19.º da LBAFD, foi também alargada: "*O estatuto de utilidade pública desportiva confere a uma federação desportiva a competência para o exercício, em exclusivo, por modalidade ou conjunto de modalidades, de poderes regulamentares, disciplinares e outros de natureza pública, bem como a titularidade dos direitos e poderes especialmente previstos na lei*". Partindo do pressuposto normativo que nos diz que sem EUPD inexiste o direito desportivo exclusivo,

[9] José Manuel Meirim, Fórum de Discussão, Lei de Bases da Actividade Física e do Desporto, Confederação do Desporto de Portugal Lisboa, 2 de julho de 2007, página 27 (...) *Independentemente de críticas que se possam endereçar à semântica legislativa, é bem verdade que o que aqui se dispõe – a precipitar-se, desde logo, no regime jurídico das federações desportivas e do estatuto de utilidade pública desportiva –, representa algo de positivo para aquelas federações que titulem o estatuto de utilidade pública desportiva.*

verificamos que esta evolução normativa, pilar do conceito de federação desportiva, associada ao preenchimento do requisito de *promoção, regulamentação e direção, a nível nacional, da prática de uma modalidade desportiva ou conjunto de modalidades afins ou associadas* (cfr, artigo 14.º, alínea a), da LBAFD) veio reforçar o escopo da atividade das federações, dotando-as com ferramentas jurídicas mais eficientes para o cumprimento dos seus deveres públicos e assim densificar o princípio da unicidade federativa. Sob este ponto de vista, aqueles direitos mais não são que atribuições públicas delegadas pelo Estado, por via dos quais resulta o exclusivo sobre as modalidades que representam. Nos termos do art.º 14 da LBAFD, trata-se de uma especial prerrogativa concedida *a pessoas coletivas constituídas sob a forma de associação sem fins lucrativos,* i.e. as federações desportivas.

Embora numa primeira análise o âmbito da exclusividade possa parecer demasiadamente restrito, a LBAFD permite o exercício daqueles direitos por terceiros[10], ainda que sujeito ao cumprimento de determinados requisitos. Por esse motivo, o artigo 32.º «Provas ou manifestações desportivas em espaços públicos», inserido na Secção I do Capítulo IV, ambos sob a epígrafe «Atividade física e prática desportiva», uma inovação relativamente à LBD, obriga a que a realização de provas ou manifestações desportivas seja obrigatoriamente precedida de um pedido de parecer a emitir pela respetiva federação desportiva, desde que cumpridos cumulativamente três requisitos: *que os eventos decorram na via pública ou demais espaços públicos, que estejam abertas à participação de praticantes inscritos nas federações desportivas e que se atribuam prémios, em dinheiro ou em espécie, superiores a montante a fixar na lei* (art.º 32, n.º 1, als. a), b) e c)). O objetivo desta homologação é assegurar o respeito pelas regras de proteção da saúde e segurança dos participantes, bem como o cumprimento das regras técnicas da modalidade (*idem,* n.º 2) no que se consubstancia claramente na intenção de proteger atletas – profissionais ou amadores –, as próprias modalidades e em particular a integridade e a verdade desportiva das competições, razão pela qual se determina que tais provas e manifestações desportivas são inscritas no calendário competitivo da respetiva federação (*idem,* n.º 3).

[10] De acordo com Daniel Castro Neves *in* Enciclopédia de Direito do Desporto, Coordenador Alexandre Miguel Mestre, Direitos Desportivos Exclusivos, Coimbra, Gestlegal, 1.ª Edição, novembro 2019, pp. 155-156, *(...) a exclusividade dos direitos próprios das federações acha-se nos poderes de autorictas que lhes são reconhecidos. Ela não impede o desenvolvimento das atividades federativas por terceiros, apenas o seu "uso abusivo".*

6. No Regime Jurídico das Federações Desportivas

O Decreto-Lei n.º 144/93 de 26 de Abril, que estabeleceu o primeiro regime jurídico das federações desportivas e as condições de atribuição do estatuto de utilidade pública desportiva no ordenamento jurídico-desportivo nacional, veio traduzir a nova organização e funcionamento do sistema desportivo nascido da LBSD. No Capítulo I «Utilidade Pública Desportiva», o artigo 7.º «Conteúdo» deste diploma especificava que "*o estatuto de utilidade pública desportiva atribui a uma federação desportiva, em exclusivo, a competência para o exercício, dentro do respetivo âmbito, de poderes de natureza pública, bem como a titularidade de direitos especialmente previstos na lei*". Esta previsão evoluiu com o Decreto-Lei n.º 248-B/2008, de 31 de dezembro, que aprovou o Regime Jurídico das Federações Desportivas, atualmente em vigor, surgindo na esteira da LBAFD. Com este diploma, enunciam-se os princípios a observar em toda a atividade desportiva, a densificação da regulação das federações desportivas e as condições de atribuição do estatuto de utilidade pública desportiva, cujo artigo 10.º «Estatuto de Utilidade Pública Desportiva» inclui norma semelhante à que consta no artigo 19.º, n.º 1 da LBAFD: "*O estatuto de utilidade pública desportiva confere a uma federação desportiva a competência para o exercício, em exclusivo, por modalidade ou conjunto de modalidades, de poderes regulamentares, disciplinares e outros de natureza pública, bem como a titularidade dos direitos e deveres especialmente previstos na lei*".

Outra particularidade do RJFD reside na transcrição *ipsis verbis* do artigo 16.º da LBAFD, no seu artigo 61.º, sob a mesma epígrafe «Direitos desportivos exclusivos», desta vez no Capítulo IV «Competições e seleções nacionais»: *1 – Os títulos desportivos, de nível nacional ou regional, são conferidos pelas federações desportivas e só estas podem organizar seleções nacionais. 2 – A lei define as formas de proteção do nome, imagem e atividades desenvolvidas pelas federações desportivas, estipulando o respetivo regime contraordenacional*". Embora não seja o enfoque do presente trabalho, importa referir que os arts. 16.º LBAFD e 61.º do RJFD, contém importante normativo relacionado com o reconhecimento da exclusividade na organização de seleções nacionais, também consagrado no DL n.º 45/2015, de 9 de abril, o qual tipifica a violação desse direito como contraordenação. A alínea d) do n.º 1 do artigo 13 do RJFD reitera o que atrás se refere, consagrando o direito das federações desportivas "*ao reconhecimento das seleções e representações nacionais por elas organizadas*".

V. A proteção do nome, imagem e atividades federativas

7. O Decreto-Lei n.º 45/ 2015 de 9 de abril

Como anteriormente verificámos, o dever do Estado em emanar um regime legal específico para a proteção do nome, imagem e atividades desenvolvidas pelas federações desportivas titulares do EUPD remonta à LBSD (art.º 22, n.º 5), manteve-se no artigo 16.º, n.º 2 da LBAFD e no n.º 2 do artigo 61.º do RJFD. Embora aquela previsão legal se verificasse desde a publicação da LBSD (13 de janeiro de 1990) a verdade é que a sua regulamentação só se concretizou com a publicação do Decreto-Lei n.º 45/2015 de 9 de abril, seja 25 anos depois (!).

De acordo com Jose Manuel Meirim[11], a razão de ser desta norma "*radica no coração do sistema desportivo federado. Com efeito, bem ou mal, Portugal enfileira-se no grupo de países com significativa intervenção pública no desporto federado. Numa frase, que condensa muitas consequências, as federações são entidades reguladoras públicas das modalidades. Daí que, no domínio da organização, regulamentação e disciplina das competições, exerçam poderes públicos delegados pelo Estado. Ora, se esta é a conceção do Estado, é lógico que exista um arco de proteção sobre essa mancha de atividade das federações*". Diríamos que o pináculo desta esfera de proteção é efetivamente a tutela dos direitos desportivos exclusivos. Em parecer à proposta de Decreto-Lei da qual viria a resultar a norma ora analisada, o Comité Olímpico de Portugal vincou a ideia de "*um diploma há muito aguardado pelo movimento desportivo, particularmente com a proliferação de provas e eventos desportivos organizados e realizados à margem das federações desportivas que regulam a respetiva modalidade*"[12]. Em vinte e cinco anos, o desporto português sofreu alterações profundas do ponto de vista social. A prática desportiva generalizou-se, tornando-se mais acessível a um número cada vez maior de pessoas e a organização de competições floresceu. Esta rápida evolução ter-se-á tornado essencial para assegurar a tutela efetiva daqueles direitos, tal como o Legislador os concebera na LBSD, ou seja, atribuindo-lhes previsão legal.

[11] José Manuel Meirim, in "O desporto ou os desportos", *Jornal Público*, Lisboa 3 de maio de 2015.

[12] Parecer do Comité Olímpico de Portugal à proposta do Decreto-Lei de proteção do nome, imagem e atividades desenvolvidas pelas federações desportivas, Lisboa, 18 de novembro de 2014.

8. Os Direitos tutelados: a atividade das federações desportivas

Com a aprovação do Decreto-Lei 45/2015 de 9 de abril, deu-se finalmente cumprimento ao previsto na LBAFD e no RJFD e surgiu no ordenamento jurídico a norma que veio definir as formas de proteção do nome, imagem e atividade das federações desportivas, o respetivo regime contraordenacional e ainda o montante dos prémios, em dinheiro ou espécie, que serve de referência para efeitos da obrigatoriedade de emissão de parecer por parte da respetiva federação desportiva, aquando da realização de provas ou manifestações desportivas. Partindo da definição de «federação desportiva» prevista no artigo 14.º da LBAFD, a tutela dos direitos protegidos é delimitada no artigo 2.º, desde logo pela manutenção do EUPD – condição *sine qua non* para a aplicação da norma.

Considerando o objeto do presente trabalho, propomo-nos analisar com maior detalhe o artigo 6.º «Proteção das atividades» e desde logo constatar que o direito *de promover, regulamentar e dirigir a nível nacional a prática de uma modalidade desportiva ou um conjunto de modalidades afins ou associadas, organizar e publicitar os quadros competitivos da respetiva modalidade, independentemente do escalão etário ou categoria, atribuir títulos de campeão nacional ou regional no âmbito dos respetivos campeonatos e reconhecer e organizar seleções e representações nacionais* (Art.º 6.º, n.º 1) constitui um exclusivo das federações desportivas, com exceção do desporto escolar (artigo 14.º, n.º 2) mas também das ligas profissionais na aceção do artigo 22.º da LBAFD, com as necessárias adaptações. Este direito é complementado com a disposição do n.º 2 "*A promoção de produtos, serviços ou estabelecimentos, ainda que não utilizando o nome ou a imagem da federação desportiva, que seja passível de criar um risco de associação à atividade referida no número anterior, independentemente do local ou momento em que ocorra, depende de autorização da respetiva federação desportiva*". Neste sentido, a norma opera num sentido preventivo, não proibindo expressamente tais atividades protegidas, sujeitando-as, ao invés, a autorização.

O n.º 3 do preceito em análise veio complementar a disposição relativa ao parecer federativo previsto no artigo 32.º, n.º 1 da LBAFD. No âmbito daquela, a realização de provas ou manifestações desportivas que cumpram os requisitos ali previstos, "*devem ser obrigatoriamente precedidos de parecer pela respetiva federação desportiva*". Com o DL 45/2015 de 9 de abril, este parecer adquire caráter vinculativo, devendo ser emitido no prazo de 10 dias sob pena de deferimento tácito, "*não cabendo ao requerente qualquer pagamento, salvo o das despesas inerentes à respetiva emissão*". Por outro lado, no que respeita ao pagamento das "despesas inerentes" – conceito que se nos afigura algo vago… –, a redação da norma parece sugerir que o Legislador teve a intenção de evitar que tal contrapartida fosse encarada como uma fonte de receita para as federações, situação que, levada ao limite, poderia ser lesiva do interesse desportivo de muitas modalidades. No que respeita a provas ou manifestações desportivas que decorram fora dos espaços públicos, previstas no n.º 4 do artigo 6.º, a sua realização está sujeita ao disposto no artigo 32.º da LBAFD (parecer prévio e vinculativo da respetiva federação) com as necessárias adaptações.

A realização de provas ou manifestações desportivas que decorram na via pública ou fora dela está ainda submetida a um duplo mecanismo de verificação e salvaguarda intimamente relacionado com o artigo 6.º, n.º 4, da lei 45/2015 de 9 de abril: Trata-se do disposto no n.º 2 do artigo 32.º da LBAFD que estipula que a federação desportiva deve "*homologar o regulamento da prova ou manifestação desportiva (…) a fim de assegurar o respeito pelas regras de proteção da saúde e segurança dos participantes, bem como as regras técnicas da modalidade*".

Como atrás vimos, para que a federação desportiva emita parecer prévio sobre a realização de provas ou manifestações desportivas, torna-se necessário o cumprimento de três requisitos cumulativos: *a) Que decorram na via pública ou demais espaços públicos; b) Estejam abertas à participação de praticantes inscritos nas federações desportivas; e c) No âmbito das quais se atribuam prémios, em dinheiro ou em espécie, superiores a montante a fixar na lei* (Artigo 32.º, n.º 1 da LBAFD). Ora o artigo 7.º do DL 45/2015 de 9 de abril veio fixar aquele montante em €100,00.

Este Decreto-Lei consagra ainda o regime contraordenacional aplicável à violação de qualquer dos direitos exclusivos das federações desportivas, cuja aplicação e fiscalização cabe à Autoridade de Segurança e Atividade Económica (ASAE), sem prejuízo das competências atribuídas por lei a outras entidades, nomeadamente às forças de segurança (art.º 8.º), cabendo a aplicação das coimas ao Instituto Português do Desporto e da Juventude, I.P. (art.º 10.º). Refira-se que o artigo 9.º, n.º 1, determinava os montantes das coimas aplicáveis, cujos valores oscilavam entre os €3.000,00 e os €30.000,00 para pessoas coletivas e os €750,00 e os €3.000,00 para pessoa singular, sendo ainda a tentativa punível com a coima aplicável à contraordenação consumada, especialmente atenuada e a negligência punível com os limites mínimos e máximo da coima reduzidos para metade (*idem, n.ºs 2 e 3*).

Apesar de vir preencher uma lacuna com mais de duas décadas, este regime ter-se-á afigurado insuficiente para assegurar a tutela de proteção pretendida pelas federações. A este propósito, a Federação Portuguesa de Ciclismo, através da Associação de Ciclismo do Minho, assumiu papel de destaque nas críticas à contínua proliferação de "*eventos clandestinos*"[13] defendendo "*a obrigatoriedade de todos os eventos desportivos serem previamente oficializados pelas federações detentoras do Estatuto de Utilidade Pública Desportiva bem como a necessidade de garantir o cumprimento das normas de segurança, da salvaguarda e defesa da verdade e da ética desportiva e de impedir a violação de regras técnicas das modalidades que, a não acontecer, pode resultar em prejuízo e risco para os atletas*"[14]. Esta posição viria a contribuir para o projeto de resolução n.º 2048/XIII[15], apresentado pelo Grupo Parlamentar do Partido Social Democrata a 15 de março de 2019. No proémio da proposta, pode ler-se que "*decorridos 4 anos sobre a entrada em vigor deste diploma, constata-se que, apesar de diversas virtualidades trazidas no que respeita à proteção do nome, imagem e atividades desenvolvidas pelas federações desportivas, tem sido pública a existência de situações em que a fiscalização e aplicação do diploma não está a corresponder às legítimas expetativas das federações desportivas*". Assim, a 7 de junho de 2019 seria aprovada a Resolução da Assembleia da República n.º 102/2019 que recomenda ao Governo a proteção das atividades desenvolvidas pelas federações desportivas: "*1 – Avalie a implementação do Decreto-Lei n.º 45/2015, de 9 de abril, que define as formas de proteção do nome, imagem e atividades desenvolvidas pelas federações desportivas, bem como o respetivo regime contraordenacional, em particular a sua fiscalização e capacidade para impedir a realização de eventos que coloquem em causa o direito das federações desportivas em salvaguardar devidamente as suas atividades. 2 – Avalie a necessidade de proteger de forma mais efetiva e abrangente as atividades*

[13] Artigo disponível através do link https://correiodominho.pt/noticias/eventos-clandestinos-assembleia-da-repblica-aprovou-projeto-de-resoluo/119221.

[14] Artigo disponível através do link https://news.cision.com/pt/acm---associacao-de-ciclismo-do-minho/r/assembleia-da-republica-aprovou-projeto-de-resolucao,c636984497970000000.

[15] Proposta de resolução disponível através do link https://app.parlamento.pt/webutils/docs/doc.pdf?path=6148523063484d364c7939686 36d356c6443397a6158526c637939595 3556c4a5447566e4c305276593356745a57353062334e4a626d6c6a6157463061585a684c7 a5a6d4f5456694f5442694c5745305a4751744e4745784f5331684e7a4d7a4c5445354d7a55 7a4d3245784d546b314e53356b62324d3d&fich=6f95b90b-a4dd-4a19-a733-193533a11955.doc&Inline=true.

desenvolvidas pelas federações desportivas, considerando a constante mutação do fenómeno desportivo"[16].

Recentemente, a moldura sancionatória prevista no DL 45/2015 de 9 de abril foi modificada com a entrada em vigor do Regime Jurídico das Contraordenações Económicas, Decreto-Lei n.º 9/2021, de 29 de janeiro. Este novo regime prevê que a violação de qualquer dos direitos exclusivos das federações desportivas previstos nos artigos 4.º a 6.º passa a constituir contraordenação económica grave, punindo-se também a tentativa e a negligência. Nos termos do artigo 18.º, alínea b) do RJCE, as coimas passaram a ser graduadas do seguinte modo: Tratando-se de pessoa singular, de €650,00 a €1.500,00; Microempresa, de €1.700,00 a €3.000,00; Pequena empresa, de €4.000,00 a €8.000,00; Média empresa, de €8.000,00 a €16.000,00; Grande empresa, de €12.000,00 a €24.000,00.

Considerando as dificuldades encontradas pelas federações desportivas na aplicação do Decreto-Lei 45/2015 de 9 de abril e tendo presente que a primeira alteração àquela norma consistiu apenas na modificação dos limites das sanções pecuniárias a aplicar, não podemos deixar de concluir que o Legislador parece encontrar-se ainda longe das melhores e mais efetivas soluções para os problemas existentes.

VI. A Distância entre a norma e a realidade

9. Desafios e experiência prática no atletismo

Depois da abordagem jurídica aos diplomas relevantes para o tema objeto do presente trabalho, tentaremos de seguida apresentar alguns elementos para reflexão com base na realidade federativa, *in casu* da Federação Portuguesa de Atletismo (FPA).

O atletismo é uma das modalidades desportivas mais praticadas em Portugal, contando atualmente com aproximadamente 20.000 atletas filiados[17]. Um estudo efetuado pelo Instituto Português de Administração e Marketing para o VI Congresso Internacional da Corrida organizado pela FPA em 2014[18] concluiu que a corrida era praticada anualmente, em média, por aproximadamente 1.500.000 pessoas.

[16] Texto final da resolução disponível através do link em https://files.dre.pt/1s/2019/07/13800/0000300003.pdf.

[17] Dados da Federação Portuguesa de Atletismo, não divulgados.

[18] Estudo Prático da Corrida em Portugal, VI Congresso Internacional da Corrida, Coordenação de Mafalda Ferreira, IPAM Porto, 2014.

Em Portugal, o atletismo é a modalidade mais representada em Jogos Olímpicos[19], a mais medalhada (com 12 medalhas, 5 de ouro, 3 de prata e 4 de bronze), e a única que conseguiu campeões olímpicos: Carlos Lopes (maratona, JO de Los Angeles, 1984), Rosa Mota (maratona, JO de Seul, 1988), Fernanda Ribeiro (10.000 metros, JO de Atlanta, 1996), Nélson Évora (triplo-salto, JO de Pequim, 2008) e Pedro Pablo Pichardo (triplo-salto, JO de Tóquio, 2020).

Nos últimos anos temos vindo a assistir a um crescimento sustentado do atletismo e dos participantes em provas de estrada[20]. A simplicidade técnica da corrida aliada à possibilidade de ser praticada por todos e praticamente em qualquer lugar, serão com certeza algumas das razões para a sua popularidade. O crescimento sustentado que atrás referimos deve-se também, em grande medida, ao cada vez maior número de provas desportivas realizadas no nosso país. Estas provas (nas provas de estrada destacamos a profusão de meias-maratonas, mini-maratonas, 10 km, 5 km, mas também diversos percursos em crosse, montanha, trail, entre outras) atraem milhares de atletas e participantes, originando um forte impacto económico[21]. Sem prejuízo do valor desportivo para a modalidade, a verdade é que muitas continuam a realizar-se à margem da intervenção das associações de atletismo e, em última *ratio*, da própria federação. Tendo em conta o que temos vindo constatar, é precisamente neste ponto que reside a importância da proteção dos direitos desportivos exclusivos e de atividade das federações. De facto, o que se verifica é uma enorme discrepância entre o enquadramento jurídico e a experiência prática e neste caso basta pensarmos nas duas dimensões particularmente afetadas por este circunstancialismo: a desportiva e a económica. Do ponto de vista desportivo o objetivo da LBAFD e do RJFD,

[19] Informação detalhada no sítio do Comité olímpico Português na Internet em https://comiteolimpicoportugal.pt/atletas/.

[20] De acordo com elementos coligidos pela FPA relativos ao ano de 2019, e a título de mero exemplo, as 1200 provas de estrada e *trail running* realizadas contaram com a presença de 487.21 atletas, número que representa um acréscimo de 10.54% relativamente a 2018.

[21] Segundo Gonçalo Gomes da Cunha em "Avaliação do impacto de grandes provas de corrida em Lisboa", Dissertação submetida como requisito parcial para obtenção do grau de Mestre em Gestão, ISCTE Business School, outubro 2019, p. 48, *(...) as três provas de corrida ao ar livre na cidade de Lisboa [EDP Maratona de Lisboa 2018, EDP Meia Maratona de Lsiboa 2019 e El Corte Inglés São Silvestre de Lisboa]tiveram um impacto económico direto total de €15.220.615 milhões, resultante dos gastos em Lisboa de atletas e espetadores".*

depois concretizado do Decreto-Lei n.º 45/2015, de 9 de abril passa por credibilizar o desporto no seu todo, em particular modalidades e competições, através do cumprimento das regras técnicas da modalidade e pugnando pela verdade e ética desportivas, contribuindo simultaneamente para a sua valorização e para a valorização e preservação dos atletas, promovendo a sua saúde e segurança. Do ponto de vista económico, o objetivo é proteger as federações desportivas da apropriação comercial do nome, imagem e respetivas atividades, uma vez que estas, quando indevidamente utilizadas por terceiros[22], lesam os interesses federativos, as modalidades e o desporto em geral. Como sabemos, o subfinanciamento das federações (e do desporto...) é uma realidade e só uma gestão contida permite os apoios minimamente suficientes para competições e associações, pelo que para o atletismo a identificação de oportunidades para angariar receita (por exemplo através da aplicação de uma taxa relativa a despesas inerentes à emissão, cfr. o n.º 5 do artigo 6.º do Decreto-Lei n.º 45/2015, de 9 de abril...) apesar de não ser determinante, não deve ser desperdiçada.

Apesar de toda a construção normativa, o atletismo assiste ainda hoje à violação dos seus legítimos direitos e é comum deparar-se com a realização de provas "pirata". Estas provas decorrem à margem do crivo federativo, realizando-se sem a emissão do parecer prévio e da homologação previstas no artigo 32.º da LBAFD às quais o Decreto-Lei n.º 45/2015, de 9 de abril veio atribuir caráter vinculativo. Neste aspeto, sem prejuízo da bondade das mesmas e no que respeita à realidade da modalidade, basta determinado organizador não cumprir um dos requisitos previstos no n.º 1 do artigo 32.º da LBAFD para se eximir ao seu cumprimento, esvaziando-se desta forma o direito que se quis proteger.

Esta situação passa em grande medida pela estrutura algo amadora do atletismo associativo, que não possui ferramentas de verificação e essencialmente pela incapacidade fiscalizadora do Estado. Neste sentido, basta pensarmos nos milhares de provas organizadas por autarquias e por empresas especializadas ao fim de semana. Traçando um retrato adequado à nossa realidade social, percebermos que não assistem à ASAE ou às forças de segurança os meios de fiscalização e controlo suficientes e necessários para fazer cumprir a lei. Já no que respeita à sustentabilidade financeira do setor,

[22] A título de exemplo, um organizador que realiza determinada prova apostando o respetivo logótipo num cartaz ou a divulgação de determinada prova para apuramento de um campeão.

se o Legislador tivesse ido um pouco mais longe no destino a dar às coimas resultantes dos processos contraordenacionais, destinando uma maior fatia do respetivo produto às federações que lhes dessem impulso; talvez este fator as levasse a denunciar com maior frequência os casos com que se deparam permanentemente, fazendo do fator financeiro (sempre ele...) uma motivação extra. Deste modo, é imperativa a exigência da certificação das provas de atletismo através da homologação de regulamentos e percursos, cumprindo o desígnio legal, e com isso filiando mais atletas e enriquecendo o calendário de provas, com reflexo óbvio para a modalidade. Em contrapartida, a medição de percursos, a cronometragem de provas, a criação de rankings por distância e escalão (fundamentais para motivar a competição) e a atribuição de condições especiais de acesso a seguro desportivo, seriam medidas de valorização que não deixariam indiferentes os organizadores.

Sem prejuízo do que atrás fica exposto, e em jeito de conclusão, diríamos que uma certa incapacidade de agir, associada à ideia da inaplicabilidade prática dos normativos legais no campo desportivo constitui o maior entrave ao exercício pleno da tutela dos direitos desportivos exclusivos, adquirindo uma influência determinante em modalidades menos expressivas do ponto de vista mediático, como é o caso, mas às quais se "exigem" resultados, particularmente quando se trata de competições internacionais, num desconhecimento absoluto da realidade desportiva da modalidade. Se nestas circunstâncias o atletismo português ainda vai conseguindo bons resultados competitivos, consubstanciados em títulos europeus, mundiais e olímpicos, imaginemos o que sucederia se tivesse mais apoios e meios e se, ainda que paulatinamente, conseguisse fazer cumprir a lei.

VII. Conclusão

Aqui chegados, após a devida reflexão sobre os diplomas analisados, é nossa opinião que a conceção de direito desportivo exclusivo parece ter surgido – ainda que forma tímida, digamos assim – no ordenamento jurídico nacional a partir da Lei de Bases do Sistema Desportivo, Lei 1/90 de 13 de janeiro. Naquela altura, a letra da lei parecia já deixar transparecer, ainda que não expressamente, a existência da prerrogativa do "exclusivo" das federações sobre as respetivas modalidades: ao incluir no escopo da definição de federação desportiva *a promoção, regulamentação e direção da prática de uma modalidade ou conjunto de modalidades afins*, ao atribuir-lhes poderes de representação junto da administração pública e de organizações congéneres internacionais e, ainda, ao prever a criação de um regime específico para a proteção do nome, imagem e respetivas atividades, o Legislador abriu caminho ao conceito como hoje o conhecemos.

Esta ideia, umbilicalmente ligada à atribuição do Estatuto de Utilidade Pública Desportiva e ao Princípio da unicidade federativa, vai evoluindo ao longo do tempo e culmina na articulação do artigo 16.º da Lei de Bases da Atividade Física do Desporto, Lei n.º 5/2007 de 16 de janeiro, com idêntica redação do artigo 61.º do Regime Jurídico das Federações desportivas, Decreto-Lei n.º 248-B/2008 de 31 de dezembro, consolidando-se finalmente com o Decreto Lei n.º 45/2015 de 9 de abril. Sem querermos parecer temerários, diríamos que se o conceito que analisámos ao longo destas páginas tivesse uma definição, poderia aproximar-se a "*atribuições das federações desportivas detentoras do estatuto de utilidade pública desportiva, cujo nome, imagem e atividades são expressamente protegidos pela lei e que se caracterizam pelo exercício, entre outros, de poderes exclusivos de regulamentação, organização e direção da prática de uma modalidade desportiva ou conjunto de modalidades afins*".

A partir desta singela tentativa de conceptualização, ao observarmos a atual realidade federativa e sem perder de vista a construção do nosso edifício jurídico-desportivo, constatamos que o intuito do Legislador, primordialmente corporizado no princípio constitucional do direito à cultura física e ao desporto, tal como previsto no artigo 79.ª da Constituição da República Portuguesa, foi a concretização daquele postulado através da adoção de normativos legais reguladores da atividade desportiva, que culminaram nos dispositivos atrás referidos. Estes mesmos dispositivos não só asseguraram a defesa daquele direito constitucionalmente protegido como conferiram especial atenção à defesa da atividade desportiva em toda a sua envolvente e, num pendor cada vez menos publicista, reforçaram os poderes atribuídos às federações desportivas, que se "transformaram" em agentes do Estado por via dos direitos e deveres que lhes estão cometidos e que viram o arco de proteção que aquele lhes conferiu crescer relativamente à proteção das suas atividades, essenciais para a plena prossecução das suas políticas.

Se do ponto de vista teórico o enquadramento normativo vigente parece responder aos problemas suscitados, do ponto de vista prático a situação é um pouco distinta. De facto, é hoje consensual que o desporto enquanto fenómeno generalizado e enquanto atividade tem tido uma rápida evolução, realidade à qual o Direito tem vindo a dar resposta, ainda que por vezes sem a agilidade necessária. No que respeita à temática que aqui procurámos estudar, concluímos que foi o que sucedeu, ou seja, a LBAFD conjugada com o RJFD não conseguiu dar uma resposta plena na proteção conferida aos direitos desportivos exclusivos das federações. Cremos que tal constatação terá feito surgir na ordem jurídica a Lei n.º 45/2015 de 9 de abril, que alargou a tutela à imagem, nome e atividade federativa, tendo definido um regime contraordenacional – a lacuna que faltava preencher – talvez hoje ainda não suficientemente dissuasor relativamente à expectativa criada e densificou a defesa dos direitos desportivos exclusivos. Isto sucede essencialmente pela incapacidade do Estado em fiscalizar a atividade desportiva, situação com consequências imprevisíveis no sucesso desportivo de qualquer modalidade a médio/longo prazo. Com base no que fica exposto, talvez se justifique uma revisão à Lei n.º 45/2015 de 9 de abril que reforce ainda mais as coimas (o que se verificou entretanto, como vimos...), mas que sobretudo possa densificar mecanismos e princípios fiscalizadores.

No que respeita ao atletismo, constatamos que continuam a realizar-se provas e competições desportivas que não cumprem requisitos legais, designadamente falta de homologação de regulamentos e marcas ou a ausência de pareceres prévios e vinculativos. O facto de se tratar de uma modalidade *ocasionalmente* mediática e ainda pouco desenvolvida do ponto de vista associativo ajuda a enquadrar esta realidade. Com efeito, cremos que no momento atual a única forma de contrariar o *status quo* é consciencializar os organizadores para a obrigatoriedade de cumprir a lei, sob pena de instauração de procedimentos contraordenacionais, um papel muitas vezes ingrato para quem tem outras preocupações. Uma coisa é certa: sem qualquer previsão legal, as violações aos direitos desportivos exclusivos seriam seguramente mais frequentes e penalizadoras para o desporto federativo, pelo que às federações pouco mais resta que aguardar que o Estado consiga cumprir a sua função legislativa e fiscalizadora.

Bibliografia

- **Daniel Castro Neves**, "Direitos desportivos exclusivos" in Enciclopédia de Direito do Desporto, Coordenador Alexandre Miguel Mestre, Gestlegal, 1.ª Edição, novembro de 2019, pp. 115-156.
- **José Manuel Constantino**, "Âmbito de proteção das atividades das federações garantido pelo DL n.º 45/2015 de 9 de abril" in Nota jurídica do Comité Olímpico de Portugal.

- **José Ribeiro e Castro,** "Lei de Bases da Atividade Física e do Desporto" in Enciclopédia de Direito do Desporto, Coordenador Alexandre Miguel Mestre, Gestlegal, 1.ª Edição, novembro de 2019, pp. 261-262.
- **Luis Fábrica**, "Estatuto de Utilidade Pública Desportiva" in Enciclopédia de Direito do Desporto, Coordenador Alexandre Miguel Mestre, Gestlegal, 1.ª Edição, novembro de 2019, pp. 187-188.
- **Miguel Furtado,** "O direito fundamental ao desporto para todos no âmbito da união europeia e o princípio da subsidiariedade" in Revista Lusófona de Economia e Gestão das Organizações, N.º 11, 2021.
- **Miguel Lucas Pires,** "Federação Desportiva" in Enciclopédia de Direito do Desporto, Coordenador Alexandre Miguel Mestre, Gestlegal, 1.ª Edição, novembro de 2019, pp. 196-197.
- **Simão Mendes de Sousa**, "O direito fundamental ao desporto" in Compêndio de Direito do Desporto, Coordenador Alexandre Miguel Mestre, Coimbra, Gestlegal, 1.ª Edição, fevereiro 2021, pp. 44-74.

Bibliografia atletismo

- **António Manuel Fernandes,** "90 anos da Associação de Atletismo de Lisboa", Edição da Associação de Atletismo de Lisboa, 1.ª Edição, novembro de 2019.
- **Arons de Carvalho**, "As grandes medalhas do atletismo português", Ed. Xistarca, novembro 2010.
- **Carlos Paula Cardoso**, "História do atletismo em Portugal", Ed. Clube do Colecionador dos Correios, fevereiro de 2001.
- **Gonçalo Gomes Cunha**, "Avaliação do impacto de grandes provas de corrida em Lisboa", Dissertação submetida como requisito parcial para obtenção do grau de Mestre em Gestão, ISCTE – Business School, outubro 2019.
- **Marco André Ribeiro Santos**, "Prevalência e características sociodemográficas dos praticantes de corrida em Portugal", Dissertação elaborada com vista à obtenção do Grau de Mestre em Exercício e Saúde, Faculdade de Motricidade Humana, 2017.
- **Sequeira Andrade**, "Os recordes nacionais de atletismo e outras histórias", Ed. Prime Books, 1.ª Edição, junho de 2010.
- **Sequeira Andrade e Arons de Carvalho**, "Os recordes nacionais do atletismo feminino e outras histórias", Ed. Federação Portuguesa de Atletismo, 1.ªedição, março de 2022.

Legislação

- Lei n.º 1/90 de 13 de janeiro – Lei de Bases do Sistema Desportivo.

- Lei n.º 30/2004 de 21 de julho – Lei de Bases do Desporto.
- Lei n.º 5/2007 de 16 de janeiro – Lei de Bases da Actividade Física e do Desporto.
- Decreto-Lei n.º 144/93 de 28 de abril – Regime Jurídico das Federações Desportivas e as condições de atribuição do estatuto de utilidade pública desportiva.
- Decreto-Lei n.º 248-B/2008 de 31 de dezembro, alterado pelo Decreto-Lei n.º 93/2014 de 23 de junho – Regime Jurídico das Federações Desportivas e as condições de atribuição do estatuto de utilidade pública desportiva.
- Decreto-Lei n.º 45/2015 de 9 de abril – Regime de proteção do nome, imagem e atividades desenvolvidas pelas federações desportivas, bem como o respetivo regime contraordenacional.
- Decreto-Lei n.º 9/2021 de 29 de janeiro – Regime Jurídico das Contraordenações Económicas.

Jurisprudência

- Parecer n.º 32/2017, Procuradoria Geral da República de 19 de janeiro de 2018, publicado no DR, 2.ª Série, n.º 76, 18 de abril e 2018.
- Acórdão Processo n.º 54/2018, Tribunal Arbitral do Desporto, 13 de setembro de 2018.
- Decisão arbitral do CAS 2018/O/5830 International Surfing Association (ISA) v. International Canoe Federation (ICF), 5 de Agosto de 2020.

Outros documentos

- Parecer COP sobre Proposta de Lei de proteção do nome, imagem e atividades desenvolvidas pelas federações desportivas, 18 de novembro de 2014, disponível em https://conpaas.einzelnet.com/services/mediaservice/api/media/6d69b27b7b6b6017b4afea0775c797a042828769.
- Nota jurídica do COP, "Âmbito da proteção das atividades das federações, garantido pelo DL 45/2015 de 9 de abril, sem data. http://www.fptac.pt/NoticiasArquivo/2020/COP/COP_NOTA_JURIDICA.pdf.
- Conclusões do Fórum de Discussão sobre a Lei de Bases da Actividade Física e do Desporto, Confederação do Desporto de Portugal Lisboa, 2 de julho de 2007, página 27, disponível em https://www.cdp.pt/cdp/comunicacao-e-marketing/noticias-cdp/216-geral/3300-f-lei-de-bases-da-actividade-fca-e-do-desporto-rectifica.html.
- José Manuel Meirim, "O desporto ou os desportos", artigo do Jornal Público, Lisboa 3 de maio de 2015, disponível em https://www.publico.pt/2015/05/03/desporto/opiniao/o-desporto-ou-os-desportos-1694349.

13. O VÍNCULO JURÍDICO-LABORAL DO TREINADOR DESPORTIVO

SARA CHIOLAS MESQUITA[1]

1. O treinador desportivo

O treinador desportivo assume uma importância crucial no desporto, na medida em que é a este que cabe a orientação dos praticantes desportivos, a preparação e execução dos treinos, a observação das condições que cada praticante desportivo reúne em cada momento, a análise das competências de cada praticante desportivo individualmente e no contexto de equipa, a promoção do trabalho em equipa, caracterizando-se como um verdadeiro gestor de recursos humanos.

O treinador de escalões jovens, assume também um importante papel social, incutindo valores e atitudes nos desportistas que se repercutem na sua vida pessoal, na escola e em casa.

Mesmo com as dimensões que o treinador desportivo tem vindo a assumir na realidade do espetáculo desportivo, o legislador tem preferido não se debruçar sobre esta figura em matéria laboral, apresentando-se o treinador desportivo como uma figura híbrida no ordenamento português, havendo escassas referências ao treinador desportivo.

Em março de 2022, foi aprovado, pela Confederação de Treinadores de Portugal, o Código Deontológico do Treinador, definindo o treinador como "*a pessoa que dirige a totalidade ou uma parte específica do treino, podendo ou não*

[1] Advogada.

assumir a orientação a título principal dos praticantes desportivos nas competições em que se insiram, independentemente de auferir qualquer remuneração. As funções do treinador definem-se, assim, com base num conjunto de competências resultantes da mobilização, produção e uso de diversos saberes pertinentes (científicos, pedagógicos, organizacionais, técnico-práticos, etc.), organizados e integrados adequadamente em função da complexidade da ação concreta a desenvolver em cada situação da prática profissional."

1.1. Acesso, exercício e regulação da atividade do treinador desportivo

A Lei n.º 40/2012, de 28 de Agosto, com as alterações introduzidas pela Lei n.º 106/2019, de 06 de Setembro, estabelece o regime de acesso e exercício da atividade de treinador desportivo, exigindo a obtenção de um título profissional para exercício da atividade de treinador.

O título profissional é atribuído ao treinador desportivo consoante o nível de exercício da atividade em que se encontra, e que pode variar entre o Grau I e o Grau IV, assumindo cada grau diferentes competências ao titular da Cédula de Treinador Desportivo, sendo o Grau IV o mais completo – cfr. artigo 10.º e seguintes da Lei n.º 40/2012, de 28 de agosto.

A falta de competência para o exercício da atividade de treinador desportivo, designadamente, quando não possui Cédula de Treinador Desportivo ou, possuindo, não seja a exigida, comporta uma nulidade do próprio contrato de trabalho nos termos do n.º 1 do artigo 117.º do Código do Trabalho, na medida em que não é admitido o exercício da atividade de treinador desportivo, sem que este reúna todos os requisitos essenciais para a prática da mesma, nos termos do disposto no n.º 2 do artigo 35.º da Lei de Bases da Atividade Física e do Desporto.

Também o n.º 1 do artigo 18.º da Lei n.º 40/2012, de 28 de agosto considera ilegal o exercício da atividade de treinador desportivo "*por quem não seja titular do respetivo título profissional válido ou não exerça essa atividade nos termos do disposto nos n.ºs 3 e 4 do artigo 5.º, podendo o profissional ser interdito de exercer essa atividade em território nacional pelo período máximo de dois anos, a par de condenação pela prática de ilícito contraordenacional*".

Mesmo com as exigências para o exercício da atividade de treinador desportivo, a grande maioria dos treinadores pratica a sua atividade como atividade profissional secundária ou como *hobbie*, na medida em que grande parte das modalidades não são profissionais e os treinadores não são remunerados, ainda que disponham de habilitação (exigida) para o efeito.

1.2. O treinador e o praticante desportivo

A Lei de Bases da Atividade Física e do Desporto define os profissionais desportivos como "*aqueles que exercem a atividade desportiva como profissão exclusiva ou principal.*" – cfr. artigo 34.º da LBAFD e tanto o treinador como o praticante desportivo estão inseridos no capítulo dos Agentes Desportivos.

O referido artigo 34.º prevê a regulamentação em diploma próprio do regime contratual entre praticantes desportivos e clubes, tendo a sua razão de ser na especificidade da atividade praticada por este agente desportivo e, ainda, por serem inaplicáveis várias normas do regime laboral geral.

Atendendo ao pensamento legislativo, cremos que a figura do treinador desportivo também deveria ser alvo de regulamentação própria, encontrando-se mais semelhanças, em matéria laboral, entre a atividade do praticante desportivo e do treinador do que entre o treinador e qualquer outra categoria de trabalhadores subordinados.

Apesar de o regime aplicável ao contrato de trabalho dos praticantes desportivos não ser perfeito para a figura dos treinadores, podem encontrar-se manifestações de identificação entre ambas as atividades em diversas áreas, nomeadamente quanto ao objetivo final de ambas as atividades face à entidade empregadora (clubes e SAD's), na medida em que estes visam a obtenção de resultados, quer desportivos quer económicos; ambas as atividades estão diretamente relacionados com o período de cada época desportiva, sendo esta prestada também em fins de semana e feriados e tendo o termo aposto nos contratos de trabalho uma relação direta com a referida época desportiva; e a retribuição pode ser prestada numa parte fixa e outra variável.

Certo é que, tal como existem semelhanças entre ambas as figuras, também existem diferenças que tornam o regime aplicável aos contratos de trabalho dos praticantes desportivos imperfeito para os treinadores desportivos, designadamente no que respeita à duração das carreiras profissionais, sendo a do praticante desportivo de curta duração, terminando, em média, aos 35 anos de idade devido ao desgaste físico que se vai acentuando ao longo da vida profissional do praticante desportivo, enquanto o treinador desportivo faz uma carreira profissional com a mesma duração de um trabalhador com outra categoria profissional.

2. A relação laboral

2.1. O regime laboral comum em confronto com o regime aplicável aos contratos de trabalho desportivo

Aplicam-se aos contratos de trabalho dos praticantes desportivos as normas do RJCTPD[2], que assumem um regime especial face às normas do Código do Trabalho.

Face à dimensão e natureza da atividade desportiva, o legislador sentiu a necessidade de regular as relações laborais entre os clubes e os praticantes desportivos em diploma próprio e, como regime especial, em tudo o que seja omisso, aplicam-se subsidiariamente as normas da legislação laboral comum – cfr. artigo 3.º do RJCTPD.

Além da aplicação da legislação laboral comum, é também prevista a possibilidade de desenvolvimento e adaptação das normas do RJCTPD por convenção coletiva de trabalho, atendendo à especificidade de cada modalidade. Compreende-se esta necessidade de regulação específica na medida em que a própria atividade desportiva comporta diversos desvios à generalidade das atividades prestadas por outros trabalhadores. Atente-se, desde logo, à duração da prestação de atividade de um praticante desportivo, que se considera uma profissão de desgaste rápido, vendo, muitos atletas, o fim da sua carreira na faixa etária entre os 30 e os 40 anos.

No entanto, apesar de existirem diversas modalidades desportivas, o RJCTPD tem aplicabilidade apenas quanto aos praticantes que exerçam a atividade desportiva como profissão principal, que em Portugal são uma minoria.

A principal diferença entre o regime laboral comum, regulado pelo Código do Trabalho, e o RJCTPD, assenta na duração do contrato e na (in)segurança no emprego.

Em concreto, no espírito do Código do Trabalho e como princípio basilar neste diploma, está presente o direito de segurança no emprego, constitucionalmente consagrado no artigo 53.º da Constituição. A maior expressão deste princípio no Código do Trabalho, além de restringir à entidade empregadora a cessação do contrato com o trabalhador, encontra-se plasmada no artigo 140.º ao limitar a celebração de contratos a termo. Por outro

[2] Regime Jurídico do Contrato de Trabalho do Praticante Desportivo – Lei n.º 54/2017, de 14 de julho.

lado, no RJCTPD, privilegia-se a liberdade contratual, assumindo-se a celebração de contratos a termo como regra de contratação – cfr. artigo 9.º, que estipula um período máximo de duração do contrato desportivo de cinco anos (três, no caso de menor).

Também no que respeita aos deveres dos praticantes desportivos, estes são particulares face aos trabalhadores abrangidos pelo regime laboral comum elencados no artigo 128.º do Código do Trabalho, na medida em que os praticantes desportivos se obrigam, por exemplo, a manter uma boa forma física, participarem em competições nacionais, entre outros deveres que estão adstritos à prática da atividade desportiva e à sua condição física, nos termos do disposto no artigo 13.º do RJCTPD.

Outras matérias que marcam a especialidade do RJCTPD são as respeitantes ao período experimental (artigo 10.º), à retribuição (artigo 15.º), ao período normal de trabalho (artigo 16.º).

2.2. A subordinação jurídica

Por subordinação jurídica, em termos amplos, pode entender-se que este é um poder de direção do ponto de vista do empregador e um dever de obediência, do ponto de vista do trabalhador. O trabalhador depende economicamente do empregador para (sobre)viver, daí haver uma subordinação também económica, que cria condições de vida condignas à sua permanência em sociedade.

Cremos que o Direito do Trabalho não está a conseguir cumprir com a sua própria função, na medida em que esta subordinação económica tem vindo a ganhar cada vez mais importância devido à dependência económica, o que faz com que o trabalhador fique desprovido dos direitos que a Constituição da República Portuguesa consagra no seu artigo 59.º.

Segundo o Professor Monteiro Fernandes[3], a subordinação jurídica é a "*relação de dependência necessária da conduta pessoal do trabalhador na execução do contrato, face às regras, ordens ou orientações ditadas pelo empregador dentro dos limites do mesmo contrato e das normas que o regem.*"

Importa determinar a existência de subordinação jurídica, própria e caracterizadora do contrato de trabalho, para se apurar se há, na verdade um contrato de prestação de serviços ou um contrato de trabalho e definir qual a lei a aplicar: se a lei civil ou a lei laboral, sendo certo que o mais vantajoso

[3] *Direito do Trabalho*, 17.ª Edição, Coimbra, Almedina 2014, pp. 121-122.

para o trabalhador será sempre o contrato de trabalho, na medida em que este se encontra mais protegido na defesa dos seus interesses.

Importa ainda dizer-se que nem sempre é fácil descortinar a existência de subordinação jurídica num contrato de trabalho porque esse conceito não existe em estado puro.

Na prática, a dificuldade de deteção de subordinação jurídica reside, por exemplo, no facto de, em certos contratos de trabalho, a prestação do trabalhador ser efetuada com tanta autonomia que não se vislumbram imediatamente os traços dessa relação de dependência necessária, face às ordens ou orientações emitidas pelo empregador.

Face à dificuldade de determinar a existência de subordinação jurídica, criou-se a necessidade de avaliar, casuisticamente as demais situações, através de um método indiciário, introduzido pelo Acórdão do Supremo Tribunal de Justiça de 8 de fevereiro de 2006, relatado pelo Conselheiro Sousa de Peixoto.

Assim, o método indiciário consiste em procurar, na situação concreta, os indícios que normalmente estão associados à existência de um contrato de trabalho, de acordo com o modelo prático em que aquele conceito em estado puro se traduz.

O método indiciário, como o próprio nome indica, assenta em indícios, que podem ser internos, materiais/externos ou formais.

Os indícios internos ou materiais de subordinação jurídica que habitualmente se associam à existência de contrato de trabalho estão descritos no artigo 12.º do Código do Trabalho, e de que depende a verificação de pelo menos dois indícios para se afirmar a existência de subordinação jurídica, logo de um contrato de trabalho, e são eles: vinculação do trabalhador a um horário de trabalho; execução da prestação em local determinado pelo empregador; existência de controlo externo do modo da prestação; obediência a ordens; sujeição do trabalhador à disciplina da empresa; pagamento da retribuição em função do tempo de trabalho; pagamento da retribuição de férias e dos subsídios de férias e de Natal; pertencerem ao empregador os instrumentos de trabalho e serem por ele disponibilizados os meios complementares da prestação.

Os indícios externos ou formais de subordinação jurídica são: inscrição do trabalhador na Segurança Social como trabalhador por conta de outrem; estar o trabalhador sujeito ao regime fiscal dos trabalhadores por conta de outrem; estar o trabalhador inscrito numa organização sindical; não recair sobre o trabalhador o risco da inutilização ou perda do produto; prestação da atividade a um único beneficiário, pelo que a prestação da atividade pelo trabalhador a um único beneficiário, faz presumir a dependência económica do trabalhador, perante o beneficiário da sua atividade (empregador).

Falta apenas a problematização do *nomen juris*, em que acresce dizer que, em qualquer caso, o nome que as partes atribuem ao contrato é apenas um indício, pois o que revela essencialmente o tipo de contrato, é o modo de execução prática daquilo que se clausulou.

Neste sentido, ensina o Professor Meinrish Ewalde Horster que para a qualificação jurídica de um negócio, é decisiva, não a designação escolhida pelas partes ou o efeito jurídico por elas desejado, mas sim o que na prática se executa. Em caso de contradição entre o acordado e o realmente executado, deverá prevalecer a execução efetiva do contrato.

Uma vez recolhidos os indícios, deve ser feita a confrontação com a situação concreta e o modelo tipo de subordinação, através, não de um juízo de subsunção, mas de um juízo de aproximação, que terá de ser também um juízo de globalidade. Isto, porque não existe nenhuma fórmula que pré-determine o doseamento necessário dos indícios de subordinação jurídica, desde logo porque cada um desses indícios pode assumir, e assume, um valor significante diverso de caso para caso. Compete, pois, relativizar os indícios recolhidos, revertendo o disposto para a qualificação do contrato emergente de cada situação.

Perante tais considerações, a existência de subordinação jurídica mostra-se elementar para se aferir da qualificação da relação existente entre o treinador desportivo e o clube.

Nesta esteira, importa analisar a autonomia do treinador face às funções que exerce e à atividade que presta ao empregador e, para tal, é fundamental convocar aqui o disposto no n.º 1 do artigo 118.º e na alínea e) do n.º 1 do artigo 128.º, ambos do CT, onde dispõe o primeiro que a entidade empregadora deve definir as funções que serão exercidas pelo trabalhador, contundo, deve a entidade empregadora respeitar a autonomia técnica do treinador.

Na prática, compete ao clube, no caso concreto, a escolha dos atletas que representarão o clube, a preparação dos mesmos, o acompanhamento nas competições, a disponibilização de locais e materiais de treino, diligenciando da melhor forma para que o treinador tenha todas as condições favoráveis para realizar a sua atividade, nomeadamente quanto ao método utilizado em cada treino, o aproveitamento de cada atleta em cada momento concreto, entre outras funções que lhe estão adstritas no exercício da sua atividade.

Neste sentido, não podemos afirmar que não existe subordinação jurídica pelo simples facto de o treinador ter autonomia técnica. No entanto, não nos é possível generalizar e afirmar que será assim em todas as relações de treinadores desportivos e os clubes para quem prestam a sua atividade, pois será necessário fazer sempre uma análise casuística para que se possa, a final, qualificar o tipo contratual entre ambas as partes, e assim identificar o que melhor se aplica ao caso concreto.

João Leal Amado[4], compara a prestação da atividade do praticante desportivo, dando como exemplo um jogador de futebol, com a atividade do treinador desportivo, no sentido de que se o primeiro, com intervenção direta na competição está vinculado a uma prestação de meios, também deverá a atividade do treinador ser definida como uma prestação de meios, não visando apenas a obtenção de resultados.

2.3. Contrato de trabalho *versus* contrato de prestação de serviços

Referimo-nos agora às modalidades contratuais afins do contrato de trabalho, aquelas em que há trabalho em proveito alheio sem subordinação jurídica.

Dispõe o artigo 1154.º do Código Civil, na definição do contrato de prestação de serviços, que, numa das suas modalidades, previstas no artigo 1155.º do Código Civil, será a figura mais afim do contrato de trabalho. Atrevemo-nos a afirmar que há três diferenças essenciais entre o contrato de trabalho e o contrato de prestação de serviços:

Quanto ao objeto, no contrato de trabalho, a tónica recai sobre a atividade a prestar, em termos tais que o resultado daquela e o risco da sua frustração escapam originariamente ao trabalhador. O trabalhador não controla, nem domina a obtenção do resultado, nem é responsável por ele, na medida em que este está obrigado a uma prestação de meios e não de resultado; no contrato de prestação de serviços, a tónica incidirá na obrigação de apresentação de resultados, o que implica o controlo originário daqueles resultados pelo prestador do serviço;

Quanto à natureza patrimonial ou pecuniária, o contrato de trabalho é sempre oneroso, nunca podendo o elemento retribuição ser dele afastado; de forma diferente, o contrato de prestação de serviços, poderá ser oneroso ou gratuito.

[4] "Trabalho Desportivo, obrigação de meios e retribuição variável", *Questões laborais*, n.º 32, ano XI, 2004, pp. 117-120.

O contrato de trabalho é heterodeterminado, ou seja, nele está presente o elemento de subordinação jurídica. Ora, o contrato de prestação de serviços é autodeterminado, não estando o prestador de serviço subordinado ao poder de direção ou de autoridade, seja de quem for, nem se integra na organização da pessoa a quem presta o serviço.[5]

As mais recentes alterações à legislação laboral, têm vindo a manifestar a intenção do legislador, em afastar a contratação através do regime da prestação de serviços, utilizada muitas vezes pelas empresas para dissimular uma verdadeira relação laboral (mais onerosa para a entidade empregadora). Podemos, assim, encontrar na legislação laboral e da Segurança Social, a qualificação das empresas que representem uma faturação superior a 50% para o prestador de serviço, como entidades contratantes, o que implica a participação da empresa na contribuição a pagar à Segurança Social pelos "serviços" prestados (indício de dependência económica).

Mais recentemente, com a alteração ao Código do Trabalho, estipula o legislador que aos prestadores de serviços economicamente dependentes, ou seja, em que a empresa representa, pelo menos, metade da sua faturação, devem ser aplicados os instrumentos de regulamentação coletiva aplicáveis ao setor.

Em Portugal, a grande maioria da atividade dos treinadores desportivos tem vindo a ser qualificada pelas partes como um contrato de prestação de serviços, daqui se excetuando, naturalmente, as relações entre treinadores de futebol dos principais escalões e respetivos clubes e, por isso, merece ser feita a análise entre os dois regimes. Aliás, na definição de treinador constante do Código de Conduta do Treinador, resulta essa mesma ideia, quando se refere que o treinador é "*a pessoa que dirige a totalidade ou uma parte específica do treino, (...), independentemente de auferir qualquer remuneração.*"

Ora, no caso em concreto do treinador desportivo, este tem que dispor de total autonomia técnica, na medida em que a sua atividade é prestada com vista à obtenção de resultados desportivos, não podendo a entidade empregadora interferir com o desempenho dessa mesma atividade.

Estar o trabalhador, *in casu* treinador, sob o poder de direção do empregador é um dos indícios da subordinação jurídica, logo, da existência de um contrato de trabalho. Mas o facto de não existir um poder de direção,

[5] Para aprofundamento da matéria, ver Fernandes, António Monteiro, *Revista de Direito e Estudos Sociais,* outubro de 2013, Ano 44, n.º 4.

na medida em que o treinador tem autonomia técnica para desempenhar as suas funções, não implica automaticamente a existência de um contrato de prestação de serviços.

A grande maioria da jurisprudência entende que o treinador desportivo não presta, em regra, a sua atividade ao abrigo da figura da prestação de serviços, mas sim ao abrigo de um contrato de trabalho (desportivo).

Para qualificação da atividade prestada pelo treinador desportivo, podemos concluir que, quer pelo método indiciário, quer pelo método tipológico, estarão, em regra, preenchidos os pressupostos da subordinação jurídica e, assim, estaremos perante a existência de um verdadeiro contrato de trabalho, ainda que venha a assumir especificidades em relação ao regime laboral comum.

O Regulamento de Competições da Liga Portuguesa de Futebol Profissional, no n.º 1 do artigo 81.º estipula que "*apenas poderão ocupar o banco de suplentes previstos no artigo 61.º os treinadores com contrato de trabalho e os médicos e massagistas que tenham sido devidamente registados na Liga.*". Assim, para o efeito, exige-se a celebração de um contrato de trabalho, ao invés de um contrato de prestação de serviços, para que um treinador possa acompanhar os praticantes desportivos nas competições profissionais de futebol. Face a tal exigência, coloca-se a questão de sabermos em que termos se celebra o vínculo jurídico com os denominados treinadores adjuntos. E, neste sentido, temos que um treinador está inserido numa equipa onde se encontram outros profissionais, que complementam a sua atividade e, tem sido prática comum dos clubes, celebrarem contratos de trabalho com os restantes elementos da equipa técnica, inserindo cláusulas distintas que fazem depender a manutenção do vínculo da validade do contrato de trabalho celebrado com o treinador desportivo principal.

Neste sentido, Monteiro Fernandes, apresenta uma solução que se traduz na celebração de um contrato de trabalho único para a equipa técnica, celebrado com um grupo de trabalhadores como uma unidade "técnico-laboral"[6-7], com a qual nos vemos tentados a concordar.

Como já ficou referido *supra*, o Código do Trabalho assume uma postura de defesa do trabalhador na segurança do emprego, princípio constitucio-

[6] Fernandes, António Monteiro, *Direito do Trabalho*, 17.ª Edição, Almedina, 2014.

[7] Ainda que esta forma de celebração de contrato de trabalho – pluralidade de trabalhadores – não se encontre prevista no Código do Trabalho, esta já foi adotada antes na Lei n.º 4/2008, de 07 de fevereiro, que regula os contratos de trabalho dos profissionais de espetáculos.

nalmente consagrado, fazendo da regra a celebração do contrato de trabalho sem termo; já o contrato de trabalho dos praticantes desportivos prima pela aposição do termo nos contratos celebrados entre estes e a entidade empregadora.[8]

Ainda que ao contrato de trabalho dos treinadores desportivos se aplique o regime laboral comum, por falta de regulamentação específica, a própria natureza da atividade do treinador, como ocorre com os praticantes desportivos, faz com que seja violada a regra geral do Código do Trabalho quanto à duração do contrato de trabalho, aplicando-se a regra do RJCTPD, isto é, os contratos serem celebrados, em regra, a termo, coincidindo esse termo com a duração das épocas desportivas, e colocando assim em causa os princípios de segurança e estabilidade no trabalho.

Ora, poderíamos encontrar justificação para esta violação dos princípios da segurança e estabilidade no emprego para os treinadores desportivos com base no artigo 9.º do Código do Trabalho, que prevê que "*ao contrato de trabalho com regime especial aplicam-se as regras gerais deste Código que sejam compatíveis com a sua especificidade*". Acontece que o contrato de trabalho do treinador desportivo não assenta em qualquer regime especial.

No entanto, a Jurisprudência vai mais longe e tem vindo a considerar que o facto de o legislador não ter introduzido a figura dos treinadores desportivos no RJCTPD se trata de uma lacuna de previsão e, por esse motivo, os tribunais têm-se socorrido das regrais gerais de integração de lacunas do Código Civil para aplicar aos treinadores desportivos o regime aplicável aos praticantes desportivos.

Perante todas as considerações ora feitas, somos da opinião que é perfeitamente aceitável que os contratos de trabalho dos treinadores desportivos sejam celebrados a termo, atendendo à natureza da atividade desportiva, como ficou estipulado no artigo 9.º do RJCTPD para os praticantes desportivos. No entanto, as soluções que têm sido encontradas para aplicação desse regime não são, no nosso entender, legalmente viáveis.

Neste sentido, e atendendo ao vazio jurídico-legal desta figura do treinador desportivo que, considerando a especificidade da atividade, não é um puro prestador de serviços, nem um puro trabalhador, nem um puro praticante desportivo, torna-se necessário regulamentar a atividade laboral do treinador desportivo.

[8] Cfr. n.º 1 do artigo 9.º do RJCTPD, que estipula que o contrato de trabalho do praticante desportivo com o clube, não pode ser inferior a uma época, nem superior a cinco.

3. O direito coletivo

3.1. O CCT celebrado entre a LPFP e a ANTF

Entre a Associação Nacional de Treinadores de Futebol e a Liga Portuguesa de Futebol Profissional foi celebrado contrato coletivo de trabalho[9], regulando as normas aplicáveis às relações laborais emergentes dos contratos de trabalho celebrados entre os treinadores profissionais de futebol e os clubes ou sociedades desportivas filiados na Liga Portuguesa de Futebol Profissional.

Em 2018, é publicada a Portaria de Extensão[10], que abrange a aplicação do contrato coletivo celebrado entre a Liga e a ANTF às relações de trabalho entre clubes ou sociedades desportivas que se dediquem ao futebol de onze não filiados na LPFP e treinadores profissionais de futebol ao seu serviço, bem como às relações de trabalho entre clubes e sociedades desportivas filiados na LPFP e treinadores profissionais de futebol ao seu serviço não representados pela ANTF.

O n.º 2 do CCT, sob a epígrafe "Âmbito pessoal", dispõe que a relação estabelecida entre clube e treinador profissional de futebol deve assumir carácter regular, estar o treinador sujeito ao poder disciplinar e de direção da entidade empregadora, leia-se clube ou SAD, que a atividade seja prestada mediante retribuição e que tenha por objeto a preparação, orientação técnica e treino das equipas que lhe estiverem adstritas.

O CCT prevê no seu artigo 5.º que se apliquem subsidiariamente às relações laborais dos treinadores (de futebol) com os clubes, as normas do Código do Trabalho que não sejam incompatíveis com a natureza especial da atividade desportiva.

Ora, surge-nos, à partida, uma questão: quais as normas do Código do Trabalho que se mostram "incompatíveis com a natureza específica da relação contratual"? Em resposta a esta pergunta, encontramos logo no artigo 8.º do CCT, a obrigatoriedade de o contrato ter aposto um termo, contrariamente ao estabelecido no regime laboral comum, onde a aposição do termo é uma exceção e não a regra[11]. Sendo o termo a regra dos contratos celebrados com treinadores de futebol, deixa de ser exigida a justificação do mesmo, prevista no artigo 140.º do CT, isto é, a contratação ser feita a

[9] Publicado no Boletim do Trabalho e Emprego n.º 20, de 29 de maio de 2012.

[10] Publicada no Boletim do Trabalho e Emprego n.º 2, de 15 de janeiro de 2018.

[11] Cfr. artigo 140.º do CT.

termo para satisfação de necessidades temporárias e pelo período estritamente necessário.

Poderemos entender que, face à especial atividade desportiva, essa justificação está já implícita quanto às épocas desportivas e obtenção de resultados no final da mesma, sendo esta interpretação feita com reserva, na medida em que a alínea e) do n.º 1 do artigo 141.º do CT exige que a justificação do termo seja estipulada por escrito no contrato de trabalho, não podendo esta ficar subentendida.

Nos termos do artigo 139.º do CT, o regime do contrato de trabalho a termo resolutivo, pode ser alterado por IRCT, não se levantando aqui problemas quanto à possibilidade de ser exigida a justificação do termo, mas terá sempre que se atender à duração máxima da contratação, na medida em que a sua duração não pode exceder os dois anos (ou quatro, nos contratos a termo incerto), só podendo ser renovado por período igual ao da duração inicial do contrato, nos termos e para os efeitos dos artigos 148.º e 149.º do CT, matéria que não pode ser alterada por IRCT nos termos do artigo 139.º do CT.

Nestes termos, temos que um treinador de futebol não poderá ter um vínculo laboral com o mesmo clube superior a dois anos.

Também no que respeita às formas de cessação do contrato de trabalho, surge na alínea d) do artigo 37.º do CCT celebrado entre a FPFP e a ANTF uma forma de cessação do contrato contrária às modalidades de cessação do contrato elencadas no artigo 340.º do CT e proibida nos termos do artigo 338.º do CT por violação do princípio constitucionalmente consagrado da segurança no emprego[12] – a possibilidade de despedimento sem justa causa.

Ora, o regime imperativo do Código do Trabalho em matéria de cessação do contrato de trabalho, não permite que este seja alterado por IRCT. Assim, quiseram as partes outorgantes do presente CCT definir uma forma de cessação do contrato de trabalho que se mostra contrária à lei e que, por isso, não pode ser regulada por IRCT nos termos do artigo 478.º do CT.

Acontece que, nas normas do CCT que regulam a matéria da cessação do contrato de trabalho, não mais se encontra qualquer referência ao despedimento sem justa causa promovido pelo clube. Pelo contrário, admite no n.º 3 do artigo 44.º que o treinador que seja despedido ilicitamente receba uma indemnização nos termos do artigo 41.º do mesmo diploma. Mais, no

[12] Cfr. artigo 53.º da CRP.

artigo 46.º do CCT, sob a epígrafe "Resolução sem invocação de justa causa", apenas é prevista a resolução do contrato por parte do treinador. Ora, se o artigo 37.º define como uma das formas de cessação do contrato de trabalho o despedimento sem justa causa por parte do clube, como pode assumir no artigo 44.º que o treinador possa ser despedido "ilicitamente"?

Também no que respeita à indemnização devida ao treinador pela resolução do contrato de trabalho por justa causa por este invocada, cremos que não andaram bem as partes outorgantes ao definir, no n.º 1 *in fine* do artigo 41.º do CCT, que o treinador tinha direito a uma indemnização correspondente ao valor das retribuições vincendas até ao termo previsto do contrato "*deduzidas das que eventualmente venha a auferir pela mesma atividade durante o período em causa*". E cremos que não andou bem neste sentido porque, nos termos do artigo 339.º, n.º 3 do CT, "*os valores de indemnizações podem, dentro dos limites deste Código, ser regulados por instrumento de regulamentação coletiva de trabalho*", e, para os efeitos do artigo 396.º, que fixa a indemnização devida ao trabalhador por resolução do contrato com justa causa, define no n.º 4 que "*no caso de contrato a termo, a indemnização não pode ser inferior ao valor das retribuições vincendas.*". Ora, atendendo ao facto de o contrato de trabalho dos treinadores desportivos ser sempre celebrado a termo, será esta a norma do código de trabalho que se aplica e que, tendo como limite mínimo as retribuições vincendas, não pode ser este limite alterado por IRCT.

Também no que respeita aos períodos normais de trabalho, as partes outorgantes do CCT em análise, não respeitaram o disposto no Código do Trabalho, nomeadamente no que respeita ao facto de este último prever que o IRCT apenas pode estabelecer limites máximos que sejam inferiores aos já estabelecidos no Código do Trabalho[13].

Ora, no n.º 2 do artigo 22.º do CCT, as partes outorgantes definem que não se aplicam aos treinadores de futebol, os limites do período normal de trabalho fixados na lei laboral comum.

Analisando os vários contornos do CCT celebrado entre a FPFP e a ANTF face às normas do Código do Trabalho, cabe-nos concluir que estamos perante uma modalidade *sui generis* do contrato de trabalho a termo resolutivo, devendo-se esta à natureza da atividade desportiva, mas que, ainda assim, não deverá ser a solução para o preenchimento da lacuna de previsão existente nesta matéria.

[13] Cfr. Artigo 203.º, n.º 4 do CT.

Em suma, no atual cenário das relações laborais dos treinadores desportivos em Portugal, somos confrontados com as seguintes realidades:

A – Treinadores não reconhecidos como "Agentes Desportivos" para aplicação do regime aplicável aos praticantes desportivos;

B – Maioria de celebração de contratos de prestação de serviços nos escalões e modalidades não profissionais;

C – O próprio CCT celebrado entre a LPFP e a ANTF remete a aplicação subsidiária para o Código do Trabalho (e não para o regime dos praticantes desportivos), com normas que violam a imperatividade do regime laboral;

D – Código do Trabalho insuficiente para a especialidade da atividade;

E – O legislador não prevê a especialidade da atividade, os Tribunais reconhecem a aplicação do regime aplicável aos praticantes desportivos, as Partes (LPFP e ANTF) contratam relações especiais, prevalecendo a aplicação do Código do Trabalho.

Face ao exposto, e atendendo à insegurança que os treinadores desportivos têm vindo a sentir, por não saberem que regime lhes pode ser aplicado e por todos os anteriormente mencionados se mostrarem imperfeitos, importa regular esta atividade de forma a prever não só as condições laborais destes com os clubes, sociedades e atletas, mas individualizando as modalidades, uma vez que cada modalidade tem as suas particularidades, sendo diferente a prestação da atividade de um treinador com uma equipa de futebol, um treinador de natação ou um treinador de atletismo.

14. BREVES CONSIDERAÇÕES JURÍDICAS: A FIGURA DO TREINADOR DE ESPORTS

TIAGO PATRÃO SILVA[1]

Introdução

O presente trabalho visa enquadrar, na ordem jurídica portuguesa, a figura do treinador de Esports. Trata-se de uma questão que, no plano nacional, se encontra subdesenvolvida, o que se poderá explicar pelo estado ainda embrionário do desporto eletrónico em Portugal, em especial ao nível jurídico, o que contrasta, por exemplo, com o que ocorre no Brasil, onde diversos profissionais do ramo têm já intentado nos tribunais algumas ações para defesa dos seus direitos e interesses, o que, muito provavelmente, impulsionou também o pensamento jurídico nesta matéria.

O desporto eletrónico coloca hoje em dia um número elevadíssimo de questões aos aplicadores do Direito, nomeadamente pela sua novidade e pela inexistência de dispositivos normativos pensados para esta realidade. Com efeito, a primeira grande questão que se coloca, e que também colocaremos, diz respeito ao reconhecimento dos Esports como um verdadeiro desporto. Naturalmente, já se adivinhará da nossa parte uma resposta positiva a esta questão; é que, concluindo o contrário, deixaria de fazer (tanto) sentido este estudo.

[1] Advogado.

De seguida, passaremos a explorar o tema dos treinadores de Esports, uma categoria de indivíduos que, cada vez mais, se vai profissionalizando e tornando essa atividade no seu meio de obtenção de rendimento.

Quem são estas pessoas? Quais as suas funções? Devem estar legalmente habilitados para exercer as suas funções? Que regime se lhes deve aplicar a nível laboral? Fará sentido legislar especificamente sobre este fenómeno?

Estas são alguma das questões a que nos propomos responder. Acreditamos que a resposta a estas perguntas é fundamental de um ponto de vista jurídico para fazer face aos futuros desafios legais que os Esports irão colocar em Portugal, onde a litigância sobre estes assuntos é desconhecida ou insignificante (pelo menos, inexistente nos tribunais superiores). No entanto, à medida que aumente, crê-se que revelará desafios complicados para os aplicadores do Direito, mormente os juízes. Estas são, sem dúvidas, questões para o futuro, mas como diz o povo, mais vale prevenir do que remediar.

1. Breve Enquadramento histórico

O advento do desporto eletrónico, apesar de poder aparentar ser recente, não pode ter-se como uma surpresa. O desenvolvimento dos Esports andou de mão dada com o desenvolvimento computacional, bem como das consolas de jogos, uma vez que foi essa tecnologia que possibilitou o seu nascimento e crescimento, sendo usual considerar-se que o primeiro torneio de Esports da história terá decorrido, em 1972, na Universidade de Stanford, versando sobre o jogo *Space War!*, no qual participaram 24 jogadores e o vencedor terá levado para casa uma subscrição da revista *Rolling Stone*[2]; assim sendo, não é difícil perceber que as sementes foram lançadas há bastantes anos, o que não significa, de modo algum, que seja menos impressionante o desenvolvimento fulgurante e explosivo que os Esports tiveram.

Entre 1972 e 2021, a mudança foi avassaladora e, naturalmente, com a evolução tremenda que os computadores, consolas e jogos eletrónicos sofreram, também os Esports se modificaram e melhoraram consistentemente: se nos primórdios as competições eram essencialmente realizadas como um

[2] Scott, Rory; Coote; Jonathan; Smith, Leigh; Yates, Chris, "*Play by play: an introduction to Esports, Monetisation and IP Rights*", in Law in sport, disponível para consulta em: https://www.lawinsport.com/topics/sports/esports/item/play-by-play-an-introduction-to-esports-monetisation-and-ip-rights?category_id=672 (consultado pela última vez em 22 de abril de 2023).

passatempo ou *hobby*, de forma não profissional, hoje assistimos à profissionalização acelerada deste setor, com equipas, técnicos e praticantes profissionais acompanhados de estruturas organizativas de elevada qualidade que proporcionam autênticos "espetáculos", enchendo pavilhões, estádios ou arenas[3] e captando a atenção de milhões de pessoas nas suas transmissões[4].

Essa evolução tremenda fez com que, hoje em dia, existam já equipas e organizações especializadas a operar neste setor, com praticantes que vivem da competição, acompanhados de diversas outras pessoas que trabalham para tirar o máximo partido das suas capacidades: no fundo, os Esports estão a trilhar o caminho profissionalizante que os desportos mais "tradicionais" que conhecemos, como o futebol, o basquetebol, o andebol ou o ténis, entre muitos outros, já trilharam.

Em Portugal, apesar de este fenómeno ainda não se ter feito sentir com a mesma intensidade que noutras latitudes, existem já praticantes profissionais a ganhar valores totais acima de 200 mil dólares[5], o que demonstra claramente a evolução que o desporto eletrónico tem vindo a ter no nosso país e a possibilidade de virem a surgir eventuais litígios. Torna-se, também por isso, muito relevante estudar e compreender o fenómeno; no entanto, a primeira questão a que devemos responder prende-se, invariavelmente, com avaliar se os Esports podem ou não ser considerados como desporto.

2. Esports: um verdadeiro desporto?

2.1. O conceito de desporto

Os juristas tendem a procurar definições para facilitar a compreensão de conceitos e com boas razões: elas tornam uma realidade mais facilmente apreensível e identificável. No caso do desporto, no entanto, é preciso advertir que não existe uma definição universalmente aceite por toda a comuni-

[3] A título de exemplo, 174 mil pessoas passaram pelo evento "Intel Extreme Masters", realizado em Katowice, em 2019, segundo o site: https://about.eslgaming.com/blog/2019/03/esl-and-intel-welcomed-174000-fans-at-worlds-most-attended-esports-event-and-most-watched-esl-csgo-tournament-ever/ (consultado pela última vez em 22 de abril de 2023).

[4] A título de exemplo, a Final do Campeonato do Mundo do videojogo League of Legends, de 2022, atingiu um pico de audiência de 5,1 milhões de espetadores (https://escharts.com/tournaments/lol/2022-world-championship) (consultado pela última vez em 22 de abril de 2023).

[5] Veja-se, com detalhe, o disposto no site especializado na matéria https://www.esportsearnings.com/countries/pt (consultado pela última vez em 22 de abril de 2023).

dade, sendo esse um problema que até hoje se debate e que poderia ocupar toda uma obra. O "pontapé de saída" para a questão pode ser dado pela definição que consta do n.º 1 do artigo 2.º da Carta Europeia do Desporto:

> *"Entende-se por "desporto" todas as formas de actividades físicas que, através de uma participação organizada ou não, têm por objectivo a expressão ou o melhoramento da condição física e psíquica, o desenvolvimento das relações sociais ou a obtenção de resultados na competição a todos os níveis."*

Esta definição encerra, em nossa opinião, a ideia mais ampla de desporto, numa fórmula que dispensa o conceito da "competição" como marca absolutamente necessária; mas deixa em aberto o que se deve ou não entender por "atividades físicas", conceito esse que também coloca sobre si próprio diversas interrogações. É essencialmente a existência de uma atividade física que determina se poderemos ou não estar perante um desporto e, em nosso entender, este conceito é bem capturado pela OMS quando define "*atividade física como sendo qualquer movimento corporal produzido pelos músculos esqueléticos que requeiram gasto de energia – incluindo atividades físicas praticadas durante o trabalho, jogos, execução de tarefas domésticas, viagens e em atividades de lazer*"[6]. No fundo, praticamente qualquer ação poderá ser definida como uma atividade física, no entanto, devemos estar conscientes de que nem toda a atividade física é benéfica para a saúde.

Posto isto, não será difícil compreender que as realidades que podem ser comportadas para o campo do desporto são incrivelmente vastas; mas pretendemos delimitar, de forma mais concreta, a ideia de desporto, pelo menos no âmbito desta análise. É que nos propomos a explorar, essencialmente, uma atividade física que é praticada de forma organizada e que tem por objetivo a obtenção de resultados, ou seja, uma atividade competitiva. Diremos que, a mais das vezes, aquilo que consideramos como "fazer desporto" mais não é do que praticar uma atividade física e, na verdade, a ideia de desporto que pretendemos explorar, e na qual procuramos perceber se os Esports se podem enquadrar, identifica-se com a prática de uma atividade

[6] *"WHO defines physical activity as any bodily movement produced by skeletal muscles that requires energy expenditure. Physical activity refers to all movement including during leisure time, for transport to get to and from places, or as part of a person's work. Both moderate- and vigorous-intensity physical activity improve health.", como se pode consultar em: https://www.who.int/news-room/fact-sheets/detail/physical-activity* (consultado pela última vez em 22 de abril de 2023).

física que está invariavelmente ligada a um quadro competitivo semelhante ao de outros desportos "tradicionais", como seja o futebol, andebol, basquetebol, hóquei em patins, entre outros. Assim sendo, o que procuramos é perceber se os Esports podem ou não ser tomados como um desporto, numa aceção de competição, ou se, pelo contrário, isso não é possível.

Esta distinção serve um simples propósito: enquadrar o leitor claramente no tema que ora se trata. Não se propõe este trabalho a explorar e reconhecer ou não se qualquer atividade de jogo eletrónico pode ser considerada como "desporto", numa aceção genérica, mas sim se uma atividade desse género, inserida em moldes competitivos, pode eventualmente configurar ou não uma atividade física organizada e regulamentada, conduzindo-nos a uma aceção de "desporto" muito mais restrita, mas útil na nossa análise por contraste aos desportos "tradicionais".

2.2. Os Esports como verdadeiro desporto face ao ordenamento jurídico português.

Contra a integração dos Esports no "rol" dos desportos levantam-se consistentemente argumentos que se prendem com a falta de atividade física que envolve, a adição, o teor mais violento de alguns dos jogos ou até a associação que (em nossa opinião, incorretamente) se faz entre o sedentarismo e este tipo de atividade. Não cremos que qualquer argumento deste género possa colher e passamos a explicar porquê.

No caso dos Esports, o óbice da questão coloca-se fundamentalmente em saber se está aqui em causa ou não uma atividade física. A resposta, da nossa parte, é claramente afirmativa, não só porque os praticantes, durante os jogos, executam os mais variados movimentos corporais (por vezes apenas utilizando os braços, mãos e dedos; mas o advento da realidade virtual poderá inclusive proporcionar a utilização de mais partes do corpo), mas também porque essa utilização pressupõe um gasto de energia. Também não deve esquecer-se que, muitas vezes, um praticante profissional de Esports precisa de uma preparação física adequada para que possa ser obtido o seu máximo rendimento[7]. Por último, também os praticantes de Esports procuram a obtenção de resultados nas competições em que se inserem.

[7] Como já tem sido noticiado, incluindo pelo jornal britânico "Independent", podendo consultar-se o artigo em questão em: https://www.independent.co.uk/news/long_reads/esports-players-training-fitness-athletes-perform-league-video-games-a8863051.html (consultado pela última vez em 22 de abril de 2023).

Do nosso ponto de vista, consideramos que este debate já não é hoje tão fervilhante como o era há alguns anos atrás; os Esports são plenamente enquadráveis na definição de "desporto" que se apresentou acima (ponto 2.1), cumprindo todos os quesitos mencionados. Por essa razão, considerar que os Esports não são enquadráveis como um desporto é, hoje em dia, uma opinião que, embora ainda muito difundida, se fundamenta em alicerces com pouca solidez; compreendemos a razão pela qual muitos ainda rejeitam a natureza de desporto aos Esports, no entanto, afigura-se-nos impossível não lhes reconhecer esta natureza em face dos factos.

Para além disto, e numa ótica estritamente nacional, é importante notar que qualquer cidadão que decida olhar à lista das federações com estatuto de utilidade pública desportiva irá deparar-se com a presença, nessa listagem, das federações de aeromodelismo, bridge (que é, em termos simples, um jogo de cartas), columbofilia, damas ou até xadrez. A todas estas modalidades desportivas fez o legislador o "favor" de conceder o estatuto de utilidade pública desportiva, o que efetivamente permite às respetivas federações a possibilidade de exercer poderes públicos na regulamentação destes desportos; o Estado Português não hesita, por isso, em reconhecer que estas atividades, em que existe uma atividade física muitas vezes menos intensa do que nos Esports, são verdadeiros desportos e que as respetivas federações têm legitimidade para exercer poderes administrativos com vista à sua autorregulação. Poder-se-ia ainda colocar a questão relativa aos desportos motorizados, nos quais apesar de o piloto controlar uma máquina, é esta que produz a atividade e o "espetáculo" principal, possibilitando a sua existência, mas, em nossa opinião, e face aos exemplos acima apresentados, não é preciso ir tão longe.

Para além disto, Comité Olímpico Internacional anunciou a criação de uma competição de jogos eletrónicos, a "Olympic Virtual Series", com o apoio de 5 federações internacionais, nomeadamente de Baseball, Vela, Ciclismo, Automobilismo e Remo, a qual veio a decorrer no âmbitos dos Jogos Olímpicos de Tóqui de 2020 e foi um verdadeiro sucesso[8,9]. Parece

[8] O comunicado oficial pode ser encontrado em: https://olympics.com/ioc/news/international-olympic-committee-makes-landmark-move-into-virtual-sports-by-announcing-first-ever-olympic-virtual-series (consultado pela última vez em 22 de abril de 2023).

[9] O Comité Olímpico Internacional fez um balanço da competição que pode ser consultado em: https://olympics.com/ioc/news/inaugural-olympic-virtual-series-concludes-successfully (consultado pela última vez em 22 de abril de 2023).

pouco provável que o Comité Olímpico Internacional se prestasse à criação de uma atividade deste género se não considerasse que a mesma poderá, pelo menos no que toca a alguns jogos eletrónicos, consubstanciar um verdadeiro desporto.

É ainda importante notar que os Esports já gozam até de um enquadramento federativo internacional através da *International Esports Federation*, com sede na Coreia do Sul e que agrega já membros (federações nacionais) de vários países, de entre os quais se conta Portugal[10], por via da Federação Portuguesa de Desportos Eletrónicos (que, para já, não goza do Estatuto de Utilidade Pública Desportiva), cujos estatutos carecem ainda de alguma afinação para poderem estar conformes ao disposto no Regime Jurídico da Federações Desportivas (Decreto-Lei n.º 248-B/2008)[11].

Face ao exposto, e olhando ao ordenamento jurídico português, dificilmente se poderá considerar que os Esports não configuram um verdadeiro desporto e, para além disso, é notória a semelhança que começa a existir entre a sua organização institucional mundial e a das restantes modalidades "tradicionais". Concordamos por isso com a opinião de Rui Alexandre Jesus, quando refere que "(...) *o desporto eletrónico terá direito ao mesmo lugar que outros desportos como tal formalmente reconhecidos*"[12].

Esta conclusão permite-nos, por isso, avançar com uma análise mais aprofundada de uma das figuras mais relevantes e menos estudadas que surgiram "a reboque" da evolução tremenda que este desporto tem tido: os treinadores de Esports.

3. A figura do treinador de Esports

3.1. Breve referência histórica

O crescimento acelerado dos Esports possibilitou a profissionalização de muitos daqueles que neles intervêm. Essa profissionalização é sentida com mais acuidade nos praticantes que constituem os intervenientes principais

[10] Estes dados podem ser consultados em: https://ie-sf.org/about/members (consultado pela última vez em 22 de abril de 2023).

[11] Relógio, Luís Paulo (2021). "*E-Sports: Jogo ou Desporto?*" *in* "Compêndio de Direito do Desporto", Coimbra: Gestlegal, p. 1068; o autor demonstra essencialmente preocupação para com a conformidade legal dos artigos 5.º e 14.º dos Estatutos desta federação.

[12] Alexandre Jesus, Rui (2019). "*Esports*" *in* "Enciclopédia de Direito do Desporto". Coimbra: Gestlegal, p. 177-178.

no desporto eletrónico; não obstante, a necessidade de estes estarem mais preparados de forma a potenciar o seu máximo rendimento possibilitou o aparecimento de várias figuras que rodeiam os jogadores, de entre as quais ganha destaque o treinador de Esports.

Os treinadores de Esports foram assim surgindo como parte deste natural crescimento, sendo que a maioria dos mesmos tem um passado ligado à competição como ex-jogador. Neste ponto, não é difícil perceber que também nos Esports as funções de treinador acabam por ser muitas vezes perseguidas pelos ex-praticantes que passam a colocar ao serviço de outros o seu conhecimento específico na matéria.

Em 2015, uma notícia do *Wall Street Journal* revelava que existiam treinadores de Esports a receber, em média, cerca de 40.000 dólares por ano[13]; seis anos depois, parece difícil que este número se mantenha o mesmo, tendo em conta que em 2015 o valor global de receitas do setor era de cerca de 325 milhões de dólares[14], subindo este número para cerca de 1,38 mil milhões de dólares em 2022[15]. A *British Esports Association*, associação sem fins lucrativos criada em 2016 com o objetivo de promover e educar para os Esports no Reino Unido, revela que os vencimentos da maioria destes treinadores se cifram entre as 400 e as 2000 libras por mês nesse país, na divisão de topo do jogo *League of Legends*; no entanto, admite que em equipas de nível internacional os vencimentos destas pessoas possam chegar facilmente aos seis dígitos[16].

Ainda que estes números demonstrem a marcada evolução que existiu neste setor, confirmando o nascimento de uma "nova profissão", deve advertir-se que a vasta maioria dos treinadores, em níveis inferiores, é remunerado em valores muito inferiores e, por vezes, poderá mesmo trabalhar de forma voluntária[17] – algo que também observamos nos desportos tradicionais

[13] Artigo que pode ser consultado em: https://www.wsj.com/articles/the-newest-job-in-sports-videogame-coach-1438142460?mod=mktw&cb=logged0.31525544566102326 (consultado pela última vez em 22 de abril de 2023).

[14] Conforme artigo que pode ser consultado em: https://newzoo.com/insights/articles/global-esports-market-report-revenues-to-jump-to-463-million-in-2016-as-us-leads-the-way/ (consultado pela última vez em 22 de abril de 2023).

[15] Conforme se pode verificar em: https://www.statista.com/statistics/490522/global-esports-market-revenue/ (consultado pela última vez em 22 de abril de 2023).

[16] Conforme se pode consultar, no site: https://britishesports.org/careers/coach-analyst/ (consultado pela última vez em 22 de abril de 2023).

[17] *Ibidem.*

em solo português, constituindo os treinadores das divisões inferiores de futebol um exemplo marcante desta realidade.

É importante ainda considerar que, hoje em dia, se observa um aparecimento de treinadores de Esports independentes, ou seja, que não estão ligados a uma equipa de forma exclusiva, mas que, pelo contrário, oferecem os seus serviços de forma direta aos praticantes (em formato de aulas privadas ou consultoria) – são autênticos "*freelancers*". Pode ainda referir-se a existência de vários serviços *online* cujo objetivo é precisamente o de estabelecer a ligação entre treinadores e praticantes que procuram os seus serviços de "*coaching*", existindo em Portugal um exemplo recente no website "Pogg.pt"[18], especializado neste tipo de serviço.

3.2. Descrição das funções dos treinadores de Esports

Os treinadores de Esports formam uma categoria absolutamente inovadora e sem paralelo no mundo do desporto; no entanto, há algumas das suas características que acabam por ser reconduzíveis, ou comparáveis, aos desportos tradicionais.

Primeiramente, é necessário clarificar que poderão existir vários cargos numa organização ou equipa de Esports: ao lado do treinador propriamente dito, podem existir outros assistentes, analistas, preparadores físicos, preparadores mentais, entre outros. Mas também pode não ser este o caso e, como tal, é comum encontrar-se nos Esports alguns treinadores que exerçam funções não só relacionadas com o próprio jogo a que os praticantes se dedicam, mas também com a sua preparação física, mental, análise dos adversários, entre outras. A barreira é ténue, no entanto, isto não é novidade para qualquer desporto: tomemos o exemplo do futebol, onde o treinador principal reunirá em si muitas mais funções quanto menor for a organização e "staff" disponível, ao contrário do que acontece nos grandes clubes, onde o treinador principal se pode dedicar quase exclusivamente aos aspetos ligados ao jogo e à estratégia, delegando outras partes relevantes da preparação desportiva a cargo dos seus adjuntos e preparadores físicos.

Da nossa parte, entendemos poder classificar um treinador como a pessoa que dirige os treinos e orienta os praticantes desportivos nas competições

[18] Cujo endereço é o seguinte: https://pogg.pt/ . Este projecto associou-se recentemente à secção de Esports do Clube Desportivo de Tondela (consultado pela última vez em 22 de abril de 2023).

em que se insiram. O "*plus*" dos treinadores em relação aos indivíduos que exercem outros cargos na organização diz essencialmente respeito à sua capacidade para orientar os praticantes desportivos nas competições em que se inserem. Neste ponto, os treinadores de Esports distinguem-se claramente dos meros analistas e preparadores físicos, uma vez que muitas vezes estão presentes e orientam os praticantes desportivos durante as competições (embora tal não suceda em todas as competições de desportos eletrónicos, devido à sua especificidade), para além de intervirem diretamente nos aspetos psicológicos que o desporto possa exigir, quer seja motivando os atletas ou através da transmissão de ensinamentos capazes de melhorar as suas capacidades técnicas.

Por essa razão, no presente estudo, visamos essencialmente as pessoas que se dedicam ao treino dos praticantes desportivos de Esports, em todos os aspectos relacionados com o seu desempenho, mas que asseguram também, de forma principal e sempre que permitido, as funções de orientação destes praticantes durante as competições em que estes participam; estas pessoas são, em nossa opinião, aquelas que mais se podem aproximar da classificação de "treinadores" no mundo dos Esports, sem prejuízo de se reconhecer as relevantíssimas funções que muitas outras exercem e que tornam possível o sucesso desportivo. E note-se que, embora avancemos este conceito, a rápida evolução desta área pode facilmente torná-lo obsoleto e desajustado à realidade.

3.3. Que problemas (jurídicos) colocam estes treinadores?

Temos já por assente o que consideramos ser um treinador de Esports, no entanto, cabe agora perceber se o surgimento desta nova "profissão" tem ou não potencial para colocar questões jurídicas às quais seja necessário dar uma resposta.

A nosso ver, não há dúvidas que assim será.

Os treinadores de Esports exercem as suas funções num setor muito específico e que é relativamente diferente dos desportos mais "tradicionais". Ao passo que um treinador de futebol, por exemplo, se preocupará bastante com a evolução física e técnica dos seus atletas como modo de melhorar o rendimento da equipa, um treinador de Esports poderá dedicar grande parte do seu tempo a melhor apenas aspetos estratégicos relacionados com o videojogo em concreto em que os seus praticante desportivos participam e, muitas vezes, dedicar-se-á até a encontrar formas de retirar o máximo proveito de eventuais "falhas" do videojogo em si; por outro lado, ambos estes treinadores terão com toda a certeza uma grande preocupação em preparar as suas equipas e os seus atletas para a estratégia do adversário, o que os obriga a estudá-lo. A verdade é que, dentro da especificidade dos Esports, existem funções concretas que podem ser entendidas numa lógica análoga à dos desportos mais comuns.

Ainda assim, isso não significa que a legislação nacional atual de que dispomos possa responder com um grau satisfatório à quantidade elevada de problemas que se podem vir a colocar. Entre os principais problemas que a atividade de treinador de Esports poderá colocar, decidimos explorar dois muito concretos e que, em nosso entender, merecem uma reflexão profunda:

- Fará sentido que os treinadores de Esports possam estar sujeitos a um regime de acesso ao exercício dessa profissão, semelhante ao dos treinadores de desporto?
- Qual o regime laboral que deve reger as relações de trabalho entre os treinadores de Esports e as equipas/clubes?

A resposta a ambas estas perguntas afigura-se-nos, na atualidade, como de suma relevância para preparar os operadores jurídicos face aos desenvolvimentos dos Esports. É certo que não esgotam, nem pretendem esgotar, o universo de questões que poderiam ser colocadas, no entanto, estas questões reúnem já em si uma tarefa complicada, mas que pode resultar na identificação de uma parte do enquadramento jurídico dos treinadores de Esports.

4. O acesso ao exercício das funções de treinador de Esports

4.1. O regime geral de acesso à profissão de treinador de desporto

Em Portugal, o acesso e exercício da profissão de treinador de desporto segue o disposto na Lei n.º 40/2012, cuja redação inicial foi já alterada pela Lei n.º 106/2019.

De uma forma simples, os fundamentos que justificam a regulamentação especifica do acesso a esta profissão prendem-se com razões de promoção da ética, dos valores do desporto, da proteção dos praticantes e da sua valorização a nível pessoal e desportivo; por outro lado, podem ainda ter-se em conta os fundamentos específicos, que a própria Lei n.º 40/2012 elenca, e que dizem respeito à garantia de que os treinadores recebem uma instrução efetiva e eficaz, a nível técnico, cientifico e profissional, que permita a valorização e reconhecimento da profissão, bem como o desenvolvimento e reconhecimento do desporto e da sua importância (artigo 2.º da Lei n.º 40/2012).

Este regime é aplicável a todas as atividades de treinador de desporto, que, segundo esta Lei, se identificam com "*o treino e a orientação competitiva de praticantes desportivos, bem como o enquadramento técnico de uma atividade desportiva, exercida: a) Como profissão exclusiva ou principal, auferindo por via dela uma remuneração; b) De forma habitual, sazonal ou ocasional, independentemente de auferir uma remuneração*". Fundamental parece ser a ideia de "orientação competitiva" (ou seja, no âmbito e no intuito da competição) e, segundo o artigo 4.º da Lei n.º 40/2012, esta atividade apenas pode ser exercida por treinadores de desporto qualificados nos termos da mesma.

Diga-se, no seio daquilo que já clarificámos acerca dos Esports, que não seria difícil integrar neste ponto os treinadores de desportos eletrónicos; no entanto, a verdade é que o facto de ainda não existir uma federação desportiva de Esports a que tenha sido atribuído o Estatuto de Utilidade Pública Desportiva ("EUPD") acaba por deitar por terra a necessidade de os treinadores de Esports obterem uma qualificação nos termos da Lei n.º 40/2012 para exercerem a sua atividade. É que, apesar de concordarmos com José Eduardo Fanha Vieira quando refere que a leitura do art. 4.º, a), da Lei n.º 40/2012 leva a concluir "que, fora da área de atuação das federações desportivas titulares de estatuto de utilidade pública desportiva o diploma não se aplica, o que não é verdade"[19], é na prática impossível adquirir um Título Profissional de Treinador de Desporto ("TPTD") para os Esports, pela inexistência de regulamentação específica sobre o setor, assim como pela ausência de uma entidade que desempenhe as funções de federação desportiva.

À luz do exposto, a única conclusão legítima, mesmo para aqueles que considerem que os Esports são desporto, é a de que, atualmente, um treinador de Esports não está obrigado a obter um TPTD para exercer essa atividade. A lei não está pensada nem preparada para isso.

[19] Fanha Vieira, José (2021). "*Breve Análise ao regime jurídico de acesso e exercício da actividade de treinador de desporto*" *in* "Compêndio de Direito do Desporto", Coimbra: Gestlegal, p. 1068.

4.2. Devem os treinadores de Esports ser sujeitos a um regime de acesso e exercício da profissão?

Desde logo, devemos advertir que, em nossa opinião, os treinadores de desporto em geral deveriam ser reconhecidos pela Lei n.º 40/2012 como autênticos profissionais, ou seja, como exercendo uma profissão e não uma "atividade"[20].

Dito isto, a Lei n.º 40/2012 não está de todo pensada para os Esports: prevê-se uma formação geral, baseada nos referenciais gerais definidos pelo Instituto Português do Desporto e da Juventude ("IPDJ"), sendo depois esta complementada por uma formação especifica (cuja responsabilidade de definir é das federações desportivas) e de um estágio profissional. Ora, se este modelo até pode fazer sentido para desportos como o futebol, basquetebol, andebol, entre outros, a verdade é que nos Esports, e face à realidade, não se encontra ajustado.

Os treinadores de Esports são na sua maioria, como já se referiu, ex-jogadores que já detêm os conhecimentos específicos da área em que vão exercer a sua atividade e, por isso, veriam como inútil grande parte deste tipo de formação, em especial considerando as suas muitas vezes restritas funções exercidas. A solução poderá passar pela elaboração de referenciais específicos, a ser determinados pela federação desportiva de Esports que no futuro for titular do EUPD, que visem especificamente situações que sejam comuns apenas e só aos Esports, ainda que transversais aos diversos videojogos dentro deste mundo; só dessa forma, tentando abordar uma visão "específica, mas geral", dos Esports, poder-se-ia admitir que a elaboração de referenciais específicos a ser lecionados pudessem fazer sentido; mas, em todo o caso, tratar-se ia de uma tarefa hercúlea dada a variedade e diversidade de videojogos existentes. Essa própria diversidade indicia a inadequação deste tipo de regime legal à realidade do desporto eletrónico.

Por outro lado, os referenciais gerais, aplicáveis a todos os desportos, diferindo apenas entre coletivos e individuais, poderiam ser utilizados como uma componente de "iniciação" à atividade de treinador em si (com efeito, já não chocaria que aos treinadores de Esports fossem exigidos conhecimentos genéricos nas áreas da pedagogia e didática do desporto, funcionamento do corpo humano, primeiros socorros e antidoping, ética no desporto e desporto adaptado, por exemplo). De todo o modo, mesmo estas componentes

[20] *Idem*, p. 1065-1066.

gerais teriam de sofrer uma mutação para se "modelarem" às formas e especificidades dos Esports, na medida em que falar de pedagogia e didática do desporto, tendo em mente futebol, basquetebol ou andebol, é completamente distinto de o fazer tendo em vista Esports; o mesmo se diga quanto à ética no desporto e até à teoria e metodologia do treino desportivo, para dar alguns exemplos de conteúdos que, sendo lecionados em função dos referenciais gerais para a obtenção do Grau I de treinador, pouco sentido fariam se fossem lecionados sem adaptação a formandos dos Esports.

Conclui-se assim, invariavelmente, que a legislação relativa ao acesso e exercício da profissão de treinador de desporto é inaplicável; no entanto, mesmo que assim não fosse, surgiriam os maiores problemas quanto à pertinência, eficácia e utilidade dos conteúdos que se pretenderiam lecionar.

Os treinadores de Esports não se encontram na mesma situação dos seus congéneres do andebol, futebol, hóquei, basquetebol e outros desportos nos quais existe um contacto mais próximo entre treinadores e praticantes desportivos[21]. Por isso, e pelas demais razões relacionadas com a especificidade dos Esports já abordadas, grande parte dos fundamentos que justificam a existência de um regime de acesso à profissão não são absolutamente transponíveis, *ipsis verbis*, para a realidade do desporto eletrónico, pelo que uma reflexão profunda deve ser feita acerca da possibilidade de sujeitar os treinadores de Esports à obtenção de um título para exercerem a sua profissão. Ainda assim, e no nosso entendimento, o caminho deverá ser o de procurar formas eficazes de regulamentar a profissão, sem que seja exigido aos profissionais dos Esports uma série de obrigações e apreensão de conhecimentos que lhes poderão ser completamente inúteis face às funções que desempenham. Antes deve procurar-se formar estes profissionais na base dos valores fundadores e basilares do desporto, em especial no ensino e pedagogia relativos às relações humanas com os praticantes, evitando impor aos mesmos um obstáculo arbitrário sob a forma de autêntica licença que os vise dotar de conhecimentos que estes reputem de irrelevantes.

A profissão não deve manter-se à margem da lei, no entanto, também seria insensato aplicar-lhe leis inadequadas que não ponderem a sua espe-

[21] Em sentido contrário, não pode deixar de referir-se as "*gaming houses*", fenómeno em que organizações ou clubes de Esports alojam no mesmo imóvel treinador e jogadores, quase que num "estágio" permanente. Este será um exemplo de uma situação em que existe um contacto extremamente próximo e direto entre treinadores e praticantes, praticamente sem igual no resto do mundo desportivo.

cificidade; por isso, e nesta matéria, deixa-se claramente um apelo para o futuro ao legislador: enveredando pela opção de regulamentar esta profissão, os treinadores de Esports merecem que seja criado um regime especial que leve em conta as especificidades das suas funções ou, em alternativa, que lhes seja aplicado o regime comum com a necessária adaptação das componentes gerais e especificas de formação à sua realidade.

5. A relação laboral entre o treinador de Esports e os clubes/equipas de jogos eletrónicos.

Passamos agora à análise da segunda questão a que nos propusemos e que se identifica com a relação jurídico-laboral existente entre os treinadores de Esports e as equipas ou clubes onde se venham a inserir. Afinal, que natureza se pode atribuir a esta relação?

5.1. Trabalho subordinado ou Trabalho Independente?

A primeira questão que se poderá colocar, com grande relevância para apurar um potencial enquadramento jurídico dos treinadores de Esports no seio do ordenamento português, é a de saber se, afinal, estes profissionais podem ser considerados como trabalhadores subordinados (e que, por isso, terão uma relação de emprego) ou se, pelo contrário, devem ser considerados trabalhadores independentes.

De facto, ponto essencial para efetivar esta distinção é a de saber se os treinadores de Esports, na especificidade das suas funções, podem ou não prestar a sua atividade em contexto de subordinação jurídica, ou seja, com sujeição à autoridade e direção do empregador[22]. Se chegarmos à conclusão de que os treinadores de Esports não exercem, normalmente, a sua atividade com subordinação jurídica, então apenas residualmente poderemos aplicar-lhes o regime laboral geral (Código do Trabalho) ou outros regimes laborais especiais que pressuponham este requisito (tema que, mais à frente, desenvolveremos).

Podemos definir subordinação jurídica como uma conjugação do poder de direção e disciplinar do empregador a que se contrapõem os deveres de obediência e sujeição a sanções disciplinares do trabalhador[23]. O poder de direção diz respeito, em termos simples, às ordens que o empregador emite e

[22] Menezes Leitão, Luís (2012). "*Direito do Trabalho*", Coimbra: Almedina, p. 96.
[23] *Idem*, p. 97.

que tenham em vista individualizar a prestação de trabalho, bem como efetivar ou concretizar a atividade a desenvolver; por outro lado, o poder disciplinar consubstancia a possibilidade de punir o trabalhador quando este cometa infrações disciplinares, desrespeite ordens legitimas do empregador ou outras normas da própria organização onde se insere. Esta noção pode aproximar-nos da ideia de subordinação jurídica, no entanto, deve ser levada *cum grano salis,* ou seja, com muita cautela, ùma vez que a rápida evolução do mercado laboral poderá colocar diversas situações de limite que não podem ser resolvidas apenas por apelo exclusivo a estas noções.

No caso que nos propomos a estudar, começaremos por fazer duas distinções: entre os treinadores de Esports que trabalham para uma organização e aqueles que, sem estarem vinculados a qualquer organização, põem as suas habilidades à disposição dos clientes.

5.1.1. Treinadores de Esports vinculados a organizações/clubes/equipas

Um treinador de Esports que exerça as suas funções no seio de uma organização, com vista a orientar e guiar os praticantes desportivos que dela fazem parte, pode assemelhar-se bastante a um treinador de desporto que exerce as suas funções num clube de futebol, por exemplo.

Tal como refere João Leal Amado, "(...) *nada impede que a atividade desportiva seja profissionalmente prestada ao abrigo de outros contratos que não o contrato de trabalho*"[24]. Por essa razão, julgamos do maior interesse analisar se, em abstrato, um contrato que envolva um treinador de Esports poderá ou não ativar a presunção de laboralidade do artigo 12.º, n.º 1 do Código do Trabalho:

a) No que diz respeito ao local de trabalho, fica claro que os treinadores de Esports exercem normalmente a sua atividade em local que pertence ao beneficiário ou que é por ele determinado (basta pensar nas "*gaming houses*", cada vez mais comuns, ou nas instalações próprias das equipas ou organizações a que pertencem e onde decorrerão normalmente os treinos da equipa);
b) Quanto aos equipamentos utilizados, trata-se de um critério que variará muito consoante a realidade em concreto; não chocaria que o

[24] Leal Amado, João (2020). "*Contrato de Trabalho Desportivo, Lei N.º 54/2017, de 14 de Julho – Anotada*". Coimbra: Almedina, p. 17.

treinador de Esports veiculasse a sua atividade por via de meios próprios, no entanto, também não podemos descartar a possibilidade, talvez até a mais comum, de ser o beneficiário a providenciar-lhe os instrumentos de trabalho (por ter capacidade para disponibilizar melhores equipamentos tecnológicos, por exemplo);

c) A existência de um horário de trabalho pré-definido, com horas para início e termo da prestação, também dependerá consoante o caso concreto, admitindo-se que poderá tanto ser estabelecido pelo empregador como pelo próprio treinador;

d) No que concerne a remuneração, o mais comum passará pelo estabelecimento de uma quantia certa paga mensalmente como contrapartida da atividade (sem prejuízo de, muitas vezes, se estipularem também prémios de assinatura e direitos relativamente a prémios de competições);

e) Quanto à possibilidade de o treinador de Esports desempenhar funções de chefia ou direção na estrutura orgânica da organização, cremos que tal não será o mais comumente verificado; no entanto, não se pode excluir de todo a possibilidade de o fazer em simultâneo com a sua atividade ou até de considerar-se que, sobre os praticantes desportivos, ele desempenha funções de direção.

Em suma, tudo dependerá da situação em concreto; apesar disso, e conforme exposto, acreditamos que, na generalidade dos casos, os treinadores de Esports aqui em causa veriam a presunção de laboralidade a funcionar a seu favor nos contratos que assinem com organizações ou equipas. Por outro lado, existem ainda outros indícios que, no caso de o método indiciário do artigo 12.º do Código do Trabalho se mostrar pouco útil, poderiam indicar no sentido da relação de trabalho, como: a prestação da sua atividade em exclusivo a uma organização; exigência de comparecer, em nome da organização, em alguns eventos; obrigação de utilizar equipamentos tecnológicos, roupas e acessórios indicados pela organização, entre outras.

Apesar de não podermos extrapolar imediatamente a laboralidade de todos os contratos de treinadores de Esports, podemos afirmar que o mais comum será a presença de subordinação jurídica; e isto, note-se, não é beliscado pelo facto de o treinador de Esports disfrutar de uma grande autonomia técnica que só a si lhe cabe, até porque, como refere o artigo 116.º do Código do Trabalho, a sujeição à autoridade e direção do empregador não prejudica a autonomia técnica do trabalhador inerente à atividade prestada.

À luz do exposto, não chocará dizer que um treinador de Esports, quando empregado por uma organização ou equipa, se enquadrará na maioria dos casos numa relação jurídico-laboral que não é beliscada pela preservação da sua autonomia técnica; além disso, as funções destes profissionais refletem uma obrigação de meios, uma vez que não se almeja apenas e só os resultados[25].

5.1.2. Treinadores de Esports não vinculados a uma organização

Há que estabelecer uma clara diferenciação entre estes treinadores e aqueles que se vinculam diretamente a uma organização. Neste caso, tratamos de profissionais dos Esports que atuam numa lógica de "consultoria" ou "*personal coaching*" e, nesse sentido, existem claras diferenças em relação à prestação da sua atividade que não se pode deixar de ter em conta. Na maioria dos casos, estes treinadores são autênticos "*freelancers*".

Estes profissionais não estão sujeito, na generalidade dos casos, a situações de subordinação jurídica, uma vez que prestam a atividade diretamente aos clientes, os quais não têm qualquer poder de autoridade ou direção sobre estes, mantendo uma boa "dose" de autonomia técnica. Para confirmar esta ideia, olhemos novamente às várias alíneas da presunção de laboralidade (artigo 12.º do Código do Trabalho), agora sob a perspetiva destes profissionais:

a) Desde logo, a atividade é muitas vezes desempenhada à distância (com as famosas "*demo reviews*"[26] e através de videochamadas); no entanto, não se descartará a possibilidade de ocorrer em local determinado pelo cliente, conscientes de que serão casos menos comuns;
b) Os equipamentos utilizados e os instrumentos de trabalho são propriedade do prestador na maioria dos casos;
c) Não existe, na maioria das vezes, um horário rígido e estabelecido pelo cliente para a prestação da atividade;
d) A retribuição é normalmente aferida em função dos resultados (consulta, análise e sugestões dadas ao beneficiário);

[25] Mesquita, Sara Raquel Chiolas (2017). "*O vínculo jurídico-laboral do treinador desportivo*". Lisboa: ISCTE-IUL., p. 47. Dissertação de mestrado. Disponível em http://hdl.handle.net/10071/15253.

[26] Consiste, basicamente, em pedir aos clientes que gravem as suas partidas para depois essas gravações serem analisadas.

e) Não existe uma relação de chefia ou direção da empresa, isto porque na maioria das vezes não existe uma estrutura orgânica por detrás destes profissionais (e, ainda que exista, ter-se-ia de avaliar estas questões em relação à mesma).

É notória a diferença e, como tal, propendemos com grande certeza para considerar que a maioria destes treinadores de Esports, que colocam as suas habilidades à disposição direta dos clientes, sem se integrarem numa organização, são verdadeiros prestadores de serviços. Apesar disso, e tendo em conta a possibilidade de estas relações se configurarem de forma diferente, devem ser sempre analisados os dados concretos da situação para chegar a uma conclusão correta.

5.2. Aplicabilidade do regime do contrato de trabalho do praticante desportivo

No que toca aos treinadores de Esports que, em geral, consideramos que trabalham como verdadeiros prestadores de serviços, não se coloca a questão de saber se é ou não de ponderar a aplicabilidade do regime do contrato de trabalho do praticante desportivo, uma vez que este é um regime especial, mas laboral, ou seja, que pressupõe uma relação de trabalho subjacente a si.

O mesmo não se pode dizer em relação aos restantes treinadores que abordamos: é que esses, quando vinculados a uma organização e integrados numa relação de trabalho, estão sujeitos a regimes jurídico-laborais, mormente o geral (Código do Trabalho); questiona-se, no entanto, se fará sentido que, tal como têm vindo os tribunais a fazer em relação aos treinadores de desporto "tradicionais", também a estes profissionais se possa aplicar o regime jurídico do praticante desportivo, como regime laboral especial. Analisemos, por isso, as razões que levam os tribunais a seguir esta via.

Em primeiro lugar, a jurisprudência começa por reconhecer que os treinadores desportivos não devem ser tidos como praticantes desportivos e, como tal, pelo menos de forma direta, ser-lhes-ia inaplicável qualquer regime laboral especial dos praticantes desportivos[27].

[27] Veja-se o Acórdão do Supremo Tribunal de Justica, no Processo n.º 06S1821, de 24 de Janeiro de 2007, disponível em: http://www.dgsi.pt/jstj.nsf/954f0ce6ad9dd8b980256b5f003fa814/96b4e90a305fbf4580257284004dc812?OpenDocument.

Apesar disso, a própria existência de um regime laboral especial nesta matéria, destinado a regular e a olhar de uma forma especifica para o fenómeno desportivo, bem como todas as especificidades que relevam da mesma e tornam pouco aconselhável a utilização da lei geral do trabalho, fundamentaram que o Supremo Tribunal de Justiça afirmasse o seguinte: "*Cingindo-nos apenas aos contratos com treinadores desportivos profissionais, que é o caso que nos ocupa, a existência de uma verdadeira lacuna de previsão resulta do facto do próprio legislador reconhecer, como já se referiu, as especialidades que a actividade desportiva comporta neste preciso domínio e a manifesta dificuldade do regime geral do contrato de trabalho para dar cabal resposta a essas especificidades, o que convoca, por força dos princípios gerais, o recurso aos instrumentos de integração previstos no art.º 10.º do Cód. Civil, e, por esta via, ao regime especial do CTPD, por valerem na situação em causa as razões justificativas da concreta regulamentação normativa da Lei n.º 28/98 (9)*"[28].

Estas conclusões surgiram já há alguns anos, no entanto, têm-se mantido atuais, como aliás o demonstra uma recente decisão do Tribunal da Relação de Lisboa, relativamente a um treinador de atletismo, onde se diz que "*A falta de regulação própria para os contratos de trabalho atinentes a outros agentes desportivos, que não se encontram regulados naquele diploma, designadamente treinadores de modalidades desportivas, tal como o atletismo, não determina, sem mais, a aplicação da lei geral do trabalho.*"[29]

Afigura-se nos, por isso, que quando estejam reunidas condições que permitam afirmar estarmos diante de uma situação laboral que envolva um treinador de desporto, será plenamente aplicável o regime do Contrato de Trabalho do Praticante Desportivo atual ("CTPD").

Significará isto que, também no que toca aos treinadores de Esports, se poderá aplicar semelhante lógica? Tendo em conta os argumentos esgrimidos, não parece, pelo menos *a priori*, ser essa lógica derrotável. Com efeito, também nos Esports nos deparamos com profissionais de uma realidade especial dentro do universo desportivo que carece de uma regulação própria e a lacuna poderá ser integrada desta forma; não obstante, será necessário avaliar com mais algum fundo o regime do CTPD para perceber se as normas aí previstas têm ou não o mérito de melhor enquadrar a atividade.

[28] *Ibidem*.

[29] Veja-se o Acórdão do Tribunal da Relação de Lisboa, Processo n.º 19917/18.0T8LSB.L1-4, de 15 de Janeiro de 2020, disponível em: http://www.dgsi.pt/jtrl.nsf/33182fc732316039802565fa00497eec/8be21fe1699402d380258506003186f2?OpenDocument.

5.3. Adequação do RJCTPD aos treinadores de Esports

Apesar de nos inclinarmos para a aplicação, pelo menos face ao "estado da arte" jurídica atual, do regime do CTPD aos treinadores de Esports, não poderemos furtar-nos a fazer uma reflexão sobre as suas normas e sobre o sentido que pode ou não fazer esta aplicabilidade. Não se tratará de uma análise total, uma vez que não há aqui espaço para tanto, mas apenas de uma passagem por alguns pontos que devem chamar desde logo a atenção do aplicador do Direito antes de recorrer à aplicação deste regime.

A possibilidade de recurso ao Tribunal Arbitral do Desporto ("TAD") para resolução de litígios laborais desportivos emergentes de CTPD, estabelecido em convenção coletiva por associações representativas de entidades empregadoras e de praticantes desportivos (artigo 4.º da Lei n.º 54/2017 ou Regime Jurídico do Contrato de Trabalho do Praticante Desportivo, doravante "RJCTPD"), não choca com a realidade dos Esports. As vantagens que se possam assacar aos tribunais arbitrais (celeridade, especialização e discrição, entre outras) são aqui plenamente aplicáveis e, dado o desconhecimento geral do desporto eletrónico em Portugal, poderá ser mais vantajoso que estes litígios sejam encaminhados para um tribunal composto por árbitros que se dedicam, pelo menos com mais acuidade, a estudar matérias desportivas.

No que toca à forma, conteúdo e registo do contrato (artigos 6.º e 7.º do RJCTPD), não existe uma desconformidade forçosa com a realidade do desporto eletrónico; de facto, essas normas visam apenas garantir a solenidade da celebração deste tipo de contratos e também nos Esports, mesmo em relação aos treinadores, fazem algum sentido. Poder-se-ia eventualmente discutir, mas aí como um todo, o sentido de tantas exigências formais, mas essa discussão seria extensível a muitos outros desportos e não apenas aos Esports.

No que concerne a capacidade (artigo 5.º do RJCTPD), note-se que nos Esports os prodígios muitas vezes são jovens com idades inferiores a 16 anos, de que é exemplo o caso do praticante Anders Verjgang[30]; mas em relação aos treinadores de Esports, normalmente sempre maiores de idade, não se suscitará quanto a esta normal qualquer questão. O mesmo se diga

[30] Veja-se o seguinte artigo do jornal "A Bola" sobre este praticante desportivo, disponível em: https://www.abola.pt/nnh/2021-02-10/jogos-anders-vejrgang-o-miudo-prodigio-do-fifa-mas-que-ja-perdeu-com-portuguese/878600 (consultado pela última vez em 24 de abril de 2023).

em relação à possibilidade de celebrar promessa de CTPD (artigo 8.º), que não nos suscita dificuldades de aplicação a esta realidade.

A obrigatoriedade de o contrato de um treinador de Esports ser celebrado a termo, mesmo nos Esports, não é desconforme. Com efeito, também os Esports se caracterizam por ser uma atividade em que rapidamente evoluem as técnicas e estratégias do jogo em si, onde existe uma grande mobilidade dos recursos humanos (praticantes, treinadores e analistas) e onde as próprias organizações empregadoras, muitas vezes de cariz internacional, têm interesse em manter os contratos com um "prazo de validade" certo[31]. Ainda que se possa discutir acerca da bondade desta solução, ou ponderar a alternativa de garantir alguma estabilidade desportiva através de um contrato de duração indeterminada com características especiais, a verdade é que a exigência de termo não é desconforme ao que ocorre nos Esports[32] com treinadores e jogadores, numa relação de trabalho que sempre se perspetiva como volátil e instável, altamente dependente dos resultados (ainda para mais no que toca aos treinadores). Outro ponto de mais difícil análise surge relativamente à necessidade de o contrato ser celebrado por "época desportiva", uma vez que, nos Esports, não raras vezes se depararão as equipas com calendários que não seguem sempre a mesma fórmula, com eventos "surpresa" ou outros fora da época desportiva, pelo que, salvo melhor opinião, faria mais sentido a possibilidade de serem celebrados por anos civis e não por épocas (esta é mais uma consequência da futebolização do acervo legislativo do desporto em Portugal). Já no que toca ao período experimental (artigo 11.º), sendo este somente aplicável em caso de acordo das partes, e ainda que incomum, as críticas que se possam tecer a esta possibilidade não são diferentes quando em causa estão os treinadores de Esports.

Também nos parece que as formas de cessação poderão não ser totalmente conformes à realidade dos Esports. É que se no futebol a estabilidade das equipas, quer no que diz respeito aos praticantes, quer no que diz respeito aos treinadores, é um valor máximo e que tem de ser acautelado,

[31] Leal Amado, João (2020). "Contrato de Trabalho Desportivo, Lei N.º 54/2017, de 14 de Julho – Anotada". Coimbra: Almedina, p. 61.

[32] Jacobson, Justin (2021). "The Essential Guide to the Business & Law of Esports & Professional Video Gaming". New York: Springer, p. 134; na referida obra, consta um exemplo de um comum contrato de trabalho de treinador de Esports onde salta desde logo à vista a existência de termo.

já nos Esports este valor não assume uma relevância tal que justifique a não aplicabilidade do regime geral; com efeito, não existem sempre "janelas de transferência"[33] e outros períodos semelhantes para as organizações de Esports, pelo que, em abstrato, e tendo em conta as variadas competições em que as equipas acabam por participar, não se afigura unânime a necessidade desta restrição tão forte das formas de cessação do contrato. Em sentido contrário, é necessário notar que mesmo nos Esports já ocorreram transferências de praticantes entre equipas (e por valores bastante elevados[34]) e, daí até à normalização de transferências de treinadores de Esports poderá haver um "salto" curto. Por essa razão, também se poderia compreender que existam restrições à denúncia sem mais destes contratos como forma de proteger o "mercado de transferências" dos Esports que se venha a desenvolver. Trata-se de um assunto que terá de ser pensado e concretamente visto com cuidado, para não limitar em demasia a liberdade dos trabalhadores sem um objetivo que possa ser reputado como verdadeiramente legítimo, e tendo em conta a especificidade do Esports, que muda de videojogo para videojogo.

A questão da responsabilidade solidária da nova entidade empregadora, um pouco na lógica do "assédio" dos clubes de futebol a jogadores de outros clubes, poderia aqui encontrar alguma lógica: o treinador, ao fazer cessar unilateralmente o seu contrato, estaria obrigado a pagar uma indemnização estipulada à sua entidade empregadora, partilhando essa responsabilidade com a futura entidade empregadora. Diremos que, caso se apliquem unicamente as formas de cessação do contrato do treinador previstas no RJCTPD, esta norma faz sentido; caso, por outro lado, se entenda que deveriam as formas de cessação destes contratos ser flexibilizadas, deixa de fazer sentido atribuir esta responsabilidade solidária (uma vez que esta norma só adquiriu consagração legal como reflexo da futebolização e dos mercados de transferência).

[33] Em sentido contrário, podemos perceber que para alguns videojogos existem janelas temporais especificas para definição do "plantel", como se comprova pela consulta do site: https://esportsobserver.com/esports-player-transfers-2020/#jeg_registerform (consultado pela última vez em 23 de abril de 2023).

[34] Veja-se o exemplo do jogador "SwordArt", cujo contrato foi comprado por 6 milhões de dólares, conforme o artigo que pode ser consultado em: https://egamersworld.com/lol/news/4713/in-america-the-record-was-set-for-the-most-expensi-UVlgIdEIa (consultado pela última vez em 23 de abril 2023).

Estas são apenas algumas das disposições que, em nossa perspetiva, merecem uma análise de conformidade com a realidade do desporto eletrónico. Não nos surpreende descobrir que, tal como ocorre com outros desportos, as disposições do RJCTPD estejam algo "alheadas" desta realidade.

Poder-se-ia colocar também uma dúvida: a falta de EUPD no setor do Esports poderia condicionar a aplicabilidade desta lei? É uma questão a analisar, no entanto, o RJCTPD não faz qualquer menção a esse requisito e satisfaz-se com a natureza "desportiva" do praticante e da sua atividade pelo que, salvo melhor opinião, não cremos que se trate de um argumento decisivo; aliás, se admitirmos a própria aplicação do RJCTPD aos praticantes de Esports, ainda mais "natural" se tornará a utilização da lógica jurisprudencial de aplicação desse regime também aos treinadores. E neste caso, contrariamente ao que ocorre relativamente à legislação para obtenção do TPTD, a aplicação deste legislação, ainda que pudesse revelar-se um pouco inadequada, não deixaria de ser exequível.

Cumprirá agora, num ângulo diferente, perceber se faz ou não sentido regulamentar especificamente esta profissão de treinador.

5.4. Precisarão os treinadores de Esports de um regime especial?

Concluímos que não existe uma escandalosa desadequação do regime do CTPD em relação ao desporto eletrónico, no entanto, tal não significa que este se adapte plenamente aos desafios que lhe serão colocados.

No que diz respeito aos treinadores, será importante clarificar questões como os seus deveres, as formas de cessação destes contratos e a sua duração. Mas cremos que é também relevante começar a olhar para um problema que não foi ainda colocado em Portugal: as chamadas "*gaming houses*".

As "*gaming houses*" consistem nada mais, nada menos, do que um espaço onde vivem praticantes e o seu treinador com o intuito de desenvolver a atividade desportiva. Popularizaram-se com o crescimento dos Esports e pressupõem que os praticantes e os treinadores passem a residir nesses imóveis[35], com o objetivo de aproximá-los e melhorar o seu rendimento, no entanto, elas colocam problemas de índole laboral muito agudos: pode um contrato de trabalho estabelecer o local de residência do treinador de

[35] Para informações detalhadas, veja-se o artigo do site "TechTudo", disponível em: https://www.techtudo.com.br/noticias/2018/11/gaming-house-ou-gaming-office-entenda-diferencas-e-tipos-de-treinos-esports.ghtml (consultado pela última vez em 23 de abril de 2023).

Esports? Como fiscalizar o cumprimento dos limites do tempo de trabalho nestas situações? Como assegurar-nos de que estas "*gaming houses*" não são uma forma de exercer um controlo exacerbado sobre os trabalhadores (praticantes e treinadores), comprometendo inclusive a sua vida pessoal e familiar?

Esta é uma das questões que, com toda a certeza, a evolução do desporto eletrónico poderá colocar ao sistema jurídico português, sob pena de deixar sem qualquer proteção adequada praticantes e treinadores de Esports. Será necessário pensar adequadamente estas matérias e cuidar de introduzir algumas normas especiais que abordem situações muito especificas do desporto eletrónico; sem prejuízo, o legislador deve ter o cuidado de tentar reduzir a legislação extravagante para não continuar o caminho de lançamento de legislação dispersa sobre a prática desportiva.

Não tenhamos, no entanto, ilusões. Em Portugal não existe um regime laboral próprio e específico para os treinadores de desporto "tradicionais" pelo que será ingénuo pensar que os treinadores de Esports beneficiarão em breve de um regime exclusivo para si; mas diríamos também que esse não deve ser o caminho. O caminho terá de passar por uma produção legislativa que não aumente a dispersão dos diplomas, mas antes por uma integração nos diplomas já existentes de normas concretas que possam acautelar estas situações.

Tendemos por isso a propugnar uma solução que passe pela elaboração de um aditamento à Lei n.º 54/2017 que introduza normas especiais diretamente aplicáveis aos treinadores de desportos tradicionais e também os treinadores dos desportos eletrónicos.

Conclusão

Ao longo desta exposição, de natureza breve e que com toda a certeza constitui apenas a pedra de lançamento da discussão subjacente, pudemos explorar um pouco uma figura que não tem tido qualquer atenção no nosso ordenamento jurídico desportivo, mas que "vai existindo" e vai crescendo. Os treinadores de Esports já não são apenas uma mera teorização, antes começam a profissionalizar-se e a assumir cada vez mais posições relevantes no desporto eletrónico mundial, que está em franca expansão.

Se nos parece que sujeitar estas pessoas à aplicabilidade de um regime de acesso à profissão, completamente desajustado e desalinhado com a realidade, é manifestamente errado e excessivamente oneroso, concluímos por outro lado que lhes será em princípio aplicável o RJCTPD, embora este não providencie uma perfeita regulação.

Parece-nos que se poderá resumir de uma forma simples aquilo que, do nosso ponto de vista, algumas soluções para as questões levantadas:

1. A criação de um regime jurídico do contrato de trabalho do treinador de desporto que verse especificamente sobre a atividade e acabe com a aplicação analógica de um regime que sempre terá algumas desadequações;
2. Que a criação desse diploma tenha em conta as realidades emergentes ligadas ao desporto eletrónico.
3. Caso se entenda que os treinadores de Esports devem também ser titulares um TPTD, deve ponderar-se a criação de um "mínimo" geral de formação a ministrar a estes profissionais que lhes garanta pelo menos conhecimentos nas áreas das relações humanas treinador-praticante e da pedagogia, assim como saberes básicos relativamente à atividade física em geral.

São três passos simples que, com toda a certeza, contribuiriam para um avanço decisivo nestas matérias. Até lá, e o caminho adivinha-se difícil, estaremos órfãos de um regime jurídico que seja adequado a estas realidades, ainda que não se possa dizer que aplicar o RJCTPD seria absurdo no caso de existir uma relação com cariz laboral entre um treinador de Esports e uma entidade empregadora para essas funções, como acima se explicou.

Esta é sem dúvida uma matéria de futuro. Deve ficar absolutamente cristalino que estas questões se vão colocar mas, por agora, têm passado ao nosso lado, ao contrário do que acontece noutros países, como o Brasil, os Estados Unidos ou até a Coreia do Sul; ainda assim, num país onde não se começou ainda a olhar de uma forma "juridicamente séria", com ações concretas, para os praticantes de Esports, mais difícil será que os treinadores que laborem nesta área possam chamar a atenção dos poderes públicos. Tudo dependerá, enfim, do rumo de crescimento que os Esports tomarem, no entanto, neste momento, esse mesmo crescimento, em termos de popularidade e profissionalização, parece imparável e a seguir a bom ritmo, como aliás se comprova finalmente pela aceitação e inclusão destes desportos, ainda que parcial e restritamente, pelo Comité Olímpico Internacional.

No que a nós nos toca, resta estudar e aprofundar estas matérias e continuar a insistir nelas para podermos adotar e receber com segurança esta nova "indústria", sempre seguros de que, nas palavras do poeta espanhol Antonio Machado, "*o caminho faz-se caminhando*".

15. A DISCRIMINAÇÃO FEMININA NO SURFING EM PORTUGAL

VÂNIA MARIA BRÁS FERREIRA DA CRUZ[1]

RESUMO:

Propósito: O presente estudo parte do princípio fundamental da igualdade (tratamento e oportunidade) indagando a existência de discriminação do género feminino nas modalidades de surfing em Portugal, mais anotando recomendações para a consolidação da real integração da mulher no desporto.

Método: O estudo seguiu uma estratégia mista de investigação sendo que, a primeira, em observação direta, foi analisada a experiência pessoal da investigadora. A segunda, seguiu a revisão das referências e políticas de igualdade e não discriminação ao nível nacional e internacional. A terceira, dedicou-se à experiência das praticantes de surfing federadas portuguesas – inscritas da Federação Portuguesa de Surf em 2021 – em comparação com idêntica experiência das praticantes neozelandesas – inscritas na Federação da Nova Zelândia no mesmo ano – através de questionário desenvolvido em português e devidamente traduzido e adaptado para inglês pela investigadora. O questionário foi concebido com elaboração específica do ambiente, termos, actores e circunstâncias fácticas da prática de surfing. O universo do estudo português contou com uma população de 247 praticantes e obteve um total de 98 respostas, a que corresponde 39,6% do total das inquiridas.

[1] É licenciada em Direito, Advogada, colaboradora dedicada ao Direito Desportivo na Escola Superior de Desporto e Lazer de Melgaço do Instituto Politécnico de Viana do Castelo e, há mais de uma década, que o associativismo desportivo faz parte da sua vida. É Vice Presidente do Surf Clube de Viana, com sede no Centro de Alto Rendimento de Surf de Viana e Vogal da Direção da Associação Portuguesa de Gestão de Desporto.

A população da Nova Zelândia foi de 182 praticantes que alcançou 22 respostas, representativas de 12% da população.
Resultados: Da pesquisa desenvolvida apurou-se que as normas internacionais sobre o tema da igualdade acompanha acerrimamente os tempos e reflete-se rapidamente no ordenamento interno português. A tutela internacional do surfing está em franca evolução no que toca à promoção e implementação da igualdade de género a que Portugal não se associa. Os estatutos e regulamentos da federação que tutela a modalidade em Portugal, são omissos quanto ao tema e a dinamização do surf profissional, promovida por associação legitimada, realiza tratamento desigual de género na distribuição do número de competidores e no valor das retribuições e inscrições. A análise dos questionários implementados revelou que as inquiridas têm dificuldade em integrar a modalidade, pelo domínio masculino, organizadores, direções técnicas e juízes de competições desportivas. O potencial aumento de quantidade e qualidade desportiva feminina sai enfraquecido pela ausência de oportunidades, conduzindo a desistências da modalidade.
Conclusão: A pesquisa indica que as normas nacionais e internacionais não encontram lugar na areia das praias portuguesas e que o género feminino é discriminado na prática das disciplinas de surfing em Portugal.

Enquadramento

A mulher. As dificuldades. A resiliência. O desporto. O surfing.

O tema das mulheres no desporto vai muito para além da dimensão do presente trabalho.

Importa agitar as águas e mentes mais quietas para a problemática existente numa sociedade com construção eminentemente patriarcal.

Não obstante a participação das mulheres no surfing ser, actualmente, uma realidade cada vez mais visível atendendo às transformações culturais, sociais, económicas e até científicas e académicas, o certo é que ainda nos encontramos num lugar difícil. A evolução e consolidação da igualdade de género da sociedade portuguesa, em particular no desporto e em relevo nas disciplinas de surfing.

O estudo dirige-se, naturalmente, às mulheres, e a todos quantos pretendam sentir o desporto, o surf e o feminino.

Na perspetiva da profissional do direito, operadora da justiça, portanto, naturalmente sensível às normas de um Estado de Direito, acresce a visão da surfista, treinadora de surfing, juiz de surf e longboard e dirigente de uma associação desportiva, o presente escrito pretende evidenciar a discriminação, a criação de estereótipos, as (des)oportunidades e diferenciação no tratamento do género feminino nas disciplinas de surfing.

Na verdade, o desporto é um dos territórios onde pulsa a maior desigualdade entre homens e mulheres, pela acentuada discriminação em razão do sexo, não obstante a flutuação das bolhas dos Direitos Humanos, das prerrogativas de justiça social e de afirmação de cidadania.

Ao longo dos anos, vários cenários de areia branca e águas translúcidas... tão nítidas que desde sempre se percebe o fundo de coral e pedra (o melhor fundo para as ondas) onde a queda, acontece, por vezes, desamparada.

O que antes era uma experiência individual harmonizou-se num coletivo que perdurou e se consolidou em todo o estudo.

Aguarda-se, com afinco, que aos grãozitos de areia fina, fria e solta se fundam aos extensos areais e que, também, nesta praia, encontrem o mar da igualdade.

Detenhamo-nos, agora, na definição de género da UNESCO, traduzida pela Comissão para a Cidadania e Igualdade de Género (CIG):

> "*Género refere-se aos papeis e responsabilidades das mulheres e dos homens, os quais são construídos nas nossas famílias, sociedades e culturas. O conceito de género inclui também as expectativas sobre as características, aptidões e comportamentos expectáveis de mulheres e homens (feminidade e masculinidade). Os papeis e expectativas de género são adquiridas. Eles podem mudar ao longo dos tempos e variam dentro e entre culturas. Os sistemas de diferenciação social, tais como o estatuto político, classe, etnia, deficiência física ou mental, idade e outros, modificam os papeis de género. O conceito de género é vital porque, quando aplicado à análise social, revela como a subordinação das mulheres (ou a dominação dos homens) é socialmente construída. Assim, esta subordinação pode ser alterada ou terminada porque não é biologicamente determinada nem fixada para sempre.*"[2,3] E mais acrescenta que "*É um construto social, a sociedade espera que indivíduos do sexo masculino se expressem de forma dita "masculina" e os do sexo feminino de forma dita "feminina", concebendo essas expressões como "naturais". Refere-se assim aos "atributos e expectativas socialmente associadas*

[2] Organization U-UNESaC. UNESCO Priority Gender Equality Action Plan 2014-2021. 2014. https://iwlearn.net/resolveuid/400fc9b6-256a-4400-b251-32173228f5dc (accessed 2021/05/11.

[3] Género CpaCeald. Glossário. https://www.cig.gov.pt/area-igualdade-entre-mulheres-e-homens/glossario/ (accessed 2021/05/11.

> *a ser-se do sexo feminino ou do sexo masculino, bem como às relações entre mulheres e homens. Estes atributos, expectativas e relações são socialmente construídos, variando consoante a sociedade e o período histórico. Assim, o género abrange um conjunto amplo de representações relativas a comportamentos que condicionam o que é esperado, permitido e valorizado numa mulher ou num homem."*

Também, culturalmente, o estereótipo de género foi crescendo e avolumando-se sendo considerado pela Organização das Nações Unidas como "*A gender stereotype is a generalised view or preconception about attributes or characteristics, or the roles that are or ought to be possessed by, or performed by women and men. A gender stereotype is harmful when it limits women's and men's capacity to develop their personal abilities, pursue their professional careers and make choices about their lives.*[4]", tradução pela CIG: "*o estereótipo de género como modelos sociais preconcebidos sobre uma série concreta e limitada de atributos, características e papéis que são ou deveriam ser possuídos ou desempenhados por mulheres e homens, em função do seu sexo.*"[5]

Pelo Council of Europe EUoFR "*The acceptance of the social and economic importance of ensuring equality of treatment was further crystallised by the central position it was given in the EU Charter of Fundamental Rights.* (...)*Cases of sex discrimination may involve either men or women receiving less favourable treatment than persons of the opposite sex.*"[6]

O conceito jurídico de discriminação encontra a sua definição na Enciclopédia de Direito do Desporto, da coordenação do Dr. Alexandre Miguel Mestre, como a: (...) *conduta de transgressão de direitos de forma injusta e baseada em pre-conceitos.*[7]

Como introdução à discriminação e emolduramento do tema na modalidade de surfing, importa salientar que os registos do início das mulheres a surfar são muito escassos.

[4] Rights UNH. Gender stereotyping. 1996/2021. https://www.ohchr.org/en/issues/women/wrgs/pages/genderstereotypes.aspx (accessed 2021/05/11.

[5] Género CpaCeaId. Glossário. https://www.cig.gov.pt/area-igualdade-entre-mulheres-e-homens/glossario/ (accessed 2021/05/11.

[6] Council of Europe EUoFR, European Court of Human Rights Handbook on European non-discrimination law. 2018. https://www.echr.coe.int/Documents/Handbook_non_discri_law_ENG.pdf (accessed 2021/05/12.

[7] Mestre AM. Enciclopédia de Direito do Desporto. 1.ª Edição ed.

Conta-se que a história do surf começou no Oceano Pacífico, no Hawai e na antiga cultura Polinésia há 4 000 anos, em pranchas feitas da melhor árvore, muito embora os Peruanos também reclamem para si a sua génese no regresso de expedições de pesca, numa espécie de pranchas feitas de canas. E, é em 1779 que o mundo ocidental ouve falar de surf pela primeira vez, através dos diários do Tenente James King, a bordo de uma expedição liderada pelo famoso Capitão Cook, que os missionários Calvinistas, da Grã-Bretanha, tentaram demover impondo a sua religião e oprimindo as ideologias das populações nativas, que quase levou à sua extinção.

Reza a história do feminino que, três princesas havaianas foram muito importantes para registo: Kaneamuna, Kelea e Victoria Ka'iulani.

A princesa Kaneamuna, surfava na prancha de surf mais antiga encontrada no ano de 1905 junto de um trenó (espécie de caverna funerária da princesa) em Ho'okena, Ilha Grande do Hawai. De acordo com os dados do Surfing Heritage and Culture Center em San Clemente, na Califórnia, aquela prancha terá sido construída nos anos 1600.

Um pouco da história conhecida sobre Kelea, uma princesa de Maui, cujo registo data de 1881, lê-se sob a letra do rei Kalakaua... Nele narra sobre a visita da princesa a Oahu no Hawai e a sua tentativa depois de ver homens a surfar. De nome completo Keleanohoana'api'api, nasceu na realeza em Maui, no Hawai, e é descrita como a melhor surfista de todo o reino do Hawai da sua época (século XV). Casou com o rei daquela ilha de Oahu, teve três filhos, divorciou-se e casou com o irmão daquele, deixando lendária a sua história. Existe uma fundação sem fins lucrativos que tem o seu nome e que cumpre o objetivo de tornar os desportos aquáticos, o surf em particular e o oceano em geral, acessíveis a todos, bem como vários negócios com o seu nome em sua homenagem.

Também a princesa Victoria, de nome completo, Victoria Kawēkiu Ka'iulani Lunalilo Kalaninuiahilapalapa Cleghorn, filha de mãe havaiana e de pai escocês, é considerada, pelo jornal britânico "Daily Mail", como uma especialista em surf. A par dos seus dois primos, David e Jonah, terão sido os responsáveis em levar a modalidade para a Grã-Bretanha no ano de 1890. Educada no resort da costa sul de Brighton, cidade litoral da Inglaterra, terá sido a primeira mulher a surfar naquele território, como contam os historiadores, por base numa carta que escreveu em 1892. Em 1893, terá visitado os Estados Unidos para ajudar a restaurar o reino ao Hawai, denunciando a destituição do seu governo e a injustiça perpetrada ao povo. Lembrada em canções havaianas, morreu muito jovem – aos 22 anos, lutando pelos direitos dos havaianos.[8]

São, de facto, antigos, os tempos em que o surf respirou o feminino.

Considerando o último ano registado no Pordata, verifica-se que **no ano de 2018 os praticantes desportivos federados**: total e por sexo[9] perfazem **667 715**, dos quais **464 526, homens** e **203 189 mulheres**, estas portanto, menos de metade.

Das informações estatísticas fornecidas pelo site oficial do Instituto Português de Desporto e Juventude[10] advém que, desde o ano de 1996 até ao ano da última estatística realizada, os **praticantes de surf** iniciam os seus registos em 1997, sendo que no ano de **2018 totalizam 2084 inscritos**. Daquela soma, 1689 homens **e apenas 395 mulheres (menos de ¼ do total).**

Em Portugal o surf alcançou a popularidade que vai crescendo exponencialmente a cada ano.

O mar, o sol, a temperatura, o movimento, a beleza e o *feeling* têm contagiado milhares de pessoas e rapidamente traduzem um aumento, muito significativo, do turismo desportivo em Portugal. O atrativo reside na essência do estilo de vida e comunhão com a natureza sendo certo que a pretensão dos novos praticantes mais jovens é a sua vertente competitiva e alto rendimento.

Se enaltece o seu valor, também, desvirtua o âmago onde as diferenças de tratamento e oportunidades se avolumam.

Propósito

O presente estudo encontra desígnio na indagação da evidência da discriminação feminina no surfing em Portugal sob a análise qualitativa e quantitativa.

Centrado na revisão normativa, na experiência pessoal e de outras praticantes femininas federadas portuguesas em contexto de lazer, treino ou competição aspira-se conhecer a realidade em que as mulheres deslizam e que determina a escolha da onda a surfar no "pico" da igualdade de género.

[8] Rodigheri K. A história das mulheres no surf desde antes do Sec. XX. 2016.

[9] Fundação Francisco Manuel dos Santos. Praticantes desportivos federados: total e por sexo. 2020. https://www.pordata.pt/Portugal/Praticantes+desportivos+federados+total+e+por+sexo-2229 (accessed 2021/04/10.

[10] Juventude IPdDe. Estatísticas do Desporto. 202007/28. https://ipdj.gov.pt/estat%C3%ADsticas (accessed 2021/05/11.

Averiguadas as inquietudes sentidas pelas atletas femininas e os sentimentos que atravessam os seus desempenhos desportivos, encontram na sua origem o preconceito masculinizado e tratamento desigual.

A reflexão social e desportiva surge pela necessidade de documentar a masculinização mental da prática desportiva, desencadeando recomendações de renovações institucionais, nacionais e locais no caminho da promoção e verdadeira implementação da igualdade de género, tratamento e oportunidades.

Método

Uma estratégia capaz de analisar convenientemente a informação a recolher, delimitada pela investigação da existência de discriminação feminina nas disciplinas de surfing – surf/ longboard/ bodyboard/ skimming/ stand up paddle – em Portugal, foi desenvolvida.

Três foram os conceitos razão do estudo: a discriminação o surf e o direito.

O primeiro método utilizado consistiu na revisão de conteúdos normativos, políticas e compromissos para a igualdade, inclusão e empoderamento, de âmbito nacional e internacional.

As plataformas online da Comissão para Cidadania e Igualdade de Género e a European Institute for Gender Equality, reunem um poderoso conjunto de informação significativa na matéria que, consultado e analisado, foi citado em várias linhas da narrativa.

Das exaustivas pesquisas diligenciadas, o tema de discriminação particularizada no surfing é frugal, sendo que a jurisprudência do argumento discriminatório do género feminino incide vigorosamente na vertente laboral.

A experiência pessoal da investigadora na praia na modalidade foi uma das fontes.

Outro instrumento de observação foi o questionário desenvolvido pela investigadora que enuncia o motivo da pesquisa, usa linguagem simples em questões pertinentes adaptadas à realidade da modalidade e estilo de vida e o público alvo foi prévia e criteriosamente seleccionado.

Do mote à orientação, foram elaborados quesitos para bem manobrar o estudo até ao "lip", a crista da onda: zona superior da onda onde começa a quebrar.

Junto das destinatárias que pertencem ao mesmo grupo de indivíduos praticantes de surfing indagou-se o acolhimento masculino, as resistências enfrentadas e a consideração do valor atribuído ao surfing feminino.

Para responder aos temas principais escolhidas foram perguntas claras e precisas, reduzindo a suscetibilidade de interpretações diversas – positiva/negativa, opcional, múltipla e de pequeno texto –.

Para tanto, foi consultado o Presidente do Surf Clube de Viana, campeão europeu de bodyboard consagrado, ex-selecionador nacional da modalidade e atualmente gestor do Centro de Alto Rendimento de Surf de Viana do Castelo – cuja vasta experiência lhe permite aferir e apoiar no molde das eventuais perguntas "sensíveis".

Antes da disseminação junto da população escolhida e para testar a sua eficácia, o questionário foi respondido por três atletas federadas daquele clube, com diferentes focos – uma atleta do top 10 mundial de Stand Up Paddle Race, uma atleta do top ranking nacional de surf com estatuto de Alto Rendimento e ainda uma atleta do top regional de surf – que o analisaram e emitiram opinião sobre a clareza e compreensão das questões, considerada para a versão final.

A ferramenta foi então disseminada, via email da Federação Portuguesa de Surf, para as 247 federadas, para maior fiabilidade e alcance de informação.

O mesmo questionário foi adaptado e traduzido para inglês pela investigadora e expedido via email pela Federação de Surf da Nova Zelândia, a todas as suas praticantes de surf no mesmo ano (182), com o mesmo objetivo e fiabilidade, cujos resultados serviram de comparação ao estudo português.

Nova Zelândia – antiga colónia europeia – escolhida como comparativo pela sua cultura, tradição e antiguidade na modalidade materializado através da Federação de Surf (SNZ) daquele país[11].

É um dos países mais desenvolvidos e industrializados do mundo e posiciona-se muito bem em comparações internacionais sobre desenvolvimento humano, qualidade de vida, esperança de vida, alfabetização, educação pública, paz, prosperidade, democracia e proteção das liberdades civis e de direitos políticos. Em 1893, tornou-se o primeiro país do mundo a conceder o direito ao voto a todas as mulheres[12] o que revela uma admirável e clara visão de progresso e desenvolvimento.

[11] Zealand SSRN. «Sport and Recreation Participation Levels», Sport and Recreation New Zealand. 2009. 2010.

[12] Wilson. JMd. «History – Liberal to Labour». Te Ara – the Encyclopedia of New Zealand.

Os deslizes históricos para a igualdade de género

Importa, antes de mais, salientar os principais passos mundiais das políticas para a igualdade de género estreado pela Declaração Universal dos Direitos Humanos (DUDH), que delineou os direitos humanos básicos adotada que foi pela Organização das Nações Unidas em 10 de dezembro de 1948.

A Presidência do Conselho de Ministros de Portugal integrou a Comissão para a Cidadania e a Igualdade de Género (CIG), que sucedeu à Comissão para a Igualdade e para os Direitos das Mulheres (CIDM) e esta à Comissão da Condição Feminina (CCF.), organismo nacional responsável pela promoção e defesa do princípio, que promete responder às alterações sociais e políticas da sociedade em matéria de cidadania e igualdade de género.

O serviço de administração direta do Estado orienta-se na sua missão pela:*"igualdade de género, ou igualdade entre mulheres e homens(...) e significa a igual visibilidade, empoderamento, participação e responsabilidade de mulheres e de homens em todas as esferas da vida pública e da vida privada. Esta igualdade concretiza-se no igual acesso e possibilidade de usufruto dos recursos e na igual distribuição destes por mulheres e homens. Significa aceitar e valorizar de igual modo as diferenças de mulheres e de homens e os vários papéis que desempenham na sociedade. Trata-se, pois, da ideia de que todos os seres humanos, independentemente do sexo, são livres de desenvolver as suas aptidões pessoais, de prosseguir as suas carreiras profissionais e de fazer as suas escolhas sem limitações impostas por estereótipos, preconceitos e conceções rígidas dos papéis sociais atribuídos a homens e a mulheres."*[13] Sendo à CIG que pertence: *"(...) a coordenação das políticas para a igualdade de género e a não discriminação em função do sexo. (...) A missão da CIG resulta destes princípios e dos compromissos assumidos por Portugal a nível internacional, enquanto membro da Organização das Nações Unidas, do Conselho da Europa, da União Europeia e da Comunidade dos Países de Língua Portuguesa (CPLP). Os documentos principais de referência para o trabalho da CIG são a Convenção sobre a Eliminação de Todas as Formas de Discriminação Contra as Mulheres (de cariz normativo), a Declaração e Plataforma de Ação de Pequim (de índole programática) e o Pacto Europeu para a Igualdade entre Homens e Mulheres (2011-2020).(...) "Uma das tarefas fundamentais do Estado Português é a promoção da igualdade entre mulheres e homens, tal*

[13] Género CpaCeId. Enquadramento. 2021. https://www.cig.gov.pt/area-igualdade-entre-mulheres-e-homens/enquadramento/ (accessed 2021/05/11.

como consta na Constituição da República Portuguesa. Esta obrigação é inseparável do facto da igualdade social e da liberdade serem princípios estruturantes da democracia, assim como de qualquer sociedade que garanta plenamente a não-discriminação em função do sexo. A igualdade entre mulheres e homens é também designada por igualdade de género."[14]

Da informação ali recolhida, data de 1975, a Convenção das Nações Unidas sobre a Eliminação de Todas as Formas de Discriminação, aprovada pela Assembleia Geral da Organização das Nações Unidas (ONU) e que assegura o princípio da igualdade entre mulheres e homens.

Prontamente, em 1980, Portugal ratifica a Convenção regularmente identificada pela sigla inglesa de Convenção CEDAW.

> É este um dos grandes Tratados de Direitos Humanos e denominada como a Magna Carta dos Direitos das Mulheres ou a Carta dos Direitos Humanos das Mulheres em que: *"Os povos das Nações Unidas proclamam, de novo, a sua fé nos direitos fundamentais do homem, na dignidade e no valor da pessoa humana, na igualdade de direitos dos homens e das mulheres e se declararam resolvidos a favorecer o progresso social e a instaurar melhores condições de vida dentro de uma liberdade mais ampla considera a Carta: Artigo 1.º: Todos os seres humanos nascem livres e iguais em dignidade e em direitos. Dotados de razão e de consciência, devem agir uns para com os outros em espírito de fraternidade. "(...) A Carta da ONU articulou um compromisso de defender os direitos humanos dos cidadãos e delineou um amplo conjunto de princípios relacionados à obtenção de "padrões de vida mais altos", abordando "problemas económicos, sociais, de saúde e afins" e "respeito universal e observância direitos humanos e liberdades fundamentais para todos, sem distinção de raça, sexo, idioma ou religião"."*

O art. 14.º, da Convenção Europeia dos Direitos do Homem Lei (aprovada para ratificação pela Lei n.º 65/78, de 13 de Outubro) – acrescenta: "*O gozo dos direitos e liberdades reconhecidos na presente Convenção deve ser assegurado sem quaisquer distinções, tais como as fundadas no sexo, raça, cor, língua, religião, opiniões políticas ou outras, a origem nacional ou social, a pertença a uma minoria nacional, a riqueza, o nascimento ou qualquer outra situação."*

[14] Género CpaCeId. Enquadramento. 2021. https://www.cig.gov.pt/area-igualdade-entre-mulheres-e-homens/enquadramento/ (accessed 2021/05/11.

Iluminada, a Constituição Portuguesa de 1976 introduz uma nova definição de ser social, impedindo a limitação da individualidade e da sua elevação, em razão do sexo, quando acrescenta que "*1. Todos os cidadãos têm a mesma dignidade social e são iguais perante a lei. (...)* e que *2. Ninguém pode ser privilegiado, beneficiado, prejudicado, privado de qualquer direito qualquer direito ou isento de qualquer dever em razão de ascendência, sexo, raça, língua, território de origem, religião, convicções politicas ou ideológicas, instrução, situação económica, condição social ou orientação sexual*" – glorifica o art. 13.º da Constituição de 1976.

Ora, "se a equidade consiste na interpretação moral da regra de direito ou na adaptação justa da norma" que alguém escreveu, também aqui se afirma e reafirma e se deve estender à aplicação das suas nobres premissas!

É aqui demarcada a evolução da igualdade entre mulheres e homens, que não se detém na questão formal e jurídica, alcançando um ganho específico e material naturalmente capaz de transformar as sociedades conhecidas até então.

Da apresentação da CIG extrai-se a realização, em Pequim, da Conferência Internacional da ONU, no ano de 1995, sobre Mulheres, Desenvolvimento e Paz, implementando a Plataforma de Ação de Pequim, no escopo da execução efetiva dos direitos das mulheres à escala mundial.

Apelidada de estratégia de gender mainstreaming: lança o apelo aos Estados para a integração da igualdade de género na formulação, implementação e avaliação de todas as suas políticas e ações.

Já em 2015 a ONU aprovou a Agenda 2030 formulando os dezassete Objetivos de Desenvolvimento Sustentável (ODS) convocando os Estados e os atores institucionais e privados a efetivar a promessa de não deixar ninguém para trás. A extensão do género denota-se como oblíqua a toda a Agenda e preceitua o seu n.º 5.º ODS "alcançar a igualdade de género e o empoderamento de todas as mulheres e meninas" (ONU, 2015).[15]

Os princípios sobre a aplicação da legislação internacional de direitos humanos em relação à orientação sexual e identidade de gênero integram os "*PRINCÍPIOS DE YOGYAKARTA*".

Em novembro de 2006, 29 especialistas de 25 países, com diversas origens e conhecimentos relevantes em questões de direitos humanos, adotaram por unanimidade, os Princípios de Yogyakarta em relação à orientação

[15] ONU OdNU. Objectivos de Desenvolvimento Sustentável. 2015. https://unric.org/pt/objetivos-de-desenvolvimento-sustentavel/ (accessed 2021/05/13.

sexual e identidade de género. Aqueles Princípios determinam a obrigação de implementação dos direitos humanos nos Estados signatários.

Tendo em conta o tema que aqui se aborda, os Princípios de Yogyakarta assumem um importante marco para a salvaguarda e promoção dos direitos das mulheres e na erradicação da discriminação contra as mesmas.

Aclama-se o direito à igualdade e à não-discriminação, no Princípio n.º 2 daquele documento, considerando que todas as pessoas têm o direito de usufruir de todos os direitos humanos, livres de discriminação devido à orientação sexual ou identidade de género, na versão original: "*The law shall prohibit any such discrimination and guarantee to all persons equal and effective protection against any such discrimination(...).*

Discrimination based on sexual orientation or gender identity may be, and commonly is, compounded by discrimination on other grounds including gender, race, age, religion, disability, health and economic status."[16]

Os Princípios Fundamentais e a extensão dos mesmos pela corrente internacional, regularmente concebidas pelas instituições no exercício das respectivas competências, interpretados e integrados de harmonia com a Declaração Universal dos Direitos do Homem, refletem-se no direito interno Português, nos arts. 8.º e 16.º da CRP.

Chegados agora ao desporto, do texto do artigo 79.º, quanto à cultura física e desporto, determina a Constituição da República Portuguesa que "*Todos têm direito à cultura física e ao desporto.*" bem como, "*Incumbe ao Estado, em colaboração com as escolas e as associações e colectividades desportivas, promover, estimular, orientar e apoiar a prática e a difusão da cultura física e do desporto, bem como prevenir a violência no desporto.*".

Atendendo ao ambiente e ao tema que se aprofunda, sempre flutuaremos à tona da Lei n.º 5/2007, de 16.01, que define as bases das políticas de desenvolvimento da Lei de Bases da Atividade Física e do Desporto que, além do mais, determina no artigo 2.º, que "*todos têm direito à atividade física e desportiva, independentemente da sua ascendência, sexo, raça, etnia, língua, território de origem, religião, convicções políticas ou ideológicas, instrução, situação económica, condição social ou orientação sexual*".

[16] THE YOGYAKARTA PRINCIPLES. Principles on the application of international human rights law in relation to sexual orientation and gender identity. 2007. http://yogyakartaprinciples.org/wp-content/uploads/2016/08/principles_en.pdf (accessed 2021/05/20.

Neste plano, contamos também com as políticas estabelecidas nas Conclusões do Conselho, de 21 de maio de 2014, sobre a igualdade entre homens e mulheres no desporto e de 18 de novembro de 2010 e o papel do desporto como fonte e motor de uma inclusão social ativa, constantes do European Institute of Gender Equality[17] – Relatório **"Women and Sport"**, datado de 15 de julho de 2014, elaborado pela House of Commons, Culture, Media and Sport Committee.

O Surfing no mundo e o Surfing em Portugal

A International Surfing Association (ISA) – fundada em 1964, é reconhecida pelo Comitê Olímpico Internacional como a Autoridade de Governo Mundial de Surf.

Esta organização internacional apresenta o compromisso com a equidade no surf, no equilíbrio de géneros nos campeonatos mundiais em igualdade de número na participação.[18]

A World Surf League (WSL), fundada em 1976, com profundo apreço pela herança do desporto promove a progressão, inovação e desempenho nos níveis mais altos de surfing, em formato profissional.

O swell sempre se aproximou gigante para as mulheres, mas com a entrada da nova CEO da WSL, Sophie Golschmidt, acabou-se com a diferença de remuneração entre homens e mulheres.

A nova medida, entrada em vigor em 2019, ditou o fim da desigualdade de género nas grandes provas de surf. *"Para ondas iguais, pagamentos iguais. Partindo desta premissa, a Liga Mundial de Surf (em inglês World Surf League, entidade também conhecida pela sigla WSL) tomou recentemente a decisão de atribuir prémios monetários iguais para todos os surfistas, homens e mulheres. Uma medida que pretende acabar com a desigualdade remuneratória entre géneros nas grandes competições de surf. Tomando como exemplo a competição Oi Rio Pro, a diferença remuneratória entre Filipe Toledo e Stephanie Gilmore, vencedores dos circuitos masculino e feminino, respetivamente, foi de 35 mil dólares: ele recebeu 100 mil dólares, ela somente 65 mil. Mas de 2019 em diante, o valor dos prémios monetários será igual para todos os surfistas do circuito mundial. Quer isto dizer que a surfista que vencer o*

[17] Council E. Conclusões. 2014. https://eige.europa.eu/gender-mainstreaming/policy-areas/sport (accessed 2021/05/13.

[18] Association IS. ISA CONTINUES COMMITMENT TO EQUALITY IN SURFING WITH GENDER BALANCED WORLD CHAMPIONSHIPS. 2018.

primeiro lugar de uma dada competição da Liga vai receber a mesma quantia monetária que o surfista vencedor da competição masculina. «Queremos estar na vanguarda da luta pela igualdade em todas as esferas da vida, a começar pelas ondas», referiu Sophie Golschmidt, diretora executiva da Liga Mundial de Surf, durante o anúncio da medida, na passada quarta-feira, 5 de setembro. «Este é um enorme avanço na nossa estratégia de elevar o surf feminino a um novo patamar. É a última de uma série de ações que a Liga se comprometeu a tomar em relação às nossas atletas, desde competirem nas mesmas ondas que os homens até receberem um maior apoio financeiro.» Com esta medida, a Liga Mundial de Surf torna-se na primeira entidade desportiva a nível mundial a estabelecer uma política de igualdade de remuneração entre homens e mulheres".[19]

Esta regra que passou a integrar o Rulebook da WSL 2020:

> *Chapter 1: Championship Tour (CT)*
>
> *1.01 a) all prize money allocations must follow the approved breakdowns in appendix a to this rule book as decided by the office of tours and competition.*[20]
>
> Capítulo 1: Etapas de Campeonato (CT)
>
> 1.01 a) todas as atribuições de prémios em dinheiro devem seguir as descrições aprovadas no apêndice de regras deste livro, conforme decidido pelo departamento de etapas e competição. (tradução)

Em Portugal, a Federação Portuguesa de Surf (FPS) é a instituição que representa, nacional e internacionalmente, as diversas modalidades que a compõe: Surf, Bodyboard, Longboard, Skimboard, Kneeboard, Bodysurf, Tow In e Tow Out. Até 2017 representou também o Skateboard.

Da consulta e análise aos seus Estatutos[21] e demais Regulamentos[22], omite-se referência à necessidade de igualdade de tratamento, género ou proibição de discriminação, no âmbito da sua atuação e tutela.

[19] Matos CP. Liga Mundial de Surf Acaba Com Diferença de Remuneração Entre Homens e Mulheres.

[20] Association of Surfing Professionals LLC WSL. WSL RULE BOOK 2020. 2020/12/01. p. 92.

[21] Surf FPd. Estatutos. 2017. https://www.surfingportugal.com/uncategorized/2016/estatutos/ (accessed 2021/05/13.

[22] Surf FPd. Regulamentos. https://www.surfingportugal.com/regulamentos/.

A Associação Nacional de Surfistas, organização que lidera o surf profissional em Portugal e que tem por objeto a defesa dos direitos dos praticantes de surf nas áreas da competição, desenvolvimento, formação, sendo também a entidade organizadora das provas, conta com um Rulebook esquecido do tema da igualdade de género. No: "*1.27. Formato das provas – Os Promotores da LPS obrigam-se a realizar provas com um máximo de 64 (sessenta e quatro) atletas masculinos e 24 (vinte e quatro) atletas femininas*".[23] na atribuição dos prize-moneys: "*1.14. Premiação Monetária – As provas da LPS oferecem um prémio monetário mínimo bruto total de €12.000 (dez mil e quinhentos Euros), distribuído da seguinte forma:*

Categoria Masculina – €9.500 (nove mil e quinhentos Euros) Categoria Feminina – €2.500 (dois mil e quinhentos Euros)".[24] sendo que o prize-money dos atletas masculinos equivale a 79% do prémio total e o das femininas a 21%.

Por outro lado, no seu "*ANEXO IV – QUOTAS SUPLEMENTARES (...)*

LPS Categoria Masculina: 45€ (quarenta e cinco Euros) LPS Categoria Feminina: 25€ (vinte e cinco Euros)" evidencia também a desigualdade do valor da inscrição, comparando com a retribuição entre homens e mulheres.

Mais resulta do seu Rulebook que a inscrição obrigatória naquela associação implica o pagamento de uma quota de 100,00€ anual, independentemente do género: *1.3. Quota Anual ANS – Todos os atletas que desejem participar numa ou mais provas da LPS deverão regularizar, previamente, a respetiva situação de filiação junto da ANS. A quota anual da ANS aprovada em Assembleia-geral é de 100€ (cem Euros e isenta de IVA), a qual é liquidada forma integral, num único pagamento.*

A visão da investigadora na água

Só quem não desliza nas ondas ignora que o mar pode não ser para todos, preso pelo leash (fio que prende a prancha ao praticante) da discriminação.

Existe algo implícito nas regras que não se vêm e que não aparecem em documento algum, mas o mar tem donos e todos parecem saber.

Em 2012, a investigadora associou-se ao Surf Clube de Viana, clube desportivo em que ainda hoje desempenha o cargo de Vice-presidente, pelo qual também se federa e pratica a modalidade.

[23] Surfistas ANd. Rule book 2021. 2021.

[24] Surfistas ANd. Rule book 2021. 2021.

Aqui, ali e ao longo do tempo, a diferença de tratamento do universo masculino foi afirmando presença.

A partir de 2015, ano em que a investigadora concluiu o curso de juiz de surf e longboard, ministrado pela Federação Portuguesa de Surf, a flexibilidade foi conquistada pela revolta da discriminação.

O desprezo encontrado nos comentários jocosos em palanques de provas, onde também desempenhou funções de juiz, lograram e fizeram crescer a angústia. Desconhecendo qualidades de desempenho, a atitude é de desprezo pontualmente camuflado e de mera condescendência com a participação do género feminino: "vão entrar as meninas... podemos descansar."

Palavras afiadas que são capazes de golpes profundos e intermináveis dificuldades de recuperação.

Deixava de ser um sentimento pessoal, mas a necessidade de contribuir para a compensação do esforço das jovens praticantes, com futuros, eventualmente, hipotecados, pelos preconceitos e estereótipos de género.

Também a preferência dos responsáveis de escolas de surf, é a dos seus pares, em igualdade de experiência na modalidade, assim o justificando pela capacidade ou força física.

No exercício de funções associativas desportivas, o agregado masculino resiste à eventual competência feminina.

E quando alguém diz que não há uma segunda oportunidade para causar uma primeira boa impressão... a primeira oportunidade não acontece. A oportunidade, essa, fica na aparência, emergindo o esforço e dedicação redobrados.

E Portugal esteve *"em quinto lugar no Índice de Género e das Instituições Sociais da Organização para a Cooperação e Desenvolvimento Económico (OCDE) graças aos muito baixos níveis de discriminação, refere um relatório publicado nesta sexta-feira, segundo o qual as mulheres são sobretudo discriminadas no seio da família."*[25]

Análise do questionário

Desenvolvidos dois questionários, composto por 48 questões, 6 das quais de resposta curta, 5 de escolha múltipla e 37 caixas de verificação, o **universo do estudo português é de 247 praticantes federadas do género**

[25] Público J. OCDE considera Portugal o quinto país com menor nível de discriminação contra mulheres. 2019.

feminino e contou com 98 respostas, a que corresponde 39,6% do total da população inquirida. A população comparativa da Nova Zelândia computou-se em 182 na época de 2021, sendo 22 o número total de respostas conseguido (12%).

A Tabela 1 sumaria os dados sociodemográficos e federativos das participantes. A idade média das inquiridas em Portugal é de 24 anos, enquanto na Nova Zelândia é de 27. Em ambos os países a maioria são solteiras e têm menos de 1 ano como federadas. O nível de escolaridade é ligeiramente superior nas Novas Zelandesas.

	Portugal	Nova Zelândia
Idade média (moda, mínima, máxima)	24 (7, 61, 17)	27 (11, 46, 34)
Estado civil (%)		
Solteira	85	59
Casada	9	36
Divorciada	4	0
Viúva	2	5
N.º de anos de filiação na federação nacional (%)		
<1	36	32
1-5	30	22
6-9	19	23
>10	15	23
Habilitações literárias (%)		
1º ciclo	1	9
2º ciclo	12	5
Ensino secundário	47	36
Licenciatura	30	45
Mestrado	10	5
Doutoramento	0	0

A Tabela 2 apresenta os dados relativos ao contexto desportivo e às perceções na prática do surf.

	Portugal						Nova Zelândia					
Primeiro contacto com o surf (%)												
Casa	22						54					
Amigos	46						50					
Escola	10						9					
Outros	32						14					
Tipo de prática												
Recreativa	53						64					
Competitiva	42						36					
Outra	5						0					
Tem treinador (%)	75						46					
Mulher	14						50					
Homem	86						50					
Classificação nos três primeiros lugares de uma competição regional/nacional	47						59					
Perceções sobre o surf (0-mínimo, 5-máximo) (%)	**0**	**1**	**2**	**3**	**4**	**5**	**0**	**1**	**2**	**3**	**4**	**5**
O surf feminino é socialmente aceite	0	0	2	29	47	22	0	0	0	55	18	27
Como menina/mulher sente incentivada em praticar surf	0	1	4	20	29	43	0	5	14	27	32	23
Sente respeito dos praticantes de surf masculinos	21	16	27	20	8	8	14	9	18	36	23	0
Foi criticada ((gozo, piropos) dos surfistas masculinos/amigos/pais/treinadores/equipas técnicas de provas por praticar surf ou por competir, por ser menina/mulher	24	23	12	22	16	3	32	32	9	14	9	4
Integração no ambiente do "pico" por ser menina/mulher	8	12	20	21	30	9	9	9	23	32	27	0
Já ouviu dos surfistas masculinos que "hoje não está mar para meninas"	27	11	12	13	19	18	50	27	14	9	0	0
Considera que, os surfistas masculinos, à partida, a consideram inapta como surfista, por ser menina/mulher	20	16	23	29	10	3	50	0	27	9	5	9
Tem a percepção, que o "crowd" masculino acha que, à partida, não apanha aquela boa onda do "set"	6	9	19	13	25	28	4	18	18	14	14	32
No "pico", um surfista masculino já lhe disse: "Volta para a cozinha!" ou expressão equivalente que signifique que não devia surfar por ser menina/mulher	70	7	10	8	3	1	68	14	9	9	0	0
Percepção de que os surfistas masculinos que vêem uma menina/mulher a fazer "alta onda" pensam: "como pode uma miúda surfar melhor que eu?"	4	16	22	19	28	12	4	18	14	27	14	23
Considera que em provas de surf são atribuídas piores condições de mar às meninas/mulheres	11	9	9	12	18	40	9	5	14	27	9	36

De realçar que o primeiro contacto com a modalidade é feito a partir de casa e/ou com amigos e a vertente mais comum é a recreativa em ambos os países.

Em Portugal a grande maioria das federadas têm treinador, sendo na maioria homens.

Na Nova Zelândia mais de metade não têm treinador, permeabilizando a cultura de liberdade, do surf pelo surf, natureza e progressão individual, e quando têm a escolha recai indistintamente entre homens ou mulheres.

Em ambos os países, mais de metade já se classificou nos 3 primeiros lugares de competições em competições regionais/nacionais.

O sentimento das inquiridas relativo às questões de género, tanto em Portugal como na Nova Zelândia são unânimes na perceção da convicção masculina, de que estas não apanham uma boa onda do set. A **interiorização do estereotipo é flagrante na atribuição das piores condições de mar ao género feminino em competições**, tanto em Portugal como na Nova Zelândia.

Em Portugal, a integração no ambiente do "pico" (zona para apanhar ondas) é "extremamente difícil" para as meninas/mulheres.

	Portugal	Nova Zelândia
Motivos considerados incentivos para que pratique surf (%)		
Para equilibrar a participação feminina e masculina	23	41
Pelo seu valor desportivo e evolução na modalidade	78	50
Condescendência com o género feminino	16	27
Pela boa aparência	6	18
Outra	13	23
Encontrou dificuldade em praticar surf por ser considerado um desporto predominantemente masculino (%)	33	46
Já mudou de clube/escola por dificuldade de integração de género (%)	6	0
O que acontece quanto a gozam por ser menina/mulher surfista (%)		
Ganha motivação para se tornar melhor	55	50
Sente necessidade de mostrar o seu valor	51	50
Desmotiva	10	27
Sente efeito negativo no rendimento desportivo	13	14
Sente efeito positivo no rendimento desportivo	10	14
Considera discriminatório	53	27
Considera que os surfistas masculinos aceitam bom nível de surf de uma menina/mulher (%)	79	82
Nível social de importância (valor desportivo, classificação desportiva, comunicação social, visibilidade) atribuído ao surf feminino e masculino (%)		
Maior importância ao surf masculino	88	86
Igual importância ao surf masculino e feminino	12	14
Maior importância ao surf feminino	0	0
Tipos de discriminação que sente no tratamento a atletas masculinos e femininos (%)		
No clube (horários de treino, condições de mar, distribuição de treinadores/as, balneários, participação em orgãos sociais)	17	36
Na Federação Nacional (atribuição de provas femininas, acesso a cursos técnicos de juizes, treinadores e directores técnicos, participação na selecção nacional, participação em orgãos sociais)	35	36
Pelos organizadores de provas (datas, distribuição, número de provas e categorias, comunicação social/visibilidade)	63	64
Pela equipa técnica nas provas - DT/Juízes - (categorias, heats, condições de mar)	51	55
Considera que a quantidade e qualidade desportiva feminina no surf nãoaumenta porque as meninas/mulheres surfistas não têm as mesmasoportunidades que os meninos/homens	51	64
Como classifica os prémios atribuídos no final de cada prova regional/nacional (%)		
Iguais	30	36
Valor superior para as mulheres	0	0
Valor superior para os homens	70	64
Já viu ser concedida uma oportunidade (de experimentar novos espaços ou equipamentos, surfar mar maior, liderar uma equipa, ser treinador, juiz, participar órgãos sociais ou outra) a um atleta de surf masculino, em igualdade de competências técnicas e da mesma faixa etária (%)	55	41
Gostaria de ter uma participação activa em organização pública/privada desportiva motivada pela necessidade de maior inclusão feminina (%)	85	68
Conhece situações de desistência da modalidade (surf) por alguma menina/mulher, por sentimento de discriminação e desigualdade de oportunidades (%)	24	41
Como mulher, aceits diferença de tratamento porque entende que as mulheres e os homens têm um papel diferente na sociedade (%)	9	9
Considera que o princípio da não descriminação em função do sexo ou da orientação sexual é implementada no desporto, em concreto na modalidade de Surf	46	46
Conhece iniciativa ou eventos desportivos de surf inclusivos (ou outros), a nível local (cidade) (%)	56	73
Grau de conhecimento de documentos orientadores/legislação sobre a temática de igualdade de género e não discriminação no desporto (%)		
Conhece	11	5
Não conhece	19	68
Sabe que existe mas não conhece documento ou contexto	70	27
Sabe da existência de compromissos para a igualdade e inclusão em organizações desportivas/escolas de surf (%)		
Sabe	13	14
Não sabe	55	50
Sabe que existe mas não conhece documento ou contexto	32	36

Considera ser discriminação a distinção, exclusão ou restrição baseada no sexo que tenha como efeito ou objectivo comprometer ou destruir reconhecimento, gozo ou exercício (%)	90	82
De acordo com a definição anterior, o nível de discriminação de género feminino na modalidade de surf em Portugal é considerado		
Muito baixo	6	18
Baixo	24	41
Médio	47	36
Alto	19	5
Muito alto	4	0

Por sua vez, 78% das inquiridas portuguesas sentem que o incentivo externo à prática do surf se deve ao seu valor desportivo e evolução na modalidade, 6% à sua boa aparência, 16% à condescendência com o género feminino e 23% para balancear a participação de ambos os géneros.

Na Nova Zelândia, a qualidade desportiva ocupa 50% das inquiridas, 41% para o equilíbrio de géneros, 27% para a condescendência e 18% a boa aparência, relativamente aos incentivos para a prática.

Em Portugal, o gozo por ser praticante de surf feminina, gera relevo quando, 53% consideram discriminatório em comparação com 27% da Nova Zelândia. Daqui se conclui que, neste país, ou não consideram o gozo discriminatório ou privilegiam a necessidade de, em reação, mostrar o seu valor (50%) ou ganhar motivação para se tornarem melhores (50%). As portuguesas, no campo da reação, preenchem 51% e 54%, respetivamente.

As inquiridas de ambos os países consideram que os surfistas masculinos aceitam um bom nível de surf do género feminino.

No entanto, a **maior importância é conferida ao surf masculino, em contexto de valor e classificação desportiva, comunicação social e visibilidade** sendo que atinge valores muito elevados (**PT 88%** / NZ 86%).

Em formato de competição, resulta evidente a **diferença de tratamento com o género feminino e masculino, em Portugal, pelos organizadores das provas, com um volume de 63% das respostas** (NZ apenas 4%), sendo que a maioria, em ambos os países, sente que vem da **direção técnica/juízes (PT 55%** / NZ 51%).

A diferença de tratamento pelas federações dos seus países representa menos de metade das inquiridas em ambos (PT 35% / NZ 36%) e no seio dos seus clubes, a Nova Zelândia indica 36% em comparação com os 17% das portuguesas.

As portuguesas reputam a ausência do aumento de quantidade e qualidade desportiva feminina no surf por não terem as mesmas oportunidades que o género oposto em 51% e na Nova Zelândia 63%.

A retribuição assume posição de destaque em ambos os países quando as inquiridas afirmam valor superior dos prémios atribuídos no final de cada prova para homens (PT 70% / NZ 64%).

Também nas oportunidades a diferença repincha, quando **as inquiridas asseguram já terem visto ser concedida uma oportunidade (de experimentar novos espaços ou equipamentos, surfar mar maior, liderar uma equipa, ser treinador, juiz, participar órgãos sociais ou outra) a um atleta de surf masculino, em igualdade de competências técnicas e da sua mesma faixa etária, com Portugal a liderar com 55%** e Nova Zelândia com 41%.

A **necessidade de inclusão feminina é fortemente sentida pelas portuguesas com 85% a desejar participar ativamente numa organização** ao passo que as neozelandesas são 68%.

As **desistências da modalidade pela discriminação é conhecida por 41% das inquiridas portuguesas** em confrontação com as neozelandesas que se situam nos 24%.

Apesar dos idênticos 91% somados nos dois países, as correspondentes não aceitam a diferença de tratamento porque não entendem que as mulheres e os homens têm um papel diferente na sociedade, o certo é que 9% das inquiridas, em ambos os países, aceita as posições sociais distintas para cada género.

De evidenciar ainda que **54% das inquiridas de ambas as populações consideram que a tarefa de promover a igualdade entre mulheres e homens, como princípio fundamental e estruturante do Estado de direito democrático, a não-discriminação em função do sexo ou da orientação sexual, não é implementada no desporto em concreto na modalidade de surf**, no entanto, na Nova Zelândia, 73% das conhecem iniciativas ou eventos desportivos de surf inclusivos ou outros. Em Portugal apenas 56%, sendo que, nos extremos continentais, as iniciativas surgem maioritariamente de organizações privadas.

70% das inquiridas portuguesas versus 55% da Nova Zelândia, sabem que existem documentos orientadores/legislação sobre a temática de igualdade de género e não discriminação no desporto mas não conhecem o seu contexto. Mas da existência daquelas matérias nas respectivas federações 68% PT e 55% NZ desconhecem.

50% na NZ e 55% PT desconhecem a existência de compromissos para a igualdade e inclusão em organizações desportivas/escolas de surf.

Sobre a distinção, exclusão ou restrição baseada no sexo que tenha como efeito ou objetivo comprometer ou destruir reconhecimento, gozo ou exercício, é considerada discriminação por 82% das NZ e 90% de PT, no entanto, 18% das Neozelandesas e 10% das portuguesas não consideram discriminação.

Considerando a definição anterior, NZ atribui um nível baixo (41%) de discriminação de género feminino na modalidade de surf já Portugal situou-se no médio (47%).

As inquiridas de ambos os países apresentam várias sugestões para a promoção de igualdade de género e para maior inclusão feminina no surf:

> *Dar ao mundo a conhecer o que se passa dentro de água, saberem que os homens sentem-se superiores, pois tem mais força, mais músculos; Comunicação, média, educar os atletas, treinadores etc a terem uma postura mais respeitosa; Será importante que as próprias surfistas tenham conhecimento dos seus direitos em matéria de igualdade de género no desporto e que não abdiquem deles; A presença feminina em lugares de topo nas organizações, também pode ajudar a acabar com as desigualdades; Garantir que as próprias marcas que patrocinam os eventos, não acabam por estar elas próprias a promover essas discriminações.*

Discussão

Resulta clara a discriminação/diferenciação de tratamento do género feminino no surfing em Portugal.

As mulheres ocupam um lugar participativo residual, os prémios concedidos a homens e mulheres nas provas oficiais da FPS são pensados no suporte do número de participantes e grau de dificuldade, mesmo que em condições competitivas de género iguais (categorias masculinas e femininas).

No ano 2021, em contexto competitivo, a ANS anunciou que: "*A praia do Cabedelo vai ainda ser palco de uma novidade para o surf feminino! Depois da estreia em 2019, exatamente nesta mesma competição e com uma vitória de Concha Balsemão, é oficialmente estabelecido pela Go Chill que as senhoras também passarão a lutar pelas melhores manobras nas Go Chill Expression Sessions em todas as etapas da Liga MEO Surf. Seis surfistas vão estar em simultâneo na água para tentar fazer a melhor manobra com premiação igual à do masculino.*[26] A comunicação social também divulgou um episódio, da mesma prova realizada na Figueira

[26] Surfistas AANd. Liga MEO Surf: Allianz Figueira Pro com chamada marcada para as 9h00 desta 6.ª feira. 2021. https://www.ansurfistas.com/2021/04/22/8428/.

da Foz, em que a atleta vencedora da Liga Meo recebeu metade do valor do prémio masculino (500€ / 1 000€). Em resposta, a Associação Nacional de Surfistas afirmou que *"Ao nível das premiações, havendo equidade em muitos casos e até atribuições exclusivas ao feminino, trabalhamos para que a convergência venha a ser progressiva com base na evolução da adesão e da realidade desportiva"* e que é *"mais favorável no feminino porque o grau de dificuldade é distinto, com maior exigência no masculino"*.[27]

É certo que a situação representa um *side event* oferecido pelo Município, o que não deixa de ser censurável, mas a origem da problemática reside nos prémios finais entregues pela ANS (Liga Meo) aos vencedores das provas (Rulebook) em que no seu espírito subsiste a implementação da regra: mais participantes, maior dificuldade, prémio superior.

Por volta do ano 2 000, já uma autarca portuguesa, que mais recentemente tem desenvolvido várias intervenções na matéria da igualdade de género ao nível europeu, exigiu a igualdade de premiação de géneros em campeonato realizado na sua autarquia, que foi implementado.

Destacando o estudo e o questionário aplicado, a maioria das praticantes inquiridas frequenta ou completou o ensino secundário e as Neozelandesas as licenciaturas o que pode levar a concluir menor nível de escolaridade nas surfistas portuguesas ou que são mais jovens, considerando o surf como desporto de formação base e na aceitação da diferença e que as praticantes Neozelandesas são mais velhas traduzindo outra consciência ou tolerância ao tema em apreço.

Reflete claramente a cultura de surf neozelandesa em que o primeiro contacto com a modalidade é feito a partir de casa, pela tradição familiar, permeabilizando a cultura de liberdade, do surf pelo surf, natureza e progressão individual, sendo que em Portugal o surf é uma modalidade desportiva de tendência, um fenómeno socio-cultural-desportivo de origem social proliferativa e em franca ascensão recente.

Resultou evidente da análise do questionário que a tarefa de promover a igualdade entre mulheres e homens, como princípio fundamental, a não-discriminação em função do sexo ou da orientação sexual não é implementada no desporto, em concreto na modalidade de surf e ainda que a necessidade de inclusão feminina é tão fortemente sentida que desperta

[27] Leal S. Vencedora da Liga de Surf recebeu metade do valor do prémio masculino? *Polígrafo* 2021.

o interesse na participação ativa das inquiridas em organizações, que não pode deixar de iluminar de esperança o futuro.

No geral, o género feminino tem dificuldade em praticar a modalidade, dominada pelo ambiente masculino, em que o estereotipo sai robustecido pelos organizadores das provas, direção técnica e juízes e pela concessão privilegiada de oportunidades aos homens em detrimento das mulheres em igualdade etária e competência.

A construção social é iminentemente patriarcal e a manifestação e a resistência prenderam-se à cultura portuguesa e é também certo que o problema não reside na ausência de legislação nacional e/ou de influência de políticas e planos internacionais.

A progressão vai acontecendo na realidade, mas é longo o canal até liderar o "ranking" da não discriminação do género feminino em Portugal.

De acordo com o Comité Olímpico de Portugal – Comissão Mulheres e Desporto do COP – "*Os estereótipos sexistas têm tido uma importância fundamental no desporto fazendo com que este se mantenha como uma prática de orientação masculina inibindo a participação das mulheres ao considerá-lo algo inapropriado para elas*".[28]

Do glossário da CIG também *(...) as expectativas socialmente associadas a ser-se do sexo feminino constituem um obstáculo à igualdade e sustentam a discriminação em função do sexo. (...) Limitam a possibilidade de mulheres (...) desenvolver as suas capacidades naturais, as suas preferências e as suas experiências, educativas e profissionais, de fazer escolhas e de usufruir das oportunidades que a vida lhe ofereça.*"[29]

Sendo o desporto uma mística social naturalmente aglutinadora, potenciadora de integração social de todas as origens sociais, culturais, étnicas, religiosas, políticas, de praticantes ou espectadores, a prática desportiva de surfing feminina tem de continuar a investir no "duck dive" (técnica que permite "mergulhar" por baixo da onda com a prancha de surf).

Não obstante o sentimento de união com a natureza, do respeito e da defesa e sustentabilidade ambiental, o certo é que, muitas das vezes, a cultura de estereótipo de género continua a assumir um lugar de destaque.

[28] Comité Olimpio Internacional – Comissão Mulheres e Desporto do COP – Elisabete Jacinto LM, Cristina Almeida, Maria José Carvalho. A igualdade de género no desporto.

[29] Género CpaCeaId. Glossário. https://www.cig.gov.pt/area-igualdade-entre-mulheres-e-homens/glossario/ (accessed 2021/05/11.

O potencial aumento de quantidade e qualidade desportiva sai enfraquecido pela ausência de oportunidades que pode levar a desistências da modalidade.

Foi possível identificar as remadas dificultadas às mulheres, desde a sua entrada à subsistência no cenário marítimo em Portugal, e a total desproteção da tutela federativa.

A verdade é que deixar de tentar, pesa e o que pesa afunda.

Surfing no feminino e o papel dos clubes desportivos

De acordo com os resultados evidenciados pelo questionário, a maior parte das iniciativas para a promoção e integração desportiva feminina do surf, acontecem nas entidades privadas.

A promoção da igualdade de género tem sido seguida na estratégia nacionál do Estado Português, no entanto, é nos clubes locais desportivos que as iniciativas chegam mais perto da população e obtém impactos diretos.

O Centro de Alto Rendimento de Surf de Viana do Castelo tem a sua gestão de facto assegurada pelo Surf Clube de Viana, como membro da sua Comissão de Gestão Local, a par da Câmara Municipal de Viana do Castelo, Escola Superior de Desporto e Lazer, Instituto Português de Desporto e Juventude e Federação Portuguesa de Surf e é exemplo no tema.

Este clube com 32 anos de existência é anterior à constituição da própria Federação Portuguesa de Surf, que nasceu na sua casa, bem como foi a sede, ainda que temporária, da Federação Europeia de Surf (European Surfing Federation).

De entre os seus elementos, conta com uma mulher em cada um dos seus órgãos sociais e não mais, pela ausência, ainda, de sócias com capacidade eleitoral.

A maioria dos seus atletas são do género feminino, como reflete o estudo "Surf no feminino no Alto Minho: motivações, experiências e surfing culture", realizado, em 2020, por docentes da Escola Superior de Desporto e Lazer, do Instituto Politécnico de Viana do Castelo.[30]

Várias são as iniciativas inclusivas que diariamente promove no seguimento fiel dos Objetivos de Desenvolvimento Sustentável que, no seu

[30] Silva B, Silva Rui da & Lima, Ricardo. Surf no feminino no Alto Minho: motivações, experiências e surfing culture. 2020.

n.º 5.º, se propõe a "alcançar a igualdade de género e o empoderamento de todas as mulheres e meninas" (ONU, 2015).[31]

Em 2018, na realização do campeonato de surf Luso Galaico, o Surf Clube de Viana, igualou prémios para homens e mulheres.

Os Estatutos do Surf Clube de Viana contemplam, no seu art. 5.º a admissão de sócios a ambos os sexos e qualquer nacionalidade, no entanto, esta associação do norte do País sentiu clara necessidade, pelo percurso entretanto desbravado, de elaborar um Compromisso para a Igualdade e Inclusão[32] que diariamente reflete nas suas atuações.

A participação das mulheres no desporto, como praticantes, dirigentes ou outros, alcança hoje uma importância determinante nas diversas vertentes que contribuem para a evolução da nossa sociedade e sabemos, pelos dados oficiais do *Pordata*, que a população feminina representa mais de metade da população portuguesa.[33]

O seu impacto na saúde pública, bem-estar e desenvolvimento social português é uma cadência, sendo também indiscutível que o desporto representa um ativo essencial com vantagens positivas na educação e no desenvolvimento dos valores fundamentais para a vida democrática, nomeadamente a tolerância, o respeito, o espírito de equipa, o fairplay, a responsabilidade, sensibilidade para a inclusão, etc.

As mulheres superam a discriminação e o preconceito todos os dias, o que lhes confere e abastece de uma enorme capacidade de resiliência, por essa razão e muitas outras, a participação das mulheres nestas águas é um poderoso meio de influência, arriscando a afirmar que a colaboração nas organizações desportivas as torna, necessariamente, mais poderosas.

A imagem feminina associada aos clubes semeia a ideia de organização progressista que rasga atração, acrescida visibilidade e maior interesse da população, sendo que o crescimento associativo e económico não pode desagregar-se vertendo potencial notório.

[31] ONU OdNU. Objectivos de Desenvolvimento Sustentável. 2015. https://unric.org/pt/objetivos-de-desenvolvimento-sustentavel/ (accessed 2021/05/13.

[32] Surf Clube de Viana. Compromisso para a Igualdade e Inclusão. 2020. http://www.surfingviana.com/index.php?seccao=igualdade.

[33] Pordata. População residente, média anual, total por sexo. 2021. https://www.pordata.pt/DB/Portugal/Ambiente+de+Consulta/Tabela (accessed 2021/05/11.

Se aquele crescimento é evidente, também o impacto no melhoramento do desempenho se mostra real pela diversidade de género, na análise multifacetada que conduz a melhores e equilibradas decisões.

Palavras sábias vindas da UN WOMEN (em versão traduzida) – *"o desporto é uma poderosa ferramenta para alcançar a igualdade de género no mundo"*[34].

Recomendações

Urge realizar um *botton turn* (manobra no início da onda em curva para a base da onda para voltar à crista onde tem mais energia), difundir a mensagem da igualdade de tratamento e oportunidades, implementar novas práticas institucionais de promoção da igualdade, alvorecendo nas mulheres o seu lugar reservado e aguardado no desporto.

A maior sugestão vai para a Federação Portuguesa de Surf e para a introdução do tema nos seus regulamentos, criação de um departamento de igualdade e a formalização de um compromisso para a igualdade e inclusão, exigindo o estrito cumprimento pelos organizadores de provas e equipas técnicas.

Muito embora as reflexões, recomendações e imposições que vêm surgindo de vários quadrantes e/ou de origem nacional ou internacional e as suas transposições institucionais, um pouco por todas as áreas, no dia a dia não são implementadas nem sentidas no universo feminino.

Tanto mais que me apresso em franzir a frase do jurista francês Georges Ripert... *"quando o Direito ignora a realidade, a realidade vinga-se e ignora o Direito"*.

Renova-se a necessidade do abandono do estereótipo, a criação de mais iniciativas inclusivas, oportunidades e tratamentos iguais, campeonatos justos, com oferta das mesmas categorias e de compensações iguais, que despertem o interesse da comunicação social e confiram visibilidade ao surfing feminino, contribuindo de forma determinante para influenciar a participação, crescimento e qualidade desportiva.

Salpicos de bom senso evitam oceanos de sofrimento!

Conclusão

As hipóteses e o propósito da investigação foram alcançados.

Foi possível analisar o tema da discriminação no surfing em Portugal através dos métodos que computaram a sua eficácia.

[34] WOMEN U. https://www.unwomen.org/en (accessed 2021/05/11.

Amostras e instrumentos certos, a análise dos normativos históricos de âmbitos diferentes e ainda a recolha das informações das organizações oficiais em parâmetros comparativos foram elementares para discutir as implicações teóricas, pedagógicas e práticas da problemática.

Foi concretizada a apresentação de algumas recomendações aos atores institucionais para a consolidação da igualdade de género com fim último na contribuição para a evolução social, desportiva e científica.

Persiste a remada no tema para futuras pesquisas.